NomosStudienbuch

Prof. Dr. Peter M. Huber
Prof. Dr. Ferdinand Wollenschläger [Hrsg.]

Landesrecht Bayern

Studienbuch

ORR'in **Julia von Engel**, Regierung von Oberbayern, München | RD **Dr. Kai Engelbrecht**, Geschäftsstelle des Bayerischen Landesbeauftragten für den Datenschutz, München | **Claudia Hainthaler**, Universität Würzburg | **Sonja Heitzer**, LL.M., Ludwig-Maximilians-Universität München | BVR **Prof. Dr. Peter M. Huber**, Ludwig-Maximilians-Universität München | **Prof. Dr. Ann-Katrin Kaufhold**, Ludwig-Maximilians-Universität München | **Prof. Dr. Eva Julia Lohse**, Universität Bayreuth | **Prof. Dr. Markus Ludwigs**, Universität Würzburg | **Prof. Dr. Meinhard Schröder**, Universität Passau | RiVG **Tobias Weber**, Verwaltungsgericht Augsburg | **Prof. Dr. Ferdinand Wollenschläger**, Universität Augsburg

Die Deutsche Nationalbibliothek verzeichnet diese Publikation in
der Deutschen Nationalbibliografie; detaillierte bibliografische
Daten sind im Internet über http://dnb.d-nb.de abrufbar.

ISBN 978-3-8329-7785-6

1. Auflage 2019
© Nomos Verlagsgesellschaft, Baden-Baden 2019. Gedruckt in Deutschland. Alle Rechte,
auch die des Nachdrucks von Auszügen, der fotomechanischen Wiedergabe und der
Übersetzung, vorbehalten.

Vorwort

Das vorliegende Werk entfaltet die zentralen und vor allem examensrelevanten Materien des bayerischen Landesrechts. Es soll zunächst den Studierenden das notwendige Wissen im bayerischen Staatsrecht, im Baurecht, im Kommunalrecht, im Polizei- und Sicherheitsrecht, hinsichtlich bayerischer Spezifika des Verwaltungsorganisations-, Verwaltungsverfahrens- und Verwaltungsprozessrechts sowie im Verwaltungszustellungs- und Verwaltungsvollstreckungsrecht vermitteln, um die entsprechenden Grundvorlesungen im Öffentlichen Recht, die Große Übung und das Erste Staatsexamen mit Erfolg zu absolvieren. Diese Materien sind auch für die Referendarausbildung und das Zweite Staatsexamen von besonderer Bedeutung, so dass Rechtsreferendarinnen und Rechtsreferendare in Bayern eine weitere Zielgruppe des Werks bilden; hierzu leistet auch die Behandlung der Grundzüge des Immissionsschutzrechts und des Wasserrechts einen Beitrag, die Pflichtgebiete im Zweiten Staatsexamen darstellen. Dennoch wird weder auf wissenschaftlichen Tiefgang verzichtet noch die Praxis aus den Augen verloren, so dass das Werk auch Wissenschaftler(inne)n und Praktiker(inne)n Grundstrukturen und Grundfragen der einzelnen Rechtsgebiete vermitteln soll.

Das Lehrbuch ist eine Gemeinschaftsleistung. Neben den Autorinnen und Autoren gebührt dem Augsburger Lehrstuhlteam von Ferdinand Wollenschläger Dank für die redaktionelle Betreuung, allen voran Herrn wissenschaftlichen Mitarbeiter Johannes Stapf, der mit sehr großem Einsatz die vielfältigen Herausgebertätigkeiten unterstützt und so zum Gelingen des Werkes beigetragen hat; redaktionell mitgewirkt haben des Weiteren die studentischen Mitarbeiterinnen und Mitarbeiter Lea Bandowsky, Tamara Buchmann, Niklas Gronemann, Laura Klose, Stefanie Miller, Tamara Morhart, Nathalie Spitzer, Matthias Stockinger und Martin Wache.

Augsburg und München, März 2019 *Peter M. Huber*
Ferdinand Wollenschläger

Inhaltsübersicht

Vorwort 5

Abkürzungsverzeichnis 9

Literaturverzeichnis 19

§ 1   Bayerisches Verfassungsrecht 29

§ 2   Öffentliches Baurecht 124

§ 3   Bayerisches Kommunalrecht 242

§ 4   Polizei- und Sicherheitsrecht 332

§ 5   Landesrechtliche Spezifika des Verwaltungsorganisations-,
      Verwaltungsverfahrens- und Verwaltungsprozessrechts 465

§ 6   Verwaltungszustellungs- und Verwaltungsvollstreckungsrecht 493

§ 7   Grundzüge des Immissionsschutzrechts 517

§ 8   Grundzüge des Wasserrechts 548

Stichwortverzeichnis 587

Abkürzungsverzeichnis

aA	andere Ansicht
aaO	am angegebenen Ort
ABl.	Amtsblatt
Abs.	Absatz
abwM	abweichende Meinung
aE	am Ende
AEUV	Vertrag über die Arbeitsweise der Europäischen Union
aF	alte Fassung
AG	Aktiengesellschaft
AGB	Allgemeine Geschäftsbedingungen
AGBGB	Gesetz zur Ausführung des Bürgerlichen Gesetzbuchs
AGPaßPAuswG	Gesetz zur Ausführung des Paßgesetzes und des Personalausweisgesetzes
AGVwGO	Gesetz zur Ausführung der Verwaltungsgerichtsordnung
AL	Aktualisierungslieferung
AllMBl.	Allgemeines Ministerialblatt [Bayern]
Alt.	Alternative(n)
Anh.	Anhang
Anm.	Anmerkung
AO	Abgabenordnung
AöR	Archiv des öffentlichen Rechts
Arg.	Argument(ation)
arg. e.	argumentum ex
Art.	Artikel
AT	Allgemeiner Teil
AufenthG	Gesetz über den Aufenthalt, die Erwerbstätigkeit und die Integration von Ausländern im Bundesgebiet (Aufenthaltsgesetz)
Aufl.	Auflage
AVOVGemMGem	Verordnung über Aufgaben der Mitgliedsgemeinden von Verwaltungsgemeinschaften [Bayern]
BAG	Bundesarbeitsgericht
BauGB	Baugesetzbuch
BauNVO	Baunutzungsverordnung
BauR	Baurecht
Bay/bay	Bayerisch/bayerisch
BayAbfG	Bayerisches Abfallwirtschaftsgesetz
BayAbgrG	Bayerisches Abgrabungsgesetz
BayAGBGB	Gesetz zur Ausführung des Bürgerlichen Gesetzbuchs [Bayern]
BayBestG	Bestattungsgesetz [Bayern]
BayBG	Bayerisches Beamtengesetz
BayBGG	Bayerisches Behindertengleichstellungsgesetz
BayBgm.	Der Bayerische Bürgermeister
BayBO	Bayerische Bauordnung
BayDG	Bayerisches Disziplinargesetz

BayDSchG	Gesetz zum Schutz und der Pflege der Denkmäler (Denkmalschutzgesetz)
BayDSG	Bayerisches Datenschutzgesetz
BayEG	Bayerisches Gesetz über die entschädigungspflichtige Enteignung
BayEGovG	Gesetz über die elektronische Verwaltung in Bayern
BayEUG	Bayerisches Gesetz über das Erziehungs- und Unterrichtswesen
BayFiG	Bayerisches Fischereigesetz
BayGastV	Bayerische Verordnung zur Ausführung des Gaststättengesetzes
BayHO	Haushaltsordnung des Freistaates Bayern (Bayerische Haushaltsordnung)
BayHSchG	Bayerisches Hochschulgesetz
BayImSchG	Bayerisches Immissionsschutzgesetz
BayLplG	Bayerisches Landesplanungsgesetz
BayMRVG	Bayerisches Maßregelvollzugsgesetz
BayObLG	Bayerisches Oberstes Landesgericht
BayÖPNVG	Gesetz über den öffentlichen Personennahverkehr in Bayern
BayPrG	Bayerisches Pressegesetz
BayPsychKHG	Bayerisches Psychisch-Kranken-Hilfe-Gesetz
BayRDG	Bayerisches Rettungsdienstgesetz
BayRS	Bayerische Rechtssammlung
BayStrWG	Bayerisches Straßen- und Wegegesetz
BayVBl.	Bayerische Verwaltungsblätter
BayVerfGH	Bayerischer Verfassungsgerichtshof
BayVerfGHE	Entscheidungen des Bayerischen Verfassungsgerichtshofs
BayVersG	Bayerisches Versammlungsgesetz
BayVGH	Bayerischer Verwaltungsgerichtshof
BayVGHE	Entscheidungen des Bayerischen Verwaltungsgerichtshofs
BayVwVfG	Bayerisches Verwaltungsverfahrensgesetz
BayWG	Bayerisches Wassergesetz
BB	Der Betriebs-Berater
Bbg	Brandenburgisch
BBodSchG	Gesetz zum Schutz vor schädlichen Bodenveränderungen und zur Sanierung von Altlasten (Bundesbodenschutzgesetz)
Bd.	Band
BeamtStG	Beamtenstatusgesetz
BeckOK	Beck'scher Online-Kommentar [siehe Literaturverzeichnis]
BeckRS	Beck Online Rechtsprechung
BekV	Verordnung über die amtliche Bekanntmachung gemeindlicher Satzungen und von Rechtsvorschriften der Verwaltungsgemeinschaften (Bekanntmachungsverordnung) [Bayern]
ber.	berichtigt
Berl	Berliner
Beschl.	Beschluss
BezO	Bezirksordnung für den Freistaat Bayern
BFH	Bundesfinanzhof
BGB	Bürgerliches Gesetzbuch
BGBl.	Bundesgesetzblatt

Abkürzungsverzeichnis

BGH	Bundesgerichtshof
BGHSt	Entscheidungen des Bundesgerichtshofs in Strafsachen
BGHZ	Entscheidungen des Bundesgerichtshofs in Zivilsachen
BImSchG	Bundes-Immissionsschutzgesetz
BImSchV	Verordnungen zur Durchführung des Bundes-Immissionsschutzgesetzes
BJG	Bundesjagdgesetz
BK	Bonner Kommentar [siehe Literaturverzeichnis]
BNatSchG	Gesetz über Naturschutz und Landschaftspflege (Bundesnaturschutzgesetz)
BNetzA	Bundesnetzagentur
BPolG	Bundespolizeigesetz
BRAK	Bundesrechtsanwaltskammer
BR-Drs.	Bundesratsdrucksache
BremOVG	Oberverwaltungsgericht Bremen
BremStGH	Staatsgerichtshof der Freien und Hansestadt Bremen
BSG	Bundessozialgericht
BT-Drs.	Bundestagsdrucksache
BV	Bayerische Verfassung
BVerfG	Bundesverfassungsgericht
BVerfGE	Entscheidungen des Bundesverfassungsgerichts
BVerfGG	Gesetz über das Bundesverfassungsgericht
BVerfGK	Kammerentscheidungen des Bundesverfassungsgerichts
BVerwG	Bundesverwaltungsgericht
BVerwGE	Entscheidungen des Bundesverwaltungsgerichts
BW	Baden-Württemberg
bzgl.	bezüglich
bzw.	beziehungsweise
ca.	circa
CR	Computer und Recht
DAR	Deutsches Autorecht
ders.	derselbe
DGO	Deutsche Gemeindeordnung
dh	das heißt
Die Verw.	Die Verwaltung
dies.	dieselbe(n)
DÖV	Die Öffentliche Verwaltung
DVBl.	Deutsches Verwaltungsblatt
DVPOG	Verordnung zur Durchführung des Polizeiorganisationsgesetzes [Bayern]
eA	eine Ansicht
ebd.	ebenda
ECLI	European Case Law Identifier
Ed.	Edition
EG	Europäische Gemeinschaften

EGGVG	Einführungsgesetz zum Gerichtsverfassungsgesetz
EGMR	Europäischer Gerichtshof für Menschenrechte
EGovG	Gesetz zur Förderung der elektronischen Verwaltung
eIDAS-Verordnung	Verordnung über elektronische Identifizierung und Vertrauensdienste für elektronische Transaktionen im Binnenmarkt und zur Aufhebung der Richtlinie 1999/93/EG
Einl.	Einleitung
EL	Ergänzungslieferung
EMRK	Europäische Menschenrechtskonvention
Entsch.	Entscheidung
EnzEuR	Enzyklopädie Europarecht
Erl.	Erläuterung(en)
etc	et cetera
EU	Europäische Union
EuG	Europäisches Gericht
EuGH	Europäischer Gerichtshof
EUR	Euro
EUV	Vertrag über die Europäische Union
evtl.	eventuell
f./ff.	folgende
FGO	Finanzgerichtsordnung
Fn.	Fußnote
FS	Festschrift
FTG	Gesetz über den Schutz der Sonn- und Feiertage (Feiertagsgesetz) [Bayern]
FVG	Gesetz über die Finanzverwaltung (Finanzverwaltungsgesetz)
GaStellV	Verordnung über den Bau und Betrieb von Garagen sowie über die Zahl der notwendigen Stellplätze (Garagen- und Stellplatzverordnung) [Bayern]
GastG	Gaststättengesetz
GbR	Gesellschaft bürgerlichen Rechts
GewArch	Gewerbearchiv
GewO	Gewerbeordnung
GewSchG	Gesetz zum zivilrechtlichen Schutz vor Gewalttaten und Nachstellungen (Gewaltschutzgesetz)
ggf.	gegebenenfalls
grds.	grundsätzlich
GrKrV	Verordnung über Aufgaben der Großen Kreisstädte [Bayern]
GSG	Gesetz zum Schutz der Gesundheit (Gesundheitsschutzgesetz) [Bayern]
GSZ	Zeitschrift für das gesamte Sicherheitsrecht
GVBl.	Gesetzes- und Verordnungsblatt
GVG	Gerichtsverfassungsgesetz
GVwR	Grundlagen des Verwaltungsrechts [siehe Literaturverzeichnis]

hA	herrschende Ansicht
Hess	Hessisch
HGR	Handbuch der Grundrechte in Deutschland und Europa
hM	herrschende Meinung
HmbOVG	Oberverwaltungsgericht Hamburg
Hrsg.	Herausgeber
Hs.	Halbsatz
HStR	Handbuch des Staatsrechts der Bundesrepublik Deutschland [siehe Literaturverzeichnis]
ibid.	ibidem
idF	in der Fassung
ieS	im engeren Sinne
IHK	Industrie- und Handelskammer
iHv	in Höhe von
IMBYG	Gesetz über die Immobilien Freistaat Bayern (IMBY-Gesetz)
IMK	Innenministerkonferenz
InfSchG	Infektionsschutzgesetz
iVm	in Verbindung mit
JA	Juristische Arbeitsblätter
JAPO	Ausbildungs- und Prüfungsordnung für Juristen [Bayern]
JR	Juristische Rundschau
Jura	Juristische Ausbildung
JuS	Juristische Schulung
JuSchG	Jugendschutzgesetz
JZ	Juristenzeitung
(K)	Kammerentscheidung
KAG	Kommunalabgabengesetz [Bayern]
Kap.	Kapitel
Kfz	Kraftfahrzeug
KG	Kostengesetz [Bayern]
KommJur	Kommunaljurist
KommP BY	KommunalPraxis Bayern – Zeitschrift für Verwaltung, Organisation und Recht
KommZG	Gesetz über die kommunale Zusammenarbeit [Bayern]
krit.	kritisch
KWBG	Gesetz über kommunale Wahlbeamte und Wahlbeamtinnen (Kommunal-Wahlbeamten-Gesetz) [Bayern]
LAG	Landesarbeitsgericht
lit.	litera
Lit.	Literatur
LKrO	Landkreisordnung für den Freistaat Bayern
LKV	Landes- und Kommunalverwaltung
LMRR	Lebensmittelrecht Rechtsprechung
Ls.	Leitsatz

LStVG	Landesstraf- und Verordnungsgesetz [Bayern]
LT	Landtag
LT-Drs.	Drucksache des Bayerischen Landtags
LT-Prot.	Plenarprotokoll des Bayerischen Landtags
LVerfG	Landesverfassungsgericht
m	Meter
m. Fn.	mit Fußnote
m^2	Quadratmeter
MABl.	Ministerialamtsblatt [Bayern]
mAnm	mit Anmerkung
mat.	materiell
max.	maximal
MDR	Monatsschrift für Deutsches Recht
mind.	mindestens
MV	Mecklenburg-Vorpommern
mwN	mit weiteren Nachweisen
mWv	mit Wirkung vom
Nds	Niedersächsisch
NdsVBl.	Niedersächsische Verwaltungsblätter
nF	neue Fassung
NJ	Neue Justiz
NJW	Neue Juristische Wochenschrift
NJW-RR	NJW-Rechtsprechungsreport
Nr.	Nummer(n)
NRW	Nordrhein-Westfalen
NuR	Natur und Recht
NVwZ	Neue Zeitschrift für Verwaltungsrecht
NVwZ-RR	NVwZ-Rechtsprechungsreport
NWVBl.	Nordrhein-Westfälische Verwaltungsblätter
oä	oder ähnliche
OEG	Gesetz über die Entschädigung für Opfer von Gewalttaten (Opferentschädigungsgesetz)
og	oben genannt(e/en)
OHG	Offene Handelsgesellschaft
OLG	Oberlandesgericht
ÖPNV	Öffentlicher Personennahverkehr
OVG	Oberverwaltungsgericht
OWi	Ordnungswidrigkeit(en)
OZG	Gesetz zur Verbesserung des Onlinezugangs zu Verwaltungsleistungen (Onlinezugangsgesetz)
PAG	Gesetz über die Aufgaben und Befugnisse der Bayerischen Staatlichen Polizei
PdK	Praxis der Kommunalverwaltung [siehe Literaturverzeichnis]
Pkw	Personenkraftwagen

PlVereinhG	Gesetz zur Verbesserung der Öffentlichkeitsbeteiligung und Vereinheitlichung von Planfeststellungsverfahren
POG	Gesetz über die Organisation der Bayerischen Polizei
PolG	Polizeigesetz
PostG	Postgesetz
PostPersRG	Gesetz zum Personalrecht der Beschäftigten der früheren Deutschen Bundespost
PrOVGE	Entscheidungen des Preußischen Oberverwaltungsgerichts
PSR	Polizei- und Sicherheitsrecht
RL	Richtlinie
Rn.	Randnummer
ROG	Raumordnungsgesetz
RP	Rheinland-Pfalz
Rs.	Rechtssache
Rspr.	Rechtsprechung
S.	Satz/Seite
s.o.	siehe oben
SA	Sachsen-Anhalt
Saarl	saarländisch
Sächs	sächsisch
SGB	Sozialgesetzbuch
SH	Schleswig-Holstein
Slg	Sammlung
sog	sogenannt
st. Rspr.	ständige Rechtsprechung
StGB	Strafgesetzbuch
StGH	Staatsgerichtshof
StPO	Strafprozessordnung
str.	strittig
StrEG	Gesetz über die Entschädigung für Strafverfolgungsmaßnahmen
StRGO	Geschäftsordnung der Bayerischen Staatsregierung
StRGVV	Verordnung über die Geschäftsverteilung der Bayerischen Staatsregierung
StromGVV	Verordnung über Allgemeine Bedingungen für die Grundversorgung von Haushaltskunden und die Ersatzversorgung mit Elektrizität aus dem Niederspannungsnetz (Stromgrundversorgungsverordnung)
StVG	Straßenverkehrsgesetz
StVO	Straßenverkehrsordnung
StVZO	Straßenverkehrs-Zulassungs-Ordnung
TA Lärm	Technische Anleitung zum Schutz gegen Lärm
TA Luft	Technische Anleitung zur Reinhaltung der Luft
thür	thüringisch

TKG	Telekommunikationsgesetz
TÜV	Technischer Überwachungsverein
ua	unter anderem
UAbs.	Unterabsatz
UmwRG	Gesetz über ergänzende Vorschriften zu Rechtsbehelfen in Umweltangelegenheiten nach der EG-Richtlinie 2003/35/EG (Umwelt-Rechtsbehelfsgesetz)
UN-BRK	Übereinkommen der Vereinten Nationen vom 13. Dezember 2006 über die Rechte von Menschen mit Behinderungen
UN-Charta	Charta der Vereinten Nationen
UPR	Umwelt- und Planungsrecht
Urt.	Urteil
usw	und so weiter
uU	unter Umständen
UVP	Umweltverträglichkeitsprüfung
UVPG	Gesetz über die Umweltverträglichkeitsprüfung
UVP-RL	Richtlinie 2011/92/EU des Europäischen Parlaments und des Rates vom 13. Dezember 2011 über die Umweltverträglichkeitsprüfung bei bestimmten öffentlichen und privaten Projekten
v.	vom
v.a.	vor allem
VA	Verwaltungsakt
Var.	Variante(n)
VBlBW	Verwaltungsblätter für Baden-Württemberg
verb. Rs.	verbundene Rechtssache
Verf./Verf	Verfassung
VerfBlog	Verfassungsblog
VerfGH	Verfassungsgerichtshof
VerfGHG	Verfassungsgerichtshofsgesetz
VerwArch	Verwaltungsarchiv
VfGHG	Gesetz über den Bayerischen Verfassungsgerichtshof
VG	Verwaltungsgericht
VGemO	Verwaltungsgemeinschaftsordnung [Bayern]
VGH	Verwaltungsgerichtshof
vgl.	vergleiche
VO	Verordnung
VollzBek.	Vollzugsbekanntmachung
VR	Verwaltungsrundschau
VV	Verwaltungsvorschrift
VVDStRL	Veröffentlichungen der Vereinigung der Deutschen Staatsrechtslehrer
VVWas	Verwaltungsvorschriften zum Vollzug des Wasserrechts [Bayern]
VwGO	Verwaltungsgerichtsordnung

VwVfG	Verwaltungsverfahrensgesetz
VwVG	Verwaltungs-Vollstreckungsgesetz
VwZG	Verwaltungszustellungsgesetz
VwZVG	Bayerisches Verwaltungszustellungs- und Vollstreckungsgesetz
WHG	Gesetz zur Ordnung des Wasserhaushalts (Wasserhaushaltsgesetz)
wN	weitere(n) Nachweise(n)
WRRL	Richtlinie 2000/60/EG des Europäischen Parlaments und des Rates vom 23. Oktober 2000 zur Schaffung eines Ordnungsrahmens für Maßnahmen der Gemeinschaft im Bereich der Wasserpolitik
WRV	Weimarer Reichsverfassung
zB	zum Beispiel
ZfBR	Zeitschrift für deutsches und internationales Bau- und Vergaberecht
ZG	Zeitschrift für Gesetzgebung
Ziff.	Ziffer
ZJS	Zeitschrift für das juristische Studium
ZPO	Zivilprozessordnung
ZUR	Zeitschrift für Umweltrecht
ZustV	Zuständigkeitsverordnung [Bayern]
ZustVBau	Zuständigkeitsverordnung im Bauwesen [Bayern]
ZustVV	Verordnung zur Einführung von Vordrucken für die Zustellung im gerichtlichen Verfahren (Zustellungsvordruckverordnung)
ZustVVerk	Verordnung über Zuständigkeiten im Verkehrswesen [Bayern]
ZustWiG	Gesetz über die Zuständigkeiten zum Vollzug wirtschaftsrechtlicher Vorschriften [Bayern]

Literaturverzeichnis

Kurztitel	Titel
Battis, Baurecht	*Battis, Ulrich*, Öffentliches Baurecht und Raumordnungsrecht, 7. Aufl., Stuttgart (2017).
Battis/Krautzberger/Löhr	*Battis, Ulrich / Krautzberger, Michael / Löhr, Rolf-Peter*, Baugesetzbuch, 13. Aufl., München (2016).
Bauer/Böhle/Ecker	*Bauer, Martin / Böhle, Thomas / Ecker, Gerhard*, Bayerische Kommunalgesetze, Stuttgart u.a. (Loseblatt).
Becker/Heckmann/Kempen/Manssen	Becker, Ulrich / Heckmann, Dirk / Kempen, Bernhard / Manssen, Gerrit, Öffentliches Recht in Bayern, 7. Aufl., München (2017).
BeckOK GG	Epping, Volker / Hillgruber, Christian (Hrsg.), Beck'scher Online-Kommentar Grundgesetz, München (Stand: 38. Ed., 15.08.2018).
BeckOK PSR	Möstl, Markus / Schwabenbauer, Thomas (Hrsg.), Beck'scher Online-Kommentar Polizei- und Sicherheitsrecht Bayern, München (Stand: 8. Ed., 01.04.2018).
BeckOK VwGO	Posser, Herbert / Wolff, Heinrich Amadeus (Hrsg.), Beck'scher Online-Kommentar VwGO, München (Stand: 47. Ed., 01.10.2018).
BeckOK VwVfG	Bader, Johann / Ronellenfitsch, Michael (Hrsg.), Beck'scher Online-Kommentar VwVfG, mit VwVG und VwZG, München (Stand: 39. Ed., 01.04.2018).
Bengl/Berner/Emmerig, LStVG	*Bengl, Karl / Berner, Georg / Emmerig, Ernst*, Bayerisches Landesstraf- und Verordnungsgesetz: LStVG, Stuttgart u.a. (Loseblatt).
Berner/Köhler/Käß, PAG	*Berner, Georg / Köhler, Gerd Michael / Käß, Robert*, Polizeiaufgabengesetz, 20. Aufl., München (2010).
BK-GG	Kahl, Wolfgang / Waldhoff, Christian / Walter, Christian (Hrsg.), Bonner Kommentar zum Grundgesetz, Hamburg (Loseblatt).
Brenner	*Brenner, Michael*, Öffentliches Baurecht, 4. Aufl., Heidelberg u.a. (2014).
Burgi	*Burgi, Martin*, Kommunalrecht, 5. Aufl., München (2015).

Literaturverzeichnis

Kurztitel	Titel
Calliess/Ruffert	Calliess, Christian / Ruffert, Matthias (Hrsg.), EUV/AEUV, 5. Aufl., München (2016).
Czychowski/Reinhardt, WHG	Czychowski, Manfred / Reinhardt, Michael, Wasserhaushaltsgesetz, 11. Aufl., München (2014).
Decker/Konrad	Decker, Andreas / Konrad, Christian, Bayerisches Baurecht, 3. Aufl., München (2012).
Degenhart	Degenhart, Christoph, Staatsrecht I: Staatsorganisationsrecht, 34. Aufl., Heidelberg (2018).
Detterbeck	Detterbeck, Steffen, Allgemeines Verwaltungsrecht mit Verwaltungsprozessrecht, 16. Aufl., München (2018).
Dreier, GG	Dreier, Horst (Hrsg.), Grundgesetz, 3. Aufl., Tübingen (Bd. I: 2013; Bd. II: 2015; Bd. III: 2018).
Drews/Wacke/Vogel/Martens	Drews, Bill / Wacke, Gerhard / Vogel, Klaus / Martens, Wolfgang (Hrsg.), Gefahrenabwehr, 9. Aufl., Köln (1986).
Drost/Ell, Wasserrecht	Drost, Ulrich / Ell, Marcus, Das neue Wasserrecht. Ein Lehrbuch für Ausbildung und Praxis in Bayern, 2. Aufl., Stuttgart u.a. (2016).
Drost/Ell/Wagner I	Drost, Ulrich / Ell, Marcus / Wagner, Thomas (Hrsg.), Das neue Wasserrecht in Bayern, Bd. I: Wasserhaushaltsgesetz (WHG), München (Loseblatt).
Drost/Ell/Wagner II	Drost, Ulrich / Ell, Marcus / Wagner, Thomas (Hrsg.), Das neue Wasserrecht in Bayern, Bd. II: Bayerisches Wassergesetz (BayWG), München (Loseblatt).
Ehlers/Fehling/Pünder II	Ehlers, Dirk / Fehling, Michael / Pünder, Hermann (Hrsg.), Besonderes Verwaltungsrecht, Bd. II: Planungs-, Bau- und Straßenrecht, Umweltrecht, Gesundheitsrecht, Medien- und Informationsrecht, 3. Aufl., Heidelberg u.a. (2013).
Ehlers/Fehling/Pünder III	Ehlers, Dirk / Fehling, Michael / Pünder, Hermann (Hrsg.), Besonderes Verwaltungsrecht, Bd. III: Kommunalrecht, Haushalts- und Abgabenrecht, Ordnungsrecht, Sozialrecht, Bildungsrecht, Recht des öffentlichen Dienstes, 3. Aufl., Heidelberg u.a. (2013).
Ehlers/Pünder	Ehlers, Dirk / Pünder, Hermann (Hrsg.), Allgemeines Verwaltungsrecht, 15. Aufl., Berlin (2016).

Literaturverzeichnis

Kurztitel	Titel
Engelhardt/App/Schlatmann	Engelhardt, Hanns (Begr.) / App, Michael / Schlatmann, Arne (Hrsg.), VwVG/VwZG, Verwaltungs-Vollstreckungsgesetz, Verwaltungszustellungsgesetz, 11. Aufl., München (2017).
Engels/Krausnick	*Engels, Andreas / Krausnick, Daniel*, Kommunalrecht, Baden-Baden (2015).
EnzEuR I	Hatje, Armin / Müller-Graff, Peter-Christian (Hrsg.), Enzyklopädie Europarecht, Bd. I: Europäisches Organisations- und Verfassungsrecht, Baden-Baden (2014).
Epping/Hillgruber, GG	Epping, Volker / Hillgruber, Christian (Hrsg.), Grundgesetz, 2. Aufl., München (2013).
Erbguth/Guckelberger	*Erbguth, Wilfried / Guckelberger, Annette*, Allgemeines Verwaltungsrecht, mit Verwaltungsprozess- und Staatshaftungsrecht, 9. Aufl., Baden-Baden (2018).
Erbguth/Mann/Schubert	*Erbguth, Wilfried / Mann, Thomas / Schubert, Mathias*, Besonderes Verwaltungsrecht, Kommunalrecht, Polizei- und Ordnungsrecht, Baurecht, 12. Aufl., Heidelberg (2014).
Erbguth/Schubert	*Erbguth, Wilfried / Schubert, Mathias*, Öffentliches Baurecht, 6. Aufl., Berlin (2014).
Ernst/Zinkahn/Bielenberg/ Krautzberger, BauGB	*Ernst, Werner / Zinkahn, Willy / Bielenberg, Walter / Krautzberger, Michael*, Baugesetzbuch, München (Loseblatt).
Eyermann, VwGO	Eyermann, Erich / Fröhler, Ludwig (Begr.), Verwaltungsgerichtsordnung, 15. Aufl. 2019.
Feldhaus, BImSchG	Feldhaus, Gerhard (Hrsg.), Bundesimmissionsschutzrecht, Heidelberg (Loseblatt).
Finkelnburg/Ortloff/Kment	*Finkelnburg, Klaus / Ortloff, Karsten-Michael / Kment, Martin*, Öffentliches Baurecht, Bd. I: Bauplanungsrecht, 7. Aufl., München (2017).
Finkelnburg/Ortloff/Otto	*Finkelnburg, Klaus / Ortloff, Karsten-Michael / Otto, Christian-W.*, Öffentliches Baurecht, Bd. II: Bauordnungsrecht, Nachbarschutz, Rechtsschutz, 7. Aufl., München (2018).
Gallwas/Lindner/Wolff	*Gallwas, Hans-Ulrich / Lindner, Josef Franz / Wolff, Heinrich Amadeus*, Bayerisches Polizei- und Sicherheitsrecht, 4. Aufl., Stuttgart u.a. (2015).

Literaturverzeichnis

Kurztitel	Titel
Gärditz, VwGO	Gärditz, Klaus Ferdinand (Hrsg.), Verwaltungsgerichtsordnung mit Nebengesetzen, 2. Aufl., Köln (2018).
Geis	*Geis, Max-Emanuel*, Kommunalrecht, 4. Aufl., München (2016).
Gern/Brüning	*Gern, Alfons / Brüning, Christoph*, Deutsches Kommunalrecht, 4. Aufl., Baden Baden (2018).
Giehl/Adolph/Käß/Giehl	Giehl, Friedrich (Begr.) / Adolph, Olgierd / Käß, Robert / Giehl, Antje (Hrsg.), Verwaltungsverfahrensrecht in Bayern. Kommentar zum BayVwVfG und zum VwZVG, München (Loseblatt).
Götz/Geis	*Götz, Volkmar / Geis, Max-Emanuel*, Allgemeines Polizei- und Ordnungsrecht, 16. Aufl., München (2017).
GVwR² I	Hoffmann-Riem, Wolfgang / Schmidt-Aßmann, Eberhard / Voßkuhle, Andreas (Hrsg.), Grundlagen des Verwaltungsrechts, Bd. I: Methoden, Maßstäbe, Aufgaben, Organisation, 2. Aufl., München (2012).
GVwR² II	Hoffmann-Riem, Wolfgang / Schmidt-Aßmann, Eberhard / Voßkuhle, Andreas (Hrsg.), Grundlagen des Verwaltungsrechts, Bd. II: Informationsordnung, Verwaltungsverfahren, Handlungsformen, 2. Aufl., München (2012).
Hartmann/Mann/Mehde	Hartmann, Bernd J. / Mann, Thomas / Mehde, Veith (Hrsg.), Landesrecht Niedersachsen, 2. Aufl., Baden-Baden (2018).
HGR II	Merten, Detlef / Papier, Hans-Jürgen (Hrsg.), Handbuch der Grundrechte in Deutschland und Europa, Bd. II: Grundrechte in Deutschland – Allgemeine Lehren I, Heidelberg (2006).
Hölzl/Hien/Huber	*Hölzl, Josef / Hien, Eckart / Huber, Thomas*, Gemeindeordnung mit Verwaltungsgemeinschaftsordnung, Landkreisordnung und Bezirksordnung für den Freistaat Bayern, München (Loseblatt).
Holzner, BV	*Holzner, Thomas*, Verfassung des Freistaates Bayern, unter besonderer Berücksichtigung der Staats- und Kommunalverwaltung, Wiesbaden (2014).
Hömig/Wolff, GG	Hömig, Dieter / Wolff, Heinrich Amadeus (Hrsg.), Grundgesetz für die Bundesrepublik Deutschland, Handkommentar, 12. Aufl., Baden-Baden (2018).

Kurztitel	Titel
Honnacker/Beinhofer/ Hauser, PAG	*Honnacker, Heinz / Beinhofer, Paul / Hauser, Manfred*, Polizeiaufgabengesetz (PAG), 20. Aufl., Stuttgart u.a. (2014).
HStR² V	Isensee, Josef / Kirchhof, Paul (Hrsg.), Handbuch des Staatsrechts der Bundesrepublik Deutschland, Bd. V: Allgemeine Grundrechtslehren, 2. Aufl., Heidelberg u.a. (2000).
HStR³ II	Isensee, Josef / Kirchhof, Paul (Hrsg.), Handbuch des Staatsrechts der Bundesrepublik Deutschland, Bd. II: Verfassungsstaat, 3. Aufl., Heidelberg u.a. (2004).
HStR³ IV	Isensee, Josef / Kirchhof, Paul (Hrsg.), Handbuch des Staatsrechts der Bundesrepublik Deutschland, Bd. IV: Aufgaben des Staates, 3. Aufl., Heidelberg u.a. (2006).
HStR³ V	Isensee, Josef / Kirchhof, Paul (Hrsg.), Handbuch des Staatsrechts der Bundesrepublik Deutschland, Bd. V: Rechtsquellen, Organisation, Finanzen, 3. Aufl., Heidelberg u.a. (2007).
HStR³ VI	Isensee, Josef / Kirchhof, Paul (Hrsg.), Handbuch des Staatsrechts der Bundesrepublik Deutschland, Bd. VI: Bundesstaat, 3. Aufl., Heidelberg u.a. (2008).
HStR³ VIII	Isensee, Josef / Kirchhof, Paul (Hrsg.), Handbuch des Staatsrechts der Bundesrepublik Deutschland, Bd. VIII: Grundrechte: Wirtschaft, Verfahren, Gleichheit, 3. Aufl., Heidelberg u.a. (2010).
Hufen	*Hufen, Friedhelm*, Verwaltungsprozessrecht, 10. Aufl., München (2016).
Jäde/Dirnberger	*Jäde, Henning / Dirnberger, Franz*, Baugesetzbuch, Baunutzungsverordnung, 9. Aufl., Stuttgart u.a. (2018).
Jarass, BImSchG	*Jarass, Hans Dieter*, Bundesimmissionsschutzgesetz, 12. Aufl., München (2017).
Jarass/Pieroth, GG	Jarass, Hans Dieter / Pieroth, Bodo, Grundgesetz, 15. Aufl., München (2018).
Kingreen/Poscher, Grundrechte	*Kingreen, Thorsten / Poscher, Ralf*, Grundrechte, Staatsrecht II, 34. Aufl., Heidelberg (2018).
Kingreen/Poscher, Polizei- und Ordnungsrecht	*Kingreen, Thorsten / Poscher, Ralf*, Polizei- und Ordnungsrecht mit Versammlungsrecht, 10. Aufl., München (2018).

Literaturverzeichnis

Kurztitel	Titel
Kirchhof/Korte/Magen	Kirchhof, Gregor / Korte, Stefan / Magen, Stefan (Hrsg.), Öffentliches Wettbewerbsrecht, Heidelberg u.a. (2014).
Kloepfer	*Kloepfer, Michael*, Umweltrecht, 4. Aufl., München (2016).
Knemeyer, Kommunalrecht	*Knemeyer, Franz-Ludwig*, Bayerisches Kommunalrecht, 12. Aufl., Stuttgart u.a. (2007).
Knemeyer, Polizei- und Ordnungsrecht	*Knemeyer, Franz-Ludwig*, Polizei- und Ordnungsrecht, 11. Aufl., München (2007).
Koch/Hendler	*Koch, Hans-Joachim / Hendler, Reinhard*, Baurecht, Raumordnungs- und Landesplanungsrecht, Hand- und Studienbuch, 6. Aufl., Stuttgart u.a. (2015).
König	*König, Hans-Günther*, Bayerisches Sicherheitsrecht, Köln (1981).
Kopp/Ramsauer, VwVfG	Kopp, Ferdinand Otto (Begr.) / Ramsauer, Ulrich (Hrsg.), VwVfG, 19. Aufl., München (2018).
Kopp/Schenke, VwGO	Kopp, Ferdinand Otto (Begr.) / Schenke, Wolf-Rüdiger (Hrsg.), VwGO, 24. Aufl., München (2018).
Lange	*Lange, Klaus*, Kommunalrecht, München (2013).
Landmann/Rohmer	Beckmann, Martin / Durner, Wolfgang / Mann, Thomas / Röckinghausen, Marc (Hrsg.), Landmann/Rohmer, Umweltrecht, in 4 Bänden, München (Loseblatt).
Landmann/Rohmer, GewO	Marcks, Peter / Neumann, Dirk / Bleutge, Peter u.a. (Hrsg.), Landmann/Rohmer, Gewerbeordnung und ergänzende Vorschriften, in 2 Bänden, München (Loseblatt).
Lindner, Bayerisches Staatsrecht	*Lindner, Josef Franz*, Bayerisches Staatsrecht, Stuttgart (2011).
Lindner, Öffentliches Recht	*Lindner, Josef Franz*, Öffentliches Recht. Systematisches Lehrbuch zur Examensvorbereitung im Freistaat Bayern, 2. Aufl., Stuttgart u.a. (2017).
Lindner/Möstl/Wolff, BV	*Lindner, Josef Franz / Möstl, Markus / Wolff, Heinrich Amadeus*, Verfassung des Freistaates Bayern, 2. Aufl., München (2017).

Kurztitel	Titel
Lisken/Denninger	Lisken, Hans / Denninger, Erhard / Bäcker, Matthias / Graulich, Kurt (Hrsg.), Handbuch des Polizeirechts, 6. Aufl., München (2018).
Lissack	*Lissack, Gernot*, Bayerisches Kommunalrecht, 3. Aufl., München (2009).
v. Mangoldt/Klein/Starck, GG	von Mangoldt, Hermann / Klein, Friedrich / Starck, Christian / Huber, Peter Michael / Voßkuhle, Andreas (Hrsg.), Kommentar zum Grundgesetz, 7. Aufl., München (2018).
Mann/Püttner I	Mann, Thomas / Püttner, Günter (Hrsg.), Handbuch der kommunalen Wissenschaft und Praxis, Bd. I: Grundlagen und Kommunalverfassung, 3. Aufl., Berlin u.a. (2007).
Mann/Sennekamp/Uechtritz, VwVfG	Mann, Thomas/Sennekamp, Christoph/Uechtritz, Michael (Hrsg.), Verwaltungsverfahrensgesetz, Großkommentar, Baden-Baden (2014).
Maunz/Dürig, GG	Maunz, Theodor / Dürig, Günter (Begr.), Grundgesetz, München (Loseblatt).
Maunz/Schmidt-Bleibtreu/ Klein/Bethge, BVerfGG	Maunz, Theodor (Begr.) / Schmidt-Bleibtreu, Bruno / Klein, Franz / Bethge, Herbert u.a. (Hrsg.), Bundesverfassungsgerichtsgesetz, München (Loseblatt).
Maurer/Waldhoff	*Maurer, Hartmut / Waldhoff, Christian*, Allgemeines Verwaltungsrecht, 19. Aufl., München (2017).
Meder/Brechmann, BV	Meder, Theodor / Brechmann, Winfried (Hrsg.), Die Verfassung des Freistaates Bayern, 5. Aufl., München (2014).
Michael/Morlok	*Michael, Lothar / Morlok, Martin*, Grundrechte, 6. Aufl., Baden-Baden (2017).
Muckel/Ogorek	*Muckel, Stefan / Ogorek, Markus*, Öffentliches Baurecht, 2. Aufl., München (2014).
v. Münch/Kunig, GG	von Münch, Ingo (Begr.) / Kunig, Philip (Hrsg.), Grundgesetz-Kommentar, 6. Aufl., München (2012).
Nawiasky/Schweiger/ Knöpfle, BV	*Nawiasky, Hans / Schweiger, Karl / Knöpfle, Franz*, Die Verfassung des Freistaates Bayern, München (Loseblatt).

Literaturverzeichnis

Kurztitel	Titel
Papier/Krönke I	*Papier, Hans-Jürgen / Krönke, Christoph*, Grundkurs Öffentliches Recht I. Grundlagen, Staatsstrukturprinzipien, Staatsorgane und -funktionen, 2. Aufl., Heidelberg u.a. (2015).
PdK Bayern	Dirnberger, Frank / Henneke, Hans-Günter / Meyer, Hubert u.a. (Hrsg.), Praxis der Kommunalverwaltung Bayern, München (Loseblatt).
Posser/Wolff, VwGO	*Posser, Herbert / Wolff, Heinrich Amadeus*, Verwaltungsgerichtsordnung, Kommentar, 2. Aufl., München (2014).
Prandl/Zimmermann/ Büchner/Pahlke	*Prandl, Josef / Zimmermann, Hans / Büchner, Hermann / Pahlke, Michael*, Kommunalrecht in Bayern, Kommentar zur Gemeindeordnung, Verwaltungsgemeinschaftsordnung, Landkreisordnung und Bezirksordnung mit ergänzenden Vorschriften, Köln (Loseblatt).
Redeker/v. Oertzen, VwGO	Redeker, Konrad / von Oertzen, Hans-Joachim (Begr.) / Redeker, Martin u.a. (Hrsg.), Verwaltungsgerichtsordnung, Kommentar, 16. Aufl., Stuttgart (2014).
Sachs, GG	Sachs, Michael (Hrsg.), Grundgesetz, GG, 8. Aufl., München (2018).
Sauer	*Sauer, Heiko*, Staatsrecht III. Auswärtige Gewalt, Bezüge des Grundgesetzes zu Völker- und Europarecht, 5. Aufl., München (2018).
Schenke, Polizei- und Ordnungsrecht	*Schenke, Wolf-Rüdiger*, Polizei- und Ordnungsrecht, 10. Aufl., Heidelberg (2018).
Schenke, Verwaltungsprozessrecht	*Schenke, Wolf-Rüdiger*, Verwaltungsprozessrecht, 15. Aufl., Heidelberg u.a. (2017).
Schmidbauer/Steiner	Schmidbauer, Wilhelm / Steiner, Udo, Bayerisches Polizeiaufgabengesetz und Polizeiorganisationsgesetz, 4. Aufl., München (2014).
Schmidt/Kahl/Gärditz	*Schmidt, Reiner / Kahl, Wolfgang / Gärditz, Klaus Ferdinand*, Umweltrecht, 10. Aufl., München (2017).
Schmidt/Wollenschläger	Schmidt, Reiner / Wollenschläger, Ferdinand (Hrsg.), Kompendium Öffentliches Wirtschaftsrecht, 4. Aufl., Berlin u.a. (2016).
Schoch	Schoch, Friedrich (Hrsg.), Besonderes Verwaltungsrecht, 16. Aufl., Berlin u.a. (2018).

Kurztitel	Titel
Schoch/Schneider/Bier, VwGO	Schoch, Friedrich / Schneider, Jens-Peter / Bier, Wolfgang (Hrsg.), Verwaltungsgerichtsordnung, Kommentar, München (Loseblatt).
Schrödter	Schrödter, Wolfgang (Hrsg.), Baugesetzbuch, 8. Aufl., Baden-Baden (2015).
Schwarzer/König, BayBO	*Schwarzer, Herbert / König, Helmut*, Bayerische Bauordnung, 4. Aufl., München (2012).
Sieder/Zeitler/Dahme I	Sieder, Frank / Zeitler, Herbert / Dahme, Heinz (Hrsg.), Wasserhaushaltsgesetz, Abwasserabgabengesetz, Bd. I: WHG, München (Loseblatt).
Simon/Busse, BayBO	Simon, Alfons / Busse, Jürgen (Hrsg.), Bayerische Bauordnung, München (Loseblatt).
Sodan/Ziekow, VwGO	Sodan, Helge / Ziekow, Jan (Hrsg.), Verwaltungsgerichtsordnung, 5. Aufl., Baden-Baden (2018).
Spannowsky/Manssen	Spannowsky, Willy / Manssen, Gerrit (Hrsg.), Beck'scher Online-Kommentar Bauordnungsrecht Bayern, München (Loseblatt).
Spannowsky/Uechtritz, BauGB	Spannowsky, Willy / Uechtritz, Michael (Hrsg.), Baugesetzbuch: BauGB, 3. Aufl., München (2018).
Stelkens/Bonk/Sachs, VwVfG	Stelkens, Paul / Bonk, Heinz Joachim / Sachs, Michael (Hrsg.), Verwaltungsverfahrensgesetz, 9. Aufl., München (2018).
Stern I	*Stern, Klaus*, Das Staatsrecht der Bundesrepublik Deutschland, Bd. I: Grundbegriffe und Grundlagen des Staatsrechts, Strukturprinzipien der Verfassung, 2. Aufl., München (1984).
Stollmann/Beaucamp	*Stollmann, Frank / Beaucamp, Guy*, Öffentliches Baurecht, 11. Aufl., München (2017).
Streinz	*Streinz, Rudolf*, Europarecht, 10. Aufl., Heidelberg (2016).
Ule/Laubinger/Repkewitz	*Ule, Carl Hermann / Laubinger, Hans Werner / Repkewitz, Ulrich*, Bundes-Immissionsschutzgesetz, Köln (Loseblatt).
Weber/Köppert, Baurecht	*Weber, Tobias / Köppert, Valentin*, Baurecht Bayern, 3. Aufl., Heidelberg (2016).
Weber/Köppert, Kommunalrecht	*Weber, Tobias / Köppert, Valentin*, Kommunalrecht Bayern, 3. Aufl., Heidelberg (2015).

Kurztitel	Titel
Weber/Köppert, Polizei- und Sicherheitsrecht	*Weber, Tobias / Köppert, Valentin*, Polizei- und Sicherheitsrecht Bayern, 3. Aufl., Heidelberg (2015).
Widtmann/Grasser/Glaser	*Widtmann, Julius / Grasser, Walter / Glaser, Erhard*, Bayerische Gemeindeordnung mit Verwaltungsgemeinschaftsordnung, Landkreisordnung und Gesetz über die kommunale Zusammenarbeit, München (Loseblatt).
Wolff/Bachof/Stober/Kluth I	Wolff, Hans Julius / Bachof, Otto / Stober, Rolf / Kluth, Winfried, Verwaltungsrecht, Bd. I, 13. Aufl., München (2017).
Wolff/Decker	*Wolff, Heinrich Amadeus / Decker, Andreas*, Verwaltungsgerichtsordnung (VwGO), Verwaltungsverfahrensgesetz (VwVfG), 3. Aufl., München (2012).

§ 1 Bayerisches Verfassungsrecht

Eva Julia Lohse

I. Vorbemerkungen und praktische Hinweise 1
II. Verortung des Bayerischen Verfassungsrechts 8
   1. Historische Entwicklung 9
   2. Verflechtungen 19
      a) BV und Bundesstaat 22
      b) BV und Unionsrecht 30
      c) BV und Völkerrecht 37
   3. Relevanz 42
III. Eigenstaatlichkeit I – wesensprägende Merkmale bayerischer Staatlichkeit im Bundesstaat 44
   1. Grundlagen des Bayerischen Staates 44
      a) Staatsvolk 47
      b) Staatsgewalt 51
      c) Staatsgebiet 54
   2. Vom Grundgesetz abweichende Regelungen 57
      a) Ohne Äquivalent 58
      b) Mit Äquivalent 60
IV. Eigenstaatlichkeit II – Staatsstrukturen und Staatsziele 61
   1. Quellen und Begriffsbestimmung 62
   2. Wirkung des Homogenitätsprinzips, Art. 28 Abs. 1 GG ... 66
   3. Die Staatsstrukturprinzipien und Staatszielbestimmungen .. 70
      a) Freistaat, Art. 1 Abs. 1 BV 70
      b) Volksstaat, Art. 2 BV 71
      c) Rechtsstaat, Art. 3 Abs. 1 BV 79
      d) Kulturstaat, Art. 3 Abs. 1 f. BV 85
      e) Sozialstaat, Art. 3 Abs. 1 BV 87
      f) Gleichwertigkeitsziel, Art. 3 Abs. 2 S. 2 BV 90
      g) Nachhaltigkeit, Art. 3 Abs. 2 S. 1 BV 91
      h) Europäische Integration, Art. 3 a BV 92
   4. Schutz der staatlichen Ordnung 93

V. Eigenstaatlichkeit III – Aufbau und Aufgaben der Staatsorgane und Hoheitsträger 96
   1. Verfassungsrechtlicher Rahmen: Gewaltenteilung und Staatsorganschaft 97
   2. Gesetzgebende Gewalt 101
      a) Landtag 101
         aa) Wahlen und Zusammensetzung 104
         bb) Gesetzgebung 109
         cc) Arbeitsweise und Rechtsstellung 112
      b) Volksgesetzgebung 122
      c) Verfassungsändernde Gesetze, Art. 75 BV 130
   3. Exekutive: Regierung und Verwaltung 136
      a) Verfassungsrechtliche Vorgaben für die Exekutive ... 140
      b) Gubernative – Staatsregierung 144
         aa) Ministerpräsident 145
         bb) Staatsministerien und Staatssekretäre 152
         cc) Kollegialorgan Staatsregierung 157
         dd) Staatskanzlei 161
      c) Administrative – Landesverwaltung 162
         aa) Unmittelbare Staatsverwaltung – Hierarchische Ministerialverwaltung 167
         bb) Mittelbare Staatsverwaltung, insbesondere kommunale Selbstverwaltung 175
   4. Rechtsprechung 188
      a) Organisation und verfassungsrechtliche Grundsätze 188
      b) Verhältnis zur Bundes- und Unionsgerichtsbarkeit 191
      c) Justizgrundrechte 193
VI. Verfassungsgerichtsbarkeit 195
   1. Funktion der Landesverfassungsgerichtsbarkeit 197

2. Landesverfassungsgerichtsbarkeit im Mehrebenensystem 202
   a) Verhältnis zum BVerfG 203
   b) Verhältnis zum EuGH 208
   c) Verhältnis zum EGMR 210
   d) Verhältnis zur Fachgerichtsbarkeit – Prüfungs- und Verwerfungskompetenz 212
3. Bildung, Zusammensetzung, Arbeitsweise 215
4. Verfahren vor dem BayVerfGH 219
   a) Popularklage, Art. 98 S. 4 BV 225
   b) Verfassungsbeschwerde, Art. 120, 66 BV 230
   c) Organstreit, Art. 64 BV ... 234
   d) Normenkontrollen 238
      aa) Richtervorlage/ konkrete Normenkontrolle (Art. 92 iVm Art. 65 BV) 239
      bb) Abstrakte Normenkontrolle 240
   e) Ausschluss von Wählergruppen, Art. 62, 15 BV ... 245
   f) Wahlprüfung, Art. 63 BV iVm Art. 48 VfGHG 246
   g) Zulassung von Volksbegehren, Art. 67 BV iVm Art. 64 BayLWG 247
5. Prüfungsmaßstäbe des Verfassungsgerichtshofs 248

a) Grundsatz: Landesverfassungsrecht 249
b) Erweiterung auf GG, EMRK, Unionsrecht 250
c) Beschränkung bei bundes- und unionsrechtlich determiniertem Landesrecht und Vollzugsakten von Landesbehörden 253

VII. Grundrechte 256
1. Grundrechte in der BV 257
2. Verhältnis zu Art. 1–19 GG und Relevanz landesrechtlichen Grundrechtsschutzes 260
3. Systematik der Grundrechtsprüfung 263
   a) Freiheitsrechte 263
   b) Gleichheitssatz 265
4. Grundrechtsträger und Grundrechtsadressaten 267
5. Dimensionen 271
6. Überblick: materielle Gewährleistungen 275
   a) Berufsfreiheit und unternehmerische Freiheit 276
   b) Eigentumsfreiheit 278
   c) Individuelle Freiheiten 280
   d) Politische Teilhaberechte .. 281
   e) Recht auf Naturgenuss 283
   f) Recht auf Bildung 285

VIII. Kontrollfragen 286
IX. Literatur 286

I. Vorbemerkungen und praktische Hinweise

1   Das bayerische Verfassungsrecht behandelt die Organisation der Ausübung bayerischer Staatsgewalt (III, IV. und V.) ebenso wie die spezifischen Landesgrundrechte (VII.). Weiterhin ist das Verfassungsprozessrecht für Verfahren vor dem BayVerfGH Gegenstand (VI.). Im Vordergrund steht die Darstellung der Eigenstaatlichkeit Bayerns in ihren föderalen, supranationalen und internationalen Verflechtungen. Dieser „Mehrebenenfrage" ist sowohl ein eigener Abschnitt (II.2.) gewidmet, als auch Ausführungen an relevanter Stelle innerhalb der Darstellung des Landesrechts.

Das bayerische Verfassungsrecht ist laut § 18 Abs. 2 Nr. 5 a) und § 58 JAPO vollumfänglich Prüfungsstoff der beiden Staatsexamina – sowohl in seinen materiellrechtlichen wie in seinen prozessualen Aspekten, insbesondere der Popularklage nach Art. 98 S. 4 BV.[1] Dennoch war es bisher nur selten Schwerpunkt in Klausuren des Ersten und erst recht des Zweiten Staatsexamens. Dies hat zwei Gründe: erstens, und va, die Tatsache, dass vielfach eine Überlagerung durch Bundesrecht stattfindet (gerade

---

1 Siehe auch die *Vorbemerkung zur Lösungsskizze zur Aufgabe 6 der Ersten Juristischen Staatsprüfung 1990/2*, BayVBl. 1992, 415, 445 (445).

I. Vorbemerkungen und praktische Hinweise

im Bereich des Grundrechtsschutzes), und zweitens, dass die staatsorganisatorischen Fragen bis auf wenige Ausnahmen auch anhand des GG abgeprüft werden können und deshalb von Studierenden und Referendaren nur die Fähigkeit des Transfers auf die meist im Aufgabentext erwähnten Vorschriften der BV erfordern. Es ist deshalb populär, im Bayerischen Verfassungsrecht „auf Lücke" zu lernen und dadurch die Aspekte zu übersehen, die – wegen ihrer Unterschiede zum GG und möglicherweise auch zu anderen Landesverfassungen – nicht durch „Analogie" zum GG gelöst werden können oder denen eine bundesrechtliche Entsprechung fehlt. Hierauf legt diese Darstellung ihren Schwerpunkt.

Daneben sind jedoch auch Juristen oder Juristinnen jenseits des Examens und „im Staatsdienst" angesprochen, die diese Lücken befreit vom Prüfungsdruck schließen möchten oder gar, wie unlängst in der Presse gefordert,[2] die Landesverfassung zum Leben erwecken wollen und dafür nach einer Einführung jenseits der umfangreichen Kommentarliteratur[3] suchen.

Diese Darstellung hat deshalb drei **Zielsetzungen:**

- eine problemlösungsorientierte Vorbereitung auf mögliche Themen in Examensklausuren für eilige Leser
- eine Einführung in die Besonderheiten und Verflechtungen der Bayerischen Verfassung im heutigen Mehrebenensystem Landesverfassungen – Grundgesetz – Unionsrecht – internationales Recht für die mit dem Landesverfassungsrecht in seiner Anwendung Konfrontierten und schließlich
- eine Sammlung von (auch rechtsvergleichenden) Anregungen zur weiteren Lektüre und Forschung zu aktuellen Fragen der Landesverfassungen.

Der Schwerpunkt liegt demnach auf den Aspekten, die vom Staatsrecht des Bundes abweichen oder dieses eigenständig ergänzen sowie auf Fragestellungen, die sich in einen größeren Mehrebenenkontext einfügen. Hierzu gehört die Perspektive des Grundgesetzes auf die Landesverfassungen, die bestimmte Fragestellungen, gerade im Hinblick auf den Kontext einer Falllösung, erst verständlich machen. Der Prüfungsvorbereitung dienen Prüfungsschemata und Fälle sowie Eingangsfragen, die die Leser zu eigenem Nachdenken und Ziehen von Parallelen anregen sollen. Im Text erfolgt eine Abschichtung nach essentiellem Wissen und vertiefenden/ergänzenden Darstellungen.

Recht kann man nur mit einem Blick in die **Gesetze** lernen – maßgeblich ist die BV. Daneben speist sich das Verfassungsrecht „im untechnischen Sinn" aus einer Reihe konkretisierender Landesgesetze, untergesetzlicher Rechtsnormen und dem Eigenrecht der Organe des Freistaats Bayern, den Geschäftsordnungen. Für den studentischen Gebrauch wichtig (und im Lehrbuch behandelt) sind: das Verfassungsgerichtshofgesetz (VfGHG – Ziegler/Tremel Nr. 855), das Landeswahlgesetz (BayLWG – Ziegler/

---

[2] *Heribert Prantl*, „Dreck im Schachterl", SZ-Ausgabe vom 18.7.2018, S. 4.
[3] Aktuell sind dies: *Lindner/Möstl/Wolff*, Verfassung des Freistaates Bayern, 2. Aufl. 2017; *Meder/Brechmann*, Die Verfassung des Freistaats Bayern, 5. Aufl. 2014; *Holzner*, Die Verfassung des Freistaates Bayern, 2014; *Nawiasky/Schweiger/Knöpfle*, Die Verfassung des Freistaats Bayern (Stand: 2008).

Tremel Nr. 430) sowie die Landeswahlordnung (BayLWO – Ziegler/Tremel Nr. 431), das Abgeordnetengesetz (BayAbgG – Ziegler/Tremel Nr. 5) sowie die Geschäftsordnungen des Landtags, der Staatsregierung und des Verfassungsgerichtshofs.[4] Aus dem Bundesrecht wird das GG, die VwGO und das GVG, aus dem Unionsrecht der Vertrag über die Europäische Union (EUV) sowie der Vertrag über die Arbeitsweise der Europäischen Union (AEUV) und die Europäische Grundrechtecharta (GRC) benötigt. Kenntnisse des Verfassungsrechts des Bundes werden vorausgesetzt, ggf. müssen diese mit einem geeigneten Lehrbuch nachgeholt werden.

6 Eine Besonderheit des Landesverfassungsrechts in einem föderalen Staat ist, dass vielerorts dasselbe rechtliche Problem aus der Perspektive der BV ebenso wie der des GG (insbesondere Art. 28 Abs. 1 GG) betrachtet werden kann und muss, oft kommt noch eine völker- oder europarechtliche Perspektive dazu. Da eine Trennung schlecht möglich ist, erfolgt die Betrachtung nach einer allgemeinen Hinführung unter II. 2. (Verflechtungen) in der Regel aus beiden Perspektiven bei den einzelnen Gliederungspunkten. Dort, wo andere Landesverfassungen Lösungen zu verfassungsrechtlichen Problemen gefunden haben oder spannende Fragen aufwerfen, werden diese in die Betrachtung einbezogen, da in einem durch das Homogenitätsprinzip des Art. 28 Abs. 1 GG geprägten föderalen System interföderale Anregungen wichtig und spannend (und für Aufgabensteller inspirierend) sind.

7 Generell soll die Darstellung das problemorientierte und fallbasierte Lernen fördern. Aus diesem Grund sind einzelnen Abschnitten Ausgangsfragen oder -fälle vorangestellt ebenso wie Stichpunkte, an welchen Stellen die behandelten Rechtsfragen in einem Rechtsgutachten relevant werden (können). Hierdurch soll die Fähigkeit für Transfer und assoziatives Lernen gefördert werden und nicht nur totes Lehrbuchwissen aufgereiht werden. Der letzte Abschnitt geht außerdem allgemein auf die **Falllösungstechnik** im Staatsrecht ein.

Bisher war das Bayerische Verfassungsrecht in folgenden Konstellationen Thema in Examensklausuren:

- Aufgabe 6 der Ersten Juristischen Staatsprüfung 1990/2, BayVBl. 1992, 415 (Aufgabentext), 445 ff. (Lösungshinweise) – Kommunale Selbstverwaltung, Art. 11 Abs. 2 BV: Auflösung von Gebietskörperschaften (und prozessuale Geltendmachung)
- Aufgabe 7 der Ersten Juristischen Staatsprüfung 1991/1, BayVBl. 1993, 159 (Aufgabentext), 190 ff. (Lösungsskizze): Bestimmung eines Geschäftsbereichs durch Gesetz, kommunale Selbstverwaltung („Hochzonung"), Popularklage
- Aufgabe 7 der Ersten Juristischen Staatsprüfung 1993/1, BayVBl. 1995, 30 f. (Aufgabentext), 60 ff. (Lösungshinweise): Verhältnis von § 47 VwGO – Popularklage – Bundesverfassungsbeschwerde bei der Überprüfung einer kommunalen Verpackungssteuer

---

[4] Weitere, auch für die Ausbildung relevante Gesetze finden sich bei *Lindner*, Bayerisches Staatsrecht, Rn. 28-36.

- Aufgabe 8 der Zweiten Juristischen Staatsprüfung 1999/2, BayVBl. 2003, 350 f. (Aufgabentext), 378 ff. (Lösungshinweise) – Eingriff in Selbstverwaltungsgarantie durch Einschreiten der Rechtsaufsicht, Normenkontrollverfahren nach § 47 VwGO gegen kommunale Verordnung (LStVG), bayerische Grundrechte
- Aufgabe 7 der Ersten Juristischen Staatsprüfung 2001/1, BayVBl. 2003, 413 f. (Aufgabentext), 443 ff. (Lösungshinweise): Ansprüche des Datenschutzbeauftragten gegenüber dem Landtagspräsidenten, Grundrechte, Verwaltungsrechtsweg
- Aufgabe 6 der Ersten Juristischen Staatsprüfung 2014/2, BayVBl. 2017, 465 f. (Aufgabentext), 497 ff. (Lösungshinweise): Rechtsbehelfe gegen kommunale Verordnung, dh Popularklage und bayerische Verfassungsbeschwerde.[5]

Entscheidungen des BayVerfGH sind abrufbar unter www.bayern.verfassungsgerichtshof.de/bayverfgh/rechtsprechung/index.php (15.11.2018). Sie werden in einer eigenen Entscheidungssammlung (VerfGH) veröffentlicht. In den BayVBl. finden sich regelmäßig Rechtsprechungsübersichten und -besprechungen.

II. Verortung des Bayerischen Verfassungsrechts

Die BV lässt sich einerseits als Produkt einer **historischen Entwicklung** verorten, die im folgenden Abschnitt 1. kurz dargestellt wird, soweit dies für das Verständnis und die Auslegung des heutigen Verfassungstexts von Bedeutung ist. Andererseits ist die BV Teil miteinander verflochtener und auf mehreren Ebenen existierenden (Teil-)Rechtsordnungen, die sich gegenseitig beeinflussen und auch bedingen. Bayerisches Verfassungsrecht kann ohne eine klare Vorstellung der Verortung in diesem **System aus GG, EUV, AEUV** und Völkerrecht nicht mehr angewendet werden, weshalb die Verflechtungen in Abschnitt 2. mit ihrer Fallrelevanz verdeutlicht werden. Dies stellt die Frage nach der Bedeutung, die das Landesverfassungsrecht überhaupt (noch) hat, – in der praktischen Rechtsanwendung ebenso wie in der Prüfungspraxis. Eine Übersicht hierzu ist Gegenstand von Abschnitt 3.

8

1. Historische Entwicklung

Für eine ausführliche Darstellung sei auf *Kempen*, in: Becker/Heckmann/ders./Manssen, 1. Teil, Rn. 4–15, sowie *Möstl*, in: Lindner/ders./Wolff, BV, 2017, Vorbem. A verwiesen. In den jeweiligen Unterabschnitten finden sich ebenfalls Hinweise zur Entstehungsgeschichte, die für das Verständnis der Regelung wichtig sind.

9

Bayern wurde von 1180 bis 1918 von den **Wittelsbachern** zunächst als Herzogtum, später mit Kurfürstenwürde (1623) und schließlich als Königreich (seit 1806) regiert. Die **erste bayerische Verfassung** (Konstitution für das Königreich Bayern) wurde 1808 unter Einfluss von Montgelas oktroyiert und 1818 durch die von König Maximilian Joseph oktroyierte Verfassungsurkunde des Königreichs Bayerns ersetzt – sie wies die

10

---

[5] Für die Prüfungsvorbereitung sei außerdem auf folgende Klausuren in Ausbildungszeitschriften verwiesen, die Fragen des (bayerischen) Verfassungsrechts im Schwerpunkt thematisieren: *Kramer*, Examensklausur: Die Götterdämmerung – oder: Was für ein Theater!, BayVBl. 2015, 322 (Aufgabentext), 353 ff. (Lösungshinweise): Bayerische Grundrechte und Popularklage sowie Verfassungsbeschwerde und *Hornung/Schmidt*, Referendarsexamensklausur Öffentliches Recht: Rassismusprävention durch Parteibeschimpfung, JuS 2015, 343 ff.: Chancengleichheit der Parteien und Verfassungsprozessrecht mit Parallelen zum GG/BVerfGG.

typischen Merkmale einer **frühkonstitutionellen Repräsentativverfassung** im Deutschen Bund auf: die Betonung des monarchischen Prinzips, dh keine Gewaltenteilung, sondern Vereinigung aller Souveränität beim König, eine beschränkte Teilhabe von Bürgern an der Gesetzgebung im Rahmen eines Zwei-Kammern-Systems (Ständekammer/Abgeordnetenkammer) mit Budgetrecht, Gewährleistung von Grundrechten, aber keine Grundrechtsbindung des Gesetzgebers, Gesetzesvorbehalt für Eingriffe in Eigentum und Freiheit, Grundsatz der Gleichheit relativiert durch Standesprivilegien, weitgehende Unabhängigkeit der Gerichte und eine monarchische Exekutive, dh Bindung der Minister an die Verfassung, aber keine Verantwortlichkeit vor den zwei Kammern. Auch bildete sich bereits eine **Staatsgerichtsbarkeit** wegen Verletzungen der Verfassung durch Minister heraus.

11 Die Konstitution von 1818 sollte 100 Jahre mehr oder weniger unverändert Bestand haben, bis *Kurt Eisner* am 8.11.1918 den „**Freistaat Bayern**" ausrief und damit die Monarchie beendete. Es entstand die „Bamberger Verfassung" vom 14.8.1919[6] – eine moderne, republikanische Vollverfassung eines Landes im Rahmen der Art. 13 und Art. 17 Weimarer Reichsverfassung (WRV). Es existierte ein Einkammersystem, kein Staatspräsident, ein eigener Grundrechtekatalog, ein bayerischer Staatsgerichtshof und eine kommunale Selbstverwaltungsgarantie. Die Bamberger Verfassung wurde bis 1933 kaum geändert und garantierte verfassungsrechtliche und politische Stabilität.

12 Bereits 1933 wurde zunächst die bürgerliche Koalitionsregierung unter dem Ministerpräsidenten Held von der Reichsregierung zum Rücktritt gezwungen und durch mehrere Gesetze die **Gleichschaltung** der Länder und Aufhebung der Eigenstaatlichkeit der Länder und des föderalen Prinzips der Weimarer Republik vollzogen.[7]

13 Nach der bedingungslosen Kapitulation der Streitkräfte und dem Zusammenbruch des Deutschen Reichs am 8.5.1945 begannen in den Besatzungszonen die Alliierten den politischen und rechtlichen **Wiederaufbau** nach ihren jeweils eigenen politischen Prägungen. In der amerikanischen Zone, zu der Bayern bis auf Lindau und die Rheinpfalz gehörte, strebte man nach dem föderalistischen Vorbild der USA einen zügigen Aufbau der Landesverwaltung und -verfassung „von unten" an. Bereits am 1.8.1945 wurde im Potsdamer Abkommen die Wiederherstellung lokaler Selbstverwaltung nach demokratischen Grundsätzen beschlossen und in Kommunalwahlen Bürgermeister und Gemeinderäte eingesetzt, auch um die dringenden Versorgungsfragen (Lebensmittel und Wohnraum) lokal verwalten zu können.

14 Als nächstes sollte die **Eigenstaatlichkeit** der Länder einschließlich eigener Landesverfassungen und Verwaltungsapparate durch die Besatzungsmächte wiederhergestellt werden. Zunächst wurden Ministerpräsidenten der Länder, in Bayern der politisch unbelastete vormalige Staatsrat im Bayerischen Finanzministerium *Fritz Schäffer*, ernannt. Mit der Proklamation vom 19.9.1945 wurden die drei Verwaltungsgebiete in

---

6 Ausführliche Darstellung bei *Ruf*, Die Bayerische Verfassung vom 14. August 1919, 2015.
7 Vorläufiges Gesetz zur Gleichschaltung der Länder mit dem Reich und zweites Gesetz zur Gleichschaltung der Länder mit dem Reich (31.03./7.4.1933) sowie Gesetz über den Neuaufbau des Reichs vom 30.1.1934.

der amerikanischen Besatzungszone (Großhessen, Württemberg-Baden und eben Bayern) zum „state" erklärt und Wilhelm Hoegner (SPD) zum Ministerpräsidenten ernannt. Er unterstand der Aufsicht des stellvertretenden Militärgouverneurs für die amerikanische Besatzungszone, General *Lucius D. Clay*. Ab Dezember 1946 wurde Hoegner mit der Ausarbeitung der Landesverfassung und der Einberufung eines **vorbereitenden Verfassungsausschusses** beauftragt. Sieben Politiker aus den seit 1946 (wieder) existierenden Parteien CSU, SPD und KPD erstellten in enger Anlehnung an die Vorarbeiten von Wilhelm *Hoegner* und Prof. Hans *Nawiasky*, der zum Teil noch im Schweizer Exil erarbeitet worden war,[8] einen ersten Vorentwurf.

15 Die Länder der amerikanischen Besatzungszone waren damit die ersten Länder, die wieder eine Verfassung erhielten. Der **Vorentwurf** ebenso wie die von der verfassungsgebenden Landesversammlung von Juni bis August 1946 erarbeitete Verfassung zogen klare *„Lehren aus Weimar"* und distanzierten sich von der nationalsozialistischen Diktatur: Sie enthielten ausführliche Grundrechtsteile, Regelungen einer „wehrhaften Demokratie", Rechtsstaatlichkeit und Gesetzesvorbehalt, die Betonung des Gemeinwohlgedankens und des Sozialstaatsprinzips, und ein klares Bekenntnis zur Staatlichkeit Bayerns mit einer starken Stellung von Staatsregierung und Ministerpräsident.[9]

16 Die Besonderheit der Entstehung der BV vor dem GG (1949) führte dazu, dass anders als in späteren Landesverfassungen eine **Vollverfassung** angestrebt wurde. Viele Regelungskonzepte wurden dann vom GG/Bundesrecht „überholt" und wurden mit Inkrafttreten der Art. 31 und 28 Abs. 1 GG obsolet. Gleichzeitig findet sich auch eine Erweiterung bundesrechtlicher Regelungen, zB die Selbstverwaltung der Gemeinden, die unter Eindrücken des Schweizer Rechts gestaltet wurde, und Mehrgewährleistungen der Grundrechte im Vergleich zum GG.

17 Der **Verfassungsentwurf** wurde im September 1946 mit den Stimmen der Vertreter von CSU und SPD angenommen. Am 24.10.1946 genehmigte die amerikanischen Militärregierung, nachdem einigen Änderungswünschen entsprochen worden war, die Verfassung unter der Bedingung, dass der Beitritt zu einem zu bildenden föderalen Bundesstaat nach Art. 178 BV obligatorisch sei. Auf Anordnung der Militärregierung wurde am 1.12.1946 eine **Volksabstimmung** durchgeführt, bei der fast 71 % der Stimmberechtigten (bei einer Wahlbeteiligung von 15,7 %) für die Verfassung stimmten. Die Verfassung trat am 8.12.1946 in Kraft.

18 Wie auch die anderen „vorkonstitutionellen" Verfassungen prägte sie die Entstehung des GG mit – so war Prof. *Nawiasky* auch Mitglied beim Herrenchiemseer Konvent, bei dem der Erstentwurf des GG erarbeitete wurde. Jedoch war die Einflussnahme christlicher und christsozialer Politiker auf die Entstehung der BV stärker als beim GG; die BV selbst ist deutlicher sozialstaatlich und wirtschaftspolitisch geprägt als das GG.

---

8 *Zacher*, Hans Nawiasky und das bayerische Verfassungsrecht, in: FS 50 Jahre BayVerfGH, 1997, 307 (314 ff.).
9 *Schmidt*, Staatsgründung und Verfassungsgebung in Bayern, 1997, S. 143 f.

2. Verflechtungen

19 *Wozu?* In diesem Abschnitt geht es um die Einbindung bayerischen Staatshandelns in andere Rechtsregimes (Bundesrecht, Unionsrecht, Völkerrecht). Die Existenz von mehreren verbindlichen Rechtssystemen im gleichen Rechtsraum führt zu **Kollisionen** und **Überlappungen** des materiellen Rechts und zu **Zuständigkeitskonflikten** zwischen Gerichten. Um in Ausbildung und Praxis Fälle lösen und die richtigen Rechtsbehelfe einlegen zu können, ist die Kenntnis der Kollisionsregeln, der Prüfungsmaßstäbe unterschiedlicher Gerichte (Fachgerichte des Bundes und der Länder, BayVerfGH, BVerfG, EuGH und EGMR) und der Verbindung zwischen den Gerichten durch Vorlageverfahren und kontrollierende Entscheidungen unabdingbar.

20 Das Staatshandeln der Organe des Freistaats Bayern ist eingebunden in verschiedene andere Rechtssysteme – zum einen in die bundesstaatliche Rechtsordnung Deutschlands, zum anderen in das **supranationale System** der Europäischen Union. Schließlich wirken auch **völkerrechtliche Normen** auf die Landesgesetze und Landesgesetzgebung ein. Dieser Abschnitt soll einen allgemeinen Überblick über den rechtlichen Rahmen und die offenen Fragen und Lösungsansätze geben. In den einzelnen Abschnitten werden dann die jeweiligen Auswirkungen von Kollisionsregeln und gerichtlichen Prüfungsmaßstäben auf Staatsstrukturprinzipien (→ Rn. 70 ff.), Staatsorganisation (→ Rn. 98), Verfassungsgerichtsbarkeit (→ Rn. 202 ff.) und Grundrechte (→ Rn. 260 ff.) erläutert.

21 Für die Verflechtung von Rechtsordnungen hat sich der Begriff „**Mehrebenensystem**" eingebürgert – er wird inflationär für jede Art von gestufter Rechtsetzung und -auslegung in miteinander verbundenen Rechtssystemen verwendet.[10] Wichtigster Anwendungsfall ist der (parallele) Schutz von Menschen- bzw. Grundrechten durch Europarat (EMRK), EU (GRC), Bund (GG) und Länder (Landesverfassungen).[11] Schwierigkeiten ergeben sich, wenn zwischen staatlichen oder überstaatlichen Rechtssubjekten entweder mehrere Rechtsquellen unterschiedlicher Urheber und ungeklärter oder uneinheitlicher Hierarchie existieren, wenn eine einheitliche Rechtsnorm von einer Vielzahl von Anwendern dezentral angewendet wird, wie bei EU-Richtlinien in den Mitgliedstaaten, oder wenn es zu einer parallelen Rechtsanwendung kommt, zB zwischen den europäischen Grundrechtsgerichten EuGH-EGMR-BVerfG-(BayVerfGH).[12]

a) BV und Bundesstaat

22 Bayern ist eingebunden in einen **Bundesstaat**. Dies bedeutet, dass anders als bei einem Staatenbund souveräne Gliedstaaten zu einer staatsrechtlichen Einheit verbunden sind, ohne dadurch ihre Souveränität in ihren Kompetenzbereichen bzw. **Eigenstaatlichkeit** aufzugeben. Staatsgewalt wird damit sowohl vom Zentralstaat als auch von

---

10 Sogar für hierarchische Ministerialverwaltung innerhalb eines Bundeslandes, vgl. Möstl, VerwArch 2008, 309 (310).
11 Sauer, EuGRZ 2011, 195; Hong, EuGRZ 2011, 215 (215). Zum „Mehrebenensystem der Verfassungsgerichtsbarkeiten" Oeter, VVDtStRL 66 (2007), 362 (367 ff.). Kritisch v.a. zum Postulat der „Koexistenz" oder „Kooperation" Bethge, in: Maunz/Schmidt-Bleibtreu/Klein/ders., BVerfGG, Vorbem. (Stand: 48. EL Februar 2016), Rn. 229 a, 365 ff.
12 Siehe auch Lohse, DVBl. 2018, 1120.

den Gliedstaaten ausgeübt. Bund und Länder erfüllen jeweils eigene Aufgaben der Gesetzgebung, Rechtsprechung und Verwaltung, für die sie eigene Vorgaben in ihrer Verfassung machen (**Verfassungsautonomie**). Die Koordination der Aufgabenverteilung und -ausübung ergibt sich aus der bundesstaatlichen Verfassung, also dem GG. Das Verhältnis von Zentralstaat zu den Gliedstaaten und umgekehrt ist durch Kooperation und Loyalität geprägt, die sog „**Bundestreue**". Diese begrenzt oder schafft Rechte und Pflichten innerhalb der föderalen Rechtsverhältnisse – hierzu gibt es eine st. Rspr. des BVerfG zu Anhörungspflichten, Achtungspflichten und gegenseitiger Solidarität.[13]

Im Verhältnis zwischen Bund und Ländern stellen sich allgemein folgende Fragen: 23

- Das Verhältnis zwischen der Verfassung des Bundes (GG) und den kraft ihrer Eigenstaatlichkeit und Verfassungsautonomie erlassenen Verfassungen der Länder
- Das Verhältnis zwischen Bundes- und Landesgesetzgeber hinsichtlich der Gesetzgebungszuständigkeiten
- Das Verhältnis zwischen Bundes- und Landesbehörden beim Vollzug von Bundesrecht
- Das Verhältnis zwischen Bundes- und Landesgerichten bei der Kontrolle der Anwendung und der Auslegung von Bundes- und Landesrecht
- Das Verhältnis zwischen Bundes- und Landesrecht bei der Anwendung der materiellen Gewährleistungen auf den Einzelfall

Das GG als gemeinsame Verfassungsordnung hält hierfür drei Regelungsmechanismen 24 bereit:

- Das **Homogenitätsprinzip** des Art. 28 Abs. 1 GG errichtet einen gemeinsamen Rahmen für die Landesverfassungen, um innerhalb des föderalen Bundes stark divergierende Verfassungsrechts- und Lebensverhältnisse zu verhindern und damit die innere Einheit und den Rechtsfrieden durch gemeinsame Grundentscheidungen zu wahren (→ Rn. 66 ff.).
- Die Vorschriften zur **Kompetenzverteilung** im Bundesstaat: Art. 30 GG als allgemeine Regelung, Art. 70 GG für die Gesetzgebungskompetenzen, Art. 83 GG für die Verwaltungszuständigkeiten, Art. 92 GG für die Gerichte, Art. 32 GG für die auswärtige Gewalt. Es gilt ein Regel-Ausnahme-Verhältnis zugunsten der Länder: nur dort, wo das GG eine abweichende Regelung trifft, besteht eine Kompetenz des Bundes. Dennoch sind die **Gesetzgebungskompetenzen** in vielen Bereichen zumindest auch beim Bund angesiedelt (konkurrierende Gesetzgebung, Art. 72, 74 GG), so dass nur wenige Materien in der ausschließlichen Zuständigkeit der Länder verbleiben. Hinsichtlich der **Verwaltungskompetenzen** bleibt es im Regelfall beim Vollzug auch des Bundesrechts durch die Länder nach Maßgabe des Landesverwaltungsverfahrensrechts (vgl. Art. 84–86 GG), was die Möglichkeit des Bundes zu Aufsicht, Weisung und Schaffung bundeseinheitlicher Verfahrensnormen und Verwaltungsvorschriften erfordert (vgl. Art. 84 Abs. 1 f. sowie Art. 85 Abs. 2 GG). Die **Gerichtsorganisation** wird in Art. 92 und 95 GG nur vorgezeichnet, die Einrichtung der Gerichte auf Landesebene aber einfachgesetzlich detailliert gere-

---

13 Ausführlich *Kempen*, in: Becker/Heckmann/ders./Manssen, 1. Teil, Rn. 25 ff.

gelt.[14] Die **auswärtige Gewalt** (Abschluss völkerrechtlicher Verträge) liegt nach Art. 32 GG weitgehend in Bundeskompetenz (→ Rn. 37).[15]
- **Kollisionsregelungen** für die Anwendung paralleler Vorschriften des Landes- und Bundesrechts aller Rangstufen. Art. 31 GG („Bundesrecht bricht Landesrecht") ist die allgemeine Vorschrift, Art. 142 GG wirkt als Sonderregelung für die Grundrechte der Landesverfassungen. Art. 28 Abs. 1 GG kann ebenfalls als Kollisionsregel angesehen werden.

25 Durch **Kollisionsregeln** wird ganz allgemein bestimmt, wie sich Vorschriften mit parallelem Regelungsziel, aber möglicherweise abweichendem Regelungsinhalt auf verschiedenen Ebenen zueinander verhalten, welche dieser Regeln also zur Lösung eines konkreten Rechtsstreits angewendet werden kann und darf. Sie dienen der Lösung eines **Normwiderspruchs**. Dabei gibt es grds. drei Möglichkeiten: die Normen bleiben voneinander unberührt, können also beide, wenn auch mit widersprüchlichen Ergebnissen, angewendet werden; es besteht zwischen den Normen ein Konkurrenzverhältnis, das zu einem Anwendungsvorrang der einen Norm führt, die Gültigkeit der anderen Norm aber grds. bestehen lässt; oder es besteht ein Konkurrenzverhältnis mit Vernichtungsvorrang, so dass die kollidierende Norm ungültig/nichtig ist.

26 Die in unserer Rechtsordnung allgemein geltenden Kollisionsregeln der **Spezialität** *(lex specialis derogat legi generali)*, der **Hierarchie** *(lex superior derogat legi inferiori)* und der **Zeit** (lex posterior derogat legi priori) werden durch das GG für das Verhältnis von Bundes- und Landesrecht in einer Weise konkretisiert, durch die eine weitgehende Schonung des Landesrechts möglich bleibt.[16] Es beinhaltet drei Kollisionsregeln, wobei die Art. 28 Abs. 1, Art. 142 GG dem Art. 31 GG als speziellere Gesetze vorgehen:
- Das **Homogenitätsprinzip**, Art. 28 Abs. 1 S. 1 f. GG: führt zur **Nichtigkeit** solcher Regelungen der Landesverfassungen, die den Grundsätzen eines republikanischen, demokratischen und sozialen Rechtsstaats widersprechen. Es begründet jedoch kein subjektives Recht; eine Verfassungsbeschwerde ist demnach nicht möglich.
- Art. 142 GG: Zu den **Grundrechten** in den Landesverfassungen trifft das GG eine eigene Regelung, die entgegen dem Wortlaut auch auf nachkonstitutionelle Landesverfassungen Anwendung findet und insgesamt landesgrundrechtsfreundlich ausgelegt werden muss.[17] Danach bleiben im Sinne einer Meistbegünstigung solche Landesgrundrechte bestehen, die mit den Art. 1–18 GG „übereinstimmen", dh inhaltsgleich sind oder vom Schutzniveau über das des GG hinausgehen, also eine **Mehrgewährleistung** beinhalten. Darüber hinaus geht das BVerfG bereits von einer Übereinstimmung aus, wenn kein Widerspruch zu einem Grundrecht des GG besteht, das Landesgrundrecht also als **Mindestgewährleistung** hinter dem Schutzni-

---

14 Zur Vertiefung und Schließung von Lücken sei auf ein Lehrbuch zum Staatsorganisationsrecht verwiesen, zB *Degenhart*, Rn. 446 ff.
15 *Sauer*, § 4, Rn. 10 ff.
16 Siehe auch *Lindner*, Bayerisches Staatsrecht, Rn. 86.
17 Grundlegend BVerfGE 96, 345.

veau des GG zurückbleibt.¹⁸ Dies bedeutet in der praktischen Anwendung, dass über Art. 142 GG alle Grundrechte der Landesverfassungen anwendbar bleiben.¹⁹

- Art. 31 GG: Soweit **gültiges**, sich jedoch **widersprechendes** Landes- und Bundesrecht vorliegt und kein Fall der Abweichungskompetenz des Art. 72 Abs. 3 GG gegeben ist, „bricht" das vorrangige Bundesrecht das Landesrecht, dh das Landesrecht ist *ex tunc* nichtig. Dagegen ist **kompetenzwidrig erlassenes** Landesrecht schon wegen der fehlenden Gesetzgebungszuständigkeit ungültig, so dass Art. 31 GG gar nicht zur Anwendung kommt.²⁰ Die Konstellation einer Normenkollision kann sich also nur ergeben, wenn der Bund später eine Gesetzgebungskompetenz erlangt (beispielsweise im Rahmen der Föderalismusreform 2006) oder von einer konkurrierenden Gesetzgebungskompetenz Gebrauch macht.

Soweit Bundes- und Landesrecht **inhaltsgleich** sind, also übereinstimmen, wird von einem Teil der Lit. dennoch zu Recht angenommen, dass Art. 31 GG zur Anwendung komme, um auch bei Aufhebung der bundesrechtlichen Norm Rechtsgleichheit innerhalb des Bundes und letztlich Rechtssicherheit zu gewährleisten. Dem wird entgegengehalten, dass es sich in diesem Fall nicht um einen Kollisionsfall handele, so dass nur ein Anwendungsvorrang des Bundesrechts oder eine Parallelgewährleistung bestünde.²¹ 27

Art. 31 GG gilt unstreitig auch für **entgegenstehendes Landesverfassungsrecht**, mit der Folge, dass eine Bundesrechtsverordnung eine landesverfassungsrechtliche Vorschrift vernichtet. Allerdings muss hierfür ein Widerspruch zwischen den Normen vorliegen. Das ist nur der Fall, wenn derselbe Normadressat bei Anwendung des Landesrechts einen bundesrechtlichen Normbefehl verletzt (und umgekehrt). Es genügt also nicht, wenn sich eine bundes- und eine landesrechtliche Vorschrift, wie häufig bei staatsorganisatorischen Prinzipien, an Vertreter der Staatsgewalt auf unterschiedlichen Ebenen richtet. In diesem Fall gilt nur Art. 28 Abs. 1 GG. 28

Das BVerfG konkretisiert wie folgt: „Art. 31 GG löst die Kollision von Normen und setzt daher zunächst voraus, daß die Regelungen des Bundes- und Landesrechts *auf denselben Sachverhalt anwendbar sind*. Können die sich in ihrem Regelungsbereich überschneidenden Normen bei ihrer Anwendung *zu verschiedenen Ergebnissen führen*, so bricht Bundesrecht jeder Rangordnung eine landesrechtliche Regelung auch dann, wenn sie Bestandteil des Landesverfassungsrechts ist".²² Allerdings wird von der hA hiervon bei **inhaltsgleichem Landesverfassungsrecht** eine Ausnahme gemacht, um die Verfassungsautonomie der Länder zu schonen. Für den Landesverfassungsgeber gelte Art. 28 Abs. 1 und Art. 142 GG, in diesem Rahmen könne es zu Normdopplungen kommen. Dagegen wird vorgebracht, dass Art. 142 GG nicht erforderlich wä- 29

---

18 BVerfGE 96, 345 (365).
19 Vgl. *Lindner*, Bayerisches Staatsrecht, Rn. 89.
20 Siehe auch *Korioth*, in: Maunz/Dürig, GG, Art. 31 (Stand: 50. EL Juni 2007), Rn. 11.
21 Hierzu *Kempen*, in: Becker/Heckmann/ders./Manssen, 1. Teil, Rn. 51, sowie *Korioth*, in: Maunz/Dürig, GG, Art. 31 (Stand: 50. EL Juni 2007), Rn. 14 f. AA *Lindner*, Bayerisches Staatsrecht, § 4 insbesondere Rn. 98, 104.
22 BVerfGE 96, 345 (364); ähnlich BVerfGE 98, 145 (159, Hervorhebung durch Verfasserin).

re, wenn Art. 31 GG keine Geltung beansprucht, für die Fortgeltung inhaltsgleicher Vorschriften bestünde auch keine Notwendigkeit.[23]

b) BV und Unionsrecht

30 Das Unionsrecht setzt sich aus dem Primärrecht (völkerrechtliche Verträge, EUV und AEUV sowie GRC), dem auf dessen Grundlage erlassenen Sekundärrecht (vgl. Art. 288 AEUV) sowie dem von der EU-Kommission erlassenen Tertiärrecht (Durchführungsrechtsakte und delegierte Rechtsakte, Art. 290, 291 AEUV) zusammen. Hinzu kommen von der EU im Rahmen ihrer auswärtigen Gewalt abgeschlossene völkerrechtliche Verträge.[24] Heute lediglich noch in der Herleitung (autonom oder heteronom, dh aus der Unionsrechtsordnung oder durch Rechtsanwendungsbefehl der mitgliedstaatlichen Rechtsordnungen), nicht aber in der Existenz umstritten ist der **Anwendungsvorrang**, den das Unionsrechts jeder Rangstufe vor dem mitgliedstaatlichen Recht genießt.[25] Dieser gilt auch für das Landesverfassungsrecht, bewirkt jedoch anders als Art. 31 GG keine Nichtigkeit, sondern „nur" Unanwendbarkeit der Vorschrift in unionsrechtlich geprägten Sachverhalten. Die häufig genannte „**Landesblindheit**" des Unionsrechts bedeutet lediglich, dass für die völkerrechtliche Verpflichtung der Bundesrepublik ihre föderale Aufteilung keine Rolle spielt, so dass sie gegenüber der EU zur Erfüllung und Umsetzung des Unionsrechts verpflichtet ist, selbst wenn der konkrete Aufgabenbereich nach dem GG in die Länderkompetenz fällt.

31 Das Verhältnis zwischen Unionsrecht und Landesverfassungsrecht muss deshalb aus zwei Blickwinkeln betrachtet werden:

1. Zum einen die Sicherstellung der **Umsetzung** und des **Vollzugs von Unionsrecht** im bundesstaatlichen Kompetenzgefüge. Diese richtet sich nach dem GG – betrifft also beispielsweise eine umsetzungspflichtige Unionsrichtlinie eine Materie der ausschließlichen Länderkompetenz, so ist sie nach Maßgabe des Gesetzgebungsverfahrens der BV in Landesrecht umzusetzen. Das Gebot der **Bundestreue** verhindert, dass die Länder die sich aus Art. 288 AEUV iVm Art. 4 Abs. 3 EUV ergebende Umsetzungspflicht der Bundesrepublik unbeachtet lassen.[26] Ebenso werden Unionsverordnungen regelmäßig durch Landesbehörden vollzogen. Für den Vollzug von Unionsrecht gilt, dass der Vollzug durch die Mitgliedstaaten der Regelfall, der unionsunmittelbare Vollzug (durch Unionsorgane auf Grundlage unionsrechtlicher Vorschriften) die Ausnahme ist. Der unmittelbare mitgliedstaatliche Vollzug, dh Vollzug von Unionsrecht durch Organe der Mitgliedstaaten auf Grundlage der jeweiligen nationalen Vorschriften, richtet sich nach der Kompetenzverteilung des GG. Daraus ergibt sich wegen Art. 83–85 GG im Regelfall Landeskompetenz, dh Vollzug nach dem BayVwVfG. Hinzu tritt der mittelbare Vollzug, dh der Vollzug von Umsetzungsrecht. Hierbei handelt es sich zwar weitgehend um Bundesgesetze, die aber wegen Art. 83–85 GG ebenfalls durch Landes-

---

23 Ausführlich (als Befürworter der MM) *Kempen*, in: Becker/Heckmann/ders./Manssen, 1. Teil, Rn. 55 ff.
24 Vgl. für einen Überblick Haratsch/Koenig/Pechstein, Rn. 455 ff.
25 EuGH, Rs. 26/62, Slg 1963, 1 – van Gend & Loos; Rs. 6/64, Slg 1964, 1251 – Costa/ ENEL und Rs. 106/77, Slg 1978, 629 – Simmenthal; dazu 17. Erklärung zur Schlussakte der Regierungskonferenz, ABl. EU, C 115/235.
26 *Uhle*, in: Maunz/Dürig, GG, Art. 70 (Stand: 53. EL Oktober 2008), Rn. 28–31.

behörden vollzogen werden. Hierbei müssen die Grundsätze der Effektivität (Art. 4 Abs. 3 EUV) und Äquivalenz (s. zusätzlich Art. 18 AEUV) beachtet werden, dh die Anwendung des nationalen Rechts darf die Durchsetzung von Unionsrecht nicht übermäßig erschweren oder unmöglich machen und grenzüberschreitende Sachverhalte dürfen nicht schlechter behandelt werden als rein innerstaatliche.

Sämtliches Unionsrecht, insbesondere die Grundfreiheiten, ist auch von der Landesstaatsgewalt als vorrangig anwendbares Recht zu beachten. Lediglich für Grundrechte der GRC gilt die Einschränkung des Art. 51 Abs. 1 GRC – sie gelten nur, soweit die Mitgliedstaaten Unionsrecht durchführen, also Unionsrecht vollziehen, Richtlinien umsetzen oder in Grundfreiheiten eingreifen.[27]

2. Zum anderen wirkt das Unionsrecht auf die Gewährleistungen der BV und damit zusammenhängend die Prüfungskompetenz und den Prüfungsmaßstab des BayVerfGH ein. Das Unionsrecht fordert gemäß Art. 4 Abs. 3 EUV nicht nur Vorrang, sondern auch effektive (und einheitliche) Durchsetzung in den Mitgliedstaaten.

Steht das mitgliedstaatliche Recht im **Widerspruch** zum Unionsrecht oder verwirklicht dessen Gewährleistung nicht umfassend, so ist die Kollision im Grundsatz dahin gehend zu lösen, dass die Landesbehörde oder das Landesgericht das Gesetz unangewendet lässt und dem Unionsrecht zur Geltung verhilft. Gerichte sind hierzu unstreitig berechtigt und verpflichtet (Art. 4 Abs. 3 EUV). Bei Unsicherheit, ob eine Kollision vorliegt, ist dem mitgliedstaatlichen Gericht (auch dem BayVerfGH) eine Vorlage beim EuGH nach Art. 267 AEUV möglich. Art. 100 GG oder Art. 92 BV können dagegen nicht entsprechend angewendet werden, da ausschließlich der EuGH über die Auslegung des Unionsrechts entscheidet und weitere Vorlageverfahren zu einer uneinheitlichen und verzögerten Anwendung des Unionsrechts führen würden. Die **Nichtanwendung** durch das Gericht ist kein Verstoß gegen das Verwerfungsmonopol des BayVerfGH oder des BVerfG. Es handelt sich allein um einen Anwendungsvorrang, dh das Gesetz bleibt in Kraft und kann weiterhin auf innerstaatliche Sachverhalte und auf Drittstaatssachverhalte angewandt werden. Str. ist, ob dasselbe für die Nichtanwendung durch Behörden gilt, da diese gemäß Art. 55 Nr. 1 BV und Art. 20 Abs. 3 GG an das Gesetz gebunden sind und dieses nicht unangewendet lassen dürfen. Dennoch wird, aufgrund einer fehlenden Vorlagemöglichkeit zum EuGH, bei Unionsrecht eine Verwerfungskompetenz weitgehend befürwortet.[28]

Bevor das mitgliedstaatliche Gericht von einer Nichtanwendung ausgeht, muss es prüfen, ob das mitgliedstaatliche Recht durch **unionsrechtskonforme Auslegung** aufrecht erhalten werden kann. Die Pflicht zur unionsrechtskonformen Auslegung wird aus dem Effektivitätsgrundsatz (Art. 4 Abs. 3 EUV) und für Richtlinien zusätzlich aus der Umsetzungsverpflichtung des Art. 288 AEUV abgeleitet. Sie gilt auch für Verfassungsrecht, allerdings nicht unbeschränkt. Vielmehr ist unter Ausschöpfung der nationalen Auslegungsmethoden und Achtung von Rechtssicherheit und des Verbots der Ausle-

---

27 Dieser Bereich ist in den letzten Jahren vom EuGH beständig ausgeweitet worden, weiterführend hierzu *Honer*, JuS 2017, 409.
28 Allgemein *Gril*, JuS 2000, 1080; auf das Unionsrecht bezogen *Demleitner*, NVwZ 2009, 1525.

Eva Julia Lohse

gung *contra legem*[29] die Auslegung des nationalen Rechts soweit wie möglich auf die Erreichung des vom Unionsrecht verfolgten Ziels auszurichten. Die Auslegung des EuGH ist dabei zu berücksichtigen; eine unionsrechtskonforme Rechtsfortbildung auch über den Wortlaut hinaus ist nicht ausgeschlossen.[30] Klassische Beispiele im Verfassungsrecht sind die Einwirkung des Diskriminierungsverbots des Art. 18 AEUV und der Grundfreiheiten (Art. 34, 45, 49, 56, 63 AEUV) auf Grundrechtsvorschriften, die deutschen Staatsangehörigen vorbehalten sind.

36 Da auf Ebene des Ministerrats und des Rats der Europäischen Union ausschließlich der Bund vertreten ist, wurde Art. 23 Abs. 1 a–6 GG eingefügt, der die Länderinteressen auf Unionsebene durch Einbeziehung des Bundesrats wahren soll. Art. 70 Abs. 4 BV ist das in seiner Wirkung umstrittene Gegenstück auf Landesebene (→ Rn. 159).

c) BV und Völkerrecht

37 Nach Art. 32 GG liegt die **Verbandskompetenz** für den Abschluss völkerrechtlicher Verträge weitgehend beim Bund. Die vorkonstitutionellen Art. 47 Abs. 3 und Art. 72 Abs. 2 BV zur Abschlusskompetenz Bayerns haben deshalb trotz Völkerrechtssubjektivität der Länder international kaum Bedeutung. Allerdings ist es den Ländern möglich, untereinander **Staatsverträge** im Bereich der Länderkompetenzen zu schließen, ebenso wie sie nach Art. 32 Abs. 3 GG völkerrechtliche Verträge und Verwaltungsabkommen in Bereichen ihrer ausschließlichen Gesetzgebungskompetenzen schließen können.[31]

38 Umstritten ist, wieweit die Vertragsschlusskompetenz des Bundes in den Bereichen der ausschließlichen Gesetzgebungskompetenz der Länder reicht. Der Wortlaut des Art. 32 Abs. 3 GG („können") spricht dafür, dass die Abschlusskompetenz der Länder aufgrund ihrer partiellen Völkerrechtsfähigkeit hinzutritt, nicht jedoch die Kompetenz des Bundes aus Art. 32 Abs. 1 GG verdrängt.[32] Verfassungspraktisch löst die Frage das **Lindauer Abkommen**, das dem Bund eine Abschlusskompetenz zuspricht, ihn aber zur Einholung des Einverständnisses der Länder verpflichtet. Soweit die Länder für die innerstaatliche Umsetzung zuständig sind, verweigern sie diese bei erklärtem Einverständnis nicht, die Umsetzung obliegt jedoch ihrer Kompetenz. Das Zustimmungsgesetz nach Art. 59 Abs. 2 GG muss Bundestag und Bundesrat passieren.[33]

39 Das Vertragsgesetz hat den **Rang** von **einfachem Bundesrecht,** so dass es entgegenstehende Vorschriften der Landesverfassungen wegen Art. 31 GG außer Kraft setzt.[34] Allerdings muss es kompetenzgemäß erlassen worden sein, dh nach Maßgabe des Lindauer Abkommens in Bereichen der ausschließlichen Länderkompetenz mit Zustimmung der Länder vor dem Vertragsschluss und damit mit transformierender Wirkung

---

29 Vgl. EuGH, Rs. C-212/04, Slg 2006, I-6057, Rn. 108–110 – Adeneler.
30 EuGH, Rs. 14/83, Slg 1984, 1891 Rn. 26, 28 – von Colson und Kamann; EuGH, verb. Rs. C-397/01 bis C-403/01, Slg 2004, Rn. 113 ff. – Pfeiffer ua/Deutsches Rotes Kreuz; ebenso BGHZ 127, 29 – Quelle.
31 *Nettesheim*, in: Maunz/Dürig, GG, Art. 32 (Stand: 49. EL März 2007), Rn. 100 ff.
32 Ausführliche Darstellung der Positionen bei *Nettesheim*, in: Maunz/Dürig, GG, Art. 32 (Stand: 49. EL März 2007), Rn. 61 ff.
33 *Sauer*, § 4, Rn. 14.
34 *Dreier*, in: ders., GG, Art. 31 Rn. 12.

nach Art. 32, 59 Abs. 2 GG.[35] Folgt man dagegen der Ansicht, dass ein Vertrag, der sich ausschließlich auf in die Länderkompetenz fallende Materien bezieht, innerstaatlich keinen Rechtsanwendungsbefehl gibt, entsteht kein kollidierendes Bundesrecht, so dass die Landesverfassungen nicht nach Art. 31 GG außer Kraft gesetzt werden.[36]

In den meisten Fällen stellt sich diese Frage jedoch gar nicht: Liegt – wie zB bei der EMRK oder der UN-Behindertenrechtskonvention – ein völkerrechtlicher Vertrag nicht im Bereich ausschließlicher Landeskompetenz, so existiert ein gültiges transformierendes Bundesgesetz. Dann ist festzustellen, ob eine **Normenkollision** vorliegt oder ob es sich um – von Art. 31 GG nicht geregelte – Normenverdopplungen oder Schutzerweiterungen handelt,[37] die nur zu einer Pflicht zur **völkerrechtsfreundlichen Auslegung** der weiter bestehenden Landesverfassungsnorm führen.[38] 40

Die **Umsetzung** der völkerrechtlichen Verpflichtungen erfolgt nach der Kompetenzordnung des GG. Hieraus kann sich ein zusätzlicher Verrechtlichungsbedarf auch in den Landesverfassungen ergeben. Sind aus dem völkerrechtlichen Vertrag unmittelbare, subjektive Rechte oder Verpflichtungen ableitbar, so müssen ggf. die Grundrechte der Landesverfassungen entsprechend erweitert werden.[39] 41

3. Relevanz

Die bayerische Verfassung wurde 1946 als **Vollverfassung** konzipiert, enthält also neben staatsorganisatorischen Regelungen zu allen Fragen, die ein Staat zu regeln hat, einen umfassenden Katalog der Grundrechte und Grundpflichten. Viele der Regelungen, wie die zur Staatsangehörigkeit, Gerichtsorganisation oder zum Asylrecht, haben durch die Einbindung in den Bundesstaat, die einhergeht mit vorrangiger Geltung von Bundesrecht (Art. 31 GG) sowie beschränkter Kompetenz der Gliedstaaten (Art. 30, 70 GG), nie Bedeutung erlangt. Wie die lebhafte Rechtsprechungstätigkeit des Bayerischen Verfassungsgerichtshofs (BayVerfGH)[40] zeigt, ist die BV dennoch kein „totes Papier". 42

Vorab sei deshalb an dieser Stelle erwähnt, was auch **eilige Leser und Leserinnen** wissen sollten:[41] 43

1. Der Geltungsbereich der BV und die Wirkung einer Landesverfassung im Bundesstaat sowie in supranationalen und internationalen Mehrebenensystemen (→ Rn. 30 ff.), gerade in Bereichen ausschließlicher Länderkompetenz

---

35 Sog Berliner Ansicht, vgl. *Kempen*, in: v. Mangoldt/Klein/Starck, GG, Art. 32 Rn. 48 mwN.
36 *Heun*, in: Dreier, GG, Art. 59 Rn. 31; *Kempen*, in: v. Mangoldt/Klein/Starck, GG, Art. 59 Rn. 42, Rn. 70 und Art. 32 Rn. 48 ff.
37 Vgl. auch *März*, in: v. Mangoldt/Klein/Starck, GG, Art. 31 Rn. 42.
38 Hierzu in Bezug auf die EMRK und das GG BVerfGE 111, 307.
39 Zur Diskussion nach der Ratifikation von Art. 24 UN-Behindertenrechtskonvention zur Erweiterung zB von Art. 128 BV vgl. *Poscher/Rux/Langer*, Das Recht auf Bildung, 2009, S. 28 f., 83, sowie *von Bernstorff*, RdJB 2011, 203; *Rux*, RdJB 2009, 220.
40 Nicht zu verwechseln mit dem BayVGH, dem Bayerischen Verwaltungsgerichtshof, und damit dem höchsten Verwaltungsgericht auf Landesebene! Einen guten Überblick über wichtige Entscheidungen bietet https://www.bayern.verfassungsgerichtshof.de/bayverfgh/rechtsprechung/index.php (10.9.2018).
41 Hierfür sei auf *Küspert*, BayVBl. 2016, 797 verwiesen.

2. Besonderheiten im Grundrechtsschutz, insbesondere solche Grundrechte, die auf Bundesebene nicht oder mit engerem Schutzbereich gewährleistet sind, sowie der „Sonderweg" zur Grundrechtsträgerschaft von Kommunen (→ Rn. 263 ff., 267 ff.)
3. Regelungen zur kommunalen Selbstverwaltung und zu den kommunalen Aufgaben als prägendes Verfassungsrecht für die GO (→ Rn. 167 ff.)
4. Die Möglichkeiten der Volksgesetzgebung sowie die Einbeziehung des Volkes bei Verfassungsänderungen (→ Rn. 122 ff.)
5. Verfassungsgerichtliche Verfahren (→ Rn. 219 ff.)
6. Die Punkte der historischen Entwicklung, die sich bis heute bei aktuellen Rechtsfragen auswirken und die Anwendung des (Verfassungs-)Rechts in Bayern maßgeblich prägen
7. Ein Überblick über die staatsorganisatorischen Besonderheiten im Bereich der Regierung, v.a. das Verhältnis Ministerpräsident – Staatsministerien – Staatssekretäre – Staatskanzlei (→ Rn. 144 ff.).

III. Eigenstaatlichkeit I – wesensprägende Merkmale bayerischer Staatlichkeit im Bundesstaat

1. Grundlagen des Bayerischen Staates

44 *Wozu?* In diesem Kapitel geht es um die prägenden Merkmale bayerischer Eigenstaatlichkeit im Rahmen eines Bundesstaats. Diese bilden das Hintergrundwissen für das Verständnis des **Staatsorganisationsrecht**s Bayerns und die Anwendung der BV im Inneren. Hieraus bestimmen sich auch das Verhältnis des Bundeslands Bayern zum föderalen Gesamtstaat Bundesrepublik Deutschland, seine **Handlungs-, Rechts- und Völkerrechtsfähigkeit**. Die umfassenden Regelungen zur Begründung von Staatlichkeit werden im bundesstaatlichen Gefüge zum Teil von bundesrechtlichen Regeln in der ausschließlichen Kompetenz des Bundes überlagert. Direkte Relevanz für die Falllösung erlangen die Grundlagen eher selten.

45 Die Länder der Bundesrepublik Deutschland sind eigene Staaten – weder leitet sich ihre Staatlichkeit vom Bund ab noch ist umgekehrt dessen Staatlichkeit von den Bundesländern „verliehen" (anders als beispielsweise bei historischen Staatenbünden wie dem Deutschen Bund 1815 oder dem Norddeutschen Bund 1861).[42] Dementsprechend regelt die BV die in der Allgemeinen Staatslehre anerkannten und auf *Georg Jellinek*[43] zurückgehenden drei Elemente eines Staates – Staatsvolk, Staatsgebiet und Staatsgewalt. Die Souveränität wird von Bund und Ländern gemeinsam ausgeübt, die Verteilung der Kompetenzen regelt das Grundgesetz in den Art. 30, 70 und 83 GG.

46 Art. 28 und 30 GG wurden vom BVerfG schon früh als Ausdruck der **Eigenstaatlichkeit** der Länder interpretiert: Die Länder seien „als Glieder des Bundes Staaten mit eigener – wenn auch gegenständlich beschränkter – nicht vom Bund abgeleiteter, sondern von ihm anerkannter staatlicher Hoheitsmacht"[44] ausgestattet. Dies gilt für die

---

[42] *Kotulla*, Deutsche Verfassungsgeschichte, 2008, Rn. 1312 ff., 1976 ff., 2060 ff.
[43] *Jellinek*, Allgemeine Staatslehre, 2. Aufl. 1905, S. 381 ff.
[44] BVerfGE 1, 14 (34). Weiterführend BVerfGE 34, 9 (20) und E 36, 342 (360 f.).

III. Eigenstaatlichkeit I – wesensprägende Merkmale bayerischer Staatlichkeit

„alten" ebenso wie für die „neuen" Bundesländer, dennoch finden sich in den Verfassungen der Länder, die bereits vor der Verkündung des Grundgesetzes 1949 wieder bestanden, wie eben Bayern, historisch bedingt deutlichere Hinweise auf die „Eigenstaatlichkeit" der Länder – in der Bayerischen Verfassung vom 1.12.1946 wollte man gerade Bayern als eigenen Staat konstituieren, nachdem dieser 1934 seine jedenfalls seit 1808 im modernen Sinn bestehende Staatlichkeit durch das „Gesetz zur Gleichschaltung der Länder"[45] verloren hatte. Die Regelungen wurden demnach 1946 mit dem Bewusstsein, einen „Staat" zu gründen, geschaffen[46] – in der Sprache der Materialien und Protokolle des Verfassungsausschusses und des Vorbereitenden Verfassungsausschusses entstand so die „Staatsgesinnung" als Auslegungstopos für die gesamte Verfassung.[47] Art. 178 BV sollte einen Beitritt in einen noch zu gründenden demokratischen (!) Bundesstaat unter Wahrung des „staatsrechtlichen Eigenlebens" des Freistaats ermöglichen, diese Öffnungsklausel wurde aber letztlich bei Gründung der Bundesrepublik 1949 nicht verwendet.[48]

a) Staatsvolk

Fall: 47
Der bayerische Landtag beschließt ein Gesetz über die bayerische Staatsangehörigkeit (BayStaG). Danach soll es, neben dem Erwerb durch Geburt innerhalb Bayerns und Ehe mit einem bayerischen Staatsangehörigen, allen Personen, unabhängig von ihrer bisherigen Staatsangehörigkeit, möglich sein, nach fünf Jahren dauerhaftem Aufenthalt in Bayern (Erstwohnsitz) die bayerische Staatsangehörigkeit durch Einbürgerung zu erlangen. Wäre ein solches Gesetz rechtmäßig?

Die Bestimmung des Staatsvolks – und damit nach Art. 2 Abs. 1 BV des Trägers der Staatsgewalt – ist wegen seiner Nähe zum **Demokratieprinzip** zentral. Regeln hierzu finden sich in den Art. 6–8 BV. 48

Art. 6 BV nimmt Bezug auf die **Erwerbstatbestände** einer bayerischen **Staatsangehörigkeit**, überlässt jedoch die Ausgestaltung dem einfachen Gesetz.[49] Obwohl dies auch unter dem Grundgesetz[50] möglich wäre, ist ein solches Gesetz bis heute nicht erlassen worden.[51] Dies bedeutet, dass Vorschriften der BV, die wie Art. 7 eine bayerische Staatsangehörigkeit voraussetzen, nicht vollziehbar sind. Für die Ausübung der staatsbürgerlichen Pflichten „behilft" man sich damit, dass das Staatsvolk durch alle im bayerischen Staatsgebiet ansässigen Deutschen im Sinne von Art. 116 GG gebildet wird.[52] 49

---

45 Streng genommen handelte sich um eine Folge von Gesetzen der Reichsregierung, die die Auflösung des Bundesstaats der Weimarer Reichsverfassung zur Folge hatten, vgl. Lindner, Bayerisches Staatsrecht, S. 31, Fn. 30.
46 *Kempen*, in: Becker/Heckmann/ders./Manssen, 1. Teil, Rn. 132.
47 *Schmidt*, Staatsgründung und Verfassungsgebung in Bayern, 1997, S. 144.
48 Dazu, welche Bedeutung die Vorschrift heute überhaupt noch hat Lindner, in: ders./Möstl/Wolff, BV, Art. 178 Rn. 5 ff.
49 *Schweiger*, in: Nawiasky/ders./Knöpfle, BV, Art. 6 (Stand: 4. EL September 1971), Rn. 7.
50 Ursprünglich wegen Art. 74 Nr. 8 GG aF, seit 1994 wegen der ausschließlichen Bundeskompetenz allein für die Bundesstaatsangehörigkeit nach Art. 30, 70, 73 Nr. 22 GG.
51 Der Entwurf von 1946 wurde von der amerikanischen Militärregierung nicht gebilligt, um separatistischen Tendenzen im angestrebten Bundesstaat entgegenzuwirken, vgl. *Schmidt*, Staatsgründung und Verfassungsgebung in Bayern, 1997, S. 152.
52 Siehe BayVerfGHE 66, 70 (88, Rn. 64 ff.).

50 Art. 6 Abs. 3 BV ist nach umstrittener Ansicht ein **Gesetzgebungsauftrag** – es besteht damit jedenfalls eine objektive Pflicht, jedoch kein subjektives Recht des Einzelnen auf Erlass eines Staatsangehörigkeitsgesetzes.[53] Wegen Art. 33 Abs. 1 GG müssen nicht nur alle deutschen Staatsangehörigen dieselben Rechte innerhalb des gesamten Bundesgebiets haben, eine Landesstaatsangehörigkeit darf nach hM wegen des Bundesstaatsprinzips nicht auf Personen ausgedehnt werden, die nicht Deutsche im Sinne von Art. 116 GG sind.[54]

Falllösung:
Maßstab Grundgesetz: Formelle Verfassungsmäßigkeit ist gegeben, insbesondere besteht eine Kompetenz nach Art. 30, 70, 73 Nr. 2 GG. Materielle Verfassungsmäßigkeit: Art. 28 Abs. S. 1 GG – Homogenitätsprinzip verbietet keine eigenen Regelungen zur Landesstaatsangehörigkeit (arg. Art. 74 Nr. 8 GG aF). Fraglich ist jedoch, ob hierin ein Verstoß gegen Art. 28 Abs. 1 S. 2 iVm Art. 20 Abs. 2 GG zu sehen ist, soweit Ausländer im Sinne des GG an Landtagswahlen teilnehmen können, was ihnen als Nichtdeutsche nach Ansicht des BVerfG[55] und des BremStGH[56] nicht möglich ist (→ Rn. 78 f.). Verstoß gegen *Art. 33 Abs. 1 GG*? Solange die Gleichstellung aller Deutschen in Bayern sichergestellt ist, und dafür sorgt bereits Art. 8 BV, besteht kein Verbot einer eigenständigen Landesstaatsangehörigkeit. Verstoß gegen *Art. 116 GG*? Die deutsche Staatsangehörigkeit wird nicht dadurch in Frage gestellt, dass eine weitergehende Landesstaatsangehörigkeit besteht.[57]

b) Staatsgewalt

51 Die Staatsgewalt wird an mehreren Stellen angesprochen und steht im engen Zusammenhang mit dem **Demokratieprinzip** (→ Rn. 140 f.) und den Bestimmungen zu Staatsangehörigen und Staatsbürgern (Art. 6–8 BV). In einem Bundesstaat wird die Staatsgewalt im Rahmen der bundesstaatlichen Kompetenzverteilung ausgeübt.[58]

52 Träger (Legitimationssubjekt) der Staatsgewalt (damit des Legitimationsobjekts) ist nach Art. 2 Abs. 1 S. 2 BV das „Volk"; ausgeübt wird diese – wie unter Art. 28 Abs. 1 S. 1 und S. 2 GG vorgesehen – sowohl **plebiszitär** durch die Stimmberechtigten selbst (→ Rn. 75, 122 ff.) als auch **repräsentativ** durch die gewählte Volksvertretung und mittelbar oder unmittelbar durch das Volk bestellte Vollzugsbehörden und Richter (vgl. Art. 4 BV). Durch Art. 2 und Art. 4 BV wird die Grundentscheidung für die **Volkssouveränität** getroffen, gleichzeitig das Nebeneinander von repräsentativer und plebiszitärer Demokratie bestimmt und, deutlich klarer als im Grundgesetz, das Erfordernis der **Legitimation** aller Staatsgewalt und die demokratischen Legitimationsmechanismen beschrieben. Dagegen fehlt der Hinweis auf weitere Hoheitsträger neben den Vollzugsbehörden – insbesondere Körperschaften, Anstalten und Stiftungen,[59] was jedoch für deren Einrichtung im Rahmen der Organisationshoheit der Länder nicht schädlich ist.

---

53 Zum Meinungsstand *Lindner*, in: ders./Möstl/Wolff, BV, Art. 6 Rn. 5 f.
54 Vgl. BayVerfGHE 39, 30 (34 f.). *Brechmann*, in: Meder/ders., BV, Art. 6 Rn. 4; zweifelnd *Lindner*, in: ders./Möstl/Wolff, BV, Art. 6 Rn. 3.
55 St. Rspr., zuletzt BVerfG, KommJur 2016, 296 (299).
56 BremStGH, DVBl. 2014, 1248.
57 So jedenfalls *Lindner*, in: ders./Möstl/Wolff, BV, Art. 6 Fn. 14.
58 Ausführlich zum Unterschied zwischen Souveränität und Ausübungskompetenz *Lindner*, Bayerisches Staatsrecht, Rn. 7.
59 *Kempen*, in: Becker/Heckmann/ders./Manssen, 1. Teil, Rn. 140.

III. Eigenstaatlichkeit I – wesensprägende Merkmale bayerischer Staatlichkeit

Aus der föderalen Gliederung der Bundesrepublik und der damit verbundenen Eigenstaatlichkeit der Länder ergibt sich, dass den Ländern die **Kompetenz-Kompetenz** zukommt – das bayerische Staatsvolk übt also originäre (und nicht vom Bund abgeleitete) Staatsgewalt in seinem Herrschaftsraum aus, der parallel neben dem des Bundes existiert und die sich zum Teil auch überlappen (**Mehrebenensystem**). 53

c) Staatsgebiet

Fall: 54

Durch Staatsvertrag mit dem Land Baden-Württemberg soll der seit 1810 von der württembergischen Stadt Ulm getrennte bayerische Landkreis Neu-Ulm aus dem bayerischen Territorium ausgegliedert und dem Land Baden-Württemberg zugewiesen werden. Hat der bayerische Ministerpräsident hierfür die Abschlusskompetenz?

Art. 9 BV regelt die Gliederung des Staatsgebiets, trifft jedoch keine Bestimmung zu den Grenzen oder zugehörigen Gebieten, also der tatsächlichen Ausdehnung des beherrschten Territoriums. 1946 war man von den mit Stand 1933 historisch eindeutigen Gebieten ausgegangen, die Rheinpfalz wurde 1946 in das Land Rheinland-Pfalz integriert, eine Volksabstimmung zur Rückkehr zu Bayern scheiterte 1956. Lindau, das 1945 zur französischen Besatzungszone gehörte, wurde erst am 1.9.1955 wieder Bayern zugeschlagen, bis dahin besaß es einen staatsrechtlichen Sonderstatus.[60] 55

Art. 11 Abs. 1 BV weist jeden Teil des Staatsgebiets mit Ausnahme der gemeindefreien Gebiete einer **Gemeinde** als Gebietskörperschaft zu (→ § 3 Rn. 19 ff.). Das Staatsgebiet ist in 7 Kreise (im Sprachgebrauch: **Regierungsbezirke**, nämlich Oberbayern, Niederbayern, Oberpfalz, Oberfranken, Mittelfranken, Unterfranken und Schwaben) sowie in 71 Bezirke (im Sprachgebrauch **Landkreise**, wie sich aus einer Auslegung der Norm mit dem Hinweis der Gleichstellung der kreisunmittelbaren (kreisfreien) Gemeinden ergibt) gegliedert. 56

Falllösung:

Eine Veränderung des Staatsgebiets ist Bayern selbst nicht möglich, die Veränderung der Außengrenzen mittels völkerrechtlichem Vertrag fällt nach Art. 32 GG, die Veränderung der Landesgrenzen innerhalb der Bundesrepublik nach Art. 29 GG in die Kompetenz des Bundes; letzteres ist einer der wenigen Fälle, in denen das Grundgesetz einen Volksentscheid vorsieht. Der Ministerpräsident hat trotz Art. 47 Abs. 3 BV aufgrund vorrangigen Bundesrechts keine Abschlusskompetenz für einen entsprechenden Staatsvertrag.

Ergänzungsfall:

Die B-Partei strebt die Ablösung Bayerns von der Bundesrepublik durch die Herbeiführung eines Volksentscheids nach Art. 74 Abs. 5 BV oder in analoger Anwendung des Art. 29 Abs. 2 GG an. Nachdem die Staatsregierung wie auch der BayVerfGH die Voraussetzungen für das Volksbegehren mangels Abstimmung über ein Gesetz als nicht gegeben erachtet haben (Art. 64 BayLWG iVm Art. 67 BV), erhebt die B-Partei namens der Unterzeichnenden Verfassungsbeschwerde zum BVerfG. Mit Erfolg?[61]

---

60 *Wolff*, in: Lindner/Möstl/ders., BV, Art. 9 Rn. 7–9.
61 Fall nach BVerfG, Beschl. v. 16.12.2016 – 2 BvR 349/16, juris. Zum sehr knappen Nichtannahmebeschluss aus falllösungstechnischer Hinsicht *Hillgruber*, JA 2017, 238.

Falllösung:
I. *Zulässigkeit:* Geht die Staatsregierung von der Unzulässigkeit des Volksbegehrens aus, muss sie nach Art. 64 Abs. 1 BayLWG eine Entscheidung des BayVerfGH herbeiführen (→ Rn. 129). Die ablehnende Entscheidung des BayVerfGH ist ein Akt öffentlicher Gewalt und damit tauglicher Beschwerdegegenstand einer Bundes-Verfassungsbeschwerde nach Art. 93 Nr. 4a GG. Jedoch fehlt es bereits an der Beschwerdebefugnis, also einer rügbaren Verletzung in einem grundrechtsgleichen Recht oder Grundrecht durch die ablehnende Entscheidung: Art. 2 Abs. 1 GG schützt zwar das Recht des Individuums, bei der Ausübung (auch landes-)verfassungsrechtlich garantierter Teilhabemöglichkeiten an der politischen Willensbildung nicht unverhältnismäßig behindert zu werden.[62] Die BV sieht jedoch in Art. 74 BV allein die Volksgesetzgebung vor, jedoch keine Abstimmung der Bürger über das Staatsgebiet. Art. 2 Abs. 1 GG gewährt als Abwehrrecht keinen Anspruch des Einzelnen oder einer Gruppe auf Schaffung neuer Teilhabemöglichkeiten. Mangels Beschwerdebefugnis wäre eine Verfassungsbeschwerde deshalb schon unzulässig.
II. *Begründetheit:* Weiterhin besteht kein materiellrechtlicher *Anspruch auf Herbeiführung eines Volksentscheids* (weder bundesweit noch in dem abspaltungswilligen Land): ein solcher könnte – ebenso wie der Austritt selbst – nur durch Verfassungsänderung herbeigeführt werden.[63] Diese müsste an Art. 79 Abs. 3 GG gemessen werden. Ein Anspruch ergibt sich weder aus Art. 178 BV[64] noch aus einer analogen Anwendung des Art. 29 GG. Eine einseitige Abspaltungserklärung – durch Landtagsbeschluss oder Volksentscheid – verstößt außerdem gegen das **Bundesstaatsprinzip**; die Bundesrepublik ist gerade kein (auflösbarer) Zusammenschluss der einzelnen Bundesländer (wie es sich bei völkerrechtlichen Bünden oder der EU vertreten lässt), sondern ein durch das deutsche Volk als Verfassungsgeber geschaffener Gesamtstaat. Die Bundesländer sind damit nicht Herren über das Bundesgebiet. Etwas anderes ergibt sich auch nicht aus Völkerrecht (Art. 55 UN-Charta als allgemeiner Grundsatz des Völkerrechts im Sinne von Art. 25 GG) und erst recht nicht aus überstaatlichem Naturrecht.[65] Eine Verfassungsbeschwerde (ebenso wie ein entsprechender Antrag an die Staatsregierung) hat keinen Erfolg.

2. Vom Grundgesetz abweichende Regelungen

Wozu? Die **Verfassungsautonomie** der Länder erlaubt es ihnen, im Rahmen der Art. 28, 142 und 31 GG vom Grundgesetz abweichende Regelungen der Staatsorganisation und der Grundrechtsverbürgungen zu schaffen. Die Unterschiede sollten für die Falllösung bekannt sein, um sie dort einsetzen zu können und nicht blind von Bundesseite Bekanntes zu übertragen. Andererseits muss der Rechtsanwender diese erkennen, um entscheiden zu können, ob die Abweichungen in der bundesstaatlichen Ordnung fortbestehen können. Die folgende **Auflistung** erhebt keinen Anspruch auf Vollständigkeit.

a) Ohne Äquivalent

Über das GG hinausgehende Regelungen, die im GG entweder gar nicht existieren oder nicht explizit geregelt sind:

- Art. 16a, Parlamentarische Opposition
- Art. 48, Notstand und Außerkraftsetzen von Grundrechten
- Art. 83 Abs. 3, Konnexitätsprinzip
- Art. 98 S. 4, Popularklage

---

62 BVerfGE 60, 175; hierzu auch *Hillgruber*, JA 2017, 238 (239).
63 *Berwanger*, NVwZ-Extra 2018, 1 (3).
64 Hierzu *Lindner*, in: ders./Möstl/Wolff, BV, Art. 178 Rn. 3, 6f.
65 So mit dem BVerfG, Beschl. v. 16.12.2016 – 2 BvR 349/16, juris, und der ganz hM *Hillgruber*, JA 2017, 238 (240). AA *Berwanger*, NVwZ-Extra, 2018, 1 (5 f.).

- Art. 18, Selbstauflösungsrecht des Landtags oder Auflösungsbegehren durch Volksbegehren
- Art. 141 Abs. 3, Grundrecht auf Naturgenuss
- Art. 128 Abs. 1, Recht auf Bildung
- Art. 3 Abs. 1, Kulturstaatlichkeit
- Art. 74, Volksbegehren und VolksentscheidArt. 3 Abs. 2, ausdrückliches Gleichwertigkeitsziel.

Fehlende Regelungen: 59
- Parteienprivileg, Art. 21 Abs. 1 GG
- Klar geregelte abstrakte Normenkontrolle, vgl. Art. 65, 92 BV
- Freiheit der Wahl, Art. 38 Abs. 1 S. 1 GG
- Ausdrückliche Regelung zur Grundrechtsträgerschaft juristischer Personen, Art. 19 Abs. 3 GG.

b) Mit Äquivalent

Andere Regelung derselben Sachfrage enthalten: 60
- Kommunale Selbstverwaltung: Art. 28 Abs. 2 GG – Art. 10, 11 BV
- Regelungen zu Parteien/Bedeutung von Parteien Art. 21 GG – 15 BV
- Ministerpräsident statt einer Aufteilung in Staatsoberhaupt und Regierungschef (Bundespräsident und Bundeskanzler)
- Verzicht auf ein Misstrauensvotum und Vertrauensfrage, dafür die Möglichkeit eines jederzeitigen Rücktritts des Ministerpräsidenten (Art. 44 Abs. 3 BV – Art. 67, 68 GG)
- Antragsrecht (Gesetzesinitiativrecht) des einzelnen Abgeordneten nach Art. 71 BV
- Verfassungsbeschwerde nur gegen Exekutiv- und Judikativakte
- Art. 51 BV, Richtlinienkompetenz umfasst keine Einzelweisungen gegenüber Staatsministern
- Art. 113 BV, Versammlungsfreiheit hat kein Anmeldungserfordernis
- Art. 118 BV, keine ausdrücklichen absoluten Diskriminierungsverbote
- Art. 111a BV, ausschließlich öffentlich-rechtliche Verantwortung des Rundfunks, dh kein duales System zwischen öffentlichem und privatem Rundfunk
- Art. 103 BV, Grundrechtsträgerschaft von Gemeinden nicht generell ausgeschlossen.

IV. Eigenstaatlichkeit II – Staatsstrukturen und Staatsziele

Wozu? Jede Verfassung bestimmt **grundlegende Maßstäbe** staatlichen Handelns und 61 staatlicher Organisation – objektiv wirkende **Staatsstrukturprinzipien** und **Staatszielbestimmungen**. Diese spielen in der Falllösung und Rechtsprechungspraxis als objektive Prüfungsmaßstäbe für Landesgesetze und Exekutivhandeln eine wichtige Rolle. Gleichzeitig stellen sie – im Rahmen des **Homogenitätsprinzips** – prägende Besonderheiten des Landesrechts dar und beeinflussen die Ausrichtung der Landespolitik. Die Wechselwirkung mit den Staatsstrukturprinzipien des Art. 20 GG und ihre eigenständige Konkretisierung stellen wichtige Fragestellungen dar. Das Rechtsstaatsprinzip entfaltet als Öffnungsklausel zum Bundesrecht für die Spruchpraxis des BayVerfGH eine besondere Rolle, die auch eine gewisse Klausurrelevanz besitzt. Subjektive Rechte lassen sich dagegen nicht ableiten.

1. Quellen und Begriffsbestimmung

62 **Fall:**

R ist entsetzt über die „Betonflut", mit der Gemeinden und Landkreise, aber auch der Freistaat im Rahmen der Erschließung neuer Wohn- und Gewerbegebiete und neuer Infrastrukturmaßnahmen Grün- und Brachflächen verschwinden lassen und den Boden versiegeln. Unter Berufung auf Art. 3 Abs. 2 BV erhebt sie zum einen nach Erschöpfung des Verwaltungsrechtswegs Verfassungsbeschwerde gegen die Ausweisung eines neuen Wohngebiets in ihrer Heimatgemeinde G, zum anderen reicht sie ein (die formalen Kriterien erfüllendes) Volksbegehren ein. Per Volksentscheid (Art. 74 BV) soll gesetzlich eine prozentuale Begrenzung für den jährlichen Flächenverbrauch durch bayerische Gebietskörperschaften herbeigeführt werden. **a)** Hat ihre Verfassungsbeschwerde Aussicht auf Erfolg? **b)** Ist ein solches Volksbegehren zulässig?

63 Die BV enthält in den Art. 1–3a die Grundsätze, die den verfassungsrechtlichen Rahmen für das staatliche Handeln in Bayern aufspannen, sog. Staatsstrukturbestimmungen und Staatsziele. Als **Staatsstrukturprinzipien** werden in der Regel die grundlegenden Prinzipien verstanden, die das „Gerüst" des Staates darstellen, während **Staatszielbestimmungen** und Programmsätze künftiges Handeln des Staates in eine bestimmte Richtung lenken sollen.[66] Diese gewährleisten keine subjektiven Rechte des Einzelnen,[67] sondern sind objektive Verpflichtungen der Staatsgewalt, die beschränkend (zB das aus dem Rechtsstaatsprinzip abgeleitete Rückwirkungsverbot) oder beauftragend (zB als Gesetzgebungsauftrag oder Optimierungsgebot wie der Nachhaltigkeitsgrundsatz) wirken können.

Falllösung *zu a):*

Eine Popularklage oder Verfassungsbeschwerde lässt sich demnach nicht auf eine Staatszielbestimmung oder ein Strukturprinzip stützen, da sie keine subjektiven Rechte vermitteln. Im konkreten Fall könnte R evtl. Art. 141 Abs. 3 BV geltend machen (→ Rn. 283).

64 In der Fallbearbeitung spielen die Art. 1–3a BV einerseits als **Schranken-Schranken** von Grundrechtsbeeinträchtigungen ua im Rahmen der Verhältnismäßigkeitsprüfung (→ Rn. 264), andererseits als **objektivrechtliche Maßstäbe** und Auslegungsgrundsätze für Landesgesetze und andere Verfassungsbestimmungen eine Rolle.[68] Daneben haben sie in der Verfassungs- und Verwaltungspraxis prägende Kraft für das tägliche Staatshandeln, da sie immer „mitgedacht" werden müssen und zB **ermessenslenkend** wirken können.[69] Die Staatszielbestimmungen können auch den **Wesentlichkeitsvorbehalt** auslösen, so dass eine Entscheidung nicht der Verwaltung ohne genaue Vorzeichnung durch den Gesetzgeber überlassen werden kann.[70]

---

66 *Degenhart*, Rn. 11, 593 ff., 624 ff.
67 Siehe *Bethge*, in: Maunz/Schmidt-Bleibtreu/Klein/ders., BVerfGG, § 90 (Stand: 53. EL Februar 2018), Rn. 44, 109.
68 Vgl. *Holzner*, BV, Art. 3 Rn. 103.
69 Siehe auch *Kempen*, in: Becker/Heckmann/ders./Manssen, 1. Teil, Rn. 160.
70 BayVerfGH, Entsch. v. 17.7.2018 – Vf 28-IX-18, juris, Rn. 67, zum Volksbegehren „Stopp Flächenverbrauch" und Art. 3 Abs. 2 BV. Zum Bundesrecht BVerfGE 45, 400 (417 f.).

Falllösung *zu b)*:
Ein Volksbegehren ist nach Art. 74 BV iVm Art. 64 Abs. 1 BayLWG dann zuzulassen, wenn die gesetzlichen Voraussetzungen vorliegen. Insbesondere ist zu prüfen, ob eine unzulässige Verfassungsänderung (Art. 75 Abs. 1 BV) oder ein Verstoß gegen die Verfassung vorliegt. Hier könnte zum einen gegen die Selbstverwaltungsgarantie aus Art. 11 Abs. 2 S. 2 BV verstoßen worden sein (→ Rn. 181 ff.), zum anderen, je nach Ausgestaltung, der Wesentlichkeitsvorbehalt verletzt sein, wenn wichtige Entscheidungen über Nachhaltigkeit und Schutz der natürlichen Lebensgrundlagen nicht durch das Gesetz getroffen werden.[71]

Neben den verbindlichen Grundsätzen der Art. 1–3 a BV zieht der BayVerfGH auch die **Präambel** als Auslegungsgrundsatz hinzu.[72] Dies ist wegen des entgegenstehenden historischen Willens der verfassungsgebenden Versammlung[73] nicht unumstritten, andererseits hat die Präambel jenseits der Wiedergabe des historischen Kontexts und der Nennung des „Bayerischen Volks" als Verfassungsgeber „Leitmotivcharakter" und lässt sich jedenfalls für die Feststellung der „christlich-abendländischen Tradition" als zusätzliche Rechtserkenntnisquelle für Verfassungsprogrammsätze und Auslegungshilfe für Verfassungsnormen heranziehen.[74]   65

2. Wirkung des Homogenitätsprinzips, Art. 28 Abs. 1 GG

Das Homogenitätsprinzip setzt den Rahmen, innerhalb dessen sich die **Verfassungsautonomie** der Länder verwirklichen kann. So verlangt es nicht, dass die Staatsstrukturen im Detail genauso wie im GG ausgestaltet sind, jedoch müssen die **tragenden Grundsätze** des bundesdeutschen Demokratie-, Rechtsstaats- und Sozialstaatsprinzips auf Landesverfassungsebene verwirklicht werden. Wie groß der **Gestaltungsspielraum** der Länder im Einzelnen ist und wie weit das GG in die Landesverfassungen hineinwirkt, entscheidet letztlich das BVerfG im Rahmen seiner Überprüfungskompetenz für Landes(verfassungs)recht aus Art. 93 Abs. 1 Nr. 2 und Nr. 4 a GG.[75] Sinnvollerweise sollte sich die „Strukturgleichheit" zwischen Bund und Ländern auf die Aspekte beschränken, die auch bei Art. 79 Abs. 3 GG als der unabdingbare Kernbestand der Staatsstrukturprinzipien erachtet werden.[76] Das Homogenitätsprinzip wirkt als zusätzliche Sicherung der freiheitlich-demokratischen Grundordnung in den Ländern (→ Rn. 95).   66

Über das Homogenitätsprinzip erlangen Vorschriften und Grundsätze des GG *keine* unmittelbare (lückenfüllende) Geltung in den Ländern. Vielmehr wirkt es zum einen als negativer Maßstab in dem Sinne, dass gegen die Grundsätze des GG verstoßende Landesvorschriften **nichtig** sind.[77] Zum anderen kann es positive Maßstabswirkung dadurch erlangen, dass es als aktiver **Anpassungsauftrag** an die Länder verstanden wird, die ihr Verfassungsrecht möglichst homogenitätskonform auszulegen haben. So-   67

---

71 BayVerfGH, Entsch. v. 17.7.2018 – Vf 28-IX-18, juris, Rn. 67.
72 BayVerfGHE 9, 147 (154).
73 *Schmidt*, Staatsgründung und Verfassungsgebung in Bayern, 1997, S. 141.
74 Hierzu ausführlich *Brechmann*, BayVBl. 2016, 408 (411), und noch weitergehend *Rottenwallner*, BayVBl. 2016, 397 (400 ff.) mwN.
75 Anschauliches Beispiel hierfür BVerfG, KommJur 2016, 296 (299 f.).
76 Zur Problematik dieses eher vagen Maßstabs vgl. *Mehde*, in: Maunz/Dürig, GG, Art. 28 Abs. 1 (Stand: 73. EL Dezember 2014), Rn. 47 f.
77 BVerfGE 83, 37 (53) sowie *Kempen*, in: Becker/Heckmann/ders./Manssen, 1. Teil, Rn. 35. Nach aA ergibt sich die Nichtigkeit erst aus Art. 31 GG, vgl. *Löwer*, in: v. Münch/Kunig, GG, Art. 28 Rn. 13.

weit es um konkrete, für das Verfassungsleben als unabdingbar verstandene Ausprägungen der genannten Staatsstrukturprinzipien geht, die in der Landesverfassung nicht vorhanden sind, muss versucht werden, durch **Verfassungsauslegung** einen entsprechenden Zustand herzustellen. Beispiele aus der BV sind das Fehlen einer – vom BVerfG als von Art. 28 Abs. 1 S. 2 BV umfasst erachteten – Entsprechung zum Parteienprivileg des Art. 21 Abs. 1 GG oder der in Art. 14 Abs. 1 BV nicht erwähnte Grundsatz der Freiheit der Wahl.[78] Zum Teil wird stattdessen eine unmittelbare Geltung des Bundesverfassungsrechts als Bundesrecht in den Ländern vertreten.[79]

68 Besondere Anforderungen an die Homogenität bestehen im Bereich der **Wahlrechtsgrundsätze** (Art. 28 Abs. 1 S. 2 GG). Auch hier sind jedoch Abweichungen zB bzgl. des Wahlsystems (Verhältnis- oder Mehrheitswahl oder Kombination hieraus) möglich (→ Rn. 105, 106).

69 Ebenso zeichnet das GG in Art. 28 Abs. 1 S. 2, Abs. 2 GG durch die institutionelle Garantie der **kommunalen Selbstverwaltung** einen bestimmten Aspekt der mittelbaren Staatsverwaltung in den Ländern vor. Diesen bleibt zwar überlassen, wie sie die kommunale Selbstverwaltung ausgestalten, jedoch müssen sie Gemeinden und Gemeindeverbände als Institution vorsehen (→ Rn. 179).

3. Die Staatsstrukturprinzipien und Staatszielbestimmungen
a) Freistaat, Art. 1 Abs. 1 BV

70 Art. 1 Abs. 1 BV ist das Äquivalent zum Begriff der „Bundesrepublik Deutschland" in Art. 20 Abs. 1 GG. „Freistaat" wurde bewusst in Anlehnung an die Bamberger Verfassung von 1919 anstelle von „Republik" gewählt.[80] Damit ist festgehalten, dass in Bayern keine Monarchie mehr eingeführt werden kann – dies wird auch durch das Homogenitätsprinzip nach Art. 28 Abs. 1 S. 1 GG sichergestellt. Es kann damit in Bayern keinen jenseits der Verfassung stehenden Träger staatlicher Gewalt geben.[81]

b) Volksstaat, Art. 2 BV

71 **Fall:**
Der Landtag ändert das Landeswahlgesetz (BayLWG) wie folgt ab: In Art. 1 BayLWG (Stimmberechtigung) wird ein Abs. 1a eingefügt, wonach „unter den gleichen Voraussetzungen wie Deutsche auch Staatsangehörige der übrigen Mitgliedstaaten der Europäischen Union stimmberechtigt sind." Ist diese Gesetzesänderung mit der Verfassung vereinbar? (→ Rn. 77 f.)

72 Art. 2 BV beinhaltet das Demokratieprinzip und die Grundlagen der **demokratischen Legitimation** staatlichen Handelns. Träger der Staatsgewalt ist das Staatsvolk (**Volkssouveränität**). Art. 2 Abs. 1 BV wird durch Art. 4 und Art. 7 Abs. 2 BV ergänzt, die einerseits die demokratische Legitimationskette vorgeben, andererseits die Möglichkeiten der Teilhabe der Staatsbürger an der Willensbildung des Staates aufzählen. Art. 7 Abs. 2 BV stellt ein (subjektives) **Grundrecht** auf Teilhabe des Einzelnen an der Aus-

---

78 Hierzu *Möstl*, in: Lindner/ders./Wolff, BV, Vor Art. 13 Rn. 10 (Parteien) und Art. 14 Rn. 21 (Freiheit der Wahl). Überblick über die „Homogenität" der BV bei *Lindner*, Bayerisches Staatsrecht, Rn. 49 ff.
79 *Möstl*, in: Lindner/ders./Wolff, BV, Vorbem. B Rn. 8.
80 *Ruf*, Die Bayerische Verfassung vom 14. August 1919, 2015, S. 785 f.
81 *Kempen*, in: Becker/Heckmann/ders./Manssen, 1. Teil, Rn. 144.

übung der Staatsgewalt dar. Einfachgesetzlich wird das Demokratieprinzip durch das Landeswahlgesetz (BayLWG) konkretisiert. Deutlich wird im Vergleich mit Art. 20 Abs. 2 GG, dass die BV ein starkes Augenmerk auf **plebiszitäre Elemente** legt und die Volksgesetzgebung (Art. 74 BV) ebenso wie kommunale Bürgerbegehren und -entscheide (Art. 12 BV) gleichauf mit den Elementen der repräsentativen Demokratie durch Wahlen zur Volksvertretung (Landtag) sieht, vgl. Art. 71 BV. Schließlich ist auch der **Wesentlichkeitsvorbehalt**, also das Gebot, dass der Gesetzgeber über wesentliche Fragen selbst entscheiden muss, im Demokratieprinzip verankert.

Aus Sicht des Verfassungsgebers dient das Demokratieprinzip der Förderung des Gemeinwohls und damit der **Legitimierung** der Ausübung von Staatsgewalt.[82] Der hohe Stellenwert dieser Strukturentscheidung wird durch Art. 75 Abs. 1 BV, der bayerischen „Ewigkeitsklausel", betont, der Verfassungsänderungen, die den demokratischen Grundgedanken der Verfassung widersprechen, für unzulässig erklärt. 73

Ergänzt wird diese Grundentscheidung durch eine Reihe weiterer Bestimmungen der Verfassung: durch der der Demokratie immanenten Grundsatz der **Mehrheitsentscheidung** (Art. 2 Abs. 2 S. 2 BV) und den **Schutz der parlamentarischen Opposition** (Art. 16a Abs. 1 BV), die demokratietheoretisch eine reelle Chance haben muss, durch ihre Arbeit im Vertretungsorgan einmal die Mehrheit zu werden. Hierzu tritt das Grundrecht der Meinungsfreiheit (Art. 110 BV) (auch) für die außerparlamentarische Minderheit. Art. 13 Abs. 2 S. 1 BV betont nochmals die Repräsentation des gesamten Volkes durch die gewählten Vertreter im Landtag. Art. 14 BV regelt die **Wahlrechtsgrundsätze**, ohne die die Ausübung von Staatsgewalt und die Repräsentation des Volkes nicht möglich wären. Diese gelten auch für Abstimmungen auf kommunaler Ebene im Sinne von Art. 12 BV.[83] 74

Die deutlich **plebiszitäre Ausrichtung** des Demokratieprinzips ist mit Art. 28 Abs. 1 S. 1 f. GG vereinbar – zwar trifft das Grundgesetz eine Grundentscheidung zugunsten der repräsentativen Demokratie, schließt jedoch Elemente einer direkten Demokratie auf Landesebene nicht aus, solange die repräsentative Demokratie prägend bleibt. Bayern ist eine repräsentative parlamentarische Demokratie, dh das Volk übt die Staatsgewalt vorrangig durch Wahlen aus und dem Parlament wird im Staatsgefüge eine besondere Rolle zugewiesen.[84] Ergänzt wird dies durch die – zum Teil als gleichrangig angesehenen – Elemente unmittelbarer Demokratie.[85] 75

Das **Staatsvolk** (Staatsbürger) bestimmt sich mangels bayerischer Staatsangehörigkeit nach hM durch zwei Kriterien: deutsche Staatsangehörigkeit und – wegen Art. 7 Abs. 3 BV zulässig – gewöhnlicher Aufenthalt bzw. Hauptwohnsitz in Bayern seit mind. 3 Monaten (vgl. Art. 1 Abs. 1 BayLWG als einfachgesetzliche Konkretisierung). Zu einem verfassungsrechtlichen Streitpunkt hat sich in den letzten Jahren bundesweit 76

---

82 *Schmidt*, Staatsgründung und Verfassungsgebung in Bayern, 1997, S. 162.
83 BayVerfGH, KommJur 2016, 133 (135) zum Stichentscheid nach Art. 18a Abs. 13 GO und dem Grundsatz der Wahlgleichheit.
84 *Kempen*, in: Becker/Heckmann/ders./Manssen, 1. Teil, Rn. 151–153.
85 Zum Verhältnis *Holzner*, BV, Art. 2 Rn. 20; *Lindner*, in: ders./Möstl/Wolff, BV, Art. 2 Rn. 9.

die Frage nach der Zugehörigkeit zum Staatsvolk entwickelt.[86] Es geht dabei um zwei grds. zu trennende Fragen: 1. Erstens, ob die unionsrechtlich wegen Art. 20 Abs. 2 S. 2 lit. b AEUV erforderliche Änderung des Art. 28 Abs. 1 S. 3 GG zum aktiven und passiven Wahlrecht von Unionsbürgern bei Kommunalwahlen auch für kommunale Bürgerbegehren und -entscheide (Art. 12 Abs. 3 BV), also eine Abstimmung, gilt. 2. Zweitens, ob jenseits des Art. 28 Abs. 1 S. 3 GG das Wahlrecht auf Landesebene für Nichtdeutsche (Unionsbürger oder Drittstaatsangehörige mit Aufenthaltsstatus) mit dauerhaftem Wohnsitz in Deutschland geöffnet werden darf.

77 Die Teilnahme von **Unionsbürgern** auch an **kommunalen Abstimmungen** stellt nach Ansicht des BayVerfGH keinen Verstoß gegen das – über das Rechtsstaatsprinzip zu prüfende (→ Rn. 84) – Homogenitätsprinzip des Art. 28 Abs. 1 GG und auch nicht gegen Art. 7 Abs. 2 BV dar. Art. 28 Abs. 1 S. 3 GG muss diesbezüglich erweiternd, wenn auch nicht unionsrechtskonform derart ausgelegt werden, dass in diesem Fall mit Wahlen auch Sachentscheidungen gemeint sind. Dies wird überzeugend damit begründet, dass mittels Bürgerentscheid lediglich ein Gemeinderatsbeschluss ersetzt wird (vgl. Art. 18 a Abs. 13 GO; → § 3 Rn. 158). Bei den Wahlen zur Gemeindevertretung ist jedoch der Unionsbürger unstreitig aus Unionsrecht stimmberechtigt, so dass es widersprüchlich erscheint, ihn beim „Minus" der Abstimmung von der Mitwirkung auszuschließen.[87] Das BVerfG[88] hat dies im Rahmen seiner Überprüfungskompetenz landesverfassungsgerichtlicher Entscheidungen (→ Rn. 206) nicht beanstandet.

78 Dagegen ist nach Ansicht des BVerfG[89] ebenso wie des BremStGH[90] eine Einbeziehung von Nichtdeutschen in die **Stimmberechtigung bei Wahlen** zum Landtag ein Verstoß gegen Art. 28 Abs. 1 iVm Art. 20 Abs. 2 GG. Anknüpfungspunkt für das Wahlvolk sei stets die deutsche Staatsangehörigkeit, unterschiedliche Wahlvölker auf unterschiedlichen Ebenen dürfe es nach Art. 20 Abs. 2 GG nicht geben. Dies wird in der Lit. mit dem Argument der Eigenstaatlichkeit der Länder und der Herstellung demokratischer Legitimation gerade durch die Beteiligung der tatsächlich Herrschaftsunterworfenen an Wahlen in Zweifel gezogen.[91] Vor diesem Hintergrund scheint auch die Erweiterung einer potenziellen Landesstaatsangehörigkeit gegenüber der deutschen Staatsangehörigkeit problematisch, da mit der Staatsangehörigkeit das aktive und passive Wahlrecht auf Landesebene erworben wird (vgl. Art. 4 und Art. 7 BV).

---

86 Vgl. BremStGH, DVBl. 2014, 1248, zur Ausweitung des Wahlrechts auf Unionsbürger und aufenthaltsberechtigte Drittstaatsangehörige mit ständigem Wohnsitz in Bremen; BayVerfGHE 66, 70 zur Einbeziehung von Unionsbürgern bei kommunalen Bürgerentscheiden.
87 BayVerfGHE 66, 70 (86 f.) Hierzu *Lindner*, in: ders./Möstl/Wolff, BV, Art. 7 Rn. 6 a, *Mehde*, in: Maunz/Dürig, GG, Art. 28 Abs. 1 (Stand: 73. EL Dezember 2014), Rn. 124, und *F. Wollenschläger*, in: Meder/Brechmann, BV, Art. 12 Rn. 52.
88 BVerfG, KommJur 2016, 296 (299) (sehr instruktiv zur Überprüfungskompetenz!).
89 BVerfGE 83, 37 (60).
90 BremStGH, DVBl. 2014, 1248 (1249 ff.).
91 Ausführlich *Eickenjäger/Valle Franco*, ZAR 2015, 52 (54 f.), sowie Sondervotum Sacksofsky zu BremStGH, Urt. v. 31.1.2014, St. 1/13, juris, Rn. 75 ff.

IV. Eigenstaatlichkeit II – Staatsstrukturen und Staatsziele

c) Rechtsstaat, Art. 3 Abs. 1 BV

Fall:

Die bayerische Staatsregierung erlässt eine Rechtsverordnung zur Festlegung von Feinstaubwerten und konkreten Maßnahmen zu deren Senkung in den bayerischen Städten. Das Rechtsamt der Stadt München ist der Ansicht, dass weder eine hinreichend bestimmte Rechtsgrundlage noch die Verbandskompetenz Bayerns für die Festlegung von Immissionsschutzwerten besteht. Im Übrigen weiche die Rechtsverordnung von der Luftqualitätsrichtlinie der EU ab. Kann die Stadt München die Rechts- und Verfassungsmäßigkeit der Rechtsverordnung vor dem BayVerfGH überprüfen lassen? Gibt es noch andere Möglichkeiten?

Gemäß Art. 3 Abs. 1 S. 1 BV ist Bayern ein Rechtsstaat. Dieses klare Bekenntnis von 1946 zu einem Gegenentwurf zum nationalsozialistischen Unrechtsstaat[92] wird in weiteren Bestimmungen der BV konkretisiert. Wie beim Rechtsstaatsprinzip des Art. 20 Abs. 3 GG[93] steht im Kern die Gesetzes- und **Rechtsbindung staatlicher Gewaltausübung** zur Beschränkung von Macht und Willkür, die Herrschaft des Rechts über die Staatsgewalt. Konkrete Ausprägungen sind:

- Vorrang der Verfassung, Art. 55 Nr. 1 BV, Art. 98 S. 4 BV, Art. 75 BV
- Gewaltenteilung, Art. 5 BV
- Unabhängigkeit der Richter, Art. 5 Abs. 3, 85–87 BV
- Gesetzes- und Verfassungsbindung der Richter, Art. 85 BV
- Justizgrundrechte, insbesondere Recht auf einen gesetzlichen Richter (Art. 86 Abs. 1 BV), rechtliches Gehör (Art. 91 BV) und effektiver Rechtsschutz
- Gesetzmäßigkeit der Verwaltung und Regierung, Art. 55 Nr. 1 BV („Vorrang des Gesetzes")
- Gesetzesvorbehalt, Art. 55 Nr. 2 S. 3 BV für Rechtsverordnungen, Art. 70 BV für Eingriffe in die Freiheit des Bürgers („Gebote und Verbote")
- Justiziable und mit Vorrang geltende Grundrechte, Art. 98 ff., Art. 66 iVm Art. 120 BV
- Verhältnismäßigkeitsgrundsatz (Übermaßverbot)
- Rückwirkungsverbot (Verlässlichkeit des Rechts)
- Normklarheit und Normbestimmtheit, siehe auch Art. 76 Abs. 1 BV (Bekanntgabe von Gesetzen).

Gesetz und Recht müssen von den Staatsgewalten beachtet werden. Das Recht muss für den Einzelnen erkennbar und verlässlich sein. Es muss außerdem – dies ist Ausdruck des Demokratieprinzips – von der gesetzgebenden Gewalt gesetzt sein, die Umfang und Inhalt des Handelns der beiden anderen Gewalten hinreichend klar und bestimmt festlegen muss.

Das Rechtsstaatsprinzip ist eine objektiv wirkende **Staatsstrukturbestimmung**, die als solches kein subjektives Recht im Rahmen einer Popularklage oder Verfassungsbe-

---

92 So die Argumentation von *Nawiasky* in der verfassungsgebenden Versammlung, vgl. *Schmidt*, Staatsgründung und Verfassungsgebung in Bayern, 1997, S. 163 f.
93 Für näheres sei deshalb auf ausführliche Darstellungen zum Rechtsstaatsprinzip des GG verwiesen, zB *Degenhart*, § 4; *Morlok/Michael*, §§ 7, 9.

schwerde begründet. Allerdings ist Art. 3 BV mit seinen einzelnen Ausprägungen dennoch von großer Bedeutung in der Rspr. des BayVerfGH:

83   1. Zum einen als **objektiv-rechtlicher Maßstab für Landesgesetze** und verfassungsändernde Gesetze im Rahmen von Normenkontrollen. Das gilt auch für eine wegen der möglichen Verletzung eines Grundrechts der BV zulässigerweise eingelegte Popularklage (Art. 98 S. 4 BV), da diese auf der Begründetheitsebene als objektives Beanstandungsverfahren behandelt wird und der BayVerfGH die beanstandete Rechtsvorschrift deshalb am Maßstab des Rechtsstaatsprinzips, einschließlich einer hinreichend bestimmten Rechtsgrundlage bei Rechtsverordnungen, misst.[94]

84   2. Zum anderen wirkt Art. 3 Abs. 1 BV als „Einfallstor", um die **Vereinbarkeit von Landesrecht mit Bundesrecht** zu prüfen. Da die Kompetenzordnung des Grundgesetzes, aber auch die durch das Homogenitätsprinzip geschützten Grundsätze (Art. 28 Abs. 1 GG) und Grundrechte (Art. 1 Abs. 3 GG) unmittelbar für die bayerischen Staatsgewalten bindend sind, haben sie Teil an der Gesetzbindung der Verwaltung und binden als höherrangiges Recht auch den bayerischen Gesetzgeber. Dasselbe gilt wegen Art. 31 GG für sonstiges Bundesrecht. Hierdurch wird Bundesrecht zum mittelbaren Prüfungsmaßstab für bayerisches Landesrecht. Da jedoch der BayVerfGH nicht über die Auslegung von Bundesrecht zu befinden hat, beschränkt er sich auf die Feststellung solcher Verstöße, die „offen zu Tage treten" bzw. erheblich sind.[95] Hinsichtlich des **Unionsrechts** muss, soweit es sich um unmittelbar anwendbare Vorschriften des Primär- oder Sekundärrecht handelt, entsprechendes gelten, soweit es um die offenkundige Missachtung des Anwendungsvorrangs geht.[96] Der BayVerfGH scheint dies ebenfalls in Erwägung zu ziehen.[97]

Falllösung:

I. *Zulässigkeit*: In Betracht kommt eine **Popularklage**, Art. 98 S. 4 BV. Auch untergesetzliche Rechtsvorschriften sind tauglicher Antragsgegenstand, allerdings muss die Stadt München als kommunaler Selbstverwaltungsträger eine Verletzung eines Grundrechts geltend machen, allein die Berufung auf das Rechtsstaatsprinzip aus Art. 3 Abs. 1 BV genügt nicht. In Betracht kommt hier die **Selbstverwaltungsgarantie** des Art. 11 Abs. 2 S. 2 BV.[98]
II. *Begründetheit:* Prüfungsmaßstab des objektiven Beanstandungsverfahrens ist die gesamte BV. Bei Rechtsverordnungen kann über Art. 3 Abs. 1, Art. 55 Nr. 2 S. 3 BV auch geprüft werden, ob es eine hinreichend bestimmte Ermächtigungsgrundlage gibt und ob diese eingehalten wurde (→ Rn. 159, 219). Außerdem ermöglicht Art. 3 Abs. 1 BV eine mittelbare Überprüfung am Maßstab der Kompetenzordnung des GG sowie an §§ 47, 48 a BImSchG, soweit ein erheblicher Verstoß vorliegt. Eine echte Überprüfung eines Verstoßes gegen höherrangiges Bundesrecht findet jedoch nicht statt.[99] Dasselbe gilt für die EU-Richtlinie. Soll die Unvereinbarkeit der untergesetzlichen Landesvorschrift mit höherrangigem Bundes- und Unionsrecht umfassend festgestellt werden, ist eine verwaltungsgerichtliche Normenkontrolle nach § 47 VwGO zielführend.

---

94 *Wolff*, in: Lindner/Möstl/ders., BV, Art. 98 Rn. 58.
95 St. Rspr., zuletzt beispielsweise BayVerfGHE 66, 70 (84); zum Windkraftanlagengesetz BayVerfGH, BayVBl. 2016, 625 (638), wegen Verstoß gegen die Kompetenzordnung des § 249 Abs. 3 BauGB. Ausführlich *Küspert*, BayVBl. 2016, 797 (804), und *Lindner*, BayVBl. 2013, 549 (550 f.). Zur Vereinbarkeit dieses Ansatzes mit dem GG BVerfG, KommJur 2016, 296 (298).
96 Ähnlich *Wolff*, in: Lindner/Möstl/ders., BV, Art. 98 Rn. 70.
97 Vgl. BayVerfGH, BayVBl. 2011, 141 (142); BayVerfGH, BayVBl. 2013, 269.
98 Zur Rügefähigkeit als grundrechtsähnliches Recht siehe *Wolff*, in: Lindner/Möstl/ders., BV, Art. 98 Rn. 36; F. Wollenschläger, in: Meder/Brechmann, BV, Art. 11 Rn. 56 ff.
99 Vgl. *Knöpfle*, in: Nawiasky/Schweiger/ders., BV, Art. 98 (Stand: 7. EL Mai 1992), Rn. 72.

d) Kulturstaat, Art. 3 Abs. 1 f. BV

Abweichend vom GG benennt die BV als Staatsziel den „Kulturstaat" (Art. 3 Abs. 1) 85
und den „Schutz kultureller Überlieferungen" (Art. 3 Abs. 2). Hierbei handelt es sich, wie bei allen **Staatszielbestimmungen**, um eine objektive Pflicht des Staates, seine Handlungen auf die Zielbestimmung auszurichten, nicht dagegen um ein einklagbares subjektives Recht.[100]

Trotz der Konkretisierung in Art. 3 Abs. 2 S. 1 BV bleibt der **Inhalt** schwer zu umrei- 86
ßen. Historisch war neben den Wohlfahrtsaufgaben, die Herstellung eines Mindestmaßes an staatlicher Ordnung und grundrechtlicher Freiheit gemeint, die für die Entfaltung der Kultur erforderlich ist.[101] Geschützt und Maßstab staatlichen Handelns sollen zum einen kulturelle Güter als solches wie auch das Handeln der Kulturschaffenden sein.[102] Zusätzliche Bedeutung erhält die **Kulturstaatlichkeit** dadurch, dass sie viele Bereiche umfasst, die traditionell und mangels Zuweisung an den Bund in Art. 70 ff. GG in den (weitgehenden) Zuständigkeitsbereich der Länder fallen (sog. **Kultushoheit**): Schule und Bildung (Art. 128 ff. BV),[103] Religion (Art. 142 ff. BV), Förderung von Wissenschaft und Kunst (Art. 140 BV) und Denkmalschutz (Art. 141 Abs. 2 BV). Ähnliche Bestimmungen finden sich deshalb in den meisten Landesverfassungen.[104]

e) Sozialstaat, Art. 3 Abs. 1 BV

Das Sozialstaatsprinzip wurde 1946 neu in die Verfassung aufgenommen und findet 87
neben Art. 3 Abs. 1 auch Ausdruck in verschiedenen Grundrechten wie den Art. 106 Abs. 1 f. (Anspruch auf eine angemessene Wohnung), Art. 118 und 118 a (allgemeiner und besonderer Gleichheitssätze), Art. 125 (Förderanspruch für Kinder), Art. 128 (Recht auf Bildung) und Art. 151 BV (Wirtschaftsordnung).

Es hat zwei Dimensionen: 1. Betonung der **Gemeinwohlorientierung** des Staates, der 88
für die Bürger da sein soll, als objektiver Wertmaßstab staatlichen Handelns, und 2. als verbindlicher politischer **Gestaltungsauftrag**[105] (Staatszielbestimmung oder Optimierungsgebot): die **staatliche Förderung** von Arbeitenden, Kindern, Begabten, Armen, Behinderten, Kranken etc durch Sozialgesetzgebung.[106] Materiell umfasst das Sozialstaatsprinzip Verteilungsgerechtigkeit und Schutz der Gesellschaft vor wirtschaftlichen Krisen ebenso wie staatliche Absicherung gegen individuelle Krisensituationen. Eine Festlegung auf eine bestimmte Wirtschaftsordnung ist damit trotz Art. 151 BV nicht verbunden, genauso wenig wie die Pflicht zur Herstellung gleicher Lebensverhältnisse.[107]

---

100 BayVerfGHE 28, 107 (118).
101 Siehe *Geis*, in: Meder/Brechmann, BV, Art. 3 Rn. 32 f. Historisch zur BV *Schmidt*, Staatsgründung und Verfassungsgebung in Bayern, 1997, S. 169.
102 *Lindner*, in: ders./Möstl/Wolff, BV, Art. 3 Rn. 6.
103 In der Entscheidung über das Volksbegehren „Bessere Schule" wurde geltend gemacht, die Kulturstaatlichkeit begründe Mitwirkungsmöglichkeiten der Schüler*innen an schulischen Entscheidungen. Der BayVerfGH ist in E 47, 276 (294 ff.) jedoch allein auf Demokratie- und Rechtsstaatsgebot eingegangen.
104 Art. 40 LVerf RP, Art. 34 SaarlVerf, Art. 30 ThürVerf, Art. 36 Verf LSA, Art. 18 Verf NRW, Art. 6 NdsVerf, Art. 13 Verf SH, Art. 20 BerlVerf, Art. 16 Verf MV, Art. 11 SächsVerf, Art. 2, 34 BbgVerf.
105 *Geis*, in: Meder/Brechmann, BV, Art. 3 Rn. 34. Aus bundesrechtlicher Sicht *Voßkuhle/Wischmeyer*, JuS 2015, 693.
106 *Schmidt*, Staatsgründung und Verfassungsgebung in Bayern, 1997, S. 168.
107 BayVerfGHE 13, 109 (124). Siehe *Holzner*, BV, Art. 3 Rn. 5.

89 Wie alle Staatsstrukturprinzipien enthält auch Art. 3 Abs. 1 BV *kein* subjektives Recht des Einzelnen. Vor dem Hintergrund der Rspr. des BVerfG zu Art. 1 Abs. 1 GG[108] garantiert das Sozialstaatsprinzip jedoch iVm der Menschenwürdegarantie dem Einzelnen ein **Existenzminimum**.[109] Darüber hinausgehende, im Wege einer Popularklage oder Verfassungsbeschwerde einklagbare Leistungs- oder Teilhaberechte, die sich dem Wortlaut nach aus einer Reihe von sozialstaatlich orientierten Normen im Grundrechteteil der Verfassung ergeben, lehnt der BayVerfGH in st. Rspr. ab.[110] Es bleibt damit bei objektiv-rechtlichen Handlungsaufträgen und Auslegungsmaximen,[111] ein individueller Anspruch auf Gesetzgebung oder auf Einzelleistungen zB im Rahmen des Rechts auf Bildung (Art. 128) oder der Fürsorge für Bedürftige (Art. 168 Abs. 3 BV) besteht nicht.

f) Gleichwertigkeitsziel, Art. 3 Abs. 2 S. 2 BV

90 Seit 2014 findet sich auch das Gleichwertigkeitsziel in Art. 3 Abs. 2 S. 2 BV. Es ergänzt das Sozialstaatsprinzip v.a. in Hinblick auf das bestehende **Stadt-Land-Gefälle**, insbesondere bzgl. des Ausbaus von Infrastruktur. Es umfasst alle Lebens- und Arbeitsbereiche, dh Wohnen, Bildung, soziale und kulturelle Leistungen, Freizeit, Daseinsvorsorge, Weiter-, Fort- und Ausbildung, Rente etc[112] Als typische Staatszielbestimmung handelt es sich nicht um ein subjektives Recht, sondern um einen **Programmsatz** für Gesetzgeber, Gubernative und planende Verwaltung, einer sozialen Spaltung der bayerischen Gesellschaft entgegenzuwirken und allen Bewohnern Bayerns die „gleichen Chancen für ihre Lebensentwicklung" zu bieten.[113] Ergänzend postuliert Art. 121 Abs. 2 BV eine objektiv-rechtliche Förderpflicht des Staates für das Ehrenamt, dessen Erfüllung einen deutlichen Beitrag zur Herstellung gleichwertiger Lebensverhältnisse erwarten lässt.[114]

g) Nachhaltigkeit, Art. 3 Abs. 2 S. 1 BV

91 Wie in Art. 20a GG kommt seit 2014 in Art. 3 Abs. 2 S. 1 BV das Prinzip der Nachhaltigkeit zum Ausdruck, wenn auch weniger stark auf die Verantwortung für nachfolgende Generationen bezogen. Es verpflichtet den Gesetzgeber in Form einer **objektiven Schutzpflicht**, die Umwelt im Rahmen seiner Gestaltungsfreiheit zu berücksichtigen und wirkt dadurch zunächst beschränkend.[115] Ob Art. 3 Abs. 2 S. 1 BV darüber hinaus auch einen positivem Gestaltungsauftrag enthält, ist unklar.[116] Allerdings kann die Schutzpflicht den Wesentlichkeitsvorbehalt auslösen und eine detaillierte Entscheidung des Gesetzgebers erfordern.[117] Ein subjektives (Grund-)Recht ergibt sich erst aus Art. 141 Abs. 3 BV (→ Rn. 283).

---

108 BVerfGE 125, 175 (= JuS 2010, 844 mAnm *Ruland*), sowie BVerfGE 132, 134 (= NVwZ 2012, 1024 mAnm *Tiedemann*).
109 *Lindner*, in: ders./Möstl/Wolff, BV, Art. 3 Rn. 75 ff.
110 BayVerfGH, NVwZ-RR 2012, 537; BayVerfGHE 13, 109 (115); 13, 141 (145); 52, 79 (89); 61, 130 (134).
111 *Kempen*, in: Becker/Heckmann/ders./Manssen, 1. Teil, Rn. 247.
112 Siehe auch *Lindner*, in: ders./Möstl/Wolff, BV, Art. 3 Rn. 81.
113 LT-Drs. 16/15140, S. 6.
114 *Wolff*, in: Lindner/Möstl/ders., BV, Art. 121 Rn. 3.
115 Vgl. BayVerfGHE 59, 109 (115). Dazu *Holzner*, BV, Art. 3 Rn. 9.
116 Vgl. *Geis*, in: Meder/Brechmann, BV, Art. 3 Rn. 38.
117 BayVerfGH, Entsch. v. 17.7.2018 – Vf 28-IX-18, juris, Rn. 67, zum Volksbegehren „Stopp Flächenverbrauch".

h) Europäische Integration, Art. 3 a BV

Art. 3 a S. 1 BV ähnelt der Integrationsklausel des Art. 23 Abs. 1 S. 1 GG. Während jedoch dieser für den Mitgliedstaat Deutschland als unmittelbar wirkende Integrationsschranke interpretiert werden kann und interpretiert wird,[118] muss für den Gliedstaat Bayern ohne eigene Kompetenz zur Übertragung von Hoheitsgewalt auf die supranationale EU eine eigene Bedeutung gefunden werden. Als Staatsziel ist Art. 3 a BV daher nicht als Integrationsschranke, sondern, wie Art. 23 Abs. 1 GG auch, als aktives Bekenntnis zum europäischen Gedanken, als Loyalitätsbekundung gegenüber der EU und als Mitwirkungsgebot in Kooperation mit anderen europäischen Regionen zu werten.[119]

92

4. Schutz der staatlichen Ordnung

Ähnlich wie das GG soll auch die BV eine „wehrhafte Demokratie" begründen und den bayerischen Staat mit den Mitteln eines Rechtsstaats vor den Feinden der Verfassung und der **freiheitlich-demokratischen Grundordnung** schützen. Als vorkonstitutionelle Verfassung hat sie die Regelungen des GG sogar maßgeblich mitgeprägt.

93

Der Schutz der staatlichen Ordnung bedient sich dreier Instrumente, von denen allerdings zwei fast vollständig durch Bundesrecht überlagert werden:

94

- Das **Verbot** von verfassungsfeindlich agierenden **Wählergruppen** durch den BayVerfGH in Art. 15 Abs. 2 BV, das weitgehend durch Art. 21 Abs. 2–4 GG überlagert wird (→ Rn. 108).
- Die **Suspendierung von Grundrechten** bei drohender Gefährdung der öffentlichen Sicherheit und Ordnung in Art. 48 Abs. 1 BV. Dieser ist an das Notstandsrecht des Art. 48 Abs. 2 Weimarer Reichsverfassung angelehnt, eine Verwirkung von Grundrechten durch Einzelne wie in Art. 18 GG ist dagegen nicht vorgesehen (vgl. Art. 98 S. 3 BV). Da jedoch alle in Art. 48 Abs. 1 BV genannten Grundrechte auch durch das GG gewährleistet werden und diese nicht außer Kraft gesetzt werden können, ist Art. 48 BV gegenstandslos.
- Es bleibt die **Ewigkeitsklausel** des Art. 75 Abs. 1 BV, die wie Art. 79 Abs. 3 GG materielle Maßstabswirkung für verfassungsändernde Gesetze entfaltet. Anders als der Wortlaut vermuten lässt, ist nicht nur das Demokratieprinzip des Art. 2 Abs. 1 BV, sondern der gesamte materielle Verfassungskern der Verfügungsgewalt des verfassungsändernden Gesetzgebers entzogen (→ Rn. 134).

Schließlich wird die staatliche Ordnung in den Bundesländern noch über die **Homogenitätsklausel** des Art. 28 Abs. 1 GG geschützt. Änderungen der BV, die der BayVerfGH nicht bereits wegen eines Verstoßes gegen Art. 75 Abs. 1 BV für nichtig erklärt hat, können vor dem BVerfG angegriffen werden, soweit sie gegen die Grundlagen (und damit letztlich den Kernbereich) der staatlichen Ordnung verstoßen. So wäre es beispielsweise auch durch Änderung des Art. 1 Abs. 1 BV nicht möglich, eine Monarchie in Bayern einzuführen, da dies gegen das republikanische Prinzip des GG ver-

95

---

118 BVerfGE 123, 267 (347 ff.); *Sauer*, § 9, Rn. 8 ff.
119 Ähnlich *Kempen*, in: Becker/Heckmann/ders./Manssen, 1. Teil, Rn. 125. Siehe auch *F. Wollenschläger*, in: Meder/Brechmann, BV, Art. 3 a Rn. 8 ff.

stößt.[120] Zu beachten ist allerdings, dass Art. 28 Abs. 1 GG *keine* **subjektiven Rechte** verleiht, für eine Verfassungsbeschwerde also immer die zusätzliche Verletzung eines Grundrechts oder grundrechtsgleichen Rechts erforderlich ist.

V. Eigenstaatlichkeit III – Aufbau und Aufgaben der Staatsorgane und Hoheitsträger

96 *Wozu?* In diesem Abschnitt geht es um **Staatsorgane**, die den Staat erst handlungsfähig machen und jeweils zugewiesene Aufgaben im Rahmen der **Gewaltenteilung** erfüllen. Ihre Existenz und Ausgestaltung muss sich nach den Vorgaben des Homogenitätsprinzips (Art. 28 GG) richten. Kenntnisse sind zum einen erforderlich, um die **formelle Verfassungsmäßigkeit** von Landesgesetzen (Gesetzgebungsverfahren) beurteilen zu können. Zum anderen werden sie bei **Organstreitigkeiten** hinsichtlich der Rechte und Pflichten eines Verfassungsorgans relevant. Die Arbeit mit Landesverwaltungsrecht setzt außerdem ein Verständnis der Verwaltungsorganisation der unmittelbaren und mittelbaren Staatsverwaltung sowie der verfassungsrechtlichen Garantie der kommunalen Selbstverwaltung voraus. Wichtige Fragestellungen umfassen die demokratische Legitimation der Ausübung von Staatsgewalt („**Legitimationskette**") und die gegenseitige Kontrolle der Gewalten.

1. Verfassungsrechtlicher Rahmen: Gewaltenteilung und Staatsorganschaft

97 Anders als das Grundgesetz beginnt die BV mit dem Aufbau und den Aufgaben des Staates. Dieser musste 1946 erst wieder eingerichtet werden, die verfassungsgebende Gewalt *(pouvoir constituant)* schuf zunächst die verfassten Gewalten *(pouvoirs constitués)*. Die Grundrechte werden als Abwehrrechte gegen den durch die Verfassung erst konstituierten Staat (und nicht als vorstaatlicher Maßstab staatlichen Handelns) nachgestellt.[121]

98 Auch heute haben die Regeln zur Staatsorganisation im Rahmen der Eigenstaatlichkeit der Länder und zur Erfüllung der **Homogenitätsklausel** des Art. 28 Abs. 1 GG herausragende Bedeutung. Da das Grundgesetz nur einen weiten Rahmen vorgibt, um die Grundsätze eines republikanischen, demokratischen und sozialen Rechtsstaates zu verwirklichen, können die Länder verschiedene Modelle eines modernen Verfassungsstaates entwickeln und vom GG abweichende Modalitäten beispielsweise des Gesetzgebungsverfahrens oder des Verwaltungsaufbaus vorsehen.

99 Grundlegendes Organisationsprinzip und Ausdruck der Rechtsstaatlichkeit ist das Prinzip der **Gewaltenteilung** (Art. 5 BV) in Legislative (Volk und Volksvertretung), Exekutive (Staatsregierung und nachgeordnete Vollzugsbehörden) und Judikative (unabhängige Gerichte). Ebenso wie das GG geht die BV nicht von einer absoluten Gewaltentrennung aus, der BayVerfGH formuliert vielmehr: „Die Teilung der Gewalten ist ein tragendes Organisations- und Funktionsprinzip in einer demokratischen, rechtsstaatlichen Verfassungsordnung. Der Inhalt der Gewaltenteilung besteht nicht darin, dass die Funktionen der Staatsgewalt scharf getrennt werden, sondern dass die

---

120 Allgemein hierzu *Kempen*, in: Becker/Heckmann/ders./Manssen, 1. Teil, Rn. 143 f.
121 So *Schmidt*, Staatsgründung und Verfassungsgebung in Bayern, 1997, S. 144.

Organe der Legislative, Exekutive und Judikative sich gegenseitig hemmen, kontrollieren und mäßigen."[122] Der Kernbestand der Gewaltenteilung im Sinne eines solchen Gleichgewichts, obgleich nicht ihre konkrete Ausgestaltung, ist durch Art. 5 BV vorgezeichnet. Hinzu tritt die Verfassungsgerichtsbarkeit (Art. 60 ff. BV) als besonderes Verfassungsorgan zur Gewährleistung des Vorrangs der Verfassung und der Rechtsstaatlichkeit.

Verfassungsorgane sind diejenigen obersten Einheiten des Staates, die in der Verfassung mit der Erfüllung der Aufgaben einer der drei Gewalten betraut sind, diese eigenständig ausführen und den Staat dadurch handlungsfähig machen.[123] Sie leiten ihre Legitimation unmittelbar vom Volk oder dem Landtag ab. Soweit es sich um Kollegialorgane handelt (Landtag, Staatsregierung), wird ihnen **Geschäftsordnungsautonomie** zur Regelung ihrer inneren Angelegenheiten zuerkannt. Die BV kennt daneben noch **oberste Staatsbehörden** (Staatskanzlei, Staatsministerien, Rechnungshof), die nicht unmittelbar durch den Landtag legitimiert und eingerichtet sind, und sonstige in der Verfassung mit eigenen Rechten ausgestattete Einheiten (zB den Abgeordneten, die Fraktionen, Staatssekretäre, Landtagsausschüsse). Wichtig ist die zweifelsfreie Einordnung für die Frage der Beteiligtenfähigkeit im Organstreitverfahren nach Art. 64 BV. Als Verfassungsorgane im Sinne des Verfassungsprozessrechts gelten: 100

- Staatsvolk als originärer Souverän und Ursprung aller Staatsgewalt[124]
- Landtag (vgl. Art. 49 Abs. 2 VfGHG), Landtagspräsident (Art. 44 Abs. 3 S. 4 BV) und Zwischenausschuss (Art. 26 BV)
- Staatsregierung (Art. 43 Abs. 1 BV)
- Ministerpräsident (Art. 47 BV)
- Staatsminister sowie die Staatssekretäre, wenn sie in deren Vertretung handeln (Art. 51 BV)
- Verfassungsgerichtshof.

2. Gesetzgebende Gewalt

a) Landtag

Gesetzgebendes Organ ist der Landtag als gewählte Volksvertretung. Eine zweite (beratende) Kammer existiert seit Abschaffung des Senats 1998 nicht mehr.[125] Neben der Gesetzgebung durch den Landtag steht gemäß Art. 72 Abs. 1 BV gleichberechtigt die Volksgesetzgebung durch Volksentscheid (Art. 74 BV). 101

Sowohl die **Wahlen** zum Landtag als auch der **Geschäftsgang**, das Gesetzgebungsverfahren und die Rechte des Landtags gegenüber der Staatsregierung sind nicht nur eigenständiges Landesverfassungsrecht, das nur am Maßstab des Art. 28 GG vom 102

---

122 BayVerfGHE 49, 1 (7).
123 Zu den Merkmalen siehe auch *Bethge*, in: Maunz/Schmidt-Bleibtreu/Klein/ders., BVerfGG, § 63 (Stand: 49. EL Juli 2016), Rn. 15.
124 *Lindner*, Bayerisches Staatsrecht, Rn. 130.
125 Dies stellte keinen Verstoß gegen das Demokratieprinzip dar, vgl. BayVerfGHE 52, 104 (122 ff.). Näher zum Senat *Kempen*, in: Becker/Heckmann/ders./Manssen, 1. Teil, Rn. 164 f.

BVerfG überprüft werden kann, sondern weichen auch im Rahmen des landesgesetzgeberischen Gestaltungsspielraums an einigen Stellen deutlich vom GG ab.

103 Aus Studierendensicht sind für die Überprüfung der formellen Verfassungsmäßigkeit von Landesgesetzen das **Gesetzgebungsverfahren**[126] sowie für staatsorganisatorisch ausgerichtete Fragestellungen die **Rechte der Abgeordneten**[127] sowie des **Landtags gegenüber der Staatsregierung** von Interesse. Für Klausurkonstellationen ist zu bedenken, dass weder dem BayVerfGH (im Rahmen einer Popularklage nach Art. 98 S. 4 BV, einer konkreten Normenkontrolle nach Art. 92, 65 BV, einer abstrakten Normenkontrolle nach Art. 75 Abs. 3 BV oder einer Verfassungsbeschwerde gegen einen Vollzugsakt nach Art. 66, 120 BV) noch den Verwaltungsgerichten und dem BayVGH (im Wege einer inzidenten Normenkontrolle bei Anfechtung des Vollzugsakts) noch dem BVerfG (abstrakte Normenkontrolle, Art. 93 Abs. 1 Nr. 2 GG, §§ 13 Nr. 6, 76 ff. BVerfGG; konkrete Normenkontrolle, Art. 100 Abs. 1 GG, §§ 13 Nr. 11, 80 ff. BVerfGG; Verfassungsbeschwerde, Art. 93 Abs. 1 Nr. 4a, §§ 13 Nr. 8a, 90 ff. BVerfGG; Bund-Länder-Streit, Art. 93 Abs. 1 Nr. 3 GG, §§ 13 Nr. 7, 68 ff. BVerfGG) die **umfängliche Prüfungskompetenz für Landesgesetze** zukommt.

Dies sei exemplarisch an folgendem *Prüfungsschema* dargestellt:

Schema: Rechtmäßigkeit eines Landesgesetzes
I. Formelle Rechtmäßigkeit des Landesgesetzes
   1. Zuständigkeit nach Art. 30, 70 ff. GG – *Bundesrecht, daher Prüfungskompetenz beim BVerfG. BayVerfGH nur soweit, als eine offensichtliche Verletzung des Rechtsstaatsprinzips vorliegt* (Art. 3 Abs. 1 BV; → Rn. 84)
   2. Verfahren nach Art. 71 ff. BV – *Landesrecht, deshalb Prüfungskompetenz beim BayVerfGH; BVerfG nur, soweit Verstoß gegen Art. 28 Abs. 1 GG*
      a) Gesetzesinitiativrecht, Art. 71 BV
      b) Einhaltung der Verfahrensvorschriften der BV. Verstöße gegen die GeschO-BayLT und das BayLWG sind unbeachtlich,[128] soweit nicht Ausdruck verfassungsrechtlicher Prinzipien (zB Art. 16 a BV).
      c) Mehrheitsbeschluss des Landtags (Art. 72 Abs. 1 iVm Art. 23 BV) oder erfolgreicher Volksentscheid (Art. 74 BV iVm Art. 79 BayLWG)
      d) Ausfertigung durch Ministerpräsidenten (Art. 76 Abs. 1 BV)
      e) Bekanntmachung innerhalb Wochenfrist (Art. 76 Abs. 1 BV)
      f) Bestimmung des Tages des Inkrafttretens im Gesetz (Art. 76 Abs. 2 BV)
II. Materielle Rechtmäßigkeit des Landesgesetzes
   1. Vereinbarkeit mit der *Landesverfassung – Prüfungskompetenz des BayVerfGH*
      a) Landesgrundrechte, Art. 98 ff. BV
      b) Sonstiges objektives Verfassungsrecht, insbesondere Art. 1–3 BV
   2. Vereinbarkeit mit dem Grundgesetz
      a) Grundrechte und sonstiges objektives Verfassungsrecht – *Prüfungskompetenz des BverfG*
      b) Offensichtliche Verstöße gegen das Grundgesetz jenseits der Kompetenzordnung – *Prüfungskompetenz des BayVerfGH unter dem Gesichtspunkt des Rechtsstaatsprinzips* (Art. 3 Abs. 1 BV)

---

126 Für Fallkonstellationen vgl. *Lindner*, Bayerisches Staatsrecht, Rn. 279 ff.
127 Zuletzt Aufgabe 7 der Ersten Juristischen Staatsprüfung 2001/1, BayVBl. 2003, 413, 443.
128 AA *Lindner*, Bayerisches Staatsrecht, Rn. 283 Fn. 336.

3. Vereinbarkeit mit sonstigem *Bundesrecht* (Bundesgesetze, transformiertes Völkerrecht zB EMRK, Bundesrechtsverordnungen) – Prüfungskompetenz BVerfG nach Art. 93 Abs. 1 Nr. 2 und Nr. 4 a GG; BayVerfGH nur über *Art. 3 Abs. 1 BV (str.)*
4. Vereinbarkeit mit *Unionsrecht* – *Prüfungskompetenz des BayVGH (bzw. der VGe) im Wege der inzidenten Normkontrolle als Unionsgericht mit Vorlagepflicht zum EuGH nach Art. 267 Abs. 3 AEUV*, soweit Entscheidung als faktisch letztinstanzliches Gericht;[129] keine Prüfungskompetenz von BVerfG und BayVerfGH, da Maßstab nur Verfassungsrecht. Evtl. Prüfung über Art. 3 Abs. 1 BV durch *BayVerfGH* (→ Rn. 250 ff.).

aa) Wahlen und Zusammensetzung

Die Bildung und Zusammensetzung des Landtags wird durch Art. 13 f. BV beschrieben. Die einfachgesetzliche Konkretisierung erfolgt über das Landeswahlgesetz (BayLWG). **104**

Die **Wahlrechtsgrundsätze** stimmen schon wegen Art. 28 Abs. 1 S. 2 GG inhaltlich mit Art. 38 Abs. 1 S. 1 GG überein – Wahlen müssen allgemein, gleich, unmittelbar und geheim sein. Der Grundsatz der freien Wahl ergibt sich mittelbar aus Art. 2 Abs. 2, Art. 7 Abs. 2 BV, da eine echte Mitwirkung des Staatsbürgers an der demokratischen Willensbildung nur dann gewährleistet ist, wenn die Stimmabgabe ohne Zwang und Beeinflussung erfolgt.[130] **105**

Fall:
R ist gebürtiger Nürnberger und deutscher Staatsangehöriger, lebt aber als wissenschaftlicher Mitarbeiter am EuGH seit geraumer Zeit in Luxemburg. Eine Wohnung in Bayern hat er nicht mehr. Er möchte sich jedoch bei den Landtagswahlen als Listenkandidat für die E-Partei aufstellen lassen. Dies wird ihm mit Hinweis auf Art. 22 BayLWG verwehrt. Zu Recht?

Das aktive Wahlrecht (**Stimmberechtigung**) ergibt sich mangels bayerischem Staatsangehörigkeitsgesetz allein aus Art. 1 BayLWG. Danach sind deutsche Staatsangehörige ab 18 Jahren mit einem Mindestaufenthalt von drei Monaten in Bayern aktiv wahlberechtigt. Das passive Wahlrecht (**Wählbarkeit**) ist akzessorisch zur Stimmberechtigung, Art. 22 BayLWG, so dass auch hierfür der mind. dreimonatige Aufenthalt in Bayern ausschlaggebend ist. Ausländische Staatsangehörige (auch Unionsbürger) sind von der Wahl ausgeschlossen und könnten nach hM und Rspr. des BVerfG und der Landesverfassungsgerichte mangels Zugehörigkeit zum Staatsvolk im Sinne von Art. 2 Abs. 1 BV auch nicht durch Änderung des BayLWG das Wahlrecht erlangen (→ Rn. 76 ff.).

Falllösung:
Nach dem einfachen Recht (Art. 22, 1 BayLWG) ist R nicht wählbar, da er keinen gewöhnlichen Aufenthalt in Bayern hat. Allerdings könnte Art. 22 BayLWG gegen die Verfassung verstoßen. Anders als Art. 7 Abs. 2 BV, der das aktive Wahlrecht betrifft, kann die Wählbarkeit nicht explizit von der Dauer eines Aufenthalts abhängig gemacht werden (vgl. Art. 7 mit Art. 14 BV). Zum Teil wird deshalb angenommen, dass sich hieraus das Erfordernis eines bayerischen Staatsangehörigkeitsgesetzes ergibt, jedenfalls aber die Beschränkung nicht mit der Verfassung vereinbar ist.[131] Dagegen wird vorgebracht, dass zum einen Art. 7 Abs. 3 BV nach dem Wortlaut nicht zwingend auf das aktive Wahlrecht beschränkt ist und zum anderen „wahlfähig" in Art. 14 Abs. 2 BV Beschrän-

---

129 Hierzu *Wegener*, in: Calliess/Ruffert, Art. 267 Rn. 27 f.
130 Vgl. *Wolff*, in: Lindner/Möstl/ders., BV, Art. 14 Rn. 21; F. *Wollenschläger*, in: Meder/Brechmann, BV, Art. 14 Rn. 43 ff.
131 So wohl im Ergebnis *Lindner*, in: ders./Möstl/Wolff, BV, Art. 6 Rn. 6 f. (mit Falllösung).

kungen zulässt.¹³² Der Widerspruch zu § 15 BWahlG ist dagegen zwar kurios, jedoch rechtlich unerheblich, da es sich wegen der Organisationshoheit der Länder nicht um kollidierendes Landesrecht im Sinne von Art. 31 GG handelt.

106 Das **Wahlsystem** ist ein „verbessertes Verhältniswahlrecht" (Art. 14 Abs. 1 BV, Art. 19 BayLWG), jeder Stimmberechtigte hat zwei Stimmen. Die Erststimme bestimmt durch Mehrheitswahl die 90 Direktkandidaten im **Stimmkreis** (= Landkreis oder kreisfreie Stadt); die Zweitstimme die 90 Listenkandidaten im **Wahlkreis** (= Regierungsbezirk). Die Wahlkreise stellen dabei, soweit eine bayerische Besonderheit, eigene Wahlkörper dar. Die hierdurch entstehenden sieben unterschiedlichen Listen sollen eine engere Rückbindung der jeweiligen Abgeordneten eines Wahlkreises an „ihre" Wähler garantieren; brechen jedoch mit dem Prinzip einer reinen Verhältniswahl auf Landesebene.¹³³ Hierbei erfolgt eine Verrechnung der auf den Bewerber entfallenden Erst- und Zweitstimmen nach *Hare-Niemeyer* (Art. 41 ff. BayLWG). So ergeben sich die 180 Abgeordneten des Landtags (vgl. Art. 14 Abs. 1 BV, Art. 21 BayLWG). Die Gültigkeit der Wahl kann durch ein Wahlprüfungsverfahren beim Landtag (Art. 51 ff. BayLWG) überprüft werden; gegen den Beschluss des Landtags können Abgeordnete, Fraktionen und Stimmberechtigte unter bestimmten Voraussetzungen Beschwerde beim BayVerfGH einlegen (Art. 63 BV, Art. 48 VfGHG).¹³⁴

107 Trotz Art. 28 Abs. 1 GG können die Länder eine abweichende Methode der Feststellung des Wahlergebnisses bestimmen, solange die Grundsätze der **Wahlrechtsgleichheit** (Zähl- und Erfolgswertgleichheit) gewahrt bleiben. Das „verbesserte" Wahlsystem bezieht sich historisch auf die Einführung der **5%-Klausel**, um die Handlungsfähigkeit des Parlaments aufrecht zu erhalten (Art. 14 Abs. 4 BV), sowie auf die im Vergleich zur Verfassung von 1919 eingeführten Elemente der Mehrheits- und Personenwahl.¹³⁵ Da die 5-%-Hürde durch die Verfassung vorgegeben ist, könnte diese nur mit dem Argument angegriffen werden, dass die BV gegen den Grundsatz der Wahlrechtsgleichheit aus Art. 28 Abs. 1 S. 2 GG verstößt. Die einfachgesetzliche Umsetzung in Art. 42 Abs. 4 BayLWG ist mit Art. 14 Abs. 4 BV vereinbar.¹³⁶ Zur Wahrung der Zählwert- und Erfolgswertgleichheit kennt das bayerische Wahlrecht **Überhangs- wie Ausgleichmandate**, vgl. Art. 44 Abs. 2 BayLWG.

108 **Fall:**
Auf kommunaler Ebene hat sich in der oberfränkischen Stadt B die Revolutionspartei (RP) gegründet. Sie möchte ausschließlich bei Kommunalwahlen antreten. Ihr Wahlprogramm sieht die Errichtung eines anarchistischen „Stadtstaats" vor, sie tritt an mit dem Spruch „Selbstverwaltung von unten denken". Repräsentatives System, demokratische Wahlen und eine hierarchischen Staatsaufbau lehnt sie ebenso ab wie grundrechtlich garantiertes Privateigentum. Besteht eine Möglichkeit, die RP von den Kommunalwahlen sowie vom Sammeln von Unterschriften für ein Bürgerbegehren „Holt euch die Stadt zurück!" auszuschließen?

---

132 *Thum*, BayVBl. 2016, 597, 774, sowie dagegen *Lindner*, BayVBl. 2016, 772.
133 Vgl. *F. Wollenschläger*, in: Meder/Brechmann, BV, Art. 14 Rn. 48-51; *ders./Milker*, BayVBl. 2012, 65.
134 Ausführliche Erläuterung des Wahlsystems in BayVerfGH, BayVBl. 2013, 140, sowie zusammengefasst *Lindner*, BayVBl. 2013, 549 (553); *F. Wollenschläger*, in: Meder/Brechmann, BV, Art. 14 Rn. 9 ff., 48 ff.
135 *Holzner*, BV, Art. 14 Rn. 17; *F. Wollenschläger*, in: Meder/Brechmann, BV, Art. 11 Rn. 17 ff.
136 BayVerfGHE 67, 255 (260 ff.). Dazu *Küspert*, BayVBl. 2016, 797 (800).

Die BV sieht in Art. 15 ein Äquivalent zu Art. 21 Abs. 2–4 GG vor: **Verfassungsfeindliche Wählergruppierungen** sind von Wahlen und Abstimmungen ausgeschlossen. Hierüber entscheidet der BayVerfGH. Allerdings geht die hM davon aus, dass Art. 15 BV vollständig von Art. 21 GG überlagert wird und wegen des Parteienprivilegs des Art. 21 Abs. 1 GG eine nicht durch das BVerfG verbotene Partei nicht auf Landesebene verboten werden kann.[137]

Falllösung:
Bei der Gruppierung handelt es sich mangels Teilnahme an Land- oder Bundestagswahlen nicht um eine Partei im Sinne von § 2 PartG, wohl aber um eine Wählergruppe, da sie im Auftrag von Stimmberechtigten Vorbereitungen für eine bestimmte Wahl treffen.[138] Das Verbot ist demnach nicht von Art. 21 GG erfasst. Soweit es sich auch nicht um eine Vereinigung handelt (Art. 9 Abs. 2 GG, §§ 2, 3 Abs. 1 VereinsG), bleibt Art. 15 Abs. 2 BV anwendbar. Ansonsten müsste ein Vereinigungsverbot nach § 3 VereinsG durch die oberste Landesbehörde (Innenministerium) angestrebt werden.

bb) Gesetzgebung

Die **Zuständigkeit** für die Landesgesetzgebung im Bundesstaat ergibt sich aus Art. 30, 70 GG. Danach verbleiben alle Materien in Landeskompetenz, für die der Bund nach dem GG weder ausschließlich zuständig ist (Art. 71, 73 GG) noch im Rahmen der konkurrierenden Gesetzgebung ohne Abweichungskompetenz (Art. 72 Abs. 3 GG) eine abschließende Regelung getroffen hat (Art. 72 Abs. 1, 74 GG). Typische Bereiche der ausschließlichen Länderkompetenz sind das Kultuswesen (Schule, Bildung, Religion, Kunst, Denkmalpflege etc), das Polizei- und Sicherheitsrecht (Gefahrabwehr) mit dem Versammlungsrecht, Teile des Wirtschaftsverwaltungsrechts (vgl. Art. 74 Abs. 1 Nr. 11 GG), das Kommunalrecht, das Verwaltungsverfahren und Landesorganisationsrecht (vgl. Art. 83–85 GG). Für die Umsetzung von Unionsrecht (EU-Richtlinien) gilt die bundesstaatliche Kompetenzordnung entsprechend. 109

Das **Gesetzgebungsverfahren** ist in Art. 71, 72 Abs. 1 und 76 BV geregelt; für verfassungsändernde Gesetze gelten besondere formelle Anforderungen nach Art. 75 BV (→ Rn. 131). Unterschieden wird zwischen Gesetzgebung durch den Landtag als Regelfall und Volksgesetzgebung als Korrektiv.[139] Auffällig sind die im Vergleich zum GG sehr knappen Regeln: Die **Gesetzesinitiative** steht dem Ministerpräsidenten (für die Staatsregierung), der Mitte des Landtags, dh Fraktionen oder einzelnen Abgeordneten (§ 49 Abs. 1 GeschO-BayLT),[140] oder dem Volk im Wege eines Volksbegehrens (Art. 74 BV) zu. Gesetze werden vom Landtag oder vom Volk im Wege eines Volksentscheids beschlossen (Art. 72 Abs. 1 BV), es gilt das (einfache) **Mehrheitsprinzip** (Art. 2 Abs. 2 S. 2 BV). Genauere Anforderungen an das Gesetzgebungsverfahren enthält die vom Landtag aufgrund seines Selbstorganisationsrechts erlassene Geschäfts- 110

---

137 BayVerfGHE 11, 164 (171 ff.). Siehe auch *H. Huber*, in: Meder/Brechmann, BV, Art. 15 Rn. 1; aA mit Hinweis auf die unterschiedlichen Rechtsfolgen *Schweiger*, in: Nawiasky/ders./Knöpfle, BV, Art. 15 (Stand: 4. EL September 1971), Rn. 9.
138 Vgl. *Schweiger*, in: Nawiasky/ders./Knöpfle, BV, Art. 15 (Stand: 4. EL September 1971), Rn. 3; *Holzner*, BV, Art. 15 Rn. 6.
139 *Kempen*, in: Becker/Heckmann/ders./Manssen, 1. Teil, Rn. 166.
140 Geschäftsordnung für den Bayerischen Landtag idF der Bekanntmachung vom 14.8.2009, GVBl. S. 420, zuletzt geändert am 9.12.2015, GVBl. S. 517.

ordnung des Bayerischen Landtags (§§ 49–56 GeschO-BayLT). Verstöße gegen die Geschäftsordnung führen mangels Vorrang nicht zur Verfassungs- oder Rechtswidrigkeit eines Gesetzes; sie sind nur insofern Prüfungsmaßstab für den BayVerfGH als in ihnen Verfassungsgrundsätze wie das Demokratieprinzip, der Schutz der parlamentarischen Opposition (Art. 16a BV) oder der Rechte der Abgeordneten (Art. 13 Abs. 2 BV) zum Ausdruck kommen.

111 Die **Ausfertigung** erfolgt durch den Ministerpräsidenten (Art. 76 Abs. 1 BV). Ob diesem ein **Prüfungsrecht** ähnlich dem des Bundespräsidenten zukommt,[141] ist str. Während der Wortlaut eindeutig ein formelles Prüfungsrecht vorsieht („verfassungsmäßig zustandegekommen"), muss das materielle Prüfungsrecht hinsichtlich der Vereinbarkeit mit der BV schon wegen der knappen Wochenfrist und der vom Landtag abhängigen Stellung des Ministerpräsidenten auf Evidenzfälle beschränkt sein.[142] Stattdessen kann der Ministerpräsident bei Zweifeln den BayVerfGH im Wege einer abstrakten Normenkontrolle anrufen (Art. 75 Abs. 3 BV, Art. 49 Abs. 2 VfGHG, als mit dem Recht zur Ausfertigung ausgestatteter Teil der Staatsregierung nach Art. 76, 43 Abs. 2 BV).[143] Ähnliches gilt für die Vereinbarkeit mit Bundesrecht, das nur im Rahmen des Rechtsstaatsprinzips (Art. 3 Abs. 1 S. 1 BV) Prüfungsmaßstab des BayVerfGH sein kann.[144]

cc) Arbeitsweise und Rechtsstellung

112 **Fall:**
Im Landtag verfügt die C-Partei über weniger als die Hälfte der Sitze. Sie stellt dennoch, in Koalition mit der F-Partei, die Regierungsmehrheit. Bei der Besetzung der Ausschüsse des Landtags werden die Sitze so verteilt, dass in allen Ausschüssen Vertreter der C-Partei die Hälfte der Sitze mit Stimmrecht erhalten. Abgeordnete der (in der Opposition befindlichen) G-Partei sowie die S-Fraktion halten diese Verteilung für verfassungswidrig. Zu Recht? Können sie die Verteilung vor dem BayVerfGH mit einem Rechtsbehelf angreifen?

113 Der Landtag als unmittelbar gewähltes Gremium setzt sich aus 180 (plus Überhangs- und Ausgleichsmandate) Abgeordneten zusammen. Neben der Gesetzgebung hat die Vertretung des Volkes folgenden Aufgaben, die der **Beschränkung der Exekutive** und der **Herstellung demokratischer Legitimation** dienen:

- Vertretung des Volkes jenseits von Gesetzgebungsverfahren und politische Gestaltung
- Kontrolle der Staatsregierung, des Ministerpräsidenten und der Exekutive
- Haushaltsrecht
- Einrichtung von Untersuchungsausschüssen und Enquêtekommissionen
- Kreations- und Legitimationsfunktion: Wahl von Staatsorganen und Mitgliedern von Staatsorganen, Zustimmung zu Ernennungsakten des Ministerpräsidenten.

---

141 Hierzu zB *Maurer*, Staatsrecht, § 17, Rn. 86 ff.; *Morlok/Michael*, § 14, Rn. 25 ff.
142 *Möstl*, in: Lindner/ders./Wolff, BV, Art. 76 Rn. 5; *Lindner*, Bayerisches Staatsrecht, Rn. 278. Anders die frühere hM, die ein umfassendes Prüfungsrecht annimmt, siehe *Brechmann*, in: Meder/ders., BV, Art. 76 Rn. 3; mit Erweiterung auch auf Bundes- und Unionsrecht *Schweiger*, in: Nawiasky/ders./Knöpfle, BV, Art. 76 (Stand: 5. EL August 1976), Rn. 3.
143 AA *Brechmann*, in: Meder/ders., BV, Art. 76 Rn. 3: Organstreitverfahren.
144 *Möstl*, in: Lindner/ders./Wolff, BV, Art. 76 Rn. 5.

V. Eigenstaatlichkeit III – Aufbau und Aufgaben der Staatsorgane und Hoheitsträger

Die Rechte des Landtags und seiner Abgeordneten sind auf verschiedenen Ebenen geregelt, die zur Lösung von Fällen „von oben nach unten" nach passenden Rechtsfolgen durchsucht werden müssen. In der BV selbst finden sich für den Landtag v.a. Regeln zur Sicherung der **Parlamentsautonomie** und der **Kontrollfunktion** sowie zur Arbeitsweise:

- Recht der **Selbstversammlung** (Art. 17 BV), dh parlamentarische Unabhängigkeit bzgl. Häufigkeit, Dauer und Zeitpunkt des Zusammentritts
- Recht der **Selbstorganisation** (Art. 20 BV) – Präsidium, Geschäftsordnung
- **Hausrecht** und Polizeigewalt (Art. 21 BV)
- **Öffentlichkeit** der Verhandlungen (Art. 22 BV) zur Herstellung von Transparenz und zur Kontrolle durch den originären Volkssouverän
- **Mehrheitsprinzip** (Art. 23)
- **Kontrollfunktion** zur Herstellung parlamentarischer Verantwortlichkeit der Exekutive: Erscheinen des Ministerpräsidenten, von Staatsministern und -sekretären (Art. 24), Untersuchungsausschüsse (Art. 25), Enquêtekommission (Art. 25 a)
- Arbeit in **Ausschüssen** (Art. 22 Abs. 2 BV)
- Einteilung in **Fraktionen** (Art. 16 a Abs. 2 BV).

114

Zwischen den Sitzungen sowie nach Abberufung oder Auflösung des Landtags wird dieser durch den **Zwischenausschuss** vertreten, ein eigenes Staatsorgan ohne Gesetzgebungsbefugnisse und mit beschränkten Kontrollfunktionen (Art. 26 BV).

115

Der genaue **Geschäftsgang**, aber auch Rechte der Fraktionen, Abgeordneten oder Ausschüsse regeln einfache Gesetze (Fraktionsgesetz, Gesetz über Untersuchungsausschüsse, Parlamentsbeteiligungsgesetz, Parlamentarisches Kontrollgremiumgesetz, Haushaltsordnung sowie das BayAbgG) und die Geschäftsordnung des Landtags. Diese können ihrerseits natürlich am Maßstab der BV überprüft werden.

116

Arbeitsweise: Der Landtag verhandelt im **Plenum** und in **Ausschüssen** (Art. 22 Abs. 2, Art. 24, 70 Abs. 3 BV). Welche Ausschüsse gebildet werden (können) und wie sie besetzt werden, regeln die §§ 23 ff. GeschO-BayLT. Die Ausschüsse dienen der konzentrierten Beratung, Vorbereitung von Gesetzesentwürfen und Beschlussvorlagen und der Bündelung von Expertenwissen zu Sachgebieten, um so die Arbeit des Landtags effizienter zu gestalten. Bei der Besetzung ist das Prinzip der **Spiegelbildlichkeit** zu beachten, dh jeder Ausschuss stellt ein verkleinertes Abbild der Stärkeverhältnisse im Landtag dar, um den Rechten der Abgeordneten und Fraktionen (Art. 13 Abs. 2, Art. 16 a BV) Rechnung zu tragen (vgl. § 25 Abs. 2 GeschO-BayLT). Deswegen können **fraktionslose Abgeordnete** oder solche, die während der Legislaturperiode die Fraktion wechseln, auch keinen (weiteren) Sitz in einem Ausschuss erhalten, da sie bzw. ihre Fraktion sonst überproportional vertreten wären.[145]

117

Die **Abgeordneten** als kleinste Einheit des Landtags haben die Aufgabe, das gesamte Volk zu vertreten und sind dabei nur ihrem Gewissen verantwortlich und an Aufträge

118

---

145 *Möstl*, in: Lindner/ders./Wolff, BV, Art. 20 Rn. 11.

Eva Julia Lohse

nicht gebunden (**Freiheit des Mandats**, Art. 13 Abs. 2 BV).¹⁴⁶ Aus diesem **Statusrecht** des Abgeordneten, das ergänzt wird durch die Regelungen zur Immunität, Indemnität und zum Zeugnisverweigerungsrecht (Art. 27–29 BV) leiten sich eine Reihe von (meist nur einfachgesetzlich im AbgG oder in der GeschO-BayLT geregelten) Einzelrechten ab, die darauf zielen, dass er/sie seine/ihre Aufgaben ungehindert auszuüben vermag: das **Stimmrecht** im Plenum und in Ausschüssen, das **Rederecht**, das **Antragsrecht** (Art. 71 BV) sowie das **Fragerecht** (→ Rn. 120).¹⁴⁷ Es gilt das Prinzip der **Gleichheit** der Abgeordneten.

119 Die Abgeordneten schließen sich zu **Fraktionen** zusammen (vgl. Art. 1 BayFraktG), die nach Art. 16a BV jedenfalls als Oppositionsfraktion mit eigenen Rechten ausgestattet ist. Ihnen stehen als notwendige Einrichtungen des Verfassungslebens aus den Rechten der Abgeordneten und der Funktion des Parlaments abgeleitet dieselben Rechte aus Art. 13 Abs. 2 BV zu wie den Abgeordneten.¹⁴⁸

Falllösung:
Um die **Repräsentationsfunktion** des Landtags zu garantieren, ist es wichtig, dass die durch Wahlen bestimmten Mehrheitsverhältnisse nicht nur im Plenum, sondern auch in den (beschließenden) Ausschüssen bestehen. Nur so kann gewährleistet sein, dass die Entscheidungen des Landtags demokratisch legitimiert sind. Hinzu kommt, dass nach Art. 16a Abs. 2 BV die Mitwirkung der Oppositionsfraktionen und der Abgeordneten, die nicht Teil der Regierungsmehrheit sind, gewährleistet sein muss. Daraus leitet sich das Prinzip der **Spiegelbildlichkeit** in den Ausschüssen ab. Dennoch geht der BayVerfGH davon aus, dass die genannten Prinzipien auch dann gewahrt sind, wenn die Ausschüsse vom Verhältnis der Sitze der Fraktionen im Landtag abweichen und die koalierenden Fraktionen insgesamt entsprechend der Regierungsmehrheit repräsentiert werden.¹⁴⁹ Hierdurch wird allerdings das Recht der parlamentarischen **Opposition** zugunsten der Freiheit des Mandats des einzelnen entsandten Abgeordneten beschränkt.¹⁵⁰
Rechtsweg: Sowohl Abgeordnete als auch Fraktionen als mit eigenen Rechten ausgestattete Teile des Staatsorgans Landtag (Art. 13 Abs. 2, Art. 16a Abs. 2 BV) sind antragsbefugt in einem **Organstreitverfahren** (Art. 64 BV).

120 Um seiner **Kontrollfunktion** Rechnung zu tragen, haben der Landtag bzw. seine Ausschüsse und Abgeordneten umfassende **Auskunftsrechte** gegen die Mitglieder der Staatsregierung. Dieses ergibt sich für den einzelnen Abgeordneten aus Art. 13 Abs. 2 BV, soweit die Auskunft für die Erfüllung seiner parlamentarischen Aufgaben erforderlich ist. Hinzu treten Art. 24 Abs. 1 und Art. 16a Abs. 2 BV. Die Verweigerung einer Auskunft ist besonders rechtfertigungsbedürftig. Der Grundsatz der Gewaltenteilung (Art. 5 BV) weist der Staatsregierung einen engen Bereich exekutiver Eigenverantwortung, insbesondere die Willensbildung im Kabinett, zu, über den sie jede Auskunft verweigern kann („Ob"). Darüber hinaus kann es beim Inhalt der Antwort Einschränkungen aus der Achtung höherrangiger Individual- oder Staatsinteressen geben, zB Geschäftsgeheimnisse, Sicherheit, Intimsphäre, Funktionsfähigkeit der Staatsregie-

---

146 Lesenswert zur Weite des Abgeordnetenstatus BayVerfGH, KommJur 2006, 19 (21).
147 Ausführlich *Möstl*, in: Lindner/ders./Wolff, BV, Art. 13 Rn. 12 ff.
148 BayVerfGHE 41, 124 (132); 55, 28 (35 f.).
149 BayVerfGHE 62, 208 (216 ff.).
150 Kritisch hierzu *Lindner*, BayVBl. 2013, 549 (552) sowie die vier Sondervoten, vgl. BayVerfGH, BayVBl. 2010, 298 (302 f.).

rung ("Wie"). Eine inhaltsleere oder pauschale Antwort erfüllt die Anforderungen der Kontrollfunktion und Funktionsfähigkeit des Parlaments allerdings nicht.[151]

Eine mit Art. 21 Abs. 1 GG vergleichbare Regelung zur Rechtsstellung der Parteien enthält die BV nicht. Trotz der Wichtigkeit des **Parteienprivilegs** ist die ursprünglich vertretene Ansicht einer unmittelbaren lückenfüllenden Geltung von Art. 21 GG im Landesrecht abzulehnen. Art. 21 GG ist damit kein landesverfassungsrechtlicher Prüfungsmaßstab, allerdings bemüht sich der BayVerfGH den Parteien durch Auslegung der BV einen vergleichbaren Status, zB als Antragsteller im Organstreitverfahren (→ Rn. 235), zuzuerkennen und die Parteiengleichheit über Art. 118 Abs. 1 BV zu garantieren.[152]

b) Volksgesetzgebung

Fall:

Nachdem Bayern 2007 Studiengebühren eingeführt hatte, reicht eine Bürgerinitiative 2012 ein Volksbegehren ein. Der Gesetzesentwurf sieht eine Abschaffung der Studiengebühren vor. Die Staatsregierung ist der Meinung, dass die gesetzlichen Voraussetzungen für die Zulassung, insbesondere Art. 73 BV, nicht erfüllt sind. Zu Recht?

Anders als das GG sieht die BV den Erlass förmlicher Gesetze durch **Volksgesetzgebung** (Plebiszit) in Art. 71, 74 vor. Der genaue Ablauf ist in den Art. 62–68 BayLWG geregelt. Die Parlaments- und Volksgesetze sind insofern gleichrangig, als sie sich gegenseitig abändern, aufheben oder ersetzen können. Eine Sperrwirkung für den Landtag wie in Art. 18 a Abs. 13 GO für kommunale Bürgerentscheide gibt es nicht, umgekehrt können Volksentscheide in allen Kompetenzbereichen Bayerns mit Ausnahme des Staatshaushaltes (Art. 73 BV) durchgeführt werden. Wegen des tatsächlichen Aufwandes der Mobilisierung von Stimmberechtigten zur Erreichung des **Unterschriftenquorums** (Art. 74 Abs. 1 BV) und bei der Abstimmung bleibt die Volksgesetzgebung jedoch in der Verfassungsrealität die Ausnahme.[153]

Ob neben der Volksgesetzgebung und kommunalen Bürgerbegehren und -entscheiden (Art. 12 a BV) in Bayern weitere plebiszitäre Elemente wie eine (konsultative) **Volksbefragung** zu Themen der Staatsleitung oder (planenden) Verwaltung eingeführt werden dürfen, ist umstritten. Als geklärt kann gelten, dass dies wegen Verstoßes gegen die abschließende Aufzählung in Art. 7 Abs. 2 BV ohne Verfassungsänderung nicht möglich ist.[154] Ob eine **Verfassungsänderung** gegen Art. 75 Abs. 1 S. 2 BV verstößt, weil durch die Beteiligung des Volkes an Entscheidungen der Exekutive und damit an der Staatswillensbildung grds. oder jedenfalls durch Art. 88 a BayLWG aF die demokrati-

---

151 BayVerfGH, BayVBl. 2011, 662. Weitere Konkretisierung in den bei *Küspert*, BayVBl. 2016, 797 (800) besprochenen Fällen zum Landesamt für Verfassungsschutz, zur sog. Verwandtenaffäre und zur Causa Hoeneß.
152 *Möstl*, in: Lindner/ders./Wolff, BV, Vor Art. 13 Rn. 10.
153 Zur Statistik https://www.wahlen.bayern.de/volksentscheide/voe.html und https://www.wahlen.bayern.de/volksentscheide/vob_seit_1946.pdf (9.10.2018): Seit 1946 wurden 20 Volksbegehren und 19 Volksentscheide durchgeführt; 11 Volksbegehren und 16 Volksentscheide betrafen auch Verfassungsänderungen. Von den 20 Volksbegehren erzielte 8 die benötigten Eintragungen. Fünf dieser Vorschläge wurden im weiteren Verfahren – zumindest in ihrem wesentlichen Inhalt – als Gesetz angenommen. Von den durchgeführten Volksentscheiden (obligatorische und auf Volksbegehren beruhend) waren 16 erfolgreich.
154 BayVerfGH, NVwZ 2017, 319 (321 ff.) insbesondere Rn. 99 ff.) zu Art. 88 a BayLWG über eine Volksbefragung zu Vorhaben des Staates mit landesweiter Bedeutung.

sche Grundordnung (Gewaltenteilung, Art. 16 a BV) beeinträchtigen würde, ist umstritten. Der BayVerfGH geht davon aus, dass eine Verfassungsänderung nicht grds. unzulässig ist.[155] Ein Bedürfnis für die Beteiligung der Bevölkerung bei nicht durch Gesetz geregelten staatlichen Vorhaben, zB Infrastrukturentscheidungen wie Flughäfen oder Bewerbungen für Sportgroßveranstaltungen, besteht aus politikwissenschaftlicher Sicht va im Hinblick auf die Akzeptanz solcher Vorhaben. Eine verfassungskonforme Lösung ist jedoch bisher in keinem deutschen Bundesland gelungen;[156] in Bayern wurde die einfachgesetzliche Einführung einer konsultativen Volksbefragung durch die Einfügung von Art. 88 a BayLWG durch den BayVerfGH für verfassungswidrig erachtet.[157]

125 Die **Volksgesetzgebung** ist, außer im Sonderfall des Art. 75 Abs. 2 S. 2 BV (obligatorischer Volksentscheid bei Verfassungsänderung), dreistufig ausgestaltet:

126 1. Zunächst muss ein **Zulassungsantrag** gestellt werden. Dies erfordert das Sammeln von mind. 25.000 Unterschriften von Stimmberechtigten im Sinne von Art. 1 BayLWG (Art. 63 BayLWG) durch den Antragsteller, einen schriftlichen und begründeten Antrag auf Zulassung beim **Staatsministerium des Inneren** und die Benennung von Beauftragtem und Stellvertreter. Das Staatsministerium prüft das Vorliegen der genannten formellen Voraussetzungen ebenso wie der materiellen Anforderungen. Über den **Staatshaushalt** darf nach Art. 73 BV, Art. 62 Abs. 2 BayLWG genauso wenig ein Volksbegehren durchgeführt werden wie über Verfassungsänderungen, die der „**Ewigkeitsklausel**" des Art. 75 Abs. 1 S. 2 BV widersprechen. Eine Entscheidung über den Staatshaushalt liegt dann vor, wenn auf den Gesamtbestand des Haushalts Einfluss genommen und damit die Budgethoheit des Landtags (Art. 70 Abs. 2 BV) beeinträchtigt wird. Dagegen ist nicht jeder ausgabenwirksame Gesetzesentwurf unzulässig, da sonst für die Volksgesetzgebung ein zu geringer Anwendungsbereich verbliebe.[158] Weiterhin muss das Gesetzesvorhaben im **Kompetenzbereich** der Länder liegen.[159] Schließlich muss der Entwurf hinreichend **bestimmt** sein und einen konkreten **Regelungsbedarf** abdecken, eine rein informatorische Abstimmung ist unzulässig.[160] Generell gilt: Soweit ein Gesetz offensichtlich wegen Verstoßes gegen höherrangige Normen (des Bundes-, aber auch des Unions- oder Völkerrechts) materiell rechtswidrig wäre, ist der Zulassungsantrag unbegründet, da ein solches Verfahren mit sicherer Aufhebung des Gesetzes durch die Verfassungsgerichtsbarkeit ineffizient wäre.[161]

---

155 BayVerfGH, NVwZ 2017, 319 (325 f.), so auch *Möstl*, in: Lindner/ders./Wolff, BV, Art. 74 Rn. 20. Aus der Lit. vor der Entscheidung vgl. *Heußner/Pautsch*, NJW 2015, 1225; *Thum*, BayVBl. 2015, 224; *Möstl*, BayVBl. 2015, 217.
156 Siehe auch das Hamburger Bürgerschaftsreferendum zur Olympiabewerbung, Bürgerschafts-Drs. 21/31375, S. 4. Zu dem vergleichbaren, letztlich aber nicht zur Anwendung gelangten Berliner Modell (ohne Verfassungsänderung) *Heußner/Pautsch*, NJW 2015, 1225 (1226 f.). Ebenso *Waechter*, VVDStRL 72 (2013), 499, und *Mann*, VVDStRL 72 (2013), 544.
157 BayVerfGH, NVwZ 2017, 319.
158 Vgl. BayVerfGH, DVBl. 2008, 784 mAnm *Lembcke/Peuker/Seifahrt*; BayVerfGHE 65, 226.
159 BayVerfGHE 62, 1 – bayerisches Mindestlohngesetz; BayVerfGH, BayVBl. 2016, 337, Rn. 44 ff. – Cannabislegalisierung.
160 BayVerfGH, BayVBl. 2017, 407 (410 f.) – Bindung der Staatsregierung über Art. 70 Abs. 4 S. 2 BV bei Abstimmung über CETA.
161 BayVerfGH, BayVBl. 2016, 337 (337) – Cannabislegalisierung.

Hält die Staatsregierung den Antrag für unzulässig, ist nach Art. 64 Abs. 1 BayLWG zwingend von der Landesregierung eine Entscheidung des BayVerfGH herbeizuführen (Prüfungsschema → Rn. 129). Deswegen bedarf es, anders als bei kommunalen Bürgerbegehren nach Art. 18 a GO, keines Rechtsbehelfs für die Antragsteller.

2. Erachtet das Staatsministerium den Antrag nach Prüfung für zulässig, muss das **Volksbegehren** durchgeführt werden. Die Ausübung des **Gesetzesinitiativrechts** (Art. 71 3. Alt. BV) erfordert eine Unterstützung durch 10 % der Stimmberechtigten, die sich innerhalb der Eintragungsfrist (Art. 65 Abs. 1 BayLWG) in die Listen eingetragen haben. Ist das Quorum erfüllt, muss der Ministerpräsident das Volksbegehren mitsamt der Stellungnahme der Staatsregierung dem Landtag unterbreiten. Dieser kann den Gesetzesentwurf annehmen, so dass das Gesetz mit dem Inhalt des Volksbegehrens zustande kommt (Art. 73 Abs. 3 BayLWG), oder diesen (auch in Teilen) ablehnen (Art. 74 Abs. 4 f. BV).

127

3. In diesem Fall ist ein **Volksentscheid** binnen drei Monaten durchzuführen. Dieser ist erfolgreich, wenn die Mehrheit der abgegebenen Stimmen für den Gesetzesentwurf des Volksbegehrens stimmt (Art. 79 Abs. 1 Nr. 1 BayLWG). Nur im Fall einer durch Volksbegehren vorbereiteten **Verfassungsänderung** gilt ein zusätzliches Quorum von mind. 25 % der Stimmberechtigten, um dem Erfordernis der erschwerten Abänderbarkeit der Verfassung Rechnung zu tragen (→ Rn. 132). Das Gesetz ist vom Ministerpräsidenten auszufertigen und bekanntzumachen (Art. 81 BayLWG). Es kann mit denselben Rechtsbehelfen vor dem BayVerfGH oder dem BVerfG angegriffen werden wie ein Parlamentsgesetz, allerdings ist Art. 80 BayLWG *lex specialis* zur Popularklage, soweit es um das Gesetzgebungsverfahren geht.[162]

128

Prüfungsrelevant in Bezug auf den Volksentscheid ist die Frage nach der Zulässigkeit von Äußerungen von Repräsentanten von Staat und Kommunen im Vorfeld eines Volksentscheids. Einerseits muss die Entscheidungsfindung der Stimmberechtigten frei von Beeinflussungen des Staates stattfinden, andererseits, gerade wenn der Landtag nach Art. 74 Abs. 4 BV einen eigenen Gesetzesentwurf vorlegt, besteht ein Interesse an einer „Gegendarstellung" zum Gesetzesvorschlag des Volksbegehrens. Der BayVerfGH differenziert zwischen dem (bei Wahlen aus dem Grundsatz der Freiheit der Wahl ableitbaren und in Art. 12 Abs. 3 BayLWG normierten) absoluten **Neutralitätsgebot** des Staates und einem bloßen **Sachlichkeitsgebot**: Eine Stellungnahme von Vertretern des Staates in amtlicher Eigenschaft zugunsten des Landtagsentwurfes oder auch gegen das Volksbegehren ist zulässig, soweit die Parteinahme von sachlichen Gründen getragen und wahrheitsgemäß ist.[163] In diesem Rahmen dürfen auch öffentliche Mittel eingesetzt werden.[164] Hintergrund ist zum einen, dass es sich um Gesetzgebung handelt, die gerade von einer Diskussion über die Sachargumente lebt, und dass Art. 74 Abs. 7 BV eine Stellungnahme der Staatsregierung ermöglicht, um eine umfassende Information der Stimmberechtigten zu gewährleisten.

129

---

162 BayVerfGH, BayVBl. 2011, 43 (44).
163 Vgl. BayVerfGHE 47, 1 (12 ff.).
164 *Holzner*, BV, Art. 74 Rn. 43; *Möstl*, in: Lindner/ders./Wolff, BV, Art. 74 Rn. 19.

Schema: Entscheidung des BayVerfGH über die Rechtmäßigkeit des Zulassungsantrags (Art. 67 BV, Art. 64 BayLWG):

Vorbemerkung: Eine Zulässigkeitsprüfung findet nicht statt, da es sich um ein zwingendes Verfahren bei Ablehnung des Zulassungsantrags durch die Staatsregierung handelt.

I. Formelle Anforderungen
 1. Mind. 25.000 Unterschriften von Stimmberechtigten im Sinne von Art. 1 BayLWG (P) Nachweis der Stimmberechtigung (Art. 63 Abs. 1 BayLWG) und ordnungsgemäße Sammlung
 2. Schriftlich
 3. Ausgearbeiteter, mit Gründen versehener Gesetzesentwurf
 4. Benennung eines Beauftragten und eines Stellvertreters
II. Materielle Anforderungen
 1. Keine Abstimmung über Staatshaushalt (Art. 73 BV)
 2. Keine Verfassungsänderungen, die dem demokratischen Grundgedanken der Verfassung widersprechen oder eine verfassungswidrige Einschränkung eines Grundrechts enthalten (Art. 75 BV, Art. 64 Abs. 1 S. 2 BayLWG)
 3. Im Kompetenzbereich des Landes (Art. 30, 70 ff. GG)
 4. Durch Gesetz regelbare Materie, hierzu kann auch die „Gesetzesweisung" nach Art. 70 Abs. 4 S. 2 BV zählen (→ Rn. 159)
 5. Kein offensichtlicher Verstoß gegen höherrangiges Recht
 6. Kein reines Vetogesetz und keine reine Volkskonsultation[165]
 7. Keine Kopplung nicht zusammengehöriger Materien[166]

c) Verfassungsändernde Gesetze, Art. 75 BV

130   Die Änderung der Verfassung als konstituierendes Gesetz eines Staates unterliegt besonderen formellen, häufig auch materiellen Anforderungen (Art. 75 BV). Diese sind der alleinige Prüfungsmaßstab für verfassungsändernde Gesetze vor dem BayVerfGH, an der übrigen Verfassung sind verfassungsändernde Gesetze nicht zu messen (kein „verfassungswidriges Verfassungsrecht"). Anders als unter dem GG hat der BayVerfGH allerdings in einigen Entscheidungen, zuletzt zur 5%-Hürde in Art. 14 Abs. 4 BV,[167] eine Hierarchie von Verfassungsnormen (**Fundamentalnormen**) und damit letztlich die Existenz von verfassungswidrigem Verfassungsrecht angenommen. Dies wird zu Recht kritisiert und ist im Ergebnis abzulehnen: Gerade wenn eine Verfassung eine materielle Änderungsschranke wie Art. 75 Abs. 1 S. 2 BV vorsieht, hat der Verfassungsgeber bestimmten grundlegenden Normen einen für den späteren verfassungsändernden Gesetzgeber verbindlichen Vorrang zugesprochen. Für eine verfassungsgerichtliche Rechtsfortbildung, die den Willen des Verfassungsgebers ignoriert, ist daneben kein Platz.[168]

131   Die Anforderungen des Art. 75 BV entsprechen inhaltlich denen des Art. 79 GG, obwohl es fraglich ist, ob eine „Ewigkeitsklausel" wie Art. 79 Abs. 3 GG nach dem Homogenitätsprinzip erforderlich ist:

Formell unterliegt eine Verfassungsänderung einer qualifizierten **Zweidrittelmehrheit** (Art. 75 Abs. 2 S. 1 BV). Zudem muss bei einer Verfassungsänderung in Bayern zwingend ein **Volksentscheid** durchgeführt werden (Art. 75 Abs. 2 S. 2 BV), um den verfas-

---

165 Siehe auch *Kempen*, in: Becker/Heckmann/ders./Manssen, 1. Teil, Rn. 171.
166 *Möstl*, in: Lindner/ders./Wolff, BV, Art. 74 Rn. 9.
167 BayVerfGHE 59, 125 (127 ff.).
168 So auch *Möstl*, in: Lindner/ders./Wolff, BV, Art. 75 Rn. 10.

sungsgebenden Souverän unmittelbar in die Entscheidung einzubeziehen und dadurch eine erhöhte demokratische Legitimation der Verfassungsänderung zu erreichen.

Entstammt die Initiative zu einem verfassungsändernden Gesetz einem **Volksbegehren**, was nach Art. 71, 75 Abs. 1 BV möglich ist, muss kein erneuter Volksentscheid durchgeführt werden. Der Landtag wird in diesem Fall nicht beteiligt. Um dennoch den Anforderungen an eine erschwerte Abänderbarkeit gerecht zu werden, wurde in Art. 79 Abs. 1 Nr. 2 BayLWG ein besonderes **Quorum** von 25 % der Stimmberechtigten für die Ja-Stimmen eingeführt. Eine Zweidrittelmehrheit erschien vor dem Hintergrund der Besonderheiten der von der Verfassung vorgesehenen Volksgesetzgebung (niedriger Mobilisierungsgrad der Stimmberechtigten) unverhältnismäßig.[169] Hieraus erhellt sich auch, dass dieses Quorum nicht im parlamentarischen Änderungsverfahren mit obligatorischem Volksentscheid gilt.[170] 132

Historisch erklärbar sind die beiden weiteren formellen Anforderungen, die einen „schleichenden Verfassungswandel" neben der Verfassung verhindern sollen: Die Verfassungsänderung darf nur durch formelles Gesetz, nicht wie in den deutschen und bayerischen Verfassungen seit 1871 bis 1919 üblich durch gesetzesvertretende Rechtsverordnung,[171] erfolgen (Art. 75 Abs. 1 S. 1 BV), und es muss die Verfassung im Text geändert werden (Art. 75 Abs. 4 BV), es können also keine weiteren Gesetze zu „Verfassungsgesetzen" erklärt werden. 133

Materiell verhindert Art. 75 Abs. 1 S. 2 BV eine Verfassungsänderung, die den demokratischen Grundgedanken der Verfassung widerspricht. Trotz des scheinbar engeren Wortlauts im Vergleich zu Art. 79 Abs. 3 GG, der die Menschenwürde des Art. 1 Abs. 1 GG ebenso einbezieht wie die Staatsstrukturprinzipien des Art. 20 GG, bezieht sich auch Art. 75 BV nicht allein auf das in Art. 2 Abs. 1 BV niedergelegte Demokratieprinzip, sondern den Kerngehalt einer freiheitlichen, rechtsstaatlichen Demokratie.[172] Dazu zählen die Gewaltenteilung, die Selbstverwaltung, die Rechtsstaatlichkeit und die Unabhängigkeit der Richter ebenso wie die Menschenwürde und die Existenz von machtbeschränkenden Grundrechten. Durch die Verfassungsänderung muss der Grundsatz *wesentlich beeinträchtigt* werden, dh ein einfacher Verstoß genügt nicht. Die Ewigkeitsklausel gilt auch bei der Verfassungsänderung durch Volksgesetzgebung, vgl. deklaratorisch Art. 75 BV ergänzend Art. 62 Abs. 2 S. 2 BayLWG. 134

Im Übrigen kann eine Verfassungsänderung im Wege eines Normkontrollverfahrens vor dem BVerfG am Maßstab des Art. 28 Abs. 1 GG gemessen werden. Art. 28 Abs. 1 GG ist allerdings nicht verfassungsbeschwerdefähig, vom Einzelnen müsste also ein Verstoß gegen Grundgehalte (**Menschenwürdegehalt**) der Grundrechte als Teil des Rechtsstaatsprinzips geltend gemacht werden. 135

---

169 BayVerfGHE 52, 104 (127 ff.).
170 *Lindner*, Bayerisches Staatsrecht, Rn. 303. Zum Streitstand siehe *Kempen*, in: Becker/Heckmann/ders./Manssen, 1. Teil, Rn. 177 und Fn. 112.
171 In der Weimarer Reichsverfassung möglich durch Art. 76 WRV in Verbindung mit einem ermächtigenden Gesetz des Reichstags, in der Bismarck'schen Reichsverfassung nach Art. 78 RV; in der Bayerischen Verfassung von 1919 nach § 61 Nr. 7. Dazu *Frotscher/Pieroth*, Verfassungsgeschichte, 2018, Rn. 617, 419.
172 BayVerfGHE 52, 104 (122 ff.); BayVerfGH, NVwZ 2017, 319. *Holzner*, BV, Art. 75 Rn. 13, 16. Verwendet wird in der Regel die Auflistung von *Hoegner*, Lehrbuch des Bayerischen Verfassungsrechts, 1949, S. 67.

3. Exekutive: Regierung und Verwaltung

136 Die Exekutive eines Staates teilt sich in den staatslenkenden „politischen" Teil staatlicher Machtausübung, die **Gubernative**, und den vollziehenden „verwaltenden" Teil, die **Administrative**. Es gibt selbstverständlich Überschneidungen personeller und institutioneller Art, so ist beispielsweise das Staatsministerium einerseits oberste Verwaltungsbehörde, andererseits aber auch ein politisches Organ, das an der Gestaltung des Staatslebens mitwirkt (vgl. auch Art. 43 Abs. 1 BV: Staatsregierung als oberste leitende und vollziehende Behörde des Staates).

137 Aus dem Demokratie- und dem Rechtsstaatsprinzip ergibt sich, dass Ausübung staatlicher Macht einer gesetzlichen Grundlage (**Vorbehalt des Gesetzes**) bedarf, jedenfalls dann, wenn in die Rechte des Einzelnen eingegriffen wird (vgl. Art. 20 Abs. 3 GG, Art. 70 Abs. 1 und Art. 55 Nr. 1 BV). Über die Bindung an Gesetze, die hierarchische Behördenstruktur mit Weisungs- und Aufsichtsbefugnissen gegenüber den Amtsträgern (Art. 55 Nr. 5 BV) und die Verantwortlichkeit der Minister gegenüber dem Parlament (Art. 51 Abs. 1 BV) wird sachlich-inhaltliche und organisatorisch-personelle Legitimation der Ausübung von Staatsgewalt hergestellt.[173]

138 Sowohl die Organisation der Gubernative als auch die der Administrative fallen in die **Organisationshoheit** der Länder. Art. 28 Abs. 1 GG verlangt jedoch die Herstellung demokratischer Legitimation im Sinne von Art. 20 Abs. 2 GG ebenso wie die Achtung von **Vorrang** und **Vorbehalt des Gesetzes** als Ausdruck der Rechtsstaatlichkeit. Insbesondere bei der Einrichtung selbstständiger Verwaltungseinheiten („Agenturen") und im Bereich der verfassungsrechtlich garantierten kommunalen Selbstverwaltung (Art. 10, 11 BV; Art. 28 Abs. 2 GG) muss auf die Erfüllung der Anforderungen geachtet werden.

139 Die Kenntnis des Aufbaus und der Aufgaben der Exekutive ist zum einen für staatsorganisatorische Fragestellungen wie Richtungsstreitigkeiten zwischen Ministerien, den Rücktritt des Ministerpräsidenten oder das Verhältnis zwischen Landtag und Staatsregierung von Interesse. Zum anderen erfordert aber in der Ausbildung das Allgemeine und Besondere Verwaltungsrecht eine Vertrautheit mit den Besonderheiten des Verwaltungsorganisationsrechts, die sich unmittelbar aus der BV ergeben.

a) Verfassungsrechtliche Vorgaben für die Exekutive

140 Das Handeln der Exekutive wird insbesondere durch das Demokratie- und das Rechtsstaatsprinzip verfassungsrechtlich vorgezeichnet. Bayern ist eine **Demokratie**, das bedeutet, dass jede Ausübung von Staatsgewalt auf das Volk zurückgeführt werden muss. In einer repräsentativen Demokratie wird diese demokratische Legitimation zunächst durch Wahlen zum gesetzgebenden Repräsentativorgan, dem Landtag, hergestellt (vgl. Art. 2 BV; → Rn. 104 ff.). Wie Art. 4 BV klarstellt, handeln die Vollzugsbehörden („Verwaltung") und die exekutiven Staatsorgane (Staatsregierung, Minister, Staatssekretäre, Ministerpräsident) in Ausübung von Staatsgewalt, so dass ihr Han-

---

[173] Zur demokratischen Legitimation vgl. *Böckenförde*, HStR³ II, § 24, Rn. 14 ff.; *Trute*, GVwR² I, § 6, Rn. 7 ff.; *Grzeszick*, in: Maunz/Dürig, GG, Art. 20 II (Stand: 57. EL Januar 2010), Rn. 107 ff.

deln in jedem Einzelfall demokratisch legitimiert sein muss. Nach dem herrschenden Legitimationsmodell nach *Böckenförde* wird demokratische Legitimation organisatorisch-personell (durch die Besetzung der Verwaltungsstellen) wie auch sachlich-inhaltlich (durch Determinierung und Kontrolle des Inhalts der Verwaltungsentscheidung) hergestellt.[174] Das Handeln der Exekutive muss deshalb unmittelbar oder mittelbar auf eine Entscheidung der gesetzgebenden Gewalt zurückführbar und/oder durch einen verbindlichen Akt der dem Parlament unmittelbar verantwortlichen politischen Gubernative bestimmt sein.[175]

Schaubild: Legitimationskette 141

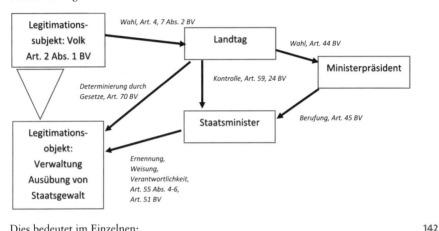

Dies bedeutet im Einzelnen: 142

- Ausübung von Staatsgewalt durch **weisungsgebundene** Amtswalter;
- **Verantwortlichkeit** der Minister sowie der Staatsregierung und des Ministerpräsidenten vor dem Landtag (Art. 45, 47 Abs. 2, 51 BV) für alles Staatshandeln, dh „ministerialfreie Räume" sollen vermieden werden;[176]
- **Rechts- und Fachaufsicht** über untergeordnete Behörden und Rechtsaufsicht über Selbstverwaltungskörperschaften sowie Dienstaufsicht über Amtsträger (Art. 55 Nr. 4–6 BV);
- **Gesetzesbindung** der Ausübung von Staatsgewalt (Art. 70 Abs. 1 f. BV) – Vorrang und Vorbehalt des Gesetzes, alle wesentlichen Entscheidungen muss der Gesetzgeber verantworten;[177]

---

174 Hierzu instruktiv *Voßkuhle/Kaiser*, JuS 2009, 803 (804 f.).
175 *Kirchhof*, in: Maunz/Dürig, GG, Art. 83 (Stand: 54. EL Januar 2009), Rn. 24.
176 Für die hM *Ibler*, in: Maunz/Dürig, GG, Art. 86 (Stand: 52. EL Mai 2008), Rn. 57 ff. Ausführlich zu den Ausnahmen *Müller*, JuS 1985, 497 (503 ff.).
177 BVerfGE 49, 89 (126) – Kalkar I: „Heute ist es ständige Rechtsprechung, dass der Gesetzgeber verpflichtet ist, – losgelöst vom Merkmal des ‚Eingriffs' – in grundlegenden normativen Bereichen, zumal im Bereich der Grundrechtsausübung, soweit diese staatlicher Regelung zugänglich ist, alle wesentlichen Entscheidungen selbst zu treffen."

- Erfordernis der **Ermächtigung** der Exekutive zur Normsetzung (Rechtsverordnungen), vgl. Art. 55 Nr. 2 S. 3 BV;
- **Organisation** der Staatsverwaltung und Einrichtung von neuen Behörden **durch Gesetz** (Art. 77 Abs. 1 BV).

143 Dem **Rechtsstaatsprinzip** können außerdem folgende Anforderungen entnommen werden:

- Bindung an die **Grundrechte** sowohl der BV wie auch des GG,
- **Vorrang** des Gesetzes,
- **Vorbehalt** des Gesetzes für Eingriffshandeln (Art. 70 Abs. 1 BV),
- Achtung des **Verfahrensrechts**.

b) Gubernative – Staatsregierung

144 Die Staatsregierung setzt sich aus dem Ministerpräsidenten bzw. der Ministerpräsidentin und bis zu 17 Staatsministern/Staatsministerinnen und Staatssekretären/Staatssekretärinnen zusammen (Art. 43 BV).

aa) Ministerpräsident

145 **Fall:**

Was passiert rechtlich, wenn sich ein einzelner Staatsminister oder die Staatsregierung qua Mehrheitsbeschluss der in einer Regierungserklärung geäußerten politischen Richtlinie des Ministerpräsidenten widersetzt?

146 Bayern kennt, wie die anderen Länder auch, kein gesondertes Amt eines Staatspräsidenten als repräsentatives Staatsoberhaupt, vielmehr fällt das Amt des **Staatsoberhaupts** mit dem des **Regierungschefs** in der Person des Ministerpräsidenten zusammen.[178] Der Ministerpräsident ist damit sowohl Teil des **Kollegialorgans „Staatsregierung"** (Art. 43 Abs. 2, Art. 47 Abs. 1 f., 5 BV) als auch selbst oberstes **Staatsorgan** mit eigenen Befugnissen (Art. 47 Abs. 3 und 4 BV).

147 Zu seinen Aufgaben zählen nach Art. 47 BV einerseits **Regierungsaufgaben**:

- Vorsitz und Geschäftsleitung in der Staatsregierung (Abs. 1)
- Richtlinienkompetenz (Abs. 2)
- Wahrnehmung des Gesetzesinitiativrechts im Namen der Staatsregierung nach Art. 71, 47 Abs. 5 BV.
- **Regierungsbildung** (Art. 45 BV).

148 Die **Richtlinienkompetenz** weicht von der Regelung des Art. 65 S. 1 GG dergestalt ab, dass der Ministerpräsident nicht befugt ist, den unmittelbar durch den Landtag legitimierten Staatsministern (Art. 45 BV) Einzelweisungen zu erteilen oder Richtlinien über Einzelfragen des Ressorts festzulegen.[179] Die Richtlinienkompetenz beinhaltet

---

178 Zu den historischen Hintergründen, wonach die Idee eines Staatspräsidenten 1946 sich nicht durchgesetzt hat, vgl. *Schmidt*, Staatsgründung und Verfassungsgebung in Bayern, 1997, S. 205 ff.
179 Ganz hM, *Brechmann*, in: Meder/ders., BV, Art. 47 Rn. 7; *Lindner*, in: ders./Möstl/Wolff, BV, Art. 47 Rn. 12 mwN Zur abweichenden Situation unter Art. 65 GG vgl. *Epping*, in: ders./Hillgruber, GG, Art. 65 Rn. 3, 6.

politische Zielvorgaben und die Festlegung der Grundzüge des (vollziehenden) Staatshandelns; Richtlinien werden meist in Form von Regierungserklärungen geäußert.[180]

Falllösung:
Als Teil des Organs „Staatsregierung" hat der Ministerpräsident eine hervorgehobene Stellung gegenüber Staatsministern und Staatssekretären. Er ist nicht „primus inter pares", sondern hat die Richtlinienkompetenz und entscheidet bei Stimmgleichheit (Art. 54 S. 2 BV). Das **Ressortprinzip** (Art. 51 Abs. 1 BV) führt jedoch dazu, dass jeder Minister die Letztentscheidungskompetenz in seinem Ressort hat. Er kann sich damit verfassungsrechtlich den Richtlinien des Ministerpräsidenten widersetzen, ohne dass dies seine Entscheidung verfassungswidrig macht. Der Ministerpräsident hat trotz seiner hervorgehobenen Stellung weder ein Weisungs- noch ein Durchgriffs- oder Ersatzvornahmerecht; aus diesem Grund kann über die Frage auch kein Organstreit nach Art. 64 BV angestrengt werden. Um die Richtlinie gegenüber einem Minister durchzusetzen, muss der Ministerpräsident sich politischer Mittel bedienen, neben Gesprächen und Kompromissen als *ultima ratio* die Entlassung des Ministers nach Art. 45 BV, zu der allerdings die Zustimmung des Landtags erforderlich ist. Entsprechendes gilt auch bzgl. abweichender Entscheidungen der Staatsregierung. Hier gilt das **Kollegialprinzip** (Art. 54 S. 1 BV) – mit Mehrheit getroffene Entscheidungen können vom Ministerpräsidenten auch nicht mit Verweis auf seine Richtlinienkompetenz außer Kraft gesetzt werden. Führt die politische Lösung nicht zu einem Umschwenken, bleibt dem Ministerpräsidenten nur der eigene Rücktritt nach Art. 44 Abs. 3 BV.

Anderseits obliegen ihm **Repräsentationsaufgaben** als oberstes Staatsorgan:

- Die völkerrechtliche und staatsrechtliche **Vertretung Bayerns nach außen** (Abs. 3), wozu auch die Organkompetenz zum Abschluss von Staatsverträgen zählt (Art. 72 Abs. 2). Die Verbandskompetenz Bayerns zum Abschluss völkerrechtlicher Verträge ergibt sich aus Art. 32 Abs. 3 GG, soweit nach Art. 70 ff. GG eine ausschließliche oder konkurrierende Landesgesetzgebungskompetenz besteht.[181]
- „**Notarfunktion**": Ausfertigung und Bekanntgabe von Gesetzen (Art. 76 Abs. 1) und von Rechtsverordnungen der Staatsregierung [vgl. § 1 Verordnung über die Geschäftsverteilung der Bayerischen Staatsregierung (StRGVV)]
- Begnadigungsrecht (Art. 47 Abs. 4 BV)
- **Politische Repräsentation Bayerns** im Inneren und im Bund und stabilisierende Funktion als Staatsoberhaupt, da ein eigener Staatspräsident als Staatsoberhaupt aus historischen Gründen fehlt.

Der Ministerpräsident wird mit einfacher Mehrheit vom Landtag gewählt, er muss selbst nicht Mitglied des Landtags sein (Art. 44 BV). Der wichtigste Unterschied zum Grundgesetz dürfte sein, dass die BV *keine* **Vertrauensfrage** (Art. 68 GG) und *kein* **Misstrauensvotum** (Art. 67 GG) kennt, dafür aber die Möglichkeit eines jederzeitigen **Rücktritts** des Ministerpräsidenten (Art. 44 Abs. 3 BV). Dies bedingt gleichzeitig auch den Rücktritt der von ihm berufenen Staatsregierung. Ein Rücktritt ist obligatorisch, wenn der Ministerpräsident sich nicht mehr auf das Vertrauen des Landtags stützen kann. Es ist umstritten, ob sich hieraus ein justiziabler Anspruch des Landtags auf Rücktritt ergibt. Historisch ließe es sich damit begründen, dass Art. 44 Abs. 3 BV das fehlende Misstrauensvotum ersetzen und einen politischen Stillstand verhindern

---

180 *Holzner*, BV, Art. 47 Rn. 6, 12.
181 *Nettesheim*, in: Maunz/Dürig, GG, Art. 32 (Stand: 49. EL März 2007), Rn. 115.

soll.[182] Hinzu tritt, dass der Ministerpräsident zwar eine Einschätzungsprärogative hinsichtlich der Möglichkeit einer vertrauensvollen Zusammenarbeit hat, diese aber bei entsprechenden informellen Misstrauensbekundungen des Landtags und anderen Indizien wie beispielsweise die Nichtbeachtung von Richtlinien durch das Kabinett bis auf Null reduziert werden kann. Dies lässt sich im Wege eines Organstreitverfahrens (Art. 64 BV) und evtl. auch einer Ministerpräsidentenanklage (Art. 59 BV) als Tatbestandsmerkmal verfassungsgerichtlich klären, es handelt sich gerade nicht (nur) um eine politische Streitfrage.[183]

151 Immer wieder im (politischen) Gespräch ist die Einführung einer **Amtszeitbeschränkung** für den Ministerpräsidenten.[184] Eine solche ist rechtlich nach dem Demokratieprinzip nicht erforderlich, da die Amtszeit jeweils spätestens nach fünf Jahren mit der Neuwahl des Landtags endet und eine erneute demokratische Legitimation durch den neuen Landtag erfolgt (Art. 44 Abs. 1 BV), aber natürlich möglich.

bb) Staatsministerien und Staatssekretäre

152 **Fall:**
Bei einer Abstimmung innerhalb der Staatsregierung ist die Staatsministerin für Umwelt und Verbraucherschutz der Ansicht, dass der ihr zugeordnete Staatssekretär sich wegen Art. 51 Abs. 2 S. 1 BV an die ihm erteilte Weisung zu halten habe und seine Stimme nicht frei abgeben dürfe. Zu Recht?

153 Die Staatsminister und -ministerinnen sowie Staatsekretäre und -sekretärinnen sind ebenfalls Teil des Verfassungsorgans Staatsregierung. Nach dem **Ressortprinzip** leitet jeder Staatsminister seinen **Geschäftsbereich** (Staatsministerium) in eigener Verantwortung und mit Letztentscheidungskompetenz. Minister ohne Geschäftsbereich sind in Bayern nicht möglich, vgl. Art. 50 BV, es ist jedoch möglich, dem Minister ausschließlich eine **Sonderaufgabe** zuzuweisen. Das Ministeramt ist sowohl ein **politisches Amt** mit Gestaltungsfunktion (vgl. Art. 43 Abs. 1 BV: „leitende Behörde") als auch die **oberste Staatsbehörde** im hierarchischen Verwaltungsaufbau (Art. 55 Nr. 4 f. BV; → Rn. 185).

154 Die **Staatssekretäre** sind dagegen zwar gleichberechtigte Mitglieder des Kollegialorgans Staatsregierung (Art. 43 Abs. 2 BV), sind jedoch dem jeweiligen Staatsminister weisungsgebunden unterstellt (Art. 51 Abs. 2 BV). Die **Weisungen** erstrecken sich allerdings nur auf die Arbeit im jeweiligen Staatsministerium, auf das Abstimmungsverhalten im Kollegialorgan Staatsregierung hat der Staatsminister keinen Einfluss (Art. 43 Abs. 2 BV arg.).[185] Staatssekretären ist kein eigener Geschäftsbereich zugewiesen (Art. 49 S. 1, Art. 50 S. 1 BV arg.), sie können ausschließlich in Vertretung des jeweiligen Ministers eigenverantwortlich handeln, insoweit können ihnen auch Aufgaben übertragen werden. Ressortkompetenz kommt ihnen nicht zu.

---

182 Zur Entstehung und der Folge, dass dies keine volle Verantwortlichkeit der Regierung gegenüber dem Parlament bedeutet *Schmidt*, Staatsgründung und Verfassungsgebung in Bayern, 1997, S. 227, 234 ff.
183 *Lindner*, in: ders./Möstl/Wolff, BV, Art. 44 Rn. 12; dagegen mit Verweis auf die politische Natur des Streits *Kempen*, in: Becker/Heckmann/ders./Manssen, 1. Teil, Rn. 182.
184 LT-Drs. 17/23425.
185 *Holzner*, BV, Art. 43 Rn. 15.

Die **BV begrenzt** die Zahl der Staatsminister und Staatssekretäre auf insgesamt max. 155
17, dh eine Erweiterung des Kabinetts darüber hinaus, zB durch die Einsetzung von
„Beratern", „Beauftragten" oder „ressortfreien Ministern" ist verfassungswidrig,
auch der Ernennung weiterer Minister oder Staatssekretäre darf der Landtag nicht zustimmen.[186] Eine Unterschreitung der Höchstzahl ist unproblematisch, auch muss es
nicht mehrere Staatssekretäre geben.[187]

Die **Verteilung** der Geschäftsbereiche und Sonderaufgaben erfolgt durch den Minister- 156
präsidenten (Art. 49 BV). Seine Freiheit ist allein durch die Höchstzahl an Ministerien
und Staatssekretären nach Art. 43 Abs. 2 BV beschränkt, sowie durch das Erfordernis,
dass es zur Herstellung von demokratischer Legitimation allen staatlichen Handelns
keine „ministeriumsfreien" staatlichen Aufgaben geben darf. Der Ministerpräsident
kann sich selbst Geschäftsbereiche oder Sonderaufgaben vorbehalten, ein Staatsminister für Sonderaufgaben sowie die Mehrfachzuweisung von Ressorts ist ebenfalls zulässig.[188]

cc) Kollegialorgan Staatsregierung

Fall: 157

Die Europäische Union plant, mit den USA ein Freihandelsabkommen abzuschließen, das auch
Auswirkungen auf in Landeskompetenz stehende Politikbereiche haben wird. Obwohl die Planung abgesehen von gegenseitigen Absichtsbekundungen noch nicht weiter fortgeschritten ist,
reicht P ein Volksbegehren ein mit dem Ziel, dass die bayerische Staatsregierung dazu verpflichtet werden soll, im Bundesrat gegen das Abkommen zu stimmen. Ist das Volksbegehren zulässig
und welche Konsequenz hätte bei Erlass eines solchen Gesetzes ein abweichendes Abstimmungsverhalten der Vertreter Bayerns im Bundesrat?[189]

Die Staatsregierung hat als oberstes **Verfassungsorgan** ebenfalls eine Doppelstellung – 158
als oberste leitende (also politische) wie auch vollziehende Behörde (Art. 43 Abs. 1
BV). Sie wird auch als Kabinett bezeichnet und setzt sich aus dem Ministerpräsidenten
und bis zu 17 Staatsministern und Staatssekretären zusammen und stellt damit ein
kollegiales Exekutivorgan dar. Entscheidungen erfolgen nach dem Mehrheitsprinzip
(Art. 54 BV).

Die wichtigsten nach dem **Kollegialprinzip** zu treffenden Entscheidungen umfassen: 159

- Vollzug von Gesetzen und Beschlüssen des Landtags (Art. 55 Nr. 2 BV) und Erlass
  von Ausführungsverordnungen, soweit dies nicht den einzelnen Staatsministerien
  und diesen untergeordneten Verwaltungsbehörden obliegt, also der Vollzug ausdrücklich der Staatsregierung als Kollegialorgan zugewiesen ist.[190]
- Erlass von Rechtsverordnungen, soweit die Staatsregierung als Ganzes hierzu ermächtigt wurde (Art. 55 Nr. 2 S. 3 BV). Dabei ist zu beachten, dass wegen Art. 28
  Abs. 1, Art. 20 Abs. 2 f. GG (Rechtsstaatsprinzip, Demokratieprinzip) eine den

---

186 *Brechmann*, in: Meder/ders., BV, Art. 43 Rn. 12; *Holzner*, BV, Art. 43 Rn. 13. Über die Ernennung zusätzlicher Berater durch MP Söder 2018 ist derzeit ein Organstreitverfahren einer LT-Fraktion beim BayVerfGH anhängig.
187 *Holzner*, BV, Art. 43 Rn. 14. AA *Lindner*, in: ders./Möstl/Wolff, BV, Art. 43 Rn. 9 und *Brechmann*, in: Meder/ders., BV, Art. 43 Rn. 12 mit Hinweis auf den Wortlaut.
188 *Lindner*, in: ders./Möstl/Wolff, BV, Art. 50 Rn. 5 ff.
189 Vgl. BayVerfGH, BayVBl. 2017, 407.
190 *Lindner*, in: ders./Möstl/Wolff, BV, Art. 55 Rn. 24.

Grundsätzen des Art. 80 Abs. 1 GG entsprechende hinreichend nach Inhalt und Zweck bestimmte **Ermächtigungsgrundlage** des Landtags vorliegen muss. Das Zitiergebot des Art. 80 Abs. 1 S. 3 GG, zu dem es in der BV kein Äquivalent gibt, findet keine Anwendung, da es nur eine formale, nicht zum Kernbereich des Rechtsstaatsprinzips gehörende Regelung ist.[191]

- Beschluss von Gesetzesvorlagen (Art. 55 Nr. 3, Art. 71 BV)
- Stellungnahme zu Volksbegehren (Art. 74 Abs. 3 BV) sowie Weisung zum Volksentscheid (Art. 74 Abs. 7 BV)
- Stellungnahme zu Vorlagen an den Bundesrat (§ 4 Abs. 1 Nr. 3 StRGO)
- Unterrichtung des Landtags über Angelegenheiten der **Europäischen Union** (Art. 70 Abs. 4 BV). Die Unterrichtung dient der Wahrung des föderalen Prinzips des Grundgesetzes sowie dem Demokratieprinzip, da auf supranationaler Ebene die Bundesrepublik allein durch Bundesminister oder den Bundeskanzler im Ministerrat bzw. im Europäischen Rat vertreten wird (Art. 15 f. EUV). Die Länderinteressen werden im **Bundesrat** artikuliert, hierin entsenden die Länder Vertreter der Landesregierung. Um entsprechend Art. 3 BV eine Rückbindung an das Landesvolk zu erhalten,[192] wurde die Unterrichtungspflicht 2014 eingeführt.

Exkurs zur Falllösung:
Ebenso besteht seit 2014 die Möglichkeit des Landtags, nach Art. 70 Abs. 4 S. 2 f. BV das **Abstimmungsverhalten** der Vertreter der Staatsregierung im Bundesrat zu determinieren. Dieses Recht, das in Anlehnung an das Urteil des BVerfG zum Vertrag von Lissabon[193] geschaffen und im Parlamentsbeteiligungsgesetz[194] einfachgesetzlich konkretisiert wurde, wird überwiegend als grundgesetzwidrig betrachtet. Art. 51, 76 GG sehen gerade keine Bindung der Staatsregierung in ihrem Abstimmungsverhalten durch Landesorgane vor, da es sich beim Bundesrat nicht um eine Ländervertretung handelt, auch würde die „Integrationsverantwortung" der Bundesregierung den Fall der Abstimmung im Bundesrat gerade nicht erfassen. Eine echte Bindung würde die Fälle einer Hemmung deutscher Mitwirkung auf Unionsebene vergrößern (sog „German Vote", dh Stimmenthaltung). Um eine Nichtigkeit der Vorschrift nach Art. 31 GG zu vermeiden, wird deshalb eine *restriktive Auslegung* als Appell an die Staatsregierung, die Stellungnahme des Landtags soweit wie möglich zu berücksichtigen, favorisiert.[195] Ein abweichendes Abstimmungsverhalten führt weder zur Verfassungswidrigkeit des Bundesratsbeschlusses noch zu justiziablen Folgen auf Landesebene. Umstritten ist weiterhin, ob ein die Staatsregierung bindendes Gesetz auch durch Volksgesetzgebung nach Art. 74 BV erlassen werden kann. Der BayVerfGH hat dies offen gelassen, da das Volksbegehren bereits mangels konkret vorliegender Möglichkeit einer Hoheitsrechteübertragung unzulässig war.[196]

---

191 Lesenswert zu den Anforderungen an die Ermächtigung BayVerfGH, BayVBl. 2016, 81 (119). Siehe auch *Kempen*, in: Becker/Heckmann/ders./Manssen, 1. Teil, Rn. 204 f. und als Fallbeispiel Aufgabe 8 der Zweiten Juristischen Staatsprüfung 1999/2, BayVBl. 2003, 350, 378 (379).
192 LT-Drs. 16/15140, S. 7. Als Vorbild diente Art. 34 a Verf BW.
193 BVerfGE 123, 267. Zu dem Erfordernis, wegen der Achtung von Art. 20 Abs. 2 GG und der Integrationsverantwortung aus Art. 23 GG den Bundestag (und im Bereich der Landeskompetenzen auch den Bundesrat) zu beteiligen vgl. S. 388 ff.
194 Gesetz über die Beteiligung des Landtages durch die Staatsregierung in Angelegenheiten der Europäischen Union gemäß Art. 70 Absatz 4 der Verfassung des Freistaates Bayern sowie in sonstigen Angelegenheiten gemäß Art. 55 Nr. 3 Satz 2 der Verfassung des Freistaates Bayern (Parlamentsbeteiligungsgesetz) vom 12.7.2016, GVBl. S. 142.
195 Zum Ganzen ausführlich *Möstl*, in: Lindner/ders./Wolff, BV, Art. 70 Rn. 17. Instruktiv und sehr lesenswert ist die Entscheidung des BayVerfGH, BayVBl. 2017, 407 (409), zum Volksbegehren gegen CETA.
196 BayVerfGH, BayVBl. 2017, 407 (410 f.).

Die Staatsregierung hat als Verfassungsorgan **Geschäftsordnungsautonomie**, dh sie gibt sich gemäß Art. 53 S. 1 BV eine Geschäftsordnung, die organisatorische Fragen sowie die Zuweisung der Geschäfte an die einzelnen Geschäftsbereiche (Ministerien) regelt. Die Geschäftsordnung ist ein verbindlicher **Innenrechtssatz**, der für das Handeln des Verfassungsorgans interne Bindungswirkung hat. Verstöße gegen die Geschäftsordnung können jedoch nur dann gerichtlich überprüft werden, wenn mit ihnen ein Verstoß gegen einen Außenrechtssatz einhergeht. 160

dd) Staatskanzlei

Eine Besonderheit ist die Staatskanzlei (Art. 52 BV). Sie ist **oberste Landesbehörde**, nicht jedoch Verfassungsorgan oder Staatsministerium und hat weder eigene durch die Verfassung zugewiesene Exekutivaufgaben noch eine politische Gestaltungsfunktion. Vielmehr soll sie Ministerpräsident und Staatsregierung bei deren Aufgabenerfüllung unterstützen (vgl. § 1 StRGVV). Leiter der Staatskanzlei ist ein Minister mit der **Sonderaufgabe „Staatskanzlei"** (Art. 50 BV). Es können diesem Minister weitere Sonderaufgaben zugewiesen werden, die Staatskanzlei selbst ist kein Geschäftsbereich. 161

c) Administrative – Landesverwaltung

Neben der politischen hat die Exekutive eine vollziehende bzw. administrative Funktion. Hierzu trifft die BV als Ausdruck der Eigenstaatlichkeit der Länder und dem damit verbundenen Recht, im Rahmen des Art. 28 Abs. 1 GG die **Organisation der Landesverwaltung** frei zu gestalten, einige wichtige Grundentscheidungen, die die Anforderungen des **Demokratieprinzips** an die Legitimation von Verwaltungshandeln und die Verpflichtung zur Garantie kommunaler Selbstverwaltung (vgl. Art. 28 Abs. 2 GG) widerspiegeln. Kernnormen sind die Art. 77, 83 und Art. 55 Nr. 4–7 BV. 162

Die administrative Tätigkeit der Landesverwaltung findet gebunden in einem föderalen System wie auch im Mehrebenensystem der Europäischen Union statt. Dies bedeutet zum einen, dass neben den Landesgesetzen (vgl. Art. 55 Nr. 2 BV) auch Bundesgesetze (Art. 83 ff. GG),[197] EU-Verordnungen und EU-Primärrecht (sog **mittelbar-mitgliedstaatlicher Vollzug**) durch die Landesverwaltung vollzogen werden.[198] Das Verfahrensrecht ist regelmäßig Landesrecht, also das BayVwVfG sowie spezielle bayerische Gesetze und Verordnungen zum Vollzug von Landes-, Bundes- oder Unionsrecht. Auch die **sachliche Zuständigkeit** einer Behörde (zB Kreisverwaltungsbehörde, Innenministerium) richtet sich nach Landesrecht, so dass in Ausführungsverordnungen oder Landesgesetzen nach der Zuständigkeit der jeweiligen Behörde gesucht werden muss. 163

---

197 *Gröpl*, Staatsrecht I, 10. Aufl. 2018, Rn. 1348.
198 *Streinz*, Europarecht, Rn. 592.

§ 1 Bayerisches Verfassungsrecht

164 Schaubild: Gesetzesvollzug

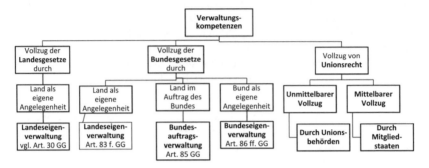

165 Die BV zeichnet mit Art. 77, Art. 55 Nr. 5 und Art. 10, 11 sowie Art. 83 die überkommene Zweiteilung in unmittelbare (ministerielle) und mittelbare Staatsverwaltung, wenn auch unvollständig, vor. **Unmittelbare Staatsverwaltung** meint Gesetzesvollzug durch hierarchisch geordnete und der Weisung eines Staatsministeriums unterstellte Staatsbehörden auf verschiedenen Ebenen. **Mittelbare Verwaltung** umfasst verschiedene Formen von selbstständigen Verwaltungseinheiten, die, häufig mit eigener Rechtspersönlichkeit ausgestattet, ihre Aufgaben autonom oder jedenfalls organisatorisch selbstständig wahrnehmen.

166 Schaubild: Organisation der Landesverwaltung

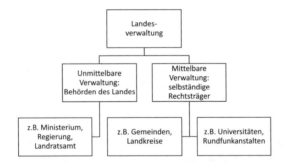

aa) Unmittelbare Staatsverwaltung – Hierarchische Ministerialverwaltung

167 Fall:

Bayern möchte durch Zusammenlegung mehrerer Landesämter, zentraler Behörden und Mittelbehörden nach dem Vorbild Thüringens und Sachsen-Anhalts ein Landesverwaltungsamt schaffen, das als zentrale Koordinierungs- und Bündelungsbehörde mit Aufsichtsbefugnissen und instanziellen Zuständigkeiten in vielen Bereichen der Landesverwaltung (Schule, Jugendfürsorge, Umweltschutz, Verkehr etc) auf der Ebene zwischen Innenministerium und Kreisverwaltungsbehörden agieren soll. Die Staatsregierung ist der Ansicht, dass dies durch Rechtsverordnung der Staatsregierung ohne Beteiligung des Landtags erfolgen kann, da es sich lediglich um die Einrichtung einer neuen Behörde handele. Zu Recht?

Unmittelbare Staatsverwaltung ist Gesetzesvollzug durch staatliche Behörden. Demokratie- wie auch Rechtsstaatsprinzip erfordern im Grundsatz einen **hierarchischen Aufbau** der Verwaltung, um eine Rückbindung jeder Ausübung von Staatsgewalt an den Landtag zu gewährleisten. Die Anforderungen des Art. 20 Abs. 2 GG an den Aufbau der Verwaltung gelten wegen Art. 28 Abs. 1 S. 1 GG auch für die Landesverwaltungen. Die genaue Verwaltungsorganisation, Einrichtung der Behörden und Zuweisung der Zuständigkeiten ebenso wie die Einstellung des Personals obliegt jedoch ausschließlich den Ländern.

168

Die Einrichtung von Staatsbehörden und die Zuweisung von Zuständigkeiten und Aufgaben (**Organisationsgewalt**) obliegt dem Landtag und der Staatsregierung in geteilter Zuständigkeit (Art. 77 Abs. 1 BV). Erforderlich ist nur eine Erfüllung grundlegender und allgemeiner Organisationsaufgaben durch den Gesetzgeber (**organisatorischer Gesetzesvorbehalt**).[199] Der Landtag muss demnach in Gesetzesform über die Neu- und Abschaffung von Behördenzügen und die Einrichtung von Behörden entscheiden, es handelt sich um eine Form des Wesentlichkeitsvorbehalts. Die Staatsregierung entscheidet durch Rechtsverordnung oder Verwaltungsanweisung über die Schaffung und Abschaffung einzelner Behörden, ihrer Amtsbezirke, ihrer internen Organisation, ihrer Teilung und Zusammenlegung, also die verwaltungsinterne Staatsorganisation.[200] Hierbei ist die Entscheidung durch die „Verordnung über die Einrichtung der staatlichen Behörden" (Ziegler/Tremel Nr. 165) von der Staatsregierung auf die einzelnen Fachministerien übertragen worden. Es ist also stets zu fragen, ob die Schaffung einer neuen Organisationseinheit eine so wesentliche Frage ist, dass diese ohne Verletzung des Demokratieprinzips nicht ohne Beteiligung des Landtags getroffen werden kann. Dem Gesetzgeber obliegt weiterhin die Regelung der Zuständigkeiten, nach Literaturansicht aus Gründen der Rechtsklarheit auch im Bereich der Leistungsverwaltung und der mittelbaren Staatsverwaltung.[201]

169

Falllösung:
Bei der Einrichtung des Landesverwaltungsamts werden zwar nur bestehende Behörden auf verschiedenen Ebenen zusammengefasst und keine neuen Aufgabenbereiche oder Zuständigkeiten geschaffen. Dennoch wird man davon ausgehen müssen, dass die Schaffung einer neuen zentralen Koordinierungseinheit mit auch instanziellen Zuständigkeiten eine grundlegende Entscheidung über den Verwaltungsaufbau ist, so dass ein Gesetz hierfür erforderlich ist.[202]

Bayern folgt im Grundsatz dem **dreistufigen Aufbau**,[203] auch wenn dieser nicht in allen Verwaltungszweigen verwirklicht ist (zB keine Mittelstufe in der Schulverwaltung):

170

---

199 *H. Huber*, in: Meder/Brechmann, BV, Art. 77 Rn. 1.
200 Vgl. *Kempen*, in: Becker/Heckmann/ders./Manssen, 1. Teil, Rn. 196; siehe auch *Krebs*, NVwZ 1985, 609 (614).
201 Vgl. *Holzner*, BV, Art. 77 Rn. 10, 23; *Wolff*, in: Lindner/Möstl/ders., BV, Art. 77 Rn. 16 ff. Dagegen die Rspr. des VGH München, vgl. nur BayVBl. 2000, 245.
202 *H. Huber*, in: Meder/Brechmann, BV, Art. 77 Rn. 4; *Wolff*, in: Lindner/Möstl/ders., BV, Art. 77 Rn. 13. So auch die grundlegende Verwaltungsmodernisierung in Bayern „Verwaltung 21" durch das Zweite Verwaltungsmodernisierungsgesetz vom 26.7.2005, GVBl. S. 287, bei der angeregt durch eine Regierungserklärung des Staatsministers für Verwaltungsreform, LT-Prot. 15/38 S. 2783–2791, zahlreiche Behörden zusammengelegt und ua das Landesamt für Umwelt sowie die Zentrum Bayern für Soziales und Familie geschaffen wurden. Ebenso die Einrichtung eines Landesverwaltungsamts in Sachsen-Anhalt, vgl. *Leimbach/Borschel*, LKV 2004, 484.
203 *Maurer/Waldhoff*, § 22 Rn. 16; siehe auch *Leimbach/Borschel*, LKV 2004, 484 (484).

die **Oberstufe** ist auf der Ebene der Staatsregierung bzw. der Staatsministerien angesiedelt, die **Mittelstufe** auf der Ebene der Regierungsbezirke, die **Unterstufe** auf Ebene der Landkreise. Zur allgemeinen Verwaltung („Staatsbehörden") im grundsätzlichen Aufgabenbereich des Staatsministeriums des Inneren treten zahlreiche Sonderverwaltungsbehörden, die wiederum auf allen Ebenen angesiedelt sein können und dem Zweck dienen sollen, spezifische Verwaltungsaufgaben mit besonderer Fachkunde zu erfüllen.

171 **Oberste Verwaltungsbehörden** sind die Ministerien in ihren jeweiligen Geschäftsbereichen. Ihnen können **Landesoberbehörden** (sog Landesämter) als Sonderverwaltungsbehörden mit Zuständigkeit für ganz Bayern unmittelbar unterstellt werden (zB Landesamt für Verfassungsschutz, Landesamt für Umwelt, Landesamt für Denkmalpflege, Landesjugendamt, Landeskriminalamt). So beispielsweise das Landesamt für Sicherheit in der Informationstechnik nach Art. 9 BayEGovG:[204] „¹Es besteht ein Landesamt für Sicherheit in der Informationstechnik (Landesamt). ²Es ist dem Staatsministerium der Finanzen, für Landesentwicklung und Heimat unmittelbar nachgeordnet."

172 Auf der **mittleren Ebene** finden sich als allgemeine Verwaltungsbehörden die sieben **Bezirksregierungen** (Oberbayern, Niederbayern, Schwaben, Oberpfalz, Unterfranken, Mittelfranken, Oberfranken), daneben als Sonderverwaltungsbehörden **Direktionen** (zB bis 2005 Bezirksfinanzdirektion) und Polizeipräsidien. Ihre Hauptaufgabe ist die Koordinierung und Überwachung des Verwaltungshandelns auf unterer Ebene durch Aufsicht, Verwaltungsvorschriften, als Widerspruchsbehörden und im Wege tatsächlicher Unterstützung und Beratung. Daneben bestehen auch eigene instanzielle Zuständigkeiten, vgl. zB Art. 7 Abs. 2 POG für das Landeskriminalamt.

173 Auf der **unteren Ebene** erfolgt der Vollzug der Gesetze in erster Instanz. Die im Gesetz häufig als „Kreisverwaltungsbehörden" bezeichneten Verwaltungsbehörden auf Landkreisebene sind die Landratsämter als staatliche Behörde, vgl. Art. 37 Abs. 1 S. 2 LKrO; die kreisfreien Gemeinden übernehmen diese Aufgaben als Selbstverwaltungskörperschaften im übertragenen Wirkungskreis (Art. 9 Abs. 1 GO), die Großen Kreisstädte ebenso im Umfang der Delegation nach Art. 9 Abs. 2 GO, siehe hierzu → § 3 Rn. 11 ff. Daneben existieren beispielsweise mit den örtlichen Polizeiinspektionen, den Schul-, Finanz- und Gesundheitsämtern weitere, von den Landratsämtern getrennte **Sondervollzugsbehörden** auf der unteren Stufe.[205]

---

204 Bayerisches E-Government-Gesetz vom 22. Dezember 2015, GVBl. S. 458, zuletzt geändert durch § 1 des Gesetzes vom 18. Mai 2018, GVBl. S. 341.
205 Ausführlich mit Diagramm *Maurer/Waldhoff*, § 22 Rn. 18–28.

Schaubild: Beispiel für Allgemeine Verwaltung und Sonderverwaltung im dreistufigen Aufbau 174

Funktion	Allgemeine Innere Verwaltung (Ebene)	Besondere Verwaltungszweige (zB Polizei, Kultusverwaltung, Finanzverwaltung...)
Oberste Behörde	Staatsministerium	zB Innenministerium, Kultusministerium, Finanzministerium (Landesamt für Steuern)
Mittelbehörden	Regierung (Bezirk, zB Mittelfranken)	zB Polizeipräsidium
Untere Behörden	Staatl. Landratsamt/ Kreisfreie Gemeinde	zB Polizeiinspektion, Schulamt, Finanzamt

bb) Mittelbare Staatsverwaltung, insbesondere kommunale Selbstverwaltung

Fall: 175

Die Gemeinde G betreibt einen Friedhof als öffentliche Einrichtung im Sinne von Art. 21 GO. Die Benutzung des Friedhofs wird durch eine Friedhofssatzung geregelt. Diese besagt in § 3, dass nur Grabmale aufgestellt werden dürfen, die nachweislich in der gesamten Wertschöpfungskette ohne ausbeuterische Kinderarbeit im Sinne der ILO-Konvention 182 hergestellt wurden. Auf Antrag nach § 47 VwGO eines ortsansässigen Steinmetzes hebt der BayVGH die Satzung wegen Verstoß gegen die BV auf, wobei er die Grundrechte der BV nicht prüft. Hat eine gegen die Entscheidung des BayVGH erhobene Verfassungsbeschwerde der Gemeinde zum BayVerfGH Aussicht auf Erfolg? Ist alternativ eine Revision zum BVerwG möglich?

Mittelbare Staatsverwaltung bedeutet Ausübung von Hoheitsgewalt durch nicht in die 176 hierarchische Ministerialverwaltung eingegliederte Verwaltungseinheiten, dh Selbstverwaltungskörperschaften, Anstalten, Stiftungen sowie Beliehene und selbstständige Agenturen.[206]

---

[206] Maurer/Waldhoff, § 23, Rn. 1.

177 Schaubild: mittelbare Staatsverwaltung

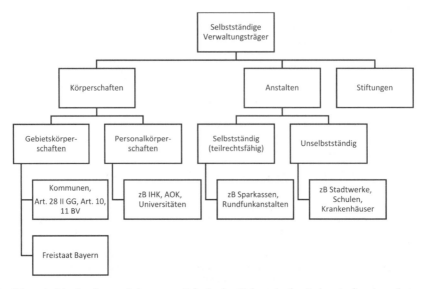

178 Diese sind in den letzten Jahren verstärkt in den Fokus akademischer Aufmerksamkeit gerückt, da sich deutlich komplexere Fragen der **demokratischen Legitimation** der Ausübung von Staatsgewalt stellen als im Rahmen der hierarchischen Ministerialverwaltung.[207]

179 Die bayerische Verfassung beschäftigt sich, historisch bedingt, in Art. 10, 11 und 83 BV vorrangig mit den **kommunalen Selbstverwaltungskörperschaften**. Sie geht aber in Art. 55 Nr. 5 BV von der Existenz weiterer Körperschaften des öffentlichen Rechts sowie von öffentlich-rechtlichen Stiftungen aus. Art. 55 Nr. 5 BV ist dabei Teil der demokratischen Legitimierung der Ausübung von Staatsgewalt durch selbstständige Verwaltungseinheiten. Auch deren Handeln muss, selbst wenn sie wie die kommunalen Selbstverwaltungskörperschaften durch Art. 28 Abs. 2 GG institutionell garantiert sind, demokratisch legitimiert sein. Durch die **Rechtsaufsicht** wie auch die **Gesetzesbindung** wird ein Teil der sachlich-inhaltlichen Legitimation hergestellt. Trotz **Satzungsautonomie** dürfen die Gemeinden deshalb nicht in die Grundrechte der BV und des GG eingreifen, ohne durch eine hinreichend bestimmte Rechtsgrundlage dazu vom Gesetzgeber ermächtigt worden zu sein.[208]

180 Hinzu tritt die Legitimation durch die jeweiligen Mitglieder der Körperschaft durch **Wahlen** nach demokratischen Grundsätzen (Art. 14 Abs. 1 BV, Art. 28 Abs. 1 S. 2 GG), und im Falle der Universitäten, Kirchen und Rundfunkanstalten eine weitere Komponente durch Grundrechtsausübung im Rahmen der funktionalen (und staats-

---

207 *Dreier* in: ders., GG, Art. 20 III Rn. 129; *Voßkuhle/Kaiser*, JuS 2009, 803 (804 f.) zur funktionalen Selbstverwaltung.
208 Vgl. *Grzeszick* in: Maunz/Dürig, GG, Art. 20, Rn. 131 ff.

fernen) Selbstverwaltung. Soweit die mittelbare Staatsverwaltung zwar durch organisatorisch (weitgehend) selbstständige, aber nicht als Selbstverwaltungskörperschaften autonom oder funktional legitimierte Verwaltungseinheiten ausgeführt wird, zB Schulen oder Agenturen, muss durch Rechts- und Fachaufsicht der Ministerialverwaltung eine Rückkopplung an das Volk gewährleistet sein.

181 In Übereinstimmung mit Art. 28 Abs. 2 GG garantiert Art. 11 Abs. 2 S. 2 BV den Gemeinden als ursprünglichen Gebietskörperschaften das subjektive Recht, die eigenen Angelegenheiten selbst zu ordnen und zu verwalten, also die **kommunale Selbstverwaltung**. Dagegen steht den Gemeindeverbänden (Kreise, Bezirke) nach Art. 10 BV nur eine objektive Institutsgarantie zu.[209] Diese umfasst die autonome Wahrnehmung der eigenen, aus der **örtlichen Gemeinschaft** erwachsenden Angelegenheiten und wird typischerweise mit sechs Hoheiten umschrieben: **Gebietshoheit, Organisationshoheit, Personalhoheit, Finanzhoheit, Planungshoheit** sowie **Satzungsautonomie**. Das BVerfG bestimmt den Gehalt von Art. 28 Abs. 2 GG wie folgt: „diejenigen Angelegenheiten, die in der örtlichen Gemeinschaft wurzeln oder auf sie einen speziellen Bezug haben, die also den Gemeindeeinwohnern gerade als solchen gemeinsam sind, indem sie das Zusammenleben und -wohnen der Menschen in der (politischen) Gemeinde betreffen".[210]

182 Für diese Aufgaben besteht **Allzuständigkeit** der Gemeinden. Die *Rastede*-Entscheidung des BVerfG[211] hat eine Kernbereichslehre eingeführt – so sind Eingriffe in den Kernbereich der institutionellen Garantie verfassungswidrig, während Eingriffe in den Randbereich durch überwiegende Allgemeinwohlinteressen gerechtfertigt werden können. Diese Rspr. gilt auch für Art. 11 Abs. 2 S. 2 BV.[212]

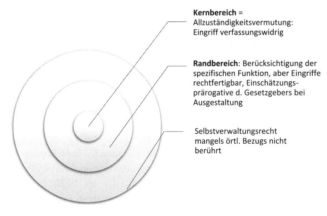

---

209 *Wolff*, in: Lindner/Möstl/ders., BV, Art. 10 Rn. 22 ff.; F. *Wollenschläger*, in: Meder/Brechmann, BV, Art. 10 Rn. 10 ff.
210 BVerfGE 79, 127 (146 f.).
211 BVerfGE 79, 127.
212 Ausführlich *Lissack*, § 1, Rn. 20–25 a, 55–110 a, und § 2, Rn. 1–39 (mit sehr guter Übersicht in Rn. 17 a).

183 Die Selbstverwaltungsgarantie bietet somit (relativen) Schutz gegen Änderungen im Gebiet oder Bestand durch Einzelakt, gegen Änderungen der Aufgaben durch Gesetz (Aufgabenentzug, Aufgabenübertragung, Schaffung neuer Pflichtaufgaben) sowie gegen die neue Ausgestaltung der Aufgabenwahrnehmung durch Gesetz.

184 Art. 83 Abs. 1 BV konkretisiert die **Aufgaben des eigenen Wirkungskreises**, wenn auch nicht abschließend, und kann gerade bei der Wahrnehmung der Satzungsautonomie und der Organisationshoheit der Gemeinden als Anhaltspunkt herangezogen werden. Entscheidend ist, dass es sich um eine Angelegenheit der örtlichen Gemeinschaft handelt. Art. 83 Abs. 4 BV greift die Unterscheidung von Selbstverwaltungsangelegenheiten und übertragenen (staatlichen) Aufgaben der Gemeinden auf. Dagegen ist das **Konnexitätsprinzip** (Art. 83 Abs. 3 BV) bzgl. der Kostendeckung bzw. dem Ausgleich von Mehrbelastung bei Aufgabenübertragung durch den Staat auf die Gemeinden nicht unmittelbar Teil der Selbstverwaltungsgarantie, wenn auch wegen Art. 28 Abs. 2 S. 3 und Art. 106 GG über die Finanzhoheit mit besonderer Wichtigkeit ausgestattet (→ § 3 Rn. 45-50). Es ist mittlerweile in allen Landesverfassungen geregelt.[213]

185 Die Garantie der Selbstverwaltung erfordert, dass im Bereich des eigenen Wirkungskreises ausschließlich eine **Rechtsaufsicht** stattfinden darf, da die Gemeinden gerade nicht in die hierarchische Ministerialverwaltung eingegliedert sind. Nach der – in Bayern umstrittenen – Rspr. des BVerwG tritt die Gemeinde nur im Rahmen der Selbstverwaltung dem Staat als selbstständige Rechtspersönlichkeit im Außenbereich gegenüber und ist deshalb vor den Verwaltungsgerichten **klagebefugt**. Beim Handeln im übertragenen Wirkungskreis handeln die Gemeinden an Stelle der staatlichen Behörden und sind gemäß Art. 83 Abs. 4 BV den Weisungen der übergeordneten Staatsbehörden unterworfen. Sie können jedoch eine Verletzung des Selbstverwaltungsrechts geltend machen, soweit auch ihre Gemeindehoheiten berührt sind.[214]

186 Den konkreten Bestand einer bestimmten Gemeinde garantiert Art. 11 BV nicht, etwas anderes lässt sich auch nicht aus der Eigentumsgarantie (Art. 103 BV), trotz der abweichenden Rspr. des BayVerfGH zur Grundrechtsberechtigung von Gemeinden, ableiten.[215]

187 Art. 11 Abs. 2 S. 2 BV, die Selbstverwaltungsgarantie, kann von den Gemeinden im Wege einer **Verfassungsbeschwerde** nach Art. 66 BV geltend gemacht werden.[216] Die Selbstverwaltungsgarantie ist, anders als im GG (vgl. Art. 93 Nr. 4 b GG), ein grundrechtsähnliches Recht und gleichzeitig eine institutionelle Garantie.[217] Eine Popularklage (Art. 98 S. 4 BV) mit dem Ziel der Überprüfung am Maßstab von Art. 11 Abs. 2 S. 2 BV steht allein den Gemeinden zu.[218] Schon dem Wortlaut des Art. 10 BV nach ist das Selbstverwaltungsrecht der Gemeindeverbände, also Landkreise und Bezirke, nicht im Wege der Verfassungsbeschwerde oder Popularklage rügbar.

---

213 Ausführlich zu den Voraussetzungen und der Rspr. vgl. *Engelken*, NVwZ 2015, 342; *Kluth*, LKV 2009, 337.
214 Zum Ganzen *Becker*, in: ders./Heckmann/Kempen/Manssen, 2. Teil, Rn. 552 ff.
215 Siehe Aufgabe 6 der Ersten Juristischen Staatsprüfung 1990/2, BayVBl. 1992, 415, 445 (446).
216 BayVerfGHE 45, 157 (160 f.).
217 *F. Wollenschläger*, in: Meder/Brechmann, BV, Art. 11 Rn. 19, 56.
218 Aufgabe 8 der Zweiten Juristischen Staatsprüfung 1999/2, BayVBl. 2003, 350, 378 (384).

Falllösung:
I. *Zulässigkeit*: (Für die Gliederung der Zulässigkeit einer Verfassungsbeschwerde → Rn. 225) Problematisch ist allein die Beschwerdebefugnis. Die Gemeinde kann geltend machen, durch das Urteil des BayVGH in ihrem **Recht auf Selbstverwaltung** aus Art. 11 Abs. 2 S. 2 BV verletzt zu sein, auch wenn der BayVGH die Friedhofssatzung wegen § 47 Abs. 3 VwGO (Normverwerfungsmonopol des BayVerfGH) nicht am Maßstab der BV prüfen durfte.[219]
II. *Begründetheit*: Verletzung der Selbstverwaltungsgarantie durch Aufhebung der Friedhofssatzung? Dann nicht, wenn entweder (1.) Friedhofssatzung nicht von Satzungsautonomie gedeckt oder wenn (2.) Friedhofssatzung rechtswidrig, da auch im Rahmen der Satzungsautonomie und Selbstverwaltung die Gemeinden an Recht und Gesetz gebunden sind. *Zu 1.*: Die Einrichtung und Unterhaltung von Friedhöfen zählt gemäß Art. 83 Abs. 1 BV zum eigenen Wirkungskreis der Gemeinden („Totenbestattung"). Im Rahmen der Unterhaltung von öffentlichen Einrichtungen für Zwecke der Daseinsfürsorge steht der Gemeinde Satzungsautonomie zu (einfachrechtlich vgl. Art. 23, 24 Abs. 1 Nr. 1 GO). Der Schutzbereich des Art. 11 Abs. 2 S. 2 BV ist damit grds. eröffnet. Allerdings muss die Regelung einrichtungsbezogen sein, sich also aus der Erfüllung der kommunalen Selbstverwaltungsaufgabe „Totenbestattung" ergeben. Dies ist nach umstrittener Ansicht nicht mehr der Fall, wenn allgemeinpolitische Zwecke (mit-)verfolgt werden, wie die Bekämpfung der Kinderarbeit. Dies geht über den örtlichen Aufgabenkreis der Gemeinde hinaus.[220] *Zu 2.*: Wegen eines Eingriffs in Art. 12 GG ist außerdem eine hinreichend konkrete Rechtsgrundlage erforderlich, die sich nicht allein aus Art. 24 Abs. 1 Nr. 1 GO ergibt.[221]

4. Rechtsprechung

a) Organisation und verfassungsrechtliche Grundsätze

Die BV widmet einen eigenen Abschnitt (Art. 84–93) der Rechtspflege. Ihre Aufgabe ist zum einen die **Gewährung individuellen Rechtsschutzes** und die Herstellung von Rechtssicherheit (**allgemeiner Justizgewährleistungsanspruch**), zum anderen die **Kontrolle** der Ausübung von Hoheitsgewalt (**effektiver Rechtsschutz**). Auch im öffentlichen Recht (Verwaltungsrechtsstreitigkeiten) obliegt dies den Verwaltungsgerichten und nicht, wie im 19. Jahrhundert üblich, Verwaltungskammern innerhalb der Ministerien oder oberen Behörden.[222] Allerdings wird der Bereich der Rechtspflege weitgehend von Bundesrecht überlagert. 188

Die dritte Gewalt ist einerseits durch die **Bindung an die Verfassung und die Gesetze** demokratisch legitimiert (Art. 85 BV), andererseits betont die BV die sachliche (Art. 5 Abs. 3, Art. 85 BV), wie auch persönliche (Art. 87 BV) **Unabhängigkeit** der Richter und Richterinnen. Sie sind bei ihren Entscheidungen nur an das Gesetz, nicht dagegen an Weisungen, gebunden und können nur in gesetzlich bestimmten Fällen durch Gerichtsentscheid aus dem Amt entlassen werden, müssen also bei ihrer Entscheidungspraxis keine persönlichen beruflichen Konsequenzen befürchten. Jede Einflussnahme der anderen beiden Gewalten auf die Rspr. ist unzulässig.[223] 189

Die **Einrichtung der Gerichte** unter der Ebene der obersten Bundesgerichte (BGH, BVerwG, BFH, BAG, BSG) obliegt im Rahmen der Art. 92, 95 GG der jeweiligen bundesrechtlichen Prozessordnungen sowie dem GVG den Ländern. So sind bestimmte Gerichtstypen und Instanzen bundesrechtlich vorgegeben, die Bundesländer können 190

---
219 BayVerfGHE 64, 177 (181).
220 BayVGH, BayVBl. 2009, 367 (368); BVerwGE 148, 133; aA BayVerfGHE 64, 177 (182 f.).
221 Siehe auch Rspr. zum Wildtierverbot im Zirkus (BayVGH, Beschl. v. 21.4.2016 – 9 CS 16.539, juris).
222 Eine ähnliche Regelung enthält § 1 VwGO.
223 *Wolff*, in: Lindner/Möstl/ders., BV, Art. 85 Rn. 13 ff.

jedoch gemäß §§ 8–10 EGGVG für die ordentliche Gerichtsbarkeit und in Strafsachen ein zusätzliches **Oberstes Landesgericht** schaffen. Bayern hat als einziges Bundesland hiervon Gebrauch gemacht – das BayObLG existierte bis 2006, als es aus Kostengründen abgeschafft wurde, und wurde im September 2018 wieder eingerichtet.[224] Beides ist verfassungsrechtlich unproblematisch und unterliegt der Organisationshoheit des Landtags. Wie auch bei der Einteilung von Gerichtsbezirken, der Auswahl der Richter und Richterinnen und ähnlichen Organisationsakten sind die für die Gerichtsorganisation geltenden Grundsätze – effektiver Rechtsschutz für Bürgerinnen und Bürger, funktionsfähige Rechtspflege, Wahrung der Eigenständigkeit und Unabhängigkeit der Justiz – sowie der Gewaltenteilungsgrundsatz zu beachten. Ein Organisationsakt ist allein am Willkürverbot des Art. 118 BV zu messen – es genügen demnach sachliche Gründe von einigem Gewicht, die nicht zwingend innerhalb der Gerichtsorganisation liegen müssen.[225]

b) Verhältnis zur Bundes- und Unionsgerichtsbarkeit

191 Die Fachgerichte auf Landesebene entscheiden am Maßstab von Landes- wie auch Bundesrecht. Sie sind außerdem verpflichtet, das Unionsrecht ihren Entscheidungen zu Grunde zu legen, sind also insofern „**Unionsgerichte**".[226]

192 Zur Wahrung der **Verfassungsautonomie** der Länder können die Bundesgerichte keine Entscheidungen über Landesrecht treffen. Dies wird insbesondere bei **Revisionen** zum BVerwG relevant, da doch erhebliche Teile des Verwaltungsrechts in Landeskompetenz geregelt sind (vgl. § 137 Abs. 1 VwGO). Möglich ist damit nur eine Rüge der Verletzung von Art. 3 Abs. 1 GG durch eine gleichheitswidrige Anwendung von Landesrecht sowie anderer bundesrechtlicher Normen, insbesondere Art. 20 Abs. 3 GG, und der Grundrechte des GG sowie solcher Bundesvorschriften, die das Landesgericht als maßgeblich für die Auslegung von Landesrecht erachtet hat.[227]

c) Justizgrundrechte

193 Anders als das Gerichtsorganisationsrecht gelten die Justizgrundrechte gemäß Art. 142 GG weiter. Diese umfassen: das **Recht auf den gesetzlichen Richter**, Art. 86 Abs. 1 S. 2 BV; Anspruch auf **rechtliches Gehör**, Art. 91 BV, und auf einen Verteidiger in Strafsachen. Daneben steht der allgemeine **Justizgewähranspruch**, also der Anspruch auf effektiven Rechtsschutz und Zugang zu den Gerichten. Alle Justizgrundrechte sind als besondere, subjektiv wirkende Komponente des Rechtsstaatsprinzips zu verstehen und stimmen inhaltlich mit denen des GG überein.

194 Zu beachten ist, dass bei fachgerichtlichen Entscheidungen, die in einem durch Bundesrecht geregelten Verfahren ergangen sind, nach der Rspr. des BVerfG Landesgrundrechte nur herangezogen werden dürfen, soweit sie denen des GG entsprechen.[228] Das

---

224 LT-Drs. 17/22094.
225 BayVerfGH, DVBl. 2006, 127.
226 *Calliess/Kahl/Puttler*, in: Calliess/Ruffert, Art. 4 EUV Rn. 79.
227 Instruktiv BVerwGE 148, 133 (= JuS 2014, 958 mAnm *Waldhoff*).
228 BVerfGE 96, 345 sowie BayVerfGHE 51, 49 (Ls. 2).

macht die Justizgrundrechte neben dem Willkürverbot des Art. 118 BV zu den wichtigsten Prüfungsmaßstäben für **Urteilsverfassungsbeschwerden**.[229]

VI. Verfassungsgerichtsbarkeit

Wozu? In diesem Abschnitt geht es um die **Kontrolle** von Akten bayerischer Staatsgewalt auf **Verfassungsmäßigkeit** am Maßstab der BV. Hier stellt sich insbesondere die Frage der Verortung von Überprüfungskompetenzen im Mehrebenensystem, also vor welchem Gericht der Kläger was an welchem Maßstab überprüfen lassen kann. Für die Falllösung wichtig sind zum einen die besonderen **Zulässigkeitsvoraussetzungen** für Anträge vor dem BayVerfGH, zum anderen Grundkenntnisse über die Bestimmung des **Prüfungsmaßstabs** für die Begründetheitsprüfung bei verwaltungs- wie verfassungsgerichtlichen Klagen, bei denen verfassungsrechtliche Fragen eine Rolle spielen. 195

Die BV widmet einen ganzen Abschnitt der **Verfassungsgerichtsbarkeit**. Der BayVerfGH ist gemäß Art. 60 BV das oberste bayerische Gericht für staatsrechtliche Fragen (der BV) und gleichzeitig Verfassungsorgan mit eigener Geschäftsordnung. Die Grundzüge werden in den Art. 60 ff. BV sowie Art. 93 und 98 S. 4 BV geregelt sowie auf Grundlage von Art. 69 BV im VfGHG (Ziegler/Tremel Nr. 855) konkretisiert. Einzelne Verfahren finden sich auch in anderen Gesetzen, zB im BayLWG. 196

1. Funktion der Landesverfassungsgerichtsbarkeit

Die Errichtung eigener Verfassungsgerichte ist Teil der **Eigenstaatlichkeit** der Länder, wenn auch kein aus Art. 28 Abs. 1 GG ableitbares Erfordernis, wie Art. 99 GG zeigt. Deren Existenz ist auch in einem föderalen Staat mit BVerfG nicht obsolet, da das BVerfG als einzigen Prüfungsmaßstab das GG kennt (vgl. Art. 93 GG). So kann das BVerfG zwar einfaches Landesrecht wegen Art. 31 GG auch am Maßstab des einfachen Bundesrechts messen und die BV (sowie das übrige Landesrecht) am Maßstab des Art. 28 Abs. 1 GG auf Homogenität überprüfen (Art. 93 Abs. 1 Nr. 2 2. Alt. GG), jedoch bleibt ihm der Prüfungsmaßstab des bayerischen Verfassungsrechts verschlossen. 197

So nimmt der BayVerfGH dieselben Aufgaben wahr, wie Verfassungsgerichte auf der ganzen Welt: Als „**Hüter der Verfassung**"[230] garantiert er die Einhaltung der Regeln der BV bei der Ausübung von Staatsgewalt (und zwar sowohl Staatsorganisation als auch Grundrechte). Gleichzeitig ist er zur **Auslegung und Fortentwicklung der Verfassung** mit Bindungskraft berufen. Die verfassungsrechtliche Rechtsfortbildung kann allerdings nur unter Wahrung der nach Art. 5 BV geschützten Gewaltenteilung, insbesondere des Gesetzgebungsmonopols des Landtags (und des Volks) und damit auf der Grundlage und im Rahmen der Verfassung erfolgen.[231] Schließlich kommt ihm das Monopol der **Normenkontrolle mit Kassationsbefugnis** zu, dh genauso wie auf Bundesebene haben die Fachgerichte zwar eine Prüfkompetenz hinsichtlich der Verfas- 198

---

229 Hierzu auch *Lindner*, Staatsrecht, Rn. 448.
230 BayVerfGHE 15, 1; 18, 140.
231 Vgl. *Wolff*, in: Lindner/Möstl/ders., BV, Art. 60 Rn. 10 f.

sungsmäßigkeit eines von ihnen anzuwendenden Gesetzes, jedoch müssen sie bei Zweifeln dem BayVerfGH vorlegen (Art. 92 BV). Nur dieser kann die Norm verwerfen.

199 Die Einführung des BayVerfGH mit der Verfassung von 1946 war eine Neuerung im bayerischen Verfassungsrecht. Zuvor existierte seit 1818 eine Ministeranklage durch die Stände sowie eine Beschwerde über die Verletzung von individuellen Rechten vor den beiden Kammern. 1850 entstand ein **Staatsgerichtshof** zur Schlichtung von Streitigkeiten von Verfassungsorganen und seit der Bamberger Verfassung von 1919 die Möglichkeit einer Verfassungsbeschwerde gegen Akte der Verwaltung. Die bayerischen Verfassungen können damit im Vergleich zur Verfassung des deutschen Reichs von 1871, der Weimarer Reichsverfassung von 1919 und zeitgenössischen Landesverfassungen für fortschrittlich erachtet werden. Eine Normenkontrolle bestand jedoch nicht.[232]

200 Anders als ein Staatsgerichtshof hört ein zentralisiertes Verfassungsgericht nicht nur Streitigkeiten zwischen Verfassungsorganen, sondern va auch Streitigkeiten zwischen Bürger und Staat (Verfassungsbeschwerde, Popularklage) und trägt damit zum **Individualrechtsschutz** vor der Landesstaatsgewalt und der **Verwirklichung der Grundrechte** durch deren Einklagbarkeit bei. Die Verfassungsgerichtsbarkeit ist damit, gerade im Hinblick auf Art. 19 Abs. 4 GG, ein Baustein im **Rechtsstaat**, und ein Merkmal für die Grundentscheidung für einen Vorrang der Verfassung. Dies zeigt auch die Möglichkeit der Normverwerfung, die dem demokratisch legitimierten Gesetzgeber sogar bei Verfassungsänderungen die Letztentscheidung entzieht. Daneben besteht auch in Bayern die Möglichkeit einer diffusen Kontrolle der Einhaltung der Verfassung, insbesondere der Grundrechte, durch die Verwaltungsgerichte.

201 Der BayVerfGH entfaltet eine rege Rechtsprechungstätigkeit: zwischen 1947 und 2017 waren insgesamt etwas mehr als 9.500 Anträge anhängig, davon entfielen 7.881 Verfahren (82,5 %) auf Verfassungsbeschwerden und 1.471 Verfahren (15,4 %) auf Popularklagen. Über Ministeranklagen und Ausschluss von Wählergruppen hatte der BayVerfGH bisher noch nie zu entscheiden, abstrakte und konkrete Normenkontrolle machten zusammen nur etwa 100 Anträge aus. Damit wird der BayVerfGH insbesondere seiner Rolle als Hüter der Verfassung bei Beeinträchtigungen von individuellen Rechten durch die Staatsgewalt gerecht. Die Erfolgsquote der beiden Verfahren ist allerdings gering: sie lag über den gesamten Betrachtungszeitraum bei 2,3 % für Verfassungsbeschwerden und 10,5 % für Popularklagen.[233]

2. Landesverfassungsgerichtsbarkeit im Mehrebenensystem

202 Der BayVerfGH ist in mehrere Gerichtsverbünde eingebunden – den institutionellen Verbund mit der Fachgerichtsbarkeit; den föderalen Verbund der Landesverfassungsgerichte und des BVerfG; den supranationaleb Verbund EuGH–mitgliedstaatliche Verfassungsgerichte und schließlich das „duale" Verhältnis BayVerfGH–EGMR.

---

[232] Hierzu insgesamt *Ruf*, Die Bayerische Verfassung vom 14. August 1919, 2015, S. 374 ff. sowie *Allesch*, BayVBl. 2017, 433 (436).
[233] Statistik auf Anfrage bei der Pressestelle des BayVerfGH vom 20.9.2018.

a) Verhältnis zum BVerfG

Das Verhältnis zum BVerfG wird geprägt durch die **Eigenstaatlichkeit** der Länder einerseits und ihre auf das Landesverfassungsrecht und das Handeln von Landesstaatsgewalt **beschränkte Prüfungskompetenz** andererseits. Hinzu treten Überprüfungskompetenzen des BVerfG für Akte bayerischer Staatsgewalt einschließlich der Entscheidungen des BayVerfGH im Wege der Verfassungsbeschwerde sowie bei Landesgesetzen der Normenkontrollen. Da die Gerichte und Behörden der Länder zudem häufig Bundesrecht anwenden und vollziehen, muss verhindert werden, dass Bundesrecht mittelbar am Maßstab der rangniedrigeren Landesverfassung überprüft wird. 203

Bei der Beantwortung der hierdurch aufgeworfenen komplizierten Rechtsfragen im **Mehrebenensystem** darf nicht vergessen werden, dass es sich im Grundsatz um getrennte Verfassungsräume handelt, die Einwirkung des Bundesrechts auf das Landesverfassungsrecht also so gering wie möglich zu halten ist.[234] Es sind **drei Fragestellungen** auseinanderzuhalten: 204

1. Die tauglichen **Beschwerdegegenstände** sowie der **Prüfungsumfang** einer **Landesverfassungsbeschwerde**, soweit das Handeln der bayerischen Behörde oder des Gerichts durch Bundesrecht determiniert ist (→ Rn. 253 f.). 205

2. Der **Prüfungsumfang** des **BVerfG** bei Überprüfung von Landesverfassungsrecht und Rspr. des BayVerfGH am Maßstab von Bundesrecht. 206

Die **Verfassungsautonomie** der Länder erfordert weitgehende Zurückhaltung des BVerfG bei der Überprüfung von Landesverfassungsrecht und Rspr. der Landesverfassungsgerichte.[235] Einziger Maßstab ist die Einhaltung des **Homogenitätsprinzips**, Art. 28 GG, sowie anderer unmittelbarer verfassungsrechtlicher Vorgaben für die Länder.[236] Das BVerfG ist an die Auslegung der Landesverfassung durch das Landesverfassungsgericht gebunden, da dieses Interpretationshoheit über das Landesrecht hat. Nur soweit die gefundene Auslegung gegen Art. 28 Abs. 1 GG oder die über Art. 1 Abs. 3 GG für die Länder unmittelbar geltenden Grundrechte des GG verstößt, kann dies vom BVerfG gerügt werden, wobei dieses bei der Überprüfung der Landesverfassungsgerichte auf eine Willkürkontrolle beschränkt ist. Es ist also keine zweite Instanz zur Überprüfung von Landesverfassungsrecht.[237] Soweit ein Verstoß gegen einfaches Bundesgesetz gerügt wird, führt Art. 31 GG nach hM nicht zur Nichtigkeit, sondern nur zur punktuellen Unanwendbarkeit der Vorschrift der BV.[238]

3. Die sich aus vorstehendem ergebenden **Vorlagemöglichkeiten und -pflichten** des BayVerfGH zum BVerfG. 207

Den Grundsatz der Vorlagepflichten zum Schutz der Normverwerfungskompetenz des BVerfG sowie der Auslegungshoheit über Bundesrecht regelt **Art. 100 Abs. 1, 3 GG**.

---

234 *Möstl*, BayVBl. 2017, 659 (661).
235 St. Rspr. des BVerfG. Lesenswert BVerfG, KommJur 2016, 296 (297).
236 *Möstl*, in: Lindner/ders./Wolff, BV, Vorbem. B Rn. 10. Weiterführend *Sander*, NVwZ 2002, 45.
237 St. Rspr., vgl. nur BVerfGE 42, 312 (325).
238 BVerfGE 36, 342 (363, 367); BVerfGE 96, 345 (364); *Hellermann*, in: Epping/Hillgruber, GG, Art. 31 Rn. 15.

So ist jedes Gericht auf Landesebene (auch der BayVerfGH) grds. zur Vorlage verpflichtet, wenn es von der Unvereinbarkeit von entscheidungserheblichen Landesrecht mit Bundesrecht ausgeht. Daraus leitet sich aus Sicht des BVerfG[239] ab, dass die Landesverfassungsgerichte verpflichtet sind, Art. 28 Abs. 1 GG, die Grundrechte des GG sowie in die Landesverfassungen hineinwirkende Elemente des GG als Prüfungsmaßstab für Landesverfassungsrecht heranzuziehen und zwar nicht nur, wie vom BayVerfGH in st. Rspr. praktiziert, für besonders krasse Verstöße.[240] Kommt der BayVerfGH bei der Überprüfung einer Bestimmung der BV, also seines **Prüfungsmaßstabs**, zum Ergebnis eines Verstoßes gegen das GG, hält er sich zu Recht selbst für vorlageverpflichtet nach Art. 100 Abs. 1 S. 2 GG, da es um die Gültigkeit einer entscheidungserheblichen Norm geht.[241] Die Verfassungsautonomie wird entsprechend dem GG begrenzt. Ebenso besteht die Möglichkeit einer **Divergenzvorlage** nach Art. 100 Abs. 3 GG bei unmittelbarer oder mittelbarer Abweichung von der Rspr. des BVerfG oder eines anderen Landesverfassungsgerichts bei der Auslegung des GG.[242]

Dagegen ist eine Vorlagepflicht in den Fällen, in denen der BayVerfGH Landesrecht (im Rahmen von Art. 3 Abs. 1 BV) am Maßstab von Bundesrecht (einschließlich des GG) prüft und einen Verstoß des **Prüfungsgegenstandes** gegen Bundesrecht feststellt, umstritten. Der Wortlaut von Art. 100 Abs. 1 S. 2 GG würde den Fall umfassen, jedoch steht dem die Normverwerfungskompetenz der Landesverfassungsgerichte für Landesgesetze entgegen.[243] In der Klausur lässt sich beides gut vertreten, gerade auch vor dem Hintergrund der unterschiedlichen Rspr. des BVerfG und des BayVerfGH sowie anderer Landesverfassungsgerichte.

b) Verhältnis zum EuGH

208 Der EuGH überprüft – außer im Vertragsverletzungsverfahren – keine Akte mitgliedstaatlicher Staatsgewalt. Auch eine direkte Beschwerde des Einzelnen wegen Verletzung subjektiver Rechte aus dem Unionsrecht ist vor dem EuGH, mit Ausnahme des hohen Zulässigkeitshürden unterliegenden Art. 263 UAbs. 4 AEUV (**Nichtigkeitsklage gegen Unionsrechtsakte**), nicht statthaft. Der BayVerfGH dient auch nicht, anders als die Fachgerichte, als **Unionsgericht**, da Unionsrecht weitgehend kein Prüfungsmaßstab ist. So wäre eine abstrakte Normenkontrolle bzw. eine Verfassungsbeschwerde oder Popularklage wegen eines angenommenen Unionsrechtsverstoßes nur zulässig, wenn gleichzeitig ein Verstoß gegen ein subjektives Recht der BV[244] bzw. im Rahmen

---

239 BVerfG, KommJur 2016, 296 (298, Rn. 54). Das BVerfG hegt Zweifel hinsichtlich eines eingeschränkten Prüfungsmaßstabs des BayVerfGH.
240 Kritisch hierzu *Möstl*, BayVBl. 2017, 659 (660 f.). Etwas anderes gilt für einfache Landesgesetze.
241 BayVerfGH, BayVBl. 2017, 407 (410, Rn. 58), zur Grundgesetzkonformität des Art. 70 Abs. 4 S. 2 BV.
242 Für Anwendungsfälle vgl. *Iglofstein*, BayVBl. 2017, 669 (671).
243 *Möstl*, BayVBl. 2017, 659 (664). Das BVerfG, KommJur 2016, 296 (298 f.) leitet aus der Prüfpflicht wohl auch eine Vorlagepflicht ab; anders dagegen der BayVerfGH in st. Rspr. seit 1992 [BayVerfGHE 45, 33 (41)]. Kritisch hierzu *Iglofstein*, BayVBl. 2017, 669 (672 f., 674) und *Flurschütz*, Die bayerische Popularklage nach Art. 55 BayVfGHG, 2013, S. 351 ff., der insbesondere auf Wertungswidersprüche zwischen inzidenter Normenkontrolle in der Verfassungsbeschwerde und prinzipaler Normenkontrolle bei der Popularklage hinweist.
244 Im Rahmen der Normenkontrolle zumindest ein Verstoß gegen Art. 3 Abs. 1 BV als „Einfallstor" für die Prüfung am Maßstab des Unionsrechts, siehe unten → Rn. 278.

abstrakten Normenkontrolle gegen Art. 3 Abs. 1 BV (Rechtsstaatsprinzip) geltend gemacht würde.

Allerdings ist der BayVerfGH als mitgliedstaatliches Gericht **vorlageberechtigt** und, als oberstes Gericht für staatsrechtliche Fragen, nach Art. 267 Abs. 3 AEUV auch **vorlageverpflichtet**. Die Berechtigung besteht allerdings nur, wenn die Auslegungsentscheidung des EuGH erforderlich ist für die Entscheidung („**Entscheidungserheblichkeit**"), dh wenn die Entscheidung des BayVerfGH am Maßstab der BV Vorfragen über Unionsrecht aufwirft (→ Rn. 252). Der BayVerfGH wurde bisher, anders als das BVerfG, noch mit keinen Fragen konfrontiert, die eine Vorlage erfordert hätten.[245] Denkbar wäre dies ähnlich der Konstellation zur Vorratsdatenspeicherungsrichtlinie und dem TKG, wenn es um die Umsetzung einer EU-Richtlinie durch Landesgesetz oder die behauptete Verletzung von Grundrechten der BV durch unionsrechtlich determiniertes Handeln der Landesstaatsgewalt sowie die jeweils verbleibenden Spielräume geht.[246]

209

c) Verhältnis zum EGMR

Entscheidungen des BayVerfGH sind Akte einer Vertragspartei (**völkerrechtlicher Staatsbegriff**) und können deshalb vor dem EGMR im Wege der Individualbeschwerde (Art. 35 EMRK) überprüft werden.

210

Solange das **Gutachtenverfahren** nach dem 16. Zusatzprotokoll zur EMRK in Deutschland mangels Ratifikation keine Geltung erlangt,[247] existiert keine Vorlagemöglichkeit. Da die EMRK nach Art. 59 Abs. 2 GG mit dem Rang einfachen Bundesrechts gilt,[248] stellt sie auch keinen unmittelbaren Prüfungsmaßstab für den BayVerfGH dar. Allerdings kann sie, vermittelt durch Art. 31 GG, eine verdrängende Wirkung für Landesverfassungsrecht (Grundrechte) entfalten, dem durch konventionskonforme Auslegung begegnet werden kann.

211

d) Verhältnis zur Fachgerichtsbarkeit – Prüfungs- und Verwerfungskompetenz

Der BayVerfGH ist nicht in den Instanzenzug eingebunden, sondern entscheidet mit Letztentscheidungskompetenz ausschließlich über Fragen des bayerischen Verfassungsrechts (in Art. 60 BV nach bayerischer Tradition als „Staatsrecht" bezeichnet.). Er hat ein **Verwerfungsmonopol** hinsichtlich der formellen Landesgesetze, ist also zum Schutze des parlamentarischen Gesetzgebers das einzige Gericht, das bayerische Gesetze wegen Verstoß gegen die BV für nichtig erklären kann (Art. 65 iVm Art. 92 BV).

212

Gleichzeitig sind auch die **Fachgerichte**, gerade die Verwaltungsgerichte, dazu berufen, das Handeln der bayerischen Behörden und Träger der mittelbaren Staatsverwaltung auf Rechtmäßigkeit zu überprüfen. Die Prüfungskompetenz am Maßstab der BV, insbesondere der bayerischen Grundrechte, steht ihnen sowohl für Einzelakte (Verwaltungsakte, Realakte) als auch für abstrakt-generelle Rechtsakte (Gesetze, Rechtsver-

213

---

245 Siehe hierzu *Lindner*, BayVBl. 2013, 549 (551). Allgemein zum Kriterium der Entscheidungserheblichkeit bei Verfassungsgerichten *Lohse*, Der Staat 2014, 633 ff.
246 BVerfGE 125, 260 (306 ff.).
247 Das 16. Zusatzprotokoll ist am 2.8.2018 mit der Ratifikation durch 10 Staaten in Kraft getreten, gilt aber wie alle Zusatzprotokolle nur für die ratifizierenden Staaten.
248 Zum Rang der EMRK in der deutschen Rechtsordnung *F. Wollenschläger*, in: Dreier, Art. 25 Rn. 27.

ordnungen, Satzungen) im Rahmen der **Inzidentkontrolle** als Rechtsgrundlage zu. Kommt das Fachgericht im Rahmen seiner Prüfung zur Überzeugung der Verfassungswidrigkeit des Gesetzes, muss es nach Art. 92 BV eine konkrete Normenkontrolle anstrengen.

214 Bei der **verwaltungsgerichtlichen Normenkontrolle** nach § 47 VwGO schützt § 47 Abs. 3 VwGO nach hM[249] das Normverwerfungsmonopol des BayVerfGH durch Einschränkung des Prüfungsmaßstabs für den BayVGH.[250] Dieser kann den untergesetzlichen Rechtssatz nicht am Maßstab der Grundrechte der BV überprüfen, sondern nur an dem des GG, des einfachen Bundesrechts, des Unionsrechts sowie am Maßstab von Art. 3 Abs. 1 BV (Rechtsstaatsprinzip).[251] Dieser Schutz kann nur so weit gehen, wie ein Monopol zur Nichtigerklärung von untergesetzlichen Rechtssätzen existiert.[252] Nach der Rspr. des BayVerfGH und des BayVGH sperrt die Popularklage (Art. 98 S. 4 BV) eine Überprüfung auch untergesetzlicher Rechtssätze am Maßstab der Grundrechte und grundrechtsähnlichen Rechte, wie Art. 11 Abs. 2 S. 2 BV.[253] Str. ist, ob auch die Vorlagepflicht im Rahmen einer konkreten Normenkontrolle (Art. 92 BV) eine Überprüfung am übrigen Maßstab der Verfassung sperrt.[254] Da auch untergesetzliche Rechtsnormen von der Vorlagepflicht umfasst sind, muss wohl von einem Ausschluss der BV als Prüfungsmaßstab in der verwaltungsgerichtlichen Normenkontrolle ausgegangen werden.[255]

3. Bildung, Zusammensetzung, Arbeitsweise

215 Der BayVerfGH wird am OLG München gebildet und ist damit anders als das BVerfG ein **Annexgericht**. Es hat *keine* hauptberuflichen Verfassungsrichter, sondern setzt sich aus berufsrichterlichen Mitgliedern der Fachgerichtsbarkeit und vom Landtag gewählten Mitgliedern zusammen.[256] Art. 68 BV regelt die Zusammensetzung der drei Spruchkörper (**Senate**), deren Zusammensetzung je nach Verfahren variiert.[257] Die Regelbesetzung ist in Art. 69 Abs. 2 lit. c BV geregelt, lit. a findet nur bei Anklageverfahren Anwendung, lit. b über den Wortlaut hinaus in allen Fällen, in denen die Verfassungswidrigkeit eines Gesetzes in Frage steht. Dennoch sind die Richter und Richterinnen und das Gericht selbst unabhängig.

216 Das Verfahren und die Arbeitsweise werden im VfGHG geregelt. Wichtige Vorschriften sind

---

249 Umstritten war, ob es um die konkrete oder abstrakte Überprüfungsmöglichkeit des Klägers geht, zum Streit siehe *Panzer*, in: Schoch/Schneider/Bier, VwGO, § 47 (Stand: 30. EL Februar 2016), Rn. 91.
250 Hierzu *Hufen*, Verwaltungsprozessrecht, § 30, Rn. 15.
251 Siehe auch *Lindner*, Bayerisches Staatsrecht, Rn. 535.
252 Ausdrücklich sieht ein solches nur Art. 132 HessVerf vor, siehe HessStGH, ESVGH 20, 217 (222); 21, 1 (14), sowie VGH Kassel, ESVGH 31, 1 (2).
253 VGH München, DVBl. 1978, 113; BayVerfGH, BayVBl. 1984, 460 m. abwM (493) und Anm. *Renck* (624). Zu Art. 11 Abs. 2 S. 2 BV siehe BayVerfGHE 64, 177 (180).
254 Vgl. *Panzer*, in: Schoch/Schneider/Bier, VwGO, § 47 (Stand: 30. EL Februar 2016), Rn. 91.
255 Siehe auch *Schulz*, in: Meder/Brechmann, BV, Art. 92 Rn. 5; *Wolff*, in: Lindner/Möstl/ders., BV, Art. 92 Rn. 4; *Panzer*, in: Schoch/Schneider/Bier, VwGO, § 47 (Stand: 30. EL Februar 2016), Rn. 91 mwN.
256 Zu den hieraus entstehenden Besonderheiten bei der Spruchpraxis und Urteilsfindung weiterführend *Lindner*, BayVBl. 2013, 549 (549).
257 Die Besetzung ähnelt sehr der Besetzung des bayerischen Staatsgerichtshofs von 1919, vgl. *Wolff*, in: Lindner/Möstl/ders., BV, Art. 68 Rn. 2.

- Schriftlicher Antrag nach Art. 14 VfGHG
- Anordnung eines Bevollmächtigten (Prozessvertreter), Art. 16 VfGHG
- Fristberechnung aufgrund der Verweisung in Art. 17 VfGHG nach den §§ 187 ff. BGB
- Mündlichkeitsgrundsatz, Art. 22 VfGHG, ein Verzicht ist wie sonst auch möglich
- Öffentlichkeit der Verhandlung (Art. 24 Abs. 5 VfGHG iVm § 169 GVG).

Der BayVerfGH entscheidet auf Grundlage der mündlichen Verhandlung und nach der hieraus und aus der Beweisaufnahme geschöpften Überzeugung (Art. 25 Abs. 2 VfGHG); die Entscheidung ist zu verkünden. Die Kassation von Normen muss aus Gründen der Rechtsklarheit im Gesetz- und Verordnungsblatt (GVBl.) veröffentlicht werden, damit die Gesetzesunterworfenen jederzeit das aktuell geltende Recht nachvollziehen können, vgl. Art. 25 Abs. 7 VfGHG.

Art. 29 VfGHG erweitert die *Inter-partes*-Wirkung (Wirkung nur für die Prozessparteien und sonstigen Beteiligten) in Form einer auf Verfassungsorgane, Gerichte und Behörden beschränkten *Erga-omnes*-Wirkung nach Art. 29 Abs. 1 VfGHG. Die Kassation von Normen wirkt gegen alle (Art. 25 Abs. 7 VfGHG).

4. Verfahren vor dem BayVerfGH

Ebenso wie im GG besteht für den BayVerfGH eine **enumerative Zuständigkeit** in den in der BV aufgeführten sowie ihm durch Gesetz gesondert zugewiesenen Verfahren. Der BayVerfGH kann Handlungen aller drei Gewalten auf ihre Verfassungsmäßigkeit überprüfen – die Legislative in Form von **Normenkontrollverfahren** (Richtervorlage, Meinungsverschiedenheiten gemäß Art. 75 Abs. 3 BV, Popularklage, inzident im Organstreit), Exekutive und Judikative zum einen in ihrer vollziehenden und rechtsprechenden Funktion gegenüber dem Bürger durch die **Individualverfassungsbeschwerde**, zum anderen zum Teil in ihren Funktionen als Staatsorgane durch die **Organklage** und die **Ministeranklage**. Hinzu treten besondere Verfahren wie die **Wahlprüfung**, das **Verbot von Wählergruppierungen** (Art. 15 BV; → Rn. 108) und die Überprüfung der **Zulassung eines Volksbegehrens** (→ Rn. 129). Prüfungsrelevant sind insbesondere die Popularklage, Art. 98 S. 4 BV, als bayerische Besonderheit und die bayerische Verfassungsbeschwerde.[258] Eine **einstweilige Anordnung** in dringlichen Fällen ist gemäß Art. 26 VfGHG möglich zur Abwehr schwerer Nachteile, zur Verhinderung drohender Gewalt oder aus einem anderen wichtigen Grund.[259]

Im Folgenden werden die Verfahren vor dem BayVerfGH mit ihren wichtigsten Abweichungen vom Verfahrensrecht des BVerfG dargestellt. Anstatt alle Zulässigkeitsschemata auswendig zu lernen, empfiehlt es sich, das folgende Grundschema zu verinnerlichen und sich die Besonderheiten einzelner Verfahrensarten zu merken.[260]

---

258 Siehe die Gegenstände der bisher gestellten Examensklausuren → Rn. 7.
259 Diesbezüglich kann auf § 32 BVerfGG verwiesen werden, der inhaltsgleich ist.
260 Zur Methode der Fallbearbeitung und Analyse und Niederschrift eines Falles ausführlich *Zwickel/Lohse/Schmid*, Kompetenztraining Jura, 2014, S. 134 ff.

Wenn nach einer Klage gefragt ist, gelten folgenden Grundüberlegungen:
- Vor welchem Gericht? BayVerfGH im Grundsatz immer dann, wenn über Fragen der BV gestritten wird, außer bei vorrangiger Zuständigkeit der Verwaltungsgerichte („doppelte Verfassungsunmittelbarkeit" im Sinne von § 40 Abs. 1 VwGO oder bei Normenkontrolle § 47 Abs. 3 VwGO).[261]
- Was ist die (statthafte) Klageart, dh mit welcher Klageart kann der Kläger sein Ziel erreichen?

    Eine enumerative (abschließende) Aufzählung der Klagen vor dem BayVerfGH findet sich in Art. 2 VfGHG und den anderen in der BV aufgezählten Fällen (Kommentierung!).

    Es ist hilfreich, sich am Anfang Gedanken über die richtige Klageart zu machen, da man den Sachverhalt dann auf ihre Zulässigkeit hin durchlesen kann.

    Grundfrage: Was will der Antragsteller überprüft haben und welches Ziel verfolgt er? Welches Verfahren vor dem BayVerfGH könnte dafür passen?

221 Es ergibt sich folgendes, für jede Klageart zu modifizierende **Grundschema** für die Erfolgsaussichten von Klagen. Vorbemerkung: „Antrag" ist, je nach Verfahrensart, durch „Beschwerde" oder „Klage" zu ersetzen! *Dieses Schema sollten Sie im Kopf haben, um Abweichungen im konkreten Fall zu erkennen und einarbeiten zu können.*

222 A. Zulässigkeit:

Hier wird geprüft, ob der Klage-/Beschwerdeführer bzw. *Antragsteller* das Gericht überhaupt auf diese Weise anrufen durfte. In der Regel wird die *Zuständigkeit* des Gerichts, *Antragsberechtigung*, evtl. richtiger *Antragsgegner* (bei kontradiktorischen Verfahren), richtiger *Verfahrensgegenstand*, *Antragsbefugnis* bzw. -grund und *Form und Frist* – ergänzt um besondere Sachentscheidungsvoraussetzungen der jeweiligen Verfahrensart – geprüft.

Einzelne Punkte der Zulässigkeitsprüfung sind oft unproblematisch und deshalb kurz zu halten, es genügt ein Satz im Urteilsstil (zB: *Die Antragsfrist von ... nach Art. ... VfGHG wurde eingehalten*). Ist bereits die Wahl der richtigen Verfahrensart problematisch, da mehrere in Frage kommen oder kein Verfahren eindeutig statthaft ist, so muss dies ausführlicher im Gutachtenstil diskutiert werden.

Am Ende steht der Satz: Die Klage/Beschwerde/der Antrag des X ist zulässig/unzulässig.

223 B. Begründetheit

Je nach Verfahrensart (klägerisches Begehr) wird der Obersatz unterschiedlich formuliert. Es wird im Kern stets geprüft, ob die angegriffene Maßnahme gegen den jeweils einschlägigen Maßstab der BV verstößt (und – soweit erforderlich – eine subjektive Rechtsverletzung vorliegt). Hier liegen meist die Probleme einer Klausur, da materielles Wissen im Staatsorganisationsrecht/Grundrechten geprüft werden kann.

In der Regel ergibt sich der erste Obersatz, indem man Antragsgegenstand, Antragsgegner, Antragsteller und Antragsbefugnis zueinander in Beziehung setzt.

---

261 Hierzu *Hufen*, Verwaltungsprozessrecht, § 11 Rn. 49 ff.

VI. Verfassungsgerichtsbarkeit

Schema (das meistens funktioniert, aber trotzdem nicht stur anwenden!):
1. Prüfungsmaßstab: *nur Verfassungsrecht der BV*
   (Ausnahmen hier thematisieren; → Rn. 250 ff.)
2. Verletzung einer Vorschrift (der BV) durch eine verfassungswidrige Maßnahme (des Antragsgegners)
   a) Formelle Rechtmäßigkeit
      aa) Zuständigkeit: Durfte dieses Organ diese Maßnahme erlassen?
      bb) Verfahren: Ist die Maßnahme ordnungsgemäß zustande gekommen?
      cc) Form
   b) Materielle Rechtmäßigkeit
      Inhaltliche Überprüfung der Maßnahme an der BV (Verstoß gegen Grundrechte, Grundprinzipien der Verfassung, etc), jedoch keine Formmängel etc!
      Hier funktioniert häufig folgendes Aufbauschema:
      aa) Inhalt des geschützten Rechts (~ Schutzbereich)
      bb) Eingriff/Beeinträchtigung durch die Maßnahme des Antragsgegners
      cc) Rechtfertigung durch höher zu bewertendes Verfassungsrecht
3. Ergebnis: Die Klage ist begründet/nicht begründet, da die Maßnahme (nicht) verfassungswidrig war [und (im Falle eines kontradiktorischen Verfahrens) der Kläger/Antragsteller dadurch in seinen Rechten verletzt ist]

Bei **Verfassungsbeschwerden** und **Popularklagen** (soweit die Verletzung eines subjektiven Rechts geprüft wird) kann die Begründetheit wie folgt geprüft werden:
1. Prüfungsmaßstab: nur BV (Grundrechte bzw. sonstige subjektive Rechte; bei Popularklage objektives Beanstandungsverfahren, dh gesamte BV; → Rn. 227), Bundes- und Unionsrecht mittelbar über Art. 3 Abs. 1 BV
2. Verletzung eines Grundrechts/subjektiven Rechts
   a) Schutzbereich (An Abweichungen bei der Grundrechtsträgerschaft denken!)
   b) Eingriff
      – durch Verwaltungshandeln oder Gerichtsentscheidung (VB) oder
      – durch Gesetz (Popularklage)
   c) Rechtfertigung
      – allgemeiner Gesetzesvorbehalt (vgl. Art. 98 S. 2 BV)
      – Verhältnismäßigkeit
3. Bei Popularklagen zusätzlich (wie bei Normenkontrolle): Verstoß gegen sonstige objektive Vorgaben der BV
4. Ergebnis: Die Popularklage ist begründet, wenn das Gesetz gegen die BV verstößt./Die Verfassungsbeschwerde ist begründet, wenn der Beschwerdeführer durch den Einzelakt in seinen subjektiven Rechten aus der BV verletzt ist.

a) Popularklage, Art. 98 S. 4 BV

Klägerisches Begehr: Überprüfung einer abstrakt-generellen Rechtsnorm am Maßstab (der Grundrechte) der BV.

Die Popularklage, die von jedermann ohne individuelle Grundrechtsbetroffenheit erhoben werden kann, versetzt den einzelnen Bürger in die Lage, eine (umfassende) **Normenkontrolle** anzustrengen.[262] Sie muss schon deshalb zu den Normenkontrollverfahren gezählt werden und ist im Ergebnis einer abstrakten Normenkontrolle sehr ähnlich.

---

262 *Bohn*, Das Verfassungsprozessrecht der Popularklage, 2012, S. 77 ff.

Schema: Zulässigkeit und Obersatz Begründetheit
I. Zulässigkeit
  1. Zuständigkeit des BayVerfGH nach Art. 98 S. 4 BV iVm Art. 2 Nr. 7, Art. 55 VfGHG
  2. Antragsberechtigung, Art. 55 Abs. 1 S. 1 VfGHG: „jedermann"
  3. Antragsgegenstand, Art. 55 Abs. 1 S. 1 VfGHG: Rechtsvorschrift des bayerischen Landesrechts
  4. Antragsbefugnis, Art. 55 Abs. 1 S. 1 VfGHG: verfassungswidrige Einschränkung eines durch die Verfassung gewährleisteten Grundrechts
  5. Kein Fristerfordernis, Schriftform (Art. 14 VfGHG)
  6. Rechtsschutzbedürfnis
II. Begründetheit
Die Popularklage ist begründet, wenn das Gesetz gegen eine Vorschrift der BV verstößt (Prüfungsschema → Rn. 103). Es handelt sich um ein objektives Beanstandungsverfahren, weshalb der BayVerfGH auch objektiv wirkende Vorschriften als Prüfungsmaßstab heranziehen kann.

226 *Zu den einzelnen Zulässigkeitsvoraussetzungen:*

- **Antragsberechtigt** ist gemäß Art. 55 Abs. 1 S. 1 VfGHG „jedermann". Der Kreis wird vom BayVerfGH bewusst weit ausgelegt, neben natürlichen und juristischen Personen des Privatrechts werden juristische Personen des öffentlichen Rechts und teil-rechtsfähige Vereinigungen (zB OHG, GbR, WEG), soweit ihnen ein Grundrecht zustehen kann und dieses betroffen ist als antragsberechtigt erachtet.[263] Str. ist, ob für juristische Personen zumindest abstrakt **Grundrechtsträgerschaft** erforderlich ist bzw. ob der Kläger nur die Grundrechte rügen kann, auf die er sich überhaupt berufen kann. Wird dies bejaht, kann beispielsweise eine Gemeinde nicht jede Grundrechtsverletzung rügen, sondern nur einen Verstoß gegen Art. 11 Abs. 2 BV.[264] Wegen des objektiven Beanstandungscharakters wird einzig Teilrechtsfähigkeit zu fordern sein; nicht-rechtsfähige Gruppierungen wie Bürgerinitiativen scheiden damit aus. Ein Wohnsitz oder Aufenthalt in Bayern ist nicht erforderlich.[265] Die Staatsregierung und der Landtag sind als Urheber des Gesetzes ohne eigene Rechtsfähigkeit verfahrensbeteiligt.[266]
- **Antragsgegenstand:** Popularklage kann gemäß Art. 55 Abs. 1 VfGHG gegen jede bayerische hoheitlich gesetzte[267] **Rechtsvorschrift jeder Rangstufe** (auch gegen Verfassungsänderungen; zum Maßstab → Rn. 130) eingelegt werden. Sie verdrängt damit nach § 47 Abs. 3 VwGO die Überprüfung untergesetzlicher Rechtssätze am Maßstab der BV durch den BayVGH. Auch der Zustimmungsbeschluss zum Abschluss von Staatsverträgen ist tauglicher Antragsgegenstand.[268] Es muss sich jedoch um eine abstrakt-generelle Regelung handeln (keine Allgemeinverfügung im

---

263 BayVerfGHE 39, 96 (134 f.). *J. Müller*, in: Meder/Brechmann, BV, Art. 98 S. 4 Rn. 8.
264 Für eine weite Auslegung *Bohn*, Das Verfassungsprozessrecht der Popularklage, 2012, S. 97 ff. Dagegen *Knöpfle*, in: Nawiasky/Schweiger/ders., BV, Art. 98 (Stand: 7. EL Mai 1992), Rn. 20; *J. Müller*, in: Meder/Brechmann, BV, Art. 98 S. 4 Rn. 8 und wohl auch *Lindner*, Bayerisches Staatsrecht, Rn. 496.
265 *Kempen*, in: Becker/Heckmann/ders./Manssen, 1. Teil, Rn. 219.
266 *J. Müller*, in: Meder/Brechmann, BV, Art. 98 S. 4 Rn. 10.
267 Vgl. BayVerfGHE 36, 197, zum privatrechtlichen Handeln einer Gemeinde.
268 BayVerfGHE 60, 234.

Sinne von Art. 35 S. 2 BayVwVfG), die bereits verkündet, nicht jedoch zwingend in Kraft getreten ist.²⁶⁹
- **Antragsbefugnis:** Eine Verletzung in *eigenen* Grundrechten ist nicht erforderlich, jedoch muss dargelegt werden, dass überhaupt ein Verstoß gegen konkrete **Grundrechte** der BV durch die Rechtsnorm möglich erscheint. Eine bloße Verletzung anderer Vorschriften genügt nicht. Abweichend hiervon kann ein Verstoß gegen Art. 11 Abs. 2 S. 2 BV (kommunale Selbstverwaltung) sowie gegen das Konnexitätsprinzip Art. 83 Abs. 3 BV ausschließlich von (durch die Rechtsvorschrift selbst betroffenen) Gemeinden gerügt werden.²⁷⁰
- **Rechtsschutzbedürfnis:** Zum Schutz der Funktionsfähigkeit des BayVerfGH kann über dieselbe Rechtsvorschrift nur nochmals Popularklage eingelegt werden, wenn sich die Sach- und Rechtslage grundlegend geändert hat, ansonsten fehlt dem Antragsteller bereits das Rechtsschutzbedürfnis.²⁷¹

Prüfungsmaßstab und **Begründetheit:** Entgegen dem Wortlaut ist die substantiierte Behauptung einer Verletzung der *Grundrechte* der BV nur Zulässigkeitskriterium, während der BayVerfGH auf Begründetheitsebene über das Rechtsstaatsprinzip (Art. 3 Abs. 1 S. 1 BV) ein **objektives Beanstandungsverfahren** am Maßstab der *gesamten BV* durchführt.²⁷² Dies ermöglicht – neben der Prüfung der Einhaltung des Verfahrens und des Bestimmtheitsgrundsatzes – auch die Überprüfung von Rechtsverordnungen am Maßstab ihrer Ermächtigungsgrundlage.²⁷³ Die Popularklage ist demnach, wenn einmal die Zulässigkeitshürde genommen ist, auch bei rein objektivrechtlichen Verstößen gegen die BV begründet. Der Verletzung eines subjektiven Rechts bedarf es gerade nicht, weshalb in der Lit. versucht wird, die alleinige Berufung auf die Allgemeine Handlungsfreiheit (Art. 101 BV) in der Antragsbefugnis zu begrenzen.²⁷⁴ 227

Ein Verstoß gegen das **Rechtsstaatsprinzip** der BV liegt auch dann vor, wenn der bayerische Gesetzgeber die **Kompetenzvorschriften** der Art. 30, 70 ff. GG oder andere Vorschriften des Bundes(verfassungs)rechts evident missachtet hat oder ein „krasser" Verstoß gegen unionsrechtliche Vorgaben vorliegt.²⁷⁵ Damit werden einzelne Vorschriften des Bundes- und Unionsrechts mittelbar zum Prüfungsmaßstab der Popularklage. Dies ist gerade bei der Überprüfung von Bebauungsplänen sowie bei auf Bundes- oder Unionsrecht beruhenden Landesvorschriften ausschlaggebend.²⁷⁶ 228

---

269 Erforderlich ist die Verkündung im Zeitpunkt der letzten mündlichen Verhandlung, vgl. BayVerfGHE 21, 24 (26).
270 *F. Wollenschläger*, in: Meder/Brechmann, BV, Art. 11 Rn. 57. Weiterführend zur Bedeutung des im GG nicht verbürgten Konnexitätsgrundsatzes bei kommunalen Verfassungsbeschwerden bzw. der Popularklage vor den Landesverfassungsgerichten, vgl. *Kluth*, LKV 2009, 337 (337), sowie *Engelken*, NVwZ 2015, 342 (345).
271 Beispiele bei *Lindner*, BayVBl. 2013, 549 (559 f.).
272 Ausführlich *Lindner*, BayVBl. 2015, 433 (435 f.), sowie *Kempen*, in: Becker/Heckmann/ders./Manssen, 1. Teil, Rn. 219.
273 St. Rspr., siehe zB BayVerfGH, BayVBl. 2011, 173.
274 *Wolff*, in: Lindner/Möstl/ders., BV, Art. 98 Rn. 37.
275 Sehr lesenswert BayVerfGH, BayVBl. 2016, 625, zum Verstoß der sog 10-H-Regelung bei Windkraftanlagen gegen die Länderöffnungsklausel des § 249 Abs. 3 BauGB; dazu *Küspert*, BayVBl. 2016, 797 (802). Siehe auch BayVerfGH, BayVBl. 2009, 593; BayVerfGHE 66, 70 (84 f.).
276 Ausführlich *Lindner*, BayVBl. 2013, 549 (550 f.).

229 **Entscheidung des Gerichts:** Die Vorschrift wird für **nichtig**, im Ausnahmefall (in der Regel bei Verstößen gegen den Gleichheitsgrundsatz des Art. 118 BV) für unanwendbar, erklärt. Die Wirkung der Entscheidung ergibt sich aus Art. 29, 25 Abs. 7 VfGHG.

b) Verfassungsbeschwerde, Art. 120, 66 BV

230 **Klägerisches Begehr:** Überprüfung einer konkret-individuellen Maßnahme der Verwaltung oder eines Gerichts, nicht dagegen – anders als bei Art. 93 Abs. 1 Nr. 4a GG – eines Rechtssatzes am Maßstab der subjektiven Rechte (Grundrechte) der BV.

Schema: Zulässigkeit und Obersatz Begründetheit
I. Zulässigkeit
   1. Zuständigkeit des BayVerfGH nach Art. 120 BV iVm Art. 2 Nr. 6 VfGHG
   2. Beschwerdeberechtigung, Art. 120 BV: „jeder Bewohner Bayerns" (zur Auslegung → Rn. 226)
   3. Beschwerdegegenstand, Art. 120 BV, Art. 51 Abs. 1 S. 2 VfGHG: (hoheitlicher) Einzelakt einer bayerischen Behörde oder eines bayerischen Gerichts
   4. Beschwerdebefugnis, Art. 120 BV, Art. 51 Abs. 1 S. 1 VfGHG: behauptete Verletzung eines durch die BV gewährleisteten Grundrechts/subjektiven Rechts
   5. Rechtswegerschöpfung (Art. 51 Abs. 2 VfGHG) bzw. Abhilfegesuch (Art. 51 Abs. 3 VfGHG) und Subsidiarität der Verfassungsbeschwerde
   6. Frist gemäß Art. 51 Abs. 3 bzw. 5 VfGHG, Schriftform (Art. 14 VfGHG), Begründung (Art. 51 Abs. 1 VfGHG)

II. Begründetheit
Die Verfassungsbeschwerde ist begründet, wenn der Beschwerdeführer durch den Verwaltungsakt/das Urteil in seinem durch die BV gewährten subjektiven Recht verletzt ist (→ Rn. 259).

231 Zu den einzelnen Zulässigkeitsvoraussetzungen

- **Beschwerdeberechtigt** ist nach dem Wortlaut „jeder Bewohner Bayerns". Für Deutsche im Sinne des Grundgesetzes muss dies wegen Art. 8 BV dahin gehend erweitert werden, dass es auf einen Wohnsitz in Bayern nicht ankommen kann; dasselbe muss für EU-Ausländer wegen Art. 18, 20 Abs. 2, 21 Abs. 1 AEUV gelten. Für **Ausländer** kommt es allein auf einen dauernden örtlichen Bezug zu Bayern an.[277] „Bewohner" können auch inländische juristische Personen und Personenvereinigungen sowie EU-Gesellschaften sein, auf einen örtlichen Bezug zu Bayern kommt es auch hier nur für ausländische juristische Personen an.[278]
- **Beschwerdegegenstand** sind hoheitliche Maßnahmen einer bayerischen **Behörde** (einschließlich der Staatsregierung im Sinne von Art. 43 BV) mit Außenwirkung – hierzu zählt auch ein Unterlassen soweit eine Rechtspflicht besteht.[279] Behörde ist dabei weit auszulegen, so dass neben der Exekutivgewalt auch die **Judikative** einbezogen wird, da und soweit es sich um nach Art. 85 und Art. 55 Nr. 1 BV an die BV gebundene Amtsstellen handelt (vgl. Art. 51 Abs. 1 S. 2 VfGHG). Gegen Gesetze steht anders als bei der Verfassungsbeschwerde zum BVerfG allein die Popularklage zur Verfügung. Wird eine Entscheidung eines bayerischen Gerichts durch ein Bundesgericht im Rechtsmittelverfahren bestätigt oder abgeändert, so entfällt die

---

277 Vgl. *J. Müller*, in: Meder/Brechmann, BV, Art. 120 Rn. 6.
278 BayVerfGHE 38, 11 (13). Vgl. auch *J. Müller*, in: Meder/Brechmann, BV, Art. 120 Rn. 7.
279 Ausführlich *J. Müller*, in: Meder/Brechmann, BV, Art. 120 Rn. 17 ff.

Prüfungskompetenz des BayVerfGH auch für das letztinstanzliche Urteil des bayerischen Gerichts, um zu verhindern, dass er (mittelbar) das Handeln eines Bundesgerichts an der BV misst.[280]

- Die **Beschwerdebefugnis** erfordert die **gegenwärtige** und **unmittelbare Selbstbetroffenheit** in einem Grundrecht oder einem anderen in der BV verbürgten subjektiven Recht (also zB auch Art. 13 Abs. 2, Art. 27 f. BV). Betroffenheit setzt Grundrechtsträgerschaft voraus – hier ist die vom BVerfG und Art. 19 Abs. 3 GG abweichende Rspr. des BayVerfGH zur Grundrechtsfähigkeit von Gemeinden[281] zu beachten. Auf Art. 11 Abs. 2 S. 2 BV können sich ausschließlich Gemeinden berufen.
- Das Erfordernis der **Erschöpfung des Rechtswegs** ist in Art. 51 Abs. 2 S. 1 VfGHG geregelt und dient der Entlastung des BayVerfGH ebenso wie der Stärkung der Fachgerichtsbarkeit. Es müssen alle gesetzlich vorgesehenen Rechtsbehelfe form- und fristgerecht eingelegt worden sein.[282] Nach dem Gedanken der **Subsidiarität** darf es auch sonst keine prozessualen oder faktischen Möglichkeiten geben, den beanstandeten Hoheitsakt zu beseitigen.[283] Eine Besonderheit stellt Art. 51 Abs. 3 VfGHG dar: ist ein Rechtsweg nicht gegeben und richtet sich die Beschwerde gegen eine Handlung einer einem Staatsministerium nachgeordneten Behörde, so muss zunächst das Ministerium um Abhilfe ersucht werden.
- Die **Frist** beträgt 2 Monate ab Bekanntgabe der letztgerichtlichen Entscheidung (Art. 51 Abs. 2 S. 2 VfGHG, im Falle eines fehlenden Rechtswegs ab Kenntnis von der Behördenhandlung oder Bekanntgabe der Gerichtsentscheidung (Art. 51 Abs. 5 VfGHG). Im Falle des Unterlassens beträgt die Frist 6 Monate ab Antragsstellung.

Prüfungsmaßstab: Die hoheitliche Maßnahme wird am Maßstab der Grundrechte und sonstiger subjektiver Rechte der BV geprüft; nicht dagegen wird die Auslegung und Anwendung einfachen Rechts in Form einer Revision überprüft.[284] 232

Entscheidung des Gerichts: Im Erfolgsfall wird die Verletzung des Grundrechts/subjektiven Rechts festgestellt und entweder die gerügte Maßnahme durch den BayVerfGH selbst aufgehoben oder die Sache zur Entscheidung an die Behörde/das Gericht zurückverwiesen. 233

c) Organstreit, Art. 64 BV

Klägerisches Begehr: Klärung einer Streitigkeit zwischen Staatsorganen oder mit eigenen Rechten ausgestatteten Teilen eines Staatsorgans über verfassungsmäßige Rechte oder Pflichten. 234

Schema: Zulässigkeit und Obersatz Begründetheit
I. Zulässigkeit
 1. Zuständigkeit des BayVerfGH nach Art. 64 BV iVm Art. 2 Nr. 4, Art. 49 VfGHG
 2. Antragsberechtigung, Art. 64 BV, Art. 49 Abs. 2 S. 1 VfGHG: „Landtag, Staatsregierung, die in der Verfassung mit eigenen Rechten ausgestatteten Teile eines obersten Staatsorgans"

---

280 BayVerfGHE 22, 124 (125); dazu Held, NVwZ 1995, 534 (535).
281 BayVerfGH, NVwZ 1985, 260. Näher F. Wollenschläger, in: Meder/Brechmann, BV, Art. 11 Rn. 61.
282 BayVerfGHE 5, 30 (35); BayVerfGHE 36, 47 (49).
283 Näher J. Müller, in: Meder/Brechmann, BV, Art. 120 Rn. 25 ff.
284 Exemplarisch BayVerfGHE 64, 177 (179 f.).

3. Antragsgegenstand, Art. 64 BV: Maßnahme/Unterlassen des Antragsgegners
4. Antragsbefugnis, Art. 64, Art. 49 Abs. 1 S. 1 1. Alt. VfGHG: Verletzung von eigenen Rechten aus der BV
5. Kein Fristerfordernis, Schriftform (Art. 14 VfGHG), Vertretungserfordernis für Teile eines Staatsorgans (Art. 49 Abs. 2 S. 2 VfGHG)
6. Rechtsschutzbedürfnis: objektives Klarstellungsinteresse

II. Begründetheit
Das Organstreitverfahren ist begründet, wenn die gerügte Maßnahme des Antragsgegners gegen die verfassungsmäßigen Rechte des Antragstellers verstößt bzw. wenn der Antragsgegner eine ihm gegenüber dem Antragsteller obliegende verfassungsrechtliche Pflicht verletzt hat.

235 *Zu den einzelnen Zulässigkeitsvoraussetzungen*

- **Antragsberechtigt** sind die **Staatsorgane** (Landtag, Zwischenausschuss nach Art. 26 BV, Staatsregierung, jeder Staatsminister, Ministerpräsident sowie das Staatsvolk)[285] und in der Verfassung mit eigenen Rechten ausgestattete **Teile dieser Organe**. Für die Prüfung der Antragsberechtigung eines Organteils bedeutet dies, dass einfachgesetzlich konkretisierte Rechte (zB aus dem BayLWG oder einer Geschäftsordnung) nur dann zu einer Antragsberechtigung führen, wenn sie Ausdruck einer subjektiven Rechtsposition in der BV selbst sind.
Eine **Prozessstandschaft** eines Organteils für „sein" Organ – also zB die Geltendmachung der Rechte des Landtags durch einen Teil der Abgeordneten – ist in der BV nicht vorgesehen.[286] Prüfungsrelevant dürften v.a. folgende Konstellationen sein: bestimmte Teile des Landtags, zB 50 Abgeordnete, die den Ausschluss der Öffentlichkeit verlangen (Art. 22 Abs. 1 S. 2 BV); **Ausschüsse**, einzelne **Abgeordnete**, soweit es um ihre Statusrechte aus Art. 13 Abs. 2 BV geht. Weiterhin eröffnet Art. 16 a Abs. 2 BV der Opposition (eher den **Fraktionen** und fraktionslosen Abgeordneten, die die Staatsregierung nicht stützen) eine zusätzliche Rechtsstellung.[287] Meist geht es hierbei um Fragerechte und Auskünfte gegenüber der Staatsregierung.[288] Teile des **Staatsvolkes** sind nur als Quorum des Art. 74 Abs. 1 BV und des Art. 18 Abs. 3 BV antragsberechtigt. Einen Sonderfall stellen **Parteien** dar, da sie in der BV, anders als in Art. 21 Abs. 1 GG, nicht mit Rechten erwähnt werden. Dennoch sieht sie der BayVerfGH wegen ihrer Aufgabe, an der politischen Willensbildung des Volkes mitzuwirken, als funktionale Verfassungsorgane an. Begründet wird dies mit dem Hineinwirken des Bundesverfassungsrechts in Landesverfassungsrecht (Art. 21 Abs. 1 GG), soweit es um ihre Vertretung im Parlament oder ihren verfassungsrechtlichen Status geht.[289] Zu beachten ist allerdings, dass die Parteien (anders als die Fraktionen) als privatrechtliche Zusammenschlüsse kein Teil des Staatsorgans Landtag sind.[290]

---

285 Dieses ist als solches nicht handlungsfähig; dort wo Teilen des Volkes ein Recht eingeräumt wird, muss dieses durch einen Beauftragten wahrgenommen werden, vgl. *J. Müller*, in: Meder/Brechmann, BV, Art. 64 Rn. 4.
286 *Wolff*, in: Lindner/Möstl/ders., BV, Art. 64 Rn. 10 f.
287 BayVerfGH, NVwZ-RR 2015, 81 (81 f.). Kritisch *Möstl*, in: Lindner/ders./Wolff, BV, Art. 16 a Rn. 9.
288 Näheres mit drei aktuellen Organstreitverfahren zu den Rechten der Abgeordneten und der Opposition *Küspert*, BayVBl. 2016, 797 (800 f.).
289 *Holzner*, BV, Art. 64 Rn. 16. Zur Klausurlösung *Hornung/Schmidt*, JuS 2015, 343 (345).
290 Weitere Beispiele finden sich bei *Kempen*, in: Becker/Heckmann/ders./Manssen, 1. Teil, Rn. 216.

- **Antragsbefugnis:** Erforderlich ist eine mögliche Verletzung eines *eigenen* Rechts (Pflicht, Kompetenz, Befugnis) aus der BV; diese muss schlüssig dargelegt werden.[291]
- **Antragsgegenstand** ist die Handlung/Unterlassung eines anderen von Art. 64 BV umfassten Beteiligten. Eine Verletzung durch eine (oberste) Landesbehörde, den Rechnungshof oder ein Gericht kann allein durch eine Verfassungsbeschwerde gerügt werden.[292]
- Das **Rechtsschutzbedürfnis** entfällt nicht mit Ende der Legislaturperiode oder Ausscheiden aus dem Staatsorgan, da es um die objektive Feststellung eines Verfassungsverstoßes geht.[293] Etwas anderes gilt nur, soweit kein objektives Klarstellungsinteresse mehr besteht.[294]
- Die weiteren Zulässigkeitsvoraussetzungen ergeben sich aus den Art. 14 ff. und Art. 49 VfGHG. Eine mögliche Verletzung der gerügten Rechte muss dargelegt werden.

Prüfungsmaßstab/Begründetheit: Begründet ist der Antrag, wenn die vom Antragsteller gerügte Verhaltensweise nicht von der BV gedeckt ist, also bei einem Unterlassen eine Handlungspflicht, bei einem Handeln ein Handlungsverbot oder keine Kompetenz/Befugnis bestand. Ein Verstoß gegen einfaches Recht oder die Geschäftsordnung allein genügt nicht, wenn nicht hierin gleichzeitig ein Verstoß gegen ein Verfassungsprinzip liegt.[295] Das GG, europäisches und internationales Recht sind kein Prüfungsmaßstab, soweit sie nicht über die BV einbezogen werden. 236

Entscheidung des Gerichts: Es ergeht ein **Feststellungsurteil**, mit dem der Verfassungsstreit geklärt wird. Der BayVerfGH kann in diesem Rahmen auch eine Norm für verfassungswidrig (ggf. nichtig) erklären (Art. 3 Abs. 2 Nr. 2 VfGHG arg. „wenn der Organstreit die Verfassungsmäßigkeit einer Rechtsvorschrift betrifft"). 237

d) Normenkontrollen

Klägerisches Begehr: Klärung der Verfassungsmäßigkeit eines bayerischen Gesetzes und ggf. dessen Verwerfung. 238

Hinweis:

Dieses Ziel kann von verschiedenen Antragstellern auf verschiedenen prozessualen Wegen erreicht werden, die alle die Funktion eines Normenkontrollverfahren übernehmen: Allen bayerischen Gerichten steht die **konkrete Normenkontrolle (Richtervorlage)** gegen alle Landesgesetze im materiellen Sinn zu (Art. 92 iVm Art. 65 BV). Die Staatsorgane und ihre mit eigenen Rechten ausgestatteten Teile können eine *inzidente* Normenkontrolle im Rahmen des **Organstreitverfahrens** anstrengen (Art. 3 Abs. 2 Nr. 2 VfGHG; → Rn. 234 ff.). Jedermann kann im Wege der Popularklage (Art. 98 S. 4 BV) eine Überprüfung des Landesrechts am Maßstab der BV anstreben → Rn. 225 ff. Schließlich besteht noch die Möglichkeit für Landtag, Staatsregierung und im Gesetzgebungsverfahren mit eigenen Rechten ausgestattete Teile der obersten Staatsorgane, eine (vorbeugende) **abstrakte Normenkontrolle** in Form eines Organstreits über Art. 75 Abs. 3 1. Alt.

---

291 *Wolff*, in: Lindner/Möstl/ders., BV, Art. 64 Rn. 17.
292 *Lindner*, Bayerisches Staatsrecht, Rn. 555.
293 BayVerfGH, Beschl. v. 11.9.2014 – 67-IVa/13, juris, Rn. 32.
294 *J. Müller*, in: Meder/Brechmann, BV, Art. 64 Rn. 11.
295 Siehe auch *Lindner*, Bayerisches Staatsrecht, Rn. 557.

BV, Art. 49 VfGHG anzustrengen (Meinungsverschiedenheit).[296] Als objektives Beanstandungsverfahren ist die abstrakte Normenkontrolle v.a. ein Instrument der Opposition.[297]

aa) **Richtervorlage/konkrete Normenkontrolle (Art. 92 iVm Art. 65 BV)**

239 Zulässigkeit

- **Vorlageberechtigung**: Alle staatlichen bayerischen **Gerichte**, soweit sie in rechtsprechender Funktion tätig sind.[298]
- **Vorlagegegenstand** ist bei allen Verfahren ausschließlich (materielles) **Landesrecht** (jeder Rangstufe), also abstrakt-generelle Rechtssätze mit Außenwirkung. Hält ein Fachgericht dagegen eine Vorschrift des Bundesrechts für grundgesetzwidrig, bleibt bei Entscheidungserheblichkeit nur eine Vorlage gemäß Art. 100 GG (zur Frage von Vorlagepflichten bei einem angenommenen Verstoß von Landesrecht gegen Bundesrecht → Rn. 207). Ein Verstoß einer Bundesnorm gegen Landesrecht ist wegen Art. 31 GG nicht möglich.[299] Bei Annahme eines Verstoßes gegen Unionsrecht kann ein Vorabentscheidungsverfahren nach Art. 267 AEUV herbeigeführt werden.[300]
- **Einschlägigkeit**: die Rechtsvorschrift muss **entscheidungserheblich**, dh die Gültigkeit würde sich auf die Entscheidungsformel auswirken, und das Gericht muss von der Verfassungswidrigkeit überzeugt sein. Beides ist konkret darzulegen (Art. 50 Abs. 1 VfGHG).[301] Der BayVerfGH nimmt diesbezüglich nur eine Evidenzkontrolle vor. Eine Unwirksamkeit aus anderem Grund (zB Verstoß einer Rechtsverordnung gegen die Ermächtigungsgrundlage) muss vor den Fachgerichten geltend gemacht werden.[302] Der Richter hat das Wahlrecht, eine konkrete Normenkontrolle nach Art. 100 GG anzustrengen, wenn er *auch* einen Verstoß gegen das *GG* für möglich hält.[303]

Begründetheit

- **Begründet** ist die Richtervorlage, wenn der BayVerfGH von einem Verstoß der vorlegten Rechtsvorschrift gegen die Verfassung ausgeht. Die **Nichtigkeit** der Vorschrift wird in diesem Fall allgemein festgestellt (Art. 29 VfGHG); Folgen für auf der nichtigen Vorschriften beruhende Verwaltungsentscheidungen regelt § 183 VwGO iVm Art. 30 Abs. 1 VfGHG.

---

296 Der Wortlaut „geändert" darf nicht irritieren, es geht nach Vorstellung des Verfassungsgebers um eine Verletzung der Verfassung, siehe auch Art. 2 Nr. 8, Art. 49 Abs. 1 2. Alt. VfGHG. Hierzu *Möstl*, in: Lindner/ders./Wolff, BV, Art. 75 Rn. 11.
297 *Lindner*, BayVBl. 2015, 433 (434).
298 *Schulz*, in: Meder/Brechmann, BV, Art. 92 Rn. 4 f.
299 Siehe auch den Beispielsfall bei *Kempen*, in: Becker/Heckmann/ders./Manssen, 1. Teil, Rn. 218.
300 Zur Vorlagepflicht auch nicht-letztinstanzlicher Gerichte bei Gültigkeitsentscheidungen vgl. EuGH, Rs. C-283/81, ECLI:EU:C:1982:335 – CILFIT. Dazu *Wegener*, in: Calliess/Ruffert, Art. 267 AEUV Rn. 29 f.
301 Zu den Anforderungen an den Vorlagebeschluss siehe BayVerfGHE 42, 98 (101 f.).
302 *Schulz*, in: Meder/Brechmann, BV, Art. 92 Rn. 14 f.
303 Dies wird häufig gewählt, vgl. *Küspert*, BayVBl. 2016, 797 (801).

bb) Abstrakte Normenkontrolle

Vorbemerkung: Die Funktion der abstrakten Normenkontrolle übernimmt die „Meinungsverschiedenheit" nach Art. 75 Abs. 3 BV iVm Art. 49 VfGHG, die in Anlehnung an das Organstreitverfahren ausgestaltet ist.[304]

Schema: Zulässigkeit und Obersatz Begründetheit

I. Zulässigkeit
   1. Zuständigkeit des BayVerfGH, Art. 75 Abs. 3, Art. 65 BV iVm Art. 2 Nr. 8, Art. 49 VfGHG
   2. Antragsberechtigung, Art. 49 Abs. 2 S. 1 VfGHG: wie bei Organstreitverfahren
   3. Antragsgegner (Art. 75 Abs. 3 BV): oberste Staatsorgane oder Teile von Staatsorganen, die im LT Gesetzesinitiativ- oder Gesetzesbeschlussrecht haben.
   4. Antragsgegenstand, Art. 75 Abs. 3 BV, Art. 49 Abs. 1 S. 1 2. Alt. VfGHG: verfassungsänderndes Gesetz oder formelles Gesetz des LT
   5. Antragsbefugnis, Art. 75 Abs. 3 BV, Art. 49 Abs. 1 S. 1 2. Alt. VfGHG: Meinungsverschiedenheit über Vereinbarkeit mit Verfassung
   6. Kein Fristerfordernis, Schriftform (Art. 14 VfGHG)
   7. Rechtsschutzbedürfnis

II. Begründetheit
    Die Normenkontrolle ist begründet, wenn das bayerische Gesetz nicht mit der BV vereinbar ist, vgl. → Rn. 103 (bzw. im Falle einer Verfassungsänderung diese den Anforderungen des Art. 75 BV widerspricht; → Rn. 130 ff.).

Zu den einzelnen Voraussetzungen:

- **Antragssteller**: Landtag, Staatsregierung und mit im Gesetzgebungsverfahren mit eigenen Rechten ausgestattete Teile der obersten Staatsorgane, insbesondere Fraktionen und Minderheiten im Landtag[305]
- **Antragsgegner**: wie oben, dh diejenigen, die den Gesetzesentwurf in den Landtag einbringen oder beschließen können
- **Antragsgegenstand/-befugnis**: Nur Meinungsverschiedenheiten über **formelle Gesetze** des Landtags. Wegen der Ausgestaltung als streitiges Verfahren muss im Rahmen des Art. 75 Abs. 3 BV die Meinungsverschiedenheit zwischen gesetzgebenden Organen bzw. Organteilen bereits im Gesetzgebungsverfahren – zwischen Einbringung und Schlussabstimmung – erkennbar geworden sein, die Rügen müssen identisch sein[306]

Prüfungsmaßstab: Maßstab ist ausschließlich die BV; im Rahmen der Meinungsverschiedenheiten nach Art. 75 Abs. 3 2. Alt. BV (**Verfassungsänderung**) ausschließlich Art. 75 Abs. 1 S. 2 BV, die „Ewigkeitsklausel", sowie die formellen Voraussetzungen für eine Verfassungsänderung.

Entscheidung des Gerichts: Im Rahmen der Richtervorlage wie auch der Meinungsverschiedenheiten wird die **Vereinbarkeit** oder Unvereinbarkeit der Rechtsvorschrift **mit der BV** sowie ggf. deren Nichtigkeit bzw. deren verfassungskonforme Auslegung festgestellt. Die Entscheidung ist nach Art. 29 Abs. 1 VfGHG nicht nur für das vorlegende Gericht, sondern für alle (bayerischen) Gerichte und Behörden **bindend**, und wird gemäß Art. 25 Abs. 7 VfGHG im Gesetzblatt **veröffentlicht**.

---

304 *Lindner*, BayVBl. 2015, 433 (435).
305 *Brechmann*, in: Meder/ders., BV, Art. 75 Rn. 19.
306 *Möstl*, in: Lindner/ders./Wolff, BV, Art. 75 Rn. 13; *Lindner*, BayVBl. 2015, 433 (437).

244 Besonderheiten im Vergleich zum Bundesverfassungs(prozess)recht:

- Mit der Richtervorlage und der Popularklage können auch **untergesetzliche Rechtssätze** überprüft werden. Das wirkt sich auch auf die Prüfungskompetenz des BayVGH im Rahmen des verwaltungsgerichtlichen Normkontrollverfahrens (§ 47 Abs. 3 VwGO) aus (→ Rn. 212 ff.).
- Art. 75 Abs. 3 BV bietet bereits die Möglichkeit, eine **Gesetzesinitiative** auf ihre Verfassungsmäßigkeit zu prüfen und geht damit über den Regelfall der abstrakten Normenkontrolle nach dem Inkrafttreten des Gesetzes gemäß Art. 93 Abs. 1 Nr. 2 GG hinaus.[307]

e) Ausschluss von Wählergruppen, Art. 62, 15 BV

245 **Klägerisches Begehr:** Verbot einer Wählergruppe (Partei).

Dieses Verfahren ist nach hM wegen Überlagerung durch Art. 93 Abs. 1 Nr. 5 iVm Art. 21 GG obsolet (→ Rn. 108).

f) Wahlprüfung, Art. 63 BV iVm Art. 48 VfGHG

246 **Klägerisches Begehr:** Klärung der Gültigkeit der Wahl oder des Verlustes der Mitgliedschaft im Landtag (→ Rn. 282).

g) Zulassung von Volksbegehren, Art. 67 BV iVm Art. 64 BayLWG

247 **Klägerisches Begehr:** (obligatorische) Überprüfung der Zulässigkeit eines Volksbegehrens.

Prüfungsmaßstab: Zulassungskriterien des Art. 74 BV (→ Rn. 129).

5. Prüfungsmaßstäbe des Verfassungsgerichtshofs

248 **Fall:**

Die bayerische Gemeinde G erlässt einen Bebauungsplan (BBP) zur Überplanung einer ehemaligen, zum Teil denkmalgeschützten und in unberührter Voralpennatur liegenden Klosteranlage. P erhebt dagegen Popularklage und rügt die Verletzung von Art. 141 Abs. 3 BV. Ist die Popularklage zulässig und kann der BayVerfGH den BBP am Maßstab der BV überprüfen?

a) Grundsatz: Landesverfassungsrecht

249 Der BayVerfGH prüft in allen Verfahren Akte der bayerischen Staatsgewalt auf ihre Übereinstimmung mit der BV. Bundes(verfassungs)recht, Unionsrecht und Völkerrecht sind dagegen grds. kein Prüfungsmaßstab.

b) Erweiterung auf GG, EMRK, Unionsrecht

250 Dieser Grundsatz wird insofern erweitert, als über Art. 3 Abs. 1 BV (Rechtsstaatsprinzip) offensichtliche und schwerwiegende Verstöße gegen das **GG** und wegen Art. 31 GG auch gegen **sonstiges Bundesrecht** geprüft werden können (→ Rn. 84).[308] Hierzu zählen auch einfachgesetzliche bundesrechtliche Ermächtigungsgrundlagen für Landesrechtsverordnungen.[309] Dort, wo sich der BayVerfGH aus Gründen der föderalen

---

307 *Möstl*, in: Lindner/ders./Wolff, BV, Art. 75 Rn. 14. Ausführlich *Lindner*, BayVBl. 2015, 433 (437 f.).
308 St. Rspr., vgl. zB BayVerfGHE 66, 70 (84).
309 Ausführlich *Igloffstein*, BayVBl. 2017, 669 (670), zu BayVerfGH, BayVBl. 2016, 625 (638 f.) (Verfassungswidrigkeit des Art. 82 Abs. 5 BayBO, da nicht von der Ermächtigung des § 249 Abs. 3 BauGB gedeckt).

Kompetenzordnung eine Beschränkung des Prüfungsmaßstabs „Landesverfassungsrecht" auferlegt hat (→ Rn. 253 f.), hält er an der Möglichkeit fest, über Art. 3 Abs. 1, Art. 118 Abs. 1 BV und das Bundesrecht mittelbar Landesrecht zu prüfen. Ein wichtiger Anwendungsfall sind Popularklagen gegen Bebauungspläne (BBP) – prüfungsrelevant ist v.a. die Kette Art. 3 Abs. 1 BV → § 1 Abs. 7 BauGB → Art. 141 BV als Abwägungsbelang.[310]

Falllösung:

I. *Zulässigkeit*: BBP sind kommunale Satzungen im Sinne von § 10 BauGB und damit als Landesgesetze tauglicher Gegenstand der Popularklage. Die Verletzung des Grundrechts auf ungestörten Naturgenuss (Art. 141 Abs. 3 GG) erscheint durch einen Eingriff in Denkmalschutz und unberührte Natur möglich.

II. *Prüfungsmaßstab*: Die Aufstellung des Bebauungsplans ist sowohl im Verfahren wie auch im Inhalt durch §§ 1 f. BauGB und damit Bundesrecht vorgegeben. Damit scheidet eine Überprüfung am Maßstab der BV zunächst aus. Allerdings werden der Gemeinde durch das Abwägungsgebot (§ 1 Abs. 6 f., § 2 Abs. 3 BauGB) gerade Spielräume eingeräumt, innerhalb derer sie die Grundrechte der BV ebenso beachten muss wie Staatszielbestimmungen, hier das Kulturstaatsgebot (Art. 3 Abs. 1 S. 1 BV) sowie den Schutz der natürlichen Lebensgrundlagen und der kulturellen Überlieferung (Art. 3 Abs. 2 BV). Eine Überprüfung am unmittelbaren Maßstab des Art. 118 Abs. 1 BV öffnet mittelbar den Weg zu den übrigen Normen der BV.

Ebenso prüft der BayVerfGH bei Verfahren nach Art. 64 BayLWG iVm Art. 67 BV (**Zulassung eines Volksbegehrens**) das Volksbegehren präventiv am Maßstab des Bundesrechts, insbesondere hinsichtlich der Kompetenzvorschriften. Hier schwingt der Effizienzgedanke mit Volksbegehren zu verhindern, die wegen Kompetenzüberschreitungen oder sonstigen Bundesrechtsverstößen zu unwirksamen Gesetzen führen. Die Prüfung ist mangels Auslegungskompetenz des BayVerfGH darauf beschränkt, ob das Volksbegehren jeder denkbaren Auslegung des Bundesrechts widerspricht.[311]   251

Hinsichtlich des **Unionsrechts** und des Rechts der **EMRK**, die mit Rang eines einfachen Bundesgesetzes gilt, liegen bisher keine eindeutigen Entscheidungen des BayVerfGH vor,[312] man kann aber nach hA von einem weitgehenden Gleichlauf ausgehen.[313]   252

c) Beschränkung bei bundes- und unionsrechtlich determiniertem Landesrecht und Vollzugsakten von Landesbehörden

Entgegen dem oben genannten Grundsatz schließt der BayVerfGH eine Überprüfung von **Landesrechtsakten**, die **auf Bundesrecht beruhen** oder durch dieses **determiniert** sind, am Maßstab der BV aus, soweit das Bundesrecht keine Handlungsspielräume lässt.[314] Begründet wird dies damit, dass ansonsten eine mittelbare Überprüfung von Bundesrecht am Maßstab von Landesrecht erfolgen würde, was dem Grundsatz der   253

---

310 BayVerfGHE 61, 172 – Gut Kaltenbronn. Siehe *Lindner*, BayVBl. 2013, 549 (550 f.); *Küspert*, BayVBl. 2016, 797 (799).
311 BayVerfGH, BayVBl. 2016, 337 (337). Hierzu, auch mit der weitergehenden Prüfung in anderen Bundesländern, *Möstl*, BayVBl. 2017, 659 (665).
312 Bzgl. des Unionsrechts stets offengelassen BayVerfGHE 50, 76 (98 f.); 50, 226 (266 f.); 52, 47 (61 f.); 55, 123 (127); 58, 196 (204) – undeutlich; 61, 130 (139) – wieder deutlich; 66, 70 (87); 66, 101 (113); BayVBl. 2017, 121 (125).
313 *Jutzi*, LKRZ 2014, 13 (16 f.).
314 BayVerfGH, BayVBl. 2016, 625 (632); BayVBl. 2015, 707 (708).

getrennten Verfassungsräume widerspricht. Die Lösung ist in den Bundesländern sehr unterschiedlich,[315] zum Teil wird eine weitgehende Heranziehung von Landesgrundrechten bejaht, soweit die Landesstaatsgewalt Spielräume ausfüllt, die vom Bundesrecht gelassen wurden. Dies ist insofern konsequent, als die Ausfüllung von **Spielräumen** durch die Landesstaatsgewalt nicht mehr bundesrechtlich determiniert ist, und entspricht der hM zur Umsetzung von Unionsrecht.[316]

254 Fallgruppen sind:[317]
1. **Popularklagen** gegen Landesgesetze, die auf einer bundesrechtlichen Ermächtigungsgrundlage beruhen, zB Bebauungspläne (§ 10 BauGB) oder Rechtsverordnungen.
2. **Verfassungsbeschwerden** gegen Akte der Bundesrecht vollziehenden Gewalt sowie Entscheidungen der Landesgerichte unter Anwendung von Bundesrecht.
3. **Verfassungsbeschwerden** gegen Gerichtsentscheidungen, die ein Landesgericht aufgrund eines – wie regelmäßig – bundesrechtlich geregelten Verfahrens (zB ZPO, StPO, VwGO) trifft. Hier ist insbesondere die Anwendung der Verfahrensgrundrechte der BV fraglich.
4. Schließlich noch als Sonderfall die **inzidente Prüfung** vor Heranziehung einer Vorschrift der *BV als Prüfungsmaßstab* durch den BayVerfGH, soweit deren Vereinbarkeit mit dem GG oder sonstigem Bundesrecht in Frage steht (→ Rn. 207).

255 Der BayVerfGH vertritt in den Fallgruppen 1. bis 3. die Ansicht, dass die Überprüfung am Maßstab des Art. 118 Abs. 1 BV (**Willkürverbot**) möglich ist. Zusätzlich können die **Verfahrensrechte** und der **Gleichheitsgrundsatz**, die inhaltsgleich zum GG sind, als Maßstab für die Durchführung bundesrechtlich geregelter Verfahren herangezogen werden, da wegen der Inhaltsidentität das Bundesrecht nicht an abweichenden Maßstäben der BV geprüft wird.[318] In jedem Fall stehen hier auch **Vorlagepflichten** nach Art. 100 Abs. 1 S. 2, Abs. 3 GG im Raum.

VII. Grundrechte

256 *Wozu?* Grundrechte spielen eine wichtige, individualschützende Rolle. In der Falllösung kommen sie bei der Prüfung der Rechtmäßigkeit des Handelns bayerischer Behörden sowie der materiellen Verfassungsmäßigkeit von Landesgesetzen zum Einsatz. Daneben begründen sie die Klagebefugnis bei Popularklage und bayerischer Verfassungsbeschwerde ebenso wie nach § 42 Abs. 2 VwGO. Stärker als im GG finden sich außerdem objektive Gesetzgebungs- und Handlungsaufträge im Bereich der Landeskompetenzen, die das Handeln der bayerischen Behörden und der Landespolitik beeinflussen. Die bayerischen Grundrechte, soweit sie nach Art. 142 GG weitergelten, weisen einige Besonderheiten gegenüber denen des GG auf, so dass ein Überblick über

---

315 Einen Überblick älteren Datums bietet *Lemhöfer*, NJW 1996, 1714. Zum Teil finden sich auch ausdrückliche Regeln, vgl. § 44 Abs. 2 VerfGHG RP, hierzu auch *Held*, NVwZ 1995, 534.
316 So auch *Lindner*, in: ders./Möstl/Wolff, BV, Vor Art. 98 Rn. 148 ff.; *Küspert*, BayVBl. 2016, 797 (799).
317 Zur Vertiefung *Möstl*, BayVBl. 2017, 659.
318 So BayVerfGHE 40, 149 (152) und die Lösung des BVerfG, vgl. BVerfGE 96, 345.

die Gewährleistungen und Dogmatik für die Ausbildung, v.a. aber in der Praxis wichtig ist.

1. Grundrechte in der BV

Anders als im GG sind die Grundrechte in der BV den staatsorganisatorischen Regelungen weitgehend nachgestellt – nicht, weil man ihnen keine Bedeutung zugemessen hätte, sondern weil in der Tradition der deutschen Verfassungen seit 1848 ein konstituierter Staat als die Voraussetzung für die Gewährleistung von Grundrechten angesehen wurde. Die BV unterscheidet zwischen Grundrechten, die **(Abwehr-)Ansprüche** gegen den Staat begründen, und bloßen **Programmsätzen** und objektiven **Staatszielbestimmungen**, die als Gesetzgebungsaufträge das Handeln der Staatsgewalten steuernd beeinflussen oder beschränkend auf staatliches Handeln wirken sollen, für den Einzelnen aber keine einklagbaren Rechtspositionen darstellen.

257

Die Grundrechte sind im Schwerpunkt in den Art. 98–123 BV geregelt (Zweiter Hauptteil: Grundrechte und Grundpflichten), darüber hinaus finden sich auch Grundrechte und grundrechtsgleiche Rechte in den anderen Teilen der Verfassung, insbesondere die **Wahlrechtsgrundsätze** (Art. 14 Abs. 1 BV), die **Justizgrundrechte** (Art. 86, Art. 91 BV), die **Statusrechte** der Abgeordneten (Art. 13, 27–29 BV) und eine Reihe von **subjektiven Rechten**, die wie das Elternrecht (Art. 126 BV), das Recht auf Bildung (Art. 128 BV) sowie das Recht auf ungestörten Naturgenuss (Art. 141 BV) im **Dritten Hauptteil (Gemeinschaftsleben)** zu finden sind. Nicht alle in Art. 98 ff. BV aufgeführten Vorschriften begründen umgekehrt Grundrechte, es kommt also immer auf eine Einzelbetrachtung an.[319]

258

Da der BayVerfGH eine Popularklage wie auch eine Verfassungsbeschwerde wegen der möglichen Verletzung in verfassungsrechtlich verbürgten subjektiven Rechten jedweder Art zulässt, ist die Einordnung anders als bei Art. 93 Abs. 1 Nr. 4 a GG unerheblich. Wichtig ist allein, ob durch die Verfassung dem Einzelnen ein subjektives Recht gegen den Staat eingeräumt werden soll.

259

2. Verhältnis zu Art. 1–19 GG und Relevanz landesrechtlichen Grundrechtsschutzes

Das Verhältnis zwischen den Landesverfassungen und dem Grundgesetz ebenso wie zwischen Bundesgesetzen und Landesverfassungen regeln **Art. 31** und **Art. 142 GG**.[320] Gemäß Art. 142 GG können **Mehrgewährleistungen** und *Aliud*-Rechte soweit bestehen, wie sie Regelungen des Grundgesetzes nicht widersprechen bzw. die dort gewährleistete Freiheit Dritter nicht beschränken.[321] Damit bleiben die Grundrechte der BV

260

---

319 Vgl. den Überblick bei *Lindner*, in: ders./Möstl/Wolff, BV, Vor Art. 98 Rn. 12 ff.
320 Das Verhältnis zwischen Art. 31 und Art. 142 GG ist nicht abschließend geklärt. Einige gehen davon aus, dass Art. 31 GG bereits alle Aussagen trifft und Art. 142 GG bedeutungslos geworden ist, so *Sacksofsky*, NVwZ 1993, 235 (237); *März*, in: v. Mangoldt/Klein/Starck, GG, Art. 31 Rn. 98 ff., 107; anders dagegen HessStGH, NJW 1982, 1381 (1382 f.).
321 Die bzgl. der Aufrechterhaltung von Mehrgewährleistungen geltend gemachten Bedenken der Verschlechterung grundgesetzlicher Grundrechtspositionen in mehrpoligen Grundrechtsverhältnissen haben die hM dahin gehend beeinflusst, dass nicht mehr von einer generellen Zulässigkeit landesverfassungsrechtlicher Mehrgewährleistungen ausgegangen wird. Vgl. *Dreier*, in: ders., GG, Art. 142 Rn. 46 ff. und *v. Campenhausen/Unruh*, in: v. Mangoldt/Klein/Starck, GG, Art. 142 Rn. 13.

Eva Julia Lohse

zunächst alle gültig (→ Rn. 26). Allerdings unterstehen die Mehr- und *Aliud*-Gewährleistungen nicht dem Bestandschutz des Art. 142 GG, so dass sie wegen Art. 31 GG von kompetenzgemäß erlassenem **einfachem Bundesrecht** (zB dem BAFöG)[322] ebenso verdrängt werden[323] wie von objektiven Regelungen des GG, zB Art. 7 Abs. 1 GG zur staatlichen Schulverantwortung. Ein Beispiel ist die Interpretation des Elternrechts aus Art. 55, 56 HessVerf durch den HessStGH als „Recht auf Bestimmung der Allgemeinbildung",[324] das mit dem der staatlichen Schulverantwortung zugeordneten Recht des Staates auf Bestimmung der Inhalte der schulischen Bildung kollidiert.[325] Es ist also im Einzelfall zu prüfen, ob die konkret aus einem Landesgrundrecht gewonnenen Inhalte nicht denen eines Grundrechts des Grundgesetzes oder anderem Bundesrecht einschließlich des GG widersprechen.

261 Ebenso unterfallen **Staatszielbestimmungen, Programmsätze** und andere objektivrechtliche Verbürgungen, auch wenn sie im Grundrechtsteil der BV stehen,[326] allein **Art. 31 GG** und dem **Homogenitätsprinzip** (Art. 28 Abs. 1 GG), so dass sie im Konfliktfall durch einfaches Bundesrecht, Grundrechte und Staatszielbestimmungen des Grundgesetzes überlagert werden.[327]

262 Die grds. **landesgrundrechtefreundliche Tendenz** des GG und des BVerfG bedeutet andererseits, dass es für den Einzelnen häufig zu einer Verdopplung des verfassungsrechtlichen Rechtsschutzes kommt, was wiederum zu der Frage führt, vor welchen Gerichten sich der Einzelne auf welche Grundrechte berufen kann. In der Klausur kommt es darauf an, in welcher Konstellation Landesgrundrechte in Betracht kommen:

1. Wird ein **landesverfassungsgerichtlicher Rechtsbehelf** geprüft (Popularklage, Verfassungsbeschwerde, Normenkontrolle), so sind allein die **Landesgrundrechte** Maßstab. Werden sie durch entgegenstehendes Bundesrecht verdrängt, so können sie auch landesverfassungsgerichtlich nicht mehr herangezogen werden, dies ist also vorab zu prüfen. Wegen Art. 142, 31 GG ist das dann der Fall, wenn entgegenstehendes Bundesrecht oder Landesrecht existiert, das vollumfänglich durch Bundesrecht determiniert wird. Eine Prüfung am Maßstab der Grundrechte des GG ist ausgeschlossen.

2. Wird ein **bundesverfassungsgerichtlicher oder bundesgerichtlicher** (BVerwG) **Rechtsbehelf** geprüft, sind Landesgrundrechte kein tauglicher Maßstab. Sie zu erwähnen, wäre demnach fehlerhaft. Soweit es um Grundrechte geht, können allein die **Grundrechte des GG** herangezogen werden, an die auch die bayerische Staatsgewalt

---

322 *Hennecke*, in: Grimm/Caesar, Verfassung für Rheinland-Pfalz, 2001, Art. 31 Rn. 4. In Bereichen, wo eine umfassende Landeskompetenz besteht, findet sich kaum vorrangiges einfaches Recht im Sinne von Art. 31 GG im Gegensatz zu Bereichen der konkurrierenden Gesetzgebungszuständigkeit nach Art. 74 GG.
323 BVerfGE 1, 264 (281). Ganz hM, zB *Korioth*, in: Maunz/Dürig, GG, Art. 142 (Stand: 53. EL Oktober 2008), Rn. 14.
324 HessStGH, NJW 1982, 1381 (1383).
325 *Richter*, JuS 1982, 900 (903). Die Kollision mit Art. 6 Abs. 1 GG wird dagegen vorrangig über Art. 1 Abs. 3 GG gelöst, vgl. *März*, in: v. Mangoldt/Klein/Starck, GG, Art. 31 Rn. 100.
326 So auch *Stiens*, Chancen und Grenzen der Landesverfassungen im deutschen Bundesstaat der Gegenwart, 1997, S. 33, 39.
327 *Martina*, Die Grundrechte der nordrhein-westfälischen Landesverfassung im Verhältnis zu den Grundrechten des Grundgesetzes, 1999, S. 97.

gebunden ist. Bundesgerichte können zusätzlich die EMRK und die EU-Grundrechtecharta prüfen, soweit die Unionsgrundrechte auf mitgliedstaatliches Handeln nach Art. 51 Abs. 1 GRC anwendbar sind.

3. Wird ein **verwaltungsgerichtlicher Rechtsbehelf** vor einem VG oder dem VGH geprüft, so stehen die Landesgrundrechte neben denen des *GG* (und denen der EMRK und evtl. der EU-Grundrechtecharta, soweit auf mitgliedstaatliches Handeln nach Art. 51 Abs. 1 GRC anwendbar). Es empfiehlt sich, zunächst die Art. 1–18 GG und anschließend die der BV zu prüfen, soweit nicht verdrängt.[328] Bei einer verwaltungsgerichtlichen Normenkontrolle ist § 47 Abs. 3 VwGO zu beachten. Entsprechendes gilt, soweit ein anderes Fachgericht die Verfassungs- und Europarechtskonformität einer Rechtsgrundlage (zB das AG bei Überprüfung eines Bußgeldbescheids) in Frage stellt.

3. Systematik der Grundrechtsprüfung
a) Freiheitsrechte

Art. 98 BV formuliert deutlich klarer als das GG die Systematik der Grundrechte als **Abwehrrechte** gegen den Staat und als vorausgesetzte, staatlich nur gewährleistete (garantierte) Freiheit: in der Regel („grundsätzlich") ist eine Einschränkung der Grundrechte unzulässig, ausnahmsweise ist eine Einschränkung möglich, wenn „öffentliche Sicherheit, Sittlichkeit, Gesundheit und Wohlfahrt es zwingend erfordern" (Art. 98 S. 2 BV). Jeder staatliche Eingriff wird damit **rechtfertigungsbedürftig**: Nicht das Individuum muss seine Freiheitsbetätigung begründen, sondern der Staat muss gute, also überwiegende, Gründe haben, um diese zu beschränken.

263

Hieraus ergibt sich der auch aus dem GG bekannte **dreigliedrige Prüfungsaufbau** zur Feststellung einer Verletzung eines **Freiheitsrechts** (in seiner Abwehrdimension):

264

1. **Schutzbereich**: Fällt der Lebenssachverhalt überhaupt in den Regelungsbereich des Grundrechts (*sachlicher Schutzbereich*) und gehört die Person zu den geschützten Rechtsinhabern (*Grundrechtsträgerschaft*; *persönlicher Schutzbereich*; → Rn. 268 ff.)?

2. **Eingriff**: Wird die Ausübung der Freiheit durch das Handeln eines Grundrechtsadressaten beeinträchtigt? Auch in der BV gilt der moderne Eingriffsbegriff, dh finale, unmittelbare Handlungen sind ebenso umfasst wie solche, die nicht imperativ wirken und nur mittelbare, faktische Wirkung haben.[329] Der BayVerfGH[330] schließt **geringfügige Beeinträchtigungen** als „unter der Eingriffsschwelle liegend" aus, jedoch ist dies methodisch sauber eine Frage der Rechtfertigung.[331]

3. **Rechtfertigung**: Die Beschränkung muss formell und materiell rechtmäßig, insbesondere verhältnismäßig sein. Art. 98 S. 2 BV formuliert mustergültig einen allgemeinen **Schrankenvorbehalt** für alle Grundrechte, den der BayVerfGH allerdings nicht heranzieht, sondern stattdessen in Einzelfallrechtsprechung eine Schrankensystematik

---

328 Prüfungsschema nach *Lindner*, JuS 2018, 233 (238).
329 *Holzner*, BV, Vor Art. 98–123 Rn. 20 mwN.
330 BayVerfGH, BayVBl. 2006, 530 (533).
331 So zu Recht *Krausnick*, in: Meder/Brechmann, BV, Art. 98 Rn. 31.

für jedes Grundrecht entwickelt hat. Dennoch lässt sich Art. 98 S. 2 BV eine grundlegende Struktur entnehmen:

(a) **Gesetzesvorbehalt:** Eingriff in eine grundrechtlich geschützte Position nur **durch Gesetz**, das seinerseits formell und materiell verfassungskonform sein muss (→ Einbindung staatsorganisatorischer Fragestellungen wie Gesetzgebungskompetenzen und -verfahren; Ermächtigung bei untergesetzlichen Rechtssätzen). Umgekehrt bedeutet Art. 98 S. 2 BV aber auch, dass alle Grundrechte außer der Menschenwürde (Art. 100 S. 1 BV) einschränkbar sind.

Dagegen wird ein Gesetzesvorbehalt im Rahmen der **Leistungsverwaltung** (nicht der Daseinsvorsorge) von der Rspr. abgelehnt, so dass für die Bereitstellung von Subventionen und anderen staatlichen Leistungen auch eine Verwaltungsvorschrift genügen soll.[332] Es gilt lediglich das **Willkürverbot** (Art. 118 Abs. 1 BV) sowie das Gebot, dass durch die Leistungsverwaltung keine mittelbaren Grundrechtseingriffe (zB durch die Bevorzugung einzelner Religionsgemeinschaften) entstehen dürfen.

(b) **Schranken:** Art. 98 S. 2 BV geht nach dem Wortlaut von vier möglichen allgemeinen Grundrechtsschranken aus. Der BayVerfGH hat jedoch darüber hinaus eine Reihe von grundrechts- und verfassungsimmanenten Schranken aus dem Wortlaut der Grundrechte (zB „friedlich und unbewaffnet" bei der Versammlungsfreiheit, Art. 113 BV) oder sonstigen Verfassungsbestimmungen (zB Schulpflicht aus Art. 129 BV) meist in Anlehnung an die Rspr. des BVerfG entwickelt,[333] so dass Art. 98 S. 2 BV keine praktische Bedeutung entfaltet und auch in einer Klausur nicht unmittelbar herangezogen wird.[334]

(c) **Schranken-Schranken:** Der Eingriff in das Grundrecht muss **verhältnismäßig** sein. Dies bedeutet, dass er ein legitimes (verfassungskonformes) Ziel verfolgen, geeignet, erforderlich und angemessen sein muss.[335]

b) Gleichheitssatz

265 Neben Freiheitsgrundrechten garantiert die BV auch **Gleichheitsrechte** – im Grundsatz (Art. 118 Abs. 1 BV) die rechtliche Gleichheit aller vor dem Gesetz. Der allgemeine Gleichheitssatz des Art. 118 Abs. 1 BV beinhaltet wie Art. 3 Abs. 1 GG über die Bindung der Exekutive und Judikative hinaus auch eine Pflicht des Gesetzgebers, Gesetze gleichheitskonform auszugestalten. Art. 118 Abs. 1 BV garantiert also **Rechtssetzungs-** wie auch **Rechtsanwendungsgleichheit**. Absolute **Differenzierungsverbote** wie Art. 3 Abs. 3 GG finden sich, abgesehen von Art. 118a BV, nicht ausdrücklich in der BV, jedoch werden diese in Art. 118 Abs. 1 S. 1 BV hineingelesen. Daneben beinhaltet er das rechtsstaatliche **Willkürverbot**, das über das Verbot von Ungleichbehandlungen hinaus geht.[336]

---

332 Ein solcher lässt sich auch nicht aus Art. 77 Abs. 1 BV herleiten, vgl. BayVGH, NVwZ 2000, 829.
333 Kritisch hierzu *Knöpfle*, in: Nawiasky/Schweiger/ders., BV, Art. 98 (Stand: 7. EL Mai 1992), Rn. 20, 71.
334 *Kempen*, in: Becker/Heckmann/ders./Manssen, 1. Teil, Rn. 244.
335 *Kingreen/Poscher*, Grundrechte, Rn. 330.
336 *Schmidt am Busch*, in: Meder/Brechmann, BV, Art. 118 Rn. 32, 47.

VII. Grundrechte

266 Geprüft wird ein Verstoß gegen Art. 118 BV wie folgt:[337]
1. Festlegung des **Vergleichspaars** und der **Bezugsgröße**: Zwischen welchen beiden Gruppen soll bzgl. welchen Kriteriums eine Ungleich- (bzw. Gleich-) -behandlung festgestellt werden? ZB „Werden weibliche und männliche Versicherungsnehmer (Gruppenbildung) hinsichtlich der Versicherungsprämie (Bezugsgröße) ungleich behandelt"?
2. Lässt sich eine Ungleichbehandlung von Gleichem bzw. Gleichbehandlung von Ungleichem feststellen („besteht ein Wertungswiderspruch")? ZB „Ja, weibliche Versicherungsnehmer zahlen eine höhere Versicherungsprämie in der Krankenversicherung als männliche". Hierbei ist zu beachten, dass Ebene 2. und Ebene 3. nicht immer getrennt betrachtet werden können.
3. Bestehen **sachliche Gründe**, die diesen Wertungswiderspruch ausräumen, also die Ungleichbehandlung rechtfertigen können?
    (a) Soweit der Wertungswiderspruch an ein **absolutes Diskriminierungsverbot** anknüpft, ist eine Ungleichbehandlung nicht zu rechtfertigen. Umgekehrt kann ein Differenzierungsgebot (also zB Art. 188 Abs. 2 S. 2 BV) eine Ungleichbehandlung rechtfertigen.
    (b) Ansonsten sind das Regelungskonzept und der Regelungszweck zu überprüfen. Hierbei gesteht der BayVerfGH dem Gesetzgeber einen weiten Gestaltungsspielraum zu und unternimmt lediglich eine Evidenzkontrolle unter den Aspekten der Verhältnismäßigkeit, der evidenten Willkür und offensichtlich fehlerhafter Abwägung der Interessen.[338]

4. Grundrechtsträger und Grundrechtsadressaten

267 **Fall:**
Die Gemeinde G ist Eigentümerin eines Grundstücks, auf dem in den letzten Jahren durch Kiesabbau Baggerseen entstanden sind. F macht geltend, dass ihm aufgrund alter Rechte ein Fischereirecht in diesen Seen zustünde. Dies würde für die Gemeinde bedeuten, dass sie selbst in diesen Gewässern keine Fischerei betreiben und die Gewässer auch nicht zu Fischereizwecken verpachten oder anderweitig nutzen könnte. Die Gerichte sprechen F in allen Instanzen das Fischereirecht zu. Kann die Gemeinde sich auf Art. 103 Abs. 1 BV berufen und Verfassungsbeschwerde nach Art. 120 BV einlegen?

268 **Grundrechtsträger** ist bei den meisten Grundrechten „jedermann". Eine Regelung wie Art. 19 Abs. 3 GG zur Grundrechtsträgerschaft fehlt in der BV. Umfasst sind dennoch neben natürlichen Personen auch juristische Personen des Privatrechts, unabhängig von ihrer Staatsangehörigkeit. Soweit Grundrechte „**Bewohnern Bayerns**" vorbehalten sind, ist einzig auf eine dauerhafte örtliche Verbindung mit Bayern abzustellen.

269 Eine Besonderheit im Verhältnis zu Art. 19 Abs. 3 GG ergibt sich hinsichtlich der Grundrechtsträgerschaft **juristischer Personen des öffentlichen Rechts**. Das *BVerfG* lehnt eine Grundrechtsträgerschaft – mit Ausnahme der Körperschaften, deren Funktion gerade in der Verwirklichung von grundrechtlich geschützten Freiheiten liegt und

---

337 Ausführlich hierzu (auch zu den Abweichungen zur Rspr. des BVerfG) *Lindner*, in: ders./Möstl/Wolff, BV, Art. 118 Rn. 68 ff.; *Schmidt am Busch*, in: Meder/Brechmann, BV, Art. 118 Rn. 17 ff.
338 *Holzner*, BV, Art. 118 Rn. 37 f.

deren hierfür erforderlichen Garantie der „Staatsferne" sie in eine grundrechtstypische Gefährdungslage bringt – grds. ab, da historisch Grundrechte allein die Freiheit und Würde des Einzelnen vor staatlichen Übergriffen schützen sollen. Juristische Personen des öffentlichen Rechts als Teil des Staates kämen zwar in Kompetenzkonflikte, nicht aber in grundrechtstypische Gefährdungslagen.[339] Die Rspr. des BayVerfGH spricht eine etwas andere Sprache: auch der BayVerfGH tellt zunächst auf eine grundrechtstypische Gefährdungslage ab, will diese aber im Einzelfall feststellen und nicht aufgrund der Übernahme hoheitlicher Aufgaben generell ablehnen. Soweit – über die drei auch vom BVerfG anerkannten Ausnahmen Rundfunkanstalten, Universitäten und Kirchen hinaus – eine juristische Person hoheitliche Aufgaben übernimmt, ist sie auch nach der Rspr. des BayVerfGH nicht grundrechtsfähig. Soweit sie jedoch privatrechtlich handelt und privaten Grundrechtsträgern gleichgeordnet ist, das grundrechtlich geschützte Gut dieselbe Funktion erfüllt wie bei Privaten, und wenn darüber hinaus eine Situation eingetreten ist, die nicht über die **Selbstverwaltungsgarantie** des Art. 11 Abs. 2 S. 2 BV abgedeckt ist, so sei eine Grundrechtsträgerschaft ideengeschichtlich nicht generell ausgeschlossen.[340] Ob dies auch für andere juristische Personen des öffentlichen Rechts als **Gemeinden** gilt, die über die Selbstverwaltungsgarantie und ihren originären Körperschaftsstatus eine Sonderstellung inne haben, ist unklar, ebenso ob die Argumentation auch auf andere Grundrechte anwendbar ist. Für Klausuren sollte diese Konstellation für Art. 103 und 118 BV hinsichtlich Gemeinden bekannt sein und die Hauptargumente auf den Einzelfall angewendet werden können.[341]

270 **Grundrechtsadressat** ist die **Staatsgewalt** in allen Ausprägungen – also Exekutive, Legislative und Judikative. Auch wenn eine entsprechend klare Regelung wie Art. 1 Abs. 3 GG in der BV fehlt, lässt sich dies aus einzelnen Vorschriften (Art. 55 Nr. 1 BV für die Staatsverwaltung, Art. 65 iVm Art. 92 sowie Art. 75 Abs. 3 BV für die Legislative, Art. 85 und Art. 120 BV für die Judikative) ableiten. Für die Grundrechtsbindung staatlicher Gewalt ist die Handlungsform unerheblich – auch bei sog Verwaltungsprivatrecht und nicht hoheitlichem Handeln sowie der mittelbaren Staatsverwaltung bleibt die Gewährleistungsverantwortung des Staates für die Einhaltung der Grundrechte bestehen.[342] Dagegen sind Private im allgemeinen nicht unmittelbar an die Grundrechte der BV gebunden; vielmehr folgt der BayVerfGH der Lehre der **mittelbaren Drittwirkung** von Grundrechten und Gesetzesmediatisierung von Grundrechtsinhalten.[343]

5. Dimensionen

271 Neben der Funktion als Abwehrrechte gegen den Staat haben auch die Grundrechte der BV die weiteren Grundrechtsdimensionen, die aus der Rspr. des BVerfG bekannt sind:

---

339 St. Rspr. seit BVerfGE 61, 82 (100 f.).
340 BayVerfGH, NVwZ 1985, 260 (261 f.).
341 Zur Vertiefung: *Bambey*, NVwZ 1985, 248. Siehe auch *Lindner*, in: ders./Möstl/Wolff, BV, Vor Art. 98 Rn. 46; *F. Wollenschläger*, in: Meder/Brechmann, BV, Art. 11 Rn. 61.
342 Vgl. zur privatrechtlich handelnden Verwaltung BVerfG, NVwZ 2016, 1553 (1554) sowie *Waldhoff*, JuS 2017, 286. Zusammenfassend *Maurer/Waldhoff*, § 3, Rn. 29.
343 *Krausnick*, in: Meder/Brechmann, BV, Art. 98 Rn. 28.

VII. Grundrechte

- **Teilhabe- und Leistungsgrundrechte**   272

Originäre Teilhabe- bzw. Leistungsgrundrechte existieren auf Bundesebene kaum, während die BV eine Reihe von „*Rechten auf* …" formuliert, die als subjektive Individualansprüche gegen den Gesetzgeber oder auch die Verwaltung interpretiert werden könnten. Zu nennen sind neben dem Recht auf Bildung (Art. 128 BV; → Rn. 310) das Recht auf eine angemessene Wohnung (Art. 106 Abs. 1 BV), die Fürsorge für kinderreiche Familien (Art. 125 Abs. 3 BV), das Recht auf Arbeitslosenfürsorge (Art. 168 Abs. 3 BV), das Recht auf ausreichende Sozialversicherung (Art. 171 BV), das Recht auf Erholung (Art. 174 Abs. 1 BV) und das Recht auf Arbeit (Art. 166 Abs. 2 BV). Jedoch schließt sich der BayVerfGH der im Bundesrecht allgemein vertretenen Ansicht zu **sozialen Grundrechten** an, dass diese **objektiv-rechtliche Gesetzgebungsaufträge** oder **Programmsätze** seien, die dem Einzelnen keinen Anspruch gegen den Staat vermitteln.[344] Hauptargument ist die Einschätzungsprärogative des Gesetzgebers sowie der „**Fiskalvorbehalt**", also die Tatsache, dass die Staatsfinanzen durch den Landtag verteilt werden und nicht durch Leistungsansprüche des Einzelnen auf Verfassungsebene verändert werden können.[345] Es besteht auch kein Anspruch auf Tätigwerden des Gesetzgebers, solange nicht das Untermaßverbot einer freiheitsrechtlichen **Schutzpflicht** unterschritten wird.[346] Ein **derivativer Teilhabeanspruch** wird durch Art. 118 BV vermittelt: soweit der Staat Leistungen zu Verfügung stellt, muss er dies gleichheitskonform tun.[347]

- **Schutzpflichtdimension**   273

Schutzpflichten wurden in der Rspr. des BVerfG insbesondere zur Garantie von Leben und Gesundheit in Art. 2 Abs. 2 GG entwickelt:[348] eine Schutzpflicht soll ua dann bestehen, wenn eine schwere und irreversible Grundrechtsgefährdung von nicht-staatlicher Seite droht. Aus dem **objektiv-rechtlichen Gehalt** der Grundrechte folgt die staatliche Pflicht, den Einzelnen vor rechtswidrigen Eingriffen Dritter in seine Freiheitssphäre zu schützen.[349] Sie sind damit (auch) Folge der fehlenden Grundrechtsbindung Privater, die ansonsten dazu führen würde, dass der Einzelne Beeinträchtigungen seiner grundrechtlich geschützten Positionen durch nicht-staatliche Akteure ausgesetzt wäre, die ihrerseits in Verwirklichung ihrer grundrechtlich geschützten Freiheiten handeln. Der Gesetzgeber muss **praktische Konkordanz** herstellen, um eine übermäßige Beeinträchtigung der Freiheit beider Grundrechtsträger zu verhindern.[350]

---

344 *Kempen*, in: Becker/Heckmann/ders./Manssen, 1. Teil, Rn. 247.
345 *Riepe*, Soziale Grundrechte in den Verfassungen der Länder Brandenburg, Mecklenburg-Vorpommern, Sachsen, Sachsen-Anhalt und Thüringen, 1996, S. 152 f.; *Rüfner*, HGR II, § 40, Rn. 9 f. Siehe allerdings zum Recht auf Bildung in der Verf BW: VGH Mannheim, Urt. v. 23.1.2013 – 9 S 2180/12, juris, Rn. 46 ff., zum Anspruch auf Einführung von Ethikunterricht in der Grundschule.
346 Vgl. *Dolderer*, Objektive Grundrechtsgehalte, 2000, S. 266 f.; *Breuer*, Grundrechte als Anspruchsnormen, in: Bachof/Heigl/Redeker (Hrsg.), FS 25 Jahre BVerwG, 1978, S. 89 (95–100); *Murswiek*, HStR[2], § 112, Rn. 106 ff.
347 *Schmidt am Busch*, in: Meder/Brechmann, BV, Art. 118 Rn. 13.
348 Grundlegend BVerfGE 39, 1 (44 ff.); 88, 203 (254 ff.).
349 So *Starck*, in: v. Mangoldt/Klein/ders., GG, Art. 2 Rn. 190; *Dietlein*, Die Lehre von den grundrechtlichen Schutzpflichten, 1992, S. 64 f.; *Isensee*, HStR[2], § 111, Rn. 3–8.
350 Hierzu auch *Lohse*, JURA 2005, 815.

Die BV geht mit Art. 99 BV nach der Rspr. des BayVerfGH sogar darüber hinaus, indem zumindest in Abs. 2 S. 2 ein **Grundrecht auf Sicherheit** verortet wird.[351]

274 ▪ **Objektive Werteordnung**
Die Grundrechte stellen ein objektives Wertbekenntnis des Staates auf. Hieraus lassen sich ua Schutzpflichten, aber auch Gesetzgebungsaufträge und Staatsziele ableiten.

6. Überblick: materielle Gewährleistungen

275 Die in den Art. 98 ff. BV enthaltenen Grundrechte entsprechen bis auf wenige Ausnahmen denen des GG und werden vom BayVerfGH in Anlehnung an die Rspr. des BVerfG einschließlich der von diesem entwickelten Schrankendogmatik für einzelne Grundrechte ausgelegt. Das gilt selbst dort, wo – wie bei Art. 103 BV und Art. 14 GG – relativ deutliche Unterschiede im Wortlaut bestehen. Im Folgenden werden deshalb weitgehend die **bayerischen Besonderheiten** dargestellt, um diese in der Fallbearbeitung angemessen bewältigen zu können.[352]

a) Berufsfreiheit und unternehmerische Freiheit

276 Trotz eines ganzen Abschnitts über die „Arbeit" findet sich in der BV *keine* ausdrückliche Gewährleistung der Berufs- und Ausbildungsfreiheit. Die im 4. Abschnitt des 3. Hauptteils getroffenen Regelungen sind vielmehr, bis auf die **Koalitionsfreiheit** (Art. 170 BV) und das drittgerichtete Grundrecht auf betriebliches Mitbestimmungsrecht (Art. 175 BV), Programmsätze und objektive Staatsziele. Das gilt auch für das in Art. 166 Abs. 2 BV statuierte „Recht auf Arbeit", das als soziales Teilhaberecht verstanden werden könnte,[353] sowie die verschiedenen Fürsorgepflichten, die in der Lesart des BayVerfGH lediglich das **Sozialstaatsprinzip** konkretisieren. Ebenso wird Art. 151 Abs. 2 BV, trotz des Wortlauts, nicht als Vertrags- oder unternehmerische Freiheit verstanden.

277 Die Berufsfreiheit ebenso wie die unternehmerische Freiheit sieht die hM als besondere Ausprägung der **allgemeinen Handlungsfreiheit** (Art. 101 BV) gewährleistet. Die **Drei-Stufen-Theorie** des BVerfG übernimmt der BayVerfGH als Schranken-Schranke der bayerischen Berufsfreiheit trotz abweichendem Wortlaut der Vorschriften.[354]

b) Eigentumsfreiheit

278 Die Eigentumsfreiheit ist in der BV in einer Reihe von Vorschriften gewährleistet: **Art. 103 BV** entspricht den Art. 14 Abs. 1 f. GG. Die **Enteignung** ist in einem eigenen Abschnitt des vierten Hauptteils über mehrere Vorschriften geregelt (Art. 158 ff. BV). Sie wird vom BayVerfGH trotz abweichender Formulierungen eng an die Rspr. des

---

[351] BayVerfGHE 33, 98 (99). Dazu *Kempen*, in: Becker/Heckmann/ders./Manssen, 1. Teil, Rn. 249 f. und *Möstl*, in: Lindner/ders./Wolff, BV, Art. 99 Rn. 3 und Rn. 6–11.
[352] Vertiefend *Rüfner*, Die persönlichen Freiheitsrechte der Landesverfassungen in der Rechtsprechung der Landesverfassungsgerichte, in: Starck (Hrsg.), Landesverfassungsgerichtsbarkeit, 1983, S. 247, und *Tettinger*, Die politischen und kulturellen Freiheitsrechte der Landesverfassungen in der Rechtsprechung der Landesverfassungsgerichte, in: Starck (Hrsg.), Landesverfassungsgerichtsbarkeit, 1983, S. 271.
[353] *Lindner*, in: ders./Möstl/Wolff, BV, Art. 166 Rn. 3.
[354] BayVerfGHE 42, 135 (140). *Funke*, in: Meder/Brechmann, BV, Art. 101 Rn. 31 f.

BVerfG angelehnt; insbesondere ist stets eine zusätzliche Entschädigungsregelung im einfachen Recht erforderlich.

Hinzu treten **spezielle Eigentumsgarantien** (Art. 146 BV für Religionsgemeinschaften, Art. 162 BV für geistiges Eigentum und Urheberrecht, Art. 163 Abs. 3 BV für bäuerliches Grundeigentum) und Förderpflichten, die als Staatsziele die Politik zugunsten von landwirtschaftlichen (Art. 164) und mittelständischen Betrieben (Art. 153 BV) lenken sollen. Hinsichtlich der Landwirtschaft finden sich in Art. 163 BV auch Sonderregelungen zur Enteignung. Dies zeigt die traditionell hohe Bedeutung der Landwirtschaft im Flächenstaat Bayern und soll eine Garantenstellung des Staates für die Versorgung der Bürger begründen.[355] Gleichzeitig wurde bereits 1946 das Spannungsverhältnis zwischen Landwirtschaft und Siedlungspolitik in Art. 163 Abs. 5 BV deutlich. 279

c) Individuelle Freiheiten

Die BV kennt neben der fundamentalen Garantie der unverletzlichen **Menschenwürde** (Art. 100 BV) und der **allgemeinen Handlungsfreiheit** (Art. 101) dieselben individuellen Freiheiten wie das GG: **Freiheit der Person** (Art. 102), Unverletzlichkeit der **Wohnung** (Art. 106) mit den vorrangigen bundesrechtlichen Beschränkungen aus Art. 13 Abs. 3–6 GG („Lauschangriff"),[356] **Glaubens- und Gewissensfreiheit** (Art. 107), Freiheit von **Kunst** und **Wissenschaft** (Art. 108), **Freizügigkeit** (Art. 109). Ein eigenes Recht auf **Leben** und **körperliche Unversehrtheit** sucht man *vergeblich*, weshalb der BayVerfGH auch dieses aus Art. 101 BV ableitet – unter Rückgriff auf den Menschenwürdegehalt des Art. 100 BV, dem eine *„Schutzergänzungsfunktion"* zugesprochen wird.[357] 280

d) Politische Teilhaberechte

Das Demokratieprinzip hat als subjektive Komponente das Grundrecht des Staatsbürgers auf gleichberechtigte Teilhabe an der politischen Willensbildung, Art. 7 Abs. 2 BV. Das „Wie" der Teilnahme wird außerdem durch die, ebenfalls subjektiv wirkenden, **Wahlrechtsgrundsätze** in Art. 14 Abs. 1 S. 1 BV garantiert. 281

Prozessual ist zu beachten, dass die **Wahlprüfung** nach Art. 33, 63 BV der speziellere Rechtsbehelf bei einer Verletzung durch einen konkreten Wahlvorgang ist. Gegen Gesetzesänderungen steht dagegen die Popularklage offen. 282

e) Recht auf Naturgenuss

Die wichtigste Besonderheit, die allen Studierenden bekannt sein sollte, ist der bundesweit einzigartige **Art. 141 Abs. 3 S. 1 BV**, das *individuelle* **Recht auf Naturgenuss**. Während die übrigen Absätze die Staatszielbestimmung der Nachhaltigkeit aus Art. 3 Abs. 2 BV erweitern, gibt Art. 141 Abs. 3 S. 1 BV dem Einzelnen ein **Abwehrrecht** gegen die Behinderung der genannten Tätigkeiten sowie ein drittgerichtetes Recht gegen den Eigentümer auf Duldung der Einwirkung.[358] Der sachliche Schutzbereich umfasst 283

---

355 *Lindner*, in: ders./Möstl/Wolff, BV, Art. 166 Rn. 8.
356 *Kempen*, in: Becker/Heckmann/ders./Manssen, 1. Teil, Rn. 271.
357 BayVerfGHE 10, 101 (105); 40, 58 (61).
358 *Holzner*, BV, Art. 141 Rn. 26 f.

neben den aufgezählten noch weitere Tätigkeiten, die der *Erholung* des Einzelnen in der Natur dienen, ua Wandern, Ski- und Schlittenfahren, Fahrradfahren und Inlineskaten sowie Schwimmen, Baden und Segeln. Dem Genuss der Naturschönheiten kann auch das Privateigentum nicht grds. entgegengesetzt werden.[359] Als Schranke dient jedoch die Pflicht zum pfleglichen Umgang mit der Natur (Abs. 3 S. 2).

284 Praktische Bedeutung erlangt Art. 141 Abs. 3 S. 1 BV v.a. im Baurecht (Rechtsschutz gegen Bebauungspläne, Bebauung im Außenbereich), aber auch im Rahmen des Naturschutzrechts.

f) Recht auf Bildung

285 Art. 128 BV gewährleistet als soziales Grundrecht den Anspruch des Einzelnen auf eine begabungsgerechte Bildung. Unabhängig davon, dass es sich nach der überwiegenden Rspr. des BayVerfGH nur um einen **Programmsatz** und kein originäres Teilhabe- oder Leistungsrecht des Einzelnen zB auf inklusive Beschulung oder Zugang zu bestimmten Bildungswegen handelt,[360] ist gerade beim Recht auf Bildung seine Fortwirkung im bundesstaatlichen Gefüge umstritten. Das GG kennt zwar kein explizites Recht auf Bildung, trifft jedoch Regeln zur **staatlichen Schulaufsicht** und -organisation in **Art. 7 Abs. 1 GG**. Diese Kollision mit dem GG soll nach e.A. bewirken, dass die landesverfassungsrechtlichen Bestimmungen keine (praktische) Auswirkung haben.[361] Hierbei handelt es sich nicht um eine Frage des Art. 142 GG, da Art. 7 Abs. 1 GG kein Grundrecht ist, sondern um die Beschränkung von Landes- durch Bundesverfassungsrecht. Auch Art. 31 GG ist nicht einschlägig, da er ausschließlich Normenkollisionen regelt.[362] Das Land muss wegen Art. 20 Abs. 3 GG[363] den Art. 7 Abs. 1 GG in seiner Funktion als Schranke von möglicherweise aus der Verfassung abzuleitenden Ansprüchen im Schulbereich beachten. Art. 7 Abs. 1 GG verdrängt aber das Recht auf Bildung aus Art. 128 BV gerade nicht.

286 Dennoch ist seine Bedeutung im Schulrecht trotz der völkerrechtlichen Verstärkung durch Art. 24 UN-BRK bisher blass geblieben. Wichtigster (auch subjektiv wirkender) Anwendungsfall ist der Anspruch auf gleichberechtigten Zugang zu bestehenden Bildungseinrichtungen des Staates (**derivatives Teilhaberecht**).

VIII. Kontrollfragen

1. Was ist mit Eigenstaatlichkeit der Länder gemeint und wie wird sie verfassungsrechtlich im GG und in der BV abgesichert? → Rn. 22 ff.
2. Welche Bedeutung hat der Grundrechtekatalog der BV unter der Geltung des GG? → Rn. 26, 260 ff.

---

[359] Lesenswerte Entscheidung zur Abwägung der Berufs- und Eigentumsfreiheit der Betreiberin einer Skipiste gegen das Recht auf Naturgenuss von Tourengehern BayVerfGH, BayVBl. 2016, 671.
[360] *Möstl*, in: Lindner/ders./Wolff, BV, Art. 128 Rn. 5.
[361] *Pieroth*, DVBl. 1994, 949 (957).
[362] *Sacksofsky*, NVwZ 1993, 235 (237); *März*, in: v. Mangoldt/Klein/Starck, GG, Art. 31 Rn. 40; sehr differenziert *Korioth*, in: Maunz/Dürig, GG, Art. 31 (Stand: 50. EL Juni 2007), Rn. 9 ff.
[363] Nicht aber wegen Art. 1 Abs. 3 GG wegen fehlender Grundrechtsqualität des Art. 7 Abs. 1 GG. Insofern ist das Beispiel bei *März*, in: v. Mangoldt/Klein/Starck, GG, Art. 31 Rn. 102 ungenau.

3. Wo liegt das Problem, wenn der BayVerfGH die Entscheidung eines VG a) hinsichtlich der Anwendung der VwGO an den Verfahrensgrundrechten der BV und b) hinsichtlich der Auslegung von Bundesrecht (zB des BauGB) an der BV misst? → Rn. 253 ff.
4. Wann ist Art. 31 GG einschlägig und welche Wirkungen hat er auf Landesverfassungsrecht? → Rn. 26 ff.
5. Darf das BVerfG eine Entscheidung des BayVerfGH im Rahmen einer Bundesverfassungsbeschwerde überprüfen und welchen Maßstab legt es dem zugrunde? → Rn. 206
6. Welche Handlungsoptionen hat ein bayerisches VG, wenn es a) eine Vorschrift des Landesrechts anwenden muss, die es für unvereinbar mit der BV bzw. mit dem GG hält? b) eine Vorschrift des Bundesrechts anwenden muss, die es für unvereinbar mit der BV bzw. dem GG hält? Kommt es für das Ergebnis auf den Rang der Vorschrift an? → Rn. 203 ff., 212 ff., 239 ff.
7. Inwieweit ermöglicht das Homogenitätsprinzip (Art. 28 Abs. 1 GG) eine abweichende Ausgestaltung des Wahlrechts, insbesondere was die Einbeziehung von Nicht-Staatsangehörigen bei Kommunal- und Landtagswahlen, Volksgesetzgebung und kommunalen Bürgerbegehren (Art. 18 a GO) betrifft? → Rn. 47 ff., 71 ff.
8. Kann der BayVerfGH eine Rechtsverordnung der Staatsregierung am Maßstab des Nachhaltigkeitsgrundsatzes (Art. 3 Abs. 2 BV) messen? Gibt es einen Unterschied hinsichtlich der Zulässigkeit und der Begründetheit der Popularklage? → Rn. 63, 84, 227
9. Woran muss man denken, wenn im Wege der verwaltungsgerichtlichen Normenkontrolle (§ 47 VwGO) die Unvereinbarkeit einer Rechtsverordnung mit den Grundrechten der BV geltend gemacht wird? → Rn. 214
10. Was bedeutet der Grundsatz der Spiegelbildlichkeit bei der Besetzung von Ausschüssen und woraus leitet er sich her? → Rn. 117, 119
11. Kann die BV im Wege der Volksgesetzgebung geändert werden und unterliegt diese Änderung besonderen Voraussetzungen? → Rn. 132
12. Welche Inhalte eines Volksbegehrens werden von Art. 73 BV erfasst? → Rn. 126
13. Kann man die BV als „wehrhafte Demokratie" bezeichnen? → Rn. 93 ff.
14. Woran muss sich eine Änderung der Verfassung messen lassen? Gibt es „verfassungswidriges bayerisches Verfassungsrecht"? → Rn. 94, 130
15. Was sieht die BV vor, wenn der Ministerpräsident das Vertrauen des Landtags verloren hat? → Rn. 150
16. Kann der Ministerpräsident zusätzlich zu Staatsministern und Staatssekretären weitere „Beauftragte" oder „Berater" bestellen? → Rn. 155
17. Was umfasst die Richtlinienkompetenz des Ministerpräsidenten? → Rn. 145, 148
18. Was ist der Unterschied zwischen unmittelbarer und mittelbarer Staatsverwaltung und warum ist letztere nur in beschränktem Umfang verfassungsrechtlich zulässig? → Rn. 165, 176 ff.
19. Was umfasst die Garantie der kommunalen Selbstverwaltung, Art. 11 BV? Wer kann sich auf diese in einer Popularklage berufen? Warum ist das eine systemwid-

rige Einschränkung der Popularklage bzw. warum gerade nicht? → Rn. 177 ff., 222
20. Wie wird die Grundrechtsfähigkeit von Gemeinden bei privatwirtschaftlichen Handeln vom BayVerfGH begründet? Warum ist diese vom BVerfG abweichende Rspr. kein Verstoß gegen das Homogenitätsprinzip? → Rn. 267 ff., 26
21. Kann sich eine Wählergruppierung vor dem BayVerfGH mangels entsprechender Vorschrift in der BV unmittelbar auf Art. 21 Abs. 1 GG berufen? Wie wird die Antragsberechtigung von Parteien im Organstreitverfahren begründet? → Rn. 235, 67
22. Ist Art. 70 Abs. 1 BV (Vorbehalt des Gesetzes) in der bundesstaatlichen Rechtsordnung wirksam? → Rn. 24 ff.
23. Kann sich ein Schüler an einer bayerischen Schule auf Art. 128 Abs. 1 BV oder alternativ auf Art. 24 UN-BRK berufen, um Recht auf Inklusion in die Regelschule geltend zu machen? → Rn. 285 f.
24. Wie wirkt Art. 7 Abs. 2 BV? In welchen Verfahren kann er von wem geltend gemacht werden? → Rn. 281 f.
25. Wogegen kann sich der Bürger mit einer Verfassungsbeschwerde, wogegen mit einer Popularklage wenden? → Rn. 225, 230 f.
26. Gibt es in der BV die Möglichkeit einer abstrakten Normenkontrolle? Wer ist antragsberechtigt? → Rn. 240 f.
27. Ist es dem BayVerfGH möglich, eine bundes- oder landesweit antretende Partei, die verfassungsfeindliche Inhalte verbreitet, zu verbieten, nachdem ein entsprechendes Verfahren vor dem BVerfG nicht zu einem Verbot geführt hat? → Rn. 94, 108
28. Kann der BayVerfGH in einer Popularklage gegen einen Bebauungsplan einer bayerischen Gemeinde überprüfen, ob Art. 141 Abs. 3 BV bei der Abwägung hinreichend berücksichtigt wurde? → Rn. 248 ff.
29. Beansprucht das Unionsrecht Anwendungsvorrang vor der BV? Was bedeutet das für die Prüfungskompetenz und den Prüfungsmaßstab des BayVerfGH? → Rn. 30 ff., 208 f., 257
30. Erklären Sie die Problematik der sog „Gesetzesweisung" in Art. 70 Abs. 4 S. 2 BV! Was ist der (unionsrechtliche sowie bundesrechtliche) Hintergrund dieser Regelung? → Rn. 157, 159

IX. Literatur

Bambey, Gemeinden als Träger der landesverfassungsrechtlichen Eigentumsgarantie?, NVwZ 1985, 248; *Bohn*, Das Verfassungsprozessrecht der Popularklage, 2012; *Eickenjäger/Valle Franco*, Ausweitung des Wahlrechts für Migranten? – Anmerkung zum Urteil des Bremischen Staatsgerichtshofes vom 31.1.2014, ZAR 2015, 52; *Hillgruber*, Keine Volksabstimmung über den Austritt Bayerns aus der Bundesrepublik, JA 2017, 238; *Hoegner*, Lehrbuch des Bayerischen Verfassungsrechts, 1949; *Holzner*, Verfassung des Freistaates Bayern, 2014; *Igloffstein*, Landesverfassungsgerichtliche Prüfungsmaßstäbe und Vorlagepflichten im Mehrebenensystem, BayVBl. 2017, 669; *Kempen*, Bayerisches Verfassungsrecht, in: Becker/Heckmann/ders./Manssen (Hrsg.), Öffentliches Recht in Bayern, 2017, 1. Teil; *Küspert*, Bedeutung und aktuelle Fragen des bayerischen Verfassungsrechts aus der Sicht der Verfassungsrechtsprechung, BayVBl. 2016, 797; *Lindner*, Bayerisches Staatsrecht, 2011; *Lindner*, Die Rechtsprechung des Bayerischen Verfassungsgerichtshofs, BayVBl. 2013, 549; *Lindner*, Die abstrakte Normenkontrolle im Bayerischen Verfassungsrecht, BayVBl. 2015, 433; *Lindner*, Landesgrundrechte – Bedeutung, Dogmatik, Klausurrelevanz, JuS 2018, 233; *Lindner/Möstl/Wolff*, Verfassung des Freistaates Bayern, 2. Aufl. 2017; *Martina*, Die Grundrechte der nordrhein-westfälischen Landesverfassung im Verhältnis zu den Grundrechten des Grundgesetzes, 1999; *Meder/Brechmann*, Die Verfassung des Freistaats Bayern, 5. Aufl. 2014; *Möstl*, Der Streit um Volksbefragungen in Bayern, BayVBl. 2015, 217; *Möstl*, Bundesverfassungsrecht als Prüfungsmaßstab für Landesverfassungsgerichte, BayVBl. 2017, 659; *Nawiasky/Schweiger/Knöpfle*, Die Verfassung des Freistaats Bayern (Stand: 2008); *Riepe*, Soziale Grundrechte in den Verfassungen der Länder Brandenburg, Mecklenburg-Vorpommern, Sachsen, Sachsen-Anhalt und Thüringen, 1996; *Rottenwallner*, „Angesichts des Trümmerfelds..."– Ist der Vorspruch der Bayerischen Verfassung präludierendes Schmuckstück oder Grundnorm der Landesverfassung?, BayVBl. 2016, 3; *Ruf*, Die Bayerische Verfassung vom 14. August 1919, 2015; *Sacksofsky*, Landesverfassungen und Grundgesetz – am Beispiel der Verfassungen der neuen Bundesländer, NVwZ 1993, 235; *Sander*, Die Kompetenz des BVerfG zur Auslegung von Landesverfassungsrecht, NVwZ 2002, 45; *Scheffczyk*, Organisation und Aufgaben der Verfassungsgerichte der Länder und ihr Verhältnis zum Bundesverfassungsgericht, LKV 2017, 392; *Schmidt*, Staatsgründung und Verfassungsgebung in Bayern, 1997; *Stiens*, Chancen und Grenzen der Landesverfassungen im deutschen Bundesstaat der Gegenwart, 1997; *Thum*, Zur Einführung von Volksbefragungen in Bayern, BayVBl. 2015, 224; *Thum*, Zum Verlust des Wahlrechts für Landtagswahlen mit Wegzug ins Ausland, BayVBl. 2016, 774; *Wendt*, Die Rüge der Verletzung im Grundgesetz verbürgter Rechte vor den Landesverfassungsgerichten, NdsVBl. 2010, 150.

§ 2 Öffentliches Baurecht

Sonja Heitzer/Ann-Katrin Kaufhold[1]

I. Einleitung	1
1. Privates und öffentliches Baurecht	2
2. Bauplanungsrecht und Bauordnungsrecht	5
3. Unionsrechtliche Einflüsse	6
4. Verfassungsrechtliche Vorgaben für die Ausgestaltung des öffentlichen Baurechts	7
a) Gesetzgebungskompetenzen	7
b) Eigentumsgarantie, Art. 14 Abs. 1 GG	9
c) Kommunale Planungshoheit, Art. 28 Abs. 2 GG	10
5. Öffentliches Baurecht in juristischen Prüfungen	11
II. Kommunale Bauleitplanung	16
1. Flächennutzungspläne (= vorbereitende Bauleitpläne)	19
a) Rechtsnatur und Bindungswirkung	20
b) Rechtmäßigkeit und Wirksamkeit	22
aa) Besondere Anforderungen an die formelle Rechtmäßigkeit von Flächennutzungsplänen	25
(1) Einfacher Gemeinderatsbeschluss	25
(2) Genehmigung	28
(3) Begründung und zusammenfassende Erklärung	30
bb) Besondere Anforderungen an die materielle Rechtmäßigkeit von Flächennutzungsplänen	31
(1) Schlüssiges gesamträumliches Planungskonzept	31
(2) Zulässigkeit der Darstellungen	32
c) Rechtsschutz gegen Flächennutzungspläne	33
2. Bebauungspläne (= verpflichtende Bauleitpläne)	37
a) Funktion und rechtliche Wirkung	38
b) Rechtsnatur und Arten von Bebauungsplänen	39
c) Rechtmäßigkeit und Wirksamkeit	44
aa) Formelle Rechtmäßigkeit	44
(1) Zuständigkeit	44
(2) Fakultativ: Ortsüblich bekannt gemachter Aufstellungsbeschluss	45
(3) Umweltprüfung und Umweltbericht	46
(4) Frühzeitige Öffentlichkeitsbeteiligung	47
(5) Frühzeitige Beteiligung der Träger öffentlicher Belange	49
(6) Öffentliche Auslegung	50
(7) Förmliche Beteiligung der Träger öffentlicher Belange	59
(8) Formelle Anforderungen des Abwägungsgebots	62
(9) Beschluss als Satzung	76
(10) Ausnahmsweise: Genehmigungsbedürftigkeit	77

---

[1] Die Autorinnen haben zu gleichen Teilen zum Text beigetragen und verantworten den Beitrag insgesamt gemeinsam. Sie danken Maximilian Beer, Ann-Kristin Knoll, Anna-Lena Köhler, Paul Lauster und Carina Stier sehr herzlich für die tatkräftige Unterstützung bei der Vorbereitung des Textes.

(11) Begründung 78
(12) Ausfertigung, Bekanntmachung, Inkrafttreten 79
bb) Materielle Rechtmäßigkeit 83
(1) Erforderlichkeit .. 83
(2) Anpassungsgebot 92
(3) Entwicklungsgebot 94
(4) Zulässigkeit der Festsetzungen 96
(5) Materielle Anforderungen des Abwägungsgebots 100
cc) Wirksamkeit: Fehlerfolgen und Planerhaltungsvorschriften 106
(1) Grundsätzliche (Un-)Beachtlichkeit abhängig von Art des Fehlers ... 109
(2) Unbeachtlichkeit infolge Zeitablaufs mangels fristgerechter Rüge 115
(3) Unbeachtlichkeit nach ergänzendem Verfahren ... 116
d) Änderung, Aufhebung, Außerkrafttreten wegen Funktionslosigkeit 120
e) Pflicht zum Erlass eines Bauleitplans 122
f) Rechtsschutz 124
aa) Rechtsschutzmöglichkeiten Privater 124
bb) Rechtsschutzmöglichkeiten von Nachbargemeinden 128
g) Ersatz von Planungsschäden 129
3. Exkurs: Örtliche Bauvorschriften 131
4. Sicherungsmittel der Bauleitplanung 132
a) Veränderungssperre, § 14 BauGB 133
aa) Rechtsnatur und Rechtswirkungen 135
bb) Rechtmäßigkeit und Wirksamkeit 139
(1) Formelle Rechtmäßigkeit 140

(2) Materielle Rechtmäßigkeit 141
(3) Fehlerfolgen 146
cc) Rechtsschutz 147
b) Zurückstellung und vorläufige Untersagung von Baugesuchen, § 15 BauGB 148
aa) Rechtmäßigkeit 150
bb) Rechtsschutz 151
5. Kooperative Handlungsformen 153
a) Städtebaulicher Vertrag, § 11 BauGB 154
b) Vorhabenbezogener Bebauungsplan 156
III. Die Baugenehmigung 158
1. Das Baugenehmigungsverfahren 159
a) Antragserfordernis 160
b) Zuständigkeiten und Beteiligung der Gemeinde 161
aa) Sachliche Zuständigkeit 162
(1) Sachliche Zuständigkeit der Gemeinde 163
(2) Sachliche Zuständigkeit des Landratsamtes 165
bb) Örtliche Zuständigkeit 168
c) Beteiligung der Nachbarn 170
d) Beteiligung der Öffentlichkeit 175
e) Beteiligung anderer Stellen 176
2. Erfordernis einer Baugenehmigung, Art. 55 Abs. 1 BayBO .. 177
a) Grundsatz: Baugenehmigungspflicht 177
aa) Anlage 178
bb) Vorhaben 179
b) Ausnahmen von der Baugenehmigungspflicht 182
aa) Vorrang anderer Gestattungsverfahren 183
bb) Verfahrensfreie Bauvorhaben 187
cc) Genehmigungsfreistellung 191
dd) Genehmigung fliegender Bauten 195
ee) Bauaufsichtliche Zustimmung 196
3. Materieller Prüfungsumfang der Bauaufsichtsbehörde 197
a) Bei Sonderbauten: Reguläres Genehmigungsverfahren nach Art. 60 BayBO ... 198

§ 2 Öffentliches Baurecht

- b) Außer bei Sonderbauten: Vereinfachtes Genehmigungsverfahren nach Art. 59 BayBO 200
4. Rechtsnatur und Wirkung der Baugenehmigung 202
   - a) Feststellender Verwaltungsakt 203
   - b) Verfügender Verwaltungsakt 206
   - c) Dinglicher Verwaltungsakt 207
   - d) Auswirkungen auf private Rechte 208
5. Vorbescheid und Teilbaugenehmigung 209
   - a) Vorbescheid, Art. 71 BayBO 210
     - aa) Voraussetzungen 211
     - bb) Wirkung 212
     - cc) Rechtsschutzfragen ... 214
   - b) Teilbaugenehmigung, Art. 70 BayBO 215
     - aa) Voraussetzungen 216
     - bb) Wirkung 217
     - cc) Rechtsschutzfragen ... 218

IV. Baurechtliche Zulässigkeit von Vorhaben 219
1. Bauplanungsrechtliche Zulässigkeit von Vorhaben, §§ 29–38 BauGB 219
   - a) Anwendbarkeit der §§ 30 ff. BauGB 220
     - aa) Bauliche Anlage mit bodenrechtlicher Relevanz 221
     - bb) Errichtung, Änderung, Nutzungsänderung ... 227
     - cc) Vorrang der Fachplanung 229
   - b) Die Gebietskategorien 230
   - c) Vorhaben im Geltungsbereich eines Bebauungsplans, § 30 BauGB 231
     - aa) Vorhaben im Geltungsbereich eines qualifizierten Bebauungsplans, § 30 Abs. 1 BauGB.... 232
       - (1) Allgemeine Zulässigkeit nach §§ 2 ff. BauNVO 234
       - (2) Gebietsverträglichkeit 235
       - (3) Zulässigkeit nach § 15 Abs. 1 BauNVO 236
     - bb) Vorhaben im Geltungsbereich eines vorhabenbezogenen Bebauungsplans, § 30 Abs. 2 BauGB.... 243
     - cc) Vorhaben im Geltungsbereich eines einfachen Bebauungsplans, § 30 Abs. 3 BauGB 244
   - d) Ausnahmen und Befreiungen, § 31 BauGB.......... 246
     - aa) Ausnahmen 247
     - bb) Befreiungen 253
   - e) Vorhaben im nicht qualifiziert überplanten Innenbereich, § 34 BauGB 266
     - aa) Anwendbarkeit: im Zusammenhang bebauter Ortsteil, nicht qualifiziert überplant 267
     - bb) Maßstab 272
   - f) Vorhaben im Außenbereich, § 35 BauGB 283
     - aa) Anwendbarkeit: kein im Zusammenhang bebauter Ortsteil, kein qualifiziert überplantes Gebiet 284
     - bb) Privilegiertes Vorhaben oder sonstiges Vorhaben 285
     - cc) Entgegenstehen bzw. Beeinträchtigung öffentlicher Belange... 291
       - (1) Öffentliche Belange 293
       - (2) Nachvollziehende Abwägung: „Entgegenstehen" bzw. „Beeinträchtigung" öffentlicher Belange 299
     - dd) Ggf.: Erklärung nach § 35 Abs. 5 S. 2 BauGB 304
     - ee) Rechtsfolge: bauplanungsrechtliche Zulässigkeit des Vorhabens 306
   - g) Zulässigkeit von Vorhaben während der Planaufstellung, § 33 BauGB.......... 307
   - h) Erfordernis des gemeindlichen Einvernehmens, § 36 BauGB 317
     - aa) Anwendungsbereich und Rechtsnatur 317
     - bb) Zuständigkeit 320

cc) Maßstab für die Erteilung oder Versagung des Einvernehmens ... 321
dd) Fiktion des Einvernehmens 323
ee) Bindungswirkung der gemeindlichen Entscheidung und Ersetzung des Einvernehmens 324
ff) Rechtsnatur 330
i) Erschließung gesichert 333
2. Bauordnungsrechtliche Zulässigkeit 334
a) Abstandsflächen, Art. 6 BayBO 335
b) Stellplätze, Art. 47 BayBO 342
c) Verunstaltungsverbot, Art. 8 BayBO 343
d) Allgemeine Anforderungen, Art. 3 BayBO 345
e) Abweichungen, Art. 63 BayBO 347
aa) Formelle Voraussetzungen 348
bb) Materielle Voraussetzungen 349
cc) Wirkung und Rechtsschutz 352
3. Rechtsschutzfragen 353
a) Rechtsschutz des Bauherrn 354
aa) Prozessuale Verfolgung des Anspruchs auf Erlass einer Baugenehmigung 354
bb) Gewissheit über die Genehmigungsfreiheit eines Vorhabens 357
b) Rechtsschutz der Gemeinde 358
aa) Anfechtung der (vom Landratsamt erteilten) Baugenehmigung 359
bb) Isolierte Anfechtung der Ersetzung des gemeindlichen Einvernehmens 360
V. Eingriffsbefugnisse der Bauaufsicht 361
1. Überblick: Eingriffsbefugnisse der BayBO 362
a) Beseitigungsanordnung, Art. 76 S. 1 BayBO 364
aa) Allgemein: Widerspruch des Vorhabens zu öffentlich-rechtlichen Vorschriften 365

(1) Formelle Illegalität von Bauvorhaben 366
(2) Materielle Illegalität von Bauvorhaben 371
bb) Tatbestandliche Voraussetzungen 376
cc) Rechtsfolge 377
b) Nutzungsuntersagung, Art. 76 S. 2 BayBO 378
aa) Tatbestandliche Voraussetzungen 379
bb) Rechtsfolge 381
c) Baueinstellung, Art. 75 Abs. 1 BayBO 382
aa) Tatbestandliche Voraussetzungen 383
bb) Rechtsfolge 385
d) Sonstige spezielle Eingriffstatbestände 387
e) Generalklausel, Art. 54 Abs. 2 S. 2 Hs. 1 BayBO 388
2. Adressat der Maßnahme 389
3. Ermessensausübung und Verhältnismäßigkeit 390
4. Vollstreckung bauaufsichtlicher Maßnahmen: Erfordernis einer Duldungsverfügung 394
5. Rechtsschutzfragen 395
a) Rechtsschutz des Bauherrn 395
b) Rechtsschutz der Gemeinde 396
VI. Nachbarschutz im öffentlichen Baurecht 398
1. Schutznormtheorie 399
2. Generell und partiell nachbarschützende Vorschriften 400
3. Generell nachbarschützende Normen 401
a) Bauplanungsrecht 401
b) Bauordnungsrecht 408
4. Partiell nachbarschützende Normen 410
a) Gesetzliche Normierungen und Anforderungen des Gebots der Rücksichtnahme 411
aa) Bauplanungsrecht 413
bb) Bauordnungsrecht 414
cc) Anforderungen des Gebots der Rücksichtnahme 415
b) Voraussetzungen der drittschützenden Wirkung des Rücksichtnahmegebots 416

5. Reichweite des Schutzes: „Nachbarn" im Sinne des Baurechts 419
6. Nachbarschutz aus Art. 14 Abs. 1 GG? 420
7. Rechtsschutz 421
8. Zivilrechtlicher Nachbarschutz 429
VII. Kontrollfragen 429
VIII. Literatur 429

I. Einleitung

1 Das Baurecht regelt, wie Grundstücke genutzt werden dürfen. Es bestimmt insbesondere, wie Konflikte aufzulösen sind, die durch kollidierende Nutzungswünsche entstehen. Baurechtliche Regelungen finden sich im Bundes- und im Landesrecht sowie in kommunalen Vorschriften. Nach einer knappen Einführung in die Strukturen und verfassungsrechtlichen Grundlagen des öffentlichen Baurechts (I.) werden im Folgenden zunächst die Vorgaben für die **kommunale Bauleitplanung** erläutert, aus denen sich ergibt, in welchen Formen und unter welchen Voraussetzungen die Kommunen Regelungen für ihre Gemeindeflächen treffen dürfen (II.). Welches Verfahren Private durchlaufen müssen und ob sie einer **Baugenehmigung** bedürfen, bevor sie ein Bauvorhaben errichten, erläutert der dritte Abschnitt (III.). Die materiellen Anforderungen, denen ein Bauwerk genügen muss, damit es errichtet werden darf, bilden den Gegenstand des vierten Abschnitts zur **bauplanungs- und bauordnungsrechtlichen Zulässigkeit** eines Vorhabens (IV.). Wird ein Bauvorhaben errichtet oder genutzt, obwohl es den formellen oder materiellen baurechtlichen Anforderungen nicht genügt, können die zuständigen Behörden einschreiten. Über welche **bauaufsichtlichen Eingriffsbefugnisse** sie verfügen, schildert der fünfte Abschnitt (V.). Das Baurecht wirft häufig die Frage auf, unter welchen Voraussetzungen sich Dritte gegen behördliche Entscheidungen wehren können, die nicht an sie adressiert sind. Diese Konstellation wird im sechsten Abschnitt (VI.) behandelt, der dem **Nachbarschutz** im Baurecht gewidmet ist.

1. Privates und öffentliches Baurecht

2 Sowohl das Zivilrecht als auch das öffentliche Recht enthalten Vorgaben für Bautätigkeiten. Beide Rechtsbereiche stehen weitgehend selbstständig nebeneinander, ergänzen sich aber funktional.

3 Das **private Baurecht** regelt den Interessenausgleich zwischen Privaten. Es bestimmt etwa die Rechte des Bauherrn gegenüber Architekten und Handwerkern (§§ 631 ff. BGB), gibt aber auch vor, welchen Einschränkungen ein Eigentümer bei der baulichen Nutzung seines Grundstücks zugunsten der Nachbarn unterliegt (§§ 903 ff., 1004 BGB).

4 Das **öffentliche Baurecht** regelt den Ausgleich zwischen den privaten Interessen an der Grundstücksnutzung und den öffentlichen Interessen, also den Belangen der Allgemeinheit.[2]

---

2 Siehe zur Geschichte des öffentlichen Baurechts etwa *Finkelnburg/Ortloff/Kment*, § 2.

2. Bauplanungsrecht und Bauordnungsrecht

Das öffentliche Baurecht gliedert sich in zwei große Teilbereiche: das Bauplanungs- und das Bauordnungsrecht. Das **Bauplanungsrecht** ist flächenbezogen[3] und insbesondere dem BauGB sowie dem ROG und dem BayLplG zu entnehmen. Den (prüfungsrelevanten) Kern des Bauplanungsrechts bilden die Regelungen über die kommunale Bauleitplanung sowie über die bauplanungsrechtliche Zulässigkeit von Bauvorhaben. Übergreifende Funktion aller bauplanungsrechtlichen Vorschriften ist die Sicherung einer geordneten städtebaulichen Entwicklung. Demgegenüber dient das materielle **Bauordnungsrecht** in erster Linie der Abwehr von Gefahren, die bei der Ausführung und der Nutzung von Bauvorhaben entstehen können. Es ist insofern objektbezogen.[4] Das formelle Bauordnungsrecht regelt die staatlichen Befugnisse und Verfahren zur Kontrolle von Bautätigkeiten. Es umfasst insbesondere die Vorschriften über das Baugenehmigungsverfahren und die Maßnahmen der Bauaufsicht. Regelungsstandort des Bauordnungsrechts ist in erster Linie die BayBO.

3. Unionsrechtliche Einflüsse

Die Europäische Union besitzt zwar keine Kompetenzen zur Regelung des Baurechts. Gleichwohl prägen unionsrechtliche Vorgaben etwa aus dem Bereich des Umweltrechts das Baurecht und speziell das Bauplanungsrecht zunehmend.[5] Zudem müssen sich selbstverständlich auch die nationalen baurechtlichen Regelungen einschließlich der Bauleitpläne an den Grundfreiheiten und speziell an der Niederlassungsfreiheit (Art. 49 AEUV) messen lassen.[6]

4. Verfassungsrechtliche Vorgaben für die Ausgestaltung des öffentlichen Baurechts
a) Gesetzgebungskompetenzen

Nach Art. 74 Abs. 1 Nr. 18 GG besitzt der Bund die konkurrierende Gesetzgebungskompetenz für das Bodenrecht, dh für den Erlass aller öffentlich-rechtlichen Normen, die „die rechtlichen Beziehungen des Menschen zum Grund und Boden regeln" und die bauliche Nutzbarkeit von Grundstücken bestimmen.[7] Auf dieser Kompetenzgrundlage hat der Bund insbesondere das BauGB erlassen. Seit 1994 nimmt Art. 74 Abs. 1 Nr. 18 GG das Recht der Erschließungsbeiträge ausdrücklich aus der Bundeskompetenz aus. Die bereits zuvor erlassenen §§ 127 ff. BauGB gelten jedoch gemäß

---

3 *Weber/Köppert*, Baurecht, Rn. 4.
4 *Weber/Köppert*, Baurecht, Rn. 6.
5 So dienten etwa die mit dem Europarechtsanpassungsgesetz 2004, BGBl. I S. 1359, eingeführten Änderungen des BauGB und des ROG der Umsetzung der europäischen Richtlinie 2001/42/EG über die Prüfung der Umweltauswirkungen bestimmter Pläne und Programme, ABl. EG L 197/30, sowie der Richtlinie 2003/35/EG über die Beteiligung der Öffentlichkeit bei der Ausarbeitung bestimmter umweltbezogener Pläne und Programme, ABl. EG L 156/17.
6 Schränkt beispielsweise ein Bebauungsplan die Möglichkeiten zur Errichtung größerer Einzelhandelsunternehmen (zB Supermärkte, Factory-Outlets) ein, sind die Regelungen des Plans auch am Maßstab des Art. 49 AEUV zu messen und daher nur zulässig, wenn sie genannten Gründen des Allgemeininteresses (etwa dem Umweltschutz oder der Vermeidung unnötigen Flächenverbrauchs) dienen, vgl. dazu BVerwG, NVwZ 2013, 1086 (1086). Näher zum unionsrechtlichen Einfluss auf das Baurecht *Finkelnburg/Ortloff/Kment*, § 2, Rn. 11 ff.
7 BVerfGE 3, 407 (424); 34, 139 (144).

Art. 125a Abs. 1 S. 1 1. Var. GG[8] weiter, bis die Landesgesetzgeber abweichende Regelungen erlassen. Bayern hat in § 5a KAG Sonderregelungen vorgesehen, die §§ 127 ff. BauGB in ihrem Anwendungsbereich verdrängen.[9] Ob und inwieweit sich das ROG des Bundes auf Art. 74 Abs. 1 Nr. 31 GG oder auf eine Gesetzgebungskompetenz kraft Natur der Sache stützt, ist umstritten.[10] Nur soweit sich die Bundeskompetenz aus Art. 74 Abs. 1 Nr. 31 GG ergibt, sind die Länder gemäß Art. 72 Abs. 3 S. 1 Nr. 4 GG berechtigt, abweichende Vorschriften zu erlassen. Es gilt dann gemäß Art. 72 Abs. 3 S. 3 GG das jeweils spätere Gesetz. Der Freistaat Bayern hat mit dem Erlass des BayLplG eine Abweichungsbefugnis in Anspruch genommen.

8 Das Bauordnungsrecht fällt als besonderes Gefahrenabwehrrecht in die Gesetzgebungskompetenz der Länder gemäß Art. 30, 70 Abs. 1 GG.

b) Eigentumsgarantie, Art. 14 Abs. 1 GG

9 Das Baurecht bestimmt Inhalt und Schranken des durch Art. 14 Abs. 1 GG geschützten Grundeigentums. Es muss daher den verfassungsrechtlichen Anforderungen des Art. 14 Abs. 1 S. 2 GG genügen. Bauherren, die eine **baurechtliche Regelung** – ein Parlamentsgesetz oder eine kommunale Satzung – für rechtswidrig halten, können daher unter Berufung auf Art. 14 Abs. 1 S. 2 GG gerichtlich gegen diese Vorschrift vorgehen. Soweit hingegen nicht die Verfassungskonformität der baurechtlichen Regelungen in Frage steht, sondern ihre zutreffende **Anwendung im Einzelfall** bestritten wird, ist ein Rückgriff auf Art. 14 Abs. 1 GG nicht möglich. Denn das (Grund-)Eigentum existiert nur in der Form, die ihm der Gesetzgeber mit dem öffentlichen Baurecht gibt. Ein dem einfach-gesetzlichen Baurecht irgendwie „vorgelagertes", „vorgesetzliches" und durch Art. 14 Abs. 1 GG geschütztes Eigentumsrecht existiert nicht. Ansprüche von Bauherrn oder Nachbarn gegenüber der Bauaufsicht können sich daher nicht aus Art. 14 Abs. 1 GG ergeben, sondern nur aus den einfach-gesetzlichen baurechtlichen Vorschriften (→ Rn. 420).

c) Kommunale Planungshoheit, Art. 28 Abs. 2 GG

10 Art. 28 Abs. 2 GG garantiert den Gemeinden das Recht, selbst zu bestimmen, wie Grund und Boden innerhalb des Gemeindegebiets genutzt werden sollen. Das öffentliche Baurecht sichert die kommunale Planungshoheit insbesondere, indem es den Gemeinden das Recht verleiht, Bauleitpläne für das Gemeindegebiet in eigener Verantwortung aufzustellen (§ 2 Abs. 1 BauGB; → Rn. 16 ff.), und sie zudem an den Verfahren zur Zulassung einzelner Vorhaben beteiligt (§ 36 BauGB; → Rn. 317 ff.).

---

8 Wir verwenden die Abkürzung „Var." bei Gesetzeszitaten unabhängig von der Frage, ob zwei (Alternativen) oder eine darüber hinausgehende Zahl an Varianten zur Auswahl stehen.
9 Zum Verhältnis von §§ 127 ff. BauGB und § 5a KAG siehe *Grziwotz*, in: Ernst/Zinkahn/Bielenberg/Krautzberger, Vorbemerkung zu § 127 BauGB (Stand: 89. EL Oktober 2008), Rn. 3.
10 Den Hintergrund dieses Streits bildet die Rspr. des BVerfG, wonach der Bund kraft Natur der Sache die ausschließliche Gesetzgebungskompetenz für die länderübergreifende „Raumplanung für den Gesamtstaat" besitzt, siehe BVerfGE 3, 407 (427 f.); 15, 1 (15 f.). Soweit diese Kompetenz reicht, sind die Länder nicht zur Abweichung befugt. Das macht eine Abgrenzung von Art. 74 Abs. 1 Nr. 31 GG einerseits und der Kompetenz kraft Natur der Sache andererseits erforderlich, die im Einzelnen sehr umstritten ist, siehe hierzu etwa *Koch/Hendler*, § 1, Rn. 2 ff., sowie *F. Wollenschläger*, in: BK-GG, Art. 72 (Stand: 192. EL August 2018), Rn. 478.

5. Öffentliches Baurecht in juristischen Prüfungen

Das öffentliche Baurecht ist außerordentlich prüfungsrelevant. Zwischen 2007 und 2017 war das Baurecht im ersten Staatsexamen in Bayern in acht von zehn Jahren Gegenstand zumindest einer Klausur. Noch größer als im ersten, ist in Bayern die Bedeutung im zweiten Staatsexamen. Seit 2007 wurde nur in einem einzigen Jahr keine baurechtliche Klausur gestellt. In sieben Jahren waren in beiden Terminen baurechtliche Fälle zu lösen, wiederholt hatten sogar zwei Aufgaben pro Prüfungstermin das Baurecht zum Gegenstand.[11] Prüfungsstoff des ersten Staatsexamens in Bayern sind gemäß § 18 Abs. 2 Nr. 5 lit. c JAPO „Grundzüge des Bauordnungsrechts (ohne Teil 3 Abschnitt 1 bis 6 und ohne Art. 45 f. BayBO) sowie das Bauplanungsrecht (nur Bauleitplanung und deren Sicherung sowie bauplanungsrechtliche Zulässigkeit von Vorhaben) in Grundzügen". Für das zweite Examen fehlt eine Beschränkung auf die Grundzüge (§ 58 Abs. 2 Nr. 4 lit. a JAPO).

Vier typische baurechtliche Fallkonstellationen lassen sich unterscheiden:

– Die Gemeinde möchte (nicht) regeln, welche Anlagen an welchen Stellen ihres Gemeindegebiets gebaut werden dürfen. Das wirft die folgenden Fragen auf: Unter welchen Voraussetzungen darf, kann, muss eine Gemeinde Bauleitpläne aufstellen? Welche Verfahrensschritte muss sie dabei beachten? Welchen Inhalt darf, kann, muss ein Bauleitplan haben? Wie können sich Bürger oder andere Gemeinden gerichtlich gegen einen Bauleitplan wehren? Diese Fragen beantworten die Regelungen über die kommunale Bauleitplanung (dazu Abschnitt II.).

– Ein Privater möchte bauen. Es stellt sich die Frage, welches Verfahren er einzuhalten hat, bevor er mit der Umsetzung seines Bauvorhabens beginnt, und welchen materiellen Anforderungen sein Vorhaben genügen muss. Das ergibt sich aus den Regelungen über das Baugenehmigungsverfahren (dazu Abschnitt III.) und aus den Anforderungen an die bauplanungs- und bauordnungsrechtliche Zulässigkeit eines Vorhabens (dazu Abschnitt IV.).

– Die Bauaufsicht möchte verhindern, dass ein Vorhaben gebaut bzw. genutzt wird, oder anordnen, dass eine bereits errichtete Anlage wieder beseitigt wird. Unter welchen Voraussetzungen die Behörde hierzu befugt ist, bestimmen die Vorschriften über die bauaufsichtlichen Eingriffsbefugnisse (dazu Abschnitt V.).

– Ein Nachbar fühlt sich durch ein Bauvorhaben beeinträchtigt und möchte die Errichtung bzw. Nutzung verhindern oder einen Abriss bewirken. Ob und wie sich private Dritte gegen Bauvorhaben wehren können, ist dem *öffentlichen Nachbarschutzrecht* zu entnehmen (dazu Abschnitt VI.).

---

11 In den Fn. dieses Beitrags werden wir auf einschlägige bayerische Examensklausuren des vergangenen Jahrzehnts zu den im Text erläuterten Themen und Problemen hinweisen. Soweit die Klausuren in den BayVBl. veröffentlicht wurden, verweist die erste Seitenzahl der Fundstellenangabe jeweils auf den Abdruck der Aufgabenstellung, die zweite auf den Abdruck der unverbindlichen Lösungshinweise.

II. Kommunale Bauleitplanung

16 Wo und wie gebaut werden darf, wird in Deutschland nicht erst entschieden, wenn es um die Zulassung einzelner Vorhaben geht. Länder und Kommunen sind vielmehr aufgerufen, die Bodennutzung vorab zu planen. Für den Fall, dass es an einer Planung fehlt, hat der Gesetzgeber in §§ 34 f. BauGB sog Planersatzvorschriften erlassen. Auf diese Weise soll eine nachhaltige und ausgewogene städtebauliche Entwicklung im gesamten Bundesgebiet gesichert werden (vgl. § 1 Abs. 2 ROG).

17 Die Planung der Bodennutzung erfolgt in mehreren Schritten und auf verschiedenen Stufen der föderalen Ordnung. Sie wird dabei zunehmend kleinmaschiger und präziser. Den Ausgangspunkt bilden die **Raumordnungspläne**, in denen die Länder für das gesamte Landesgebiet eine „Raumstruktur" festlegen, dh regeln, in welchen Gebieten gebaut werden soll, welche Flächen freizuhalten sind (zB zum Schutz der Natur oder zur Gewinnung von Rohstoffen) und wo Infrastrukturvorhaben (zB Bahntrassen oder Energieleitungen) anzusiedeln sind (vgl. § 13 Abs. 1, 5 ROG bzw. für Bayern Art. 6, Art. 14 BayLplG). Die landesweiten Raumordnungspläne werden in **Regionalplänen** für Teilräume der Länder (§ 13 Abs. 1 f. ROG bzw. für Bayern Art. 21 BayLplG) und in kommunalen **Bauleitplänen** für die Gebiete der einzelnen Gemeinden konkretisiert (vgl. § 1 Abs. 4 BauGB).

18 Die Planung der Bodennutzung auf **kommunaler** Ebene erfolgt wiederum zweistufig: Grds. sind zunächst **Flächennutzungspläne** (vorbereitende Bauleitpläne, § 1 Abs. 2 BauGB) zu erlassen, die in der Regel das gesamte Gemeindegebiet umfassen, aber inhaltlich auf die Festlegung von Grundzügen beschränkt sind (§ 5 Abs. 1 S. 1 BauGB). Auf der Grundlage der Flächennutzungspläne werden dann anschließend **Bebauungspläne** (verbindliche Bauleitpläne, § 1 Abs. 2 BauGB) entwickelt. Sie betreffen in der Regel nur Teile des Gemeindegebiets (vgl. § 9 Abs. 7 BauGB), bestimmen für diese Ausschnitte jedoch im Einzelnen, welche Grundstücksparzelle wie genutzt werden darf.

Klausurhinweis:
Raumordnungs- und Regionalpläne sind nur sehr selten Gegenstand von Prüfungsaufgaben. Klausurrelevant sind hingegen die Vorschriften über Flächennutzungspläne und v.a. jene über Bebauungspläne.

1. Flächennutzungspläne (= vorbereitende Bauleitpläne)

19 **Schema: Wirksamkeit eines Flächennutzungsplans**
Die speziellen Anforderungen an *Flächennutzungspläne* sind *kursiv* gesetzt, im Übrigen handelt es sich um allgemeine Anforderungen an Bauleitpläne.
  I. Rechtsgrundlage, § 2 Abs. 1 BauGB
  II. Formelle Rechtmäßigkeit
    1. Zuständigkeit
       a) Verbandskompetenz, § 2 Abs. 1 S. 1 BauGB
       b) Organkompetenz, Art. 29, 30 Abs. 2 iVm Art. 32 Abs. 2 GO
    2. Verfahren
       a) Fakultativ: ortsüblich bekannt gemachter Aufstellungsbeschluss, § 2 Abs. 1 S. 2 BauGB
       b) Umweltprüfung und Umweltbericht, § 2 Abs. 4 BauGB

c) Frühzeitige Öffentlichkeitsbeteiligung, § 3 Abs. 1 BauGB
　　　d) Frühzeitige Beteiligung von Behörden und Trägern öffentlicher Belange, § 4 Abs. 1 BauGB
　　　e) Öffentliche Auslegung des Planentwurfs, § 3 Abs. 2 BauGB
　　　f) Förmliche Beteiligung von Behörden und Trägern öffentlicher Belange, § 4 Abs. 2 BauGB
　　　g) Formelle Anforderungen des Abwägungsgebots, § 2 Abs. 3 BauGB
　　　h) *Einfacher Gemeinderatsbeschluss (§ 10 Abs. 1 BauGB e contrario)*
　　　i) *Genehmigung, § 6 BauGB*
　　3. Form
　　　a) Keine Ausfertigung erforderlich (Art. 26 Abs. 2 S. 1 GO e contrario)
　　　b) *Begründung, § 5 Abs. 5 iVm § 2 a BauGB*
　　　c) *Zusammenfassende Erklärung, § 6 a Abs. 1 BauGB*
III. Materielle Rechtmäßigkeit
　　1. Erforderlichkeit, § 1 Abs. 3 BauGB
　　2. Anpassungsgebot, § 1 Abs. 4 BauGB
　　3. *Schlüssiges gesamträumliches Planungskonzept, § 5 Abs. 1 BauGB*
　　4. *Zulässigkeit der Darstellungen, § 5 Abs. 2 BauGB*
　　5. Materielle Anforderungen des Abwägungsgebots, § 1 Abs. 7 iVm § 2 Abs. 2 BauGB
IV. Fehlerfolgen, §§ 214 f. BauGB

a) Rechtsnatur und Bindungswirkung

Ein Flächennutzungsplan entfaltet aus sich heraus **grds. keine unmittelbare rechtliche Außenwirkung** gegenüber privaten Dritten.[12] Er bindet nur die Kommunen, die nach § 8 Abs. 2 BauGB verpflichtet sind, ihre Bebauungspläne am Flächennutzungsplan auszurichten, sowie gemäß § 7 BauGB andere öffentliche Planungsträger, die an der Ausarbeitung des Plans beteiligt wurden. Bei Flächennutzungsplänen handelt es sich daher weder um Satzungen (vgl. § 10 Abs. 1 BauGB e contrario) noch um sonstige Rechtsnormen. Ganz überwiegend werden sie als „hoheitliche Maßnahmen eigener Art" qualifiziert.[13]

20

Eine einzige **Ausnahme** vom Grundsatz der fehlenden Außenwirkung ergibt sich aus § **35 Abs. 3 S. 3 BauGB** (→ Rn. 34). Hiernach ist ein privilegiertes Vorhaben im Außenbereich in der Regel unzulässig, wenn der Flächennutzungsplan für Vorhaben dieser Art an anderer Stelle im Gemeindegebiet Flächen (sog **Konzentrationsflächen**; → Rn. 301) ausgewiesen hat. Kraft der gesetzlichen Anordnung des § 35 Abs. 3 S. 3 BauGB entfaltet der Flächennutzungsplan damit auf der Ebene der Vorhabenzulassung ausnahmsweise unmittelbar rechtliche Außenwirkung gegenüber Privaten.[14]

21

b) Rechtmäßigkeit und Wirksamkeit

Die Voraussetzungen der Rechtmäßigkeit und Wirksamkeit von Flächennutzungsplänen ergeben sich aus §§ 1 ff., §§ 5 ff. und §§ 214 f. BauGB sowie ergänzend aus den Vorschriften der GO. Während §§ 1–4 c, § 13 und §§ 214 f. BauGB allgemeine Anfor-

22

12　Siehe nur BVerwGE 68, 311 (313 f.); 77, 300 (301 f.); 124, 132 (141).
13　Siehe nur *Muckel/Ogorek*, § 5, Rn. 18; *Koch/Hendler*, § 14, Rn. 13; vgl. auch BVerwG, NVwZ 1991, 262 (262 f.).
14　BVerwGE 128, 382 (387). Obwohl § 35 Abs. 3 S. 1 Nr. 1 BauGB in ähnlicher Weise wie § 35 Abs. 3 S. 3 BauGB die Zulassung von Vorhaben ausschließt, wenn ein Flächennutzungsplan ausnahmsweise entgegenstehende konkrete, sachlich und räumlich eindeutig standortbezogene Darstellungen enthält (→ Rn. 294), spricht die Rspr. diesen Darstellungen keine Außenwirkung zu und hält einen Normenkontrollantrag insoweit daher für unzulässig, siehe VGH BW, BauR 2014, 1538 (1539 f.).

derungen normieren, die für sämtliche Bauleitpläne gelten, sind in §§ 5–7 BauGB spezielle Rechtmäßigkeitsvoraussetzungen für Flächennutzungspläne geregelt. Aus §§ 8–10a, §§ 12–13a BauGB ergeben sich die besonderen Rechtmäßigkeitsanforderungen an Bebauungspläne.

23 Die Unterscheidung zwischen formellen und materiellen Voraussetzungen der Rechtmäßigkeit hat im Fall von Bauleitplänen nicht nur eine systematisierende Funktion, sondern ist mitentscheidend dafür, ob Rechtsverstöße die Wirksamkeit eines Bebauungsplans beeinträchtigen, denn § 214 Abs. 1 BauGB ist nur auf Verletzungen von „Verfahrens- und Formvorschriften" anwendbar (→ Rn. 110).

24 Da Bebauungspläne deutlich häufiger Gegenstand juristischer Prüfungsaufgaben sind als Flächennutzungspläne, werden die allgemeinen Rechtmäßigkeits- und die Wirksamkeitsanforderungen im Rahmen der Ausführungen zu den Bebauungsplänen erläutert (→ Rn. 44 ff.). Im Folgenden geht es zunächst ausschließlich um die besonderen Anforderungen an Flächennutzungspläne.

aa) Besondere Anforderungen an die formelle Rechtmäßigkeit von Flächennutzungsplänen
(1) Einfacher Gemeinderatsbeschluss

25 Der Flächennutzungsplan wird durch einfachen Gemeinderatsbeschluss erlassen. Ein Satzungsbeschluss ist nicht erforderlich (§ 10 Abs. 1 BauGB e contrario). Für die Beschlussfassung gelten die allgemeinen Anforderungen der GO.

26 Fraglich ist, ob Eigentümer von Grundstücken im Geltungsbereich des Flächennutzungsplans nach Art. 49 GO von der Beschlussfassung ausgeschlossen sind. Die hM verneint dies, weil beim Erlass von Flächennutzungsplänen nicht die individuelle Nutzung der Grundstücke, sondern die allgemeine städtebauliche Entwicklung im Vordergrund stehe und die Pläne keine unmittelbare Außenrechtswirkung entfalteten. Zudem bestehe in kleineren Kommunen anderenfalls die Gefahr, dass die Mehrzahl der Gemeinderatsmitglieder nicht an der Beschlussfassung teilnehmen könne.[15] Dem lässt sich mit Verweis auf § 8 Abs. 2 BauGB entgegenhalten, dass bereits der Flächennutzungsplan die spätere Entscheidung über die zulässigen Nutzungsarten maßgeblich prägt.[16]

27 Eine Übertragung der Beschlussfassung vom Gemeinderat auf den Bauausschuss ist aufgrund der Genehmigungsbedürftigkeit von Flächennutzungsplänen nicht zulässig, Art. 30 Abs. 2 iVm Art. 32 Abs. 2 Nr. 1 GO.

(2) Genehmigung, § 6 BauGB

28 Flächennutzungspläne bedürfen stets der Genehmigung durch die höhere Verwaltungsbehörde, § 6 Abs. 1 BauGB. Für die Erteilung der Genehmigung ist in Bayern bei kreisangehörigen Gemeinden das Landratsamt (§ 2 Abs. 1 ZustVBau) zuständig, bei Großen Kreisstädten und kreisfreien Städten die Regierung (§ 6 Abs. 1 BauGB iVm § 2 Abs. 1 f. ZustVBau). Da es sich bei der Bauleitplanung um eine Angelegenheit der Selbstverwaltung handelt, wird die Genehmigungsbehörde als **Rechtsaufsicht** tätig und kontrolliert mithin nicht die Zweckmäßigkeit, sondern nur die Rechtmäßigkeit

---

15 Vgl. BayVGH, Beschl. v. 14.10.2013 – 1 ZB 12.1976, juris, Rn. 12; *Manssen*, in: Becker/Heckmann/Kempen/ders., 4. Teil, Rn. 369.
16 Siehe *Weber/Köppert*, Baurecht, Rn. 100.

des Plans (vgl. Art. 109 Abs. 1 GO). Diese wird aber umfassend und unabhängig davon geprüft, ob sich ein eventueller Rechtsverstoß gemäß §§ 214 f. BauGB auf die Wirksamkeit des Plans auswirkt (§ 216 BauGB).

Die Genehmigung stellt für die Gemeinde einen Verwaltungsakt dar, den sie ggf. mithilfe einer Verpflichtungsklage erstreiten kann. Aus Sicht eines Bürgers handelt es sich hingegen lediglich um ein Verwaltungsinternum. **Rechtsschutz** kann er zulässigerweise **allenfalls gegen einen bereits erlassenen Flächennutzungsplan** begehren (→ Rn. 33 ff.). Die Genehmigung des Flächennutzungsplans muss ortsüblich bekanntgemacht werden, § 6 Abs. 5 S. 1 BauGB. Mit dieser Bekanntmachung wird der Plan wirksam, § 6 Abs. 5 S. 2 BauGB. Eine Bekanntmachung der Pläne selbst ist hingegen ebenso wenig erforderlich wie ihre Ausfertigung (Art. 26 Abs. 2 S. 1 GO e contrario). 29

(3) Begründung, § 5 Abs. 5 iVm § 2 a BauGB, und zusammenfassende Erklärung, § 6 a Abs. 1 BauGB

Flächennutzungspläne sind zu begründen, § 5 Abs. 5 BauGB. Die Anforderungen an den Inhalt der Begründung ergeben sich aus § 2 a BauGB. Zudem ist dem Plan eine „zusammenfassende Erklärung" nach Maßgabe des § 6 a Abs. 1 BauGB beizufügen. 30

bb) **Besondere Anforderungen an die materielle Rechtmäßigkeit von Flächennutzungsplänen**

(1) Schlüssiges gesamträumliches Planungskonzept, § 5 Abs. 1 S. 1 BauGB

In Flächennutzungsplänen ist die Bodennutzung für das ganze Gemeindegebiet in den Grundzügen darzustellen, § 5 Abs. 1 S. 1 BauGB. Flächennutzungspläne müssen danach einerseits grds. sämtliche Gemeindeflächen umfassen und ein „schlüssiges gesamträumliches Planungskonzept"[17] aufstellen, aus dem sich ergibt, wie sich die Gemeinde städtebaulich entwickeln möchte und wie der gemeindezugehörige Boden deshalb genutzt werden soll. Nur in Ausnahmefällen können die Gemeinden **einzelne Flächen** zulässigerweise **aus der Planung ausklammern** (§ 5 Abs. 1 S. 2 BauGB) oder sachliche **Teilflächennutzungspläne** (§ 5 Abs. 2 b BauGB) nur für abgegrenzte Bereiche des Gemeindegebiets aufstellen, um die Sperrwirkung des § 35 Abs. 3 S. 3 BauGB zu aktivieren (→ Rn. 301). Andererseits sind Flächennutzungspläne auf die Darstellung der „Grundzüge" der Bodennutzung zu beschränken (§ 5 Abs. 1 S. 1 BauGB). Sie dürfen die geplanten Nutzungen nicht insgesamt mit einer Detailliertheit und Konkretheit darstellen, wie sie für Bebauungspläne typisch ist. 31

(2) Zulässigkeit der Darstellungen, § 5 Abs. 2 BauGB

§ 5 Abs. 2 BauGB enthält eine Liste möglicher „Darstellungen", die eine Gemeinde in ihrem Flächennutzungsplan verwenden kann. Die Aufzählung in § 5 Abs. 2 BauGB ist – anders als die für „Festsetzungen" in Bebauungsplänen geltende in § 9 Abs. 1 BauGB (→ Rn. 96) – *nicht abschließend* (siehe § 5 Abs. 2 BauGB: „insbesondere"). 32

---

17 BVerwGE 118, 33 (37).

c) Rechtsschutz gegen Flächennutzungspläne

33 Ein Antrag auf **prinzipale Normenkontrolle** eines Flächennutzungsplans nach § 47 Abs. 1 Nr. 1 oder Nr. 2 VwGO ist **nicht statthaft**, da es sich bei einem vorbereitenden Bauleitplan nicht um eine Satzung oder eine andere im Rang unter dem Landesgesetz stehende Rechtsvorschrift handelt (→ Rn. 20). Ebenso ist eine Feststellungklage unstatthaft, denn Flächennutzungspläne begründen grds. keine feststellungsfähigen Rechtsverhältnisse.

34 Soweit ein Flächennutzungsplan jedoch besondere Flächen für privilegierte Außenbereichsvorhaben ausweist und daher über § 35 Abs. 3 S. 3 BauGB **ausnahmsweise** unmittelbare rechtliche Wirkungen gegenüber Privaten entfaltet (→ Rn. 21), ist § 47 Abs. 1 Nr. 1 VwGO nach Ansicht des BVerwG **analog** anzuwenden. In diesen Fällen erfüllen die Darstellungen des Flächennutzungsplans nach Auffassung des Gerichts eine den Festsetzungen von Bebauungsplänen vergleichbare Funktion.[18] Gegenstand der Kontrolle ist dann aber nicht der Flächennutzungsplan insgesamt, vielmehr werden nur diejenigen Darstellungen überprüft, die die Rechtswirkungen des § 35 Abs. 3 S. 3 BauGB eintreten lassen.[19]

35 Teile der Lit. plädieren demgegenüber mit Verweis auf den engen Wortlaut von § 47 Abs. 1 Nr. 1 VwGO ("*Satzungen* ... nach den Vorschriften des Baugesetzbuchs", Herv. H/K) für eine analoge Anwendung von § 47 Abs. 1 *Nr. 2* VwGO.[20] Damit läge es dann freilich in der Hand der Landesgesetzgeber, über die Möglichkeit einer prinzipalen Normenkontrolle von Flächennutzungsplänen zu entscheiden, was der Intention des Bundesgesetzgebers zuwiderliefe, der mit § 47 Abs. 1 Nr. 1 VwGO eine bundeseinheitliche Regelung des Rechtsschutzes gegen Rechtsvorschriften nach dem BauGB schaffen wollte.[21] – In Bayern kann im Ergebnis offenbleiben, ob § 47 Abs. 1 Nr. 1 oder Nr. 2 VwGO analog angewandt wird, da Art. 5 AGVwGO das Normenkontrollverfahren jedenfalls auch für sonstige Rechtsvorschriften im Rang unter dem Landesgesetz eröffnet.

36 Zu einer **inzidenten Kontrolle der Wirksamkeit** eines Flächennutzungsplans durch die Verwaltungsgerichte kommt es insbesondere,[22] wenn (im Rahmen einer Anfechtungs-, Verpflichtungs- oder Feststellungsklage) über die Zulässigkeit eines privilegierten Vorhabens im Außenbereich zu entscheiden ist und die Anwendung von § 35 Abs. 3 S. 3 BauGB in Rede steht. Denn letztgenannte Vorschrift ist nur anwendbar, wenn der Flächennutzungsplan wirksam ist, dh wenn er rechtmäßig erlassen wurde oder Rechtsverstöße nach §§ 214 ff. BauGB unbeachtlich sind. Die **Rechtmäßigkeit** eines Flächennutzungsplans ist *inzident* zu prüfen, wenn eine Gemeinde eine Verpflichtungsklage gerichtet auf Erlass der Genehmigung ihres Flächennutzungsplans erhebt.

---

18 BVerwGE 128, 382 (385 ff.); BVerwGE 146, 40 (42 ff.).
19 BVerwGE 146, 40 (42 ff.); zur Entwicklung des Rechtsschutzes gegen Flächennutzungspläne *Herrmann*, NVwZ 2009, 1185.
20 Siehe etwa *Finkelnburg/Ortloff/Kment*, § 7, Rn. 55; *Erbguth/Schubert*, § 15, Rn. 15.
21 Vgl. *Dirnberger*, in: Spannowsky/Uechtritz, § 1 Rn. 24.1.
22 Die Wirksamkeit eines Flächennutzungsplans ist überdies inzident zu prüfen, wenn über die Wirksamkeit einer Entwicklungssatzung nach § 34 Abs. 4 Nr. 2 BauGB oder ein gemeindliches Vorkaufsrecht nach § 24 Abs. 1 Nr. 5 BauGB gestritten wird.

2. Bebauungspläne (= verpflichtende Bauleitpläne)

Schema: Wirksamkeit eines Bebauungsplans 37

Die *speziellen* Anforderungen an *Bebauungspläne* sind *kursiv* gesetzt, im Übrigen handelt es sich um allgemeine Anforderungen an Bauleitpläne.

I. Rechtsgrundlage, § 2 Abs. 1 BauGB
II. Formelle Rechtmäßigkeit
   1. Zuständigkeit
      a) Verbandskompetenz, § 2 Abs. 1 S. 1 BauGB
      b) Organkompetenz, Art. 29, 30 Abs. 2 iVm Art. 32 Abs. 2 GO
   2. Verfahren
      a) Fakultativ: ortsüblich bekannt gemachter Aufstellungsbeschluss, § 2 Abs. 1 S. 2 BauGB
      b) Umweltprüfung und Umweltbericht, § 2 Abs. 4 BauGB
      c) Frühzeitige Öffentlichkeitsbeteiligung, § 3 Abs. 1 BauGB
      d) Frühzeitige Beteiligung von Behörden und Trägern öffentlicher Belange, § 4 Abs. 1 BauGB
      e) Öffentliche Auslegung des Planentwurfs, § 3 Abs. 2 BauGB
      f) Förmliche Beteiligung von Behörden und Trägern öffentlicher Belange, § 4 Abs. 2 BauGB
      g) Formelle Anforderungen des Abwägungsgebots, § 2 Abs. 3 BauGB
      h) *Beschluss als Satzung, § 10 Abs. 1 BauGB*
      i) *Ausnahmsweise: Genehmigung, § 10 Abs. 2 BauGB*
   3. Form
      a) *Begründung, § 9 Abs. 8 iVm § 2 a BauGB*
      b) *Ausfertigung, Bekanntmachung, Inkrafttreten, § 10 Abs. 3 BauGB*
III. Materielle Rechtmäßigkeit
   1. Erforderlichkeit, § 1 Abs. 3 BauGB
   2. Anpassungsgebot, § 1 Abs. 4 BauGB
   3. *Entwicklungsgebot, § 8 Abs. 2 S. 1 BauGB*
   4. *Zulässigkeit der Festsetzungen, § 9 Abs. 1–4 BauGB*
   5. Materielle Anforderungen des Abwägungsgebots, § 1 Abs. 7 iVm § 2 Abs. 2 BauGB
IV. Fehlerfolgen, §§ 214 f. BauGB

a) Funktion und rechtliche Wirkung

Bebauungspläne konkretisieren die Grobstruktur der Planung, die mit dem Flächennutzungsplan beschlossen wurde. Sie umfassen in der Regel nur Teile des Gemeindegebiets, enthalten Festsetzungen für einzelne Flurstücke und entfalten unmittelbar rechtliche Außenwirkung. 38

b) Rechtsnatur und Arten von Bebauungsplänen

Bebauungspläne sind Satzungen (§ 10 Abs. 1 BauGB). Soweit das BauGB keine Regelungen enthält, kommen daher die kommunalrechtlichen Vorschriften über den Erlass von Satzungen zur Anwendung. **Drei Arten von Bebauungsplänen** sind zu unterscheiden: 39

– Am umfassendsten werden die zulässigen Nutzungen in sog **qualifizierten Bebauungsplänen im Sinne des § 30 Abs. 1 BauGB** geregelt. Qualifizierte Bebauungspläne enthalten Festsetzungen über mind. vier Koordinaten der Grundstücksnutzung: Sie bestimmen die Art und das Maß der zulässigen Vorhaben (vgl. § 9 Abs. 1 Nr. 1 BauGB) und regeln ferner, wie viel Grundstücksfläche überbaut werden darf (vgl. § 9 Abs. 1 Nr. 2 BauGB) und wo sich welche öffentlichen Verkehrsflächen (zB Straßen oder Park- 40 plätze, vgl. § 9 Abs. 1 Nr. 11 BauGB) befinden sollen. Im Geltungsbereich eines qualifizierten Bebauungsplans richtet sich die bauplanungsrechtliche Zulässigkeit eines Vorhabens gemäß § 30 Abs. 1 BauGB ausschließlich nach den Vorgaben des Plans (→ Rn. 232 ff.).

41 – Der Begriff des „**einfachen Bebauungsplans**" ist in § 30 Abs. 3 BauGB legaldefiniert: Es sind dies all jene Bebauungspläne, die nicht zu allen vier in § 30 Abs. 1 BauGB genannten Kategorien Festsetzungen enthalten. Im Geltungsbereich einfacher Bebauungspläne sind bauliche Vorhaben gemäß § 30 Abs. 3 BauGB zulässig, wenn sie den Festsetzungen des Plans entsprechen und im Übrigen, soweit der Plan keine Bestimmungen enthält, den Anforderungen des § 34 bzw. § 35 BauGB genügen (→ Rn. 266 ff., 283 ff.).

42 – In **vorhabenbezogenen Bebauungsplänen** können die Gemeinden ausnahmsweise die Zulässigkeit einzelner Bauvorhaben regeln. Die zentrale Besonderheit vorhabenbezogener Bebauungspläne besteht darin, dass sie nur erlassen werden dürfen, wenn sich der Vorhabenträger in einem Durchführungsvertrag vorab dazu verpflichtet, das geplante Projekt auch tatsächlich umzusetzen (siehe § 12 Abs. 1 S. 1 BauGB; → Rn. 156).

43 Bei den in § 13a BauGB legaldefinierten „**Bebauungsplänen der Innenentwicklung**" handelt es sich nicht um eine weitere Art von Bebauungsplänen, sondern um einfache oder qualifizierte Bebauungspläne im Sinne des § 30 BauGB, die in einem beschleunigten Verfahren erlassen werden durften, weil sie den Innenbereich einer Gemeinde weiterentwickeln und damit zu einer Reduzierung der Flächeninanspruchnahme beitragen. Für die Zulässigkeit von Vorhaben im Geltungsbereich eines „Bebauungsplans der Innenentwicklung" sind § 30 Abs. 1 BauGB bzw. § 30 Abs. 3 BauGB iVm §§ 34 f. BauGB maßgeblich, je nachdem, welche Festsetzungen der Plan enthält.

c) Rechtmäßigkeit und Wirksamkeit
aa) Formelle Rechtmäßigkeit
(1) Zuständigkeit, § 2 Abs. 1 S. 1 BauGB, Art. 30 Abs. 2 iVm Art. 32 Abs. 2 GO

44 Gemäß § 2 Abs. 1 BauGB liegt die Verbandskompetenz für den Erlass von Bauleitplänen bei der Gemeinde. Nach Art. 30 Abs. 2 GO iVm Art. 32 Abs. 2 S. 1 und S. 2 Nr. 2 GO e contrario kann der Gemeinderat Bebauungspläne selbst beschließen. Er kann die Beschlussfassung jedoch auch auf den Bauausschuss übertragen und zwar unabhängig davon, ob der Bebauungsplan, wie in der Regel, nicht genehmigungspflichtig ist oder ob er ausnahmsweise gemäß § 10 Abs. 2 BauGB einer Genehmigung bedarf.

(2) Fakultativ: Ortsüblich bekannt gemachter Aufstellungsbeschluss, § 2 Abs. 1 S. 2 BauGB

45 Das Verfahren zum Erlass eines Bauleitplans wird in der Praxis regelmäßig durch einen sog **Planaufstellungsbeschluss** der Gemeinde eingeleitet (§ 2 Abs. 1 S. 2 BauGB), in dem das beabsichtigte Plangebiet zu bezeichnen ist. Zu den Voraussetzungen für die formelle Rechtmäßigkeit eines Bauleitplans gehört dieser Planaufstellungsbeschluss je-

doch nicht.[23] Es führt daher grds. auch nicht zur Rechtswidrigkeit des Bauleitplans, wenn befangene Gemeinderatsmitglieder (vgl. Art. 49 GO) an diesem Beschluss mitwirken.[24] Wenn die Gemeinde einen Planaufstellungsbeschluss fasst, muss sie diesen ortsüblich bekannt machen, dh nach Art. 27 Abs. 2 S. 1 iVm Art. 26 Abs. 2 S. 1 GO in der Regel im Amtsblatt veröffentlichen.

(3) Umweltprüfung und Umweltbericht, § 2 Abs. 4, § 2 a BauGB

Nach § 2 Abs. 4 S. 1 BauGB haben Gemeinden die voraussichtlichen Auswirkungen der von ihnen ins Auge gefassten Planungen auf die Umwelt vorab im Rahmen einer Umweltprüfung zu ermitteln und in einem Umweltbericht zu beschreiben und zu bewerten. Wie die Umweltprüfung durchzuführen ist und welche Elemente der Umweltbericht umfassen muss, wird in der Anlage 1 zu § 2 Abs. 4 und § 2 a S. 2 Nr. 2 BauGB näher erläutert. Die Umweltprüfung bereitet die Abwägungsentscheidung nach § 1 Abs. 7 BauGB vor. 46

(4) Frühzeitige Öffentlichkeitsbeteiligung, § 3 Abs. 1 BauGB

Die Öffentlichkeit wird in zwei Schritten an der Ausarbeitung von Bauleitplänen beteiligt. Die frühzeitige Öffentlichkeitsbeteiligung nach § 3 Abs. 1 BauGB bildet die erste Stufe, die Planauslegung nach § 3 Abs. 2 BauGB (→ Rn. 50 ff.) die zweite. 47

Die frühzeitige Beteiligung der Öffentlichkeit dient der Ermittlung aller planungsrelevanten privaten Belange zu einem Zeitpunkt, zu dem sich die Gemeinde noch nicht auf eine Planungskonzeption festgelegt hat. Wie die Umweltprüfung und die frühzeitige Beteiligung der Träger öffentlicher Belange soll sie die Abwägungsentscheidung im Sinne des § 1 Abs. 7 BauGB vorbereiten. In welchem zeitlichen Rahmen und in welcher Form die Bürger die Möglichkeit erhalten, sich zu äußern, entscheiden die Kommunen. Die Ausgestaltung muss einen „strukturierten Dialog"[25] zwischen der Kommune und der Öffentlichkeit, dh allen Interessierten ungeachtet ihrer individuellen Betroffenheit,[26] ermöglichen. Unabhängig davon, ob und in welcher Weise die Gemeinde ihre Planungen im Anschluss ändert, muss dieser Verfahrensschritt (anders als die Auslegung des Planentwurfs nach § 3 Abs. 2 BauGB; → Rn. 58) jedenfalls kein zweites Mal durchgeführt werden (§ 3 Abs. 1 S. 4 BauGB). 48

(5) Frühzeitige Beteiligung der Träger öffentlicher Belange, § 4 Abs. 1 BauGB

Nach § 4 Abs. 1 BauGB hat die Gemeinde überdies diejenigen Behörden (vgl. § 1 Abs. 4 VwVfG) sowie diejenigen anderen Träger öffentlicher Belange zu unterrichten und zur Stellungnahme aufzufordern, die durch den beabsichtigten Bauleitplan in ihren Aufgabenbereichen konkret berührt werden können.[27] Zu den zu beteiligenden Behörden zählen auch Nachbargemeinden, wenn der zu entwerfende Bauleitplan de- 49

---

23 BVerwGE 79, 200 (204 f.); *Kersten*, in: Schoch, Kap. 3, Rn. 103.
24 BVerwGE 79, 200 (207 f.).
25 *Schink*, in: Spannowsky/Uechtritz, § 3 BauGB Rn. 40.
26 Siehe *Krautzberger*, in: Ernst/Zinkahn/Bielenberg/ders., § 3 BauGB (Stand: 127. EL Oktober 2017), Rn. 13 ff.; *Battis*, in: ders./Krautzberger/Löhr, § 3, Rn. 6.
27 Vgl. *Krautzberger*, in: Ernst/Zinkahn/Bielenberg/ders., § 4 BauGB (Stand: 101. EL September 2011), Rn. 31.

ren Aufgabenwahrnehmung beeinflussen könnte.[28] Als „andere Träger öffentlicher Belange" im Sinne des § 4 BauGB sind all jene Stellen zu qualifizieren, die nicht Teil der Verwaltung und daher keine Behörden im Sinne des § 1 Abs. 4 VwVfG sind, aber gleichwohl öffentliche Aufgaben wahrnehmen, wie etwa die DB Netz AG.[29] Die frühzeitige Behörden- und die frühzeitige Öffentlichkeitsbeteiligung können und werden in der Regel parallel durchgeführt.

(6) Öffentliche Auslegung, § 3 Abs. 2 BauGB

50 Die zweite Stufe der Öffentlichkeitsbeteiligung bildet die Auslegung des Planentwurfs einschließlich seiner Begründung und der wesentlichen umweltbezogenen Stellungnahme gemäß § 3 Abs. 2 S. 1 BauGB. Auch sie dient der Ermittlung sämtlicher abwägungserheblicher Belange, nun allerdings mit Blick auf einen konkreten Planentwurf. Die Planauslegung zählt zu den *besonders prüfungsrelevanten* formellen Rechtmäßigkeitsvoraussetzungen.[30]

51 Die folgenden Elemente des Auslegungsprozesses sind zu differenzieren:

(a) **Auslegungsbeschluss.** In der Praxis beschließt die Gemeinde regelmäßig förmlich darüber, den Planentwurf auszulegen. Zu den Rechtmäßigkeitsvoraussetzungen des Bebauungsplans zählt dieser Beschluss jedoch nicht.[31]

52 (b) **Ankündigung der Auslegung.** Ort und Dauer der Auslegung sind gemäß § 3 Abs. 2 S. 2 BauGB mind. eine Woche vor Beginn der Auslegungszeit ortsüblich bekannt zu machen. Bei der **Wochenfrist** für die Ankündigung handelt es sich um eine **Ereignisfrist**, weshalb sich die Fristberechnung nach § 3 Abs. 2 S. 2 BauGB iVm Art. 31 BayVwVfG iVm §§ 187 Abs. 1, 188 Abs. 2 1. Var. BGB analog richtet und der Tag, an dem die Bekanntmachung veröffentlicht wird, nicht mitgezählt wird. Eine zu kurze Ankündigungszeit kann durch eine entsprechend verlängerte Zeit der Auslegung kompensiert werden.[32] Die **Form** der Ankündigung wird nicht durch das BauGB vorgeschrieben, es gelten insoweit daher die kommunalrechtlichen Regelungen der Art. 27 Abs. 2 iVm Art. 26 Abs. 2 GO iVm BekV.[33]

53 Die Ankündigung muss **inhaltlich** so gefasst sein, dass sie „Anstoßwirkung" entfaltet, die betroffenen Bürger also motiviert, sich mit der ins Auge gefassten Planung zu beschäftigen und ggf. Stellung zu beziehen.[34] Dazu ist es insbesondere erforderlich, dass die Einwohner der Ankündigung ohne weitere Hilfsmittel entnehmen können, auf welches Gebiet sich die Planung bezieht. Das Plangebiet kann zu diesem Zweck zB durch Schlagwörter („Zwischen Friedhof und Stadtpark") beschrieben werden. Die

---

28 BVerwG, DVBl. 1973, 34 (36 f.) noch zur Vorgängervorschrift von § 4 BauGB; *Spannowsky*, in: ders./Uechtritz, § 4 BauGB Rn. 4.
29 Siehe *Krautzberger*, in: Ernst/Zinkahn/Bielenberg/ders., § 4 BauGB (Stand: 101. EL September 2011), Rn. 21; für weitere Beispiele *Finkelnburg/Ortloff/Kment*, § 7, Rn. 52.
30 Siehe etwa BayVBl. 2014, 285, 316.
31 Siehe *Weber/Köppert*, Baurecht, Rn. 77; *Finkelnburg/Ortloff/Kment*, § 7, Rn. 42.
32 BVerwG, NVwZ 2003, 1391 (1391); *Krautzberger*, in: Ernst/Zinkahn/Bielenberg/ders., § 3 BauGB (Stand: 127. EL Oktober 2017), Rn. 46.
33 Bekanntmachungsverordnung, vgl. Zieger/Tremel Nr. 282.
34 BVerwG DVBl. 1978, 815 (817); BVerwGE 147, 206 (210 f.).

Angabe von Flurnummern genügt nicht.[35] Weitere notwendige Inhalte der Ankündigung sind in § 3 Abs. 2 S. 2 BauGB normiert.

(c) **Dauer und Gegenstand der Auslegung.** Der Planentwurf ist grds. für die **Dauer** eines Monats auszulegen (für den Februar gilt die Sonderregelung: mind. 30 Tage), in Ausnahmefällen (zB bei besonders komplexen Planungen) muss die Gemeinde die Frist verlängern, § 3 Abs. 2 S. 1 BauGB. Die Monatsfrist ist als **Ablauffrist** zu qualifizieren und nach § 3 Abs. 2 S. 2 BauGB iVm Art. 31 BayVwVfG iVm §§ 187 Abs. 2, 188 Abs. 2 2. Var. BGB analog zu berechnen. Nach der Rspr. ist es nicht erforderlich, dass die Einsichtnahme während der gesamten Auslegungszeit zu allen Dienstzeiten der Gemeindeverwaltung ermöglicht wird, wenn die Beschränkung auf die Publikumszeiten v. a. mit Blick auf die Komplexität der Planung nicht zu einer unzumutbaren Erschwerung führt.[36] Auszulegen sind der Planentwurf, seine Begründung sowie die aus Sicht der Gemeinde wesentlichen und bereits vorliegenden umweltbezogenen Stellungnahmen. Die Unterlagen müssen während der Einsichtnahmezeiten frei zugänglich, griffbereit, vollständig und als zusammengehörig erkennbar verfügbar sein (unzulässig ist zB die Aufbewahrung in einem nicht frei zugänglichen Aktenschrank und eine Aushändigung nur auf Anfrage).[37] 54

(d) **Stellungnahmen zum Planentwurf.** Stellungnahmen sind während der Dauer der Auslegung schriftlich einzureichen oder zur Niederschrift der Verwaltung vorzutragen.[38] Fristgerecht vorgetragene Stellungnahmen sind gemäß § 3 Abs. 2 S. 4 Hs. 1 BauGB zu prüfen, dh in die Abwägung gemäß § 1 Abs. 7 BauGB einzubeziehen. Über das Ergebnis ihrer Prüfung muss die Gemeindeverwaltung die Bürger jeweils unterrichten gemäß § 3 Abs. 2 S. 4 Hs. 2 BauGB. Unterbleibt diese Mitteilung, führt dies zur Rechtswidrigkeit, aber nicht zur Unwirksamkeit des Bauleitplans (teleologische Reduktion von § 214 Abs. 1 S. 1 Nr. 2 BauGB).[39] Denn die Mitteilung soll keine erneute Stellungnahmemöglichkeit eröffnen, sondern nur informieren. Diese Informationsfunktion erfüllt aber spätestens der veröffentlichte Plan.[40] 55

Verspätet eingegangene Stellungnahmen können von der Gemeinde berücksichtigt werden. Sie müssen aber nicht in die Abwägung einbezogen werden, wenn sie nach § 3 Abs. 2 S. 2 Hs. 2, § 4 a Abs. 6 BauGB präkludiert sind. 56

(e) **Keine präkludierende Wirkung des Beteiligungsverfahrens.** Bis zum 1.6.2017 konnten Einwendungen, die nicht im Rahmen des Beteiligungsverfahrens nach § 3 Abs. 2 BauGB vorgetragen worden waren, gemäß § 47 Abs. 2 a VwGO auch in einem eventuellen späteren Normenkontrollverfahren nicht geltend gemacht werden. § 47 Abs. 2 a VwGO wurde mit Wirkung ab dem 2.6.2017 ersatzlos gestrichen, die Öffent- 57

---

35 BVerwGE 55, 369 (373 ff.).
36 BVerwG NJW 1981, 594 (594 f.); zu den zulässigen Einsichtnahmezeiten bei kleinsten Gemeinden BayVGH, BayVBl. 1981, 691.
37 Siehe VGH BW, VBlBW 1999, 178 (178); vgl. ferner etwa VGH BW, NVwZ-RR 2005, 773 (773: Notwendigkeit, sich für Einsichtnahme zu bücken, ist unschädlich); für weitere Beispiele siehe *Schink*, in: Spannowsky/Uechtritz, § 3 BauGB, Rn. 82 f.
38 *Krautzberger*, in: Ernst/Zinkahn/Bielenberg/ders., § 3 BauGB (Stand: 127. EL Oktober 2017), Rn. 57; *Weber/Köppert*, Baurecht, Rn. 81.
39 Vgl. BVerwG, NVwZ 2003, 206 (206); NdsOVG, Urt. v. 17.2.2005 – 1 KN 7/04, juris, Rn. 19.
40 Vgl. BVerwG, NVwZ 2003, 206 (206); *Weber/Köppert*, Baurecht, Rn. 85.

lichkeitsbeteiligung entfaltet im Verwaltungsprozess seither keine präkludierende Wirkung mehr.

58 **(f) Wiederholung der Auslegung.** Wird der Bauleitplan nach der Öffentlichkeitsbeteiligung nach § 3 Abs. 2 BauGB modifiziert, muss das Auslegungsverfahren gemäß § 4a Abs. 3 BauGB erneut durchgeführt werden.

(7) Förmliche Beteiligung der Träger öffentlicher Belange, § 4 Abs. 2 BauGB

59 Während die Öffentlichkeit durch eine ortsüblich bekannt gemachte Ankündigung auf die Entwurfsplanung hinzuweisen ist, sind die Stellungnahmen der Behörden und der anderen Träger öffentlicher Belange „einzuholen" (§ 4 Abs. 2 S. 1 BauGB), dh die Gemeinde muss sich unmittelbar an die potenziell betroffenen Behörden bzw. Träger öffentlicher Belange wenden, ihnen den Planentwurf nebst Begründung übermitteln und sie zur Stellungnahme auffordern.

60 Die Stellungnahmefrist beträgt nach § 4 Abs. 2 S. 2 BauGB einen Monat (mind. jedoch 30 Tage). Es handelt sich insoweit – anders, als bei der Monatsfrist nach § 3 Abs. 2 S. 1 BauGB (→ Rn. 54) – um eine **Ereignisfrist**, denn sie wird durch den Zugang der Aufforderung zur Stellungnahme bei der jeweiligen Behörde bzw. dem jeweiligen Träger öffentlicher Belange ausgelöst.[41] Die Fristberechnung richtet sich daher nach § 4 Abs. 2 S. 2 BauGB iVm Art. 31 BayVwVfG iVm §§ 187 Abs. 1, 188 Abs. 2 2. Var. BGB analog. Verspätete Stellungnahmen sind unter den Voraussetzungen des § 4a Abs. 6 BauGB präkludiert.

61 Wird der Entwurf nach der Beteiligung gemäß § 4 Abs. 2 BauGB geändert oder ergänzt, ist das Verfahren nach Maßgabe des § 4a Abs. 3 BauGB erneut durchzuführen.

(8) Formelle Anforderungen des Abwägungsgebots, § 2 Abs. 3 BauGB

62 § 2 Abs. 3 BauGB zählt zu den besonders intensiv diskutierten Vorschriften über die Bauleitplanung. Umstritten ist insbesondere, was „bewerten" im Sinne des § 2 Abs. 3 BauGB bedeutet und wie sich die Pflicht zur Bewertung zum Abwägungsgebot nach § 1 Abs. 7 BauGB verhält. Für das Verständnis von § 2 Abs. 3 BauGB und den hierzu geführten Diskussionen ist es hilfreich, zunächst zwei Aspekte zu unterscheiden: a) die Frage danach, welche Arbeitsschritte eine Gemeinde gemäß § 2 Abs. 3 BauGB durchzuführen hat, und b) die Frage danach, inwieweit die Gerichte diese Arbeitsschritte kontrollieren.

63 **(a) Anforderungen an den Abwägungsvorgang der Gemeinden: „Ermitteln" und „Bewerten".** Nach § 2 Abs. 3 BauGB haben die Gemeinden bei der Aufstellung der Bauleitpläne alle Belange, die für die Abwägung von Bedeutung sind, „zu ermitteln und zu bewerten".

64 – **„Ermitteln":** „Ermitteln" bedeutet, dass die Gemeinde alle durch die konkrete Planung positiv oder negativ betroffenen Interessen identifizieren muss. Es sind alle Belange zu ermitteln, die nach Lage der Dinge in die Abwägungsentscheidung eingestellt

---

41 *Krautzberger*, in: Ernst/Zinkahn/Bielenberg/ders., § 3 BauGB (Stand: 127. EL Oktober 2017), Rn. 49.

werden müssen.[42] § 1 Abs. 6 BauGB enthält eine nicht abschließende („insbesondere") Liste von Belangen, die als relevant in Betracht kommen können. Eine besondere Ermittlungs- und Berücksichtigungspflicht ergibt sich aus dem **interkommunalen Abstimmungsgebot** des § 2 Abs. 2 S. 1 BauGB. Es dient dem Interessenausgleich zwischen zwei Nachbargemeinden, die jeweils mit Blick auf ihr Gemeindegebiet die Planungshoheit besitzen, deren städtebauliche Pläne sich jedoch wechselseitig beeinflussen können.

Beispiel:
Gemeinde A plant ein Industriegebiet an der Gemeindegrenze. Für den unmittelbar angrenzenden Bereich hat Gemeinde B ein Wohngebiet festgesetzt. Ein Nebeneinander von Industrie- und Wohnnutzung ist unzulässig. Die Kollision der Interessen der Gemeinden A und B muss aufgelöst und es muss bestimmt werden, welches Planungsinteresse im konkreten Fall Vorrang genießt.

In verfahrensrechtlicher Hinsicht verlangt das interkommunale Abstimmungsgebot 65
von den Kommunen, zu ermitteln, welche Belange der Nachbargemeinde(n) betroffen und daher in die Abwägung einzustellen sind. Zu berücksichtigen sind nicht nur die bereits in Bauleitplänen festgehaltenen Belange, sondern auch solche planerischen Interessen, die noch nicht diese Konkretisierungsstufe erreicht haben.

– „**Bewerten**": Was unter der Bewertung der Belange im Sinne des § 2 Abs. 3 BauGB 66
zu verstehen ist, wird seit 2004, als die Vorschrift ins BauGB eingefügt wurde, um die verfahrensrechtliche Dimension auch der Bauleitplanung zu stärken,[43] intensiv diskutiert.

Die Diskussion hat den folgenden Hintergrund: Vor der Einführung von § 2 Abs. 3 67
BauGB wurde die Abwägung allein durch § 1 Abs. 7 BauGB geregelt. Das Zusammenstellen der relevanten Belange, ihre Gewichtung und die Entscheidung über ihren Ausgleich wurden als verschiedene Phasen der Abwägung verstanden, die sich alle aus § 1 Abs. 7 BauGB ergaben, und als Anforderungen an die *materielle* Rechtmäßigkeit von Bauleitplänen qualifiziert. Nach der Einführung von § 2 Abs. 3 BauGB gilt es nun zu klären, welche der genannten Phasen einer Abwägung weiterhin § 1 Abs. 7 BauGB zuzuordnen sind und welche Schritte nunmehr vom Tatbestandsmerkmal „bewerten" des § 2 Abs. 3 BauGB erfasst werden und damit als *formelle*, verfahrensrechtliche Rechtmäßigkeitsvoraussetzungen einzustufen sind.

Die Vertreter einer **engen Interpretation**[44] plädieren dafür, unter der „Bewertung" im 68
Sinne des § 2 Abs. 3 BauGB lediglich die Entscheidung darüber zu verstehen, *ob* die ermittelten, „nach Lage der Dinge" abstrakt relevanten Belange auch wirklich in die konkrete Abwägungsentscheidung einbezogen werden müssen. Das „Bewerten" soll aber **nicht die Gewichtung** der Belange umfassen. Diese wird als Teil der Abwägung nach § 1 Abs. 7 BauGB und damit als Element der materiellen Rechtmäßigkeit des Bebauungsplans verstanden. Für diese Interpretation lässt sich v.a. die enge Verknüpfung anführen, die zwischen der Gewichtung von Interessen und ihrem Ausgleich besteht.

---

42 BVerwGE 34, 301 (309).
43 BT-Drs. 15/2250, S. 42.
44 Vgl. etwa *Hoppe*, NVwZ 2004, 903 (910); *Kahl*, JA 2005, 280 (285); *Kersten*, Jura 2013, 478 (486 f.).

69 Demgegenüber umfasst das „Bewerten" im Sinne des § 2 Abs. 3 BauGB nach Auffassung der Anhänger einer **weiten Interpretation**[45] neben der Entscheidung über die Abwägungserheblichkeit **auch die Gewichtung der Belange** im Sinne einer Feststellung, ob es sich um bedeutsame oder weniger bedeutsame Anliegen handelt. Unter der gerechten Abwägung nach § 1 Abs. 7 BauGB ist dann nur noch das sich anschließende Herstellen eines gerechten Ausgleichs zwischen konfligierenden Interessen selbst zu verstehen. Für eine weite Interpretation spricht insbesondere die Intention, die der Gesetzgeber mit der Einführung von § 2 Abs. 3 BauGB verfolgt hat. Mit den Begriffen „Ermitteln" und „Bewerten" sollten die ersten zwei Stufen der damaligen Abwägungslehre aufgegriffen und zu verfahrensrechtlichen Anforderungen umgeformt werden.

70 Der Streit hat Auswirkungen darauf, welche Fehlerfolgenregelung zur Anwendung kommt, wenn die Bedeutung eines Belangs fehlerhaft eingeschätzt, der Belang also fehlerhaft gewichtet wurde. Wer eine enge Interpretation von § 2 Abs. 3 BauGB vertritt, erörtert diesen Fehler bei der Prüfung von § 1 Abs. 7 BauGB; bei einer weiten Interpretation ist er im Rahmen der Prüfung von § 2 Abs. 3 BauGB zu untersuchen. Die Folgen einer Fehleinschätzung ergeben sich aus § 214 Abs. 3 S. 2 Hs. 2 iVm § 215 Abs. 1 S. 1 Nr. 3 BauGB (enge Interpretation) bzw. aus § 214 Abs. 1 S. 1 Nr. 1 iVm § 215 Abs. 1 S. 1 Nr. 1 BauGB (weite Interpretation). Beide Fehlerfolgenregelungen normieren freilich der Sache nach fast identische Voraussetzungen für die Beachtlichkeit eines Verstoßes, so dass der Streit im Ergebnis kaum jemals Folgen für die Wirksamkeit eines Bebauungsplans haben wird. Der BayVGH etwa lässt daher offen, in welcher Norm der Vorgang des Gewichtens der betroffenen Belange zu verorten ist.[46] Wir legen der folgenden Darstellung eine weite Interpretation von § 2 Abs. 3 BauGB zugrunde.

71 **(b) Gerichtliche Kontrolle des Abwägungsvorgangs nach § 2 Abs. 3 BauGB – Abwägungsfehlerlehre.** Die Gemeinden besitzen weite Gestaltungsspielräume bei ihrer Entscheidung darüber, in welcher Weise sie sich städtebaulich entwickeln möchten und wie die Gemeindeflächen genutzt werden sollen. Diese Spielräume werden auch als „**Planungsermessen**" bezeichnet und sind Konsequenz der kommunalen Planungshoheit.[47] Dass die Gemeinden Planungsermessen besitzen, bedeutet insbesondere, dass es ihnen obliegt, darüber zu befinden, welchen Belangen und Nutzungsinteressen im Konfliktfall der Vorrang eingeräumt werden soll.

72 Das Planungsermessen der Kommunen ist – trotz aller Ähnlichkeiten insbesondere bei der gerichtlichen Kontrolle – von dem Ermessen zu unterscheiden, das der Verwaltung durch solche Rechtsnormen eingeräumt wird, die auf der Rechtsfolgenseite einen Ent-

---

45 Siehe etwa *Pieper*, Jura 2006, 817 (820); *Erbguth*, JZ 2006, 484 (491); *Uechtritz*, in: Spannowsky/ders., § 2 BauGB, Rn. 64.3.
46 BayVGH, Urt. v. 14.12.2016 – 15 N 15.1201, juris, Rn. 40: „Der Bebauungsplan ist auch nicht deswegen unwirksam, weil ... *unter Verstoß gegen § 2 Abs. 3 BauGB und / oder § 1 Abs. 7 BauGB* die Belange des Hochwasserschutzes (§ 1 Abs. 6 Nr. 12 BauGB) bzw. der Niederschlags- und Oberflächenwasserbeseitigung nicht hinreichend ermittelt bzw. in der Abwägung nicht hinreichend berücksichtigt worden sind." (Herv. H/K). Das BVerwG hat zum Verhältnis von § 2 Abs. 3 BauGB und § 1 Abs. 7 BauGB noch nicht Stellung genommen.
47 BVerwG 34, 301 (304).

scheidungsspielraum eröffnen. Während dieses letztgenannte, klassische Verwaltungsermessen den Hoheitsträgern einen Handlungsspielraum eröffnet, wenn der Tatbestand einer Norm erfüllt ist, hat das den Gemeinden eingeräumte Planungsermessen keine tatbestandlichen Voraussetzungen. Es folgt keiner „wenn-dann-Struktur", sondern ist final ausgerichtet, im Fall der Bauleitplanung am Ziel der geordneten städtebaulichen Entwicklung.[48]

Bei der gerichtlichen Kontrolle sowohl des Abwägungsvorgangs als auch des Abwägungsergebnisses wird der Gestaltungsfreiheit der Gemeinden durch eine eingeschränkte Kontrolldichte Rechnung getragen. Die Gerichte vollziehen die Abwägung nicht vollumfänglich nach, sondern prüfen lediglich, ob die Kommunen Abwägungsfehler begangen oder gegen einen verbindlichen Planungsgrundsatz verstoßen haben. 73

Das BVerwG[49] hat in seiner Rspr. **vier Arten möglicher Abwägungsfehler** herausgearbeitet: 74

Abwägungsausfall: Es hat überhaupt keine Abwägung stattgefunden.

Abwägungsdefizit: Es wurden nicht alle relevanten Belange ermittelt und eingestellt.

Abwägungsfehleinschätzung: Die tatsächliche und/oder rechtliche Bedeutung von betroffenen Belangen wurde verkannt.

Abwägungsdisproportionalität: Die berührten Belange werden zueinander in ein Verhältnis gesetzt, das ihrem jeweiligen Gewicht überhaupt nicht entspricht; es liegt damit eine eindeutige Fehlgewichtung der betroffenen Interessen in ihrem Verhältnis zueinander vor.

Hinzu kommt eine Reihe von verbindlichen Planungsgrundsätzen (insbesondere Trennungsgebot, Gebot der Konfliktbewältigung, Gebot der Rücksichtnahme), denen das Abwägungs*ergebnis* Rechnung tragen muss, die für die formellen Anforderungen nach § 2 Abs. 3 BauGB aber keine Relevanz haben. Im Rahmen der Prüfung von § 2 Abs. 3 BauGB, also im Rahmen der Prüfung der formellen Rechtmäßigkeit eines Bauleitplans, sind vielmehr allein drei mögliche Abwägungsfehler zu erörtern: *Abwägungsausfall*, *Abwägungsdefizit* und *Abwägungsfehleinschätzung*. Ob ein Bauleitplan *disproportional* ist oder die Planungsgrundsätze missachtet, ist nicht bei der Prüfung von § 2 Abs. 3 BauGB, sondern erst bei der Erörterung von § 1 Abs. 7 BauGB zu untersuchen. 75

Beispiel:
Ein Abwägungsdefizit ist zB anzunehmen, wenn die Gemeinde nicht berücksichtigt, dass die Ansiedlung eines großen Einkaufszentrums und der damit verbundene An- und Abfahrtverkehr zu Lärmbelastungen für die angrenzende Wohnbebauung führen kann. Um eine Abwägungsfehleinschätzung handelt es sich, wenn die Gemeinde die gesundheitliche Belastung, die der Ausbau einer zwei- zu einer vierspurigen Straße für die Anwohner mit sich bringen würde, von vornherein als äußerst gering einstuft und wenn sie zugleich darauf verzichtet, das zu erwartende Verkehrsaufkommen und die damit verbundenen Belastungen durch einen Sachverständigen begutachten zu lassen.

---

48 Siehe dazu *Kersten*, Jura 2013, 478 (478).
49 BVerwGE 34, 301 (309).

(9) Beschluss als Satzung, § 10 Abs. 1 BauGB

76 Die Gemeinde muss Bebauungspläne als Satzungen beschließen, § 10 Abs. 1 BauGB. Die dabei einzuhaltenden Verfahrensvorschriften und die Rechtsfolgen eines eventuellen Verstoßes sind Art. 46 ff. GO zu entnehmen. §§ 214 f. BauGB finden insoweit keine Anwendung, da es nicht um die Verletzungen von Vorschriften *des BauGB* geht.

Beispiel:
Die Gemeinde G möchte die Ansiedlung kleiner Einzelhandelsbetriebe fördern. Der Gemeinderat beschließt deshalb mit einer Stimme Mehrheit einen Bebauungsplan, der die Flächen rund um den Rathausplatz, für die bisher ein Mischgebiet (§ 6 BauNVO) festgesetzt war, als Kerngebiet (§ 7 BauNVO) ausweist. An der Abstimmung nehmen auch die Gemeinderatsmitglieder R und S teil, die Eigentümerinnen von im Plangebiet gelegenen Grundstücken sind. Sie erhoffen sich von der neuen Festsetzung erhöhte Mieteinnahmen und stimmen deshalb für den Bebauungsplan. Der Bebauungsplan ist gemäß Art. 49 Abs. 1, 4 GO unwirksam. R und S durften gemäß Art. 49 Abs. 1 GO nicht an der Beschlussfassung teilnehmen. Als Eigentümerinnen von im Plangebiet gelegenen Grundstücken bringt ihnen der Bebauungsplan individuelle Vorteile.[50] – Demgegenüber wäre eine Bauunternehmerin mangels Unmittelbarkeit des Vorteils nicht allein deshalb befangen, weil im Plan neues Bauland ausgewiesen werden soll und sie sich davon zusätzliche Aufträge verspricht.[51]

(10) Ausnahmsweise: Genehmigungsbedürftigkeit, § 10 Abs. 2 BauGB

77 Bebauungspläne bedürfen grds. keiner Genehmigung. Eine Ausnahme normiert § 10 Abs. 2 BauGB. Für die Genehmigung von Plänen kreisangehöriger Gemeinden sind die Landratsämter zuständig gemäß § 203 Abs. 1, 3 BauGB iVm § 2 Abs. 1 f. ZustVBau, im Übrigen liegt die Zuständigkeit bei den Bezirksregierungen als den höheren Verwaltungsbehörden. Die Genehmigungsbehörde überprüft ausschließlich die Rechtmäßigkeit des Bebauungsplans, diese aber umfassend und ohne Rücksicht auf die Folgen eventueller Fehler gemäß §§ 214 f. BauGB (siehe § 216 BauGB). Sie hat die Genehmigung also zu versagen, wenn der Plan rechtswidrig ist, selbst wenn der Fehler nach §§ 214 f. BauGB geheilt werden könnte. Bei der Genehmigung handelt es sich um einen gebundenen Verwaltungsakt. Dieser kann von der Gemeinde ggf. im Wege der Verpflichtungsklage erstritten werden.

(11) Begründung, § 9 Abs. 8 iVm § 2 a BauGB

78 Der Bebauungsplan ist gemäß § 9 Abs. 8 BauGB zu begründen. Die notwendigen Inhalte der Begründung ergeben sich aus § 2 a BauGB.

(12) Ausfertigung, Bekanntmachung, Inkrafttreten, § 10 Abs. 3 BauGB

79 Rechtswirkungen entfaltet der beschlossene Bebauungsplan erst, nachdem er ausgefertigt, bekannt gemacht und in Kraft gesetzt wurde.

80 – Als Satzung muss der Bebauungsplan vom ersten Bürgermeister **ausgefertigt** (siehe Art. 26 Abs. 2 S. 1 GO), dh eigenhändig unterschrieben werden.

81 – § 10 Abs. 3 BauGB regelt für Bebauungspläne eine besondere Form der **Bekanntmachung**, die der allgemeinen Regelung des Art. 26 Abs. 1 GO vorgeht. Da die Veröffentlichung von (in der Regel farbigen und kleinteilig zeichnerisch gestalteten) Bebau-

---

50 Siehe *Manssen*, in: Becker/Heckmann/Kempen/ders., 4. Teil, Rn. 241; *Weber/Köppert*, Baurecht, Rn. 100.
51 Vgl. *Manssen*, in: Becker/Heckmann/Kempen/ders., 4. Teil, Rn. 243.

ungsplänen im Amtsblatt aufwendig und teuer wäre, gestattet das BauGB eine Form der Ersatzverkündung. Ortsüblich bekannt zu machen ist danach nicht die Satzung (= der Plan) als solcher, sondern lediglich der Beschluss des Plans sowie ein Hinweis darauf, wo der Plan eingesehen werden kann. Der Bebauungsplan ist für jedermann bereitzuhalten.

– Gemäß § 10 Abs. 3 S. 4 BauGB **tritt** der Bebauungsplan mit der Bekanntmachung des Beschlusses **in Kraft**. Die Gemeinde kann keinen anderen Zeitpunkt für das Inkrafttreten bestimmen. Art. 26 Abs. 1 GO wird durch die speziellere Regelung des § 10 Abs. 3 S. 4 BauGB verdrängt. 82

bb) Materielle Rechtmäßigkeit
(1) Erforderlichkeit, § 1 Abs. 3 BauGB

Nach § 1 Abs. 3 BauGB ist ein Bauleitplan zu erlassen, sobald (zeitlich) und soweit (räumlich und inhaltlich) dies für die städtebauliche Entwicklung und Ordnung in der Gemeinde erforderlich ist. Maßgeblicher Bezugspunkt für die Bestimmung der Erforderlichkeit ist das städtebauliche Entwicklungskonzept der Gemeinde. Bauleitpläne sind erforderlich, wenn sie nach der planerischen Konzeption der Gemeinde als „vernünftigerweise geboten" angesehen werden können.[52] Die Gemeinde besitzt einen weiten Einschätzungsspielraum. Ein Verstoß gegen § 1 Abs. 3 BauGB ist „nur bei groben und einigermaßen offensichtlichen Mißgriffen"[53] anzunehmen. Die Rspr. hat eine Reihe von Fallgruppen entwickelt, in denen Missgriffe dieser Art anzunehmen sind und in denen es daher an der Erforderlichkeit fehlt: 83

– Die Gemeinde hat **überhaupt kein städtebauliches Konzept** entwickelt, sie verfolgt nur nicht-städtebauliche Interessen mit der Planung oder ihr ist erkennbar nichts an der Umsetzung des Bebauungsplans in absehbarer Zukunft gelegen.[54] 84

Beispiel:
Eine Gemeinde plant neue Straßen parallel zu bereits vorhandenen tauglichen Wegen ausschließlich, um dafür Erschließungsbeiträge verlangen zu können.[55]

Dass Kommunen *neben* städtebaulichen Zielen auch andere Motive verfolgen, steht der Annahme der Erforderlichkeit eines Bebauungsplans andererseits nicht entgegen. 85

– Die geplante Bebauung wird sich auf absehbare Zeit nicht realisieren lassen, weil ihr **unüberwindbare tatsächliche oder rechtliche Hindernisse** entgegenstehen. 86

Beispiel:
Ein Bebauungsplan setzt ein allgemeines Wohngebiet in einem Natur- oder Landschaftsschutzgebiet (§ 23 bzw. § 26 BNatSchG) fest.

– Die Planung dient ausschließlich privaten Interessen und verfolgt keinerlei städtebauliche Ziele (sog reine **Gefälligkeitsplanung**).[56] 87

---

52 BVerwGE 92, 8 (15).
53 BVerwGE 38, 152 (157); 146, 137 (139 f.); vgl. dazu *Kersten*, in: Schoch, Kap. 3, Rn. 71 ff.
54 Vgl. BVerwGE 92, 8 (15 f.).
55 Beispiel nach *Weber/Köppert*, Baurecht, Rn. 105.
56 BayVGH, Urteil v. 18.10.2007 – 15 N 07.1093, juris, Rn. 21, 25.

Beispiel:

Nicht erforderlich ist ein Bebauungsplan, mit dem die Gemeinde im Außenbereich ein Grundstück als Bauland ausweist, nur um dem lokalen Bauunternehmer zusätzliche Aufträge zu verschaffen.[57]

88 Andererseits darf die Gemeinde hinreichend gewichtige private Belange zum Anlass einer Bauleitplanung nehmen, wenn sie zugleich auch städtebauliche Zielsetzungen verfolgt.[58]

89 – Die Gemeinde will mit der Planung lediglich ein bestimmtes Vorhaben verhindern und verfolgt nicht zugleich, wenn auch nur als Nebenzweck, positive städtebauliche Ziele (sog **Negativplanung** oder Verhinderungsplanung).[59]

Beispiel:

Ein Bebauungsplan für zwei Grundstücke im Innenbereich, die als „Grünflächen" ausgewiesen werden einzig, um die Aufstellung von Mobilfunkantennen zu verhindern, und nicht, um (zumindest auch) zB die Naherholung zu fördern, ist nicht erforderlich.

90 – Es ist nicht ersichtlich, dass sich die festgesetzten Nutzungen in absehbarer Zeit realisieren lassen (reine **Vorratsplanung**).

Beispiel:

Nicht erforderlich ist ein Bebauungsplan, der ein reines Wohngebiet als Nachfolgenutzung für ein Grundstück festsetzt, auf dem bis zum Jahr 2032 noch ein Atomkraftwerk betrieben wird.[60]

91 – Die Gemeinde setzt ein bestimmtes Baugebiet nur vorgeblich und in der Absicht fest, den Gebietscharakter später faktisch dadurch zu modifizieren, dass nicht alle zulässigen Nutzungen genehmigt werden (sog **Etikettenschwindel**).[61]

Beispiel:

Eine Gemeinde setzt neben einem Kerngebiet (§ 7 BauNVO) ein Mischgebiet (§ 6 BauNVO) fest, obwohl sie von vornherein die Absicht hat, im Bereich des Mischgebiets ausschließlich Wohngebäude zuzulassen.

(2) Anpassungsgebot, § 1 Abs. 4 BauGB

92 Bauleitpläne sind an die Ziele der Raumordnung anzupassen. Ändern sich die Vorgaben der Raumordnung nach dem Inkrafttreten eines Bauleitplans, muss letzterer ggf. modifiziert werden.

93 Dabei sind nur die Ziele der Raumordnung (Art. 2 Nr. 2 BayLplG) zwingend von den Gemeinden zu beachten. Die Grundsätze der Raumordnung (Art. 2 Nr. 3 BayLplG) sind lediglich in die Abwägung gemäß § 1 Abs. 7 BauGB einzustellen.

(3) Entwicklungsgebot, § 8 Abs. 2 S. 1 BauGB

94 Bebauungspläne sind nach § 8 Abs. 2 S. 1 BauGB grds. aus dem Flächennutzungsplan zu entwickeln. Sie sollen die vorbereitenden Bauleitpläne konkretisieren und ausge-

---

57 Siehe *Weber/Köppert*, Baurecht, Rn. 108.
58 BVerwG, ZfBR, 2010, 272 (273 f.).
59 Ausführlich BVerwG, NVwZ 1991, 875 (875 ff.).
60 NdsOVG, NVwZ 2004, 1136 (1136 f.).
61 Siehe etwa BayVGH, Beschl. v. 3.2.2014 – 1 NE 13.2508, juris, Rn. 10.

stalten. Abweichungen sind zulässig, soweit die vorgegebene Grobstruktur der Planung beibehalten wird.

Beispiel:
Der Flächennutzungsplan stellt ein Gebiet als Wohnbaufläche dar. Mit § 8 Abs. 2 S. 1 BauGB unvereinbar wäre ein Bebauungsplan, der für eben diese Flächen ein Gewerbegebiet festsetzt. Zulässig wäre es hingegen, neben Wohngebieten auch eine Parkanlage oder einen Spielplatz festzusetzen, die im Flächennutzungsplan nicht vorgesehen sind.

§ 8 Abs. 2–4 BauGB normieren **drei Ausnahmen vom Entwicklungsgebot:** 95

– Eine Gemeinde kann auf den Erlass eines Flächennutzungsplans verzichten, wenn ein Bebauungsplan ausreicht, um die bauliche Entwicklung im gesamten Gemeindegebiet zu ordnen (**selbstständiger Bebauungsplan,** § 8 Abs. 2 S. 2 BauGB). Das ist nur in kleinen Gemeinden vorstellbar, die sich kaum baulich entwickeln.[62]

– Flächennutzungs- und Bebauungsplan können nach § 8 Abs. 3 S. 1 BauGB gleichzeitig aufgestellt, geändert, ergänzt oder aufgehoben werden (**Parallelverfahren,** § 8 Abs. 3 S. 1 BauGB).

– Ein Bebauungsplan kann aufgestellt werden, bevor ein Flächennutzungsplan beschlossen wurde, wenn dies dringend erforderlich ist (**vorzeitiger Bebauungsplan,** § 8 Abs. 4 S. 1 BauGB). Dringende Gründe in diesem Sinne bestehen, wenn der Gemeinde bei einem Abwarten auf den Flächennutzungsplan oder bei einem Parallelverfahren erhebliche Nachteile (zB Abzug von Gewerbe, Abwanderung von Einwohnern) drohen.

(4) Zulässigkeit der Festsetzungen, § 9 Abs. 1–4 BauGB

Bebauungspläne regeln, in welcher Weise Boden genutzt werden darf. Sie bestimmen 96 damit Inhalt und Schranken des Grundstückseigentums im Sinne des Art. 14 Abs. 1 S. 2 GG. Gemeinden bedürfen daher einer gesetzlichen Ermächtigung zum Erlass von Bebauungsplänen (§ 2 Abs. 1 BauGB), und sie dürfen in den Plänen nur solche Festsetzungen treffen, zu denen sie der parlamentarische Gesetzgeber ermächtigt hat. Die Aufzählung der möglichen Festsetzungen in § 9 Abs. 1–4 BauGB ist daher *abschließend*. Die *einzige Abweichung* von § 9 BauGB, die der Gesetzgeber gestattet, ist in § 12 Abs. 3 BauGB für den Bereich der Vorhaben- und Erschließungsplanung vorgesehen.

Besondere praktische Bedeutung besitzen Regelungen von Art und Maß der baulichen 97 Nutzung sowie der überbaubaren Grundstücksflächen (§ 9 Abs. 1 Nr. 1 f. BauGB). Die insoweit möglichen Festsetzungen werden durch die BauNVO konkretisiert. Möchte eine Gemeinde also zB die Art der baulichen Nutzung regeln, kann sie aus dem Katalog des § 1 Abs. 2 iVm §§ 2 ff. BauNVO wählen. Setzt sie eines der dort genannten Baugebiete fest, werden die Bestimmungen der §§ 2 ff. BauNVO nach § 1 Abs. 3 BauNVO Teil des Bebauungsplans und sind bei der Zulassung von Einzelvorhaben zu beachten.

---

62 *Finkelnburg/Ortloff/Kment,* § 8, Rn. 48.

§ 2 Öffentliches Baurecht

98 Auch bei der Festsetzung von Baugebieten nach der BauNVO gilt Typenzwang.[63] Wird eine Kommune im „Standardkatalog" der BauNVO nicht fündig und möchte die dort geregelten Baugebietstypen modifizieren, so bedarf sie auch für diese Modifikation einer gesetzlichen Grundlage. Eine solche findet sich in § 1 Abs. 4–10 BauNVO. Nur in dem dort umschriebenen Rahmen und unter den dort genannten Voraussetzungen kann sie die in §§ 2 ff. BauNVO geregelten Gebietsarten ändern. Bei der Anwendung von § 1 Abs. 5 f. BauNVO ist insbesondere darauf zu achten, dass nur solche Nutzungsarten in ein Baugebiet umgestuft werden dürfen, die nach §§ 2 ff. BauNVO allgemein zulässig (§ 1 Abs. 5 BauNVO) bzw. ausnahmsweise zulässig (§ 1 Abs. 6 BauNVO) wären.

Beispiel:
Die Gemeinde kann gemäß § 1 Abs. 6 BauNVO nicht festsetzen, dass in einem reinen Wohngebiet auch Tankstellen allgemein zulässig sein sollen. Denn Tankstellen sind in reinen Wohngebieten nach § 2 BauNVO im gesetzlichen Regelfall nicht einmal ausnahmsweise zulässig. – Das alles ergibt sich ohne Weiteres aus dem Gesetzeswortlaut, wird aber häufig übersehen.

99 In Bayern können Kommunen nach § 9 Abs. 4 BauGB iVm Art. 81 Abs. 2 BayBO zudem örtliche Bauvorschriften (zB Vorgaben für die Fassadengestaltung; → Rn. 131) in den Bebauungsplan aufnehmen, nach § 9 Abs. 4 BauGB iVm Art. 4 Abs. 2 S. 1 BayNatSchG zudem auch Grünordnungspläne.

(5) Materielle Anforderungen des Abwägungsgebots, § 1 Abs. 7 BauGB

100 Nach § 1 Abs. 7 BauGB haben die Gemeinden alle öffentlichen und privaten Belange, die sie gemäß § 2 Abs. 3 BauGB ermittelt haben, mit dem ihnen zugewiesenen Gewicht gegeneinander und untereinander gerecht abzuwägen. Die Gemeinden müssen dabei Interessenkonflikte auflösen und entscheiden, welche Belange zugunsten welcher anderen Interessen zurücktreten müssen.[64] Das Ergebnis der Abwägung bildet den Inhalt des Bebauungsplans.[65]

101 Die Gemeinden besitzen ein weitreichendes Planungsermessen (→ Rn. 71 f.). Die Gerichte kontrollieren lediglich, ob die Kommunen Abwägungsfehler begangen oder Planungsgrundsätze verletzt haben (→ Rn. 73 ff.). Ein Bauleitplan verstößt gegen § 1 Abs. 7 BauGB, wenn die Kommunen die ermittelten und bewerteten Belange überhaupt nicht abgewogen haben (**Abwägungsausfall**), wenn der gefundene Ausgleich außer Verhältnis zum Gewicht der berührten Interessen steht (**Abwägungsdisproportionalität**) oder das Ergebnis gegen **Planungsgrundsätze** (Gebot der Konfliktbewältigung, Trennungsgebot) verstößt.

Klausurhinweis:
Ob dem Bauleitplan Abwägungsfehler in der Form von Abwägungsdefiziten oder Abwägungsfehleinschätzungen anhaften, ist nach unserer Auffassung bereits und ausschließlich bei der Prüfung von § 2 Abs. 3 BauGB zu erörtern (→ Rn. 75). Eine erneute Prüfung im Rahmen von § 1 Abs. 7 BauGB ist nur in den – sehr seltenen – Fällen angezeigt, in denen die berührten Belange

---

63 BVerwGE 94, 151 (154).
64 BVerwGE 34, 301 (308 f.).
65 *Finkelnburg/Ortloff/Kment*, § 5, Rn. 70.

zwar sämtlich zutreffend ermittelt und bewertet, dann aber im nächsten Schritt doch nicht in die abschließende Abwägungsentscheidung eingestellt wurden.[66]

– Dass eine Gemeinde überhaupt nicht zwischen verschiedenen Interessen abwägt, bevor sie einen Bauleitplan erlässt (**Abwägungsausfall**), dürfte äußerst selten sein. In diesen seltenen Ausnahmefällen fehlt es zudem regelmäßig schon an einer fehlerfreien Ermittlung und Bewertung der relevanten Belange im Sinne des § 2 Abs. 3 BauGB. Demgegenüber kommt es in der Praxis häufig vor, dass die Gemeinde bereits vor Erlass des Bauleitplans privaten Dritten gegenüber Zusagen mit Blick auf den Inhalt der Planung macht, also zB einem Unternehmer in Aussicht stellt, bestimmte Gemeindeflächen in einem noch in der Ausarbeitung befindlichen Bebauungsplan als Gewerbegebiete festzusetzen (sog **Vorabbindung**). Die Rspr. hält Vorabbindungen unter den folgenden drei Voraussetzungen für mit § 1 Abs. 7 BauGB vereinbar: die Zuständigkeitsordnung innerhalb der Gemeinde wurde gewahrt (dh der Gemeinderat bzw. der Bauausschuss haben die Selbstverpflichtung abgegeben), die Vorabbindung ist sachlich gerechtfertigt (zB weil der Investor für ein von der Gemeinde schon länger gewünschtes Bauvorhaben gefunden wurde), und der Plan ist im Ergebnis inhaltlich nicht zu beanstanden, hätte also ohne die Vorabbindung auch so erlassen werden können (dh er genügt insbesondere auch den Planungsgrundsätzen und ist nicht disproportional).[67] 102

– Die Abwägungsentscheidung der Gemeinden darf zur objektiven Gewichtigkeit der berührten Belange nicht außer Verhältnis stehen (**Abwägungsdisproportionalität**).[68] Das BauGB geht davon aus, dass öffentliche und private Interessen im Grundsatz gleichgewichtig sind.[69] Zu beachten ist jedoch insbesondere, dass die gemäß § 2 Abs. 2 BauGB zu berücksichtigenden Interessen von Nachbargemeinden dann besonderes Gewicht besitzen und ihre Zurückstellung besonderer sachlicher Gründe bedarf, wenn die geplante Bodennutzung „unmittelbare Auswirkungen gewichtiger Art" auf die städtebauliche Ordnung und Entwicklung der Nachbargemeinde hat.[70] 103

Beispiel:
Gewichtige Auswirkungen dieser Art hat zB die Festsetzung eines Gewerbegebiets an der Gemeindegrenze, wenn die Nachbargemeinde auf den angrenzenden Flurstücken Flächen für eine Kurklinik nebst Kurpark ausgewiesen hat.[71]

– Ein Bauleitplan verstößt zudem gegen § 1 Abs. 7 BauGB, wenn er städtebauliche Probleme, die im Plangebiet bestehen oder die der Plan selbst aufwirft, zulasten Betroffener letztlich ungelöst lässt.[72] Das **Gebot der Konfliktbewältigung** verlangt von den Gemeinden, vorhandene Konflikte grds. durch planerische Festsetzungen zu lösen. Auf eine Problemlösung im Bauleitplan darf jedoch verzichtet werden, wenn sichergestellt oder zumindest wahrscheinlich ist, dass die Konflikte in den Verwal- 104

---

66 Vgl. *Weber/Köppert*, Baurecht, Rn. 151.
67 BVerwGE 45, 309 (320 f.).
68 BVerwGE 40, 323 (330).
69 BVerwGE 47, 144 (151).
70 BVerwG, NVwZ 1990, 464 (465).
71 Für weitere Beispiele siehe zB *Söfker*, in: Ernst/Zinkahn/Bielenberg/Krautzberger, § 2 BauGB (Stand: 108. EL April 2013), Rn. 111.
72 BVerwGE 147, 379 (384).

tungsverfahren, in denen über die Zulässigkeit von Einzelvorhaben entschieden wird, angemessen gelöst werden können.

Beispiel:
Unzulässig ist es danach etwa, in einem Bebauungsplan ein Wohngebiet festzusetzen und die Abwasserbeseitigung nicht zu regeln.[73] Zulässig ist es hingegen, ein „kirchliches Jugendzentrum" festzusetzen und es dem Genehmigungsverfahren zu überlassen, die benachbarte Wohnbebauung vor Lärm zu schützen, etwa indem vorgegeben wird, welche Räume des Zentrums wie genutzt werden dürfen.[74]

105 – Bei der Zuordnung von Nutzungsarten zu Gemeindeflächen ist stets zu berücksichtigen, welche Auswirkungen (Immissionen, Emissionen) eine festgesetzte Bodennutzung auf andere Nutzungsarten hat. Das **Trennungsgebot** (vgl. § 50 S. 1 BImSchG) verlangt, dass unverträgliche Nutzungen möglichst voneinander zu trennen sind, sodass schädliche Umwelteinwirkungen insbesondere auf die ausschließlich oder überwiegend dem Wohnen dienenden Gebiete so weit wie möglich vermieden werden.[75] „Der Trennungsgrundsatz stellt jedoch kein zwingendes Gebot dar, sondern eine Abwägungsdirektive."[76] Ausnahmen sind zum einen zulässig, wenn sichergestellt ist, dass von einer geplanten Nutzung nur unerhebliche Immissionen ausgehen, und im Einzelfall städtebauliche Gründe von besonderem Gewicht hinzutreten, die es rechtfertigen, eine planerische Vorsorge durch räumliche Trennung zurücktreten zu lassen. Zum anderen kann von dem Gebot ausnahmsweise abgewichen werden, wenn bereits bebaute Flächen überplant werden, auf denen sich schon seit längerer Zeit eine Gemengelage von Nutzungen befindet und das Nebeneinander (etwa von Wohnen und Gewerbe) ohne größere Probleme besteht.[77]

cc) Wirksamkeit: Fehlerfolgen und Planerhaltungsvorschriften

106 **Schema: Fehlerfolgen, §§ 214 f. BauGB**
I. Fehler grds. beachtlich oder unbeachtlich?
  1. Verfahrens- und Formfehler: grds. unbeachtlich gemäß § 214 Abs. 1 S. 1 BauGB; Ausnahme: § 214 Abs. 1 S. 1 Nr. 1–4 BauGB
  2. Verstoß gegen § 8 BauGB: grds. beachtlich; Ausnahme: § 214 Abs. 2 BauGB
  3. Verstoß gegen § 2 Abs. 3 BauGB: grds. unbeachtlich; Ausnahme: § 214 Abs. 1 S. 1 Nr. 1 BauGB
  4. Verstoß gegen § 1 Abs. 7 BauGB: Mangel im Abwägungs*ergebnis* immer beachtlich, § 214 Abs. 3 S. 2 Hs. 2 BauGB e contrario; Mangel im Abwägungs*vorgang* grds. unbeachtlich, Ausnahme: § 214 Abs. 3 S. 2 Hs. 2 BauGB
II. Falls Fehler grds. beachtlich: unbeachtlich mangels fristgerechter Rüge gemäß § 215 Abs. 1 BauGB?
III. Falls grds. beachtlicher Fehler und fristgerecht gerügt: unbeachtlich nach ergänzendem Verfahren gemäß § 214 Abs. 4 BauGB?

107 Rechtswidrige Rechtsakte sind nichtig, es sei denn, das Gesetz normiert eine abweichende Rechtsfolge. Zwei Ausnahmen vom Nichtigkeitsdogma sind in der Praxis und in juristischen Prüfungen von besonderer Bedeutung: zum einen die Regelungen der

---

73 BVerwGE 116, 144.
74 NdsOVG, ZfBR 1986, 293.
75 BVerwGE 143, 24 (36).
76 BVerwGE 143, 24 (37).
77 BVerwG, NVwZ 1992, 663 (663 ff.).

§§ 43 f. VwVfG bzw. der landesrechtlichen Äquivalente, wonach auch rechtswidrige Verwaltungsakte grds. wirksam sind; zum anderen die Planerhaltungsvorschriften der §§ 214 f. BauGB, aus denen sich ergibt, welche Rechtsverstöße nicht zur Unwirksamkeit von Bauleitplänen führen.

Die §§ 214 f. BauGB sollen verhindern, dass Bauleitpläne von den Verwaltungsgerichten aufgrund von vergleichsweise geringfügigen Fehlern für nichtig erklärt werden, obwohl die Pläne bereits über viele Jahren die städtebauliche Entwicklung geprägt haben und Grundlage für eine Vielzahl von Genehmigungsverfahren waren.[78] 108

Klausurhinweis:
In den meisten Fällen lässt sich allein durch eine genaue Lektüre der §§ 214 f. BauGB und eine präzise Subsumtion bestimmen, ob ein Rechtsverstoß zur Nichtigkeit eines Bauleitplans führt. Die Lektüre wird freilich durch die vergleichsweise komplexe Struktur der Vorschriften erschwert. Es empfiehlt sich eine Prüfung in den nachfolgenden drei Schritten.

(1) Grundsätzliche (Un-)Beachtlichkeit abhängig von Art des Fehlers

Ob die Rechtswidrigkeit eines Bauleitplans seine Unwirksamkeit zur Folge hat, ist zunächst abhängig von der Art des Fehlers, der dem Plan anhaftet. Alle nicht in § 214 BauGB genannten Rechtsverstöße – wie zB eine Verletzung von § 1 Abs. 3 BauGB oder die Aufnahme einer nicht in § 9 BauGB genannten Festsetzung in einen Bebauungsplan – sind ohne Weiteres beachtlich und führen zur Nichtigkeit des Bauleitplans. Im Übrigen ist wie folgt zu differenzieren: 109

(a) Verfahrens- und Formfehler nach dem BauGB. Verstöße gegen Vorschriften, die sich auf den äußeren Ablauf des Planungsverfahrens oder die Form des Bauleitplans beziehen, sind nach § 214 Abs. 1 BauGB unbeachtlich, es sei denn, aus den Regelungen in Nr. 1–4 ergibt sich etwas Anderes. Die ausnahmsweise Beachtlichkeit von Verfahrens- und Formfehlern ist in § 214 Abs. 1 S. 1 Nr. 1–4 BauGB abschließend geregelt. Wichtig ist, dass die Vorschrift nur für Verstöße *gegen das BauGB* gilt. Welche Rechtsfolgen ein Verstoß gegen Landesrecht (zB gegen Art. 49 GO) hat, ist dem Landesrecht zu entnehmen. 110

(b) Verstöße gegen § 8 BauGB. Sie sind nach § 214 Abs. 2 BauGB grds. beachtlich und nur ausnahmsweise unter den dort genannten Voraussetzungen unbeachtlich. 111

(c) Verstöße gegen § 2 Abs. 3 BauGB. Insoweit handelt es sich um Verstöße gegen eine Verfahrensvorschrift. Sie sind nach § 214 Abs. 1 S. 1 Nr. 1 BauGB grds. unbeachtlich, es sei denn, der Fehler war offensichtlich und hat das Abwägungsergebnis beeinflusst. 112

(d) Verstöße gegen § 1 Abs. 7 BauGB. Mängel im Abwägungs*ergebnis* sind immer beachtlich (§ 214 Abs. 3 S. 2 Hs. 2 BauGB e contrario). Soweit ein Abwägungsfehler demgegenüber den Abwägungs*vorgang* betrifft und es sich nicht um einen Verstoß gegen § 2 Abs. 3 BauGB handelt (insoweit genießt § 214 Abs. 1 S. 1 Nr. 1 BauGB Vorrang, siehe § 214 Abs. 3 S. 2 Hs. 1 BauGB), ist er nach § 214 Abs. 3 S. 2 Hs. 2 BauGB unbeachtlich, es sei denn, der Fehler war **offensichtlich** und hat **das Abwägungsergeb-** 113

---

78 Für einen Überblick über die rechtspolitische und verfassungsrechtliche Kritik an §§ 214 f. BauGB siehe *Stock*, in: Ernst/Zinkahn/Bielenberg/Krautzberger, § 214 BauGB (Stand: 121. EL Mai 2016), Rn. 145 ff.

nis beeinflusst.⁷⁹ Es sind nur wenige Fälle denkbar, in denen Mängel einerseits den Abwägungsvorgang erfassen, es sich andererseits aber nicht um Verstöße gegen § 2 Abs. 3 BauGB handelt. Anzunehmen ist das nur, wenn die Gemeinde die berührten Belange zwar alle ermittelt und gewichtet, dann aber doch entweder gar keine abschließende Abwägung vorgenommen hat (zB aufgrund einer Vorabbindung) oder die ermittelten Belange bei der abschließenden Abwägung nicht alle bzw. nicht alle mit dem ihnen gebührenden Gewicht berücksichtigt hat.

114 Auch offensichtliche Verfahrens- und Formfehler sind nach § 214 Abs. 1 S. 1 Nr. 1 und Abs. 3 S. 2 Hs. 2 BauGB nur dann ausnahmsweise beachtlich, wenn sie auf das Ergebnis des Planungsverfahrens von Einfluss gewesen sind. Ergebnisrelevant ist ein Fehler nach st. Rspr., „wenn nach den Umständen des Falls die konkrete Möglichkeit besteht, dass ohne den Abwägungsmangel eine andere Entscheidung getroffen worden wäre".⁸⁰

(2) Unbeachtlichkeit infolge Zeitablaufs mangels fristgerechter Rüge

115 Die gemäß § 214 BauGB im Prinzip beachtlichen Fehler (mit Ausnahme der in § 214 Abs. 1 S. 1 Nr. 4 BauGB genannten Rechtsverstöße) werden gemäß § 215 Abs. 1 BauGB nach Ablauf eines Jahres ab Bekanntmachung des Plans unbeachtlich, wenn sie nicht zuvor schriftlich gegenüber der Gemeinde gerügt wurden – vorausgesetzt, die Gemeinde hat in der Bekanntmachung des Bauleitplans auf die Frist und die Konsequenzen der Nichtgeltendmachung von Fehlern hingewiesen. Fristgerecht gerügte Fehler sind generell beachtlich und können in Normenkontrollverfahren unabhängig davon geltend gemacht werden, ob sie vom Antragsteller selbst gegenüber der Gemeinde dargelegt wurden. § 215 Abs. 1 S. 1 Nr. 1 BauGB gilt jedoch nicht für Mängel im Abwägungs*ergebnis*.

(3) Unbeachtlichkeit nach ergänzendem Verfahren

116 Beachtliche Fehler können schließlich von der Gemeinde in einem ergänzenden Verfahren nach § 214 Abs. 4 BauGB behoben und damit rückwirkend beseitigt werden. Welche Fehler nachträglich behoben werden können, regelt § 214 Abs. 4 BauGB nicht ausdrücklich. Aus der Qualifikation des Verfahrens als „ergänzend" lässt sich jedoch zunächst schließen, dass nur **„punktuelle Nachbesserungen"** zulässig sind, die nicht den Kern der Planungsentscheidung betreffen.⁸¹ Eine Beschränkung auf bestimmte Fehlerarten ergibt sich aus der Norm darüber hinaus jedoch nicht. Im Grundsatz können alle formellen und materiellen Fehler des Bebauungsplans nach § 214 Abs. 4 BauGB behoben werden und zwar sowohl Verstöße gegen das BauGB als auch Verletzungen von Landesrecht.⁸²

117 Um einen Fehler nach § 214 Abs. 4 BauGB zu heilen, muss die Gemeinde das Planungsverfahren ab dem fehlerbehafteten Schritt erneut durchführen. Sachlich kann die

---

79 BVerwG, NVwZ 1992, 662 (663); vgl. ferner *Finkelnburg/Ortloff/Kment*, § 12, Rn. 15.
80 BVerwGE 100, 370 (379); vgl. auch BVerfG, NVwZ 2016, 524 (526).
81 So im Ergebnis ohne nähere Begründung BVerwG, NVwZ 2003, 1259 (1259); zur Ableitung dieser Einschränkung aus der Qualifikation als „ergänzendes" Verfahren *Weber/Köppert*, Baurecht, Rn. 153.
82 BVerwGE 110, 118 (122 ff.).

Gemeinde das ergänzende Verfahren auf die Planinhalte beschränken, auf die sich der Mangel ausgewirkt hat. Wenn ein Abwägungsfehler zu beheben ist, wird diese Begrenzung freilich in der Regel nicht möglich sein, da sich die Entscheidungen über die einzelnen Belange typischerweise alle wechselseitig beeinflussen.

Bis zum Abschluss des ergänzenden Verfahrens ist der Plan schwebend unwirksam. Wird der Fehler behoben, tritt der Plan rückwirkend in Kraft. Er gilt als von Anfang an wirksam.[83] Die Rückwirkung der Heilung hat ua zur Folge, dass bauordnungsrechtliche Verfügungen (zB Baugenehmigungen), die sich auf den Bauleitplan stützen und vor der Durchführung des ergänzenden Verfahrens erlassen wurden, rückwirkend rechtmäßig werden.[84] 118

Ist nur ein Teil eines Bebauungsplans von einem Mangel betroffen, bleiben die unbeeinflussten Teile nach allgemeinen Grundsätzen wirksam, wenn sie auch isoliert eine sinnvolle städtebauliche Regelung enthalten und angenommen werden kann, dass die Gemeinde den rechtmäßigen Teil auch ohne den fehlerbehafteten erlassen hätte.[85] 119

d) Änderung, Aufhebung, Außerkrafttreten wegen Funktionslosigkeit

Soll ein Bauleitplan geändert oder ergänzt werden, sind gemäß § 1 Abs. 8 BauGB grds. dieselben formellen und materiellen Anforderungen zu beachten wie bei der erstmaligen Beplanung eines Gebiets. Wenn die Änderung oder Ergänzung inhaltlich begrenzt ist und die Grundzüge der Planung nicht berührt werden, ist ein vereinfachtes Verfahren nach § 13 BauGB zulässig. Auch wenn die Gemeinde einen Bauleitplan insgesamt aufheben möchte, muss sie gemäß § 1 Abs. 8 BauGB das vollständige Planungsverfahren einschließlich der Öffentlichkeits- und Behördenbeteiligung durchführen. Die Möglichkeit eines vereinfachten Verfahrens nach § 13 BauGB besteht in diesen Fällen nicht. Die Aufhebung eines Plans kann mit dem Erlass einer neuen Bauleitplanung in einem Verfahren verbunden werden. Der alte Plan wird dann durch den neuen ersetzt. Ist der neue Plan unwirksam, bleibt der alte in Kraft, es sei denn, die Gemeinde hat deutlich gemacht, dass die vorherige Planung in jedem Fall beseitigt werden soll.[86] 120

Ohne dass die Gemeinde einen Aufhebungsbeschluss in einem ordnungsgemäßen Verfahren fasst, verlieren Bauleitpläne – Flächennutzungspläne ebenso wie Bebauungspläne – oder einzelne ihrer Darstellungen bzw. Festsetzungen ausnahmsweise automatisch ihre Wirksamkeit, wenn sie funktionslos werden. Die **Funktionslosigkeit** eines Bauleitplans ist unter zwei von der Rspr. entwickelten[87] und eng auszulegenden Voraussetzungen anzunehmen: Die tatsächlichen Verhältnisse, auf die sich der Bauleitplan bezieht, müssen sich – erstens – so entwickelt haben, dass eine Verwirklichung der Darstellungen bzw. Festsetzungen auf unabsehbare Zeit ausgeschlossen ist. Dass die Umsetzung ausgeschlossen ist, muss zudem – zweitens – offenkundig und allgemein 121

---

83 BVerwG, NVwZ 2003, 1259 (1259); ausführlich *Finkelnburg/Ortloff/Kment*, § 12, Rn. 52 ff.
84 Siehe *Manssen*, in: Becker/Heckmann/Kempen/ders., 4. Teil, Rn. 325.
85 Vgl. *Manssen*, in: Becker/Heckmann/Kempen/ders., 4. Teil, Rn. 350 ff.
86 Vgl. *Finkelnburg/Ortloff/Kment*, § 6, Rn. 97; *Manssen*, in: Becker/Heckmann/Kempen/ders., 4. Teil, Rn. 223.
87 BVerwGE 54, 5 9.; *Finkelnburg/Ortloff/Kment*, § 7, Rn. 107 ff.; *Muckel/Ogorek*, § 5, Rn. 98.

ersichtlich sein, so dass ein eventuelles Vertrauen auf den Bestand des Plans jedenfalls nicht schutzwürdig wäre.[88]

e) Pflicht zum Erlass eines Bauleitplans

122 Eine Pflicht zur Aufstellung eines Bebauungsplans ergibt sich aus § 1 Abs. 3 BauGB nur in besonderen Ausnahmefällen, wenn „qualifizierte städtebauliche Gründe von besonderem Gewicht" vorliegen.[89] Denn auch wenn keine verbindliche Bauleitplanung existiert, droht in der Regel keine ungeordnete Bodennutzung, weil in diesem Fall die Planersatzvorschriften der §§ 34 f. BauGB die Bebauung steuern. Die Rspr. hat eine Pflicht zur Bebauungsplanung dementsprechend bisher nur angenommen, wenn die Genehmigungspraxis auf der Grundlage von §§ 34 f. BauGB Nutzungskonflikte ausnahmsweise nicht zu lösen vermag oder gar selbst auslöst und eine (interkommunale) Gesamtkoordination erforderlich ist.[90]

123 Die Planungspflicht besteht allein im öffentlichen Interesse. Verletzt eine Gemeinde ihre Planungspflicht, kann daher nur die Kommunalaufsicht gegen diesen Verstoß vorgehen und eine Planung durchsetzen. Die auf Erlass eines Bauleitplans gerichtete Klage wäre mangels Klagebefugnis unzulässig, denn gemäß § 1 Abs. 3 S. 2 BauGB besteht kein Anspruch auf den Erlass von Bauleitplänen. Ein solcher kann auch nicht durch einen öffentlich-rechtlichen Vertrag begründet werden. Ein Vertrag mit entsprechendem Inhalt wäre nichtig gemäß § 59 Abs. 1 VwVfG iVm § 134 BGB iVm § 1 Abs. 3 S. 2 Hs. 2 BauGB.

f) Rechtsschutz
aa) Rechtsschutzmöglichkeiten Privater

124 Bebauungspläne sind kommunale Satzungen (§ 10 Abs. 1 BauGB) und können als solche den Gegenstand einer **prinzipalen Normenkontrolle** nach § 47 Abs. 1 Nr. 1 VwGO bilden. Für die Antragsbefugnis nach § 47 Abs. 2 S. 1 VwGO und eine mögliche Rechtsverletzung ist es ohne Bedeutung, ob ein Rechtsverstoß nach §§ 214 f. BauGB zur Unwirksamkeit des Plans führt.[91]

Eigentümer von Grundstücken **innerhalb des Plangebiets** (sog **unmittelbar Planbetroffene**) können sich zur Begründung der Antragsbefugnis auf Art. 14 Abs. 1 GG berufen, denn der Bebauungsplan regelt Inhalt und Schranken ihres Eigentumsrechts, ein rechtswidriger Plan würde sie in ihrem Eigentumsgrundrecht verletzen. Gleiches gilt für sonstige dinglich Berechtigte wie etwa den Nießbraucher, aber auch für die nur obligatorisch berechtigten Mieter und Pächter von Grundstücken im Plangebiet, wenn sich aus dem Bebauungsplan Einschränkungen ihrer Nutzungsrechte ergeben, denn nach der Rspr. des BVerfG[92] fallen sie ebenfalls in den Schutzbereich von Art. 14 Abs. 1 GG.

---

88 BVerwGE 54, 5 (10 f.).
89 BVerwGE 119, 25 (Ls. 1).
90 BVerwGE 119, 25 (32).
91 BVerwG, NVwZ 2010, 1246 (1248); vgl. zur Normenkontrolle aus anwaltlicher Sicht etwa BayVBl. 2014, 285, 316.
92 BVerfGE 89, 1 (5 ff.).

Alle, die nicht bzw. nicht unmittelbar in ihren Eigentumspositionen betroffen sind, dh 125
insbesondere Eigentümer, Mieter und Pächter von Grundstücken **außerhalb des Plangebiets**, können sich zwar nicht auf Art. 14 Abs. 1 GG berufen, aber einen möglichen Verstoß gegen § 1 Abs. 7 BauGB geltend machen, wenn ihre Interessen erkennbar, schutzwürdig und mehr als nur geringfügig nachteilig betroffen sind und von der Gemeinde möglicherweise nicht angemessen berücksichtigt wurden.[93] § 1 Abs. 7 BauGB verleiht ihnen ein „Recht auf eine gerechte Abwägung", das Abwägungsgebot wirkt drittschützend.[94] Hingegen sollen §§ 3 Abs. 1 f. BauGB die umfassende Ermittlung der abwägungsrelevanten Belange ausschließlich im öffentlichen Interesse sichern. Eine Verletzung kann daher keine Antragsbefugnis begründen.

Bebauungspläne, die als kommunale Satzungen erlassen werden, können zudem mit 126
einer **Popularklage** nach Art. 98 S. 4 BV angegriffen werden (→ § 1 Rn. 225 ff.).

Zu einer **inzidenten Normenkontrolle** eines Bebauungsplans kommt es, wenn die 127
Rechtmäßigkeit einer baurechtlichen Verfügung (etwa einer Baugenehmigung), über die gestritten wird, von der Wirksamkeit eines Bebauungsplans abhängig ist.

bb) Rechtsschutzmöglichkeiten von Nachbargemeinden

Als Gebietskörperschaften (Art. 1 S. 1 GO) und damit juristische Personen des öffent- 128
lichen Rechts können auch Nachbargemeinden nach § 47 Abs. 2 S. 1 VwGO einen Normenkontrollantrag stellen. Sie können sich zur Begründung ihrer Antragsbefugnis auf § 2 Abs. 2 BauGB berufen, wenn mögliche gewichtige Auswirkungen auf ihr Gemeindegebiet bei der Ausarbeitung des Bebauungsplans evtl. nicht angemessen berücksichtigt wurden. Daneben kann auch die Nachbargemeinde das Recht auf gerechte Abwägung nach § 1 Abs. 7 BauGB geltend machen, soweit es um Belange geht, die nicht von der spezielleren und vorrangigen Norm des § 2 Abs. 2 BauGB erfasst werden, dh um nicht-städtebauliche Belange wie etwa rein wirtschaftliche Nachteile einer geplanten Bebauung.[95]

g) Ersatz von Planungsschäden

Erlässt eine Gemeinde einen rechtswidrigen Bebauungsplan, stellt sich die Frage, ob 129
die hierdurch nachteilig Betroffenen Amtshaftungsansprüche gemäß § 839 BGB iVm Art. 34 GG geltend machen können. Die Mitglieder der kommunalen Vertretungskörperschaften handeln nach allgemeiner Auffassung als Beamte im haftungsrechtlichen Sinne, wenn sie einen Bauleitplan erlassen, und erfüllen damit eine Amtspflicht.[96] Fraglich und umstritten ist, ob diese Amtspflicht auch drittgerichtet ist. Nach Auffassung des BGH werden Beamte, wenn sie Recht setzen, grds. nur im Interesse der All-

---

93 BVerwGE 107, 215 (220 ff.).
94 BVerwGE 107, 215 (219 f.).
95 *Uechtritz*, in: Spannowsky/ders., § 2 BauGB Rn. 21. Nach dem BVerwG sollen „Richtung und Gehalt" des Abstimmungsgebotes aus den Maßstäben des allgemeinen Abwägungsgebotes ermittelt werden [BVerwGE 40, 323 (331)]. Daraus wird allgemein geschlossen, dass es sich bei § 2 Abs. 2 BauGB um einen speziellen Fall der Abwägung handle. ob und ggf. in welchen Fällen § 1 Abs. 7 BauGB neben § 2 Abs. 2 BauGB zur Anwendung kommt, ist in Rspr. und Lit. noch nicht abschließend geklärt, siehe für einen Überblick über den Meinungsstand *Uechtritz*, aaO, Rn. 21.1.
96 Siehe zB BGHZ 84, 292 (298); *Muckel/Ogorek*, § 5, Rn. 180; *Manssen*, in: Becker/Heckmann/Kempen/ders., 4. Teil, Rn. 358.

gemeinheit tätig. Für die Bauleitplanung soll nur dann eine Ausnahme gelten, wenn bei der konkreten Planungsmaßnahme „in qualifizierter und zugleich individualisierter Weise auf schutzwürdige Interessen eines erkennbar abgegrenzten Kreises Dritter Rücksicht zu nehmen ist".[97] Die Pflicht zur gerechten Abwägung nach § 1 Abs. 7 BauGB wirkt daher nach Ansicht des BGH nur drittschützend, soweit es um die Pflicht zur Berücksichtigung der Anforderungen an gesunde Wohn- und Arbeitsverhältnisse geht (vgl. § 1 Abs. 6 Nr. 1 BauGB).[98] Diese spezifische Pflicht ist nach Ansicht des BGH insbesondere verletzt, wenn die Gemeinde keine ausreichenden Nachforschungen zur Ermittlung möglicher Altlasten im Boden anstellt.[99] Sowohl Grundstückseigentümer als auch Grundstückskäufer und künftige Bewohner können dann ggf. den Ersatz von Gesundheits- und Vermögensschäden verlangen.[100]

130 Entschädigungsansprüche für die durch eine Bauleitplanung negativ Betroffenen sind ferner in §§ 39 ff. BauGB normiert.[101]

3. Exkurs: Örtliche Bauvorschriften

131 Art. 81 Abs. 1 Nr. 1 BayBO ermächtigt die Gemeinden, eigene Vorgaben für die äußere Gestaltung von Gebäuden (zB für den Außenanstrich oder die Größe und Anordnung von Fenstern) zu erlassen, mit denen sie die allgemeinen bauordnungsrechtlichen Voraussetzungen für die Zulässigkeit baulicher Anlagen ergänzen oder konkretisieren. Örtliche Bauvorschriften können als eigenständige Satzungen oder als Teil eines Bebauungsplans (§ 9 Abs. 4 BauGB iVm Art. 81 Abs. 2 BayBO) beschlossen werden. In beiden Fällen zählen sie stets zum Prüfprogramm der Bauaufsicht (Art. 59 S. 1 Nr. 1 lit. a bzw. c BayBO). Werden örtliche Bauvorschriften in einer eigenständigen Satzung erlassen, ist gemäß § 47 Abs. 1 Nr. 2 VwGO iVm Art. 5 S. 1 f. AGVwGO nur eine Behörde befugt, einen Normkontrollantrag zu stellen, und dies auch nur, wenn die Rechtssache grundsätzliche Bedeutung hat.

4. Sicherungsmittel der Bauleitplanung

132 Zwischen der Entscheidung einer Gemeinde, einen Bebauungsplan aufzustellen, und dem abschließenden Satzungsbeschluss vergehen in der Regel viele Monate, bei komplexen Planungen bisweilen Jahre. Mit §§ 14 f. BauGB[102] gibt das BauGB den Kommunen Instrumente an die Hand, mit denen sie verhindern können, dass die von ihnen gewünschte Bodennutzung durch Bauvorhaben vereitelt wird, die während der Planungszeit errichtet oder genehmigt werden.

---

97 BGHZ 94, 32 (52).
98 BGHZ 106, 323 (332); 121, 65 (67).
99 BGHZ 106, 323 (332).
100 BGHZ 106, 323 (332 ff.); *Muckel/Ogorek*, § 5, Rn. 180; siehe krit. zu dieser Entscheidung und ihrer Unvereinbarkeit mit den Entscheidungen des BVerwG, wonach § 1 Abs. 7 BauGB ein subjektives Recht auf gerechte Abwägung zu entnehmen ist, *Manssen*, in: Becker/Heckmann/Kempen/ders., 4. Teil, Rn. 359.
101 Siehe hierzu erläuternd etwa *Finkelnburg/Ortloff/Kment*, § 13, Rn. 2 ff.
102 Weitere Sicherungsinstrumente sind in § 22 BauGB (sog Fremdenverkehrssatzung für Gebiete mit Fremdenverkehrsfunktion) und in §§ 24–28 BauGB (gemeindliche Vorkaufsrechte) geregelt. Sie sind jedoch kaum prüfungsrelevant.

II. Kommunale Bauleitplanung

a) Veränderungssperre, § 14 BauGB

Schema: Wirksamkeit einer Veränderungssperre 133

I. Rechtsgrundlage, § 14 Abs. 1 BauGB
II. Formelle Rechtmäßigkeit
   1. Zuständigkeit
      a) Verbandskompetenz, § 16 Abs. 1 BauGB
      b) Organkompetenz, Art. 29, 30 Abs. 2 iVm Art. 32 Abs. 2 GO
   2. Verfahren: Beschluss als Satzung, § 16 Abs. 1 BauGB iVm Art. 46 ff. GO
   3. Form: Ausfertigung und Bekanntmachung, § 16 Abs. 2 BauGB iVm Art. 26 Abs. 2 GO
III. Materielle Rechtmäßigkeit
   1. Ortsüblich bekannt gemachter Planaufstellungs- bzw. Planänderungsbeschluss, § 14 Abs. 1 iVm § 2 Abs. 1 BauGB
   2. Erforderlichkeit („zur Sicherung der Planung", § 14 Abs. 1 BauGB)
IV. Fehlerfolgen, §§ 214 f. BauGB

Beschließt die Gemeinde eine Veränderungssperre, so hat dies – die Bezeichnung legt 134 es nahe – zur Folge, dass die vorhandene Bebauung im künftigen Planbereich nicht verändert werden darf.

aa) Rechtsnatur und Rechtswirkungen

Veränderungssperren sind kommunale Satzungen (§ 16 Abs. 1 BauGB). Gemäß § 14 135 Abs. 1 Nr. 1 BauGB bewirken sie innerhalb ihres Geltungsbereichs und während ihrer Geltungsdauer von in der Regel zwei Jahren (§ 17 Abs. 1 BauGB) die Unzulässigkeit baulicher Vorhaben. Das bedeutet:

– **Baugenehmigungen** dürfen **nicht erteilt** werden, weil den Vorhaben von der Bauauf- 136 sicht zu prüfende öffentlich-rechtliche Vorschriften entgegenstehen. Entsprechendes gilt für bauplanungsrechtliche Vorbescheide. In Art. 59 S. 1 Nr. 1 lit. a und Art. 60 S. 1 Nr. 1 BayBO, aus denen sich das materielle Prüfprogramm der Genehmigungsbehörde ergibt, werden §§ 14 f. BauGB nicht genannt. Gleichwohl ist die Bauaufsicht verpflichtet, Veränderungssperren bzw. Zurückstellungen zu beachten. Die Befugnis hierzu ergibt sich aus Art. 68 Abs. 1 S. 1 Hs. 2 BayBO.[103] Im Falle der §§ 14 f. BauGB dürfte sich diese Befugnis nach unserer Auffassung regelmäßig zu einer Pflicht verdichten. Nach aA sind Art. 59 f. BayBO ergänzend auszulegen, so dass ihre jeweilige bauplanungsrechtliche Prüfbestimmung auch §§ 14 f. BauGB erfasst.[104]

– **Verfahrensfreie Vorhaben** nach Art. 57 BayBO dürfen **nicht errichtet** bzw. nicht fer- 137 tiggestellt werden. Die Bauaufsicht kann ggf. eine Baueinstellung (Art. 75 BayBO) oder eine Beseitigung (Art. 76 S. 1 BayBO) anordnen.

Nicht vom Veränderungsverbot erfasst werden gemäß § 14 Abs. 3 BauGB hingegen 138 Vorhaben, für die bereits vor Inkrafttreten der Veränderungssperre eine Genehmigung erteilt wurde (Bestandskraft der Baugenehmigung), sowie genehmigungsfreigestellte Vorhaben nach Art. 58 BayBO, vorausgesetzt, mit der Errichtung dieser Vorhaben hätte vor Inkrafttreten der Sperre begonnen werden dürfen (→ Rn. 191 f.).

---

103 Siehe *Lechner/Busse*, in: Simon/Busse, Art. 60 BayBO (Stand: 107. EL Februar 2012), Rn. 9.
104 *Robl*, in: Spannowsky/Manssen, BayBO, Art. 59 Rn. 3.

bb) Rechtmäßigkeit und Wirksamkeit

139 Veränderungssperren entfalten ihre Rechtswirkungen nur, wenn sie formell und materiell rechtmäßig sind oder eventuelle Fehler unbeachtlich sind bzw. durch ein ergänzendes Verfahren geheilt wurden.

(1) Formelle Rechtmäßigkeit

140 Die Verbandskompetenz für den Beschluss einer Veränderungssperre liegt gemäß § 16 Abs. 1 BauGB bei den Gemeinden, die Organkompetenz beim Gemeinderat gemäß Art. 29, 30 Abs. 2 GO, der sie auf einen Bauausschuss übertragen kann (Art. 32 Abs. 2 S. 2 Nr. 2 GO). Veränderungssperren sind gemäß § 16 Abs. 1 BauGB als Satzungen zu beschließen. Insoweit kommen die allgemeinen Vorschriften der Art. 47 ff. GO zur Anwendung. Als Satzungen müssen Veränderungssperren ausgefertigt und bekannt gemacht werden, § 16 Abs. 2 BauGB iVm Art. 26 Abs. 2 GO.

(2) Materielle Rechtmäßigkeit

141 – Die Gemeinde kann eine Veränderungssperre gemäß § 14 Abs. 1 BauGB erst rechtmäßigerweise beschließen, nachdem sie einen wirksamen **Planaufstellungsbeschluss** im Sinne des § 2 Abs. 1 BauGB gefasst und ortsüblich bekannt gemacht hat.[105] Der Planaufstellungsbeschluss zählt zu den *materiellen* Rechtmäßigkeitsvoraussetzungen der Veränderungssperre, so dass § 214 Abs. 1 BauGB keine Anwendung findet.

142 – Aus der Funktion der Veränderungssperre, die Planungsabsichten der Gemeinde zu schützen, ergeben sich die folgenden drei Anforderungen, die üblicherweise unter dem Begriff der **Erforderlichkeit** (§ 14 Abs. 1 BauGB: „zur Sicherung der Planung") zusammengefasst werden:

143 Eine Planung kann sinnvollerweise erst ab dem Moment gesichert werden, ab dem ihre Inhalte zumindest in den Grundzügen feststehen. Eine Veränderungssperre ist daher nur rechtmäßig, wenn die Gemeinde vor ihrem Erlass ihre **Planungsabsichten** mindestens **in groben Zügen**[106] konkretisiert hat, das gesichert werden soll (siehe § 14 Abs. 1 BauGB: „zur Sicherung der Planung").[107] Zum geforderten Minimum gehören die Kennzeichnung des Plangebiets (siehe § 14 Abs. 1 BauGB: „für den künftigen Planbereich") und die Bestimmung der Planungsziele sowie der wesentlichen Nutzungsarten.[108] Die Zuordnung von Baugebieten im Sinne der BauNVO ist noch nicht erforderlich.[109] Ändert die Gemeinde ihre Planungen im Nachhinein grundlegend, verliert die dann funktionslose Veränderungssperre ihre Wirksamkeit ex nunc.[110]

---

105 Eine gleichzeitige Bekanntmachung von Planaufstellungsbeschluss und Veränderungssperre ist zulässig, *Uechtritz*, in: Spannowsky/ders., § 2 BauGB Rn. 22; *Weber/Köppert*, Baurecht, Rn. 165.
106 *Széchényi*, in: Jäde/Dirnberger, § 14 BauGB Rn. 7.
107 Siehe etwa BVerwG, NVwZ 2004, 984 (985).
108 Vgl. BVerwGE 51, 121 (128); BVerwG, Beschl. v. 15.8.2000 – 4 BN 35.00, juris, Rn. 3; *Finkelnburg/Ortloff/Kment*, § 14, Rn. 7 f.
109 Siehe NdsOVG, NVwZ-RR 2003, 547 (548); restriktiver BayVGH, UPR 2008, 287 (289): Die Gemeinde muss „zumindest Vorstellungen über die Art der baulichen Nutzung im künftigen Plangebiet [haben], sei es, dass sie einen bestimmten Baugebietstyp, sei es, dass sie nach anderen Vorschriften des § 9 Abs. 1 BauGB festsetzbare Nutzungen ins Auge fasst."
110 Vgl. NdsOVG, NVwZ 2000, 1061 (1061 f.); OVG Koblenz, NVwZ-RR 2002, 419 (420); *Finkelnburg/Ortloff/Kment*, § 14, Rn. 8; aA *Mitschang*, in: Battis/Krautzberger/Löhr, § 17 BauGB Rn. 8, der einen automatischen Wegfall der Wirksamkeit ablehnt und einen ausdrücklichen Aufhebungsbeschluss verlangt, die

Rechtswidrig, weil rechtsmissbräuchlich, ist eine Veränderungssperre, die zur Sicherung einer **Bebauungsplanung** erlassen wird, welche **offensichtlich und von vornherein unzulässig** ist, etwa weil sie nicht erforderlich ist im Sinne des § 1 Abs. 3 BauGB oder weil unzulässige Festsetzungen vorgesehen sind.[111] 144

Schließlich ist eine Veränderungssperre zur Sicherung der Planung nur erforderlich, wenn zumindest abstrakt die nicht ganz entfernte **Gefahr** besteht, dass im Plangebiet Veränderungen vorgenommen werden, welche die Planungsabsichten der Gemeinde vereiteln könnten.[112] 145

(3) Fehlerfolgen

Das Fehlerfolgenregime der §§ 214 f. BauGB kommt auch bei Veränderungssperren zur Anwendung. Es gelten insoweit die allgemeinen Regeln (→ Rn. 106 ff.). 146

cc) Rechtsschutz

Veränderungssperren können im Wege einer prinzipalen Normenkontrolle (§ 47 Abs. 1 Nr. 1 VwGO) angegriffen werden oder von den Gerichten inzident zu prüfen sein, so etwa bei der Entscheidung über eine Klage auf bzw. gegen eine verweigerte bzw. erteilte Baugenehmigung. 147

b) Zurückstellung und vorläufige Untersagung von Baugesuchen, § 15 BauGB

Schema: Rechtmäßigkeit der Zurückstellung eines Baugesuchs 148
I. Rechtsgrundlage, § 15 Abs. 1 BauGB
II. Tatbestandliche Voraussetzungen
   1. Formelle Rechtmäßigkeit
      a) Zuständigkeit, § 15 Abs. 1 BauGB iVm Art. 53 f. BayBO
      b) Verfahren
         aa) Antrag der Gemeinde, § 15 Abs. 1 BauGB
         bb) Anhörung, Art. 28 Abs. 1 BayVwVfG
      c) Form: Schriftform und Zustellung, § 17 Abs. 1 S. 2 BauGB
   2. Materielle Rechtmäßigkeit
      a) Entscheidung über Einzelvorhaben im Sinne des § 29 Abs. 1 BauGB
      b) Veränderungssperre für Gebiet beschlossen, aber noch nicht in Kraft getreten (§ 15 Abs. 1 S. 1 2. Var. BauGB) oder Voraussetzungen für Erlass einer Veränderungssperre sind gegeben (§ 15 Abs. 1 S. 1 1. Var. BauGB)
      c) Sicherungsbedürfnis, § 15 Abs. 1 S. 1 BauGB
      d) Befristung auf max. 12 Monate, § 15 Abs. 1 S. 1 BauGB
III. Rechtsfolge: gebundene Entscheidung

Wenn eine Gemeinde (noch) keine Veränderungssperre erlassen hat, obwohl die Voraussetzungen hierfür gegeben sind, oder wenn eine beschlossene Sperre noch nicht in Kraft getreten ist, dann kann die Gemeinde zur zwischenzeitlichen Sicherung ihrer Planungsabsichten die Bauaufsichtsbehörde darum ersuchen, Anträge auf Baugenehmigungen für zwölf Monate zurückzustellen bzw. den Bau genehmigungsfreier Vorhaben vorläufig zu untersagen (§ 15 Abs. 1 S. 1 bzw. S. 2 BauGB). Im Unterschied zu einer wirksamen Veränderungssperre berechtigt § 15 Abs. 1 BauGB die Bauaufsichts- 149

Gemeinde aber ggf. verpflichtet sieht, Bauwilligen zwischenzeitlich Ausnahmen von der Sperre nach § 14 Abs. 2 S. 1 BauGB zu erteilen.
111 Vgl. BVerwG, NVwZ 1994, 685 (686); *Hornmann*, in: Spannowsky/Uechtritz, § 14 Rn. 36.
112 *Stock*, in: Ernst/Zinkahn/Bielenberg/Krautzberger, § 14 BauGB (Stand: 98. EL Januar 2011), Rn. 64.

behörde nicht zur Ablehnung eines Baugesuchs, sondern nur dazu, die Entscheidung über den Antrag zeitlich befristet aufzuschieben. Der Anspruch auf Erteilung einer Baugenehmigung erlischt nicht.[113]

aa) Rechtmäßigkeit

150 Bei der Zurückstellung eines Baugesuchs handelt es sich um einen Verwaltungsakt im Sinne des Art. 35 S. 1 BayVwVfG. Die Rechtmäßigkeit einer Zurückstellung setzt auf Tatbestandsseite **in formeller Hinsicht** voraus, dass die zuständige Baubehörde (§ 15 Abs. 1 BauGB iVm Art. 53 f. BayBO) auf Antrag der Gemeinde (§ 15 Abs. 1 BauGB) und nach Anhörung der Beteiligten (Art. 28 Abs. 1 BayVwVfG) entschieden hat und der Bescheid dem Bauherrn zugestellt wurde (§ 17 Abs. 1 S. 2 BauGB). **Materiell rechtmäßig** ist eine Zurückstellung, wenn sie ein einzelnes Bauvorhaben im Sinne des § 29 Abs. 1 BauGB zum Gegenstand hat, wenn zu dem Zeitpunkt ihres Erlasses entweder bereits eine wirksame Veränderungssperre für das fragliche Gebiet beschlossen, aber noch nicht in Kraft getreten ist (§ 15 Abs. 1 S. 1 2. Var. BauGB) oder aber zumindest die Voraussetzungen für den Beschluss einer Veränderungssperre (→ Rn. 139 ff.) gegeben sind (§ 15 Abs. 1 S. 1 1. Var. BauGB) und wenn das betroffene Bauvorhaben zudem die Verwirklichung der gemeindlichen Planungsabsichten konkret gefährdet (Sicherungsbedürfnis) und die Zurückstellung auf max. 12 Monate befristet ist. An die Stelle der Zurückstellung der Entscheidung über ein Baugesuch tritt die vorläufige Untersagung eines Vorhabens, wenn dieses nicht genehmigungsbedürftig ist (Art. 57 f. BayBO). Die Voraussetzungen von vorläufiger Untersagung und Zurückstellung sind im Übrigen identisch. Sind die tatbestandlichen Voraussetzungen erfüllt, muss die Bauaufsicht das Gesuch zurückstellen. Sie besitzt kein Ermessen.

bb) Rechtsschutz

151 Verweigert die Bauaufsichtsbehörde eine von der Gemeinde beantragte Zurückstellung bzw. vorläufige Untersagung, so kann die **Gemeinde** hiergegen im Wege der Versagungsgegenklage (§ 42 Abs. 1 2. Var. VwGO), gerichtet auf Erlass eines an den Bauherrn adressierten Verwaltungsakts, gerichtlich vorgehen. Ihre Klagebefugnis ergibt sich insoweit aus § 15 BauGB, der dem Schutz der gemeindlichen Planungshoheit dient.

152 Weniger eindeutig und umstritten sind die Rechtsschutzmöglichkeiten des **Bauherrn**, dessen Baugesuch zurückgestellt wurde. Fraglich ist – erstens – ob es sich bei der Zurückstellung um einen gegenüber der abschließenden Entscheidung über das Baugesuch selbstständigen Verwaltungsakt handelt (dann: Anfechtungsklage gegen Zurückstellung) oder um eine unselbstständige behördliche Verfahrenshandlung im Sinne des § 44 a VwGO (dann: Verpflichtungsklage auf Erlass der Baugenehmigung). Für die Selbstständigkeit der Zurückstellung, wie sie Rspr. und Lit. überwiegend annehmen,[114] sprechen insbesondere die mit der Suspendierung verbundene eigenständige Belastung, die neben die Belastung durch eine eventuelle Ablehnung des Baugesuchs

---

113 Vgl. BVerwG, NVwZ 1988, 1120 (1121); NVwZ 2012, 51 (51 f.).
114 *Mitschang*, in: Battis/Krautzberger/Löhr, § 15 BauGB Rn. 9; *Rieger*, in: Schrödter, § 15 BauGB Rn. 29; aA zB *Jäde*, in: ders./Dirnberger/Weiss, § 15 BauGB Rn. 25, und wohl auch *Finkelnburg/Ortloff/Kment*, § 16, Rn. 13.

tritt, sowie die Regelung des § 141 Abs. 4 S. 2 BauGB, wonach die Zurückstellung in der Form eines „Bescheids" ergeht. Geht man davon aus, dass § 44a VwGO nicht einschlägig ist, stellt sich – zweitens – die nach wie vor umstrittene Frage, ob der Bauherr ein Rechtsschutzbedürfnis für eine isolierte Anfechtungsklage gegen die Zurückstellung besitzt oder ob er sein Ziel, bauen zu dürfen, nicht schneller und einfacher mit einer auf den Erlass der Baugenehmigung gerichteten Verpflichtungsklage erreichen könnte.[115] Das BVerwG und weite Teile der Lit. erkennen ein Rechtsschutzbedürfnis für eine isolierte Anfechtungsklage an und verweisen zur Begründung auf die aufschiebende Wirkung der Klage und die daher bestehende Amtspflicht der Behörde, das Baugesuch unverzüglich weiterzubearbeiten und zu bescheiden.[116] Bei einer vorläufigen Untersagung stellen sich diese Probleme mangels „Hauptverwaltungsakt" nicht. Der betroffene Bauherr kann mit einer Anfechtungsklage gegen die Untersagung vorgehen.

5. Kooperative Handlungsformen

Das gesetzliche Leitbild der Bauleitplanung sieht vor, dass die Gemeinde zunächst alle Belange ermittelt und dann in eine Abwägung eintritt, deren Ausgang bis zu diesem Zeitpunkt noch gänzlich offen ist. In der Praxis hingegen haben die Kommunen vielfach das Bedürfnis, sich schon früher im Planungsprozess auf bestimmte Regelungen festzulegen, um Investoren Planungssicherheit zu gewähren. Die Rspr. hat dieses praktische Bedürfnis anerkannt und Vorabbindungen unter bestimmten Voraussetzungen für zulässig erklärt (→ Rn. 102). Zwei weitere Formen zulässiger Kooperation der Gemeinde mit Privaten im Zuge der Bauleitplanung sind in §§ 11 und 12 BauGB geregelt. 153

a) Städtebaulicher Vertrag, § 11 BauGB

§ 11 Abs. 1 S. 1 BauGB stellt klar, dass die Gemeinden Verträge schließen dürfen, die Maßnahmen des Städtebaurechts zum Gegenstand haben. § 11 Abs. 1 S. 2 BauGB listet exemplarisch („insbesondere") einige mögliche Vertragsgegenstände auf. Städtebauliche Verträge können öffentlich-rechtlicher oder privat-rechtlicher Natur sein.[117] Maßgeblich ist die Rechtsnatur des Vertragsgegenstands. Verträge, die Vereinbarungen über die in § 11 Abs. 1 S. 2 Nr. 1–5 BauGB genannten Gegenstände enthalten, sind als Verwaltungsverträge zu qualifizieren. Art. 54 ff. BayVwVfG finden Anwendung, soweit § 11 BauGB keine speziellere Regelung enthält. 154

Zu beachten sind insbesondere die in § 11 Abs. 2 BauGB geregelten Grenzen der Zulässigkeit städtebaulicher Verträge (**Übermaß- und Koppelungsverbot**) sowie das in § 11 Abs. 3 BauGB normierte **Schriftformerfordernis**. Lässt sich die Behörde in einem öffentlich-rechtlichen städtebaulichen Vertrag eine unzulässige Gegenleistung versprechen, ist der Vertrag – es wird sich in der Regel um einen sog. „hinkenden Austauschvertrag" im Sinne der Art. 54 S. 2, Art. 56 Abs. 1 BayVwVfG handeln, weil die Behör- 155

---

[115] So etwa VGH BW, VBlBW 1999, 216 (216); *Jäde*, in: ders./Dirnberger/Weiß, § 15 BauGB Rn. 25 ff.
[116] Vgl. etwa BVerwG, NVwZ 2012, 51 (51); OVG Koblenz, NVwZ-RR 2002, 708 (709); *Stock*, in: Ernst/Zinkahn/Bielenberg/Krautzberger, § 15 BauGB (Stand: 112. EL Januar 2014), Rn. 72.
[117] S. für ein Beispiel aus der Examenspraxis BayVBl. 2015, 762, 794.

de die Planung nur in Aussicht stellen, aber nicht vertraglich zusagen kann (→ Rn. 123) – nichtig gemäß Art. 59 Abs. 2 Nr. 4 BayVwVfG iVm § 11 Abs. 2 BauGB.

Beispiel:
Unzulässig wegen eines Verstoßes gegen das Koppelungsverbot wäre etwa eine vertragliche Vereinbarung, mit der die Gemeinde die Festsetzung eines Außenbereichsgrundstücks als Wohngebiet davon abhängig macht, dass der Eigentümer die Sanierung des städtischen Kindergartens finanziert.[118]

b) Vorhabenbezogener Bebauungsplan

156 In vorhabenbezogenen Bebauungsplänen (→ Rn. 42) können Gemeinden die Zulässigkeit konkreter Bauvorhaben (zB von Wohnsiedlungen oder größeren Gewerbebetrieben) festsetzen, die von vorab bestimmten Projektträgern durchgeführt werden sollen. Ein vorhabenbezogener Bebauungsplan muss neben den für alle Bauleitpläne geltenden allgemeinen Anforderungen zwei zusätzlichen speziellen Rechtmäßigkeitsanforderungen genügen:[119] Der Vorhabenträger muss – erstens – vor dem Beschluss der Satzung einen Vorhaben- und Erschließungsplan ausgearbeitet und mit der Gemeinde abgestimmt haben (§ 12 Abs. 1 S. 1 BauGB). Der Plan wird zum Kernbestandteil des vorhabenbezogenen Bebauungsplans (§ 12 Abs. 3 S. 1 BauGB) und muss daher für das Plangebiet die städtebauliche Entwicklung in einer Weise ordnen, die den Anforderungen des § 1 Abs. 5–7 BauGB genügt.[120] Der Projektträger muss sich zudem – zweitens – gegenüber der Gemeinde in einem Durchführungsvertrag dazu verpflichtet haben, das festgesetzte Projekt innerhalb einer bestimmten Frist auch tatsächlich zu realisieren (§ 12 Abs. 1 S. 1 BauGB).

157 Der **Durchführungsvertrag** ist ein öffentlich-rechtlicher sonstiger städtebaulicher Vertrag im Sinne des § 11 Abs. 4 BauGB, dessen Wirksamkeit nach Maßgabe der Art. 54 ff. BayVwVfG zu beurteilen ist. Anders als für die sonstigen Bebauungspläne gilt für den vorhabenbezogenen Bebauungsplan jedoch gemäß § 12 Abs. 3 S. 2 BauGB kein Typenzwang. Es sind auch andere als die in § 9 BauGB genannten Festsetzungen zulässig, insbesondere kann und soll die Anordnung konkreter Bauvorhaben geregelt werden.

III. Die Baugenehmigung

158 Wer bauen möchte, bedarf hierfür nach Art. 55 Abs. 1 BayBO grds. einer Genehmigung. In den Art. 56–58 sowie den Art. 72 f. BayBO finden sich freilich zahlreiche Ausnahmen zu diesem Grundsatz. Sie erklären andere Gestattungsverfahren für vorrangig, lassen die bloße Anzeige eines Vorhabens ausreichen oder verzichten sogar gänzlich auf Verfahrenserfordernisse. Durch den stetigen Ausbau dieser Ausnahmen hat die Baugenehmigung an Bedeutung verloren. Dieser gesetzgeberische Ansatz stellte ein wesentliches Element der Bemühung um **Deregulierung** im Bauordnungsrecht

---

118 BVerwG, NVwZ 2000, 1285 (1287 f.).
119 Ausführlich zu den Anforderungen an die Rechtmäßigkeit von vorhabenbezogenen Bebauungsplänen *Finkelnburg/Ortloff/Kment*, § 10, Rn. 23 ff.
120 *Finkelnburg/Ortloff/Kment*, § 10, Rn. 13; *Mitschang*, in: Battis/Krautzberger/Löhr, § 12 BauGB, Rn. 24.

III. Die Baugenehmigung

dar.[121] Die Baubehörden sollten entlastet, Genehmigungsverfahren beschleunigt und die Eigenverantwortlichkeit der Bauherren gestärkt werden. Diese Bestrebungen veranlassten den Gesetzgeber auch dazu, den behördlichen Prüfungsumfang bei nach wie vor genehmigungsbedürftigen Vorhaben zu überdenken. So findet seit 1998 anstelle des **regulären Genehmigungsverfahrens** (Art. 60 BayBO) lediglich ein **vereinfachtes Genehmigungsverfahren** (Art. 59 BayBO) statt, wenn die beantragte Anlage keinen Sonderbau (Art. 2 Abs. 4 BayBO) darstellt.[122] Im vereinfachten Verfahren prüft die Behörde weniger materielle baurechtliche Vorschriften als im regulären Ablauf. Der Bauherr ist selbst dafür verantwortlich, dass seine Anlage den Vorschriften außerhalb des Pflichtprüfprogramms entspricht (Art. 55 Abs. 2 BayBO). Der Hoheitsträger beschränkt sich insofern auf eine repressive Kontrolle in Form bauaufsichtlicher Maßnahmen (→ Rn. 361). Es gibt jedoch erste Tendenzen, die Deregulierung wieder rückgängig zu machen. So sieht das bayerische Recht auch im vereinfachten Verfahren seit dem 1.9.2018 wieder die verbindliche Prüfung von Abstandsflächen (Art. 6 BayBO) vor.[123]

Schema: Rechtmäßigkeit einer Baugenehmigung
I. Rechtsgrundlage: Art. 68 Abs. 1 S. 1 Hs. 1 BayBO
II. Formelle Rechtmäßigkeit
   1. Schriftlicher Antrag bei der Gemeinde, Art. 64 BayBO
   2. Zuständigkeit
      a) Sachlich: Untere Bauaufsichtsbehörde (Landratsamt, kreisfreie Gemeinde, Große Kreisstadt oder Delegationsgemeinde), Art. 53 Abs. 1 S. 2 BayBO
      b) Örtlich, § 206 Abs. 1 BauGB iVm Art. 3 Abs. 1 Nr. 1 BayVwVfG
   3. Verfahren
      a) Beteiligung der Nachbarn (Art. 66 BayBO) oder Beteiligung der Öffentlichkeit (Art. 66 a BayBO)
      b) Beteiligung anderer Stellen, Art. 65 BayBO
   4. Form: Schriftform, ggf. Begründung, Art. 68 Abs. 2 S. 1 f. BayBO
III. Materielle Rechtmäßigkeit
   1. Genehmigungspflichtigkeit
      a) Grundsatz, Art. 55 Abs. 1 BayBO
      b) Ausnahmen
         aa) Vorrangige andere Gestattungsverfahren, Art. 56 BayBO
         bb) Verfahrensfreie Vorhaben, Art. 57 BayBO
         cc) Genehmigungsfreistellung, Art. 58 BayBO
         dd) Genehmigung fliegender Bauten, Art. 72 BayBO
         ee) Bauaufsichtliches Zustimmungsverfahren, Art. 73 BayBO
   2. Genehmigungsfähigkeit: Prüfprogramm Art. 59 oder Art. 60 BayBO

1. Das Baugenehmigungsverfahren

Der Weg zur Baugenehmigung führt über das Baugenehmigungsverfahren. 159

---

121 Eine Übersicht aller Änderungsgesetze zur BayBO findet sich bei *Decker*, in: Simon/Busse, Art. 84 BayBO (Stand: 127. EL November 2017), Rn. 11; vgl. zur Deregulierung auch *Kersten*, in: Schoch, Kap. 3, Rn. 403; sowie *Battis*, Baurecht, Rn. 534 ff.
122 Das vereinfachte Genehmigungsverfahren wurde bereits durch das Vereinfachungsgesetz vom 12.4.1994 in die BayBO eingefügt (GVBl. 1994, S. 225), aber zunächst nur auf einen sehr beschränkten Kreis baulicher Anlagen angewendet. Durch das zweite Vereinfachungsgesetz vom 26.7.1997 wurde es auf alle Nicht-Sonderbauten ausgedehnt (GVBl. 1997, S. 336).
123 GVBl. 2018, S. 527.

a) Antragserfordernis, Art. 64 BayBO

160 Bei der Baugenehmigung handelt es sich um einen mitwirkungsbedürftigen Verwaltungsakt, der nur auf **schriftlichen Antrag** hin und nicht initiativ von der Behörde erlassen werden darf (Art. 64 Abs. 1 S. 1 BayBO). Eine ex officio erlassene Baugenehmigung ist rechtswidrig, allerdings kann der Rechtsverstoß nach Art. 45 Abs. 1 Nr. 1 BayVwVfG durch nachträgliche Stellung des erforderlichen Antrags geheilt werden.[124] Einen Verfahrensverstoß stellt es auch dar, wenn die Baugenehmigung erteilt wird, ohne dass die für die Beurteilung des Bauvorhabens und die Bearbeitung des Bauantrags erforderlichen Unterlagen (**Bauvorlagen**) vom Bauherrn eingereicht wurden (Art. 64 Abs. 2 BayBO). Welche Unterlagen im Einzelnen erforderlich sind, ergibt sich aus § 3 der Bauvorlagenverordnung.[125] Drittschützend sind diese in Art. 64 BayBO angelegten Verfahrensschritte indes nicht.[126]

b) Zuständigkeiten und Beteiligung der Gemeinde

161 Der Antrag auf Erteilung einer Baugenehmigung (Bauantrag) ist schriftlich bei der Gemeinde einzureichen (Art. 64 Abs. 1 S. 1 BayBO).

aa) Sachliche Zuständigkeit

162 Sachlich zuständig für die Durchführung des Baugenehmigungsverfahrens und insbesondere für die Entscheidung über den Bauantrag sind die Bauaufsichtsbehörden. Dieser Begriff umfasst gemäß Art. 53 Abs. 1 S. 1 BayBO die **unteren Bauaufsichtsbehörden** (Kreisverwaltungsbehörden), die **höheren Bauaufsichtsbehörden** (Regierungen, zB Regierung von Oberbayern) und die **oberste Bauaufsichtsbehörde** (Bayerisches Staatsministerium für Wohnen, Bau und Verkehr). Soweit nichts anderes geregelt ist, liegt die Zuständigkeit bei den unteren Bauaufsichtsbehörden (Art. 53 Abs. 1 S. 2 BayBO). Dabei handelt es sich entweder um die Gemeinde (kreisfreie Gemeinde, Große Kreisstadt, Delegationsgemeinde) oder um das Landratsamt.

(1) Sachliche Zuständigkeit der Gemeinde

163 Wenn die Gemeinde selbst untere Bauaufsichtsbehörde ist, kann der bei ihr eingereichte Antrag direkt in der entsprechenden gemeindlichen Abteilung weiterbearbeitet werden. Dies ist der Fall bei **kreisfreien Gemeinden** (Art. 53 Abs. 1 BayBO iVm Art. 9 Abs. 1 S. 1 GO),[127] bei **Großen Kreisstädten** (Art. 53 Abs. 1 BayBO, Art. 9 Abs. 2 S. 1 GO iVm § 1 Abs. 1 Nr. 1 GrKrV)[128] sowie bei einer sog **Delegationsgemeinde**, sofern ihr alle Aufgaben der unteren Bauaufsichtsbehörde übertragen wurden („große Delegation", Art. 53 Abs. 2 S. 1 Nr. 1 BayBO iVm § 5 Abs. 1 ZustVBau) oder das beantragte Vorhaben von der „kleinen Delegation" (Art. 53 Abs. 2 S. 1 Nr. 2 BayBO iVm § 5 Abs. 2 ZustVBau) umfasst ist (→ § 3 Rn. 36).[129]

---

124 *Gaßner*, in: Simon/Busse, Art. 64 BayBO (Stand: 93. EL Januar 2009), Rn. 11.
125 Die Bauvorlagenverordnung beruht auf Art. 80 Abs. 4 BayBO und ist im Ziegler/Tremel unter Nr. 62 abgedruckt.
126 BayVGH, BayVBl. 1997, 405 (405 f.).
127 Es gibt in Bayern insgesamt 25 kreisfreie Gemeinden, vgl. die Karte im Ziegler/Tremel, XXIII.
128 Es gibt in Bayern insgesamt 29 Große Kreisstädte.
129 Die große Delegation wurde insgesamt 8 Gemeinden (§ 5 Abs. 1 ZustVBau, Ziegler/Tremel Nr. 63), die kleine Delegation insgesamt 5 Gemeinden (§ 5 Abs. 2 ZustVBau) zu Teil.

Die Gemeinden nehmen dabei Staatsaufgaben im **übertragenen Wirkungskreis** wahr (Art. 54 Abs. 1 BayBO). Sie sind aber unabhängig davon, ob sie im eigenen oder im übertragenen Wirkungskreis agieren, ihre eigenen Rechtsträger. Bei Klagen, die sich gegen die Gemeinde in Erfüllung ihrer Aufgaben als untere Bauaufsichtsbehörde richten, ist also die Gemeinde (und nicht etwa der Freistaat Bayern – häufiger Klausurfehler!) passivlegitimiert, § 78 Abs. 1 Nr. 1 VwGO (→ § 3 Rn 34 ff.).

164

(2) Sachliche Zuständigkeit des Landratsamtes

Für kreisangehörige Gemeinden, die weder Große Kreisstädte noch Delegationsgemeinden sind, nimmt das **Landratsamt als Staatsbehörde** (Art. 53 Abs. 1 S. 1 BayBO iVm Art. 37 Abs. 1 S. 2 LKrO) die Aufgaben der unteren Bauaufsichtsbehörde wahr.

165

Insgesamt kommen also vier „Aufgabenträger" in Frage:

166

Untere Bauaufsichtsbehörde	Gesetzliche Grundlage	Art der Wahrnehmung	Passivlegitimation (§ 78 Abs. 1 Nr. 1 VwGO)
Landratsamt	Art. 53 Abs. 1 S. 1, Art. 54 Abs. 1 Hs. 1 BayBO iVm Art. 37 Abs. 1 S. 2 LKrO	Staatsbehörde	Freistaat Bayern
Kreisfreie Gemeinde	Art. 53 Abs. 1 S. 1, Art. 54 Abs. 1 Hs. 1 BayBO iVm Art. 9 Abs. 1 S. 1 GO	Staatsaufgabe im übertragenen Wirkungskreis	Kreisfreie Gemeinde
Große Kreisstadt	Art. 53 Abs. 1 S. 1, Art. 54 Abs. 1 BayBO, Art. 9 Abs. 2 S. 1 GO iVm § 1 Abs. 1 Nr. 1 GrKrV	Staatsaufgabe im übertragenen Wirkungskreis	Große Kreisstadt
Delegationsgemeinde	Art. 53 Abs. 2 S. 1, Art. 54 Abs. 1 BayBO iVm § 5 ZustVBau	Staatsaufgabe im übertragenen Wirkungskreis	Delegationsgemeinde

Ist das Landratsamt untere Bauaufsichtsbehörde, leitet die Gemeinde den bei ihr eingereichten Bauantrag samt gemeindlicher Stellungnahme an das Landratsamt weiter. In dieser Stellungnahme muss die kreisangehörige Gemeinde ua erklären, ob sie ein erforderliches **Einvernehmen zum Bauvorhaben** (§ 36 Abs. 1 BauGB) erteilt oder nicht (→ Rn. 317 ff.). Wird diese Einbindung der Gemeinde ins Verfahren missachtet, stellt dies für sich genommen bereits eine Verletzung des gemeindlichen Selbstverwaltungsrechts (Art. 28 Abs. 2 GG; Art. 11 Abs. 2 S. 2 BV) dar. Die Gemeinde kann eine später erteilte Baugenehmigung dann unabhängig davon, ob sie zur Verweigerung des Einvernehmens überhaupt berechtigt gewesen wäre, erfolgreich anfechten (→ Rn. 359).[130]

167

---

[130] BVerwG, NVwZ 2008, 1347, (1348); vgl. dazu *Greim-Diroll*, in: Spannowsky/Manssen, BayBO, Art. 67 Rn. 24 f.

Beispiel:
Die kreisangehörige Gemeinde G erteilt in ihrer Stellungnahme gegenüber Landratsamt L ihr gemäß § 36 Abs. 1 S. 1 BauGB erforderliches Einvernehmen zum Bauvorhaben der Bauherrin B. Im weiteren Verfahren nimmt die Bauherrin B größere Änderungen am Bauvorhaben vor. Das Landratsamt bearbeitet den geänderten Antrag weiter, ohne die Gemeinde G über ihr Einvernehmen zum geänderten Bauvorhaben zu befragen und erteilt der B die Baugenehmigung für das geänderte Vorhaben. Unabhängig von der Frage, ob die Gemeinde G zur Versagung des Einvernehmens zum geänderten Vorhaben überhaupt berechtigt gewesen wäre, kann sie schon aufgrund des Verfahrensverstoßes die Baugenehmigung erfolgreich anfechten.

Hinweis:
Bayerische Examensklausuren beschränken sich häufig nicht auf ein Rechtsgebiet. So können etwa baurechtliche Fragestellungen im Rahmen einer Maßnahme der Kommunalaufsicht (→ § 3 Rn. 205 ff.) abgeprüft werden.[131]

bb) Örtliche Zuständigkeit

168 Örtlich zuständig ist die Behörde, in deren Bezirk das Baugrundstück liegt (§ 206 Abs. 1 BauGB iVm Art. 3 Abs. 1 Nr. 1 BayVwVfG).

169 Grundstücksbezogene Verwaltungsakte, die eine **örtlich** unzuständige Baubehörde erlässt, sind nicht nur rechtswidrig, sondern nichtig (Art. 44 Abs. 2 Nr. 3 BayVwVfG). Fehler bei der **sachlichen** Zuständigkeit führen hingegen grds. nur zur Rechtswidrigkeit und sind lediglich unter den (strengen) Voraussetzungen des Art. 44 Abs. 1 BayVwVfG nichtig (zB wenn eine absolut fachfremde Behörde entschieden hat).

c) Beteiligung der Nachbarn, Art. 66 BayBO

170 Art. 66 BayBO regelt die Beteiligung der Nachbarn am Baugenehmigungsverfahren. Diese Einbindung soll es der Behörde ermöglichen, sich möglichst umfangreich über den Sachverhalt zu informieren[132] und dient zugleich der Planungssicherheit des Bauherrn.[133] Die Vorschrift geht dabei einer Beteiligung im Wege der Anhörung (Art. 28 BayVwVfG) vor. Art. 66 Abs. 2 S. 2 BayBO bringt dieses Spezialitätsverhältnis klar zum Ausdruck.

171 „Den" **Nachbarn** im baurechtlichen Sinne gibt es nicht. Vielmehr ist für jede Norm des formellen und materiellen Baurechts, die diesen Begriff verwendet, der angesprochene Personenkreis gesondert zu bestimmen (→ Rn. 419). Davon zu unterscheiden ist die Frage, ob eine Vorschrift drittschützend ist (→ Rn. 399 ff.). Art. 66 BayBO knüpft die Nachbareigenschaft (und damit die Frage, wem Lageplan und Bauzeichnungen zur Unterschrift vorzulegen sind) an persönliche und räumliche Voraussetzungen. In **persönlicher** Hinsicht muss es sich um den Eigentümer oder den Inhaber eines eigentumsähnlichen Rechts (zB Nießbrauch, Grunddienstbarkeit) handeln. Eine nur schuldrechtliche Beziehung, wie sie etwa Mieter oder Pächter aufweisen, reicht nicht aus, um als Nachbar ins Baugenehmigungsverfahren einbezogen zu werden. Die Rechte dieser Personen nimmt der Eigentümer wahr (Art. 66 Abs. 3 S. 3 BayBO).[134] In **räumlicher** Hinsicht kommt es darauf an, ob sich das geplante Bauvorhaben auf das jeweilige

---

[131] Siehe etwa BayVBl. 2017, 322, 355.
[132] BayVGH, Beschl. v. 9.1.2018 – 9 C 17.88, juris, Rn. 3.
[133] *Edenharter*, in: Spannowsky/Manssen, BayBO, Art. 66 Rn. 1.
[134] *Decker/Konrad*, II 3, Rn. 9.

Grundstück belastend auswirken kann. Eine direkte Grundstücksgrenze ist dabei nicht zwingend erforderlich. Insbesondere Lärm, Gerüche und sonstige Emissionen können auch auf nicht unmittelbar angrenzenden Grundstücken bemerkbar sein.[135]

Die Beteiligung der Nachbarn (im Sinne des Art. 66 BayBO) besteht darin, dass ihnen Lageplan und Bauzeichnungen zur Unterschrift vorgelegt werden. Unterzeichnet ein Nachbar die Unterlagen, gilt dies gemäß Art. 66 Abs. 1 S. 2 BayBO als **Zustimmung**. Dieser Nachbar kann dann etwaige subjektiv-öffentliche Abwehrrechte nicht mehr prozessual geltend machen. Einer Anfechtung der Baugenehmigung fehlte ebenso wie einer auf Aufhebung der Baugenehmigung gerichteten Verpflichtungsklage die Klagebefugnis.[136] Ein Nachbar kann seine als Zustimmung geltende Unterschrift gemäß § 130 BGB analog dabei nur bis zum Zugang bei der Baugenehmigungsbehörde **widerrufen**.[137] Sofern nicht vorher oder spätestens gleichzeitig mit der Zustimmung ein Widerruf bei der Behörde eingeht, wird die Zustimmung wirksam. Eine andere Ansicht lässt den nachbarlichen Widerruf bis zur Erteilung der Baugenehmigung zu. Ihre Analogie zu § 183 BGB verkennt jedoch, dass die Erteilung der Baugenehmigung gerade nicht von der Zustimmung des Dritten abhängt.[138]

172

Erforderlich ist die Unterschrift des gegenwärtigen Grundstückseigentümers, der damit etwaige **Rechtsnachfolger** bindet. Verweigert ein Nachbar die Unterschrift, ist diesem gemäß Art. 66 Abs. 1 S. 6 BayBO eine Ausfertigung der Baugenehmigung **zuzustellen**. Damit beginnt die einmonatige Klagefrist nach § 74 VwGO zu laufen. Eine darüberhinausgehende Konsequenz ist an die Unterschriftsverweigerung jedoch nicht geknüpft. Das Einverständnis der Anlieger ist keine Rechtmäßigkeitsvoraussetzung der Baugenehmigung. Und obwohl der Nachbar zentraler Akteur des Art. 66 BayBO ist, ist die Vorschrift selbst nicht drittschützend.[139]

173

Wird die Beteiligung des Nachbarn gänzlich unterlassen, kann dieser Verfahrensfehler noch bis zum Ende des verwaltungsgerichtlichen Verfahrens gemäß Art. 45 Abs. 1 Nr. 3 BayVwVfG **geheilt** werden.[140] Jedenfalls ist der Verstoß nach Art. 46 BayVwVfG unbeachtlich.[141]

174

d) Beteiligung der Öffentlichkeit, Art. 66 a BayBO

Die Beteiligung der Nachbarn nach Art. 66 BayBO gestaltet sich als schwierig, wenn sich die geplante Anlage auf einen großen und schwer überschaubaren Personenkreis auswirkt. Der Bauherr läuft in diesen Fällen Gefahr, Nachbarn zu übersehen und sie beim Genehmigungsverfahren versehentlich außen vor zu lassen. Die Behörde erfährt dann nichts über die Bedenken dieser Betroffenen und kann ihre Argumente nicht in etwaige Ermessensentscheidungen (Abweichung Art. 63 BayBO, Ausnahme/Befreiung

175

---

135 BayVGH, Beschl. v. 4.4.2011 – 14 CS 11.263, juris, Rn. 29.
136 BayVGH, Beschl. v. 16.5.2007 – 1 ZB 06.1180, juris, Rn. 13. Eine aA nimmt ein fehlendes Rechtsschutzinteresse an, so etwa *Dirnberger*, in: Simon/Busse, Art. 66 BayBO (Stand: 91. EL Juni 2008), Rn. 160, s. dazu Aufgabe 6 der Ersten Juristischen Staatsprüfung 2017/2.
137 BayVGHE 58, 262 (264 ff.).
138 So noch BayVGH, BayVBl. 1972, 635 (637 f.).
139 BayVGH, Beschl. v. 12.7.2010 – 14 CS 10.327, juris, Rn. 27.
140 *Schwarzer/König*, Art. 66 BayBO Rn. 35.
141 So zB BayVBl. 2016, 107, 141.

§ 31 BauGB) einfließen lassen. Art. 66a Abs. 1 BayBO räumt dem Bauherrn eines stark emittierenden Vorhabens deswegen die Möglichkeit ein, eine **öffentliche Bekanntmachung** des Vorhabens zu beantragen. Diese öffentliche Form der Beteiligung ersetzt dann die individuelle Nachbarbeteiligung (Art. 66a Abs. 1 S. 1 Hs. 2). Bei Bauvorhaben, die Art. 66a Abs. 2 S. 1 BayBO unterfallen (sog **Störfallbetriebe**), ist die Beteiligung der Öffentlichkeit sogar zwingend vorgesehen.[142] Auch Art. 66a BayBO entfaltet keine drittschützende Wirkung.[143]

e) Beteiligung anderer Stellen, Art. 65 Abs. 1 S. 1 BayBO

176 Art. 65 Abs. 1 S. 1 Nr. 1 BayBO sieht rein deklaratorisch die Beteiligung oder Anhörung von Stellen vor, deren Einbindung durch Rechtsvorschrift ohnehin angeordnet ist.[144] Art. 65 Abs. 1 S. 1 Nr. 2 BayBO erweitert den Kreis der zu Beteiligenden um Stellen, ohne deren Einschätzung die Genehmigungsfähigkeit des Bauvorhabens nicht beurteilt werden kann, deren Einbindung aber nicht speziell gesetzlich angeordnet ist. Dies können durchaus auch Private sein.[145] Drittschutz entfaltet auch diese Vorschrift nicht.[146]

2. Erfordernis einer Baugenehmigung, Art. 55 Abs. 1 BayBO

a) Grundsatz: Baugenehmigungspflicht

177 Art. 55 Abs. 1 BayBO enthält ein präventives Bauverbot mit Erlaubnisvorbehalt. Bevor eine Anlage neu oder wieder errichtet, physisch verändert oder einer anderen Nutzung zugeführt werden darf, muss grds. eine Baugenehmigung eingeholt werden. Ansonsten ist die Anlage (jedenfalls) formell illegal (→ Rn. 366 ff.).

aa) Anlage

178 Der Begriff der Anlage umfasst bauliche Anlagen und andere Anlagen (Art. 2 Abs. 1 S. 4 BayBO). Unter einer **baulichen Anlage** versteht die BayBO eine mit dem Erdboden verbundene, aus Bauprodukten[147] hergestellte Anlage (Art. 2 Abs. 1 S. 1 BayBO). Die Verbindung mit dem Boden muss dabei weder fester noch unmittelbarer Natur sein. Es reicht aus, wenn die Anlage nur aufgrund der Schwerkraft auf der Erde ruht (zB Wohnwagen, Container) oder nur mittelbar mit dem Boden verbunden ist (zB an Hauswand befestigter Warenautomat).[148] Art. 2 Abs. 1 S. 3 BayBO stellt bestimmte Einrichtungen, die diese Voraussetzungen nicht erfüllen, den baulichen Anlagen gleich. Unter diese sog **fingierten baulichen Anlagen** fallen allgemein Anlagen, die überwiegend ortsfest benutzt werden, sowie einige explizit aufgeführte Anlagen (zB Aufschüttungen, Lagerplätze, Stellplätze für Kraftfahrzeuge), denen der Gesetzgeber

---

142 Bei dieser obligatorischen Beteiligung der Öffentlichkeit handelt es sich um eine Umsetzung des Art. 15 der Richtlinie 2012/18/EU, ABl. EU L 197/1 (Seveso III); vgl. dazu *Finkelnburg/Ortloff/Otto*, § 7, Rn. 113.
143 *Edenharter*, in: Spannowsky/Manssen, BayBO, Art. 66a Rn. 6.
144 Eine solche obligatorische Beteiligung enthält etwa § 9 Abs. 2 FStrG zugunsten der obersten Landesstraßenbaubehörde, vgl. zu weiteren Beispielen *Shirvani*, in: Simon/Busse, Art. 65 BayBO (Stand: 131. EL Oktober 2018), Rn. 53 f.
145 *Schwarzer/König*, Art. 65 BayBO Rn. 7.
146 Vgl. BGH, NVwZ 1991, 707 (708 f.), verneinend zur parallelen Frage, ob der angehörten Behörde eine drittschützende Amtspflicht zukommt.
147 Vgl. die Definition in Art. 2 Abs. 11 BayBO.
148 *Dirnberger*, in: Simon/Busse, Art. 2 BayBO (Stand: 116. EL Juli 2014), Rn. 39.

ein mit baulichen Anlagen im Sinne des Art. 2 Abs. 1 S. 1 BayBO vergleichbares Gefährdungspotential zuspricht. **Andere Anlagen** sind solche, die keine (fingierten, siehe oben) baulichen Anlagen darstellen, an die die BayBO (oder ein aufgrund der BayBO erlassener Rechtsakt) aber dennoch Anforderungen richtet (Art. 2 Abs. 1 S. 4 iVm Art. 1 Abs. 1 S. 2 BayBO). Der bauordnungsrechtliche Begriff der baulichen Anlage (Art. 2 Abs. 1 S. 1 BayBO) ist vom **bauplanungsrechtlichen Pendant** (§ 29 Abs. 1 BauGB) zu unterscheiden (→ Rn. 221 ff.).

bb) Vorhaben

Art. 55 Abs. 1 BayBO nennt die Errichtung, Änderung und Nutzungsänderung von Anlagen als genehmigungsbedürftige Vorhaben. **Errichtung** meint den Neu- oder Wiederaufbau einer bisher nicht vorhandenen Anlage.

179

Eine **Änderung** im Sinne des Art. 55 Abs. 1 BayBO setzt hingegen eine bestehende Anlage voraus, deren Substanz äußerlich oder im Innenbereich umgestaltet wird. Die Frage, ob eine Errichtung oder eine Änderung vorliegt, kann bei **erweiternden Maßnahmen** Probleme bereiten. Um eine Errichtung handelt es sich dabei nur, wenn die erweiternde Maßnahme selbstständig und abtrennbar ist und damit für sich genommen eine weitere bauliche Anlage darstellt. Ansonsten ist die Maßnahme als Änderung einzuordnen. Diese Abgrenzung ist wichtig für die weitere Prüfung: Während bei Änderungen die Genehmigungsfähigkeit der gesamten Anlage zu beurteilen ist, wird bei einer Errichtung nur das neue Element in den Blick genommen.[149]

180

Eine **Nutzungsänderung** im Sinne von Art. 55 Abs. 1 BayBO liegt vor, wenn durch die Realisierung des Vorhabens die einer jeden Art von Nutzung eigene Variationsbreite verlassen wird. Wirft die neue Nutzung im Vergleich zur bereits genehmigten keinerlei neue Fragen hinsichtlich der zu prüfenden materiellen Vorschriften auf, ist diese Nutzungsänderung jedoch ausnahmsweise verfahrensfrei (Art. 57 Abs. 4 Nr. 1 BayBO).[150] Ob es im Ergebnis tatsächlich zu einer abweichenden Beurteilung der neuen Nutzungsart kommt, ist für das Genehmigungserfordernis nicht von Bedeutung. Es besteht bereits dann, wenn die Bewertung aufgrund neu zu Tage tretender Aspekte theoretisch anders ausfallen könnte.

181

Beispiel:
Soll eine bisherige Hotelanlage zukünftig in Form dauerhafter Wohneinheiten vermietet werden, stellt sich erstmalig die Frage nach der Vereinbarkeit des Vorhabens mit Art. 46 BayBO. Eine Verfahrensfreiheit dieser Nutzungsänderung nach Art. 57 Abs. 4 Nr. 1 BayBO scheidet aus.[151]

---

149 BVerwG, NVwZ 1994, 294 (295).
150 BayVGH, BayVBl. 1986, 275 (275 f.) zu Folge liegt schon begrifflich keine „Nutzungsänderung" im Sinne der BayBO vor, wenn sich keinerlei neue bauplanungs- oder bauordnungsrechtlichen Fragen stellen, so auch *Robl*, in: Spannowsky/Manssen, BayBO, Art. 55 Rn. 9. Diese auf Art. 65 f. BayBO idF der Bekanntmachung vom 2.7.1982 gründenden Erwägungen sind auf die Art. 55 und 57 des aktuell geltenden BayBO idF der Bekanntmachung vom 14.8.2007 allerdings nicht ohne Weiteres übertragbar. Hier liegt vielmehr eine Unterscheidung zwischen verfahrensfreien Nutzungsänderungen einerseits und genehmigungspflichtigen Nutzungsänderungen andererseits nahe, vgl. dahin gehend BayVGH, BayVBl. 2012, 86 (87).
151 Siehe für ein Beispiel aus der Examenspraxis BayVBl. 2017, 322, 355.

b) Ausnahmen von der Baugenehmigungspflicht

182 Eine Baugenehmigung muss nur eingeholt werden, wenn in den Art. 56–58, 72 f. BayBO nichts anderes bestimmt ist.

aa) Vorrang anderer Gestattungsverfahren, Art. 56 BayBO

183 Ein Vorhaben kann mehr als eine Gestattungsart erfordern. Denn neben der BayBO kennen zahlreiche andere Fachgesetze eine Zulassungspflicht. Erfüllt ein Bauvorhaben neben Art. 55 Abs. 1 BayBO den Tatbestand eines weiteren Verbots mit Erlaubnisvorbehalt, muss der Bauherr grds. beide Zulassungsverfahren durchlaufen und beide Gestattungsarten einholen (sog Trennungsmodell).[152]

Beispiel:
Gastwirtin G möchte in einem bisher als Großraumbüro genutzten Gebäude eine Gaststätte mit Alkoholausschank einrichten. Dieses Vorhaben stellt eine nach Art. 55 Abs. 1 BayBO baugenehmigungspflichtige Nutzungsänderung dar. Daneben muss G aber auch eine Gaststättenerlaubnis nach § 2 GastG einholen, denn das Gesetz räumt weder der Baugenehmigung noch der Gaststättenerlaubnis eine sog Konzentrationswirkung[153] ein. Ist zum Zeitpunkt der Entscheidung über die Gaststättenerlaubnis bereits eine Baugenehmigung erteilt worden, entfaltet diese jedoch hinsichtlich der positiv festgestellten baurechtlichen Zulässigkeitsvoraussetzungen Bindungswirkung. Die Gaststättenbehörde darf diese baurechtlichen Vorschriften nicht (etwa im Wege des § 4 Abs. 1 S. 1 Nr. 3 GastG) erneut prüfen, sondern muss sich auf die nicht baurechtlichen Vorschriften beschränken (zB die Prüfung der Zuverlässigkeit des Antragstellers, § 4 Abs. 1 S. 1 Nr. 1 GastG).[154] Einzuholen sind aber beide Gestattungsarten.

184 Nebeneinander oder nacheinander ablaufende Gestattungsverfahren beanspruchen entsprechende behördliche Kapazitäten, generieren Abstimmungsbedarf und verlangsamen so den Vorgang insgesamt. Aus Gründen der **Verfahrensökonomie** trifft daher Art. 56 S. 1 BayBO für einige dieser Fälle eine Vorrangregelung.[155] Demnach entfällt die Baugenehmigung, wenn eine Anlage einer der aufgezählten spezialgesetzlichen Gestattungen unterliegt. Es findet dann lediglich das nicht-baurechtliche Verfahren statt und nur die nicht baurechtliche Gestattungsart wird erteilt.

Beispiel:
Bauliche Anlagen, die einem Abgrabungsbetrieb dienen, erfüllen, anders als die Abgrabung selbst,[156] den Tatbestand des Art. 55 Abs. 1 BayBO und sind damit grds. baugenehmigungspflichtig. Gleichzeitig erfordern sie nach Art. 6 Abs. 1 iVm Art. 1 BayAbgrG eine Abgrabungsgenehmigung. Art. 56 S. 1 Nr. 2 BayBO ordnet jedoch den Vorrang des Abgrabungsgenehmigungsverfahrens an. Das Baugenehmigungsverfahren entfällt damit.[157]

185 Zudem kann sich die Konzentration von Zuständigkeit, Verfahren und Entscheidung bei einer Behörde (formelle Konzentration)[158] aus einem anderen Fachgesetz als der BayBO ergeben.

---

152 Vgl. dazu *Kersten*, in: Schoch, Kap. 3, Rn. 424; *Battis*, Baurecht, Rn. 553 ff.
153 Siehe zum Begriff der Konzentrationswirkung → Rn. 185.
154 BVerwG, BauR 2011, 1642 (1643).
155 *König*, Rn. 776.
156 Bei der Abgrabung selbst handelt es sich um keine – auch keine fingierte – bauliche Anlage, arg. e. Art. 2 Abs. 1 S. 3 BayBO.
157 *Robl*, in: Spannowsky/Manssen, BayBO, Art. 56 Rn. 10.
158 Vgl. *Neumann/Külpmann*, in: Stelkens/Bonk/Sachs, § 75 VwVfG Rn. 13.

III. Die Baugenehmigung

Beispiel 1:

Gemäß § 13 BImSchG schließt die bundesimmissionsschutzrechtliche Genehmigung, unabhängig davon, ob sie im vereinfachten oder im regulären Verfahren erteilt wurde, andere anlagenbezogene Genehmigungen (wie die Baugenehmigung) mit ein.[159]

Beispiel 2:

Gemäß Art. 75 Abs. 1 S. 1 Hs. 2 BayVwVfG ist neben der Planfeststellung eine Baugenehmigung nicht erforderlich.

Der Vorteil der formellen Konzentrationswirkung besteht für den Bauherrn darin, mit nur einer Stelle kommunizieren zu müssen, nicht aber in einer materiell-rechtlichen Besserstellung. Die aufgrund der formellen Konzentrationswirkung allein zuständige Behörde prüft die Zulässigkeit des Vorhabens nämlich nicht nur anhand des **eigenen Fachrechts**, sondern auch hinsichtlich des sog **aufgedrängten Sonderrechts**. 186

Beispiel:

Bauherrin B möchte ein Windrad mit einer Gesamthöhe von 75 Metern errichten. Dieses Vorhaben erfüllt den Tatbestand des Art. 55 Abs. 1 BayBO (baurechtliche Genehmigungspflicht) sowie von § 4 Abs. 1 S. 3 BImSchG iVm § 1 Abs. 1 S. 1 4. BImSchV iVm Nr. 1.6 Anh. 1 zur 4. BImSchV (bundesimmissionsschutzrechtliche Genehmigungspflicht). Gemäß § 13 BImSchG entfaltet die BImSchG-Genehmigung formelle Konzentrationswirkung. Dabei prüft die bundesimmissionsschutzrechtliche Genehmigungsbehörde nicht nur die Erfüllung der Pflichten gemäß § 5 BImSchG sowie der aufgrund des § 7 BImSchG erlassenen Rechtsverordnungen (§ 6 Abs. 1 Nr. 1 BImSchG, „eigenes Fachrecht" → § 7 Rn. 44 ff.), sondern über § 6 Abs. 1 Nr. 2 BImSchG auch die bauplanungsrechtliche (§§ 29 ff. BauGB) und idR auch bauordnungsrechtliche Zulässigkeit eines Vorhabens („aufgedrängtes Sonderrecht") (→ § 7 Rn. 50 ff., 71 ff.).

bb) Verfahrensfreie Bauvorhaben, Art. 57 BayBO

Art. 55 Abs. 1 BayBO erfasst zahlreiche Vorhaben, bei denen eine präventive behördliche Zulassungskontrolle angesichts ihres geringen Gefährdungs- und Konfliktpotentials als zu aufwändig erscheint. Hier setzt Art. 57 BayBO an, der verschiedene solcher Vorhaben für verfahrensfrei erklärt.[160] Der Bauherr darf dann einfach mit dem Bau beginnen. Eine **formelle Illegalität** ist bei verfahrensfreien Vorhaben nicht denkbar – eine **materielle Illegalität** hingegen sehr wohl: Die Befreiung vom Baugenehmigungserfordernis entbindet nicht von der Pflicht zur Einhaltung sämtlicher öffentlich-rechtlicher Vorschriften für Anlagen (Art. 55 Abs. 2 BayBO). Mangels behördlicher Vorabkontrolle wird die Verantwortung insoweit dem Bauherrn auferlegt. Verstößt seine Anlage gegen materielles Recht, kann die Behörde repressiv gegen diese vorgehen (→ Rn. 361 ff.). 187

Beispiel:

Bauherrin B hat ein gemäß Art. 57 Abs. 1 Nr. 1 lit. a BayBO verfahrensfreies Kinderspielhaus (Rauminhalt unter 75 m³) unmittelbar an der Grundstücksgrenze errichtet. Sie hält dabei die gemäß Art. 6 Abs. 5 S. 1 BayBO zu beachtende Abstandsfläche von mind. 3 m nicht ein. Die Anlage ist damit materiell illegal. Die Behörde kann bauaufsichtlich im Wege der Art. 75 f. BayBO gegen sie vorgehen (→ § 361 ff.).

Die **Beseitigung von Anlagen** ist für den Bauherrn grds. verfahrensfrei (Art. 57 Abs. 5 BayBO). Damit ist nur die vollständige, nicht aber eine teilweise Beseitigung ange- 188

---

159 *Jarass*, in: ders., § 13 BImSchG Rn. 2.
160 Siehe zur Verfahrensfreiheit von Nutzungsänderungen → Rn. 181.

sprochen. Letztere bleibt als Änderung grds. genehmigungspflichtig. Ab einer gewissen Größenordnung der zu beseitigenden Anlage sieht Art. 57 Abs. 5 BayBO jedoch eine Anzeigepflicht (S. 2) und im Falle von nicht freistehenden Gebäuden den Nachweis der Standsicherheit angrenzender Bauten vor (S. 3). Dies gibt der Bauaufsichtsbehörde die Möglichkeit, etwa auf Art. 54 Abs. 2 S. 2 BayBO gestützte Anordnungen zu erlassen und den Beseitigungsvorgang abzusichern.[161] Zudem kann die betroffene Gemeinde über Maßnahmen zum Erhalt der Anlage, etwa den Erlass einer Veränderungssperre (§ 14 BauGB), nachdenken (→ Rn. 133 ff.).[162] In anderen Fachgesetzen erfährt dieser großzügige Umgang mit Beseitigungen allerdings Einschränkungen. So stehen etwa Baudenkmäler (Art. 1 Abs. 2 S. 1 BayDSchG) nicht zur freien Disposition des Bauherrn. Ihre Beseitigung bedarf einer Erlaubnis nach Art. 6 Abs. 1 BayDSchG.[163]

189 Auch **Instandhaltungsarbeiten** sind verfahrensfrei (Art. 57 Abs. 6 BayBO). Dies wirft die Frage nach ihrer Abgrenzung zur genehmigungsbedürftigen Änderung (Art. 55 Abs. 1 BayBO) auf. Eine Änderung liegt vor, wenn ein wesentliches Bauteil ausgewechselt oder die äußere Erscheinung der Anlage nicht nur geringfügig modifiziert wird. Auch der investierte Arbeitsaufwand ist zu berücksichtigen. Erreicht dieser das Ausmaß einer Neuerrichtung, ist ebenfalls von einer (genehmigungsbedürftigen) Änderung auszugehen.[164]

190 Die Liste an verfahrensfreien Bauvorhaben ist stetig gewachsen.[165] Aus Sicht des Bauherrn hat diese Entwicklung nicht nur Vorteile. Zwar entfällt die mit einem Bauantrag einhergehende finanzielle und zeitliche Belastung. Die zwingend ausbleibende behördliche Präventivkontrolle bringt jedoch auch **Rechtsunsicherheit** mit sich. So verschafft eine Baugenehmigung dem Bauherrn die Gewissheit, dass seinem Vorhaben keine Vorschriften entgegenstehen, die im bauaufsichtlichen Genehmigungsverfahren zu prüfen sind.[166] Ein nach Art. 57 BayBO verfahrensfreies Bauvorhaben kann dieser verbindlichen Vorabprüfung nicht (auch nicht freiwillig!) zugeführt werden. Eine für ein verfahrensfreies Vorhaben erteilte Baugenehmigung wäre rechtswidrig. Die Behörde muss einen entsprechenden Bauantrag ablehnen.[167] Der Bauherr hat zudem keinen Anspruch darauf, dass ihm die Bauaufsichtsbehörde mittels Verwaltungsaktes („**Negativ-Bescheid**") bestätigt, ein konkretes Bauvorhaben unterliege nicht der Genehmigungspflicht.[168]

---

161 *König*, Rn. 791.
162 *Taft*, in: Simon/Busse, Art. 57 BayBO (Stand: 131. EL Oktober 2018), Rn. 432.
163 Vgl. zu weiteren Einschränkungen der Beseitigungsfreiheit *Taft*, in: Simon/Busse, Art. 57 BayBO (Stand: 131. EL Oktober 2018), Rn. 427.
164 *Weinmann*, in: Spannowsky/Manssen, BayBO, Art. 57 Rn. 288.
165 Auch nach der grundlegenden Änderung der BayBO vom 24.7.2007, GVBl. 2007, S. 499, wurden durch Gesetzesänderungen vom 27.7.2009, GVBl. 2009, S. 385, sowie vom 12.7.2017, GVBl. 2017, S. 375, weitere Vorhaben aufgenommen.
166 Siehe zum Umfang der Feststellungs- und Legalisierungswirkung der Baugenehmigung → Rn. 202 ff.
167 *Schwarzer/König*, Art. 57 BayBO Rn. 8.
168 S. für ein Beispiel aus der Examenspraxis BayVBl. 2017, 322, 359.

cc) Genehmigungsfreistellung, Art. 58 BayBO

Die Genehmigungsfreistellung betrifft Fälle, in denen der gestalterische Wille einer Gemeinde bereits in Form eines qualifizierten (§ 30 Abs. 1 BauGB) oder eines vorhabenbezogenen Bebauungsplans (§ 30 Abs. 2 BauGB) Niederschlag gefunden hat (Art. 58 Abs. 2 Nr. 1 BayBO). Diese Bebauungspläne geben dem Bauherrn genaue Vorgaben für die zulässige Gestaltung von Anlagen an die Hand. Damit ist es für ihn deutlich einfacher als im nur einfach beplanten (§ 30 Abs. 3 BauGB) oder im gänzlich unbeplanten Bereich, die Zulässigkeit seines Vorhabens selbst zu beurteilen. Anders als bei *verfahrens*freien Vorhaben (Art. 57 BayBO) darf der Bauherr bei (nur) *genehmigungs*freien Vorhaben (Art. 58 BayBO) allerdings nicht einfach losbauen. Er muss die gemäß Art. 58 Abs. 3 S. 1 Hs. 1 iVm Abs. 5 S. 2 BayBO erforderlichen Unterlagen einreichen und damit ein Verfahren in Gang setzen. Eine Genehmigungsfreistellung kommt bei Sonderbauten nicht in Betracht (Art. 58 Abs. 1 S. 1 BayBO). Die weiteren Voraussetzungen ergeben sich aus Art. 58 Abs. 2 BayBO.

191

Insbesondere ist zu beachten, dass die **Gemeinde**, auf deren Gebiet das Bauvorhaben durchgeführt werden soll, auf ein Baugenehmigungsverfahren bestehen kann (Art. 58 Abs. 2 Nr. 5 BayBO). Sie kann dabei die Anwendung der Genehmigungsfreistellung auf bestimmte handwerkliche und gewerbliche Bauvorhaben generell ausschließen (Art. 58 Abs. 1 S. 2 BayBO). Unabhängig von der Art des Vorhabens hat die Gemeinde zudem das Recht, im Einzelfall anstelle einer Genehmigungsfreistellung die Durchführung des Baugenehmigungsverfahrens oder eine vorläufige Untersagung nach § 15 Abs. 1 S. 2 BauGB zu beantragen (Art. 58 Abs. 2 Nr. 5 BayBO). Die Gemeinde kann dabei bis zur Grenze der Willkür frei über die Durchführung des Baugenehmigungsverfahrens entscheiden, ohne ihre Motivation, etwa hinsichtlich eines möglichen Verstoßes des Bauvorhabens gegen eine konkrete Planbestimmung, spezifizieren zu müssen. Der Bauherr hat **keinerlei Anspruch** darauf, dass die Gemeinde es bei der Genehmigungsfreistellung bewenden lässt (Art. 58 Abs. 4 S. 2 BayBO). Gibt die Gemeinde aber eine Mitteilung gemäß Art. 58 Abs. 3 S. 4 BayBO ab oder äußert sie sich innerhalb eines Monats nicht (Art. 58 Abs. 3 S. 3 BayBO), darf schließlich mit dem Bauvorhaben begonnen werden.

192

Eine Gemeinde, die ein Antrag auf Genehmigungsfreistellung erreicht, hat die **Möglichkeit**, die Vereinbarkeit des Vorhabens mit dem Bebauungsplan (Art. 58 Abs. 2 Nr. 2 BayBO) sowie die sonstigen Voraussetzungen aus Art. 58 Abs. 2 BayBO zu überprüfen, sie ist dazu aber **nicht verpflichtet**. Dass die Gemeinde kein Baugenehmigungsverfahren beantragt, bedeutet daher nicht, dass sie die materielle Legalität des Vorhabens bestätigt.[169] Mit der Genehmigungsfreistellung (Art. 58 BayBO) geht keinerlei Feststellungs- oder Legalisierungswirkung einher (→ Rn. 203 ff.). Der Bauherr ist selbst dafür verantwortlich, dass sein Vorhaben dem materiellen Baurecht entspricht (Art. 55 Abs. 2 BayBO).[170] Auch das Landratsamt als Bauaufsichtsbehörde (→ Rn. 161 ff.) trifft keine Prüfpflicht.[171]

193

---

169 *Robl*, in: Spannowsky/Manssen, BayBO, Art. 58 Rn. 39, 42.
170 *Finkelnburg/Ortloff/Otto*, § 7, Rn. 23.
171 *Taft*, in: Simon/Busse, Art. 58 BayBO (Stand: 130. EL Juli 2018), Rn. 129.

194 Diese **Rechtsunsicherheit** kann der Bauherr nicht etwa dadurch abwenden, dass er sich freiwillig einem Baugenehmigungsverfahren unterzieht. Einen entsprechenden Antrag muss die Behörde zurückweisen,[172] denn das bayerische Recht gewährt dem Bauherrn **kein Wahlrecht** zwischen dem Genehmigungsfreistellungsverfahren und dem Baugenehmigungsverfahren.[173] Der Bauherr kann die Prüfung des Vorhabens im Baugenehmigungsverfahren jedoch erreichen, indem er bewusst (minimale) Abweichungen vom Bebauungsplan oder örtlichen Bauvorschriften einbaut und so Art. 58 Abs. 2 Nr. 2 BayBO nicht erfüllt.[174]

dd) Genehmigung fliegender Bauten, Art. 72 BayBO

195 Fliegende Bauten sind bauliche Anlagen, die (objektiv) dazu geeignet und (subjektiv) dazu bestimmt sind, wiederholt an wechselnden Orten aufgestellt und zerlegt zu werden (zB Fahrgeschäfte auf Jahrmärkten, Bier- und Zirkuszelte). Sie unterliegen wegen ihrer charakteristischen Eigenheiten anstelle des Baugenehmigungsverfahrens dem in Art. 72 BayBO speziell geregelten **dreistufigen Zulassungsregime** (1. Ausführungsgenehmigung gemäß Art. 72 Abs. 2 BayBO, 2. Vorabanzeige gemäß Art. 72 Abs. 5 S. 1 BayBO, 3. Abnahme gemäß 72 Abs. 5 S. 2 BayBO).

Klausurhinweis:
Art. 72 BayBO spielte in den bayerischen Examina bisher keine wichtige Rolle.

ee) Bauaufsichtliche Zustimmung, Art. 73 BayBO

196 Das Baugenehmigungsverfahren kann unter bestimmten Voraussetzungen bei einer **hoheitlichen Beteiligung am Bauvorhaben** selbst entfallen. Dahinter steht die grundgesetzliche Erwartungshaltung, dass ein bauender Hoheitsträger in Realisierung des Rechtsstaatsprinzips die an seine Anlage gestellten gesetzlichen Anforderungen autonom und unaufgefordert erfüllen wird. Der staatliche Bauherr erfährt dabei keinerlei materiell-rechtliche Besserstellung. Im Vertrauen auf seine absolute Rechtstreue werden ihm lediglich verfahrensrechtliche Vereinfachungen zugestanden.

Klausurhinweis:
Auch Art. 73 BayBO kommt in der bayerischen Prüfungsrealität eine äußerst geringe Bedeutung zu.

3. Materieller Prüfungsumfang der Bauaufsichtsbehörde

197 Gemäß Art. 68 Abs. 1 S. 1 Hs. 1 BayBO ist eine Baugenehmigung zu erteilen, wenn dem Bauvorhaben keine öffentlich-rechtlichen Vorschriften entgegenstehen, die im bauaufsichtlichen Genehmigungsverfahren zu prüfen sind. Welche Vorschriften im bauaufsichtlichen Genehmigungsverfahren geprüft werden, hängt von der beantragten Anlage ab. Die Bemühung um **Deregulierung** im Bauordnungsrecht resultierte in zwei unterschiedlich umfangreichen Genehmigungsverfahren. Das **reguläre**, vollumfängliche Verfahren (Art. 60 BayBO) findet nur noch bei Sonderbauten (Art. 2 Abs. 4 BayBO) statt. Ansonsten greift das **vereinfachte** Verfahren (Art. 59 BayBO), bei dem

---

[172] *Taft*, in: Simon/Busse, Art. 58 BayBO (Stand: 126. EL Oktober 2017), Rn. 23.
[173] Vgl. *Kaiser*, in: Ehlers/Fehling/Pünder II, § 41, Rn. 85, zum bestehenden Wahlrecht in anderen Bundesländern.
[174] *Manssen*, in: Becker/Heckmann/Kempen/ders., 4. Teil, Rn. 446.

die Behörde weniger Vorschriften des materiellen Baurechts zur Prüfung heranzieht. Die von der Behörde im vereinfachten Verfahren ausgesparten Vorschriften muss der Bauherr aber gleichwohl einhalten. Er ist selbst dafür verantwortlich, dass sein Vorhaben sämtlichen durch öffentlich-rechtliche Vorschriften an Anlagen gestellten Anforderungen entspricht (Art. 55 Abs. 2 BayBO). Gelingt ihm dies nicht, ist sein Vorhaben insoweit **materiell illegal** und die Behörde kann repressiv gegen die Anlage vorgehen (→ Rn. 361 ff.). Die Zeit- und Kostenersparnis, die das vereinfachte Verfahren dem Bauherrn bietet, „bezahlt" dieser also mit Abstrichen bei der Rechtssicherheit. Der Bauherr genießt in Bayern, im Gegensatz zur Situation in einigen anderen Bundesländern, **kein Wahlrecht** zwischen vereinfachtem und regulärem Verfahren.[175]

a) Bei Sonderbauten: Reguläres Genehmigungsverfahren nach Art. 60 BayBO

Das reguläre Genehmigungsverfahren sieht eine Prüfung des Vorhabens auf

– seine **bauplanungsrechtliche Zulässigkeit** gemäß §§ 29–38 BauGB (Art. 60 S. 1 Nr. 1 BayBO, → Rn. 219 ff.),
– die Übereinstimmungen mit den **Anforderungen der BayBO bzw. aufgrund der BayBO erlassener Vorschriften** (Art. 60 S. 1 Nr. 2 BayBO, → Rn. 334 ff.) sowie
– auf die Einhaltung der **aufgedrängten öffentlich-rechtlichen Anforderungen** der entfallenen, ersetzten oder eingeschlossenen Gestattungsart hin (Art. 60 S. 1 Nr. 3 BayBO) vor.

198

Art. 60 S. 1 Nr. 3 BayBO spricht dabei quasi spiegelbildlich zu Art. 56 S. 2 BayBO die Fälle eines Vorrangs der Baugenehmigung gegenüber einer anderen Zulassungsform an. So wie die spezielle Fachbehörde, deren Gestattungsart die Baugenehmigung miteinschließt, gemäß Art. 56 S. 2 BayBO die materiellen baurechtlichen Vorschriften mitprüfen muss, hat die Baubehörde bei einer formellen Konzentrationswirkung der Baugenehmigung gemäß Art. 60 S. 1 Nr. 3 BayBO die materiellen Anforderungen der ersetzten Zulassungsform heranzuziehen.

199

Beispiel:
Bauherrin B möchte ihre denkmalgeschützte Stadtvilla (kein Sonderbau gemäß Art. 2 Abs. 4 BayBO) aufwendig umbauen. Dieses Vorhaben erfüllt den Tatbestand des Art. 55 Abs. 1 BayBO (Erfordernis einer Baugenehmigung) sowie des Art. 6 Abs. 1 S. 1 Nr. 1 BayDSchG (Erfordernis einer denkmalschutzrechtlichen Erlaubnis). Für diesen Fall bestimmt Art. 6 Abs. 3 S. 1 BayDSchG, dass die denkmalschutzrechtliche Erlaubnis entfällt. Die Baubehörde prüft im Baugenehmigungsverfahren aber das materielle Denkmalschutzrecht (insbesondere Art. 6 Abs. 2 BayDSchG) als aufgedrängtes Sonderrecht (Art. 60 S. 1 Nr. 3 BayBO) mit.[176]

b) Außer bei Sonderbauten: Vereinfachtes Genehmigungsverfahren nach Art. 59 BayBO

Stellt das beantragte Projekt keinen Sonderbau gemäß Art. 2 Abs. 4 BayBO dar, findet lediglich das vereinfachte Genehmigungsverfahren nach Art. 59 BayBO statt. Im vereinfachten Verfahren prüft die Behörde

200

---

[175] Ein solches Wahlrecht räumen etwa § 54 Abs. 3 HessBauO oder § 57 Abs. 1 BbgBO dem Bauherrn ein.
[176] Vgl. zu weiteren Beispielen *Wolf*, in: Simon/Busse, Art. 59 BayBO (Stand: 130. EL Juli 2018), Rn. 77 ff.

- die **bauplanungsrechtliche Zulässigkeit** eines Vorhabens gemäß §§ 29–38 BauGB (Art. 59 S. 1 Nr. 1 lit. a BayBO) und
- die **aufgedrängten öffentlich-rechtlichen Anforderungen** aus anderen Fachgesetzen (Art. 59 S. 1 Nr. 3 BayBO) in gleicher Weise wie im regulären Verfahren gemäß Art. 60 BayBO (→ Rn. 198).

Der Unterschied zum regulären Verfahren besteht darin, dass die materiellen Anforderungen der BayBO bzw. aufgrund der BayBO erlassener Vorschriften (Rechtsverordnungen, Satzungen) im vereinfachten Verfahren nur in einem äußerst beschränkten Umfang geprüft werden. Die Behörde beurteilt lediglich,

- ob das Vorhaben mit **örtlichen Bauvorschriften** gemäß **Art. 81 Abs. 1 BayBO** im Einklang steht (Art. 59 S. 1 Nr. 1 lit. c BayBO),
- ob eine explizit vom Bauherrn beantragte **Abweichung gemäß Art. 63 Abs. 1 und Abs. 2 S. 2** gewährt wird (Art. 59 S. 1 Nr. 2 BayBO) und
- ob das Vorhaben die Vorgaben über **Abstandsflächen nach Art. 6 BayBO** einhält (Art. 59 S. 1 Nr. 1 lit. b BayBO).

Die obligatorische Prüfung der Abstandsflächen im vereinfachten Verfahren wurde zum 1.9.2018 eingeführt. Zuvor hatten die Behörden diese Frage bei Nicht-Sonderbauten grds. ausgespart und waren lediglich repressiv gegen Verstöße eingeschritten, was zu teils erheblichen Problemen in der Praxis führte.[177]

201 Hinsichtlich des vereinfachten Verfahrens (Art. 59 BayBO) stellt sich die Frage, wie mit behördlichen „**Zufallsfunden**" umzugehen ist, wenn also die Behörde auf einen Verstoß gegen eine Norm außerhalb des Pflichtprüfprogramms aufmerksam wird. Gemäß Art. 68 Abs. 1 S. 1 Hs. 2 BayBO **darf** die Bauaufsichtsbehörde den Bauantrag auch ablehnen, wenn das Bauvorhaben gegen sonstige öffentlich-rechtliche Vorschriften verstößt. Diese Vorschrift verpflichtet die Behörde dabei aber in keiner Weise, mehr zu prüfen, als ihr Art. 59 BayBO aufgibt.[178] Art. 68 Abs. 1 S. 1 Hs. 2 BayBO wird (wohl) überwiegend als Ermessensvorschrift verstanden, die jedoch keinen Drittschutz entfaltet.[179] Andere sehen in der Vorschrift einen gesetzlich geregelten Fall fehlenden Sachentscheidungsinteresses.[180] Art. 68 Abs. 1 S. 1 Hs. 2 BayBO berechtigt die Baubehörde dabei nur zur **negativen** Verbescheidung von Anträgen aufgrund eines Gesetzesverstoßes. Mangels gesetzlicher Grundlage kann die Behörde nicht etwa auch die Vereinbarkeit eines Vorhabens mit einer im vereinfachten Verfahren nicht zwingend zu prüfenden Norm verbindlich positiv feststellen.[181] Dafür fehlt ihr schlicht die

---

[177] LT-Drs. 17/21574, S. 12, 18.
[178] Art. 68 Abs. 1 S. 1 Hs. 2 wurde mit Wirkung zum 1.8.2009 in die BayBO eingefügt (GVBl. 2009, S. 389). Damit reagierte der Gesetzgeber auf Uneinigkeiten in Rspr. und Lit. in der Frage, ob die Behörde eine Baugenehmigung bei „Zufallsfunden" außerhalb des Pflichtprüfprogramms mangels Sachbescheidungsinteresse ablehnen dürfe oder sie vielmehr „sehenden Auges" die Baugenehmigung erteilen müsse, um sodann ggf. bauaufsichtlich gegen das Vorhaben einzuschreiten, so BayVGHE 61, 409 (413 ff.); BayVGH, BayVBl. 2009, 727 (728 f.); vgl. dazu *Decker/Konrad*, II 6, Rn. 9 ff., sowie *Kersten*, in: Schoch, Kap. 3, Rn. 425 ff.
[179] BayVGH, BayVBl. 2011, 147 (148); *Manssen/Greim*, BayVBl. 2010, 421 (424 f.).
[180] *Wolf*, in: Simon/Busse, Art. 59 BayBO (Stand: 130. EL Juli 2018), Rn. 97; *Jäde*, BayVBl. 2010, 741 (742 ff.); den Meinungsstreit explizit offen lassend BayVGH, BayVBl. 2011, 413 (413).
[181] BayVGH, Beschl. v. 12.12.2013 – 2 ZB 12.1513, juris, Rn. 3; zur Feststellungswirkung der Baugenehmigung → Rn. 203 ff.

Verwaltungsaktbefugnis. So stellt die Baugenehmigung für Dritte eine belastende Regelung dar. Sie darf schon deswegen nur im exakten Umfang der gesetzlichen Ermächtigung ergehen (→ Rn. 203).[182]

4. Rechtsnatur und Wirkung der Baugenehmigung

Der Bauherr hat einen **gebundenen Anspruch** auf die Baugenehmigung. Sie muss von der Baubehörde bei Vorliegen der Tatbestandsvoraussetzungen erteilt werden (vgl. Art. 68 Abs. 1 S. 1 Hs. 1 BayBO: „ist zu erteilen"). Die Entscheidungen über Ausnahmen und Befreiungen (§ 31 BauGB) sowie Abweichungen (Art. 63 BayBO) stehen hingegen im pflichtgemäßen Ermessen der Behörde (vgl. Wortlaut „kann"). Die Baugenehmigung beinhaltet eine feststellende und eine verfügende Komponente.[183]

Klausurhinweis:
Baurechtliche Fragestellungen werden in den bayerischen Examina häufig mit „klassischen" Problemen des Allgemeinen Verwaltungsrechts sowie des Verwaltungsprozessrechts verbunden, zB mit dem Rechtsschutz gegen Nebenbestimmung gemäß Art. 36 BayVwVfG,[184] oder dem Antrag auf Wiederaufgreifen des Verfahrens gemäß Art. 51 BayVwVfG.[185]

a) Feststellender Verwaltungsakt

Die Baugenehmigung stellt verbindlich fest, dass dem Bauvorhaben keine öffentlich-rechtlichen Vorschriften entgegenstehen, die im bauaufsichtlichen Verfahren (nach Art. 59 oder Art. 60 BayBO) zu prüfen sind. Eine solche Feststellungswirkung kommt nicht allen Verwaltungsakten zu. Grds. beschränkt sich deren verbindliche Aussage auf das Ergebnis, nicht aber auf die einzelnen geprüften Voraussetzungen.[186] Bei Verwaltungsakten mit **Feststellungwirkung** werden hingegen ausnahmsweise auch die einzelnen behördlichen Subsumtionsergebnisse festgeschrieben – bei der Baugenehmigung also die Ergebnisse der Prüfung der in Art. 59 S. 1 BayBO bzw. Art. 60 S. 1 BayBO genannten materiellen Vorschriften. Soweit die Feststellungswirkung reicht, wird das Vorhaben durch die Baugenehmigung legalisiert. Diese **Legalisierung** schützt den Bauherrn im Fall behördlicher Fehlentscheidungen, denn die verbindlich geprüften Punkte dürfen nicht mehr in Frage gestellt werden. Will sich die Behörde von einer rechtswidrigen, aber wirksamen Baugenehmigung lösen, muss sie Art. 48 Abs. 1 S. 2, Abs. 3 BayVwVfG beachten und v.a. einen etwaigen Vermögensnachteil des Bauherrn ausgleichen. Die Behörde kann die Feststellungswirkung dabei nicht über die jeweiligen Pflichtprüfprogramme gemäß Art. 59 f. BayBO hinaus erweitern. Äußert sie sich etwa im vereinfachten Verfahren positiv über eine nicht zwingend zu prüfende Norm (zB Stellplätze nach Art. 47 BayBO), kommt dieser Aussage nur informationelle Natur zu. Sie ist mangels entsprechender Rechtsgrundlage nicht von der Feststellungswirkung der Baugenehmigung erfasst (→ Rn. 201).[187]

---

182 Vgl. dazu *Stelkens*, in: ders./Bonk/Sachs, § 35 VwVfG Rn. 25.
183 BVerwGE 48, 242 (245).
184 Vgl. etwa BayVBl. 2014, 482, 510.
185 Vgl. etwa BayVBl. 2016, 467, 495.
186 *Kaiser*, in: Ehlers/Fehling/Pünder II, § 41, Rn. 55.
187 BayVGH, Beschl. v. 12.12.2013 – 2 ZB 12.1513, juris, Rn. 3; aA *Kaiser*, in: Ehlers/Fehling/Pünder II, § 41, Rn. 57.

204 Nach Ansicht des BVerwG ist mit einem bestandskräftigen **ablehnenden** Baugenehmigungsbescheid – im Gegensatz zum verwaltungsgerichtlichen Urteil – jedoch keine **negative** materielle Feststellungswirkung verbunden. Wird die Baugenehmigung abgelehnt, steht demnach nicht verbindlich fest, dass das Bauvorhaben eine der im Verfahren zu prüfenden materiellen Vorschriften nicht einhält. Der Bauherr kann erneut einen Bauantrag stellen, ohne dass es auf die Voraussetzungen des Art. 51 BayVwVfG (zB veränderte Sach- oder Rechtslage, Art. 51 Abs. 1 Nr. 1 BayVwVfG) ankäme. Landesrecht, das dem ablehnenden Bescheid eine solche Feststellungswirkung beimisst, sieht das BVerwG als mit Art. 14 Abs. 1 S. 1 GG unvereinbar an.[188] Diese Auffassung begünstigt Bauherren, die es verpasst haben, sich gegen einen ablehnenden Bescheid fristgerecht mit einer Versagungsgegenklage zu wehren. Der BayVGH hat sich dieser Rspr. nun entgegengestellt. Er **bejaht** eine Feststellungswirkung des negativen Baubescheids sowie der Beseitigungsanordnung (Art. 76 S. 1 BayBO) hinsichtlich der Illegalität des Bauvorhabens und sieht darin eine zulässige Inhalts- und Schrankenbestimmung (Art. 14 Abs. 1 S. 2 GG). Ein bestandskräftiger Ablehnungsbescheid soll bei unveränderter Sach- und Rechtslage der positiven Verbescheidung eines erneuten Bauantrags dann entgegenstehen. Der Antragsteller könne nur unter den Voraussetzungen des Art. 51 BayVwVfG eine erneute Entscheidung in der Sache verlangen. Dass er von einer Versagungsgegenklage keinen Gebrauch gemacht habe, dürfe zu seinen Lasten gehen.[189]

205 Die Feststellungswirkung der Baugenehmigung schützt den Bauherrn auch vor für ihn nachteiligen **Änderungen der Rechtslage**. Wird etwa nach Erteilung der Genehmigung ein dem Bauvorhaben widersprechender Bebauungsplan oder eine Veränderungssperre (§ 14 BauGB) erlassen, bleibt das schon genehmigte Vorhaben davon unberührt. Allerdings **erlischt** die Baugenehmigung, wenn innerhalb von vier Jahren nicht mit dem Bau begonnen wird oder die Baumaßnahmen für vier Jahre unterbrochen werden (Art. 69 Abs. 1 BayBO). Die vierjährige Frist kann auf schriftlichen Antrag hin um jeweils bis zu zwei Jahre **verlängert** werden (Art. 69 Abs. 2 S. 1 BayBO). Entgegen dem Wortlaut („kann") besteht auf die Verlängerung – wie auf die Baugenehmigung selbst – ein gebundener Anspruch. Es kommt dann aber auf die Sach- und Rechtslage zum Zeitpunkt der Entscheidung über die Verlängerung an.[190]

b) Verfügender Verwaltungsakt

206 Die Baugenehmigung enthält neben der feststellenden Regelung auch eine **Verfügung**, denn sie verändert und gestaltet die Rechtslage. Sie hebt das präventive Bauverbot auf, so dass der Bauherr mit dem Bau beginnen darf, sobald ihm die Baugenehmigung zugegangen ist und der Behörde die erforderlichen Nachweise vorliegen (Art. 68 Abs. 5 BayBO). Auch die Erteilung von Ausnahmen und Befreiungen (§ 31 BauGB) sowie von Abweichungen (Art. 63 BayBO) hat verfügenden Charakter.

---

188 BVerwGE 48, 271 (273 ff.); vgl. dazu *Finkelnburg/Ortloff/Otto*, § 7, Rn. 93 f.
189 BayVGH, BayVBl. 2016, 383 (383 f.).
190 BayVGH, Urt. v. 17.10.2003 – 2 B 99.2667, juris, Rn. 11.

c) Dinglicher Verwaltungsakt

Die Baugenehmigung wird nicht personenbezogen, sondern für ein bestimmtes Bauvorhaben auf einem bestimmten Grundstück erteilt. Sie erlischt daher nicht, wenn der Bauherr wechselt und gilt auch für den **Rechtsnachfolger** (Art. 54 Abs. 2 S. 3 BayBO).

d) Auswirkungen auf private Rechte

Nach Art. 68 Abs. 4 BayBO wird die Baugenehmigung unbeschadet der **privaten Rechte Dritter** erteilt. Das bedeutet zum einen, dass Dritten durch die Baugenehmigung keine zivilrechtlichen Rechtspositionen genommen werden. Die Nachbarn sind zweigleisig geschützt und können sich parallel verwaltungsgerichtlich und zivilgerichtlich (zB Abwehranspruch gemäß § 1004 BGB analog) gegen das Bauvorhaben wehren (→ Rn. 429). Art. 68 Abs. 4 BayBO besagt zum anderen, dass der Konflikt des Bauvorhabens mit privaten Rechten grds. nicht zur Versagung der Baugenehmigung führt. Im Baugenehmigungsverfahren beschränkt sich die Behörde auf die Prüfung **öffentlichen** Rechts und lässt private Rechte außer Betracht. So spielt etwa die Frage, ob der Antragsteller Eigentümer des Baugrundstücks ist, grds. keine Rolle.[191] Es liegt jedoch im Ermessen der Baubehörde, die Baugenehmigung mangels **Sachbescheidungsinteresses** zu versagen, wenn der Bauherr aufgrund entgegenstehender privater Rechte von der Genehmigung ganz offensichtlich keinen Gebrauch machen könnte.[192]

5. Vorbescheid und Teilbaugenehmigung

Die Baugenehmigung gemäß Art. 68 BayBO wird den Interessen und Zielen der Bauherren nicht immer gerecht. Mit dem **Vorbescheid** (Art. 71 BayBO) und der **Teilbaugenehmigung** (Art. 70 BayBO) enthält die BayBO zwei behördliche Handlungsinstrumente, die unterschiedliche „Schwächen" der Baugenehmigung auszugleichen suchen.

a) Vorbescheid, Art. 71 BayBO

Der Antrag auf Erteilung einer Baugenehmigung erfordert die Einreichung verschiedener Unterlagen, deren Erstellung zeit- und kostenintensiv sein kann. Für den Bauherrn erweisen sich diese oft erheblichen Aufwendungen als nutzlos, wenn der Antrag schlussendlich negativ verbeschieden wird. Hier setzt der **Vorbescheid** (Art. 71 BayBO) an. Er erlaubt es dem Bauherrn, einzelne (kritische) Fragen ohne Beibringung der vollständigen Bauvorlagen (Art. 64 Abs. 2 BayBO) vorab einer definitiven Klärung zuzuführen.[193] Ein Vorbescheid beinhaltet die verbindliche, zeitlich jedoch befristete Erklärung der Bauaufsichtsbehörde, dass einem Vorhaben in bestimmter Hinsicht nach dem zur Zeit der Entscheidung geltenden Recht keine öffentlich-rechtlichen Hindernisse entgegenstehen.

aa) Voraussetzungen

Die vorab beschiedene Frage kann sich dabei nur auf das jeweilige **Pflichtprüfprogramm** (Art. 59 oder Art. 60 BayBO) eines baugenehmigungspflichtigen Vorhabens beziehen. Der Begriff der „**einzelnen Frage**" wird großzügig ausgelegt. So ist etwa

---

191 *Battis*, Baurecht, Rn. 582.
192 *Schwarzer/König*, Art. 68 BayBO Rn. 52; BayVGH, Urt. v. 27.1.2017 – 15 B 16.1834, juris, Rn. 15.
193 *Battis*, Baurecht, Rn. 566; *F. Michl*, in: Spannowsky/Manssen, BayBO, Art. 71 Rn. 1.

auch die Frage nach der bauplanungsrechtlichen Zulässigkeit des Vorhabens insgesamt (also nach der Vereinbarkeit mit den §§ 29–38 BauGB) zulässig. Allerdings muss ein konkreter Vorhabenbezug vorhanden sein. Dieser fehlt etwa bei der Frage danach, ob sich ein Grundstück im Innenbereich befindet (§ 34 BauGB).[194] Beschäftigt sich ein Vorbescheid ausschließlich mit der planungsrechtlichen Zulässigkeit eines Vorhabens, spricht man von einer **Bebauungsgenehmigung**.

bb) Wirkung

212 Hinsichtlich der einzelnen Frage entfaltet der Vorbescheid **Feststellungswirkung** (→ Rn. 203).[195] Eine **Baufreigabe** geht mit dem Vorbescheid, anders als mit einer Bau- oder Teilbaugenehmigung, aber nicht einher. Dies ergibt sich aus dem fehlenden Verweis des Art. 71 S. 4 BayBO auf Art. 68 Abs. 5 BayBO. Von der **Zusicherung** (Art. 38 BayVwVfG) unterscheidet sich der Vorbescheid durch seinen Regelungsgegenstand. Mit einer Zusicherung begründet die Behörde einen Anspruch des Bauherrn auf die Erteilung der begehrten Baugenehmigung zu einem späteren Zeitpunkt. Mit dem Vorbescheid hingegen entscheidet die Genehmigungsstelle lediglich über eine einzelne Rechtsfrage, sagt aber gerade nicht zu, dass sie den Bauantrag insgesamt positiv bescheiden wird.[196]

213 **Änderungen der Rechtslage** (zB Erlass/Änderung Bebauungsplan, Erlass Veränderungssperre) lassen den bestandskräftigen Vorbescheid dabei unberührt. Das resultiert aus der Rechtsnatur des Vorbescheids. Es handelt sich um einen Verwaltungsakt im Sinne des Art. 35 S. 1 BayVwVfG, denn der Vorbescheid führt die gestellte Einzelfrage einer verbindlichen Lösung zu. Die Behörde kann sich demnach nur unter den Voraussetzungen der Art. 48 f. BayVwVfG von einem wirksamen Vorbescheid lösen.[197] Der Vorbescheid gilt dabei nur für die Dauer von drei Jahren (Art. 71 S. 2 BayBO). Der Bauherr hat aber (anders als es der Wortlaut des Art. 71 S. 3 BayBO vermuten lässt) einen **Rechtsanspruch auf Verlängerung** der Frist, wenn das Vorhaben hinsichtlich der Einzelfrage weiterhin genehmigungsfähig ist. Die Behörde ist an ihre im auslaufenden Vorbescheid kundgetane Rechtsansicht dabei nicht mehr gebunden.[198]

cc) Rechtsschutzfragen

214 Dass es sich beim Vorbescheid um einen Verwaltungsakt handelt, hat auch Konsequenzen für den nachbarlichen Rechtsschutz. Betrifft nämlich die vorab adressierte Frage eine drittschützende Position, muss der Nachbar prozessual **direkt gegen den Vorbescheid** vorgehen. Die entsprechende Anwendung des Art. 66 BayBO versetzt den Nachbarn verfahrenstechnisch in die Lage hierzu (Art. 71 S. 4 BayBO). Versäumt der Nachbar diesen Schritt, wird der Vorbescheid bestandskräftig. Konsequenterweise räumt dann auch eine später auf Basis des Vorbescheids erteilte Baugenehmigung dem Nachbarn keine „zweite Chance" ein, im Wege der Anfechtung dieses Verwaltungsakts die schon im Vorbescheid geschehene Verletzung einer drittschützenden Position

---

194 BayVGHE 61, 164 (165 f.).
195 BayVGH, Beschl. v. 18.8.2016 – 15 B 14.1623, juris, Rn. 13.
196 *F. Michl*, in: Spannowsky/Manssen, BayBO, Art. 71 Rn. 9.
197 *Finkelnburg/Ortloff/Otto*, § 8, Rn. 66.
198 *Manssen*, in: Becker/Heckmann/Kempen/ders., 4. Teil, Rn. 498.

noch erfolgreich geltend zu machen.[199] Andererseits muss der Nachbar aber sehr wohl neben dem Vorbescheid **auch eine nachgehende Baugenehmigung** anfechten, denn sie enthält, etwa mit der Baufreigabe, eine im Vorbescheid nicht verkörperte, zusätzliche Belastung.[200] Ob die Anfechtung des Vorbescheids **aufschiebende Wirkung** gemäß § 80 Abs. 1 S. 1 VwGO hat, ist umstritten.[201] Dagegen wird angeführt, dass der Aufschub im Sinne von § 80 Abs. 1 S. 1 VwGO der hM zu Folge in einer *Vollziehungs*hemmung, nicht aber in einer *Wirksamkeits*hemmung liegt.[202] Mangels Baufreigabe habe der anfechtende Dritte beim Vorbescheid aber ohnehin keine Vollziehung (also die Ausnutzung der Baugenehmigung durch Baubeginn) zu befürchten.[203] Andere verknüpfen die Frage mit der Anwendbarkeit von § 212a BauGB. Je nachdem, ob der Vorbescheid als „bauaufsichtliche Zulassung" im Sinne des § 212a Abs. 1 BauGB angesehen wird oder nicht, wird eine aufschiebende Wirkung der Drittanfechtung bejaht[204] oder verneint.[205]

b) Teilbaugenehmigung, Art. 70 BayBO

Die **Teilbaugenehmigung** dient dem Interesse des Bauherrn, die Bauzeit insgesamt zu verkürzen. Auf diesem Wege kann der Bauherr bereits die Realisierung eines Bauteils angehen, während die Baubehörde noch mit der Prüfung des restlichen Vorhabens beschäftigt ist. 215

aa) Voraussetzungen

Der Erlass einer Teilbaugenehmigung setzt voraus, dass ein Bauantrag für das Gesamtvorhaben eingereicht und zusätzlich ein Antrag auf Erteilung der Teilbaugenehmigung gestellt wurde. Der vorgezogene Teil muss klar abgrenzbar und als solcher genehmigungsfähig sein. Die Teilbaugenehmigung ist zu versagen, wenn die fehlende Genehmigungsfähigkeit des Gesamtprojekts für die Behörde bereits klar ersichtlich ist. Nur wenn sie dem Vorhaben ein **vorläufiges positives Gesamturteil** ausstellen kann, darf sie den vorgeschalteten Teil genehmigen, um den Bauherrn vor später frustrierten Investitionen zu schützen.[206] 216

bb) Wirkung

Die Teilbaugenehmigung ist eine echte Baugenehmigung mit allen entsprechenden Rechtsfolgen und Wirkungen (ua Baufreigabe; → Rn. 206), die sich allerdings auf einen räumlich abgrenzbaren Teil des Vorhabens (Baugrube, einzelne Bauteile oder 217

---

199 *Schwarzer/König*, Art. 71 BayBO Rn. 26; *Kersten*, in: Schoch, Kap. 3, Rn. 437.
200 *Kaiser*, in: Ehlers/Fehling/Pünder II, § 41, Rn. 62; F. *Michl*, in: Spannowsky/Manssen, BayBO, Art. 71 Rn. 96 ff.; auch *Decker*, in: Simon/Busse, Art. 71 BayBO (Stand: 98. EL Oktober 2009), Rn. 116 ff., bejaht im Ergebnis eine Anfechtungsobliegenheit hinsichtlich der Baugenehmigung, stellt dabei aber auf eine Erledigung des Vorbescheids durch die Baugenehmigung ab.
201 Vgl. zu diesem Problem Aufgabe 6 der Ersten Juristischen Staatsprüfung 2016/1.
202 Vgl. dazu BayVGHE 63, 151 (153 ff.).
203 Vgl. dazu F. *Michl*, in: Spannowsky/Manssen, BayBO, Art. 71 Rn. 105 ff., mit übersichtlicher Darstellung des Meinungsstands.
204 So etwa *Decker*, in: Simon/Busse, Art. 71 BayBO (Stand: 98. EL Oktober 2009), Rn. 158 f.; auch BayVGH, NVwZ 1999, 1361 (1363).
205 So etwa OVG Lüneburg, NVwZ-RR 1999, 716 (716).
206 BayVGH, BayVBl. 2002, 765 (766); krit. zur Verwendung des Begriffs des „positiven vorläufigen Gesamturteils" im bauordnungsrechtlichen Kontext und stattdessen auf das Sachbescheidungsinteresse abstellend F. *Michl*, in: Spannowsky/Manssen, BayBO, Art. 70 Rn. 12 f.

Bauabschnitte) beschränkt. Anders als die (Gesamt)Baugenehmigung (Art. 68 Abs. 1 S. 1 BayBO) steht die Erteilung der Teilbaugenehmigung im **Ermessen** der Behörde (Art. 70 S. 1 BayBO). Fraglich ist dabei, ob sich die Behörde durch Erlass der Teilbaugenehmigung in irgendeiner Weise **hinsichtlich des Gesamtvorhabens bindet**. Tatsächlich wird dies mehrheitlich angenommen. Der Teilbaugenehmigung wird ein feststellender Charakter hinsichtlich der „grundsätzlichen Genehmigungsfähigkeit des Gesamtvorhabens" zugeschrieben.[207] Die Gegenmeinung kritisiert unserer Ansicht nach zu Recht die Unbestimmtheit dieser Formel und möchte die Regelungswirkung der Teilbaugenehmigung auf den abgrenzbaren Bauteil beschränken. Die Grundkonzeption des Art. 70 BayBO legt dabei gerade nahe, dass ein Gros der materiellen Prüfung des Komplettvorhabens ergebnisoffen nach Baubeginn des Teilstücks stattfinden kann. Dies gilt umso mehr, als mit dem Vorbescheid (→ Rn. 210 ff.) ein eigenes Instrument zur verbindlichen Vorabklärung kritischer Fragen existiert, das der Bauherr ohne Weiteres mit der Teilbaugenehmigung kombinieren kann.[208]

cc) Rechtsschutzfragen

218 Die unterschiedlichen Ansichten zum Verhältnis von Teil- und Gesamtbaugenehmigung wirken sich auch beim nachbarlichen Rechtsschutz aus. Je weiter die Feststellungswirkung des Art. 70 BayBO gezogen wird, desto häufiger muss der Nachbar eben schon gegen die Teilbaugenehmigung vorgehen. Wird also der Teilbaugenehmigung eine **feststellende Wirkung hinsichtlich der Genehmigungsfähigkeit des Gesamtvorhabens** zugeschrieben, muss der Nachbar grds. alle seine dadurch berührten Rechtspositionen direkt in Form einer Anfechtungsklage gegen die Teilgenehmigung vorbringen. Die Gegenmeinung reduziert mit der Feststellungswirkung der Teilbaugenehmigung auch die Anfechtungslast des Dritten und verlagert sie hinsichtlich der Genehmigungsfähigkeit des Gesamtvorhabens auf den Rechtsschutz gegen die Gesamtbaugenehmigung.[209]

IV. Baurechtliche Zulässigkeit von Vorhaben

1. Bauplanungsrechtliche Zulässigkeit von Vorhaben, §§ 29–38 BauGB

219 Ein Vorhaben ist bauplanungsrechtlich zulässig, wenn es mit §§ 29–38 BauGB in Einklang steht. Ist ein Genehmigungsverfahren durchzuführen, hat die Bauaufsicht immer auch die bauplanungsrechtliche Zulässigkeit zu prüfen (Art. 59 S. 1 Nr. 1 lit. a, Art. 60 S. 1 Nr. 1 BayBO).

Klausurhinweis:

§§ 29 ff. BauGB gehören zum Kern des baurechtlichen Prüfungsstoffes. Detaillierte Kenntnisse der zu den zahlreichen unbestimmten Rechtsbegriffen entwickelten Dogmatik sind unverzichtbar. Speziell §§ 34 f. BauGB waren in den vergangenen Jahren wiederholt Gegenstand von Examensklausuren.[210]

---

207 BayVGH, BayVBl. 2002, 765 (766); *Battis*, Baurecht, Rn. 568; *Schwarzer/König*, Art. 70 BayBO Rn. 4.
208 *F. Michl*, in: Spannowsky/Manssen, BayBO, Art. 70 Rn. 31.
209 Vgl. *F. Michl*, in: Spannowsky/Manssen, BayBO, Art. 70 Rn. 42 ff.
210 Siehe etwa BayVBl. 2010, 356, 383; BayVBl. 2011, 285, 317; BayVBl. 2014, 482, 510; BayVBl. 2016, 107, 138; BayVBl. 2016, 467, 495; BayVBl. 2017, 179, 209; BayVBl. 2017, 322, 355.

IV. Baurechtliche Zulässigkeit von Vorhaben

a) Anwendbarkeit der §§ 30 ff. BauGB

Gemäß § 29 Abs. 1 BauGB sind Vorhaben am Maßstab der §§ 30 ff. BauGB zu messen, wenn drei Voraussetzungen erfüllt sind: Bei dem geplanten Projekt muss es sich um eine bauliche Anlage handeln (aa), die errichtet, geändert oder einer neuen Nutzung zugeführt werden soll (bb), die aber nicht von überörtlicher Bedeutung im Sinne des § 38 BauGB ist (cc). 220

aa) Bauliche Anlage mit bodenrechtlicher Relevanz

Von einer baulichen Anlage im Sinne des § 29 Abs. 1 BauGB ist unter zwei Voraussetzungen auszugehen: Es muss sich um eine Anlage handeln, „die in einer auf Dauer gedachten Weise künstlich mit dem Erdboden verbunden" ist und die zudem „bodenrechtliche Relevanz" besitzt.[211] Die beiden Elemente der Definition („Bauen" und „bodenrechtliche Relevanz") sind sinnvollerweise jeweils getrennt zu erörtern. 221

Wichtig ist es zu beachten, dass Art. 2 BayBO nicht anwendbar ist (→ Rn. 178). Für Bauplanungs- und Bauordnungsrecht gelten jeweils eigenständige, wenngleich sehr ähnliche Anlagenbegriffe. Hintergrund ist zum einen die Kompetenzverteilung: Für das Bauplanungsrecht ist der Bundesgesetzgeber zuständig, für das Bauordnungsrecht der Landesgesetzgeber. Zum anderen verfolgen Bauplanungs- und Bauordnungsrecht jeweils unterschiedliche Ziele (Ordnung der städtebaulichen Entwicklung einerseits, Gefahrenabwehr andererseits), an denen sich die jeweiligen Anlagenbegriffe orientieren. 222

– Für die Annahme einer **baulichen Anlage i.S.d. § 29 Abs. 1 BauGB** ist die Dauerhaftigkeit entscheidend. Ob eine Anlage im Sinne der genannten Definition „auf Dauer angelegt", also ortsfest ist, richtet sich nach der Funktion, die ihr vom Eigentümer zugewiesen wird.[212] Auch ein Wohnwagen kann daher eine bauliche Anlage sein, wenn er ortsfest genutzt wird und etwa die Funktion eines Wochenendhauses erfüllt.[213] 223

– **Bodenrechtliche Relevanz** entfaltet eine bauliche Anlage, wenn sie „geeignet [ist], das Bedürfnis nach einer ihre Zulässigkeit regelnden verbindlichen Bauleitplanung hervorzurufen", weil sie einen oder mehrere der in § 1 Abs. 5 f. BauGB genannten Belange berührt, also etwa die Gesundheit der Wohnbevölkerung beeinträchtigen oder die Umwelt gefährden könnte.[214] Das Bedürfnis nach einer die Zulässigkeit verbindlich regelnden Bauleitplanung muss nicht schon durch die einzelne Anlage als solche entstehen, sondern erst durch ihre „gedachte Häufung".[215] 224

Beispiel:
Bauherrin B möchte eine 2,5 m hohe Mobilfunkantenne auf dem Dach eines ehemaligen Bahnhofsgebäudes im Gebiet der Gemeinde G installieren. Die Antenne wäre in einer auf Dauer gedachten Weise künstlich mit dem Erdboden verbunden. Um eine bauliche Anlage gemäß § 29 Abs. 1 BauGB darzustellen, müsste die Antenne zudem bodenrechtliche Relevanz aufweisen. Täten mehrere Bauherren es der B gleich und errichteten ebenfalls solche Mobilfunkanlagen auf

---
211 St. Rspr. seit BVerwGE 44, 59 (62).
212 *Reidt*, in: Battis/Krautzberger/Löhr, § 29 BauGB Rn. 10; *Finkelnburg/Ortloff/Kment*, § 22, Rn. 12.
213 BVerwG, Urt. v. 26.6.1970 – IV C 116/68, juris, Rn. 11.
214 BVerwGE 44, 59 (Ls. 2 und S. 62).
215 BVerwGE 91, 234 (236).

Hausdächern in der näheren Umgebung (= gedachte Häufung der baulichen Anlage), wäre der städtebauliche Belang des Orts- und Landschaftsbildes (§ 1 Abs. 6 Nr. 5 BauGB) berührt. Die Anlage der B ist damit als bodenrechtlich relevant einzuordnen.[216]

225 Dass die bodenrechtliche Relevanz einer Anlage nicht in Anbetracht des konkreten Einzelvorhabens, sondern anhand ihrer gedachten Häufung beurteilt wird, zieht die Grenzen des bauplanungsrechtlichen Anlagenbegriffs sehr weit. Auch die in diesem Zusammenhang besonders kritisch diskutierten Fälle von Mobilfunkanlagen[217] und freistehenden Werbeanlagen[218] werfen durch hypothetische Vervielfachung jedenfalls ab einer bestimmten Größe Fragen hinsichtlich des Orts- und Landschaftsbildes (§ 1 Abs. 6 Nr. 5 BauGB) auf.

226 Die Anwendbarkeit der §§ 29 ff. BauGB ist stets ausdrücklich zu erörtern, in eindeutigen Fällen (wie etwa dem Neubau eines Wohnhauses) aber knapp zu halten.

bb) Errichtung, Änderung, Nutzungsänderung

227 Eine bauliche Anlage wird „errichtet" im Sinne des § 29 Abs. 1 BauGB, wenn sie erstmals geschaffen, gebaut oder aufgestellt wird.[219] An §§ 30 ff. BauGB zu messen sind zudem Änderungen von baulichen Anlagen, wobei als Änderung jede Modifikation der baulichen Substanz gilt, wie sie etwa mit einem Um- oder Ausbau einhergeht.[220] Um eine bauplanungsrechtlich relevante Nutzungsänderung handelt es sich, wenn „die jeder Art von Nutzung eigene Variationsbreite verlassen wird" und „sich die Genehmigungsfrage neu stellt", weil die neue Nutzung die Belange im Sinne des § 1 Abs. 5 f. BauGB in anderer Weise berührt als die vorherige.[221]

Beispiel:
Um eine bauplanungsrechtlich relevante Nutzungsänderung handelt es sich etwa, wenn ein Wohnhaus in ein Hotel umgewandelt wird, weil sich damit das Verkehrsaufkommen (vgl. § 1 Abs. 6 Nr. 9 BauGB) verändert.

228 Der Abbruch von baulichen Anlagen (→ Rn. 188) wird von § 29 Abs. 1 BauGB nicht erfasst.

cc) Vorrang der Fachplanung, § 38 BauGB

229 Auf Vorhaben mit überörtlicher Bedeutung, über deren Zulässigkeit in einem (zB wasserrechtlichen) Planfeststellungsverfahren zu entscheiden ist, sowie auf öffentlich zugängliche Abfallbeseitigungsanlagen, die sich nach dem BImSchG richten, sind §§ 30–37 BauGB gemäß § 38 BauGB nicht anwendbar.

---

216 BVerwGE 144, 82 (90).
217 Siehe dazu das obige Beispiel.
218 Vgl. OVG MV, Urt. v. 29.6.2007 – 3 L 368/04, juris, Rn. 52, sowie OVG NRW, Urt. v. 14.3.2006 – 10 A 4924/05, juris, Rn. 54, zur städtebaulichen Relevanz von Werbeanlagen aufgrund ihrer gedachten Häufung; siehe für einen Überblick über die Rspr. zu Werbetafeln *Krautzberger*, in: Ernst/Zinkahn/Bielenberg/ders., § 29 BauGB (Stand: 124. EL Februar 2017), Rn. 37.
219 *Reidt*, in: Battis/Krautzberger/Löhr, § 29 BauGB Rn. 17; *Finkelnburg/Ortloff/Kment*, § 22, Rn. 15.
220 Vgl. BVerwG, NVwZ 2000, 1048 (1049); *Krautzberger*, in: Ernst/Zinkahn/Bielenberg/ders., § 29 BauGB (Stand: 124. EL Februar 2017), Rn. 46 ff.
221 Siehe BVerwG, NVwZ-RR 1989, 340 (340); NVwZ 2011, 748 (748 f.).

IV. Baurechtliche Zulässigkeit von Vorhaben

b) Die Gebietskategorien

Welchen bauplanungsrechtlichen Anforderungen eine bauliche Anlage zu genügen hat, ist abhängig davon, ob sich das Vorhaben im Planbereich eines (qualifizierten, vorhabenbezogenen oder einfachen) Bebauungsplans (→ Rn. 39 ff.) befindet (dann: § 30 Abs. 1–3 BauGB), im unbeplanten Innenbereich (dann: § 34 BauGB) oder im Außenbereich (dann: § 35 BauGB) liegt. Für Anlagen in einem Gebiet, für das gerade ein Bebauungsplan aufgestellt wird, gilt § 33 BauGB.

230

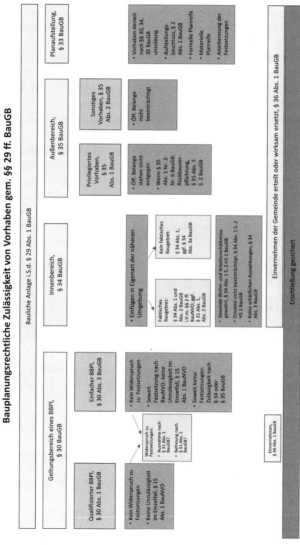

c) Vorhaben im Geltungsbereich eines Bebauungsplans, § 30 BauGB

231 Soll ein Vorhaben im Plangebiet eines Bebauungsplans errichtet werden, ist für die weitere Konkretisierung des bauplanungsrechtlichen Maßstabs entscheidend, ob es sich um einen qualifizierten, einen vorhabenbezogenen oder einen einfachen Bebauungsplan handelt.

aa) Vorhaben im Geltungsbereich eines qualifizierten Bebauungsplans, § 30 Abs. 1 BauGB

232 Ein qualifizierter Bebauungsplan zeichnet sich dadurch aus, dass er sowohl die Art und das Maß der Nutzung als auch die überbaubaren Flächen und die örtlichen Verkehrsflächen bestimmt (→ Rn. 40). Vorhaben im Geltungsbereich eines qualifizierten Bebauungsplans sind gemäß § 30 Abs. 1 BauGB ausschließlich am Maßstab der Festsetzungen dieses Plans zu messen. Sie sind bauplanungsrechtlich zulässig, wenn sie den Festsetzungen „nicht widersprechen", dh wenn sie sich innerhalb des zugelassenen Rahmens bewegen,[222] und die Erschließung gesichert ist (→ Rn. 333). §§ 34 f. BauGB sind nicht anwendbar.

233 In Prüfungen steht häufig die **Art der Nutzung** im Vordergrund. Welche Festsetzungen zur Nutzungsart im Bebauungsplan getroffen werden dürfen, ergibt sich aus § 9 Abs. 1 BauGB iVm § 1 Abs. 2, §§ 2 ff. BauNVO. Üblicherweise regeln Gemeinden die Art der Bodennutzung, indem sie für bestimmte Bereiche des Gemeindegebiets Baugebietstypen im Sinne der §§ 2 ff. BauNVO festsetzen. Mit dieser Festsetzung werden die Regelungen der BauNVO gemäß § 1 Abs. 3 S. 2 BauNVO in die Satzung inkorporiert (ggf. in der von der Gemeinde nach § 1 Abs. 4–10 BauNVO modifizierten Form; → Rn. 98), sie werden zum Bestandteil des Bebauungsplans. Das bedeutet, dass nach Maßgabe der §§ 2 ff. BauNVO zu entscheiden ist, ob ein Vorhaben seiner Art nach zulässig ist. Die Vereinbarkeit eines Vorhabens mit §§ 2 ff. BauNVO ist in drei Schritten zu prüfen. Mit jedem Schritt rückt die Prüfung näher an den konkreten Einzelfall heran.

(1) Allgemeine Zulässigkeit nach §§ 2 ff. BauNVO

234 Welche Vorhaben in den verschiedenen Baugebieten allgemein (dh: grundsätzlich) zulässig sind, ist jeweils in Abs. 2 der §§ 2 ff. BauNVO geregelt. Im ersten Schritt ist daher zu erörtern, ob es sich bei dem konkret geplanten Vorhaben um eine der in Abs. 2 genannten Nutzungsarten handelt, ob also zB Betriebe, die sich auf die Gartengestaltung beschränken, zu den Gartenbaubetrieben im Sinne des § 6 Abs. 2 Nr. 6 BauNVO zählen.[223]

(2) Gebietsverträglichkeit

235 Lässt sich das Vorhaben einer allgemein zulässigen Nutzungsart zuordnen, ist im zweiten Schritt eine ungeschriebene, von der Rspr. entwickelte Zulässigkeitsvoraussetzung zu erörtern: die Gebietsverträglichkeit der Nutzung, dh ihre Vereinbarkeit mit der Eigenart des Gebiets, wie sie jeweils ausgehend von Abs. 1 der §§ 2 ff. BauNVO

---

222 *Manssen*, in: Becker/Heckmann/Kempen/ders., 4. Teil, Rn. 60; *Finkelnburg/Ortloff/Kment*, § 23, Rn. 6.
223 Vgl. *Söfker*, in: Ernst/Zinkahn/Bielenberg/Krautzberger, § 6 BauNVO (Stand: 129. EL Mai 2018), Rn. 38: nein; sie können aber als „sonstige Gewerbebetriebe" im Sinne der Nr. 4 qualifiziert werden.

zu bestimmen ist.[224] Die Regelungen der §§ 2 ff. Abs. 2 BauNVO beruhen auf typisierenden Einschätzungen des Störungspotentials von Nutzungsarten. Unter eine Nutzungsart in diesem Sinne lässt sich eine Vielzahl verschiedener konkreter Nutzungen subsumieren. So handelt es sich etwa sowohl bei einer Hausarztpraxis als auch bei einem Universitätskrankenhaus mit 1000 Betten um „Anlagen für gesundheitliche Zwecke" im Sinne des § 4 Abs. 2 Nr. 3 BauNVO. Mit dem Charakter eines Wohngebiets, das gemäß § 4 Abs. 1 BauNVO in erster Linie dem Wohnen dient, ist jedoch lediglich die Hausarztpraxis, nicht aber die mit erheblichem An- und Abfahrtsverkehr verbundene Universitätsklinik vereinbar. Bei der Gebietsverträglichkeit handelt es sich insoweit um ein abstraktes Kriterium, als es nicht um ein konkretes Wohngebiet und eine konkrete Universitätsklinik geht, sondern allgemein die Vereinbarkeit spezifischer Nutzungsarten (im Beispiel: Universitätsklinik) mit dem Gebietscharakter (im Beispiel: Wohngebiet) zu untersuchen ist. Die Betrachtung ist freilich bereits insoweit konkreter als die im ersten Schritt vorgenommene, als nicht mehr allgemein nach der Zulässigkeit von Nutzungsarten (Anlagen für gesundheitliche Zwecke) gefragt wird, sondern nach der Zulässigkeit spezifischer Ausprägungen einer Nutzungsart (Universitätsklinik / Hausarztpraxis).

(3) Zulässigkeit nach § 15 Abs. 1 BauNVO

Den dritten Prüfungsschritt schließlich bildet die Feinsteuerung im Einzelfall. Nach 236
§ 15 Abs. 1 BauNVO ist zu prüfen, ob ein Vorhaben, das den Festsetzungen des Bebauungsplans nicht widerspricht und gebietsverträglich ist, aufgrund der **konkreten Umstände des Einzelfalls** bauplanungsrechtlich unzulässig ist. Insoweit sind wiederum zwei Aspekte zu unterscheiden.

– Nach § 15 Abs. 1 S. 1 BauNVO ist ein Vorhaben im Einzelfall unzulässig, wenn die 237
spezifische Nutzungsart zwar nicht allgemein, aber aufgrund der konkreten baulichen Gegebenheiten in der Nachbarschaft mit der Eigenart des Baugebiets unvereinbar ist (sog „**konkrete Gebietsunverträglichkeit**",[225] die nicht mit dem zuvor erörterten Merkmal der Gebietsverträglichkeit zu verwechseln ist). Nicht zulässig, weil im konkreten Fall gebietsunverträglich sind danach solche Vorhaben, „die zwar nach Art, Größe und störenden Auswirkungen generell (typischerweise) den Gebietscharakter nicht gefährden, jedoch nach Anzahl, Lage, Umfang oder Zweckbestimmung angesichts der konkreten Verhältnisse an Ort und Stelle der Eigenart des Baugebiets widersprechen bzw. für die Nachbarschaft mit unzumutbaren Belästigungen oder Störungen verbunden sind".[226]

Beispiel:
Ein Supermarkt ist in einem Mischgebiet grds. zulässig und gebietsverträglich (§ 6 Abs. 2 Nr. 3 BauNVO). Er ist jedoch gemäß § 15 Abs. 1 S. 1 BauNVO im Einzelfall unzulässig, wenn seine Errichtung zur Folge hat, dass 85 % der Fläche des betroffenen Mischgebiets durch Gewerbebetriebe belegt werden und damit an die Stelle des Mischungsverhältnisses von Wohnen und nicht

---

224 BVerwGE 116, 155 (157 ff.); für ein Klausurbeispiel siehe *Ingold*, JuS 2014, 40.
225 *Manssen*, in: Becker/Heckmann/Kempen/ders., 4. Teil, Rn. 63.
226 BVerwGE 116, 155 (159); BVerwG, NVwZ 2008, 786 (788); vgl. auch *Muckel/Ogorek*, § 7, Rn. 43 ff.

wesentlich störendem Gewerbe, das § 6 Abs. 1 BauNVO für Mischgebiete vorsieht, eine Dominanz der gewerblichen Nutzung tritt.[227]

238 – Herausgehobene Bedeutung besitzt in der Praxis wie in baurechtlichen Prüfungsaufgaben die Regelung des § 15 Abs. 1 S. 2 BauGB, bei der es sich um eine gesetzliche Normierung des **Gebots der Rücksichtnahme**[228] handelt. Danach ist ein Vorhaben im Einzelfall unzulässig, wenn von ihm unzumutbare Störungen für die Nachbarschaft ausgehen (1. Var.) oder wenn, umgekehrt, von der Nachbarschaft Störungen ausgehen, die wiederum für das Vorhaben unzumutbar wären (2. Var.), kurz: wenn ein Nebeneinander der geplanten und der vorhandenen Nutzungen einem von beiden nicht zugemutet werden kann. Was dem Einzelnen – dem Vorhabenträger einerseits und der Nachbarschaft andererseits – nach Lage der Dinge billigerweise (noch) zugemutet werden kann, ist im Wege einer umfassenden Abwägung der im konkreten Fall widerstreitenden Interessen zu klären.[229] Dabei gilt nach der klassischen Formulierung des BVerwG: „Je empfindlicher und schutzwürdiger die Stellung derer ist, denen die Rücksichtnahme im gegebenen Zusammenhang zugutekommt, um so mehr kann an Rücksichtnahme verlangt werden. Je verständlicher und unabweisbarer die mit dem Vorhaben verfolgten Interessen sind, um so weniger braucht derjenige, der das Vorhaben verwirklichen will, Rücksicht zu nehmen. ... Für die sachgerechte Beurteilung des Einzelfalles [kommt es] wesentlich auf eine Abwägung zwischen dem an, was einerseits dem Rücksichtnahmebegünstigten und andererseits dem Rücksichtnahmepflichtigen nach Lage der Dinge zuzumuten ist."[230]

239 Zur Konkretisierung dieser allgemeinen Vorgaben für die Interessenabwägung hat die Rspr. eine Reihe von Leitlinien entwickelt:[231] Zu berücksichtigen sind nur **schutzwürdige** (dh rechtlich zulässige bzw. genehmigte) Nutzungsinteressen, wenn diese zudem **schutzbedürftig** (dh rechtlich normiert und nicht bloß ideell)[232] und **grundstücksbezogen** (dh nicht rein persönlich und ohne Bezug zur Bodennutzung)[233] sind. Auf illegale Nutzungen ist ebenso wenig Rücksicht zu nehmen wie etwa auf die persönlichen Lebensgewohnheiten einzelner Nutzungsberechtigter.

240 Bei der Entscheidung darüber, ob die zu berücksichtigenden Nutzungsinteressen unzumutbar gestört werden, sind dann, soweit vorhanden, **gesetzliche Gewichtungen** zu berücksichtigen.[234] Aus §§ 3, 5 BImSchG ergibt sich beispielsweise, dass vermeidbare gesundheitsgefährdende Emissionen grds. nicht zumutbar sind. Ferner sind **Vorbelastungen** in Rechnung zu stellen, wie sie sich etwa daraus ergeben können, dass im Bebauungsplan eine Straße in unmittelbarer Nähe eines Grundstücks festgesetzt wurde,[235] und es ist der Gebietscharakter zu bedenken. In einem reinen Wohngebiet (§ 3

---

227 Siehe BVerwG, NJW 1988, 3168 (3168).
228 Siehe hierzu *Voßkuhle/Kaufhold*, JuS 2010, 497; *Kersten*, in: Schoch, Kap. 3, Rn. 291 ff., sowie zur nachbarschützenden Wirkung des Rücksichtnahmegebots unten → Rn. 416 ff.
229 Vgl. BVerwGE 67, 334 (339); BVerwG, NVwZ 1992, 884 (884 f.).
230 BVerwGE 52, 122 (127 f.).
231 Siehe hierzu *Voßkuhle/Kaufhold*, JuS 2010, 497 (498); *Kersten*, in: Schoch, Kap. 3, Rn. 295 ff.
232 Vgl. BVerwG, NVwZ 1987, 409 (410).
233 BVerwG, NVwZ 2001, 813 (814 f.).
234 Siehe für einen Überblick über relevante Regelwerke und ihre Bedeutung *Henkel*, in: Spannowsky/Uechtritz, § 15 BauNVO Rn. 27 ff.
235 Vgl. BVerwGE 98, 235 (244 f.).

Abs. 1 BauNVO) sind so beispielweise geringere Lärmbelastungen hinzunehmen als in einem urbanen Gebiet (§ 6 a Abs. 1 BauNVO).

Lässt sich mithilfe dieser Leitlinien kein Vorrang der Interessen des Bauherrn oder der Nachbarschaft begründen, so spricht die allgemeine bauplanungsrechtliche Zulässigkeit eines Vorhabens dafür, dass es auch im Einzelfall zulässig ist.[236] 241

Bei der Abwägung, die das Gebot der Rücksichtnahme verlangt, handelt es sich um eine sog nachvollziehende Abwägung. Die Bauaufsicht hat keinen Ermessensspielraum. Es gibt in jedem Einzelfall nur eine richtige Entscheidung. Die von der Behörde gefundene Entscheidung ist daher voll gerichtlich überprüfbar. 242

bb) Vorhaben im Geltungsbereich eines vorhabenbezogenen Bebauungsplans, § 30 Abs. 2 BauGB

Wie der qualifizierte, so bildet auch der vorhabenbezogene Bebauungsplan (→ Rn. 42) den alleinigen Maßstab für die Bewertung der Zulässigkeit von Anlagen im Plangebiet. Ein Vorhaben ist zulässig, wenn es dem Bebauungsplan nicht widerspricht, dh wenn es mit dem Vorhaben- und Erschließungsplan sowie mit den Festsetzungen im Übrigen vereinbar ist, und die Erschließung gesichert ist. Im Einzelfall kann sich die Unzulässigkeit aus § 15 BauNVO ergeben. 243

cc) Vorhaben im Geltungsbereich eines einfachen Bebauungsplans, § 30 Abs. 3 BauGB

Die Zulässigkeit von Vorhaben im Geltungsbereich eines einfachen Bebauungsplans (→ Rn. 41) richtet sich in erster Linie nach dessen Festsetzungen. Das Vorhaben darf diesen Festsetzungen nicht widersprechen (§ 30 Abs. 3 iVm Abs. 1 BauGB). Ist ein Baugebiet im Sinne der BauNVO festgesetzt, muss das Vorhaben insbesondere gebietsverträglich und mit § 15 Abs. 1 BauNVO vereinbar sein. 244

Soweit der Bebauungsplan keine Festsetzungen enthält, ist die Zulässigkeit eines Vorhabens ergänzend nach § 34 bzw. § 35 BauGB zu bestimmen (→ Rn. 266 ff., 283 ff.), je nachdem, ob sich das Plangebiet im Innen- oder im Außenbereich befindet. 245

Beispiel:
E möchte ein zehngeschossiges Wohngebäude in einem im Zusammenhang bebauten Ortsteil errichten. Im Bebauungsplan ist für diesen Bereich ein allgemeines Wohngebiet (§ 4 BauNVO) festgesetzt, weitere Festsetzungen enthält der Plan nicht. Ob das von E geplante Gebäude dem Maße nach bauplanungsrechtlich zulässig ist, ergibt sich daher aus § 34 Abs. 1 BauGB. Es kommt mithin auf die Wohnbebauung in der näheren Umgebung an (→ Rn. 305).

d) Ausnahmen und Befreiungen, § 31 BauGB

Ein Bebauungsplan trifft abstrakt-generelle Regelungen über die Zulässigkeit von Vorhaben. Die Besonderheiten einzelner Fallgestaltungen können in der Satzung keine Berücksichtigung finden. Im Interesse der Einzelfallgerechtigkeit wird die Bauaufsichtsbehörde daher zum einen durch § 15 Abs. 1 BauNVO dazu verpflichtet zu prüfen, ob ein Vorhaben aufgrund der im konkreten Fall bestehenden speziellen bodenrechtlichen Spannungen ausnahmsweise unzulässig ist, obwohl es den Festsetzungen des Bebauungsplans nicht widerspricht. Umgekehrt ermöglicht es § 31 BauGB, ein Vorhaben im 246

---

236 BVerwGE 52, 122 (126 f.).

Einzelfall zuzulassen, obwohl es den Festsetzungen des einschlägigen Bebauungsplans widerspricht. Die Möglichkeit, eine Ausnahme von den Festsetzungen zuzulassen, muss von der Gemeinde selbst im Bebauungsplan *ausdrücklich vorgesehen* worden sein (daher sog planimmanente Abweichung). Bei einer Befreiung (auch Dispens genannt) handelt es sich hingegen um eine Abweichung von Festsetzungen, die *im Plan nicht vorgesehen ist*.

aa) Ausnahmen, § 31 Abs. 1 BauGB

247 Ein Bauvorhaben kann ausnahmsweise zugelassen werden, wenn **drei tatbestandliche Voraussetzungen** (zwei materielle, eine verfahrensrechtliche) erfüllt sind:[237]

248 – Erstens muss der Bebauungsplan gemäß § 31 Abs. 1 BauGB **ausdrücklich regeln**, dass von seinen Festsetzungen ausnahmsweise abgewichen werden darf, von welcher **Art** ausnahmsweise zulässige Vorhaben sein dürfen und in welchem **Umfang** sie gestattet werden können. Generelle Ausnahmeklauseln sind unzulässig. Wird ein Baugebiet im Sinne der BauNVO festgesetzt, so werden regelmäßig auch die in dem jeweiligen Abs. 3 der §§ 2 ff. BauNVO geregelten Ausnahmen in den Plan inkorporiert. Zu prüfen ist dann im ersten Schritt, ob ein Vorhaben einer der in Abs. 3 genannten Nutzungsarten zugeordnet werden kann und ob es zudem abstrakt gebietsverträglich und mit § 15 BauNVO vereinbar ist.

249 – Zweitens darf die Bauaufsicht eine Ausnahme von den Festsetzungen eines Bebauungsplans nur im **Einvernehmen** mit der Gemeinde gewähren (§ 36 Abs. 1 S. 1 BauGB; → Rn. 317 ff.).

250 – Drittens muss der Vorhabenträger die Ausnahme **ausdrücklich beantragt** und begründet haben (Art. 63 Abs. 2 BayBO). Das gilt sowohl für genehmigungspflichtige Vorhaben (Art. 63 Abs. 2 S. 1 2. Var. BayBO) als auch für Vorhaben, die gemäß Art. 57 f. BayBO verfahrensfrei bzw. genehmigungsfrei gestellt sind (Art. 63 Abs. 2 S. 2 Hs. 1 BayBO). Für die Entscheidung über die Ausnahme ist bei genehmigungspflichtigen Vorhaben die Bauaufsichtsbehörde zuständig, bei verfahrens- bzw. genehmigungsfreien Vorhaben entscheiden die Gemeinden (Art. 63 Abs. 3 S. 1 BayBO).

251 Sind die tatbestandlichen Voraussetzungen für die Erteilung einer Ausnahme erfüllt, hat die Bauaufsichtsbehörde nach pflichtgemäßem **Ermessen** (Art. 40 BayVwVfG) zu entscheiden, ob sie eine Ausnahme zulässt. Die Entscheidung hat sich in erster Linie an städtebaulichen Überlegungen zu orientieren,[238] und die Zulassung von Ausnahmen darf weder die generellen Planungsziele beeinträchtigen noch das Regel-Ausnahme-Verhältnis der zulässigen Vorhaben im Baugebiet umkehren.[239]

252 Eine Besonderheit gilt es zu beachten, soweit es um die Zulässigkeit von **Flüchtlingsunterkünften** geht. Gemäß § 246 Abs. 11 BauGB „sollen" sie „in der Regel" zugelassen werden, wenn nach §§ 2–7 Abs. 3 BauNVO eine Ausnahme für „Anlagen für soziale Zwecke" möglich ist. Aus dem pflichtgemäßen wird damit ein intendiertes Er-

---

237 Siehe für einen Beispielsfall aus der Examenspraxis BayVBl. 2014, 674, 705.
238 Vgl. *Siegmund*, in: Spannowsky/Uechtritz, § 31 BauGB Rn. 25.
239 *Löhr*, in: Battis/Krautzberger/ders., § 31 BauGB Rn. 14; *Siegmund*, in: Spannowsky/Uechtritz, § 31 BauGB Rn. 25 ff.

messen. Die Bauaufsicht darf eine ausnahmsweise Genehmigung nur im atypischen Ausnahmefall verweigern.²⁴⁰

bb) Befreiungen, § 31 Abs. 2 BauGB

Mit einer Befreiung von den Festsetzungen eines Bebauungsplans setzt sich die Bauaufsicht in Widerspruch zum planerischen Willen einer Gemeinde. Die Anforderungen an die Zulässigkeit einer Befreiung sind daher deutlich höher als diejenigen, die für Ausnahmen gelten. **Fünf tatbestandliche Voraussetzungen** (vier materielle, eine verfahrensrechtliche) müssen erfüllt sein, damit ein Vorhaben trotz Widerspruchs zu den Festsetzungen eines Bebauungsplans rechtmäßigerweise zugelassen werden kann: 253

– Erstens darf das Vorhaben die **Grundzüge der Planung nicht berühren** (§ 31 Abs. 2 BauGB), dh die mit dem jeweiligen Plan intendierte städtebauliche Entwicklung darf nicht beeinträchtigt werden. Unzulässig ist eine Befreiung zudem, wenn sie aus Gründen erteilt würde, die in gleicher Weise für eine Vielzahl von Fällen gelten würden.²⁴¹ 254

– Zweitens muss einer der in § 31 Abs. 2 Nr. 1–3 BauGB normierten **Gründe für eine Befreiung** bestehen. 255

Zu den „Gründen des Wohls der Allgemeinheit" im Sinne der Nr. 1 zählen sämtliche öffentliche (dh nicht rein private) Interessen, auch solche, die nicht bauplanungsrechtlicher Natur sind. So kommt eine Befreiung etwa zugunsten eines Krankenhauses oder eines Theaters in Betracht.²⁴² 256

Eine Abweichung von den Festsetzungen ist „städtebaulich vertretbar" im Sinne der Nr. 2, wenn die Befreiung auch mit Blick auf das Vertrauen der übrigen Grundstückseigentümer auf den Bestand des Plans hinnehmbar ist. Davon ist auszugehen, wenn sie auch das Ergebnis einer fehlerfreien Abwägung nach § 1 Abs. 7 BauGB sein könnte (→ Rn. 100 ff.).²⁴³ 257

Zu einer „offenbar nicht beabsichtigten Härte" im Sinne der Nr. 3 führt eine Festsetzung im Bebauungsplan, wenn sie in Ansehung des konkreten Grundstücks (zB seiner Randlage oder seines schlauchartigen Zuschnitts) besser nicht getroffen worden wäre.²⁴⁴ Maßgeblich sind die bodenrechtlichen Besonderheiten des Grundstücks, die nicht berücksichtigt wurden oder werden konnten. Auf die persönlichen Verhältnisse des Eigentümers kommt es nicht an.²⁴⁵ Von einer nicht intendierten Härte ist nicht auszugehen, wenn alle Parzellen eines Plangebiets in gleicher Weise betroffen sind.²⁴⁶ 258

– Drittens muss die Abweichung von den Festsetzungen **mit den öffentlichen Interessen auch unter Würdigung der nachbarlichen Belange** vereinbar sein. Bei dieser Anforderung handelt es sich erneut um eine gesetzliche Normierung des Gebots der Rück- 259

---

240 Vgl. *Mitschang/Reidt*, in: Battis/Krautzberger/Löhr, § 246 BauGB Rn. 31; *Finkelnburg/Ortloff/Kment*, § 24, Rn. 5.
241 Vgl. BVerwG, NVwZ 1999, 1110 (1110); BayVGH, BayVBl. 1999, 179 (180).
242 BVerwGE 56, 71 (76); BVerwG, NVwZ-RR 1997, 82 (82 f.).
243 BVerwG, NVwZ 1999, 981 (982); *Siegmund*, in: Spannowsky/Uechtritz, § 31 BauGB Rn. 44 ff.
244 Vgl. BVerwGE 40, 268 (272 f.); *Manssen*, in: Becker/Heckmann/Kempen/ders., 4. Teil, Rn. 78.
245 *Finkelnburg/Ortloff/Kment*, § 24, Rn. 18.
246 Vgl. BVerwG, NVwZ 1999, 1110.

sichtnahme (→ Rn. 238). Anhaltspunkt für die Bewertung der Vereinbarkeit mit öffentlichen und nachbarlichen Interessen kann eine hypothetische Prüfung des § 34 Abs. 1 BauGB sein, mit dessen Tatbestandsvoraussetzung des „Einfügens" ebenfalls das Rücksichtnahmegebot normiert wird. Eine Befreiung ist mithin ausgeschlossen, „wenn das Vorhaben ... bei unterstellter Anwendbarkeit des § 34 Abs. 1 BauGB nicht zugelassen werden dürfte", weil es sich nicht in seine Umgebung einfügt (→ Rn. 277 ff.).[247]

260 – Viertens ist auch und insbesondere eine Befreiung von den Festsetzungen des Bebauungsplans nur zulässig, wenn die **Gemeinde** ihr **Einvernehmen** erklärt hat (§ 36 Abs. 1 BauGB; → Rn. 317 ff.).

261 – Fünftens setzt eine Befreiung ebenso wie eine Ausnahme einen entsprechenden ausdrücklichen und begründeten **Antrag** gemäß Art. 63 Abs. 2 BayBO voraus (→ Rn. 250).

262 Umstritten ist, ob eine Befreiung zudem voraussetzt, dass es sich bei dem konkret geplanten Vorhaben um einen sog „atypischen Sonderfall" handelt (zur entsprechenden Diskussion bei bauordnungsrechtlichen Abweichungen → Rn. 349 ff.).[248] Die Rspr. hat dieses Kriterium als ungeschriebene Zulässigkeitsvoraussetzung entwickelt, als der einleitende Satz von § 31 Abs. 2 BauGB noch lautete: „Von den Festsetzungen des Bebauungsplans kann *im Einzelfall* befreit werden, wenn ..." (Herv. H/K). Der Gesetzgeber hat die Begrenzung auf den „Einzelfall" 1998 dann jedoch gestrichen und zwar ausdrücklich, um die Rechtmäßigkeit einer Befreiung von der Atypik des Falles unabhängig zu machen. Gleichwohl gehen Teile der Lit. weiterhin davon aus, dass eine Abweichung von den Festsetzungen eines Bebauungsplans gemäß § 31 Abs. 2 BauGB nur in atypischen Sonderfällen zulässig ist. Im Ergebnis dürfte dem Streit nur geringe Bedeutung zukomme, da kaum Sachverhalte denkbar sind, in denen alle geschriebenen Voraussetzungen des § 31 Abs. 2 BauGB erfüllt sind, insbesondere auch die Grundzüge der Planung gewahrt werden, und es lediglich an der Atypik fehlt.

263 Sind alle tatbestandlichen Voraussetzungen des § 31 Abs. 2 BauGB erfüllt, liegt die Entscheidung über die Befreiung im gemeindlichen **Ermessen**, das pflichtgemäß im Sinne des Art. 40 BayVwVfG auszuüben ist.

264 Sonderregelungen für Befreiungen zugunsten von **Unterkünften für Flüchtlinge und Asylbewerber** finden sich in § 246 Abs. 10 und 12 BauGB. § 246 Abs. 10 BauGB ist lex specialis zu § 31 Abs. 2 BauGB und verdrängt die allgemeine Regelung daher innerhalb seines Anwendungsbereichs. Er ist nur anwendbar, wenn die Unterkunft in einem Gewerbegebiet errichtet werden soll, in dem „Anlagen für soziale Zwecke" allgemein oder ausnahmsweise zulässig sind. Einer Befreiung bedarf es in diesen Fällen trotz der (allgemeinen oder ausnahmsweisen) Zulässigkeit, weil die genannten Unterkünfte wohnähnlichen Charakter haben und daher in der Regel im Gewerbegebiet nicht gebietsverträglich sind (zu dieser Anforderung → Rn. 235). Im Unterschied zu

---

247 BVerwGE 117, 50 (53 f.).
248 Siehe ausführlich zu diesem Streit mwN aus Lit. und Rspr. *Söfker*, in: Ernst/Zinkahn/Bielenberg/Krautzberger, § 31 BauGB (Stand: 116. EL Februar 2015), Rn. 29 ff.; *Muckel/Ogorek*, § 7, Rn. 76 ff.

§ 31 Abs. 2 BauGB setzt eine Befreiung nach § 246 Abs. 10 BauGB nicht voraus, dass die Unterkunft mit den Grundzügen der Planung vereinbar ist. Zudem muss keiner der Befreiungstatbestände des § 31 Abs. 2 Nr. 1–3 BauGB erfüllt sein.

Bei § 246 Abs. 12 BauGB handelt es sich um einen eigenständigen Befreiungstatbestand, der neben § 31 Abs. 2 BauGB anwendbar ist. Die Regelung gilt, wenn sie nicht verlängert wird, nur bis zum 31.12.2019. Befreiungen nach § 246 Abs. 12 BauGB dürfen nur für längstens drei Jahre erteilt werden. 265

e) Vorhaben im nicht qualifiziert überplanten Innenbereich, § 34 BauGB

Soweit nicht durch Bebauungsplan geregelt ist, wer sein Grundstück in welcher Weise nutzen darf, ergibt sich die bauplanungsrechtliche Zulässigkeit eines Vorhabens aus §§ 34 f. BauGB. Diese Regelungen werden deshalb auch als Planersatzvorschriften bezeichnet. Sie sollen ein verträgliches Nebeneinander von Nutzungsarten gewährleisten, und sie bestimmen für die nicht qualifiziert überplanten Gebiete, welches Nutzungsinteresse Vorrang hat, wenn verschiedene Interessen kollidieren. § 34 BauGB knüpft dazu an die bereits vorhandene Bebauung an und erklärt sie zum Maßstab dafür, was künftig gebaut werden darf. 266

Klausurhinweis:
Bei § 34 BauGB handelt es sich um eine in besonderer Weise prüfungsrelevante Norm. In den letzten zehn Jahren war sie wiederholt Gegenstand von Klausuren im Ersten bzw. Zweiten Staatsexamen in Bayern.[249]

aa) Anwendbarkeit: im Zusammenhang bebauter Ortsteil, nicht qualifiziert überplant

Die bauplanungsrechtliche Zulässigkeit eines Vorhabens richtet sich unter zwei Voraussetzungen nach § 34 BauGB: Das Vorhaben muss sich zum einen in einem Bereich befinden, für den bisher **kein Bebauungsplan bzw. nur ein einfacher Bebauungsplan** im Sinne des § 30 Abs. 3 BauGB (→ Rn. 39 ff.) erlassen wurde, und es muss zum anderen innerhalb eines im Zusammenhang bebauten Ortsteils, dh im sog **Innenbereich**, angesiedelt sein. Dass es sich bei einer Fläche um einen Innenbereich im Sinne des § 34 Abs. 1 BauGB handelt, kann sich entweder aus den **tatsächlichen** Umständen des Einzelfalls ergeben oder aus einer **rechtlichen** Regelung, nämlich einer Innenbereichssatzung nach § 34 Abs. 4 BauGB. In Prüfungsaufgaben geht es in aller Regel um tatsächliche Innenbereiche. 267

– Um einen **tatsächlichen** Innenbereich im Sinne des § 34 Abs. 1 BauGB handelt es sich, wenn die vorhandenen Gebäude einen „Ortsteil" bilden und dieser Ortsteil „im Zusammenhang bebaut" ist. Nur dann lässt sich den vorhandenen Anlagen sinnvollerweise der Maßstab dafür entnehmen, was künftig zulässig sein soll. 268

Von einem **Ortsteil** ist auszugehen, wenn die bestehenden Anlagen nach ihrer Anzahl ein „gewisses Gewicht" besitzen (quantitatives Kriterium) und sie zudem „Ausdruck 269

---

249 Siehe BayVBl. 2011, 739, 773; BayVBl. 2014, 736, 766; BayVBl. 2015, 466, 502; BayVBl. 2015, 832, 868; BayVBl. 2016, 390, 427; BayVBl. 2017, 322, 355, sowie Aufgabe 6 der Ersten Juristischen Staatsprüfung 2016/1; Aufgabe 6 der Ersten Juristischen Staatsprüfung 2017/2; Aufgabe 8 der Zweiten Juristischen Staatsprüfung 2015/1; Aufgabe 9 der Zweiten Juristischen Staatsprüfung 2016/1.

einer organischen Siedlungsstruktur" sind (qualitatives Kriterium).[250] Wie viele Anlagen erforderlich sind, damit von einem Ortsteil gesprochen werden kann, ist abhängig von der Größe der Gemeinde. Je kleiner die Kommune und je dünner besiedelt die Region, desto eher besitzt eine Bebauung das besagte „gewisse Gewicht". Als organische Siedlungsstruktur lässt sich ein Ortsteil qualifizieren, wenn die Gebäude aufeinander bezogen sind wie zB ein Lebensmittelgeschäft und eine Arztpraxis in Bezug stehen zur angrenzenden Wohnbebauung, deren Einwohner sie versorgen.[251] Das Gegenstück zum Ortsteil mit organischer Siedlungsstruktur bildet die sog „Splittersiedlung" (vgl. § 35 Abs. 3 Nr. 7 BauGB), bei der vereinzelte Bauten regellos und ohne erkennbaren funktionalen Zusammenhang in größeren Abständen zueinander errichtet wurden und die deshalb keinen Anhaltspunkt dafür bilden kann, welche neuen Vorhaben zulässig sein sollen.

270   Ein **Bebauungszusammenhang** im Sinne des § 34 Abs. 1 BauGB besteht zwischen Gebäuden, wenn „eine aufeinander folgende Bebauung" trotz vorhandener einzelner Baulücken nach der Verkehrsauffassung „den Eindruck von Geschlossenheit und Zusammengehörigkeit" vermittelt.[252] Das ist im konkreten Einzelfall aufgrund einer „echten Wertung und Bewertung" zu entscheiden.[253] Das Grundstück, auf dem das geplante Vorhaben errichtet werden soll, muss Teil dieses Bebauungszusammenhangs sein.[254] Maßgeblich ist allein die tatsächlich vorhandene Bebauung. Nur geplante oder bereits beseitigte Anlagen bleiben außer Betracht.[255] Ob die vorhandenen Gebäude genehmigt oder illegal errichtet wurden, spielt keine Rolle, es sei denn, es wurde bereits eine Abrissverfügung erlassen oder angekündigt.[256] Der Bebauungszusammenhang endet grds. mit dem letzten maßstabbildenden Gebäude.[257] Ob Baulücken den Bebauungszusammenhang unterbrechen, ist abhängig von ihrer Größe und den topographischen Gegebenheiten im Einzelfall. Es kommt darauf an, ob eine Bebauung in der Lücke noch als „zwanglose Fortsetzung der vorhandenen Bebauung" zu betrachten ist. Anderenfalls handelt es sich um einen „Außenbereich im Innenbereich".[258]

271   – § 34 Abs. 4 BauGB eröffnet den Gemeinden die Möglichkeit, die Grenzen der „im Zusammenhang bebauten Ortsteile" durch Satzung selbst zu regeln. Ist die Satzung wirksam, richtet sich die bauplanungsrechtliche Zulässigkeit von Vorhaben innerhalb ihres Geltungsbereichs nach § 34 BauGB. Klarstellungssatzungen nach § 34 Abs. 4 Nr. 1 BauGB (auch **Abgrenzungssatzungen** genannt) beschreiben im Interesse der Rechtsklarheit lediglich, was sich aus den tatsächlichen Gegebenheiten ohnehin ergibt. Sie wirken nur deklaratorisch. Demgegenüber werden mit dem Erlass von **Entwicklungs- bzw. Ergänzungssatzungen** nach § 34 Abs. 4 Nr. 2 bzw. 3 BauGB vormals dem

---

250 BVerwGE 31, 22 (26).
251 Vgl. *Krüper/Herbolsheimer*, Jura 2017, 286 (288 f.); *Muckel/Ogorek*, § 7, Rn. 89.
252 BVerwGE 31, 20 (21); BVerwG, DVBl. 1993, 111 (111).
253 BVerwGE 31, 20 (21); BVerwG, NVwZ 1991, 879 (879 f.).
254 *Muckel/Ogorek*, § 7, Rn. 93.
255 Es sei denn, es ist damit zu rechnen, dass eine beseitigte Anlage alsbald durch einen Neubau ersetzt wird, *Mitschang/Reidt*, in: Battis/Krautzberger/Löhr, § 34 BauGB Rn. 3.
256 BVerwGE 31, 20 (22).
257 BVerwG, NVwZ 2015, 1767 (1767 f.).
258 Vgl. dazu BVerwGE 41, 227 (233 ff.).

Außenbereich zugehörige Flächen zu Innenbereichen erklärt und damit dem Regime des § 35 BauGB entzogen und § 34 BauGB zugeordnet.

bb) Maßstab

Innerhalb eines im Zusammenhang bebauten Ortsteils, für den kein qualifizierter Bebauungsplan erlassen wurde, ist ein Vorhaben bauplanungsrechtlich zulässig, wenn es den Festsetzungen eines einfachen Bebauungsplans – so ein solcher existiert – nicht widerspricht, wenn es sich im Übrigen „in die Eigenart der näheren Umgebung einfügt", den Anforderungen der §§ 34 Abs. 1 S. 2, Abs. 3 BauGB genügt, zudem die Erschließung gesichert ist und die Gemeinde ihr Einvernehmen erteilt hat. 272

– Soweit ein **einfacher Bebauungsplan** für den fraglichen Bereich erlassen wurde, sind vorrangig seine Festsetzungen zu beachten. Sie verdrängen den Maßstab des „Einfügens". Ob das Vorhaben zur Eigenart der näheren Umgebung passt, ist nicht relevant, soweit die Festsetzungen reichen (→ Rn. 41).[259] 273

Beispiel:
Weist der einfache Bebauungsplan einen Innenbereich zB als Mischgebiet im Sinne des § 6 BauNVO aus, ist die Errichtung einer Gaststätte in diesem Bereich nach § 30 Abs. 3 BauGB iVm § 6 Abs. 2 Nr. 3 BauNVO der Art nach grds. zulässig und zwar unabhängig davon, welche Anlagen sich in der näheren Umgebung befinden. Im Einzelfall kann sich die bauplanungsrechtliche Unzulässigkeit dann freilich aus § 15 Abs. 1 BauNVO ergeben.

– Wenn kein Bebauungsplan vorhanden ist bzw. mit Blick auf jene bauplanungsrechtlichen Kriterien, zu denen ein vorhandener einfacher Bebauungsplan keine Angaben macht, kommt es für die Zulässigkeit eines Vorhabens darauf an, ob es sich „**in die Eigenart der näheren Umgebung einfügt**". Um dies beurteilen zu können, sind drei Parameter zu bestimmen: die „nähere Umgebung", ihre „Eigenart" sowie das Maß an Übereinstimmung mit dieser Eigenart, das erforderlich ist, damit sich das Vorhaben „einfügt". 274

Zur maßstabsbildenden „**näheren Umgebung**" eines Grundstücks zählen alle baulichen Anlagen, die durch das neue Vorhaben möglicherweise beeinflusst werden oder umgekehrt ihrerseits den bodenrechtlichen Charakter des Baugrundstücks beeinflussen. Es sind nur vorhandene Nutzungen zu berücksichtigen, die Betrachtung ist aber nicht von vornherein auf die unmittelbar angrenzenden Vorhaben zu beschränken. Die „nähere Umgebung" einer immissionsintensiven Diskothek reicht beispielsweise weiter als die eines reinen Wohnhauses, von dem kaum Störungen ausgehen. Einzelne „Fremdkörper" im Umfeld müssen außer Betracht bleiben.[260] 275

Mit der „**Eigenart**" der näheren Umgebung ist die Spannbreite der dort befindlichen Anlagen mit Blick auf die Art ihrer Nutzung, das Maß, die Bauweise und die überbauten Grundstücksflächen gemeint. Andere als die vier in § 34 Abs. 1 BauGB aufgezählten Eigenheiten von Gebäuden – wie zB die Gestaltung der äußeren Fassaden – sind für die Eigenart und damit die bauplanungsrechtliche Zulässigkeit ohne Relevanz. 276

---

259 Vgl. *Finkelnburg/Ortloff/Kment*, § 26, Rn. 13.
260 BVerwGE 55, 369 (380 f.).

277 Ein neues Bauvorhaben **fügt sich** in die Eigenart der näheren Umgebung **ein** im Sinne des § 34 Abs. 1 BauGB, wenn es zwei Voraussetzungen erfüllt:[261]

278 Zum einen müssen sich die geplante Nutzungsart, das Maß (insbesondere Zahl der Geschosse, Höhe der Gebäude), die Bauweise (insbesondere mit oder ohne Abstand zu den angrenzenden Gebäuden) und die überbauten Grundstücksflächen des neuen Vorhabens **innerhalb des Rahmens** bewegen, der durch die vorhandene **Umgebungsbebauung** abgesteckt wird. Überschreitet eine Anlage diesen Rahmen, ist sie unzulässig, es sei denn, sie integriert sich gleichwohl harmonisch in die maßstabsbildende Umgebung und verursacht oder erhöht weder selbst noch wegen ihrer etwaigen Vorbildwirkung bodenrechtliche Spannungen.[262]

Beispiel:
Zulässig soll es zB sein, das Dachgeschoss eines Wohnhauses innerhalb einer einheitlichen Reihenhauszeile auszubauen, obwohl damit der durch die Umgebung vorgezeichnete Rahmen mit Blick auf das Maß der Bebauung überschritten wird.[263]

Zum anderen muss die neue Anlage dem **Gebot der Rücksichtnahme** genügen. Mit dem Merkmal „einfügen" hat der Gesetzgeber die Geltung des Rücksichtnahmegebots auch für jene Vorhaben angeordnet, die sich in einem nicht qualifiziert überplanten Innenbereich befinden.[264] Sie dürfen also keine unzumutbaren Störungen für die Umgebung verursachen oder solchen Störungen ausgesetzt sein (zu den Anforderungen des Rücksichtnahmegebots → Rn. 238 ff.; zu seiner drittschützenden Wirkung → Rn. 416 ff.).

Klausurhinweis:
Das Gebot der Rücksichtnahme bildet eines von zwei Elementen des Kriteriums „Einfügen" und ist auch unbedingt als ein solches in Prüfungsaufgaben zu erörtern. Es tritt insbesondere nicht als allgemeine Härtefallklausel neben die Voraussetzungen des § 34 Abs. 1 BauGB.[265]

279 Eine Besonderheit ergibt sich aus § 34 Abs. 2 BauGB für die Fälle, in denen die Art der Nutzung von vorhandenen Anlagen in der näheren Umgebung einem Baugebiet im Sinne der BauNVO entspricht (sog **faktisches Baugebiet** bzw. homogener Innenbereich). In diesen Fällen ist ausschließlich nach Maßgabe der §§ 2 ff. BauNVO zu beurteilen, ob sich eine neue Anlage ihrer Art nach in die Umgebung einfügt. Vorhaben innerhalb eines faktischen Baugebiets werden mit Blick auf die Nutzungsart (aber auch nur insoweit! – im Übrigen bleibt es beim Erfordernis des Einfügens) genauso behandelt wie Vorhaben innerhalb eines rechtlichen Baugebiets, das mit einem Bebauungsplan festgesetzt wurde. Auch Ausnahmen und Befreiungen hinsichtlich der Nutzungsart sind nach § 34 Abs. 2 aE iVm § 31 Abs. 1 f. BauGB unter denselben Voraussetzungen zu erteilen wie in festgesetzten Baugebieten. § 15 Abs. 1 BauNVO ist ebenfalls anwendbar.

---

261 Grundlegend zum Begriff des „Einfügens" in § 34 Abs. 1 BauGB BVerwGE 55, 369 (381 ff.).
262 Vgl. BVerwGE 55, 369 (386); 75, 34 (43 ff.).
263 Vgl. OVG Hamburg, ZfBR 2001, 568 (569 f.).
264 BVerwG, NVwZ 1999, 523 (525).
265 Vgl. BVerwG, NVwZ 1999, 879 (880).

Beispiel:
Befinden sich in der näheren Umgebung des Baugrundstücks ausschließlich Wohngebäude sowie eine Kita, dann entspricht die Umgebung einem reinen Wohngebiet im Sinne des § 3 BauNVO. Ein Lebensmittelgeschäft kann dann nur ausnahmsweise nach § 34 Abs. 1 f. iVm § 31 Abs. 1 BauGB iVm § 3 Abs. 3 Nr. 1 BauNVO zugelassen werden.

Soweit weder im Bebauungsplan Festsetzungen getroffen wurden noch ein faktisches Baugebiet besteht, sind § 31 Abs. 1 f. BauGB nicht anwendbar. Im Interesse der Einzelfallgerechtigkeit erlaubt in diesen Fällen jedoch § 34 Abs. 3 a BauGB Abweichungen von der Eigenart der näheren Umgebung. Eine ergänzende Sonderregelung zugunsten von Unterkünften für Flüchtlinge und Asylbewerber findet sich in § 246 Abs. 8 BauGB.

– Weitere Anforderungen, denen bauliche Anlagen im Innenbereich genügen müssen, ergeben sich aus § 34 Abs. 1 S. 2 sowie § 34 Abs. 3 BauGB: Die Vorhaben dürfen nicht dazu führen, dass gesundes Wohnen bzw. Arbeiten im betroffenen Gebiet (etwa infolge starker Immissionen) nicht mehr möglich ist. Sie dürfen ferner das Ortsbild nicht beeinträchtigen (etwa durch ihre Lage und Größe) und schließlich keine schädlichen Auswirkungen auf die Versorgungsbereiche in der Gemeinde selbst oder in Nachbarkommunen nach sich ziehen, zB indem sie in großem Umfang Kaufkraft abziehen.

Klausurhinweis:
In Prüfungen kommt diesen Zulässigkeitsvoraussetzungen in der Regel allenfalls untergeordnete Bedeutung zu.

– Auch § 34 Abs. 1 BauGB setzt überdies voraus, dass die Erschließung gesichert ist (→ Rn. 333). Vorhaben im nicht qualifiziert überplanten Innenbereich können schließlich gemäß § 36 Abs. 1 S. 1 BauGB nur im Einvernehmen mit der Gemeinde genehmigt werden (→ Rn. 317 ff.).

f) Vorhaben im Außenbereich, § 35 BauGB

Auch für den nicht qualifiziert überplanten Außenbereich (und damit für den größten Teil des Bundesgebietes)[266] hat der Gesetzgeber einen „Ersatzplan" geschaffen. Er ist in § 35 BauGB niedergelegt. Danach soll der Außenbereich grds. nicht bebaut werden, sondern als Erholungslandschaft für die Allgemeinheit und für bodenbezogene Nutzungen erhalten bleiben. Nur einzelne, in § 35 Abs. 1 BauGB abschließend aufgezählte Vorhaben (sog **privilegierte Vorhaben**) sind in der Regel zulässig. Der Gesetzgeber hat sie dem Außenbereich zugeordnet, weil sie ihrem Wesen nach und aufgrund ihrer besonderen Anforderungen an die Umgebung überhaupt nur in unbebauten Gebieten verwirklicht werden können. Alle „**sonstigen Vorhaben**" im Sinne des § 35 Abs. 2 BauGB sind im Außenbereich grds. unzulässig, es sei denn, sie geraten ausnahmsweise nicht mit widerstreitenden öffentlichen Belangen in Konflikt. Das grundsätzliche Verbot sonstiger Vorhaben wird durch § 35 Abs. 4 BauGB für einzelne Projekte (sog **teilprivilegierte Vorhaben**) gelockert.

---

[266] Battis, Baurecht, Rn. 396.

aa) Anwendbarkeit: kein im Zusammenhang bebauter Ortsteil, kein qualifiziert überplantes Gebiet

284 Der Außenbereich im Sinne des § 35 BauGB wird traditionell negativ, im Wege der Subtraktion definiert:[267] Zum Außenbereich gehören alle Grundstücke, die sich weder im Planbereich eines qualifizierten oder vorhabenbezogenen Bebauungsplans noch innerhalb eines im Zusammenhang bebauten Ortsteils im Sinne des § 34 BauGB befinden.

bb) Privilegiertes Vorhaben, § 35 Abs. 1 BauGB oder sonstiges Vorhaben, § 35 Abs. 2 BauGB

285 Für die Bewertung der bauplanungsrechtlichen Zulässigkeit einer Anlage im Außenbereich ist die Unterscheidung zwischen privilegierten Vorhaben (§ 35 Abs. 1 BauGB) und sonstigen Vorhaben (§ 35 Abs. 2 BauGB) von zentraler Bedeutung. Die privilegierten Vorhaben sind in § 35 Abs. 1 Nr. 1–8 BauGB **abschließend aufgelistet**. In Prüfung und Praxis in Bayern sind die von Nr. 1 und 3–5 erfassten Anlagen besonders bedeutsam.

286 – Der in **Nr. 1 (Vorhaben der Land- und Forstwirtschaft)** verwendete Begriff der Landwirtschaft wird in § 201 BauGB legaldefiniert. Gemeinsames Merkmal aller landwirtschaftlichen Tätigkeiten ist die „unmittelbare Bodenertragsnutzung",[268] weshalb etwa die Massentierhaltung in einer Schweinemästerei ohne eigene Futtergrundlage nicht als landwirtschaftlicher Betrieb zu qualifizieren ist.[269] Vorhaben, die der Land- und Forstwirtschaft dienen, sind nur dann privilegiert, wenn die Land- bzw. Forstwirtschaft, auf die sie sich beziehen, betriebsförmig ausgestaltet ist und zB nicht bloß als Hobby ausgeübt wird. Ein Indiz für eine betriebsförmige Organisation im Sinne des § 35 Abs. 1 Nr. 1 BauGB bildet insbesondere die Gewinnerzielungsabsicht. Ein Vorhaben „dient" dem land- bzw. forstwirtschaftlichen Betrieb, wenn es „nach der konkreten Wirtschaftsweise dem Betrieb funktional zugeordnet und nach seiner Gestaltung … durch den betrieblichen Verwendungszweck geprägt ist". Bloße Förderlichkeit ist nicht ausreichend, die Unentbehrlichkeit wird andererseits aber auch nicht verlangt.

287 – Eine Privilegierung nach **Nr. 3** genießen ausschließlich **ortsgebundene Vorhaben**. Auch die genannten Ver- und Entsorgungsanlagen sind nur privilegiert, wenn sie ortsgebunden sind.[270] Dies lässt sich zwar nicht dem Wortlaut, aber dem Schutzzweck von § 35 BauGB entnehmen, der den Außenbereich möglichst weitgehend als unversiegelte und unverbaute Fläche erhalten soll und Abweichungen von diesem Grundsatz nur für solche Vorhaben vorsieht, die ihrer Natur nach lediglich außerhalb von Bebauungszusammenhängen verwirklicht werden können. Als ortsgebunden ist ein Vorhaben dementsprechend nur zu qualifizieren, wenn es – wie beispielsweise Steinbrüche und Talsperren – „auf die geografische oder die geologische Eigenart der Stelle angewiesen ist, weil [es] an einem anderen Ort seinen Zweck verfehlen würde".[271]

---

267 Vgl. die Legaldefinition in § 19 Abs. 1 Nr. 3 BauGB in der bis zum 31.12.1997 geltenden Fassung, sowie zB *Finkelnburg/Ortloff/Kment*, § 27, Rn. 3.
268 BVerwG, NVwZ 1986, 916 (916).
269 BVerwG, NVwZ-RR 1997, 590; vgl. auch BayVBl. 2016, 467, 495 (Nerzzucht keine Landwirtschaft, wenn Futter nicht selbst angebaut wird; aber wegen Geruchsemissionen Privilegierung nach Nr. 4).
270 BVerwG, NVwZ 1995, 64 (65).
271 BVerwGE 50, 346 (348); BVerwG, NVwZ 2013, 1288 (1289).

– Von **Nr. 4** werden unabhängig von ihrer konkreten Gestalt alle Vorhaben erfasst, die aus einem der drei genannten Gründe – besondere Anforderungen an die Umgebung (zB Sternwarte), nachteilige Wirkungen auf die Umgebung (zB Anlagen der Massentierhaltung) oder besondere Zweckbestimmung (zB Berghütte)[272] – **im Außenbereich errichtet werden „sollen".** Wenn das Vorhaben eine der vorgenannten Eigenheiten aufweist, ist mithin weiter zu prüfen, ob es eben wegen dieser Eigenarten im Außenbereich errichtet werden soll und damit dem Ausnahmecharakter der Privilegierungen gerecht wird. Das ist bei all jenen Vorhaben nicht anzunehmen, die sich in der konkreten Gemeinde (nicht abstrakt in irgendeiner Kommune) ebenso gut im Innenbereich verwirklichen ließen. Ist eine Realisierung im Innenbereich ausgeschlossen, kommt es darauf an, ob die Vorteile, die sich aus der Errichtung des konkreten Vorhabens im Außenbereich für die Allgemeinheit (nicht für einzelne Privatpersonen) ergeben, bei wertender Betrachtung die Nachteile ausgleichen, die mit einem Eingriff in die Unversehrtheit des Außenbereichs verbunden sind. Im Ergebnis wird diese Anforderung nur von wenigen Anlagen erfüllt.

288

– Durch **Nr. 5 (Anlagen der Wind- und Wasserenergie)** werden Vorhaben zur Gewinnung erneuerbarer Energien privilegiert. Praktisch bedeutsam ist die Regelung v.a. für Windenergieanlagen. Insoweit ist die einschränkende Sonderregelung des § 249 Abs. 3 BauGB zu beachten, die die Länder ermächtigt, die Privilegierung von Windenergieanlagen davon abhängig zu machen, dass diese Anlagen die durch Landesgesetz zu bestimmenden spezifischen Abstandsregeln einhalten. Bayern hat als bisher einziges Bundesland von der Ermächtigung Gebrauch gemacht. Nach Art. 82 Abs. 1 BayBO sind grds. nur solche Windenergieanlagen privilegiert gemäß § 35 Abs. 1 Nr. 5 BauGB, die einen Mindestabstand vom Zehnfachen ihrer Höhe zu angrenzender Wohnbebauung einhalten. Die Zulässigkeit von Windenergieanlagen wird damit faktisch ganz erheblich eingeschränkt. Nach Auffassung des BayVerfGH hebelt die Regelung die Privilegierung von Windrädern nach § 35 Abs. 1 Nr. 5 BauGB gleichwohl nicht aus und überschreitet daher die Grenzen der Öffnungsklausel nicht. Der mit Art. 82 Abs. 1 BayBO verbundene Eingriff in das Eigentumsgrundrecht nach Art. 103 Abs. 1 BV ist nach Ansicht des Gerichts verhältnismäßig.[273]

289

Bei allen Vorhaben, die nicht unter einen der Tatbestände des § 35 Abs. 1 Nr. 1-8 BauGB fallen, handelt es sich um nicht-privilegierte, „sonstige Vorhaben" im Sinne des § 35 Abs. 2 BauGB.

290

cc) Entgegenstehen bzw. Beeinträchtigung öffentlicher Belange

Soweit ein einfacher Bebauungsplan (§ 30 Abs. 3 BauGB) für ein nicht im Zusammenhang bebautes Gebiet existiert, sind seine Festsetzungen stets vorrangig zu beachten. Sie verdrängen § 35 BauGB in ihrem Anwendungsbereich. Insofern gilt das mit Blick auf § 34 BauGB Ausgeführte entsprechend. Setzt der einfache Bebauungsplan zB für eine im Außenbereich gelegene Fläche ein Dorfgebiet (§ 5 BauNVO) fest, ist die Er-

291

---

272 Siehe zu diesen und weiteren Beispielen *Finkelnburg/Ortloff/Kment*, § 27, Rn. 24 ff.
273 BayVGH, NVwZ 2016, 999 (1000 ff., 1004 ff.).

richtung eines Wohngebäudes zulässig, auch wenn es sich nicht um ein privilegiertes Vorhaben im Sinne des § 35 Abs. 1 BauGB handelt.[274]

292 Im Übrigen kommt es darauf an, ob es sich um ein privilegiertes Vorhaben handelt – dann dürfen öffentliche Belange nur „nicht entgegenstehen" – oder ob es sich um ein sonstiges Vorhaben handelt – dann dürfen öffentliche Belange schon nicht „nicht beeinträchtigt" werden.

(1) Öffentliche Belange

293 Welche öffentlichen Belange zu berücksichtigen sind, wenn über die Zulässigkeit eines Vorhabens im Außenbereich entschieden wird, ist in § 35 Abs. 3 BauGB beispielhaft aufgelistet. Anders als es der Wortlaut („Eine *Beeinträchtigung* öffentlicher Belange liegt insbesondere vor, ...") nahelegt, ist die Auflistung nicht nur als Konkretisierung derjenigen öffentlichen Belange zu verstehen, die durch „sonstige Vorhaben" beeinträchtigt werden können im Sinne des § 35 Abs. 2 BauGB, sondern sie gilt zugleich als beispielhafte Aufzählung von öffentlichen Belangen, die privilegierten Vorhaben „nicht entgegenstehen" dürfen im Sinne des § 35 Abs. 1 BauGB. Neben den genannten können im Einzelfall weitere ungeschriebene öffentliche Belange zu berücksichtigen sein.

Klausurhinweis:
Für Klausurlösungen ist es in aller Regel nicht erforderlich, über Detailwissen zu jedem der Belange zu verfügen. Die folgenden Einzelaspekte sollten jedoch angesichts ihrer spezifischen Prüfungsrelevanz bekannt sein.

294 – **Darstellungen in Flächennutzungsplänen** (§ 35 Abs. 3 S. 1 Nr. 1 BauGB) sind Ausprägungen der gemeindlichen Planungshoheit. Schutzwürdig sind sie als solche jedoch nur, wenn sich ihnen auch eine konkrete Planungsaussage entnehmen lässt. Flächennutzungspläne können Vorhaben im Außenbereich daher nur verhindern, wenn sie qualifizierte Standortaussagen enthalten, die nicht weiter konkretisierungsbedürftig sind (zB Darstellung konkreter Parzellen als Wohnbauflächen), und die nicht lediglich die Zwecke des Außenbereichs in ganz allgemeiner Weise umschreiben (zB Ausweisung als „Erholungsgebiet" oder als „Fläche für die Landwirtschaft").[275]

295 – Der Begriff der **schädlichen Umwelteinwirkung** im Sinne des § 35 Abs. 3 S. 1 Nr. 3 BauGB ist so zu verstehen, wie ihn § 3 Abs. 1 BImSchG definiert, dh es muss sich um Immissionen handeln, die geeignet sind, Gefahren, erhebliche Nachteile oder erhebliche Belästigungen für die Allgemeinheit oder die Nachbarschaft herbeizuführen. Mit § 35 Abs. 3 S. 1 Nr. 3 BauGB wird für den spezifischen Bereich der Immissionskonflikte das Gebot der Rücksichtnahme normiert.[276] Ob ein Nachteil bzw. eine Belästigung „erheblich" ist und deshalb billigerweise nicht mehr zugemutet werden kann, muss deshalb im Wege einer umfassenden Würdigung aller Umstände des Einzelfalls bestimmt werden. Technische Regelwerke wie etwa die TA Lärm bilden einen wichtigen Anhaltspunkt, enthalten aber – unabhängig davon, wie man ihre Rechtsna-

---

274 Siehe *Finkelnburg/Ortloff/Kment*, § 23, Rn. 12.
275 BVerwGE 68, 311 (313); 77, 300 (301).
276 BVerwGE 52, 122 (125 f.).

tur qualifiziert und welche Bindungswirkung man ihnen im Rahmen des Immissionsschutzrechts zuspricht – jedenfalls für die Bewertung der bauplanungsrechtlichen Zulässigkeit keine verbindlichen Vorgaben. Sie dürfen daher nicht schematisch, sondern nur unter Berücksichtigung der konkreten bauplanungsrechtlichen Verhältnisse angewandt werden.[277]

Auch § 35 Abs. 3 S. 1 Nr. 3 BauGB hat sich in der Vergangenheit besonderer Beliebtheit bei den Erstellern von bayerischen Staatsexamensklausuren erfreut.[278] 296

– Eine **„Splittersiedlung"** im Sinne des § 35 Abs. 3 S. 1 Nr. 7 BauGB ist dadurch gekennzeichnet, dass mehrere Anlagen zwar auf einem überschaubaren Gebiet beieinanderstehen, aber keinen funktionalen oder sonstigen Bezug zueinander aufweisen und es sich vielmehr um eine unorganische Streubebauung handelt.[279] Bereits die erste Errichtung eines Wohngebäudes im Außenbereich kann die Entstehung einer Splittersiedlung befürchten lassen.[280] 297

– Die Rspr. hat eine Reihe **ungenannter öffentlicher Belange** anerkannt, die zusätzlich zu den geschriebenen zu berücksichtigen sind. Zwei ungeschriebene Belange sind hervorzuheben: Zum einen das Gebot der Rücksichtnahme, das zu den ungenannten Belangen zählt, soweit es um Nutzungskonflikte geht, die nicht die Gestalt von Immissionskonflikten annehmen und daher nicht von § 35 Abs. 3 S. 1 Nr. 3 BauGB erfasst werden;[281] zum anderen das durch ein Vorhaben ausgelöste Planungsbedürfnis, das entsteht, wenn ein Vorhaben eine Koordinierung erfordert, die nicht durch den Ersatzplan des § 35 BauGB, sondern nur durch eine förmliche Bauleitplanung geleistet werden kann (zB Zulassung eines Einzelhandelsgroßbetriebs, der die Abstimmung mit einer Nachbargemeinde erfordert).[282] 298

(2) Nachvollziehende Abwägung: „Entgegenstehen" bzw. „Beeinträchtigung" öffentlicher Belange

Die öffentlichen Belange, die durch eine Anlage im Außenbereich berührt werden, sind abzuwägen mit den Interessen, die an der Durchführung des jeweiligen Vorhabens bestehen. Die Gemeinde besitzt insoweit keinen Gestaltungsspielraum. Sie muss vielmehr die vom Gesetzgeber mit Erlass des § 35 BauGB bereits getroffene Planungsentscheidung für den Außenbereich nachvollziehen (sog nachvollziehende Abwägung). Das bedeutet v.a., dass ihre Abwägungsentscheidung von den Verwaltungsgerichten ggf. vollständig kontrolliert und nicht etwa nur nach Abwägungsfehlern gefragt wird.[283] 299

---

277 BVerwG, NVwZ 2002, 1114 (1114 f.).
278 Siehe etwa BayVBl. 2016, 107, 138; BayVBl. 2016, 467, 495; BayVBl. 2017, 828, 864.
279 Siehe *Söfker*, in: Spannowsky/Uechtritz, § 35 BauGB Rn. 98.
280 Vgl. zu den Kennzeichen und dem Entstehen von Splittersiedlungen BVerwGE 27, 137 (139 ff.); 54, 73 (75 ff.); BVerwG, NVwZ 1985, 747 (747 f.).
281 BVerwG, NVwZ 1983, 609 (609 f.); *Finkelnburg/Ortloff/Kment*, § 27, Rn. 56.
282 BVerwG, NJW 1977, 1979 (1979); BVerwGE 117, 25 (31 ff.); krit. zu dieser Rspr. zB *Söfker*, in: Ernst/Zinkahn/Bielenberg/Krautzberger, § 35 BauGB (Stand: 119. EL November 2015), Rn. 112 mwN.
283 Zur nachvollziehenden Abwägung und ihrer vollständigen gerichtlichen Überprüfbarkeit BVerwGE 115, 17 (24); BVerwG, NVwZ 2002, 476 (477 ff.); vgl. ferner etwa *Finkelnburg/Ortloff/Kment*, § 27, Rn. 59 ff.; *Manssen*, in: Becker/Heckmann/Kempen/ders., 4. Teil, Rn. 136.

300 – Die zentrale Vorgabe für die Abwägung hat der Gesetzgeber mit der Unterscheidung zwischen privilegierten und sonstigen Vorhaben getroffen: Ist ein privilegiertes Vorhaben abzuwägen mit öffentlichen Belangen, wiegt im Regelfall das Interesse an der Errichtung der privilegierten Anlage schwerer. Nur im Ausnahmefall, wenn etwa Belange des Naturschutzes in nicht hinnehmbarer Weise beeinträchtigen würden, verhindern öffentliche Belange ein privilegiertes Vorhaben. Umgekehrt setzen sich in der Regel die öffentlichen Belange durch, wenn sie mit dem Interesse an der Durchführung eines sonstigen Vorhabens kollidieren.

301 – Eine Sonderregelung für die Abwägung zwischen privilegierten Vorhaben und öffentlichen Belangen enthält § 35 Abs. 3 S. 3 BauGB: Wenn ein Flächennutzungs- oder Raumordnungsplan bestimmte Bereiche eines Gemeindegebiets ausweist, auf denen privilegierte Vorhaben im Sinne des § 35 Abs. 1 Nr. 2–6 BauGB (nicht Nr. 1!) errichtet werden sollen (sog **Konzentrationsflächen**), dann sind diese privilegierten Vorhaben an allen anderen Standorten im Außenbereich der Gemeinde in der Regel unzulässig, weil ihnen die Darstellungen im Flächennutzungs- bzw. Raumordnungsplan „entgegenstehen" im Sinne des § 35 Abs. 1 BauGB (→ Rn. 21). Nur in atypischen Sonderfällen sind Abweichungen von der kommunalen Konzentrationsvorgabe zulässig (siehe § 35 Abs. 3 S. 3 BauGB: „in der Regel").[284]

302 – Für ausgewählte „sonstige Vorhaben" modifiziert § 35 Abs. 4 BauGB die Anforderungen an die Abwägung, indem er eine Reihe von öffentlichen Belangen für insoweit unbeachtlich erklärt. Die sog „teilprivilegierten Vorhaben" werden von § 35 Abs. 4 S. 1 Nr. 1–6 BauGB abschließend aufgezählt.[285] § 246 Abs. 9, 13 BauGB erweitern den Anwendungsbereich des § 35 Abs. 4 BauGB (befristet bis zum 31.12.2019) auf bestimmte Vorhaben zur Unterbringung von Flüchtlingen und Asylbegehrenden. § 35 Abs. 6 BauGB eröffnet Gemeinden zudem die Möglichkeit, selbst eine Teilprivilegierung für Wohngebäude im Außenbereich zu bewirken und zwar durch den Erlass einer sog Außenbereichssatzung.

303 Die Gemeinsamkeit aller teilprivilegierten Vorhaben (mit Ausnahme der in § 246 Abs. 9, 13 BauGB genannten) besteht darin, dass sie in unterschiedlichen Formen an bereits existierende und zulässigerweise errichtete Anlagen anknüpfen. Zulässigerweise errichtet im Sinne des § 35 Abs. 4 BauGB ist eine Anlage, die entweder durch eine Baugenehmigung legalisiert wurde (→ Rn. 203) oder zumindest zu einem Moment in der Vergangenheit materiell baurechtskonform war.[286] Die Teilprivilegierung wird deshalb auch als eine gesetzliche Regelung des Bestandsschutzes verstanden.[287] Teilprivilegierte Vorhaben dürfen jedoch allenfalls die in § 35 Abs. 4 S. 1 BauGB genann-

---

284 BVerwG, NVwZ 2003, 733 (738); *Finkelnburg/Ortloff/Kment*, § 27, Rn. 64 ff.; *Muckel/Ogorek*, § 7, Rn. 171 f.
285 Eine Legaldefinition von Missständen und Mängeln im Sinne des § 35 Abs. 4 S. 1 Nr. 2 lit. b BauGB findet sich in § 177 Abs. 2 f. BauGB.
286 Vgl. BVerwG, NVwZ-RR 1995, 68; *Söfker*, in: Spannowsky/Uechtritz, § 35 BauGB Rn. 128; *Weber/Köppert*, Baurecht, Rn. 290.
287 Vgl. *Finkelnburg/Ortloff/Kment*, § 27, Rn. 68; *Manssen*, in: Becker/Heckmann/Kempen/ders., 4. Teil, Rn. 172.

ten, aber keine weiteren öffentlichen Belange berühren, müssen also im Übrigen außengebietsverträglich sein.[288]

dd) Ggf.: Erklärung nach § 35 Abs. 5 S. 2 BauGB

Privilegierte Vorhaben im Sinne des § 35 Abs. 1 Nr. 2–6 BauGB sind zudem bauplanungsrechtlich nur zulässig, wenn sich der Vorhabenträger dazu verpflichtet hat, das Vorhaben zurückzubauen und die Bodenversiegelungen zu beseitigen, wenn er die Anlage also dauerhaft nicht mehr in der genehmigten Weise nutzen wird (sog **Rückbauverpflichtung**). 304

Auch im Außenbereich zählen schließlich eine gesicherte Erschließung und das gemeindliche Einvernehmen zu den Voraussetzungen der bauplanungsrechtlichen Zulässigkeit eines Vorhabens (§ 35 Abs. 1 f., § 36 Abs. 1 BauGB). 305

ee) Rechtsfolge: bauplanungsrechtliche Zulässigkeit des Vorhabens

Sind alle Zulässigkeitsvoraussetzungen erfüllt, ist das Vorhaben bauplanungsrechtlich zulässig. Dies gilt nach ganz hM und st. Rspr.[289] sowohl für privilegierte als auch für sonstige Vorhaben, obwohl die Formulierung von § 35 Abs. 2 BauGB („können im Einzelfall zugelassen werden") auf den ersten Blick die Annahme nahelegen könnte, die Entscheidung stehe im Ermessen der Bauaufsichtsbehörde. Wurden jedoch alle relevanten öffentlichen Belange bereits im Rahmen der nachvollziehenden Abwägung auf Tatbestandsseite berücksichtigt, sind schlechterdings keine Gründe mehr vorstellbar, die eine Ablehnung der Genehmigung und die damit verbundene Einschränkung von Art. 14 Abs. 1 S. 1 GG rechtfertigen könnten.[290] 306

g) Zulässigkeit von Vorhaben während der Planaufstellung, § 33 BauGB

Die erstmalige Aufstellung von Bebauungsplänen aber auch ihre Änderung, Ergänzung oder Aufhebung nimmt in der Regel viele Monate, bisweilen Jahre in Anspruch. § 33 BauGB trägt dieser Verfahrensdauer Rechnung und gestattet es, Vorhaben während des Planungsverfahrens zuzulassen, die zwar nach der geltenden Rechtslage noch unzulässig sind, aber den Festsetzungen des in Aufstellung befindlichen (neuen) Bebauungsplans entsprechen und daher in Zukunft aller Voraussicht nach zulässig sein werden. § 33 BauGB normiert damit einen zusätzlichen Zulassungstatbestand, der neben die §§ 30, 34 f. BauGB tritt und diese nicht verdrängt. Es gibt damit während des Bauleitplanverfahrens eine Zeitspanne, in der sowohl Vorhaben zugelassen werden können, die den (noch) aktuellen planungsrechtlichen Vorgaben entsprechen, als auch solche, die erst in Zukunft, nach Erlass eines neuen bzw. nach Modifikation des noch geltenden Bebauungsplans zulässig sein werden. 307

---

288 Siehe *Söfker*, in: Spannowsky/Uechtritz, § 35 BauGB Rn. 123; vgl. auch *Weber/Köppert*, Baurecht, Rn. 288.
289 BVerwGE 18, 247 (251 ff.); *Söfker*, in: Spannowsky/Uechtritz, § 35 BauGB Rn. 57; *Mitschang/Reidt*, in: Battis/Krautzberger/Löhr, § 35 BauGB Rn. 66; *Finkelnburg/Ortloff/Kment*, § 27, Rn. 61 aE.
290 Siehe zum entstehungsgeschichtlichen Hintergrund der Kann-Formulierung, mit der klargestellt werden sollte, dass das Vorhaben selbstverständlich aus anderen Gründen als der Beeinträchtigung öffentlicher Belange unzulässig sein kann, BVerwGE 18, 247 (251 ff.).

§ 2 Öffentliches Baurecht

Klausurhinweis:
In Prüfungsaufgaben ist die Zulässigkeit nach § 33 BauGB immer erst nach der Feststellung der Unzulässigkeit gemäß §§ 30, 34 f. BauGB zu untersuchen.

308 Die bauplanungsrechtliche **Zulässigkeit nach § 33 Abs. 1 BauGB hat folgende Voraussetzungen:**

309 – Die Gemeinde muss die Aufstellung, Änderung, Ergänzung oder Aufhebung eines Bebauungsplans im Sinne des § 2 Abs. 1 S. 2 BauGB beschlossen haben (§ 33 Abs. 1 Hs. 1 BauGB; zum **Aufstellungsbeschluss** → Rn. 45).

310 – Die in § 33 Abs. 1 Nr. 1 BauGB aufgezählten Verfahrensschritte müssen bereits durchlaufen worden sein (sog **formelle Planreife**). Wenn es an der formellen Planreife fehlt, weil die Öffentlichkeits- bzw. Behördenbeteiligung gemäß § 4 a Abs. 3 S. 1 BauGB erneut durchgeführt werden muss (zu dieser Konstellation → Rn. 58), die nach der ersten Beteiligungsrunde vorgenommenen Änderungen am Planentwurf aber für das in Rede stehende Vorhaben ohne Bedeutung und alle übrigen Tatbestandsvoraussetzungen des § 33 Abs. 1 BauGB erfüllt sind, dann liegt es gemäß § 33 Abs. 2 BauGB im Ermessen der Gemeinde, ob sie im Vorgriff auf die künftige Rechtslage eine Genehmigung erteilt oder nicht.

311 – Die bauplanungsrechtliche Zulassung eines Vorhabens im Vorgriff auf das Inkrafttreten eines in Aufstellung befindlichen Bebauungsplans setzt gemäß § 33 Abs. 1 Nr. 2 BauGB zudem voraus, dass sich die künftige Plankonformität des Vorhabens mit hinreichender Sicherheit vorhersagen lässt. Eine solche Prognose ist nur möglich, wenn die Planungen „sachlich abgeschlossen" sind und der Plan damit das Stadium auch der sog **materiellen Planreife** erreicht hat.[291] Es darf nicht zu erwarten sein, dass die Gemeinde ihre Planungen noch einmal ändern wird.

312 – Der Vorhabenträger muss überdies gemäß § 33 Abs. 1 Nr. 3 BauGB schriftlich die Geltung der **künftigen Festsetzungen** für sich selbst und seinen Rechtsnachfolger **anerkennen**. Die Wirksamkeit des Bebauungsplans wird damit im Verhältnis zwischen Bauaufsicht und Antragsteller vorverlegt.

313 Prozessual hat das Anerkenntnis zur Folge, dass der Vorhabenträger keinen zulässigen Antrag auf Kontrolle des künftigen Bebauungsplans nach § 47 Abs. 1 Nr. 1 VwGO (→ Rn. 124 f.) mehr stellen kann, soweit der in Kraft getretene Bebauungsplan dem von ihm anerkannten Entwurf entspricht. Es wäre in sich widersprüchlich und rechtsmissbräuchlich (venire contra factum proprium), zunächst die Baugenehmigung im Vorgriff auf die künftigen Festsetzungen zu beantragen und gegen eben diese Festsetzungen hiernach gerichtlich vorzugehen.

314 – Auch die bauplanungsrechtliche Zulässigkeit eines Vorhabens nach § 33 BauGB setzt schließlich voraus, dass die **Erschließung gesichert** ist (§ 33 Abs. 1 Nr. 4 BauGB; → Rn. 333) und die Gemeinde ihr Einvernehmen erteilt hat oder dieses wirksam ersetzt wurde (§ 36 Abs. 1 S. 1 BauGB; → Rn. 317 ff.).

---

291 BVerwG, NVwZ 2003, 86 (88); OVG NRW, NVwZ-RR 2001, 568 (568).

315 Tritt schließlich ein neuer Bebauungsplan in Kraft, gilt nur noch dieser und zwar auch dann, wenn und soweit er andere als die ursprünglich geplanten Festsetzungen enthält. Dies gilt auch im Verhältnis zu Bauherren, die über § 33 BauGB Baugenehmigungen in Erwartung einer abweichenden Planung erhalten haben.

316 Die erteilten Baugenehmigungen entfalten aber Legalisierungswirkung (→ Rn. 203) und können, sofern sie auch im Übrigen rechtmäßig erteilt wurden, nur unter den Voraussetzungen des Art. 49 Abs. 2 S. 1 Nr. 4 BayVwVfG widerrufen werden.

h) Erfordernis des gemeindlichen Einvernehmens, § 36 BauGB
aa) Anwendungsbereich und Rechtsnatur

317 Soweit sich die bauplanungsrechtliche Zulässigkeit eines Vorhabens nicht ausschließlich aus den Festsetzungen eines qualifizierten Bebauungsplans ergibt, sondern allein oder ergänzend nach Maßgabe der gesetzlichen Planersatzvorschriften zu beurteilen ist oder die Gewährung einer Ausnahme oder Befreiung erfordert, hat die Aufsichtsbehörde ihre Entscheidung gemäß § 36 BauGB im Einvernehmen mit – dh mit Zustimmung – der betroffenen Gemeinde zu treffen. Das gilt für die Bauaufsichtsbehörde und gemäß § 36 Abs. 1 S. 2 Hs. 1 BauGB grds. auch für andere Behörden, wenn diese, wie beispielsweise die Immissionsschutzbehörden (vgl. § 13 BImSchG), über die bauplanungsrechtliche Zulässigkeit eines Vorhabens befinden.

318 § 36 BauGB schützt die Planungshoheit der Kommunen und räumt ihnen eine Mitentscheidungsbefugnis in den Fällen ein, in denen die (Bau-)Aufsicht von der gemeindlichen städtebaulichen Planung abweichen möchte (§ 31 BauGB) oder die Gemeinde ihr Entwicklungskonzept noch nicht durch planungsrechtliche Festsetzungen konkretisiert hat (§§ 33–35 BauGB). Aus dieser Ratio der Regelung sowie ihrem Wortlaut ergibt sich nach hM,[292] dass sie keine Anwendung findet, wenn die Gemeinde selbst die Aufgaben der unteren Bauaufsichtsbehörde übernimmt (→ Rn. 162 ff.). Eine **teleologische Reduktion** sei gerechtfertigt, weil die Kommunen in diesen Fällen keines Schutzes bedürften und selbst dafür sorgen könnten, dass kein Vorhaben verwirklicht werde, das ihren städtebaulichen Vorstellungen widerspreche. Das gelte auch, wenn innerhalb der Gemeinde verschiedene Organe für die Erteilung des Einvernehmens und die Entscheidung über den Bauantrag zuständig seien. Für deren Koordination habe ggf. die Gemeinde oder der Landesgesetzgeber zu sorgen.[293]

319 Diese Einschränkung des Anwendungsbereichs von § 36 BauGB hat, wie ihre Kritiker[294] betonen, freilich zur Konsequenz, dass eine Widerspruchsbehörde ggf. eine Baugenehmigung erteilen kann, die von der Gemeinde, die auch Bauaufsichtsbehörde ist, abgelehnt wurde, ohne dass die Gemeinde sich gegen diese Entscheidung der Widerspruchsbehörde mit Verweis auf § 36 BauGB zur Wehr setzen könnte, weil § 36 BauGB ja nicht anwendbar sein soll, wenn die Gemeinde zugleich die Aufgaben der Bauaufsicht übernimmt. Das BVerwG und die hM bestreiten diese Konsequenz nicht, halten sie aber – wie wir meinen: zu Recht – für kaum bedeutsam, da sich die Ge-

---

292 BVerwGE 28, 268 (271 f.); 121, 339 (342 f.); aA etwa *Finkelnburg/Ortloff/Kment*, § 28, Rn. 10 f.
293 Siehe BVerwG, Beschl. v. 22.12.1989 – 4 B 211.89, juris, Rn. 3 f.; BVerwGE 121, 339 (342 f.).
294 Vgl. zB *Schoch*, NVwZ 2012, 777 (779 f.); *Finkelnburg/Ortloff/Kment*, § 28, Rn. 10 f.

meinde in einer Auseinandersetzung mit der Widerspruchsbehörde nach wie vor jedenfalls auf ihre durch Art. 28 Abs. 2 GG geschützte Planungshoheit berufen könne.[295]

bb) Zuständigkeit

320 Welches Gemeindeorgan für die Erteilung des Einvernehmens zuständig ist, richtet sich nach der GO. Umstritten ist, ob es sich bei dieser Entscheidung um eine „laufende Angelegenheit" im Sinne des Art. 37 Abs. 1 Nr. 1 GO handeln kann. Rspr. und Lit. verneinen dies ganz überwiegend. Die Ausübung der Planungshoheit obliege innerhalb der Gemeinde nicht dem Bürgermeister, sondern dem Gemeinderat bzw. einem beschließenden Ausschuss. Für planungsrechtliche Einzelfallentscheidungen könne daher nichts anderes gelten.[296]

cc) Maßstab für die Erteilung oder Versagung des Einvernehmens

321 Die Gemeinde darf ihr Einvernehmen nur aus bauplanungsrechtlichen Gründen verweigern, die sich aus §§ 31, 33–35 BauGB ergeben (§ 36 Abs. 2 S. 1 BauGB). Lehnt sie die Zustimmung zB aus bauordnungsrechtlichen Gründen ab, handelt sie rechtswidrig. Aus diesem Entscheidungsmaßstab ergibt sich zugleich, dass die Erteilung des Einvernehmens nur dann im Ermessen der Gemeinde liegt, wenn es um die Zustimmung zu einer Ausnahme oder Befreiung nach § 31 BauGB geht. Erfüllt eine bauliche Anlage hingegen die Voraussetzungen der §§ 33, 34 bzw. 35 BauGB, ist die Gemeinde verpflichtet, ihr Einvernehmen zu erteilen.

322 Eine eingeschränkte Zustimmung („ja, aber ...") ist wie eine Verweigerung des Einvernehmens zu bewerten. Schweigt die Gemeinde, kann dies nicht als konkludente Zustimmung verstanden werden, sondern ist als Verweigerung des Einvernehmens zu interpretieren. Das ergibt sich e contrario aus § 36 Abs. 2 S. 2 BauGB: Die Anordnung der Fiktion wäre überflüssig, läge im Schweigen bereits die konkludente Zustimmung.

dd) Fiktion des Einvernehmens, § 36 Abs. 2 S. 2 BauGB

323 Wenn die Gemeinde ihr Einvernehmen nicht innerhalb von zwei Monaten ausdrücklich verweigert, gilt es nach § 36 Abs. 2 S. 2 Hs. 1 BauGB als erteilt. Die Zweimonatsfrist beginnt in dem Moment zu laufen, in dem der Bauantrag bei der Gemeinde eingereicht wird (§ 36 Abs. 2 S. 2 Hs. 2 BauGB iVm Art. 64 Abs. 1 S. 1 BayBO iVm § 187 Abs. 1 BGB analog). Sind die eingereichten Bauunterlagen unvollständig und ist es deshalb nicht möglich, die bauplanungsrechtliche Zulässigkeit des Vorhabens nach §§ 31, 33–35 BauGB zu prüfen, muss die Gemeinde den Bauherrn innerhalb der Zweimonatsfrist zur Ergänzung auffordern. Anderenfalls tritt die Fiktion des § 36 Abs. 2 S. 2 BauGB ein, obwohl der Bauantrag unvollständig war.[297]

---

295 *Söfker*, in: Ernst/Zinkahn/Bielenberg/Krautzberger, § 36 BauGB (Stand: 123. EL Oktober 2016), Rn. 15; diesem folgend BVerwGE 121, 339 (342 f.).

296 Siehe VGH BW, NuR 2004, 732 (733); *Dolderer*, NVwZ 1998, 567 (570); *Gern*, VBlBW 1986, 451 (453); *Hofmeister*, in: Spannowsky/Uechtritz, § 36 BauGB Rn. 13; aA (es kommt auf die Größe der Gemeinde und des Vorhabens an) zB *F. Michl*, Jura 2016, 722 (724 f.); diesem zustimmend *Manssen*, in: Becker/Heckmann/Kempen/ders., 4. Teil, Rn. 189.

297 Siehe BVerwGE 122, 13 (16 f.); BayVGH, NVwZ-RR 2005, 787 (788 ff.); *Manssen*, in: Becker/Heckmann/Kempen/ders., 4. Teil, Rn. 185.

IV. Baurechtliche Zulässigkeit von Vorhaben

ee) Bindungswirkung der gemeindlichen Entscheidung und Ersetzung des Einvernehmens

Die Bauaufsicht ist nicht verpflichtet, die Baugenehmigung zu erteilen, wenn die Gemeinde ihre Zustimmung erteilt. Aber es ist ihr verwehrt, die Genehmigung auszusprechen, wenn die Gemeinde ihr Einvernehmen verweigert, es sei denn, sie ersetzt das gemeindliche Einvernehmen gemäß § 36 Abs. 2 S. 3 BauGB iVm Art. 67 Abs. 2–4 BayBO. Wird das gemeindliche Einvernehmen durch die Bauaufsicht ersetzt, ist die Rechtmäßigkeit der Baugenehmigung ihrerseits davon abhängig, ob diese Ersetzung rechtmäßig war. Anderenfalls verstößt die Genehmigung gegen § 36 Abs. 1 BauGB. 324

– **Rechtsgrundlage** für die **Ersetzung** des Einvernehmens im Sinne des § 36 Abs. 1 BauGB ist nach hM § 36 Abs. 2 S. 3 BauGB. Der Bund hat mit dieser Vorschrift von seiner konkurrierenden Gesetzgebungskompetenz Gebrauch gemacht (Art. 72 Abs. 1, 74 Abs. 1 Nr. 18 GG); landesrechtliche Vorschriften mit demselben Regelungsgegenstand wären verfassungswidrig und nichtig. Art. 67 Abs. 1 S. 1 Hs. 2 BayBO ist daher richtigerweise nicht als Rechtsgrundlage für die Ersetzung eines nach § 36 Abs. 1 BauGB erforderlichen Einvernehmens, sondern lediglich als Regelung des insoweit einschlägigen Verfahrens zu verstehen. 325

Anderes gilt für alle übrigen Einvernehmenserfordernisse wie zB jene nach § 14 Abs. 2 S. 2 BauGB oder nach Art. 63 Abs. 3 S. 2 Hs. 1 BayBO. Eine eventuelle Ersetzung ist insoweit auf Art. 67 Abs. 1 S. 1 BayBO zu stützen. 326

– Die **formelle Rechtmäßigkeit** der Ersetzung des Einvernehmens setzt zunächst voraus, dass die zuständige untere Bauaufsichtsbehörde gehandelt hat (Art. 53 Abs. 1 S. 1 BayBO, Art. 3 Abs. 1 Nr. 1 BayVwVfG). Sie muss die Gemeinde gemäß Art. 67 Abs. 4 BayBO, der Art. 28 Abs. 1 BayVwVfG als lex specialis vorgeht, vor ihrer Entscheidung angehört und ihr eine angemessene Frist zur Entscheidung gesetzt haben. Die Anhörung soll der Gemeinde insbesondere die Möglichkeit eröffnen, Maßnahmen zur Sicherung ihrer Bauleitplanung zu ergreifen und zB eine Veränderungssperre zu erlassen (→ Rn. 151 ff.). Angesichts dieser besonderen Funktion dürften Verstöße gegen Art. 67 Abs. 4 BayBO weder nach Art. 45 Abs. 1 Nr. 3, Abs. 3 BayVwVfG heilbar noch nach Art. 46 BayVwVfG unbeachtlich sein.[298] Die Ersetzung des Einvernehmens ist zudem gesondert zu begründen, Art. 67 Abs. 1 S. 1 Hs. 2 BayBO. 327

– Die Ersetzung des Einvernehmens ist **materiell rechtmäßig**, wenn 1. das Einvernehmen nach § 36 Abs. 1 S. 1 BauGB erforderlich ist, 2. die Gemeinde ihr Einvernehmen aber innerhalb der Zweimonatsfrist verweigert hat und 3. diese Verweigerung rechtswidrig war, weil das Vorhaben nach §§ 31, 33–35 BauGB bauplanungsrechtlich zulässig ist. Inzident ist an dieser Stelle mithin die Vereinbarkeit des Bauvorhabens mit den bauplanungsrechtlichen Vorschriften – und ausschließlich mit diesen – zu prüfen. Anders als bei Art. 67 Abs. 1 S. 1 Hs. 1 BayBO kommt es im Fall des § 36 BauGB auf die weiteren Voraussetzungen für die Erteilung der Baugenehmigung nicht an. In den Fällen des § 31 und § 34 Abs. 3 a BauGB ist zu beachten, dass die Entscheidung über die bauplanungsrechtliche Zulässigkeit und damit auch die Entscheidung über die Ertei- 328

---

[298] Vgl. VG Bayreuth, Urt. v. 24.6.2004 – B 2 K 03.487, juris, Rn. 32 f.

lung des Einvernehmens im Ermessen der Gemeinde liegt, wenn die jeweiligen tatbestandlichen Voraussetzungen erfüllt sind. Die Verweigerung des Einvernehmens ist daher nur rechtswidrig, wenn die Gemeinde ermessensfehlerhaft gehandelt hat.

329 – **Umstritten** ist, ob die Bauaufsichtsbehörde **verpflichtet** ist, ein rechtswidrig verweigertes Einvernehmen zu ersetzen, **oder** ob sie „**nur**" **nach pflichtgemäßem Ermessen** über die Ersetzung zu entscheiden hat. Der Wortlaut des § 36 Abs. 2 S. 3 BauGB („kann ... ersetzen") gibt insoweit keinen eindeutigen Hinweis. Die Formulierung kann als Verweis auf das Ermessen der Behörde verstanden werden, aber auch als bloße Normierung einer Befugnis zur Ersetzung. Für die Interpretation als Ermessensregelung spricht zwar die sachliche Nähe zum Kommunalaufsichtsrecht, das den Erlass von Aufsichtsmaßnahmen regelmäßig in das Ermessen der Aufsichtsbehörde stellt. Entscheidend dürfte aber letztlich sein, dass der Bauherr einen Anspruch auf die Baugenehmigung hat, wenn sein Vorhaben baurechtlich zulässig ist und das Einvernehmen zu Unrecht verweigert wurde (→ Rn. 202). Damit ist es nicht zu vereinbaren, die Entscheidung über die Ersetzung des Einvernehmens in das Ermessen der Bauaufsicht zu stellen und den Bauherrn damit in ein gerichtliches Verfahren zu zwingen.[299] Hat die Gemeinde ihre Zustimmung rechtswidrig verweigert, ist die Bauaufsicht daher verpflichtet, das Einvernehmen zu ersetzen. Der Bauherr hat einen Anspruch auf Ersetzung und, wenn alle weiteren Voraussetzungen erfüllt sind, auf Erteilung der Baugenehmigung.

ff) Rechtsnatur

330 Die Erteilung bzw. Verweigerung des Einvernehmens ist ein verwaltungsinterner Akt, mit dem die Gemeinde am bauaufsichtlichen Verfahren mitwirkt. Mangels Außenwirkung handelt es sich nicht um einen Verwaltungsakt im Sinne des Art. 35 S. 1 BayVwVfG, sondern um eine einfache öffentlich-rechtliche Willenserklärung. Die Regelung des § 130 BGB über das Wirksamwerden und einen möglichen Widerruf der Erklärung ist analog anwendbar.

331 Anders ist die mit der Erteilung der Baugenehmigung verbundene Ersetzung des Einvernehmens zu bewerten. Insoweit handelt es sich nach hM um einen zweiten, selbstständigen, gesetzlich fingierten Verwaltungsakt, der neben die Genehmigung tritt. Das folgt aus Art. 67 Abs. 3 S. 1 Hs. 1 BayBO, wonach die Genehmigung des Vorhabens zugleich als Ersatzvornahme gilt. Da die Ersatzvornahme insoweit eine Angelegenheit des eigenen Wirkungskreises der Gemeinde betrifft und in die kommunale Planungshoheit eingreift, entfaltet sie auch Außenwirkung.[300]

332 Zu den Rechtsschutzmöglichkeiten von Bauherren und Gemeinden bei versagtem bzw. ersetztem Einvernehmen → Rn. 356, 359 f.

---

299 Vgl. *Schoch*, NVwZ 2012, 777 (783).
300 BayVGH, BayVBl. 2001, 242 (242 f.); *Weber/Köppert*, Baurecht, Rn. 326; aA zB F. *Michl*, Jura 2016, 722 (732: einheitlicher Streitgegenstand).

i) Erschließung gesichert[301]

333 Unabhängig davon, in welcher Gebietskategorie ein Vorhaben errichtet wird, setzt seine planungsrechtliche Zulässigkeit schließlich stets voraus, dass die „Erschließung gesichert" ist. Mit der Erschließung eines Grundstücks ist seine „Baureifmachung" durch die Errichtung von Anlagen „zur verkehrsmäßigen Erschließung und zum Schutz des Baugebiets vor Immissionen", „zur Versorgung mit Elektrizität, Wärme und Gas, ... zur Be- und Entwässerung und ... zur Abfallentsorgung" zu verstehen.[302] Art und Umfang der erforderlichen Anlagen sind abhängig von Art und Umfang des Vorhabens.[303] Die Erschließung ist „gesichert" im Sinne der §§ 30 ff. BauGB, wenn davon auszugehen ist, dass die erforderlichen Anlagen bei Fertigstellung des Vorhabens errichtet sein werden.[304] Die Erschließung der Grundstücke ist Aufgabe der Gemeinde, § 123 Abs. 1 BauGB. Ein subjektives Recht auf Erschließung haben Grundstückseigentümer grds. nicht, § 123 Abs. 3 BauGB. Die Rspr. erkennt einen Anspruch jedoch in Ausnahmefällen an, so etwa, wenn die Gemeinde einen qualifizierten Bebauungsplan erlassen und bereits Baugenehmigungen erteilt bzw. an ihrer Erteilung mitgewirkt hat.[305]

2. Bauordnungsrechtliche Zulässigkeit

334 Auch die BayBO enthält materielles Baurecht. In den bayerischen Examina werden jedoch nur wenige dieser Vorschriften relevant, nämlich v.a. das **Abstandsflächenrecht** (Art. 6 BayBO), die Regelungen zu **Stellplätzen** (Art. 47 BayBO), das **Verunstaltungsverbot** (Art. 8 BayBO) sowie die **allgemeinen Anforderungen** (Art. 3 BayBO). Die Bauaufsichtsbehörde kann dabei im Rahmen von Art. 63 BayBO Abweichungen von den bauordnungsrechtlichen Anforderungen an Anlagen zulassen.[306]

a) Abstandsflächen, Art. 6 BayBO

335 Mit Abständen zu bauen, ist aus architektonischen und sozialen Gründen sinnvoll. Ziel von Art. 6 BayBO ist es, neben einer ausreichenden Belichtung, Belüftung und Besonnung baulicher Anlagen auch den nachbarlichen Wohnfrieden sicherzustellen.[307] Art. 6 Abs. 1 S. 1, 2 BayBO verlangt, dass jedes Gebäude (Art. 2 Abs. 2 BayBO) und jede Anlage, die wie ein Gebäude wirkt (zB Mauern ab 2 m Höhe),[308] die in der Norm festgelegten Abstandsflächen zu anderen oberirdischen Gebäuden einhält. Bauplanungsrechtliche Regelungen kommt dabei ein Vorrang gegenüber dem bauordnungsrechtlichen Abstandsflächenrecht zu. Enthält ein Bebauungsplan entsprechende Festsetzungen (§ 30 BauGB) oder existiert eine tatsächlich vorhandene dichtere Bauweise

---

301 Insoweit handelt es sich um eine Zulässigkeitsvoraussetzung, die selten Gegenstand von Prüfungsaufgaben ist; siehe für ein Beispiel aber BayVBl. 2017, 828, 864.
302 *Finkelnburg/Ortloff/Kment*, § 29, Rn. 3.
303 *Manssen*, in: Becker/Heckmann/Kempen/ders., 4. Teil, Rn. 56; *Finkelnburg/Ortloff/Kment*, § 29, Rn. 12 ff.
304 *Manssen*, in: Becker/Heckmann/Kempen/ders., 4. Teil, Rn. 56; *Finkelnburg/Ortloff/Kment*, § 29, Rn. 15.
305 Siehe zu dieser und weiteren Fallkonstellationen, in denen Grundstückseigentümern ausnahmsweise ein Anspruch auf Erschließung zugesprochen wurde, *Finkelnburg/Ortloff/Kment*, § 29, Rn. 16 ff.
306 Vgl. § 18 Abs. 2 Nr. 5 c JAPO: „… Grundzüge des Bauordnungsrechts (*ohne* Teil 3 Abschnitt 1 bis 6 und ohne Art. 45 und 46 der Bayerischen Bauordnung) …" (Herv. H/K).
307 BayVGH, NVwZ-RR, 2015, 365 (365 f.).
308 BayVGH, Urt. v. 9.8.2007 – 25 B 05.1341, juris, Rn. 42.

(§ 34 Abs. 1 BauGB) kann sich der Bauherr an diesen Maßgaben orientieren (Art. 6 Abs. 1 S. 3 BayBO).[309]

336 Bei einer **Nutzungsänderung** sind die Abstandsflächen neu zu prüfen, wenn die Schutzgüter des Abstandsflächenrechts (Belichtung, Belüftung, Besonnung, sozialer Wohnfriede) durch die neue Nutzung nachteilig betroffen sein könnten.[310] Das ist insbesondere dann der Fall, wenn die neue Nutzung im Vergleich zur bisherigen keinen Privilegierungstatbestand des Art. 6 Abs. 9 S. 1 BayBO erfüllt.

Beispiel:
Ein bisher als Garage genutztes Gebäude (privilegiert gemäß Art. 6 Abs. 9 S. 1 Nr. 1 BayBO) wird zur Autowerkstatt umfunktioniert.[311]

337 Wie viele Meter zum nächsten Gebäude einzuhalten sind, hängt von der Höhe der geplanten Anlage ab. Untergeordnete Gebäudeteile (Balkone/Dachgauben bis zu bestimmter Größe etc.) bleiben dabei außer Betracht (Art. 6 Abs. 8 BayBO).

Art. 6 BayBO arbeitet mit der Einheit „H" (Art. 6 Abs. 5 S. 1 BayBO). Es gilt also, zunächst den numerischen Wert für „H" zu ermitteln. Die Berechnung des Maßes H ergibt sich aus Art. 6 Abs. 4 BayBO. Diese veranschaulichenden Skizzen sollen die Lektüre des Normtextes illustrieren:

Klausurhinweis:
Viele abstandsrechtliche Klausurprobleme sind mithilfe einer vollständigen und genauen Lektüre von Art. 6 BayBO zu lösen. Im Folgenden konzentriert sich die Darstellung auf die essentiellen Grundzüge der Norm.

---

309 *Dhom/Franz/Rauscher*, in: Simon/Busse, Art. 6 (Stand: 93. EL Januar 2009), Rn. 34; *Will*, Rn. 762 f.
310 BayVGH, NVwZ-RR, 2015, 365 (365 f.).
311 BayVGH, Urt. v. 4.8.2016 – 1 ZB 15.2619, juris, Rn. 4.

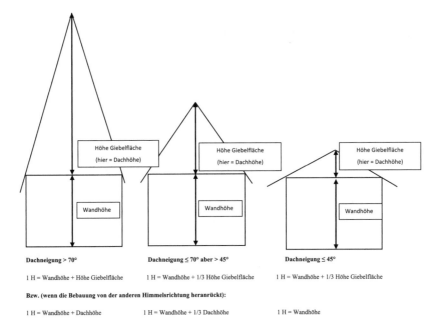

Ob auf die Dachhöhe (Art. 6 Abs. 4 S. 3 BayBO) oder auf die Höhe der Giebelfläche (Art. 6 Abs. 4 S. 4 BayBO) abzustellen ist, bestimmt sich nach der Lage der geplanten Anlage. Grds. ist 1 H zum Nachbargebäude einzuhalten, mind. aber 3 m. In Kerngebieten und urbanen Gebieten reichen 0,50 H, in Gewerbe- und Industriegebieten sogar 0,25 H, wobei jeweils die absolute Untergrenze von 3 m zu beachten ist (Art. 6 Abs. 5 S. 1, 2 BayBO). 338

Hinzuweisen ist schließlich auf das sog **16-Meter-Privileg** (Art. 6 Abs. 6 S. 1 BayBO). Demnach genügt bei bis zu zwei Außenwänden von nicht mehr als 16 m Länge jeweils die Hälfte des gemäß Art. 6 Abs. 5 BayBO erforderlichen Wertes (→ Rn. 338). Sinn und Zweck dieser Vorschrift ist eine bessere Ausnutzung vorhandener Baugrundstücke.[312] Ein Mindestmaß von 3 m ist aber auch hier einzuhalten. Wird an der Grundstücksgrenze gebaut, wird das Privileg durch Art. 6 Abs. 6 S. 2 BayBO eingeschränkt. In den in Art. 6 Abs. 5 S. 2 BayBO genannten Gebieten (Kerngebiet, urbanes Gebiet, Gewerbegebiet, Industriegebiet) gilt es ohnehin nicht (Art. 6 Abs. 6 S. 1 Hs. 2 BayBO). 339

Die Abstandsflächen müssen gemäß Art. 6 Abs. 2 S. 1 BayBO **auf dem Grundstück selbst** liegen und dürfen sich nicht mit den Abstandsflächen anderer Gebäude überschneiden (Art. 6 Abs. 2 S. 1, Abs. 3 Hs. 1 BayBO). Gemeint ist das Grundstück „im grundbuchrechtlichen Sinne". Der Bauherr kann also nicht einfach Abstandsflächen eines laut Katasterauszug separaten, benachbarten Grundstücks miteinkalkulieren.[313] 340

---

312 BayVGH, BayVBl. 1986, 397 (398 f.).
313 *Schönfeld*, in: Spannowsky/Manssen, BayBO, Art. 6 Rn. 98.

Es besteht aber die Möglichkeit, den angrenzenden Eigentümer (etwa gegen Bezahlung) um eine sog **Abstandsflächenübernahme** zu ersuchen. Dabei muss der Nachbar in schriftlicher Form eine öffentlich-rechtliche Willenserklärung gegenüber der Bauaufsichtsbehörde abgeben (Art. 6 Abs. 2 S. 3 BayBO). Ist ohnehin rechtlich oder tatsächlich gesichert, dass das benachbarte Grundstück nicht bebaut wird (bestehende Grunddienstbarkeit gemäß § 1018 BGB, Topographie des Grundstücks: Steilhang, Wasserfläche),[314] darf die angrenzende Fläche ebenfalls miteinberechnet werden. Der Bauherr hat zudem die Möglichkeit, **öffentliche Verkehrs-, Grün und Wasserflächen** bis zu deren Mitte heranzuziehen (Art. 6 Abs. 2 S. 2 BayBO).

341 Art. 6 BayBO dient in seiner Gesamtheit dem Schutz der Nachbarn. Die Vorschrift vermittelt diesen ein **subjektiv-öffentliches Recht** darauf, dass die vorgeschriebenen Abstandsflächen im Einzelfall eingehalten werden (→ Rn. 409).

b) Stellplätze, Art. 47 BayBO

342 Eine neue oder neu genutzte Anlage kann das Verkehrsaufkommen im näheren Umkreis grundlegend verändern. So ist etwa mit einem Fitnessstudio eine deutlich schnellere Taktung der An- und Abfahrten verbunden als mit einem Bürogebäude. Art. 47 BayBO nimmt die Bauherren von Anlagen mit Zu- oder Abfahrtsverkehr in die Pflicht und gibt ihnen auf, Stellplätze (Art. 2 Abs. 8 S. 1 BayBO) **in ausreichender Zahl und Größe** anzulegen. Die numerischen Details legt dabei gemäß Art. 47 Abs. 2 S. 1 BayBO das Staatsministerium für Wohnen, Bau und Verkehr durch Rechtsverordnung fest.[315] Die Gemeinden können durch örtliche Bauvorschriften (Art. 81 Abs. 1 Nr. 4 BayBO) von den Vorgaben dieser Rechtsverordnung nach oben oder nach unten abweichen (Art. 47 Abs. 2 S. 2 BayBO).[316] Machen die Gemeinden von dieser Möglichkeit Gebrauch, wird die Stellplatzfrage auch im vereinfachten Genehmigungsverfahren geprüft, nämlich gemäß Art. 59 S. 1 Nr. 1 lit. c BayBO. Der Bauherr muss die Stellplätze dabei nicht zwangsläufig selbst herstellen. Gemäß Art. 47 Abs. 3 Nr. 3 BayBO besteht die Möglichkeit, einen sog **Ablösungsvertrag** abzuschließen. Darin verpflichtet sich der Bauherr gegenüber der Gemeinde, die Kosten für die Herstellung der notwendigen Stellplätze zu übernehmen. Der Ablösungsvertrag stellt einen öffentlich-rechtlichen Vertrag dar und unterliegt damit den Art. 54 ff. BayVwVfG.[317] Art. 47 BayBO ist dabei **nicht drittschützend** (→ Rn. 408).

c) Verunstaltungsverbot, Art. 8 BayBO

343 Das Bauordnungsrecht verfolgt nicht ausschließlich das Ziel der Gefahrenabwehr. In Art. 8 BayBO tritt eine weitere Funktion der Landesbauordnung zu Tage: der **Schutz vor Verunstaltungen**. Die Rspr. ist bemüht, diesen Begriff zu präzisieren und sieht eine Anlage etwa dann als verunstaltend an, wenn sie „das ästhetische Empfinden eines für

---

314 *Dhom/Franz/Rauscher*, in: Simon/Busse, Art. 6 (Stand: 93. EL Januar 2009), Rn. 105, 108.
315 Von dieser Ermächtigung hat das Bayerische Innenministerium auch Gebrauch gemacht: § 20 GaStellV iVm Anlage bestimmt für zahlreiche Verkehrsquellen eine konkret erforderliche Stellplatzzahl.
316 *Hensel*, in: Spannowsky/Manssen, BayBO, Art. 47 Rn. 9.
317 *Kersten*, in: Schoch, Kap. 3, Rn. 400.

solche Eindrücke aufgeschlossenen Durchschnittsbetrachters nicht nur beeinträchtigt, sondern verletzt."[318]

Beispiel:
Beleuchtete Werbeanlage an historischer Stadtmauer.

Werbeanlagen werden in Art. 8 S. 3 BayBO gesondert angesprochen. Dabei handelt es sich aber um einen Unterfall von Art. 8 S. 2 BayBO, so dass für Werbeanlagen nicht etwa ein „abgesenkter Verunstaltungsmaßstab" gilt.[319] Das Verunstaltungsverbot wird in der Lit. durchaus kritisch betrachtet. So wird eine „ästhetische Bevormundung" der Bauherren durch die Behörde befürchtet.[320] Auch Art. 8 BayBO entfaltet **keine drittschützende Wirkung** (→ Rn. 408). 344

d) Allgemeine Anforderungen, Art. 3 BayBO

Art. 3 BayBO ist die **Generalklausel** des materiellen Bauordnungsrechts. Sie findet nur Anwendung, wenn ein Belang in keiner spezielleren bauordnungsrechtlichen Vorschrift geregelt ist. Art. 3 S. 1 BayBO benennt dabei die zentralen Schutzgüter des Gesetzes: die öffentliche Sicherheit und Ordnung, insbesondere Leben und Gesundheit sowie die natürlichen Lebensgrundlagen. Über die **öffentliche Sicherheit** wird dabei eine Verbindung zur gesamten objektiven Rechtsordnung (also den gesetzlichen Normen jenseits von BauGB und BayBO) hergestellt. 345

Beispiel:
Bauherrin B möchte eine Paintball-Anlage errichten. Beim Paintball-Spiel treten zwei Teams gegeneinander an, die mit Farbkugeln „geladene" Pistolenvorrichtungen bei sich tragen. Dabei schießen die Spieler aufeinander. Wer von einer Farbkugel getroffen wird, scheidet aus. Die bauplanungsrechtliche Zulässigkeit der Anlage ist vorliegend zu unterstellen. Eine Verletzung spezieller Vorschriften des materiellen Bauordnungsrechts ist ebenfalls nicht ersichtlich. Allerdings könnte die Nutzung der Anlage gegen die Menschenwürde nach Art. 1 Abs. 1 GG verstoßen. Dies würde eine Gefährdung der öffentlichen Sicherheit, die die Integrität der gesamten Rechtsordnung umfasst, bedeuten (→ § 4 Rn. 53 ff.). Folglich wäre die Nutzung gemäß Art. 3 S. 1 BayBO materiell illegal.[321]

Art. 3 BayBO dient ebenfalls grds. **nicht dem Schutz der Nachbarn**.[322] 346

e) Abweichungen, Art. 63 BayBO

Die Vorschriften des materiellen Bauordnungsrechts können nicht jeden Einzelfall einer gerechten Lösung zuführen. Art. 63 BayBO ermöglicht es der Bauaufsichtsbehörde daher, **Abweichungen** von den materiellrechtlichen Anforderungen der BayBO (zB von den Abstandsflächen gemäß Art. 6 BayBO) bzw. der aufgrund der BayBO erlassenen Vorschriften (zB von einer Rechtsverordnung gemäß Art. 80 Abs. 1 BayBO) zuzulassen. Art. 63 Abs. 1 BayBO regelt dabei, unter welchen tatbestandlichen Voraussetzungen eine Abweichung in Frage kommt („wenn sie unter Berücksichtigung des Zwecks der jeweiligen Anforderung und unter Würdigung der öffentlich-rechtlich ge- 347

---

318 BayVGH, Beschl. v. 12.1.2018 – 9 ZB 15.1911, juris, Rn. 9; vgl. auch *Battis*, Baurecht, Rn. 520 ff.
319 *Dirnberger*, in: Simon/Busse, Art. 8 BayBO (Stand: 110. EL November 2012), Rn. 203.
320 *Kaiser*, in: Ehlers/Fehling/Pünder II, § 41, Rn. 18, 95 ff.
321 Vgl. zu den Argumenten einerseits BayVGH, BayVBl. 2001, 689 (689 ff.), und andererseits BayVGHE 65, 246 (248 ff.); vgl. dazu auch BVerwG, NVwZ 2002, 598 (603 f.).
322 *Dirnberger*, in: Simon/Busse, Art. 3 BayBO (Stand: 123. EL August 2016), Rn. 74.

schützten nachbarlichen Belange mit den öffentlichen Belangen, insbesondere den Anforderungen des Art. 3 Satz 1 vereinbar sind"). Art. 63 Abs. 2, 3 BayBO legt das zu beachtende Verfahren fest. Diese formellen Regeln gelten dabei auch für Ausnahmen und Befreiungen von den Festsetzungen eines Bebauungsplans (§ 31 BauGB) sowie von den Regeln der BauNVO (→ Rn. 250).

aa) Formelle Voraussetzungen

348 Grds. sind die Bauaufsichtsbehörden für die Entscheidung über Abweichungen zuständig (Art. 63 Abs. 1 S. 1 BayBO). Betrifft die Abweichung eine örtliche Bauvorschrift (Art. 81 Abs. 1 BayBO; → Rn. 131), ist aber das Einvernehmen der Gemeinde erforderlich (Art. 63 Abs. 3 S. 2 BayBO). Abweichungen werden bei genehmigungspflichtigen Vorhaben **mit der Baugenehmigung verbunden**, sind aber explizit als solche zu benennen und kenntlich zu machen. Bei verfahrensfreien Verfahren (Art. 57 BayBO; → Rn. 187 ff.) oder hinsichtlich Normen außerhalb des Pflichtprüfprogramms (→ Rn. 197 ff.) wird die Abweichung (mangels entsprechender Baugenehmigung, von der man abweichen könnte) **isoliert** erlassen. Soweit ein verfahrensfreies Vorhaben von örtlichen Bauvorschriften (Art. 81 Abs. 1 BayBO) abweichen möchte oder eine bauplanungsrechtliche Ausnahme oder Befreiung anstrebt, ist die Gemeinde (und nicht die Bauaufsichtsbehörde) zuständig. Der Antrag auf Zulassung einer Abweichung ist in jedem Fall schriftlich zu stellen und zu begründen (Art. 63 Abs. 2 S. 1 BayBO).

bb) Materielle Voraussetzungen

349 Die Voraussetzungen des Art. 63 Abs. 1 BayBO erfordern schon auf Tatbestandsseite
- eine Berücksichtigung des **Zwecks** der jeweiligen Anforderung,
- die Vereinbarkeit mit den **öffentlichen Belangen**, insbesondere des Art. 3 S. 1 BayBO und
- die Würdigung **nachbarlicher Belange**.

Fällt diese Prüfung positiv aus, steht auf Rechtsfolgenseite ein intendiertes Ermessen.[323]

350 Dabei ist zu beachten, dass die Ziele vieler Normen des materiellen Bauordnungsrechts eben nur durch ihre Einhaltung wirklich erreicht werden können. Der Gesetzgeber hat durch den Erlass dieser besonderen sicherheitsrechtlichen Bestimmungen gerade zum Ausdruck gebracht, dass er den darin gesetzten Standard für geboten hält. Eine Abweichung kommt dabei allenfalls dann in Frage, wenn die gesetzgeberischen Ziele durch einen **alternativen Bauansatz** gleichermaßen erreicht werden (etwa bei verschiedenen technischen Lösungsmöglichkeiten oder Materialien, vgl. Art. 24 ff. BayBO)[324] oder bei „**atypischen Verhältnissen**" (vgl. zum parallelen Problem bei der Befreiung → Rn. 262).[325]

---

[323] BayVGH, Urt. v. 25.11.2004 – 15 B 03.245, juris, Rn. 18.
[324] *Weinmann*, in: Spannowsky/Manssen, BayBO, Art. 63 Rn. 21.
[325] *Dhom*, in: Simon/Busse, Art. 63 BayBO (Stand: 96. EL, Juni 2009), Rn. 23; vgl. zur Atypik auch *Erbguth/Mann/Schubert*, Rn. 1273.

Dies führte bis zuletzt dazu, dass insbesondere Abweichungen von gemäß Art. 6 BayBO einzuhaltenden **Abstandsflächen** nur sehr zurückhaltend zugelassen wurden. Eine atypische Lage wurde etwa bei einem ungewöhnlichen Grundstückschnitt im historischen Ortskern einer Stadt angenommen.[326] Von diesem ungeschriebenen Tatbestandsmerkmal der „Atypik" hat sich der bayerische Gesetzgeber in der jüngsten **BayBO-Novelle 2018** für die Abweichungen von Abstandsflächen (Art. 6 BayBO) nun distanziert. Ziel ist eine flexiblere Handhabung des Abstandflächenrechts. Kenntlich gemacht wurde dies durch Einfügung des neuen S. 4 („Art. 63 [BayBO] bleibt unberührt") in Art. 6 Abs. 1."[327] 351

cc) Wirkung und Rechtsschutz

Die Abweichung trifft eine eigenständige Regelung und stellt daher einen Verwaltungsakt dar. Wird der Antrag auf Erteilung einer **isolierten** Abweichung abgelehnt, kann der Bauherr mit einer Verpflichtungsklage in Form der Versagungsgegenklage vorgehen und konkret die Zulassung der Abweichung einfordern. Bei der negativen Verbescheidung eines Abweichungsantrags **im Rahmen eines regulären Baugenehmigungsverfahrens** (Art. 60 BayBO) muss der Bauherr hingegen auf die Erteilung einer neuen Baugenehmigung insgesamt klagen (ebenfalls Verpflichtungsklage in Form der Versagungsgegenklage).[328] 352

3. Rechtsschutzfragen

Die baurechtliche Zulässigkeit eines Vorhabens wird ganz regelmäßig in einer prozessualen Einkleidung abgeprüft. Die Suche nach der richtigen Klage- oder Antragsart kann in der Prüfungssituation viel Zeit kosten. Es empfiehlt sich daher, sich die gängigsten Konstellationen überblicksartig vor Augen zu führen. 353

a) Rechtsschutz des Bauherrn
aa) Prozessuale Verfolgung des Anspruchs auf Erlass einer Baugenehmigung

Lehnt die Behörde den Bauantrag des Bauherrn ab, kann dieser den Erlass der Baugenehmigung im Wege einer Verpflichtungsklage (**Versagungsgegenklage**) prozessual verfolgen.[329] Die erforderliche Klagebefugnis ergibt sich aus dem möglichen Anspruch auf Erteilung einer Baugenehmigung. Die Prüfung der Begründetheit muss sodann der Frage nachgehen, ob der Bauherr tatsächlich einen Anspruch auf die Erteilung der Baugenehmigung hat. Weil Art. 68 Abs. 1 S. 1 Hs. 1 BayBO dem Bauherrn bei Vorliegen der formellen und materiellen Voraussetzungen einen gebundenen Anspruch auf den Verwaltungsakt einräumt, kann dann ein **Vornahmeurteil** gemäß § 113 Abs. 5 S. 1 VwGO ergehen. Die Erteilung einer Baugenehmigung im **einstweiligen Rechtsschutzverfahren** (im Wege einer Regelungsanordnung gemäß § 123 Abs. 1 S. 2 VwGO) wird von der ganz hM abgelehnt, weil damit die Hauptsache im Eilverfahren vorweggenommen würde.[330] 354

---

326 BayVGH, Urt. v. 21.12.2016 – 9 CS 16.2278, juris, Rn. 15 ff.
327 LT-Drs. 17/21574, S. 13.
328 *Dhom*, in: Simon/Busse, Art. 63 BayBO (Stand: 96. EL Juni 2009), Rn. 60 f.
329 Das Widerspruchsverfahren nach § 68 VwGO entfällt in Bayern für den vorliegenden Fall gemäß Art. 15 Abs. 2, 1 AGVwGO.
330 *Kaiser*, in: Ehlers/Fehling/Pünder II, § 41, Rn. 145.

355 Hebt die Behörde eine dem Bauherrn bereits erteilte Baugenehmigung gemäß Art. 48 f. BayVwVfG wieder auf, ist eine **Anfechtung der Aufhebung** gemäß § 42 Abs. 1 1. Var. VwGO die statthafte Klageart. Hat diese Erfolg, lebt die ursprüngliche Baugenehmigung wieder auf (arg. e. Art. 43 Abs. 2 BayVwVfG). Für eine Verpflichtungsklage würde dem Bauherrn in diesem Fall das Rechtsschutzbedürfnis fehlen, weil ihm mit der Anfechtungsklage ein einfacherer, ebenso effektiver Rechtsbehelf zur Verfügung steht.

356 Der Bauherr kann dabei nicht isoliert die **Erteilung oder Ersetzung des gemeindlichen Einvernehmens** (§ 36 BauGB; → Rn. 317 ff.) erstreiten. Eine solche Klage wäre – unabhängig von der Einordnung des Instituts als Verwaltungsakt oder als reines Verwaltungsinternum – gemäß § 44 a VwGO unzulässig. § 44 a VwGO trägt dem Gedanken der Prozessökonomie Rechnung. Um eine unnötige Beanspruchung der Gerichtsbarkeit zu vermeiden, muss der Kläger direkt sein „eigentliches" Begehren verfolgen – vorliegend also die Erteilung der Baugenehmigung im Wege einer Verpflichtungsklage.[331]

bb) Gewissheit über die Genehmigungsfreiheit eines Vorhabens

357 Der Bauherr kann von der Behörde keine verbindliche Auskunft darüber verlangen, ob sein Vorhaben verfahrensfrei (Art. 57 BayBO; → Rn. 190) oder genehmigungsfreigestellt (Art. 58 BayBO; → Rn. 194) ist. Das gilt aber nicht gleichermaßen für Gerichte. Hier besteht die Möglichkeit, eine **negative Feststellungsklage** (§ 43 Abs. 1 2. Var. VwGO) zu erheben. Allerdings muss der Bauherr sein Interesse an dieser Feststellung gesondert begründen.

b) Rechtsschutz der Gemeinde

358 Die Frage nach den Rechtsschutzmöglichkeiten einer Gemeinde stellt sich nur dann, wenn die Gemeinde nicht selbst **untere Bauaufsichtsbehörde** ist (→ Rn. 160 ff.). Diese kreisangehörigen Gemeinden sind dann auf gerichtlichen Rechtsschutz angewiesen, um die aus ihrer Planungshoheit (Art. 28 Abs. 2 GG; Art. 11 Abs. 2 S. 2 BV) folgenden Rechte gegenüber der Bauaufsichtsbehörde (Landratsamt) durchzusetzen.

aa) Anfechtung der (vom Landratsamt erteilten) Baugenehmigung

359 Die Gemeinde kann die dem Bauherrn erteilte Baugenehmigung anfechten. In prozessualer Hinsicht handelt es sich um eine mit der Nachbarklage vergleichbare Konstellation der **Drittanfechtung**. Deswegen entfällt auch die aufschiebende Wirkung der Anfechtungsklage gemäß § 80 Abs. 2 S. 1 Nr. 3 VwGO iVm § 212 a Abs. 1 BauGB. Die Gemeinde muss dabei geltend machen, durch die Genehmigung in einem subjektiv-öffentlichen Recht verletzt zu sein. Welche Rechtspositionen die Gemeinde dabei rügen kann, hängt von der Lokalisierung des genehmigten Vorhabens ab. Liegt es auf dem Gebiet einer **benachbarten Gemeinde**, kommt ein Verstoß gegen das interkommunale Abstimmungsgebot (§ 2 Abs. 2 S. 1 BauGB) in Frage. Befindet es sich auf dem **eigenen Gemeindegebiet**, kann die Gemeinde unserer Ansicht nach über § 36 BauGB eine volle Überprüfung der Vereinbarkeit des Vorhabens mit §§ 31, 33, 34 oder 35 BauGB errei-

---

331 *F. Michl*, Jura 2016, 722 (728) – Fall 7.

chen.³³² Alternativ kann die Gemeinde geltend machen, dass das Vorhaben gegen die (von *ihr* erlassenen)³³³ planerischen Festsetzungen, gegen Vorschriften des Bauordnungsrechts oder gegen örtliche Bauvorschriften (Art. 81 Abs. 1 BayBO) verstößt.³³⁴ Die Gemeinde hat (anders als der Nachbar) im Baugenehmigungsverfahren auch sog **absolute Verfahrensrechte**, deren Verletzung sie geltend machen kann. So kann die Gemeinde eine Baugenehmigung schon dann erfolgreich anfechten, wenn sie entgegen § 36 BauGB am Baugenehmigungsverfahren zu Unrecht nicht beteiligt wurde – ungeachtet der Frage, ob das Vorhaben materiell zulässig ist (→ Rn. 167).

bb) Isolierte Anfechtung der Ersetzung des gemeindlichen Einvernehmens

Auch für die Gemeinde stellt sich die Frage, ob sie die Ersetzung des gemeindlichen Einvernehmens separat (also losgelöst von der Baugenehmigung) angreifen kann. Anders als beim Bauherrn (→ Rn. 356) überzeugt die Anwendung von § 44 a VwGO hier nicht. Der Gemeinde wurde in § 36 BauGB ein **absolutes Verfahrensrecht** eingeräumt. Konsequenterweise muss sie dann aber auch den Verstoß gegen dieses Recht eigens angreifen können.³³⁵ Die Ersetzung des Einvernehmens stellt dabei einen **Verwaltungsakt** der unteren Bauaufsichtsbehörde (Landratsamt) gegenüber der Gemeinde dar. Die Außenwirkung der Maßnahme ergibt sich daraus, dass es sich bei der Erteilung des gemeindlichen Einvernehmens um eine Angelegenheit des eigenen Wirkungskreises handelt (Art. 7 GO) und die Ersetzung damit eine Maßnahme der Rechtsaufsicht darstellt.³³⁶ Statthaft ist folglich die Anfechtungsklage. Diese Anfechtungsklage ist begründet, wenn die Ersetzung des Einvernehmens rechtswidrig war, also die Gemeinde das Einvernehmen zu Recht gemäß § 36 Abs. 2 S. 1 BauGB verweigert hat.

360

V. Eingriffsbefugnisse der Bauaufsicht

Die Bauaufsichtsbehörden sorgen dafür, dass gesetzestreu gebaut wird (Art. 54 Abs. 2 S. 1 BayBO). Zu diesem Zweck können sie vor, während und nach Abschluss einer Baumaßnahme tätig werden. Der Bau- oder Nutzungsbeginn einer Anlage markiert dabei die zeitliche Grenze zwischen präventiver und repressiver Bauaufsicht.³³⁷ Infolge der **Deregulierung** im Bauordnungsrecht sind die repressiven behördlichen Maßnahmen in den Fokus gerückt. So beschränkt sich bei **verfahrensfreien** (Art. 57 BayBO; → Rn. 187 ff.) und **genehmigungsfreigestellten** Vorhaben (Art. 58 BayBO; → Rn. 191 ff.) das behördliche Instrumentarium auf nachträgliche Maßnahmen, weil das Bauvorhaben vor Baubeginn gar nicht kontrolliert wird. Bei nach wie vor genehmigungsbedürftigen Vorhaben werden die Normen **außerhalb des Pflichtprüfprogramms** grds. nur nachträglich überprüft (→ Rn. 201). Die repressive Bauaufsicht umfasst zudem eine „tatsächliche" Komponente. So kontrolliert die Bauaufsichtsbehör-

361

---

332 So auch *Finklenburg/Ortloff/Otto*, § 23, Rn. 6 f.
333 Auch kreisangehörige Gemeinden, die keine unteren Bauaufsichtsbehörden sind, erlassen Bauleitpläne! Das Landratsamt prüft als untere Bauaufsichtsbehörde nur die Zulässigkeit von Einzelvorhaben.
334 Vgl. *Finklenburg/Ortloff/Otto*, § 23, Rn. 6 f.
335 *Wolff*, in: ders./Decker, § 44 a VwGO Rn. 9.
336 *Kopp/Schenke*, Anh. zu § 42 VwGO Rn. 80.
337 In der Zweiten Juristischen Staatsprüfung kann dabei auch der Erlass eines behördlichen Bescheids Gegenstand einer Klausur sein, s. etwa, BayVBl. 2015, 103, 140.

de, ob das Bauvorhaben auch wirklich gemäß der Baugenehmigung ausgeführt wird und nicht etwa eine andere/größere/schädlichere etc Anlage entsteht.

Schema: Rechtmäßigkeit einer bauaufsichtlichen Maßnahme
I. Rechtsgrundlage
    1. Spezielle Eingriffsbefugnisse: Art. 75 Abs. 1 BayBO, Art. 76 S. 1 BayBO oder Art. 76 S. 2 BayBO
    2. Subsidiär: Generalklausel Art. 54 Abs. 2 S. 2 Hs. 1 BayBO
II. Formelle Rechtmäßigkeit
    1. Zuständigkeit
        a) Sachlich: Untere Bauaufsichtsbehörde, Art. 53 Abs. 1 S. 2 BayBO
        b) Örtlich, § 206 Abs. 1 BauGB iVm Art. 3 Abs. 1 Nr. 1 BayVwVfG
    2. Verfahren: insbesondere Anhörung, Art. 28 BayVwVfG
    3. Form: grds. mündlich möglich, Schriftformerfordernis kann sich aber aus Art. 37 Abs. 2 S. 2 BayVwVfG sowie § 80 Abs. 2 S. 1 Nr. 4 iVm Abs. 3 VwGO ergeben
III. Materielle Rechtmäßigkeit
    1. Tatbestand der speziellen Eingriffsbefugnisse
        a) Beseitigungsanordnung (Art. 76 S. 1 BayBO): jedenfalls materielle Illegalität
        b) Nutzungsuntersagung (Art. 76 S. 2 BayBO): formelle Illegalität und/oder materielle Illegalität
        c) Baueinstellung (Art. 75 Abs. 1 BayBO): formelle Illegalität und/oder materielle Illegalität
    2. Tatbestand der Generalklausel Art. 54 Abs. 2 S. 2 Hs. 1 BayBO
    3. Adressat der Maßnahme, Art. 9 LStVG analog
    4. Rechtsfolge: intendiertes Ermessen zugunsten Erlass der bauaufsichtlichen Maßnahme (aber: kein Einschreiten bei außergewöhnlichen Umständen: Prüfung der Verhältnismäßigkeit der Maßnahme, ggf. Berücksichtigung der evidenten materiellen Legalität)

1. Überblick: Eingriffsbefugnisse der BayBO

362 Der Erlass belastender Verwaltungsakte bedarf einer Ermächtigungsgrundlage. Die BayBO enthält dabei einige spezielle Eingriffsbefugnisse. Besonders praxis- und prüfungsrelevant sind die sog bauaufsichtlichen Maßnahmen, also die **Baueinstellung** (Art. 75 Abs. 1 BayBO; → Rn. 382 ff.), die **Nutzungsuntersagung** (Art. 76 S. 2 BayBO; → Rn. 378 ff.) und die **Beseitigungsanordnung** (Art. 76 S. 1 BayBO; → Rn. 364 ff.). Die Wahl der richtigen Rechtsgrundlage kann Probleme bereiten. So verlangt eine Nutzungsuntersagung dem Adressaten ganz regelmäßig ein Unterlassen ab – die illegale Anlage darf schlicht nicht gebraucht werden. Abgrenzungsprobleme zur Beseitigungsanordnung entstehen aber, wenn die unzulässige Nutzung in der **Lagerung von Gegenständen** besteht. Die Nutzung aufzugeben bedeutet dann zwangsläufig, aktiv Gegenstände zu entfernen. Die Nutzungsuntersagung gemäß Art. 76 S. 2 BayBO bietet jedoch auch für eine solche sog **gegenstandsbezogene Anordnung** eine ausreichende Rechtsgrundlage.[338] Geht es aber um die Beseitigung der genutzten Anlage selbst, ist Art. 76 S. 1 BayBO (Beseitigungsanordnung) heranzuziehen.[339]

363 Auch **Art. 54 BayBO** enthält einige besondere Eingriffstatbestände (→ Rn. 387). Nachrangig kann sich die Bauaufsichtsbehörde schließlich auf die Generalklausel

---

338 BayVGH, BayVBl. 1987, 150 (150 f.); nach BayVGH, NVwZ-RR 2018, 837 (838), kann auch die Anordnung, typische Wohnungseinrichtungsgegenstände aus einer nicht zu Wohnzwecken genehmigten baulichen Anlage zu entfernen, auf Art. 76 S. 2 BayBO gestützt werden.
339 *Kaiser*, in: Ehlers/Fehling/Pünder II, § 41, Rn. 124.

(Art. 54 Abs. 2 S. 2 Hs. 1 BayBO) stützen, um baurechtskonforme Zustände herzustellen (→ Rn. 388).

a) Beseitigungsanordnung, Art. 76 S. 1 BayBO

Die **Beseitigungsanordnung** (auch: Abrissverfügung) ist die „ultima ratio" bauaufsichtlicher Maßnahmen. Das macht schon der Wortlaut der Norm deutlich. Demnach darf eine teilweise oder vollständige Beseitigung nur angeordnet werden, „wenn nicht auf andere Weise rechtmäßige Zustände hergestellt werden können". Diese sog **Erforderlichkeitsklausel** lässt schon den Tatbestand des Art. 76 S. 1 BayBO entfallen, wenn durch eine mildere Maßnahme – und quasi jede Maßnahme ist milder als ein Abriss – für Rechtskonformität gesorgt werden kann.[340]

364

aa) Allgemein: Widerspruch des Vorhabens zu öffentlich-rechtlichen Vorschriften

Ein bauaufsichtliches Einschreiten erfordert auf Tatbestandsseite einen Widerspruch des Vorhabens zu öffentlich-rechtlichen Vorschriften. Der Wortlaut der Normen gibt keine direkte Auskunft über die genaueren Anforderungen an diesen Widerspruch. Zu unterscheiden sind Widersprüche **formeller** und **materieller** Art.[341]

365

(1) Formelle Illegalität von Bauvorhaben

Ein Vorhaben ist **formell illegal**, wenn es durchgeführt wird, ohne zuvor das von der BayBO vorgesehene Verfahren erfolgreich durchlaufen zu haben.

366

– So ist die Errichtung, Änderung oder Nutzungsänderung einer Anlage **ohne oder nach Aufhebung** einer gemäß Art. 55 Abs. 1 BayBO erforderlichen **Genehmigung** formell illegal.

367

– Ein Vorhaben ist auch formell illegal, wenn es **abweichend** von einer erteilten Baugenehmigung ausgeführt wird, wenn also das tatsächlich Gebaute dem Genehmigten nicht entspricht.

368

– Uneinheitlich beantwortet wird die Frage, ob ein **genehmigungsfreigestelltes Vorhaben** (Art. 58 BayBO) formell illegal sein kann. Dafür spricht, dass der Gesetzgeber in Art. 58 Abs. 3 S. 1 BayBO Verfahrensschritte angelegt hat und die „nur" genehmigungsfreigestellten Vorhaben damit klar von den „gänzlich" verfahrensfreien Vorhaben (Art. 57 BayBO) abgrenzen wollte.[342] Eine andere Ansicht fasst den Begriff der formellen Illegalität enger und beschreibt mit ihm nur die beiden zuerst genannten Konstellationen (Bauen ohne/abweichend von Baugenehmigung).[343]

369

Beispiel:
Bauherrin B möchte ein Wohnhaus (kein Sonderbau, arg. e. Art. 2 Abs. 4 Nr. 3 BayBO) errichten. Ihr Grundstück liegt im Geltungsbereich eines qualifizierten Bebauungsplans (§ 30 Abs. 1

---

[340] Für eine Prüfung der Erforderlichkeitsklausel auf Tatbestandsseite etwa BayVGH, BayVBl. 2018, 168 (169); *Decker/Konrad*, II 8, Rn. 53; *Manssen*, in: Becker/Heckmann/Kempen/ders., 4. Teil, Rn. 526 f.; vgl. aber BVerwG, Beschl. v. 13.6.2007 – 4 B 15/07, juris, Rn. 4.
[341] Vgl. zur Unterscheidung *Finkelnburg/Ortloff/Otto*, § 5, Rn. 16 ff.; diese ablehnend hingegen *Manssen*, in: Becker/Heckmann/Kempen/ders., 4. Teil, Rn. 524.
[342] *Kaiser*, in: Ehlers/Fehling/Pünder II, § 41, Rn. 119; *Finkelnburg/Ortloff/Otto*, § 13, Rn. 12; wohl auch *Battis*, Baurecht, Rn. 595.
[343] *Kersten*, in: Schoch, Kap. 3, Rn. 447; *Mann*, in: Hartmann/ders./Mehde, § 5, Rn. 123; *Schwarzer/König*, Art. 76 Rn. 9; so wohl auch BayVGH, Beschl. v. 14.10.2013 – 9 CS 13.1407, juris, Rn. 76.

BauGB). Sie sieht ihr Vorhaben als von der Baugenehmigungspflicht freigestellt an und beginnt einfach mit dem Bau. Einer Ansicht nach ist ihr Vorhaben formell illegal, denn B hätte die Unterlagen gemäß Art. 58 Abs. 3 S. 1 BayBO bei der Gemeinde einreichen müssen. Eine andere Ansicht hält eine formelle Illegalität für diese Fälle nicht denkbar. Bei Vorhaben, die keine Sonderbauten (Art. 2 Abs. 4 BayBO) sind und die zudem im Geltungsbereich eines Bebauungsplans im Sinne von Art. 58 Abs. 2 Nr. 1 BayBO liegen, habe der Gesetzgeber von der grundsätzlichen Baugenehmigungspflicht abgesehen. Die Bauaufsichtsbehörde müsste dieser Ansicht zu Folge an eine materielle Illegalität anknüpfen. Nur wenn sie einen entsprechenden Verdacht hegt (zB dass das Vorhaben nicht den Festsetzungen des Bebauungsplans entspricht), wäre ein bauaufsichtliches Einschreiten demnach denkbar.

370 – Bei gemäß Art. 57 Abs. 5 S. 2 f. BayBO anzeigepflichtigen **Abbruchmaßnahmen** (→ Rn. 188) gibt es eine ähnliche Kontroverse. Teilweise wird ein Verstoß gegen die Anzeigepflicht als formelle Illegalität eingestuft,[344] teilweise wird für „formelle Illegalität" die Missachtung einer Baugenehmigungspflicht gefordert.[345]

(2) Materielle Illegalität von Bauvorhaben

371 Vorhaben sind **materiell illegal,** wenn sie gegen eine für sie geltende materielle Vorschrift des öffentlichen Rechts verstoßen. Dabei führt der Verstoß gegen jedwede Vorschrift, für deren Vollzug die Bauaufsichtsbehörden zuständig ist, zur materiellen Illegalität – also auch Verstöße gegen sog **aufgedrängtes Sonderrecht** (→ Rn. 199) sowie gegen Normen, die **nicht zum präventiven Pflichtprüfprogramm zählen**.[346]

Beispiel:
Bauherrin B beantragt eine Baugenehmigung für ein Bürogebäude (kein Sonderbau, da kleiner als 400 m³, arg. e. Art. 2 Abs. 4 Nr. 5 BayBO). Die Baubehörde prüft lediglich die Vorschriften gemäß Art. 59 S. 1 BayBO (örtliche Bauvorschriften gemäß Art. 81 Abs. 1 iVm Art. 47 Abs. 2 S. 2 BayBO existieren nicht) und erteilt die Baugenehmigung. Bauherrin B stellt sodann nicht die notwendige Anzahl an Stellplätzen her und verstößt damit gegen Art. 47 Abs. 1 S. 1, Abs. 2 S. 1 iVm § 20 GaStellV (→ Rn. 342). Die Anlage ist zwar nicht formell, aber materiell illegal.

372 Eine wirksame Baugenehmigung stellt – egal, ob sie rechtmäßig oder rechtswidrig ist – verbindlich fest, dass das Vorhaben mit dem Pflichtprüfprogramm im Einklang steht und **legalisiert** in diesem Umfang eine etwaige materielle Illegalität (→ Rn. 203). Auch eine bestandskräftige rechtswidrige Baugenehmigung steht einem bauaufsichtlichen Einschreiten, das sich auf die in der Genehmigung positiv verbeschiedene Norm stützt, daher entgegen.[347]

Beispiel:
Die Bauaufsichtsbehörde erteilt der Bauherrin B (entgegen § 3 Abs. 3 Nr. 1 BauNVO) eine Baugenehmigung für einen störenden Handwerksbetrieb im reinen Wohngebiet. Die Baugenehmigung wird bestandskräftig und legalisiert das Vorhaben im Umfang des Pflichtprüfprogramms, also auch bzgl. der bauplanungsrechtlichen Zulässigkeit (ua § 3 Abs. 3 Nr. 1 BauNVO). Die Bauaufsichtsbehörde kann ein bauaufsichtliches Einschreiten nicht auf eine aus dem Verstoß gegen § 3 Abs. 3 Nr. 1 BauNVO resultierende materielle Illegalität stützen. Zuvor müsste sie die Baugenehmigung gemäß Art. 48 Abs. 1, 3 BayVwVfG zurücknehmen und dabei ggf. einen Vermögensnachteil ausgleichen.

---

344 So wohl *Decker,* in: Simon/Busse, Art. 75 (Stand: 97. EL September 2009), Rn. 66.
345 In diese Richtung VG München, Beschl. v. 27.6.2012 – M 9 K 11.2481, juris, Rn. 10 ff.
346 *Kaiser,* in: Ehlers/Fehling/Pünder II, § 41, Rn. 114, 120.
347 *Erbguth/Mann/Schubert,* Rn. 1305.

V. Eingriffsbefugnisse der Bauaufsicht

Bauvorhaben sind materiell illegal, wenn sie gegen materielles Baurecht oder aufgedrängtes Sonderrecht verstoßen. Diese Rechtsvorschriften können sich jedoch ändern. Während Bauwerke auf unbestimmte Zeit fortbestehen, werden Bebauungspläne und baurechtliche Gesetze fortlaufend modifiziert und aktualisiert. Fraglich ist daher, **auf welchen Zeitpunkt abzustellen ist**, wenn die materielle Illegalität eines Vorhabens bewertet wird.

373

Folgende Konstellationen sind zu unterscheiden:[348]

374

- Eine **gemäß einer Baugenehmigung** errichtete, geänderte oder genutzte Anlage genießt unstreitig im Umfang der Feststellungs- und Legalisierungswirkung der Genehmigung Bestandsschutz (→ Rn. 203). Spätere Rechtsänderungen berechtigen die Bauaufsichtsbehörde grds. nicht zu einem repressiven Einschreiten gegen die Anlage.[349] Vorher müsste sie die Baugenehmigung aufheben.[350]

- Bei **verfahrensfreien** (Art. 57 BayBO) und **genehmigungsfreigestellten** Vorhaben (Art. 58 BayBO) sowie hinsichtlich **nicht vom Pflichtprüfprogramm einer Baugenehmigung** umfasster Fragen ist zu differenzieren:
  - Grds. ist auf die **Rechtslage zum Zeitpunkt der Errichtung/Änderung** abzustellen. Der Bauherr muss die dann geltende Rechtslage beachten und sein Bauwerk nicht etwa anhand sich ändernder Vorschriften laufend anpassen. Errichtet oder ändert er die Anlage auf (damals) legale Weise, ist ein bauaufsichtliches Vorgehen gegen die Anlage ausgeschlossen. Der Bauherr hat seine Anlage gerade nicht *im Widerspruch zu öffentlich-rechtlichen Vorschriften errichtet oder geändert* (Art. 75 S. 1, Art. 76 S. 1 BayBO).
  - Aber auch wenn die Anlage zum Zeitpunkt der Errichtung bzw. Änderung materiell illegal war, sich die **Rechtslage aber zugunsten des Bauherrn geändert hat**, scheiden repressive Maßnahmen aus. Für die Abrissverfügung folgt dies aus der Erforderlichkeitsklausel (→ Rn. 364, 376). Es kann dann auf andere Weise ein rechtmäßiger Zustand hergestellt werden: durch die Erteilung einer Baugenehmigung.[351] Ansonsten verlangte man den Abriss einer Anlage, die sogleich – nach der dann unstreitig maßgeblichen neuen Rechtslage – wieder aufgebaut werden dürfte. Für die Dauerverwaltungsakte der Baueinstellung (Art. 75 Abs. 1 BayBO) und Nutzungsuntersagung (Art. 76 S. 2 BayBO) ergibt sich ein entsprechendes Ergebnis auch aus einer prozessualen Betrachtungsweise: Bei der Entscheidung über eine gegen einen Dauerverwaltungsakt gerichtete Anfechtungsklage hat das Gericht stets auf die Rechtslage zum Zeitpunkt der letzten mündlichen Verhandlung abzustellen.[352]

375

---

[348] Vgl. dazu *Kaiser*, in: Ehlers/Fehling/Pünder II, § 41, Rn. 132.
[349] *Battis*, Baurecht, Rn. 575; vgl. *Finkelnburg/Ortloff/Otto*, § 15, Rn. 8 ff. zu nachträglichen Anforderungen aufgrund konkreter, von der Anlage ausgehender Gefahren (zB neue technische Erkenntnisse zu verwendetem Baustoff).
[350] Insbesondere Art. 48 Abs. 3 BayVwVfG (für rechtswidrige Baugenehmigungen) und Art. 49 Abs. 2 S. 1 Nr. 4 BayVwVfG (für rechtmäßige Baugenehmigungen) schützen in dem Fall den Bauherrn. Zu denken ist auch an Schadensersatzansprüche des Bauherrn.
[351] *Kaiser*, in: Ehlers/Fehling/Pünder II, § 41, Rn. 132.
[352] BayVGH, Beschl. v. 10.5.2005 – 14 ZB 04.3407, juris, Rn. 11.

– Uneinheitlich beantwortet wird die Frage nach dem Umgang mit einer „vorübergehend" materiell legalen Anlage. Gemeint sind Anlagen, die weder bei Errichtung noch zum Zeitpunkt der behördlichen (oder gerichtlichen) Entscheidung über die repressive Maßnahme mit dem materiellen Baurecht im Einklang standen – dies aber in der Zeit dazwischen für eine gewisse Dauer taten. Eine Ansicht gesteht diesen Anlagen unter Rückgriff auf Art. 14 Abs. 1 GG sog **passiven Bestandsschutz** zu. Einschränkend wird gefordert, dass die Anlage für mind. einen Zeitraum von drei Monaten (§ 75 S. 2 VwGO) materiell rechtskonform war.[353] Unseres Erachtens ist eine solche Anlage schlicht materiell illegal. Mangels einfachgesetzlicher Ausgestaltung eines passiven Bestandsschutzes (in Form einer Inhalts- und Schrankenbestimmung gemäß Art. 14 Abs. 1 S. 2 GG) ist ein bauaufsichtliches Einschreiten (zB in Form einer Beseitigungsanordnung) zuzulassen.[354]

bb) Tatbestandliche Voraussetzungen

376 Die Beseitigungsanordnung bedeutet für den Bauherrn einen endgültigen Substanzverlust. Diese Gemengelage ist bei der Auslegung der Tatbestandsmerkmale des Art. 76 S. 1 BayBO zu berücksichtigen. So fordert die hM unserer Ansicht zu Recht auf jeden Fall (**auch**) **eine materielle Illegalität der Anlage**. Die Anlage muss also gegen eine materielle baurechtliche Vorschrift verstoßen und dieser Verstoß darf nicht von einer wirksamen Baugenehmigung legalisiert werden (oder durch nachträgliche Erteilung einer Genehmigung legalisiert werden können).[355] Eine nur formelle Baurechtswidrigkeit reicht in der Regel nicht aus, denn in dem Fall können auf andere Weise rechtmäßige Zustände hergestellt werden (Art. 76 S. 1 BayBO) – nämlich durch eine Erteilung der Baugenehmigung.[356] Insbesondere ist auch zu überlegen, ob nicht auch durch eine Nutzungsuntersagung oder einen Teilabriss gleichermaßen rechtmäßige Zustände erreicht werden können (→ Rn. 364, 376). Bei verfahrensfreien Vorhaben (Art. 57 BayBO (→ Rn. 187) und bzgl. Vorschriften außerhalb des Pflichtprüfprogramms (→ Rn. 201) kommt mangels feststellender Baugenehmigung ohnehin nur die materielle Illegalität als Anknüpfungspunkt in Betracht.

cc) Rechtsfolge

377 Wenn die Tatbestandsvoraussetzungen erfüllt sind, soll die Behörde in der Regel von der Beseitigungsanordnung Gebrauch machen (sog **intendiertes Ermessen**), denn es liegt im öffentlichen Interesse, illegale Bauten nicht „durchgehen" zu lassen.[357] Nur wenn im Einzelfall außergewöhnliche Umstände vorliegen, kann die Behörde von einem Einschreiten absehen. Solche außergewöhnlichen Umstände können sich aus der Unverhältnismäßigkeit des Eingriffs ergeben (→ Rn. 390). Kommt der Adressat

---

353 *Finkelnburg/Ortloff/Otto*, § 13, Rn. 39; *Kersten*, in: Schoch, Kap. 3, Rn. 450; so wohl auch die Lösung für den Examensfall BayVBl. 2017, 179, 212;; vgl. auch *Stollmann/Beaucamp*, § 19, Rn. 27.
354 *Muckel/Ogorek*, § 9, Rn. 31; krit. auch BayVGH, Urt. v. 17.10.2006 – 1 B 05.1429, juris, Rn. 24; *Will*, Rn. 723; vgl. dazu auch *Finkelnburg/Ortloff/Otto*, § 13, Rn. 24 ff. mwN; *Kaiser*, in: Ehlers/Fehling/Pünder II, § 41, Rn. 132 mwN; *Schwarzer/König*, Art. 76 Rn. 11 f.
355 *Kaiser*, in: Ehlers/Fehling/Pünder II, § 41, Rn. 130.
356 S. für ein Beispiel aus der Examenspraxis BayVBl. 2017, 179, 209.
357 BVerwGE 101, 58 (63 f.); *Schwarzer/König*, Art. 76 Rn. 21.

der Beseitigungsanordnung nicht nach, kann die Behörde sie im Wege der Verwaltungsvollstreckung durchsetzen und sie auf seine Kosten vornehmen lassen (Art. 29 Abs. 2 Nr. 2 iVm Art. 32 VwZVG).[358]

b) Nutzungsuntersagung, Art. 76 S. 2 BayBO

Mit einer **Nutzungsuntersagung** unterbindet die Bauaufsichtsbehörde, dass eine neu errichtete oder die einer veränderten Nutzung zugeführte Anlage in einer bestimmten Hinsicht gebraucht wird. | 378

aa) Tatbestandliche Voraussetzungen

Die Nutzungsuntersagung erfordert nach der hM auf Tatbestandsseite **lediglich einen Rechtsverstoß formeller Art**.[359] Für diese Auslegung der Norm spricht zum einen der Wortlaut. Anders als Art. 76 S. 1 BayBO (Beseitigungsanordnung) enthält S. 2 gerade keine Einschränkung, wonach nicht „auf eine andere Weise" (nämlich durch Erteilung einer Genehmigung) rechtmäßige Zustände erreicht werden könnten. Zudem stünden ansonsten Bürger, die ohne das erforderliche Verfahren durchlaufen zu haben, materiell legal bauen bzw. nutzen, im Ergebnis besser, als gesetzestreue Bauherren, die Zeit und Geld in das Verfahren investiert haben. Mit Art. 3 Abs. 1 GG wäre eine solche Interpretation schwerlich vereinbar.[360] Ist eine Anlage (**auch**) **materiell illegal**, ermächtigt Art. 76 S. 2 BayBO die Behörde selbstverständlich gleichermaßen zum Eingriff. Der Vorwurf der materiellen Illegalität wiegt nämlich grds. schwerer als der eines Verfahrensverstoßes. | 379

Die Bauaufsichtsbehörde muss dabei nicht abwarten, bis die illegale Nutzung tatsächlich aufgenommen wird. Es reicht, dass sie über einen durch Tatsachen belegten **Anfangsverdacht** verfügt. Dieses Verständnis gebietet der Charakter des Bauordnungsrechts als besonderes Sicherheitsrecht (→ Rn. 5).[361] Die Nutzungsuntersagung ist sodann als **Dauerverwaltungsakt** „unter Kontrolle zu halten" und aufzuheben, wenn sich der Anschein eines Rechtsverstoßes nicht bestätigt. | 380

bb) Rechtsfolge

Auch hinsichtlich der Nutzungsuntersagung besteht bei Vorliegen der Tatbestandsvoraussetzungen in der Regel ein öffentliches Interesse daran, dass die Behörde einschreitet (**intendiertes Ermessen**) – außer es liegen besondere Umstände vor. Solche Umstände können sich bei der Nutzungsuntersagung auch aus einer **evidenten materiellen Legalität** des Vorhabens ergeben. Ist es offensichtlich, dass das Vorhaben genehmigungsfähig ist, muss sich die Behörde in der Regel gegen den Eingriff gemäß Art. 76 S. 2 BayBO entscheiden.[362] | 381

---

358 *Finkelnburg/Ortloff/Otto*, § 13, Rn. 80.
359 BayVGH, Beschl. v. 19.5.2016 – 15 CS 16.300, juris, Rn. 21; vgl. dazu *Finkelnburg/Ortloff/Otto*, § 14, Rn. 3 sowie *Stollmann/Beaucamp*, § 19, Rn. 19 mwN.
360 Vgl. *Kaiser*, in: Ehlers/Fehling/Pünder II, § 41, Rn. 121 f.
361 *Kaiser*, in: Ehlers/Fehling/Pünder II, § 41, Rn. 117; s. für ein Beispiel aus der Examenspraxis BayVBl. 2017, 322, 355.
362 BayVGH, Beschl. v. 14.6.2018 – 2 CS 18.960, juris, Rn. 2; Beschl. v. 19.5.2016 – 15 CS 16.300, juris, Rn. 21; vgl. dazu *Kersten*, in: Schoch, Kap. 3, Rn. 447; *Brenner*, Rn. 825.

c) Baueinstellung, Art. 75 Abs. 1 BayBO

382 Eine **Baueinstellung** gebietet bereits begonnenen oder unmittelbar bevorstehenden Bauarbeiten Einhalt, um die Schaffung „vollendeter Tatsachen" zu verhindern. Dem Bauherrn wird verdeutlicht, dass er jedenfalls einstweilen nicht weiterbauen darf und dass ihm dies erst erlaubt wird, wenn er bestimmte Formalitäten (insbesondere die Einholung einer gemäß Art. 55 Abs. 1 BayBO erforderlichen Baugenehmigung) nachgeholt hat. Zugleich wird die (weitere) Entstehung potenziell illegaler Bausubstanz verhindert, die die Behörde nur unter strengen Voraussetzungen wieder beseitigen lassen könnte.

aa) Tatbestandliche Voraussetzungen

383 Mit der Baueinstellung geht keinerlei Substanzverlust und auch kein unmittelbarer Entzug der Gebrauchsmöglichkeit einher. Vor diesem Hintergrund sind an die Tatbestandsmerkmale dieser Eingriffsbefugnis geringere Anforderungen zu stellen. Die hM fordert unserer Ansicht zu Recht **lediglich die formelle Illegalität** des Bauvorhabens. Eine Baueinstellung kann also unabhängig von der Frage, ob die Errichtung, Änderung oder der Abriss mit materiellem Recht im Einklang steht, verfügt werden, wenn das vorgesehene Verfahren nicht beschritten wurde.[363] Art. 75 Abs. 1 S. 2 Nr. 1 f. BayBO listen beispielhaft solche formellen Verstöße auf (Baubeginn vor Zugang der Baugenehmigung; Bauausführung abweichend vom Inhalt der Baugenehmigung). Eine Baueinstellung kommt „erst recht" in Frage, wenn das Vorhaben **auch materiell illegal** ist, etwa bei verfahrensfreien Vorhaben (Art. 57 BayBO) oder bei genehmigten Vorhaben, die gegen eine Norm außerhalb des Pflichtprüfprogramms verstoßen.[364]

384 Für diese insgesamt niedrige Eingriffsschwelle spricht auch, dass eine frühzeitige Baueinstellung denjenigen, der unabsichtlich illegal baut, vor sinnlosen Investitionen in seine möglicherweise materiell illegale Anlage schützt. Die Bauaufsichtsbehörde kann auch die Baueinstellung bereits bei der konkreten Gefahr eines (rechtswidrigen) Baubeginns erlassen.[365] Nach dem Abschluss illegaler Bauarbeiten kommen hingegen nur noch die tendenziell eingriffsintensiveren Maßnahmen nach Art. 76 BayBO (Nutzungsuntersagung, Beseitigungsanordnung) in Betracht.

bb) Rechtsfolge

385 Bei Vorliegen der Tatbestandsvoraussetzungen soll in der Regel von der Einstellungsbefugnis Gebrauch gemacht werden (sog **intendiertes Ermessen**), denn es liegt im öffentlichen Interesse, unzulässige Bauarbeiten zu stoppen.[366] Auch hier stellt sich die Frage, ob bei einer offensichtlichen materiellen Legalität des Vorhabens von einem bauaufsichtlichen Einschreiten abzusehen ist (→ Rn. 381). Unseres Erachtens spricht bei der Baueinstellung vieles dafür, die **materielle Illegalität auszublenden**. Ansonsten würde das vom Bauherrn initiierte Baugenehmigungsverfahren zur bloßen Option de-

---

363 Vgl. etwa BayVGH, Beschl. v. 10.4.2017 – 15 ZB 16.672, juris, Rn. 8; *Finkelnburg/Ortloff/Otto*, § 12, Rn. 2 f.; *Brenner*, Rn. 809.
364 *Kersten*, in: Schoch, Kap. 3, Rn. 445.
365 *Kaiser*, in: Ehlers/Fehling/Pünder II, § 41, Rn. 117, plädiert für den Zeitraum bis Baubeginn für die Anwendung der Generalklausel (Art. 54 Abs. 2 S. 2 BayBO).
366 BayVGH, Beschl. v. 2.8.2000 – 1 ZB 97.2669, juris, Rn. 5; *Kersten*, in: Schoch, Kap. 3, Rn. 446.

gradiert. Eine Baueinstellungsverfügung ist demnach auch dann nicht ermessensfehlerhaft, wenn das Vorhaben offensichtlich genehmigungsfähig ist und die Genehmigung ohne Weiteres zu erlangen wäre.[367] Dabei ist es durchaus berechtigt, andere Maßstäbe als bei der Nutzungsuntersagung anzulegen. Mit der Nutzungsuntersagung geht, anders als mit der Baueinstellung, der unmittelbare Entzug einer Gebrauchsmöglichkeit einher. Insofern stellt Art. 76 S. 2 BayBO den intensiveren Eingriff dar. Dies spricht im Ergebnis dafür, bei der Nutzungsuntersagung (→ Rn. 381), nicht aber bei der Baueinstellung eine (evidente) materielle Legalität zu berücksichtigen.

Wird einer Baueinstellung keine Folge geleistet und die Baumaßnahme fortgesetzt, räumt Art. 75 Abs. 2 BayBO der Bauaufsichtsbehörde besondere Kompetenzen zur **Durchsetzung** der Anordnung ein. Sie kann dann die Baustelle versiegeln oder die dort befindlichen Bauprodukte und Gerätschaften in Gewahrsam nehmen. Diese Regelungen bilden spezielles Vollstreckungsrecht und können ohne die Voraussetzungen aus Art. 18 ff. VwZVG (Grundverfügung unanfechtbar/sofort vollziehbar gemäß Art. 19 Abs. 1 VwZVG; vorherige Androhung gemäß Art. 36 VwZVG) gebraucht werden.[368]   386

d) Sonstige spezielle Eingriffstatbestände

Die BayBO enthält an weiteren Stellen **spezielle Eingriffsbefugnisse**.   387

– Art. 54 Abs. 4 BayBO: Anforderungen an bestandsgeschützte bauliche Anlagen[369]
– Art. 54 Abs. 2 S. 4 BayBO: Betreten der Grundstücke und Anlagen einschließlich Wohnungen
– Art. 54 Abs. 3 BayBO: Befugnis, weitergehende Anforderungen zu stellen zur Abwehr erheblicher Gefahren bzw. von Nachteilen
– Art. 54 Abs. 5 f. BayBO: Anforderungen aufgrund einer wesentlichen Änderung bestehender baulicher Anlagen
– Art. 54 Abs. 2 S. 2 Hs. 2 BayBO: Verlangen, Bescheinigungen der Prüfsachverständigen vorzulegen
– Art. 76 S. 3 BayBO: Verlangen, dass ein Bauantrag gestellt wird
– Art. 77 BayBO: Maßnahmen der Bauüberwachung

Klausurhinweis:

Vertiefte Kenntnisse zu diesen Tatbeständen werden in den Examina in der Regel nicht erwartet. Wichtig ist, sich ihre Existenz zu vergegenwärtigen und sie im Prüfungsfall sauber zu subsumieren.

e) Generalklausel, Art. 54 Abs. 2 S. 2 Hs. 1 BayBO

Die bauordnungsrechtliche Generalklausel (Art. 54 Abs. 2 S. 2 BayBO) ist gegenüber den speziellen Eingriffstatbeständen **subsidiär**. Auf sie können sich die Bauaufsichtsbehörden stützen, wenn keine der besonders geregelten Standardmaßnahmen passt. Sie   388

---

367 *Stollmann/Beaucamp*, § 19, Rn. 16; für eine Berücksichtigung offensichtlicher Genehmigungsfähigkeit zuletzt BayVGH, Beschl. v. 14.6.2018 – 2 CS 18.960, juris, Rn. 2; die Frage offen lassend BayVGH, Beschl. v. 10.4.2017 – 15 ZB 16.672, juris, Rn. 14; vgl. die Nachweise zur uneinheitlichen Rspr. bei *Decker*, in: Simon/Busse, Art. 75 BayBO (Stand: 97. EL September 2009), Rn. 91.
368 *Decker*, in: Simon/Busse, Art. 75 BayBO (Stand: 97. EL September 2009), Rn. 115; *Finkelnburg/Ortloff/Otto*, § 13, Rn. 7.
369 Vgl. dazu Aufgabe 5 der Ersten Juristischen Staatsprüfung 2018/1.

findet v.a. bei vorbereitenden Maßnahmen (zB zur Gefahrerforschung: Bauherr muss Gutachten einholen) und atypischen Anordnungen (zB Verlangen, dass Bauherr eine Anlage ändert) Anwendung.[370]

2. Adressat der Maßnahme

389 Bauordnungsrecht ist in erster Linie **Gefahrenabwehrrecht**.[371] Die bauaufsichtliche Maßnahme ist daher an die Person zu richten, die eine möglichst zügige und effektive Gefahrenabwehr verspricht. Der Behörde kommt auch in dieser Frage ein Ermessen zu. Mangels spezieller Regelung der Maßnahmenrichtung in der BayBO findet dabei **Art. 9 LStVG analoge Anwendung**. Als primärer Adressat der Maßnahme kommt zunächst der Bauherr in Betracht (Handlungsstörer). Die Anordnung kann sich aber auch an den Grundstückseigentümer – der mit dem Bauherrn gerade nicht identisch sein muss (→ Rn. 208) – als Zustandsstörer richten.[372] Die Anordnung gilt dabei auch für einen etwaigen **Rechtsnachfolger** und wird nicht etwa durch einen Eigentümerwechsel gegenstandslos (Art. 54 Abs. 2 S. 3 BayBO).

3. Ermessensausübung und Verhältnismäßigkeit

390 Jeder bauaufsichtliche Eingriff muss dem **Verhältnismäßigkeitsgrundsatz** genügen. Wenn die Tatbestandsvoraussetzungen erfüllt sind, ist das behördliche Ermessen hinsichtlich des bauaufsichtlichen Eingriffs zwar **grds. intendiert**. Stellt sich ein Eingriff jedoch aufgrund spezieller Umstände als unverhältnismäßig dar, muss die Behörde vom Einschreiten absehen. Fraglich ist, wann derart spezielle Umstände anzunehmen sind.

391 – Die dem Bauherrn durch eine repressive Maßnahme entstehenden **finanziellen Einbußen** spielen dabei grds. keine Rolle, denn es liegt in seiner Verantwortung, rechtsgetreu zu bauen.[373] Nähme die Behörde etwa ab einer gewissen Investitionssumme vom Abbruch der Anlage Abstand, setzte sie gerade einen lukrativen Anreiz, illegal zu bauen. Eine Ausnahme lässt die Rspr. bei einer **drohenden Existenzgefährdung** zu. Auch die Frage, in welchem Ausmaß der Bauherr gegen Baurecht verstoßen hat (ob er also zB nur geringfügig oder aber eklatant die Abstandsflächen nach Art. 6 BayBO missachtet hat), ist aus generalpräventiven Gründen kein geeigneter Anknüpfungspunkt.[374]

392 – Eine Behörde kann mit einer Mehrzahl in gleicher Weise rechtswidriger Anlagen konfrontiert sein (zB **illegale Bausiedlung**). Einzelne Anlagen herauszugreifen und gegen diese repressiv vorzugehen, begegnet grundrechtlichen Bedenken (Art. 3 Abs. 1 GG). Ein paralleles Vorgehen gegen alle Gesetzesverstöße würde jedoch häufig die behördlichen Kapazitäten sprengen. Die Rspr. misst ein behördliches Handeln hier daher lediglich am **Willkürverbot**. Wenn die Behörde ein auf sachlichen Gründen basierendes Gesamtkonzept für ihr (auch schrittweises) Vorgehen gegen die Rechtsverstöße

---

370 *Schwarzer/König*, Art. 54 BayBO Rn. 35; *Erbguth/Mann/Schubert*, Rn. 1315.
371 *Kersten*, in: Schoch, Kap. 3, Rn. 381.
372 *Erbguth/Mann/Schubert*, Rn. 1313.
373 Vgl. dazu *Finkelnburg/Ortloff/Otto*, § 13, Rn. 55.
374 *Kersten*, in: Schoch, Kap. 3, Rn. 453.

– Problematisch ist auch der Fall **behördlichen Zuwartens**, wenn die Bauaufsichtsbehörde also einen Bauherrn vorerst gewähren lässt und nicht zum frühestmöglichen Zeitpunkt gegen eine illegale Anlage vorgeht. Zwar mag eine vorübergehende behördliche Duldung vor dem Hintergrund des intendierten Ermessens nicht unproblematisch sein. Der Bauherr kann daraus aber grds. keine Rechtsposition oder Vertrauensgesichtspunkte ableiten. Die Bauaufsichtsbehörde kann ihre Befugnisse, die sie im öffentlichen Interesse gebraucht, grds. nicht verwirken. Sie ist auch bei einem späteren Einschreiten nicht in ihrem Handlungs- und Ermessensspielraum beschränkt.[376]   393

4. Vollstreckung bauaufsichtlicher Maßnahmen: Erfordernis einer Duldungsverfügung

Der Adressat einer bauaufsichtlichen Maßnahme läuft Gefahr, durch ihre Befolgung in den **Rechtskreis eines Dritten** (zB Miteigentümer, Mieter/Pächter der Anlage) einzugreifen. Die hM hält auch behördliche Maßnahmen, die ein solches Verhalten vom Adressaten verlangen, für rechtmäßig. Allerdings geht sie davon aus, dass die **Vollstreckung** dieser Anordnung rechtswidrig wäre, denn die rechtliche und tatsächliche Erfüllbarkeit der Verpflichtung zählt zu den allgemeinen Voraussetzungen der Verwaltungsvollstreckung (Art. 18 ff. VwZVG). Abhilfe schafft eine sog **Duldungsverfügung** (→ § 6 Rn. 47). Sie ist an den zivilrechtlich berechtigten Dritten zu richten und verpflichtet diesen, den Eingriff hinzunehmen. Die Rechtsgrundlage für die Duldungsverfügung bildet die analoge Anwendung der bauaufsichtlichen Eingriffsbefugnis (also zB Art. 76 S. 1 BayBO analog). Eine Duldungsverfügung stellt für den adressierten Dritten einen belastenden Verwaltungsakt dar, gegen den er prozessual vorgehen kann. Umstritten ist, ob eine Duldungsverfügung gegen den Dritten nur rechtmäßig sein kann, wenn es die bauaufsichtliche Maßnahme selbst auch ist – oder ob eine Wirksamkeit der bauaufsichtlichen Maßnahme ausreicht.[377]   394

Eine neuere Ansicht sieht die Duldungsverfügung nun als gegenstandslos an. Sie begründet dies damit, dass der Dritte gerade keine zivilrechtlichen Ansprüche gegen den Adressaten der Maßnahme hätte.[378]

5. Rechtsschutzfragen

a) Rechtsschutz des Bauherrn

Bauaufsichtliche Maßnahmen sind Verwaltungsakte, die der Bauherr anfechten kann.[379] Die **Anfechtungsklage** entfaltet dabei aufschiebende Wirkung (§ 80 Abs. 1 S. 1 VwGO), so dass die Behörde den Verwaltungsakt bis zur Entscheidung über das   395

---

375 *Finkelnburg/Ortloff/Otto*, § 13, Rn. 57 ff.; *Kersten*, in: Schoch, Kap. 3, Rn. 454.
376 Vgl. dazu BayVGH, Beschl. v. 28.12.2016 – 15 CS 16.1774, juris, Rn. 33; *Finkelnburg/Ortloff/Otto*, § 13, Rn. 65 f.
377 S. für ein Beispiel aus der Examenspraxis BayVBl. 2017, 179, 209.
378 *F. Michl*, NVwZ 2014, 1206; *Manssen*, in: Becker/Heckmann/Kempen/ders., 4. Teil, Rn. 541 ff.
379 Das Widerspruchsverfahren nach § 68 VwGO entfällt in Bayern für den vorliegenden Fall gemäß Art. 15 Abs. 2, 1 AGVwGO.

Rechtsmittel nicht vollziehen kann.[380] Sofern die Bauaufsichtsbehörde, um eben diese Situation zu vermeiden, den Sofortvollzug (§ 80 Abs. 2 S. 1 Nr. 4 VwGO) der Maßnahme angeordnet hat, kann der Bauherr mit einem **Antrag auf Wiederherstellung der aufschiebenden Wirkung** im einstweiligen Rechtsschutzverfahren vorgehen (§ 80 Abs. 5 S. 1 2. Var. VwGO). Innerhalb der Begründetheitsprüfung (§ 113 Abs. 1 VwGO) ist sodann in der entsprechenden prozessualen Einkleidung (Anfechtungsklage oder Antrag auf Wiederherstellung der aufschiebenden Wirkung) die Frage nach der Rechtmäßigkeit der bauaufsichtlichen Maßnahme zu prüfen (→ Rn. 361).

b) Rechtsschutz der Gemeinde

396 Auch eine (kreisangehörige) Gemeinde, die nicht selbst untere Bauaufsichtsbehörde ist (→ Rn. 162 ff.), kann einen Anspruch auf bauaufsichtliches Einschreiten haben. In prozessualer Hinsicht entspricht diese Konstellation, weil ebenfalls eine Dritte ein Vorgehen gegen den Bauherrn verlangt, dem oben skizzierten nachbarlichen Rechtsschutz.[381] Geht es um eine Anlage **auf ihrem Gemeindegebiet,** kann die Gemeinde als Klägerin eine Verletzung ihrer Planungshoheit (Art. 28 Abs. 2 GG, Art. 11 Abs. 2 S. 2 BV) und speziell eine Verletzung des dem Schutz dieser Planungshoheit dienenden Beteiligungsrechts gemäß § 36 BauGB geltend machen.

Beispiel:
Bauherrin B möchte auf dem Gebiet der kreisangehörigen Gemeinde G (keine Große Kreisstadt oder Delegationsgemeinde) im unbeplanten Innenbereich (§ 34 BauGB) eine 15 m hohe Antenne errichten. Das Landratsamt L nimmt irrig (vgl. Art. 57 Abs. 1 Nr. 5 lit. a: max. 10 m) eine Verfahrensfreiheit der Anlage an und lässt die B gewähren. Die Gemeinde G macht gemäß § 123 Abs. 1 S. 1 VwGO einen Anspruch auf Erlass einer Baueinstellungsverfügung (Art. 75 Abs. 1 BayBO) geltend. Dabei verweist sie zu Recht auf eine Verletzung ihres Mitwirkungsrechts aus § 36 BauGB, denn es hätte ein Baugenehmigungsverfahren eingeleitet werden müssen.[382]

397 Bei Vorhaben auf **fremdem Gemeindegebiet** kommt ein Verstoß gegen das interkommunale Abstimmungsgebot (§ 2 Abs. 2 S. 1 BauGB) in Frage.[383]

VI. Nachbarschutz im öffentlichen Baurecht

398 Nachbarn treten in baurechtlichen Fällen als die gleichsam natürlichen Widersacher von Bauherren auf. Typischerweise klagen sie entweder gegen eine Baugenehmigung (**präventiver Nachbarschutz**) oder wollen die Bauaufsichtsbehörde gerichtlich dazu zwingen, die Beseitigung einer Anlage anzuordnen bzw. ihre Nutzung zu untersagen (**repressiver Nachbarschutz**). Da die deutsche Rechtsordnung jedoch keinen allgemeinen Gesetzesvollziehungsanspruch kennt, können sich Nachbarn gegen ihnen unliebsame Bauvorhaben gerichtlich *nur* erfolgreich zur Wehr setzen, wenn sie durch die Baugenehmigung bzw. die Untätigkeit der Behörde **in ihren eigenen, subjektiven Rechten verletzt** werden. Die Klage eines Nachbarn gegen eine „nur" objektiv rechtswidrige Baugenehmigung ist mangels Klagebefugnis (§ 42 Abs. 2 VwGO) bereits unzulässig und wäre zudem unbegründet, weil es an einer subjektiven Rechtsverletzung fehlt

---

380 *Gersdorf,* in: Posser/Wolff, § 80 VwGO Rn. 23.
381 *Finkelnburg/Ortloff/Otto,* § 23, Rn. 9.
382 BVerwG, NVwZ 1992, 878 (879).
383 Vgl. dazu *Finkelnburg/Ortloff/Otto,* § 23, Rn. 6 ff.; *Decker/Konrad,* II 8, Rn. 81.

(§ 113 Abs. 1 VwGO). Aussicht auf Erfolg hat die Klage lediglich, wenn der Nachbar geltend machen kann, dass die Genehmigung zumindest auch gegen Vorschriften verstößt, die gerade ihn als Nachbarn schützen sollen. Der Unterscheidung zwischen nachbarschützenden (oder synonym: drittschützenden) Regelungen einerseits und Vorschriften, die ausschließlich den Interessen der Allgemeinheit dienen, andererseits ist daher von erheblicher Bedeutung.

Klausurhinweis:
In Nachbarrechtsfällen bildet die Bestimmung der drittschützenden Wirkung baurechtlicher Normen (im Rahmen der Zulässigkeit bei der Prüfung der Klagebefugnis sowie auf Ebene der Begründetheit bei der Prüfung der subjektiven Rechtsverletzung) daher typischerweise einen der Schwerpunkte der Klausur.[384]

1. Schutznormtheorie

Ob eine Norm des öffentlichen Baurechts einem Nachbarn subjektive Rechte vermittelt, ist nach Maßgabe der Schutznormtheorie zu beurteilen. Diese ist zwar nicht unbestritten, wird aber im Öffentlichen Recht doch weiterhin ganz überwiegend angewandt, um subjektiv-öffentliche Rechte zu identifizieren. Danach wirkt eine Vorschrift drittschützend und begründet gerichtlich durchsetzbare Rechte des Nachbarn, wenn sie nicht allein öffentlichen Interessen, sondern – zumindest auch – Individualinteressen zu dienen bestimmt ist, und der Nachbar zum Kreis der Personen zählt, die geschützt werden sollen.[385] Maßgeblich ist die intendierte Schutzrichtung, eine bloß reflexhafte Begünstigung ist nicht ausreichend. Es empfiehlt sich eine zweistufige Prüfung: Zunächst ist durch Auslegung der Norm zu ermitteln, ob sie den Schutz einzelner Personen bezweckt oder ausschließlich im öffentlichen Interesse erlassen wurde. Auf eine individuelle Schutzrichtung können Formulierungen hindeuten, wonach „nachbarliche Interessen" nicht entgegenstehen oder die Auswirkungen auf die Umgebung nicht „unzumutbar" sein dürfen. Im zweiten Schritt ist dann zu prüfen, ob der Nachbar zu den geschützten Personen gehört.[386]

399

Klausurhinweis:
Die Rspr. hat für die Kernvorschriften des Bauplanungs- und des Bauordnungsrechts bereits entschieden, ob und zugunsten welcher Personen sie nachbarschützend wirken. Kenntnisse dieser im Folgenden erläuterten Kasuistik sind für die Lösung von Nachbarrechtsklausuren unerlässlich.

2. Generell und partiell nachbarschützende Vorschriften

Die Rspr. unterscheidet zwei Arten drittschützender Normen:[387] **Generell (bzw. unmittelbar) nachbarschützende Regeln** vermitteln allen Nachbarn, die in den Schutzbereich der Norm fallen, ein gerichtlich durchsetzbares subjektives Recht unabhängig davon, ob diese Nachbarn im Einzelfall tatsächlich und spürbar durch das in Rede stehende Bauvorhaben beeinträchtigt werden. Auf **partiell nachbarschützende** Regelungen kön-

400

---

384 Siehe etwa BayVBl. 2016, 107, 138; BayVBl. 2016, 390, 427; BayVBl. 2016, 685, 720.
385 Siehe nur BVerwGE 1, 83 (83 f.); 80, 259 (259 f.), sowie aus der Lit. statt vieler *Kluth*, in: Wolff/Bachof/Stober/ders. I, § 43, Rn. 9, 17 ff. mit umfangreichen wN.
386 Vgl. *Voßkuhle/Kaufhold*, JuS 2018, 764 (765).
387 Siehe zu dieser Unterscheidung zB *Muckel/Ogorek*, § 10, Rn. 12 a ff.; *Finkelnburg/Ortloff/Otto*, § 17, Rn. 30 ff.

nen sich demgegenüber nur diejenigen Nachbarn berufen, die durch das Vorhaben im konkreten Einzelfall in besonderer und herausgehobener Weise belastet werden.

3. Generell nachbarschützende Normen
a) Bauplanungsrecht

401 Das Bauplanungsrecht kennt eine ganze Reihe generell drittschützender Regelungen.

402 – Generell nachbarschützend wirken zunächst **Festsetzungen über die Art der zulässigen Grundstücksnutzung** in einem Bebauungsplan (§ 30 BauGB iVm §§ 2 ff. BauNVO). Nach Ansicht des BVerwG werden die Grundstückseigentümer durch diese Festsetzungen zu einer „bodenrechtlichen Schicksalsgemeinschaft" verbunden und in ein wechselseitiges Austauschverhältnis einbezogen. Sie werden verpflichtet, Beschränkungen der Nutzbarkeit ihres Bodens zu akzeptieren, und können zum Ausgleich verlangen, dass alle anderen Eigentümer im Plangebiet diese Beschränkungen ebenfalls einhalten.[388] Eigentümer von Grundstücken innerhalb des Plangebiets eines Bebauungsplans, der Festsetzungen über die Art der Nutzung enthält, steht daher ein sog **Gebietserhaltungsanspruch** zu.[389] Sie können sich gegen Nutzungsarten, die nach § 30 BauGB iVm §§ 2 ff. BauNVO unzulässig sind, auch dann gerichtlich wehren, wenn sie durch den Rechtsverstoß tatsächlich nicht beeinträchtigt werden.

Beispiel:
F ist Eigentümerin eines Grundstücks in einem Gebiet, das von einem einfachen Bebauungsplan als reines Wohngebiet (§ 3 BauNVO) ausgewiesen wird. T ist Eigentümerin eines Grundstücks, das etwa 500 m entfernt, aber noch in demselben, als reines Wohngebiet ausgewiesenen Bereich liegt. Die Bauaufsicht erteilt T eine Genehmigung für den Bau einer Tankstelle. Auf dem Grundstück der F sind keinerlei Gerüche oder Geräusche des Tankstellenbetriebs wahrnehmbar. Eine Anfechtungsklage der F gegen die Genehmigung für die Tankstelle wäre gleichwohl zulässig und begründet: Die Klagebefugnis der F ergibt sich aus § 30 Abs. 3 BauGB iVm § 3 BauNVO. Festsetzungen über die Art der Nutzung verbinden die Eigentümerinnen, deren Grundstücke im Plangebiet liegen, zu einer bodenrechtlichen Schicksalsgemeinschaft und wirken generell nachbarschützend. Alle Eigentümerinnen können verlangen, dass kein Bauvorhaben zugelassen wird, welches mit den Festsetzungen nicht vereinbar ist. Ob F durch die Errichtung der Tankstelle tatsächlich in irgendeiner Form beeinträchtigt wird, ist insoweit ohne Bedeutung. Die Genehmigung der Tankstelle ist rechtswidrig. Sie ist genehmigungspflichtig (Art. 55 Abs. 1 BayBO), aber nicht genehmigungsfähig (Art. 60 iVm Art. 2 Abs. 4 Nr. 19 BayBO iVm §§ 29 Abs. 1, 30 Abs. 3 BauGB iVm § 3 Abs. 2 f. BauNVO). F wird durch die Genehmigung in ihrem subjektiven Recht aus § 30 Abs. 3 BauGB iVm § 3 BauNVO verletzt.

403 **Festsetzungen über das Maß der Nutzung** hingegen dienen nach Ansicht der Rspr. ebenso wie Regelungen über die **Bauweise** und die **überbaubaren Grundstücksflächen** regelmäßig allein öffentlichen Interessen (insbesondere der Auflockerung der Bebauung und der Sicherung eines angemessenen Stadtklimas).[390] Ein Nachbar kann sich daher in der Regel nicht mit Erfolg gegen ein Bauvorhaben wehren, das unzulässigerweise fünf anstatt der festgesetzten vier Geschosse umfasst und ihm damit die Aus-

---

388 Siehe etwa BVerwGE 94, 151 (155); BVerwG, NVwZ 2008, 427 (428).
389 Vgl. BVerwG, NVwZ 2000, 1054 (1054 f.); *Muckel/Ogorek*, § 10, Rn. 12 b; *Manssen*, in: Becker/Heckmann/Kempen/ders., 4. Teil, Rn. 583.
390 Siehe *Manssen*, in: Becker/Heckmann/Kempen/ders., 4. Teil, Rn. 639 f.; *Finkelnburg/Ortloff/Otto*, § 17, Rn. 9 ff.

sicht versperrt. Die genannten Festsetzungen wirken nur dann ausnahmsweise generell drittschützend, wenn ersichtlich und den Planungsunterlagen zu entnehmen ist, dass die Gemeinde die Regelung im konkreten Einzelfall speziell im Interesse der Nachbarn getroffen hat und diese unabhängig von ihrer individuellen Betroffenheit geschützt werden sollen.[391]

– Neben der Bewahrung der Gebietsart sollen Eigentümer nach überwiegender Ansicht auch generell verlangen können, dass keine Vorhaben zugelassen werden, die nicht gebietsverträglich sind (zu dieser bauplanungsrechtlichen Zulässigkeit → Rn. 235; sog **Gebietsprägungserhaltungsanspruch**).[392] Zur Begründung dieses Anspruchs wird erneut auf das wechselseitige Austauschverhältnis innerhalb von Baugebieten verwiesen. 404

– Ebenso wie die Eigentümer von Grundstücken in rechtlichen Plangebieten können auch diejenigen Eigentümer einen Gebietserhaltungsanspruch geltend machen, deren Grundstücke in einem faktischen Baugebiet nach § 34 Abs. 2 BauGB iVm §§ 2 ff. BauNVO liegen (→ Rn. 279 ff.). Denn sie bilden in gleicher Weise eine Schicksalsgemeinschaft und können daher ebenfalls unabhängig von einer individuellen Belastung verlangen, dass alle Vorhaben innerhalb des faktischen Baugebiets die durch § 34 Abs. 2 BauGB iVm §§ 2 ff. BauNVO gezogenen Nutzungsgrenzen beachten.[393] 405

– Generellen Nachbarschutz vermitteln zudem § 31 Abs. 1 und Abs. 2 BauGB (→ Rn. 246 ff.), soweit eine Abweichung von den festgesetzten bzw. in einem faktischen Baugebiet zulässigen Nutzungsarten gewährt wird.[394] 406

Nicht nachbarschützend wirken hingegen insbesondere § 36 BauGB sowie §§ 14 f. BauGB.[395] Sie dienen allein dem Schutz der kommunalen Planungshoheit. 407

b) Bauordnungsrecht

Die überwiegende Zahl der Regelungen des Bauordnungsrechts dient allein öffentlichen Interessen (insbesondere der Gefahrenabwehr, dem öffentlichen Interesse an einer geordneten Baugestaltung sowie der Gewährleistung sozialer und umweltrechtlicher Mindeststandards).[396] So soll etwa das **Verunstaltungsverbot** (Art. 8 BayBO; → Rn. 343 ff.) das Straßen-, Orts- oder Landschaftsbild als Kulturgut vor ästhetisch nicht hinnehmbaren Beeinträchtigungen bewahren, und die **Stellplatzanforderungen** (Art. 47 BayBO; → Rn. 342) dienen dem Schutz des fließenden öffentlichen Verkehrs 408

---

391 Siehe *Muckel/Ogorek*, § 10, Rn. 32; *Finkelnburg/Ortloff/Otto*, § 18, Rn. 9.
392 Vgl. BVerwG, NVwZ 2002, 1384; *Kersten*, in: Schoch, Kap. 3, Rn. 301; *Muckel/Ogorek*, § 10, Rn. 30; krit. zur Herleitung *Schoch*, Jura 2004, 317 (320 f.); offen gelassen von BayVGH, Beschl. v. 9.10.2012 – 2 ZB 11.2653, juris, Rn. 7; für Klausurbeispiele *Ingold*, JuS 2014, 40 (42); Aufgabe 6 der Ersten Juristischen Staatsprüfung 2017/2.
393 BVerwGE 94, 151 (156).
394 OVG NRW, DVBl. 2009, 712 (714 ff.); *Finkelnburg/Ortloff/Otto*, § 18, Rn. 13.
395 Zu § 36 BauGB siehe BayVGH, 15.2.2017 – 9 ZB 15.2092, juris, Rn. 6; zu § 14 BauGB *Hornmann*, in: Spannowsky/Uechtritz, § 14 BauGB Rn. 4.
396 Vgl. etwa *Kaiser*, in: Ehlers/Fehling/Pünder II, § 41, Rn. 17 ff.; *Finkelnburg/Ortloff/Otto*, § 17, Rn. 28 ff.

vor den Belastungen durch ruhende Kraftfahrzeuge.[397] Beide Regelungen entfalten daher nach hM keine generell nachbarschützenden Wirkungen.[398]

409 Eine bedeutsame Ausnahme vom Grundsatz der nicht nachbarschützenden Wirkung bauordnungsrechtlicher Vorschriften bildet das **Abstandsflächenrecht** (→ Rn. 335 ff.). Die Vorschriften über die Abstandsflächen bringen die nachbarlichen Nutzungsinteressen in einen Ausgleich, den jeder Grundstückseigentümer zu beachten hat, dessen Einhaltung er aber auch von allen anderen Eigentümern verlangen kann. Alle Regelungen des Art. 6 BayBO wirken daher nach allgemeiner Ansicht generell drittschützend.[399]

4. Partiell nachbarschützende Normen

410 Partiell nachbarschützend wirken baurechtliche Vorschriften nach Ansicht der Rspr., wenn sie zwei Voraussetzungen erfüllen: Bei der Vorschrift muss es sich zum einen um eine gesetzliche Normierung des **Gebots der Rücksichtnahme** handeln; ob dem so ist, muss im Wege der Interpretation ermittelt werden. Das gesetzlich normierte Gebot der Rücksichtnahme muss zum anderen im konkreten Fall ausnahmsweise auch subjektiv-rechtliche Wirkungen entfalten.

a) Gesetzliche Normierungen und Anforderungen des Gebots der Rücksichtnahme

411 Beim Gebot der Rücksichtnahme handelt es sich nicht – wie häufig fälschlich angenommen – um einen übergesetzlichen Grundsatz, der neben die gesetzlich geregelten Anforderungen an Bauvorhaben tritt und bei allen bodenrechtlichen Streitigkeiten gleichsam als allgemeine Billigkeitsklausel zu beachten ist.[400] Es handelt sich auch nicht um einen verfassungsrechtlichen Grundsatz, der die Auslegung der einfachen Gesetze steuert. Als Gebot der Rücksichtnahme bezeichnet man vielmehr eine bestimmte *tatbestandliche Voraussetzung* für die Zulässigkeit eines Bauvorhabens, die sich zwar in vielen, aber eben längst nicht in allen Vorschriften des öffentlichen Baurechts findet und *die deshalb auch nur gilt, wenn und soweit sie gesetzlich normiert ist*.[401]

412 Ausdrücklich wird das Gebot der Rücksichtnahme an keiner Stelle geregelt. Anhaltspunkte dafür, dass eine Norm seine Beachtung zur Voraussetzung für die Zulässigkeit eines Vorhabens erklärt, kann der Wortlaut gleichwohl geben, indem er etwa die Würdigung nachbarlicher Interessen verlangt oder auf die Zumutbarkeit von Immissionen

---

397 Siehe *Voigt*, in: Spannowsky/Manssen, BayBO, Art. 8 Rn. 1; *Würfel*, in: Simon/Busse, Art. 47 BayBO (Stand: 125. EL Mai 2017), Rn. 2.
398 Zu Art. 8 BayBO siehe BayVGH, 20.4.2010 – 9 ZB 08.319, juris, Rn. 2; zu Art. 47 BayBO siehe BayVGH, 25.8.2009 – 1 CS 09.287, juris, Rn. 39. – Anderes kann in Bundesländern gelten, in denen der Gesetzgeber im Interesse der Nachbarn zB eine bestimmte Anordnung der Stellplätze vorgibt.
399 Siehe etwa BayVGH, NVwZ-RR 2001, 291 (293 f.); *Manssen*, in: Becker/Heckmann/Kempen/ders., 4. Teil, Rn. 634; *Schönfeld*, in: Spannowsky/Manssen, BayBO, Art. 6 Rn. 276.
400 Vgl. *Voßkuhle/Kaufhold*, JuS 2010, 497 (497); *Finkelnburg/Ortloff/Otto*, § 17, Rn. 31; *Kersten*, in: Schoch, Kap. 3, Rn. 292.
401 Grundlegend zum Gebot der Rücksichtnahme BVerwGE 52, 122 (125 ff.).

abstellt. Für die Kernvorschriften des Baurechts hat die Rspr. in einer Reihe von Entscheidungen bereits geklärt, ob und inwieweit sie Rücksichtnahme gebieten.[402]

aa) Bauplanungsrecht

Die folgenden gesetzlichen Formulierungen sind als Normierungen des Gebots der Rücksichtnahme allgemein anerkannt: 413
- § 31 Abs. 2 BauGB: „Würdigung nachbarlicher Interessen"[403]
- § 34 Abs. 1 S. 1 BauGB: „einfügt"[404]
- § 34 Abs. 3 a S. 1 Nr. 3 BauGB: „Würdigung nachbarlicher Interessen"[405]
- § 35 Abs. 3 S. 1 Nr. 3 BauGB: „schädliche Umwelteinwirkungen"[406]
- § 35 Abs. 1–3 BauGB: „öffentliche Belange"[407]
- § 15 Abs. 1 S. 2 BauNVO: „Belästigungen oder Störungen", die „unzumutbar sind"[408]

bb) Bauordnungsrecht

Das Gebot der Rücksichtnahme wurde anhand der Vorschriften des Bauplanungsrechts von der Rspr. entwickelt und entfaltet. Das schließt es jedoch nicht prinzipiell aus, dass es auch bauordnungsrechtliche Vorschriften gibt, die als Normierungen des Rücksichtnahmegebots zu verstehen sind oder doch jedenfalls dieselben Anforderungen stellen und Nachbarn in vergleichbarer Weise Schutz vermitteln.[409] Nach dem BayVGH verlangt **Art. 63 Abs. 1 BayBO** („unter Würdigung der öffentlich-rechtlich geschützten nachbarlichen Belange"; → Rn. 347 ff.) eine Abwägung zwischen den für das Vorhaben sprechenden Gründen und den Belangen des Nachbarn „wie [das] bauplanungsrechtlich[e] Gebot der Rücksichtnahme".[410] Die Regelung wirkt deshalb nach Auffassung des Gerichts ebenso wie § 31 Abs. 2 BauGB partiell nachbarschützend. 414

cc) Anforderungen des Gebots der Rücksichtnahme

Das Gebot der Rücksichtnahme verpflichtet die Bauaufsicht, zwischen kollidierenden Nutzungsinteressen einen Ausgleich zu schaffen, der dem einen das ermöglicht, was für ihn unabweisbar ist, und den anderen vor unzumutbaren Belästigungen oder Benachteiligungen schützt.[411] Im Rahmen einer umfassenden Abwägung, die alle im Einzelfall relevanten, grundstücksbezogenen Umstände berücksichtigt, ist darüber zu entscheiden, welche Nutzung noch zumutbar und daher zulässig ist und was als rücksichtslos und daher baurechtlich unzulässig qualifiziert werden muss. In diese Abwä- 415

---

402 Siehe für einen Überblick zB *Kersten*, in: Schoch, Kap. 3, Rn. 299 ff., 335 ff., 373; *Finkelnburg/Ortloff/ Otto*, § 18, und knapp *Voßkuhle/Kaufhold*, JuS 2018, 764 (765 f.).
403 BVerwGE 82, 343 (344 f.).
404 BVerwG, BauR 1981, 354 (356).
405 Siehe *Söfker*, in: Ernst/Zinkahn/Bielenberg/Krautzberger, § 34 BauGB (Stand: 125. EL Mai 2017), Rn. 88 d; *Spannowsky*, in: ders./Uechtritz, § 34 BauGB Rn. 76.
406 BVerwGE 52, 122 (126 ff.).
407 BVerwGE 52, 122 (125 f.).
408 BVerwGE 67, 334 (338 f.).
409 AA *Kaiser*, in: Ehlers/Fehling/Pünder II, § 41, Rn. 172.
410 BayVGH, NVwZ-RR 2008, 84 (85), noch zu Art. 70 Abs. 1 BayBO, der Vorgängervorschrift von Art. 63 Abs. 1 BayBO.
411 BVerwGE 52, 122 (126 f.).

gung sind alle schutzwürdigen und schutzbedürftigen Belange einzustellen, und bei der Bewertung der Zumutbarkeit sind gesetzliche Gewichtungen der kollidierenden Interessen zu berücksichtigen (→ Rn. 238 ff.).

b) Voraussetzungen der drittschützenden Wirkung des Rücksichtnahmegebots

416 Dass eine Norm zur Rücksichtnahme verpflichtet, bedeutet nicht zugleich, dass sie nachbarschützend wirkt. Das Gebot der Rücksichtnahme dient im Grundsatz allein dem öffentlichen Interesse an einer geordneten und konfliktfreien städtebaulichen Entwicklung und wirkt daher grds. nur objektiv-rechtlich.[412] Deshalb können Nachbarn nicht ohne Weiteres erfolgreich gegen ein rücksichtsloses Bauvorhaben vorgehen.

417 **Nachbarschützend** wirkt das Gebot der Rücksichtnahme nach der Rspr. des BVerwG **nur ausnahmsweise** und zwar nur dann, wenn in „**qualifizierter und zugleich individualisierter Weise** auf schutzwürdige Interessen eines **erkennbar abgegrenzten Kreises Dritter** Rücksicht zu nehmen ist".[413] Das ist nur in denjenigen Ausnahmefällen anzunehmen, „in denen – erstens – die tatsächlichen Umstände handgreiflich ergeben, auf wen Rücksicht zu nehmen ist, und – zweitens – eine besondere rechtliche Schutzwürdigkeit des Betroffenen anzuerkennen ist".[414]

418 Die drittschützende Wirkung des Rücksichtnahmegebots hat mithin zwei Voraussetzungen: Zum einen muss ohne Weiteres ersichtlich sein, mit wessen Interessen das neue Vorhaben kollidiert und auf wen deshalb Rücksicht zu nehmen ist (**Individualisierung**). Zum anderen müssen die Personen, auf die Rücksicht zu nehmen ist, in herausgehobener Weise beeinträchtigt werden. Ihre Belastung muss eine besondere Intensität haben und sich von jener diffusen Betroffenheit der Allgemeinheit unterscheiden, die mit fast jeder Veränderung einer Nutzung in der weiteren Umgebung einhergeht (**Qualifizierung**). Mithilfe der beiden Merkmale der Individualisierung und der Qualifizierung der Beeinträchtigung muss sich ein Personenkreis bestimmen lassen, der deutlich aus der Allgemeinheit der Bewohner eines Gebiets hervortritt. Wer durch das Rücksichtnahmegebot geschützt wird und einen Verstoß ggf. gerichtlich geltend machen kann, ist demnach in jedem Einzelfall gesondert und neu zu ermitteln.[415]

Beispiel:
W ist Eigentümerin eines Wohnhauses, das in einem allgemeinen Wohngebiet liegt. In diesem allgemeinen Wohngebiet wird in einer Entfernung von 700 m zum Haus der W ein neues, 30 m hohes zwölfgeschossiges Hochhaus mit 50 Mietwohnungen errichtet. W klagt gegen die Genehmigung des Hochhauses und beruft sich auf einen Verstoß gegen § 31 Abs. 2 BauGB. Fraglich ist die Klagebefugnis der W. Eine Verletzung des in § 31 Abs. 2 BauGB („Würdigung nachbarlicher Interessen") normierten Gebots der Rücksichtnahme ist angesichts der zu erwartenden Zunahme des An- und Abfahrtsverkehrs nicht ausgeschlossen. Das Rücksichtnahmegebot dient jedoch grds. nur öffentlichen Interessen und vermittelt keinen Drittschutz. Private können sich auf einen Verstoß nur ausnahmsweise berufen, wenn sie im Einzelfall in qualifizierter und zugleich individualisierter Weise betroffen sind und daher zu einem erkennbar abgegrenzten Kreis Dritter gehören, auf deren Interessen Rücksicht zu nehmen ist. W ist hier nicht in einer Weise betroffen,

---

412 BVerwGE 52, 122 (129 f.).
413 BVerwGE 67, 334 (339); 82, 343 (347).
414 BVerwGE 82, 343 (347).
415 Vgl. *Voßkuhle/Kaufhold*, JuS 2010, 497 (498); *Finkelnburg/Ortloff/Otto*, § 17, Rn. 35; *Kersten*, in: Schoch, Kap. 3, Rn. 293 f.

die sie aus dem Kreis der Nachbarn in der weiteren Umgebung des Neubaus hervorheben würde. Sie gehört vielmehr zu einer nicht erkennbar abgegrenzten Gruppe von Personen, die von der zunehmenden Immissionsbelastung betroffen ist. § 31 Abs. 2 BauGB schützt sie in diesem Fall nicht. Die Klage der W ist unzulässig. – Anderes gilt für die Eigentümerin eines zweieinhalbgeschossigen Einfamilienhauses, das auf dem unmittelbar an das Hochhaus angrenzenden Grundstück steht. Sie kann sich auf das in § 31 Abs. 2 BauGB normierte Rücksichtnahmegebot berufen. Denn das Hochhaus hat eine gleichsam „erdrückende", „einmauernde" Wirkung speziell für das Einfamilienhaus. Diese besondere Belastung ist handgreiflich und muss sich der Bauaufsicht aufdrängen. Die für die nachbarschützende Wirkung des Rücksichtnahmegebots geforderte individualisierte und qualifizierte Betroffenheit ist damit gegeben.[416]

5. Reichweite des Schutzes: „Nachbarn" im Sinne des Baurechts

Wer „Nachbar" im Sinne des Baurechts ist und sich deshalb auf die nachbarschützende Wirkung einer Norm berufen kann, lässt sich nicht allgemein, sondern nur mit Blick auf eine konkrete baurechtliche Vorschrift bestimmen. Entscheidend ist, wer in räumlicher und persönlicher Hinsicht in den Schutzbereich einer Norm fällt. Mit Blick auf die **räumliche Reichweite** des Schutzes gilt im Grundsatz, dass nicht nur die unmittelbar angrenzenden, sondern alle Grundstücke im Einwirkungsbereich einer Anlage geschützt werden.[417] In **persönlicher Hinsicht** ergibt sich eine wesentliche Begrenzung der Schutzwirkung aus der Grundstücksbezogenheit des öffentlichen Baurechts: Nach der Rspr. kann baurechtlichen Nachbarschutz nur geltend machen, wem ein dingliches Recht an dem betroffenen Grundstück zusteht, also v.a. der Eigentümer, nicht aber der Mieter oder andere nur obligatorisch Berechtigte.[418] Klagebefugt sind letztere daher nur, wenn es möglich erscheint, dass der Baurechtsverstoß mit der Verletzung eines anderen subjektiv-öffentlichen Rechts, etwa des Rechts auf körperliche Unversehrtheit (Art. 2 Abs. 2 GG), einhergeht (zum teils abweichenden Nachbarbegriff im Immissionsschutzrecht → § 7 Rn. 45). 419

6. Nachbarschutz aus Art. 14 Abs. 1 GG?

Aus Art. 14 Abs. 1 GG lässt sich im Anwendungsbereich des öffentlichen Baurechts 420 kein Nachbarschutz ableiten. Das Eigentumsrecht von Grundstückseigentümern wird nach heute fast einhelliger Auffassung durch die parlamentsgesetzlichen baurechtlichen Vorschriften verfassungskonform ausgestaltet. Sie bestimmen Inhalt und Schranken des Grundeigentums abschließend. Ein dem Baurecht irgendwie „vorgelagertes" Eigentumsrecht, auf das der Nachbar zur Begründung einer subjektiven Rechtsverletzung zurückgreifen könnte, gibt es nicht. Grundeigentum existiert nur in der Form, die ihm der Gesetzgeber mit dem öffentlichen Baurecht gibt.[419]

7. Rechtsschutz

Nachbarrechtsfälle werfen neben der Frage danach, welche baurechtlichen Normen 421 zugunsten welcher Personen drittschützende Wirkung entfalten, häufig eines oder

---

416 Vgl. BVerwG, DVBl. 1981, 928 (928 ff.).
417 Siehe *Muckel/Ogorek*, § 10, Rn. 4 ff.; *Manssen*, in: Becker/Heckmann/Kempen/ders., 4. Teil, Rn. 578.
418 Vgl. BVerwG, NVwZ 1998, 956 (956); *Kersten*, in: Schoch, Kap. 3, Rn. 291.
419 Siehe BVerwG, ZfBR 1996, 328 (339); *Muckel/Ogorek*, § 10, Rn. 71 ff.; *Finkelnburg/Ortloff/Otto*, § 18, Rn. 42 ff.; aA zB *Kersten*, in: Schoch, Kap. 3, Rn. 307.

mehrere der nachfolgenden (v.a., aber nicht ausschließlich verwaltungsprozessualen) Standardprobleme auf.[420]

422 – Nach **Art. 66 Abs. 1 S. 1 f. BayBO** hat der Bauherr den Eigentümern der benachbarten Grundstücke seinen Lageplan und seine Bauzeichnungen zur Unterschrift vorzulegen. Mit ihrer Unterschrift stimmen die Nachbarn dem Bauvorhaben zu. Mit Einwendungen gegen das Vorhaben sind sie anschließend präkludiert (→ Rn. 170 ff.).

423 – Den Schutz durch Vorschriften des öffentlichen Baurechts und damit seine Klagebefugnis verliert ein Nachbar auch, wenn die Bauaufsicht gemäß **Art. 66 a Abs. 1 BayBO** (→ Rn. 175) das Vorhaben öffentlich bekannt macht und der Nachbar es versäumt, seine Einwendungen gegen das Vorhaben innerhalb eines Monats vorzutragen. Gemäß Art. 66 a Abs. 1 S. 2 BayBO und im Interesse der Rechtssicherheit des Vorhabenträgers sind alle Einwendungen präkludiert, die nicht innerhalb der gemäß Art. 31 BayVwVfG iVm § 187 Abs. 1, § 188 Abs. 2 1. Var. BGB zu berechnenden Frist von einem Monat ab der öffentlichen Bekanntmachung des Bauvorhabens erhoben wurden. Die Präklusionswirkung kann auch einzelne Einwendungen erfassen.

424 – Die **Monatsfrist** für die Erhebung einer Anfechtungsklage gegen eine Baugenehmigung beginnt gemäß § 74 Abs. 1 S. 2 VwGO mit der **Bekanntgabe** des Verwaltungsakts, wenn ein Widerspruchsverfahren (wie in Bayern in Bausachen, siehe Art. 15 Abs. 2 iVm Abs. 1 AGVwGO) nicht statthaft ist. Solange es an einer durch die Bauaufsicht veranlassten Bekanntgabe der Baugenehmigung an den Nachbarn gemäß Art. 41 Abs. 1 S. 1 BayVwVfG fehlt, läuft für ihn mithin im Prinzip keine Frist. Erlangt der Nachbar jedoch auf andere Weise zuverlässige Kenntnis vom Inhalt der Genehmigung oder hätte er diese Kenntnis erlangen müssen, ist er nach allgemeiner Ansicht demjenigen gleichzustellen, dem die Baugenehmigung ohne oder mit unrichtiger Rechtsbehelfsbelehrung bekanntgegeben wurde. Es läuft also eine Jahresfrist gemäß § 58 Abs. 2 VwGO analog.[421]

425 – Schon vor Ablauf eines Jahres verliert der Nachbar, dem die Baugenehmigung nicht bekanntgegeben wurde, seine Abwehrrechte und damit seine Klagebefugnis (für eine Anfechtungsklage gegen eine Genehmigung bzw. für eine Verpflichtungsklage auf bauaufsichtliches Einschreiten), wenn er diese Rechte verwirkt (§ 242 BGB analog). Eine **Verwirkung** ist anzunehmen, wenn der Nachbar die Baugenehmigung bzw. das Bauvorhaben kannte bzw. kennen musste, gleichwohl längere Zeit untätig geblieben ist (Zeitmoment) und zudem einen Vertrauenstatbestand auf Seiten des Bauherrn geschaffen hat, indem er diesem durch sein Verhalten (zB durch mündliche Zusagen) den Eindruck vermittelte, er werde nicht gegen das Vorhaben vorgehen (Umstandsmoment).[422]

426 – Klagt ein Nachbar gegen eine Baugenehmigung bzw. auf ein Einschreiten der Bauaufsicht, ist der Bauherr gemäß § 65 **Abs. 2 VwGO** notwendig beizuladen.

---

420 Siehe hierzu auch *Muckel/Ogorek*, § 11; *Manssen*, in: Becker/Heckmann/Kempen/ders., 4. Teil, Rn. 599 ff.; *Finkelnburg/Ortloff/Otto*, § 22.
421 BVerwGE 44, 294 (300 f.); 78, 85 (86 f.).
422 Ausführlich zur Verwirkung in baurechtlichen Nachbarrechtsfällen *Troidl*, NVwZ 2004, 315; vgl. ferner etwa *Manssen*, in: Becker/Heckmann/Kempen/ders., 4. Teil, Rn. 601; *Muckel/Ogorek*, § 11, Rn. 30 f.

– Die Entscheidung, ob und wie gegen ein baurechtswidriges Vorhaben vorzugehen ist, liegt im Ermessen der Bauaufsicht (**Art. 75 f. BayBO**; → Rn. 377, 381, 385). Ein Nachbar wird mit einer Verpflichtungsklage (bzw. einem Antrag auf einstweiligen Rechtsschutz nach § 123 Abs. 1 VwGO), gerichtet auf Erlass einer bauaufsichtlichen Verfügung gegenüber dem Bauherrn, daher nur vollumfänglich erfolgreich sein, wenn er neben der Verletzung einer nachbarschützenden Vorschrift auch geltend machen kann, dass das Entschließungs- und das Auswahlermessen der Bauaufsicht auf Null reduziert ist. **Umstritten** ist, unter welchen **Voraussetzungen** eine solche **Ermessensreduktion** anzunehmen ist. Nach Auffassung des BayVGH und von Teilen der Lit.[423] müssen insoweit die allgemeinen Regeln zur Anwendung kommen, wonach ein Anspruch auf Einschreiten voraussetzt, dass die baurechtswidrige Anlage ein wichtiges Rechtsgut des Nachbarn in erheblicher Weise beeinträchtigt und dass diese Beeinträchtigung deutlich schwerer wiegt als der dem Bauherrn drohende Schaden. Dem wird – nach unserer Auffassung zu Recht – entgegengehalten, dass der Bauherr damit ohne hinreichenden Grund bei einem nicht genehmigten Bau schlechter steht als bei einer rechtswidrig genehmigten Anlage. Denn die gegen eine Genehmigung gerichtete Anfechtungsklage ist bereits begründet, wenn das Vorhaben gegen nachbarschützende Vorschriften verstößt. Für diese Differenzierung gibt es jedoch keine ausreichende sachliche Rechtfertigung. Insbesondere sollte die Genehmigungs- bzw. Verfahrensfreistellung nur eine Entlastung für die Bauherren darstellen, nicht aber eine Belastung der Nachbarn bewirken (→ Rn. 187, 193). Das Ermessen nach Art. 75 f. BayBO ist daher unseres Erachtens intendiert und die Bauaufsicht grds. zum Einschreiten verpflichtet, wenn eine bauliche Anlage nachbarschützende Vorschriften verletzt.[424]

427

– Die gegen eine Baugenehmigung gerichtete Anfechtungsklage eines Nachbarn hat gemäß **§ 212 a Abs. 1 BauGB** keine aufschiebende Wirkung. Will ein Nachbar verhindern, dass der Bauherr seine Genehmigung nutzt und mit der Ausführung des Vorhabens beginnt, muss er daher entweder bei der Bauaufsicht einen Antrag auf Aussetzung der Vollziehung stellen gemäß § 80 a Abs. 1 Nr. 2 iVm § 80 Abs. 4 VwGO oder – in der Praxis wegen der geringen Erfolgsaussichten des an die Bauaufsicht gerichteten Antrags vorzugswürdig – beim Verwaltungsgericht einstweiligen Rechtsschutz nach **§§ 80 a, 80 Abs. 5 BauGB** beantragen.

428

8. Zivilrechtlicher Nachbarschutz

Öffentlich-rechtliche und privat-rechtliche Vorschriften zum Schutz von Nachbarn kommen nebeneinander zur Anwendung (→ Rn. 208). Der Nachbar kann zudem frei wählen, ob er die Verwaltungsgerichte oder die ordentlichen Gerichte um Rechtsschutz ersucht (**Zweigleisigkeit des Rechtsschutzes**).[425] Ist eine Nachbarklage jedoch einmal vor einem Zivilgericht oder einem Verwaltungsgericht anhängig gemacht, entscheidet das zuerst angerufene Gericht gemäß § 17 Abs. 2 GVG (ggf. iVm § 173

429

---

423 BayVGH, Beschl. v. 18.6.2008 – 9 ZB 07.497, juris, Rn. 3 ff.; siehe ferner zB *Manssen*, in: Becker/Heckmann/Kempen/ders., 4. Teil, Rn. 610; *Muckel/Ogorek*, § 10, Rn. 61 ff.
424 Im Ergebnis ebenso HessVGH, BauR 2009, 1126 (1128); *Schoch*, Jura 2005, 178 (184); mit Einschränkungen auch *Finkelnburg/Ortloff/Otto*, § 20, Rn. 12 ff.
425 Vgl. *Manssen*, in: Becker/Heckmann/Kempen/ders., 4. Teil, Rn. 613.

VwGO) über sämtliche zivil- und öffentlich-rechtlichen Abwehransprüche, soweit diese denselben Anspruchsinhalt haben und auf demselben Sachverhalt beruhen. Einer im Nachgang bei einem zweiten Gericht eines anderen Rechtswegs erhobenen Klage steht der Einwand der anderweitigen Rechtshängigkeit entgegen (§ 17 Abs. 1 S. 2 GVG ggf. iVm § 173 VwGO).

VII. Kontrollfragen

1. Welche Rechtsschutzmöglichkeiten bestehen gegen einen Flächennutzungsplan? → Rn. 33 ff.
2. Inwiefern unterscheidet sich ein qualifizierter Bebauungsplan von einem einfachen Bebauungsplan? → Rn. 40 f.
3. Welche Fristen gelten für die Ankündigung der Auslegung bzw. für die Auslegung des Bebauungsplans? → Rn. 50 ff.
4. Welche Anforderungen an einen Bebauungsplan ergeben sich aus § 2 Abs. 3 BauGB? Welche aus § 1 Abs. 7 BauGB? → Rn. 62 ff., 100 ff.
5. Welche Fallgruppen einer fehlenden städtebaulichen Erforderlichkeit des Bebauungsplans (§ 1 Abs. 3 BauGB) kennen Sie? → Rn. 83 ff.
6. Welche Festsetzungen kann ein Bebauungsplan enthalten? Kann die Gemeinde eigene „Festsetzungskategorien" erfinden? → Rn. 96 ff.
7. Was ist die Rechtsfolge, wenn ein Bebauungsplan fehlerhaft ist? → Rn. 107 ff.
8. Worin unterscheiden sich die Veränderungssperre und die Zurückstellung? → Rn. 132 ff.
9. Welche Stellen kommen in Bayern als untere Bauaufsichtsbehörde in Frage? Gegen wen ist eine Klage jeweils zu richten (Passivlegitimation)? → Rn. 166
10. Was ist die Rechtsfolge, wenn ein Nachbar sich weigert, die Bauunterlagen zu unterzeichnen? → Rn. 172
11. Welchen Zweck verfolgt Art. 56 S. 1 BayBO? → Rn. 184
12. Hat der Bauherr eine Möglichkeit, sich von der Behörde oder gerichtlich bestätigen zu lassen, dass sein Vorhaben verfahrensfrei ist? → Rn. 190, 357
13. Worin unterscheiden sich die behördlichen Pflichtprüfprogramme bei Sonderbauten und Nicht-Sonderbauten? → Rn. 198, 200
14. Kann die Bauaufsichtsbehörde eine Baugenehmigung versagen, weil das Vorhaben gegen eine Vorschrift außerhalb des Pflichtprüfprogramms verstößt? → Rn. 201
15. Welche Konsequenzen ergeben sich aus der Feststellungswirkung der Baugenehmigung? → Rn. 203
16. Welche Rechtsfragen kann der Bauherr im Wege eines Vorbescheids klären lassen? → Rn. 211
17. Bindet sich die Behörde hinsichtlich des Erlasses einer (Gesamt)Baugenehmigung, wenn sie dem Bauherrn eine Teilbaugenehmigung erteilt? → Rn. 217
18. Wann kommt einer baulichen Anlage im Sinne von § 29 BauGB „bodenrechtliche Relevanz" zu? → Rn. 224 ff.
19. Wie prüfen sie im unbeplanten Innenbereich, ob die Art der baulichen Nutzung zulässig ist? → Rn. 272 ff.

20. Welche Konsequenzen ergeben sich aus Art. 82 Abs. 1 BayBO hinsichtlich der bauplanungsrechtlichen Beurteilung von Windenergieanlagen? → Rn. 289
21. Welche Wirkung kommt der TA Lärm bei der Bestimmung der schädlichen Umwelteinwirkung gemäß § 35 Abs. 3 S. 1 Nr. 3 BauGB zu? → Rn. 295
22. Unter welchen Voraussetzungen darf das gemeindliche Einvernehmen gemäß § 36 BauGB ersetzt werden? → Rn. 324 ff.
23. Unter welchen Voraussetzungen kommt eine Abweichung von den Vorschriften des Abstandsflächenrechts in Frage? → Rn. 350 f.
24. Unter welchen Tatbestandsvoraussetzungen darf die Bauaufsichtsbehörde die Beseitigung einer Anlage anordnen? → Rn. 376
25. Was bedeutet „intendiertes Ermessen"? → Rn. 377
26. Welche speziellen Eingriffsbefugnisse (außer Art. 75 f.) sind in der BayBO geregelt? → Rn. 387
27. Was versteht man unter einer Duldungsverfügung? → Rn. 394
28. Welche generell drittschützenden Normen enthält das Bauplanungsrecht, welche das Bauordnungsrecht? → Rn. 401 ff., 408 ff.
29. An welchen Stellen im Gesetz finden sich einfachgesetzliche Konkretisierungen des Rücksichtnahmegebots? → Rn. 413 f.
30. Unter welchen Voraussetzungen ist das behördliche Ermessen auf Null reduziert, wenn ein Nachbar im Wege der Verpflichtungsklage ein bauaufsichtliches Einschreiten fordert? → Rn. 427

VIII. Literatur

Battis, Öffentliches Baurecht und Raumordnungsrecht, 7. Aufl. 2017; *Battis/Krautzberger/Löhr* (Hrsg.), Baugesetzbuch, Kommentar, 13. Aufl. 2016; *Brenner*, Öffentliches Baurecht, 4. Aufl. 2014; *Decker/Konrad*, Bayerisches Baurecht, 3. Aufl. 2011; *Erbguth/Mann/Schubert*, Besonderes Verwaltungsrecht, 12. Aufl. 2015, Teil 3; *Erbguth/Schubert*, Öffentliches Baurecht, 6. Aufl. 2015; Ernst/Zinkahn/Bielenberg/Krautzberger (Hrsg.), Baugesetzbuch, Kommentar, 2018; *Finkelnburg/Ortloff/Kment*, Öffentliches Baurecht, Bd. I: Bauplanungsrecht, 7. Aufl. 2017; *Finkelnburg/Ortloff/Otto*, Öffentliches Baurecht, Bd. II: Bauordnungsrecht, Nachbarschutz, Rechtsschutz, 7. Aufl. 2018; Jäde/Dirnberger (Hrsg.), Baugesetzbuch, Baunutzungsverordnung, Kommentar, 9. Aufl. 2018; *Kaiser*, Bauordnungsrecht, in: Ehlers/Fehling/Pünder (Hrsg.), Besonderes Verwaltungsrecht, Bd. II: Planungs-, Bau- und Straßenrecht, Umweltrecht, Gesundheitsrecht, Medien- und Informationsrecht, 3. Aufl. 2013, § 41; *Kersten*, Baurecht, in: Schoch (Hrsg.), Besonderes Verwaltungsrecht, 2018, Kap. 3; *Koch/Hendler*, Baurecht, Raumordnungs- und Landesplanungsrecht, 6. Aufl. 2015; *König*, Baurecht Bayern, 5. Aufl. 2015; *Manssen*, Öffentliches Baurecht, in: Becker/Heckmann/Kempen/ders. (Hrsg.), Öffentliches Recht in Bayern, 7. Aufl. 2017, 4. Teil; *Muckel/Ogorek*, Öffentliches Baurecht, 3. Aufl. 2018; *Schwarzer/König*, Bayerische Bauordnung, Kommentar, 4. Aufl. 2012; Schrödter (Hrsg.), Baugesetzbuch, Kommentar, 8. Aufl. 2015; Simon/Busse (Hrsg.), Bayerische Bauordnung, Kommentar, 2018; Spannowsky/Manssen (Hrsg.), Bayerische Bauordnung, Kommentar, 2018; Spannowsky/Uechtritz (Hrsg.), Baugesetzbuch, Kommentar, 3. Aufl. 2018; *Stollmann/Beaucamp*, Öffentliches Baurecht, 11. Aufl. 2917; *Weber/Köppert*, Baurecht Bayern, 3. Aufl. 2016; *Will*, Öffentliches Baurecht, 2019.

§ 3 Bayerisches Kommunalrecht

Meinhard Schröder

I. Begriff, Rechtsquellen, Entwicklung und Bedeutung des Kommunalrechts 2
 1. Begriff und Rechtsquellen des Kommunalrechts 2
 2. Entwicklung und Bedeutung des Kommunalrechts 8
II. Die Kommunen im Staatsaufbau .. 11
 1. Die Gliederung des Staatsgebiets, Verwaltungstypen 12
 2. Kommunen als Gebietskörperschaften 18
 3. Typen von Kommunen 23
III. Aufgaben und Wirkungskreise 25
 1. Gemeinden 26
  a) Eigener Wirkungskreis 27
  b) Übertragener Wirkungskreis 33
 2. Landkreise und Bezirke 38
IV. Die Selbstverwaltungsgarantie und ihr Schutz durch die Gerichte 41
 1. Die Selbstverwaltungsgarantie der Gemeinden 43
  a) Bedeutungsgehalt der Art. 28 Abs. 2 S. 1 GG, Art. 11 BV 43
  b) Inhalt der Selbstverwaltungsgarantie ieS 45
  c) Exkurs: Grundrechtsberechtigung von Gemeinden 49
  d) Rechtfertigungsmöglichkeiten für Eingriffe 51
  e) Gerichtliche Durchsetzung der Selbstverwaltungsgarantie 55
   aa) Rechtsschutz gegen Einzelmaßnahmen 56
   bb) Rechtsschutz gegen Normen 59
 2. Selbstverwaltungsgarantie der Gemeindeverbände 63
V. Die Organe der Kommunen 69
 1. Gemeindeorgane 71
  a) Gemeinderat 72
   aa) Wahl und Amtszeit ... 73
   bb) Rechtsstellung der Gemeinderatsmitglieder 77
   cc) Aufgaben des Gemeinderates 82
   dd) Ausschüsse 83
   ee) Fraktionen 88
   ff) Berufsmäßige Gemeinderatsmitglieder 91
   gg) Geschäftsordnung 92
  b) Erster Bürgermeister 95
   aa) Wahl und Rechtsstellung 96
   bb) Aufgaben 97
    (1) Selbständige Aufgabenerledigung, Art. 37 GO 98
    (2) Vorsitz im Gemeinderat 104
    (3) Vollzug der Beschlüsse des Gemeinderates ... 107
    (4) Außenvertretung der Gemeinde 109
   cc) Weitere Bürgermeister und Gemeindeverwaltung 112
  c) Bezirksausschüsse und -verwaltungsstellen, Ortssprecher 113
 2. Landkreisorgane 116
 3. Bezirksorgane 118
 4. Kommunalverfassungsstreit ... 120
VI. Das Handeln der Kommunen 123
 1. Handlungsformen 123
  a) Insbesondere: Beschluss ... 124
  b) Insbesondere: Satzung 126
  c) Insbesondere: Informationshandeln 128
 2. Der Geschäftsgang im Gemeinderat 129
  a) Beschlussfähigkeit 130
   aa) Ordnungsgemäße Ladung sämtlicher Mitglieder 131
   bb) Mehrheit anwesend und stimmberechtigt .. 134
  b) Beschluss 135
   aa) Enthaltungen 136
   bb) Mehrheit 137
   cc) Offene Abstimmung .. 138

dd) Ausschluss bei persönlicher Beteiligung 139	VIII. Kommunalaufsicht 199
c) Ordnungsgemäße Sitzung 145	1. Zwecke 199
aa) Ausschluss bei persönlicher Beteiligung 146	2. Instrumente.................... 202
bb) Öffentlichkeit 147	3. Rechtsaufsicht über die Gemeinden 204
cc) Ordnung 150	a) Informationsrecht 207
d) Niederschrift................ 154	b) Beanstandungsrecht 210
3. Das Handeln des ersten Bürgermeisters 157	c) Recht der Ersatzvornahme 213
4. Geschäftsgang auf Landkreis- und Bezirksebene 160	d) Weitere Mittel, Art. 114 GO 216
VII. Demokratie und Teilhabe 161	4. Fachaufsicht über die Gemeinden............................ 217
1. Differenzierung zwischen Angehörigen und Bürgern einer Gebietskörperschaft 162	a) Informationsrecht 220
	b) Weisungsrecht 221
2. Bürgerbegehren und Bürgerentscheid 165	5. Verhältnis zum Widerspruchsverfahren 224
3. Bürgerversammlung und Bürgerantrag 174	IX. Kommunale Wirtschaftstätigkeit .. 226
	X. Kommunalfinanzen 235
4. Kommunale öffentliche Einrichtungen 176	XI. Kommunale Zusammenarbeit..... 241
a) Definition 176	1. Verwaltungsgemeinschaft 244
b) Anspruch auf Benutzung .. 181	2. Zweckverband 251
aa) Art. 21 GO 182	3. Zweckvereinbarung 256
bb) Weitere Anspruchsgrundlagen 194	4. Arbeitsgemeinschaft........... 261
	5. Gemeinsames Kommunalunternehmen 262
c) Anschluss- und Benutzungszwang................ 197	XII. Kontrollfragen 262
	XIII. Literatur 262

Die Kommunen sind wichtige Akteure im Staat und das sie betreffende Kommunalrecht ist einer der examensrelevantesten Bereiche des öffentlichen Rechts. Auf eine kurze Einführung in das Rechtsgebiet (I.) folgt zunächst eine Verortung der Kommunen im Staatsaufbau (II.), im Anschluss werden ihre Aufgaben und Wirkungskreise dargestellt (III.), sodann die damit zusammenhängende Selbstverwaltungsgarantie (IV.). Während die Kommunen bis dahin im Wesentlichen als undurchsichtige Einheit betrachtet werden, wendet sich der nächste Abschnitt ihrer inneren Organisation zu, indem die Organe (V.) und deren Handeln (VI.) dargestellt werden. Es folgt eine Erläuterung des Bereichs Demokratie und Teilhabe (VII.), der aufgrund der besonderen „Bürgernähe" der Kommunen große Bedeutung hat. Im VIII. Abschnitt wendet sich der Blick wieder auf das Verhältnis der Kommunen zum Staat, wenn es um die Staatsaufsicht geht. Es folgen Abschnitte zur kommunalen Wirtschaftstätigkeit (IX.) und zu den Kommunalfinanzen (X.), abschließend werden die Grundlagen der kommunalen Zusammenarbeit erläutert (XI.).

I. Begriff, Rechtsquellen, Entwicklung und Bedeutung des Kommunalrechts
1. Begriff und Rechtsquellen des Kommunalrechts

Der Begriff der **Kommune** ist nicht gleichbedeutend mit dem der Gemeinde, sondern stellt einen **Oberbegriff** für Gemeinden und Gemeindeverbände (das sind Landkreise –

oft kurz Kreise genannt – und Bezirke) dar.[1] Das Recht, das sich mit den Kommunen befasst, ist das Kommunalrecht. Es handelt von der Organisation dieser juristischen Personen des öffentlichen Rechts, von ihrem Verhältnis zum Staat und zueinander, von ihren Aufgaben, von ihren Befugnissen gegenüber den Bürgern und den Rechten der Bürger ihnen gegenüber. Hinzu kommt das Recht, das die Kommunen selbst setzen („kommunales Recht"). Die Rechtsquellen des Kommunalrechts liegen zu einem geringen Teil im europäischen Unionsrecht, zu einem deutlich größeren Teil im Verfassungsrecht des Bundes und zum größten Teil im Landesrecht.

3 Die Bedeutung des europäischen **Unionsrechts** als Rechtsquelle des eigentlichen Kommunalrechts ist überschaubar: Die EU ist eine Union der Mitgliedstaaten und behandelt diese grds. als Einheit.[2] Die regionale und lokale Selbstverwaltung wird aber immerhin als Teil der nationalen Identität der Mitgliedstaaten anerkannt (Art. 4 Abs. 2 EUV); außerdem knüpft das Subsidiaritätsprinzip (Art. 5 Abs. 3 EUV) nicht zuletzt daran an, ob eine Maßnahme von den Mitgliedstaaten „auf lokaler Ebene" verwirklicht werden kann. Praktisch bedeutsame Grenzen werden der Union durch diese Bestimmungen allerdings nicht gesetzt.[3] Wichtiger ist die Einräumung des aktiven und passiven Wahlrechts an Unionsbürger bei den Kommunalwahlen (Art. 20 Abs. 2 lit. b AEUV, → Rn. 74). Erwähnenswert ist schließlich noch die Möglichkeit der Mitgliedschaft von Vertretern regionaler und lokaler Gebietskörperschaften im Ausschuss der Regionen (Art. 300 Abs. 3 AEUV), der in bestimmten Fällen Anhörungsrechte hat[4] und auch darüber hinaus Beratungsfunktionen für die Unionsorgane übernimmt; über ihn können die Kommunen punktuell ihre Belange in den Integrationsprozess einbringen.[5] Jenseits dieser Fälle, in denen sich das Unionsrecht ausdrücklich mit den Kommunen befasst, gibt es zahlreiche Konstellationen, in denen auch (aber nicht nur) die Kommunen vom Unionsrecht „betroffen" sind. So können auch die Kommunen an die Grundfreiheiten sowie an das allgemeine Diskriminierungsverbot (Art. 18 AEUV) gebunden sein, beispielsweise wenn sie Einheimische bei der Vergabe von Grundstücken („Einheimischenmodell")[6] oder beim Zugang zu öffentlichen Einrichtungen (→ Rn. 181) privilegieren wollen. Sie müssen im Rahmen ihrer Zuständigkeiten das Unionsrecht vollziehen, es bei Entscheidungsspielräumen berücksichtigen und ggf. das nationale Recht unangewendet lassen.[7] Das europäische Wirtschaftsrecht gilt ebenfalls nicht nur, aber auch für die Kommunen: Wenn sie ortsansässigen Unternehmen Beihilfen gewähren wollen, müssen sie die Art. 107 ff. AEUV beachten, wenn sie sich unternehmerisch betätigen, die Art. 101 ff. AEUV, wenn sie Aufträge vergeben, das Vergaberecht.

---

1 *Lissack*, § 1, Rn. 20 a (Schaubild); *Mehde*, in: Maunz/Dürig, GG, Art. 28 Abs. 2 (Stand: 67. EL November 2012), Rn. 29.
2 *Engels/Krausnick*, § 4, Rn. 9.
3 Vgl. *Papier*, DVBl. 2003, 695.
4 Vgl. etwa Art. 165, 167, 168, 172, 175, 177, 178 AEUV.
5 *Hobe/Biehl/Schroeter*, DÖV 2003, 803 (805).
6 EuGH, verb. Rs. C-197/11 und C-203/11, EU:C:2013:288 – Libert ua; Beispiel: *F. Wollenschläger*, Streit um das Einheimischenmodell, in: Knauff (Hrsg.), Fälle zum Europarecht, 2. Aufl. 2017, S. 118.
7 Zum Anwendungsvorrang vor Kommunalrecht vgl. *Engels/Krausnick*, § 4, Rn. 4; grundlegend zum Anwendungsvorrang EuGH, Rs. 6/64, Slg 1964, 1254 – Costa/ENEL.

I. Begriff, Rechtsquellen, Entwicklung und Bedeutung des Kommunalrechts

Größere Bedeutung als Rechtsquelle des Kommunalrechts kommt dem **Verfassungsrecht** zu. Dies gilt namentlich für die Selbstverwaltungsgarantien, die sich sowohl in Art. 28 Abs. 2 S. 1, 2 GG als auch in Art. 10 Abs. 1, Art. 11 Abs. 2 S. 2, Art. 83 Abs. 1 BV finden (→ Rn. 41 ff.). Erwähnenswert sind auch besondere Verfassungsbestimmungen zur Sicherung der Finanzierung der Kommunen (Art. 28 Abs. 2 S. 3, Art. 106 Abs. 5 GG und Art. 83 Abs. 3 BV; → Rn. 235 ff.). Ebenfalls auf den Schutz der kommunalen Autonomie zielt das Durchgriffsverbot des Art. 84 Abs. 1 S. 7 GG. Für die Struktur der Gemeindeorgane und für das Kommunalwahlrecht von Bedeutung sind schließlich Art. 28 Abs. 1 S. 2 f. GG (→ Rn. 74). Selbstverständlich sind auch im Kommunalrecht verfassungsrechtliche „Querschnittsthemen" wie Demokratie, Grundrechte, Vorbehalt des Gesetzes oder das Prinzip der Verhältnismäßigkeit von herausragender Bedeutung. 4

Über die Quellen des Kommunalrechts im **Landesrecht** gibt bis zu einem gewissen Grad § 18 Abs. 2 Nr. 5 lit. c JAPO Auskunft. Er lässt erkennen, dass nicht nur das „Kommunalrecht im engeren Sinne", also die Gemeindeordnung, Prüfungsstoff ist, sondern (neben den bereits genannten verfassungsrechtlichen und unionsrechtlichen Grundlagen) auch die Landkreisordnung und die Bezirksordnung sowie die beiden Gesetze, die sich mit der kommunalen Zusammenarbeit befassen, also die Verwaltungsgemeinschaftsordnung (VGemO) und das Gesetz über die kommunale Zusammenarbeit (KommZG). Zum „Kommunalrecht im weiteren Sinne" zählen außerdem das Kommunalabgabengesetz (KAG) sowie das Gemeinde- und Landkreiswahlgesetz (GLKrWG). Beide sind inzwischen ausdrücklich aus dem Pflichtstoff ausgeschlossen, unterfallen aber trotzdem der Regelung des § 18 Abs. 1 S. 2 JAPO, wonach andere Rechtsgebiete im Zusammenhang mit den Prüfungsfächern zum Gegenstand der Prüfung gemacht werden dürfen, soweit lediglich Verständnis und Arbeitsmethode festgestellt werden sollen und Einzelwissen nicht vorausgesetzt wird. Sie finden daher im Folgenden punktuell Erwähnung. 5

Die zentralen Landesgesetze Gemeindeordnung, Landkreisordnung und Bezirksordnung weisen eine **einheitliche Gliederung** auf (Teil 1: Wesen und Aufgaben; Teil 2: Verfassung und Verwaltung; Teil 3: Wirtschaft; Teil 4: Staatliche Aufsicht und Rechtsmittel). Auch inhaltlich finden sich zahlreiche Übereinstimmungen, so etwa hinsichtlich der Verbandsstruktur (→ Rn. 18 ff.), des Aufgabendualismus mit eigenem und übertragenem Wirkungskreis (→ Rn. 25 ff.), der dualistischen Organstruktur mit monokratischem und kollegialem Organ (→ Rn. 69 ff.) oder dem parallel geregelten Geschäftsgang innerhalb des Kollegialorgans (→ Rn. 129 ff.). Diese Parallelen vereinfachen den Umgang mit den Kommunalgesetzen und führen dazu, dass sich in der Ausbildung (und auch in diesem Beitrag) stark auf die Gemeindeordnung fokussiert wird. 6

Zum Kommunalrecht zählen schließlich zahlreiche **untergesetzliche Normen** des Landesrechts. Das sind teilweise staatliche Rechtsverordnungen wie die ZustVBau oder die GrKrV, die für mehrere Gemeinden Geltung beanspruchen, zum größten Teil aber Satzungen und Verordnungen, die die Kommunen selbst unter Ausnutzung diverser Rechtsgrundlagen im Kommunalrecht und in anderen Gesetzen erlassen haben („kommunales Recht"). Die Vielfalt dieses dann nur in der jeweiligen Kommune gel- 7

Meinhard Schröder

tenden Rechts ist unüberschaubar, im Folgenden wird daher nur auf die kommunalrechtlichen, zum Erlass ermächtigenden Rechtsgrundlagen eingegangen.

2. Entwicklung und Bedeutung des Kommunalrechts

8   Die Stellung der Kommunen im Staat ist historisch von einem Kampf um Autonomie gegenüber der Zentralgewalt geprägt. Mindestens seit dem Mittelalter ist ein Bestreben örtlicher Gemeinschaften erkennbar, ihre Angelegenheiten unabhängig vom Landesherrn selbst zu erledigen;[8] über die Jahrhunderte war dieser Kampf mal mehr, mal weniger erfolgreich – nicht zuletzt abhängig von der jeweiligen Region. Während in Preußen zu Anfang des 19. Jahrhunderts die Reformen des *Freiherrn vom Stein* den Städten und Gemeinden eine gewisse Autonomie einräumten, setzte *Graf Montgelas* in Bayern auf eine dezidiert zentralistische Staatsstruktur und behandelte die Kommunen quasi als untere staatliche Verwaltungsinstanz.[9] Nach dem Sturz *Montgelas'* wurde in Bayern die **kommunale Selbstverwaltung** gestärkt, weil man ihre Bedeutung für den Abbau der Distanz zwischen den Bürgern und dem Staat erkannt hatte; in Preußen dagegen gewannen vorübergehend reaktionäre Kräfte die Oberhand und schränkten die Selbstverwaltung wieder ein. In der Weimarer Reichsverfassung wurde die Selbstverwaltung anerkannt (Art. 127); viele Gemeinden waren aber spätestens seit der Weltwirtschaftskrise kaum mehr in der Lage, sie effektiv auszuüben. Mit der Deutschen Gemeindeordnung (DGO) von 1935 wurde das Kommunalrecht vereinheitlicht und die Selbstverwaltung weitgehend aufgehoben, indem die Gemeinden an die Gesetze und die „Ziele der Staatsführung" der Nationalsozialisten gebunden wurden.[10] Die DGO galt nach dem zweiten Weltkrieg zunächst weiter, bis in den Besatzungszonen unterschiedliche Formen der Organisation der Kommunalverwaltung etabliert wurden, die allesamt die Selbstverwaltung der Kommunen vorsahen; auch in der Bayerischen Verfassung von 1946 und im Grundgesetz sind entsprechende Garantien enthalten (→ Rn. 41 ff.). Regionale Unterschiede bestanden (und bestehen bis zu einem gewissen Grad noch heute) im Hinblick auf die innere Organisation der Gemeinden. Nach dem auch in Bayern zur Anwendung gebrachten Modell der „**Süddeutschen Ratsverfassung**" liegen die wesentlichen Zuständigkeiten beim Gemeinderat; der erste Bürgermeister als Spitze der Gemeindeverwaltung wird direkt gewählt und ist zugleich Vorsitzender des Gemeinderates.[11] Dieses Modell ist im Prinzip bis heute unverändert geblieben, allerdings sind die Zuständigkeiten des ersten Bürgermeisters stark ausgeweitet worden (→ Rn. 97 ff.), weshalb der Begriff „Ratsverfassung" (als Gegenbegriff zur Bürgermeister- oder Magistratsverfassung) heute kaum mehr verständlich ist.[12] Erwähnenswert sind aus der Nachkriegszeit noch die Kommunalreformen der 1970er Jahre, durch die auch in Bayern die Zahl der Gemeinden stark reduziert wurde, um die Verwaltungskraft zu stärken.[13]

---

8   *Geis*, § 2, Rn. 8.
9   *Weidinger*, BayVBl. 1986, 65 (66); *Wolter*, BayVBl. 1993, 641 (644).
10 § 1 Abs. 2 S. 3 DGO; siehe zu dieser Entwicklung *Burgi*, § 3, Rn. 19 ff.
11 Siehe zu den Modellen *Burgi*, § 10, Rn. 4.
12 Zu den unterschiedlichen Organisationsvarianten siehe etwa *Burgi*, § 10, Rn. 4; *Maurer/Waldhoff*, § 23, Rn. 9.
13 Dazu etwa *Münzenrieder*, BayVBl. 1993, 481; *Wiebel*, BayVBl. 1987, 677.

Die **praktische Bedeutung** des Kommunalrechts kann kaum hoch genug eingeschätzt werden. Die Kommunen sind die unterste und damit auch die bürgernächste Einheit der Verwaltung; jeder Bewohner des Landes hat „buchstäblich von der Wiege (im typischerweise städtischen Krankenhaus) bis zur Bahre (auf dem typischerweise städtischen Friedhof) zumindest mit seiner Wohnortgemeinde zu tun".[14] Auch jenseits dessen sind zahlreiche Vorgänge des täglichen Lebens (Abfallentsorgung, Wasserversorgung, ÖPNV, …) durch die Kommunen organisiert; sie betreiben eine umfassende Daseinsvorsorge (→ Rn. 233). Kommunen können aufgrund ihrer wirtschaftlichen Aktivitäten (→ Rn. 226 ff.) eine bedeutende Rolle in der örtlichen Wirtschaft einnehmen; das gilt namentlich für Stadtwerke und kommunale Wohnungsunternehmen. 9

Auch die **juristische Bedeutung** des Kommunalrechts ist hoch. Es zählt zu den traditionellen Referenzgebieten des besonderen Verwaltungsrechts, also zu den Gebieten, aus denen sich das besondere Verwaltungsrecht im Laufe der Jahrzehnte herausgebildet hat. Diese Rolle (und die herausgehobene Position in der Ausbildung, vgl. den angesprochenen § 18 Abs. 2 Nr. 5 lit. c JAPO) verdankt es v.a. dem Umstand, dass es generell als Anschauungsmaterial für das Organisationsrecht juristischer Personen und für den Umgang mit einer Vielfalt von Rechtsquellen unterschiedlicher Ebenen dienen kann. Für die Ausbildung bietet es zudem abwechslungsreiche prozessuale Konstellationen und lässt sich gut mit anderen Rechtsgebieten kombinieren; es ist daher sehr klausurträchtig. Im Folgenden wird in den Fußnoten immer wieder auf die in den Bayerischen Verwaltungsblättern veröffentlichten Originalexamensklausuren verwiesen. 10

II. Die Kommunen im Staatsaufbau

Das Grundgesetz sieht einen **zweistufigen Staatsaufbau** vor, in dem zwischen Bund und Ländern differenziert wird und die Länder in der Folge grds. als Einheit betrachtet werden. Die Kommunen (als Oberbegriff für Gemeinden, Landkreise und Bezirke) bilden demgemäß trotz gelegentlicher Erwähnung im Grundgesetz (insbesondere Art. 28 Abs. 2 GG, aber auch Art. 85 Abs. 1 S. 7, Art. 104 c, Art. 105 Abs. 3, Art. 107 Abs. 2 GG sowie Art. 93 Abs. 1 Nr. 4 b GG) keine eigene, dritte „Ebene" im Staatsaufbau der Bundesrepublik Deutschland,[15] sondern sind staatsorganisationsrechtlich den Ländern zuzurechnen, die demgemäß auch für das Kommunalrecht im engeren Sinne zuständig sind. 11

1. Die Gliederung des Staatsgebiets, Verwaltungstypen

Das Gebiet des Freistaats Bayern gliedert sich in die sieben **Bezirke** Oberbayern, Niederbayern, Oberfranken, Mittelfranken, Unterfranken, Oberpfalz und Schwaben, die in der Bayerischen Verfassung (Art. 10 Abs. 1, Art. 9 Abs. 1) terminologisch verwirrend mit dem historisch überkommenen Begriff „Kreise" bezeichnet werden. Die Existenz genau dieser Bezirke ist durch Art. 185 BV, der auf die historische Entwicklung verweist, verfassungsrechtlich vorgegeben; eine Zusammenlegung von Bezirken schei- 12

---

14 Burgi, § 1, Rn. 4.
15 So suggeriert es aber die gängige Redeweise von „Bund, Ländern und Kommunen".

Meinhard Schröder

det damit aus.¹⁶ Die sieben Bezirke gliedern sich wiederum in 71 **Landkreise** (Art. 10 Abs. 1, Art. 9 Abs. 2 BV), die in der Verfassung als „Bezirke" bezeichnet werden, sowie in 25 kreisfreie Gemeinden. Die anderen (und damit die meisten) der insgesamt 2056 **Gemeinden** sind kreisangehörig und damit örtlich unter- bzw. innerhalb der Landkreise anzusiedeln (zur Unterscheidung der Gemeindetypen → Rn. 23 f.). Eine Übersicht über das Staatsgebiet und seine Gliederung findet sich im Ziegler/Tremel auf S. XXIII.

13 Dass sich das bayerische Staatsgebiet in dieser Weise gliedert, bedeutet nicht, dass die genannten Bezirke, Landkreise und Gemeinden staatliche Verwaltungseinheiten wären; zwischen ihnen besteht auch keine Hierarchie im Sinne eines Über-Unterordnungsverhältnisses, womöglich sogar mit Weisungsrechten. Sie sind vielmehr eigenständige juristische Personen des öffentlichen Rechts (→ Rn. 18), die einen eigenen, verfassungsrechtlich über die Selbstverwaltungsgarantie (→ Rn. 41 ff.) abgesicherten, Aufgabenkreis besitzen („eigener Wirkungskreis"; → Rn. 27 ff.) und durch eigene Organe handeln (→ Rn. 69 ff.). Gleichwohl spricht man mit Blick auf die Gemeinden, Landkreise und Bezirke (etwas verwirrend) von Stellen „**mittelbarer Staatsverwaltung**"¹⁷ – im Unterschied zur „unmittelbaren Staatsverwaltung" durch Behörden des Freistaates Bayern (→ Rn. 15). Hintergrund ist, dass die Gemeinden, Landkreise und Bezirke durch den Staat auch Aufgaben zugewiesen bekommen, die über ihre Selbstverwaltungsaufgaben hinausgehen („übertragener Wirkungskreis"; → Rn. 33 ff.). Der Staat bedient sich also der Gemeinden, Landkreise und Bezirke, um durch sie mittelbar (eigene) Aufgaben zu erfüllen, er bindet sie in die Staatsverwaltung ein (und beaufsichtigt sie; → Rn. 199 ff.).

14 Der dadurch erklärliche Begriff der mittelbaren Staatsverwaltung darf allerdings nicht darüber hinwegtäuschen, dass die Wahrnehmung dieser Aufgaben grds. **durch die Organe und im Namen der Gebietskörperschaft** erfolgt, der die Aufgaben übertragen sind, und nicht durch Behörden oder im Namen des Freistaates Bayern (verwirrend bis falsch formuliert daher Art. 11 Abs. 3 BV). Handelt also beispielsweise der erste Bürgermeister einer Gemeinde, ist diese für sein Handeln stets nach außen verantwortlich (und mit Blick auf eine Klage passivlegitimiert), auch wenn es im „übertragenen Wirkungskreis", also im Bereich der mittelbaren Staatsverwaltung erfolgt. Zur Ausnahme in Form der Organleihe beim Handeln des Landratsamts → Rn. 16 ff.

15 Die **unmittelbare Staatsverwaltung** durch eigene Behörden des Freistaates Bayern ist eigentlich kein Kommunalrecht. Ihre Gliederung ergibt sich (im Unterschied zu manchen anderen Bundesländern) nicht aus einem Verwaltungsorganisationsgesetz, das aufgrund von Art. 77 Abs. 1 S. 1 BV erlassen werden könnte, sondern aus den einzelnen Fachgesetzen (zB Art. 53 Abs. 1 BayBO, Art. 4 POG, Art. 63 BayWG, …). Typischerweise findet sich innerhalb der sog allgemeinen Verwaltung (dh, wenn keine besonderen Behörden eingerichtet sind), ein **dreistufiger Aufbau**, innerhalb dessen eine strenge Hierarchie mit Weisungsrechten gegenüber den nachgeordneten Behörden be-

---

16 *Lindner*, in: ders./Möstl/Wolff, BV, Art. 185 Rn. 3.
17 BVerfG, DVBl. 1995, 286 (287 ff.); BVerwG, NVwZ 1984, 176 (177); *Brüning*, JURA 2015, 592; allgemein zur mittelbaren Staatsverwaltung *Maurer/Waldhoff*, § 23, Rn. 1 ff.

II. Die Kommunen im Staatsaufbau

steht. Die oberste, für das gesamte Staatsgebiet zuständige Ebene ist das jeweils zuständige **Fachministerium** („oberste Landesbehörde"), im Bereich der allgemeinen Verwaltung das Staatsministerium des Innern, für Sport und Integration. Zu dieser „Oberstufe" der staatlichen Verwaltung zählen in manchen Bereichen auch noch sog. Landesoberbehörden, beispielsweise das Landeskriminalamt oder das Landesamt für Verfassungsschutz. Die mittlere staatliche Verwaltungsebene bilden typischerweise die **Regierungen** (die „Landesregierung" des Freistaats Bayern heißt im Unterschied dazu „Staatsregierung", vgl. Art. 43 Abs. 1 BV). Der örtliche Zuständigkeitsbereich einer Regierung entspricht dem Gebiet eines Bezirks;[18] über Art. 185 BV hat die derzeitige Einteilung (und die Existenz der Regierungen) Verfassungsrang.[19] Die Regierung ist aber kein Organ des Bezirks – die Regierung von Oberbayern ist beispielsweise eine Behörde des Freistaats Bayern und nicht des Bezirks Oberbayern.[20] Die untere Ebene der allgemeinen staatlichen Verwaltung bilden die **Landratsämter**. Ihre örtliche Zuständigkeit beschränkt sich auf das Gebiet des jeweiligen Landkreises.

Da das Landratsamt zugleich eine Kreisbehörde ist (Art. 37 Abs. 1 S. 1 LKrO; → Rn. 117), muss, wenn der Landrat bzw. ein Amtsträger aus dem ihm unterstellten Landratsamt handelt, für die Verantwortlichkeit bzw. im Prozess für die Passivlegitimation im Einzelfall ermittelt werden, ob dieses Handeln für seinen eigentlichen Rechtsträger, die Selbstverwaltungskörperschaft „Landkreis", oder (im Wege der „Organleihe", Art. 37 Abs. 6 LKrO) für den Freistaat Bayern erfolgt ist. Man spricht mit Blick auf Art. 37 Abs. 1 LKrO insofern von der **Janusköpfigkeit** des Landratsamts.[21] Folgende Fälle illustrieren dies: 16

Beispiel:
Der Landrat des Landkreises K schickt an X einen Bescheid über Müllgebühren in Höhe von 50 EUR. Gegen wen muss X klagen, wenn er gegen den Bescheid vorgehen will? Wer vertritt den Beklagten im Prozess?

Lösung (etwas ausführlicher als in einer Klausur erforderlich):
Gemäß § 78 Abs. 1 Nr. 1 VwGO (Nr. 2 greift in Bayern nicht) ist die Klage gegen das Land oder die Körperschaft, deren Behörde den angefochtenen Verwaltungsakt erlassen hat, zu richten (= Rechtsträgerprinzip). Für eine Anfechtungsklage kommt es nur darauf an, zu wem die handelnde Behörde organisatorisch gehört (anders bei der Verpflichtungsklage, wo auch die Zuständigkeit gegeben sein muss). Der Landrat, der X den Bescheid geschickt hat, ist einerseits Organ des Kreises K (Art. 31, 34 f. LKrO), andererseits Organ des Freistaats Bayern (Art. 37 Abs. 6 LKrO). In welcher Funktion er tätig geworden ist, richtet sich nach der Art der Aufgabe (Art. 37 Abs. 1 LKrO): im Regelfall ist er Kreisorgan, beim Vollzug staatlicher Aufgaben Staatsorgan. Es kommt darauf an, ob die Erhebung von Müllgebühren eine Staatsaufgabe oder eine Aufgabe des Kreises darstellt: Die Antwort findet sich in Art. 3 Abs. 1 BayAbfG. Danach sind die Landkreise für die in ihrem Gebiet anfallenden Abfälle öffentlich-rechtliche Entsorgungsträger im Sinne des Kreislaufwirtschaftsgesetzes. Sie erfüllen die sich aus dem Kreislaufwirtschaftsgesetz und aus diesem Gesetz ergebenden Aufgaben als Pflichtaufgaben im eigenen Wirkungskreis. Der Landrat hat also als Organ des Kreises gehandelt und vertritt ihn auch im Prozess (§ 62 Abs. 3 VwGO, Art. 35 Abs. 1 LKrO).

---

18 Das gilt auch für die örtliche Zuständigkeit der Verwaltungsgerichte, vgl. Art. 1 Abs. 2 AGVwGO.
19 *Lindner*, BayVBl. 2009, 257.
20 Allerdings erfolgt die Verwaltung des Bezirks im „Verwaltungsverbund" mit der Regierung; → Rn. 119.
21 Nach dem römischen Gott des Anfangs und des Endes *Ianus*, der üblicherweise mit einem Doppelgesicht dargestellt wird.

Meinhard Schröder

§ 3 Bayerisches Kommunalrecht

Beispiel:
Der Landrat des Landkreises K lehnt den Antrag der Y auf Erteilung einer Baugenehmigung ab. Gegen wen muss Y klagen, um die Baugenehmigung zu erhalten? Wer vertritt den Beklagten im Prozess?

Lösung (etwas ausführlicher, als in einer Klausur erforderlich):
Gemäß § 78 Abs. 1 Nr. 1 VwGO (Nr. 2 greift in Bayern nicht) ist die Klage gegen das Land oder die Körperschaft, deren Behörde den beantragten Verwaltungsakt unterlassen hat, zu richten (= Rechtsträgerprinzip). Für den Fall kommt es darauf an, wer Rechtsträger der Behörde ist, die die Baugenehmigung zuständigerweise erteilen kann. Gemäß Art. 53 Abs. 1 S. 2 BayBO sind für den Vollzug der BayBO die unteren Bauaufsichtsbehörden zuständig; das sind gemäß Art. 53 Abs. 1 S. 1 BayBO die Kreisverwaltungsbehörden. Kreisverwaltungsbehörden sind die Landratsämter, die gemäß Art. 37 Abs. 1 LKrO Kreis- oder Staatsbehörde sein können. Abgesehen davon, dass die Bezeichnung Kreisverwaltungsbehörde für das Landratsamt nur im übertragenen Wirkungskreis verwendet wird, erklärt Art. 54 Abs. 1 Hs. 1 BayBO die Bauaufsichtsaufgaben ausdrücklich zu Staatsaufgaben. Der Landrat hat also als Organ des Freistaates Bayern (Art. 37 Abs. 6 LKrO) gehandelt und vertritt diesen auch im Prozess (§ 62 Abs. 3 VwGO, Art. 16 AGVwGO, § 3 Abs. 1, 2 S. 1 LABV, Art. 37 Abs. 6 LKrO).

17

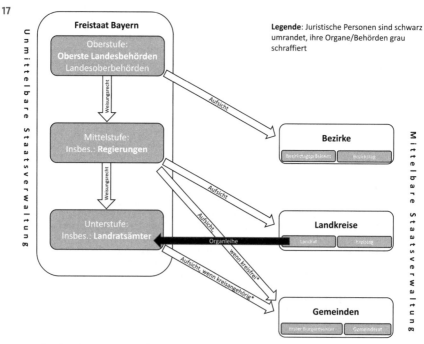

* Für die Große Kreisstadt gelten teilweise Sonderbestimmungen, siehe Art. 110 S. 5 GO

2. Kommunen als Gebietskörperschaften

18 Bei Gemeinden, Landkreisen und Bezirken handelt es sich um **Gebietskörperschaften** (Art. 1 S. 1 GO, Art. 1 S. 1 LKrO, Art. 1 S. 1 BezO). Als solche zählen die Kommunen zu den **juristischen Personen des öffentlichen Rechts**. Von anderen Körperschaften un-

terscheiden sie sich dadurch, dass ihnen die „Hoheit" über ein bestimmtes Gebiet zukommt; wie andere Körperschaften haben sie Mitglieder.[22]

Das **Gebiet** der Gemeinden wird durch die Gesamtheit der zu ihr gehörenden Grundstücke gebildet (Art. 10 Abs. 1 S. 2 GO). Grds. soll auf diese Weise jeder Teil des Gebiets des Freistaats Bayern irgendeiner Gemeinde zugewiesen werden (Art. 11 Abs. 1 S. 1 BV, Art. 10 Abs. 1 S. 1 GO); es verbleiben gleichwohl sog ausmärkische, dh gemeindefreie Gebiete (Art. 11 Abs. 1 S. 2 BV, Art. 10 a GO) – das sind v.a. Seen und Wälder. Für die Landkreise und Bezirke bestehen parallele Bestimmungen: Das Kreisgebiet besteht aus der Gesamtfläche der dem Landkreis zugeteilten Gemeinden und der gemeindefreien Gebiete; das Bezirksgebiet aus der Gesamtfläche der dem Bezirk zugeteilten Landkreise und kreisfreien Gemeinden. Gebietsänderungen sind unter engen Voraussetzungen nach Art. 11 GO[23] bzw. nach Art. 8 LKrO oder Art. 8 BezO möglich. 19

Für die **Entstehung** der Kommunen knüpft das Kommunalrecht stark an die **historische Entwicklung** an. Die Gemeinden sind „ursprüngliche" Gebietskörperschaften (Art. 1 S. 1 GO), ihre Existenz wird damit in der historisch überkommenen Form (und Größe) vorausgesetzt. Neue Gemeinden können, da grds. das gesamte Staatsgebiet auf Gemeinden verteilt ist, praktisch nur durch Ausgliederung aus einer anderen Gemeinde entstehen (Art. 11 Abs. 3 GO). Auch die Kreise sind historisch gewachsen, Änderungen im Bestand und Gebiet sind durch Rechtsverordnung der Staatsregierung möglich (Art. 8 Abs. 2 LKrO). Für die sieben Bezirke ergibt sich eine Existenzgarantie aus Art. 185 iVm Art. 10 Abs. 1 BV, womit ebenfalls an die historische Entwicklung angeknüpft wird. Dementsprechend sieht die Bezirksordnung auch nur Gebietsänderungen, nicht aber eine Auflösung einzelner Bezirke oder Schaffung neuer Bezirke vor – sie wäre nur durch Verfassungsänderung möglich. 20

Die **Mitglieder** der Gebietskörperschaft sind im Fall der Gemeinden die Gemeindeangehörigen (= Gemeindeeinwohner, Art. 15 Abs. 1 S. 1 GO), aus denen die Teilgruppe der Gemeindebürger, die über das Kommunalwahlrecht verfügen, besonders hervorzuheben ist (Art. 15 Abs. 2 GO; → Rn. 163). Obwohl die Landkreise (und nach wohl überwiegender Auffassung auch die Bezirke) als „Gemeindeverbände" bezeichnet werden,[24] sind auch bei ihnen die Mitglieder die Einwohner/Bürger (Art. 11 LKrO, Art. 11 BezO) und nicht etwa die „untergeordneten" angehörigen Gemeinden bzw. im Fall eines Bezirks die Kreise. Anders ist dies bei den Verwaltungsgemeinschaften: Ihre Mitglieder sind die Gemeinden (→ Rn. 244). 21

Die Folge der Qualifikation der Kommunen als juristische Personen des öffentlichen Rechts ist v.a., dass sie rechtlich nicht Teile der juristischen Person „Freistaat Bayern" sind, sondern als eigene Rechtssubjekte selbst Trägerinnen von Rechten und Pflichten sein können und ggf. selbst verklagt werden müssen (§ 78 Abs. 1 Nr. 1 VwGO). Kom- 22

---

22 Zu diesem Charakteristikum von Körperschaften vgl. *Maurer/Waldhoff*, § 23, Rn. 43, 46; demgegenüber haben Anstalten Benutzer und Stiftungen Nutznießer.
23 Beispiel zur Eingemeindung gemeindefreier Gebiete: Aufgabe 6 der Ersten Juristischen Staatsprüfung 1992/1, BayVBl. 1994, 32, 60.
24 BVerfGE 52, 95 (112); *Pieroth*, in: Jarass/ders., GG, Art. 28 Rn. 51.

munen sind also **rechtsfähig**, aber wie alle juristischen Personen **nicht selbst handlungsfähig** (und auch **nicht prozessfähig** im Sinne des § 62 VwGO), sondern müssen durch die dazu berufenen Organe handeln und von diesen vertreten werden (→ Rn. 109 ff.).

3. Typen von Kommunen

23 Während es bei den Landkreisen und Bezirken jeweils nur einen „Typus" gibt, ist bei den Gemeinden grundlegend zwischen zwei Typen zu differenzieren: der **kreisangehörigen** Gemeinde und der **kreisfreien** Gemeinde (Art. 5 GO). Die Unterscheidung zwischen diesen Typen ist von großer Bedeutung, v.a. mit Blick auf die Aufgaben der jeweiligen Gemeinden (→ Rn. 34); insofern handelt es sich um eine **Funktionsbezeichnung**, die die Rechtsstellung beeinflusst. Ob eine Gemeinde eine kreisfreie ist oder nicht, ist v.a. das Ergebnis der historischen Entwicklung (Art. 5 Abs. 2 GO). Kreisangehörige Gemeinden können allerdings gemäß Art. 5 Abs. 3 GO durch Rechtsverordnung mit Zustimmung des Landtags nach Anhörung des Kreistages unter Berücksichtigung der Leistungsfähigkeit des Landkreises für kreisfrei erklärt werden. Eine Sonderform der kreisangehörigen Gemeinde ist die **„Große Kreisstadt"** (Art. 5 a Abs. 3 und 4 GO); ihr sind im übertragenen Wirkungskreis besondere Aufgaben zugewiesen (→ Rn. 35).

24 Von der Funktionsbezeichnung zu unterscheiden ist ein möglicher Namenszusatz mancher Gemeinden. Die Gemeinden haben ein Recht auf ihren geschichtlichen Namen (Art. 2 GO); das Namensrecht ist eine wehrfähige[25] und von der Selbstverwaltungsgarantie geschützte (→ Rn. 48) Rechtsposition. Manche Gemeinden führen zusätzlich zu ihrem Namen die Bezeichnung „Stadt" oder „Markt(-gemeinde)", die Stadt München die Bezeichnung „Landeshauptstadt". Das Recht zur Bezeichnung als **Stadt** oder **Markt** ist primär historisch überkommen (Art. 3 Abs. 1 S. 1 GO), kann aber auch durch Rechtsverordnung verliehen werden (Art. 3 Abs. 1 S. 2 GO). Eine solche **Namensbezeichnung** hat Bedeutung für die Bezeichnung des Gemeinderats („Stadtrat", „Marktgemeinderat", vgl. Art. 30 Abs. 1 S. 2 GO), hat aber keine Konsequenzen für die Einordnung der Gemeinde als kreisfrei oder kreisangehörig. Die Bezeichnung als Stadt sagt also nichts darüber aus, ob eine Gemeinde kreisfrei oder kreisangehörig ist. Beispiel: (kreisangehörige) Stadt Burghausen – (kreisfreie) Stadt Passau. Umgekehrt führen freilich kreisfreie Gemeinden in aller Regel schon aus historischen Gründen die Bezeichnung „Stadt".[26]

III. Aufgaben und Wirkungskreise

25 Im Rahmen der Einordnung der Kommunen in den Staatsaufbau (→ Rn. 13) wurde bereits erwähnt, dass Gemeinden, Landkreise und Bezirke einerseits Aufgaben in einem Bereich erfüllen, der von den verfassungsrechtlichen Selbstverwaltungsgarantien (→ Rn. 41 ff.) geschützt ist, und andererseits die Erfüllung weiterer Aufgaben

---

[25] Zu Ansprüchen analog § 12 BGB vgl. BVerwGE 44, 351; Geis, § 5, Rn. 6; zur Registrierung von Domains mit Gemeindenamen LG Deggendorf, CR 2001, 266 (winzer.de).

[26] Im Übrigen sind die Voraussetzungen des Art. 3 Abs. 2 für die Verleihung der Bezeichnung „Stadt" geringer als die des Art. 5 Abs. 2 für die Erklärung zur kreisfreien Gemeinde.

durch Gesetz übertragen bekommen. Dieser sog **Aufgabendualismus** wird in den Kommunalgesetzen mit den Begriffen „eigener Wirkungskreis" (Art. 7 GO, Art. 5 LKrO, Art. 5 BezO) und „übertragener Wirkungskreis" (Art. 8 GO, Art. 6 LKrO, Art. 6 BezO) zum Ausdruck gebracht. Die Frage, ob eine Aufgabe in den eigenen oder in den übertragenen Wirkungskreis fällt, ist von großer Bedeutung, namentlich für die Berufungsmöglichkeit auf die kommunale Selbstverwaltungsgarantie (→ Rn. 46), die Frage der Art und Intensität der staatlichen *Aufsicht* über die Kommunen (→ Rn. 109), oder auch für die Zulässigkeit eines Bürgerbegehrens (Art. 18a Abs. 1 GO; → Rn. 167). Wenn es in einer Falllösung dagegen nur darum geht, die Verbandszuständigkeit einer Kommune für ein bestimmtes Handeln zu begründen (zB als Baugenehmigungsbehörde gemäß Art. 9 Abs. 1 S. 1 GO), spielt der Wirkungskreis keine Rolle und braucht daher auch nicht angesprochen zu werden.

1. Gemeinden

Für die Gemeinden beschreibt Art. 6 GO einen sog „**allseitigen Wirkungskreis**", also die Zuständigkeit für die Erfüllung aller öffentlichen Aufgaben in ihrem Gebiet (Abs. 1 S. 1). Da gemäß Abs. 1 S. 2 Ausnahmen zulässig sind (ausgenutzt etwa in Form der Zuweisung von „Staatsaufgaben" an Behörden der unmittelbaren oder mittelbaren Staatsverwaltung) und der allseitige Wirkungskreis die Summe der eigenen und der übertragenen Angelegenheiten bildet (Abs. 2), ist die Bedeutung der Norm gering. Sie bildet nur die Einleitung zu den folgenden, höchst bedeutsamen Art. 7 f. GO, die den eigenen und den übertragenen Wirkungskreis näher beschreiben. Ergänzende Bestimmungen dazu finden sich in Art. 57 f. GO. 26

a) Eigener Wirkungskreis

Zum eigenen Wirkungskreis der Gemeinden zählen alle **Angelegenheiten der örtlichen Gemeinschaft**. Dies ergibt sich aus Art. 7 Abs. 1 GO, der insofern aber nur wiederholt, was schon in Art. 28 Abs. 2 S. 1 GG und Art. 11 Abs. 2 S. 2 BV verfassungsrechtlich vorgegeben ist. Den Begriff der Angelegenheiten der örtlichen Gemeinschaft hat das BVerfG in seiner berühmten und lesenswerten **Rastede-Entscheidung** definiert als „diejenigen Bedürfnisse und Interessen, die in der örtlichen Gemeinschaft wurzeln oder auf sie einen spezifischen Bezug haben, die also den Gemeindeeinwohnern gerade als solchen gemeinsam sind, indem sie das Zusammenleben und -wohnen der Menschen in der (politischen) Gemeinde betreffen; auf die Verwaltungskraft der Gemeinde kommt es hierfür nicht an."[27] 27

Die Ausfüllung des trotz dieser Definition **unbestimmten Rechtsbegriffs** der „Angelegenheiten der örtlichen Gemeinschaft" erfolgt häufig in einer traditionsbezogenen Weise, dh, es werden diejenigen Aufgaben dazu gezählt, die *immer* schon zu den typischen Betätigungsfeldern der Gemeinden zählten.[28] In dieser Weise historisch gewachsen sind auch die seit Jahrzehnten unveränderten Aufzählungen von Beschäftigungsfeldern in Art. 83 Abs. 1 BV, auf den Art. 7 Abs. 1 GO verweist, und in Art. 57 GO. Auch die typische Aufzählung von **Gemeindehoheiten** ergibt sich so; es sind dies: 28

---

27 BVerfGE 79, 127 (151).
28 *Geis*, § 6, Rn. 2.

- die **Gebietshoheit**, also die Befugnis, im Gemeindegebiet und gegenüber der Bevölkerung hoheitlich tätig zu werden (vgl. Art. 22 Abs. 1 GO) und die damit verbundene **Satzungshoheit** (vgl. Art. 23 f. GO);
- die **Organisationshoheit** hinsichtlich der Gemeindeverwaltung, mit der auch die Personalhoheit zusammenhängt;
- die **Planungshoheit**, also die Befugnis, über die (insbesondere bauliche) Nutzung des Gemeindegebiets grds. selbst entscheiden zu dürfen, vgl. Art. 2 Abs. 1 S. 1 BauGB (→ § 2 Rn. 10);
- und die **Finanzhoheit**, Art. 22 Abs. 2, 3 GO (→ Rn. 235 ff.).[29]

29 Neben dieser traditionsbezogenen Auslegung ist der Begriff der „Angelegenheiten der örtlichen Gemeinschaft" aber auch **dynamisch** und **entwicklungsoffen** zu interpretieren.[30] Die Aufzählung in Art. 83 Abs. 1 BV ist nicht abschließend („insbesonders"), und auch Art. 57 GO nennt (ohne dies sprachlich zum Ausdruck zu bringen) nur Beispiele für eigene Angelegenheiten. Neue Aufgaben, beispielsweise solche, die mit der zunehmenden Digitalisierung im Zusammenhang stehen, können daher eigene Aufgaben der Gemeinden darstellen. Voraussetzung ist allerdings, dass aufgrund der grundgesetzlichen Kompetenzverteilung in Art. 30, 70 ff. GG auch die Länder zuständig sein könnten. Den Gemeinden kommt insofern auch ein **Aufgabenerfindungsrecht** zu.[31] Insgesamt ist im Hinblick auf diese Offenheit des Begriffs der „Angelegenheiten der örtlichen Gemeinschaft" vom **Universalitäts-** oder **Allzuständigkeitsprinzip** die Rede (→ Rn. 47).[32]

30 Voraussetzung ist allerdings immer ein besonderer **Ortsbezug** der Aufgabe. In der Rspr. wird das Kriterium des Ortsbezugs nicht immer einheitlich interpretiert. Er hängt nicht zuletzt davon ab, wie eine Gemeinde handeln möchte. Eine **Aufgabenerledigung** kommt sicherlich nur in Betracht, wenn ein Ortsbezug besteht und zusätzlich kein anderer Hoheitsträger zuständig ist. Eine **bloße Befassung** mit einer Aufgabe kommt dagegen schon in Betracht, wenn der Ortsbezug (auch) vorhanden ist und die Tätigkeit anderer Hoheitsträger nicht beeinträchtigt wird. Dass das BVerwG in einer schon länger zurückliegenden Entscheidung die Erklärung einer Stadt zur „atomwaffenfreien Zone", aus der soweit ersichtlich keinerlei Rechtsfolgen resultierten, nicht als Angelegenheit der örtlichen Gemeinschaft angesehen hat,[33] erscheint nach diesem Maßstab nur dann überzeugend, wenn man die Abwesenheit von Atomwaffen im Bundesgebiet als so selbstverständlich ansieht, dass sie nicht auch eine Angelegenheit der Gemeinde ist, bei der sie zutrifft. Umgekehrt erscheint die Entscheidung des BayVGH, die Warnung eines ersten Bürgermeisters vor einer Sekte im Amtsblatt der Gemeinde nicht als Angelegenheit der örtlichen Gemeinschaft anzusehen,[34] jedenfalls dann vertretbar, wenn die Sekte im Gemeindegebiet gar nicht aktiv ist. In jüngerer

---

29 *Bauer/Böhle/Ecker*, Art. 7 GO (Stand: 95. EL September 2010), Rn. 4; *Glaser*, in: Widtmann/Grasser/ders., Art. 7 GO Rn. 7 (Stand: 29. EL Mai 2018).
30 *Geis*, § 6, Rn. 2.
31 *Becker*, in: ders./Heckmann/Kempen/Manssen, 2. Teil, Rn. 63 ff.
32 BVerfGE 79, 127 (147); *Lissack*, § 1, Rn. 67 ff.
33 BVerwGE 87, 228 – Atomwaffenfreie Zone München.
34 BayVGH, NVwZ 1995, 502; verarbeitet in Aufgabe 6 der Ersten Juristischen Staatsprüfung 1996/1, BayVBl. 1998, 31 (60).

Zeit vermehrt diskutiert wurden kommunale Vorgaben, nach denen auf den kommunalen Friedhöfen nur noch Grabmale aufgestellt werden dürfen, die nachweislich nicht durch ausbeuterische Kinderarbeit hergestellt worden sind. Trotz des internationalen Anliegens haben die Gerichte mehrheitlich die örtliche Verwendung der Steine als ausreichenden Anknüpfungspunkt für ein Tätigwerden der Gemeinden angesehen (→ § 1 Rn. 187).[35] Mit einer solchen Argumentation lässt sich auch der Ausschluss von Zirkusveranstaltungen mit Wildtieren auf kommunalen Plätzen rechtfertigen.[36]

Die Aufgaben des eigenen Wirkungskreises dürfen die Gemeinden im Rahmen der Gesetze **selbst regeln und verwalten** (Art. 7 Abs. 2 GO, vgl. auch Art. 11 Abs. 2 S. 2 BV, Art. 28 Abs. 2 S. 1 GG), sog **Eigenverantwortlichkeitsgarantie** (→ Rn. 47). Dies betrifft grds. sowohl das „Ob" als auch das „Wie" der Erfüllung einer Aufgabe.[37] Etwas anderes gilt für die sog **Pflichtaufgaben**, die erfüllt werden müssen, beispielsweise nach Art. 57 Abs. 2 GO die Trinkwasserversorgung. In der Erklärung zur Pflichtaufgabe liegt ein Eingriff in die Selbstverwaltungsgarantie, der grds. rechtfertigungsbedürftig ist (→ Rn. 48). 31

Das Begriffspaar „regeln und verwalten" ist untechnisch zu verstehen. Es geht nicht nur um klassische normative und administrative Tätigkeiten, sondern um jede Form der Erfüllung der (selbst gefundenen; → Rn. 29) Aufgaben. Daher greift es zu kurz, die klassischen „Gemeindehoheiten" (→ Rn. 28) auf die beiden Begriffe zu verteilen, es sei denn, man versteht als eine dieser Hoheiten auch ein eher unspezifisches Recht auf Tätigwerden.[38] Unstrittig ist nämlich beispielsweise auch, dass der Betrieb eines wirtschaftlichen Unternehmens zur Deckung eines örtlichen Bedarfs (→ Rn. 226) Teil der Selbstverwaltungsgarantie ist.[39] In jüngerer Zeit kontrovers diskutiert und dem Grunde nach ebenfalls von der Selbstverwaltungsgarantie (nicht aber den klassischen „Hoheiten") erfasst ist das Informationshandeln der Gemeinde, also etwa die Unterrichtung der Öffentlichkeit über bestimmte örtliche Angelegenheiten.[40] Jedenfalls zu den eigenen Angelegenheiten zählt auch die „örtliche Polizei" (Art. 83 Abs. 1 BV). Dazu gehört ua das Tätigwerden als Sicherheitsbehörde (Polizei im materiellen Sinn) zur Abwehr von Gefahren, die sich nur auf das Gemeindegebiet beschränken,[41] insbesondere die Durchsetzung von Ortsrecht. 32

b) Übertragener Wirkungskreis

Der übertragene Wirkungskreis ergibt sich dagegen (konstitutiv) aus der Betrachtung all derjenigen Normen, die für eine Aufgabe, die nicht zu den Angelegenheiten der 33

---

35 BayVerfGHE 64, 177; BVerwG, NVwZ 2014, 527, aA noch BayVGH, Urt. v. 4.2.2009 – 4 N 08.778. Siehe auch Aufgabe 6 der Ersten Juristischen Staatsprüfung 2011/1, BayVBl. 2014, 611, 638.
36 BayVGH, Beschl. v. 1.7.2012 – 10 CS 12.1475, juris; Fallbeispiel bei *Helbich/Schübel-Pfister*, JuS 2017, 520.
37 BayVerfGH, BayVBl. 1993, 177 (178); *Glaser*, in: Widtmann/Grasser/ders., Art. 7 GO Rn. 11 (Stand: 29. EL Mai 2018).
38 In diese Richtung *Mehde*, in: Maunz/Dürig, GG, Art. 28 Abs. 2 (Stand: 67. EL November 2012), Rn. 92, für die wirtschaftliche Betätigung.
39 *Wolff*, in: Lindner/Möstl/ders., BV, Art. 11 Rn. 32; weiterführend zur Funktion und Funktionsweise von öffentlichen Unternehmen *Britz*, NVwZ 2001, 380.
40 Die Reichweite dieses Rechts ist umstritten, vgl. dazu etwa *Knemeyer*, BayVBl. 1998, 33; *Papier/Schröder*, DVBl. 2017, 1; BGH GRUR 2019, 189.
41 Vgl. die berühmte Steilwandentscheidung BayVGH, BayVBl. 1964, 228 (231).

örtlichen Gemeinschaft zählt, die Gemeinden für zuständig erklären. Solche **Zuständigkeitsbestimmungen** finden sich v.a. in den Fachgesetzen; exemplarisch genannt seien Art. 42 Abs. 1 S. 2 LStVG (Erlass von Verordnungen; deren Vollzug ist allerdings eine Angelegenheit des eigenen Wirkungskreises, weil es um den Vollzug von „Ortsrecht" geht!),[42] oder Art. 1 AGPaßPAuswG („Passbehörden und Personalausweisbehörden sind, soweit nichts anderes bestimmt ist, die Gemeinden; sie werden im übertragenen Wirkungskreis tätig.").

34 Jenseits solcher für alle Gemeinden maßgeblichen Zuständigkeitsbestimmungen gibt es weitere Bestimmungen, die nur ausgewählten Gemeinden Aufgaben zuweisen. In diesem Zusammenhang ist zunächst Art. 9 Abs. 1 S. 1 GO zu nennen. Er weist den **kreisfreien Gemeinden** zusätzlich die Aufgaben zu, die sonst vom Landratsamt als der unteren staatlichen Verwaltungsbehörde (→ Rn. 15) wahrgenommen werden. Dies ist Folge des Umstands, dass es bei kreisfreien Gemeinden kein örtlich zuständiges Landratsamt gibt, und dass der Gesetzgeber sonst systemwidrig die mittlere staatliche Verwaltungsbehörde für erstinstanzlich zuständig hätte erklären müssen. Die kreisfreie Gemeinde erfüllt die ursprünglich staatlichen Aufgaben naturgemäß im übertragenen Wirkungskreis, sie bleibt aber dabei ihr eigener Rechtsträger und handelt nicht etwa im Namen des Freistaates (der in solchen Fällen also auch nie passivlegitimiert ist). Der gleichen Logik folgend sind diejenigen Aufgaben den kreisfreien Gemeinden zugeordnet, die bei einer kreisangehörigen Gemeinde der Landkreis als geographisch „übergeordnete" Gebietskörperschaft erfüllen würde (Art. 9 Abs. 1 S. 2 GO); hierbei bleibt die Zuordnung als Aufgabe des eigenen oder übertragenen Wirkungskreises erhalten.

35 Nicht logisch zwingend, sondern aus der besonderen Leistungsfähigkeit bestimmter Gemeinden resultierend sind die zusätzlichen Aufgabenzuweisungen an **Große Kreisstädte** (Art. 9 Abs. 2 GO, GrKrV). Diese sind kreisangehörig (→ Rn. 23), der Gesetzgeber traut es ihnen aber zu, bestimmte Aufgaben, die sonst das Landratsamt als untere staatliche Verwaltungsbehörde übernimmt, im übertragenen Wirkungskreis zu erfüllen. Klausurrelevant ist insofern v.a. die Bauaufsicht (§ 1 Abs. 1 Nr. 1 GrKrV). Auch die Große Kreisstadt handelt in einem solchen Fall dann im eigenen Namen und nicht etwa für den Freistaat Bayern. Die Zuständigkeiten des Landkreises, dem eine Große Kreisstadt angehört, bleiben sowohl im eigenen als auch im übertragenen Wirkungskreis grds.[43] unverändert.

36 Eine punktuelle Aufgabenverlagerung vom Landratsamt als unterer staatlicher Verwaltungsbehörde auf einzelne Gemeinden findet auch im **Baurecht** statt (siehe zum Folgenden auch → § 2 Rn. 181). Gemäß Art. 53 Abs. 2 S. 1 BayBO iVm § 5 ZustVBau (Ziegler/Tremel Nr. 63) wird insoweit zwischen einer vollständigen bzw. „großen" Delegation auf die Städte Burghausen, Feuchtwangen, Friedberg, Sulzbach-Rosenberg, Waldkraiburg und Alzenau i. UFr. sowie den Markt Garmisch-Partenkirchen und die Gemeinde Vaterstetten einerseits und einer „kleinen", nur einzelne Bauaufsichtsaufga-

---

42 Beispiel dazu: Aufgabe 7 der Ersten Juristischen Staatsprüfung 1992/1, BayVBl. 1994, 159, 188.
43 Es sei denn, der Großen Kreisstadt sind auf Antrag mit Zustimmung des Kreistags auch einzelne Aufgaben des übertragenen Wirkungskreises der Landkreise übertragen worden, Art. 9 Abs. 2 S. 2 aE.

ben erfassenden, Delegation auf die Städte Neustadt a.d. Aisch, Pfaffenhofen a.d. Ilm, Waldsassen, Bad Wörishofen und Wunsiedel andererseits unterschieden. Die besonders klausurrelevante **Erteilung von Baugenehmigungen** und die Ausübung der Befugnisse aus Art. 54 Abs. 2–5 sowie 76 ff. BayBO sind bei der „kleinen" Delegation nur für bestimmte Gebäudeklassen erfasst. Die sog. **Delegationsgemeinden** nehmen die Aufgaben der Bauaufsicht im übertragenen Wirkungskreis wahr; auch sie handeln nicht im Namen des Freistaates.

Im übertragenen Wirkungskreis besteht grds. **kein Selbstverwaltungsrecht**. Insbesondere, wenn den Gemeinden für die Erfüllung der zugewiesenen Aufgaben Ermessen eingeräumt ist, wird dieses durch ein Weisungsrecht der zuständigen Staatsbehörden eingeschränkt (vgl. Art. 8 Abs. 2 GO). Eine gewisse Autonomie der Gemeinden besteht jedoch auch bei der Erledigung von Aufgaben im übertragenen Wirkungskreis, etwa im Hinblick auf den Einsatz von Personal und die Verwaltungsorganisation; die Eingriffsmöglichkeiten der Aufsichtsbehörden sind zudem aufgrund von Art. 109 Abs. 2 S. 2 GO eingeschränkt (→ Rn. 217). 37

2. Landkreise und Bezirke

Der **Aufgabendualismus** (→ Rn. 25) findet sich auch in der Landkreis- und Bezirksordnung. Eine Differenzierung aufgrund unterschiedlicher Leistungskraft wie bei den Gemeinden gibt es nicht; alle Landkreise werden hinsichtlich ihrer Aufgaben gleichbehandelt, ebenso alle Bezirke. 38

Für die Landkreise und Bezirke ist nicht nur der übertragene Wirkungskreis, sondern auch der **eigene Wirkungskreis** gesetzlich zu bestimmen, da eine konkurrierende Allzuständigkeit neben den Gemeinden nicht sinnvoll wäre. Allgemein erfolgt dies in Art. 4 LKrO und Art. 5 BezO, die diesen Gebietskörperschaften diejenigen Aufgaben zuweisen, die die Leistungskraft der jeweils „niedrigeren" Ebene überschreiten (und nicht Staatsaufgaben sind). Konkretisierungen finden sich in Art. 51 LKrO und Art. 48 BezO, wobei auch hier eine Unterscheidung zwischen Pflichtaufgaben und freiwilligen Aufgaben erkennbar ist. Die Auflistung ist wie auch in der GO nicht abschließend; die Landkreise sind im eigenen Wirkungskreis beispielsweise gemäß Art. 8 Abs. 1 BayÖPNVG (freiwillig) für Planung, Organisation und Sicherstellung des allgemeinen öffentlichen Personennahverkehrs zuständig. Als Pflichtaufgabe im eigenen Wirkungskreis müssen sie beispielsweise die erforderlichen Krankenhäuser errichten und unterhalten und die Hebammenhilfe für die Bevölkerung sicherstellen (Art. 51 Abs. 3 S. 1 Nr. 1 LKrO) oder die Abfallentsorgung organisieren (Art. 3 Abs. 1 BayAbfG; → Rn. 17). Zu den (Pflicht-)Aufgaben der Bezirke zählt ua. die erforderlichen stationären und teilstationären Einrichtungen für Psychiatrie und Neurologie, für Suchtkranke sowie für wesentlich Sehbehinderte, Hörbehinderte und Sprachbehinderte zu errichten, zu unterhalten und zu betreiben (Art. 48 Abs. 3 Nr. 1 BezO). 39

Der **übertragene Wirkungskreis** ergibt sich auch für die Kreise und Bezirke aus entsprechenden Anordnungen in den Fachgesetzen. In den übertragenen Wirkungskreis der Landkreise fallen beispielsweise die Organisation des Rettungsdienstes (Art. 4 40

Meinhard Schröder

BayRDG) oder gemäß Art. 42 Abs. 1 LStVG der Erlass sicherheitsrechtlicher Verordnungen; in den der Bezirke der Vollzug der Unterbringung von Personen in einem psychiatrischen Krankenhaus oder einer Entziehungsanstalt aufgrund einer strafgerichtlichen Entscheidung (§§ 63 f. StGB) gemäß Art. 45 Abs. 2 BayMRVG.

IV. Die Selbstverwaltungsgarantie und ihr Schutz durch die Gerichte

41 Das Verhältnis der Kommunen zum Staat (wie bereits erwähnt, handelt es sich um eigenständige, vom Staat zu unterscheidende Körperschaften des öffentlichen Rechts; → Rn. 13) ist geprägt durch die **Garantie der kommunalen Selbstverwaltung**. Kommunale Selbstverwaltung bedeutet, so das BVerfG, „ihrem Wesen und ihrer Intention nach Aktivierung der Beteiligten für ihre eigenen Angelegenheiten, die die in der örtlichen Gemeinschaft lebendigen Kräfte des Volkes zur eigenverantwortlichen Erfüllung öffentlicher Aufgaben der engeren Heimat zusammenschließt mit dem Ziel, das Wohl der Einwohner zu fördern und die geschichtliche und heimatliche Eigenart zu wahren."[44] Selbstverwaltung basiert also auf der Annahme, dass es auf der Ebene der „engeren Heimat" ein besonderes Gemeinschaftsgefühl gibt, aufgrund dessen die Aufgaben besser lokal als zentral erfüllt werden. Kommunale Selbstverwaltung ist also dem Gedanken der **Subsidiarität** verpflichtet, wie er auch andernorts (Art. 72 Abs. 2 GG, Art. 5 Abs. 3 EUV) zum Ausdruck kommt: Aufgaben sollen grds. auf der „niedrigsten" und bürgernächsten Ebene, die dazu fähig ist, erledigt werden. In derselben Stoßrichtung betont Art. 11 Abs. 4 BV die Bedeutung der Selbstverwaltung für den Staatsaufbau „von unten nach oben".

42 Die **Rechtsgrundlagen** der Selbstverwaltung finden sich für die Gemeinden in Art. 28 Abs. 2 S. 1 GG sowie in Art. 11 Abs. 2 S. 2 BV. Für die Kreise und Bezirke wird die Selbstverwaltung in Art. 28 Abs. 2 S. 2 GG (dort sind sie als Gemeindeverbände bezeichnet) und in Art. 10 BV garantiert. Der Bedeutungsgehalt dieser Vorschriften ist nicht völlig identisch, weshalb im Folgenden zwischen Gemeinden und Kreisen/Bezirken einerseits und zwischen Grundgesetz und Bayerischer Verfassung andererseits zu differenzieren ist.

1. Die Selbstverwaltungsgarantie der Gemeinden
a) Bedeutungsgehalt der Art. 28 Abs. 2 S. 1 GG, Art. 11 BV

43 Art. 28 Abs. 2 S. 1 GG und Art. 11 BV sind einerseits Normen des objektiven Rechts, andererseits enthalten sie auch eine subjektiv-rechtliche Komponente. Da Selbstverwaltung außerdem die Existenz von Gemeinden voraussetzt, ergeben sich vier Dimensionen der genannten Bestimmungen: Erstens entnimmt man Art. 28 Abs. 2 S. 1 GG und Art. 11 Abs. 1 S. 1, Abs. 2 BV eine sog **institutionelle Rechtssubjektsgarantie**, die auch als Trägergarantie bezeichnet wird. Inhalt dieser objektiv-rechtlichen Aussage ist, dass es überhaupt Gemeinden geben muss; die Norm enthält also eine Absage an den Zentralismus (→ Rn. 8). Zweitens enthalten Art. 28 Abs. 2 S. 1 GG und Art. 11 Abs. 2 BV eine **beschränkte individuelle Rechtssubjektsgarantie**. Sie ist das subjektiv-rechtliche Pendant zur institutionellen Rechtssubjektsgarantie, gibt der konkreten Ge-

---

44 BVerfGE 11, 266 (275 f.), unter Berufung auf *Peters*, Lehrbuch der Verwaltung, 1949, S. 292.

meinde aber gleichwohl keine dauerhafte Bestandsgarantie (deshalb „beschränkt"), sondern ermöglicht es ihr lediglich zu verlangen, dass die gesetzlichen Voraussetzungen für Auflösungen oder Gebietsänderungen (→ Rn. 20) eingehalten werden. Drittens entnimmt man Art. 28 Abs. 2 S. 1 GG und Art. 11 Abs. 2 S. 2 BV eine objektive **institutionelle Garantie der Selbstverwaltung**. Es muss also von Verfassungs wegen Selbstverwaltung für die Gemeinden geben. Durchsetzbar wird diese Garantie für die einzelne Gemeinde aufgrund der vierten Dimension, der **subjektiven Rechtsstellungsgarantie**. Sie gibt den Gemeinden ein umfassendes subjektives Recht, die eigenen Angelegenheiten selbst zu ordnen und zu verwalten. Die beiden letztgenannten Dimensionen („Selbstverwaltungsgarantie im engeren Sinne") sind für Ausbildung und Praxis die mit Abstand bedeutsamsten.

Art. 28 Abs. 2 S. 1 GG sowie Art. 11 Abs. 2 S. 2 BV betreffen ausschließlich das Verhältnis der Gemeinden zum Staat und treffen keine Aussage über ihr **Verhältnis zum Bürger**. Für Letzteres gilt, dass die Selbstverwaltungsgarantie mangels hinreichender Bestimmtheit keine „Rechtsgrundlage" im Sinne der Lehre vom Vorbehalt des Gesetzes[45] darstellt. Grundrechtseingriffe können daher nie auf die Selbstverwaltungsgarantie (und die sie konkretisierenden einfachgesetzlichen Normen wie Art. 23 S. 1 GO)[46] gestützt werden, sondern bedürfen einer konkreteren Rechtsgrundlage. Soweit staatliches Handeln auch in grundrechtsrelevanten Bereichen zumindest nach der Rspr. des BVerfG[47] keiner besonderen Rechtsgrundlage bedarf, profitieren davon auch die Gemeinden. 44

b) Inhalt der Selbstverwaltungsgarantie ieS

Die Selbstverwaltungsgarantie betrifft thematisch alle Angelegenheiten der örtlichen Gemeinschaft (sog **Universalitätsprinzip**) und berechtigt dazu, sie „in eigener Verantwortung zu regeln" bzw. „selbst zu ordnen und zu verwalten" (sog **Eigenverantwortlichkeitsprinzip**). 45

Erfasst sind **alle Angelegenheiten** der örtlichen Gemeinschaft. Die Gemeinden sind für diese Angelegenheiten zuständig, ohne dass es einer besonderen weiteren Kompetenzzuweisung bedürfte (eine Rechtsgrundlage wird aber erforderlich, wenn sie bei der Erledigung der Angelegenheiten in Grundrechte eingreifen; → Rn. 44). Was zu den Angelegenheiten der örtlichen Gemeinschaft zählt, wurde bereits oben erörtert („eigener Wirkungskreis"; → Rn. 27 ff.). Geht es um die Auslegung des Art. 28 Abs. 2 S. 1 GG, dürfen die (ohnehin nicht abschließenden) Kataloge in Art. 83 Abs. 1 BV und Art. 57 GO aus normhierarchischen Gründen allenfalls unter Berufung auf die Bedeutung der historischen Tradition herangezogen werden, um zu begründen, dass eine Aufgabe eine Selbstverwaltungsangelegenheit darstellt. Ähnlich lässt sich mit den sog „Gemeindehoheiten" (Gebietshoheit, Rechtsetzungshoheit, Organisationshoheit, Personalhoheit, Planungshoheit, Finanzhoheit)[48] argumentieren, die aber nicht zuletzt angesichts 46

---

45 *Wolff*, in: Lindner/Möstl/ders., BV, Art. 11 Rn. 62; allgemein zum Vorbehalt des Gesetzes *Voßkuhle*, JuS 2007, 118.
46 BayVGHE 45, 65 (68 ff.).
47 Vgl. BVerfGE 105, 252 – Glykol; E 105, 279 – Osho.
48 Siehe zu Art. 28 Abs. 2 S. 3 GG → Rn. 235.

des Aufgabenerfindungsrechts der Gemeinden kein abschließendes Bild über die Gegenstände der Selbstverwaltung liefern. In Zweifelsfällen bedarf es daher einer Auseinandersetzung mit der sog *Rastede-Formel* des BVerfG (→ Rn. 27), wobei insbesondere die Frage des Ortsbezuges Schwierigkeiten bereiten kann (→ Rn. 30).

47 Die Selbstverwaltungsgarantie berechtigt dazu, die Angelegenheiten der örtlichen Gemeinschaft **„in eigener Verantwortung zu regeln"** (Art. 28 Abs. 2 S. 1 GG) bzw. „selbst zu ordnen und zu verwalten" (Art. 11 Abs. 2 S. 2 BV), was untechnisch zu verstehen ist (→ Rn. 34). Das Selbstverwaltungsrecht befreit die Gemeinde nicht von ihrer **Bindung an Gesetz und Recht** (Art. 20 Abs. 3 GG), sondern setzt den Staat unter Rechtfertigungsdruck, wenn er Gesetze erlässt und den Gemeinden Vorgaben dazu macht, ob oder wie sie solche eigenen Angelegenheiten zu erledigen haben (→ Rn. 33). Die Selbstverwaltungsgarantien weisen insofern (und auch im Prüfungsaufbau) eine gewisse Ähnlichkeit mit Grundrechten auf, stellen dogmatisch aber ein Aliud dar und dürfen in einer Klausur auch nicht als Grundrechte bezeichnet werden.

48 **Eingriffe** in die Selbstverwaltungsgarantie der Gemeinden (mitunter findet man in Klausuren hierfür keinen gesonderten Prüfungspunkt, sondern bejaht den Eingriff schon zusammen mit der Einschlägigkeit der Selbstverwaltungsgarantie für die zu prüfende Thematik)[49] können vielfältige Formen aufweisen. Typische Fälle (jenseits von Statusfragen wie Namens- oder Gebietsänderungen oder gar Auflösungen von Gemeinden,[50] die die beschränkte individuelle Rechtssubjektsgarantie betreffen) sind etwa:

- Entziehung einer Angelegenheit der örtlichen Gemeinschaft, in der Regel durch „Hochzonung" an Kreise, Bezirke oder den Staat,
- Verpflichtung zur Wahrnehmung einer Angelegenheit der örtlichen Gemeinschaft (also die Erklärung einer Aufgabe zur Pflichtaufgabe),
- Jede Regelung über die Modalitäten der Aufgabenwahrnehmung im eigenen Wirkungskreis,
- Übertragung einer Aufgabe, die nicht Angelegenheit der örtlichen Gemeinschaft ist (übertragener Wirkungskreis; → Rn. 33 ff.), weil dadurch Ressourcen der Gemeinde gebunden werden.

c) Exkurs: Grundrechtsberechtigung von Gemeinden

49 Für die in den **Art. 1–19 GG** verbürgten Grundrechte wird die Frage der Grundrechtsberechtigung einer Gemeinde als inländischer juristischer Person durch Art. 19 Abs. 3 GG beantwortet. Es muss also geklärt werden, ob ein Grundrecht „seinem Wesen nach" auf eine Gemeinde Anwendung findet. Das BVerfG lehnt dies pauschal ab,[51] weil die Gemeinden Teil der Staatsgewalt und insofern grundrechtsverpflichtet, nicht aber grundrechtsberechtigt sind (Konfusionsargument). Dies überzeugt grds., es besteht auch keine Vergleichbarkeit mit Universitäten oder Rundfunkanstalten, denen in einem Grundrecht ein besonderer „Lebensbereich" zugewiesen ist. Anders ist die Fra-

---

49 Beispiel: *Hartmann/Meßmann*, JuS 2006, 246.
50 Beispiel: Aufgabe 6 der Ersten Juristischen Staatsprüfung 1990/2, BayVBl. 1992, 671 (701).
51 BVerfGE 61, 82 (100 ff.) – Sasbach.

ge der Grundrechtsberechtigung bei den **Prozessgrundrechten** (Art. 101, 103 GG) zu beurteilen. Hier findet nach der Rspr. Art. 19 Abs. 3 GG keine Anwendung, sondern sie gelten für alle natürlichen und juristischen Personen, auch solche des öffentlichen Rechts.[52] Strittig ist, ob die Rechtsweggarantie des Art. 19 Abs. 4 GG zur ersten oder zweiten Kategorie zählt.[53]

Der BayVerfGH ist für die in der **Bayerischen Verfassung** verbürgten Grundrechte 50 großzügiger. Er erlaubt es den Gemeinden auch, sich auf das Willkürverbot (Art. 118 Abs. 1 BV) zu berufen.[54] Außerdem können sich Gemeinden „auf den Grundrechtsschutz, den das Eigentum Privaten einräumt, in einem Rechtsstreit zwischen gleichgeordneten Trägern privater Rechte berufen";[55] Art. 103 BV ist also in bestimmten Konstellationen, in denen die Gemeinden wie private Eigentümer betroffen sind, ebenfalls anwendbar.

d) Rechtfertigungsmöglichkeiten für Eingriffe

Sowohl im Grundgesetz als auch in der Bayerischen Verfassung steht die gemeindliche 51 Selbstverwaltungsgarantie unter einem umfassenden **Gesetzesvorbehalt** („im Rahmen der Gesetze"). Der Staat darf also in die Selbstverwaltungsgarantie durch Gesetze und auf ihnen basierende Einzelmaßnahmen eingreifen. Wie bei den Grundrechten unterliegen solche Maßnahmen aber gewissen **Schranken-Schranken**. Während für Eingriffe in die beschränkte individuelle Rechtssubjektsgarantie (→ Rn. 43) als Ausfluss allgemeiner Verhältnismäßigkeitsüberlegungen davon ausgegangen wird, dass sie nur aus wichtigen Gründen, nach Abwägung aller Belange und nach Anhörung der betroffenen Gemeinde stattfinden dürfen,[56] wird für die (heute) deutlich häufigeren Eingriffe in die Rechtsstellungsgarantie danach differenziert, ob sie den „Kernbereich" oder nur den „Randbereich", dh die Selbstverwaltungsgarantie im Übrigen, betreffen.

Zu beachten ist zunächst das **Verbot des Eingriffs in den Kernbereich** der kommuna- 52 len Selbstverwaltung.[57] Es führt nach der Rspr. dazu, dass ein Eingriff unzulässig ist, ohne dass es noch einer Verhältnismäßigkeitsprüfung bedarf; grundrechtsdogmatisch entspricht dem am ehesten eine Berufung auf Art. 19 Abs. 2 GG. Umstritten ist allerdings, wann in den Kernbereich eingegriffen wird. Nach einer klassischen Auffassung ist dies der Fall, wenn die Selbstverwaltungsgarantie infolge des Eingriffs im Vergleich zu vorher keine Bedeutung mehr hat.[58] Diese „Subtraktionsmethode" birgt allerdings das Risiko der schrittweisen Aushöhlung der Garantie: Durch den einzelnen Eingriff könnte sie zwar nur geringfügig, über längere Zeit und mehrere Eingriffe aber substantiell leiden, ohne dass der Vergleich mit dem Status quo ante dies erfassen würde. Heute wird daher eher im Sinne einer Gesamtbetrachtung darauf abgestellt, ob mit Blick auf die klassischen Betätigungsfelder die Selbstverwaltungsgarantie völlig besei-

---

52 BVerfGE 61, 82 (104).
53 Für eine Anwendbarkeit des Art. 19 Abs. 4 GG: BayVGH, BayVBl. 1966, 137; dagegen: *Jarass*, in: ders./ Pieroth, GG, Art. 19 Rn. 48; *Papier*, HStR[3] VIII, § 177, Rn. 26.
54 BayVerfGHE 13, 27 (30); 16, 32 (44); 23, 10 (15).
55 BayVerfGH, NVwZ 1985, 260 (262).
56 Dem trägt Art. 11 GO Rechnung.
57 BVerfGE 138, 1 (19); BVerfG, NVwZ 2018, 140 (146); ausführlich *Clemens*, NVwZ 1990, 834.
58 BVerwGE 6, 19 (25); 6, 342 (345); 67, 321 (322); *Stern* I, S. 416.

tigt wird oder so sehr ausgehöhlt wird, dass die Gemeinde keinen ausreichenden Spielraum mehr zu ihrer Ausübung hat.[59] So wurde etwa in der Rastede-Entscheidung die Entziehung des Aufgabenerfindungsrechts als Kernbereichseingriff angesehen,[60] auch die finanzielle Mindestausstattung dürfte entsprechend einzuordnen sein.[61] Es spricht einiges dafür, dass die Kernbereichsrechtsprechung auch ein Gegengewicht zur früher mitunter eher schwach ausgeprägten Verhältnismäßigkeitsprüfung darstellt; gegenüber einer strengen Verhältnismäßigkeitsprüfung bringt sie kaum Gewinn. Klausurtaktisch sollte ein Eingriff in den Kernbereich daher zwar angesprochen, aber im Regelfall schnell verneint und zur Verhältnismäßigkeitsprüfung übergegangen werden.

53 Soweit Eingriffe nicht schon wegen Verletzung des Kernbereichs der Selbstverwaltungsgarantie verboten sind, müssen sie **verhältnismäßig** sein. Der Aufbau der Verhältnismäßigkeitsprüfung unterscheidet sich dabei nicht kategorial von dem bei einer Grundrechtsprüfung, allerdings kommt der Angemessenheitsprüfung eher geringes Gewicht zu. Umso bedeutsamer ist die Frage, wann beispielsweise eine Hochzonung von Aufgaben oder auch nur eine staatliche Vorgabe zur Aufgabenerfüllung **erforderlich** ist. Hier gewährt der BayVerfGH in seiner Rspr. zu Art. 11 Abs. 2 S. 2 BV dem Staat eine relativ weite Einschätzungsprärogative, es reicht demnach meist aus, dass ein sachlicher Grund für den Eingriff vorliegt.[62] Das BVerfG ist hier strenger; es betont richtigerweise das in Art. 28 Abs. 2 S. 1 GG zum Ausdruck gebrachte (und eigentlich in der Bayerischen Verfassung mit Art. 11 Abs. 4 sogar noch stärker betonte) „Aufgabenverteilungsprinzip [...] zugunsten der Gemeinden".[63] In der Folge dürfen Aufgaben den Gemeinden nur dann entzogen werden, wenn ihre ordnungsgemäße Erfüllung ansonsten nicht sicherzustellen wäre.

54 Das BVerwG hat in einer vereinzelt gebliebenen Entscheidung Art. 28 Abs. 2 S. 1 GG auch eine Verpflichtung zur gemeindlichen Wahrung und Sicherung ihres eigenen Aufgabenbestandes entnommen.[64] Die Entscheidung betraf die materielle Privatisierung eines Weihnachtsmarktes durch eine Gemeinde und hat im Schrifttum berechtigte Kritik auf sich gezogen.[65] Diese lässt sich schlagwortartig dahin gehend zusammenfassen, dass das BVerwG ohne tragfähige Begründung das Selbstverwaltungs*recht* in eine Selbstverwaltungs*pflicht* verkehrt hat, die richtigerweise nur der Gesetzgeber durch Normierung einer Pflichtaufgabe (→ Rn. 31, 48) hätte etablieren können.

Prüfungsschema: Verfassungsrechtliche Garantie der kommunalen Selbstverwaltung
 I. Eingriff in den Gewährleistungsgehalt
   – Auslegung des Begriffs „Angelegenheiten der örtlichen Gemeinschaft", ggf. unter Zuhilfenahme traditioneller Betätigungsfelder oder der „Gemeindehoheiten"
   – Auslegung der Begriffe „in eigener Verantwortung regeln" bzw. „selbst ordnen und verwalten" und Feststellung des Eingriffs in das „Ob" oder „Wie"

---

59 BVerfGE 91, 228 (238); BVerfG, DÖV 2018, 240 (246).
60 BVerfGE 79, 127 – Rastede.
61 *Nierhaus/Engels*, in: Sachs, GG, Art. 28 Rn. 65.
62 In diese Richtung BayVerfGHE 49, 79 (91).
63 BVerfGE 79, 127 (150, 152 ff.).
64 BVerwG, NVwZ 2009, 1305.
65 Vgl. etwa *Schoch*, DVBl. 2009, 1533; *Waldhoff*, JuS 2010, 375.

IV. Die Selbstverwaltungsgarantie und ihr Schutz durch die Gerichte

II. Rechtfertigung
– Feststellung der Einschränkbarkeit der Selbstverwaltungsgarantie („im Rahmen der Gesetze")
– Prüfung, ob Kernbereich (was ist das?) angetastet ist
– Falls nein: Verhältnismäßigkeitsprüfung mit besonderer Erörterung der Erforderlichkeit

e) Gerichtliche Durchsetzung der Selbstverwaltungsgarantie

Sieht sich eine Gemeinde in ihrem Recht auf Selbstverwaltung verletzt, stellt sich zunächst die Frage, in welcher Form diese Verletzung erfolgt ist. In Betracht kommen v.a. Eingriffe durch Einzelmaßnahmen des Staates sowie durch Normsetzung. Rechtsverletzungen durch gesetzgeberisches Unterlassen sind gerade mit Blick auf die angemessene Finanzausstattung nicht nur theoretischer Natur, lassen sich aber typischerweise an einem (nicht ordnungsgemäß ausgestalteten Gesetz) festmachen und damit der zweiten Kategorie zuordnen. 55

aa) Rechtsschutz gegen Einzelmaßnahmen

Häufige Fälle sind insofern Einzelmaßnahmen der Rechtsaufsichtsbehörden gemäß Art. 111 ff. GO, gegen die **Rechtsschutz vor den Verwaltungsgerichten** gegeben ist (→ Rn. 208 f., 212, 215). Hier bildet die Selbstverwaltungsgarantie aus Art. 28 Abs. 2 S. 1 GG und Art. 11 Abs. 2 S. 2 BV allerdings zumeist nur den Anknüpfungspunkt zur Begründung der Klagebefugnis[66] (die Adressatentheorie greift mangels Grundrechtsberechtigung der Gemeinden; → Rn. 49, nicht ein), da eine rechtswidrige Maßnahme der Rechtsaufsichtsbehörde (also im eigenen Wirkungskreis; → Rn. 204) die Gemeinden in ihrem Selbstverwaltungsrecht beeinträchtigen kann. In der Sache wird dann aber regelmäßig die Rechtmäßigkeit der Aufsichtsmaßnahme am Maßstab des einfachen Rechts geprüft. 56

Ist der Rechtsweg gegen eine behördliche Einzelmaßnahme erschöpft, kommt keine „Kommunalverfassungsbeschwerde" beim BVerfG gemäß Art. 93 Abs. 1 Nr. 4 b GG in Betracht, weil diese nur unmittelbar gegen Gesetze statthaft ist; es gibt insoweit also keine Urteilsverfassungsbeschwerde. Statthaft ist hingegen die **bayerische Verfassungsbeschwerde** gemäß Art. 66 und 120 BV iVm Art. 2 Nr. 6, 51 ff. VfGHG (→ § 1 Rn. 230). Mit ihr kann nicht nur die Verletzung von Grundrechten, sondern von allen „verfassungsmäßigen Rechten"[67] und damit auch der Selbstverwaltungsgarantie des Art. 11 Abs. 2 S. 2 BV[68] gerügt werden. Kein Hindernis stellt dabei die Formulierung „jeder Bewohner Bayerns" dar, die der BayVerfGH seit jeher großzügig auslegt;[69] es können also auch juristische Personen und auch solche des öffentlichen Rechts, die sich auf ein verfassungsmäßiges Recht berufen können, die Verfassungsbeschwerde erheben.[70] Problematisch kann allerdings sein, wenn der Rechtsweg vor den Verwaltungsgerichten bis zum Bundesverwaltungsgericht reicht: Seine Entscheidung ist kein Akt der Landesstaatsgewalt; für einen Angriff gegen die vorherige Entscheidung des 57

---

66 BayVGHE 55, 99 (101); ebenso für Nordrhein-Westfalen *Hüttenbrink*, Gemeindlicher Rechtsschutz gegen aufsichtsbehördliche Maßnahmen nach § 9 OBG NW im Baugenehmigungsverfahren, in: FS Gelzer, 1991, S. 215 (217 f.).
67 Zum Begriff *Wolff*, in: Lindner/Möstl/ders., BV, Art. 120 Rn. 35.
68 BayVerfGHE 64, 177.
69 BayVerfGH, BayVBl. 2013, 81.
70 *Wolff*, in: Lindner/Möstl/ders., BV, Art. 120 Rn. 14.

BayVGH, die zulässiger Beschwerdegegenstand wäre, ist aber anfangs der Rechtsweg nicht erschöpft und später typischerweise die Beschwerdefrist abgelaufen. In solchen Fällen hilft allenfalls die vom BayVerfGH mitunter großzügig interpretierte Ausnahme vom Erfordernis der Rechtswegerschöpfung wegen Unzumutbarkeit des Rechtswegs.

58 Rechtsschutz gegen Eingriffe in die Selbstverwaltungsgarantie durch Einzelakte:

Verwaltungs-gerichtlicher Rechtsschutz	Kommunalverfassungsbeschwerde	Bay. Verfassungsbeschwerde	Bay. Popularklage
zulässig	unzulässig, da kein Gesetz	grds. zulässig, aber Probleme im Zusammenspiel mit dem Verwaltungsrechtsweg	unzulässig, da keine Norm als Antragsgegenstand

bb) Rechtsschutz gegen Normen

59 Auch gegen Beeinträchtigungen der Selbstverwaltungsgarantie durch den Gesetzgeber ist die Kommunalverfassungsbeschwerde zum BVerfG nur begrenzt hilfreich. Sie ist gemäß Art. 93 Abs. 1 Nr. 4b GG nämlich subsidiär gegenüber Beschwerden beim Landesverfassungsgericht, die in Bayern in Form der Popularklage möglich sind (→ Rn. 60).[71] Für bayerische Gemeinden ist die bundesverfassungsgerichtliche **Kommunalverfassungsbeschwerde** daher nur gegenüber Eingriffen in die Selbstverwaltungsgarantie durch Bundesrecht statthaft, da der BayVerfGH dieses nicht am Maßstab der Bayerischen Verfassung messen kann.

60 Erfolgt ein Eingriff in die Selbstverwaltungsgarantie durch Landesrecht, kommt jedenfalls eine **Popularklage** zum BayVerfGH gemäß Art. 98 S. 4 BV iVm Art. 2 Nr. 7, 55 VfGHG in Betracht. Obgleich die Popularklage dem Wortlaut nach (anders als die bayerische Verfassungsbeschwerde; → Rn. 57) nur der Durchsetzung von Grundrechten dient und Art. 11 Abs. 2 S. 2 BV kein Grundrecht verbürgt, hat der BayVerfGH die Antragsberechtigung der Popularklage auf die Inhaber grundrechtsähnlicher Rechte erweitert[72] und damit auch das Fehlen einer bayerischen Kommunalverfassungsbeschwerde gegen Normen ausgeglichen. Daher kann mithilfe der Popularklage auch eine Verletzung von Art. 11 Abs. 2 S. 2 BV gerügt werden,[73] allerdings nicht, wie es eigentlich das Wesen der Popularklage ist, von jedermann. Der Kreis der Antragsteller ist vielmehr begrenzt auf diejenigen, die zumindest theoretisch betroffen sein können.[74] Bei Einwänden gegen Normen, die die subjektive Rechtsstellungsgarantie (→ Rn. 43) tangieren, kann daher jede Gemeinde, nicht aber ein (Gemeinde-)Bürger[75]

---

71 Dass die landesverfassungsrechtliche Garantie inhaltlich hinter der grundgesetzlichen zurückbleibt und deshalb eine Ausnahme vom Subsidiaritätsgrundsatz zu machen wäre (so BVerfGE 147, 185), ist – insbesondere mit Blick auf die eher strengeren Vorgaben zur Finanzausstattung in Art. 83 Abs. 2 BV – nicht anzunehmen.
72 *Wolff*, in: Lindner/Möstl/ders., BV, Art. 98 Rn. 34.
73 BayVerfGHE 31, 99 (117); 33, 47 (53 f.); 47, 165 (171); 49, 37 (50).
74 BayVerfGHE 60, 30.
75 BayVerfGHE 33, 1 (7); 39, 169 (173). Eine Ausnahme ist nur anerkannt, wenn die Gemeinde dies vor ihrer Auflösung so bestimmt hatte, vgl. BayVerfGHE 36, 162 (167).

klagen, bei Einwänden gegen Normen, die die beschränkte individuelle Rechtssubjektsgarantie tangieren, sogar nur die selbst betroffene Gemeinde.[76]

Die Popularklage ist unabhängig davon möglich, ob die Selbstverwaltungsgarantie durch ein formelles Gesetz oder durch eine untergesetzliche Norm eingeschränkt wird, da jede Norm des Landesrechts Prüfungsgegenstand sein kann (vgl. Art. 55 Abs. 1 VfGHG). Handelt es sich um eine untergesetzliche Norm, kommt auch ein verwaltungsgerichtliches Normenkontrollverfahren gemäß § 47 Abs. 1 Nr. 2 VwGO iVm Art. 5 AGVwGO in Betracht, wobei hier wegen § 47 Abs. 3 VwGO nur eine Berufung auf Art. 28 Abs. 2 S. 1 GG und nicht auf Art. 11 Abs. 2 S. 2 BV möglich ist. 61

Rechtsschutz gegen Eingriffe in die Selbstverwaltungsgarantie durch Normen: 62

Verwaltungs-rechtsweg	Kommunal-verfassungs-beschwerde	Bay. Verfassungs-beschwerde	Bay. Popularklage
zulässig gegen untergesetzliche Normen, § 47 Abs. 1 Nr. 2 VwGO, dann aber wegen § 47 Abs. 3 VwGO nur unter Berufung auf Art. 28 Abs. 2 S. 1 GG	zulässig nur gegen Normen des Bundesrechts, da sonst bay. Popularklage vorrangig	unzulässig, da kein Akt einer „Behörde"	zulässig gegen Normen des Landesrechts

2. Selbstverwaltungsgarantie der Gemeindeverbände

Grundgesetz und Bayerische Verfassung beschränken die Selbstverwaltungsgarantie nicht auf die Gemeinden, sondern erstrecken sie auch auf Landkreise und Bezirke (Art. 28 Abs. 2 S. 2 GG und Art. 10 Abs. 1 BV). Bedeutung und Reichweite dieser Garantien unterscheiden sich allerdings von denen zugunsten der Gemeinden. 63

Im **Grundgesetz** wird in Art. 28 Abs. 2 S. 2 den Gemeindeverbänden eine Selbstverwaltungsgarantie zugesprochen. Darunter sind jedenfalls die Landkreise zu verstehen,[77] obwohl ihre Mitglieder nicht etwa die Gemeinden, sondern die Angehörigen/Bürger des Gebiets sind (→ Rn. 21). Auch die Bezirke sind nach heute ganz hA als (indirekte) „Gemeindeverbände" anzusehen. Dafür spricht auch die unterschiedliche Terminologie in Abs. 1 S. 2 und Abs. 2 S. 2 des Art. 28 GG: Gemeindeverbände und Kreise sind nicht dasselbe. Keine Gemeindeverbände im Sinne des Art. 28 Abs. 2 S. 2 GG sind aber etwa Zweckverbände (→ Rn. 251). 64

Inhaltlich ist im Unterschied zu Art. 28 Abs. 2 S. 1 GG zu beachten, dass im Fall der Gemeindeverbände die Eigenverantwortlichkeit nur die Erledigung der gesetzlich zugewiesenen Aufgaben betrifft, es also keinen verfassungsrechtlich vorgegebenen Be- 65

---

76 BayVerfGHE 29, 191 (200); 44, 41 (48).
77 BVerfGE 52, 95 (112).

reich von Selbstverwaltungsangelegenheiten gibt. Inhaltlich spricht man Art. 28 Abs. 2 S. 2 GG gleichwohl dieselben vier Dimensionen zu, die auch dem Art. 28 Abs. 2 S. 1 GG für die Gemeinden entnommen werden (→ Rn. 43). Ein gewisser Bestand an Selbstverwaltungsangelegenheiten muss daher auch den Gemeindeverbänden zugewiesen werden.

66 In der **Bayerischen Verfassung** ist die Rechtslage anders: Art. 10 Abs. 1 BV garantiert zwar die Selbstverwaltung in Kreisen und Bezirken, dem Wortlaut der Norm lässt sich im Unterschied zu Art. 11 Abs. 2 S. 2 BV aber kein subjektives Element entnehmen. Dementsprechend entnimmt man Art. 10 Abs. 1 BV nur eine institutionelle Rechtssubjektsgarantie für den Bestand von Kreisen und Bezirken und eine objektive Rechtsinstitutionsgarantie der Selbstverwaltung in diesen Gebietskörperschaften – **subjektive Rechte bestehen insoweit aber nicht.**[78] Auch nach der bayerischen Verfassung obliegt dem Gesetzgeber die Konturierung des eigenen Wirkungskreises der Kreise und Bezirke (Art. 10 Abs. 2 BV).

67 Dies hat Folgen für den **Rechtsschutz** von Kreisen und Bezirken, wenn sie sich auf eine Verletzung der Selbstverwaltungsgarantie berufen wollen. Vor den Verwaltungsgerichten können sie insbesondere im Fall des Rechtsschutzes gegen Maßnahmen der Rechtsaufsicht nur Art. 28 Abs. 2 S. 2 GG ins Feld führen, um die Klagebefugnis zu begründen, da Art. 10 Abs. 1 BV keinen subjektiven Charakter hat. Verfassungsbeschwerde (Art. 66, 120 BV) und Popularklage (Art. 98 S. 4 BV) zum BayVerfGH kommen dementsprechend mangels einklagbarer Rechtsposition aus der BV nicht in Betracht (es sei denn, es läge beispielsweise ein Verstoß gegen das Willkürverbot vor, auf das sich Kreise und Bezirke wie Gemeinden berufen können; → Rn. 50); dann würde auch die Verletzung des an sich nur objektiv wirkenden Art. 10 BV „mitgeprüft". Die Kommunalverfassungsbeschwerde gemäß Art. 93 Abs. 1 Nr. 4 b GG ist zwar möglich, aber nur gegen Gesetze (→ Rn. 57); hier allerdings gegen Bundes- und Landesgesetze, weil die Subsidiaritätsklausel für Landesgesetze anders als bei den Gemeinden mangels Rechtswegs zum BayVerfGH in der Regel ja gerade nicht eingreift.

68 Ein Beispiel für eine erfolgreiche Kommunalverfassungsbeschwerde von Kreisen bildet die Entscheidung des BVerfG zu den Hartz-IV-Arbeitsgemeinschaften.[79] Hier wurde die Selbstverwaltungsgarantie der Kreise in der Ausprägung der Organisations- und Personalhoheit durch § 44 b SGB II, der in der Form der Arbeitsgemeinschaften eine Mischverwaltung zwischen Kreisen und Bundesagentur für Arbeit anordnete, als verletzt angesehen.

V. Die Organe der Kommunen

69 Wie bei allen juristischen Personen ist auch bei den Kommunen die Frage, wie ihre Handlungsfähigkeit durch den Gesetzgeber generiert wird, von besonderem Interesse. Da nur ein Mensch, nicht aber eine juristische Person einen Willen bilden und handeln kann, müssen die gesetzlichen Regelungen über juristische Personen auch vorse-

---

78 *Wolff*, in: Lindner/Möstl/ders., BV, Art. 10 Rn. 25 ff.
79 BVerfGE 119, 331.

hen, wie Menschen für sie tätig werden können. Dies geschieht durch die Bestimmungen über die Organe und die sie besetzenden Organwalter. Bei einem **Organ** handelt es sich um eine der juristischen Person eingegliederte, organisatorisch selbstständige Einrichtung, die unabhängig vom Wechsel ihres Inhabers, des sog Organwalters, besteht. Ein Organ verfügt über bestimmte Zuständigkeiten, die sich von der juristischen Person ableiten, und handelt für die juristische Person; die juristische Person ist umgekehrt also „Rechtsträgerin" des Organs (insbesondere im Sinne von § 78 Abs. 1 Nr. 1 VwGO). Der **Organwalter** ist die natürliche Person, die das Organ gerade innehat. Organe sind üblicherweise weiter untergliedert, zB in Referate oder Dezernate, bis hin zur kleinsten organinternen Einheit, dem hinsichtlich des Aufgabenbereichs auf eine Person zugeschnittenen **Amt**.[80]

Die Struktur der bayerischen Kommunalgesetze folgt der Tradition der „süddeutschen Ratsverfassung" (→ Rn. 8) und sieht für jede Gebietskörperschaft zwei (Haupt-)Organe vor: Ein verfassungsrechtlich durch Art. 28 Abs. 1 S. 2 GG vorgeschriebenes kollegiales **Vertretungsorgan der Bürger** und daneben ein **monokratisches Organ**. Mit Blick auf diese Organe der Kommunen ist von Interesse, wie sie gebildet, besetzt und organisiert werden und wie ihre Zuständigkeiten voneinander abzugrenzen sind. 70

1. Gemeindeorgane

Die Gemeinden verfügen über zwei **Hauptorgane** (Art. 29 GO): Den Gemeinderat und den ersten Bürgermeister. Die Bezeichnung des Gemeinderats wird ggf. entsprechend der Namensbezeichnung der Gemeinde (→ Rn. 24) angepasst (Stadtrat, Marktgemeinderat), die des ersten Bürgermeisters entsprechend der Funktionsbezeichnung der Gemeinde (→ Rn. 23): In kreisfreien Städten und Großen Kreisstädten führt er die Bezeichnung Oberbürgermeister, nie aber die Bezeichnung Bürgermeister ohne jeden Zusatz (häufige Ungenauigkeit in Klausuren!). Neben diese zwei Hauptorgane treten die in der Überschrift des ersten Abschnitts des Zweiten Teils der Gemeindeordnung genannten „Hilfskräfte", nämlich die berufsmäßigen Gemeinderatsmitglieder und die Gemeindebediensteten. Keine Hauptorgane, sondern Unter- oder Hilfsorgane sind sowohl die Ausschüsse des Gemeinderats (Art. 32 f. GO; → Rn. 83) als auch die in einigen Gemeinden gebildeten Bezirksausschüsse und Bezirksverwaltungsstellen (Art. 60 GO; → Rn. 113). Auch die „weiteren Bürgermeister" (Art. 35 GO; → Rn. 112) sind keine eigenen Organe der Gemeinde, sondern (in dieser Eigenschaft, da sie ansonsten Gemeinderatsmitglieder sind) dem Hauptorgan „erster Bürgermeister" untergeordnet. 71

a) Gemeinderat

Der Gemeinderat setzt sich in allen Gemeinden aus dem ersten Bürgermeister und einer bestimmten, von der Einwohnerzahl abhängigen Zahl von Gemeinderatsmitgliedern (mind. 8, höchstens 80) zusammen (Art. 31 Abs. 1, 2 GO). Terminologisch ist daher zwischen Mitgliedern des Gemeinderats, zu denen auch der erste Bürgermeister zählt, und den einfachen Gemeinderatsmitgliedern zu unterscheiden. 72

---

80 Siehe dazu eingehend *Maurer/Waldhoff*, § 21, Rn. 19, 23, 38.

aa) Wahl und Amtszeit

73 Obwohl das Kommunalwahlrecht nicht zum Prüfungsstoff in der ersten und zweiten juristischen Staatsprüfung zählt, sollten einige Grundzüge bekannt sein: Zum einen als Hintergrund, um beispielsweise den Unterschied zwischen Gemeindeangehörigen und Gemeindebürgern (Art. 15 GO; → Rn. 162 f.) oder die Folgen einer Inkompatibilität gemäß Art. 31 Abs. 2 GO nachvollziehen zu können, und zum anderen, weil vor dem Hintergrund der Rechtsquellen des Kommunalrechts (→ Rn. 4) einzelne Fragen des Kommunalwahlrechts auch in verfassungsrechtlichem Gewand auftreten können und auf diesem Weg dann doch Prüfungsstoff sind.

74 Dass die Gemeindebürger (→ Rn. 163) den Gemeinderat wählen, ergibt sich aus Art. 17 GO. Die Details sind im Gemeinde- und Landkreiswahlgesetz (GLKrWG) geregelt. Nach dessen Art. 1 sind Personen **wahlberechtigt**, die Unionsbürger sind, das 18. Lebensjahr vollendet haben, sich seit mind. zwei Monaten im Wahlkreis mit dem Schwerpunkt ihrer Lebensbeziehungen aufhalten und nicht nach Art. 2 GLKrWG vom Wahlrecht ausgeschlossen sind. Unionsbürger sind hier (im Gegensatz zu den Bundestags-, Landtags- und auch den Bezirkswahlen) wahlberechtigt, vgl. Art. 28 Abs. 1 S. 3 GG. Eine Erweiterung des Stimmrechts auf Nicht-EU-Ausländer, wie sie rechtspolitisch immer wieder diskutiert wird, sieht sich dem Problem gegenüber, dass Art. 28 Abs. 1 S. 2 GG bestimmt, dass das „Volk" in den Ländern, Kreisen und Gemeinden eine Vertretung haben muss. Nach Auffassung des BVerfG ist damit das deutsche Volk gemeint (vgl. die Präambel des Grundgesetzes sowie Art. 1 Abs. 2, 146 GG), so dass Ausländer nur wahlberechtigt sein dürfen, wenn das Grundgesetz selbst dies vorsieht.[81] Das Gericht stellt damit die „Einheitlichkeit der demokratischen Legitimationsgrundlage im Staatsaufbau" über die „mitgliedschaftlich-partizipatorische Komponente" der Selbstverwaltung.[82] In der Folge der Entscheidung wurde Art. 28 Abs. 1 S. 3 GG eingefügt, um den Vorgaben der Vorläufervorschriften des Art. 20 Abs. 2 lit. b AEUV Rechnung tragen zu können, die auch schon das Kommunalwahlrecht für Unionsbürger verlangten.

75 Art. 22 GLKrWG bestimmt, dass die Gemeinderäte in allgemeiner, gleicher, unmittelbarer, geheimer und freier Wahl nach den Grundsätzen eines verbesserten Verhältniswahlrechts gewählt werden. Die **Wahlrechtsgrundsätze** sind somit dieselben wie in Art. 38 Abs. 1 GG, was wegen Art. 28 Abs. 1 S. 1 GG auch so sein muss. Auch Art. 12 Abs. 1 iVm Art. 14 Abs. 1 S. 1 BV verhindern eine grundsätzliche Änderung der Wahlrechtsgrundsätze. Jeder Wähler hat so viele Stimmen, wie Gemeinderäte zu wählen sind (Art. 34 Nr. 1 S. 1 GLKrWG). Es besteht die Möglichkeit, bis zu drei Stimmen für einen Bewerber abzugeben (**kumulieren**, Art. 34 Nr. 4 GLKrWG), außerdem, Stimmen auf Personen verschiedener Wahlvorschläge zu verteilen (**panaschieren**, Art. 34 Nr. 5 GLKrWG). Wie immer ist die Umrechnung von Stimmen in Sitzzahlen nicht ganz unproblematisch, derzeit erfolgt sie gemäß Art. 35 Abs. 2 GLKrWG nach einem Divisorverfahren mit Standardrundung (*Sainte-Laguë*- oder *Webster*-Verfahren). Die Amtszeit beträgt 6 Jahre (Art. 23 Abs. 1 GLKrWG).

---

[81] BVerfG, NJW 1992, 162 (164).
[82] BVerfG, NJW 1992, 162 (164).

Auch für die Ausbildung bedeutsam ist die Frage, wann die **Amtszeit** eines Gemeinderatsmitglieds beginnt und endet, da sich daran Rechtsfolgen beispielsweise für die Berechnung der Beschlussfähigkeit des Gemeinderates knüpfen. Gemäß Art. 47 Abs. 1 S. 1 GLKrWG gilt die Wahl als angenommen, wenn der Gewählte sie nicht binnen einer Woche nach Verkündung des vorläufigen Wahlergebnisses schriftlich oder zur Niederschrift bei der Gemeindeverwaltung abgelehnt hat. Eine in den Gemeinderat gewählte Person kann ihr Amt nicht antreten, ein ehrenamtliches Gemeinderatsmitglied verliert sein Amt gemäß Art. 48 Abs. 1 S. 1 GLKrWG bei Verlust der Wählbarkeit (zB durch Wegzug aus dem Gemeindegebiet), bei Verweigerung der Eidesleistung oder des Ablegens des Gelöbnisses sowie in den Fällen des Art. 31 Abs. 3 GO (Inkompatibilität). Die gewählte Person kann außerdem die Übernahme des Amts ablehnen oder das Amt niederlegen. Gemäß Art. 48 Abs. 3 GO kann ein Mitglied auch ausgeschlossen werden, wenn es beharrlich gegen die Teilnahmepflicht an den Sitzungen verstößt. In all diesen Fällen rückt grds. ein **Listennachfolger** in den Gemeinderat nach (Art. 48 Abs. 1 S. 3 GLKrWG); zuvor bedarf es aber noch eines das Ausscheiden feststellenden Beschlusses des Wahlausschusses bzw. des Gemeinderates und der Entscheidung über einen Listennachfolger, Art. 48 Abs. 3 GLKrWG, der dann noch die Wahl annehmen und vereidigt werden muss. Dieses Verfahren greift auch ein, wenn ein Gemeinderatsmitglied stirbt. In der Zwischenzeit weist der Gemeinderat eine geringere **Ist-Stärke** als die in Art. 31 Abs. 2 GO vorgegebene **Soll-Stärke** auf; ist die Liste eines Wahlvorschlags erschöpft, bleibt dieser Zustand bis zur nächsten Wahl bestehen.

76

bb) Rechtsstellung der Gemeinderatsmitglieder

Gemeinderatsmitglieder verfügen über ein **freies, nicht imperatives Mandat**.[83] Es bestehen also keine Weisungsrechte der sie „entsendenden" Parteien oder der Fraktionen,[84] denen sie angehören. Ausfluss des freien Mandats sind auch die Mitwirkungsrechte im Gemeinderat (Teilnahme-, Antrags-,[85] Rede- und Abstimmungsrecht, uU auch ein Informationsrecht);[86] Art. 48 Abs. 1 S. 1 und 2 GO erklären die Teilnahme und Abstimmung für verpflichtend. Gemeinderatsmitglieder profitieren (anders als Bundestagsabgeordnete) nicht von einer umfassenden Immunität und Indemnität: Art. 51 Abs. 2 S. 1 GO sieht zwar einen Schutz vor disziplinarischer oder gerichtlicher Verfolgung wegen des Abstimmungsverhaltens außerhalb des Gemeinderats vor; innerhalb der Gemeinde kommt aber eine Haftung gegenüber der Gemeinde gemäß Art. 51 Abs. 2 S. 2 GO in Betracht. Aufgrund des Vorbehalts des Bundesrechts in Art. 51 Abs. 2 S. 3 GO besteht auch kein Schutz vor zivilrechtlichen Schadensersatzansprüchen.

77

Die Mitgliedschaft im Gemeinderat ist ein **Ehrenamt** (Art. 31 Abs. 2 S. 1 GO), so dass gemäß Art. 19 GO auch die (in der Praxis eher theoretische) Verpflichtung besteht, es zu übernehmen. Gemäß Art. 20a GO erhalten Gemeinderatsmitglieder eine Entschä-

78

---

83 Allgemeine Auffassung, vgl. etwa *Becker*, in: ders./Heckmann/Kempen/Manssen, 2. Teil, Rn. 191; *Engels/Krausnick*, § 4, Rn. 28.
84 Zu Fraktionen → Rn. 88 ff.
85 → Rn. 105.
86 Dazu *Engelbrecht*, BayVBl. 2017, 541.

digung für ihre Tätigkeit, die in einer Aufwandsentschädigung (Abs. 1) und Ersatzleistungen für einen etwaigen Verdienstausfall (Abs. 2) besteht. Gemeinderatsmitglieder sind Träger eines öffentlichen Amtes und können damit „Beamte im haftungsrechtlichen Sinne" im Sinne des § 839 Abs. 1 BGB[87] und Amtsträger im Sinne des § 11 Abs. 1 Nr. 2 lit. c StGB[88] sein.

79 Die Inhaber des Ehrenamts unterliegen einer **Sorgfalts- und Verschwiegenheitspflicht** (Art. 20 Abs. 1 bzw. Abs. 2, 3 GO). Während Erstere im Gesetz wenig konkret gefasst ist, finden sich zum Thema Verschwiegenheitspflicht detaillierte Vorgaben in der Gemeindeordnung. Sie betrifft alle bei der ehrenamtlichen Tätigkeit bekanntgewordenen Angelegenheiten, dazu zählen insbesondere, aber nicht ausschließlich, die Inhalte nichtöffentlicher Gemeinderatssitzungen (Art. 52 Abs. 2 GO; → Rn. 148). Die Verschwiegenheitspflicht gilt nicht für Mitteilungen im amtlichen Verkehr (also etwa die Korrespondenz mit dem ersten Bürgermeister oder mit der Rechtsaufsichtsbehörde) und über Tatsachen, die offenkundig sind oder ihrer Bedeutung nach keiner Geheimhaltung bedürfen (dies ist etwa bei in öffentlicher Sitzung diskutierten Sachverhalten der Fall). Ergänzend ist ggf. auch das Datenschutzrecht zu beachten.[89] Der Gemeinderat hat auf Verlangen einen Anspruch auf Herausgabe von Schriftstücken, Aufzeichnungen usw, auch nach Ende des Mandats und ggf. auch gegen die Erben des Gemeinderatsmitglieds (Abs. 2 S. 3–5). Die Verletzung der Sorgfalts- oder Verschwiegenheitspflicht kann gemäß Art. 20 Abs. 4 S. 1 Hs. 1 GO mit einem Ordnungsgeld sanktioniert werden; eine zivilrechtliche Haftung, etwa nach § 823 Abs. 2 BGB, bleibt unberührt (Abs. 4 S. 1 Hs. 2). Das Gemeinderatsmitglied wird insofern aber durch einen Freistellungsanspruch gegen die Gemeinde vor der Inanspruchnahme durch Dritte geschützt, sofern es nicht vorsätzlich oder grob fahrlässig gehandelt hat.

80 Gemäß Art. 50 GO dürfen Gemeinderatsmitglieder Ansprüche Dritter gegen die Gemeinde nur als gesetzliche Vertreter geltend machen. Woraus diese Ansprüche resultieren, ist unerheblich. Das **Vertretungsverbot** soll Interessenkonflikten vorbeugen, soweit es irgend möglich ist.[90] Eine vertragliche Vereinbarung der Geltendmachung von Ansprüchen Dritter gegen die Gemeinde ist daher gemäß § 134 BGB nichtig; eine Abtretung der Ansprüche an das Gemeinderatsmitglied zum Zweck der Umgehung der Norm unwirksam. Prozessual kommt bei Verstößen eine Zurückweisung des Vertreters gemäß § 67 Abs. 3 S. 1 VwGO, § 79 Abs. 3 S. 1 ZPO usw in Betracht; bei unwirksamer Abtretung eine Klageabweisung mangels Aktivlegitimation.[91] Problematisch ist Art. 50 GO naturgemäß v.a. für Rechtsanwälte im Gemeinderat. Eine Verletzung von Art. 12 Abs. 1 GG liegt darin aber nicht: Entweder man lehnt mit dem BVerfG schon das Vorliegen eines Eingriffs mit berufsregelnder Tendenz ab[92] oder man rechtfertigt den Eingriff zur Vermeidung der geschilderten Interessenkollision.

---

87 Vgl. BGHZ 106, 323 (330); 110, 1 (8).
88 Hier gilt allerdings eine Ausnahme, wenn der Gemeinderat rechtsetzend tätig ist, vgl. dazu *Heger*, in: Lackner/Kühl, StGB, 29. Aufl. 2018, § 11 Rn. 11.
89 Dazu *Schröder*, BayVBl. 2018, 584.
90 *Burgi*, § 12, Rn. 43.
91 Siehe dazu Aufgabe 6 der Ersten Juristischen Staatsprüfung 2002/1, BayVBl. 2006, 30, 56.
92 BVerfGE 52, 42 (54); anders BbgVerfG, LKV 2012, 557.

V. Die Organe der Kommunen

Maßnahmen anderer Gemeindeorgane gegenüber Gemeinderatsmitgliedern (insbesondere Ordnungsmaßnahmen gemäß Art. 53 Abs. 1 S. 2, Abs. 2 GO) stellen mangels **Außenwirkung** grds. keine Verwaltungsakte dar.[93] Etwas anderes gilt nur dann, wenn die Maßnahme das Statusverhältnis beendet (so etwa bei Art. 48 Abs. 3 GO) oder wenn (auch) die hinter dem Funktionsträger stehende natürliche Person von einer Maßnahme getroffen wird – so etwa bei Art. 48 Abs. 2 GO, weil das Ordnungsgeld aus dem Privatvermögen zu zahlen ist. 81

cc) Aufgaben des Gemeinderates

Die Aufgabenbeschreibung des Gemeinderates findet sich in Art. 30 GO. Er ist die Vertretung der Gemeindebürger (Art. 30 Abs. 1 S. 1 GO), trotz der gängigen Bezeichnung als „Kommunalparlament" aber kein „Parlament" im eigentlichen Sinne, da er nicht Teil der Legislative, sondern der Exekutive ist.[94] Der Gemeinderat ist für die Verwaltung der Gemeinde, die er auch insgesamt überwacht (Art. 30 Abs. 3 GO), immer dann zuständig, wenn die Zuständigkeit nicht beim ersten Bürgermeister liegt (Art. 29 GO) oder der Gemeinderat sie selbst auf einen beschließenden Ausschuss delegiert hat (Art. 30 Abs. 2 GO). Hierbei handelt es sich um die Frage der **Organzuständigkeit**, die nach der Verbandszuständigkeit der Gebietskörperschaft zu prüfen ist. Gedanklich ist dabei zunächst zu ermitteln, ob der erste Bürgermeister nach Art. 37 GO zuständig ist. Ist dies nicht der Fall, ist zweitens zu überlegen, ob die Angelegenheit nach Art. 30 Abs. 2 iVm Art. 32 Abs. 2, 3 GO einem Ausschuss zur Beschlussfassung übertragen ist. Ist auch dies nicht der Fall, ist der Gemeinderat zuständig. Die Zuständigkeitsverteilung in der Gemeindeordnung wird teilweise überlagert durch fachgesetzliche Vorgaben: So sieht beispielsweise Art. 42 Abs. 1 S. 1 LStVG vor, dass sicherheitsrechtliche Verordnungen grds. vom Gemeinderat zu erlassen sind – in einem solchen Fall ist keine Abgrenzung zwischen Art. 29 GO und Art. 37 GO mehr vorzunehmen. 82

dd) Ausschüsse

Ausschüsse werden als **Organteile**[95] bzw. **Hilfs- oder Unterorgane**[96] des Gemeinderats angesehen. Sie sollen seine Arbeit erleichtern und effizienter machen; sie dienen damit letztlich der Funktionsfähigkeit des Gemeinderates. Grds. ist ihre Bildung fakultativ, die Gemeindeordnung sieht allerdings mitunter sog **Pflichtausschüsse** vor, etwa in Art. 32 Abs. 4 S. 2 GO (als Folge der Festlegung einer Ferienzeit in der Geschäftsordnung, sog „Feriensenat"), in Art. 88 Abs. 2 und 4 GO (Werkausschuss bei Eigenbetrieben) oder in Art. 103 Abs. 2 GO (Rechnungsprüfungsausschuss). 83

Die Gemeindeordnung unterscheidet zwischen vorberatenden Ausschüssen und beschließenden Ausschüssen („Gemeindesenaten"). Während Erstere (ähnlich wie Parlamentsausschüsse, vgl. § 54 GOBT) der arbeitsteiligen, an den unterschiedlichen Fähigkeiten, Kenntnissen und Interessen der Gemeinderatsmitglieder orientierten Vorbereitung der Sitzungen des Plenums dienen, erledigen die **Gemeindesenate** Angelegenhei- 84

---

93 *Burgi*, § 14, Rn. 10.
94 BVerfGE 65, 283 (289).
95 *Gern/Brüning*, Rn. 542; *Burgi*, § 12, Rn. 8.
96 *Lissack*, § 4, Rn. 92.

ten anstelle des Plenums des Gemeinderates. Konsequenterweise finden gemäß Art. 45 Abs. 2 S. 2 GO auch die Vorschriften über den Geschäftsgang entsprechende Anwendung (→ Rn. 129 ff.); Art. 33 Abs. 2 GO enthält hierzu teilweise Spezialregelungen.

85 Grds. entscheidet der Gemeinderat in seiner Geschäftsordnung (→ Rn. 92) selbst, in welchem Umfang eine **Delegation** auf Gemeindesenate erfolgt. Begrenzt wird er dabei aber durch Art. 32 Abs. 2 S. 2 GO, der einen Katalog von Angelegenheiten enthält, die nicht auf einen Gemeindesenat übertragen werden dürfen (ausgenommen ist der Ferienausschuss, der in der bestimmten Ferienzeit alle Angelegenheiten mit Ausnahme der in Abs. 4 S. 3 erwähnten wahrnehmen darf, vgl. Abs. 4 S. 2 aE). Der Katalog ist nicht abschließend, auch jenseits dessen bleiben grundlegende Entscheidungen dem Plenum des Gemeinderats vorbehalten. Der Begriff ist auszulegen; hierunter werden beispielsweise Namensänderungen der Gemeinde (Art. 2 GO), der Erlass der Geschäftsordnung des Gemeinderates (Art. 45 Abs. 1 GO) oder der Ausschluss von Mitgliedern des Gemeinderats (Art. 48 Abs. 3 GO) verstanden.[97]

86 Das Plenum des Gemeinderates kann unter den Voraussetzungen des Art. 32 Abs. 3 S. 1 GO die Entscheidung eines Gemeindesenats überprüfen („**Reklamationsrecht**"); für die Entscheidungen des Feriensenats wird ein solches Überprüfungsrecht, obwohl bzw. weil Abs. 4 S. 2 aE nicht auf Abs. 3 verweist, generell angenommen.[98] Darüber hinaus nimmt die wohl überwiegende Auffassung in einem Erst-Recht-Schluss aus Art. 32 Abs. 5 GO sowie Art. 88 Abs. 4 GO (und einem Umkehrschluss aus Art. 37 Abs. 2 S. 2 GO) ein jederzeitiges „**Rückholrecht**" des Gemeinderats auch für einzelne Entscheidungen an.[99]

87 Die **Zusammensetzung** der Ausschüsse, deren Mitglieder der Gemeinderat bestellt (Art. 33 Abs. 1 Hs. 2 GO) folgt dem aus dem Parlamentsrecht bekannten Prinzip des (verkleinerten) Spiegelbildes,[100] vgl. Art. 33 Abs. 1 S. 2, Abs. 3 GO; die Details darf der Gemeinderat in seiner Geschäftsordnung regeln (Art. 33 Abs. 1 S. 1 GO). Gerade bei kleinen Gemeinderäten stellt sich dabei das Problem, dass einerseits die Größe des Ausschusses begrenzt sein muss, andererseits aber gerade bei beschließenden Ausschüssen die Mehrheitsverhältnisse mit denen im Gemeinderat übereinstimmen müssen. Die sich daraus ergebende Konsequenz, dass kleine Fraktionen oder fraktionslose Gemeinderatsmitglieder möglicherweise überhaupt nicht in Ausschüssen vertreten sind, wird von der Rspr. dabei (anders als im Bundestag)[101] zu Recht hingenommen;[102] „ansehnlich große Fraktionen und Gruppen" müssen aber mit einem Sitz bedacht werden.[103] Gemäß Art. 33 Abs. 3 GO sind über die Dauer der Amtszeit auftretende Änderungen des Stärkeverhältnisses der Parteien und Wählergruppen auszuglei-

---

97 Diese und weitere Beispiele bei *Becker*, in: ders./Heckmann/Kempen/Manssen, 2. Teil, Rn. 223.
98 *Becker*, in: ders./Heckmann/Kempen/Manssen, 2. Teil, Rn. 225.
99 *Becker*, in: ders./Heckmann/Kempen/Manssen, 2. Teil, Rn. 226; zurückhaltender *Knemeyer*, Kommunalrecht, Rn. 228.
100 Vgl. *Papier/Krönke* I, Rn. 336. Zur Geltung im Kommunalrecht BVerwGE 119, 305 (307 f.).
101 BVerfGE 80, 188 – Wüppesahl.
102 BVerwG, DVBl. 1993, 890.
103 BayVGHE 57, 49 (50).

chen (S. 1); ggf. verlieren Ausschussmitglieder infolge eines Parteiaustritts ihren Ausschusssitz (S. 2).

ee) Fraktionen

Typischerweise schließen sich die Gemeinderatsmitglieder zu Fraktionen zusammen. 88
Diese werden – anders als in den Gemeindeordnungen anderer Bundesländer[104] – in der bayerischen Gemeindeordnung nicht ausdrücklich erwähnt (siehe aber Art. 33 Abs. 1 S. 2 GO); typischerweise finden sich aber in der Geschäftsordnung eines Gemeinderats (→ Rn. 92) Aussagen über ihre Rechtsstellung. Bei den Fraktionen handelt es sich um freiwillige **Vereinigungen von Mitgliedern des Gemeinderates**, die sich auf der Grundlage grundsätzlicher politischer Übereinstimmung zu möglichst gleichgerichtetem Wirken zusammengeschlossen haben.[105] Sie erleichtern die Willensbildung im Gemeinderat und sichern damit seine Funktionsfähigkeit.

Die **Rechtsnatur** der Fraktionen ist umstritten, was für die Frage des Verwaltungsrechtsweges bei fraktionsinternen Streitigkeiten, namentlich bei Fraktionsausschlüssen von Bedeutung ist. Der BayVGH sieht die Fraktionen in seiner Rspr. als nicht-rechtsfähige bürgerlich-rechtliche Vereine an.[106] Demgegenüber wird im Schrifttum[107] und in der Rspr. anderer Bundesländer[108] betont, dass es sich nicht um Vereinigungen der Gemeinderatsmitglieder in ihrer Eigenschaft als natürliche Personen, sondern als Organmitglieder handele. Grds. überzeugt dies; gleichwohl könnte man in Erwägung ziehen, für Innenrechtsstreitigkeiten, zu denen auch der Ausschluss von Fraktionsmitgliedern zählt, eine zivilrechtliche Streitigkeit (und damit insgesamt eine Doppelnatur der Fraktionen) anzunehmen. Für Streitigkeiten zwischen den Fraktionen und Gemeindeorganen, insbesondere dem Gemeinderat (beispielsweise über die Ausgestaltung der Geschäftsordnung oder die Vertretung in einem Ausschuss), erscheint es demgegenüber vorzugswürdig, einen öffentlich-rechtlichen Kommunalverfassungsstreit (→ Rn. 120 ff.) anzunehmen. 89

Obwohl die Fraktionen als Teil ihres Selbstorganisationsrechts grds. selbst darüber 90 entscheiden dürfen, wer Mitglied ist, sind in der Rspr. angesichts der gravierenden Wirkungen für das einzelne Gemeinderatsmitglied (möglicherweise keine Mitgliedschaft mehr in Ausschüssen; → Rn. 87) einige Anforderungen an die **Rechtmäßigkeit eines Fraktionsausschlusses** entwickelt worden:[109] In formeller Hinsicht müssen eine Anhörung des Mitglieds und eine Begründung erfolgen; in materieller Hinsicht ist zu prüfen, ob dem Fraktionsausschluss gesetzliche Bestimmungen, ungeschriebene Rechtsregeln oder Geschäftsordnungsvorschriften der Fraktion entgegenstehen und ob die Maßnahme nicht grob unverhältnismäßig und willkürlich erscheint. Es muss mit anderen Worten einen wichtigen Grund für den Ausschluss geben, wofür Meinungsverschiedenheiten oder einzelne Verstöße gegen die „Fraktionsdisziplin" nicht ausrei-

---

104 Vgl. § 32 a Abs. 1 S. 1 GO SH; § 56 GO NRW.
105 Insoweit kann beispielsweise die Definition aus § 56 Abs. 1 S. 1 GO NRW übernommen werden.
106 BayVGH, NJW 1988, 2754; siehe aber dagegen VG Regensburg, KommPrax BY 2004, 390.
107 *Burgi*, § 12, Rn. 13.
108 Etwa HessVGH, NVwZ 1990, 391 (392); OVG NRW, NVwZ 1993, 399.
109 Vgl. etwa HessVGH, NVwZ 1999, 1369; siehe auch VG Regensburg, KommPrax BY 2004, 390.

chen können;[110] vielmehr muss das Vertrauensverhältnis im Hinblick auf die gemeinsame Erreichbarkeit politischer Ziele zerstört sein.[111]

ff) Berufsmäßige Gemeinderatsmitglieder

91 In Gemeinden mit mehr als 10.000 Einwohnern können sog berufsmäßige Gemeinderatsmitglieder bestellt werden; üblicherweise führen sie die Bezeichnung **Referenten**. Typischerweise leiten sie einen Arbeitsbereich in der (dem ersten Bürgermeister unterstellten) Gemeindeverwaltung (zB das Baureferat, Kreisverwaltungsreferat usw). Berufsmäßige Gemeinderatsmitglieder werden gemäß Art. 41 S. 1 GO vom Gemeinderat auf sechs Jahre gewählt und sind für diesen Zeitraum kommunale Wahlbeamte auf Zeit (vgl. Art. 13, 14 KWBG). Gemäß Art. 40 S. 2 GO haben sie in den Sitzungen des Gemeinderats und seiner Ausschüsse in Angelegenheiten ihres Aufgabengebietes beratende Stimme (und auch ein Antragsrecht),[112] dürfen aber nicht mit abstimmen. Art. 49 f. GO finden auf sie Anwendung.

gg) Geschäftsordnung

92 Die Gemeindeordnung enthält für die Organisation und den Geschäftsgang des Gemeinderates nur einen mehr oder weniger detaillierten Rahmen, der vom Gemeinderat gemäß Art. 45 Abs. 1 S. 1 GO durch eine Geschäftsordnung auszufüllen ist. Sie muss gemäß Art. 45 Abs. 1 S. 2 GO Bestimmungen über Frist und Form der Einladung zu den Sitzungen sowie über den Geschäftsgang des Gemeinderats und seiner Ausschüsse enthalten. Zu berücksichtigen sind dabei die Rechte des einzelnen Gemeinderatsmitglieds, beispielsweise das Antragsrecht (→ Rn. 77); sie dürfen durch die Geschäftsordnung nicht substantiell eingeschränkt werden. Typischerweise sind auch Bestimmungen über die Aufgabenverteilung zwischen dem Plenum des Gemeinderats und den Ausschüssen sowie über die Zusammensetzung der Ausschüsse (Art. 33 Abs. 1 S. 2 GO) enthalten sowie über berufsmäßige Gemeinderatsmitglieder. Auch Zuständigkeitsübertragungen gemäß Art. 37 Abs. 2 GO (→ Rn. 102) finden sich häufig in der Geschäftsordnung, wobei die Abgrenzung zu Richtlinien nach Art. 37 Abs. 1 S. 2 GO (→ Rn. 100) fraglich sein kann.

93 Die **Rechtsnatur** der Geschäftsordnung ist nicht völlig geklärt. Sie wird in Ausübung des gemeindlichen Selbstorganisationsrechts erlassen, entfaltet aber keine Außenwirkung über den Rechtskreis des Gemeinderates hinaus. Insofern liegt es nahe, sie grds. nicht als kommunale Satzung[113] und mangels heteronomer Bindung auch nicht als Verwaltungsvorschrift, sondern als **Norm sui generis** zu behandeln.[114] Auch als solche kann sie Gegenstand eines Normenkontrollverfahrens nach § 47 Abs. 1 Nr. 2 VwGO iVm Art. 5 AGVwGO sein,[115] wenn beispielsweise eine Fraktion ihre Rechte durch eine Geschäftsordnungsbestimmung beschnitten sieht.

---

110 So auch *Becker*, in: ders./Heckmann/Kempen/Manssen, 2. Teil, Rn. 216; *Burgi*, § 12, Rn. 17.
111 *Engels/Krausnick*, § 4, Rn. 55; vgl. auch BayVGH, NVwZ 1989, 494 (495).
112 *Becker*, in: ders./Heckmann/Kempen/Manssen, 2. Teil, Rn. 236.
113 Sie kann aber (freiwillig) als solche beschlossen werden, vgl. *Burgi*, § 12, Rn. 3.
114 *Brüning*, in: Ehlers/Fehling/Pünder III, § 64, Rn. 121; *Maurer/Waldhoff*, § 24, Rn. 15.
115 Ein Fall dazu findet sich bei *Seiler*, Examensrepetitorium Verwaltungsrecht, 6. Aufl. 2017, Fall 12.

Von der Geschäftsordnung kann im Einzelfall durch Beschluss des Gemeinderates abgewichen werden, nach überwiegender Auffassung aber nicht konkludent durch schlichte Missachtung.[116] Trotzdem ist auch die **Missachtung** der Geschäftsordnung durch den Gemeinderat für die Wirksamkeit der so gefassten Beschlüsse grds. unbeachtlich, es sei denn, sie wäre Ausdruck zwingenden Rechts (insbesondere eine Wiederholung der GO selbst) oder als Satzung, die die Verwaltung nicht einfach verwerfen darf (→ Rn. 127), beschlossen worden.[117] Demnach besteht die Geschäftsordnung meist aus bloßen **Ordnungsvorschriften**. 94

b) Erster Bürgermeister

Der **erste Bürgermeister** ist das zweite Hauptorgan der Gemeinde (Art. 29 GO). In kreisfreien Städten und Großen Kreisstädten führt er die Bezeichnung **Oberbürgermeister** (Art. 34 Abs. 1 S. 2 GO). Er ist Mitglied (und Vorsitzender) des Gemeinderates (vgl. Art. 31 Abs. 1 GO), aber begrifflich kein Gemeinderatsmitglied. 95

aa) Wahl und Rechtsstellung

Für den ersten Bürgermeister gilt ein System der unmittelbaren **Direktwahl** mit dem Erfordernis einer absoluten Mehrheit, Art. 46 Abs. 1 S. 1 GLKrWG. Erhält keiner der Kandidaten im ersten Wahlgang die absolute Mehrheit, kommt es zwei Wochen danach zu einer Stichwahl zwischen den beiden[118] im ersten Wahlgang bestplatzierten Kandidaten. Führt diese zu Stimmengleichheit, entscheidet das Los gemäß Art. 46 Abs. 3 S. 3 GLKrWG. Der erste Bürgermeister ist (je nach Gemeinde) entweder kommunaler Wahlbeamter auf Zeit oder Ehrenbeamter; in beiden Fällen gilt für ihn das Gesetz über kommunale Wahlbeamte (Art. 1 Abs. 3 S. 1 KWBG). Er ist „Beamter im haftungsrechtlichen Sinne" im Sinne des § 839 Abs. 1 BGB[119] und Amtsträger im Sinne des § 11 Abs. 1 Nr. 2 lit. c StGB. Eine **Abwahl** ist – anders als in anderen Bundesländern[120] – nicht möglich; wohl aber eine Suspendierung[121] oder Entlassung aus dem Beamtenverhältnis[122] als disziplinarische Maßnahme. Die Amtszeit endet kraft Gesetzes in den Fällen der Art. 15 Abs. 4, 5 KWBG; außerdem ist der erste Bürgermeister zu entlassen, wenn er das passive Wahlrecht verliert (Art. 15 Abs. 3 KWBG). 96

bb) Aufgaben

Die Aufgaben des ersten Bürgermeisters lassen sich in **vier Kategorien** aufteilen: Art. 37 GO beschreibt zunächst, wie schon in Art. 29 GO dargelegt, einen Kreis von Aufgaben, die dem ersten Bürgermeister zur selbstständigen Entscheidung obliegen. Dies ist der Aufgabenkreis, der typischerweise im Rahmen der Prüfung der **Organzuständigkeit** thematisiert wird. Die Aufgaben des ersten Bürgermeisters gehen allerdings darüber hinaus. Er ist außerdem Vorsitzender des Gemeinderates (Art. 36 S. 1 1. Alt. GO), Vollzugsorgan für dessen Beschlüsse (Art. 36 S. 1 2. Alt., Art. 59 Abs. 2 97

---

116 *Becker*, in: ders./Heckmann/Kempen/Manssen, 2. Teil, Rn. 240.
117 Zu letzterem *Burgi*, § 12, Rn. 4; *Engels/Krausnick*, § 5, Rn. 3.
118 Sind es mehr als zwei, findet entweder eine Wiederholungswahl oder ein Losentscheid statt, Art. 46 Abs. 1 S. 3 und Art. 4 GLKrWG.
119 Vgl. BGHZ 106, 323 (330); 110, 1 (8).
120 So etwa in § 55 GemO RP.
121 Art. 39 BayDG.
122 § 23 Abs. 3 Nr. 1 BeamtStG.

GO) und Vertreter der Gemeinde nach außen (Art. 38 Abs. 1 GO). Mitunter werden dem ersten Bürgermeister durch das Fachrecht weitere Aufgaben (im übertragenen Wirkungskreis) zugewiesen, wodurch dann die allgemeine kommunalrechtliche Zuständigkeitsverteilung überlagert wird. Dies ist zB in Art. 5 Abs. 1 S. 1 GLKrWG für die Wahlleitung von Kommunalwahlen der Fall. Im Zusammenhang mit den gesetzlich zugewiesenen Aufgaben kommt dem ersten Bürgermeister auch die Befugnis zum **Informationshandeln** zu; → Rn. 129.

(1) Selbständige Aufgabenerledigung, Art. 37 GO

98 Art. 37 GO weist dem ersten Bürgermeister in Abs. 1 S. 1 Nr. 1 zunächst eine Zuständigkeit für die Erledigung bestimmter (nicht aller!) **laufender Angelegenheiten** zu, und zwar solcher, die sich wiederholen („wiederkehrende Vollzugsaufgabe") *und* keine grundsätzliche Bedeutung haben *und* keine erheblichen Verpflichtungen erwarten lassen. Maßstab für alle drei Tatbestandsmerkmale, bei denen es sich um gerichtlich voll überprüfbare unbestimmte Rechtsbegriffe handelt, sind Größe, Finanz-, Verwaltungs- und Wirtschaftskraft der Gemeinde,[123] so dass der Umfang der laufenden Angelegenheiten von Gemeinde zu Gemeinde unterschiedlich sein kann. Beispielsweise kann in einer Großstadt die Erteilung einer Baugenehmigung eine laufende Angelegenheit sein, in einer kleinen Gemeinde dagegen selbst die Erteilung des gemeindlichen Einvernehmens nach § 36 BauGB eine Angelegenheit, über die der Gemeinderat zu entscheiden hat. Nicht zu den laufenden Angelegenheiten zählt ungeachtet der Gemeindegröße jedenfalls alles, was der Gemeinderat nicht gemäß Art. 32 Abs. 2 GO an Ausschüsse delegieren dürfte.[124] Häufiges Klausurthema ist v.a. nach der Ergänzung des Art. 38 Abs. 1 GO um Satz 2 (→ Rn. 109) die Frage, ob die Führung eines Gerichtsprozesses zu den laufenden Angelegenheiten zählt. Auf der Passivseite kann dies selbst bei kleinen Gemeinden zu bejahen sein[125] (anders möglicherweise, wenn eine „Verteidigungsstrategie" entwickelt werden muss), bei Klagen durch eine Gemeinde wird man dagegen entsprechend den allgemeinen Kriterien auf die Bedeutung der Sache abstellen müssen. Die Erhebung einer Klage gegen aufsichtliche Maßnahmen wird grds. nicht als laufende Angelegenheit angesehen.[126]

99 Eine eigentlich nicht als laufende Angelegenheit zu bezeichnende und damit dem Gemeinderat vorbehaltene Angelegenheit kann allerdings dadurch zu einer laufenden Angelegenheit werden, dass der Gemeinderat dem ersten Bürgermeister durch Beschluss Vorgaben macht („**Leitlinien**"). Seine Tätigkeit liegt dann auf der Schnittstelle zwischen Vollzug dieses Beschlusses nach Art. 36 S. 1 2. Alt. GO und selbstständiger Aufgabenerledigung gemäß Art. 37 Abs. 1 S. 1 GO. Beispiel für eine solche Situation ist die Vergabe von Standplätzen auf einem wichtigen Volksfest, die an sich keine laufende Angelegenheit ist, aber zu einer solchen werden kann, nachdem der Gemeinderat zunächst Vergabekriterien festgelegt hat.[127]

---

123 Vgl. BayVGH, BayVBl. 2010, 174 (175 f.); *Bauer/Böhle/Ecker*, Art. 37 GO (Stand: 92. EL April 2009), Rn. 4; *Glaser*, in: Grasser/Widtmann/ders., Art. 37 GO Rn. 6 (Stand: 26. EL November 2013).
124 *Becker*, in: ders./Heckmann/Kempen/Manssen, 2. Teil, Rn. 147.
125 *Becker*, in: ders./Heckmann/Kempen/Manssen, 2. Teil, Rn. 147.
126 BayVGH, BayVBl. 2012, 341 (341 f.).
127 Ähnlich, aber unter Berufung auf Art. 37 Abs. 1 S. 2 GO, BayVGHE 57, 79 (82 ff.).

100 Was zu den laufenden Angelegenheiten zählt, kann der Gemeinderat gemäß Art. 37 Abs. 1 S. 2 GO in **Richtlinien** näher bestimmen. Fraglich ist, welche rechtliche Qualität solchen Richtlinien zukommt. Nach einer Ansicht sind sie lediglich deklaratorisch, weil der Gemeinderat nicht die gesetzlich vorgesehene Zuständigkeitsverteilung modifizieren können soll[128] – die Richtlinien bieten demnach allenfalls einen Anhaltspunkt, um die Tatbestandsmerkmale des Art. 37 Abs. 1 S. 1 Nr. 1 GO auszulegen, sind aber für die ggf. mit der Frage befassten Gerichte nicht bindend. In seiner neueren Rspr. spricht zumindest ein Senat des BayVGH den Richtlinien dagegen konstitutive Bedeutung zu.[129] Folgte man der Gegenauffassung, verlöre Art. 37 Abs. 1 S. 2 GO seine Bedeutung. Außerdem erforderten es das Gebot dogmatischer Konsequenz sowie die Rechtsicherheit und Rechtsklarheit, dass die Richtlinien bindende Wirkung entfalteten und sich Vertragspartner der Gemeinde auf sie verlassen könnten. Freilich behält sich der BayVGH gleichwohl vor, die Richtlinien ggf. für rechtswidrig zu erachten. Er gesteht aber dem Gemeinderat einen gerichtlich nicht voll kontrollierbaren Beurteilungsspielraum zu, den Begriff der laufenden Angelegenheiten zu definieren. Dieser Beurteilungsspielraum soll erst überschritten sein, wenn die gesetzliche Zuständigkeitsverteilung grundlegend in Frage gestellt wird, also beispielsweise der erste Bürgermeister durch eine zu enge Fassung der Richtlinien quasi entmachtet wird.[130]

101 Neben den laufenden Angelegenheiten sind dem Bürgermeister durch Art. 37 Abs. 1 S. 1 GO die den Gemeinden durch ein Bundesgesetz oder aufgrund eines Bundesgesetzes übertragenen hoheitlichen Aufgaben in Angelegenheiten der Verteidigung einschließlich des Wehrersatzwesens und des Schutzes der Zivilbevölkerung, soweit nicht für haushalts- oder personalrechtliche Entscheidungen der Gemeinderat zuständig ist, vorbehalten (Nr. 2), darüber hinaus die Angelegenheiten, die im Interesse der Sicherheit der Bundesrepublik oder eines ihrer Länder, geheimzuhalten sind (Nr. 3). Diese für die Ausbildung wenig bedeutsamen Zuständigkeiten können auch nicht durch Richtlinien im Sinne des Art. 37 Abs. 1 S. 2 GO modifiziert werden.

102 Nach Art. 37 Abs. 2 GO kann der Gemeinderat dem ersten Bürgermeister zudem durch die Geschäftsordnung **weitere Aufgaben** übertragen. In dieser Weise delegationsfähig sind alle Kompetenzen des Gemeinderates außer dem Erlass von Satzungen und denjenigen Angelegenheiten, die nicht auf beschließende Ausschüsse übertragen werden dürfen. Da der Katalog des Art. 32 Abs. 2 GO nicht abschließend ist, sondern auch alle anderen grundsätzlichen Fragen dem Gemeinderat vorbehalten sind (→ Rn. 85), besteht eine gewisse Rechtsunsicherheit über die Reichweite der Delegationsbefugnis (die aber in der Praxis kaum eine Rolle spielt, da sich ein Gemeinderat ungern in grundsätzlichen Fragen selbst entmachtet). Anders als bei der Übertragung auf beschließende Ausschüsse (→ Rn. 86) besteht kein Rückholrecht im Einzelfall (Abs. 2 S. 2); der Gemeinderat kann nur die Übertragung allgemein widerrufen.

---

128 BayObLG, BayVBl. 1974, 706 (707); BayVGHE 58, 38 (42); *Becker*, in: ders./Heckmann/Kempen/Manssen, 2. Teil, Rn. 149.
129 BayVGHE 59, 14 (18 ff.).
130 BayVGHE 59, 14 (18 ff.).

103 Art. 37 Abs. 3 GO weist dem ersten Bürgermeister schließlich eine **Eilzuständigkeit** anstelle des Gemeinderates zu. Liegen die Voraussetzungen vor, entfaltet die Handlung des ersten Bürgermeisters dieselben Wirkungen, wie wenn sie vom Gemeinderat getroffen worden wäre; sie muss auch nicht etwa nachträglich genehmigt werden. Eine Anordnung ist dringlich bzw. ein Geschäft unaufschiebbar im Sinne dieser Norm, wenn erstens das Handeln des ersten Bürgermeisters objektiv notwendig ist, um Schaden von der Gemeinde oder von Dritten abzuwenden, und wenn zweitens die Einberufung des Gemeinderates oder des zuständigen Ausschusses nicht rechtzeitig möglich ist (Ladungsfrist; → Rn. 132). Inwieweit auf der Grundlage der Eilzuständigkeit ein Recht zur Normsetzung durch den ersten Bürgermeister besteht, ist umstritten.[131] Klar ist dies bei Art. 42 Abs. 2 LStVG, wo es ausdrücklich (und vorrangig vor Art. 37 Abs. 3 GO) vorgesehen ist. Auch außerhalb des Gefahrenabwehrrechts spricht trotz des Ausnahmecharakters des Art. 37 Abs. 3 GO wenig dagegen, den ersten Bürgermeister in den genannten Ausnahmefällen, deren Voraussetzungen allerdings streng zu prüfen sind, für zuständig zu erachten.

(2) Vorsitz im Gemeinderat

104 Gemäß Art. 36 S. 1 GO führt der erste Bürgermeister den Vorsitz im Gemeinderat.[132] Dazu gehört ganz allgemein die „Geschäftsleitung" im Rat, gemäß Art. 46 Abs. 2 S. 1 GO insbesondere die Vorbereitung der Beratungsgegenstände, woraus sich dann auch die Tagesordnung der Sitzungen des Gemeinderates ergibt, die der erste Bürgermeister gemäß Art. 46 Abs. 2 S. 2 GO einberuft (→ Rn. 131) und auf Antrag eines Viertels der Mitglieder einberufen muss (Art. 46 Abs. 2 S. 3 GO).

105 Was auf die **Tagesordnung** des Gemeinderates kommt, ist in der Gemeindeordnung nicht näher geregelt und damit neben der Einschätzung des ersten Bürgermeisters der Geschäftsordnungsautonomie des Gemeinderates überlassen. Der erste Bürgermeister ist verpflichtet, die den Vorgaben (beispielsweise Form und Frist) der Geschäftsordnung entsprechend beantragten Punkte auf die Tagesordnung zu setzen, wobei das (ungeschriebene) Antragsrecht der Gemeinderatsmitglieder (→ Rn. 77) zu berücksichtigen ist.[133] Eine allgemeine Rechtmäßigkeitsprüfung darf er nicht präventiv, sondern erst nach einem Beschluss vornehmen (Art. 59 Abs. 2 GO; → Rn. 108); rechtsmissbräuchliche Verlangen nach Tagesordnungspunkten dürfen aber zurückgewiesen werden.[134]

106 In der **Sitzung**, für deren rechtzeitige öffentliche Ankündigung er gemäß Art. 52 Abs. 1 S. 1 GO zu sorgen hat, ist der erste Bürgermeister für die Feststellung der Beschlussfähigkeit (→ Rn. 130 ff.), für die Sitzungsleitung, die Organisation von Wahlen und Abstimmungen sowie für die Handhabung der Ordnung zuständig (Art. 53 GO;

---

131 Dafür: BayVGH, BayVBl. 2007, 239 (241); *Bauer/Böhle/Ecker*, Art. 37 GO (Stand: 98. EL September 2012), Rn. 13; *Glaser*, in: Widtmann/Grasser/ders., Art. 37 GO Rn. 16 (Stand: 26. EL November 2013); dagegen: *Riemerschmid*, BayBgm 1956, 245 (246).
132 Zu dieser Rolle eingehend (wenn auch auf Nordrhein-Westfalen bezogen und nicht mehr ganz aktuell) *Rothe*, NVwZ 1992, 529.
133 Vgl. BayVGH, NVwZ 1988, 83 (84).
134 Vgl. BayVGH, NVwZ 1988, 83 (86).

→ Rn. 150 ff.); nach der Sitzung für die Unterzeichnung der Sitzungsniederschrift (Art. 54 Abs. 2 GO).

(3) Vollzug der Beschlüsse des Gemeinderates

Gemäß Art. 36 S. 1 GO ist der erste Bürgermeister für den Vollzug der Gemeinderats- 107
beschlüsse zuständig. Dazu zählt etwa die Ausfertigung und Bekanntmachung von Satzungen gemäß Art. 26 Abs. 2 S. 1 GO oder der Erlass von im Rat beschlossenen Verwaltungsakten.

Grds. besteht eine **Verpflichtung** des ersten Bürgermeisters zum Vollzug der Beschlüsse 108
des Gemeinderates („vollzieht"). Hält er allerdings einen Beschluss für rechtswidrig, darf er ihn nicht vollziehen. Er darf ihn aber auch nicht einfach ignorieren („kalte Beanstandung"), sondern muss das **Beanstandungsverfahren** nach Art. 59 Abs. 2 GO einleiten:[135] Der Vollzug ist auszusetzen und der Beschluss des Gemeinderats zu beanstanden. Schafft der Gemeinderat keine Abhilfe (insbesondere, weil er seinen Beschluss für rechtmäßig hält), muss der erste Bürgermeister die Entscheidung der Rechtsaufsichtsbehörde herbeiführen. Diese trifft dabei keine aufsichtliche Maßnahme im Sinne der Art. 108 ff. GO (→ Rn. 199 ff.), sondern teilt nur ihre Auffassung in Form eines „Rechtsgutachtens" mit[136] und versucht den Streit zu schlichten.[137] In der Folge kann sie allerdings aufsichtliche Maßnahmen gegen den Gemeinderat (falls der Beschluss rechtswidrig ist und nicht aufgehoben wird) oder den ersten Bürgermeister (falls er einen rechtmäßigen Beschluss nicht vollzieht) einleiten. Unterschiedliche Auffassungen über die Rechtmäßigkeit eines Gemeinderatsbeschlusses können auch zu einem Kommunalverfassungsstreit (→ Rn. 120) zwischen Rat und erstem Bürgermeister über die Pflicht zum Vollzug führen. Gegen das „Gutachten" der Aufsichtsbehörde im Rahmen von Art. 59 Abs. 2 GO soll wegen seiner Unverbindlichkeit kein Rechtsschutz gegeben sein.[138]

(4) Außenvertretung der Gemeinde

Gemäß Art. 38 Abs. 1 S. 1 GO vertritt der erste Bürgermeister die Gemeinde nach au- 109
ßen. Die Norm wurde 2018 um einen neuen Satz 2 ergänzt,[139] nach dem der Umfang der Vertretungsmacht auf seine Befugnisse beschränkt ist. Damit hat der bayerische Gesetzgeber versucht, die bis dahin in bayerischen Gerichten ohnehin herrschende Lesart des Art. 38 Abs. 1 S. 1 GO als Regelung eines bloßen **Vertretungsrechts** des ersten Bürgermeisters (also seiner Organzuständigkeit)[140] im Gegensatz zu einem auch denkbaren Verständnis als Regelung gesetzlicher **Vertretungsmacht** (wie sie für die parallele Regelung in anderen Bundesländern angenommen wird)[141] außer Streit zu stellen. Die bayerische Lesart war nämlich dadurch in Frage gestellt worden, dass der

---

135 Beispiel: Aufgabe 5 der Ersten Juristischen Staatsprüfung 2014/2, BayVBl. 2017, 322, 355.
136 Vgl. BayVGHE 58, 38 (47); *Bauer/Böhle/Ecker*, Art. 59 GO (Stand: 87. EL Januar 2015), Rn. 9; *Glaser*, in: Widtmann/Grasser/ders., Art. 59 GO Rn. 9 (Stand: 28. EL Dezember 2015); *Hölzl/Hien/Huber*, Art. 59 GO (Stand: 46. AL Mai 2011), Ziff. 5.
137 *Becker*, in: ders./Heckmann/Kempen/Manssen, 2. Teil, Rn. 145.
138 BayVGHE 58, 38 (46 ff.).
139 GVBl. 2018, 145 (149).
140 BayVGHE 59, 14 (17 f. mwN).
141 So etwa für Baden-Württemberg BGH, NJW 1980, 117 (118); BAG, NJW 1986, 2271.

BGH 2016 in einem Zivilrechtsstreit die Vertretungsmacht des ersten Bürgermeisters einer bayerischen Gemeinde trotz fehlender Ermächtigung durch den eigentlich zuständigen Gemeinderat bejaht hatte.[142] Nach der nunmehr durch den Gesetzgeber bestätigten Sichtweise schlägt dagegen die Missachtung der internen Zuständigkeitsverteilung – anders als in anderen Bundesländern – auf die Vertretungsmacht des ersten Bürgermeisters durch. Da die Regelung der Vertretungsmacht keine bundesrechtliche Frage ist, sondern zu den landesrechtlichen Bestimmungen über die juristische Person „Gemeinde" gehört, bestehen gegen die „Klarstellung" durch den Gesetzgeber keine Bedenken.

110 Eine **Überschreitung der Vertretungsmacht**, also ein fehlender oder unwirksamer Gemeinderatsbeschluss oder eine Überschreitung des durch den Beschluss gesetzten Rahmens im Vollzug durch den ersten Bürgermeister, hat in Abhängigkeit von der Handlungsform folgende **Konsequenzen**:

- Ein **Verwaltungsakt** ist formell rechtswidrig, aber wirksam. Ob es sich um einen Zuständigkeits- („Organkompetenz")[143] oder um einen Verfahrensmangel[144] handelt, ist auch innerhalb der Rspr. des BayVGH umstritten. Letzteres ermöglicht die Anwendbarkeit von Art. 45 Abs. 1 Nr. 4 BayVwVfG;[145] Ersteres schützt die innergemeindliche Zuständigkeitsverteilung effektiver. Aus diesem Grund sollte auch Art. 46 BayVwVfG nicht zur Anwendung kommen, selbst wenn man ihn tatbestandlich für einschlägig hält.[146]
- Kommunale **Satzungen und Rechtsverordnungen** sind dem Nichtigkeitsdogma[147] entsprechend nichtig.
- **Verträge** sind schwebend unwirksam (vgl. § 177 BGB, ggf. iVm Art. 59 Abs. 1 BayVwVfG); insbesondere verbietet sich die Annahme einer Anscheinsvollmacht, die wiederum die innergemeindliche Zuständigkeitsverteilung konterkarieren würde. Die schwebende Unwirksamkeit kann durch nachträglichen Beschluss des Gemeinderates geheilt werden.
- Während für **einseitige Rechtsgeschäfte des bürgerlichen Rechts** grds. Nichtigkeit angenommen wird (§ 180 S. 1 BGB, Ausnahme: § 180 S. 2 BGB), sind **öffentlich-rechtliche Erklärungen und Prozesserklärungen**, beispielsweise eine Klageerhebung, „nur" schwebend unwirksam.[148] Auch diese schwebende Unwirksamkeit kann durch nachträglichen Beschluss des Gemeinderates (auch nach Ablauf der Klagefrist, aber vor der gerichtlichen Entscheidung) geheilt werden.[149]

111 Im Zusammenhang mit der Außenvertretung der Gemeinde ist auch Art. 38 Abs. 2 GO zu beachten. Dieser stellt bei unbefangener Lektüre eine **Formanforderung** für

---

142 BGH, MDR 2017, 265.
143 BayVGHE 57, 79 (82 f.); BayVBl. 2008, 568; wohl auch BVerwG, BayVBl. 2010, 121 (122).
144 BayVGHE 56, 98 (101 f.), bestätigt durch BayVGH, BayVBl. 2008, 502.
145 AA *Burgi*, § 13, Rn. 29.
146 BayVGHE 57, 79 (82 f.).
147 *Sachs*, GVwR² II, § 31, Rn. 76; *Bethge*, in: Maunz/Schmidt-Bleibtreu/Klein/ders., BVerfGG, § 31 (Stand: 43. EL Februar 2014), Rn. 142.
148 BayObLG, BayVBl. 1998, 122 (123).
149 So etwa in VG Regensburg, Beschl. v. 25.8.2011 – RO 3 S 11.1257 (www.vgh.bayern.de, 21.11.2018).

Verpflichtungsgeschäfte auf,[150] etwa den Abschluss von Verwaltungsverträgen oder das Eingehen von Bürgschaften. Die Rechtsfolgen von Verstößen sind bei öffentlich-rechtlichen Handlungsformen nach den allgemeinen Regeln zu beurteilen,[151] ein öffentlich-rechtlicher Vertrag ist also beispielsweise gemäß Art. 59 Abs. 1 BayVwVfG, § 125 S. 1 BGB nichtig. Bei privatrechtlichem Handeln fehlt dem Landesgesetzgeber hingegen nach Auffassung des BGH die Kompetenz, neben dem BGB Formvorgaben zu etablieren. Damit Art. 38 Abs. 2 GO dennoch nicht der vernichtenden Wirkung des Art. 31 GG unterfällt, interpretiert ihn der BGH in solchen Fällen in eine Vorschrift der öffentlich-rechtlichen Beschränkung der Vertretungsmacht um. Er führt dann also beispielsweise zur schwebenden Unwirksamkeit eines Vertrages, eine persönliche Haftung des Vertreters gemäß § 179 BGB soll dabei aber ausgeschlossen sein.[152]

cc) Weitere Bürgermeister und Gemeindeverwaltung

Gemäß Art. 35 S. 1 GO werden aus der Mitte des Gemeinderats ein oder zwei **weitere Bürgermeister** gewählt (zweiter bzw. dritter Bürgermeister). Sie sind gemäß Art. 35 S. 2 GO grds. Ehrenbeamte im Sinne des KWBG. Nach der Gemeindeordnung ist ihre wichtigste Aufgabe, den Bürgermeister im Fall der (rechtlichen, → Rn. 157 ff., oder tatsächlichen)[153] Verhinderung zu vertreten (Art. 39 Abs. 1 S. 1 GO). In Art. 39 Abs. 2 GO vorgesehen und in der Praxis durchaus üblich ist aber auch, dass der erste Bürgermeister zur Arbeitsentlastung einige seiner Aufgaben generell auf weitere Bürgermeister überträgt. Dies ist grds. hinsichtlich aller Aufgaben mit Ausnahme des Vorsitzes im Gemeinderat zulässig, auch hinsichtlich der Außenvertretung nach Art. 38 Abs. 1 GO. Eine solche Übertragung einzelner Aufgaben kann gemäß Art. 39 Abs. 2 GO auch auf Gemeinderatsmitglieder oder **Verwaltungsangestellte** erfolgen; dem ersten Bürgermeister ist letztlich das gesamte Verwaltungspersonal (vgl. Art. 42 GO) der Gemeinde unterstellt. Auch im Fall der Delegation von Aufgaben bleibt der erste Bürgermeister stets verantwortlich, korrespondierend damit ist er auch hinsichtlich der Aufgabenerledigung weisungsbefugt. 112

c) Bezirksausschüsse und -verwaltungsstellen, Ortssprecher

In Städten ab 100.000 Einwohnern können fakultativ und in Städten ab 1.000.000 Einwohnern müssen zwingend sog **Bezirksausschüsse** für die einzelnen Stadtbezirke (Art. 60 Abs. 1 GO) eingerichtet werden (Art. 60 Abs. 2 GO). Sie sind nicht zu verwechseln mit Ausschüssen des Gemeinderates (→ Rn. 83 ff.). Bezirksausschüsse übernehmen auf ihren Stadtbezirk entfallende Verwaltungsaufgaben, die ihnen durch den Stadtrat oder den ersten Bürgermeister durch Satzung (Art. 60 Abs. 6 GO) übertragen werden. Es kann sich dabei sowohl um den Auftrag zur bloßen Vorberatung für den Stadtrat oder den ersten Bürgermeister als auch um die Befugnis zur abschließenden Entscheidung handeln. Während im ersteren Fall die Zusammensetzung des Bezirksausschusses entsprechend dem Stadtrats-Wahlergebnis in dem entsprechenden Bezirk erfolgt, müssen Bezirksausschüsse mit Entscheidungsrechten gesondert gewählt wer- 113

---

150 So auch *Burgi*, § 13, Rn. 37.
151 *Burgi*, § 13, Rn. 35.
152 BGHZ 147, 381; 178, 192; zur Begründung krit., aber im Ergebnis ähnlich *Burgi*, § 13, Rn. 37 ff.
153 Beispiel: Aufgabe 6 der Ersten Juristischen Staatsprüfung 2012/2, BayVBl. 2015, 762, 794.

den. Bezirksausschüsse haben ein Empfehlungs- und Antragsrecht an den Stadtrat (Art. 60 Abs. 4 GO).

114 **Bezirksverwaltungsstellen** sind demgegenüber dem ersten Bürgermeister unterstellt. Ihnen können ausschließlich einzelne seiner Aufgaben aus dem Bereich der laufenden Verwaltung übertragen werden (Art. 60 Abs. 5 S. 2 iVm 39 Abs. 2 GO). Insofern unterscheidet sich die Rechtslage nicht von der bei der Übertragung auf Gemeindebedienstete, die nicht in einer Bezirksverwaltungsstelle sitzen.

115 **Ortssprecher** (Art. 60 a GO) sind ein Resultat der Gemeindereformen der 1970er Jahre. Wenn vormals (Stichtag 18.1.1952) selbstständige Gemeinden nach ihrer „Eingemeindung" nicht im Gemeinderat vertreten sind und auch kein Bezirksausschuss besteht, kann unter den Voraussetzungen des Art. 60 a Abs. 1 GO ein Ortssprecher gewählt werden. Er kann gemäß Art. 60 a Abs. 2 GO an allen Sitzungen des Gemeinderats mit beratender Stimme teilnehmen und Anträge stellen; ggf. aber durch die Geschäftsordnung auf Angelegenheiten des Ortsteils beschränkt. Mit diesem Instrument wird eine Minimalrepräsentanz vormals selbstständiger Gemeinden sichergestellt.

2. Landkreisorgane

116 Die Landkreise weisen dieselbe Organstruktur wie die Gemeinden auf: Dem nach den Vorgaben des GLKrWG auf sechs Jahre gewählten **Kreistag** gegenüber steht der ebenfalls auf sechs Jahre direkt gewählte **Landrat**. Wie im Gemeinderat gibt es im Kreistag Ausschüsse, die – anders als in der GO – in Art. 22 LKrO sogar unter den Hauptorganen erwähnt sind und unter denen der ständige (und verpflichtend einzurichtende) „Kreisausschuss" besonders hervorzuheben ist. Die **Organzuständigkeit** der Kreisorgane ist nach demselben Muster abgegrenzt wie bei den Gemeinden: Der Kreistag erledigt die wesentlichen Aufgaben (Art. 23 Abs. 1 S. 2 LKrO), soweit sie nicht einem Ausschuss übertragen sind; der Landrat insbesondere die laufenden, weitere ihm übertragene und dringliche Angelegenheiten (Art. 34 LKrO). Der Landrat führt außerdem den Vorsitz im Kreistag, vollzieht seine Beschlüsse (Art. 33 LKrO) und vertritt den Kreis nach außen (Art. 35 S. 1 LKrO).

117 Einer besonderen Erwähnung bedarf das **Landratsamt**. Es ist einerseits (vergleichbar der Gemeindeverwaltung) die dem Landrat unterstellte Verwaltung des Kreises (Art. 37 Abs. 1 S. 1 LKrO), andererseits aber auch untere staatliche Verwaltungsbehörde (Art. 37 Abs. 1 S. 2 LKrO) – je nachdem, ob es gerade Kreisaufgaben (→ Rn. 39 f.) oder Staatsaufgaben erfüllt (→ Rn. 15 ff.). Der Landrat, statusmäßig Beamter des Kreises auf Zeit (Art. 31 S. 1 LKrO), wird bei der Erfüllung von Staatsaufgaben im Wege der Organleihe als Organ des Freistaates Bayern (im untechnischen Sinne, die Staatsorgane ergeben sich eigentlich aus der Verfassung) tätig (Art. 37 Abs. 6 LKrO). Ob eine Aufgabe eine **Staatsaufgabe** ist, ergibt sich aus den Gesetzen, die dem Landratsamt eine bestimmte Aufgabe zuweisen, sie sprechen dann von **Kreisverwaltungsbehörden** (im Unterschied zu Kreisbehörden); die zB in Art. 54 BayBO zu findende, ausdrückliche Erklärung, dass es sich um eine Staatsaufgabe handelt, ist nicht konstitutiv. Einen nicht abschließenden Katalog von Staatsaufgaben findet man übrigens in § 1 GrKrV, da Große Kreisstädte grds. nur solche übertragen bekommen

(→ Rn. 35). Beispielsfälle zur Janusköpfigkeit des Landratsamts finden sich unter
→ Rn. 16.

3. Bezirksorgane

Die Bezirke weisen auf den ersten Blick eine den Kreisen vergleichbare Organstruktur auf. Allerdings wird nur eines ihrer Organe direkt gewählt – der **Bezirkstag**. Seine Wahl erfolgt parallel zur Landtagswahl alle fünf Jahre nach einem „verbesserten" Verhältniswahlrecht mit Erst- und Zweitstimmen. Der Bezirkstag wählt selbst seinen **Präsidenten** (Art. 30 Abs. 1 BezO), der das zweite Hauptorgan des Bezirks darstellt (Art. 21 BezO). Daneben gibt es wieder die wie in der LKrO besonders hervorgehobenen Ausschüsse. Die Zuständigkeitsverteilung unter den Organen erfolgt grds. analog der in den Kreisen (Art. 21 f., 33 BezO). 118

Besonderer Erwähnung bedarf die **Rolle der Regierung** in der Verwaltung des Bezirks. Schon in Art. 21 BezO wird deutlich, dass diese – obgleich Behörde des Freistaates Bayern; → Rn. 15 – in bestimmten Fällen „organzuständig" ist. Voraussetzung dafür ist allerdings nach Art. 35 b Abs. 1 S. 1 BezO, dass der Bezirk ihr diese Zuständigkeit übertragen hat. Dies knüpft daran an, dass der Bezirk zwar auch eigene Bedienstete für die Bezirksverwaltung hat (Art. 34 BezO), aber im „Verwaltungsverbund" mit der Regierung geführt wird (Art. 35 BezO), wozu neben der Zurverfügungstellung von Personal (Art. 35 a BezO) eben auch die Aufgabenwahrnehmung durch die Regierung gehört. Handelt die Regierung auf einer solchen Grundlage, bleibt der Bezirk verantwortlich und ist passivlegitimiert. 119

4. Kommunalverfassungsstreit

Korrespondierend mit der Bezeichnung der kommunalen Organisationsstruktur als „Kommunalverfassung" (vgl. etwa die Überschrift zum Zweiten Teil der GO, Art. 29 ff.) werden gerichtliche Streitigkeiten, die die Kommunalverfassung betreffen, als Kommunalverfassungsstreitigkeiten bezeichnet. Nach heute ganz hA handelt es sich dabei um einen rein deskriptiven Begriff, mit dem zum Ausdruck gebracht wird, dass ein Rechtsstreit zwischen den Organen einer Kommune (**Interorganstreit**) oder, im Fall von Kollegialorganen, innerhalb eines Organs (**Intraorganstreit**) stattfindet.[154] Der mit der Verwendung des Begriffs an sich erzielte Erkenntnisgewinn ist denkbar gering; vielmehr sind abhängig von der jeweiligen Streitkonstellation bestimmte prozessuale Fragen zu beantworten, die sich auch, aber nicht nur in einem Kommunalverfassungsstreit stellen können. 120

Um den Begriff des Kommunalverfassungsstreits in einer Klausur zu verwenden, bietet sich am ehesten der Prüfungspunkt „Verwaltungsrechtsweg" an, um zu erklären, dass ein Kommunalverfassungsstreit trotz seines Namens selbstverständlich ein Streit „nicht-verfassungsrechtlicher Art" ist. Der Kommunalverfassungsstreit ist aber nicht etwa eine eigene Klageart, sondern ist mithilfe der auch sonst anerkannten **Klagearten** 121

---

154 Ordnungsmaßnahmen nach Art. 53 Abs. 1 S. 2 GO oder die Ablehnung der Einsicht in Protokolle nach Art. 54 Abs. 3 S. 2 GO lösen also keinen Kommunalverfassungsstreit aus, weil auf der einen Seite ein Bürger involviert ist.

zu lösen. Die von manchen dieser Klagearten vorausgesetzte Verwaltungsaktsqualität einer Maßnahme ist häufig mangels **Außenwirkung** zu verneinen, so etwa bei Maßnahmen gemäß Art. 59 Abs. 2 GO (→ Rn. 108), beim Beschluss gemäß Art. 49 Abs. 3 GO (→ Rn. 144), bei Maßnahmen gemäß Art. 53 Abs. 1 S. 3, Abs. 2 GO (→ Rn. 152 f.) sowie bei der Ablehnung der Einsicht in Protokolle/der Erteilung von Abschriften gemäß Art. 54 Abs. 3 S. 1 GO (→ Rn. 156). Der Streit findet in diesen Fällen zwar zwischen verschiedenen Organen (Interorganstreit) statt, aber eben doch innerhalb der Gemeinde als juristischer Person. Verwaltungsakte sind soweit ersichtlich nur die Verhängung eines Ordnungsgeldes gemäß Art. 48 Abs. 2 GO (weil das Privatvermögen des einzelnen Gemeinderatsmitglieds betroffen ist) und die Aberkennung des Amtes gemäß Art. 48 Abs. 3 GO (weil das Statusverhältnis als Gemeinderatsmitglied beendet wird). Scheidet eine Anfechtungsklage aus, kommt, wenn ein Organ untätig geblieben ist, typischerweise eine **Leistungsklage** in Betracht. Hat dagegen ein Organ gehandelt und es soll die Rechtswidrigkeit dieses Handelns festgestellt werden, kommt typischerweise die **Feststellungsklage** in Betracht – auch bei in der Vergangenheit liegenden Rechtsverhältnissen, dann aber nur unter den für die Fortsetzungsfeststellungsklage entwickelten Fallgruppen.[155] Dass mit der Feststellungsklage der Beschluss nicht beseitigt werden kann, wird mitunter als Defizit dieser Lösung angesehen.[156] In einer vereinzelt gebliebenen Entscheidung hat der BayVGH daher auch einmal eine „Leistungsklage mit kassatorischer Wirkung" entwickelt.[157] Das Bedürfnis für eine kassatorische Wirkung erscheint allerdings zweifelhaft; in der Regel wird man im Einklang mit der im öffentlichen Recht anerkannten (wenngleich nicht unumstrittenen)[158] „Ehrenmanntheorie"[159] davon ausgehen können, dass eine Feststellungsklage ausreicht, um einen Träger öffentlicher Gewalt zu rechtskonformem Handeln zu bringen.

122 Abgesehen davon sind die aus der besonderen Rechtsstellung der Beteiligten resultierenden Probleme bei der Subsumtion unter die **allgemeinen Prozessvoraussetzungen** zu berücksichtigen. **Passivlegitimiert** ist nach Auffassung des BayVGH in konsequenter Anwendung des Rechtsträgerprinzips immer die Gemeinde;[160] vertretbar erscheint aber auch, wegen der besonderen Struktur des Kommunalverfassungsstreits das jeweils beklagte Organ als passivlegitimiert anzusehen.[161] Weiterhin müssen bei der Prüfung der Beteiligtenfähigkeit die Organe der Gemeinde als **Beteiligte** nach § 61 VwGO eingeordnet werden. Bei Kollegialorganen oder aus mehreren Personen zusammengesetzten Organteilen (Fraktionen, Ausschüssen) ist unproblematisch § 61 Nr. 2 VwGO anwendbar (das ihnen zukommenden Recht ist das, um das gestritten wird). Bei Gemeinderatsmitgliedern oder dem ersten Bürgermeister stellt sich hingegen die Frage, ob angesichts der Tatsache, dass sie in ihrer Eigenschaft als Gemeindeorgane klagen, die Berufung darauf, dass der Organwalter eine natürliche Person ist (§ 61

---

155 *W.-R. Schenke*, in: Kopp/ders., VwGO, § 43 Rn. 23; BVerwG, DÖV 2014, 537.
156 Vgl. etwa *Stumpf*, BayVBl. 2000, 103 (108).
157 BayVGH, BayVBl. 1976, 753.
158 Krit. *Möstl*, in: BeckOK VwGO, § 43 Rn. 15.
159 BVerwGE 36, 179 (181 f.); 114, 61 (63).
160 So etwa in BayVGH, NVwZ 2018, 599; siehe auch schon BayVGHE 36, 3; BayVGH, BayVBl. 1985, 339.
161 Dafür *Becker*, in: ders./Heckmann/Kempen/Manssen, 2. Teil, Rn. 279.

Nr. 1 VwGO), passt. Richtig erscheint es insofern, § 61 Nr. 1 oder Nr. 2 VwGO analog anzuwenden.[162] Die Prozessfähigkeit erscheint demgegenüber unproblematischer, allerdings ist daran zu denken, dass der erste Bürgermeister wegen Art. 38 Abs. 1 KWBG (→ Rn. 157) von der Vertretung ausgeschlossen sein kann und an seiner Stelle der zweite oder dritte Bürgermeister handeln muss.

VI. Das Handeln der Kommunen

1. Handlungsformen

Fällt eine Aufgabe in den Zuständigkeitsbereich einer Kommune (egal in welchem Wirkungskreis), verfügt sie hinsichtlich dieser Aufgabe über die sog **Verbandszuständigkeit**. Das gemäß den Kommunalgesetzen intern zuständige Organ darf sich dann zur Erfüllung der Aufgabe grds. sämtlicher **Handlungsformen** des Verwaltungsrechts bedienen (zB Verwaltungsakt, Verwaltungsvertrag, Satzung, Verordnung usw). Häufig wird es in dieser Freiheit aber durch die Gesetze eingeschränkt, die (auch für den eigenen Wirkungskreis, „im Rahmen der Gesetze"; → Rn. 51) eine bestimmte Handlungsform vorgeben, etwa für den Bebauungsplan die Satzung (§ 10 BauGB), für die Erteilung einer Baugenehmigung den Verwaltungsakt usw. 123

a) Insbesondere: Beschluss

Besondere Bedeutung kommt im Kommunalrecht dem **Beschluss** zu. Hierbei handelt es sich um eine Entscheidung des jeweiligen Kollegialorgans (in Klausuren meist des Gemeinderates), die in einem besonderen, formalisierten Verfahren getroffen wird. Ein Beschluss bedarf nicht unbedingt einer besonderen Rechtsgrundlage; grds. erlaubt schon die Selbstverwaltungsgarantie Beschlüsse der Gemeinde. Nicht selten wird allerdings der „Vorbehalt des Gesetzes" trotzdem eine Rechtsgrundlage fordern (→ Rn. 44), weil der Beschluss oder sein Vollzug in Rechte des Bürgers eingreifen. 124

Ein Beschluss kann selbst Teil einer Handlungsform sein (zB beim Satzungsbeschluss), er kann aber auch in einer Handlungsform vollzogen werden (zB beim Verwaltungsakt, der erst nach seinem Beschluss durch den Gemeinderat vom ersten Bürgermeister gegenüber dem Adressaten erlassen wird) oder selbst Handlungsform sein (etwa bei einer sog Resolution, Stellungnahme oder Empfehlung des Gemeinderates an die Bürger). Von Bedeutung ist dies für die Rechtsfolgen einer etwaigen **Ungültigkeit** des Beschlusses: Während eine Norm (Satzung, Rechtsverordnung) grds. nichtig ist,[163] liegt bei einem Verwaltungsakt in aller Regel kein Nichtigkeitsgrund im Sinne des Art. 44 Abs. 1 f. BayVwVfG vor; er ist „nur" rechtswidrig-aufhebbar. Für andere vollzugsbedürftige Beschlüsse gelten die Ausführungen zur Außenvertretungsmacht des ersten Bürgermeisters (→ Rn. 110). Nicht vollzugsbedürftige Beschlüsse sind schlicht rechtswidrig. 125

---

162 *Becker*, in: ders./Heckmann/Kempen/Manssen, 2. Teil, Rn. 274.
163 *Sachs*, GVwR² II, § 31, Rn. 76; *Bethge*, in: Maunz/Schmidt-Bleibtreu/Klein/ders., BVerfGG, § 31 (Stand: 43. EL Februar 2014), Rn. 142.

b) Insbesondere: Satzung

126 Eine weitere für Kommunen typische, weil in Zusammenhang mit der Selbstverwaltungsgarantie stehende Handlungsform ist die der Satzung. Nach einer gängigen Definition des Begriffs der Satzung handelt es sich dabei um **Selbstverwaltungsnormen** von juristischen Personen des öffentlichen Rechts im Rahmen der ihnen gesetzlich verliehenen Autonomie mit Wirksamkeit für die ihr angehörigen bzw. die ihr unterworfenen Personen.[164] Im Unterschied zu Rechtsverordnungen, bei denen nur die Zuständigkeit für die Regelsetzung delegiert wird, die Inhalte aber zumindest nach Maßgabe des Art. 80 Abs. 1 S. 2 GG durch die Ermächtigungsgrundlage grob vorgeben sind, handelt es sich bei den Satzungen um „autonomes Recht",[165] was mit Blick auf die demokratische Legitimation nicht unproblematisch erscheint. Gleichwohl zählt die „Satzungsautonomie" zum klassischen Inhalt der kommunalen Selbstverwaltungsgarantie (→ Rn. 48) und wird auch in Art. 23 S. 1 GO erwähnt. Sie wird eingeschränkt durch gesetzliche Anordnungen, bestimmte Satzungen überhaupt zu erlassen („Pflichtsatzungen"),[166] durch Vorgaben über die Inhalte der Satzungen sowie durch Genehmigungsvorbehalte für manche Satzungen (etwa in Art. 2 Abs. 3 KAG).

127 Die **Rechtmäßigkeit einer Satzung** (und damit grds.[167] auch die Wirksamkeit; → Rn. 125) setzt voraus, dass sie in formeller und materieller Hinsicht rechtmäßig ist. Einer Rechtsgrundlage bedarf es nur, wenn die Satzung Grundrechtseingriffe bewirkt oder ermöglichen soll, denn dann verlangt die Wesentlichkeitstheorie eine Autorisierung durch ein hinreichend bestimmtes Parlamentsgesetz (→ Rn. 44). Art. 23 Abs. 1 S. 1 GO ist nicht bestimmt genug, weil er letztlich nur die Satzungsautonomie der Gemeinde betont. Das Kommunalrecht sieht aber zahlreiche Rechtsgrundlagen vor, die den Bestimmtheitsanforderungen genügen: in Art. 24 GO (Benutzungssatzung für öffentliche Einrichtungen gemäß Art. 24 Abs. 1 Nr. 1, Satzungen zum Anschluss- und Benutzungszwang gemäß Art. 24 Abs. 1 Nr. 2 f., Satzungen über Hand- und Spanndienste gemäß Art. 24 Abs. 1 Nr. 4 GO), in Art. 81 BayBO (örtliche Bauvorschriften) oder in Art. 2 KAG (Abgabensatzungen). Eine rechtswidrige und nichtige Satzung kann von jedem Gericht inzident, wenn es in einem Rechtsstreit auf ihre Gültigkeit ankommt, verworfen werden;[168] eine behördliche Verwerfungskompetenz besteht dagegen nach überwiegender Auffassung nicht.[169] Daneben gibt es spezifische Verfahren mit dem Ziel der Ungültigerklärung rechtswidriger Satzungen mit Wirkung erga om-

---

164 BVerfGE 10, 20 (49 f.).
165 Ausführlich *Weber*, BayVBl. 1998, 327; zu den verschiedenen Typen von Satzungen *Maurer*, DÖV 1993, 184.
166 Die Haushaltssatzung, Art. 63 Abs. 1 GO, ist beispielsweise eine unbedingte Pflichtsatzung, der Bebauungsplan, Art. 1 Abs. 3 S. 1 BauGB, eine bedingte (da vom Vorliegen einer bestimmten Situation abhängige) Pflichtsatzung.
167 Vgl. aber Unbeachtlichkeitsregeln wie §§ 214 Abs. 1–3, 215 Abs. 1 Nr. 1 BauGB, Art. 49 Abs. 4 GO (→ Rn. 143) oder auch die Einordnung bestimmter Normen als bloße Ordnungsvorschriften (→ Rn. 94, 149).
168 Das Verwerfungsmonopol des BVerfG, das zu einer Vorlage nach Art. 100 Abs. 1 GG zwingt, gilt nur für formelle, nachkonstitutionelle Gesetze, vgl. *Dederer*, in: Maunz/Dürig, GG, Art. 100 (Stand: 70. EL Dezember 2013), Rn. 92.
169 Gegen eine behördliche Normverwerfungskompetenz ausführlich BayVGHE 35, 111; bestätigt durch BayVGH, BayVBl. 1993, 626. Die Frage ist nach wie vor umstritten und bisher vom BVerwG offen gelassen worden, vgl. NVwZ 2001, 1035; in der Lit. finden sich unterschiedliche Auffassungen, siehe zum Streitstand etwa *Engel*, NVwZ 2000, 1258.

nes: Die Normenkontrolle gemäß § 47 Abs. 1 Nr. 1 oder Nr. 2 VwGO, im letzteren Fall iVm Art. 5 AGVwGO, sowie die Popularklage, Art. 98 S. 4 BV.

Prüfungsschema: Rechtmäßigkeit einer Satzung
I. Rechtsgrundlage
   Vorbehalt des Gesetzes, falls Grundrechtseingriffe durch Satzung oder Vollzug (Achtung, Art. 23 S. 1 GO reicht dafür nicht aus!)
II. Formelle Rechtmäßigkeit
   1. Zuständigkeit
      a) Verbandszuständigkeit (in der Regel identisch mit der Rechtsgrundlage)
      b) Organzuständigkeit in der Regel beim Gemeinderat, Art. 29 f., 37 GO
   2. Verfahren
      a) Vorgaben der GO, Art. 45 ff.
      b) Ggf. zusätzliche spezialgesetzliche Anforderungen
         (zB Genehmigung nach Art. 2 Abs. 3 S. 1 KAG)
   3. Form
      a) Ausfertigung, Art. 26 Abs. 2 GO → Authentizitätsfunktion + Legalitätsfunktion
      b) Bekanntmachung, Art. 26 Abs. 1 f. GO + BekV → Publizitätsfunktion
III. Materielle Rechtmäßigkeit
   1. Vorrang des Gesetzes, insbesondere Vorgaben der Ermächtigungsgrundlage
   2. Allgemeine rechtsstaatliche Vorgaben
      (Vereinbarkeit mit Grundrechten, Verhältnismäßigkeit, Bestimmtheit)

c) Insbesondere: Informationshandeln

Die Organe einer Kommune sind im Rahmen der Verbandszuständigkeit ihrer Gebietskörperschaft (→ Rn. 27 ff.) sowie unter Beachtung ihrer Organzuständigkeit auch zu Informationshandeln berechtigt. Anders als in anderen Bundesländern[170] ist dies in Bayern nicht ausdrücklich geregelt, ergibt sich aber aus **Stellung und Funktion** des jeweiligen Organs (und nicht etwa aus der für staatliche und auch kommunale Stellen nicht relevanten Meinungsfreiheit!). Zu beachten ist bei solchem Informationshandeln, dass die Äußerungen (insbesondere im Wahlkampf) **sachlich und neutral** gehalten sein müssen.[171]

128

2. Der Geschäftsgang im Gemeinderat

Eine in der Klausurpraxis überragende Rolle spielt die Willensbildung im Gemeinderat. Die Kommunalgesetze regeln die entsprechenden Fragen nur in ihren Grundzügen und überlassen die Details der Geschäftsordnungsautonomie des Gemeinderates (→ Rn. 92). Der Gemeinderat beschließt gemäß Art. 47 Abs. 1 GO in Sitzungen; Beschlüsse im Umlaufverfahren uä sind nicht zulässig (**Sitzungszwang**). Der Beschluss ist für den Gemeinderat neben der Wahl einer Person die einzige Möglichkeit, seinen Willen auszudrücken, mag die Gemeinde im Anschluss auch in einer anderen Handlungsform handeln (→ Rn. 125). Die verfahrensrechtlichen Anforderungen an einen rechtmäßigen Beschluss sind vielfältig und lassen sich in drei Problemkomplexe aufteilen.

129

---

170 Vgl. zB § 20 GemO BW.
171 Vgl. dazu BVerwGE 159, 327; siehe zu dem Thema auch schon *Oebbecke*, NVwZ 2007, 30.

Prüfungsschema: Rechtmäßigkeit eines Gemeinderatsbeschlusses
I. Beschlussfähigkeit
   – Ordnungsgemäße Ladung sämtlicher Mitglieder, Art. 47 Abs. 2, 46 Abs. 2 S. 2 GO
   – ggf. bei Ladungsfehlern Heilung thematisieren
   – Mehrheit anwesend und stimmberechtigt, Art. 47 Abs. 2 GO
   – ausnahmsweise Art. 47 Abs. 3 GO
II. Beschluss
   – Ggf. Rolle von Enthaltungen, Art. 48 Abs. 1 S. 2 GO
   – Ggf. Ausschlussfragen, Art. 49 Abs. 1 GO oder Art. 53 Abs. 1 S. 3 GO
   – Immer: Mehrheit im Sinne von Art. 51 Abs. 1 S. 1 GO
III. Ordnungsgemäße Sitzung
   – Ggf. Beratung (wenn problematisch im Hinblick auf Art. 49 GO)
   – Ggf. Öffentlichkeit, Art. 52 GO

a) Beschlussfähigkeit

130 Erste Voraussetzung für einen rechtmäßigen Beschluss ist die **Beschlussfähigkeit**. Die Frage der Beschlussfähigkeit ist immer auf den konkreten Tagesordnungs- und Abstimmungspunkt zu beziehen, nicht auf die Sitzung als Ganze, da sich der Sachverhalt insofern unterscheiden kann: Ladungsfehler wegen unvollständiger Tagesordnung betreffen etwa nur den entsprechenden Punkt; außerdem kann die Präsenz während der Sitzung variieren. Die Vorgaben für die Beschlussfähigkeit des Gemeinderates finden sich in Art. 47 Abs. 2 GO.

aa) Ordnungsgemäße Ladung sämtlicher Mitglieder

131 **Sämtliche Mitglieder** müssen ordnungsgemäß geladen sein. In der Formulierung liegt ein Verweis auf Art. 31 GO. Mithilfe der Einwohnerzahl einer Gemeinde lässt sich die (theoretische) „Sollstärke" des Gemeinderats ermitteln. Relevant für die ordnungsgemäße Ladung ist aber nicht diese, sondern die (tatsächliche) **„Iststärke"**, die durch Tod von Gemeinderatsmitgliedern oder infolge gemäß Art. 48 Abs. 3 GLKrWG festgestellter Amtshindernisse bis zum Nachrücken eines Listennachfolgers abweichen kann (→ Rn. 76). Nicht geladen werden müssen Gemeinderatsmitglieder, die gemäß Art. 53 Abs. 2 GO von der Sitzung ausgeschlossen worden sind (auch sie reduzieren temporär die Iststärke), außerdem muss sich der erste Bürgermeister nicht selbst laden.[172] Mitglieder, deren Erscheinen lediglich unwahrscheinlich ist (zB wegen Krankheit, Urlaubs oder sonst angekündigter Abwesenheit), müssen geladen werden, ebenfalls Mitglieder, die wegen persönlicher Beteiligung ausgeschlossen werden müssen (vgl. zur Zuständigkeit des Gemeinderats dafür Art. 49 Abs. 3 GO).

132 Die Ladung dieser sämtlichen Gemeinderatsmitglieder muss **ordnungsgemäß** sein. In der Formulierung liegt ein Verweis auf Art. 46 Abs. 2 S. 2 GO, der eine **angemessene Frist** und die **Angabe der Tagesordnung** vorsieht. Die Details der Ladung (Form,[173] Frist, Versand weiterer Sitzungsunterlagen usw) sind der Geschäftsordnung des Gemeinderates (→ Rn. 92) überlassen. Ein Verstoß gegen die Geschäftsordnung stellt aber nur dann einen Ladungsmangel dar, wenn er zugleich einen Verstoß gegen zwingende Vorgaben der Gemeindeordnung (oder anderen höherrangigen Rechts) darstellt.

---

172 *Glaser*, in: Widtmann/Grasser/ders., Art. 47 GO Rn. 9 (Stand: 27. EL Dezember 2014).
173 Zur elektronischen Ladung vgl. *Grochtmann*, BayVBl. 2013, 677.

Entscheidend dafür, ob eine Ladung ordnungsgemäß ist, sind mithin die Vorgaben der Gemeindeordnung (angemessene Frist und Tagesordnung). Die Frist wird dann als angemessen angesehen, wenn sie es ermöglicht, den Sitzungstermin mit anderen Terminen zu koordinieren und sich auf die Sitzung vorzubereiten.[174] Das absolute Minimum dafür dürften die drei Tage sein, die auch in Art. 52 Abs. 1 S. 1 GO genannt werden,[175] besser ist eine Woche.[176] Dass die Tagesordnung bekanntgegeben sein muss, setzt mit Blick auf die Vorbereitungsmöglichkeit ihre Aussagekraft voraus. Der zum Beschluss anstehende Punkt muss sich daher aus ihr klar ergeben und darf beispielsweise nicht überraschend unter „Sonstiges" aufgerufen werden.[177]

Ein gängiges Problem ist der Umgang mit **Ladungsfehlern**. Sie führen grds. zur Unwirksamkeit der gefassten Beschlüsse, da Schutzzweck der Norm die Wahrung der Mitgliedschaftsrechte ist. Etwas anderes gilt allerdings, wenn ein von dem Ladungsfehler betroffenes Mitglied trotzdem erscheint und sich rügelos auf die Beratung und Abstimmung einlässt oder sich in Kenntnis der Sitzung entschuldigt (vgl. Art. 48 Abs. 2 Hs. 1 GO).[178] Der Schutzzweck der Norm erfordert in solchen Fällen nicht die scharfe Sanktion der Unwirksamkeit der Beschlüsse, sondern erlaubt eine **Heilung des Fehlers**. Grds. gilt dies auch bei Ladungsfehlern, die *alle* Mitglieder betreffen (zB fehlender Tagesordnungspunkt oder zu kurze Frist), dann müssen aber auch alle Mitglieder erscheinen und sich rügelos einlassen oder sich ggf. entschuldigen. Letzteres hilft aber nicht, wenn es nicht in Kenntnis aller Tagesordnungspunkte erfolgt. Eine Ausnahme davon wird nur bei in der Kommunalpraxis anerkannten, in der GO aber anders als in anderen Ländern[179] nicht geregelten **Dringlichkeitsanträgen**[180] gemacht – sie dürfen auch verspätet, sogar in der Sitzung selbst auf die Tagesordnung gesetzt werden, ohne dass damit ein Ladungsfehler vorläge (selbst wenn nicht alle Gemeinderatsmitglieder anwesend sind). Hintergrundüberlegung ist, dass ansonsten gemäß Art. 37 Abs. 3 GO der erste Bürgermeister handeln dürfte und der Gemeinderat mit der Angelegenheit gar nicht mehr befasst würde. Werden berufsmäßige Mitglieder entgegen Art. 40 S. 2 GO nicht geladen, hat dies auf die Beschlussfähigkeit des Gemeinderats keine Auswirkungen, weil sie kein Stimmrecht haben (→ Rn. 91).

bb) Mehrheit anwesend und stimmberechtigt

Für die Beschlussfähigkeit muss sodann (außer im Fall einer „Wiederholungssitzung", Art. 47 Abs. 3 GO) die Mehrheit der Mitglieder anwesend und stimmberechtigt sein. Für die Subsumtion unter das erste Tatbestandsmerkmal (**Anwesenheitsmehrheit**) bildet die Iststärke des Gemeinderats den Anknüpfungspunkt. Sie kann gegenüber der für die Ladung maßgeblichen Zahl weiter zu reduzieren sein, wenn ein Mitglied gemäß Art. 53 Abs. 1 S. 2 GO oder gemäß Art. 49 Abs. 3 GO im Laufe der Sitzung aus-

---

174 BayVGH, Urt. v. 3.4.2009 – 15 N 08.1521, juris, Rn. 13.
175 *Lissack*, § 5, Rn. 31.
176 *Lange*, Kap. 7, Rn. 36.
177 Beispiel dazu: Aufgabe 6 der Ersten Juristischen Staatsprüfung 1996/1, BayVBl. 1998, 31 (60).
178 BayVGH, BayVBl. 1988, 83; *Glaser*, in: Widtmann/Grasser/ders., Art. 47 Rn. 9 (Stand: 27. EL Dezember 2014).
179 Vgl. etwa § 34 Abs. 4 S. 4 GO SH.
180 Dazu *Glaser*, in: Widtmann/Grasser/ders., Art. 46 GO Rn. 18 (Stand: 27. EL Dezember 2014).

geschlossen wurde. Mehrheit meint mehr als die Hälfte dieser Zahl. Maßgeblich ist die Anzahl der Anwesenden zum Zeitpunkt der Abstimmung. Die Frage, ob diese Anwesenden auch alle stimmberechtigt sind (**Stimmberechtigtenmehrheit**), ist anhand von Art. 49 Abs. 1 GO zu beurteilen.[181] Sie kann an dieser Stelle aber offenbleiben, wenn die Mehrheit sicher stimmberechtigt ist; Zweifel an der Stimmberechtigung einzelner Mitglieder werden dann besser im Kontext der Beschlussfassung selbst geprüft (→ Rn. 139). Sind mehr als die Hälfte der Mitglieder wegen persönlicher Beteiligung ausgeschlossen, ist der Gemeinderat handlungsunfähig und die Rechtsaufsichtsbehörde kann nach Art. 114 GO vorgehen (→ Rn. 216). Ein Beschluss durch den nicht beschlussfähigen Gemeinderat ist stets unwirksam; zu den Rechtsfolgen → Rn. 125.

b) Beschluss

135 Ein zweiter Problemkreis umgibt den Beschluss selbst. Hier stellen sich vier klassische Fragen: Erstens die nach dem Umgang mit Enthaltungen, die die Gemeindeordnung in Art. 48 Abs. 1 S. 2 GO verbietet, zweitens die nach dem Begriff der „Mehrheit" im Sinne des Art. 51 GO, drittens die nach der Form der Abstimmung und viertens die nach dem Umgang mit persönlich Beteiligten bei der Abstimmung (Art. 49 GO).

aa) Enthaltungen

136 Gemäß Art. 48 Abs. 1 S. 2 GO darf sich kein Mitglied der Stimme enthalten,[182] in der Praxis geschieht dies aber nicht selten. Ein Beschluss wird dadurch aber **nicht unwirksam**, denn sonst könnte ein einzelnes Mitglied, das sich in der Gefahr sieht, überstimmt zu werden, durch eine Enthaltung den Beschluss vereiteln. Vielmehr sind in Art. 48 Abs. 2 GO die Sanktionen für eine Enthaltung abschließend geregelt (Ordnungsgeld). Die Verhängung eines Ordnungsgeldes stellt, weil sie das Privatvermögen des Ratsmitglieds betrifft, einen Verwaltungsakt dar.[183]

bb) Mehrheit

137 Nach Art. 51 Abs. 1 S. 1 GO erfordert ein Beschluss (genauso wie eine Wahl) die Mehrheit der Abstimmenden. Dabei handelt es sich um die **einfache Mehrheit**; die unerwünschten Enthaltungen werden dabei nicht mitgezählt, sondern gelten (anders als etwa im Bundesrat) als Nichtabstimmungen,[184] um ihr Gewicht zu minimieren. Auch mit 6 zu 5 Stimmen bei 8 Enthaltungen ist also eine Mehrheit gegeben. Bei Stimmengleichheit, die idealerweise aufgrund der ungeraden Mitgliederzahl und des Verbots von Enthaltungen nicht vorkommen sollte, ist ein Antrag abgelehnt (Art. 51 Abs. 1 S. 2 GO).

---

181 Der Fall, dass jemand trotz persönlicher Beteiligung nicht ausgeschlossen wurde, betrifft also die Stimmberechtigtenmehrheit, der umgekehrte, dass jemand ausgeschlossen wurde, ohne persönlich beteiligt zu sein, die Anwesenheitsmehrheit.
182 Zur Verfassungskonformität der Abstimmungspflicht BayVerfGHE 37, 119. Beispiel: Aufgabe 6 der Ersten Juristischen Staatsprüfung 2014/2, BayVBl. 2017, 465, 497.
183 *Glaser*, in: Widtmann/Grasser/ders., Art. 48 GO Rn. 14 (Stand: 10. EL Juni 2000).
184 *Glaser*, in: Widtmann/Grasser/ders., Art. 48 GO Rn. 11 (Stand: 10. EL Juni 2000).

cc) Offene Abstimmung

Art. 51 Abs. 1 S. 1 GO verlangt – außer bei Wahlen – eine offene Abstimmung. Wird dagegen verstoßen und geheim abgestimmt, ist der Beschluss ausnahmslos ungültig.[185]

dd) Ausschluss bei persönlicher Beteiligung

Art. 49 Abs. 1 GO verbietet die Teilnahme an der Abstimmung (und auch an der vorausgehenden Beratung, → Rn. 146) für „persönlich beteiligte" Mitglieder. Der Begriff ist von dem der Befangenheit im Sinne des Art. 21 BayVwVfG trotz grob vergleichbaren Schutzzwecks streng zu unterscheiden. Zur Abgrenzung von Art. 38 KWBG → Rn. 157 f. Der Ausschluss wegen persönlicher Beteiligung ist eines der klausurträchtigsten Themen des Kommunalrechts.[186]

Der Grund für den Ausschluss liegt in einem unmittelbaren Vorteil oder Nachteil für das Gemeinderatsmitglied selbst oder eine ihm „nahestehende" natürliche oder juristische Person. Auch eine vorherige Gutachtertätigkeit verhindert die Abstimmungsberechtigung. Es soll aus der Perspektive eines objektiven Beobachters der Anschein vermieden werden, dass die persönliche Beteiligung die Abstimmungsentscheidung beeinflusst hat. Der **Vor- oder Nachteil** kann wirtschaftlicher, rechtlicher oder auch nur ideeller Art sein.[187] Das Unmittelbarkeitskriterium bedeutet nicht, dass es zwischen Beschluss und Vorteil keinerlei „Zwischenschritte" mehr geben darf, denn das wäre schon dadurch fast nie gegeben, dass ein Gemeinderatsbeschluss in der Regel nach Art. 36 S. 1 GO noch vollzogen werden muss.[188] Vielmehr wird durch das Unmittelbarkeitskriterium nach hM eine Differenzierung zwischen einem bloßen **Gruppeninteresse** und einem echten, individuellen **Sonderinteresse** ermöglicht.[189] Nur wenn das Mitglied (oder die nahestehende Person) wirklich individuell betroffen ist, führt dies zum Ausschluss; nicht hingegen, wenn es lediglich als Angehöriger einer Gruppe (beispielsweise der der Landwirte, Hauseigentümer usw) betroffen ist. Hintergrund ist, dass Gemeinderatsmitglieder nicht selten Angehörige repräsentativer Gruppen der Bevölkerung sind und dann zu häufig von der Abstimmung ausgeschlossen wären.

Besonders relevant ist die Differenzierung zwischen Gruppen- und Sonderinteresse für die Fälle gemeindlicher **Normsetzung**, zB beim Beschluss von Kommunalabgabensatzungen oder beim Beschluss eines Leinenzwangs für Hunde im Stadtpark. Von einer solchen Normsetzung sind die Gemeinderatsmitglieder regelmäßig nur als Angehörige einer Gruppe, nämlich der der Abgabepflichtigen, Hundehalter usw betroffen und damit nicht persönlich beteiligt. Eine wichtige Ausnahme von diesem Grundsatz bildet aber der **Beschluss von Bebauungsplänen** gemäß § 10 Abs. 1 BauGB, bei dem planbetroffene Grundstückseigentümer unter den Ratsmitgliedern als individuell betroffen

---

[185] *Bauer/Böhle/Ecker*, Art. 51 GO (Stand: 74./95. EL November 2000/September 2010), Rn. 2; *Hölzl/Hien/Huber*, Art. 51 GO (Stand: 50. AL Januar 2013), Ziff. 1.2.
[186] Beispielsfälle: Aufgabe 6 der Ersten Juristischen Staatsprüfung 2014/2, BayVBl. 2017, 465, 497; Aufgabe 5 der Ersten Juristischen Staatsprüfung 2010/1, BayVBl. 2013, 95, 124; Aufgabe 6 der Ersten Juristischen Staatsprüfung 1996/1, BayVBl. 1998, 31, 60.
[187] *Bauer/Böhle/Ecker*, Art. 49 GO (Stand: 87. EL Januar 2007), Rn. 7; *Glaser*, in: Widtmann/Grasser/ders., Art. 49 GO Rn. 12 (Stand: 29. EL Mai 2018).
[188] *Glaser*, in: Widtmann/Grasser/ders., Art. 49 GO Rn. 11 (Stand: 29. EL Mai 2018).
[189] *Bauer/Böhle/Ecker*, Art. 49 GO (Stand: 87. EL Januar 2007), Rn. 7.

angesehen werden.¹⁹⁰ Bei Flächennutzungsplänen gilt dies nach verbreiteter Auffassung zu Recht nicht. Der Grund ist aber nicht, dass wegen der Geltung des Flächennutzungsplans für das gesamte Gemeindegebiet (§ 5 Abs. 1 BauGB) der Gemeinderat sonst immer beschlussunfähig wäre, sondern dass Flächennutzungspläne in der Regel die Nutzbarkeit von Grundstücken nicht abschließend determinieren – es fehlt mithin an der Unmittelbarkeit. Konsequenterweise ist dies anders zu sehen, wenn ein Flächennutzungsplan ausnahmsweise doch die Bebaubarkeit eines Grundstücks abschließend regelt (→ § 2 Rn. 21 und 34).¹⁹¹

142 Gemäß Art. 49 Abs. 3 GO entscheidet der Gemeinderat darüber, ob ein Mitglied ausgeschlossen ist. Dieser Beschluss ist aber nach hM lediglich **deklaratorisch**, weil das Mitglied schon gemäß Art. 49 Abs. 1 GO qua Gesetz ausgeschlossen ist.¹⁹² Damit der Gemeinderat über den Ausschluss entscheiden kann, trifft Mitglieder, deren Stimmberechtigung zweifelhaft ist, eine Hinweispflicht; sie wird aus Art. 49 Abs. 1 iVm 20 Abs. 1 GO abgeleitet.¹⁹³

143 Die Rechtsfolgen einer **unrichtigen Anwendung des Art. 49 Abs. 1 GO** unterscheiden sich je nachdem, ob eine eigentlich ausgeschlossene Person mitgewirkt hat oder eine eigentlich mitwirkungsberechtigte Person ausgeschlossen wurde. Im ersten Fall greift Art. 49 Abs. 4 GO ein, der Beschluss ist also nur unwirksam, wenn die unberechtigte Teilnahme für das Abstimmungsergebnis von Bedeutung war. Ist dagegen eine eigentlich mitwirkungsberechtigte Person zu Unrecht ausgeschlossen worden, kommt eine analoge Anwendung von Art. 49 Abs. 4 GO nicht in Betracht. Der Ausschluss entzieht nämlich temporär die Mitgliedsrechte und wirkt damit wie eine Nichtladung des Betreffenden – der Beschluss ist also ungültig.¹⁹⁴

144 Ob ein Mitglied gegen einen unberechtigten Ausschluss einen **Kommunalverfassungsstreit** initiieren kann, ist umstritten. Infrage käme, da der Ausschluss keinen Verwaltungsakt darstellt, nur eine *Feststellungsklage* oder die in der Rspr. anerkannte „*Leistungsklage mit kassatorischer Wirkung*" (→ Rn. 121). Zumindest für die Feststellungsklage wäre es auch kein Hindernis, dass sich der Streit mit Ende der Sitzung erledigt hat, es bedürfte dann aber der sorgfältigen Begründung des Rehabilitationsinteresses oder der Wiederholungsgefahr. Zweifelhaft wäre aber das Rechtsschutzbedürfnis, weil ein Beschluss, der unter Ausschluss eines eigentlich stimmberechtigten Mitglieds gefasst wurde, ohnehin unwirksam ist. Wird ein Mitglied zu Unrecht nicht ausgeschlossen, können andere Mitglieder nicht mit der Begründung Rechtsschutz suchen, ihr Stimmgewicht im Rat sei durch die unberechtigte Mitwirkung reduziert gewesen.¹⁹⁵

---

190 *Glaser*, in: Widtmann/Grasser/ders., Art. 49 GO Rn. 14a (Stand: 26. EL November 2013).
191 Insoweit besteht eine Parallele zur Normenkontrollfähigkeit von Flächennutzungsplänen nach § 47 Abs. 1 Nr. 1 VwGO, vgl. dazu BVerwGE 128, 382.
192 *Wachsmut*, in: PdK Bayern, Art. 49 GO Ziff. 6.2 (Stand: 18. EL Juli 2017).
193 *Wachsmut*, in: PdK Bayern, Art. 49 GO Ziff. 5 (Stand: 18. EL Juli 2017).
194 BayVGH, BayVBl. 1976, 753 (755); ausführlich dazu *Müller-Franken*, BayVBl. 2001, 136.
195 OVG Koblenz, NVwZ 1985, 283; *Schröder*, NVwZ 1985, 246.

c) Ordnungsgemäße Sitzung

Ein dritter, vielfältiger Bereich des Geschäftsgangs im Gemeinderat betrifft den ordnungsgemäßen Ablauf der Sitzung. Hierzu zählt zunächst erneut die Beachtung von Art. 49 Abs. 1 GO, denn „persönlich beteiligte" Gemeinderatsmitglieder dürfen auch schon an der Beratung nicht teilnehmen. Zu einer ordnungsgemäßen Sitzung gehört auch, dass sie grds. öffentlich abgehalten wird (Art. 52 GO). Außerdem können Fragen der Ordnung (Art. 53 GO) eine Rolle spielen. 145

aa) Ausschluss bei persönlicher Beteiligung

Art. 49 Abs. 1 GO verbietet im Fall der persönlichen Beteiligung (→ Rn. 140) nicht nur die Teilnahme an der Abstimmung, sondern auch schon an der vorangehenden Beratung. Ratio legis ist es, eine Beeinflussung der nicht beteiligten Ratsmitglieder zu vermeiden. Ausschluss bedeutet in diesem Fall eigentlich, dass das persönlich beteiligte Mitglied wie ein Zuschauer zu behandeln ist, also in den Zuschauerraum gehen bzw. bei nicht-öffentlicher Sitzung den Saal ganz verlassen muss.[196] Verbreitet ist aber, bei öffentlichen Sitzungen das persönlich beteiligte Mitglied lediglich seinen Stuhl vom Beratungstisch abrücken zu lassen; im Fall einer nicht-öffentlichen Sitzung muss es jedenfalls den Sitzungssaal verlassen.[197] Während der unberechtigte Ausschluss von der Beratung ohne Ausschluss von der anschließenden Abstimmung ein nur theoretisches Problem sein dürfte, ist die umgekehrte Konstellation, also die **unberechtigte Mitwirkung an der Beratung**, verbreiteter. Die Gemeindeordnung sieht hierfür keine Sanktion vor; insbesondere Art. 49 Abs. 4 GO lässt sich nicht analog anwenden, weil regelmäßig die Auswirkungen der Teilnahme an der Beratung nicht sicher festgestellt werden können.[198] Im Vergleich mit dieser Vorschrift erscheint es aber auch zu streng, die unrechtmäßige Teilnahme an der Beratung in jedem Fall mit der Unwirksamkeit des Beschlusses zu sanktionieren.[199] 146

bb) Öffentlichkeit

Im Interesse der **Transparenz** kommunalen Handelns und damit im Interesse der Demokratie, die auf einer gewissen Transparenz des Staatshandelns als Voraussetzung für eine informierte Wahlentscheidung basiert, finden die Sitzungen des Gemeinderates grds. öffentlich statt (Art. 52 Abs. 2 S. 1 Hs. 1 GO). Öffentlichkeit bedeutet, dass Interessierte **zusehen und -hören** dürfen; ein Rede- oder gar Antragsrecht geht damit nicht einher, ebenso kein Recht, ohne Erlaubnis Audio- oder Videoaufzeichnungen der Sitzung zu erstellen. Um die Öffentlichkeit herzustellen, sind gemäß Art. 52 Abs. 1 S. 1 GO Zeit und Ort der öffentlichen Sitzungen mitsamt der Tagesordnung (des öffentlichen Teils) spätestens am dritten Tag vor der Sitzung ortsüblich durch den ersten Bürgermeister (→ Rn. 106) bekanntzumachen. Ort und Zeit dürfen nicht so gewählt werden, dass die interessierte Öffentlichkeit kaum in der Lage ist, der Sitzung beizuwohnen. Der Sitzungssaal muss allgemein zugänglich sein (Art. 52 Abs. 4 GO); Barriere- 147

---

[196] *Wachsmut*, in: PdK Bayern, Art. 49 GO Ziff. 7 (Stand: 18. EL Juli 2017).
[197] *Bauer/Böhle/Ecker*, Art. 49 GO (Stand: 74. EL November 2000), Rn. 10; *Hölzl/Hien/Huber*, Art. 49 GO (Stand: 50. AL Januar 2013), Ziff. 7 mwN.
[198] BayVGH, BayVBl. 1967, 278.
[199] So aber *Wachsmut*, in: PdK Bayern, Art. 49 GO Ziff. 8.2 (Stand: 18. EL Juli 2017).

freiheit geht damit aber nicht zwingend einher.²⁰⁰ Eine Übertragung der Sitzung im Internet kommt ergänzend in Betracht, kann aber die physische Öffentlichkeit nicht ersetzen.

148 Das Anliegen der Transparenz kann nicht immer voll verwirklicht werden, sondern muss mit anderen Anliegen in Ausgleich gebracht werden. Dem trägt Art. 52 Abs. 2 S. 1 Hs. 2 GO Rechnung, indem er durch Gemeinderatsbeschluss in nichtöffentlicher Sitzung (S. 2) einen **Ausschluss der Öffentlichkeit** ermöglicht. Voraussetzung für ein solches Vorgehen ist, dass Belange des Allgemeinwohls oder berechtigte Individualinteressen im Raum stehen. Zu ersteren zählen etwa Gründe der öffentlichen Sicherheit (in einem engen Begriffsverständnis), zu letzteren etwa Personal- oder Grundstücksangelegenheiten und ganz allgemein alle Angelegenheiten, die dem Datenschutz unterliegen.

149 Hinsichtlich möglicher Verstöße gegen Art. 52 GO, die ein gängiges Klausurthema darstellen,²⁰¹ ist zu differenzieren. Unbeachtlich ist zunächst, wenn ein Beschluss öffentlich gefasst wurde, obwohl eigentlich die Öffentlichkeit auszuschließen gewesen wäre. Hieraus können sich nur Haftungsansprüche der Gemeinde, beispielsweise wegen unberechtigter Offenbarung persönlicher Verhältnisse ergeben. Fehlte es dagegen an der grds. gebotenen Öffentlichkeit, sollte dies nach früher verbreiteter Auffassung unbeachtlich sein;²⁰² Art. 52 GO wurde also als bloße **Ordnungsvorschrift** angesehen. Als Argument dafür lassen sich die systematische Stellung (nach der Beschlussfassung) sowie das Fehlen von Sanktionen in der Gemeindeordnung anführen. Der BayVGH hat allerdings in jüngerer Zeit angenommen, dass ein unberechtigter Ausschluss gemäß Art. 52 Abs. 2 GO einen „gravierenden Verstoß gegen tragende Verfahrensprinzipien der Kommunalverfassung" darstelle und damit die **Nichtigkeit** eines Beschlusses angenommen.²⁰³ Die Entscheidung betraf einen Satzungsbeschluss, und im Nachgang hat beispielsweise das VG Bayreuth bei anderen „einfachen" Beschlüssen an der Auffassung festgehalten, dass Art. 52 GO eine Ordnungsvorschrift sei.²⁰⁴ Im Schrifttum wird dagegen überwiegend vertreten, dass bei jedem unberechtigten Ausschluss der Öffentlichkeit der Beschluss unwirksam sei.²⁰⁵ Wenngleich diese strenge Auffassung mit Blick auf den Zweck des Art. 52 GO grds. überzeugt, ist möglicherweise doch zwischen dem unberechtigten Ausschluss der Öffentlichkeit nach Art. 52 Abs. 2 GO und bloßen **Zugangserschwerungen** (insbesondere durch Verstöße gegen Art. 52 Abs. 1 GO) zu differenzieren. Ist beispielsweise nur die Tagesordnung versehentlich²⁰⁶ gar nicht, nicht rechtzeitig oder fehlerhaft bekanntgemacht worden, bleibt die demokratische Kontrolle zumindest theoretisch möglich. In der Folge liegt es nahe, die Sanktion der Nichtigkeit des Beschlusses als zu hart zu empfinden und an der Qualifi-

---

200 Zu den Vorgaben hierfür siehe insbesondere Art. 10 BayBGG.
201 Aufgabe 7 der Ersten Juristischen Staatsprüfung 2006/2, BayVBl. 2009, 547, 576; Aufgabe 7 der Ersten Juristischen Staatsprüfung 1997/2, BayVBl. 1999, 670, 700.
202 BayVGH, BayVBl. 2000, 695.
203 BayVGHE 61, 432. Siehe dazu *Striedl/Troidl*, BayVBl. 2008, 289 (298 f.).
204 VG Bayreuth, Beschl. v. 16.2.2009 – B 2 E 08.1234, juris, Rn. 35; offengelassen bei BayVGH, NVwZ-RR 2015, 627.
205 Ausführlich *Pahlke*, BayVBl. 2010, 357; *Schmidt am Busch*, BayVBl. 2010, 251 (254).
206 Bei Absicht kann dies anders sein, vgl. NdsOVG, NVwZ 1983, 484 (485).

kation des Art. 52 Abs. 1 GO als Ordnungsvorschrift festzuhalten. Hierfür spricht auch, dass mit Genehmigung des Gemeinderates Ausnahmen von der öffentlichen Bekanntmachung des Sitzungstermins möglich sind (Art. 52 Abs. 1 S. 2 GO).

cc) Ordnung

Die Sitzung des Gemeinderates soll so ablaufen, dass eine möglichst **ungestörte Beratung und Beschlussfassung** erfolgen können. Um dieses Ziel zu erreichen und ggf. auch die Rechte und Interessen der Beteiligten zu schützen, stehen dem ersten Bürgermeister als Vorsitzendem und dem Gemeinderat in Art. 53 GO mehrere Rechtsgrundlagen zur Verfügung. Hierbei ist zu differenzieren zwischen Maßnahmen gegenüber Zuhörern (Abs. 1 S. 2 – „Hausrecht") und solchen gegenüber Ratsmitgliedern (Abs. 1 S. 3, Abs. 2 – „Ordnung"). Abgesehen von diesen gesetzlich vorgesehenen Möglichkeiten, das Teilnahmerecht von Zuschauern[207] und Gemeinderatsmitgliedern an der Sitzung aufzuheben, gehört es zur Aufrechterhaltung der Ordnung bzw. zur Ausübung des Hausrechts gemäß Art. 53 Abs. 1 S. 1 GO auch, **informelle Ordnungsmaßnahmen** wie Ermahnungen, Hinweise, Entziehung des Wortes uä zu treffen. Im Zusammenhang mit der Sitzung kann gegen Gemeinderatsmitglieder auch gemäß Art. 48 Abs. 2 GO durch Verhängung eines Ordnungsgeldes vorgegangen werden.

150

Gemäß Art. 53 Abs. 1 S. 2 GO können **störende Zuhörer** des Saals verwiesen werden. Dabei handelt es sich um einen Verwaltungsakt, der das Hausrecht aktualisiert. Unter einer Störung sind v.a. optische oder akustische Einwirkungen zu verstehen, die die Beratung und Beschlussfassung behindern oder auch verzögern, etwa Zurufe, Klatschen, Pfeifen, Gelächter, Ausrollen von Transparenten;[208] aber auch „unauffällige" Maßnahmen wie das unerlaubte Fotografieren oder Filmen. Ob ein Verweis aus dem Saal erfolgt, steht im Ermessen des Sitzungsleiters („können"). Obgleich Art. 53 Abs. 1 S. 2 GO grds. ein die Meinungsfreiheit in verhältnismäßiger Weise einschränkendes allgemeines Gesetz im Sinne von Art. 5 Abs. 2 GG ist,[209] muss auf der Ebene der Gesetzesanwendung aus Verhältnismäßigkeitsgründen (trotz des Formulierungsunterschieds zu Abs. 2) eine Störung von solcher Erheblichkeit oder Dauer vorliegen, dass die informellen Ordnungsmaßnahmen nicht ausreichend erscheinen.[210] Möglich ist in schweren Fällen auch ein Ausschluss für zukünftige Sitzungen. Kommt eine des Saales verwiesene Person der Aufforderung nicht nach, kann die Gemeinde diese selbst vollstrecken (Art. 18 ff. VwZVG), ggf. die Polizei um Vollstreckungshilfe (Art. 37 Abs. 2 VwZVG; → § 4 Rn. 315) bitten oder sie gleich um die Vollstreckung im Wege der Vollzugshilfe (Art. 67 PAG; → § 4 Rn. 311) ersuchen.

151

Gemäß Art. 53 Abs. 1 S. 3 GO können **erheblich und fortgesetzt störende Ratsmitglieder** durch den Vorsitzenden mit Zustimmung des Gemeinderates (Beschluss nach Art. 51 Abs. 1 GO, ohne das gemäß Art. 49 GO ausgeschlossene Mitglied) von der laufenden Sitzung ausgeschlossen werden. Sie werden durch eine solche Maßnahme,

152

---

[207] Zur Möglichkeit des Hausverbots vgl. auf Grundlage von Art. 53 Abs. 1 S. 1 GO VG Würzburg, Urt. v. 19.12.2007 – W 2 K 07.1146, juris, Rn. 27.
[208] *Wachsmut*, in: PdK Bayern, Art. 53 GO Ziff. 1.2 (Stand: 18. EL Juli 2017).
[209] BVerwG, NVwZ 1988, 837.
[210] AA *Lissack*, § 5, Rn. 93.

die mangels Außenwirkung keinen Verwaltungsakt darstellt,[211] zu Zuschauern „degradiert" und dürfen der Sitzung weiter folgen, es sei denn, es könnte in einem zweiten Schritt gemäß Art. 53 Abs. 1 S. 2 GO gegen sie vorgegangen werden. Erheblich und fortgesetzt sind unbestimmte Rechtsbegriffe – letzteres meint, dass mehr als eine Störung in derselben Sitzung stattfindet.[212] Als erheblich werden beispielsweise Beleidigungen, Handgreiflichkeiten oder Rauchen angesehen.[213] Auch diese Rechtsgrundlage muss nach pflichtgemäßem Ermessen unter Beachtung der Verhältnismäßigkeit ausgeübt werden; hierzu gehört insbesondere eine Warnung nach der ersten erheblichen Störung. Ein unberechtigter Ausschluss führt (wie bei Art. 49 GO) zur Unwirksamkeit der ohne das ausgeschlossene Mitglied gefassten Beschlüsse.

153 Art. 53 Abs. 2 GO ermöglicht es dem Gemeinderat (nicht dem Vorsitzenden! – er kann nur den Antrag stellen), erneut (dh schon einmal gemäß Art. 53 Abs. 1 S. 2 GO ausgeschlossene) **erheblich störende Mitglieder** für (bis zu) zwei weitere Sitzungen auszuschließen. Auch hierbei handelt es sich mangels Außenwirkung nicht um einen Verwaltungsakt; in Folge einer solchen Maßnahme braucht das ausgeschlossene Gemeinderatsmitglied zu den entsprechenden Sitzungen auch nicht geladen zu werden (→ Rn. 131). Ein unberechtigter Ausschluss führt (wie die Nichtladung eines Mitglieds) zur Unwirksamkeit der ohne das ausgeschlossene Mitglied gefassten Beschlüsse.

d) Niederschrift

154 Gemäß Art. 54 GO ist eine Niederschrift von jeder Sitzung anzufertigen. Zweck der Vorschrift ist es insbesondere, die Dokumentation der getroffenen Beschlüsse sicherzustellen und der Verwaltung den Vollzug zu ermöglichen. Verstöße berühren aber nicht die Wirksamkeit der Beschlüsse.

155 Durchaus ausbildungsrelevant sind die in Art. 54 Abs. 3 GO geregelten Ansprüche auf Einsichtnahme in die Niederschrift und Erteilung von Abschriften. Art. 54 Abs. 3 S. 1 GO gibt **Gemeinderatsmitgliedern** stets das Recht auf Einsicht in die Niederschriften. Abschriften, die leicht den Kreis der Mitglieder verlassen können, erhalten sie aber nur von den in öffentlicher Sitzung gefassten Beschlüssen und in teleologischer Erweiterung der Norm, wenn die Sitzung zwar nichtöffentlich war, die Öffentlichkeit aber zu Unrecht ausgeschlossen wurde, oder wenn das Geheimhaltungsinteresse später entfallen ist.[214] **Bürger** und sog **Forensen** (→ Rn. 162 ff.) haben gemäß Art. 54 Abs. 3 S. 2 GO hingegen nur ein Einsichtsrecht in die Niederschriften der öffentlichen Sitzungen; die teleologische Erweiterung auf Fälle, in denen das Geheimhaltungsbedürfnis entfallen ist, kommt jedoch auch hier zu tragen. Werden darüber hinaus – eigentlich ohne Anspruchsgrundlage – Abschriften beantragt, soll zumindest ein Anspruch auf ermessensfehlerfreie Entscheidung über den Antrag bestehen.[215]

---

211 BayVGH, BayVBl. 1988, 16.
212 BayVGH, BayVBl. 1988, 16 (17).
213 BayVGH, BeckRS 1998, 19306; *Bauer/Böhle/Ecker*, Art. 53 GO (Stand: 74. EL November 2000), Rn. 1; *Glaser*, in: Widtmann/Grasser/ders., Art. 53 GO Rn. 8 (Stand: 13. EL Januar 2002).
214 AA *Wachsmuth*, PdK Bayern, Art. 54 Ziff. 6.2 (Stand: 18. EL Juli 2017).
215 BayVGH, BayVBl. 2008, 539 (540). Ein Fall des Art. 5 Abs. 1 S. 1 2. Alt. GG liegt insofern nicht vor, weil es sich nicht um eine allgemein zugängliche Quelle handelt.

Wird die Einsichtnahme bzw. Erteilung von Abschriften gemäß Art. 54 Abs. 3 S. 1 GO 156
abgelehnt, liegt darin mangels Außenwirkung kein Verwaltungsakt. Das **Gemeinderatsmitglied** müsste also eine Leistungsklage erheben.[216] Schwieriger zu beurteilen ist die Rechtslage bei Ablehnung des Einsichtnahmegesuchs eines **Bürgers** nach Art. 54 Abs. 3 S. 2 GO. Hier muss entschieden werden, ob die Gewährung der Einsicht ein rein tatsächliches Handeln darstellt oder ihm ein Verwaltungsakt vorausgelagert ist; die wohl überwiegende Auffassung nimmt Letzteres an.[217]

3. Das Handeln des ersten Bürgermeisters

Die Frage der Entscheidungsfindung beim ersten Bürgermeister und der ihm hierarchisch unterstellten Verwaltung ist primär von verwaltungswissenschaftlichem Interesse. Rechtlich und für die Ausbildung relevant ist allerdings die Frage, wann der erste Bürgermeister (bzw. Landrat oder Bezirkstagspräsident) als Person von der Wahrnehmung einer Aufgabe ausgeschlossen ist. Diese **Fälle rechtlicher Verhinderung** sind im Kommunalrecht in zwei Bestimmungen vorgesehen, die Art. 20 BayVwVfG vorgehen. Es sind dies einerseits Art. 38 Abs. 1 KWBG und andererseits der bereits angesprochene Art. 49 Abs. 1 S. 1 GO: 157

Art. 38 Abs. 1 KWBG:

„Beamte oder Beamtinnen dürfen keine Amtshandlungen vornehmen, die ihnen selbst, einem Angehörigen (Art. 20 Abs. 5 BayVwVfG) oder einer von ihnen vertretenen natürlichen oder juristischen Person des Privatrechts einen unmittelbaren Vorteil oder Nachteil verschaffen würden."

Art. 49 Abs. 1 S. 1 GO:

„Ein Mitglied kann an der Beratung und Abstimmung nicht teilnehmen, wenn der Beschluss ihm selbst, einem Angehörigen (Art. 20 Abs. 5 des Bayerischen Verwaltungsverfahrensgesetzes) oder einer von ihm vertretenen natürlichen oder juristischen Person oder sonstigen Vereinigung einen unmittelbaren Vorteil oder Nachteil bringen kann."

Ein erster Unterschied zwischen diesen beiden Normen liegt im **Anwendungsbereich**: 158
Art. 49 GO ist an die Mitglieder des Gemeinderates adressiert, zu denen auch der erste (Art. 32 Abs. 1 GO) und der zweite oder dritte Bürgermeister (Art. 35 Abs. 1 S. 1 GO) zählen. Soweit ein Bürgermeister in seiner Eigenschaft als Mitglied des Rates tätig wird, ist Art. 49 GO lex specialis zu Art. 38 KWBG. Art. 36 S. 2 GO erstreckt mit dem Verweis auf den ausschließlich in Art. 49 GO verwendeten Begriff der „persönlichen Beteiligung" den Anwendungsbereich dieser Norm auch auf Handlungen, die der erste Bürgermeister als Ratsvorsitzender oder als Vollzugsorgan (→ Rn. 104 ff. und 107) vornimmt.[218] In allen anderen Fällen kommt dagegen Art. 38 Abs. 1 KWBG zum Tragen.

Die Frage, welche Norm zur Anwendung kommt, ist von Bedeutung, weil sich Art. 38 159
Abs. 1 KWBG und Art. 49 Abs. 1 GO zudem auch in ihren **Voraussetzungen** unter-

---

216 Beispiel: Aufgabe 6 der Ersten Juristischen Staatsprüfung 2006/1, BayVBl. 2009, 159, 186.
217 Vgl. VG Regensburg, Urt. v. 18.4.2007 – RO 3 K 06.01951; aA die Lösung zu Aufgabe 6 der Ersten Juristischen Staatsprüfung 2006/1, BayVBl. 2009, 186.
218 So auch *Lissack*, § 5, Rn. 53 ff.

scheiden. Zwar hat der Gesetzgeber den Kreis der Angehörigen inzwischen parallel gefasst, in Art. 49 GO ist aber (anders als in Art. 38 Abs. 1 KWBG) auch von sonstigen Vereinigungen die Rede. Der wohl wichtigere Unterschied ist aber, dass der Ausschluss nach Art. 49 GO schon eintritt, wenn der Beschluss einen unmittelbaren Vorteil oder Nachteil „bringen kann", während Art. 38 Abs. 1 KWBG die positive Feststellung des Vorteils oder Nachteils verlangt („verschaffen würden") – Art. 49 GO ist also strenger und führt potenziell in mehr Fällen zu einer rechtlichen Verhinderung des ersten (oder auch zweiten/dritten) Bürgermeisters.

4. Geschäftsgang auf Landkreis- und Bezirksebene

160 Der Geschäftsgang des Landkreistages und des Bezirkstages ist in Art. 40 ff. LKrO und Art. 37 ff. BezO analog zu dem des Gemeinderates geregelt. Landrat und Bezirkstagspräsident sind gemäß Art. 1 Abs. 2 KWBG kommunale Wahlbeamte, so dass auch insoweit keine nennenswerten Abweichungen zur Situation beim ersten Bürgermeister bestehen.

VII. Demokratie und Teilhabe

161 Neben dem Recht zur Wahl der Verbandsorgane bzw. beim Bezirk gemäß Art. 12 BezO nur des Bezirkstages kommen den Mitgliedern der Gebietskörperschaften (→ Rn. 21) eine Reihe von weiteren Mitwirkungs-, Mitbestimmung und Teilhaberechten zu.

1. Differenzierung zwischen Angehörigen und Bürgern einer Gebietskörperschaft

162 Die Kommunalgesetze differenzieren grds. zwischen Rechten, die allen Verbandsangehörigen zukommen, und solchen, die nur den Gemeinde-, Landkreis- oder Bezirksbürgern zukommen. In der Gemeindeordnung ergibt sich die Aufteilung zwischen diesen zwei Kategorien von Verbandsmitgliedern aus Art. 15, in der Landkreisordnung und der Bezirksordnung jeweils aus Art. 11.

163 Auf Gemeindeebene sind **Gemeindeangehörige** gemäß Art. 15 Abs. 1 S. 1 GO alle Gemeindeeinwohner. Der Begriff des Gemeindeeinwohners wird in der GO nicht näher definiert. Die hM lehnt eine Definition unter Zuhilfenahme anderer Gesetze, insbesondere § 7 Abs. 1 BGB, ab und geht davon aus, dass ein Einwohner jemand ist, der eine Wohnung uU innehat, die annehmen lassen, dass sie mit einer gewissen Stetigkeit genutzt wird.[219] Das muss nicht die (melderechtliche) Erst- oder Zweitwohnung sein, man kann also auch Einwohner mehrerer Gemeinden sein.[220] **Gemeindebürger** sind hingegen nur diejenigen aus dem Kreis der Gemeindeeinwohner, die auch bei den Gemeindewahlen wahlberechtigt sind. Darin liegt ein Verweis auf Art. 1 GLKrWG, wonach alle Personen wahlberechtigt sind, die Unionsbürger sind, das 18. Lebensjahr vollendet haben, sich seit mind. zwei Monaten im Wahlkreis mit dem Schwerpunkt ihrer Lebensbeziehungen aufhalten und nicht nach Art. 2 GLKrWG vom Wahlrecht

---

[219] *Bauer/Böhle/Ecker*, Art. 15 GO (Stand: 97. EL März 2012), Rn. 2; *Becker*, in: ders./Heckmann/Kempen/Manssen, 2. Teil, Rn. 127; die Definition basiert auf § 5 der Ersten Durchführungsverordnung zur Deutschen Gemeindeordnung.
[220] Vgl. *Glaser*, in: Widtmann/Grasser/ders., Art. 15 GO Rn. 2 (Stand: 29. EL Mai 2018).

ausgeschlossen sind (→ Rn. 74). Über das Kriterium des „Schwerpunkts der Lebensbeziehungen" wird eine Mehrfach-Bürgerschaft ausgeschlossen; er wird am melderechtlichen Hauptwohnsitz vermutet (Art. 1 Abs. 3 S. 1 f. GLKrWG).

Nicht in Art. 15 GO, aber andernorts (zB in Art. 21 Abs. 3, Art. 54 Abs. 3 S. 2 GO) beschrieben werden die sog **Forensen**. Dabei handelt es sich um Personen, die zwar auswärts wohnen, aber im Gemeindegebiet Grundbesitz oder eine gewerbliche Niederlassung haben. Sie unterliegen insofern wie Einheimische dem in der Gemeinde geltenden Recht. 164

2. Bürgerbegehren und Bürgerentscheid

Von großer rechtlicher und praktischer Bedeutung sind Bürgerbegehren und Bürgerentscheide, die es auf Gemeinde- und Landkreis-, nicht aber auf Bezirksebene gibt (Art. 18a GO, Art. 12a LKrO). Die Vorschriften sind weitgehend parallel aufgebaut, so dass sich die Darstellung im Folgenden auf die in der Praxis bedeutsamere Gemeindeordnung konzentriert. 165

Bei einem Bürgerentscheid handelt es sich um ein **direktdemokratisches Element** der Gemeindeordnung, das einen Gemeinderatsbeschluss ersetzt (Art. 18a Abs. 13 S. 1 GO). Das Bürgerbegehren mit der Sammlung von Unterschriften ist einer von zwei Wegen, um zur Durchführung eines Bürgerentscheides zu gelangen. Der andere liegt darin, dass der Gemeinderat die Durchführung des Entscheides beantragt (Art. 18a Abs. 2 GO, sog „**Ratsbegehren**"), weil er die direktdemokratische Entscheidung einer Angelegenheit der repräsentativ-demokratischen Entscheidung durch sich selbst vorzieht. 166

Materiell müssen Rats- wie Bürgerbegehren ein **zulässiges Thema** betreffen. Art. 18a Abs. 1, 2 GO beschränken es zunächst auf Angelegenheiten des eigenen Wirkungskreises. Daher ist zB die Erteilung des Einvernehmens im Baurecht (§ 36 BauGB) bei kreisangehörigen Gemeinden zulässiger Gegenstand eines Bürgerbegehrens, die Erteilung der Baugenehmigung durch eine kreisfreie Stadt als Baugenehmigungsbehörde dagegen nicht (vgl. Art. 9 Abs. 1 S. 1 GO). Weiterhin sind nach Art. 18a Abs. 3 GO als Gegenstand eines Bürgerentscheides und damit auch eines entsprechenden Begehrens ausgeschlossen: Angelegenheiten, für die der erste Bürgermeister gemäß Art. 37 Abs. 1 und 4 GO zuständig ist, Fragen über die Organisation der Gemeindeverwaltung, Personalentscheidungen sowie die Haushaltssatzung (nicht dagegen bloß kostspielige/haushaltsrelevante Angelegenheiten wie bei Art. 73 BV; → § 1 Rn. 126).[221] Nicht ausdrücklich in der Gemeindeordnung niedergelegt, aber anerkannt ist, dass ein Bürgerbegehren keine rechtswidrigen Ziele verfolgen darf.[222] So kann ein Bürgerentscheid beispielsweise keinen Bebauungsplanbeschluss ersetzen, weil damit die Abwägung unterbliebe;[223] lediglich das „Ob" einer Planung oder die Berücksichtigung von Einzelaspekten können beeinflusst werden. Ein ganz grundsätzlich. gegen eine Planung gerich- 167

---

221 BayVGH, BayVBl. 2009, 245 (247); BayVBl. 2012, 632.
222 BayVGH, BayVBl. 1998, 209 (210); BayVBl. 2004, 54; BayVBl. 2012, 632 (633).
223 Beispiel: Aufgabe 5 der Ersten Juristischen Staatsprüfung 2008/2, BayVBl. 2011, 285, 317.

Meinhard Schröder

tetes Bürgerbegehren ist also zulässig (es sei denn, es bestünde ausnahmsweise eine Planungspflicht aus § 1 Abs. 3 BauGB).

168 Während ein Ratsbegehren keinen weiteren Anforderungen unterliegt, muss für das Bürgerbegehren eine Reihe von **weiteren (formellen) Voraussetzungen** erfüllt sein:
- Es sind bis zu drei Personen als **Vertreter** des Bürgerbegehrens zu benennen (Art. 18a Abs. 4 S. 1 GO); besondere Anforderungen stellt die GO an diese Personen oder ihre Qualifikation nicht, sie müssen auch nicht ortsansässig sein.[224]
- Der Antrag muss **schriftlich** (folgt aus dem Begründungserfordernis) unter Angabe einer inhaltlich bestimmten, mit „ja oder nein" zu beantwortenden Frage eingereicht werden (Art. 18a Abs. 4 S. 1 GO). Fehlt es an einer solchen Frage, ist ein Bürgerbegehren unzulässig. Dies ist etwa bei zu vagen Fragestellungen („Soll die Gemeinde immer rechtmäßig handeln"?) der Fall. Werden mehrere Fragen kombiniert, ist dies zulässig, wenn sie entweder getrennt voneinander beantwortet werden sollen (eigentlich handelt es sich dann um zwei Begehren) oder wenn zwischen ihnen ein thematischer Zusammenhang besteht.[225] Ansonsten besteht ein **Koppelungsverbot** – der Abstimmende soll nicht, weil er einen Fragenteil für wichtiger hält, den anderen gegen seine Überzeugung beantworten müssen. Problematisch ist, ob die Fragestellung nach Beginn der Unterschriftensammlung noch durch die Vertreter des Begehrens geändert werden kann.[226]
- Es muss eine **Begründung** gegeben werden, Art. 18a Abs. 4. S. 1 GO, wobei an die Begründung keine hohen Anforderungen zu stellen sind, da es sich um einen Laienantrag handelt.[227] Allerdings darf die Begründung keine unzutreffenden Tatsachenbehauptungen aufstellen oder die geltende Rechtslage unzutreffend oder unvollständig erläutern.[228]
- Das **Quorum** an Unterschriften gemäß Art. 18a Abs. 5f. GO muss erfüllt sein. Zu beachten ist, dass das Quorum an die Zahl der Einwohner anknüpft, aber nur Bürger unterzeichnungsberechtigt sind.[229] Umstritten ist die Frage nach der Rücknehmbarkeit von Unterschriften.[230] Richtigerweise ist sie möglich, aber nur bis zur Einreichung des Bürgerbegehrens bei der Gemeinde zur Prüfung der Zulässigkeit.

169 Ist ein Bürgerbegehren nach den og Maßstäben formell und materiell zulässig, besteht eine Pflicht des Gemeinderates, spätestens nach einem Monat die **Zulassung** zu beschließen (Art. 18a Abs. 8 S. 1 GO).[231] Lehnt der Gemeinderat dies ab, können hiergegen gemäß Art. 18a Abs. 8 S. 2 GO „die vertretungsberechtigten Personen des Bürgerbegehrens ohne Vorverfahren Klage erheben". Richtige Klageart ist die Verpflich-

---
224 BayVGHE 60, 180 (181 f.).
225 BayVGH, BayVBl. 2006, 534 (535); BayVBl. 2018, 22; ausführlich zum Koppelungsverbot *Thum*, KommPrax BY 2007, 10.
226 Dazu BayVGHE 60, 180 (184); *Prandl/Zimmermann/Büchner/Pahlke*, Art. 18a GO (Stand: 130. EL Mai 2016), Ziff. 14; *Glaser*, in: Widtmann/Grasser/ders., Art. 18a GO Rn. 21 (Stand: 25. EL April 2012).
227 *Bauer/Böhle/Ecker*, Art. 18a GO (Stand: 104. EL April 2018), Rn. 12.
228 BayVGH, BayVBl. 2018, 22.
229 Zur Berechtigung von EU-Ausländern, obwohl Art. 28 Abs. 1 S. 3 GG nur von Wahlen spricht, BayVerfGHE 66, 70.
230 Dagegen: VG Augsburg, BeckRS 2007, 34895; dafür: *Thum*, KommPrax BY 1996, 205.
231 Beispielsfälle: Aufgabe 5 der Ersten Juristischen Staatsprüfung 2008/2, BayVBl. 2011, 285, 317; Aufgabe 7 der Ersten Juristischen Staatsprüfung 1998/2, BayVBl. 2000, 541, 570.

tungsklage in Form der **Versagungsgegenklage**:[232] Die Zulassung und damit auch ihre Ablehnung stellen Verwaltungsakte mit Regelungswirkung (Art. 18 a Abs. 9 f. GO) und Außenwirkung (die Gemeindeorgane sind in Art. 29 GO abschließend aufgezählt) dar, wovon offensichtlich auch der Gesetzgeber mit der Formulierung „ohne Vorverfahren" ausgeht. Umstritten ist, wem die **Klagebefugnis** im Sinne des möglichen Anspruchs auf Durchführung des Bürgerbegehrens zukommt.[233] Hier lässt sich vertreten, dass jeder Unterzeichner, „das Bürgerbegehren" oder die Vertreter klagebefugt sind. Die hM geht im Einklang mit dem Wortlaut und aus Praktikabilitätsgründen von Letzterem aus.[234]

Rechtsfolge der Zulässigkeitsfeststellung ist, dass gemäß Art. 18 a Abs. 9 GO die Gemeindeorgane das Begehren bis zum Bürgerentscheid nicht mehr frustrieren dürfen. Widersprechendes Handeln der Gemeindeorgane ist rechtswidrig und – je nach Rechtsnatur – anfechtbar oder unwirksam. Vor der Zulassung (relevant insbesondere bei Missachtung der Monatsfrist, die ansonsten keine Folgen hat) oder bei rechtswidriger Ablehnung besteht keine solche **Sperrwirkung** des Bürgerbegehrens. In solchen Fällen kann Eilrechtsschutz gemäß § 123 VwGO vor den Verwaltungsgerichten gesucht werden, allerdings wegen des Verbots der Vorwegnahme der Hauptsache nicht mit dem Ziel der „vorläufigen Zulassung" des Bürgerbegehrens, sondern nur gegen die widersprechenden Maßnahmen.[235] 170

Ist ein Bürgerbegehren für zulässig erklärt worden, muss der Bürgerentscheid grds. **innerhalb von 3 Monaten** stattfinden (Art. 18 a Abs. 10 GO); die Frist ist im Einvernehmen mit den Vertretern des Begehrens verlängerbar. Der Gemeinderat kann die Durchführung abwenden, indem er die begehrte Maßnahme beschließt (Art. 18 a Abs. 14 GO). 171

Im Bürgerentscheid entscheidet (wie im Gemeinderat) die **Mehrheit,** die aber zugleich ein bestimmtes **Quorum** erfüllen muss (Art. 18 a Abs. 12 S. 1 GO). Bei mehreren Fragen, die inhaltlich nicht miteinander vereinbar sind, muss ggf. eine Stichfrage gestellt werden. Der Bürgerentscheid wirkt wie ein Gemeinderatsbeschluss (Art. 18 a Abs. 13 S. 1 GO) und entfaltet formell für ein Jahr **Bindungswirkung** (Art. 18 a Abs. 13 S. 2 GO); politisch fühlen sich Gemeinden einem solchen Beschluss aber teilweise wesentlich länger verpflichtet. 172

Damit die Erfolgschancen des Bürgerbegehrens nicht durch die möglicherweise besseren **Informations- und Einflussmöglichkeiten** der Gemeinde geschmälert werden, eröffnet Art. 18 a Abs. 15 GO den Vertretern des Bürgerbegehrens die gleichen Präsentationsmöglichkeiten wie bei Gemeinderatswahlen (S. 2) und erlegt der Gemeinde ein Zurückhaltungsgebot (S. 1) auf. Bei Verstößen gegen letzteres haben die Vertreter des Bürgerbegehrens einen Unterlassungsanspruch.[236] 173

---

[232] BayVGH, BayVBl. 2011, 23.
[233] BayVGHE 68, 135 (136 ff.).
[234] Siehe schon BayVGH, BayVBl.1996, 597.
[235] BayVGH, BayVBl. 1998, 85; BayVBl. 2007, 497 (498).
[236] BayVGH, BayVBl. 2010, 219.

3. Bürgerversammlung und Bürgerantrag

174 Gewissermaßen ein Minus zum Bürgerbegehren stellt der Bürgerantrag (Art. 18 b GO) dar. Auch er basiert auf der Sammlung von Unterschriften der Gemeindebürger, zielt aber nur darauf ab, dass sich das zuständige Gemeindeorgan mit einer Angelegenheit befasst.

175 Mindestens einmal jährlich hat in jeder Gemeinde eine Bürgerversammlung stattzufinden (Art. 18 Abs. 1 S. 1 GO), in größeren Gemeinden ggf. auf Teile des Gemeindegebiets begrenzt; Gemeinderat (Abs. 1 S. 1) und -bürger (Abs. 2) können weitere Versammlungen beantragen. Die Bürgerversammlung kann Empfehlungen an den Gemeinderat beschließen, die dieser behandeln muss (Abs. 4), aber keine bindenden Entscheidungen treffen. Redeberechtigt auf der Versammlung sind grds. (Ausnahmen in S. 2) nur Gemeindeangehörige, abstimmungsberechtigt nur Gemeindebürger (Art. 18 Abs. 3 S. 1, 4 GO).

4. Kommunale öffentliche Einrichtungen

a) Definition

176 Der **Begriff** der öffentlichen Einrichtung wird in der Gemeindeordnung mehrfach verwendet (Art. 21 Abs. 1 S. 1, Art. 24 Abs. 1 Nr. 1, Art. 57 Abs. 1 S. 1 GO), aber nirgends legaldefiniert. Eine gängige Definition besagt, dass es sich dabei um Ressourcen einer Gemeinde handelt (→ Rn. 177), die durch gemeindlichen Widmungsakt (→ Rn. 178) dem in Art. 21 GO bezeichneten Personenkreis zugänglich gemacht und im öffentlichen Interesse unterhalten werden (→ Rn. 179);[237] klarstellend wird mit Blick auf die Tendenz zur Privatisierung öffentlicher Aufgaben gefordert, dass die Gemeinde die Verfügungsgewalt über die Einrichtung besitzen muss (→ Rn. 180).[238]

177 Der **Begriff der Einrichtung** ist **weit und funktional** zu verstehen.[239] Häufig ist die Rede von Personal- und Sachmitteln,[240] letztlich ist aber jeder benutzbare Gegenstand und jedes Leistungsangebot umfasst. Es muss sich also nicht um ein Gebäude oder eine (oder mehrere, Art. 21 Abs. 2 GO) körperliche Sache(n) handeln, sondern die Einrichtung kann auch unkörperlicher Art sein, wohinter freilich regelmäßig auch wieder Personal und Sachmittel für die Erstellung stehen. Erfasst sind so unterschiedliche Einrichtungen wie Stadthallen, Volksfestplätze und Volksfeste,[241] kommunale Schwimmbäder, die Website einer Gemeinde mit Hinweisen auf ortsansässige Gewerbebetriebe[242] oder auch Fahrzeuge, die die Gemeinden ihren Angehörigen leihweise oder gegen Entgelt überlassen.

178 Durch die **Widmung** erhält eine Einrichtung ihre Eigenschaft als öffentliche Einrichtung. Die Widmung bestimmt den Nutzungsrahmen, typischerweise durch Bezeichnung des Kreises der nutzungsberechtigten Personen oder Personengruppen sowie der

---

237 Ähnlich BayVGHE 41, 68; BayVGH, KommJur 2018, 289 (290).
238 Dazu schon BayVGHE 41, 68 (69 f.); *Schoch*, NVwZ 2016, 257 (259 f.).
239 *Schoch*, NVwZ 2016, 257 (259).
240 BayVGH, KommJur 2018, 289 (290).
241 Beispiel: Aufgabe 7 der Ersten Juristischen Staatsprüfung 1996/1, BayVBl. 1998, 159, 188.
242 *Ott/Ramming*, BayVBl. 2003, 454 (459 f.); siehe auch OVG NRW, MMR 2015, 775; vgl. auch *Ingold*, Die Verw. 48 (2015), 525 (533 f.).

Art der Nutzung. Sie legt auch fest, ob das Nutzungsverhältnis öffentlich-rechtlich oder privatrechtlich (zB als Mietvertrag) ausgestaltet ist. Die Widmung kann ausdrücklich, insbesondere durch Satzung gemäß Art. 24 Abs. 1 Nr. 1 GO, aber auch durch konkludente Allgemeinverfügung, die auch im Zurverfügungstellen an die Benutzer liegen kann, erfolgen.[243] Im Fall einer konkludenten Widmung ist allerdings darauf zu achten, ob sie durch das zuständige Organ (regelmäßig den Gemeinderat) erfolgt oder zumindest durch dieses (konkludent) gebilligt worden ist.[244] Umstritten ist, ob eine kommunale Einrichtung auch vorliegen kann, wenn eine öffentliche Einrichtung zum Gemeingebrauch gewidmet ist, also jedermann sie ohne besonderen Zulassungsakt benutzen kann.[245] Art. 21 Abs. 5 GO spricht jedenfalls dafür, allerdings bilden solche Einrichtungen eine Sonderkategorie, weil sich die Frage des kommunalrechtlichen Zugangsanspruchs angesichts des parallelen Nutzungsanspruchs aus öffentlichem Sachenrecht regelmäßig nicht stellt.[246] Zur Änderung und Rechtswidrigkeit der Widmung → Rn. 187 f.

Im **öffentlichen Interesse** wird eine Einrichtung unterhalten, wenn sie auf der Basis der Widmung tatsächlich in Dienst gestellt worden ist und im Zusammenhang mit der Erfüllung einer öffentlichen Aufgabe steht.[247] Für Letzteres kann insbesondere auf die Kataloge der Art. 57 GO, Art. 83 Abs. 1 BV zurückgegriffen werden. An einer Unterhaltung im öffentlichen Interesse fehlt es bei reiner Fiskalverwaltung (zB der Vermietung von Wohnungen) und auch bei Einrichtungen, die nur dem Verwaltungsgebrauch dienen (vgl. Art. 56 Abs. 2 GO). 179

Das Kriterium der **Verfügungsgewalt** der Gemeinde („Einrichtung *der Gemeinde*") erfordert, dass diese selbst Trägerin der Einrichtung ist. Bei öffentlich-rechtlichen Organisationsformen ist das unproblematisch. Hat die Gemeinde dagegen eine privatrechtliche Organisationsform gewählt (was von der Rechtsnatur des Benutzungsregimes zu unterscheiden ist; → Rn. 183), und zB den Betrieb einer Stadthalle einer GmbH überlassen, liegt nur dann noch eine öffentliche Einrichtung der Gemeinde vor, wenn sie auf den Betreiber Einfluss nehmen kann (vgl. auch Art. 92 Abs. 1 S. 1 Nr. 2 GO),[248] dieser also dogmatisch als Verwaltungshelfer agiert.[249] Liegt keine solche funktionelle Privatisierung, sondern eine materielle Privatisierung vor, weil die Gemeinde keinen Einflusses mehr auf die Einrichtung hat, entsteht schon keine kommunale Einrichtung bzw. eine bestehende Einrichtung wird (konkludent) entwidmet.[250] Zu möglichen verfassungsrechtlichen Grenzen einer solchen Entwidmung → Rn. 54. 180

b) Anspruch auf Benutzung

Eines der klassischen und klausurrelevanten Themen des Kommunalrechts ist das Recht auf Benutzung öffentlicher Einrichtungen der Gemeinden. Es ist primär in 181

---

243 BayVGHE 41, 68.
244 Dazu *Schoch*, NVwZ 2016, 257 (260).
245 Dagegen *Engels/Krausnick*, § 7, Rn. 40; aA zu Recht *Schoch*, NVwZ 2016, 257 (258 f.).
246 Siehe zu den unterschiedlichen Nutzungsregimen *Lenski*, JuS 2012, 984 (987).
247 Siehe auch *Becker*, in: ders./Heckmann/Kempen/Manssen, 2. Teil, Rn. 452.
248 BayVGHE 41, 68 (69 f.); OVG Lüneburg, NVwZ-RR 2007, 636.
249 *Schoch*, NVwZ 2016, 257 (258 f.).
250 *Burgi*, § 16, Rn. 14.

Art. 21 GO[251] geregelt, es kommen aber auch andere Anspruchsgrundlagen in Betracht.

aa) Art. 21 GO

182 Der Anspruch knüpft an das Vorliegen einer öffentlichen Einrichtung an (→ Rn. 176 ff.). Nach Auffassung des BayVGH ist bei der Prüfung der Erfolgsaussichten einer Klage schon für den Verwaltungsrechtsweg zu klären, ob eine öffentliche Einrichtung gegeben ist, da sonst Art. 21 GO nicht streitentscheidend sein könne.[252]

Prüfungsschema: Anspruch auf Nutzung kommunaler Einrichtungen
I. Anspruchsvoraussetzungen
  1. Öffentliche Einrichtung der Gemeinde (→ Rn. 176 ff.)
  2. Antragsteller aus Benutzerkreis, Art. 21 GO (→ Rn. 183 ff.)
  3. Vorliegen einer „Benutzung" (→ Rn. 186)
II. Anspruchsinhalt
  – Nur Benutzung der Einrichtung; kein Kreations- oder Erweiterungsanspruch (→ Rn. 189)
  – Einschränkung: „nach den bestehenden allgemeinen Vorschriften" (→ Rn. 190)
  – Grds. gebundene Entscheidung
  – Wandelt sich in Bescheidungsanspruch, wenn Kapazitätsengpass eine Auswahlentscheidung verlangt (→ Rn. 191)
  – Dann: Prüfung der Auswahlkriterien (und ihrer Anwendung bei der Ablehnung des Antragstellers) auf Ermessensfehler (→ Rn. 191)

183 Der **Kreis der berechtigten Benutzer** wird in den Abs. 1, 3 und 4 des Art. 21 GO definiert. Es sind dies Gemeindeangehörige im Sinne des Art. 15 Abs. 1 GO, Grundbesitzer und ortsansässige Gewerbetreibende („Forensen") sowie entsprechende juristische Personen und Personenvereinigungen. Sind Personen, Personenvereinigungen oder juristische Personen ortsfremd, sind sie also (außer im Fall des Art. 21 Abs. 5 GO) nicht benutzungsberechtigt. Die Rechtfertigung liegt darin, dass die Gemeindeeinwohner auch die Gemeindelasten zu tragen haben und über die Verteilung des Steueraufkommens in besonderem Maße einen Beitrag zu den Gemeindefinanzen leisten. Bei *politischen Parteien*, häufigen Antragsstellern auf die Nutzung von Stadthallen, sind demgemäß Orts- oder Kreisverbände, nicht aber Landes- und Bundesverbände nutzungsberechtigt (was nicht bedeutet, dass sie nicht Gäste eines lokalen Verbandes, der „Veranstalter" ist, sein könnten).

184 Den Gemeinden bleibt es unbenommen, den **Benutzerkreis über die gesetzliche Vorgabe hinaus zu erweitern**. Hierfür ist eine entsprechende Widmung erforderlich; der Zulassungsanspruch ergibt sich dann statt aus Art. 21 GO aus Art. 3 Abs. 1 GG iVm dieser Widmung und der entsprechenden Zulassungspraxis. Damit kann auch dem Umstand Rechnung getragen werden, dass die Begrenzung auf „Ortsansässige" mit Blick auf unionsrechtliche Diskriminierungsverbote problematisch ist, denn EU-Ausländer sind typischerweise eben nicht ortsansässig und deswegen versteckt diskriminiert. Dies kann einen Verstoß gegen Art. 56 AEUV oder Art. 18 AEUV darstellen, wenn sich nicht eine Rechtfertigung findet, die eine ausschließlich lokale Benutzergruppe recht-

---

251 Parallelvorschriften in der LKrO und der BezO: Art. 15.
252 BayVGHE 41, 68.

fertigt; dies dürfte regelmäßig schwierig sein.²⁵³ Auch ohne eine ausdrücklich erweiterte Widmung muss hier ggf. wegen des Anwendungsvorrangs des Unionsrechts einem EU-Ausländer der diskriminierungsfreie Zugang zur Einrichtung gewährt werden.

Ob die Gemeinden den gesetzlich vorgegebenen **Benutzerkreis in der Widmung einschränken** (also zB nicht alle Gemeindeangehörigen, sondern nur Gemeindebürger zulassen) dürfen, ist zweifelhaft.²⁵⁴ Dagegen spricht die Gesetzesbindung an Art. 21 GO, der klar von Gemeindeangehörigen spricht; dafür allenfalls, dass die Gemeinde regelmäßig auch ganz davon absehen könnte, eine kommunale Einrichtung zu errichten. Jedenfalls als zulässig erachtet werden Beschränkungen des Nutzerkreises, die sich aus der Natur der Einrichtung ergeben, so zB, dass Spielplätze nur für die Benutzung durch Kinder gewidmet werden, Volksfeste für die Benutzung durch Schausteller und Wirte,²⁵⁵ usw. 185

Ungeschriebene (manchmal auch unter das Tatbestandsmerkmal „nach den bestehenden allgemeinen Vorschriften" subsumierte) Voraussetzung für einen Nutzungsanspruch ist, dass überhaupt eine **Benutzung** vorliegt, die in persönlicher und sachlicher Hinsicht **im Rahmen der Widmung** liegt. Dies ist ggf. genau zu untersuchen: Ein Volksfest ist beispielsweise nicht nur zur Benutzung durch die Besucher, sondern – aus der Perspektive des Art. 21 GO viel interessanter – zur „Benutzung" durch die gewerbetreibenden Schausteller und Wirte, denen eine Plattform zur Präsentation geboten wird, gewidmet;²⁵⁶ ein Kulturzentrum oder eine Sporthalle dagegen nicht für politische Veranstaltungen. 186

Die Widmung muss rechtmäßig sein. Probleme ergeben sich häufig, wenn sie erst kürzlich – evtl. sogar als Reaktion auf einen konkreten Benutzungsantrag – geändert wurde. In einem solchen Fall muss geprüft werden, ob die **Widmungsänderung** rechtmäßig ist – falls nein, gilt die ursprüngliche Widmung. Ist auch diese rechtswidrig, fehlt es möglicherweise an einer öffentlichen Einrichtung; es besteht dann auch kein Anspruch aus Art. 3 Abs. 1 GG („keine Gleichheit im Unrecht"). Anders kann dies aber sein, wenn nur ein Teil der Widmung rechtswidrig ist und der rechtmäßige Rest auch schon den Zulassungsanspruch begründet. Zur Berufungsmöglichkeit auf eine über die Widmung hinausgehende Verwaltungspraxis → Rn. 195. 187

Bei einer Widmungsänderung anlässlich eines konkreten Antrags, beispielsweise wenn als Reaktion auf den Antrag einer rechtsextremen Partei, eine Stadthalle zu nutzen, (alle) Parteien generell von der Benutzung ausgeschlossen werden, spielt die abstrakte Rechtmäßigkeit der Änderung nur gutachtlich eine Rolle. Es wird nämlich grds. davon ausgegangen, dass schon der Umstand, dass die Gemeinde die **Änderung anlässlich des Antrags** vornimmt, nicht mit dem Gleichbehandlungsgebot vereinbar ist und 188

---

253 *Schoch*, NVwZ 2016, 257 (262).
254 Bedenken bei BayVGH, BeckRS 2011, 53045; *Schoch*, NVwZ 2016, 257, spricht von „mindestens" den Gemeindeeinwohnern.
255 Vgl. BayVGH, BayVBl. 1982, 656.
256 BayVGH, BayVBl. 1982, 656.

daher die geänderte Widmung dem Antrag nicht entgegengehalten werden kann.[257] Etwas anderes wird allerdings angenommen, wenn die Änderung durch Satzung erfolgt:[258] Hier soll der allgemeine Grundsatz gelten, dass für die Entscheidung über einen Antrag die Normen gelten, die zum Verbescheidungszeitpunkt in Kraft sind, wenn der Normsetzer nicht ausnahmsweise einen weitergehenden Vertrauensschutz gewähren muss.

189 **Anspruchsinhalt** ist, die Einrichtung benutzen zu dürfen, es besteht kein Anspruch auf Kapazitätserweiterung[259] und schon gar kein Anspruch, dass eine Einrichtung erst kreiert wird.[260] Grenzen dieses Anspruchs sind einerseits die in Art. 21 Abs. 1 S. 1 GO genannten „bestehenden allgemeinen Vorschriften" und andererseits die Kapazität.

190 Dass der Anspruch nur im Rahmen der „bestehenden allgemeinen Vorschriften" besteht, gibt der Gemeinde die Möglichkeit, nach allgemeinen Maßstäben **rechtswidrige Benutzungen** zu verhindern.[261] Hierunter werden auch die Fälle diskutiert, in denen Gemeinden versuchen, extremistische Parteien von der Benutzung von Stadthallen auszuschließen.[262] Dieser Versuch ist meistens rechtswidrig, weil das „Parteienprivileg" zu berücksichtigen ist, wonach auch extremistische Parteien bis zu ihrer Verfassungswidrigerklärung durch das BVerfG als verfassungskonform gelten und (vgl. auch § 5 PartG) mit anderen Parteien gleich zu behandeln sind.[263] Bestehen allerdings konkrete Anhaltspunkte dafür, dass auf einer Veranstaltung Straftaten begangen werden (insbesondere eine Volksverhetzung gemäß § 130 StGB), kann die Benutzung verweigert werden.[264] Nicht ausreichend ist dagegen, dass die Veranstaltung etwa Gegendemonstrationen anzieht – hier ist es grds. die Aufgabe der Sicherheitsbehörden, die Sicherheit der Veranstaltung zu gewährleisten.[265]

191 Nach dem Wortlaut des Art. 21 Abs. 1 GO ist die Zulassung eine gebundene Entscheidung. Ist die **Kapazität** einer Einrichtung wegen konkurrierender Nutzungsanträge für denselben Termin erschöpft, wandelt sich der Zulassungsanspruch aber in einen Anspruch auf ermessensfehlerfreie **Auswahlentscheidung**.[266] Die **Auswahlkriterien**[267] müssen sachlich gerechtfertigt sein und jedem potenziellen Benutzer eine Zugangschance zu der Einrichtung gewähren.[268] Zulässig ist es dabei insbesondere, Anträge nach dem Prioritätsprinzip zu verbescheiden.[269] Das Auswahlkriterium „bekannt und bewährt" ist ebenfalls grds. zulässig, aber nicht als alleiniges Entscheidungskriterium, weil es neuen Interessenten den Zugang zur Einrichtung dauerhaft verschließen könn-

---

257 BVerwGE 32, 368; BayVGH, BeckRS 2011, 53045.
258 OVG Weimar, LKV 2009, 139.
259 BayVGH, BayVBl. 1982, 656 (657).
260 BayVGHE 23, 155; *Prandl/Zimmermann/Büchner/Pahlke*, Art. 21 GO (Stand: 132. EL Juni 2017), Ziff. 5.
261 Beispiel dazu: Aufgabe 6 der Ersten Juristischen Staatsprüfung 2010/1, BayVBl. 2013, 352, 380.
262 Beispiel dazu: Aufgabe 6 der Ersten Juristischen Staatsprüfung 2004/2, BayVBl. 2007, 288, 316.
263 *Glaser*, in: Widtmann/Grasser/ders., Art. 21 GO Rn. 18 (Stand: 29. EL Mai 2018).
264 BayVGH, NJW 1989, 2491 (2492); HessVGH, NJW 1993, 2331 (2332).
265 BayVGH, BayVBl. 1988, 497.
266 BayVGHE 56, 98 (100 f.).
267 Vgl. zu den zulässigen Kriterien etwa *Braun*, NVwZ 2009, 747 (750 ff.); ausführlich *F. Wollenschläger*, in: von Mangoldt/Klein/Starck, GG, Art. 3, Rn. 305 ff.; *ders.*, Verteilungsverfahren, S. 324 ff., 341 f., 552 ff.
268 BayVGH, BayVBl. 1982, 656 (657); *Burgi*, § 16, Rn. 26 f.
269 *Geiger*, BayVBl. 1995, 33 (38); *Schoch*, NVwZ 2016, 257 (264).

te und darin eine Verletzung grundrechtlicher Teilhabeansprüche läge.[270] Eine ermessensfehlerfreie Auswahlentscheidung verlangt nicht nur, dass die Kriterien an sich rechtmäßig sind, sondern dass sie auch im konkreten Fall angewendet werden.[271]

Eine fehlerhafte Auswahl muss von dem unterlegenen Zulassungsbewerber ggf. mit einer verdrängenden **Konkurrentenklage** angegriffen werden.[272] Diese Mitbewerberklage beinhaltet jedenfalls die auch in Nicht-Konkurrenzsituationen statthafte Verpflichtungsklage auf Zulassung. Umstritten (und bei der Prüfung der Verpflichtungsklage Frage des Rechtsschutzbedürfnisses)[273] ist, ob zusätzlich auch eine Anfechtung der den Konkurrenten begünstigenden Zulassungsentscheidung erforderlich ist. Die Rspr. bejaht dies gelegentlich,[274] aber nicht bei unüberschaubar vielen Mitbewerbern.[275] Nach der Gegenauffassung reicht,[276] außer bei Bekanntgabe der Auswahlentscheidung an alle Mitbewerber, die Verpflichtungsklage aus, weil die Behörde die Auswahlentscheidung nach Art. 48 BayVwVfG aufheben könne. 192

Der Anspruch aus Art. 21 GO ist grds. auf eine **Zulassungsentscheidung** durch die Gemeinde gerichtet; zur Durchsetzung kommt mithin eine Verpflichtungsklage gemäß § 42 Abs. 1 2. Alt. GO in Betracht. Hat die Gemeinde eine privatrechtliche Organisationsform gewählt (→ Rn. 180), wandelt er sich in einen **Verschaffungsanspruch** gegen die Gemeinde – diese muss dann auf das von ihr beherrschte Privatrechtssubjekt in der Weise einwirken, dass es den Antragsteller zulässt.[277] Prozessual ist dieses Begehren im Wege der in der VwGO nicht geregelten, aber vorausgesetzten Leistungsklage gegen die Gemeinde durchzusetzen. In beiden Fällen kommt ggf. Eilrechtsschutz nach § 123 VwGO in Betracht; das Interesse an effektivem Rechtsschutz überwiegt dabei regelmäßig das Verbot der Vorwegnahme der Hauptsache. 193

bb) Weitere Anspruchsgrundlagen

Gegenüber dem Zulassungsanspruch nach Art. 21 GO ist der Anspruch nach § 70 GewO als lex specialis vorrangig, wenn eine Veranstaltung (**Messe, Ausstellung, Märkte**) durch besonderen Verwaltungsakt gemäß § 69 GewO „festgesetzt" worden ist. Gewerbetreibende unterliegen auf einer solchen Veranstaltungen geringeren gewerberechtlichen Anforderungen als im stehenden Gewerbe oder Reisegewerbe.[278] In nicht-wirtschaftsverwaltungsrechtlichen Klausuren wird man es mit festgesetzten Veranstaltungen in der Regel nicht zu tun bekommen. 194

---

270 BayVGH, BayVBl. 1982, 656 (657); BVerwG, NVwZ 1984, 585.
271 BayVGHE 57, 79 (84 f.).
272 Beispiel: Aufgabe 7 der Ersten Juristischen Staatsprüfung 1996/1, BayVBl. 1998, 159, 188.
273 *Hufen*, Verwaltungsprozessrecht, § 15, Rn. 7.
274 ZB BayVGH, BayVBl. 2011, 23; OVG Münster, DVBl. 2009, 983 (984).
275 BayVGHE 68, 135.
276 *Geiger*, BayVBl. 2010, 517 (519, 522); *Hufen*, Verwaltungsprozessrecht, § 15, Rn. 7; *Rennert*, DVBl. 2009, 1333 (1339 f.); *R. P. Schenke*, in: Kopp/W.-R. Schenke, VwGO, § 42 Rn. 48; BVerfG, NJW 2002, 3691 (3692) scheint davon auszugehen: Wenn dem Kläger „ein Standplatz zu Unrecht vorenthalten wurde, hat das Fachgericht eine entsprechende Verpflichtung des Marktanbieters auszusprechen. Es ist dann die im Einzelnen vom Gericht nicht zu regelnde Sache des Marktanbieters, diese Verpflichtung umzusetzen".
277 BVerwG, NJW 1990, 134 (135); NVwZ 1991, 59.
278 Vgl. auch *Schönleiter*, in: Landmann/Rohmer, GewO, § 70 Rn. 2 f. (Stand: 20. EL Oktober 1987).

195 Ein gegenüber Art. 21 GO nachrangiger, aber nicht selten relevanter Anspruch ist der generelle Anspruch auf Zulassung zu einer Einrichtung aus **Art. 3 Abs. 1 GG bzw. Art. 118 Abs. 1 BV iVm einer Selbstbindung der Verwaltung.** Er kann von Bedeutung sein, wenn die Widmung auch auswärtige Benutzer zulässt, oder um unionsrechtswidrige Diskriminierungen zu vermeiden (→ Rn. 184). Außerdem ist er einschlägig, wenn es um öffentliche Einrichtungen geht, die nicht von den Kommunen, sondern von anderen staatlichen Stellen betrieben werden.[279] Besonders problematisch ist, ob sich Antragsteller auch auf eine über die Widmung hinausgehende, durch die Gemeindeverwaltung bewirkte **tatsächliche Nutzungspraxis** berufen können.[280] Da die Widmung einer öffentlichen Einrichtung regelmäßig so bedeutsam sein wird, dass eigentlich der Gemeinderat zuständig ist, wird üblicherweise davon ausgegangen, dass die Verwaltungspraxis keinen Zulassungsanspruch begründen kann, wenn sie keine Billigung durch den Gemeinderat erfahren hat.[281] Auf der Basis des Grundsatzes „keine Gleichheit im Unrecht" erscheint dies zwar grds. zutreffend, allerdings sollte berücksichtigt werden, dass Widmungen formfrei erfolgen können (→ Rn. 178) und der Gemeinderat eine ihm bekannte Verwaltungspraxis möglicherweise auch konkludent billigen (und damit evtl. sogar die Widmung erweitern) kann.

196 Erwähnt werden sollen schließlich noch **Ansprüche auf Sonder(be)nutzung**, also solche Benutzungen, die klar außerhalb des Widmungszweckes einer öffentlichen Sache liegen. Sie finden sich ausdrücklich geregelt v.a. in Art. 18 und 22 BayStrWG für den Fall, dass eine Straße (als zum Verkehr gewidmete öffentliche Sache, vgl. Art. 14 Abs. 1 BayStrWG) für andere Zwecke benutzt werden soll, etwa zum Aufstellen eines Verkaufsstandes oder eines Baugerüstes oder für Versorgungsleitungen.[282] Nicht geregelt, aber in der Rspr. anerkannt ist darüber hinaus, dass auch für alle anderen öffentlichen Sachen, beispielsweise Verwaltungsgebäude, ein Anspruch besteht, über Anträge auf Sonderbenutzung willkürfrei zu entscheiden[283] – die Erfolgsaussichten solcher Anträge sind aber gering.

c) Anschluss- und Benutzungszwang

197 Zu den öffentlichen Einrichtungen einer Gemeinde zählen auch Ver- und Entsorgungseinrichtungen (Wasserversorgung, Kanalisation, Fernwärme, ...). Für sie stellt sich nicht die Frage nach Zulassungsansprüchen, sondern die Gemeinden erlegen den Einwohnern im Gegenteil einen sog **Anschluss- und Benutzungszwang** für diese Einrichtungen auf.[284] Anschlusszwang meint dabei, dass der Einwohner die Herstellung der technischen Infrastruktur dulden muss und sie verwenden kann,[285] Benutzungszwang, dass die Einrichtung auch tatsächlich genutzt werden muss und nicht umgangen wer-

---

279 Beispiel dazu: Aufgabe 7 der Ersten Juristischen Staatsprüfung 2003/2, BayVBl. 2006, 289, 317.
280 Vgl. dazu *Becker*, in: ders./Heckmann/Kempen/Manssen, 2. Teil, Rn. 478 f.
281 BayVGHE 65, 1.
282 *Bauer/Böhle/Ecker*, Art. 21 GO (Stand: 98. EL September 2012), Rn. 76.
283 Vgl. etwa VGH BW, NJW 1994, 2636, zur Sonderbenutzung einer Mensa für Büchertische und Plakatwände.
284 Dazu etwa *Pielow/Finger*, Jura 2007, 189. Siehe auch Aufgabe 6 der Ersten Juristischen Staatsprüfung 2010/2, BayVBl. 2013, 547, 576.
285 *Becker*, in: ders./Heckmann/Kempen/Manssen, 2. Teil, Rn. 489.

den darf.[286] Zweck des Anschluss- und Benutzungszwanges ist klassischerweise die Seuchenvorsorge,[287] neuerdings und v.a. im Zusammenhang mit Fernwärme auch der Umweltschutz.

Der Anschluss- und Benutzungszwang verursacht **Grundrechtseingriffe** (Inhalts- und Schrankenbestimmungen im Sinne von Art. 14 Abs. 1 S. 2 GG, teilweise auch Berufsausübungsregelungen, jedenfalls Eingriffe in das Grundrecht der allgemeinen Handlungsfreiheit). In der Konsequenz ist eine Rechtsgrundlage erforderlich (Vorbehalt des Gesetzes; → Rn. 44). Diese findet sich in Art. 24 Abs. 1 Nr. 2 f. GO[288] und ermächtigt zum Erlass der Satzungen; auf diesen können dann wiederum Verwaltungsakte beruhen, die den Einzelfall regeln. Die Verhältnismäßigkeit eines Anschluss- und Benutzungszwangs wird nicht dadurch in Frage gestellt, dass eine Gemeinde neben dem öffentlichen Wohl auch ergänzend fiskalische Gründe verfolgt, indem sie eine möglichst hohe Reichweite und damit Rentabilität der Infrastruktur anstrebt.[289] Ggf. müssen aber, um die Angemessenheit sicherzustellen, Befreiungstatbestände in den Satzungen vorgesehen und durch Verwaltungsakt konkretisiert werden. 198

VIII. Kommunalaufsicht

1. Zwecke

Da die Kommunen gegenüber dem Bürger Staatsgewalt ausüben, bedürfen sie zur Wahrung des **Demokratie- und Rechtsstaatsprinzips** einer Aufsicht, die sich letztlich auf die parlamentarisch verantwortliche Regierung zurückführen lässt. Während diese Aufsicht innerhalb der unmittelbaren Staatsverwaltung mit ihrem hierarchischen Aufbau durch Weisungsrechte der übergeordneten Behörden/Beamten verwirklicht wird (→ Rn. 15), die mit einer Befolgungspflicht für die nachgeordneten Behörden/Beamten einhergehen und ggf. durch ein Selbsteintrittsrecht durchgesetzt werden können (Art. 3 b BayVwVfG), musste der Gesetzgeber bei der Kommunalaufsicht die Notwendigkeit der Aufsicht in einen angemessenen Ausgleich mit der Selbstverwaltungsgarantie der Gemeinden und Gemeindeverbände (→ Rn. 41 ff.) bringen. Wie stark die Selbstverwaltungsgarantie im Rahmen dieses Ausgleichs zu berücksichtigen ist, hängt davon ab, ob es sich bei der beaufsichtigten Tätigkeit um eine des eigenen Wirkungskreises oder des übertragenen Wirkungskreises handelt (→ Rn. 25): Im eigenen Wirkungskreis ist, weil es sich um eigene Angelegenheiten handelt, nur eine **Rechtsaufsicht** zulässig, die staatliche Behörden überwachen also, ob die Kommunen den „Rahmen der Gesetze" einhalten. Handeln die Kommunen dagegen im übertragenen Wirkungskreis, erfüllen also eigentlich staatliche Aufgaben, kann die Intensität der Aufsicht höher sein, ohne dass deshalb die Selbstverwaltungsgarantie verletzt wäre. Damit die Aufgaben so erfüllt werden, wie der Staat, der sie vorgibt, sich dies vorstellt, kommt hier auch die sog **Fachaufsicht** zur Anwendung. Sie darf über die Rechtmäßig- 199

---

286 *Becker*, in: ders./Heckmann/Kempen/Manssen, 2. Teil, Rn. 490.
287 BVerfGE 79, 127 (156); VG Cottbus, Urt. v. 9.10.2014 – 6 K 478/12, juris.
288 Parallelvorschrift in der LKrO: Art. 18 Abs. 1 Nr. 2.
289 BayVGHE 47, 123; *Düwel*, LKV 2007, 109 (110).

keit hinaus die Zweckmäßigkeit des kommunalen Handelns überprüfen und insgesamt stärkeren Einfluss nehmen.

200 Die Kommunalaufsicht besteht trotz ihrer auch rechtsstaatlichen und demokratischen Verankerung grds. nur **im öffentlichen Interesse** und nicht zum Schutze des einzelnen Bürgers.[290] Konsequenz ist, dass es **keine subjektiven Rechte des Einzelnen** auf Einschreiten der Kommunalaufsicht gibt[291] und auch keine Amtshaftungsansprüche wegen „schlechter Aufsicht".

201 Aus der Perspektive der Kommunen selbst ist die Aufsicht dagegen nicht nur eine Bedrohung durch den Staat, sondern soll auch **Schutz und Hilfe** bieten. Dogmatisch lässt sich dies als Teil einer „Schutzpflicht" für die gemeindliche Selbstverwaltungsgarantie deuten (in diese Richtung auch Art. 83 Abs. 4 S. 4 BV). Speziell für die Gemeinden, die auch hier ins Zentrum der Betrachtung gestellt werden,[292] ergibt sich dies aus Art. 108 GO, wonach die Aufsicht „die Gemeinden bei der Erfüllung ihrer Aufgaben verständnisvoll beraten, fördern und schützen sowie die Entschlußkraft und die Selbstverantwortung der Gemeindeorgane stärken" soll. Verletzt die Aufsicht ihre Schutzaufgaben, können daraus Amtshaftungsansprüche der beaufsichtigten Kommunen resultieren.[293]

2. Instrumente

202 Als Mittel der Aufsicht stehen neben der informellen Beratung – das Gutachtenverfahren nach Art. 59 Abs. 2 GO (→ Rn. 108) ist keine Aufsichtsmaßnahme – sowohl präventive als auch repressive Instrumente zur Verfügung. Zu den ersteren zählen **Anzeige- und Vorlagepflichten** sowie **Genehmigungsvorbehalte**, wie sie sich etwa in § 6 Abs. 1 BauGB, Art. 71 Abs. 2 S. 1 GO oder in Art. 96 GO finden. Solche präventiven Instrumente, deren allgemeine Rahmenbedingungen in Art. 117 GO geregelt sind, sind in den vergangenen Jahren tendenziell reduziert worden;[294] heute kommt die weitaus größere Bedeutung den repressiven, erst nach dem kommunalen Handeln einsetzenden Aufsichtsmitteln zu. Hierfür weisen die Kommunalgesetze den Aufsichtsbehörden Informations- und **Beanstandungsrechte** zu, berechtigen sie teilweise zur **Ersatzvornahme** oder zu **Weisungen** und ermöglichen es im Notfall, einen „Staatskommissar" mit der Führung der Verwaltung in der Gemeinde zu beauftragen.

203 Der Gebrauch aller repressiven Aufsichtsmittel steht im **Ermessen** der Aufsichtsbehörden (siehe noch im Einzelnen unten). Dieses umfasst sowohl die Entscheidung, ob überhaupt von einem Aufsichtsmittel Gebrauch gemacht wird und nicht vielleicht informelle Gespräche mit der beaufsichtigten Kommune ausreichen (Entschließungser-

---

290 *Gern/Brüning*, Rn. 329; *Mayer*, KommJur 2016, 41 (42).
291 *Glaser*, in: Widtmann/Grasser/ders., Art. 108 GO Rn. 8 (Stand: 29. EL Mai 2018). Beispielsfälle: Aufgabe 5 der Ersten Juristischen Staatsprüfung 2014/2, BayVBl. 2017, 322, 355; Aufgabe 6 der Ersten Juristischen Staatsprüfung 2006/2, BayVBl. 2009, 285, 316.
292 Die Aufsicht über die Kreise und Bezirke weist ebenfalls die duale Struktur auf, vgl. Art. 94 ff. LKrO, Art. 90 ff. BezO.
293 BGHZ 153, 198.
294 *Bauer/Böhle/Ecker*, Art. 117 GO (Stand: 93. EL September 2009), Rn. 4.

messen), als auch die Entscheidung, welches der im Gesetz vorgesehenen Mittel zum Einsatz kommen soll (Auswahlermessen).

3. Rechtsaufsicht über die Gemeinden

In Angelegenheiten des eigenen Wirkungskreises (→ Rn. 27 ff.), der durch die Selbstverwaltungsgarantie geschützt ist, unterliegen die Gemeinden nur einer **Rechtsaufsicht** (Art. 83 Abs. 4 S. 2 BV, Art. 109 Abs. 1 GO). Zu diesem Aufsichtsbereich zählt auch die Frage, ob eine Gemeinde überhaupt für eine Angelegenheit zuständig ist oder sich dies nur anmaßt. Privatrechtliches Handeln der Gemeinden ist grds. (Ausnahme → Rn. 207) nicht Gegenstand der Kontrolle;[295] die Rechtsaufsicht beinhaltet es nur, „die Erfüllung der gesetzlich festgelegten und übernommenen öffentlich-rechtlichen Aufgaben und Verpflichtungen der Gemeinden und die Gesetzmäßigkeit ihrer Verwaltungstätigkeit zu überwachen" (Art. 109 Abs. 1 GO).

204

Welche staatliche **Behörde** für die Rechtsaufsicht zuständig ist, richtet sich gemäß Art. 110 GO nach dem Typus der Gemeinde; die Norm folgt logisch dem oben (→ Rn. 17) dargestellten Staatsaufbau. Rechtsaufsichtsbehörden sind demgemäß für kreisangehörige Gemeinden die Landratsämter (als Staatsbehörden, Art. 110 S. 1 GO, Art. 37 Abs. 1 S. 2 LKrO) und für kreisfreie Gemeinden die Regierung (Art. 110 S. 2 GO; → Rn. 17).[296] „Große" Kreisstädte werden, soweit sie gemäß Art. 9 Abs. 2 GO übertragene Aufgaben wahrnehmen, wie kreisfreie Städte behandelt.[297] Neben der „einfachen" Rechtsaufsichtsbehörde existiert auch eine obere Rechtsaufsichtsbehörde, die jeweils eine Stufe weiter oben in der unmittelbaren Staatsverwaltung angesiedelt ist. Innerhalb der staatlichen Aufsichtsbehörden sind Weisungen zulässig (→ Rn. 15, 199); ein Selbsteintritt unterliegt den Grenzen des Art. 3 b BayVwVfG (insbesondere dessen Abs. 2).

205

Im Kontext rechtsaufsichtlicher Maßnahmen steht (im Gegensatz zu fachaufsichtlichen Maßnahmen; → Rn. 219) außer Streit, dass es sich – Regelungswirkung vorausgesetzt, dazu sogleich bei den einzelnen Befugnissen – um **Verwaltungsakte mit Außenwirkung** handelt.[298] Die Aufsicht erfolgt nämlich von einer juristischen Person (Freistaat Bayern) gegenüber einer anderen (Kommune), und zwar im Hinblick auf Angelegenheiten, die in deren verfassungsrechtlich geschütztem Selbstverwaltungsbereich liegen.

206

a) Informationsrecht

Das Informationsrecht des Art. 111 GO ermöglicht eine Reihe von Maßnahmen, die den Rechtsaufsichtsbehörden überhaupt erst die Grundlage dafür geben, über weitere Maßnahmen zu entscheiden. Die Auflistung in S. 2 ist nur exemplarisch, zeigt aber, dass Art. 111 GO sowohl den **Erlass von Verwaltungsakten** ermöglicht (zB Berichte

207

---

295 *Glaser*, in: Widtmann/Grasser/ders., Art. 109 GO Rn. 4 (Stand: 29. EL Mai 2018).
296 Bei Landkreisen und Bezirken ist ebenfalls jeweils die „darüberstehende" staatliche Behörde zuständig.
297 Dies mag auf den ersten Blick überraschen, weil es sich dabei um Aufgaben des übertragenen Wirkungskreises handelt (Art. 9 Abs. 2 S. 1 GO) und die Rechtsaufsicht ja eigentlich den eigenen Wirkungskreis betrifft. Allerdings tritt die Fachaufsicht im übertragenen Wirkungskreis zur Rechtsaufsicht hinzu, ersetzt sie aber nicht (vgl. Art. 109 Abs. 2 S. 1 GO; → Rn. 217).
298 *Bauer/Böhle/Ecker*, Art. 112 GO (Stand: 94. EL März 2010), Rn. 29; *Lissack*, § 8, Rn. 43.

und Akten einfordern) als auch **Realakte** erlaubt (Anstalten und Einrichtungen der Gemeinde besichtigen). Aus der weiten Formulierung „alle Angelegenheiten" schließt die hM (in gewissem Widerspruch zum allgemeinen Inhalt der Rechtsaufsicht), dass auf der Grundlage von Art. 111 GO auch über privatrechtliches Handeln der Gemeinde Informationen eingeholt werden dürfen.[299] Wie alle Befugnisnormen räumt Art. 111 GO der Aufsichtsbehörde Ermessen ein, das insbesondere in verhältnismäßiger Weise ausgeübt werden muss; die geringe Eingriffsintensität eines Informationsverlangens führt aber in aller Regel dazu, dass eine Klage wenig erfolgversprechend ist.

208 Möchte sich eine Gemeinde gleichwohl gegen ein Informationsbegehren der Rechtsaufsichtsbehörde wehren, erfolgt dies je nach Rechtsnatur der angegriffenen Maßnahme durch **Anfechtungs- oder Feststellungsklage**. Die Klagebefugnis resultiert aus ihrer Selbstverwaltungsgarantie; die Adressatentheorie passt nicht bzw. allenfalls in transponierter Form auf die Verletzung der Selbstverwaltungsgarantie (→ Rn. 56).

209 Für den Rechtsweg führt die Subsumtion unter § 40 Abs. 1 S. 1 VwGO unproblematisch zu dem Ergebnis, dass der Verwaltungsrechtsweg eröffnet ist. Das Gleiche steht allerdings auch in Art. 83 Abs. 5 BV, so dass sich die Frage stellt, ob die Norm lex specialis in Form der **aufdrängenden Sonderzuweisung** ist. Zwar hat der Bundesgesetzgeber von seiner Kompetenz zur Regelung des verwaltungsgerichtlichen Verfahrens (Art. 74 Abs. 1 Nr. 1 GG) wohl überall dort abschließend Gebrauch gemacht, wo die VwGO keine Öffnungsklausel wie § 40 Abs. 1 S. 2 enthält. Allerdings ist Art. 83 Abs. 5 BV die ältere Norm, so dass er nicht in grundgesetzwidriger Weise erlassen wurde, sondern allenfalls gemäß Art. 31 GG gebrochen werden könnte. Das allerdings wäre richtigerweise nur bei widersprechenden Normbefehlen der Fall,[300] die nach dem eingangs Gesagten aber gerade nicht vorliegen.

b) Beanstandungsrecht

210 Einen gravierenderen Eingriff in die Selbstverwaltungsgarantie stellt die Beanstandung gemäß Art. 112 GO dar. Bezugspunkt und einzige Tatbestandsvoraussetzung für die Rechtmäßigkeit der Beanstandung ist ein **rechtswidriges Handeln (S. 1) oder Unterlassen (S. 2)** der Gemeinde; es findet also eine Inzidentprüfung des vorangegangenen kommunalen Handelns statt.[301] Da die Beanstandung ein repressives Aufsichtsmittel darstellt, muss im Fall des S. 1 der Beschluss oder die Verfügung der Gemeinde grds. schon existieren.[302] Er muss aber noch nicht vollzogen sein – insofern darf die Aufsicht „präventiv" den Vollzug verhindern – das Begriffspaar repressiv-präventiv knüpft also nur daran an, ob es schon einen in sich abgeschlossenen, nicht mehr in der politischen Diskussion der Gemeindeorgane befindlichen Sachverhalt gibt.

211 Auf der Rechtsfolgenseite räumt auch Art. 112 GO Ermessen ein, das in verhältnismäßiger Weise auszuüben ist. Umstritten ist, wie die rechtfolgenbezogene Formulierung „beanstanden und ihre Aufhebung oder Änderung verlangen" zu verstehen ist. Nach

---

299 *Glaser*, in: Widtmann/Grasser/ders., Art. 111 GO Rn. 5 (Stand: 29. EL Mai 2018).
300 So BVerfGE 36, 342 (367); 96, 345 (364); *Korioth*, in: Maunz/Dürig, Art. 31 Rn. 14 f.; aA *Huber*, in: Sachs, GG, Art. 31 Rn. 21.
301 Beispiel: Aufgabe 6 der Ersten Juristischen Staatsprüfung 2014/2, BayVBl. 2017, 465, 497.
302 BayVGH, NVwZ-RR 1993, 373 (374).

Meinhard Schröder

einer Ansicht deckt diese Formulierung auch eine sog **isolierte Beanstandung** ohne Aufhebungs- oder Änderungsverlangen.[303] Dagegen spricht aber, dass die Rechtsaufsicht nicht tadeln, sondern beraten soll (vgl. Art. 108 GO).[304] Zudem führt die isolierte Beanstandung nicht sicher zu einem rechtmäßigen Zustand, weil ohne Aufhebungsverlagen keine weiteren Aufsichtsmaßnahmen möglich sind (→ Rn. 213); die Verpflichtung zur Kombination von Beanstandung und Aufhebungsverlangen dient daher auch der Verwaltungseffizienz. Zu berücksichtigen ist allerdings, dass ein Beschluss uU gar nicht mehr aufgehoben werden darf, zB wegen Vertrauensschutzes des Adressaten eines Verwaltungsaktes nach Art. 48 Abs. 2 f. BayVwVfG. In solchen Fällen liegt es nahe, eine isolierte Beanstandung zuzulassen, weil die Aufsicht sonst völlig untätig bleiben müsste (etwas rechtlich Unmögliches verlangen darf sie jedenfalls nicht).[305] Die Fälle der Unmöglichkeit der Aufhebung sollten aber nicht zum Anlass genommen werden, generell eine isolierte Beanstandung zu erlauben. Für das demnach grds. erforderliche Aufhebungsverlagen ist eine **Fristsetzung** durch Art. 112 GO zwar nicht zwingend gefordert, aber sinnvoll,[306] weil sie Voraussetzung für die Ersatzvornahme ist.

Möchte sich eine Gemeinde (oder auch nur ein Organ)[307] gegen ein Beanstandungs- und Aufhebungsverlangen der Rechtsaufsichtsbehörde wehren, ist hierfür die **Anfechtungsklage** statthaft; die Maßnahme stellt stets einen Verwaltungsakt im Sinne des Art. 35 S. 1 BayVwVfG dar. Die Klagebefugnis resultiert auch hier aus der Selbstverwaltungsgarantie, für den Rechtsweg gilt das oben Gesagte (→ Rn. 209). 212

c) Recht der Ersatzvornahme

Gewissermaßen die nächste Eskalationsstufe in der Liste der Aufsichtsmittel ist die Ersatzvornahme gemäß Art. 113 GO. Tatbestandliche Voraussetzung für eine Ersatzvornahme ist zunächst eine vorherige **Anordnung der Rechtsaufsichtsbehörde**. Sie liegt typischerweise in einem Aufhebungs-, Änderungs- oder Durchführungsverlangen im Sinne des Art. 112 S. 1 f. GO. Zusätzliche ungeschriebene, dem Vollstreckungsrecht (Art. 19 VwZVG) entnommene Anforderung ist, dass die Anordnung entweder **bestandskräftig** oder (sei es kraft Gesetzes, sei es aufgrund einer Anordnung nach § 80 Abs. 2 S. 1 Nr. 4 VwGO) **sofort vollziehbar** sein muss.[308] Zudem muss eine zur Befolgung der Anordnung gesetzte **angemessene Frist** erfolglos abgelaufen sein. Umstritten ist, ob wie im Vollstreckungsrecht (Art. 36 VwZVG) eine Androhung der Ersatzvornahme erforderlich ist. Die wohl überwiegende Auffassung geht davon aus, dass die Gemeinde durch das grundsätzliche Anhörungserfordernis (Art. 28 BayVwVfG) ausreichend vor der drohenden Ersatzvornahme gewarnt ist.[309] 213

---

303 *Bauer/Böhle/Ecker*, Art. 112 GO (Stand: 89. EL Januar 2008), Rn. 41.
304 BayVGH, NVwZ-RR 1993, 373 (374).
305 *Bauer/Böhle/Ecker*, Art. 112 GO (Stand: 89. EL Januar 2008), Rn. 40; *Lissack*, § 8, Rn. 27.
306 *Becker*, in: ders./Heckmann/Kempen/Manssen, 2. Teil, Rn. 534; für ein Fristsetzungserfordernis *Bauer/Böhle/Ecker*, Art. 112 GO (Stand: 78. EL März 2002), Rn. 35.
307 Dazu BayVGH, BayVBl. 2012, 340.
308 *Glaser*, in: Widtmann/Grasser/ders., Art. 113 GO Rn. 2 (Stand: 29. EL Mai 2018).
309 Vgl. *Becker*, in: ders./Heckmann/Kempen/Manssen, 2. Teil, Rn. 539; *Knemeyer*, Bayerisches Kommunalrecht, 12. Aufl. 2007, Rn. 415; aA *Lissack*, § 8, Rn. 31.

214 Auch die Ausübung von Art. 113 GO steht im Ermessen („kann") und muss den Anforderungen der Verhältnismäßigkeit genügen. Kommt sie zur Anwendung, stellt die Ersetzung nach überwiegender Auffassung einen **Verwaltungsakt** dar,[310] nämlich eine Verfügung zur Duldung der ersetzten Handlung als eigene. Die Rechtsnatur der ersetzten Maßnahme richtet sich nach den allgemeinen Regeln, so dass auch zwei Verwaltungsakte vorliegen können.

215 Für die Gemeinde ist gegen die Ersatzvornahme daher immer eine **Anfechtungsklage** statthaft; ihre Klagebefugnis resultiert aus der Selbstverwaltungsgarantie. Problematisch ist, wer bei **Klagen Dritter gegen die ersetzte Maßnahme** der richtige Klagegegner ist. Die hM sieht unter Berufung auf den Wortlaut „an Stelle" die Gemeinde als passivlegitimiert an[311] und zwingt sie damit, sich gegen die eigentlich nicht gewollte Handlung zu verteidigen. Die Gegenauffassung geht von aus, dass Art. 113 GO eine Kompetenzübertragung auf die Aufsichtsbehörde bewirkt, deren Rechtsträger (= der Freistaat Bayern) dann zu verklagen ist.[312] Für den Rechtsweg ist auch hier an Art. 83 Abs. 5 BV zu denken (→ Rn. 209).

d) Weitere Mittel, Art. 114 GO

216 Ultima Ratio sind die in Art. 114 GO genannten Aufsichtsmittel. Abs. 1 sieht im Fall der Handlungsunfähigkeit oder -unwilligkeit des Gemeinderates (zu ersterem → Rn. 134) die Möglichkeit vor, den Gemeinderat zugunsten des ersten Bürgermeisters zu entmachten. Liegt das „Problem" in der Person des ersten Bürgermeisters, kann dieser zugunsten weiterer Bürgermeister oder, wenn dies nicht möglich ist, zugunsten der Rechtsaufsichtsbehörde selbst, entmachtet werden (Abs. 2); dies bezeichnet man auch als Einsetzung eines Staatskommissars.[313] In einem solchen Fall wirken die Handlungen der Aufsichtsbehörde wie Ersatzvornahmen. Abs. 3 ermöglicht es schließlich der Staatsregierung, wenn sich der gesetzwidrige Zustand anders nicht beheben lässt, den Gemeinderat aufzulösen und Neuwahlen anzuordnen.

4. Fachaufsicht über die Gemeinden

217 Im übertragenen Wirkungskreis (Art. 8 GO; → Rn. 33 ff.) erstreckt sich die staatliche Aufsicht gemäß Art. 109 Abs. 2 S. 1 GO, Art. 83 Abs. 4 S. 3 BV „auch auf die Handhabung des gemeindlichen Verwaltungsermessens (Fachaufsicht)." Es findet also eine **Rechtmäßigkeits- und Zweckmäßigkeitskontrolle** statt. Letztere wird allerdings in Art. 109 Abs. 2 S. 2 GO wieder eingeschränkt, da Eingriffe in das Verwaltungsermessen nur in zwei Fällen zulässig sind, nämlich einerseits, wenn „das Gemeinwohl oder die Sicherung öffentlich-rechtlicher Ansprüche einzelner die Weisung oder Entscheidung erfordern", und andererseits bei Weisungen des Bundes (diese müssen unverändert an die Kommunen „durchgereicht" werden, damit das Land keine Pflichtverletzung gegenüber dem Bund begeht). Den Gemeinden verbleibt also auch im Bereich übertragener Angelegenheiten ein **weisungsfreier Bereich**, in dem sie (wohl ohne, dass

---

310 *Glaser*, in: Widtmann/Grasser/ders., Art. 113 GO Rn. 9 (Stand: 29. EL Mai 2018).
311 BayVGH, BayVBl. 1976, 48 (49); *Bauer/Böhle/Ecker*, Art. 113 GO (Stand: 89. EL Januar 2008), Rn. 16.
312 BayVGH, BayVBl. 1983, 212; *Stumpp*, BayVBl. 1967, 54; *Knemeyer*, BayVBl. 1977, 129 (131).
313 *Glaser*, in: Widtmann/Grasser/ders., Art. 114 Rn. 8 (Stand: 29. EL Mai 2018).

dies verfassungsrechtlich geboten wäre) nur einer Rechtmäßigkeitskontrolle unterliegen. Sie haben ein subjektives Recht auf Beachtung dieses durch Art. 109 Abs. 2 S. 2 GO geschützten Bereiches, was für die Klagebefugnis im Bereich der Fachaufsicht bedeutsam ist (→ Rn. 223).

Zuständige Behörden sind gemäß Art. 115 GO die Rechtsaufsichtsbehörden, also bei kreisangehörigen Gemeinden grds. das Landratsamt (Art. 110 S. 1 GO, Art. 37 Abs. 1 S. 2 LKrO) und bei kreisfreien Gemeinden die Regierung (Art. 110 S. 2 GO). Hinzuweisen ist erneut auf Art. 110 S. 5 GO, demgemäß die Große Kreisstadt hinsichtlich ihres in der GrKrV übertragenen besonderen Aufgabenbereichs wie eine kreisfreie Stadt zu behandeln ist. 218

Ob die in Art. 116 GO vorgesehenen Fachaufsichtsmaßnahmen dieser Behörden – Regelungswirkung vorausgesetzt – die für einen Verwaltungsakt notwendige **Außenwirkung** aufweisen, ist – anders als bei der Rechtsaufsicht; → Rn. 206 – umstritten. Formal gilt zwar ebenfalls, dass die Aufsicht durch eine juristische Person (Freistaat Bayern) gegenüber einer anderen (Kommune) erfolgt. Allerdings sind die Gemeinden im übertragenen Wirkungskreis in einem Bereich tätig, in dem sie eigentlich staatliche Aufgaben wahrnehmen. Der Rspr. reicht dies aus, um die Außenwirkung im Regelfall zu verneinen und die Gemeinden gewissermaßen „im Lager" bzw. als „verlängerten Arm" des Staates zu sehen.[314] Lediglich in Fällen der Verletzung im eigenen Ermessen, Art. 109 Abs. 2 S. 2 GO, sowie bei Eingriffen in das Selbstverwaltungsrecht (beispielsweise in die Organisationshoheit hinsichtlich der Erledigung der übertragenen Aufgabe) soll doch eine Außenwirkung anzunehmen sein.[315] Die herrschende Lit. sieht dies mit Recht als nicht überzeugend an:[316] Die Verbindung zum Staat durch die Aufgabenübertragung (Art. 8 GO) vermag nichts daran zu ändern, dass Staat und Gemeinden unterschiedliche Gebietskörperschaften sind und die Ablehnung der Außenwirkung bei Maßnahmen zwischen diesen gekünstelt erscheint. Dies gilt umso mehr angesichts der Ausnahmen, die eigentlich die Frage der Klagebefugnis betreffen (→ Rn. 223). 219

a) Informationsrecht

Gemäß Art. 116 Abs. 1 S. 1 iVm Art. 111 GO kommt den Fachaufsichtsbehörden dasselbe Informationsrecht wie den Rechtsaufsichtsbehörden zu. Es wird hier lediglich Unterrichtungsrecht genannt; in der Sache gilt jedoch das oben Gesagte. Beim Rechtsschutz ist der Streit um die Außenwirkung von Maßnahmen zu beachten (→ Rn. 219); außerdem kommt nicht allen Maßnahmen Regelungswirkung zu (→ Rn. 207). 220

b) Weisungsrecht

Das Proprium der Fachaufsicht ist das in Art. 116 Abs. 1 S. 2 GO geregelte Weisungsrecht. Wie bei den anderen Befugnissen steht auch seine Ausübung im Ermessen der zuständigen Behörde, das in verhältnismäßiger Weise ausgeübt werden muss. Abgesehen davon, dass eine Weisung eine Angelegenheit des übertragenen Wirkungskreises 221

---

314 BVerwG, BayVBl. 1978, 374; BayVBl. 1995, 474.
315 BVerwG, NVwZ 1995, 910.
316 *Hölzl/Hien/Huber*, Art. 116 GO (Stand: 48. AL März 2012), Ziff. 2 mwN.

betreffen muss, unterliegt das Weisungsrecht **keinen tatbestandlichen Voraussetzungen**. Es muss auch nicht die Zweckmäßigkeit des kommunalen Handelns betreffen – auch Rechtmäßigkeitsfragen können Gegenstand von Weisungen sein (vgl. Art. 109 Abs. 2 S. 1 GO: „auch"). Geht es um die Zweckmäßigkeit, ist allerdings der von Art. 116 Abs. 1 S. 2 GO in Bezug genommene Art. 109 Abs. 2 S. 2 GO zu beachten. Anders als die Beanstandung gemäß Art. 112 GO kann eine Weisung auch schon präventiv erfolgen; sie kann einen konkreten Fall betreffen oder in Form von Verwaltungsvorschriften erscheinen.[317] Inhaltlich muss eine Weisung **hinreichend bestimmt** sein (Art. 37 Abs. 1 BayVwVfG – ggf. analog). Das für die Rechtsaufsicht in Art. 112 GO vorgesehene Aufhebungsverlangen ist im Weisungsrecht enthalten (Weisung zur Aufhebung).[318]

222 Weigert sich eine Gemeinde, einer Weisung der Fachaufsichtsbehörde Folge zu leisten, ist diese nicht etwa mit einem Selbsteintrittsrecht (vergleichbar Art. 3 b BayVwVfG für staatliche Behörden untereinander) ausgestattet. Sie muss vielmehr die Rechtsaufsichtsbehörde (die sie meist selbst ist) um Hilfe ersuchen, vgl. Art. 116 Abs. 2 GO, die ggf. eine **Ersatzvornahme** gemäß Art. 113 GO anordnen oder nach Art. 114 GO vorgehen kann (→ Rn. 216). Für den Fall der Ersatzvornahme bestimmt Art. 116 Abs. 2 S. 2 GO, dass die Weisung der Fachaufsichtsbehörde die vorherige Anordnung der Rechtsaufsichtsbehörde ersetzt. Wie eine vorherige Beanstandung muss sie unanfechtbar oder sofort vollziehbar sein, um als Grundlage für eine Ersatzvornahme dienen zu können (→ Rn. 213).[319]

223 Für die Frage des **Rechtsschutzes** der Gemeinden gegen möglicherweise rechtswidrige Weisungen sind zwei Fragen von Bedeutung. Erstens muss geklärt werden, ob eine Weisung einen Verwaltungsakt darstellt. Die Rspr. lehnt dies – wenig überzeugend und gegen die herrschende Lit. – in den meisten Fällen ab (→ Rn. 219). Die wohl entscheidendere Frage ist aber ohnehin die der Klagebefugnis: Sie kann – anders als bei der Rechtsaufsicht – nicht pauschal mit der Selbstverwaltungsgarantie begründet werden, sondern ist v.a. in den (auch von der Rspr. anerkannten, aber nach hiesiger Auffassung falsch verorteten) Fällen des Verstoßes gegen Art. 109 Abs. 2 S. 2 GO (bei Ermessensentscheidungen der Gemeinde) oder im Fall eines besonders zu begründenden anderweitigen Eingriffs in die Selbstverwaltungshoheit (beispielsweise eines Eingriffs in die Finanzhoheit) gegeben.[320] Für den Rechtsweg ist auch hier an Art. 83 Abs. 5 BV zu denken (→ Rn. 209).

5. Verhältnis zum Widerspruchsverfahren

224 Zu einer Beurteilung kommunalen Handels durch eine staatliche Behörde kann es auch in den (mittlerweile ihrer Ausbildungsrelevanz beraubten) Fällen des Widerspruchsverfahrens kommen, wenn die Widerspruchsbehörde eine staatliche Behörde ist. § 73 Abs. 1 S. 2 VwGO, der die Widerspruchsbehörde bestimmt, weist durchweg

---

317 *Schulz*, in: PdK Bayern, Art. 8 GO Ziff. 2 (Stand: 18. EL Juli 2017); *Lissack*, § 8, Rn. 40.
318 *Becker*, in: ders./Heckmann/Kempen/Manssen, 2. Teil, Rn. 550.
319 *Bauer/Böhle/Ecker*, Art. 116 GO (Stand: 97. EL März 2012), Rn. 11.
320 BayVGH, BeckRS 2000, 19953; *Glaser*, in: Widtmann/Grasser/ders., Art. 120 GO Rn. 4 (Stand: 29. EL Mai 2018).

Öffnungsklauseln auf, so dass die Zuständigkeit nur in der Zusammenschau mit Art. 119 GO, der sie ausnutzt, zu ermitteln ist. Danach gilt:

- In **Angelegenheiten des eigenen Wirkungskreises** ist die Rechtsaufsichtsbehörde Widerspruchsbehörde, sie wird dabei – kommunalrechtlich konsequent, aber unter Reduzierung des in § 68 Abs. 1 S. 1 VwGO vorgegebenen Sinns des Widerspruchsverfahrens – auf eine Rechtmäßigkeitsprüfung beschränkt (Art. 119 Nr. 1 GO, in Abweichung von § 73 Abs. 1 S. 2 Nr. 3 VwGO).

- In **Angelegenheiten des übertragenen Wirkungskreises** ist die Fachaufsichtsbehörde (es sei denn, sie ist oberste Landesbehörde) Widerspruchsbehörde; sie prüft dabei, wie in § 68 Abs. 1 S. 1 VwGO vorgesehen, auch umfassend die Zweckmäßigkeit, wobei – kommunalrechtlich inkonsequent – Art. 109 Abs. 2 S. 2 GO keine Anwendung findet (Art. 119 Nr. 2 GO, je nach Sichtweise im Einklang oder in Abweichung von § 73 Abs. 1 S. 2 Nr. 3 VwGO).[321]

Die Gemeinde kann, wenn sie mit der Entscheidung der Widerspruchsbehörde nicht einverstanden ist, gegen den Widerspruchsbescheid klagen (vgl. § 79 Abs. 1 Nr. 2 VwGO), wird aber grds. nur bei den eigenen Wirkungskreis betreffenden Entscheidungen unter Berufung auf die Selbstverwaltungsgarantie klagebefugt sein. Bei Widerspruchsbescheiden, die den übertragenen Wirkungskreis betreffen, kann sie sich – anders als im Aufsichtsrecht – nicht einmal auf die durch Art. 109 Abs. 2 S. 2 GO geschützten Restbereiche berufen (Art. 119 Nr. 2 GO). 225

IX. Kommunale Wirtschaftstätigkeit

Zu den Angelegenheiten der örtlichen Gemeinschaft zählt grds. auch die **örtliche Wirtschaft**.[322] Ihre „Regelung" bzw. in der Terminologie des Art. 11 Abs. 2 S. 2 BV „Ordnung und Verwaltung" steht den Gemeinden allerdings nur in geringem Umfang offen, da der Bund über die konkurrierende Gesetzgebungskompetenz für das „Recht der Wirtschaft" verfügt (Art. 74 Abs. 1 Nr. 11 GG) und diese auch großzügig ausgeübt hat. Regeln und Verwalten ist allerdings untechnisch zu verstehen (→ Rn. 32), so dass auch die **aktive Teilnahme** an der örtlichen Wirtschaft als Erfüllung einer Angelegenheit der örtlichen Gemeinschaft anzusehen sein kann. Dies gilt allerdings nicht für Tätigkeiten mit reiner Gewinnerzielungsabsicht und ohne öffentlichen Zweck[323] – ihnen fehlt es (anders als Tätigkeiten im Bereich der Daseinsvorsorge) am besonderen „Gemeinschaftsbezug" – und auch nicht für Betätigungen außerhalb des Gemeindegebiets,[324] wie die die Beteiligung an Offshore-Windparks o.ä. – sie mögen zwar einen Bezug zur örtlichen Gemeinschaft aufweisen, finden aber nicht (wie bei Aufgabenerledigungen geboten; → Rn. 30) vor Ort statt. 226

Auch jenseits dessen wird im Schrifttum aber teilweise bestritten, dass die Selbstverwaltungsgarantie als **Rechtsgrundlage** für die wirtschaftliche Betätigung der Kommu- 227

---

321 *Bauer/Böhle/Ecker*, Art. 119 GO (Stand: 89. EL Januar 2008), Rn. 2, 5.
322 VerfGH RP, NVwZ 2000, 801; aus dem Schrifttum etwa *Papier*, DVBl. 2003, 686 (688); *Berger*, DÖV 2010, 118 (122); *Mehde*, in: Maunz/Dürig, GG, Art. 28 Abs. 2 (Stand: 67. EL November 2012), Rn. 92.
323 So *Hellermann*, in: BeckOK GG, Art. 28 Rn. 41.5; *Mehde*, in: Maunz/Dürig, GG, Art. 28 Abs. 2 (Stand: 67. EL November 2012), Rn. 94.
324 *Mehde*, in: Maunz/Dürig, GG, Art. 28 Abs. 2 (Stand: 67. EL November 2012), Rn. 95.

nen ausreiche. Eine solche Tätigkeit stelle nämlich einen rechtfertigungsbedürftigen (mittelbaren) Eingriff in ein Grundrecht, namentlich das der Berufsfreiheit (Art. 12 Abs. 1 GG), dar.[325] Es bedürfe daher (→ Rn. 44) einer Rechtsgrundlage, die mangels hinreichender Bestimmtheit nicht in der Selbstverwaltungsgarantie selbst gesehen werden könne.[326] Die hM lehnt das Erfordernis einer zusätzlichen Rechtsgrundlage für die kommunale Wirtschaftstätigkeit hingegen ab.[327] Sie bestreitet nicht die Grundprämisse, dass sich auf die Selbstverwaltungsgarantie keine Eingriffe in die Rechte Privater stützen lassen, sondern geht davon aus, dass bei kommunaler Wirtschaftstätigkeit regelmäßig überhaupt kein den Vorbehalt des Gesetzes auslösender Eingriff in die Rechte Dritter stattfindet.[328] Etwas anderes soll nach dieser auch in der Rspr. verbreiteten Auffassung[329] erst dann gelten, wenn der freie Wettbewerb durch die öffentliche Hand ausgeschaltet wird und diese ein Monopol errichtet oder die private Konkurrenz erdrückt.[330] Art. 12 Abs. 1 GG gewährt demnach **keinen Schutz vor normaler Konkurrenz**, auch nicht vor staatlicher Konkurrenz, und erst recht keinen Anspruch auf Erfolg im Wettbewerb.[331] Folgt man dem, sind die Art. 86 ff. GO grds. als (gerechtfertigte)[332] Einschränkungen der Selbstverwaltungsgarantie zu verstehen und nicht als Normen, die kommunales Handeln überhaupt erst ermöglichen (anders etwa in Fällen wie dem bereits angesprochenen Art. 87 Abs. 2 GO).

228 Die Kommunalgesetze binden die kommunale Wirtschaftstätigkeit an den Begriff des **Unternehmens**, also einer organisatorischen Zusammenfassung sachlicher und personeller Betriebsmittel, durch die ein bestimmter Zweck mit einer gewissen Dauerhaftigkeit verfolgt wird,[333] und bieten hierfür verschiedene **Unternehmensformen** an. An öffentlich-rechtlichen Organisationsformen kommen Regiebetrieb, Eigenbetrieb und Anstalt des öffentlichen Rechts in Frage, an privatrechtlichen Formen, die sowohl für Eigengesellschaften als auch für gemischtwirtschaftliche Betriebe (also solche, an denen auch Private beteiligt sind) genutzt werden können, v.a. die Gesellschaft mit beschränkter Haftung und die Aktiengesellschaft.

229 Bei einem **Regiebetrieb** handelt es sich um einen rechtlich und organisatorisch unselbständigen Teil eines Verwaltungsträgers; er wird vielmehr innerhalb der allgemeinen Verwaltung geführt (Art. 88 Abs. 6 GO), ist also bei einer Gemeinde dem ersten Bürgermeister unterstellt (→ Rn. 112). Ein solcher Betrieb verfügt typischerweise über

---

325 Vgl. *Cremer*, DÖV 2003, 921 (925 ff.); *Faßbender*, DÖV 2005, 89 (98); *Hösch*, DÖV 2000, 393 (399); *Scharpf*, GewArch 2005, 1 (5). Siehe zur Frage auch *F. Wollenschläger*, in: Kirchhof/Korte/Magen, Öffentliches Wettbewerbsrecht, S. 153 ff.
326 Zur parallelen Situation bei Art. 23 GO → Rn. 127.
327 *Schulz*, in: PdK Bayern, Vorbemerkung zu Art. 86 bis 96 GO Ziff. 2.1 (Stand: 18. EL Juli 2017).
328 *Schulz*, in: PdK Bayern, Vorbemerkung zu Art. 86 bis 96 GO Ziff. 2.1 (Stand: 18. EL Juli 2017); *Wieland/Hellermann*, DVBl. 1996, 401 (407); *Otting*, DVBl. 1997, 1258 (1260).
329 VerfGH RP, NVwZ 2000, 801 (802); BVerwGE 39, 329 (336 f.); BVerwG, DVBl. 1996, 152 f.
330 VerfGH RP, NVwZ 2000, 801 (802); BVerwG, DVBl. 1996, 152 f.; *Hill*, BB 1997, 425 (428); *Schulz*, in: PdK Bayern, Vorbemerkung zu Art. 86 bis 96 GO Ziff. 2.1 (Stand: 18. EL Juli 2017); strenger *Ehlers*, JZ 1990, 1089 (1096), der schon eine erhebliche Beeinträchtigung ausreichen lässt; ebenso *Huber*, Konkurrenzschutz im Verwaltungsrecht, 1991, S. 494 ff.
331 BVerfGE 105, 252 (265).
332 VerfGH RP, NVwZ 2000, 801.
333 *Becker*, in: ders./Heckmann/Kempen/Manssen, 2. Teil, Rn. 458; *Salamon*, NZA 2017, 891 (892).

eine einfache Struktur und hat keine eigenen Organe, keinen eigenen Haushalt und kein Betriebsvermögen. Seine Gewinne oder Verluste sind Teil des Gemeindehaushalts.

Eigenbetriebe sind dagegen in Art. 88 Abs. 1 GO definiert als „gemeindliche Unternehmen, die außerhalb der allgemeinen Verwaltung als Sondervermögen ohne eigene Rechtspersönlichkeit geführt werden". Auch sie haben dementsprechend keine eigene Rechtspersönlichkeit, sind aber stärker organisatorisch verselbständigt als Regiebetriebe. Sie verfügen gemäß Art. 88 Abs. 2–4 GO über zwei „Organe" (Werkleitung und Werkausschuss) und haben eine eigene Satzung gemäß Art. 88 Abs. 5 S. 2 GO. Das „Sondervermögen" ist aus dem allgemeinen Haushalt ausgegliedert, was zu größerer kaufmännischer Transparenz führt. Gewinne und Verluste bleiben grds. im Sondervermögen. Details zu dieser Organisationsform enthält die Eigenbetriebsverordnung auf der Grundlage von Art. 123 Abs. 1 S. 2 Nr. 13 GO. 230

Kommunalunternehmen in Form einer **Anstalt des öffentlichen Rechts** sind etwa in Art. 89 f. GO geregelt. Sie weisen unter den öffentlich-rechtlichen Organisationsformen die höchste Form der Verselbständigung auf und haben sowohl eigene Rechtspersönlichkeit als auch eigene Organe (gemäß Art. 90 GO: Vorstand und Verwaltungsrat); die Gemeinde trifft aber eine „Gewährträgerhaftung" (Art. 89 Abs. 4 GO). In der Anstalt, die durch Satzung gegründet wird (Art. 89 Abs. 3 GO) sind Personal- und Sachmittel der Gemeinde zur Erfüllung eines bestimmten öffentlichen Zwecks zusammengefasst.[334] Ihr können Aufgaben übertragen werden, zu ihren Gunsten kann auch ein Anschluss- und Benutzungszwang bestehen (Art. 89 Abs. 2 S. 2 GO). 231

Die Regelungen in Art. 92 ff. GO zu den **Unternehmen in Privatrechtsform** bestehen v.a. in einer Reihe von Restriktionen für die Nutzung dieser Rechtsformen. Das wohl wichtigste Kriterium ist, dass die Haftung der Gemeinde beschränkt sein muss (Art. 92 Abs. 1 S. 1 Nr. 3 GO), wodurch sich der Kreis der Gesellschaftsformen v.a.[335] auf die AG und die GmbH reduziert. Die Zweckerfüllung muss im Gesellschaftsvertrag sichergestellt sein (Art. 92 Abs. 1 S. 1 Nr. 1 GO) und es muss ein angemessener Einfluss der Gemeinde im Aufsichtsrat der Gesellschaft oder einem vergleichbaren Organ sichergestellt sein (Art. 92 Abs. 1 S. 1 Nr. 2 GO). Für gemischtwirtschaftliche Unternehmen enthält Art. 94 GO zusätzliche Anforderungen; die Vertretung der Gemeinde im Unternehmen wird durch Art. 93 GO geregelt. 232

Die wohl bedeutsamsten Vorschriften über die kommunale Wirtschaftstätigkeit sind diejenigen, die (grds. unabhängig von der Rechtsform) bestimmen, unter welchen **Voraussetzungen** kommunale Unternehmen im Sinne des Art. 86 GO (dh alle mit Ausnah- 233

---

334 Vgl. zu der auf *Otto Mayer* zurückgehenden Definition des Anstaltsbegriffs statt vieler *Maurer/Waldhoff*, § 23, Rn. 53.
335 Denkbar wäre auch eine Stellung als Kommanditistin oder stille Gesellschafterin, die aber wiederum typischerweise nicht mit dem notwendigen Einfluss (Nr. 2) verbunden ist.

me des Regiebetriebs)³³⁶ zulässig sind.³³⁷ Art. 87 Abs. 1 S. 1 GO³³⁸ enthält insofern vier grundlegende Restriktionen:

- Erstens muss das Unternehmen einem **öffentlichen Zweck** dienen (Nr. 1). Dafür reicht die reine Gewinnerzielungsabsicht zur Verbesserung der Gemeindefinanzen nicht aus (Art. 87 Abs. 1 S. 2 GO). Aufgaben der **Daseinsvorsorge** dienen hingegen stets einem öffentlichen Zweck (vgl. Nr. 4). Dazu zählen alle Aufgaben zur Bereitstellung der für ein sinnvolles menschliches Dasein notwendigen Güter und Leistungen, insbesondere zur Versorgung der Bevölkerung in wirtschaftlicher, sozialer und kultureller Hinsicht (zB Wasserver- und -entsorgung, Strom- und Gasversorgung, Gesundheitsvorsorge, Bildungseinrichtungen, Verkehrsbetriebe etc).³³⁹ In dem dazwischenliegenden Bereich genießt die Kommune eine gewisse Einschätzungsprärogative.³⁴⁰
- Gemäß Nr. 2 müssen **Art und Umfang** des Unternehmens in angemessenem Verhältnis zur Größe und Leistungsfähigkeit der Gemeinde und zum voraussichtlichen Bedarf stehen; Zweck ist der Schutz der Gemeinde vor Fehlinvestitionen.
- Nr. 3 verlangt, dass die Unternehmensaufgaben sich zur Wahrnehmung außerhalb der allgemeinen Verwaltung eignen; ist dies nicht der Fall, kommt nur ein Regiebetrieb als Organisationsform in Betracht.
- Die „**Subsidiaritätsklausel**" in Nr. 4 beschränkt die wirtschaftliche Aktivität von Gemeinden in der Weise, dass sie außerhalb des Bereichs der **Daseinsvorsorge** nur dann tätig werden dürfen, wenn der Unternehmenszweck nicht ebenso gut durch einen Privaten erfüllt wird oder werden kann. Geht es nicht um Daseinsvorsorge, ist also erstens zu klären, ob ein Privater bereit ist, die Aufgabe zu erfüllen – ist dies nicht der Fall, darf die Gemeinde tätig werden. Ist ein Privater bereit, muss er die Aufgabe genauso gut wie die Gemeinde erfüllen können, was im Hinblick auf Qualität, Zuverlässigkeit, Kontinuität und Preisgestaltung (prognostisch) zu beurteilen ist.³⁴¹ Je wichtiger die Aufgabe ist, desto höhere Anforderungen dürfen an die Gleichwertigkeit des privaten Angebots gestellt werden.

234 Für **Unterlassungsansprüche** privater Konkurrenten ist aus der Perspektive des öffentlichen Rechts zu fragen, ob sie durch die kommunale Wirtschaftstätigkeit in einem subjektiven öffentlichen Recht verletzt sind. Dies ist mit Blick auf Art. 12 Abs. 1 GG regelmäßig nicht der Fall (→ Rn. 227), so dass sie sich allenfalls auf eine Verletzung einer **drittschützenden Norm** des einfachen Rechts berufen könnten. Als solche käme nur Art. 87 Abs. 1 S. 1 Nr. 4 GO in Betracht. Dieser erwähnt die private Konkurrenz ausdrücklich, was dafür spricht, dass er (zumindest auch) den Schutz der Privatwirt-

---

336 Zur analogen Anwendbarkeit bei allgemeiner wirtschaftlicher Tätigkeit von Regiebetrieben *Hölzl/Hien/Huber*, Art. 88 GO (Stand: 58. EL April 2018), Ziff. 8; *Knemeyer*, Kommunalrecht, Rn. 345.
337 Beispiel: Aufgabe 6 der Ersten Juristischen Staatsprüfung 2006/2, BayVBl. 2009, 285, 316.
338 Parallelvorschriften sind Art. 75 Abs. 1 S. 1 LKrO, Art. 73 Abs. 1 S. 1 BezO. Weitere Vorgaben sind die grundsätzliche Territorialität der Betätigung (Art. 87 Abs. 2 GO), das Verbot des Betriebs von Bankunternehmen ausgenommen von Sparkassen (Art. 87 Abs. 4 GO) sowie die Anzeigepflicht (Art. 96 GO).
339 *Maurer/Waldhoff*, § 1, Rn. 17.
340 *Glaser*, in: Widtmann/Grasser/ders., Art. 87 GO Rn. 15 (Stand: 20. EL Januar 2007).
341 *Glaser*, in: Widtmann/Grasser/ders., Art. 87 GO Rn. 35 (Stand: 20. EL Januar 2007); *Prandl/Zimmermann/Büchner/Pahlke*, Art. 87 GO (Stand: 132. EL Juni 2017), Ziff. 12.

schaft vor einer übermäßigen Ausweitung erwerbswirtschaftlicher Betätigung der Gemeinde bezweckt. Die wohl überwiegende Auffassung in Bayern sieht diesen Schutz dagegen im Einklang mit der Gesetzesbegründung[342] als reinen Rechtsreflex an; alleiniger Zweck des Kommunalwirtschaftsrechts sei der Schutz der Gemeinden vor Risiken der wirtschaftlichen Betätigung.[343] Private sind damit weitgehend schutzlos, denn Ansprüche nach §§ 3 a, 8 UWG vor den Zivilgerichten geltend zu machen, kommt ebenfalls nicht in Betracht, da diese Ansprüche nur unlauteres Marktverhalten (vgl. Art. 95 GO), nicht aber den „illegalen" Marktzutritt betreffen,[344] in der Diktion der Zweistufentheorie also nur das „Wie" der kommunalen Wirtschaftstätigkeit, nicht aber das „Ob".[345]

X. Kommunalfinanzen

Zur Selbstverwaltung der Kommunen gehört es auch, über die eigenen Finanzen entscheiden zu können (→ Rn. 28). Diese **Finanzhoheit** leidet allerdings darunter, dass die Finanzquellen der Kommunen begrenzt sind (Art. 106 GG) und sie bei der staatlichen Geldverteilung gewissermaßen am untersten Ende der Nahrungskette stehen. Angesichts der unübersehbaren Finanznot vieler Kommunen haben die verfassungsändernden Gesetzgeber in Bund und Land mehrere Bestimmungen vorgesehen, hinzugefügt oder verschärft, die die Finanzhoheit der Kommunen absichern sollen: Es sind dies Art. 28 Abs. 2 S. 3 GG, Art. 83 Abs. 2 S. 2, 3 und Abs. 3 BV sowie Art. 84 Abs. 1 S. 7 GG. Neben dem Recht auf eine Steuerquelle beinhaltet Art. 83 Abs. 2 BV seit 2014 einen Anspruch auf angemessene Finanzausstattung (Satz 3), der sich allerdings auch schon aus der Selbstverwaltungsgarantie ergibt[346] und auch nach der Verfassungsänderung durch einen weiten Gestaltungsspielraum des Gesetzgebers (was ist angemessen?) relativiert wird. Garantiert ist letztlich nur eine **finanzielle Mindestausstattung**.[347] Bedeutsamer ist der Schutz der Finanzhoheit durch die Stärkung des Prinzips „wer bestellt, zahlt": Wegen Art. 84 Abs. 1 S. 7 GG darf der Bund überhaupt nicht mehr Aufgaben direkt auf die Kommunen übertragen, sondern nur noch auf die Länder. Der Freistaat Bayern darf den Kommunen Aufgaben nur noch übertragen, sie zur Wahrnehmung von Aufgaben im eigenen Wirkungskreis verpflichten oder Vorgaben für die Erfüllung von Aufgaben machen, wenn er gleichzeitig eine Kostenregelung trifft und einen Ausgleich für eventuelle Mehrbelastungen schafft (**Konnexitätsprinzip**, Art. 83 Abs. 3 S. 1 und 2 BV). Gegen die finanzielle Belastung der Kommunen durch „Altaufgaben", deren Erledigung womöglich durch externe Faktoren im Lauf der Zeit kostspieliger wird, hilft dies allerdings nichts.

235

Für die Gemeinden gibt Art. 61 GO die sog allgemeinen **Haushaltsgrundsätze** vor. Oberste Maximen sind gemäß Abs. 1 die Sicherung der stetigen Aufgabenerfüllung, die dauernde Leistungsfähigkeit, und die Vermeidung von Überschuldung. Die Haus-

236

---

342 LT-Drs. 13/10828, S. 19.
343 VG Ansbach, BeckRS 2005, 36445; *Knemeyer*, Kommunalrecht, Rn. 335.
344 Vgl. auch BGHZ 150, 343.
345 Zu der Rechtswegaufspaltung vgl. *Burgi*, § 17, Rn. 58 ff.; *Hufen*, Verwaltungsprozessrecht, § 11, Rn. 41 f.
346 BVerfGE 138, 1 (19); BVerfG, NVwZ 2018, 140 (146).
347 BayVerfGHE 60, 184 (216); siehe auch *F. Wollenschläger*, in: Meder/Brechmann, BV, Art. 83 Rn. 42.

haltswirtschaft ist sparsam und wirtschaftlich zu planen und zu führen (Abs. 2 S. 1); ggf. sind Aufgaben an Private abzugeben (Abs. 2 S. 2). Finanzielle Risiken sind zu minimieren (Abs. 3), und formal ist die Haushaltswirtschaft entweder nach der traditionellen Methode der Kameralistik oder (inzwischen verbreitet) nach den transparenteren Grundsätzen der auch aus der Wirtschaft bekannten doppelten Buchführung zu führen. Gemäß Art. 63 f. GO bedarf es einer Haushaltssatzung und eines Haushaltsplanes.

237 Die **Einnahmequellen** der Gemeinde sind gemäß Art. 62 GO primär (Abs. 2 aE) „sonstige", also nicht aus kommunaler Abgabenerhebung resultierende[348] Einnahmen. Das sind neben Vermögenserträgen und Erträgen aus wirtschaftlicher Aktivität v.a. die kommunalen Anteile an Einkommen- und Umsatzsteuer (→ Rn. 239) sowie Mittel aus dem kommunalen Finanzausgleich.[349] Erst wenn diese Einnahmen nicht ausreichen, dürfen die Gemeinden (auf gesetzlicher Grundlage) selbst Abgaben erheben: bevorzugt besondere Entgelte für erbrachte Leistungen (Abs. 2 Nr. 1), im Übrigen kommunale Steuern (Abs. 2 Nr. 2). Die Kreditaufnahme ist gemäß Abs. 3 streng subsidiär (vgl. auch Art. 71 ff. GO) und bedarf der Genehmigung durch die Rechtsaufsichtsbehörden.

238 „Entgelte für erbrachte Leistungen" können sowohl **Gebühren** als auch **Beiträge** sein, je nachdem, ob die Leistung tatsächlich in Anspruch genommen wurde (dann Gebühr) oder ob sie nur angeboten und in Anspruch genommen werden konnte (dann Beitrag). Die Gesetzgebungszuständigkeit für solche **Vorzugslasten** richtet sich nach der Kompetenz für die Sachmaterie (Art. 70 ff. GG). Inhaltlich sind bei Gebühren und Beiträgen v.a. das Kostendeckungsprinzip (Art. 8 Abs. 2 KAG), das Äquivalenzprinzip (Art. 8 Abs. 4 KAG) sowie aus dem Bereich des höherrangigen Rechts der Gleichheitssatz (Art. 3 Abs. 1 GG)[350] und unionsrechtliche Diskriminierungsverbote[351] zu beachten. Rechtsgrundlagen für die Erhebung solcher nichtsteuerlichen Abgaben durch die Gemeinden sind:

- Art. 1 Abs. 1 KG: Gebühren „für Amtshandlungen" im übertragenen Wirkungskreis
- Art. 20 KG iVm einer kommunalen Kostensatzung: Gebühren für Amtshandlungen im eigenen Wirkungskreis
- Art. 8 KAG: Benutzungsgebühren für kommunale Einrichtungen (auch im Zusammenhang mit dem Anschluss- und Benutzungszwang;[352] → Rn. 196)
- Art. 5 KAG: Beiträge für das Zurverfügungstellen einer öffentlichen Einrichtung (Investitionsbeiträge)
- Art. 5 a KAG iVm §§ 127 ff. BauGB: Erschließungsbeiträge
- Art. 6 KAG: Fremdenverkehrsbeiträge
- Art. 7 KAG: Kurbeiträge.

---

348 *Weber/Köppert*, Kommunalrecht, Rn. 390.
349 *Knemeyer*, Kommunalrecht, Rn. 376.
350 Dazu etwa BVerwGE 104, 60 (63).
351 Dazu grundlegend EuGH, Rs. C-388/01, Slg 2003, I-721, Rn. 13 ff. – Kommission/Italien.
352 Siehe auch Aufgabe 6 der Ersten Juristischen Staatsprüfung 2010/2, BayVBl. 2013, 547, 576.

Die Erhebung von **Steuern** (einmalige oder laufende Geldleistungen, die nicht eine Gegenleistung für eine besondere Leistung darstellen und von einem öffentlich-rechtlichen Gemeinwesen zur Erzielung von Einkünften allen auferlegt werden, bei denen der Tatbestand zutrifft, an den das Gesetz die Leistungspflicht knüpft; die Erzielung von Einnahmen kann Nebenzweck sein)[353] wird stark durch das Finanzverfassungsrecht der Art. 105 ff. GG determiniert. Dieses weist den Gemeinden eine Beteiligung an der Einkommen- und Umsatzsteuer (Art. 106 Abs. 5, 5 a GG), die Grund- und Gewerbesteuer (Art. 106 Abs. 6 S. 1 Hs. 1 GG) sowie den Ertrag der örtlichen Verbrauch- und Aufwandsteuern (Art. 106 Abs. 6 S. 1 Hs. 2 GG) zu. Während die Gemeinden mit der Gesetzgebung über die Einkommen- und Umsatzsteuer nichts zu tun haben und auf die Grund- und Gewerbesteuer nur über den Hebesatz (Art. 106 Abs. 6 S. 2 GG) Einfluss nehmen können, haben die Länder die Zuständigkeit zur Regelung der örtlichen **Verbrauch- und Aufwandsteuern** (Art. 105 Abs. 2 a GG) unter Vorgabe eines groben Rahmens im KAG an die Gemeinden weitergereicht.[354] Hinsichtlich dieser Steuern besteht ein sog „Steuererfindungsrecht" der Gemeinden, solange die Steuern nicht mit bundesgesetzlich geregelten Steuern gleichartig sind (Art. 105 Abs. 2 a GG, Art. 3 Abs. 1 KAG). Während eine Verbrauchsteuer „den Verbrauch vertretbarer, regelmäßig zum baldigen Verzehr oder kurzfristigen Verbrauch bestimmter Güter des ständigen Bedarfs belasten",[355] wird mit einer Aufwandsteuer die Verwendung von Einkommen/Vermögen für den persönlichen Lebensbedarf, die Ausdruck einer besonderen Konsumfähigkeit ist, besteuert.[356] Verbrauchsteuern sind die (verfassungswidrige) „Verpackungsteuer",[357] Aufwandsteuern etwa die klassische Hundesteuer oder die Zweitwohnungssteuer,[358] aber auch erst kürzlich „erfundene" Steuern wie Pferdesteuern oder Bettensteuern auf private Hotelübernachtungen.[359] Bei der kommunalen Steuergesetzgebung sind in materieller Hinsicht die allgemeinen Vorgaben der Leistungsfähigkeit (Art. 3 Abs. 1 GG) zu beachten.[360]

239

Für die Erhebung von kommunalen Abgaben (egal ob Gebühren, Beiträge oder Steuern) ist (außer im Fall der Anwendbarkeit des Bayerischen Kostengesetzes; → Rn. 238) eine eigenständige (dh ggf. von der Benutzungssatzung getrennte!) **Abgabensatzung** erforderlich, Art. 2 Abs. 1 KAG (zur Satzung als Handlungsform → Rn. 126). Das Verfahren der Erhebung im Einzelfall richtet sich nach der Abgabenordnung, nicht nach dem BayVwVfG (Art. 13 KAG); Rechtsschutz erfolgt gleichwohl auf dem Verwaltungsrechtsweg, weil § 33 FGO nicht einschlägig ist.[361] Insoweit ist einerseits zu beachten, dass gemäß Art. 15 Abs. 1 S. 1 Nr. 1 AGVwGO ein Widerspruchsverfahren fakultativ statthaft ist, und andererseits, dass Rechtsbehelfe gemäß § 80 Abs. 2 S. 1 Nr. 1 VwGO keine aufschiebende Wirkung haben.

240

---

353 § 3 Abs. 1 AO.
354 *Lissack*, § 6, Rn. 12.
355 BVerfGE 98, 106 (123).
356 BVerfG, NVwZ 1989, 1152; BVerwG, NVwZ 2008, 91.
357 BVerfGE 98, 106.
358 Beispiel dazu: F. *Wollenschläger/Lippstreu*, JuS 2008, 529 (533).
359 Beispiel zu letzteren mwN aus der Rspr.: *Schröder*, BayVBl. 2013, 483, 511. Zu weiteren Möglichkeiten vgl. *Thormann*, DVBl. 2018, 840.
360 Vgl. statt vieler *Tappe/Wensmann*, Öffentliches Finanzrecht, 2015, Rn. 257 f.
361 Beispiel: Aufgabe 7 der Ersten Juristischen Staatsprüfung 1993/1, BayVBl. 1995, 30, 60.

Meinhard Schröder

XI. Kommunale Zusammenarbeit

241 Wie bereits erwähnt unterscheiden sich die Kommunen hinsichtlich ihrer Wirtschafts- und Verwaltungskraft beträchtlich; dies lässt sich besonders auf Gemeindeebene feststellen. Eine Gemeinde mit nur einigen hundert Einwohnern ist offensichtlich nicht in gleicher Weise in der Lage wie eine Stadt mit zigtausend Einwohnern, die in den Katalogen der Art. 83 Abs. 1 BV und Art. 57 Abs. 1 GO genannten Leistungen im eigenen Wirkungskreis anzubieten. Auch mit Blick auf den übertragenen Wirkungskreis, der (abgesehen von kreisfreien Gemeinden, Großen Kreisstädten und baurechtlichen Delegationsgemeinden; → Rn. 36) immer gleich ausgestaltet ist, stellt die Erfüllung dieser Aufgaben für kleine Gemeinden eine ungleich höhere Belastung als für große Gemeinden dar. Nachdem die Zahl der Kreise und Gemeinden in den 1970er Jahren durch Gebietsreformen stark reduziert wurde, wird eine weitere Zusammenlegung von Kommunen heute in Bayern kaum mehr diskutiert. Dies liegt auch daran, dass das Kommunalrecht mit den verschiedenen Formen der kommunalen Zusammenarbeit vielfältige Möglichkeiten dafür bereitstellt, dass Kommunen ihre Aufgaben zusammen erledigen. Durch die kommunale Zusammenarbeit werden **Effizienz und Effektivität der Aufgabenerfüllung** gesteigert, die „Hochzonung" oder Verstaatlichung von Aufgaben verhindert und letztlich die Existenz kleinerer Gemeinden geschützt.

242 Das Kommunalrecht kennt **fünf Formen** der kommunalen Zusammenarbeit, von denen vier (Zweckverband, Arbeitsgemeinschaften, Zweckvereinbarungen, gemeinsames Kommunalunternehmen) im Gesetz über die Kommunale Zusammenarbeit (KommZG) geregelt sind. Die fünfte, am stärksten institutionalisierte Form der kommunalen Zusammenarbeit ist die der Verwaltungsgemeinschaft, die in der Verwaltungsgemeinschaftsordnung (VGemO) geregelt ist. Sie hat Vorrang vor den anderen Formen kommunaler Zusammenarbeit (Art. 3 Abs. 1 S. 2 KommZG).

243 Die kommunale Zusammenarbeit ist **grds. freiwillig**, allerdings sieht beispielsweise Art. 57 Abs. 3 GO vor, dass eine Pflichtaufgabe, die die Leistungsfähigkeit einer Gemeinde übersteigt, in kommunaler Zusammenarbeit zu erfüllen ist. Die Gesetze über die kommunale Zusammenarbeit greifen dies auf und sehen unter bestimmten Voraussetzungen eine verpflichtende Zusammenarbeit vor (Art. 3 Abs. 2, 16 und 28 KommZG; Art. 2 Abs. 1 Nr. 2 und Abs. 2 Nr. 2 VGemO).

1. Verwaltungsgemeinschaft

244 Bei der Verwaltungsgemeinschaft handelt es sich um eine **Körperschaft des öffentlichen Rechts** (Art. 1 Abs. 2 S. 1 VGemO), deren Mitglieder benachbarte kreisangehörige Gemeinden (Art. 1 Abs. 1 S. 1 VGemO) sind; Große Kreisstädte kommen nicht als Mitglieder in Betracht. Diese neue juristische Person des öffentlichen Rechts dient der Stärkung der Leistungs- und Verwaltungskraft ihrer Mitglieder (Art. 1 Abs. 1 S. 2 VGemO) und übernimmt einerseits in gewissem Umfang deren Aufgaben, andererseits unterstützt sie die Mitgliedsgemeinden bei ihrer Aufgabenerledigung. Die Zuständig-

keitsverteilung zwischen Verwaltungsgemeinschaft und Mitgliedsgemeinden knüpft dabei an die Wirkungskreise der Gemeinden (Art. 7 f. GO) an.[362]

Angelegenheiten des übertragenen Wirkungskreises werden grds. von der Verwaltungsgemeinschaft wahrgenommen, Art. 4 Abs. 1 VGemO. Dies bedeutet, dass die Verwaltungsgemeinschaft inhaltlich entscheidet, nach außen handelt und auch im Prozess passivlegitimiert ist. Nicht zuständig ist die Verwaltungsgemeinschaft (auch wenn es um Angelegenheiten des übertragenen Wirkungskreises geht) für den Erlass von Satzungen und Verordnungen (Art. 4 Abs. 1 S. 1 Hs. 2 VGemO) und für einzelne durch Rechtsverordnung bestimmte Aufgaben, die bei den Mitgliedsgemeinden verbleiben (Art. 4 Abs. 1 S. 3 VGemO).[363] Diese verbleibenden Aufgaben werden von den Mitgliedsgemeinden so ausgeführt wie Aufgaben des eigenen Wirkungskreises (Art. 4 Abs. 2 S. 4 VGemO, dazu sogleich). 245

Die Zuständigkeit für **Angelegenheiten des eigenen Wirkungskreises** verbleibt grds. bei den Mitgliedsgemeinden. Die Verwaltungsgemeinschaft unterstützt die Gemeinden allerdings bei ihrer Erledigung nach Maßgabe von Art. 4 Abs. 2 S. 2–4 VGemO. Sie übernimmt die verwaltungsmäßige Vorbereitung und den verwaltungsmäßigen Vollzug der Beschlüsse der Mitgliedsgemeinden sowie die Besorgung der laufenden Verwaltungsangelegenheiten, die für die Mitgliedsgemeinden keine grundsätzliche Bedeutung haben und keine erheblichen Verpflichtungen erwarten lassen. Die inhaltlichen Entscheidungen selbst bleiben den Mitgliedsgemeinden vorbehalten, die der Verwaltungsgemeinschaft auch Weisungen erteilen dürfen; die Verwaltungsgemeinschaft übernimmt also letztlich nur Aufgaben, die sonst büromäßig die dem ersten Bürgermeister unterstellte Gemeindeverwaltung übernehmen würde (→ Rn. 112). Die Verwaltungsgemeinschaft handelt dabei „als Behörde" der Mitgliedsgemeinde; Letztere ist bei Streitigkeiten also auch passivlegitimiert. Der Grundsatz des Verbleibs der Angelegenheiten des eigenen Wirkungskreises kann gemäß Art. 4 Abs. 3 VGemO durch Zweckvereinbarung (Art. 7 ff. KommZG; → Rn. 256) zwischen der Gemeinde und der Verwaltungsgemeinschaft durchbrochen werden. Dabei dürfen sich die Gemeinden aber nicht aller Aufgaben völlig entäußern. 246

Beispiel:
Die Gemeinde G ist Mitglied einer Verwaltungsgemeinschaft. Nachdem es an einem örtlichen Weiher, der im Eigentum der Gemeinde steht, schon mehrfach zu Badeunfällen gekommen ist, möchte die G dort das Baden verbieten. Ist sie hierzu trotz ihrer Mitgliedschaft in der Verwaltungsgemeinschaft berechtigt?

Lösung:
Ausgangspunkt für die Beantwortung der Frage sind Art. 4 Abs. 1 und 2 VGemO, wonach für Angelegenheiten des eigenen Wirkungskreises grds. die Gemeinde zuständig bleibt, während Angelegenheiten des übertragenen Wirkungskreiseses durch die Verwaltungsgemeinschaft erledigt werden. Bei der Anordnung eines Badeverbots könnte es sich einerseits um eine satzungsmäßige Regelung der Nutzung kommunalen Eigentums gemäß Art. 24 Abs. 1 Nr. 1 GO handeln, die dem eigenen Wirkungskreis zuzurechnen ist, andererseits aber auch um eine Regelung zur

---

362 Beispiel: Aufgabe 5 der Ersten Juristischen Staatsprüfung 2012/1, BayVBl. 2015, 34, 66.
363 Verordnung über Aufgaben der Mitgliedsgemeinden von Verwaltungsgemeinschaften (AVOVGemMGem, Ziegler/Tremel Nr. 286.).

Gefahrenabwehr durch Rechtsverordnung gemäß Art. 27 Abs. 1 LStVG, die gemäß Art. 42 Abs. 1 S. 2 LStVG zum übertragenen Wirkungskreis zählt. Die Frage des Schwerpunkts der Maßnahme kann hier aber offen bleiben, da Art. 4 Abs. 1 S. 1 Hs. 2 VGemO den Erlass von Satzungen und Verordnungen auch im übertragenen Wirkungskreis den Gemeinden vorbehält. Die Gemeinde ist also für den Erlass einer Badeverbots-Satzung oder -Verordnung zuständig, obwohl sie Mitglied einer Verwaltungsgemeinschaft ist.

247 Die **Organstruktur** der Verwaltungsgemeinschaft (Art. 6 VGemO) ähnelt der einer Gemeinde: Der Gemeinschaftsversammlung als Kollegialorgan gegenüber steht ein aus ihrer Mitte gewählter Gemeinschaftsvorsitzender. Die Gemeinschaftsversammlung, die sich aus den ersten Bürgermeistern der Mitgliedsgemeinden sowie einer bestimmten, einwohnerzahlabhängigen Zahl von deren Gemeinderatsmitgliedern zusammensetzt (Art. 6 Abs. 2 VGemO), ist grds. für die Verwaltung zuständig, wenn nicht der Gemeinschaftsvorsitzende zuständig ist (Art. 6 Abs. 1 GO). Wann dies der Fall ist, ergibt sich aus dem Verweis in Art. 6 Abs. 4 S. 1 VGemO auf die Zuständigkeit des Verbandsvorsitzenden eines Zweckverbandes (§ 36 KommZG), der im Wesentlichen die dem ersten Bürgermeister einer Gemeinde zukommenden Zuständigkeiten auflistet und in Abs. 2 auch auf Art. 37 GO verweist. Dem Verbandsvorsitzenden unterstellt ist das Verwaltungspersonal (Art. 7 VGemO), das ganz wesentlich den Zielen der Verwaltungsgemeinschaft dient, weil es nur einmal zentral und nicht in jeder Mitgliedsgemeinde vorgehalten werden muss.

248 Die **Gründung** der Verwaltungsgemeinschaft erfolgt **durch Gesetz** (Art. 2 Abs. 3 VGemO), und zwar grds. wegen der Freiwilligkeit der kommunalen Zusammenarbeit (→ Rn. 243) mit Einverständnis der Gemeinden (Art. 2 Abs. 1 Nr. 1 VGemO). Gemäß Art. 2 Abs. 1 Nr. 2 VGemO können Gemeinden aber auch gegen ihren Willen zu Mitgliedern einer Verwaltungsgemeinschaft gemacht werden – gegen das Gesetz, mit dem dies geschieht, ist dann eine auf die Verletzung von Art. 11 Abs. 2 S. 2 BV gestützte Popularklage (Art. 98 S. 4 BV) statthaft (→ Rn. 60), da die Gemeinde die Aufgaben des eigenen Wirkungskreises nicht mehr durch ihre eigene Verwaltung erledigen kann (dazu sogleich). Eine Verwaltungsgemeinschaft kann durch Gesetz aufgelöst oder einzelne Mitglieder aus ihr entlassen werden (Art. 9 Abs. 1 und 2 VGemO).

249 Handeln die Organe der Verwaltungsgemeinschaft „**als Behörde**" einer **Mitgliedsgemeinde**, dh in deren eigenem Wirkungskreis (Art. 4 Abs. 2 S. 1–3 VGemO) oder in den Bereichen des übertragenen Wirkungskreises, die bei den Mitgliedsgemeinden gemäß Art. 4 Abs. 1 S. 1 Hs. 2 VGemO oder Art. 4 Abs. 1 S. 3 VGemO iVm § 1 AVOV-GemMGem verbleiben, erfolgt die **Aufsicht nach den für die Gemeinden geltenden Vorschriften** der Art. 108 ff. GO – im eigenen Wirkungskreis nur als Rechtsaufsicht, im übertragenen Wirkungskreis auch als Fachaufsicht (→ Rn. 199 ff.).

250 Handeln die Organe der Verwaltungsgemeinschaft dagegen als eigenständige **Behörden ihrer Körperschaft** (das ist grds. im übertragenen Wirkungskreis der Mitgliedsgemeinden und in der Folge von Aufgabenübertragungen nach Art. 4 Abs. 3 VGemO der Fall), gelten die Art. 108 ff. GO nicht unmittelbar. Eine Aufsicht muss es aber geben (→ Rn. 199) und Art. 10 Abs. 2 VGemO verweist für den Fall solcher Regelungslücken pauschal auf das **KommZG**, das in Art. 51 zwar die Aufsicht in der Weise regelt, dass zwischen Fach- und Rechtsaufsicht differenziert wird, und in Art. 52 die

Aufsichtsbehörden bestimmt, im Übrigen aber über den Verweis in Art. 26 Abs. 1 S. 1 die Bestimmungen der GO für anwendbar erklärt. Je nachdem, ob die Aufgaben, die die Verwaltungsgemeinschaft anstelle der Gemeinden wahrnimmt, dem eigenen oder dem übertragenen Wirkungskreis entstammen, kommt es also entweder zur Anwendung der Art. 111 ff. GO (Rechtsaufsicht) oder des Art. 116 GO (Fachaufsicht).

2. Zweckverband

Von den im KommZG geregelten Formen der Zusammenarbeit ist der Zweckverband die intensivste. Auch er stellt eine **Körperschaft des öffentlichen Rechts** dar (Art. 2 Abs. 3 S. 1 KommZG), ist also sein eigener Rechtsträger und daher ggf. auch passivlegitimiert. Ein Zweckverband ist aber kein Gemeindeverband im Sinne des Art. 28 Abs. 2 S. 2 GG; er kann sich daher nicht auf eine Selbstverwaltungsgarantie berufen (ggf. aber seine Mitgliedsgemeinden).[364] 251

Anders als bei der Verwaltungsgemeinschaft, deren Zuständigkeit abstrakt gesetzlich festgelegt ist, ergeben sich die **Aufgaben** eines Zweckverbands aus der **Satzung**, durch die er auch gegründet wird (Art. 19 Abs. 1 GO). Die primären Mitglieder (gemäß Art. 17 Abs. 1 KommZG: Gemeinden, Landkreise, Bezirke) übertragen in der Satzung bestimmte Aufgaben auf den Zweckverband (Art. 17 Abs. 1, Art. 19 Abs. 1 Nr. 3, Art. 22 Abs. 1 KommZG), dazu kann auch der Erlass von Satzungen oder Verordnungen zählen. Der Zweckverband hat auch das Recht zur wirtschaftlichen Betätigung, Art. 40 KommZG, Art. 86 ff. GO. Wenn dies für die Aufgabenerfüllung sinnvoll ist, können neben den primären Mitgliedern nach Maßgabe von Art. 17 Abs. 2 f. KommZG auch andere natürliche und juristische Personen Mitglieder des Zweckverbandes sein. 252

Die Gründung eines Zweckverbandes erfolgt grds. durch **Vereinbarung** der Verbandssatzung (Art. 18 KommZG). Die Vereinbarung stellt (zugleich) einen koordinationsrechtlichen öffentlich-rechtlichen Vertrag im Sinne der Art. 54 ff. BayVwVfG dar. Gemeinden, die schon Mitglieder einer Verwaltungsgemeinschaft sind, dürfen keine Zweckvereinbarung schließen, wenn die Verwaltungsgemeinschaft die Aufgabe ebenso wirkungsvoll und wirtschaftlich erfüllen könnte, Art. 3 Abs. 1 S. 2 KommZG; damit soll eine Aushöhlung der Verwaltungsgemeinschaft verhindert werden. Die Gründung eines Zweckverbands kann durch die Aufsichtsbehörde auch erzwungen werden, um die Erfüllung von Pflichtaufgaben sicherzustellen („**Pflichtverband**", Art. 3 Abs. 2, Art. 28 KommZG). Änderungen der Mitgliedsstruktur (Austritt, Kündigung) und Auflösung eines Zweckverbands richten sich nach Art. 44 ff. KommZG. 253

Auch beim Zweckverband findet sich die typische kommunalrechtliche **Organstruktur** mit zwei Organen (weitere Organe können in der Satzung vorgesehen sein): Art. 29 KommZG nennt insofern einerseits die grds. zuständige Verbandsversammlung und andererseits den Verbandsvorsitzenden, dessen Zuständigkeit in Art. 36 KommZG ganz ähnlich wie die des ersten Bürgermeisters einer Gemeinde bestimmt wird; teilweise wird sogar auf Art. 37 GO verwiesen. Die Zusammensetzung der Verbandsver- 254

---

364 *Lange*, Kap. 19, Rn. 40.

sammlung richtet sich nach der Satzung, den Rahmen bestimmt Art. 31 KommZG; grds. wird eine Kommune dabei durch den ersten Bürgermeister/Landrat/Bezirkstagspräsidenten vertreten. Der Verbandsvorsitzende wird aus der Mitte der Verbandsversammlung von derselben gewählt (Art. 35 KommZG).

255 Auch der Zweckverband unterliegt der staatlichen **Aufsicht**, Art. 51 KommZG. Die zuständige Aufsichtsbehörde ist in Art. 52 KommZG bestimmt und orientiert sich daran, was die „höchstrangige" beteiligte Körperschaft ist. In der Sache kommen aufgrund des Verweises in Art. 26 Abs. 1 KommZG dann je nach Mitgliedsstruktur des Verbands und ggf. Wahl in der Satzung die Aufsichtsbefugnisse aus der Gemeindeordnung, der Landkreisordnung oder der Bezirksordnung zur Anwendung; der gesetzliche Regelfall (S. 1) ist die Anwendung der Gemeindeordnung. Für die Unterscheidung zwischen Rechts- und Fachaufsicht kommt es darauf an, ob es sich bei den dem Zweckverband übertragenen Aufgaben aus der Sicht der übertragenden Kommune um solche des eigenen oder des übertragenen Wirkungskreises handelt (vgl. Art. 51 Abs. 1 KommZG).

3. Zweckvereinbarung

256 Wie schon der Name zeigt, handelt es sich bei der Zweckvereinbarung im Unterschied zu den bisher besprochenen Formen nicht um eine Form der kommunalen Zusammenarbeit, bei der eine neue juristische Person gegründet wird (so auch Art. 2 Abs. 2 KommZG). Fragen der Organstruktur stellen sich daher beispielsweise nicht. Es geht vielmehr darum, dass einzelne Aufgaben von einer Kommune auf eine andere übertragen oder gemeinschaftlich durchgeführt werden (Art. 10 Abs. 1 GO).

257 Eine Zweckvereinbarung ist ein koordinationsrechtlicher **öffentlich-rechtlicher Vertrag** (Art. 7 Abs. 1 KommZG, Art. 54 ff. BayVwVfG). Vertragspartner sind gemäß Art. 7 Abs. 1 KommZG grds. Kommunen, gemäß Art. 7 Abs. 5 KommZG ausnahmsweise auch Zweckverbände. Grds. ist der Abschluss einer Zweckvereinbarung freiwillig, die Aufsichtsbehörde kann (wie beim „Pflichtverband"; → Rn. 253) eine Zweckvereinbarung aber auch erzwingen („**Pflichtvereinbarung**", Art. 3 Abs. 2, Art. 16 Abs. 1 KommZG). In den Fällen der freiwilligen Zweckvereinbarung bedarf deren Abschluss teilweise der Genehmigung der Aufsichtsbehörde (Art. 12 KommZG). Für die Änderung, Aufhebung und Kündigung gilt Art. 14 KommZG. Die möglichen Vertragsinhalte sind in Art. 7 Abs. 2–4 KommZG geregelt:

258 Infrage kommt erstens eine **Übertragung von Aufgaben** (Art. 7 Abs. 2 KommZG) und den damit zusammenhängenden Befugnissen (Art. 8 Abs. 1 f. KommZG) von einer Vertragspartei auf eine andere. Diese Aufgaben können dem eigenen oder übertragenen Wirkungskreis entstammen, und zu ihnen kann auch der Erlass von Satzungen und Verordnungen zählen (Art. 11 KommZG). Die Folge einer solchen Aufgabenübertragung ist, dass rechtlich eine Kommune an die Stelle der anderen tritt. Sie ist dann auch selbst passivlegitimiert für etwaige Streitigkeiten und unterliegt auch hinsichtlich der übernommenen Aufgaben der regulären Kommunalaufsicht (Art. 51 Abs. 2 S. 1

KommZG). Solche Aufgabenübertragungen sind v.a. unter dem Blickwinkel des Vergaberechts problematisch.[365]

Zweitens können die Vertragsparteien eine **gemeinschaftliche Aufgabenerledigung** vereinbaren, insbesondere gemeinsame Einrichtungen schaffen und betreiben (Art. 7 Abs. 3 KommZG). Hierbei kommt es nicht zu einer Aufgaben- oder Befugnisübertragung, jede Kommune handelt nach außen hin weiter für sich allein (Art. 8 Abs. 3 KommZG). 259

Ebenfalls keine Übertragung von Aufgaben oder Befugnissen gibt es bei der dritten Form der Zweckvereinbarung, die die **Überlassung von Dienstkräften** betrifft (Art. 7 Abs. 4 KommZG). Diese können wie eigene Dienstkräfte eingesetzt werden, also auch die Befugnisse der Kommune, der sie überlassen sind, ausüben. 260

4. Arbeitsgemeinschaft

Keine Rechtspersönlichkeit (Art. 2 Abs. 2 KommZG) hat auch die Arbeitsgemeinschaft. Wie die Zweckvereinbarung entsteht auch sie durch Abschluss eines koordinationsrechtlichen **öffentlich-rechtlichen Vertrages** (Art. 4 Abs. 1 S. 1 KommZG, Art. 54 ff. BayVwVfG). Potenzielle Vertragspartner sind die Kommunen, aber es können sich auch sonstige Körperschaften, Anstalten und Stiftungen des öffentlichen Rechts, ferner natürliche Personen und juristische Personen des Privatrechts an ihr beteiligen (Art. 4 Abs. 1 S. 2 KommZG). Zweck einer Arbeitsgemeinschaft ist die **Befassung mit Angelegenheiten von gemeinsamem Interesse** der Vertragsparteien, insbesondere gemeinsamen Planungen (Art. 4 Abs. 2 KommZG). Die Arbeitsgemeinschaft übernimmt aber keine Aufgaben und übt keine Befugnisse aus (vgl. Art. 4 Abs. 3 KommZG). Das Maximum ihrer Einflussmöglichkeit ist, dass bei entsprechender Vereinbarung die Vertragsparteien an Beschlüsse der Arbeitsgemeinschaften gebunden sind (Art. 5 Abs. 1 KommZG). 261

5. Gemeinsames Kommunalunternehmen

Auf einen ganz bestimmten Bereich kommunaler Aktivitäten, nämlich auf die kommunale Wirtschaftstätigkeit (→ Rn. 226) bezogen, ist schließlich die letzte Form kommunaler Zusammenarbeit, das gemeinsame Kommunalunternehmen in Form einer **Anstalt** (Art. 2 Abs. 4 KommZG). Es kann durch Vereinbarung einer Satzung gegründet werden (Art. 49 Abs. 1 S. 1 KommZG); die weiteren Vorgaben sind diejenigen des Kommunalrechts (Art. 50 Abs. 1 GO). Die Aufsicht über ein gemeinsames Kommunalunternehmen erfolgt gemäß Art. 51 f. KommZG wie über einen Zweckverband. 262

XII. Kontrollfragen

1. Was ist der Unterschied zwischen unmittelbarer und mittelbarer Staatsverwaltung? → Rn. 13 ff.
2. Wer sind die „Mitglieder" der Kommunen? → Rn. 21
3. Welche besonderen Zuständigkeiten besitzt die „Große Kreisstadt" → Rn. 35

---

365 Vgl. dazu etwa *Burgi*, ZG 2006, 189; EuGH, Rs. C-386/11, ECLI:EU:C:2013:385 – Piepenbrock.

4. Wer ist Rechtsträger (im Sinne des § 78 Abs. 1 Nr. 1 VwGO) einer Gemeinde? → Rn. 14
5. Wer ist Rechtsträger (im Sinne des § 78 Abs. 1 Nr. 1 VwGO) des Landratsamts? → Rn. 16 ff., 117
6. Was zählt zum „eigenen Wirkungskreis" einer Gemeinde? → Rn. 27 ff.
7. Welche Dimensionen haben die unterschiedlichen kommunalen Selbstverwaltungsgarantien? → Rn. 43 ff.
8. In welchen Fällen ist eine Kommunalverfassungsbeschwerde statthaft? → Rn. 57, 59
9. In welchen Fällen kann eine Gemeinde eine Popularklage gemäß Art. 98 S. 4 BV erheben? → Rn. 60, 67, 127, 248
10. Was ist der Unterschied zwischen Ist-Stärke und Soll-Stärke des Gemeinderates? → Rn. 76, 131
11. Könnte der Landesgesetzgeber das Kommunalwahlrecht für Nicht-EU-Ausländer einführen? → Rn. 74
12. Welche Angelegenheiten können auf Gemeindesenate delegiert werden? → Rn. 85
13. Was ist ein Bezirksausschuss? → Rn. 113
14. Wann findet auf den ersten Bürgermeister Art. 49 Abs. 1 GO, wann Art. 38 Abs. 1 KWBG Anwendung? → Rn. 158
15. Was bedeutet „unmittelbarer Vorteil" im Sinne des Art. 49 Abs. 1 GO? → Rn. 140
16. Was sind die Rechtsfolgen eines unrechtmäßigen Ausschlusses eines Gemeinderatsmitglieds aus einer Sitzung des Rats? → Rn. 143
17. Was sind die Rechtsfolgen einer unrechtmäßigen Teilnahme an der Beratung des Gemeinderats? → Rn. 146
18. Muss der erste Bürgermeister Beschlüsse des Gemeinderats immer vollziehen? → Rn. 108
19. Welche prozessualen Besonderheiten bringt ein Kommunalverfassungsstreit mit sich? → Rn. 120 ff.
20. Welche Maßnahmen zwischen Gemeindeorganen sind Verwaltungsakte? → Rn. 121
21. Wie ist mit Verstößen gegen Art. 52 GO umzugehen? → Rn. 149
22. Welche Wirkung haben Richtlinien im Sinne von Art. 37 Abs. 1 S. 2 GO? → Rn. 100
23. Wie kann ein Bürgerbegehren bis zur Zulassung verhindern, dass eine Gemeinde vollendete Tatsachen schafft? → Rn. 170
24. Wie definiert man den Begriff der kommunalen Einrichtung? → Rn. 176 ff.
25. Welche Ansprüche sind neben dem aus Art. 21 GO noch denkbar, um Zugang zu kommunalen Einrichtungen zu erhalten? → Rn. 194 ff.
26. Was ist Inhalt des Anspruchs aus Art. 21 GO? → Rn. 189
27. Welchen Beschränkungen unterliegen Widmungsänderungen kommunaler Einrichtungen? → Rn. 187 f.
28. Ist eine isolierte Beanstandung eines rechtswidrigen Gemeinderatsbeschlusses durch die Rechtsaufsicht zulässig? → Rn. 211

29. Welche ungeschriebenen Anforderungen sind an eine Anordnung der Rechtsaufsichtsbehörde im Sinne des Art. 113 GO zu stellen? → Rn. 213
30. Wer ist beim Handeln einer Verwaltungsgemeinschaft passivlegitimiert? → Rn. 245 f.

XIII. Literatur

Bauer/Böhle/Ecker, Bayerische Kommunalgesetze (Loseblatt-Kommentar); *Becker*, in: ders./ Heckmann/Kempen/Manssen, Öffentliches Recht in Bayern, Teil 2, 7. Aufl. 2017; *Becker/Sichert*, Einführung in die kommunale Rechtsetzung am Beispiel gemeindlicher Benutzungssatzungen, JuS 2000, 144 (Teil 1), 348 (Teil 2) und 552 (Teil 3); *Burgi*, Öffentlichkeit von Ratssitzungen bei Angelegenheiten kommunaler Unternehmen?, NVwZ 2014, 609; *Burgi*, Kommunalrecht, 5. Aufl. 2015; *v. Danwitz*, Die Benutzung kommunaler öffentlicher Einrichtungen – Rechtsformenwahl und gerichtliche Kontrolle, JuS 1995, 1; *Dietlein*, Rechtsfragen des Zugangs zu kommunalen Einrichtungen, Jura 2002, 445; *Engels/Krausnick*, Kommunalrecht, 2015.; *Geis/Madeja*, Kommunales Wirtschafts- und Finanzrecht, JA 2013, 248 (Teil 1) und 321 (Teil 2); *Gern/Brüning*, Deutsches Kommunalrecht, 4. Aufl. 2018; *Hebeler*, Ausschluss eines Ratsmitglieds aus dem Gemeinderat, JA 2015, 558; *Hebeler*, Konkludente Änderung einer Widmung einer kommunalen öffentlichen Einrichtung, JA 2014, 879; *Hecker*, Verweigerung der Stadthallennutzung gegenüber der NPD, NVwZ 2018, 787.; *Helbich*, Rechtsfragen der Widmung öffentlicher Einrichtungen, JuS 2017, 507; *Hölzl/Hien/Huber*, Gemeindeordnung mit Verwaltungsgemeinschaftsordnung, Landkreisordnung und Bezirksordnung für den Freistaat Bayern (Loseblatt-Kommentar); *Kahl/Weißenberger*, Die Privatisierung kommunaler öffentlicher Einrichtungen: Formen – Grenzen – Probleme, Jura 2009, 194; *Kemmler*, Die mittelbare Staatsverwaltung und ihre ausbildungsrelevanten Themenbereiche, JA 2015, 328; *Knemeyer*, Staatsaufsicht über Kommunen, JuS 2000, 521; *Knemeyer*, Bayerisches Kommunalrecht, 12. Aufl. 2007; *Lenski*, Der öffentliche Raum als kommunale Einrichtung, JuS 2012, 984; *Lindner*, Die kommunale Selbstverwaltungsgarantie als verfassungsrechtliche Parallelgewährleistung, DÖV 2018, 235; *Lissack*, Bayerisches Kommunalrecht, 3. Aufl. 2009; *Müller-Franken*, Der unberechtigte Ausschluss eines Mitgliedes des Gemeinderates wegen persönlicher Beteiligung, BayVBl. 2001, 136; *Ogorek*, Der Kommunalverfassungsstreit im Verwaltungsprozess, JuS 2009, 511; *Pahlke*, Abgestufte Fehlerfolgen bei einem Verstoß gegen den Grundsatz der Öffentlichkeit von Sitzungen des Gemeinderates?, BayVBl. 2010, 357; *Pahlke*, Die Verschwiegenheitspflicht der Gemeinderatsmitglieder im Spannungsverhältnis zum Grundsatz der Sitzungsöffentlichkeit, BayVBl. 2015, 289; *Rabeling*, Die Öffentlichkeit bei Gemeinderatssitzungen in der Rechtsprechung, NVwZ 2010, 411; *Rennert*, Kommunalwirtschaft und Selbstverwaltungsgarantie, Die Verw. 35 (2002), 319; *Ritgen*, Zu den thematischen Grenzen von Bürgerbegehren und Bürgerentscheid, NVwZ 2000, 129; *Schink*, Wirtschaftliche Betätigung kommunaler Unternehmen, NVwZ 2002, 129; *Schoch*, Der verfassungsrechtliche Schutz der kommunalen Selbstverwaltung, Jura 2001, 121; *Schoch*, Die staatliche Rechtsaufsicht über Kommunen, Jura 2006, 188; *Schoch*, Rechtsprechungsentwicklung: Zugang zu kommunalen öffentlichen Einrichtungen, NVwZ 2016, 257; *Shirvani*, Rechtsschutz gegen die Ersatzvornahme im bayerischen Kommunalrecht, BayVBl. 2009, 137; *Siegel*, Einführung in das Kommunalabgabenrecht, JuS 2008, 1071; *Starke*, Grundfälle zur Kommunalverfassungsbeschwerde, JuS 2008, 319; *Striedl/Troidl*, Mehr Demokratie im Gemeinderat – Transparenz und Grundsatz des freien Mandats im Kommunalrecht, BayVBl. 2008, 289; *Unger*, Sicherung kommunaler Bürgerbegehren, AöR 139 (2104), 80; *Waldhoff*, Vergabe öffentlicher Räume an Parteiorganisationen, JuS 2012, 383; *Waldhoff*, Vertretungsmacht des Bürgermeisters nach außen, JuS 2017, 94; *Widtmann/Grasser/Glaser*, Bayerische Gemeindeordnung mit Verwaltungsgemeinschaftsordnung, Landkreisordnung und Gesetz über die kommunale Zusammenarbeit (Loseblatt-Kommentar); *Zöllner*, Bürgerbegehren – Erfahrungen und Perspektiven, BayVBl. 2013, 129.

§ 4 Polizei- und Sicherheitsrecht

Ferdinand Wollenschläger

I. Grundlagen des Polizei- und Sicherheitsrechts 2
  1. Historische Entwicklungslinien 2
  2. Rechtsrahmen 5
    a) Verfassungsrecht 5
    b) Einfach-gesetzliche Grundlagen 9
    c) Unionsrecht 12
    d) EMRK 16
  3. Organisation 17
    a) Polizei 18
    b) Sicherheitsbehörden 22
      aa) Allgemeine Sicherheitsbehörden 23
      bb) Besondere Sicherheitsbehörden 24
    c) Verhältnis von (Vollzugs-)Polizei und Sicherheitsbehörden 25
  4. Examensbedeutung 28

II. Rechtmäßigkeit polizeilicher Primärmaßnahmen 29
  1. Prüfungsschema 29
    a) Herkömmliches Prüfungsschema 29
    b) „Bayerischer Aufbau" 30
  2. Rechtsgrundlage 32
  3. Formelle Rechtmäßigkeit 34
    a) Zuständigkeit 34
      aa) Sachliche Zuständigkeit 34
      bb) Örtliche Zuständigkeit 36
    b) Verfahren 37
    c) Form 38
  4. Materielle Rechtmäßigkeit 39
  5. Rechtsnatur polizeilicher Maßnahmen und Rechtsschutzfragen 40
    a) Abgrenzung von Verwaltungsakt und Realakt 41
    b) Rechtsschutzfragen 45
  6. Exkurs: Anspruch auf polizeiliches Einschreiten 47

III. Aufgabeneröffnung, Art. 2 PAG .. 49
  1. Spezialzuweisung, Art. 2 Abs. 4 PAG 50
  2. Vollzugshilfe, Art. 2 Abs. 3 iVm Art. 67 ff. PAG 51
  3. Gefahr für die öffentliche Sicherheit oder Ordnung, Art. 2 Abs. 1 PAG 52
    a) Öffentliche Sicherheit 53
      aa) Schutz von Individualrechtsgütern 54
      bb) Schutz der Unversehrtheit der Rechtsordnung 56
      cc) Schutz der staatlichen Einrichtungen 57
    b) Öffentliche Ordnung 58
    c) Gefahr 59
      aa) Abstrakte und konkrete Gefahr 61
        (1) Konkrete Gefahr 61
        (2) Abstrakte Gefahr ... 63
        (3) Hinreichende Wahrscheinlichkeit eines Schadenseintritts 66
        (4) Beeinträchtigungsintensität: Ausklammerung von Unannehmlichkeiten und Belästigungen 70
        (5) Latente „Gefahr" 71
      bb) Weitere Gefahrbegriffe 72
      cc) Drohende Gefahr, Art. 11 Abs. 3 PAG ... 77
      dd) Wissensdefizite: Gefahrenverdacht 81
      ee) Fehlprognosen: Anscheins- und Putativgefahr 82
  4. Handeln zum Schutz privater Rechte, Art. 2 Abs. 2 PAG 85
  5. Abgrenzung von präventivem und repressivem Handeln (insb. doppelfunktionale Maßnahmen) 88

§ 4 Polizei- und Sicherheitsrecht

IV. Polizeiliche Standardbefugnisse ... 91
1. Auskunftspflicht, Identitätsfeststellung, erkennungsdienstliche Maßnahmen und Vorladung, Art. 12–15 PAG 94
   a) Auskunftspflicht, Art. 12 PAG 95
   b) Identitätsfeststellung, Art. 13 PAG 99
      aa) Eingriffsschwelle 100
      bb) Maßnahmen 106
   c) Erkennungsdienstliche Maßnahmen, Art. 14 PAG 111
   d) Vorladung, Art. 15 PAG ... 118
2. Platzverweis, Aufenthaltsbeschränkungen, Kontaktverbot und Meldeanordnung, Art. 16 PAG 123
   a) Platzverweis und Aufenthaltsverbot und -gebot 124
   b) Kontaktverbot und Meldeanordnung 131
   c) Adressat, Höchstdauer, Konkurrenzen und Rechtsnatur 132
   d) Grundrechtsrelevanz und Gesetzgebungskompetenz 136
3. Ingewahrsamnahme, Art. 17–20 PAG 141
   a) Tatbestände 142
   b) Ingewahrsamnahme und Anforderungen 148
   c) Richtervorbehalt, Art. 18 PAG 151
   d) Behandlung festgehaltener Personen, Art. 19 PAG 157
   e) Dauer der Freiheitsentziehung, Art. 20 PAG 158
4. Durchsuchung, Art. 21–24 PAG 159
   a) Durchsuchung von Personen, Art. 21 PAG 160
      aa) Eingriffsschwelle 160
      bb) Begriff der Durchsuchung, Modalitäten ... 166
   b) Durchsuchung von Sachen, Art. 22 PAG 168
   c) Betreten und Durchsuchen von Wohnungen, Art. 23 f. PAG 173
      aa) Betreten und Durchsuchung der Wohnung .. 177
      bb) Betreten von Wohnungen 180
      cc) Betreten von sonstigen der Öffentlichkeit zugänglichen Räumlichkeiten bzw. Grundstücken 182
      dd) Verfahrensregeln, Art. 24 PAG 185
5. Sicherstellung, Art. 25–28 PAG 187
   a) Begriff der Sicherstellung, Art. 25 PAG 189
      aa) Allgemeines 189
      bb) Exkurs zu den Abschleppfällen 195
   b) Voraussetzungen der Sicherstellung von Sachen und sonstigen Objekten, Art. 25 PAG 197
   c) Dauer und Beendigung der Sicherstellung sowie Herausgabeansprüche, Art. 28 PAG 201
   d) Kostenerhebung, Art. 28 Abs. 5 PAG 203
   e) Folgefragen: Verwahrung, Verwertung und Vernichtung sichergestellter Sachen, Art. 26 f. PAG 204
V. Atypische Maßnahmen, Art. 11 Abs. 2 PAG, und polizeiliche Generalklausel, Art. 11 Abs. 1 Hs. 1 PAG 212
1. Hintergrund 212
2. Vorrang von Spezial- und Standardbefugnissen 213
3. Prüfung der Art. 11 Abs. 1 und 2 PAG.................... 216
VI. Adressat polizeilicher Maßnahmen 220
1. Allgemeine Fragen der Verantwortlichkeit 221
2. Spezialregelung in Befugnisnorm 225
3. Handlungsstörer, Art. 7 PAG 226
   a) Gefahrverursachung, Art. 7 Abs. 1 PAG 226
   b) Verantwortlichkeit für Dritte, Art. 7 Abs. 2 und 3 PAG 229
4. Zustandsstörer, Art. 8 PAG ... 230
   a) Allgemeine Grundsätze 230
   b) Verfassungsrechtliche Grenzen der Zustandsverantwortlichkeit 236
5. Inanspruchnahme nicht verantwortlicher Personen, Art. 10 PAG 237
6. Störerauswahl 240
7. Polizeipflichtigkeit von Hoheitsträgern 241

Ferdinand Wollenschläger

8. Rechtsnachfolge in Polizeipflichten 242
VII. Allgemeine Rechtmäßigkeitsanforderungen 247
 1. Ermessen 248
 2. Verhältnismäßigkeit 254
 3. Allgemeine rechtsstaatliche Grenzen: Bestimmtheit, Möglichkeit 256
VIII. Polizeiliche Sekundärmaßnahmen 257
 1. Einführung 257
  a) Notwendigkeit polizeilicher Zwangsmaßnahmen 257
  b) Einstufige und zweistufige Vollstreckung 260
  c) Zwangsmittel 262
  d) Ausführungsermächtigung 267
  e) Rechtsnatur 269
  f) Exkurs: Beitreibung von Geldforderungen der Polizei 271
 2. Rechtmäßigkeit polizeilicher Zwangsmaßnahmen (zweistufige Vollstreckung) 272
  a) Prüfungsschema 272
  b) Rechtsgrundlage 273
  c) Formelle Rechtmäßigkeit .. 276
   aa) Zuständigkeit 276
   bb) Verfahren 277
   cc) Form 278
  d) Materielle Rechtmäßigkeit 279
   aa) Allgemeine Vollstreckungsvoraussetzungen, Art. 70 Abs. 1 PAG ... 280
    (1) Verwaltungsakt der Polizei 281
    (2) Auf Vornahme einer Handlung, Duldung oder Unterlassung gerichtet 283
    (3) Vollziehbarkeit .. 284
    (4) Rechtmäßigkeit des VA nicht erforderlich (keine Konnexität) 285
    (5) Nichterfüllung der Handlungs-, Duldungs- oder Unterlassungspflicht 286
    (6) Fortbestehen der Gefahrenlage 287
    (7) Verhältnismäßigkeit der Zwangsanwendung als solcher, Art. 4 PAG 289
    (8) Ordnungsgemäße Ermessensausübung hinsichtlich der Zwangsanwendung als solcher, Art. 5 PAG 290
    (9) Erforderlichkeit einer Duldungsverfügung bei Eingriffen in Rechte Dritter ... 291
   bb) Besondere Vollstreckungsvoraussetzungen 293
    (1) Androhung des Zwangsmittels, Art. 71 Abs. 2, Art. 76, 81 PAG 293
    (2) Tatbestandsvoraussetzungen des jeweiligen Zwangsmittels ... 299
     (a) Ersatzvornahme, Art. 72 Abs. 1 S. 1 PAG 299
     (b) Zwangsgeld, Art. 73 Abs. 1 PAG, mit Annex Art. 74 PAG – Ersatzzwangshaft 302
     (c) Unmittelbarer Zwang, Art. 75 Abs. 1 S. 1 PAG .. 304
    (3) Verhältnismäßige Auswahl und Anwendung des Zwangsmittels, Art. 4 PAG 309
    (4) Ordnungsgemäße Ermessensausübung hinsichtlich der Auswahl und Anwendung des Zwangsmittels, Art. 5 PAG .. 310
 3. Vollzugshilfe 311
  a) Allgemeines 311
  b) Abgrenzungsfragen 313
 4. Durchsetzung ohne vorausgehende Primärmaßnahme: unmittelbare Ausführung und Sofortvollzug 317
  a) Sofortvollzug, Art. 70 Abs. 2 PAG 320

b) Unmittelbare Ausführung, Art. 9 PAG 321
c) Abgrenzung von Sofortvollzug und unmittelbarer Ausführung 324
IX. Tertiärebene: Kostenpflicht und Entschädigungsansprüche 328
1. Kostenpflichtigkeit polizeilichen Handelns 329
   a) Rechtsnatur und Rechtsschutz 330
   b) Prüfungsschema 331
   c) Rechtsgrundlage 332
   d) Formelle Rechtmäßigkeit .. 337
   e) Materielle Rechtmäßigkeit 338
      aa) Kostenpflichtige Amtshandlung 339
      bb) Rechtmäßigkeit der Amtshandlung (Konnexitätsgrundsatz) 340
      cc) Kostenart und Kostenhöhe 345
      dd) Kostenschuldner 348
      ee) Absehen aus Billigkeitsgründen, Art. 3 Abs. 1 S. 1 Nr. 10 S. 3 KG bzw. Art. 93 S. 5 PAG 350
2. Entschädigungsansprüche 351
   a) Entschädigungsanspruch gemäß Art. 87 PAG 353
      aa) Prüfungsschema 354
      bb) Anwendbarkeit 355
      cc) Tatbestand 356
         (1) Art. 87 Abs. 1 PAG 357
         (2) Art. 87 Abs. 2 PAG 360
         (3) Weitere Tatbestandsmerkmale 363
      dd) Rechtsfolge: Entschädigungspflicht 365
      ee) Kein Ausschluss bzw. keine Reduktion 368
      ff) Haftungskonkurrenzen 370
      gg) Entschädigungsverpflichteter 371
      hh) Rechtsweg 373
   b) Amtshaftungsanspruch gemäß Art. 34 GG iVm § 839 BGB 374
   c) Haftung für Pflichtverletzungen im Rahmen öffentlich-rechtlicher Schuldverhältnisse gemäß § 280 BGB analog 375

d) Ersatzanspruch gegen den Störer, Art. 89 PAG 376
X. Allgemeines Sicherheitsrecht 379
1. Gefahrenabwehr durch Maßnahmen im Einzelfall 382
   a) Prüfungsschema 382
   b) Rechtsgrundlage 383
   c) Formelle Rechtmäßigkeit .. 385
      aa) Zuständigkeit 385
         (1) Sachliche Zuständigkeit 385
         (2) Örtliche Zuständigkeit 392
      bb) Verfahren 393
      cc) Form 394
   d) Materielle Rechtmäßigkeit 395
      aa) Tatbestand der Rechtsgrundlage 395
         (1) Spezialzuweisungen 395
         (2) Spezialbefugnisse, Art. 12 ff. LStVG 396
         (3) (Beschränkte) Generalklausel, Art. 7 Abs. 2 LStVG 398
      bb) Maßnahmerichtung (richtiger Adressat), Art. 9 LStVG 400
      cc) Ermessen 401
      dd) Verhältnismäßigkeit, Art. 8 LStVG 402
      ee) Verbot der Einschränkung bestimmter Grundrechte bei Maßnahmen aufgrund der Generalklausel, Art. 7 Abs. 4 LStVG 403
2. Gefahrenabwehr durch Verordnungserlass 404
   a) Prüfungsschema 404
   b) Ermächtigungsgrundlage .. 405
   c) Formelle Rechtmäßigkeit .. 406
      aa) Zuständigkeit 406
         (1) Sachliche Zuständigkeit 406
         (2) Örtliche Zuständigkeit 410
      bb) Verfahren 411
      cc) Form 414
   d) Materielle Rechtmäßigkeit 415
      aa) Vereinbarkeit der Ermächtigungsgrundlage mit höherrangigem Recht 415
      bb) Tatbestand der Ermächtigungsgrundlage 416

Ferdinand Wollenschläger

cc) Vereinbarkeit der Verordnung mit höherrangigem Recht 418
dd) Zitiergebot, Art. 45 Abs. 2 LStVG 419
ee) Besondere Anforderungen an bewehrte Verordnungen 420
3. Weitere Einzelfragen 422
   a) Weitere Instrumente, namentlich Anzeigepflichten und Erlaubnistatbestände 422
   b) Vollstreckung sicherheitsbehördlicher Maßnahmen 425
   c) Tatmaßnahmen, Art. 7 Abs. 3 LStVG 426
   d) Kosten 429
   e) Entschädigungsansprüche 430

XI. Versammlungsrecht 431
1. Anwendungsbereich des BayVersG 434
2. Befugnisse 436
   a) Versammlungen unter freiem Himmel 438
   b) Versammlungen in geschlossenen Räumen 443
   c) Zuständigkeiten 445
3. Grundsatz der Polizeifestigkeit von Versammlungen 446
   a) Sperrwirkung im persönlichen, sachlichen und zeitlichen Anwendungsbereich des BayVersG 447
   b) Ausnahmen 450
4. Rechtsschutz und Kosten 451
XII. Kontrollfragen 451
XIII. Literatur 451

1 Die Aufgabe der Abwehr von Gefahren für Einzelne und die Allgemeinheit und damit die **Gewährleistung der inneren Sicherheit** stellt eine bedeutsame Staatsaufgabe dar. Diese bildet den Gegenstand des Polizei- und Sicherheitsrechts, eine zentrale, angesichts der herzustellenden Balance von Freiheit und Sicherheit delikate und oftmals kontroverse sowie auch examensrelevante Materie der Eingriffsverwaltung.[1] Nach einer Entfaltung der **Grundlagen des Polizei- und Sicherheitsrechts** (I.) widmet sich das Kapitel zunächst den drei Ebenen (vollzugs-)polizeilichen Handelns. Anhand eines Prüfungsschemas werden zunächst die Anforderungen an die Rechtmäßigkeit polizeilicher **Primärmaßnahmen** allgemein dargelegt (II.), etwa an die gegenüber einem Schaulustigen, der Rettungsarbeiten behindert, getroffene Anordnung, sich von der Unfallstelle zu entfernen (Platzverweis). Sodann vertieft der Beitrag die Teilaspekte Aufgabeneröffnung (III.), Standardbefugnisse (IV.), Maßnahmen aufgrund der Generalklausel (V.), richtiger Maßnahmeadressat (VI.) und allgemeine Rechtmäßigkeitsanforderungen (VII.). Die im Folgenden erörterte **Sekundärebene** betrifft die Vollstreckung polizeilicher Primärmaßnahmen, etwa die zwangsweise Durchsetzung des soeben erwähnten, nicht befolgten Platzverweises durch Wegtragen des Betroffenen (VIII.). Auf der **Tertiärebene** stellen sich schließlich die Fragen, ob und inwieweit Einsätze der Polizei kostenpflichtig sind und ob und inwieweit Ausgleichsansprüche bestehen, wenn eine Person Schäden aufgrund polizeilicher Maßnahmen erleidet (IX.). Die beiden letzten Abschnitte behandeln die beiden besonders examensrelevanten Materien des **Sicherheitsrechts**, nämlich das allgemeine Sicherheitsrecht (X.) und das Versammlungsrecht (XI.).

---

1 Zum Rechtsgebiet: *Gärditz*, GSZ 2017, 1.

I. Grundlagen des Polizei- und Sicherheitsrechts
1. Historische Entwicklungslinien

Historisch betrachtet[2] stellt das heutige, auf die Gewährleistung der inneren Sicherheit bezogene Verständnis von Polizei und Polizeirecht eine **Verengung** dar, herrschte doch bis in das 18./19. Jahrhundert ein **weites, auf die Herstellung und Sicherung der guten Ordnung des Gemeinwesens bezogenes Verständnis** vor: Polizei bestand demnach nicht nur in der Gefahrenabwehr, sondern auch in der (weit verstandenen, etwa auch die Wirtschaftsverwaltung einbeziehenden) Wohlfahrtspflege.[3] Die spätere Verengung, die liberal-aufklärerische Bestrebungen nach einer Beschränkung der (absolutistischen) Staatsgewalt beförderten, findet einen Anklang[4] in § 10 II 17 des preußischen Allgemeinen Landrechts (1794), der „das Amt der Polizei" darauf festlegte, „[d]ie nöthigen Anstalten zur Erhaltung der öffentlichen Ruhe, Sicherheit, und Ordnung, und zur Abwendung der dem Publico, oder einzelnen Mitgliedern desselben, bevorstehenden Gefahr zu treffen". Eine Konsolidierung hat das **enge Polizeiverständnis** mit dem **Kreuzberg-Urteil des Preußischen Oberverwaltungsgerichts** vom 14.6.1882 erfahren.[5] Diese Entscheidung hatte die Rechtmäßigkeit einer Polizeiverordnung zum Gegenstand, die bauliche Regelungen zum Schutz der Sicht von einem bzw. auf ein im Berliner Stadtteil Kreuzberg befindliches Denkmal enthielt. Das Gericht verneinte das Vorliegen einer polizeilichen Aufgabe gemäß § 10 II 17 des preußischen Allgemeinen Landrechts und erklärte die Polizeiverordnung für rechtswidrig. Auf dieser Linie liegt dann auch § 14 Abs. 1 **Preußisches Polizeiverwaltungsgesetz** vom 1.6.1931: „Die Polizeibehörden haben im Rahmen der geltenden Gesetze die nach pflichtmäßigem Ermessen notwendigen Maßnahmen zu treffen, um von der Allgemeinheit oder dem einzelnen Gefahren abzuwehren, durch die die öffentliche Sicherheit oder Ordnung bedroht wird."

Die hiermit formulierte und im **norddeutschen Raum herrschende Generalklausel** für die Bestimmung polizeilicher Aufgaben und Befugnisse kontrastiert mit dem **Ansatz in Süddeutschland,** der auf **Spezialermächtigungen** setzte und eine enge Verbindung mit dem Strafrecht (Bezug auf strafbares Verhalten) aufwies. In Bayern steht hierfür das **Polizeistrafgesetzbuch** aus dem Jahre 1861, das 1871 novelliert wurde.[6] Wie scharf der Systemgegensatz war und ob namentlich präventiv-polizeiliche Befugnisse aufgrund einer (gewohnheitsrechtlich fortgeltenden) Generalklausel bestanden, war und ist umstritten.[7] Jedenfalls fand mit Art. 102 AGStPO im Jahre 1879 eine **beschränkte**

---

2 Umfassend zur historischen Entwicklung *Schwabenbauer*, in: BeckOK PSR, Entwicklung und Strukturen des Polizei- und Sicherheitsrechts in Bayern; *Stolleis/Petri*, in: Lisken/Denninger, Kap. A; ferner *Gallwas/Lindner/Wolff*, Rn. 1 ff.; *Knemeyer*, Polizei- und Ordnungsrecht, Rn. 2 ff.
3 Siehe im Überblick nur *Knemeyer*, Polizei- und Ordnungsrecht, Rn. 2 ff. Umfassend *ders.*, AöR 92 (1967), 153; *Schwabenbauer*, in: BeckOK PSR, Entwicklung und Strukturen des Polizei- und Sicherheitsrechts in Bayern, Rn. 1 ff.; *Stolleis/Petri*, in: Lisken/Denninger, Kap. A, Rn. 1 ff.
4 Differenziert *Stolleis/Petri*, in: Lisken/Denninger, Kap. A, Rn. 20.
5 PrOVGE 9, 353 (abgedruckt in DVBl. 1985, 219). Siehe auch *Gallwas/Lindner/Wolff*, Rn. 2; *Walther*, JA 1997, 287.
6 Näher hierzu und zur Vorgeschichte *Schwabenbauer*, in: BeckOK PSR, Entwicklung und Strukturen des Polizei- und Sicherheitsrechts in Bayern, Rn. 17 ff.
7 Näher hierzu *Schwabenbauer*, in: BeckOK PSR, Entwicklung und Strukturen des Polizei- und Sicherheitsrechts in Bayern, Rn. 37, 47 ff. Zur Debatte im Kontext der Kodifikation des PAG (1954) ebd., Rn. 66 ff.

Ferdinand Wollenschläger

Generalklausel für die vorbeugende Verhütung von Straftaten Eingang in das Polizeirecht: „Die Behörden und Beamten des Polizei- und Sicherheitsdienstes sind verpflichtet, durch Aufsicht und Anstalten den Übertretungen der Strafgesetze möglichst zuvorzukommen und diese in ihrem Laufe zu unterdrücken." Diese beschränkte, da straftatenbezogene Generalklausel findet sich auch im **aktuellen PAG** (Art. 11 Abs. 2 S. 1 Nr. 1; → Rn. 216 f.) sowie **LStVG** (Art. 7 Abs. 2 Nr. 1; → Rn. 400 f.) wieder, wobei das PAG daneben eine umfassende (Art. 11 Abs. 1 PAG; → Rn. 218) und das LStVG eine weitere beschränkte Generalklausel (Art. 7 Abs. 2 Nr. 3; → Rn. 400 f.) kennt.

4 Für die heutige Gestalt des bayerischen Polizei- und Sicherheitsrechts[8] prägend ist ferner die als **Reaktion auf die Zentralisierung im Dritten Reich**[9] erfolgte **institutionelle Trennung** von Vollzugspolizei einerseits und allgemeinen sowie besonderen Sicherheitsbehörden andererseits (→ Rn. 17 ff.) sowie die **Föderalisierung** dieser Materie (→ Rn. 5).

2. Rechtsrahmen

a) Verfassungsrecht

5 Nach der Grundregel der Art. 30, 70 GG setzen **Gesetzgebungskompetenzen** des Bundes eine Zuweisung an die Bundesebene voraus. In Abkehr von der im Dritten Reich erfolgten Zentralisierung der polizeilichen Gewalt beim Reich entschieden sich die Alliierten und der Verfassunggeber für eine Föderalisierung, so dass der Schwerpunkt der Gesetzgebungsbefugnisse und insbesondere die Regelungskompetenz für das allgemeine Polizei- und Sicherheitsrecht bei den Ländern liegt. Ausschließliche Bundeskompetenzen begründen Art. 73 Abs. 1 Nr. 5 (Grenzschutz), Nr. 9a (internationaler Terrorismus) und Nr. 10 (polizeiliche Zusammenarbeit, Bundeskriminalpolizeiamt und internationale Verbrechensbekämpfung) GG. Für Einheitlichkeit trotz föderaler Vielfalt soll der von der Innenministerkonferenz erstmals 1976 verabschiedete und seitdem mehrfach überarbeitete Musterentwurf eines einheitlichen Polizeigesetzes (MEPolG) sorgen, an dem sich die Landesgesetzgeber orientieren (können); derzeit ist eine Überarbeitung des Musterentwurfs im Gange, auch aufgrund einer entsprechenden Vereinbarung im Koalitionsvertrag zwischen CDU, CSU und SPD für die 19. Legislaturperiode.[10] Abgrenzungsfragen ergeben sich im Verhältnis des Polizei- und Sicherheitsrechts zu einzelnen Materien der konkurrierenden Gesetzgebungskompetenzen, insbesondere Art. 74 Abs. 1 Nr. 1 Var. 2 (Strafrecht) und Var. 4 (gerichtliches Verfahren) GG; so entfalten namentlich bundesrechtliche Regelungen betreffend die Vorsorge für die Verfolgung von Straftaten, beispielsweise mittels Telekommunikations-

---

8 Im Einzelnen zur Entwicklung seit der Nachkriegszeit *Schwabenbauer*, in: BeckOK PSR, Entwicklung und Strukturen des Polizei- und Sicherheitsrechts in Bayern, Rn. 57 ff.; *Stolleis/Petri*, in: Lisken/Denninger, Kap. A, Rn. 66 ff.
9 Zur Entwicklung des Polizeirechts in diesem und in der Weimarer Republik *Stolleis/Petri*, in: Lisken/Denninger, Kap. A, Rn. 52 ff.
10 „Ein neuer Aufbruch für Europa – Eine neue Dynamik für Deutschland – Ein neuer Zusammenhalt für unser Land", Koalitionsvertrag zwischen CDU, CSU und SPD v. 7.2.2018, S. 17, abrufbar unter http://www.bpb.d e/system/files/dokument_pdf/Koalitionsvertrag_2018.pdf (21.8.2018). Siehe ferner den Beschluss der IMK auf ihrer 206. Sitzung (Juni 2017), TOP 52, Nr. 4, abrufbar unter https://www.bundesrat.de/IMK/DE/termin e/to-beschluesse/2017-06-14_12/beschluesse.pdf;jsessionid=A25762A09714862A3CDFB22169866393.1_cid 339?__blob=publicationFile&v=2 (31.7.2018). Grds. hierzu *Kaiser/Struzina*, ZG 2018, 111.

I. Grundlagen des Polizei- und Sicherheitsrechts

überwachung, nach Art. 72 Abs. 1 GG Sperrwirkung gegenüber landesrechtlichen Regelungen[11].[12] Demgegenüber finden sich für das besondere Sicherheitsrecht zahlreiche Regelungsbefugnisse des Bundes, die aus entsprechenden Sachkompetenzen folgen,[13] so für den Luft- und Eisenbahnverkehr (Art. 73 Abs. 1 Nr. 6 und 6a GG), das Waffenrecht (Art. 73 Abs. 1 Nr. 12 GG), das Vereinsrecht (Art. 74 Abs. 1 Nr. 3 GG), das Gewerberecht (Art. 74 Abs. 1 Nr. 11 GG), das Infektionsschutzrecht (Art. 74 Abs. 1 Nr. 19 GG) oder das Lebensmittelrecht (Art. 74 Abs. 1 Nr. 20 GG); die Regelung des allgemeinen Sicherheitsrechts (→ Rn. 379 ff.) steht indes den Ländern zu.

Auch der **Vollzug** des Bundesrechts obliegt im Wesentlichen entsprechend der Grundregel der Art. 83 f. GG den Ländern, so dass die Aufgabe der Gefahrenabwehr primär Landesbehörden wahrnehmen (zur Organisation → Rn. 17 ff.). Ausnahmen sehen namentlich Art. 87 Abs. 1 S. 2 GG, auf dem die Errichtung des Bundeskriminalamtes beruht, sowie Art. 87d GG (Luftsicherheit) und Art. 87e GG (Bahnpolizei) vor. Landesverfassungsrechtlich von Bedeutung ist schließlich, dass Art. 83 Abs. 1 BV die „örtliche Polizei" dem eigenen Wirkungskreis der Gemeinden (Art. 11 Abs. 2 BV; allgemein → § 3 Rn. 27 ff.) zuweist (näher → Rn. 390).[14] 6

Aus **grundrechtlicher Warte** prägt das Polizei- und Sicherheitsrecht der von diesem zu verarbeitende **Konflikt zwischen Freiheit und Sicherheit:** So verpflichten die Grundrechte den Staat einerseits dazu, durch Dritte verursachte Gefahren für Individualrechtsgüter abzuwehren (Schutzpflichtendimension der Grundrechte);[15] andererseits dürfen polizeiliche Maßnahmen die Grundrechte des Einzelnen nicht unverhältnismäßig beschränken (Abwehrdimension der Grundrechte). Von Relevanz sind nicht nur die Bund und Länder gleichermaßen bindenden Grundrechte des Grundgesetzes (Art. 1 Abs. 3 GG), sondern, soweit Maßnahmen des Freistaates Bayern inmitten stehen, auch diejenigen der Bayerischen Verfassung (Art. 98 ff. BV; → § 1 Rn. 256 ff. und zu damit eröffneten Landesverfassungsrechtsbehelfen → § 1 Rn. 219 ff.). So stellt die gemäß Art. 42 PAG zur Abwehr von Gefahren ua für Leib und Leben zulässige Telekommunikationsüberwachung nicht nur einen Eingriff in das von Art. 10 GG bzw. Art. 112 Abs. 1 BV geschützte Fernmeldegeheimnis des Betroffenen dar, sondern zugleich eine Maßnahme zur Realisierung der staatlichen Schutzpflicht für Leib und Leben (Art. 2 Abs. 2 GG bzw. Art. 99 BV). Dieser Grundkonflikt bildet den Gegenstand zahlreicher verfassungsgerichtlicher Entscheidungen zu Regelungen des Polizei- und 7

---

11 BVerfGE 113, 348 (370 ff.). Siehe hierzu auch *Graulich*, NVwZ 2014, 685.
12 *F. Wollenschläger*, in: BK-GG, Art. 72 (Stand: 192. AL August 2018), Rn. 240. Siehe auch BVerfG, Beschl. V. 18.12.2018, 1 BvR 142/15, juris, Rn. 67 f.
13 Für eine Qualifikation als Annexkompetenz BVerfGE 8, 143 (149 f.): „Soweit der Bund ein Recht zur Gesetzgebung auf einem bestimmten Lebensgebiet hat, muß ihm demnach auch das Recht haben, die dieses Lebensgebiet betreffenden spezialpolizeilichen Vorschriften zu erlassen". Das den Ländern überantwortete allgemeine Polizei- und Sicherheitsrecht umfasst demgegenüber „Regelungen, bei denen die Aufrechterhaltung der öffentlichen Sicherheit und Ordnung den alleinigen und unmittelbaren Gesetzeszweck bildet" (149). Ebenso BVerwGE 84, 247 (250); E 95, 188 (191).
14 Siehe dazu auch *F. Wollenschläger*, in: Meder/Brechmann, BV, Art. 83 Rn. 13.
15 Siehe nur BVerfGE 115, 320 (346 f.); E 120, 274 (313 f.); BayVerfGH, BayVBl. 1995, 143 (144). Art. 99 BV statuiert explizit eine Schutzpflicht: „^{1}Die Verfassung dient dem Schutz und dem geistigen und leiblichen Wohl aller Einwohner. ^{2}Ihr Schutz gegen Angriffe von außen ist gewährleistet durch das Völkerrecht, nach innen durch die Gesetze, die Rechtspflege und die Polizei."

Sicherheitsrechts, etwa zur Zulässigkeit der Vorratsdatenspeicherung[16] oder der automatisierten Kennzeichenerfassung[17], zu den Voraussetzungen polizeilichen Präventivgewahrsams[18] oder zu Anforderungen an Versammlungen und an deren Auflösung[19]. Als Ausfluss der Verfahrensdimension der Grundrechte hat das Bundesverfassungsgericht oftmals prozedurale Sicherungen angemahnt, etwa einen Richtervorbehalt für Maßnahmen der Telekommunikationsüberwachung (siehe etwa Art. 42 Abs. 6 S. 1 PAG).[20]

8 Eng mit den grundrechtlichen Anforderungen in Zusammenhang stehen **rechtsstaatliche Anforderungen** an das Polizeirecht, so das Bestimmtheitsgebot,[21] die Gesetzesbindung der Polizei (Grundsatz des Vorrangs des Gesetzes, Art. 20 Abs. 3 GG) oder der Grundsatz des Vorbehalts des Gesetzes, der eine gesetzliche Grundlage für polizeiliche Eingriffsmaßnahmen verlangt und namentlich einen Schluss von der Aufgabe auf eine Befugnis verbietet (→ Rn. 49). Aufgabe des Rechtsstaats ist es freilich auch, Verstößen gegen die Rechtsordnung entgegenzuwirken.[22]

b) Einfach-gesetzliche Grundlagen

9 Die zentrale Rechtsgrundlage des allgemeinen Polizeirechts ist das – erstmals 1954 kodifizierte[23] – Polizeiaufgabengesetz (PAG), das namentlich die Aufgaben und Befugnisse der Polizei regelt.[24] Hinzu kommen Aufgaben- und Befugniszuweisungen in Spezialgesetzen (siehe die Brückennorm des Art. 2 Abs. 4 PAG → Rn. 50). Die Organisation der Landespolizei ist im Polizeiorganisationsgesetz (POG) geregelt.[25] Das Bayerische Staatsministerium des Innern hat überdies eine Bekanntmachung über den Vollzug des PAG erlassen, eine Verwaltungsvorschrift, die einzelne Bestimmungen für die polizeiliche Praxis konkretisiert.[26]

10 Das aktuell geltende PAG hat in **jüngster Zeit** zwei **grundlegende Reformen** erfahren, nämlich durch das am 1.8.2017 in Kraft getretene Gesetz zur effektiveren Überwachung gefährlicher Personen vom 24.7.2017[27] und das am 25.5.2018 in Kraft getretene Gesetz zur Neuordnung des bayerischen Polizeirechts vom 18.5.2018[28]. Die Novel-

---

16 BVerfGE 125, 260 (307 ff.).
17 BVerfGE 120, 378 (397 ff.); Beschl. V. 18.12.2018, 1 BvR 142/15, juris, Rn. 34 ff.
18 BVerfG, NVwZ 2016, 1079 (1079 ff.).
19 BVerfGE 69, 315 (342 ff.); E 84, 203 (209 ff.); NJW 2001, 2069 (2070 ff.); E 111, 147 (154 ff.); K 11, 298 (304 ff.). Speziell für die BayVersG BVerfGE 122, 342 (355 ff.).
20 BVerfGE 103, 142 (153 ff.).
21 BVerfGE 120, 274 (315 ff.); E 120, 378 (407 ff.); siehe auch BVerfGE 113, 348 (375 ff.).
22 *Götz*, HStR³ IV, § 85, Rn. 22; *Möstl*, in: BeckOK PSR, Systematische und begriffliche Vorbemerkungen zum Polizeirecht in Deutschland, Rn. 10.
23 Zur Ursprungsfassung *Schwabenbauer*, in: BeckOK PSR, Entwicklung und Strukturen des Polizei- und Sicherheitsrechts in Bayern, Rn. 63 ff.
24 Gesetz über die Aufgaben und Befugnisse der Bayerischen Staatlichen Polizei (Polizeiaufgabengesetz – PAG) idF der Bekanntmachung vom 14. September 1990, GVBl. S. 397, zuletzt geändert durch das Gesetz zur Neuordnung des bayerischen Polizeirechts (PAG-Neuordnungsgesetz) vom 18. Mai 2018, GVBl. S. 301.
25 Gesetz über die Organisation der Bayerischen Staatlichen Polizei (Polizeiorganisationsgesetz) idF der Veröffentlichung in der Bayerischen Rechtssammlung (2012-2-1-1), zuletzt geändert durch das Gesetz zur Errichtung der Bayerischen Grenzpolizei vom 24. Juli 2018, GVBl. S. 607.
26 Vollzug des Polizeiaufgabengesetzes, Bekanntmachung des Bayerischen Staatsministeriums des Innern vom 28. August 1978, MABl. S. 629, zuletzt geändert durch Bekanntmachung vom 2. Dezember 2002, AllMBl. 2003, S. 4.
27 GVBl. S. 388. Siehe auch den Gesetzentwurf der Staatsregierung, LT-Drs. 17/16299.
28 GVBl. S. 301. Siehe auch den Gesetzentwurf der Staatsregierung, LT-Drs. 17/20425.

le des Jahres 2017 hat einen neuen Gefahrenbegriff, die drohende Gefahr, eingeführt (→ Rn. 77 ff.), neue Befugnisnormen geschaffen, etwa Aufenthaltsgebote und -verbote sowie ein Kontaktverbot und Meldegebot (Art. 16 Abs. 2 PAG; → Rn. 123 ff.), und bestehende modifiziert, etwa durch die Aufhebung der Höchstdauer für den Präventivgewahrsam gemäß Art. 17 ff. PAG (→ Rn. 158). Die Novelle des Jahres 2018 hat neben einer Anpassung an die neue EU-Datenschutzrichtlinie 2016/680[29] und an Vorgaben des BKAG-Urteils des Bundesverfassungsgerichts[30] neue Befugnisse geschaffen, etwa für Untersuchungen zur Feststellung des DNA-Identifizierungsmusters (Art. 14 Abs. 3 PAG; → Rn. 115), und bestehende Befugnisse modifiziert, etwa hinsichtlich des Einsatzes von Explosivmitteln (Art. 86 PAG). Beide Reformen haben eine **kontroverse gesellschaftliche und auch verfassungsrechtliche Debatte**[31] ausgelöst und sind Gegenstand von Normprüfungsverfahren vor dem Bayerischen Verfassungsgerichtshof und dem Bundesverfassungsgericht[32].

Das **allgemeine Sicherheitsrecht** findet sich im Landesstraf- und Verordnungsgesetz (LStVG), das namentlich Aufgaben und Befugnisse der allgemeinen Sicherheitsbehörden regelt (→ Rn. 379 ff.).[33] Auch hierzu hat das Bayerische Staatsministerium des Innern eine Vollzugsbekanntmachung erlassen.[34] Aufgaben und Befugnisse der **besonderen Sicherheitsbehörden** sind in Spezialgesetzen geregelt (siehe etwa GewO, GastG, StVO, BayBO, BayVersG). 11

c) Unionsrecht

Die Verhütung und Bekämpfung von Kriminalität stellt ein wichtiges Element des **Raums der Freiheit, der Sicherheit und des Rechts** dar, auf dessen Verwirklichung die EU hinwirkt (Art. 3 Abs. 2 EUV; Art. 67 AEUV).[35] Hierzu erlässt die EU entsprechende Maßnahmen einschließlich solchen „zur Koordinierung und Zusammenarbeit von Polizeibehörden und Organen der Strafrechtspflege und den anderen zuständigen Be- 12

---

29 Richtlinie (EU) 2016/680 des Europäischen Parlaments und des Rates vom 27. April 2016 zum Schutz natürlicher Personen bei der Verarbeitung personenbezogener Daten durch die zuständigen Behörden zum Zwecke der Verhütung, Ermittlung, Aufdeckung oder Verfolgung von Straftaten oder der Strafvollstreckung sowie zum freien Datenverkehr und zur Aufhebung des Rahmenbeschlusses 2008/977/JI des Rates, ABl. L 119/89 (ber. in ABl. L 127/9).
30 BVerfGE 141, 220.
31 *Holzner*, DÖV 2018, 946; *Kuch*, DVBl. 2018, 343; *Löffelmann*, BayVBl. 2018, 145; BayVBl. 2019, 121; *ders.*, GSZ 2018, 83; *Möstl*, BayVBl. 2018, 156; *Müller*, BayVBl. 2018, 109; *Schmidt/Werner*, BayVBl. 2019, 109; *Shirvani*, DVBl. 2018, 1393; *Weinrich*, NVwZ 2018, 1680.
32 Siehe beispielsweise https://www.gruene-fraktion-bayern.de/fileadmin/bayern/user_upload/download_dateien _2018/Anfragen_Antraege_Gutachten/Klage_BayVerfGH_BayPAG-final_fuer_Homepage.pdf (5.10.2018); https://katharina-schulze.de/wp-content/uploads/2018/04/Klageschrift-BayPAG-Novelle-2017.pdf. (17.10.2018); https://www.jura.uni-wuerzburg.de/fileadmin/02160030/Popularklage-Endgueltige-Fassung_o hne-Adressen-neu.pdf (17.10.2018). Für das bundesverfassungsgerichtliche Normenkontrollverfahren siehe https://www.gruene-bundestag.de/fileadmin/media/gruenebundestag_de/themen_az/innenpolitik/01-PDF/Nor menkontrollantrag_Bayr_PAG_Endfassung_6.9.18.pdf (29.10.2018).
33 Gesetz über das Landesstrafrecht und das Verordnungsrecht auf dem Gebiet der öffentlichen Sicherheit und Ordnung (Landesstraf- und Verordnungsgesetz – LStVG) idF der Veröffentlichung in der Bayerischen Rechtssammlung (2011-2-I), zuletzt geändert durch das Gesetz zur Neuordnung des bayerischen Polizeirechts (PAG-Neuordnungsgesetz) vom 18. Mai 2018, GVBl. S. 301. Zur Genese *Schwabenbauer*, in: BeckOK PSR, Entwicklung und Strukturen des Polizei- und Sicherheitsrechts in Bayern, Rn. 80 ff.
34 Vollzug des Landesstraf- und Verordnungsgesetzes (VollzBek. LStVG), Bekanntmachung des Bayerischen Staatsministeriums des Innern vom 8. August 1986, AllMBl. S. 361, zuletzt geändert durch Bekanntmachung vom 5. Mai 2015, AllMBl. S. 271.
35 Umfassend zur EU-Dimension des Polizei- und Sicherheitsrechts *Aden*, in: Lisken/Denninger, Kap. N.

§ 4 Polizei- und Sicherheitsrecht

hören" (Art. 67 Abs. 3 AEUV). Aus den Bereichen der justiziellen Zusammenarbeit in Strafsachen (Art. 82 ff. AEUV) und der polizeilichen Zusammenarbeit (Art. 87 ff. AEUV) exemplarisch genannt seien die Errichtung eines Europäischen Polizeiamts (Europol) oder die Verabschiedung einer Richtlinie über die Verwendung von Fluggastdatensätzen (PNR-Daten) zur Verhütung, Aufdeckung, Ermittlung und Verfolgung von terroristischen Straftaten und schwerer Kriminalität[36].

13 Darüber hinaus gewinnt Unionsrecht auch zunehmend für das **allgemeine Polizei- und Sicherheitsrecht** an Bedeutung, obgleich es keine umfassende Regelungsbefugnis für dieses enthält. So formuliert die bis zum 6.5.2018 umzusetzende Richtlinie (EU) 2016/680[37] Vorgaben für den polizeilichen Datenschutz, was eine Novelle des PAG erforderte[38]. Umstritten ist, ob die vom EuGH restriktiv[39] ausgelegte E-Privacy-Richtlinie[40] eine allgemeine TK-Verkehrsdatenspeicherung („Vorratsdatenspeicherung") generell verbietet;[41] bejahte man dies, liefe der durch Art. 43 Abs. 2 S. 2 f. PAG ermöglichte Zugriff auf gemäß § 113 b TKG gespeicherte Verkehrsdaten ins Leere. An den EU-Grundfreiheiten müssen sich überdies polizeiliche Maßnahmen messen lassen, die die grenzüberschreitende wirtschaftliche Betätigung beschränken; das Verbot „der gewerblichen Veranstaltung von Spielen mit simulierten Tötungshandlungen an Menschen" (Lasertag; → Rn. 58, 216 sowie → § 2 Rn. 345) erachtete der EuGH indes für rechtfertigungsfähig.[42] Umgekehrt können aus den EU-Grundfreiheiten abgeleitete Schutzpflichten den Staat verpflichten, gegen Beeinträchtigungen des grenzüberschreitenden Handels einzuschreiten, etwa wenn Landwirte Lastwägen mit aus anderen Mitgliedstaaten importierten Erdbeeren zerstören.[43]

14 Genauso wie der Grundrechtskatalog des Grundgesetzes enthält schließlich die **EU-Grundrechtecharta** für das Polizei- und Sicherheitsrecht relevante Schutzpflichten einschließlich eines explizit normierten Grundrechts auf Sicherheit (Art. 6 GRC)[44] und Abwehrrechte, etwa ein Datenschutzgrundrecht (Art. 8 GRC). Die EU-Grundrechte binden die Mitgliedstaaten freilich nicht umfassend, sondern „ausschließlich bei der Durchführung des Rechts der Union" (Art. 51 Abs. 1 S. 1 GRC), etwa bei der Umsetzung von EU-Richtlinien oder der Beschränkung von Grundfreiheiten.[45]

---

36 Richtlinie (EU) 2016/681 des Europäischen Parlaments und des Rates vom 27. April 2016 über die Verwendung von Fluggastdatensätzen (PNR-Daten) zur Verhütung, Aufdeckung, Ermittlung und Verfolgung von terroristischen Straftaten und schwerer Kriminalität, ABl. L 119/132.
37 Nachweis in Fn. 29.
38 LT-Drs. 17/20425 v. 30.1.2018. Siehe auch *Schwabenbauer*, in: Lisken/Denninger, Kap. G, Rn. 380 ff.
39 Siehe namentlich EuGH, verb. Rs. C-203/15 und C-698/15, ECLI:EU:C:2016:970 – Tele2 Sverige.
40 Richtlinie 2002/58/EG des Europäischen Parlaments und des Rates vom 12. Juli 2002 über die Verarbeitung personenbezogener Daten und den Schutz der Privatsphäre in der elektronischen Kommunikation, ABl. L 201/37 (zuletzt berichtigt in ABl. L 162/56).
41 Näher *F. Wollenschläger*, NJW 2018, 2532.
42 EuGH, Rs. C-36/02, Slg 2004, I-9609, Rn. 41 – Omega. Allgemein zu den Anforderungen der Grundfreiheiten *F. Wollenschläger*, in: Schmidt/ders., § 1, Rn. 6 ff.
43 EuGH, Rs. C-265/95, Slg 1997, I-6959, Rn. 38 ff. – Kommission/Frankreich; siehe ferner Rs. C-112/00, Slg 2003, I-5659, Rn. 57 ff. – Schmidberger. Dazu *F. Wollenschläger*, in: Schmidt/ders., § 1, Rn. 20.
44 Zu diesem EuGH, verb. Rs. C- 293/12 und C-594/12, ECLI:EU:C:2014:238, Rn. 42 – Digital Rights Ireland.
45 Umfassend zur Grundrechtsbindung der Mitgliedstaaten einschließlich der Frage der verbleibenden Prüfungskompetenzen des Bundesverfassungsgerichts *F. Wollenschläger*, EnzEuR I, § 8, Rn. 16 ff., 107 ff.; ferner *ders.*, in: Dreier, GG, Art. 23 Rn. 103, 164 ff.

I. Grundlagen des Polizei- und Sicherheitsrechts

Die Kooperation der Mitgliedstaaten im **Schengen-Raum** hat als Kompensation für den Wegfall von Grenzkontrollen die Einführung anderer Instrumentarien des Polizei- und Sicherheitsrechts, insbesondere der Schleierfahndung (→ Rn. 65, 105) und der polizeilichen (namentlich informationellen)[46] Zusammenarbeit, bedingt. Vor diesem Hintergrund ist zu beachten, dass nach Art. 23 lit. a S. 1 des Schengener Grenzkodex[47] polizeiliche Maßnahmen innerhalb des Hoheitsgebiets „nicht die gleiche Wirkung wie Grenzübertrittskontrollen" haben dürfen.[48]

d) EMRK

Als grundrechtlicher Rahmen für das allgemeine Polizei- und Sicherheitsrecht von Bedeutung ist schließlich die im Rahmen des Europarats abgeschlossene EMRK. Sie steht als transformierter völkerrechtlicher Vertrag innerstaatlich im Rang eines einfachen Bundesgesetzes (vgl. Art. 59 Abs. 2 S. 1 GG) und bricht folglich mit ihr kollidierendes Landesrecht (Art. 31 GG); überdies zieht das BVerfG die EMRK zur Interpretation nationaler Grundrechte heran[49].[50] Besondere Relevanz erlangt hat die EMRK für den Unterbindungsgewahrsam (→ Rn. 143, 149).[51]

3. Organisation

Aufgaben der Gefahrenabwehr nehmen sowohl die Polizei (a) als auch Sicherheitsbehörden (b) wahr. Dieses (in den meisten Ländern realisierte) Trennsystem beruht auf einer Entscheidung der Konferenz von Jalta (Februar 1945), die auf eine **Dezentralisierung der polizeilichen Gewalt** als Gegenmodell zur Organisationsstruktur im Dritten Reich setzte.[52]

a) Polizei

Das PAG adressiert gemäß seines Art. 1 (nur) „die im Vollzugsdienst tätigen Dienstkräfte der Polizei des Freistaates Bayern". Dieser enge Polizeibegriff des PAG (sog **Polizei im eingeschränkt-institutionellen Sinne**) ist vom weiten Polizeibegriff des POG zu unterscheiden, der „die gesamte Polizei des Freistaates Bayern" (Art. 1 Abs. 1 POG)

---

46 Beispielsweise im Rahmen der Verordnung (EG) Nr. 1987/2006 des Europäischen Parlaments und des Rates vom 20. Dezember 2006 über die Einrichtung, den Betrieb und die Nutzung des Schengener Informationssystems der zweiten Generation (SIS II), ABl. L 381/4. Sie ist am 9.4.2013 in Kraft getreten, siehe Art. 1 des Beschlusses des Rates vom 7. März 2013 zur Festlegung des Beginns der Anwendung der Verordnung (EG) Nr. 1987/2006 des Europäischen Parlaments und des Rates über die Einrichtung, den Betrieb und die Nutzung des Schengener Informationssystems der zweiten Generation (SIS II), ABl. L 87/10.
47 Verordnung (EU) 2016/399 des Europäischen Parlaments und des Rates vom 9. März 2016 über einen Gemeinschaftskodex für das Überschreiten der Grenzen durch Personen (Schengener Grenzkodex), ABl. L 77/1.
48 Vgl. für § 23 Abs. 1 Nr. 3 BPolG EuGH, Rs. C-9/16, ECLI:EU:C:2017:483, Rn. 29 ff. – A. Siehe insgesamt *Aden*, in: Lisken/Denninger, Kap. N, Rn. 38 ff.
49 Siehe nur BVerfGE 74, 358 (370); E 111, 307 (317, 329); E 131, 268; NVwZ 2018, 1121 (1125 f.).
50 Näher zur Stellung der EMRK in der deutschen Rechtsordnung F. *Wollenschläger*, in: Dreier, GG, Art. 25 Rn. 27.
51 EGMR, Nr. 8080/08 und 8577/08, NVwZ 2012, 1089 (1090 ff.) – Schwabe und M. G./Deutschland; Nr. 15598/08, NVwZ 2014, 43 (44 ff.) – Ostendorf/Deutschland. Vgl. *Gallwas/Lindner/Wolff*, Rn. 673 m. Fn. 465. Siehe auch zuletzt EGMR, Nr. 35553/12, 36678/12 und 36711/12, NVwZ 2019, 135 – S., V. und A./Dänemark; hierzu *Feltes*, VerfBlog v. 22.10.2018, abrufbar unter https://verfassungsblog.de/vb-vom-blatt-zehn-gedanken-zum-hooligan-urteil-des-egmr/ (24.10.2018).
52 *Knemeyer*, Polizei- und Ordnungsrecht, Rn. 10; *Schwabenbauer*, in: BeckOK PSR, Entwicklung und Strukturen des Polizei- und Sicherheitsrechts in Bayern, Rn. 56. Umfassend zur Reorganisation in der Nachkriegszeit *Stolleis/Petri*, in: Lisken/Denninger, Kap. A, Rn. 66 ff., 71 f. Zur Debatte um eine Vereinheitlichung *Honnacker*, BayVBl. 2006, 429; *Knemeyer/Behmer*, BayVBl. 2006, 97; *Wolff*, BayVBl. 2004, 737.

und damit auch die im Verwaltungsdienst der Polizei beschäftigten Beamten (vgl. Art. 124 Abs. 2 S. 2 BayBG) erfasst. (Rechts-)Träger der Polizei ist, wie sich aus Art. 1 Abs. 2 POG ergibt, der Freistaat Bayern. In Klausuren ist dies für die Bestimmung der Passivlegitimation relevant (§ 78 Abs. 1 Nr. 1 VwGO); Klagen gegen polizeiliche Maßnahmen sind mithin gegen den Freistaat Bayern zu richten (zur Frage der Vertretung vor Gericht → § 5 Rn. 73). Die als weiteres Element der Dezentralisierung in der Nachkriegszeit erfolgte (Wieder-)Einrichtung einer **Gemeindepolizei** (neben der Landespolizei)[53] hat mit der 1975 abgeschlossenen **Verstaatlichung** ein Ende gefunden.[54]

19 Von diesen formellen, organisatorischen oder institutionellen Polizeibegriffen, die den Polizeibegriff qua Zugehörigkeit zur Organisation „Polizei" bestimmen, ist der **materielle Polizeibegriff** abzugrenzen. Dieser stellt auf den Inhalt der wahrgenommenen Staatsaufgabe ab und definiert polizeiliches Handeln von seinem Ziel her, das in der Abwehr von Gefahren für die öffentliche Sicherheit und Ordnung besteht. Hierunter fällt auch die Tätigkeit der allgemeinen und besonderen Sicherheitsbehörden (→ Rn. 22 ff.). Somit ist der materielle Polizeibegriff einerseits weiter als der formelle; andererseits ist er aber auch enger, da er das von der Institution Polizei wahrgenommene Handeln im repressiven Bereich, mithin zur Verfolgung von Straftaten, nicht erfasst. Der materielle Polizeibegriff liegt im Übrigen auch Art. 83 Abs. 1 BV zugrunde (→ Rn. 390). Diese heute herrschende, auf die Gefahrenabwehr beschränkte Definition des polizeilichen Aufgabenkreises kontrastiert mit dem bis ins 18. Jahrhundert herrschenden weiten **Polizeibegriff**, der allgemein auf die **Herstellung einer guten Ordnung** zielte und damit auch die Wohlfahrtspflege erfasste (→ Rn. 2).

20 Die Wahrnehmung aller polizeilichen Aufgaben obliegt – vorbehaltlich sachlicher und örtlicher Spezialzuweisungen – der **Bayerischen Landespolizei** (Art. 4 Abs. 1 POG).[55] Sie ist gemäß Art. 4 Abs. 2 S. 1 POG hierarchisch gegliedert in dem Innenministerium unmittelbar nachgeordnete Präsidien (Ebene 1), diesen unmittelbar nachgeordnete Inspektionen und Kriminalfachdezernate (Ebene 2) sowie, soweit erforderlich, Stationen, die den Inspektionen unmittelbar nachgeordnet sind (Ebene 3).[56] Obgleich jeder Polizeibeamte einen bestimmten örtlichen und sachlichen Dienstbereich hat (Art. 3 Abs. 2 POG), ist gemäß Art. 3 Abs. 1 POG „[j]eder im Vollzugsdienst tätige Beamte der Polizei ... zur Wahrnehmung der Aufgaben der Polizei im gesamten Staatsgebiet befugt".[57] Für die Klausur bedeutet dies, dass die örtliche Zuständigkeit für eine im

---

[53] Art. 1 Abs. 1 POG (1952), GVBl. S. 285, bestimmte: „Träger der Polizei sind der Staat und die Gemeinden nach Maßgabe der Bestimmungen dieses Gesetzes".
[54] Dazu *Gallwas/Lindner/Wolff*, Rn. 13 ff.; *Schwabenbauer*, in: BeckOK PSR, Entwicklung und Strukturen des Polizei- und Sicherheitsrechts in Bayern, Rn. 57 f., 61 f., 75.
[55] Weitere Organisationseinheiten der Polizei sind die Bereitschaftspolizei (Art. 6 POG), das Landeskriminalamt (Art. 7 POG) und das Polizeiverwaltungsamt (Art. 8 POG). Zur „Bayerischen Grenzpolizei" iSd Art. 5 POG (siehe auch → Fn. 25) auch *Kingreen/Schönberger* NVwZ 2018, 1825; *Löffelmann*, BayVBl. 2019, 121 (124 f.).
[56] Die Aufgliederung der einzelnen Dienststellen ergibt sich aus der Verordnung zur Durchführung des Polizeiorganisationsgesetzes (DVPOG) vom 10. März 1998, GVBl. S. 136.
[57] Siehe Art. 10 Abs. 2 f. POG zu einem Tätigwerden der (bayerischen) Polizei außerhalb des Freistaats Bayern und Art. 11 POG zu einem Tätigwerden von Dienstkräften anderer Länder sowie des Bundes oder anderer Staaten in Bayern; dazu *Gallwas/Lindner/Wolff*, Rn. 150 ff.

Freistaat Bayern durch Polizeivollzugsbeamte vorgenommene Handlung auch dann zu bejahen ist, wenn diese außerhalb ihres internen Dienstbereichs gehandelt haben.

Von der staatlichen Institution Polizei zu unterscheiden ist die **Sicherheitswacht**, in deren Rahmen Bürger ehrenamtlich und aufgrund eines besonderen öffentlich-rechtlichen Dienstverhältnisses (Art. 10 SWG) „an der Aufrechterhaltung der öffentlichen Sicherheit und Ordnung mit[wirken]" (Art. 1 SWG), indem sie „die Polizei bei der Erfüllung ihrer Aufgaben, insbesondere im Zusammenhang mit der Bekämpfung der Straßenkriminalität" unterstützen (Art. 2 SWG). Hierfür kommen der Sicherheitswacht beschränkte Eingriffsbefugnisse zu (siehe Art. 3 ff. SWG). Nicht zu verwechseln ist diese institutionalisierte Sicherheitswacht mit privaten Sicherheitsunternehmen (**Bewachungsunternehmen**), die der gewerberechtlichen Regulierung gemäß § 34 a GewO unterliegen und keine hoheitlichen Befugnisse genießen, wohl aber die jedermann zustehenden Not(wehr/stands)rechte (§§ 32 ff. StGB) und Festnahmerechte (§ 127 Abs. 1 StPO).[58]

21

b) Sicherheitsbehörden

Hinsichtlich der Abwehr von Gefahren für die öffentliche Sicherheit und Ordnung durch Sicherheitsbehörden – in Abgrenzung zur Gefahrenabwehr durch die Institution Polizei (→ Rn. 18 ff.) – ist zwischen **allgemeinen** (a) **und besonderen** (b) **Sicherheitsbehörden** zu unterscheiden. Diese Differenzierung knüpft an die Unterscheidung von dem im LStVG geregelten allgemeinen Sicherheitsrecht und dem in Spezialgesetzen (wie der BayBO oder dem GastG) geregelten besonderen Sicherheitsrecht an (→ Rn. 383).

22

aa) Allgemeine Sicherheitsbehörden

Die allgemeinen Sicherheitsbehörden sind diejenigen **Behörden, denen das LStVG die Aufgabe der Abwehr von Gefahren für die öffentliche Sicherheit und Ordnung** und entsprechende Befugnisse zuweist. Art. 6 LStVG zählt die allgemeinen Sicherheitsbehörden abschließend[59] auf und nennt parallel die Gemeinden, Landratsämter, Regierungen und das Staatsministerium des Innern, für Bau und Verkehr. Spezialbefugnisse im LStVG können weitere Zuständigkeiten vorsehen (siehe allgemein den von Art. 42 LStVG vorausgesetzten Erlass von Verordnungen auch durch Landkreise und Bezirke), so für Landkreise (Art. 25 Abs. 1, Art. 26 Abs. 1, Art. 41 Abs. 2, Art. 43 Nr. 2 LStVG) und Bezirke (Art. 43 Nr. 3 LStVG). Die parallele Nennung **mehrerer Ebenen** der inneren Verwaltung wirft die Frage nach deren **Verhältnis** auf (für Einzelfallmaßnahmen → Rn. 386 und für Rechtsetzungsmaßnahmen Art. 44 Abs. 1 S. 1 LStVG, dazu → Rn. 407). Überdies stellt sich hinsichtlich kommunalen Handelns die Frage, welchem **Wirkungskreis** die Wahrnehmung der Befugnisse nach dem LStVG zuzurechnen ist (→ Rn. 390 f.).

23

---

58 Zur Thematik der „Bürgerwehren" jüngst *Lassahn*, AöR 143 (2018), 471.
59 *Holzner*, in: BeckOK PSR, Art. 6 LStVG Rn. 22, 41. Freilich gehen gemäß Art. 4 Abs. 1 S. 1 VGemO Angelegenheiten des übertragenen Wirkungskreises der Mitgliedsgemeinden von Verwaltungsgemeinschaften auf letztere über, so dass auch diese als allgemeine Sicherheitsbehörde handeln können.

bb) Besondere Sicherheitsbehörden

24 Neben dem im LStVG geregelten allgemeinen Sicherheitsrecht weisen zahlreiche Spezialgesetze der Verwaltung die Aufgabe der Gefahrenabwehr einschließlich entsprechender Befugnisse für bestimmte Bereiche zu. So obliegt etwa den Bauaufsichtsbehörden, über die Einhaltung (bau-)rechtlicher Anforderungen an bauliche Anlage zu wachen (Art. 53 ff. BayBO; → § 2 Rn. 162 ff., 361). Weitere Beispiele sind die Überwachung von Gewerbebetrieben gemäß der Gewerbeordnung, etwa mittels Untersagungsverfügungen gegenüber unzuverlässigen Gewerbetreibenden (§ 35 GewO),[60] von Gaststätten gemäß dem Gaststättengesetz, etwa durch die Erteilung von Auflagen (§ 5 GastG),[61] oder die hinsichtlich Versammlungen nach dem BayVersG bestehenden Befugnisse (→ Rn. 436 ff.). Die konkret zuständige Behörde ist im Landesgesetz geregelt (Art. 53 ff. BayBO; Art. 24 BayVersG) oder, soweit es sich um den Vollzug von Bundesrecht handelt, in der entsprechenden Landeszuständigkeitsverordnung (siehe etwa § 1 BayGastV für den Vollzug des GastG oder § 37 ZustV für den Vollzug der GewO).

c) Verhältnis von (Vollzugs-)Polizei und Sicherheitsbehörden

25 Das Verhältnis von (Vollzugs-)Polizei und Sicherheitsbehörden regelt zunächst Art. 3 PAG, der die **Subsidiarität (vollzugs-)polizeilichen Handelns** anordnet: „Die Polizei wird tätig, soweit ihr die Abwehr der Gefahr durch eine andere Behörde nicht oder nicht rechtzeitig möglich erscheint." Musterbeispiele sind eine besondere Dringlichkeit, fehlende personelle oder sachliche Mittel der Sicherheitsbehörde, deren fehlende Erreichbarkeit und Besetzung in den Abendstunden oder am Wochenende sowie fehlende rechtliche Befugnisse. Der Wortlaut „ihr [der Polizei] … erscheint" verdeutlicht die Maßgeblichkeit der Ex-ante-Perspektive der Polizei.[62] Keine Anwendung findet Art. 3 PAG im Falle einer Aufgabeneröffnung gemäß Art. 2 Abs. 2–4 PAG (→ Rn. 50 f., 85 ff.) sowie bei Vorliegen einer (den Vorrang sicherheitsbehördlichen Handelns ausschließenden) Weisung gemäß Art. 9 Abs. 2 f. POG, Art. 10 S. 2 LStVG[63].

26 Überdies sieht Art. 9 Abs. 1 POG eine allgemeine Kooperationspflicht der Gefahrenabwehrbehörden vor. Ferner steht den Sicherheitsbehörden ein **Weisungsrecht** gegenüber Dienststellen der Landespolizei (im polizeilichen Aufgabenbereich) zu (Art. 9 Abs. 2 f. POG, Art. 10 S. 2 LStVG). Im Falle einer Weisung handelt die Polizei aufgrund eigener Befugnisse (zur Ermessensausübung → Rn. 249, 253). Die Weisung ist nicht isoliert anfechtbar, anzugreifen ist vielmehr die gegenüber dem Bürger ergriffene polizeiliche Maßnahme.[64]

---

60 Hierzu *Korte*, in: Schmidt/Wollenschläger, § 9, Rn. 75 ff.
61 Hierzu *Klement*, in: Schmidt/Wollenschläger, § 11, Rn. 53 ff., 99.
62 *Heckmann*, in: Becker/ders./Kempen/Manssen, 3. Teil, Rn. 87.
63 *Heckmann*, in: Becker/ders./Kempen/Manssen, 3. Teil, Rn. 482.
64 *Gallwas/Lindner/Wolff*, Rn. 201; *Heckmann*, in: Becker/ders./Kempen/Manssen, 3. Teil, Rn. 482. Siehe auch *Weber/Köppert*, Polizei- und Sicherheitsrecht, Rn. 29, unter Verweis auf § 44 a VwGO.

Hinweis:
Abzugrenzen ist die Weisung

von der Amtshilfe (die im Rahmen von Weisungsverhältnissen gemäß Art. 4 Abs. 2 Nr. 1 BayVwVfG ausgeschlossen ist);

von der Vollzugshilfe (die einen Verwaltungsakt einer anderen Behörde voraussetzt).

Schließlich dürfen sich **polizeiliche Maßnahmen nicht in Widerspruch zu solchen der Sicherheitsbehörden** setzen (Art. 10 S. 1 LStVG), etwa indem einer Person sich widersprechende Pflichten auferlegt werden. Die zeitliche Abfolge von polizeilicher und sicherheitsbehördlicher Maßnahme ist zur umfassenden Sicherung des Vorrangs irrelevant.[65] Im Kollisionsfall ist die polizeiliche Maßnahme gemäß Art. 10 S. 1 LStVG rechtswidrig,[66] was nach Teilen des Schrifttums im Interesse der effektiven Gefahrenabwehr auch dann gelten soll, wenn die sicherheitsbehördliche Maßnahme selbst rechtswidrig ist[67]. Überdies begründet Art. 10 S. 1 LStVG ein Verbot, die polizeiliche Maßnahme zu vollziehen.[68] Problematisch ist die Frage der Befolgungspflicht bei Verwaltungsakten: Bei polizeilichen Realakten entfällt die Befolgungspflicht ipso iure, da rechtswidrige Realakte nichtig sind. Rechtswidrige Verwaltungsakte sind demgegenüber regelmäßig wirksam und zu beachten, so dass der von Art. 10 S. 1 LStVG gebotene Vorrang nur erreicht werden kann, wenn Art. 10 S. 1 LStVG zugleich die Wirksamkeit des polizeilichen Verwaltungsaktes beseitigt.[69]

27

4. Examensbedeutung

§ 18 Abs. 2 Nr. 5 lit. c JAPO definiert den Prüfungsstoff wie folgt: „das allgemeine Sicherheits- und Polizeirecht (Landesstraf- und Verordnungsgesetz, Polizeiaufgabengesetz – ohne Abschnitt 3 – und Polizeiorganisationsgesetz)". Die Ausnahme (Abschnitt 3) bezieht sich auf den praktisch äußerst relevanten Bereich der polizeilichen Datenverarbeitung, zu dem Maßnahmen wie der Einsatz verdeckter Ermittler (Art. 37 PAG) oder die Wohnraum- (Art. 41 PAG) und Telekommunikationsüberwachung (Art. 42 PAG) rechnen.

28

---

65 *Gliwitzky/Schmid*, in: BeckOK PSR, Art. 10 LStVG Rn. 7; *Heckmann*, in: Becker/ders./Kempen/Manssen, 3. Teil, Rn. 485.
66 *Gallwas/Lindner/Wolff*, Rn. 207; *Gliwitzky/Schmid*, in: BeckOK PSR, Art. 10 LStVG Rn. 8; *Heckmann*, in: Becker/ders./Kempen/Manssen, 3. Teil, Rn. 485.
67 *Gliwitzky/Schmid*, in: BeckOK PSR, Art. 10 LStVG Rn. 10 (wohl nur auf VA bezogen); *Heckmann*, in: Becker/ders./Kempen/Manssen, 3. Teil, Rn. 487.
68 *Gallwas/Lindner/Wolff*, Rn. 207; *Gliwitzky/Schmid*, in: BeckOK PSR, Art. 10 LStVG Rn. 8; *Heckmann*, in: Becker/ders./Kempen/Manssen, 3. Teil, Rn. 485.
69 Die verwaltungsverfahrensrechtliche Konstruktion divergiert. Für eine Aufhebung: *Gallwas/Lindner/Wolff*, Rn. 209; für ein Entfallen der Befolgungspflicht qua Nichtvollziehbarkeit: *Gliwitzky/Schmid*, in: BeckOK PSR, Art. 10 LStVG Rn. 8. AA *Heckmann*, in: Becker/ders./Kempen/Manssen, 3. Teil, Rn. 486, der (lediglich) eine Pflicht zur Aufhebung gemäß Art. 48 f. BayVwVfG annimmt (Ermessensreduktion auf Null), was am (nicht ausdrücklich thematisierten) Problem der Befolgungspflicht nichts ändert.

II. Rechtmäßigkeit polizeilicher Primärmaßnahmen

1. Prüfungsschema

a) Herkömmliches Prüfungsschema

29 Polizeiliche Maßnahmen bedürfen als Eingriffsakte der Exekutive einer Rechtsgrundlage (Grundsatz des Vorbehalts des Gesetzes) und müssen formell und materiell rechtmäßig sein. Es ergibt sich folgendes Prüfungsschema:

Schema: Rechtmäßigkeit polizeilicher Primärmaßnahmen
I. Rechtsgrundlage
  1. Spezialgesetz (Art. 11 Abs. 4 iVm Art. 2 Abs. 4 PAG)
  2. Standardbefugnisse des PAG (Art. 11 Abs. 1 Hs. 2 iVm Art. 12 ff. PAG)
  3. Atypische Maßnahme (Art. 11 Abs. 2 PAG)
  4. Generalklausel (Art. 11 Abs. 1 Hs. 1 PAG)
  5. Aufklärungs- und Eingriffsbefugnisse bei drohender Gefahr (Art. 11 Abs. 3 PAG)
II. Formelle Rechtmäßigkeit
  1. Zuständigkeit (Art. 1 und 2 PAG)
  2. Verfahren
  3. Form
III. Materielle Rechtmäßigkeit
  1. Tatbestand der Rechtsgrundlage
  2. Maßnahmerichtung (richtiger Adressat), Art. 7 ff. PAG
  3. Ermessen, Art. 5 PAG
  4. Verhältnismäßigkeit, Art. 4 PAG
  5. Weitere rechtsstaatliche Grenzen: Bestimmtheit, Möglichkeit

b) „Bayerischer Aufbau"

30 Neben diesem allgemeinen Prüfungsschema findet sich (indes in abnehmendem Maße) ein auf *Franz-Ludwig Knemeyer* zurückgehender sog „Bayerischer Aufbau":[70]

Schema: Rechtmäßigkeit polizeilicher Primärmaßnahmen („Bayerischer Aufbau")
I. Handeln der Polizei im eingeschränkt-institutionellen Sinne (Art. 1 PAG)
II. Örtliche Zuständigkeit (Art. 3 Abs. 1 POG)
III. Vorliegen einer polizeilichen Aufgabe (Art. 2 f. PAG)
IV. Vorliegen einer Befugnis
V. Maßnahmerichtung
VI. Ermessen
VII. Verhältnismäßigkeit

31 Das Anliegen dieses vom allgemeinen Aufbau abweichenden Prüfungsschemas ist zum einen, die für das Polizeirecht zentrale und auch im PAG zum Ausdruck kommende Trennung zwischen Aufgabe und Befugnis herauszustreichen; zum anderen sei eine umfassende Prüfung der formellen Rechtmäßigkeit mangels Problemen insoweit entbehrlich.[71] Nachdem letzteres nicht zwingend zutrifft (vgl. die formellen Anforderungen des Art. 26 Abs. 2 PAG), die Unterscheidung von Aufgabe und Befugnis auch im überkommenen Schema zum Ausdruck kommt (sachliche Zuständigkeit und Rechtsgrundlage) und dieses auch eine generalisierende Rationalisierungsleistung erbringt,

---

70 Siehe *Knemeyer*, Polizei- und Ordnungsrecht, Rn. 68, 398 f.
71 Vgl. auch *Gallwas/Lindner/Wolff*, Rn. 957.

ist der mit dem Bayerischen Aufbau beschrittene Sonderweg abzulehnen.[72] Freilich können Bearbeiter einer Klausur beide Wege gleichermaßen vertretbar beschreiten.[73]

2. Rechtsgrundlage

Nach dem rechtsstaatlich-grundrechtlichen Grundsatz des **Vorbehalts des Gesetzes** bedürfen polizeiliche Eingriffsakte einer gesetzlichen Grundlage. 32

Hinweis:
Nicht alle polizeilichen Handlungen stellen Grundrechtseingriffe dar und bedürfen einer spezifischen Befugnis. So wird für die Rechtmäßigkeit von Streifenfahrten oder -gängen sowie von Hinweisen das Vorliegen einer polizeilichen Aufgabe gemäß Art. 2 Abs. 1 PAG und damit einer abstrakten Gefahr für ausreichend erachtet.[74]

Hierfür kommen die folgenden – nach dem Spezialitätsgrundsatz in der angegebenen 33 Reihenfolge zu prüfenden – Möglichkeiten in Betracht:
1. Spezialgesetz (Art. 11 Abs. 4 iVm Art. 2 Abs. 4 PAG iVm Spezialgesetz, zB StPO, BayVersG)
2. Standardbefugnisse des PAG (Art. 11 Abs. 1 Hs. 2 iVm Art. 12 ff. PAG)
3. Atypische Maßnahme (Art. 11 Abs. 2 PAG)
4. Generalklausel (Art. 11 Abs. 1 Hs. 1 PAG)
5. Aufklärungs- und Eingriffsbefugnisse bei drohender Gefahr (Art. 11 Abs. 3 PAG)

Klausurhinweis:
An dieser Stelle genügt es, die einschlägige Rechtsgrundlage zu benennen. Die Prüfung ihrer Voraussetzungen erfolgt im Rahmen der materiellen Rechtmäßigkeit.

3. Formelle Rechtmäßigkeit

a) Zuständigkeit

aa) Sachliche Zuständigkeit

Die sachliche Zuständigkeit ist gegeben, wenn 34
1. im Vollzugsdienst tätige Dienstkräfte der Polizei des Freistaates Bayern gehandelt haben (Art. 1 PAG; → Rn. 18),

Hinweis:
Ein Handeln der Polizei liegt in Abschlepp-Konstellationen auch dann vor, wenn vor Ort die kommunale Verkehrsüberwachung tätig wird und die Polizei aus der Ferne darüber entscheidet, welche Maßnahmen bzgl. eines verbotswidrig geparkten Fahrzeugs zu treffen sind, nachdem die Polizei Informationen zu dessen Standort und der Verkehrssituation erhalten hat (sog Münchener Modell; zu den Abschleppfällen → Rn. 191, 195 f., 327).[75]

2. eine polizeiliche Aufgabe gemäß Art. 2 PAG vorliegt (→ Rn. 49 ff.) und

---

72 Ausführlich *Heidebach*, BayVBl. 2010, 170; *Wehr*, JuS 2006, 582. Ebenso *Heckmann*, in: Becker/ders./Kempen/Manssen, 3. Teil, Rn. 83; *Weber/Köppert*, Polizei- und Sicherheitsrecht, Rn. 16. Sympathie für den Bayerischen Aufbau unter Betonung der Gleichwertigkeit beider Alternativen bei *Gallwas/Lindner/Wolff*, Rn. 957 f.
73 *Gallwas/Lindner/Wolff*, Rn. 957; *Heidebach*, BayVBl. 2010, 170 (172).
74 *Heckmann*, in: Becker/ders./Kempen/Manssen, 3. Teil, Rn. 119.
75 BayVGH, NVwZ 1990, 180 (181); BayVGHE 44, 73 (75). Siehe auch Ziff. 3.1 der Bekanntmachung des Bayerischen Staatsministeriums des Innern vom 12. Mai 2006 (Verfolgung und Ahndung von Verstößen im ruhenden Verkehr sowie von Geschwindigkeitsverstößen durch Gemeinden), AllMBl. 2006, S. 161.

3. im Fall einer Aufgabeneröffnung gemäß Art. 2 Abs. 1 PAG[76] eine andere Behörde mangels Eilbedürftigkeit nicht vorrangig handlungsbefugt ist (Art. 3 PAG; → Rn. 25).

35 Schon im Rahmen der Zuständigkeitsprüfung sind die Tatbestandsmerkmale dieser Normen zu prüfen.[77]

bb) Örtliche Zuständigkeit

36 Gemäß Art. 3 Abs. 1 POG ist „[j]eder im Vollzugsdienst tätige Beamte der Polizei ... zur Wahrnehmung der Aufgaben der Polizei im gesamten Staatsgebiet befugt" (näher → Rn. 20). Mithin genügt die Feststellung, dass der Polizeivollzugsbeamte im Freistaat Bayern gehandelt hat.

b) Verfahren

37 Verfahrensanforderungen spielen in den meisten Polizeirechtsfällen keine besondere Rolle, namentlich ist die gemäß Art. 28 Abs. 1 BayVwVfG vor dem Erlass belastender Verwaltungsakte grds. erforderliche Anhörung regelmäßig wegen Gefahr im Verzug gemäß Art. 28 Abs. 2 Nr. 1 1. Alt. BayVwVfG entbehrlich.

c) Form

38 Ebenso wenig greifen besondere Formanforderungen. Regelmäßig liegen gemäß Art. 37 Abs. 2 S. 1 BayVwVfG zulässige mündliche respektive konkludente Anordnungen vor. Die Ausweispflicht gemäß Art. 6 PAG stellt lediglich eine Ordnungsvorschrift dar, deren Verletzung nicht zur formellen Rechtswidrigkeit der Maßnahme führt.[78]

4. Materielle Rechtmäßigkeit

39 Eine polizeiliche Primärmaßnahme ist rechtmäßig, wenn die Tatbestandsmerkmale der Befugnisnorm vorliegen (→ Rn. 91 ff. für Standardbefugnisse und → Rn. 212 ff. für die atypischen Maßnahmen und die Generalklausel), sich die Maßnahme gegen den richtigen Adressaten richtet (→ Rn. 220 ff.), ein etwaig bestehendes Ermessen ordnungsgemäß ausgeübt wurde (→ Rn. 248 ff.), das polizeiliche Handeln verhältnismäßig ist (→ Rn. 254 f.) und weitere allgemeine rechtsstaatliche Grenzen (Bestimmtheit, Möglichkeit) eingehalten wurden (→ Rn. 256).

5. Rechtsnatur polizeilicher Maßnahmen und Rechtsschutzfragen

40 Die Einordnung polizeilicher Maßnahmen in die Handlungsformenlehre ist primär **für die Bestimmung des statthaften Rechtsbehelfs relevant**, da das Rechtsschutzsystem der VwGO handlungsformgebunden ist. Überdies sind die Verfahrensregeln der Art. 10 ff.

---

76 In den übrigen Fällen bedarf es wegen der Spezialzuweisung an die Polizei (Art. 2 Abs. 4 PAG) respektive der Sonderregelung (Art. 2 Abs. 3 PAG) keiner Prüfung des Art. 3 PAG.

77 So auch *Gallwas/Lindner/Wolff*, Rn. 959; *Weber/Köppert*, Polizei- und Sicherheitsrecht, Rn. 30 ff. AA *Heckmann*, in: Becker/ders./Kempen/Manssen, 3. Teil, Rn. 89 [Im Rahmen der Zuständigkeit bloß „Feststellung, dass die Polizei, soweit sie ihr Handeln auf die im Gutachten vorweg zu nennende Ermächtigungsgrundlage (Befugnisnorm) stützt, auch innerhalb ihres Aufgabenbereichs handelt" und Prüfung im Übrigen im Rahmen der materiellen Rechtmäßigkeit, da sonst methodisch fragwürdige Vermischung formeller und materieller Elemente].

78 *Weber/Köppert*, Polizei- und Sicherheitsrecht, Rn. 84.

BayVwVfG, wozu etwa das Anhörungserfordernis gemäß Art. 28 BayVwVfG rechnet (siehe aber → Rn. 37), (unmittelbar) nur auf den Erlass von Verwaltungsakten (und den Abschluss öffentlich-rechtlicher Verträge) anwendbar (Art. 9 BayVwVfG), nicht aber auf Realakte; einzelne Bestimmung lassen sich aber aus rechtsstaatlich-grundrechtlichen Erwägungen analog heranziehen, so das erwähnte Anhörungserfordernis[79].

a) Abgrenzung von Verwaltungsakt und Realakt

Entscheidend für die im Polizeirecht regelmäßig im Zentrum stehende **Abgrenzung von einem Handeln durch Verwaltungsakt oder Realakt** ist die im ersten Fall gemäß Art. 35 S. 1 BayVwVfG erforderliche **Regelungswirkung**.[80] Diese liegt vor, wenn das polizeiliche Handeln auf die **Setzung einer Rechtsfolge** gerichtet ist, mithin Rechte und/oder Pflichten des Adressaten begründet, ändert, aufhebt, feststellt oder verneint.[81] Realakte stellen demgegenüber ein rein tatsächliches, im Gegensatz zu einem in der Setzung von Rechtsfolgen bestehendem Handeln dar. 41

Zahlreichen **polizeilichen Maßnahmen** kommt Regelungswirkung zu, da sie Verhaltenspflichten begründen und damit auf die Setzung einer Rechtsfolge gerichtet sind, so etwa die Verpflichtung zu Auskünften (Art. 12 S. 1 f. PAG), die im Rahmen der Identitätsfeststellung erfolgende Aufforderung anzuhalten (Art. 13 Abs. 2 S. 2 PAG) oder die Anordnungen gemäß Art. 16 PAG (Platzverweis, Kontaktverbot, Aufenthalts- und Meldeanordnung).[82] Anders zu beurteilen ist der Gewahrsam gemäß Art. 17 PAG, die Durchsuchung gemäß Art. 21 f. PAG oder das Betreten und Durchsuchen von Wohnungen gemäß Art. 23 PAG, bei welchen die Polizei (jedenfalls bei Schwerpunktbetrachtung) keine Pflichten gegenüber den Adressaten begründet, sondern Handlungen ohne Regelungswirkung vornimmt.[83] Die Sicherstellung ist nicht als rein tatsächliches Ansichnehmen durch die Polizei und damit als Realakt zu qualifizieren, sondern wegen der Begründung eines Verwahrungsverhältnisses (Art. 25 PAG) als regelnde Maßnahme und damit als Verwaltungsakt.[84] 42

Auch im Falle rein tatsächlicher Handlungen wie den vorstehend genannten bejahen indes Teile des Schrifttums und der Rspr. eine Regelungswirkung. Abzustellen sei nämlich nicht nur auf das rein tatsächliche Handeln (etwa die Durchsuchung einer Tasche), sondern, qualifikationsentscheidend, auf eine diesem zugrunde liegende, zumindest konkludent ausgesprochene Pflicht zur Duldung der Maßnahme (**konkludente Duldungsverfügung**).[85] Zweifelsohne ist eine derartige Anordnung als Regelung und 43

---

79 *Ramsauer*, in: Kopp/ders., VwVfG, § 28 Rn. 4a.
80 Näher *Jahr*, ZJS 2016, 181.
81 BVerwGE 36, 192 (194); E 55, 280 (285); E 135, 209 (212); E 159, 149 (152).
82 So auch *Poscher/Rusteberg*, JuS 2012, 26 (27).
83 *Heckmann*, in: Becker/ders./Kempen/Manssen, 3. Teil, Rn. 82, 291 f.; *Jahr*, ZJS 2016, 181 (184 f.) – differenzierend zum Betreten und Durchsuchen von Wohnungen. AA (für die Ingewahrsamnahme) *Grünewald*, in: BeckOK PSR, Art. 17 PAG Rn. 3.
84 *Jahr*, ZJS 2016, 181 (185).
85 BayVGH, NVwZ 1988, 1055 (1055) – für Zwangsmaßnahmen; *Schenke*, Polizei- und Ordnungsrecht, Rn. 115 f. In einer frühen Entscheidung hat das BVerwG [E 26, 161 (164)] den Verwaltungsaktcharakter einer Zwangsmaßnahme mit dem Argument bejaht, dass die Polizei „auch durch konkludentes Verhalten mittels Anwendung körperlicher Gewalt die betroffenen Bürger zu einem bestimmten Verhalten veranlassen" könne.

damit Verwaltungsakt zu qualifizieren. Gleichwohl ist diese Auffassung abzulehnen: Zunächst hat die Annahme einer konkludenten Duldungsverfügung oftmals fiktiven Charakter. Zudem führte sie zu einer unterschiedlichen Qualifikation derselben polizeilichen Maßnahme, je nachdem, ob der Betroffene an- oder abwesend ist; gegenüber Abwesenden kann nämlich keine Duldungsanordnung beim Vollzug miterklärt werden. Schließlich ist eine Einordnung als Verwaltungsakt auch nicht mehr für den Rechtsschutz entscheidend, da mittlerweile die VwGO Klagemöglichkeiten auch gegen Realakte vorsieht (→ Rn. 46).[86]

44 Dem darüber hinaus vorgebrachten Argument, eine Duldungsverfügung sei notwendig, um über eine Grundlage für Vollstreckungsmaßnahmen bei Widerstand gegen die Ausführung der Maßnahme zu verfügen,[87] ist entgegenzuhalten, dass in diesem Fall eine Duldungsverfügung auf Basis der ursprünglichen Ermächtigung[88] bzw. der Generalklausel[89] ausgesprochen werden kann.

b) Rechtsschutzfragen

45 Bei einer Qualifikation der Maßnahme als **Verwaltungsakt** stehen dem Adressaten die Anfechtungs- (§ 42 Abs. 1 1. Alt. VwGO) oder die Fortsetzungsfeststellungsklage (§ 113 Abs. 1 S. 4 VwGO, ggf. analog) offen. Abzugrenzen sind die beiden Rechtsbehelfe danach, ob sich die polizeiliche Maßnahme erledigt hat, mithin gegenstandslos geworden ist (Art. 43 Abs. 2 BayVwVfG). Dies ist bei Vollziehung respektive Befolgung polizeilicher Primärmaßnahmen regelmäßig der Fall, da sich ihr sachlicher und rechtlicher Gehalt in ihrer Vollziehung respektive Befolgung erschöpft und eine Aufhebung nicht mehr möglich ist (z.B. Befolgung eines Auskunftverlangens). Anderes gilt für die Sicherstellungsanordnung, die eine Grundlage für das polizeiliche Behaltendürfen des Gegenstands darstellt (Dauerverwaltungsakt), ebenso für Kostenbescheide, die auch nach Zahlung den Rechtsgrund für das Behaltendürfen des Geldes darstellen.

46 Bei einer Qualifikation der Maßnahme als **Realakt** kann über dessen Rechtswidrigkeit im Rahmen einer allgemeinen Feststellungsklage (§ 43 VwGO) entschieden werden.

6. Exkurs: Anspruch auf polizeiliches Einschreiten

47 Hinsichtlich der Frage, ob und inwieweit Einzelnen ein Anspruch auf polizeiliches Einschreiten zusteht, sind **zwei Aspekte** zu unterscheiden, nämlich das **Bestehen eines Anspruchs im Sinne einer subjektiven Berechtigung** und dessen **Inhalt**. Anspruchsgrundlage ist, soweit das polizeiliche Handeln, wie regelmäßig, mit Eingriffen in Rechte Dritter einhergeht, die einschlägige Befugnisnorm. Zum ersten, namentlich für die Frage einer Klagebefugnis (§ 42 Abs. 2 VwGO) relevanten Aspekt ist festzuhalten, dass die der Polizei obliegende Aufgabe der Gefahrenabwehr primär im Allgemeininteresse liegt; Ansprüche auf polizeiliches Handeln kommen nur dann in Betracht, wenn die Polizei zum Schutz von Individualrechtsgütern tätig werden soll, etwa zu-

---

86 *Heckmann*, in: Becker/ders./Kempen/Manssen, 3. Teil, Rn. 82, 294 ff.
87 *Schenke*, Polizei- und Ordnungsrecht, Rn. 116.
88 Vgl. auch *Schenke*, Polizei- und Ordnungsrecht, Rn. 116.
89 So *Heckmann*, in: Becker/ders./Kempen/Manssen, 3. Teil, Rn. 298 ff.

gunsten von Leib, Leben oder Eigentum, oder zum Schutz solcher Normen der Rechtsordnung, die nach der Schutznormtheorie[90] Individualinteressen schützen.

Hinweis:
Die allgemeine staatliche Schutzpflicht des Art. 99 S. 2 BV entbindet nicht von der Notwendigkeit, einen Individualanspruch anhand der Gegebenheiten des Einzelfalls zu begründen.[91]

Nachdem zweitens das Einschreiten zur Abwehr von Gefahren im pflichtgemäßen Ermessen der Polizei steht (Art. 5 Abs. 1 PAG; → Rn. 248 ff.), sind Ansprüche auf polizeiliches Handeln regelmäßig auf **fehlerfreie Ermessensausübung** gerichtet, mithin auf eine ermessensfehlerfreie Entscheidung über das „Ob" und „Wie" des Einschreitens, nicht aber auf das Einschreiten als solches oder gar das Ergreifen bestimmter Maßnahmen. Eine (konkrete) Handlungspflicht kommt nur im Ausnahmefall einer **Ermessensreduktion auf Null** in Betracht, namentlich wenn aufgrund des Ausmaßes des drohenden Schadens respektive seiner zeitlichen Nähe nur ein (bestimmtes) Handeln ermessenskonform ist.[92]

48

III. Aufgabeneröffnung, Art. 2 PAG

Hinsichtlich des Vorliegens einer polizeilichen Aufgabe sind vorrangig (selten klausurrelevante) Spezialregelungen zu prüfen (Art. 2 Abs. 4 PAG; 1.), sodann der Spezialtatbestand der Vollzugshilfe (Art. 2 Abs. 3 iVm Art. 67 ff. PAG; 2.) und dann die – regelmäßig im Mittelpunkt polizeirechtlicher Klausuren stehende – Aufgabenzuweisung gemäß Art. 2 Abs. 1 PAG (Gefahr für die öffentliche Sicherheit oder Ordnung; 3.). Handelt die Polizei zum Schutz privater Rechte, sind zusätzlich die Schranken des Art. 2 Abs. 2 PAG zu berücksichtigen (4.). Schließlich kann sich die Frage der Abgrenzung von präventivem und repressivem Handeln (insb. doppelfunktionale Maßnahmen) stellen (5.).

49

Hinweis:
Das PAG differenziert zwischen Aufgaben (Art. 2 PAG) und Befugnissen (Art. 11 ff. PAG) der Polizei.[93] Die Aufgaben determinieren den Zuständigkeitsbereich der Polizei, die Befugnisse stellen die (nach dem Grundsatz des Vorbehalts des Gesetzes notwendigen) Rechtsgrundlagen für Eingriffsmaßnahmen dar. Daher ermächtigt die Eröffnung des polizeilichen Aufgabenbereichs nicht zu Eingriffen in die Grundrechte der Bürger, hierfür bedarf es vielmehr einer spezifischen Befugnisnorm (→ Rn. 91 ff., 212 ff.). Dies impliziert, dass vom Vorliegen einer Aufgabe nicht auf das Vorliegen einer Befugnis geschlossen werden kann; der Gegenschluss ist indes möglich. Freilich stellen nicht alle polizeilichen Handlungen Grundrechtseingriffe dar (→ Rn. 32).

---

90 Zu dieser nur *Gärditz*, in: ders., VwGO, § 42 Rn. 56 ff.
91 Siehe auch *Weber/Köppert*, Polizei- und Sicherheitsrecht, Rn. 114.
92 Siehe BVerwGE 11, 95 (97): „Für eine rechtsfehlerfreie Ermessensausübung kann neben anderen Umständen auch das Ausmaß oder die Schwere der Störung oder Gefährdung eine maßgebende Bedeutung haben. Bei hoher Intensität der Störung oder Gefährdung kann ein Einschreiten, das zum Einschreiten der Behörde zum Nichteinschreiten unter Umständen sogar als schlechthin ermessensfehlerhaft erscheinen. Praktisch kann dieserhalb die rechtlich gegebene Ermessensfreiheit derart zusammenschrumpfen, daß nur eine einzige ermessensfehlerfreie Entschließung, nämlich die zum Einschreiten, denkbar ist und höchstens nur hinsichtlich des Wie des Einschreitens noch ein ausnutzbarer Ermessensspielraum der Behörde offenbleibt. Unter dieser besonderen Voraussetzung kann der an sich nur auf ermessensfehlerfreie Entschließung der Behörde gehende Rechtsanspruch im praktischen Ergebnis einem strikten Rechtsanspruch auf ein bestimmtes Verwaltungshandeln gleichkommen."
93 Hierzu auch *Schmidbauer*, in: ders./Steiner, Art. 2 PAG Rn. 4 f.

1. Spezialzuweisung, Art. 2 Abs. 4 PAG

50 Der polizeiliche Aufgabenbereich ist gemäß Art. 2 Abs. 4 PAG zunächst eröffnet, wenn Normen außerhalb des PAG der Polizei Aufgaben zuweisen. Im **repressiven Bereich** ist die Aufgabenzuweisung für die Verfolgung von Straftaten (§ 163 StPO) und von Ordnungswidrigkeiten (§ 53 OWiG) von Bedeutung. Aus dem **präventiven Bereich** zu nennen sind namentlich:

- § 71 Abs. 5 AufenthG [Zurückschiebung von Ausländern (siehe dazu auch Art. 30 Abs. 1 S. 2 VwZVG); Durchsetzung der Verlassenspflicht; Durchführung der Abschiebung];
- Art. 16 Abs. 2 BayPrG (Beschlagnahme von Druckwerken);
- § 26 Abs. 1 StVG (Ahndung bestimmter Ordnungswidrigkeiten im Straßenverkehr);
- Art. 12 BayPsychKHG (sofortige vorläufige Unterbringung);
- Art. 37 Abs. 2 VwZVG (unselbstständige Vollstreckungshilfe; → Rn. 315);
- Art. 24 Abs. 2 S. 2 iVm Art. 12 Abs. 2 oder Art. 15 Abs. 4 BayVersG (respektive Schluss von Befugnis auf Aufgabe; → Rn. 445).

2. Vollzugshilfe, Art. 2 Abs. 3 iVm Art. 67 ff. PAG

51 Die Polizei hat gemäß Art. 2 Abs. 3 PAG des Weiteren die Aufgabe, „anderen Behörden und den Gerichten Vollzugshilfe (Art. 67 bis 69)" zu leisten. Hierbei handelt es sich um eine **Maßnahme der Vollstreckung**, die im Kontext des Vollstreckungsrechts behandelt wird (→ Rn. 311 ff.).

3. Gefahr für die öffentliche Sicherheit oder Ordnung, Art. 2 Abs. 1 PAG

52 Im Zentrum polizeirechtlicher Klausuren steht meist die Aufgabeneröffnung gemäß Art. 2 Abs. 1 PAG. Dieser weist der Polizei „die Aufgabe [zu], die allgemein oder im Einzelfall bestehenden Gefahren für die öffentliche Sicherheit oder Ordnung abzuwehren". Zu prüfen ist mithin, ob die öffentliche Sicherheit (a) oder die öffentliche Ordnung (b) betroffen ist und zumindest eine abstrakte Gefahr (c) vorliegt.

a) Öffentliche Sicherheit

53 Nach der **klassischen Definition** umfasst die öffentliche Sicherheit „den Schutz zentraler Rechtsgüter wie Leben, Gesundheit, Freiheit, Ehre, Eigentum und Vermögen des Einzelnen [aa] sowie die Unversehrtheit der Rechtsordnung [bb] und der staatlichen Einrichtungen [cc]".[94]

Klausurhinweis:
Polizeirechtlich relevante Handlungen können die öffentliche Sicherheit unter mehreren Aspekten tangieren, was in einer Klausur kumulativ festzustellen ist. So betrifft ein Angriff auf eine Person in Tötungsabsicht nicht nur das Individualrechtsgut Leben, sondern zugleich die Unver-

---

[94] Siehe nur BVerfGE 69, 315 (352); ferner BayVerfGHE 4, 194 (205); im Schrifttum mwN *Holzner*, in: BeckOK PSR, Art. 11 PAG Rn. 66.

sehrtheit der Rechtsordnung angesichts entsprechender strafrechtlicher Verbote (§§ 211 f. StGB).[95]

aa) Schutz von Individualrechtsgütern

Polizeiliche Handlungsbefugnisse bestehen demnach zum **Schutz von** (in der zitierten 54 Formel nicht abschließend aufgezählten) **Individualrechtsgütern**. Erfasst sind alle grundrechtlich geschützten Rechte des Einzelnen. Auf ein besonderes öffentliches Interesse an ihrer Erhaltung, namentlich einen strafrechtlichen Schutz, kommt es nicht an (siehe mit Blick auf Art. 2 Abs. 2 PAG → Rn. 85 ff.).[96]

Einen Streitfall stellt die **Selbstgefährdung** dar.[97] Nachdem die allgemeine Handlungs- 55 freiheit (Art. 2 Abs. 1 GG) dem Einzelnen auch gewährleistet, sich selbst zu gefährden, und er überdies zur Disposition über seine Individualrechtsgüter befugt ist, darf die Polizei grds. nicht einschreiten. Gleichwohl bestehen Grenzen, nämlich bei Betroffensein der nicht disponiblen Menschenwürde (Art. 1 Abs. 1 GG), der (Mit-)Gefährdung Dritter oder bei mangelnder Eigenverantwortlichkeit der Willensentscheidung (mangelnde Freiwilligkeit oder Einsichtsfähigkeit, zB bei Kindern oder psychisch Kranken). Nachdem Willensmängel bei Selbsttötungen nicht ausgeschlossen werden können und im Übrigen eine staatliche Schutzpflicht für das Leben besteht (Art. 1 Abs. 1 S. 2 iVm Art. 2 Abs. 2 GG), darf die Polizei Selbstmorde verhindern;[98] dies bestätigen auch entsprechende Befugnisnormen (Art. 17 Abs. 1 Nr. 1 und Art. 82 Nr. 3 PAG).

bb) Schutz der Unversehrtheit der Rechtsordnung

Der Einräumung polizeilicher Handlungsbefugnisse zum Schutz der Unversehrtheit 56 der Rechtsordnung kommt eine große praktische Bedeutung zu. Erfasst sind zunächst (drohende) Verstöße gegen durch **Straf- und Ordnungswidrigkeitentatbestände** sanktionierte Verhaltensgebote, wobei es auf subjektive Elemente (subjektiver Tatbestand; Schuld) oder besondere Verfolgungsvoraussetzungen (Strafantrag) nicht ankommt.[99] Am Schutz der Unversehrtheit der Rechtsordnung haben ferner öffentlich-rechtliche Ge- und Verbotsnormen einschließlich sie konkretisierender Verwaltungsakte[100] teil.[101] Damit kommt den polizeilichen Handlungsbefugnissen eine **Auffangfunktion** zu, ermöglichen sie doch die Durchsetzung anderweitig nicht sanktionierter Verhaltensgebote.[102] In allen Fällen reicht die Gefahr eines Normverstoßes aus; nicht erfor-

---

95 Für einen Vorrang der Prüfung der Unverletzlichkeit der Rechtsordnung wegen der erfolgten gesetzlichen Konkretisierung mit der Folge einer möglichen Sperrwirkung hinsichtlich der beiden anderen Varianten *Poscher/Rusteberg*, JuS 2011, 984 (985 f.).
96 *Holzner*, in: BeckOK PSR, Art. 11 PAG Rn. 72; *Poscher/Rusteberg*, JuS 2011, 984 (985). AA *Knemeyer*, Polizei- und Ordnungsrecht, Rn. 135.
97 Dazu *Heckmann*, in: Becker/ders./Kempen/Manssen, 3. Teil, Rn. 103 f. Näher *Seidl/Heuer*, VR 2011, 423 (425); *Seidl/Kuhls*, VR 2012, 165 (167 f.); *Wagner*, DÖV 2011, 234 (235 ff.).
98 BayVerfGH, NJW 1989, 1790 (1791); *Heckmann*, in: Becker/ders./Kempen/Manssen, 3. Teil, Rn. 104. Ausnahmen anerkennend *Schoch*, in: ders., Kap. 1, Rn. 261 f.
99 *Holzner*, in: BeckOK PSR, Art. 11 PAG Rn. 67. Für die Irrelevanz des Vorliegens von Rechtfertigungsgründen *Grünewald*, in: BeckOK PSR, Art. 17 PAG Rn. 26 f.
100 *Weber/Köppert*, Polizei- und Sicherheitsrecht, Rn. 52 f., verlangen einen bestandskräftigen oder sofort vollziehbaren VA (wie im Kontext des Art. 70 Abs. 1 PAG).
101 *Heckmann*, in: Becker/ders./Kempen/Manssen, 3. Teil, Rn. 109.
102 *Holzner*, in: BeckOK PSR, Art. 11 PAG Rn. 68.

derlich ist eine gleichzeitige Beeinträchtigung der hinter der Norm stehenden Schutzgüter.[103]

cc) Schutz der staatlichen Einrichtungen

57 Schließlich bestehen polizeiliche Handlungsbefugnisse zum Schutz von Bestand und Funktionsfähigkeit staatlicher Institutionen. Hierunter fallen

- die Durchführung staatlicher Veranstaltungen, wie internationalen Konferenzen, wobei im Falle von Protesten der Meinungs- und Versammlungsfreiheit hinreichend Rechnung zu tragen ist;[104]
- die Warnung anderer Verkehrsteilnehmer vor Radarkontrollen;[105]
- das Ausspähen des polizeilichen Einsatzverhaltens;[106]
- die Störung der Ermittlungstätigkeit von Staatsanwaltschaft und/oder Polizei durch unbeteiligte Dritte[107].

b) Öffentliche Ordnung

58 Der **Begriff** öffentliche Ordnung umfasst „die Gesamtheit der ungeschriebenen Regeln ..., deren Befolgung nach den jeweils herrschenden sozialen und ethischen Anschauungen als unerlässliche Voraussetzung eines geordneten menschlichen Zusammenlebens innerhalb eines bestimmten Gebiets angesehen wird."[108] Nachdem die Nichtbeachtung rechtlich vorgegebener Ge- und Verbote unter die öffentliche Sicherheit fällt (Schutz der Unversehrtheit der Rechtsordnung) und bereits damit polizeiliche Handlungsmöglichkeiten eröffnet, kommt dem Schutz der öffentlichen Ordnung eine Ergänzungsfunktion zu, indem er eine Durchsetzung von Moralvorstellungen ermöglicht.[109] In einer pluralistischen Gesellschaft ist dies, genauso wie im Übrigen die Offenheit dieser Formel, nicht unproblematisch.[110] Vor diesem Hintergrund ist sie **restriktiv und im Lichte der Grundrechte zu handhaben**.[111] Geschützt ist nicht mehr als ein gesellschaftlicher Minimalkonsens, wobei auch dem Anschauungswandel Rechnung zu tragen ist.[112] In diesem Rahmen ist der Schutz der öffentlichen Ordnung, gerade auch angesichts der Flexibilität des Begriffs, verfassungskonform.[113] Als Gefährdung der öffentlichen Ordnung Anerkennung gefunden haben:

- Missachtung religiöser Gefühle anderer;[114]
- Verspottung alter, kranker oder hilfloser Personen;[115]

---

103 *Schmidbauer*, in: ders./Steiner, Art. 11 PAG Rn. 63.
104 BVerfG, NJW 2007, 2167 (2169).
105 OVG NRW, NJW 1997, 1596 (1596). AA *Schenke*, Polizei- und Ordnungsrecht, Rn. 60.
106 OVG NRW, DVBl. 1979, 733 (733 f.).
107 *Haurand/Vahle*, NVwZ 2003, 513 (520). Siehe zu Maßnahmen bei gestörter Polizeitätigkeit *Heckmann*, in: Becker/ders./Kempen/Manssen, 3. Teil, Rn. 298 ff.
108 Siehe nur BVerfGE 69, 315 (352); im Schrifttum mwN Holzner, in: BeckOK PSR, Art. 11 PAG Rn. 82.
109 *Gallwas/Lindner/Wolff*, Rn. 79 f.
110 Kritisch bereits *Denninger*, Polizei in der freiheitlichen Demokratie, 1968, S. 25 ff. Siehe ferner *ders.*, in: Lisken/ders., Kap. D, Rn. 35 ff. mwN; *Götz/Geis*, § 5 Rn. 1 ff.
111 *Gallwas/Lindner/Wolff*, Rn. 82; *Heckmann*, in: Becker/ders./Kempen/Manssen, 3. Teil, Rn. 110.
112 *Holzner*, in: BeckOK PSR, Art. 11 PAG Rn. 83 f.
113 Vgl. auch *Schmidbauer*, in: ders./Steiner, Art. 11 PAG Rn. 81.
114 *Schenke*, Polizei- und Ordnungsrecht, Rn. 66.
115 *Schenke*, Polizei- und Ordnungsrecht, Rn. 66.

- aggressives Betteln;[116]
- Zurschaustellung des eigenen nackten Körpers an öffentlichen Orten, an denen Nacktdarstellungen nicht zu erwarten sind, sofern die Grenze zur Ordnungswidrigkeit nach § 118 OWiG noch nicht überschritten ist;[117]
- Lasertag mit simulierten Tötungshandlungen (dazu bereits → Rn. 13; vgl. auch → § 2 Rn. 345)[118].

c) Gefahr

Art. 2 Abs. 1 PAG verlangt des Weiteren eine **allgemein oder im Einzelfall bestehende Gefahr** für die Schutzgüter der öffentlichen Sicherheit oder Ordnung. Mithin muss eine abstrakte oder konkrete Gefahr vorliegen (aa). 59

Hinweis:
Demnach genügt für die Eröffnung des polizeilichen Aufgabenbereichs das Vorliegen einer allgemeinen (abstrakten) Gefahr;[119] Eingriffe aufgrund polizeilicher Befugnisnormen (Art. 11 ff. PAG) setzen demgegenüber eine konkrete Gefahr voraus.

Neben diesen Gefahrbegriffen kennt das Polizeirecht weitere Gefahrbegriffe (bb) und seit der Novelle des Jahres 2017 die drohende Gefahr (Art. 11 Abs. 3 PAG; cc). Nachdem der Gefahrbegriff ein Prognoseelement beinhaltet, bedürfen der Umgang mit Wissensdefiziten im Tatsächlichen (Gefahrenverdacht, dd) sowie mit Fehlprognosen, nämlich bloßen Anscheins- und Putativgefahren (ee), einer gesonderten Betrachtung. 60

aa) Abstrakte und konkrete Gefahr
(1) Konkrete Gefahr

Eine **konkrete Gefahr** ist „eine Sachlage, die bei ungehindertem Ablauf des objektiv zu erwartenden Geschehens im Einzelfall mit hinreichender Wahrscheinlichkeit zu einer Verletzung der Schutzgüter der öffentlichen Sicherheit oder Ordnung führt" (Nr. 2.2 VollzBek. PAG).[120] 61

Beispiel:
Ein Kleinkind ist mit seinem Dreirad auf einer vielbefahrenen Straße unterwegs.

Hat sich die Gefahr bereits realisiert, liegt eine **Störung** der öffentlichen Sicherheit oder Ordnung vor; diese ist, solange sie andauert, einer konkreten Gefahr gleichzustellen.[121] 62

---

116 *Fechner*, JuS 2003, 734 (736); *Holzkämper*, NVwZ 1994, 146 (149); *Schenke*, Polizei- und Ordnungsrecht, Rn. 66; *Schmidbauer*, in: ders./Steiner, Art. 11 PAG Rn. 82; ebenso *Holzner*, in: BeckOK PSR, Art. 11 PAG Rn. 91, der aber auch auf das mögliche Vorliegen einer Gefahr für die öffentliche Sicherheit verweist. Weiter („[a]ktives und aggressives Betteln") *Enzensperger*, NJW 2018, 3550 (3553). AA *Finger*, KommJur 2006, 441 (442 f.); *Hecker*, Die Regelung des Aufenthalts von Personen im innerstädtischen Raum, 1998, S. 20 ff. Kritisch ebenfalls *Höfling*, Die Verwaltung 2000, S. 207; *Schewe*, Das Sicherheitsgefühl und die Polizei, 2009, S. 230. Für die Zulässigkeit „stillen" Bettelns VGH BW, NVwZ 1999, 560 (561).
117 OVG NRW, NJW 1997, 1180 (1180).
118 BVerwGE 115, 189 (198 ff.).
119 Allgemein auf den Zweck der Gefahrenabwehr abstellend *Funke/Kraus*, BayVBl. 2018, 725 (728).
120 Siehe auch BayVerfGHE 59, 29 (41); BayVGH, BayVBl. 2017, 303 (303). Zum erforderlichen Ausmaß der Konkretisierung *Ogorek*, JZ 2019, 53 (64).
121 *Heckmann*, in: Becker/ders./Kempen/Manssen, 3. Teil, Rn. 117.

Beispiel:
Bei einer Geiselnahme hat sich die Freiheitsberaubung bereits realisiert und dauert auch noch an.

(2) Abstrakte Gefahr

63 Eine **abstrakte Gefahr** ist „eine Sachlage, aus der nach allgemeiner Lebenserfahrung konkrete Gefahren im Einzelfall entstehen können" (Nr. 2.2 VollzBek. PAG).[122] Der Unterschied zwischen abstrakter und konkreter Gefahr liegt in der Perspektive: Während es bei der konkreten Gefahr auf die Beurteilung eines sich gerade abspielenden Einzelfalles ankommt und zu fragen ist, ob in diesem bei ungehindertem Geschehensablauf ein Schaden hinreichend wahrscheinlich ist, hebt die abstrakte Gefahr auf hypothetische, bloß mögliche, in der Gedankenwelt existierende Gefährdungen ab; maßgeblich ist, ob es in Situationen wie der zu beurteilenden nach allgemeiner Lebenserfahrung zu Schäden kommen kann, wobei es nicht auf eine tatsächliche Gefährdung Einzelner ankommt.[123]

Beispiel (zur Verdeutlichung des Unterschieds von abstrakter und konkreter Gefahr):
Der durch eine Schlucht verlaufende Gebirgsbach, der infolge von Niederschlägen stark anschwellen kann, stellt eine abstrakte Gefahr dar. Nach mehrtägigen starken Regenfällen verdichtet sich vor diesem Hintergrund die Situation zu einer konkreten Gefahr für den ungeübten A, der auf dem parallel geführten Klettersteig unterwegs ist.

64 Es bestehen keine sachlichen Unterschiede zwischen einer **allgemeinen Gefahr und einer abstrakten Gefahr**, weshalb diese Begriffe synonym verwendet werden können (vgl. auch Nr. 2.2 VollzBek. PAG); herkömmlicherweise findet sich der zuerst genannte Begriff im Kontext des Art. 2 Abs. 1 PAG und der zuletzt genannte Begriff im Kontext der Gefahrenabwehr durch Rechtsetzung, mithin im Sicherheitsrecht.[124]

65 Für Durchsuchungsmaßnahmen im Kontext der Schleierfahndung (Art. 21 Abs. 1 Nr. 4 PAG und Art. 22 Abs. 1 Nr. 4 2. Alt. PAG) hat der BayVerfGH das Vorliegen einer **erhöhten abstrakten Gefahr** verlangt (→ Rn. 163, 169).

(3) Hinreichende Wahrscheinlichkeit eines Schadenseintritts

66 Sowohl das Vorliegen einer abstrakten als auch einer konkreten Gefahr setzt voraus, dass ein **Schadenseintritt hinreichend wahrscheinlich** ist. Dies verlangt keine Gewissheit; die bloße Möglichkeit oder Vermutungen genügen indes nicht.[125] Der Zeitpunkt des Schadenseintritts ist unerheblich, so dass auch erst mit einiger zeitlicher Entfernung zu erwartende Schäden eine Gefahr begründen können.[126] Ebenso wenig muss der Schaden im Freistaat Bayern eintreten.[127]

67 Das Wahrscheinlichkeitsurteil und damit die Bejahung einer Gefahr stellen eine **Prognoseentscheidung** dar.[128] Auf der Basis des vorliegenden Tatsachenmaterials (zu Er-

---

122 Siehe auch BayVerfGHE 59, 29 (42).
123 *Ogorek*, JZ 2019, 63 (65); *Schmidbauer*, in: ders./Steiner, Art. 11 PAG Rn. 44.
124 *Heckmann*, in: Becker/ders./Kempen/Manssen, 3. Teil, Rn. 120. Differenzierend mwN *Funke/Kraus*, BayVBl. 2018, 725 (728).
125 *Schmidbauer*, in: ders./Steiner, Art. 11 PAG Rn. 32 f. Siehe auch Ogorek, JZ 2019, 63 (66).
126 *Schmidbauer*, in: ders./Steiner, Art. 11 PAG Rn. 32.
127 *Schmidbauer*, in: ders./Steiner, Art. 11 PAG Rn. 37 f.
128 Siehe auch BayVGH, BayVBl. 1993, 429 (431); BayVBl. 2017, 303 (303).

mittlungspflichten → Rn. 84), anerkannter Erfahrungssätze und Indizien sind Art und Ausmaß drohender Schäden und deren Wahrscheinlichkeit einzuschätzen.[129]

Der **erforderliche Wahrscheinlichkeitsgrad**, Art und Ausmaß des drohenden Schadens und die Eingriffsintensität der polizeilichen Maßnahme stellen kommunizierende Röhren dar (**Je-desto-Formel**): Je gravierender der drohende Schaden ist (zu messen namentlich am Gewicht des betroffenen Rechtsguts und der Zahl der betroffenen Personen), desto niedriger sind die Anforderungen an die Wahrscheinlichkeit des Schadenseintritts und umgekehrt. In beide Richtungen in Rechnung zu stellen ist überdies die Eingriffsintensität der polizeilichen Maßnahme.[130] 68

Die **Rechtmäßigkeit einer Prognoseentscheidung** ist nicht daran zu messen, ob sie sich ex post bewahrheitet hat, sondern daran, ob sie aus der **Ex-ante-Sicht der handelnden Polizeibeamten** vertretbar war; ein ausbleibender Schadenseintritt begründet damit nicht zwingend die Rechtswidrigkeit der polizeilichen Maßnahme.[131] Bei sich nicht bewahrheitenden Prognosen liegt, je nach Vertretbarkeit der Einschätzung, eine Anscheins- oder Putativgefahr vor (→ Rn. 82 ff.); bei verbleibenden Unsicherheiten im Tatsächlichen liegt ein Gefahrenverdacht vor (→ Rn. 81). 69

(4) Beeinträchtigungsintensität: Ausklammerung von Unannehmlichkeiten und Belästigungen

Eine drohende Verletzung der öffentlichen Sicherheit und Ordnung setzt schließlich die Wahrscheinlichkeit eines **Schadens** voraus, der **von bloßen Unannehmlichkeiten und Belästigungen abzugrenzen** ist. Eine Rolle spielt diese Abgrenzung namentlich bei Beeinträchtigungen durch Lärm- (zB Musik) und Geruchsemissionen (zB Grillen). Für die Bejahung einer Gefahr erforderlich ist das Überschreiten einer gewissen Intensitätsschwelle, die nach den Umständen des Einzelfalls (zB Ort und Zeit) und objektiver Gegebenheiten (nicht aber besonderer Empfindlichkeiten) zu bestimmen ist.[132] 70

(5) Latente „Gefahr"

Von einer latenten Gefahr ist die Rede, wenn ein Schaden erst bei **Hinzutreten weiterer, auch ungewisser Handlungen oder Umstände** einzutreten droht. Nachdem der Schadenseintritt in diesem Fall nicht hinreichend wahrscheinlich ist, geht mit einer latenten Gefahr keine polizeiliche Handlungsmöglichkeiten eröffnende konkrete oder abstrakte Gefahr einher.[133] 71

---

129 Im Einzelnen *Schmidbauer*, in: ders./Steiner, Art. 11 PAG Rn. 24 ff.
130 *Ogorek*, JZ 2019, 63 (66); *Schmidbauer*, in: ders./Steiner, Art. 11 PAG Rn. 29, 34 ff. Siehe auch BVerfGE 113, 348 (386): „Je gewichtiger das gefährdete Rechtsgut ist und je weit reichender es durch die jeweiligen Handlungen beeinträchtigt würde oder beeinträchtigt worden ist, desto geringere Anforderungen dürfen an den Grad der Wahrscheinlichkeit gestellt werden, mit der auf eine drohende oder erfolgte Verletzung geschlossen werden kann, und desto weniger fundierend dürfen gegebenenfalls die Tatsachen sein, die auf die Gefährdung oder Verletzung des Rechtsguts schließen lassen".
131 BayVGH, BayVBl. 1993, 429 (431); BayVBl. 2017, 303 (303); *Schmidbauer*, in: ders./Steiner, Art. 11 PAG Rn. 22, 24 ff., 33.
132 Näher *Heckmann*, in: Becker/ders./Kempen/Manssen, 3. Teil, Rn. 112 ff.
133 *Schmidbauer*, in: ders./Steiner, Art. 11 PAG Rn. 56.

Beispiel:
Eine latente Gefahr liegt bei Errichtung und Betrieb eines emmissionsintensiven landwirtschaftlichen Betriebs vor, an den eine (derzeit noch nicht existente, aber nicht auszuschließende) Wohnbebauung heranrücken kann.

bb) Weitere Gefahrbegriffe

72 Neben der abstrakten (bzw. allgemeinen) und der konkreten Gefahr kennt das PAG weitere Gefahrbegriffe. Diese finden sich in Spezialbefugnissen und verschärfen die Anforderungen an die Bejahung einer Gefahr.

73 Die für bestimmte Maßnahmen erforderliche[134] **gegenwärtige Gefahr** verlangt eine besondere zeitliche Nähe des Schadenseintritts; sie „liegt vor, wenn die Einwirkung des schädigenden Ereignisses bereits begonnen hat oder wenn diese Einwirkung unmittelbar oder in allernächster Zeit mit einer an Sicherheit grenzenden Wahrscheinlichkeit bevorsteht".[135]

Beispiel:
Eine Person begibt sich mit einer Pistole in der Hand in die unmittelbare Nähe des Opfers.

74 Auch die **Gefahr im Verzug**, deren Vorliegen ein Absehen von der für besonders eingriffsintensive Maßnahmen vorgesehenen richterlichen[136] oder behördlichen[137] Anordnungsbefugnis rechtfertigt, verlangt eine besondere zeitliche Nähe des Schadenseintritts; erforderlich ist „eine Sachlage ..., in der die Anrufung des Richters oder die Einschaltung einer sonstigen Sicherheitsbehörde wegen der damit verbundenen zeitlichen Verzögerung den Erfolg der polizeilichen Maßnahme verzögern würde".[138]

75 Eine **erhebliche Gefahr** verlangt das (nicht nur marginale) Betroffensein bedeutsamer Individualrechtsgüter wie Leib, Leben, Freiheit, Eigentum oder Vermögen oder wichtiger Kollektivrechtsgüter wie der Bestand des Staates und seiner Einrichtungen.[139] Sie findet sich in Art. 10 Abs. 1 Nr. 1 PAG. Ebenso zu definieren ist die **dringende Gefahr**, die einzelne Befugnisse verlangen[140] und nicht als Erfordernis einer besonderen zeitlichen Nähe des Schadenseintritts missverstanden werden darf.[141]

76 Die zwischenzeitlich nicht mehr im PAG normierte **gemeine Gefahr** stellte auf die Intensität der Rechtsgutsbeeinträchtigung ab; erforderlich war, dass „für eine unbestimmte Vielzahl von Personen oder für erhebliche Sachwerte ein Schaden droht".[142]

---

134 Art. 23 Abs. 2, Art. 25 Abs. 1 Nr. 1 lit. a, Art. 42 Abs. 5 S. 2, Art. 53 Abs. 3 S. 1 Nr. 1, Art. 58 Abs. 1 S. 1 Nr. 3 lit. c, Abs. 3 S. 2, Art. 81 Abs. 2, Art. 83 Abs. 2 S. 2, Abs. 3 S. 2, Abs. 4 S. 2, Art. 84 Abs. 1 Nr. 1 PAG.
135 *Schmidbauer*, in: ders./Steiner, Art. 11 PAG Rn. 47.
136 Siehe etwa Art. 14 Abs. 3 S. 4, Art. 24 Abs. 1, Art. 34 Abs. 3 S. 1, Art. 35 Abs. 2, Art. 36 Abs. 4 S. 2, Art. 41 Abs. 4 S. 1, Abs. 5 S. 6, Abs. 6 S. 2, Art. 42 Abs. 6 S. 1, Art. 43 Abs. 8 S. 1, Art. 45 Abs. 3 S. 1, Art. 46 Abs. 3 S. 1, Art. 47 a Abs. 2 S. 1 PAG.
137 Siehe etwa Art. 36 Abs. 5 S. 2, Art. 41 Abs. 5 S. 6, Art. 64 Abs. 2 S. 7, Art. 86 Abs. 2 S. 2 PAG.
138 *Schmidbauer*, in: ders./Steiner, Art. 11 PAG Rn. 53.
139 Vgl. *Heckmann*, in: Becker/ders./Kempen/Manssen, 3. Teil, Rn. 125; *Schmidbauer*, in: ders./Steiner, Art. 11 PAG Rn. 48 (teils ohne Qualifikation).
140 Siehe Art. 23 Abs. 1 S. 1 Nr. 3, Art. 33 Abs. 4 S. 3, Art. 41 Abs. 1 S. 1, Art. 43 Abs. 2 S. 2, Art. 45 Abs. 1 S. 6 PAG.
141 *Schmidbauer*, in: ders./Steiner, Art. 11 PAG Rn. 49.
142 *Schmidbauer*, in: ders./Steiner, Art. 11 PAG Rn. 55.

cc) Drohende Gefahr, Art. 11 Abs. 3 PAG

Mit der am 1.8.2017 in Kraft getretenen Novelle des PAG[143] hat der bayerische Gesetzgeber einen **neuen**[144] **Gefahrbegriff** in das PAG eingeführt, die drohende Gefahr.[145] Er knüpft damit an das Urteil des BVerfG zum BKA-Gesetz an, das ein Absenken der „Anforderungen an die Vorhersehbarkeit des Kausalverlaufs" bei der Bekämpfung terroristischer Straftaten gebilligt hat,[146] und sieht in der Änderung eine „moderate, von den Voraussetzungen her eng begrenzte Arrondierung des polizeilichen Gefahrenbegriffs", die sich indes nicht auf den Bereich terroristischer Straftaten beschränkt.[147]

77

Eine drohende Gefahr liegt gemäß der **Legaldefinition** des Art. 11 Abs. 3 S. 1 PAG vor, „wenn im Einzelfall 1. das individuelle Verhalten einer Person die konkrete Wahrscheinlichkeit begründet oder 2. Vorbereitungshandlungen für sich oder zusammen mit weiteren bestimmten Tatsachen den Schluss auf ein seiner Art nach konkretisiertes Geschehen zulassen, wonach in absehbarer Zeit Angriffe von erheblicher Intensität oder Auswirkung zu erwarten sind". Um **Handlungsbefugnisse** gemäß Art. 11 Abs. 3 PAG zu begründen, muss die drohende Gefahr **bedeutende Rechtsgüter** im Sinne des Art. 11 Abs. 3 S. 2 PAG betreffen, nämlich 1. den Bestand oder die Sicherheit des Bundes oder eines Landes, 2. Leben, Gesundheit oder Freiheit, 3. die sexuelle Selbstbestimmung, 4. erhebliche Eigentumspositionen oder 5. Sachen, deren Erhalt im besonderen öffentlichen Interesse liegt. Dann kann die Polizei gemäß Art. 11 Abs. 3 S. 1 PAG „die notwendigen Maßnahmen treffen, um den Sachverhalt aufzuklären und die Entstehung einer Gefahr für ein bedeutendes Rechtsgut zu verhindern". Daneben er-

78

---

143 PAG idF des Gesetzes zur effektiveren Überwachung gefährlicher Personen vom 24. Juli 2017, GVBl. S. 388.
144 Der Begriff „drohende Gefahr" fand in der Lit. indes schon zuvor als Synonym zur konkreten Gefahr Verwendung, siehe *Schmidbauer*, in: ders./Steiner, Art. 11 PAG Rn. 54.
145 Näher *Holzner*, DÖV 2018, 946; *Leisner-Egensperger*, DÖV 2018, 677; *Löffelmann*, BayVBl. 2018, 145; *Möstl*, BayVBl. 2018, 156; *Schmidt/Wenner*, BayVBl. 2019, 109 (109 ff.); *Shirvani*, DVBl. 2018, 1393 (1394 ff.); *Waechter*, NVwZ 2018, 458; *Weinrich*, NVwZ 2018, 1680 (1681 ff.).
146 Siehe BVerfGE 141, 220 (272 f.): „Der Gesetzgeber ist von Verfassungs wegen aber nicht von vornherein für jede Art der Aufgabenwahrnehmung auf die Schaffung von Eingriffstatbeständen beschränkt, die dem tradierten sicherheitsrechtlichen Modell der Abwehr konkreter, unmittelbar bevorstehender oder gegenwärtiger Gefahren entsprechen. Vielmehr kann er die Grenzen für bestimmte Bereiche des schon dem Straftatenverhütung auch weiter ziehen, indem er die Anforderungen an die Vorhersehbarkeit des Kausalverlaufs reduziert. Allerdings müssen die Eingriffsgrundlagen auch dann eine hinreichend konkretisierte Gefahr in dem Sinne verlangen, dass zumindest tatsächliche Anhaltspunkte für die Entstehung einer konkreten Gefahr für die Schutzgüter bestehen. Allgemeine Erfahrungssätze reichen insoweit allein nicht aus, um den Zugriff zu rechtfertigen. Vielmehr müssen bestimmte Tatsachen festgestellt sein, die im Einzelfall die Prognose eines Geschehens, das zu einer zurechenbaren Verletzung der hier relevanten Schutzgüter führt, tragen … Eine hinreichend konkretisierte Gefahr in diesem Sinne kann dann schon bestehen, wenn sich noch nicht mit hinreichender Wahrscheinlichkeit vorhersehen lässt, sofern bereits bestimmte Tatsachen auf eine im Einzelfall drohende Gefahr für ein überragend wichtiges Rechtsgut hinweisen. Die Tatsachen müssen dafür zum einen den Schluss auf ein wenigstens seiner Art nach konkretisiertes und zeitlich absehbares Geschehen zulassen, zum anderen darauf, dass bestimmte Personen beteiligt sein werden, über deren Identität zumindest so viel bekannt ist, dass die Überwachungsmaßnahme gezielt gegen sie eingesetzt und weitgehend auf sie beschränkt werden kann … In Bezug auf terroristische Straftaten, die oft durch lang geplante Taten nichts straffällig gewordener Einzelnen an nicht vorhersehbaren Orten und in ganz verschiedener Weise verübt werden, können Überwachungsmaßnahmen auch dann erlaubt werden, wenn zwar noch nicht ein seiner Art nach konkretisiertes und zeitlich absehbares Geschehen erkennbar ist, jedoch das individuelle Verhalten einer Person die konkrete Wahrscheinlichkeit begründet, dass sie solche Straftaten in überschaubarer Zukunft begehen wird. Denkbar ist das etwa, wenn eine Person aus einem Ausbildungslager für Terroristen im Ausland in die Bundesrepublik Deutschland einreist."
147 LT-Drs. 17/16299, S. 9.

mächtigen verschiedene Standardbefugnisse des PAG zu einem Handeln bei Vorliegen einer drohenden Gefahr.[148]

79 Wegen seines Bezugs auf ein konkretisiertes Geschehen räumt Art. 11 Abs. 3 PAG (ebenso wie die an eine drohende Gefahr anknüpfenden Spezialbefugnisse) keine Eingriffsermächtigung schon bei Vorliegen einer abstrakten Gefahr ein. Ob die mit ihm gleichwohl verbundene **Absenkung der Eingriffsschwelle gerade auch angesichts der geschützten Rechtsgüter verfassungskonform** ist, stellt einen der zentralen Streitpunkte im Kontext der Novellierung des PAG 2017/2018 dar und ist Gegenstand einer verfassungsgerichtlichen Überprüfung sowohl vor dem Bayerischen Verfassungsgerichtshof als auch dem Bundesverfassungsgericht.[149]

80 Als im Einzelfall bestehende Gefahr lässt sich die drohende Gefahr unter die Aufgabeneröffnung gemäß Art. 2 Abs. 1 PAG subsumieren; jedenfalls ist ein Schluss von der Befugnis auf die Aufgabe möglich.

dd) Wissensdefizite: Gefahrenverdacht

81 Ein Gefahrenverdacht liegt vor, wenn aufgrund von **Wissensdefiziten** die Situation nicht abschließend beurteilt werden kann, der Eintritt eines Schadens jedoch mit gewisser Wahrscheinlichkeit zu erwarten ist und die Dringlichkeit des Einschreitens einer weiteren Aufklärung entgegensteht.[150] Aus Gründen der effektiven Gefahrenabwehr ist der Gefahrenverdacht tatbestandlich als Gefahr zu qualifizieren; auf Rechtsfolgenseite ist jedoch ein besonderes Augenmerk auf die Verhältnismäßigkeit der zu ergreifenden Maßnahme zu legen, so dass regelmäßig nur der weiteren Aufklärung dienende Gefahrerforschungseingriffe oder vorläufige Maßnahmen in Betracht kommen;[151] „[e]ndgültige Maßnahmen sind nur ausnahmsweise zum Schutz besonders wichtiger Rechtsgüter gerechtfertigt"[152]. Steht fest, dass keine Gefahr (mehr) vorliegt, sind ergriffene Maßnahmen einzustellen.[153]

---

148 Siehe Art. 13 Abs. 1 Nr. 1 lit. b (Identitätsfeststellung), Art. 14 Abs. 1 Nr. 4 (erkennungsdienstliche Maßnahmen), Art. 15 Abs. 3 Nr. 1 (Vorladung), Art. 16 Abs. 1 S. 1 Nr. 1 und Abs. 2 (Platzverweis, Kontaktverbot, Aufenthalts- und Meldeanordnung), Art. 21 Abs. 1 Nr. 3 (Durchsuchung), Art. 25 Abs. 1 Nr. 1 lit. b (Sicherstellung), Art. 33 Abs. 2 Nr. 1 lit. b (offene Anfertigung von Bild- und Tonaufnahmen sowie -aufzeichnungen von Personen), Art. 34 (Elektronische Aufenthaltsüberwachung), Art. 35 Abs. 1 S. 1 Nr. 1 (Postsicherstellung), Art. 36 Abs. 2 (besondere Mittel der Datenerhebung), Art. 40 Abs. 1 Nr. 2 (Ausschreibung zur polizeilichen Beobachtung), Art. 42 Abs. 1 S. 1 Nr. 1, Abs. 4 S. 1, Abs. 5 S. 1 (Überwachung und Aufzeichnung der Telekommunikation; Standortermittlung; Bestandsdatenauskunft) und Art. 45 Abs. 1 S. 1 Nr. 1 (verdeckter Zugriff auf informationstechnische Systeme).
149 Positive Bewertung der Novelle bei *Holzner*, DÖV 2018, 946 (949 ff.); *Möstl*, BayVBl. 2018, 156 (158 ff.); *Ogorek*, JZ 2019, 63 (68 f.); *Schmid/Wenner*, BayVBl. 2019, 109 (109 ff.); krit. demgegenüber *Löffelmann*, BayVBl. 2018, 145 (146 ff., 154 f.); *Shirvani*, DVBl. 2018, 1393 (1396 f.); *Weinrich*, NVwZ 2018, 1680 (1682 f., 1685). Zu den verfassungsgerichtlichen Verfahren siehe Fn. 32.
150 Zur hiervon zu unterscheidenden Ermittlung des (unbekannten) Störers *Heckmann*, in: Becker/ders./Kempen/Manssen, 3. Teil, Rn. 134.
151 BayVGH, BayVBl. 2017, 303 (303). Näher *Heckmann*, in: Becker/ders./Kempen/Manssen, 3. Teil, Rn. 129 f.; *Schmidbauer*, in: ders./Steiner, Art. 11 PAG Rn. 39 f. Differenziert und eine Eingriffsbefugnis (vorbehaltlich des Vorliegens einer konkreten Gefahr oder des Existenz von Spezialvorschriften wie Art. 11 Abs. 3 PAG) ablehnend *Schenke*, JuS 2018, 505 (508 ff.).
152 BayVGH, BayVBl. 2017, 303 (303). AA *Schenke*, JuS 2018, 505 (509 f.).
153 *Schmidbauer*, in: ders./Steiner, Art. 11 PAG Rn. 39.

ee) Fehlprognosen: Anscheins- und Putativgefahr

Prognosen sind mit **Ungewissheiten** behaftet, sie müssen sich nicht bewahrheiten, der von den Polizeibeamten für hinreichend wahrscheinlich erachtete **Schaden kann ausbleiben**. In diesem Fall ist eine polizeiliche Maßnahme nicht zwingend rechtswidrig, da die Ex-post-Perspektive, mithin das tatsächliche Vorliegender Gefahr, nicht entscheidend ist. Für die Rechtmäßigkeit kommt es vielmehr auf die **Vertretbarkeit der Einschätzung aus Ex-ante-Sicht** an. Dies findet seine Rechtfertigung in der Natur von Prognoseentscheidungen, die unter der Bedingung der Unsicherheit erfolgen, und im Grundsatz der effektiven Gefahrenabwehr, die durch ein zögerliches Handeln wegen befürchteter gerichtlicher Anfechtung und/oder Schadensersatzpflichten nicht beeinträchtigt werden soll.[154]

82

Eine **Anscheinsgefahr** liegt bei einer **vertretbaren Prognoseentscheidung** vor, mithin „wenn im Zeitpunkt des polizeilichen Einschreitens bei verständiger Würdigung objektive Anhaltspunkte für eine Gefahr vorliegen, sich aber nachträglich ergibt, daß eine Gefahr in Wirklichkeit nicht vorlag".[155] In diesem Fall ist die polizeiliche Primärmaßnahme rechtmäßig, da auch die Anscheinsgefahr eine Gefahr darstellt;[156] es können indes (auf Tertiärebene) Entschädigungsansprüche bestehen (→ Rn. 358).

83

Beispiel:
Der Polizeibeamte A meint, durch die verdunkelten Scheiben eines in der Sonne geparkten Pkw ein bereits bewusstloses Baby auf dem Rücksitz zu erkennen. Nachdem der Pkw auf seine Anweisung hin geöffnet wurde, stellt sich heraus, dass es sich um eine täuschend echt aussehende Puppe handelt.

Hinweis:
Anscheinsgefahr und Gefahrenverdacht unterscheiden sich durch die im zweiten, anders als im ersten Fall bestehende Kenntnis des Polizeibeamten von Wissensdefiziten.

Stellt sich die **Prognoseentscheidung** als **unvertretbar** dar, liegt die angenommene Gefahr mithin nicht vor und hätte „ein gewissenhafter, besonnener und sachkundiger Amtswalter in der Entscheidungssituation bei verständiger Würdigung des Sachverhalts und der vorhandenen und verfügbaren Informationen auch nicht von einer Gefahrenlage ausgehen" dürfen, liegt eine **Putativgefahr** (Scheingefahr) vor; in diesem Fall ist die Primärmaßnahme rechtswidrig und können (auf Tertiärebene) Schadensersatzansprüche bestehen (→ Rn. 362).[157] Die Unvertretbarkeit kann auch auf einer

84

---

154 *Heckmann*, in: Becker/ders./Kempen/Manssen, 3. Teil, Rn. 135; *Schmidbauer*, in: ders./Steiner, Art. 11 PAG Rn. 33.
155 OVG NRW, NJW 1980, 138 (139); ferner BayVGH, BayVBl. 2017, 303 (303): Anscheinsgefahr ist „eine im Zeitpunkt des behördlichen Einschreitens bestehende Sachlage, welche die Behörde aufgrund verständiger Würdigung als gefährlich ansehen durfte und auch als gefährlich angesehen hat, die sich jedoch im Nachhinein aufgrund neuer Erkenntnisse oder Informationen als ungefährlich erwiesen hat"; *Schmidbauer*, in: ders./Steiner, Art. 11 PAG Rn. 41. Die Begrifflichkeiten Anscheins- (auf Befugnisebene) und Putativgefahr für überflüssig erachtend *Gallwas/Lindner/Wolff*, Rn. 329 f. Zum Hintergrund *Poscher/Rusteberg*, JuS 2011, 984 (988).
156 BayVGH, BayVBl. 2017, 303 (303); OVG NRW, NJW 1980, 138 (139); *Heckmann*, in: Becker/ders./Kempen/Manssen, 3. Teil, Rn. 138; *Schenke*, JuS 2018, 505 (507); *Schmidbauer*, in: ders./Steiner, Art. 11 PAG Rn. 41.
157 *Holzner*, in: BeckOK PSR, Art. 11 PAG Rn. 64 f.; ferner BayVGH, BayVBl. 2017, 303 (303); *Heckmann*, in: Becker/ders./Kempen/Manssen, 3. Teil, Rn. 136; *Schenke*, JuS 2018, 505 (507 f.); *Schmidbauer*, in: ders./Steiner, Art. 11 PAG Rn. 42.

nicht hinreichenden Ermittlung des Sachverhalts beruhen, wobei für das Ausmaß der Ermittlungspflichten auf die Umstände des Einzelfalls abzustellen ist.[158]

Beispiel:
Der Polizeibeamte A sieht vor einer Gaststätte verkleidete, teils vermummte Gestalten und meint, auch Schusswaffen zu erkennen. Tatsächlich findet in der Gaststätte ein Kostümfest statt, was er anhand der am Gebäude angebrachten Beschilderung und Dekoration sowie der lauten Musik unschwer hätte erkennen können.

4. Handeln zum Schutz privater Rechte, Art. 2 Abs. 2 PAG

85 Art. 2 Abs. 2 PAG erklärt **polizeiliches Handeln für subsidiär**, so dieses zum Schutz privater Rechte erfolgen soll: „Im Rahmen ihrer Aufgabe nach Abs. 1 obliegt der Polizei der Schutz privater Rechte nach diesem Gesetz nur dann, wenn gerichtlicher Schutz nicht rechtzeitig zu erlangen ist und wenn ohne polizeiliche Hilfe die Verwirklichung des Rechts vereitelt oder wesentlich erschwert werden würde." Damit begründet diese Norm einen Vorrang der (zivil-)gerichtlichen Beilegung von Streitigkeiten unter Privaten, was grds. nicht als Aufgabe der Polizei betrachtet wird.[159]

Beispiel:
Ein Gast hat Inventar des Restaurants mutwillig beschädigt und möchte das Restaurant ohne Regulierung des Schadens verlassen. Der Gastwirt ruft die Polizei.

86 Anwendungsbereich und Bedeutung dieser Bestimmung hängen von ihrem **Verhältnis zur allgemeinen Bestimmung des polizeilichen Aufgabenbereichs gemäß Art. 2 Abs. 1 PAG** ab. Denn die öffentliche Sicherheit umfasst ua den Schutz privater Rechtsgüter wie Eigentum und Vermögen. Kein Konkurrenzverhältnis bestünde, wenn man den Schutz von Individualrechtsgütern nur dann unter Art. 2 Abs. 1 PAG fasste, so diese im Einzelfall strafrechtlichen Schutz genießen oder ein sonstiges öffentliches Interesse an ihrer Erhaltung besteht; dann würde Art. 2 Abs. 2 PAG den Schutz für private Rechtspositionen erweitern, auf die das nicht zutrifft und die folglich nicht unter Art. 2 Abs. 1 PAG fallen. Diese Auslegung des Art. 2 Abs. 1 PAG ist jedoch abzulehnen (→ Rn. 54, 56). Damit besteht ein **überschneidender Anwendungsbereich von Art. 2 Abs. 1 und 2 PAG**, wie dies auch der Wortlaut des letzteren nahelegt („Im Rahmen ihrer Aufgabe nach Abs. 1"; gegenläufig freilich die Differenzierung in Art. 13 Abs. 1 Nr. 1 und 6 PAG).[160] Weite Teile der Lit. reduzieren indes die Begrenzungsfunktion des Art. 2 Abs. 2 PAG dadurch erheblich, dass sie seinen Anwendungsbereich auf Fälle beschränken, in denen eine Gefährdung von Individualrechtsgütern nicht auch unter dem Aspekt des Schutzes der Unversehrtheit der Rechtsordnung relevant ist.[161] Zuzugeben ist dieser Auffassung, dass in jenen Fällen wegen des Betroffenseins der Unversehrtheit der Rechtsordnung mehr als nur ein individuelles Interesse auf

---

158 *Heckmann*, in: Becker/ders./Kempen/Manssen, 3. Teil, Rn. 136; *Schmidbauer*, in: ders./Steiner, Art. 11 PAG Rn. 42.
159 *Honnacker/Beinhofer/Hauser*, PAG, Art. 2 Rn. 27.
160 Siehe auch *Gallwas/Lindner/Wolff*, Rn. 405 m. Fn. 270 a (gegenläufig freilich Rn. 404).
161 *Holzner*, in: BeckOK PSR, Art. 2 PAG Rn. 25; *Schoch*, in: ders., Kap. 1, Rn. 256; ferner – möglicherweise etwas restriktiver zu verstehen wegen des Bezugs auf Straftatbestände und sonstige öffentliche Interessen – *Heckmann*, in: Becker/ders./Kempen/Manssen, 3. Teil, Rn. 50. AA implizit *Gallwas/Lindner/Wolff*, Rn. 405 m. Fn. 270 a, wiewohl über Art. 11 Abs. 2 Nr. 1 PAG relativiert (Rn. 406).

dem Spiel steht; begründet ist damit freilich die weitgehende Bedeutungslosigkeit des Art. 2 Abs. 2 PAG.

Bei der **Subsumtion unter die Tatbestandsmerkmale** des Art. 2 Abs. 2 PAG ist zu berücksichtigen, dass auch vor den Zivilgerichten Eilrechtsschutz eröffnet ist (siehe namentlich §§ 916, 935 ff. ZPO) und das BGB zahlreiche Selbsthilferechte normiert. Hinsichtlich der **Rechtsfolgen**, mithin der zum Schutz privater Rechte notwendigen Maßnahmen, ist zu berücksichtigen, dass, obgleich alle polizeilichen Handlungsbefugnisse grds. eröffnet sind,[162] der hinter Art. 2 Abs. 2 PAG stehende Sicherungszweck und der Grundsatz der Verhältnismäßigkeit regelmäßig nur (vorläufige) Sicherungsmaßnahmen wie die Identitätsfeststellung (Art. 13 Abs. 1 Nr. 6 PAG) oder die Sicherstellung (Art. 25 Abs. 1 Nr. 1 lit. a PAG) decken.[163]

87

5. Abgrenzung von präventivem und repressivem Handeln (insb. doppelfunktionale Maßnahmen)

Nachdem der Polizei sowohl die Aufgabe der Strafverfolgung als auch der Gefahrenabwehr obliegt, können sich Abgrenzungsfragen stellen, gerade bei sog doppelfunktionalen Maßnahmen, die beiden Bereichen zugeordnet werden können.

88

Beispiel:
Der sichtlich alkoholisierten Autofahrer A wird von Polizeibeamten mit auf die Polizeistation genommen.

In diesem Fall ist „anhand des (erkennbaren) Grunds oder Ziels des polizeilichen Einschreitens und gegebenenfalls dessen Schwerpunkt zu bestimmen, ob die Maßnahmen der Gefahrenabwehr oder der Strafverfolgung dienten."[164]

89

Lösung:
Wird A unmittelbar nach Fahrtbeginn vor der Garage seines Hauses von den Polizeibeamten aufgegriffen, liegt der Schwerpunkt der Maßnahme regelmäßig im präventiven Bereich. Wurde er dagegen während seiner Trunkenheitsfahrt von den Polizeibeamten verfolgt und konnte er erst bei der Rückkunft vor der Garage seines Hauses aufgegriffen werden, ist von einem repressiven Schwerpunkt auszugehen.

Klausurhinweis:
Abgesehen von der Frage der Aufgabeneröffnung ist die Abgrenzung von präventivem und repressivem Handeln auch für die einschlägige Befugnisnorm (StPO oder PAG) und den Rechtsweg relevant: Gemäß § 23 EGGVG und (dem deklaratorischen) Art. 12 Abs. 1 POG sind die ordentlichen Gerichte für die Entscheidung über Rechtsbehelfe im Bereich der Strafrechtspflege zuständig, wohingegen die Verwaltungsgerichte über die Rechtmäßigkeit präventiver polizeilicher Maßnahmen entscheiden (§ 40 Abs. 1 S. 1 VwGO). Im Bereich des PAG ist die Zuständigkeit der Amtsgerichte für spezielle gerichtliche Entscheidungen nach Art. 92 Abs. 2 PAG zu beachten (vgl. → Rn. 154, 156 sowie 187).

---

162 AA *Gallwas/Lindner/Wolff*, Rn. 404, hinsichtlich Standardbefugnissen wegen dort punktuell normierter Spezialtatbeständen (vgl. noch Art. 13 Abs. 1 Nr. 6 PAG).
163 *Heckmann*, in: Becker/ders./Kempen/Manssen, 3. Teil, Rn. 51; *Holzner*, in: BeckOK PSR, Art. 2 PAG Rn. 32 f.
164 BayVGH, BayVBl. 2010, 220 (Ls. 1); siehe auch BVerfG, Beschl. v. 18.12.2018, 1 BvR 142/15, juris, Rn. 72, 76. Im Detail ist Vieles umstritten, näher *Schmidbauer*, in: ders./Steiner, Art. 12 POG Rn. 10 ff.; *Schoch*, Jura 2013, 1115. Zur Problematik „echter" doppelfunktionaler Maßnahmen im Kontext sog legendierter Kontrollen referierend BGHSt 62, 123 (131 ff. mwN); siehe auch *Götz/Geis*, § 18 Rn. 17 ff.

90 Davon zu unterscheiden sind „sogenannt[e] **Gemengelagen**, in denen die Polizei sowohl repressiv als auch präventiv agieren kann und will"; hier sind sich in Form von mehreren polizeilichen Handlungen ausdrückende „strafprozessuale und gefahrenabwehrrechtliche Maßnahmen grundsätzlich nebeneinander anwendbar."[165] Dabei ist die Frage des Rechtswegs differenziert nach den einzelnen polizeilichen Handlungen zu betrachten, mithin kann für eine Maßnahme im Rahmen der Gemengelage der ordentliche und für eine andere der Verwaltungsrechtsweg eröffnet sein.[166]

IV. Polizeiliche Standardbefugnisse

91 Die Art. 12 ff. PAG enthalten einen **Katalog polizeilicher Maßnahmen**, die inhaltlich konturiert und hinsichtlich ihrer Voraussetzungen geregelt werden. Dies erleichtert das polizeiliche Handeln (Entlastungsfunktion), schützt aber auch die Bürger.[167] Mag auch eine besondere Eingriffsintensität eine spezifische Normierung verlangen, so sind von den Standardbefugnissen erfasste Maßnahmen nicht generell eingriffsintensiver als solche, die Art. 11 Abs. 1 und 2 PAG deckt.[168]

92 Die Standardbefugnisse lassen sich in folgende Blöcke **gliedern**: Auskunftspflicht, Identitätsfeststellung, erkennungsdienstliche Maßnahmen und Vorladung (Art. 12–15 PAG; 1.); Platzverweis und Aufenthaltsbeschränkungen (Art. 16 PAG; 2.); Gewahrsam (Art. 17–20 PAG; 3.); Durchsuchung (Art. 21–24 PAG; 4.); Sicherstellung, Verwahrung, Verwertung (Art. 25–28 PAG; 5.); Grenzkontrolle und Sicherung von Anlagen (Art. 29 PAG; hier nicht vertieft); Datenverarbeitung (Art. 30–66 PAG, etwa Telekommunikationsüberwachung; diese sind kein Examensstoff und bleiben daher ausgeklammert).

93 Die Standardbefugnisse gehen atypischen Maßnahmen (Art. 11 Abs. 2 PAG) und der polizeilichen Generalklausel (Art. 11 Abs. 1 Hs. 1 PAG) vor (Art. 11 Abs. 1 Hs. 2 PAG; → Rn. 213).

1. Auskunftspflicht, Identitätsfeststellung, erkennungsdienstliche Maßnahmen und Vorladung, Art. 12–15 PAG

94 Die Art. 12 ff. PAG dienen der polizeilichen **Informationsgewinnung**.

a) Auskunftspflicht, Art. 12 PAG

95 Art. 12 S. 1 PAG ermöglicht der Polizei anzuordnen, dass eine Person ihre **Personalien** angibt, nämlich Name, Vorname, Tag und Ort der Geburt, Wohnanschrift und Staatsangehörigkeit. Diese Anordnung stellt einen Verwaltungsakt dar. Voraussetzung ist, dass der Adressat „sachdienliche Angaben machen kann, die zur Erfüllung einer be-

---

165 BGHSt 62, 123 (133), Hervorhebung durch den Autor; ebenso *Schenke*, NJW 2011, 2838 (2844); *ders.*, Polizei- und Ordnungsrecht, Rn. 423. Kritisch *Lenk*, NVwZ 2018, 38.
166 *Buchberger*, in: Lisken/Denninger, Kap. L, Rn. 24; *Schenke*, NJW 2011, 2838 (2841 ff.); *ders.*, Polizei- und Ordnungsrecht, Rn. 424. Reine Begleitmaßnahmen repressiven Handelns sind jedoch mit diesem zusammen vor den ordentlichen Gerichten anzugreifen, siehe *Heckmann*, in: Becker/ders./Kempen/Manssen, 3. Teil, Rn. 14 a.
167 *Gallwas/Lindner/Wolff*, Rn. 610 f.
168 Siehe auch *Gallwas/Lindner/Wolff*, Rn. 614.

stimmten polizeilichen Aufgabe erforderlich sind." Folglich müssen die Voraussetzungen des Art. 2 PAG vorliegen und damit nicht zwingend eine konkrete Gefahr.

Weitergehende Auskünfte darf die Polizei gemäß Art. 12 S. 2 PAG nur verlangen, wenn entsprechende gesetzliche Auskunftspflichten bestehen. Solche können sich aus einer Garantenstellung (§ 13 StGB), § 138 StGB oder § 323c StGB ergeben (Nr. 12.2 VollzBek. PAG). 96

Schließlich ermöglicht Art. 12 S. 3 PAG der Polizei, die **Person** für die Dauer der Befragung **anzuhalten**. Dies deckt nur eine entsprechende Anordnung (Aufforderung, an Ort und Stelle zu verbleiben); durchzusetzen (Festhalten) ist diese nach den Vorschriften über die Vollstreckung polizeilicher Verwaltungsakte (Art. 70 ff. PAG; → Rn. 257 ff.), und zwar mittels unmittelbaren Zwangs (Art. 75, 77 ff. PAG; → Rn. 265 ff., 304 ff.). Die Obergrenze für ein Anhalten wird bei 10 bis 15 Minuten gesehen;[169] es stellt eine Freiheitsbeschränkung im Sinne des Art. 104 Abs. 1 GG, aber keine Freiheitsentziehung im Sinne der Art. 104 Abs. 2 ff. GG, Art. 18 PAG dar[170]. 97

Die **Maßnahmerichtung** ergibt sich aus Art. 12 PAG selbst, es kommt auf die Möglichkeit, sachdienliche Angaben machen zu können (S. 1), auf eine gesetzliche Handlungspflicht (S. 2) bzw. auf die Stellung als gemäß S. 1 f. zu Befragender (S. 3) an; ein Rückgriff auf Art. 7 f. PAG ist gesperrt. 98

b) Identitätsfeststellung, Art. 13 PAG

Art. 13 PAG ermöglicht der Polizei, die Identität einer Person festzustellen. Die Identität einer Person umfasst die in § 111 OWiG genannten **Merkmale**: Vor-, Familien- und Geburtsnamen, Ort und Tag der Geburt, Familienstand, Beruf, Wohnort, Wohnung und Staatsangehörigkeit (vgl. Nr. 13.1 VollzBek. PAG). Zahlreiche andere Befugnisnormen nehmen auf Art. 13 PAG Bezug.[171] 99

aa) Eingriffsschwelle

Hinsichtlich der **Eingriffsschwelle** unterscheidet Art. 13 Abs. 1 PAG verschiedene Situationen. Zunächst ist eine Identitätsfeststellung zur Abwehr einer (konkreten) **Gefahr** (Nr. 1 lit. a) oder einer drohenden Gefahr für ein bedeutendes Rechtsgut (Nr. 1 lit. b) sowie zum Schutz privater Rechte (Nr. 6) möglich. Der Gefahrenabwehr kann die Identitätsfeststellung dienen, wenn sie Grundlage für weitere polizeiliche Maßnahmen ist (etwa die Identifikation zwecks Ingewahrsamnahme einer gesuchten Person) oder sie den Täter (da nunmehr polizeibekannt) von einem schädigenden Verhalten abhält[172]. 100

---

169 Siehe *Aulehner*, in: BeckOK PSR, Art. 12 PAG Rn. 18 (15 Minuten); *Weber/Köppert*, Polizei- und Sicherheitsrecht, Rn. 139 (10 Minuten).
170 *Aulehner*, in: BeckOK PSR, Art. 12 PAG Rn. 18; *Heckmann*, in: Becker/ders./Kempen/Manssen, 3. Teil, Rn. 332.
171 So Art. 14 Abs. 1 Nr. 1 und 2, Abs. 6, Art. 21 Abs. 1 Nr. 4 und 5, Art. 22 Abs. 1 Nr. 4–6, Art. 33 Abs. 2 Nr. 2, Abs. 3, Art. 39 Abs. 1 S. 1 PAG.
172 Vgl. die Gesetzesbegründung, LT-Drs. 17/16299, S. 10 f.: „Die Identitätsfeststellung erweist sich in der Praxis als äußerst wirksames Instrument der polizeilichen Gefahrenabwehr, nachdem von der Verwirklichung gefährlicher Handlungen in der Regel bereits dann Abstand genommen wird, wenn die handelnde Person weiß, dass ihre Identität der Polizei bekannt ist."

101 Darüber hinaus ermöglichen die Nr. 2 ff. eine **Identitätsfeststellung** an bestimmten Orten **unabhängig vom Vorliegen einer (vom Betroffenen zu verantwortenden) Gefahr**; dies findet seine Rechtfertigung in der besonderen Gefährlichkeit oder Gefährdung des Ortes oder in der Annahme, dort Personen, die Gefahren verursachen, anzutreffen.

102 Erfasst sind gemäß Nr. 2 zunächst **gefährliche Orte**, mithin jeder Ort, „a) von dem aufgrund tatsächlicher Anhaltspunkte anzunehmen ist, daß dort aa) Personen Straftaten verabreden, vorbereiten oder verüben, bb) sich Personen ohne erforderliche Aufenthaltserlaubnis treffen, oder cc) sich Straftäter verbergen, oder b) an dem Personen der Prostitution nachgehen, oder c) der als Unterkunft oder dem sonstigen, auch vorübergehenden Aufenthalt von Asylbewerbern und unerlaubt Aufhältigen dient".[173] Nr. 2 ermöglicht eine Razzia.[174] Eine Adressierung offensichtlich Unbeteiligter ist unverhältnismäßig,[175] ein konkreter Verdacht gegen die zu kontrollierende Person muss indes nicht bestehen[176].

103 Nr. 3 ermöglicht die Identitätsfeststellung an **besonders gefährdeten Orten**, mithin wenn sich der Betroffene „in einer Verkehrs- oder Versorgungsanlage oder -einrichtung, einem öffentlichen Verkehrsmittel, Amtsgebäude oder einem anderen besonders gefährdeten Objekt oder in unmittelbarer Nähe hiervon aufhält und Tatsachen die Annahme rechtfertigen, daß in oder an Objekten dieser Art Straftaten begangen werden sollen, durch die in oder an diesen Objekten befindliche Personen oder diese Objekte selbst unmittelbar gefährdet sind".

104 Eine Identitätsfeststellung darf ferner gemäß Nr. 4 auch „an einer **Kontrollstelle** [erfolgen], die von der Polizei eingerichtet worden ist, um Straftaten im Sinn von § 100 a der Strafprozessordnung (StPO) oder Art. 20 Abs. 1 Nr. 1 und 3, Abs. 2 Nr. 5–7 des Bayerischen Versammlungsgesetzes (BayVersG) zu verhindern". Bei versammlungsbezogenen Maßnahmen ist die Ausstrahlungswirkung des Art. 8 Abs. 1 GG für Vorfeldmaßnahmen (→ Rn. 449) zu beachten, was die Anforderungen an die Gefahrenprognose erhöht.[177]

105 Nr. 5 regelt die **Schleierfahndung** und ermöglicht – als Kompensation der im Schengen-Raum entfallenen Grenzkontrollen – eine Identitätsfeststellung „im Grenzgebiet bis zu einer Tiefe von 30 km sowie auf Durchgangsstraßen (Bundesautobahnen, Europastraßen und andere Straßen von erheblicher Bedeutung für den grenzüberschreitenden Verkehr) und in öffentlichen Einrichtungen des internationalen Verkehrs zur Verhütung oder Unterbindung der unerlaubten Überschreitung der Landesgrenze oder des unerlaubten Aufenthalts und zur Bekämpfung der grenzüberschreitenden Kriminalität". Die Schleierfahndung wird namentlich wegen ihrer Streubreite (Verdachts- und

---

[173] Art. 13 Abs. 1 Nr. 2 lit. c PAG fand mit dem Bayerischen Integrationsgesetz (BayIntG) vom 13. Dezember 2016, GVBl. S. 335, Eingang in das PAG; zum Hintergrund LT-Drs. 17/11362, S. 24.
[174] *Senftl*, in: BeckOK PSR, Art. 13 PAG Rn. 11.
[175] *Senftl*, in: BeckOK PSR, Art. 13 PAG Rn. 10.
[176] BayVGH, BayVBl. 2013, 90 (90).
[177] BayVGH, BeckRS 2013, 47530, Rn. 12 ff.; *Senftl*, in: BeckOK PSR, Art. 13 PAG Rn. 13. Siehe auch BVerfG Beschl. v. 18.12.2018, 1 BvR 142/15, juris, Rn. 144 f.

IV. Polizeiliche Standardbefugnisse

Ereignisunabhängigkeit) teils für unverhältnismäßig erachtetet;[178] der Bayerische Verfassungsgerichtshof hat indes deren **Verfassungskonformität** insbesondere unter Verweis auf die relativ geringe Eingriffsintensität, das Gewicht der mit ihr verfolgten Ziele sowie die Begrenzungswirkung entfaltende gesetzliche Zielvorgabe bestätigt[179]. Dabei hat er herausgestrichen, dass, in Einklang mit der gesetzlichen Zielvorgabe, „den Kontrollen entsprechende Lageerkenntnisse und einschlägige polizeiliche Erfahrung zugrunde zu legen" sind.[180] Das **Unionsrecht** (Art. 22 Schengener Grenzkodex; siehe Fn. 47) verbietet nach der Rspr. des EuGH nicht nur Grenzkontrollen, sondern auch Maßnahmen gleicher Wirkung; die Schleierfahndung ist demnach nur dann unionsrechtskonform, wenn die „Kontrollen auf Lageerkenntnissen oder grenzpolizeilicher Erfahrung beruhen" und „die Durchführung der Kontrollen im nationalen Recht Konkretisierungen und Einschränkungen unterliegt, die die Intensität, die Häufigkeit und die Selektivität der Kontrollen bestimmen".[181] Diesen Anforderungen will Art. 13 Abs. 1 Nr. 5 PAG durch die Begrenzung der Schleierfahndung auf bestimmte Orte und Zwecke genügen.[182]

bb) Maßnahmen

Zur Identitätsfeststellung darf die Polizei gemäß Art. 13 Abs. 2 S. 1 PAG alle hierzu erforderlichen **Maßnahmen** treffen. Die Regelbeispiele des S. 2 umfassen ein Anhalten des Betroffenen, eine Befragung nach seinen Personalien, das Verlangen, mitgeführte Ausweispapiere zur Prüfung auszuhändigen, und – seit Inkrafttreten des Gesetzes über Verbote der Gesichtsverhüllung[183] – auch das Verlangen, Kleidungsstücke sowie Gegenstände, die eine Identitätsfeststellung verhindern oder erschweren, abzunehmen.

106

Neben dem Anhalten einer Person gestattet die Identitätsfeststellung auch das **Festhalten des Betroffenen**, „wenn die Identität auf andere Weise nicht oder nur unter erheblichen Schwierigkeiten festgestellt werden kann" (Art. 13 Abs. 2 S. 3 PAG). Diese Befugnis umfasst auch die sog **Sistierung**, mithin die Mitnahme zur Polizeidienststelle.[184] Bei beiden Maßnahmen handelt es sich (ihre relativ kurze Dauer vorausgesetzt) um Freiheitsbeschränkungen im Sinne des Art. 104 Abs. 1 GG, nicht aber um eine Freiheitsentziehung im Sinne der Art. 104 Abs. 2 ff. GG, Art. 18 PAG;[185] die Erwähnung der Bestimmung in Art. 18 Abs. 1 S. 1 PAG ändert hieran nichts, da sie nicht alle

107

---

178 Siehe etwa LVerfG MV, DVBl. 2000, 262 (263 ff., partiell); *Lisken*, NVwZ 1998, 22 (23 ff.); *Stephan*, DVBl. 1998, 81 (83 f.); *Waechter*, DÖV 1999, 138 (144 ff.).
179 BayVerfGHE 56, 28 (43 ff.). Ebenso BayVerfGHE 59, 29 (39); SächsVerfGH, NJ 2003, 473 (473); *Heckmann*, in: Becker/ders./Kempen/Manssen, 3. Teil, Rn. 327 (auch zur Kompetenzfrage). Siehe auch BVerfG, Beschl. v. 18.12.2018, 1 BvR 142/15, juris, Rn. 144 f.
180 BayVerfGHE 56, 28 (50).
181 EuGH, Rs. C-9/16, ECLI:EU:C:2017:483, Rn. 75 – A. Siehe auch EuGH, verb. Rs. C-188/10 und 189/10, Slg 2010, I-5667 – Melki und Abdeli, Rn. 74.
182 Für die Unionsrechtskonformität *Heckmann*, in: Becker/ders./Kempen/Manssen, 3. Teil, Rn. 327. AA *Groh*, NVwZ 2016, 1678 (1681 ff.); vgl. auch *Trennt*, DÖV 2012, 216 (221 ff.). Zurückhaltend *Michl*, DÖV 2018, 50 (58 f.).
183 Siehe § 5 des Gesetzes über Verbote der Gesichtsverhüllung in Bayern vom 12. Juli 2017, GVBl. S. 362.
184 *Heckmann*, in: Becker/ders./Kempen/Manssen, 3. Teil, Rn. 331 (mit Kritik an der Bestimmtheit); *Senftl*, in: BeckOK PSR, Art. 13 PAG Rn. 22. Vgl. auch BayVerfGHE 56, 28 (52 ff.).
185 *Heckmann*, in: Becker/ders./Kempen/Manssen, 3. Teil, Rn. 332; *Senftl*, in: BeckOK PSR, Art. 13 PAG Rn. 22 (Grenze bei Sistierung: eine Stunde).

Maßnahmen gemäß Art. 13 Abs. 2 S. 3 PAG als Freiheitsentzug qualifiziert, vielmehr das Vorliegen eines solchen voraussetzt[186].

108 Unter denselben Voraussetzungen ist die Polizei gemäß Art. 13 Abs. 2 S. 4 PAG überdies befugt, den Betroffenen und die von ihm mitgeführten Sachen zu **durchsuchen**, freilich nur zum Auffinden für die Identitätsfeststellung relevanter Gegenstände; weitergehende Durchsuchungsmaßnahmen sind nur unter den Voraussetzungen der Art. 21 f. PAG zulässig. Auch im Kontext des Art. 13 Abs. 2 S. 4 PAG gelten die allgemeinen Anforderungen an Durchsuchungen (namentlich Art. 21 Abs. 3 und Art. 22 Abs. 2 PAG).[187]

109 Schließlich kann die Polizei gemäß Art. 13 Abs. 3 PAG „verlangen, daß ein **Berechtigungsschein** zur Prüfung ausgehändigt wird, wenn der Betroffene aufgrund einer Rechtsvorschrift verpflichtet ist, diesen Berechtigungsschein mitzuführen." Hierunter fällt der Waffenschein gemäß § 38 Abs. 1 S. 1 Nr. 1 lit. a WaffG oder die Zulassungsbescheinigung Teil I gemäß § 11 Abs. 6 FZV.

110 Hinsichtlich der **Maßnahmerichtung** enthalten Art. 13 Abs. 1 Nr. 2–5 und Abs. 3 PAG eine Spezialregelung gegenüber Art. 7 f. PAG; letztere finden bei den Gefahrerfordernissen der Nr. 1 und 6 indes Anwendung.

c) Erkennungsdienstliche Maßnahmen, Art. 14 PAG

111 Art. 14 PAG räumt der Polizei die Befugnis zur Vornahme erkennungsdienstlicher Maßnahmen ein, worunter nach der **beispielhaften Aufzählung** in Art. 14 Abs. 2 PAG die Abnahme von Finger- und Handflächenabdrucken, die Aufnahme von Lichtbildern, die Feststellung äußerer körperlicher Merkmale oder Messungen fallen.

112 Art. 14 Abs. 1 PAG erfasst **verschiedene Situationen**. Art. 14 Abs. 1 Nr. 1 PAG ermöglicht zunächst erkennungsdienstliche Maßnahmen, wenn „eine nach Art. 13 zulässige **Identitätsfeststellung** auf andere Weise **nicht oder nur unter erheblichen Schwierigkeiten möglich ist"**. Der mit dem Bayerischen Integrationsgesetz[188] in das PAG aufgenommene Art. 14 Abs. 1 Nr. 2 PAG gestattet erkennungsdienstliche Maßnahmen, wenn „trotz einer nach Art. 13 getroffenen Maßnahme der Identitätsfeststellung **Zweifel über die Person oder die Staatsangehörigkeit** bestehen", etwa „wenn nicht sicher ist, ob ein Ausweisdokument echt bzw. zutreffend ist."[189]

113 Art. 14 Abs. 1 Nr. 3 PAG greift, wenn eine erkennungsdienstliche Maßnahme „zur **vorbeugenden Bekämpfung von Straftaten** erforderlich ist, weil der Betroffene verdächtig ist, eine Tat begangen zu haben, die mit Strafe bedroht ist und wegen der Art und Ausführung der Tat die Gefahr der Wiederholung besteht".[190] Umstritten ist das

---

186 *Grünewald*, in: BeckOK PSR, Art. 18 PAG Rn. 11.
187 *Grünewald*, in: BeckOK PSR, Art. 22 PAG Rn. 23; *Senftl*, in: BeckOK PSR, Art. 13 PAG Rn. 23.
188 Siehe Fn. 173.
189 LT-Drs. 17/11362, S. 25.
190 Nach dem BayVGH (BeckRS 2015, 56376, Ls. 1) bestimmt sich „[d]ie – gerichtlich voll überprüfbare – Notwendigkeit einer erkennungsdienstlichen Behandlung ... danach, ob der Sachverhalt, der anlässlich des gegen den Betroffenen gerichteten Strafverfahrens festgestellt wurde, nach kriminalistischer Erfahrung angesichts aller Umstände des Einzelfalls Anhaltspunkte für die Annahme bietet, dass der Betroffene in den Kreis Verdächtiger einer noch aufzuklärenden anderen Straftat einbezogen werden könnte und dass die erkennungsdienstlichen Unterlagen die dann zu führenden Ermittlungen, den Betroffenen letztlich überfüh-

Verhältnis dieses Tatbestands **zu § 81 b 2. Alt. StPO**, der erkennungsdienstliche Maßnahmen beim Beschuldigten zulässt, soweit es für erkennungsdienstliche Zwecke notwendig ist, mithin für die Verfolgung etwaiger künftiger Straftaten (Strafverfolgungsvorsorge).[191] In seinem Anwendungsbereich ist § 81 b 2. Alt. StPO vorrangig,[192] mithin bei Maßnahmen gegen Beschuldigte zum Zwecke der Strafverfolgungsvorsorge, nicht aber generell bei Maßnahmen gegen Beschuldigte (unabhängig vom verfolgten Zweck)[193]. Die PAG-Norm greift demgegenüber bei Maßnahmen der Gefahrenabwehr und -vorsorge sowie gegen andere Personen als Beschuldigte auch im Kontext der Strafverfolgungsvorsorge;[194] § 81 b 2. Alt. StPO enthält keine im Sinne des Art. 72 Abs. 1 GG abschließende Regelung der letzteren[195].

Art. 14 Abs. 1 Nr. 4 PAG, neu eingeführt durch das Gesetz zur effektiveren Überwachung gefährlicher Personen,[196] ermöglicht, ähnlich wie Art. 13 Abs. 1 Nr. 1 PAG, erkennungsdienstliche Maßnahmen zur „Abwehr einer **Gefahr** oder einer drohenden Gefahr für ein bedeutendes Rechtsgut". Hintergrund ist die kriminologische Erkenntnis, dass die spätere Identifikationsmöglichkeit „Personen davon abhält, Straftaten zu begehen".[197] Die Qualifikation (bedeutendes Rechtsgut, vgl. Art. 11 Abs. 3 S. 2 PAG) bezieht sich auf beide Varianten.[198] 114

Der mit dem Gesetz zur Neuordnung des bayerischen Polizeirechts vom 18.5.2018[199] eingeführte Art. 14 Abs. 3 PAG hat überdies das Spektrum erkennungsdienstlicher Maßnahmen auf die **Entnahme von Körperzellen und deren molekulargenetischen Untersuchung zur Feststellung des DNA-Identifizierungsmusters** erweitert und angesichts der Grundrechtsrelevanz dieser Maßnahme eine eigenständige Befugnis geschaffen. Voraussetzung ist eine (konkrete) Gefahr für ein bedeutendes Rechtsgut; überdies sind sonstige erkennungsdienstliche Maßnahmen vorrangig durchzuführen. Art. 14 Abs. 3 S. 2 PAG sieht einen Arztvorbehalt für körperliche Eingriffe[200] vor und S. 4 einen **Richtervorbehalt** für die Anordnung der Maßnahme (Ausnahme: Gefahr im Ver- 115

---

rend oder entlastend, fördern könnten". Hierfür können nach Ls. 2 „auch andere gegen den Betroffenen geführte Verfahren Bedeutung gewinnen, die mit einer Einstellung nach §§ 153 ff. bzw. § 170 Abs. 2 StPO oder sogar einem Freispruch geendet haben; so kann der Tatverdacht bei einer Einstellung nach § 170 Abs. 2 StPO fortbestehen, wenn die Einstellung nicht wegen gänzlich ausgeräumten Tatverdachts, sondern aus anderen Gründen erfolgt ist".

191 Kompetentiell ist diese Bundesregelung Art. 74 Abs. 1 Nr. 1 GG (gerichtliches Verfahren) zuzuordnen, siehe nur BVerfG, Beschl. v. 18.12.2018, 1 BvR 142/15, juris, Rn. 67 f.; BVerwGE 141, 329 (336 ff.); zu dessen begrenzter Sperrwirkung (Art. 72 Abs. 1 GG) ibid., S. 338 ff.
192 BVerwGE 141, 329 (338); *Graulich*, NVwZ 2014, 685 (687). Vgl. bereits BayVGH, NJW 1984, 2235 (2236 f.). Dabei genügt es, wenn die Beschuldigteneigenschaft im Zeitpunkt der Anordnung der Maßnahme im Sinne des § 81 b 2. Alt. StPO vorliegt, siehe BVerwG, NJW 2018, 3194 (3194 f.).
193 So aber *Senftl*, in: BeckOK PSR, Art. 14 PAG Rn. 11; *Weber/Köppert*, Polizei- und Sicherheitsrecht, Rn. 148. Vgl. auch Schmid/Wenner, BayVBl. 2019, 109 (113).
194 HmbOVG, BeckRS 2013, 51745. Partiell aA, nämlich nach dem vom PAG erfassten Gefahrenabwehr(vorsorge) und der von der StPO erfassten Strafverfolgungs(vorsorge) differenzierend *Gallwas/Lindner/Wolff*, Rn. 655; *Schmidbauer*, in: ders./Steiner, Art. 14 PAG Rn. 16.
195 HmbOVG, BeckRS 2013, 51745.
196 Siehe Fn. 143.
197 LT-Drs. 17/16299, S. 11.
198 LT-Drs. 17/16299, S. 11.
199 Gesetz zur Neuordnung des bayerischen Polizeirechts (PAG-Neuordnungsgesetz) vom 18. Mai 2018, GVBl. S. 301.
200 Die Gesetzesbegründung (LT-Drs. 17/20425, S. 41) weist darauf hin, dass hierunter „nur solche Entnahmemethoden zu verstehen [sind], die mit einer (wenn auch nur ganz geringfügigen) Verletzung des Körpers,

zug). Schließlich normiert Art. 14 Abs. 3 S. 3 PAG eine grundsätzliche Pflicht zur unverzüglichen Vernichtung nach der Untersuchung. Schließlich darf sich „[d]ie molekulargenetische Untersuchung ... allein auf das DNA-Identifizierungsmuster erstrecken. Anderweitige Untersuchungen oder anderweitige Feststellungen sind unzulässig", etwa hinsichtlich der Haar- oder Hautfarbe (Art. 14 Abs. 4 PAG).

116 Der Verweis in Art. 14 Abs. 6 PAG auf Art. 13 Abs. 2 S. 3 PAG ermöglicht das **Festhalten** zum Zwecke der Vornahme erkennungsdienstlicher Maßnahmen.

117 Art. 14 Abs. 5 PAG konkretisiert das **zeitliche Übermaßverbot**: „Sind die Voraussetzungen nach Abs. 1 oder Abs. 3 entfallen, sind die erkennungsdienstlichen Unterlagen unverzüglich zu vernichten."

d) Vorladung, Art. 15 PAG

118 Art. 15 PAG ermöglicht der Polizei, Personen zu vorzuladen, sie mithin zum **Erscheinen** an einem bestimmten Ort (in der Regel eine Polizeidienststelle) zu einer bestimmten Zeit (vgl. Art. 15 Abs. 2 S. 2 PAG) sowie zum dortigen **Verbleiben** bis zur Erledigung der Angelegenheit zu verpflichten.[201] Sie stellt nach allgemeiner Auffassung keine Freiheitsbeschränkung im Sinne des Art. 104 Abs. 1 GG dar, sondern lediglich einen Eingriff in die allgemeine Handlungsfreiheit.[202]

119 Eine Vorladung ist gemäß Art. 15 Abs. 1 PAG **zulässig**, wenn Tatsachen die Annahme rechtfertigen, daß die Person sachdienliche Angaben machen kann, die für die Erfüllung einer bestimmten polizeilichen Aufgabe erforderlich sind (Nr. 1),[203] oder das zur Durchführung erkennungsdienstlicher Maßnahmen oder einer elektronischen Aufenthaltsüberwachung erforderlich ist (Nr. 2). Keine Anwendung findet Art. 15 PAG im Kontext der Strafverfolgung.[204]

120 Art. 15 Abs. 1 f. PAG normieren ferner **Formvorschriften**: Die Vorladung kann mündlich oder schriftlich erfolgen (Art. 15 Abs. 1 PAG). Sie soll den Grund angeben; überdies soll ihre Terminierung auf den Beruf und die sonstigen Lebensverhältnisse des Betroffenen Rücksicht nehmen (Art. 15 Abs. 2 PAG), wobei umstritten ist, ob dies eine bloße Ordnungsvorschrift darstellt[205].

121 Die Vorladung kann **zwangsweise durchgesetzt** werden. Dies richtet sich nach den allgemeinen Vollstreckungsregeln der Art. 70 ff. PAG, wobei **Art. 15 Abs. 3 PAG zusätzliche Voraussetzungen** aufstellt. Hierin liegt regelmäßig eine Freiheitsbeschränkung im Sinne des Art. 104 Abs. 1 GG, nicht aber ein Freiheitsentzug im Sinne der Art. 104

---

also mit einem Eingriff in die körperliche Integrität (etwa in Form einer Blutentnahme) einhergehen"; „die Gewinnung von DNA-Material durch Eindringen in natürliche Körperöffnungen, etwa im Wege eines (Mundhöhlen-)Schleimhautabstrichs, [ist] nur eine einfache körperliche Untersuchung und gerade kein körperlicher Eingriff im Sinne dieser Norm".
201 *Schmidbauer*, in: ders./Steiner, Art. 15 PAG Rn. 2.
202 *Grünewald*, in: BeckOK PSR, Art. 15 PAG Rn. 5 f.
203 Ablehnend zum teils vertretenen Erfordernis einer Auskunftspflicht *Grünewald*, in: BeckOK PSR, Art. 15 PAG Rn. 18 ff.
204 *Grünewald*, in: BeckOK PSR, Art. 15 PAG Rn. 2.
205 So *Weber/Köppert*, Polizei- und Sicherheitsrecht, Rn. 151. AA *Gallwas/Lindner/Wolff*, Rn. 664; *Heckmann*, in: Becker/ders./Kempen/Manssen, 3. Teil, Rn. 343.

Abs. 2 ff. GG, Art. 18 PAG;[206] die Erwähnung der Bestimmung in Art. 18 Abs. 1 S. 1 PAG ändert hieran nichts, da sie nicht alle Maßnahmen gemäß Art. 15 Abs. 3 PAG als Freiheitsentzug qualifiziert, vielmehr das Vorliegen eines solchen voraussetzt[207].

Gemäß Art. 15 Abs. 4 PAG gilt schließlich die strafprozessuale Regelung zu verbotenen Vernehmungsmethoden (§ 136 a StPO) entsprechend. 122

2. Platzverweis, Aufenthaltsbeschränkungen, Kontaktverbot und Meldeanordnung, Art. 16 PAG

Art. 16 PAG ermöglicht der Polizei, die **Bewegungsfreiheit einer Person einzuschränken**, um Gefahren abzuwehren. Zu unterscheiden sind der Platzverweis (Art. 16 Abs. 1 PAG) und die – mit dem Gesetz zur effektiveren Überwachung gefährlicher Personen – neu eingefügten Instrumente des Aufenthaltsverbots bzw. -gebots (Art. 16 Abs. 2 S. 1 Nr. 2 PAG) sowie des Kontaktverbots und der Meldeanordnung (Art. 16 Abs. 2 S. 1 Nr. 1 und Abs. 2 S. 2 PAG). 123

a) Platzverweis und Aufenthaltsverbot und -gebot

Mit dem **Platzverweis** gemäß Art. 16 Abs. 1 S. 1 PAG kann die Polizei eine Person *vorübergehend* von einem Ort verweisen oder ihr *vorübergehend* das Betreten eines Orts verbieten, um eine (konkrete) Gefahr oder eine drohende Gefahr für ein bedeutendes Rechtsgut abzuwehren. Eine Platzverweisung kann überdies gegen Personen ausgesprochen werden, die den Einsatz von Rettungskräften (Feuerwehr, Hilfs- und Rettungsdienste, nicht aber Polizei) behindern (Art. 16 Abs. 1 S. 2 PAG); gegenüber S. 1 hat diese Vorschrift freilich kaum eigenständige Bedeutung, da in diesen Fällen eine Gefahr für die öffentliche Sicherheit vorliegt (Schutz der Funktionsfähigkeit staatlicher Einrichtungen sowie neuerdings § 323 c Abs. 2 StGB).[208] 124

Gemäß Art. 16 Abs. 2 S. 1 Nr. 2 PAG kann die Polizei einer Person ferner verbieten, sich ohne polizeiliche Erlaubnis an bestimmte Orte oder in ein bestimmtes Gebiet zu begeben (**Aufenthaltsverbot**; lit. a) oder ihren Wohn- oder Aufenthaltsort oder ein bestimmtes Gebiet zu verlassen (**Aufenthaltsgebot**; lit. b). Auch für diese Maßnahmen ist das Vorliegen einer konkreten Gefahr oder einer drohenden Gefahr für ein bedeutendes Rechtsgut erforderlich, zudem muss die Begehung von Straftaten drohen (→ Rn. 136). Die Beschränkung auf bestimmte Orte bzw. Gebiete dient der räumlichen Beschränkung und damit, als Ausfluss des Verhältnismäßigkeitsgrundsatzes, der Abmilderung der Eingriffsintensität;[209] Selbiges gilt hinsichtlich der Möglichkeit einer polizeilichen Ausnahmeerlaubnis im Einzelfall, die die Wahrnehmung berechtigter Interessen trotz Aufenthaltsverbot/-gebot sicherstellen soll, etwa „einen Arzt, Rechtsan- 125

---

206 *Grünewald*, in: BeckOK PSR, Art. 15 PAG Rn. 7.
207 *Grünewald*, in: BeckOK PSR, Art. 18 PAG Rn. 11.
208 Als Reaktion auf die zunehmenden Fälle von Schaulustigen bei Unfällen hat das zum 30.5.2017 in Kraft getretene Zweiundfünfzigste Gesetz zur Änderung des Strafgesetzbuches – Stärkung des Schutzes von Vollstreckungsbeamten und Rettungskräften vom 23. Mai 2017, BGBl. I S. 1226, einen neuen Straftatbestand eingeführt. Eine Person macht sich gemäß § 323 c Abs. 2 StGB strafbar, wenn sie bei Unglücksfällen oder gemeiner Gefahr oder Not eine Person behindert, die einem Dritten Hilfe leistet oder leisten will.
209 Siehe LT-Drs. 17/16299, S. 11.

walt, soziale Einrichtungen oder Behörden aufzusuchen oder Gerichtstermine wahrzunehmen"[210].

126 Platzverweis und aufenthaltsbeschränkende Maßnahme sind sowohl gegen Personen zulässig, die eine Gefahr verursachen, ...

Beispiel:
Die Polizei untersagt X den Aufenthalt am Bahnhofsvorplatz, da er dort mehrfach Drogendelikte begangen hat.

127 ... als auch gegen solche, die Gefahren ausgesetzt sind.

Beispiel:
Die Polizei fordert alle Anwesenden zum Verlassen eines einsturzgefährdeten Gebäudes auf.

128 Die **Platzverweisung** deckt das Gebot, sich zu entfernen, bzw. das Verbot, zu verweilen, nicht aber die Zuweisung eines neuen Aufenthaltsortes; die Vorgabe des Wegs, auf dem sich eine Person entfernen soll, ist zulässig, wenn dies zur Gefahrenabwehr notwendig ist (und verwaltungsökonomischer als eine Reihe von Platzverweisen; zum sog Verbringungsgewahrsam → Rn. 147).[211]

129 Eine **Abgrenzung** von Platzverweis und Aufenthaltsverbot (sowie Kettenplatzverweis und Aufenthaltsgebot) erfolgt nach dem (nicht nur) vorübergehenden Charakter der Maßnahme. Überwiegend wird nach der **Zeitdauer der Anordnung** abgegrenzt und vorübergehend im Sinne von wenigen bis max. 24 Stunden,[212] teils auch deutlich länger (auch mehrere Tage; Grenzen Art. 3 f. PAG),[213] verstanden (zur Anordnungshöchstdauer von Maßnahmen nach Art. 16 Abs. 2 S. 1 Nr. 2 PAG → Rn. 132). Hinsichtlich der (zeitlichen) Bestimmtheit von Platzverweisen muss nicht zwingend ein zeitmäßig bestimmter Endtermin angegeben werden; vielmehr genügt auch ein Platzverweis bis zum Ende der Rettungsarbeiten.[214]

130 Aufgrund der Normierung des Aufenthaltsverbots und -gebots mit der PAG-Novelle 2017 hat sich der Streit, ob derartige Maßnahmen auf die **polizeiliche Generalklausel** gestützt werden dürfen oder dem die Sperrwirkung (→ Rn. 213 f.) des Art. 16 PAG aF entgegensteht, der nur den Platzverweis vorsah, erledigt,[215] da nunmehr entsprechende (polizeiliche) Befugnisse existieren.[216] Angesichts der Subsidiaritätsklausel (Art. 3 PAG; → Rn. 25) dürften regelmäßig die **Sicherheitsbehörden** zum Handeln berufen sein. Diesen steht nach wie vor keine Spezialbefugnis zu, so dass auf die Generalklausel zurückzugreifen ist (Art. 7 Abs. 2 LStVG). Diese vermag entsprechende Maßnah-

---

210 LT-Drs. 17/16299, S. 11.
211 *Grünewald*, in: BeckOK PSR, Art. 16 PAG Rn. 30; *Heckmann*, in: Becker/ders./Kempen/Manssen, 3. Teil, Rn. 350.
212 VG Augsburg, BeckRS 2005, 37623 (einige Stunden, nicht aber eine Woche); *Heckmann*, in: Becker/ders./Kempen/Manssen, 3. Teil, Rn. 352.
213 VG München, BeckRS 2007, 36564 (10 Tage im Falle von häuslicher Gewalt); *Grünewald*, in: BeckOK PSR, Art. 16 PAG Rn. 34; *Schmidbauer*, in: ders./Steiner, Art. 16 PAG Rn. 22.
214 *Grünewald*, in: BeckOK PSR, Art. 16 PAG Rn. 34.1.
215 Für eine Sperrwirkung: HessVGH, NVwZ 2003, 1400 (1401 f.); *Cremer*, NVwZ 2001, 1218 (1220 f.); *Hecker*, NVwZ 2003, 1334 (1334 f.); aA BremOVG, NVwZ 1999, 314 (315); *Schnapp/Mühlhoff*, NWVBl. 2003, 484 (486 f.). Siehe insgesamt auch *F. Wollenschläger*, in: Dreier, GG, Art. 11 Rn. 51.
216 Siehe zur früheren Debatte *Heckmann*, in: Becker/ders./Kempen/Manssen, 3. Teil, Rn. 358 ff.

men zu tragen und ist insbesondere nicht zu unbestimmt;[217] Art. 58 S. 1 LStVG bestätigt dies[218].

b) Kontaktverbot und Meldeanordnung

Ebenfalls mit dem Gesetz zur effektiveren Überwachung gefährlicher Personen neu eingeführt wurden das **Kontaktverbot**, mit dem einer Person untersagt werden kann, ohne polizeiliche Erlaubnis (→ Rn. 125) zu bestimmten Personen oder zu Personen einer bestimmten Gruppe Kontakt zu suchen oder aufzunehmen (Art. 16 Abs. 2 S. 1 Nr. 1 PAG), sowie die Möglichkeit von **Meldeanordnungen**, mit denen Personen verpflichtet werden können, in bestimmten zeitlichen Abständen bei einer Polizeidienststelle persönlich zu erscheinen (Art. 16 Abs. 2 S. 2 PAG). Beide Maßnahmen setzen eine konkrete Gefahr oder eine drohende Gefahr für ein bedeutendes Rechtsgut voraus. Die Gesetzesbegründung sieht die Notwendigkeit von Kontaktverboten insbesondere in „Fällen von Gewalt im sozialen Nahraum oder Stalking"; sie „kommen aber auch dann in Betracht, wenn die betroffene Person Kontakt zu anderen gefährlichen Personen oder Gruppierungen sucht, etwa um konspirativ die Begehung von Straftaten vorzubereiten oder zu planen."[219]

131

c) Adressat, Höchstdauer, Konkurrenzen und Rechtsnatur

Für die **Maßnahmerichtung** gelten die allgemeinen Regeln der Art. 7, 8 und 10 PAG;[220] allein bei Art. 16 Abs. 1 S. 2 PAG bestimmt dieser, da nicht gefahrenbezogen, den Adressaten[221]. Alle auf Art. 16 Abs. 2 PAG gestützten Maßnahmen, mithin Kontaktverbot, Aufenthaltsverbot, Aufenthaltsgebot und Meldeanordnung dürfen die **Dauer von drei Monaten** nicht überschreiten, wobei eine **Verlängerung** um jeweils bis zu drei weitere Monate (und damit auch mehrfach) möglich ist (Art. 16 Abs. 2 S. 3 PAG).

132

Dass gemäß Art. 16 Abs. 2 S. 4 PAG die Vorschriften des **Versammlungsrechts** (→ Rn. 431 ff.) unberührt bleiben, bedeutet, dass Maßnahmen im Kontext von Versammlungen nur nach jenem zulässig sind, etwa kein Versammlungsverbot im Gewande eines Aufenthaltsverbots ausgesprochen werden kann.[222]

133

Das **Gewaltschutzgesetz**, das (zivil-)gerichtliche Anordnungen zum Schutz vor Gewalt und Nachstellungen ermöglicht, etwa Wohnungsbetretungs- (§ 1 Abs. 1 S. 3 Nr. 1 GewSchG) oder Kontaktverbote (§ 1 Abs. 1 S. 3 Nr. 4 GewSchG), ist gegenüber Maß-

134

---

217 BVerwGE 129, 142 (149 f.); *F. Wollenschläger*, in: Dreier, GG, Art. 11 Rn. 51. AA *Cremer*, NVwZ 2001, 1218 (1221 f.); *Frenzel*, JuS 2011, 595 (600); *Schnapp/Mühlhoff*, NWVBl. 2003, 484 (489).
218 So ausdrücklich die Gesetzesbegründung (LT-Drs. 17/16299, S. 17): „[A]uch in Art. 58 LStVG (Einschränkung von Grundrechten) [wird] das Grundrecht auf Freizügigkeit (Art. 11 GG) ausdrücklich benannt. Damit wird berücksichtigt, dass gerade auch im LStVG – dort auch weiterhin auf Grundlage von Art. 7 Abs. 2 LStVG – nicht nur Kontakt- und Aufenthaltsverbotsverfügungen erlassen werden (der neue Art. 16 Abs. 2 PAG lässt dies unberührt), sondern im Einzelfall auch Aufenthaltsgebote in Betracht kommen können. Gerade bei letzteren kann aber ggf. ein Eingriff in Art. 11 GG in Betracht kommen …, der deswegen Aufnahme in die Zitierklausel aber des Art. 58 finden soll." Siehe ferner *Heckmann*, in: Becker/ders./Kempen/Manssen, 3. Teil, Rn. 359, 359 b.
219 LT-Drs. 17/16299, S. 11.
220 AA *Gallwas/Lindner/Wolff*, Rn. 670: bestimmt sich gemäß Art. 16 S. 1 PAG und erfasst alle sich in räumlicher Nähe zur Gefahr befindlichen Personen.
221 *Gallwas/Lindner/Wolff*, Rn. 669.
222 Zum Vorrang des Versammlungsrechts *Grünewald*, in: BeckOK PSR, Art. 16 PAG Rn. 4 ff.

nahmen gemäß Art. 16 (insbesondere Abs. 2 S. 1 Nr. 1 f.) PAG vorrangig; bis jene erlassen wurden, wofür auch einstweilige Anordnungen gemäß § 214 FamFG beantragt werden können, kommt ein Rückgriff auf das PAG in Betracht.[223]

135 Bei allen auf Art. 16 PAG gestützten Maßnahmen handelt es sich schließlich um **Verwaltungsakte**, die bei Nichtbeachtung gemäß den Regeln über den polizeilichen Zwang (Art. 70 ff. PAG; → Rn. 257 ff.) durchgesetzt werden können.

d) Grundrechtsrelevanz und Gesetzgebungskompetenz

136 Wegen des besonderen, im qualifizierten Gesetzesvorbehalt des Art. 11 Abs. 2 GG zum Ausdruck kommenden Schutzes des **Freizügigkeitsgrundrechts** unterfällt nicht jeder beliebige Fortbewegungsvorgang Art. 11 GG (bzw. Art. 109 BV); ob Maßnahmen gemäß Art. 16 PAG in dieses Grundrecht eingreifen, hängt demnach von deren Bedeutung ab, die aufgrund einer wertenden Gesamtbetrachtung zu ermitteln ist, wobei auf die Dauer des (untersagten) Aufenthalts, seine Bedeutung für die Lebensführung und die Konsequenzen der Beschränkung abzustellen ist.[224] Ein punktueller Platzverweis gemäß Art. 16 Abs. 1 PAG unterfällt damit nicht Art. 11 GG,[225] anders als längerfristige Aufenthaltsverbote[226]. Durch das zusätzliche Erfordernis, dass neben dem Vorliegen einer Gefahr die Begehung einer Straftat drohen muss, genügen die Regelungen zum Aufenthaltsverbot und -gebot dem qualifizierten Gesetzesvorbehalt des Art. 11 Abs. 2 GG.[227] Die Einschlägigkeit des Art. 2 Abs. 2 S. 2 GG (**Fortbewegungsfreiheit**) hängt davon ab, ob man ihn weit im Sinne einer allgemeinen Fortbewegungsfreiheit versteht[228] oder – auch entsprechend seinem historischen Anliegen (Schutz vor Festnahme; Habeas-corpus-Recht) – auf das Festhalten an einem bestimmten Ort beschränkt[229]. Im Übrigen, mithin insoweit Art. 2 Abs. 2 S. 2 und Art. 11 GG nicht ein-

---

223 VG München, BeckRS 2007, 36564; *Grünewald*, in: BeckOK PSR, Art. 16 PAG Rn. 54, 56 f.; *Weber/Köppert*, Polizei- und Sicherheitsrecht, Rn. 159.
224 Näher mwN *F. Wollenschläger*, in: Dreier, GG, Art. 11 Rn. 27 ff. Ebenso BVerfG (K), Beschl. v. 25.3.2008, 1 BvR 1548/02, juris, Rn. 25; ferner BayVGH, Beschl. v. 13.1.2012, 10 CS 11.2379, juris, Rn. 23.
225 BVerfG (K), Beschl. v. 25.3.2008, 1 BvR 1548/02, juris, Rn. 26; HessVGH, NVwZ 2003, 1400 (1401); *F. Wollenschläger*, in: Dreier, GG, Art. 11 Rn. 29. Ebenso für die Meldeanordnung *Schmid/Wenner*, BayVBl. 2019, 109 (114 f.); aA *Löffelmann*, BayVBl. 2019, 121 (123).
226 HessVGH, NVwZ 2003, 1400 (1401); VGH BW, NJW 2005, 88 (88); *F. Wollenschläger*, in: Dreier, GG, Art. 11 Rn. 29.
227 LT-Drs. 17/16299, S. 12; *Grünewald*, in: BeckOK PSR, Art. 16 PAG Rn. 13. AA mit Blick auf drohende Gefahren *Löffelmann*, BayVBl. 2018, 145 (149). Näher zum qualifizierten Gesetzesvorbehalt *F. Wollenschläger*, in: Dreier, GG, Art. 11 Rn. 50 ff.
228 So etwa *Grünewald*, in: BeckOK PSR, Art. 16 PAG Rn. 9; *Kingreen/Poscher*, Polizei- und Ordnungsrecht, § 15 Rn. 4; *Murswiek/Rixen*, in: Sachs, GG, Art. 2 Rn. 229; *Pieroth*, JuS 1985, 81 (88); *Schoch*, Jura 2005, 34 (35).
229 BayVGH, NVwZ 2000, 454 (456); BayVBl. 2006, 671 (671); BayVGHE 65, 23 (30); *Deger*, VBlBW 1996, 90 (93); *Merten*, HGR II, § 42 Rn. 168; *Starck*, in: v. Mangoldt/Klein/ders., GG, Art. 2 II Rn. 196; *Weber/Köppert*, Polizei- und Sicherheitsrecht, Rn. 156. Etwas weiter BVerfG: Art. 2 Abs. 2 S. 2 GG nicht einschlägig, wenn räumlich umfangreicher Bewegungsradius verbleibt [NVwZ 1983, 603 (603)] – Festhalten an einem Ort jedoch notwendig, da auch Unterbringung in einem offenen Heim oder einer Familie einen Eingriff darstellt [E 22, 180 (218 f.)]; undeutlich BVerfG (K) v. 25.3.2008, 1 BvR 1548/02, juris, Rn. 25: „durch Art. 2 GG geschützte körperliche Bewegungsfreiheit"; zuletzt BVerfG, NJW 2018, 2619 (2620): „Geschützt wird die im Rahmen der geltenden allgemeinen Rechtsordnung gegebene tatsächliche körperliche Bewegungsfreiheit vor staatlichen Eingriffen".

schlägig sind, greift Art. 2 Abs. 1 GG. Ein Fall der Freiheitsentziehung im Sinne des Art. 104 Abs. 2 ff. GG liegt mangels staatlicher Ingewahrsamnahme nicht vor.[230]

Maßnahmen gemäß Art. 16 PAG, die **Wohnungen** im Sinne des Art. 13 GG (Art. 106 Abs. 3 BV) betreffen – wozu auch Geschäftsräume rechnen[231] –, greifen nicht (etwa in Form einer sonstigen Beschränkung im Sinne des Art. 13 Abs. 7 GG mit der Konsequenz des entsprechenden qualifizierten Gesetzesvorbehalts) in jenes Grundrecht ein; denn entsprechende Aufenthaltsverbote stellen kein staatliches Eindringen in die von Art. 13 GG geschützte räumliche Privatsphäre dar.[232] Anderes gilt freilich für ein Betreten der Wohnung (gegen den Willen des Wohnungsinhabers) zur mündlichen Anordnung von Maßnahmen gemäß Art. 16 PAG oder deren Durchsetzung.[233] 137

Mit Blick auf die **Eigentumsgarantie** (Art. 14 GG, Art. 103, 158 f. BV) stellt Art. 16 PAG eine (verfassungskonforme) Inhalts- und Schrankenbestimmung im Sinne des Art. 14 Abs. 1 S. 2 GG dar.[234] 138

Führt eine Maßnahme zur Trennung von Ehepartnern und/oder Familienmitgliedern, ist die Abwehrdimension des **Art. 6 Abs. 1 GG** einschlägig;[235] entsprechende Eingriffe dürften angesichts ihres Anlasses regelmäßig rechtfertigungsfähig sein. 139

Aus **kompetenzieller Warte** sei schließlich vermerkt, dass freizügigkeitsrelevante landes(polizei)rechtliche Regelungen wie Art. 16 PAG trotz der ausschließlichen Bundeskompetenz für die Freizügigkeit (Art. 73 Abs. 1 Nr. 3 GG) zulässig sind, da sie ihren Schwerpunkt im Recht der Gefahrenabwehr haben, der Kriminalvorbehalt des Art. 11 Abs. 2 5. Var. GG andernfalls weitgehend leerliefe und jener Gesetzesvorbehalt (anders als Art. 111 S. 3 WRV) kein Bundesgesetz fordert.[236] 140

3. Ingewahrsamnahme, Art. 17–20 PAG

Art. 17 ff. PAG ermöglichen der Polizei, Personen in **Gewahrsam** zu nehmen. Der Gewahrsam stellt eine **Freiheitsentziehung** im Sinne des Art. 104 Abs. 2 ff. GG (Art. 102 Abs. 2 BV)[237] und damit „den schwersten Eingriff in das Recht auf Freiheit der Per- 141

---

230 *Grünewald*, in: BeckOK PSR, Art. 16 PAG Rn. 47. Siehe auch LT-Drs. 17/16299, S. 11 f. Vgl. *Degenhart*, in: Sachs, GG, Art. 104 Rn. 5 a. AA, eine solche bei Aufenthaltsgeboten für möglich erachtend *Löffelmann*, BayVBl. 2018, 145 (149 f.).
231 BVerfGE 32, 54 (68 ff.); NJW 2015, 2870 (2871).
232 *Grünewald*, in: BeckOK PSR, Art. 16 PAG Rn. 16.1; *Hermes*, in: Dreier, GG, Art. 13 Rn. 113; *Schoch*, Jura 2010, 22 (25); vgl. BVerfG, NJW 2008, 2493 (2493); aA (ohne Begründung) OVG NRW, Urt. v. 12.12.2017 – 5 A 2428/15, juris, Rn. 22; *Gallwas/Lindner/Wolff*, Rn. 667; *Kühne*, in: Sachs, GG, Art. 13 Rn. 10; *Weber/Köppert*, Polizei- und Sicherheitsrecht, Rn. 155.
233 Vgl. auch *Grünewald*, in: BeckOK PSR, Art. 16 PAG Rn. 16 ff.
234 *Grünewald*, in: BeckOK PSR, Art. 16 PAG Rn. 20.
235 Siehe nur BVerfGE 6, 55 (71 ff.); E 105, 313 (346); *F. Wollenschläger/Coester-Waltjen*, Ehe für Alle, 2018, S. 16 f.
236 Siehe nur BayVerfGH, NVwZ 1991, 664 (666); BVerwGE 129, 142 (145); BremOVG, NVwZ 1999, 314 (316); VGH BW, NJW 2005, 88 (88 f.); *Cremer*, NVwZ 2001, 1218 (1222 f.); *Guckelberger*, JA 2011, 1 (1 f.); *Schoch*, Jura 2005, 34 (37 f.); *F. Wollenschläger*, in: Dreier, GG, Art. 11 Rn. 51. AA *Hetzer*, JR 2000, 1 (9 f.); *Waechter*, NdsVBl. 1996, 197 (200 f.).
237 Das Bundesverfassungsgericht [E 105, 239 (248)] grenzt „Freiheitsbeschränkung (Art. 104 Abs. 1 GG) und Freiheitsentziehung (Art. 104 Abs. 2 GG) ... nach der Intensität des Eingriffs ab. Freiheitsentziehung ist die schwerste Form der Freiheitsbeschränkung ... Eine Freiheitsbeschränkung liegt vor, wenn jemand durch die öffentliche Gewalt gegen seinen Willen daran gehindert wird, einen Ort aufzusuchen oder sich dort aufzuhalten, der ihm an sich (tatsächlich und rechtlich) zugänglich ist. Der Tatbestand der Freiheitsentziehung

son"[238] dar.[239] Art. 17 PAG sieht verschiedene Tatbestände[240] (a) für die Ingewahrsamnahme (b) vor, Art. 18 ff. PAG normieren (teils von Art. 104 GG vorgegebene) Anforderungen an diese, nämlich einen Richtervorbehalt (c), Vorgaben für die Behandlung des Betroffenen (d) sowie die mögliche Dauer des Gewahrsams (e).

a) Tatbestände

142 Art. 17 Abs. 1 Nr. 1 PAG normiert den **Schutzgewahrsam**: Eine Person kann demnach in Gewahrsam genommen werden, „wenn das zum Schutz der Person gegen eine Gefahr für Leib oder Leben erforderlich ist, insbesondere weil die Person sich erkennbar in einem die freie Willensbestimmung ausschließenden Zustand oder sonst in hilfloser Lage befindet". Erfasst sind sowohl Fälle der Selbstgefährdung (zB berauschte Personen), wobei eine zulässige Selbstgefährdung keine Gefahr darstellt (→ Rn. 55)[241] und Maßnahmen gemäß Art. 10 UnterbrG vorrangig sind,[242] als auch Fälle der Fremdgefährdung (von anderen bedrohte Personen), wobei das freiwillige Begeben in polizeiliche Obhut nicht in Grundrechte eingreift und daher keiner Befugnisnorm bedarf[243]. Erforderlich ist eine konkrete Gefahr.

143 Art. 17 Abs. 1 Nr. 2 PAG ermöglicht den **Unterbindungsgewahrsam** (auch: Sicherheitsgewahrsam), mithin die Ingewahrsamnahme einer Person, wenn „das unerläßlich ist, um die unmittelbar bevorstehende Begehung oder Fortsetzung einer Ordnungswidrigkeit von erheblicher Bedeutung für die Allgemeinheit oder einer Straftat zu verhindern". Das Erfordernis einer unmittelbar bevorstehenden Begehung verlangt eine besondere zeitliche Nähe und Wahrscheinlichkeit der Tatbestandsverwirklichung, qualifiziert also das Erfordernis einer konkreten Gefahr (zur Geltung strikter Verhältnismäßigkeitserfordernisse → Rn. 149).[244] Der zweite Halbsatz dieser Vorschrift normiert zur Erleichterung der Rechtsanwendung beispielhaft, wann eine entsprechende Annahme gerechtfertigt sein kann (Ankündigung/Aufforderung, Mitführen von Tatwerkzeugen, Wiederholungsgefahr).[245]

144 Gemäß dem im Kontext der PAG-Novelle (2017) neu eingeführten Art. 17 Abs. 1 Nr. 3 PAG kann die Polizei Personen in Gewahrsam nehmen, wenn dies zur **Abwehr von Gefahren für bestimmte bedeutsame Rechtsgüter** (Art. 11 Abs. 3 S. 2 Nr. 1–3 und 5) unerlässlich ist, dh für den Bestand oder die Sicherheit des Bundes oder eines Landes, Leben, Gesundheit oder Freiheit, die sexuelle Selbstbestimmung oder Sachen, deren Erhalt im besonderen öffentlichen Interesse liegt („**Gefährdergewahrsam**"). Wegen des Verweises nur auf Art. 11 Abs. 3 S. 2 PAG und nicht auf dessen S. 1 genügt

---

kommt nur in Betracht, wenn die – tatsächlich und rechtlich an sich gegebene – körperliche Bewegungsfreiheit nach jeder Richtung hin aufgehoben wird".
238 BVerfGE 105, 239 (248).
239 Zur Verfassungskonformität BayVerfGH, NVwZ 1991, 664; zur Vereinbarkeit mit Art. 5 Abs. 1 S. 2 lit. b EMRK *Grünewald*, in: BeckOK PSR, Art. 17 PAG Rn. 37 ff., 65 c ff.; ferner → Rn. 10.
240 Zu weiteren Rechtsgrundlagen für die Ingewahrsamnahme *Grünewald*, in: BeckOK PSR, Art. 17 PAG Rn. 6 f.
241 Siehe auch *Grünewald*, in: BeckOK PSR, Art. 17 PAG Rn. 22.
242 *Grünewald*, in: BeckOK PSR, Art. 17 PAG Rn. 20.1.
243 Siehe auch *Grünewald*, in: BeckOK PSR, Art. 17 PAG Rn. 13.
244 *Grünewald*, in: BeckOK PSR, Art. 17 PAG Rn. 33, 41 ff.
245 Näher zu den einzelnen Varianten *Grünewald*, in: BeckOK PSR, Art. 17 PAG Rn. 43 ff. Siehe dazu auch BayVerfGH, NVwZ 1991, 664 (667).

eine drohende Gefahr nicht.[246] Erforderlich – und anders als bei Nr. 2 (der eine unmittelbar bevorstehende Begehung verlangt; → Rn. 143) auch ausreichend – ist vielmehr eine **konkrete Gefahr**.[247]

Art. 17 Abs. 1 Nr. 4 PAG ermöglicht die Ingewahrsamnahme zur **Durchsetzung von** **Maßnahmen gemäß Art. 16 PAG** (Platzverweis, Aufenthaltsgebot/-verbot, Kontaktverbot, Meldeanordnung). Hierbei handelt es sich um eine im Kontext der Standardbefugnisse geregelte **Zwangsmaßnahme**, weshalb die allgemeinen und besonderen Voraussetzungen für die Anwendung polizeilichen Zwangs (Art. 70 ff. PAG; → Rn. 257 ff.) vorliegen müssen.[248] Sonstige Zwangsmaßnahmen zur Durchsetzung von Anordnungen gemäß Art. 16 PAG sind vorrangig.[249] 145

Art. 17 Abs. 1 Nr. 5 PAG sieht die Ingewahrsamnahme von Personen vor, die Maßnahmen der **elektronischen Aufenthaltsüberwachung** (Art. 34 Abs. 1 S. 1 PAG) nicht Folge leisten. Ferner sieht Art. 17 Abs. 3 PAG die Ingewahrsamnahme zur Rückführung von Personen vor, die **Vollzugsanstalten entwichen** sind. 146

Schließlich gestattet Art. 17 Abs. 2 PAG die § 8 JuSchG ergänzende[250] **Ingewahrsamnahme Minderjähriger**, „die sich der Obhut der Sorgeberechtigten entzogen haben oder sich an Orten aufhalten, an denen ihnen eine sittliche Gefahr oder Verwahrlosung droht, … um sie den Sorgeberechtigten oder dem Jugendamt zuzuführen." 147

Exkurs:
Ob, inwieweit und v.a. auf welcher Rechtsgrundlage die Polizei befugt ist, Störer zu einem vom Ort der Störung relativ weit entfernt gelegenen Platz zu verbringen (sog **Verbringungsgewahrsam**), ist umstritten.[251] Ein Platzverweis gemäß Art. 16 Abs. 1 S. 1 PAG scheidet aus, da dieser nur ein Entfernungsgebot beinhaltet, dessen zwangsweise Durchsetzung (Art. 70 ff. PAG), da ein derart weites Wegbringen über das zur Durchsetzung Erforderliche hinausgeht.[252] Auch die Einschlägigkeit der Ingewahrsamnahme gemäß Art. 17 Abs. 1 Nr. 4 PAG bezweifeln Teile der Lit., da die Maßnahme nicht auf die Inobhutnahme einer Person ziele, sondern auf deren Wegbeförderung von einem bestimmten Ort (str.);[253] demnach ist es auch problematisch, im Verbringungsgewahrsam eine als milderes Mittel von Art. 17 Abs. 1 Nr. 3 PAG gedeckte Minus-Maßnahme zu sehen.[254] Danach bleibt nur noch ein Rückgriff auf die Generalklausel, dem teils die Sperrwirkung (→ Rn. 213) der Art. 16 Abs. 1, Art. 17 Abs. 1 Nr. 3 PAG entgegengehalten wird.[255] Bejaht man die Zulässigkeit, kommt es für die Verhältnismäßigkeit der Maßnahme auf den Ort der Ver-

---

246 Siehe auch *Grünewald*, in: BeckOK PSR, Art. 17 PAG Rn. 65 f.
247 *Grünewald*, in: BeckOK PSR, Art. 17 PAG Rn. 65 f. Kritisch zum Verzicht auf eine qualifizierte konkrete Gefahr *Löffelmann*, BayVBl. 2018, 145 (152).
248 *Heckmann*, in: Becker/ders./Kempen/Manssen, 3. Teil, Rn. 365. AA *Weber/Köppert*, Polizei- und Sicherheitsrecht, Rn. 161.
249 *Grünewald*, in: BeckOK PSR, Art. 17 PAG Rn. 67, 71.
250 Zum Verhältnis *Grünewald*, in: BeckOK PSR, Art. 17 PAG Rn. 77, 80 ff.
251 Näher zu diesem mangels Rechtsgrundlage ablehnend *Heckmann*, in: Becker/ders./Kempen/Manssen, 3. Teil, Rn. 351; *Schoch*, in: ders., Kap. 1, Rn. 577; *Schucht*, DÖV 2011, 553; *Siegel*, NJW 2013, 1035 (1038); aA *Kingreen/Poscher*, Polizei- und Sicherheitsrecht, § 16 Rn. 5; *Schenke*, Polizei- und Ordnungsrecht, Rn. 132 b, 142.
252 *Heckmann*, in: Becker/ders./Kempen/Manssen, 3. Teil, Rn. 351; *Schenke*, Polizei- und Ordnungsrecht, Rn. 132 b.
253 Ablehnend *Heckmann*, in: Becker/ders./Kempen/Manssen, 3. Teil, Rn. 351; *Schenke*, Polizei- und Ordnungsrecht, Rn. 142; *Siegel*, NJW 2013, 1035 (1038); aA *Grünewald*, in: BeckOK PSR, Art. 16 PAG Rn. 3; Art. 17 PAG Rn. 69.
254 *Heckmann*, in: Becker/ders./Kempen/Manssen, 3. Teil, Rn. 351.
255 *Heckmann*, in: Becker/ders./Kempen/Manssen, 3. Teil, Rn. 351; *Siegel*, NJW 2013, 1035 (1038); aA *Schenke*, Polizei- und Ordnungsrecht, Rn. 132 b, 142.

bringung (Infrastruktur einschließlich Erreichbarkeit, auch mit dem ÖPNV) und die sonstigen Umstände (Tageszeit, Witterungsverhältnisse, persönliche Eigenschaften wie Alter, Gesundheitszustand oder Sprachkenntnisse) an.[256]

b) Ingewahrsamnahme und Anforderungen

148 Gewahrsam **definiert** sich als „ein mit hoheitlicher Gewalt hergestelltes Rechtsverhältnis ..., kraft dessen einer Person die Freiheit dergestalt entzogen wird, daß sie von der Polizei in einer dem polizeilichen Zweck entsprechenden Weise verwahrt, dh daran gehindert wird, sich fortzubewegen".[257] Der **Ort des Gewahrsams** ist **unerheblich** und insbesondere nicht auf polizeiliche Arrestzellen beschränkt, sondern kann auch an anderen (umschlossenen) Örtlichkeiten stattfinden, etwa in einem Pkw oder in einem Krankenhauszimmer.[258] Die fünfstündige Abriegelung eines Ortes stellt wegen der gleichwohl bestehenden Möglichkeiten der Fortbewegung innerhalb des Ortes keinen Gewahrsam im Sinne des Art. 17 PAG dar,[259] wohl aber die Einschließung einer Menschenmenge in einem räumlich begrenzten Bereich durch einen Ring von Polizeibeamten („Polizeikessel")[260].

Hinweis:
Je nach Sachverhalt ist bei der Einkesselung die Polizeifestigkeit von Versammlungen zu beachten (→ Rn. 446 ff.).

149 Angesichts ihrer Eingriffsintensität steht die Ingewahrsamnahme einer Person unter **strengen Verhältnismäßigkeitsanforderungen**, was teils schon im Wortlaut des Art. 17 PAG zum Ausdruck kommt (siehe etwa das Erfordernis der Unerlässlichkeit in Art. 17 Abs. 1 Nr. 2–4 PAG).[261] In konventionskonformer Auslegung des Art. 2 Abs. 2 S. 2 GG (Art. 5 Abs. 1 S. 2 lit. b EMRK; → Rn. 16) müssen im Rahmen des **Unterbindungsgewahrsams** drohende Taten „bereits hinreichend bestimmt sein und der Betroffene muss sich unwillig gezeigt haben, sie zu unterlassen"; es „genügt, wenn Ort und Zeit der bevorstehenden Tatbegehung sowie das potenzielle Opfer hinreichend konkretisiert sind und der Betroffene, nachdem er auf die konkret zu unterlassende Handlung hingewiesen worden ist, eindeutige und aktive Schritte unternommen hat, die darauf hindeuten, dass er der konkretisierten Verpflichtung nicht nachkommen wird".[262] Ein Hinweis ist freilich nicht stets erforderlich: Haben die Betroffenen „bereits eindeutige und aktive Schritte unternommen, die zeigten, dass sie nicht gewillt waren, dieser Verpflichtung nachzukommen", gebietet der „von Art. 5 EMRK bezweckte Schutz vor willkürlicher Freiheitsentziehung nicht, die Bf. vor der Ingewahrsamnahme noch einmal ausdrücklich auf die zu erfüllende Verpflichtung hinzuweisen

---

256 *Grünewald*, in: BeckOK PSR, Art. 17 PAG Rn. 75 f.; *Weber/Köppert*, Polizei- und Sicherheitsrecht, Rn. 167.
257 OVG NRW, NJW 1980, 138 (138 f.).
258 OVG NRW, NJW 1980, 138 (139); *Grünewald*, in: BeckOK PSR, Art. 17 PAG Rn. 14.
259 NdsOVG, NVwZ-RR 2007, 103 (103 f.). Zustimmend *Grünewald*, in: BeckOK PSR, Art. 17 PAG Rn. 14; Art. 18 PAG Rn. 5.
260 *Grünewald*, in: BeckOK PSR, Art. 17 PAG Rn. 15.
261 Siehe auch BVerfG, NVwZ 2016, 1079 (1080); BayVerfGH, NVwZ 1991, 664 (667); *Grünewald*, in: BeckOK PSR, Art. 17 PAG Rn. 1, 35 f.
262 BVerfG, NVwZ 2016, 1079 (1080), unter Inbezugnahme der EGMR-Rspr. zu Art. 5 Abs. 1 EMRK, namentlich der Ostendorf-Entscheidung (NVwZ 2014, 43). Siehe auch zuletzt EGMR, Nr. 35553/12, 36678/12 und 36711/12, NVwZ 2019, 135 (137), Rn. 83 – S., V. und A./Dänemark.

und die etwaige Nichtbefolgung abzuwarten."²⁶³ Vergleichbare Anforderungen gelten auch im Kontext der mit der PAG-Novelle 2017 eingeführten **Ingewahrsamnahme zur Gefahrenabwehr** (Art. 17 Abs. 1 Nr. 3 PAG).²⁶⁴

Die **Maßnahmerichtung** ist in Art. 17 PAG abschließend – mit Ausnahme der Gefahrentatbestände (Art. 17 Abs. 1 Nr. 1 und 3 PAG)²⁶⁵ – geregelt. Die Ingewahrsamnahme stellt mangels Regelungswirkung einen **Realakt** dar (→ Rn. 42 ff.).²⁶⁶ Ein **kurzfristiges An- oder Festhalten** im Rahmen anderer Standardmaßnahmen stellt keine Ingewahrsamnahme im Sinne des Art. 17 PAG dar (→ Rn. 97, 106 f., 116, 118). 150

c) Richtervorbehalt, Art. 18 PAG

Gemäß Art. 104 Abs. 2 GG (Art. 102 Abs. 2 BV) bedarf die Ingewahrsamnahme einer Person gemäß Art. 17 PAG angesichts ihrer einschneidenden Wirkung einer **richterlichen Anordnung**. Im Regelfall hat diese vor der Ingewahrsamnahme zu erfolgen; „[e]ine nachträgliche richterliche Entscheidung, deren Zulässigkeit in Ausnahmefällen Art. 104 II GG voraussetzt, genügt nur, wenn der mit der Freiheitsentziehung verfolgte verfassungsrechtlich zulässige Zweck nicht erreichbar wäre, sofern der Festnahme die richterliche Entscheidung vorausgehen müsste."²⁶⁷ Dann ist die richterliche Entscheidung unverzüglich nachzuholen (Art. 104 Abs. 2 S. 2 GG). 151

Dementsprechend sieht Art. 18 Abs. 1 S. 1 PAG die **Notwendigkeit einer unverzüglichen richterlichen Anordnung** „über Zulässigkeit und Fortdauer der Freiheitsentziehung" vor.²⁶⁸ Trotz seines missverständlichen Wortlauts („Wird eine Person ... festgehalten, hat die Polizei ...") ist auch hier – in Einklang mit den soeben skizzierten verfassungsrechtlichen Vorgaben – das **Regel-Ausnahme-Verhältnis von vorheriger Anordnung und unverzüglicher Nachholung zu beachten** (so auch Nr. 18.2 VollzBek. PAG), mögen auch im Polizeirecht oftmals Ausnahmen greifen.²⁶⁹ **Unverzüglichkeit** bedeutet, „dass die richterliche Entscheidung ohne jede Verzögerung, die sich nicht aus sachlichen Gründen rechtfertigen lässt, nachgeholt werden muss. Nicht vermeidbar sind zum Beispiel die Verzögerungen, die durch die Länge des Weges, Schwierigkeiten beim Transport, die notwendige Registrierung und Protokollierung, ein renitentes Verhalten des Festgenommenen oder vergleichbare Umstände bedingt sind".²⁷⁰ Bei Großereignissen mit absehbarem Bedarf, wie etwa gefahrgeneigten Fußballspielen oder Gipfeltreffen, kann die Pflicht zur Einrichtung eines richterlichen Bereitschaftsdienstes bestehen.²⁷¹ 152

---

263 BVerfG, NVwZ 2016, 1079 (1081). Zur EMRK-Dimension *Heidebach*, NVwZ 2014, 554; *Waechter*, NVwZ 2014, 995; im Überblick *Grünewald*, in: BeckOK PSR, Art. 17 PAG Rn. 37 ff.
264 *Grünewald*, in: BeckOK PSR, Art. 17 PAG Rn. 65 g. Siehe auch *Lenk/Wiedmann*, BayVBl. 2018, 803 (807 f.).
265 Nach *Weber/Köppert*, Polizei- und Sicherheitsrecht, Rn. 162, gelten die allgemeinen Regeln nur bei Gefährdung durch Dritte.
266 So auch *Heckmann*, in: Becker/ders./Kempen/Manssen, 3. Teil, Rn. 368. AA *Grünewald*, in: BeckOK PSR, Art. 17 PAG Rn. 3: Duldungsverwaltungsakt.
267 BVerfG, NVwZ 2016, 1079 (1079).
268 Gegen die Anwendbarkeit auf Maßnahmen nach Art. 17 Abs. 3 PAG wegen der früheren richterlichen Anordnung derartiger Maßnahmen *Grünewald*, in: BeckOK PSR, Art. 17 PAG Rn. 87, Art. 18 PAG Rn. 12.
269 *Grünewald*, in: BeckOK PSR, Art. 18 PAG Rn. 15 ff.
270 BVerfG, NVwZ 2016, 1079 (1079).
271 *Grünewald*, in: BeckOK PSR, Art. 18 PAG Rn. 19 ff.

153 Eine **erneute richterliche Entscheidung** ist gemäß Art. 18 Abs. 1 S. 4 PAG erforderlich, wenn die Freiheitsentziehung länger als bis zum Ende des Tages nach dem Ergreifen dauert (zur Höchstdauer → Rn. 158). Art. 18 Abs. 1 S. 6 PAG sieht eine **Ausnahme** vor, „wenn anzunehmen ist, daß die Entscheidung des Richters erst nach Wegfall des Grundes der polizeilichen Maßnahme ergehen würde."

154 **Zuständig** ist gemäß Art. 92 Abs. 2 S. 2 Nr. 1 PAG das Amtsgericht, in dessen Bezirk die Freiheitsentziehung vollzogen wird; hinsichtlich der **Verfahrensregeln** gelten gemäß Art. 92 Abs. 1 S. 1 PAG die Vorschriften des Gesetzes über das Verfahren in Familiensachen und in den Angelegenheiten der freiwilligen Gerichtsbarkeit entsprechend (§§ 415 ff. FamFG). Eröffnet ist damit zugleich der ordentliche und nicht der Verwaltungsrechtsweg.

155 Eine **Anhörung** des Betroffenen und eine Bekanntgabe der Entscheidung an ihn ist bei rauschbedingter mangelnder Artikulations- und Aufnahmefähigkeit entbehrlich (Art. 18 Abs. 1 S. 2 f. PAG; siehe ferner S. 5).

156 Art. 18 Abs. 2 PAG eröffnet die Möglichkeit einer **Feststellungsklage**, wenn die Freiheitsentziehung vor Erlaß einer gerichtlichen Entscheidung beendet ist. Zuständig ist gemäß Art. 92 Abs. 2 S. 2 Nr. 2 PAG das Amtsgericht, in dessen Bezirk die Person von der Polizei in Gewahrsam genommen wurde.

d) Behandlung festgehaltener Personen, Art. 19 PAG

157 Art. 19 PAG normiert Anforderungen an die **Behandlung festgehaltener Personen** und regelt Informationspflichten (Grund, Rechtsmittel, Freiwilligkeit etwaiger Aussagen; Abs. 1), die Benachrichtigung von Angehörigen, Vertrauenspersonen bzw. Betreuern (Abs. 2) sowie die Modalitäten der Unterbringung (Abs. 3).

e) Dauer der Freiheitsentziehung, Art. 20 PAG

158 Art. 20 PAG regelt die **Dauer der Freiheitsentziehung**. Die in Gewahrsam genommene Person ist zu entlassen, sobald der Grund für die Maßnahme der Polizei weggefallen ist (Nr. 1), wenn die Fortdauer der Freiheitsentziehung durch richterliche Entscheidung für unzulässig erklärt wird (Nr. 2) und in jedem Fall spätestens bis zum Ende des Tages nach dem Ergreifen, wenn nicht vorher die Fortdauer der Freiheitsentziehung durch richterliche Entscheidung angeordnet ist (Nr. 3 S. 1). Ergeht eine derartige richterliche Anordnung über die Fortdauer, muss der Richter die Dauer der Freiheitsentziehung bestimmen (Nr. 3 S. 2), wobei sie nicht mehr als drei Monate betragen darf und jeweils um längstens drei Monate verlängert werden kann (Nr. 3 S. 3). Im Zuge der **PAG-Novelle 2017** hat diese **Befristungsregelung** eine **erhebliche Modifikation erfahren**: Während bis dahin eine Höchstdauer von zwei Wochen galt,[272] kennt die Neuregelung **keine absolute Obergrenze** mehr, womit nunmehr der Fortbestand des Gewahrsamsgrundes (Nr. 1) sowie Verhältnismäßigkeitsgesichtspunkte über die Dauer entscheiden. Diese Änderung des Art. 20 PAG hat erhebliche **Kritik**[273] auf sich gezo-

---

272 Zu deren Verfassungskonformität BayVerfGH, NVwZ 1991, 664 (669 ff.).
273 *Löffelmann*, BayVBl. 2018, 145 (153 f.), unter Verweis auf die teils zu niedrige Eingriffsschwelle; ferner, auch generell *Kuch*, DVBl. 2018, 343. Anders *Grünewald*, in: BeckOK PSR, Art. 20 PAG Rn. 16 ff.

gen und ist zentraler Gegenstand der anhängigen Verfassungsrechtsbehelfe (→ Rn. 10) gegen die PAG-Novelle (2017).

4. Durchsuchung, Art. 21–24 PAG

Die Art. 21 ff. PAG ermöglichen die Durchsuchung von Personen (Art. 21 PAG; a) und Sachen (Art. 22 PAG; b) sowie das Betreten und Durchsuchen von Wohnungen (Art. 23 f. PAG; c). Überdies gestattet Art. 13 Abs. 2 S. 4 PAG die Durchsuchung von Personen und Sachen zum Auffinden von für die Identitätsfeststellung relevanten Gegenständen (→ Rn. 108). Mangels Regelungswirkung stellt die Durchsuchung einen **Realakt** dar.[274] 159

a) Durchsuchung von Personen, Art. 21 PAG
aa) Eingriffsschwelle

Eine Durchsuchung von Personen ist gemäß Art. 21 PAG in **verschiedenen Situationen** möglich. 160

Gemäß Art. 21 Abs. 1 Nr. 1 PAG darf eine Person durchsucht werden, wenn Tatsachen die Annahme rechtfertigen, dass sie Sachen mit sich führt, die sichergestellt werden dürfen (zu den Voraussetzungen der **Sicherstellung** → Rn. 197 ff.). 161

Beispiel:
Unter der Kleidung des X zeichnet sich ein Messer mit langer Klinge ab.

Art. 21 Abs. 1 Nr. 2 PAG gestattet die Durchsuchung einer Person, die sich erkennbar in einem die freie Willensbestimmung ausschließenden Zustand oder sonst in **hilfloser Lage** befindet. 162

Hinweis:
Nach Nr. 21.2.2 VollzBek. PAG beschränken sich entsprechende Durchsuchungen „nach dem Zweck der Maßnahme auf die Suche nach Identitätspapieren oder -hinweisen, um gegebenenfalls Angehörige benachrichtigen zu können, und auf die Suche nach Unfallausweisen und auf Hinweise für den Grund des körperlichen Zustandes, um dem Hilflosen zweckmäßigen Beistand leisten zu können".

Seit Inkrafttreten der PAG-Novelle (2017) ist eine Durchsuchung ferner zulässig, wenn eine **drohende Gefahr für ein bedeutendes Rechtsgut** vorliegt (Art. 21 Abs. 1 Nr. 3 PAG). Überdies können gemäß Art. 21 Abs. 1 Nr. 4 1. Alt. PAG Personen durchsucht werden, die sich an einem **gefährlichen Ort** im Sinne des Art. 13 Abs. 1 Nr. 2 PAG (→ Rn. 102) aufhalten. Nachdem Art. 13 Abs. 1 Nr. 2 PAG lediglich an die abstrakte Gefährlichkeit des Ortes anknüpft, die Durchsuchung aber – gerade auch im Vergleich zur Identitätsfeststellung gemäß Art. 13 PAG – einen relativ intensiven Grundrechtseingriff darstellt (Eingriff in die Privat- und Intimsphäre, uU Öffentlichkeitsbezug), fordert der BayVGH über den Aufenthalt am inkriminierten Ort hinaus, dass die Durchsuchung „in einer entsprechenden Beziehung zu den Tatsachen steht, 163

---

274 *Gallwas/Lindner/Wolff*, Rn. 683 (anders im Kontext von Wohnungen, Rn. 696: Alternativität); *Heckmann*, in: Becker/ders./Kempen/Manssen, 3. Teil, Rn. 377. AA *Grünewald*, in: BeckOK PSR, Art. 21 PAG Rn. 12 f. (wegen regelmäßigen Ergehens einer Duldungsanordnung); siehe auch BayVGH, BayVBl. 2013, 90 (90): „Durchsuchungsanordnung". Nach An- (VA) und Abwesenheit (Realakt) des Betroffenen differenzierend *Schwabenbauer*, in: BeckOK PSR, Art. 23 PAG Rn. 51 und 52; Art. 24 PAG Rn. 31 ff.

die die Gefährlichkeit des Ortes begründen", dh zu den in Art. 13 Abs. 1 Nr. 2 PAG genannten Aspekten wie der Verabredung, Vorbereitung und Verübung von Straftaten.[275] Gemäß Art. 21 Abs. 1 Nr. 4 2. Alt. PAG ist eine Durchsuchung auch in dem von der **Schleierfahndung** erfassten Bereich (Art. 13 Abs. 1 Nr. 5 PAG; → Rn. 105) möglich. Auch hier rechtfertigt nicht bereits der schlichte Aufenthalt in diesem Durchsuchungsmaßnahmen; vielmehr ist das vom BayVerfGH für die Durchsuchung von Sachen im Kontext der Schleierfahndung entwickelte Erfordernis einer **erhöhten abstrakten Gefahr**, das der Eingriffsintensität von Durchsuchungen geschuldet ist (→ Rn. 169), erst recht auf die im Vergleich zur Durchsuchung von Sachen nochmals grundrechtsintensivere Durchsuchung von Personen zu übertragen.[276]

164 Art. 21 Abs. 1 Nr. 5 PAG gestattet die Durchsuchung an **gefährdeten Orten**, mithin von Personen, die sich in einem Objekt im Sinne des Art. 13 Abs. 1 Nr. 3 PAG (→ Rn. 103) oder in dessen unmittelbarer Nähe aufhalten und Tatsachen die Annahme rechtfertigen, dass in oder an Objekten dieser Art Straftaten begangen werden sollen.

165 Art. 21 Abs. 2 PAG gestattet eine Durchsuchung zur **Eigensicherung von Polizeibeamten oder** zur **Sicherung Dritter**: „Die Polizei kann eine Person, deren Identität nach diesem Gesetz oder anderen Rechtsvorschriften festgestellt werden soll oder die nach diesem Gesetz oder anderen Rechtsvorschriften festgehalten werden kann, nach Waffen, anderen gefährlichen Werkzeugen und Explosionsmitteln durchsuchen, wenn dies nach den Umständen zum Schutz des Polizeibeamten oder eines Dritten gegen eine Gefahr für Leib oder Leben erforderlich ist."

bb) Begriff der Durchsuchung, Modalitäten

166 Eine **Durchsuchung** besteht in der „Suche nach Sachen, die sich in den Kleidern des Betroffenen oder an seinem Körper befinden könnten. Auch in der Mundhöhle und in den Ohren kann erforderlichenfalls nachgeschaut werden" (Nr. 21.1 VollzBek. PAG).[277] **Abzugrenzen** ist sie von der nicht durch Art. 21 PAG (wohl aber im repressiven Bereich von §§ 81a, c StPO) gedeckten **körperlichen Untersuchung**, mithin von der „Suche nach Gegenständen im Innern des Körpers einschließlich der nicht ohne Weiteres zugänglichen sonstigen Körperöffnungen" (Nr. 21.1 VollzBek. PAG). Wegen der Sperrwirkung des Art. 21 PAG kann eine Untersuchung auch nicht auf die Generalklausel (Art. 11 Abs. 1 f. PAG) gestützt werden (→ Rn. 213).[278]

167 Schließlich bestehen Vorgaben für die **Durchführung der Durchsuchung**. So hat sie gemäß Art. 21 Abs. 3 PAG durch **Personen gleichen Geschlechts oder Ärzte** zu erfolgen, so nicht eine sofortige Durchsuchung zum Schutz gegen eine Gefahr für Leib oder Leben erforderlich ist. Aus Gründen der Verhältnismäßigkeit (Erforderlichkeit, Art. 4

---

275 BayVGH, BayVBl. 2013, 90 (Ls. und 90).
276 *Grünewald*, in: BeckOK PSR, Art. 21 PAG Rn. 22 ff.; *Heckmann*, in: Becker/ders./Kempen/Manssen, 3. Teil, Rn. 374 (wohl). AA *Berner/Köhler/Käß*, PAG, Art. 21 Rn. 6.
277 BayVGH, BayVBl. 1999, 343 (343). Zweifel hinsichtlich der Nachschau in Körperöffnungen verbalisiert *Grünewald*, in: BeckOK PSR, Art. 21 PAG Rn. 11. Weiter (jede Körperöffnung) demgegenüber *Gallwas/Lindner/Wolff*, Rn. 683 m. Fn. 471.
278 *Heckmann*, in: Becker/ders./Kempen/Manssen, 3. Teil, Rn. 376 Fn. 297.

Abs. 1 PAG) sind, so möglich, diskriminierende Begleitumstände, namentlich eine Durchsuchung in der Öffentlichkeit, zu vermeiden, zumal diese störanfällig sein kann.[279]

b) Durchsuchung von Sachen, Art. 22 PAG

Art. 22 PAG ermächtigt zur Durchsuchung von Sachen, mithin zur Suche von Personen oder Sachen in jenen. Art. 21 PAG ist vorrangig für die Durchsuchung von am Körper getragenen Kleidungsstücken (Nr. 22.1 VollzBek. PAG). Art. 22 PAG gestattet eine Durchsuchung von Sachen in **verschiedenen Situationen**. Zunächst können Sachen von Personen durchsucht werden, die nach Art. 21 PAG durchsucht werden dürfen (Art. 22 Abs. 1 Nr. 1 PAG). Des Weiteren ist eine Durchsuchung von Sachen gemäß Art. 22 Abs. 1 Nr. 2 PAG zulässig, wenn Tatsachen die Annahme rechtfertigen, dass sich in ihr eine Person befindet, die in **Gewahrsam** genommen werden darf (lit. a; zu den Voraussetzungen der Ingewahrsamnahme gemäß Art. 17 PAG[280] → Rn. 148 ff.), widerrechtlich festgehalten wird (lit. b) oder hilflos ist (lit. c). Eine Durchsuchung von Wohnungen ist nach dieser Vorschrift nicht möglich, sondern nur nach der Spezialregelung des Art. 23 PAG. Ebenso dürfen Sachen durchsucht werden, wenn Tatsachen die Annahme rechtfertigen, dass sich in ihnen eine andere Sache befindet, die sichergestellt werden darf (Art. 22 Abs. 1 Nr. 3 PAG; zu den Voraussetzungen der **Sicherstellung** → Rn. 197 ff.). Art. 22 Abs. 1 Nr. 4 1. Alt. PAG gestattet die Durchsuchung von Sachen, die sich an einem **gefährlichen Ort** im Sinne des Art. 13 Abs. 1 Nr. 2 PAG (→ Rn. 102) befinden.

168

Gemäß Art. 22 Abs. 1 Nr. 4 2. Alt. PAG ist eine Durchsuchung auch in dem von der **Schleierfahndung** erfassten Bereich (Art. 13 Abs. 1 Nr. 5 PAG; → Rn. 105) möglich. Dass sich eine Sache in diesem befindet, genügt hierfür nicht, da dies eine verdachts- und ereignisunabhängige Durchsuchungsmöglichkeit eröffnete; eine derartige Eingriffsschwelle ist indes angesichts der Streubreite der Maßnahme, ihrer Anlasslosigkeit und der – gerade auch im Vergleich zur gemäß Art. 13 Abs. 1 Nr. 5 PAG zulässigen Identitätsfeststellung – hohen Eingriffsintensität zu niedrig angesetzt. Die Polizei dringt nämlich nicht nur in die Privat- bzw. Intimsphäre ein; vielmehr erweckt „der Akt polizeilichen Durchsuchens für einen außenstehenden Beobachter sofort den Eindruck …, der Betroffene habe sich in irgendeiner Weise nicht gesetzmäßig verhalten. Insoweit kann eine Durchsuchung von Sachen durch Polizeibeamte vom Betroffenen als diskriminierend oder stigmatisierend empfunden werden". Vor diesem Hintergrund ist mit dem BayVerfGH eine **erhöhte abstrakte Gefahr** erforderlich.[281] Dies verlangt keine konkrete Gefahr, mithin die hinreichende Wahrscheinlichkeit einer Schutzgutverletzung, aber mehr als „bloße Vermutungen über abstrakte Gefahren, die nicht durch ein Mindestmaß an Indizien untermauert sind". Es müssen tatsächliche Anhaltspunkte vorliegen, „die den Schluss auf erhöhte abstrakte Gefahrenlagen bezüglich unerlaubter Überschreitung der Landesgrenze, des unerlaubten Aufenthalts und

169

---

279 BayVGH, BayVBl. 2013, 90 (90) – auch, wenn Betroffener dies wünscht.
280 Es existieren freilich weitere Tatbestände, etwa § 30 Abs. 2 InfSchG, dazu bereits Fn. 240.
281 BayVerfGHE 59, 29 (39); BayVerfGH, BeckRS 2017, 102357, Rn. 29 f. Ebenso BayVGH, BeckRS 2014, 47092, Rn. 16. Kritisch *Gallwas/Lindner/Wolff*, Rn. 684 a.

der grenzüberschreitenden Kriminalität zulassen. Dabei kann es sich etwa um durch Indizien angereicherte, also um hinreichend gezielte polizeiliche Lageerkenntnisse oder um das Vorhandensein von Täterprofilen oder Fahndungsrastern handeln, die beispielsweise auch im Rahmen internationaler Zusammenarbeit der Polizei- und Sicherheitsbehörden gewonnen werden. Für eine solche Prognose einer erhöhten abstrakten Gefahr können naturgemäß aber auch Eindrücke verarbeitet werden, die die handelnden Polizeibeamten bei einer vorausgehenden Identitätskontrolle gewinnen, zB wenn sie irgendwelche Auffälligkeiten registrieren".[282]

170 Art. 22 Abs. 1 Nr. 5 PAG gestattet die Durchsuchung an **gefährdeten Orten**, mithin von Sachen, die sich in einem Objekt im Sinne des Art. 13 Abs. 1 Nr. 3 PAG (→ Rn. 103) oder in dessen unmittelbarer Nähe befinden und Tatsachen die Annahme rechtfertigen, dass Straftaten in oder an Objekten dieser Art begangen werden sollen. Schließlich ist gemäß Art. 22 Abs. 1 Nr. 6 PAG die Durchsuchung einer beweglichen Sache möglich, die sich an einer **Kontrollstelle** nach Art. 13 Abs. 1 Nr. 4 PAG (→ Rn. 104) befindet.[283]

171 Art. 22 Abs. 2 PAG enthält eine Sonderregelung für die **Durchsuchung elektronischer Speichermedien**. Hier „können auch vom Durchsuchungsobjekt räumlich getrennte Speichermedien durchsucht werden, soweit von diesem aus auf sie zugegriffen werden kann." Eine Weiterverarbeitung personenbezogener Daten ist nur bei Vorliegen einer entsprechenden Befugnisnorm zulässig.

172 Schließlich bestehen **Vorgaben für die Durchführung der Durchsuchung**. So hat der Inhaber der tatsächlichen Gewalt bei Durchsuchungen das Recht, anwesend zu sein; bei Abwesenheit sollen sein Vertreter oder ein anderer Zeuge hinzugezogen werden (Art. 22 Abs. 3 PAG). Überdies ist ihm gemäß Art. 22 Abs. 4 PAG auf Verlangen eine Bescheinigung über die Durchsuchung und ihren Grund zu erteilen. Angesichts des durch diese Rechte vermittelten Grundrechtsschutzes durch Verfahren führen Verstöße gegen diese Anforderungen zur formellen Rechtswidrigkeit der Durchsuchung.[284]

c) Betreten und Durchsuchen von Wohnungen, Art. 23 f. PAG

173 Wohnungen genießen angesichts der in ihnen gelebten räumlichen Privatsphäre einen **besonderen verfassungsrechtlichen Schutz**, der in den qualifizierten Gesetzesvorbehalten des Art. 13 GG zum Ausdruck kommt. Damit korrespondierend stellen das Betreten und Durchsuchen von Wohnungen durch die Polizei, wozu Art. 23 f. PAG ermächtigt, besonders eingriffsintensive Maßnahmen dar. Entsprechende Maßnahmen sind daher nur unter restriktiven Voraussetzungen zulässig.

174 Art. 23 PAG unterscheidet **drei Konstellationen**, nämlich das Betreten und die Durchsuchung von Wohnungen (Abs. 1 f.; aa), das Betreten von Wohnungen (Abs. 3; bb) und das Betreten von sonstigen der Öffentlichkeit zugänglichen Räumlichkeiten bzw.

---

282 BayVerfGHE 59, 29 (43). Ebenso BayVGH, BeckRS 2014, 47092, Rn. 16.
283 Es ist umstritten, ob sich die Durchsuchungsbefugnis auch auf Insassen eines Fahrzeugs mitgeführte Sachen erstreckt, so *Schmidbauer*, in: ders./Steiner, Art. 22 PAG Rn. 25; zweifelnd *Grünewald*, in: BeckOK PSR, Art. 22 PAG Rn. 21.
284 *Gallwas/Lindner/Wolff*, Rn. 692; *Grünewald*, in: BeckOK PSR, Art. 22 PAG Rn. 31. AA (bloße Ordnungsvorschrift) *Schmidbauer*, in: ders./Steiner, Art. 22 PAG Rn. 27.

Grundstücken (Abs. 4; cc). Diese Unterscheidung spiegelt sich in unterschiedlichen Eingriffsvoraussetzungen, da die Eingriffsintensität und damit die Rechtfertigungsanforderungen in der skizzierten Reihenfolge abnehmen.

Entscheidend ist demnach die **Abgrenzung von Durchsuchung und schlichtem Betreten**. Eine Durchsuchung „ist das ziel- und zweckgerichtete Suchen nach Personen oder Sachen oder die Ermittlung einer Gefahrenquelle in einer Wohnung" (Nr. 23.2 VollzBek. PAG). Unter Betreten ist das Hineinbegeben in eine Wohnung respektive sonstige Örtlichkeit und das dortige Verweilen einschließlich des Befahrens mit Fahrzeugen zu verstehen; wichtig für die Abgrenzung ist, dass bereits die Befugnis zum Betreten die Polizei ermächtigt, „von Personen, Sachen und Zuständen, die ohne jeglichen Aufwand wahrgenommen werden können, Kenntnis zu nehmen" (Nr. 23.1 VollzBek. PAG).[285] Erforderlich ist auch eine **Abgrenzung des Betretens** (Primärmaßnahme) **von seiner zwangsweisen Durchsetzung** gemäß Art. 70 ff. PAG (Sekundärmaßnahme): Ersteres umfasst die Benutzung „vorhandene[r] (Tür-, Fenster- oder sonstige[r]) Öffnunge[n]" einschließlich des körperlichen Einwirkens auf diese, „solange nicht der Widerstand des Inhabers oder Störers gebrochen oder die Funktionsfähigkeit der Öffnung zerstört wird (Dietricheinsatz ohne Schlossbeschädigung erlaubt)"; ein Rückgriff auf die Zwangsbefugnisse ist demgegenüber notwendig, „wenn versucht wird, das Betreten zu vereiteln oder Türen aufgebrochen werden müssen oder eine Öffnung erst geschaffen (Wanddurchbrechung) werden muss".[286] Der verdeckte Einsatz technischer Mittel in Wohnungen zur Erhebung personenbezogener Daten (akustische oder optische Wohnraumüberwachung) ist in Art. 41 PAG speziell geregelt, offene Bild- und Tonaufnahmen finden in Art. 33 Abs. 4 PAG ihre Grundlage.

175

Adressat ist der Wohnungsinhaber, wobei bei Art. 23 Abs. 1 S. 1 Nr. 3 PAG auf Art. 10 PAG zurückzugreifen ist.[287] Schließlich normiert **Art. 24 PAG Verfahrensregeln**, namentlich einen Richtervorbehalt (dd).

176

aa) Betreten und Durchsuchung der Wohnung

Ein **Betreten**[288] **und Durchsuchen der Wohnung** durch die Polizei ohne Einwilligung des Inhabers gestattet Art. 23 Abs. 1 S. 1 PAG in drei Fällen, nämlich wenn

177

- Tatsachen die Annahme rechtfertigen, dass sich in ihr eine Person befindet, die nach Art. 15 Abs. 3 **vorgeführt** (zu den Voraussetzungen → Rn. 121) oder nach Art. 17 in **Gewahrsam** genommen werden (zu den Voraussetzungen → Rn. 148) darf,
- Tatsachen die Annahme rechtfertigen, dass sich in ihr eine Sache befindet, die nach Art. 25 Nr. 1 **sichergestellt** werden darf (zu den Voraussetzungen → Rn. 197 ff.; Nr. 2), oder

---

285 Siehe auch *Schwabenbauer*, in: BeckOK PSR, Art. 23 PAG Rn. 33 f. und instruktiv zu Abgrenzungsfragen Rn. 41 ff. Aus der jüngeren Rspr. BayVGH, BeckRS 2015, 50370, Rn. 40 (krit. *Schwabenbauer*, aaO, Rn. 46 f.).
286 *Schwabenbauer*, in: BeckOK PSR, Art. 23 PAG Rn. 35; ferner Rn. 130. Siehe auch *Gallwas/Lindner/Wolff*, Rn. 697.
287 *Schwabenbauer*, in: BeckOK PSR, Art. 23 PAG Rn. 65, 131.
288 Hierzu *Schwabenbauer*, in: BeckOK PSR, Art. 23 PAG Rn. 72 ff.

Ferdinand Wollenschläger

- das zur Abwehr einer **dringenden Gefahr für ein bedeutendes Rechtsgut** (zu diesen Begriffen → Rn. 75, 78) erforderlich ist (Nr. 3).

178 In Einklang mit dem (weiten) verfassungsrechtlichen **Begriffsverständnis**[289] rechnet Art. 23 Abs. 1 S. 2 PAG zur Wohnung „die Wohn- und Nebenräume, Arbeits-, Betriebs- und Geschäftsräume sowie anderes befriedetes Besitztum". Ebenfalls erfasst sind zu Wohn- und Erwerbszwecken „genutzte bewegliche Sachen wie Schiffe, Wohnwagen, Zelte, Schlafkojen in Lastkraftwagen" (Nr. 23.3 VollzBek. PAG).

179 Zur **Nachtzeit** (§ 104 Abs. 3 StPO)[290] ist das Betreten und Durchsuchen einer Wohnung gemäß Art. 23 Abs. 2 PAG nur zur Abwehr einer gegenwärtigen Gefahr für ein bedeutendes Rechtsgut zulässig.

bb) Betreten von Wohnungen

180 Art. 23 Abs. 3 PAG gestattet das jederzeitige Betreten von Wohnungen zur **Abwehr dringender Gefahren** (zum Begriff → Rn. 75), wenn sie **gefährliche Orte** darstellen, dh wenn 1. aufgrund tatsächlicher Anhaltspunkte anzunehmen ist, dass dort Personen Straftaten verabreden, vorbereiten oder verüben,[291] sich Personen ohne erforderliche Aufenthaltserlaubnis treffen oder sich Straftäter verbergen, oder 2. sie der Prostitution dienen[292] oder 3. sie als Unterkunft oder dem sonstigen, auch vorübergehenden Aufenthalt von Asylbewerbern und unerlaubt Aufhältigen dient.[293]

181 In Einklang mit Art. 13 Abs. 7 GG, der Eingriffe nicht nur zur Abwehr, sondern auch zur Verhütung dringender Gefahren für die öffentliche Sicherheit und Ordnung zulässt, und um Art. 23 Abs. 3 PAG einen sinnvollen Anwendungsbereich zu belassen, setzt diese Norm keine konkrete Gefahr voraus; eine **abstrakte Gefahr genügt**.[294]

cc) Betreten von sonstigen der Öffentlichkeit zugänglichen Räumlichkeiten bzw. Grundstücken

182 Unter der Voraussetzung einer **abstrakten oder konkreten Gefahr** (→ Rn. 61 ff.; zu etwaigen Qualifikationen sogleich → Rn. 183) dürfen – in Reformulierung des nicht ganz klaren Wortlauts – der Öffentlichkeit zugängliche[295] Arbeits-, Betriebs- und Geschäftsräume sowie andere der Öffentlichkeit zugängliche Räume und Grundstücke während der Arbeits-, Geschäfts- oder Aufenthaltszeit betreten werden. Dies gilt auch,

---

289 BVerfGE 32, 54 (68 ff.); NJW 2015, 2870 (2871); im Überblick *Schwabenbauer*, in: BeckOK PSR, Art. 23 PAG Rn. 3, 19 ff.
290 Nach diesem umfasst „[d]ie Nachtzeit ... in dem Zeitraum vom ersten April bis dreißigsten September die Stunden von neun Uhr abends bis vier Uhr morgens und in dem Zeitraum vom ersten Oktober bis einunddreißigsten März die Stunden von neun Uhr abends bis sechs Uhr morgens."
291 *Schwabenbauer*, in: BeckOK PSR, Art. 23 PAG Rn. 103, verlangt vor dem Hintergrund von Art. 13 Abs. 7 GG (Erfordernis einer dringenden Gefahr), dass – beim Betreten nichtöffentlicher Räume – „die in Abs. 3 Nr. 1 a–c) genannten (prognostizierten) Handlungen gewichtige Rechtsgüter betreffen und damit selbst von Gewicht sind".
292 Die Ausübung der Prostitution als solcher genügt nicht für die Annahme einer dringenden Gefahr, *Schwabenbauer*, in: BeckOK PSR, Art. 23 PAG Rn. 109 ff.
293 Zu Hintergrund und Problematik dieser Bestimmung *Schwabenbauer*, in: BeckOK PSR, Art. 23 PAG Rn. 86 ff.
294 So (und differenziert) *Schwabenbauer*, in: BeckOK PSR, Art. 23 PAG Rn. 93 ff., mit folgender Reformulierung (Rn. 97): „Wohnungen dürfen jederzeit betreten werden, um den Eintritt eines Zustands zu verhindern, der eine konkrete Gefahr für (weil dringlich) ein hochrangiges Rechtsgut darstellen würde, wenn aufgrund tatsächlicher Anhaltspunkte anzunehmen ist, dass (…)."
295 Zum Bezug auf alle Varianten *Schwabenbauer*, in: BeckOK PSR, Art. 23 PAG Rn. 120.

wenn diese Orte der Öffentlichkeit zugänglich waren und den Anwesenden zum weiteren Aufenthalt zur Verfügung stehen; dies soll gemäß Nr. 23.11 VollzBek. PAG „das Betreten von Räumlichkeiten [gestatten], die zur Zeit des Betretens nicht mehr öffentlich zugänglich sind, sofern sich darin noch Personen aufhalten, die diese Räumlichkeiten betreten haben, als sie öffentlich zugänglich waren."

Die niedrige **Eingriffsschwelle** resultiert aus der von der Rspr. vertretenen Ausklammerung dieser Räumlichkeiten aus dem besonderen Schutz des Art. 13 (Abs. 7) GG,[296] wobei das Genügenlassen jedweder abstrakten oder konkreten Gefahr teils für hinter den in jener Rspr. formulierten Anforderungen zurückbleibend erachtet wird, weshalb Art. 23 Abs. 4 PAG entsprechend verfassungskonform zu reduzieren sei[297]. 183

Öffentlich zugänglich sind „Räume und Grundstücke, deren Besuch im Prinzip jedermann aufgrund einer tatsächlichen oder vermuteten Einwilligung des Inhabers freisteht", wobei der Ausschluss von „bestimmten Personengruppen ... (beispielsweise Kindern und Jugendlichen, Personen in nicht erwünschter Kleidung), ... der öffentlichen Zugänglichkeit nicht entgegen[steht]". Anderes gilt, wenn die „Räumlichkeit nur für einen abgegrenzten Personenkreis bestimmt [ist] (zB für Betriebsangehörige, Lieferanten, Clubmitglieder) und ... Vorkehrungen getroffen [sind], andere am Betreten der Räumlichkeit zu hindern", wobei nominelle Zutrittsbarrieren (etwa Möglichkeit des Erwerbs der Clubmitgliedschaft am Eingang) nicht genügen (Nr. 23.11 VollzBek. PAG).[298] 184

dd) Verfahrensregeln, Art. 24 PAG

In Einklang mit Art. 13 Abs. 2 GG sieht Art. 24 Abs. 1 PAG einen **Richtervorbehalt für Durchsuchungen** vor, von dem lediglich bei Gefahr im Verzug abgesehen werden kann. Im zuletzt genannten Fall ist gemäß Art. 92 Abs. 3 S. 1 PAG unverzüglich eine richterliche Bestätigung der Maßnahme einzuholen, sofern sich die Maßnahme noch nicht erledigt hat (Art. 92 Abs. 3 S. 2 PAG), was freilich der Regelfall sein dürfte. Gemäß Art. 92 Abs. 2 S. 1 PAG ist das Amtsgericht am Sitz des Landgerichts **zuständig**, in dessen Bezirk die beantragende Polizeidienststelle ihren Sitz hat; das Verfahren richtet sich nach dem gemäß Art. 92 Abs. 1 PAG analog anwendbaren Gesetz über das 185

---

296 Siehe BVerfG, NJW 1971, 2299; BVerwGE 121, 345 (351 f.). Näher *Schwabenbauer*, in: BeckOK PSR, Art. 23 PAG Rn. 6 ff.
297 BVerwGE 121, 345, 352: Es „braucht zwar keine konkrete Gefahr vorzuliegen; die Gefahren, deren Abwehr die Polizeimaßnahmen dienen sollen, müssen jedoch ein solches Gewicht haben, dass sie von ihrer Bedeutung her geeignet sind, das Interesse des Inhabers des Hausrechts an der Wahrnehmung seiner Verfügungsgewalt zu überwiegen. Außerdem verlangt die Vorschrift, dass zum Kontrollzeitpunkt hinreichend präzise und aktuelle sowie darüber hinaus dokumentierte Lageerkenntnisse vorhanden sind, die den Schluss erlauben, dass gerade das zu betretende Objekt ein Ort ist, an dem sich die abzuwehrenden Gefahren oder zu verhütenden Straftaten in nicht allzu ferner Zukunft ereignen könnten." Siehe auch *Berner/Köhler/Käß*, PAG, Art. 23 Rn. 20; *Schwabenbauer*, in: BeckOK PSR, Art. 23 PAG Rn. 127 ff. AA *Gallwas/Lindner/Wolff*, Rn. 700 m. Fn. 483; *Schmidbauer*, in: ders./Steiner, Art. 23 PAG Rn. 52.
298 Weiter, nämlich eine Unzugänglichkeit nur dann annehmen, „wenn der Personenkreis, der Zutritt hat, bestimmt ist und in einer Art und Weise eingeladen wurde, die man als persönlich und nicht übertragbar bezeichnen kann", was bei einem unüberschaubaren, unbestimmten und nur nach bestimmten rechtlichen Eigenschaften definierten Personenkreis (etwa Betriebskantinen) nicht gegeben sein soll: *Schmidbauer*, in: ders./Steiner, Art. 23 PAG Rn. 49. Auf die „individuelle Entscheidung oder Einladung des Wohnungsinhabers" unabhängig von der Zahl der Zugangsberechtigten abstellend *Schwabenbauer*, in: BeckOK PSR, Art. 23 PAG Rn. 122. Beide Ansichten fordern wie Nr. 23.11 VollzBek. PAG Zugangsbarrieren.

Verfahren in Familiensachen und in den Angelegenheiten der freiwilligen Gerichtsbarkeit.

186 Zu den **weiteren Verfahrensanforderungen** zählen ein Anwesenheitsrecht des Inhabers der tatsächlichen Gewalt (Art. 24 Abs. 2 PAG), eine Begründungspflicht (Art. 24 Abs. 3 PAG) sowie das Erfordernis einer Niederschrift (Art. 24 Abs. 4 PAG). Angesichts des durch diese Rechte vermittelten Grundrechtsschutzes durch Verfahren (siehe auch Art. 13 Abs. 2 GG) führen Verstöße gegen diese Anforderungen zur formellen Rechtswidrigkeit der Durchsuchung.[299]

5. Sicherstellung, Art. 25–28 PAG

187 Art. 25 PAG ermöglicht der Polizei, Sachen und sonstige Objekte sicherzustellen (a), und sieht hierfür verschiedene Tatbestände vor (b). Art. 28 PAG regelt die Dauer und Beendigung der Sicherstellung einschließlich eines Herausgabeanspruchs (c) sowie die Möglichkeit der Kostenerhebung (d), Art. 26 f. PAG regeln Folgefragen, nämlich die Verwahrung, Verwertung und Vernichtung sichergestellter Sachen (e).

188 Zu beachten ist, dass zahlreiche **Spezialbestimmungen** für die Sicherstellung existieren, etwa für Waffen (§§ 40 Abs. 5 S. 2, 46 Abs. 2 S. 2, 46 Abs. 3 S. 2, 46 Abs. 4 WaffG), für Druckwerke (Art. 16 Abs. 2, 17 BayPrG) oder für Vereinsvermögen (§ 3 Abs. 1 S. 2 iVm § 10 VereinsG).

a) Begriff der Sicherstellung, Art. 25 PAG
aa) Allgemeines

189 Die **Sicherstellung** besteht in der „Beendigung des Gewahrsams des Eigentümers oder sonstigen Berechtigten einer Sache unter Begründung neuen Gewahrsams durch die Polizei ... oder die von ihr beauftragten Personen zum Zwecke der Gefahrenabwehr".[300] Sicherstellungsfähige Sachen sind körperliche Gegenstände im Sinne des § 90 BGB, unerheblich, ob beweglich oder unbeweglich;[301] im zuletzt genannten Fall kann die Sicherstellung durch Versiegelung erfolgen.[302] Sicherstellungsfähig sind auch Tiere[303] sowie Bargeld[304].

190 Regelmäßig fordert die Polizei den Betroffenen zur Herausgabe auf (**Sicherstellungsanordnung**); kommt er dem nicht freiwillig nach, kann die Polizei unmittelbaren Zwang zur Durchsetzung der Sicherstellungsanordnung gemäß Art. 70 ff. PAG anwenden.[305] Ist der Inhaber der tatsächlichen Verfügungsgewalt nicht anwesend (oder eine Anordnung aus sonstigen Gründen nicht möglich), ermächtigt Art. 25 PAG die Polizei zur

---

299 *Schwabenbauer*, in: BeckOK PSR, Art. 24 PAG Rn. 26. AA (bloße Ordnungsvorschrift) *Schmidbauer*, in: ders./Steiner, Art. 24 PAG Rn. 65.
300 *Knemeyer*, Polizei- und Ordnungsrecht, Rn. 251.
301 BayVGH, BayVBl. 2016, 808 (809).
302 *Heckmann*, in: Becker/ders./Kempen/Manssen, 3. Teil, Rn. 401; *Senftl*, in: BeckOK PSR, Art. 25 PAG Rn. 12.
303 *Senftl*, in: BeckOK PSR, Art. 25 PAG Rn. 12.
304 BayVGH, NVwZ-RR 2014, 522 (522); BayVBl. 2016, 808 (809). Näher *Senftl*, in: BeckOK PSR, Art. 25 PAG Rn. 47 ff. Buchgeld ist nicht gemäß Art. 25 Abs. 1 PAG sicherstellungsfähig, vgl. BayVGH, BayVBl. 2016, 808 (809 ff.).
305 *Senftl*, in: BeckOK PSR, Art. 25 PAG Rn. 10.

IV. Polizeiliche Standardbefugnisse

Inbesitznahme (Realakt), ohne dass ein Sofortvollzug (Art. 9 PAG) bzw. eine unmittelbare Ausführung (Art. 70 Abs. 2 PAG) notwendig wäre.[306]

Umstritten ist, ob ein **spezifischer Besitzwille** der Polizei vorliegen muss, mithin ob „es der Polizei vom Zweck der Maßnahme her darauf ankomm[en muss], die Sache in Verwahrung zu haben und andere von jeder Einwirkungsmöglichkeit auszuschließen".[307] Teile der Lit. fordern dies unter Verweis auf die in Art. 26 Abs. 1 PAG vorgesehene Pflicht zur Verwahrung sichergestellter Sachen.[308]

Hinweis:
Demnach würde das Versetzen von verbotswidrig geparkten Kraftfahrzeugen oder deren Verbringung auf einen polizeilichen Verwahrplatz (**Abschleppfälle**) keine Sicherstellung darstellen, da es der Polizei primär auf das Entfernen ankommt, nicht aber auf den Besitz am Kfz unter Ausschluss des Eigentümers. Zurückzugreifen wäre dann auf die polizeiliche Generalklausel (Art. 11 Abs. 1 und 2 PAG). Anders sind Fälle zu beurteilen, in denen ein Kfz abgeschleppt wird, weil es wegen von ihm ausgehender Gefahren dem Straßenverkehr entzogen werden soll, etwa weil es Öl oder Benzin verliert.[309]

Nachdem Art. 26 Abs. 1 PAG keine derartige Vorgabe formuliert und bei der Sicherstellung die Gewahrsams*begründung* zur Gefahrenabwehr im Vordergrund steht, genügt es mit dem BayVGH, dass „der polizeiliche Gewahrsam nur sekundär gleichsam als Nebenfolge eintritt", ohne dass ein Besitzwille der Polizei entscheidend ist.[310]

Hinweis:
Nach dieser Auffassung stellt die Verbringung verbotswidrig geparkter Kraftfahrzeuge zu einer Verwahrstelle eine Sicherstellung dar.[311]

Auch eine **vorübergehende Ingewahrsamnahme** genügt nach Teilen der Lit.,[312] wohingegen andere Stimmen eine gewisse **Verfestigung** fordern[313].

Hinweis:
Nach dieser Auffassung stellt sogar das bloße Versetzen eines Kfz auf einen verfügbaren Parkplatz in der Nähe eine Sicherstellung dar.[314]

Mit Blick auf Art. 26 PAG fordern andere Stimmen, dass jedenfalls ein Gewahrsamsverhältnis begründet werden soll.[315]

Hinweis:
Siehe zur Vollstreckung in Abschleppfällen → Rn. 327.

---

306 Nr. 25.2 VollzBek. PAG; *Gallwas/Lindner/Wolff*, Rn. 708; *Heckmann*, in: Becker/ders./Kempen/Manssen, 3. Teil, Rn. 399 f. AA BayVGH, BayVBl. 2014, 88 (89); BayVBl. 2015, 238 (238).
307 So *Knemeyer*, Polizei- und Ordnungsrecht, Rn. 251.
308 *Graulich*, in: Lisken/Denninger, Kap. E, Rn. 638; *Martens*, in: Drews/Wacke/Vogel/ders., S. 183 (211).
309 *Knemeyer*, Polizei- und Ordnungsrecht, Rn. 252.
310 BayVGH, NVwZ 1990, 180 (181). Ebenso *Gallwas/Lindner/Wolff*, Rn. 705; *Heckmann*, in: Becker/ders./Kempen/Manssen, 3. Teil, Rn. 397; *Weber/Köppert*, Polizei- und Sicherheitsrecht, Rn. 253.
311 BayVGH, NVwZ 1990, 180 (181); vgl. auch Beschl. v. 22.6.2009 – 10 ZB 09.1052, juris, Rn. 7; BayVBl. 2010, 471 (471); BayVBl. 2014, 88 (89); *Heckmann*, in: Becker/ders./Kempen/Manssen, 3. Teil, Rn. 549.
312 *Gallwas/Lindner/Wolff*, Rn. 705.
313 *Heckmann*, in: Becker/ders./Kempen/Manssen, 3. Teil, Rn. 547.
314 *Gallwas/Lindner/Wolff*, Rn. 706. AA BayVGH, BeckRS 2005, 18006, Rn. 2; BeckRS 2009, 40717 (offener); *Heckmann*, in: Becker/ders./Kempen/Manssen, 3. Teil, Rn. 547; *Senftl*, in: BeckOK PSR, Art. 25 PAG Rn. 8; *Weber/Köppert*, Polizei- und Sicherheitsrecht, Rn. 253.
315 HessVGH, NVwZ 1987, 904 (909); *Graulich*, in: Lisken/Denninger, Kap. E, Rn. 638. Vgl. *Knemeyer*, Polizei- und Ordnungsrecht, Rn. 252.

bb) Exkurs zu den Abschleppfällen

195 In den **Abschleppfällen** folgt die erforderliche (gegenwärtige) Gefahr aus dem Verstoß des Fahrzeugführers gegen § 12 StVO oder besondere Regelungen, wie beispielsweise durch Vorschriftszeichen angeordnete Haltverbote (§ 41 Abs. 1 StVO iVm Anlage 2, Zeichen 283 oder 286). Überdies stellt sich die Frage der **Verhältnismäßigkeit** der Maßnahme (Art. 4 PAG).[316] Bereits nicht erforderlich wäre diese, wenn der Fahrzeugführer problemlos ermittelt werden kann, wobei dies nicht bereits bei sichtbarem Hinterlegen einer Telefonnummer im Fahrzeug der Fall ist, sondern vielmehr erfordert, dass erkennbar ist, dass sich der Fahrzeugführer in der Nähe aufhält.[317] Anstelle einer Abschleppmaßnahme kann ein Umsetzen des Kfz als milderes Mittel in Frage kommen, wobei daraus möglicherweise resultierende Folgeprobleme (Gefährdung des Kfz am neuen Standort; Auffindbarkeit für den Fahrzeugführer oder -halter) zu berücksichtigen sind.[318] Im Rahmen einer Abwägung der widerstreitenden Interessen ist zu berücksichtigen, dass ein einfacher Verstoß gegen das Verbot, auf Gehwegen zu parken, ohne dass weitere Beeinträchtigungen damit einhergingen, oder ausschließlich Zwecke der Generalprävention nicht bereits für die Begründung der Verhältnismäßigkeit ausreichen, ein Behindern anderer Verkehrsteilnehmer jedoch für die Verhältnismäßigkeit spricht[319].[320] Wartezeiten vor Durchführung einer Abschleppmaßnahme müssen zumindest dann nicht eingehalten werden, wenn andere Verkehrsteilnehmer behindert, Haltverbote[321] und Feuerwehrzufahrten[322] missachtet oder Behindertenparkplätze unbefugt genutzt[323] werden; im Übrigen ist nach den Umständen des Einzelfalls zu entscheiden[324] (zur Vorlaufzeit bei mobilen Haltverbotszeichen → Rn. 350).[325]

196 Namentlich in Abschleppfällen kann die **Rechtsnatur von Verkehrszeichen** relevant werden. Diese werden überwiegend als **Allgemeinverfügung im Sinne des Art. 35 S. 2 BayVwVfG** qualifiziert: Neben der gesetzgeberischen Intention[326] spricht für diese Einordnung, dass es sich bei Verkehrszeichen „um die Regelung einer konkreten Verkehrssituation an einer ganz bestimmten Örtlichkeit einer Straße und um die Regelung – in den Worten des lediglich klarstellenden [Art.] 35 S. 2 des Verwaltungsverfahrensgesetzes – der ‚Benutzung durch die Allgemeinheit'"[327] handelt.[328] Aus der Einordnung als Allgemeinverfügung ergeben sich Folgeprobleme, namentlich hinsichtlich

---

316 Siehe dazu auch *Senftl*, in: BeckOK PSR, Art. 25 PAG Rn. 36 ff.
317 BVerwGE 149, 254 (258); BayVGH, Beschl. v. 8.11.2017 – 10 ZB 17.1912, juris, Rn. 6.
318 BVerwG, DAR 2002, 470 (470).
319 BVerwG, Urt. v. 24.5.2018 – 3 C 25/16, juris, Rn. 18.
320 BVerwGE 149, 254 (256 ff.). – zur Verhältnismäßigkeit eines sofortigen Abschleppens an Taxenständen.
321 BVerwGE 149, 254 (262 ff.).
322 VG München, Urt. v. 16.11.2012 – M 7 K 12.2812, juris, Rn. 20; Urt. v. 13.4.2016 – M 7 K 14.4795, juris, Rn. 20.
323 VG Augsburg, Urt. v. 14.2.2007 – Au 5 K 06.1082, juris, Rn. 26; VG München, Urt. v. 30.10.2013 – M 7 K 13.2542, juris, Rn. 16.
324 BVerwGE 149, 254 (263).
325 *Graulich*, in: Lisken/Denninger, Kap. E, Rn. 217.
326 Begründung zum Entwurf eines Verwaltungsverfahrensgesetzes, BT-Drs. 7/190, S. 57.
327 BVerwGE 59, 221 (225); ferner BVerwG, NJW 2018, 2910 (2910).
328 *Kümper*, JuS 2017, 731 (732 f.). Vgl. BayVGH, Urt. v. 12.4.2016 – 11 B 15.2180, juris, Rn. 16; *Maurer/Waldhoff*, § 9, Rn. 37. Für eine Qualifikation als Rechtsverordnung etwa BVerwGE 6, 317 (319); BayVGH, NJW 1978, 1988 (1989 f.). Ausführlich, auch zur Entwicklung, *Maurer/Waldhoff*, § 9, Rn. 35.

des Zeitpunkts der **Bekanntgabe** im Sinne des Art. 41 Abs. 1 S. 1 BayVwVfG. Hat das BVerwG in seiner früheren Rspr. angenommen, dass der Inhalt des Verkehrszeichens „dem Kraftfahrer beim erstmaligen Herannahen bekanntgemacht wird"[329] oder dies dann der Fall ist, „wenn er sich (erstmalig) der Regelung des Verkehrszeichens gegenüber sieht",[330] ist nach neuerer Rspr. auf das Aufstellen entsprechend den spezielleren Regelungen der StVO (vgl. §§ 39 Abs. 1, 45 Abs. 4 StVO) abzustellen[331].[332] Für die Frage des Beginns einer **Rechtsbehelfsfrist**[333] ist dieses Ergebnis jedoch ggf. aufgrund von Art. 19 Abs. 4 GG zu korrigieren, so dass insoweit auf die erstmalige Betroffenheit des Rechtsbehelfsführers abzustellen ist.[334] Abweichend wird vereinzelt auf den Zeitpunkt des Aufstellens abgestellt und eine Korrektur des Ergebnisses durch ein Wiederaufgreifen des Verfahrens gefordert;[335] dem ist das BVerwG jedoch „schon wegen der besonderen Voraussetzungen, die [Art.] 51 [Bay]VwVfG an einen solchen Rechtsbehelf stellt", ausdrücklich entgegengetreten.[336]

b) Voraussetzungen der Sicherstellung von Sachen und sonstigen Objekten, Art. 25 PAG

Eine Sicherstellung von Sachen ist gemäß Art. 25 PAG in **verschiedenen Situationen** 197 möglich. Zunächst kann die Polizei gemäß Art. 25 Abs. 1 Nr. 1 PAG eine Sache sicherstellen, um eine **gegenwärtige Gefahr** (lit. a; zum Begriff → Rn. 73) oder eine **Gefahr oder eine drohende Gefahr** für ein bedeutendes Rechtsgut (lit. b; zu den Begriffen → Rn. 77 ff.) **abzuwehren**. Dabei kann die Gefahr nicht nur vom Inhaber der tatsächlichen Verfügungsgewalt über die Sache ausgehen, namentlich wegen seines Zustands oder seiner Verwendungsabsicht, sondern auch von der Sache selbst, namentlich aufgrund ihrer Eigenschaften oder Lage im Raum (Nr. 25.3 VollzBek. PAG).

Beispiele:

Ein Alkoholisierter oder ein Kind hantiert mit einer Waffe; X schießt Silvesterraketen in eine Menschenmenge; am Flughafen befindet sich ein unbeaufsichtigtes Gepäckstück; im Trinkwasserschutzgebiet wurden Ölfässer abgestellt; die Polizei trifft auf einem Autobahnparkplatz auf X, Y und Z, die mit ihren Kraftfahrzeugen gerade ein verbotenes Autorennen auf der Autobahn beginnen möchten; ein Kampfhund läuft frei herum.

Art. 25 Abs. 1 Nr. 2 PAG gestattet die Sicherstellung überdies, um den **Eigentümer** 198 oder den rechtmäßigen Inhaber der tatsächlichen Gewalt **vor Verlust oder Beschädigung einer Sache zu schützen**. Zur Aufgabeneröffnung müssen die Voraussetzungen des Art. 2 Abs. 2 PAG vorliegen (→ Rn. 85 ff.).[337] Angesichts des Schutzanliegens muss eine (tatsächliche oder mutmaßliche) Einwilligung des Berechtigten vorliegen, was teils als ungeschriebenes Tatbestandsmerkmal,[338] teils als Ermessensgesichts-

---

329 BVerwGE 27, 181 (184).
330 BVerwGE 59, 221 (226).
331 BVerwGE 102, 316 (318 f.); E 154, 365 (370); NJW 2018, 2910 (2910). Vgl. auch BayVGH, Urt. v. 12.4.2016 – 11 B 15.2180, juris, Rn. 16. Ausführlich zur Spezialität BVerwGE 130, 383 (389 f.).
332 Vgl. *Maurer/Waldhoff*, § 9, Rn. 37. Ausführlich zur Frage der Sichtbarkeit *Weber*, VR 2018, 44.
333 Zum Rechtsschutz allgemein *Kümper*, JuS 2017, 833.
334 BVerwGE 138, 21 (24).
335 Beispielsweise VGH BW, JZ 2009, 738 (739); *Ehlers*, JZ 2011, 155 (157).
336 BVerwGE 138, 21 (24 f.); ebenso *Maurer/Waldhoff*, § 9, Rn. 37.
337 BayVGH, NVwZ-RR 2014, 522 (523); *Senftl*, in: BeckOK PSR, Art. 25 PAG Rn. 18.
338 *Heckmann*, in: Becker/ders./Kempen/Manssen, 3. Teil, Rn. 403.

punkt³³⁹ verstanden wird.³⁴⁰ Überdies sind eigene Schutzmaßnahmen des Betroffenen als Ausfluss des Subsidiaritätsgrundsatzes (Art. 2 Abs. 2 PAG) vorrangig, was die Polizei auch dazu verpflichtet, eine Kontaktaufnahme mit dem Eigentümer zumindest zu versuchen.³⁴¹ Eine Sicherstellung beim Eigentümer (beachte die Eigentumsvermutung des § 1006 Abs. 1 BGB)³⁴² oder zum Besitz berechtigten Besitzer ist ausgeschlossen.³⁴³

Beispiele:
Die Polizei findet ein entlaufenes Tier; das Kfz des X steht unverschlossen und mit wertvollen Gepäckstücken im Parkhaus³⁴⁴.

199 Des Weiteren ermöglicht Art. 25 Abs. 1 Nr. 3 PAG die Sicherstellung einer Sache, die eine nach dem PAG oder sonstigen Rechtsvorschriften **festgehaltene Person** mit sich führt, wenn diese Person die Sache verwenden kann, um sich zu töten oder zu verletzen (lit. a), Leben oder Gesundheit anderer zu schädigen (lit. b), fremde Sachen zu beschädigen (lit. c) oder sich oder anderen die Flucht zu ermöglichen oder zu erleichtern (lit. d). Eine entsprechende **Eignung** des sicherzustellenden Gegenstandes **genügt**; eine konkrete Gefahr ist nicht erforderlich (Nr. 25.5 VollzBek. PAG).³⁴⁵

Beispiel:
Die Polizei hat X in Gewahrsam genommen (Art. 17 PAG) und bei einer Durchsuchung (Art. 21 Abs. 2 PAG) ein Messer gefunden.

200 Schließlich enthält Art. 25 PAG Sonderregeln für die **Sicherstellung von Forderungen und sonstigen Vermögensrechten**, was durch Pfändung entsprechend den Regeln der ZPO erfolgt (Abs. 2), und für die **Sicherstellung von Daten** einschließlich des Ausschlusses des weiteren Zugriffs auf diese (Abs. 3).

c) Dauer und Beendigung der Sicherstellung sowie Herausgabeansprüche, Art. 28 PAG

201 Art. 28 Abs. 1 PAG knüpft die zulässige Dauer der Sicherstellung an das Vorliegen ihrer Voraussetzungen gemäß Art. 25 Abs. 1 PAG; hiermit korrespondiert ein **Herausgabeanspruch** bei Fortfall der Voraussetzungen. Ebenfalls geregelt ist die Person, an die die Sache (Art. 28 Abs. 2 PAG) oder der Verwertungserlös (Art. 28 Abs. 4 PAG) herauszugeben ist.

202 Umstritten ist die **gerichtliche Durchsetzung der Herausgabe**. Ist die Sicherstellung von Anfang an rechtswidrig, ist eine etwaige Sicherstellungsanordnung mit der Anfechtungsklage anzugreifen (§ 42 Abs. 1 1. Alt. VwGO) und zusätzlich ein Antrag auf Vollzugsfolgenbeseitigung gemäß § 113 Abs. 1 S. 2 VwGO (auf Herausgabe) zu stellen; denn es liegt ein die Verwahrung durch die Polizei deckender Dauer-Verwaltungsakt vor, der sich nicht mit Vollzug der Sicherstellungsanordnung erledigt.³⁴⁶ Sind die Voraussetzungen für die Sicherstellung erst nachträglich entfallen, soll dagegen nach

---

339 BayVGH, BayVBl. 2015, 238 (239).
340 Referierend *Senftl*, in: BeckOK PSR, Art. 25 PAG Rn. 20.
341 BayVGH, BayVBl. 2015, 238 (239 f.).
342 Hierzu *Senftl*, in: BeckOK PSR, Art. 25 PAG Rn. 19.
343 BayVGH, NVwZ-RR 2014, 522 (523).
344 Für einen Beispielsfall: BayVGH, BayVBl. 2015, 238.
345 *Senftl*, in: BeckOK PSR, Art. 25 PAG Rn. 22.
346 BayVGHE 63, 277 (277); *Senftl*, in: BeckOK PSR, Art. 28 PAG Rn. 22, 25.

Teilen der Lit. und der Rspr. des BayVGH der Herausgabeanspruch gemäß Art. 28 Abs. 1 PAG im Wege der Leistungsklage isoliert durchgesetzt werden können unabhängig von einer etwaigen Bestandskraft der Sicherstellungsanordnung.[347] So verbleibt letzterem ein eigenständiger Anwendungsbereich und stellt sich nicht das Problem von Anfechtungsmöglichkeiten bei Wegfall der Voraussetzungen nach Eintritt der Bestandskraft der Sicherstellungsanordnung.[348]

d) Kostenerhebung, Art. 28 Abs. 5 PAG

Für die Sicherstellung werden gemäß Art. 28 Abs. 5 PAG **Kosten** (allgemein → Rn. 345) sowie Benutzungsgebühren für die Verwahrung[349] von den nach Art. 7 f. PAG Verantwortlichen erhoben, wobei ein Zurückbehaltungsrecht besteht.   203

Hinweis:
Demnach können Abschleppkosten nicht nur vom ggf. nicht feststellbaren Fahrer des Kfzs erhoben werden (Art. 7 Abs. 1 PAG), sondern auch vom Eigentümer (Art. 8 Abs. 2 S. 1 PAG).[350]

e) Folgefragen: Verwahrung, Verwertung und Vernichtung sichergestellter Sachen, Art. 26 f. PAG

Gemäß Art. 26 Abs. 1 S. 1 PAG ist die Polizei zur **Verwahrung** sichergestellter Sachen verpflichtet. Mit der Sicherstellung entsteht ein öffentlich-rechtliches Verwahrungsverhältnis.   204

Hinweis:
Im Falle der Beschädigung oder des Verlustes der verwahrten Sache können – neben Amtshaftungsansprüchen (Art. 34 GG iVm § 839 BGB) – auch aufgrund des Verwahrungsverhältnisses Ersatzansprüche bestehen; §§ 276, 278, 280 ff., 680 ff. BGB sind analog anwendbar.[351]

Die Aufbewahrung erfolgt grds. durch die Polizei (Art. 26 Abs. 1 S. 1 PAG). Sachen dürfen gemäß Art. 26 Abs. 1 S. 2 PAG auch auf andere geeignete Weise aufbewahrt oder gesichert werden, so eine Verwahrung wegen der Beschaffenheit der Sache nicht möglich ist oder die Verwahrung bei der Polizei unzweckmäßig erscheint.   205

Beispiel:
Ein sichergestelltes Haus kann amtlich versiegelt werden.

In den zuletzt genannten Fällen ist eine Beauftragung Dritter möglich (Art. 26 Abs. 1 S. 3 PAG).   206

Beispiel:
Die Polizei beauftragt ein Unternehmen mit dem Abschleppen und Verwahren verbotswidrig abgestellter Kraftfahrzeuge; Verbringen eines Tieres in ein Tierheim.

---

347 BayVGH, BayVBl. 2017, 339 (339); BayVBl. 2018, 128 (128); *Senftl*, in: BeckOK PSR, Art. 28 PAG Rn. 23 ff.
348 *Senftl*, in: BeckOK PSR, Art. 28 PAG Rn. 23 f.
349 Hierunter fallen lediglich Gebühren und Auslagen für die polizeiliche Verwahrung gemäß der Verordnung über Gebühren und Auslagen für die Verwahrung von Fahrzeugen durch die Polizei, wohingegen die Abschleppkosten eines beauftragten Privatunternehmers Auslagen im Sinne des Art. 10 Abs. 1 Nr. 5 KG darstellen, siehe *Senftl*, in: BeckOK PSR, Art. 28 PAG Rn. 15.
350 *Senftl*, in: BeckOK PSR, Art. 28 PAG Rn. 14.
351 Näher *Senftl*, in: BeckOK PSR, Art. 26 PAG Rn. 10.

207 Auch bei der Einschaltung Dritter besteht ein öffentlich-rechtliches Verwahrungsverhältnis.[352]

208 Art. 26 Abs. 2 ff. PAG enthalten **prozedurale Pflichten**. So muss die Polizei gemäß Art. 26 Abs. 2 PAG dem Betroffenen eine **Bescheinigung** ausstellen, die Grund und sichergestellte Sachen nennt, oder, wenn eine Ausstellung der Bescheinigung nicht möglich ist, namentlich bei Abwesenheit (zB Abschleppfall), eine Niederschrift anfertigen. Überdies ist der Eigentümer oder der rechtmäßige Inhaber der tatsächlichen Gewalt unverzüglich zu unterrichten, was relevant ist bei Personenverschiedenheit zum Betroffenen. Hierbei handelt es sich um **Ordnungsvorschriften**, deren Verletzung nicht zur formellen Rechtswidrigkeit der Maßnahme führt.[353] Art. 26 Abs. 3 f. PAG regeln den Umgang mit den sichergestellten Sachen (Erhaltungs-, Verzeichnis- und Kennzeichnungspflicht).

209 In bestimmten Fällen ist die **Verwertung einer sichergestellten Sache** gemäß Art. 27 Abs. 1 PAG zulässig, nämlich „wenn 1. ihr Verderb oder eine wesentliche Wertminderung droht, 2. ihre Verwahrung, Pflege oder Erhaltung mit unverhältnismäßig hohen Kosten oder Schwierigkeiten verbunden ist, 3. sie infolge ihrer Beschaffenheit nicht so verwahrt werden kann, daß weitere Gefahren für die öffentliche Sicherheit oder Ordnung ausgeschlossen sind, 4. sie nach einer Frist von einem Jahr nicht an einen Berechtigten herausgegeben werden kann, ohne daß die Voraussetzungen der Sicherstellung erneut eintreten würden, oder 5. der Berechtigte sie nicht innerhalb einer ausreichend bemessenen Frist abholt, obwohl ihm eine Mitteilung über die Frist mit dem Hinweis zugestellt worden ist, daß die Sache verwertet wird, wenn sie nicht innerhalb der Frist abgeholt wird." Die Nr. 1–4 setzen den Fortbestand des Sicherstellungsgrundes voraus, andernfalls ist die Sache herauszugeben (Art. 28 Abs. 1 PAG).[354] Gemäß Art. 27 Abs. 3 PAG erfolgt eine Verwertung grds. durch **öffentliche Versteigerung**.

210 Art. 27 Abs. 4 PAG gestattet die **Unbrauchbarmachung oder Vernichtung sichergestellter Sachen**, „wenn 1. im Fall einer Verwertung die Gründe, die zu ihrer Sicherstellung berechtigten, fortbestehen oder Sicherstellungsgründe erneut entstehen würden, oder 2. die Verwertung aus anderen Gründen nicht möglich ist."

211 Sowohl im Fall der Verwertung (Art. 27 Abs. 2 PAG) als auch der Unbrauchbarmachung bzw. Vernichtung (Art. 27 Abs. 4 iVm Abs. 2 PAG) sollen der Betroffene, der Eigentümer und andere Personen, denen ein Recht an der Sache zusteht, **vorab gehört werden**; auch sind ihnen die Anordnung sowie Zeit und Ort der Verwertung (Vernichtung/Unbrauchbarmachung) **mitzuteilen**, soweit die Umstände und der Zweck der Maßnahme es erlauben.

---

352 *Senftl*, in: BeckOK PSR, Art. 26 PAG Rn. 12.
353 *Senftl*, in: BeckOK PSR, Art. 26 PAG Rn. 17.
354 *Senftl*, in: BeckOK PSR, Art. 27 PAG Rn. 6 f.

V. Atypische Maßnahmen, Art. 11 Abs. 2 PAG, und polizeiliche Generalklausel, Art. 11 Abs. 1 Hs. 1 PAG

1. Hintergrund

Angesichts der **Vielgestaltigkeit und Unvorhersehbarkeit von Gefahren** und damit auch der zu ihrer Abwehr notwendigen Mittel sind nicht alle polizeilichen Maßnahmen im PAG abschließend normierbar. Daher sind die polizeilichen Eingriffsbefugnisse nicht auf die in Art. 12 ff. PAG enthaltenen Standardbefugnisse beschränkt. Vielmehr ermöglicht Art. 11 Abs. 1 und 2 PAG zur Sicherung der erforderlichen Flexibilität polizeilichen Handelns und damit einer effektiven Gefahrenabwehr auch sonstige zur Gefahrenabwehr notwendige Maßnahmen. Die damit einhergehende **Unbestimmtheit** ist mit Blick auf das Gebot einer effektiven Gefahrenabwehr gerechtfertigt, zumal Rspr., Wissenschaft und auch der Gesetzgeber (vgl. Art. 11 Abs. 2 PAG) zu einer Konkretisierung der offenen Generalklausel beigetragen und typische Handlungen eine (abschließende) Normierung in den Standardbefugnissen erfahren haben.[355] Das Bundesverwaltungsgericht ist überdies der Auffassung entgegengetreten, dass „grundrechtsrelevantes polizeiliches Eingriffshandeln, das den atypischen Bereich verlassen habe und in bestimmten Gefahrenlagen häufig praktiziert werde, ... stets nach einer gesetzlichen Spezialermächtigung" verlangt.[356]

212

2. Vorrang von Spezial- und Standardbefugnissen

Atypische Maßnahmen (Art. 11 Abs. 2 PAG) und solche aufgrund der polizeilichen Generalklausel (Art. 11 Abs. 1 Hs. 1 PAG) sind nach dem **Spezialitätsgrundsatz** nur zulässig, wenn Spezialgesetze (Art. 11 Abs. 4 PAG) oder die Standardbefugnisse der Art. 12 ff. PAG (Art. 11 Abs. 1 Hs. 2 PAG) die Befugnisse der Polizei nicht besonders regeln. Dieser **Vorrang** bedeutet, dass Maßnahmen, die ihrer Art nach Spezial- oder Standardbefugnissen entsprechen, nicht auf Art. 11 Abs. 1 Hs. 1 bzw. Abs. 2 PAG gestützt werden dürfen, namentlich weil es an deren tatbestandlichen Voraussetzungen fehlt oder weitergehende Rechtsfolgen angeordnet werden sollen.[357]

213

Beispiele:
Gemäß Art. 16 Abs. 2 S. 3 PAG sind Aufenthaltsverbote auf max. drei Monate zu beschränken. Es verbietet sich, unter Rückgriff auf Art. 11 PAG ein Aufenthaltsverbot für ein Jahr auszusprechen (auch wenn ein solches angesichts der Umstände verhältnismäßig erschiene).
Art. 25 Abs. 1 Nr. 1 PAG lässt eine Sicherstellung von Sachen nur zur Abwehr einer gegenwärtigen Gefahr oder einer Gefahr oder einer drohenden Gefahr für ein bedeutendes Rechtsgut zu. Ist diese Gefahrenschwelle nicht erreicht, darf keine Sicherstellung unter Rückgriff auf Art. 11 PAG erfolgen.

Enthält das Spezialgesetz lediglich eine Aufgabenzuweisung oder regelt es die Eingriffsbefugnisse nicht abschließend, stehen der Polizei gemäß Art. 11 Abs. 4 S. 2 PAG die im PAG eingeräumten Befugnisse zu.

214

---

355 Siehe auch *Heckmann*, in: Becker/ders./Kempen/Manssen, 3. Teil, Rn. 73 ff.; *Poscher/Rusteberg*, JuS 2011, 888 (892); *Schmidbauer*, in: ders./Steiner, Art. 23 PAG Rn. 49.
356 BVerwGE 129, 142 (149 f.).
357 BayVGH, BayVBl. 2016, 808 (812); *Gallwas/Lindner/Wolff*, Rn. 615 f.; *Heckmann*, in: Becker/ders./Kempen/Manssen, 3. Teil, Rn. 72; *Schmidbauer*, in: ders./Steiner, Art. 11 PAG Rn. 10.

Ferdinand Wollenschläger

Beispiel:[358]

Das BVerwG erachtet einen Rückgriff auf das Polizei- und Sicherheitsrecht im Kontext der Gewerbeausübung neben den Befugnissen der GewO für möglich, so „nicht die Gewerbeausübung als solche infrage gestellt, sondern lediglich die Art und Weise der Gewerbeausübung eingeschränkt" wird. Demzufolge konnte der Betrieb eines Laserdromes (dazu bereits → Rn. 13; vgl. auch → § 2 Rn. 345) mit der simulierten Tötung von Menschen nach der ordnungsrechtlichen Generalklausel untersagt werden.[359]

215 Ein Rückgriff auf das PAG kommt auch dann in Betracht, wenn im Fachrecht durch **Straf- oder OWi-Tatbestände sanktionierte Verbote** durchgesetzt werden sollen, wofür das Fachrecht selbst keine Befugnisnorm enthält.[360]

Beispiel:

Die Polizei kann auf der Grundlage des PAG einschreiten, wenn ein Verstoß gegen die im Bayerischen Feiertagsgesetz als Ordnungswidrigkeiten sanktionierten Tatbestände droht bzw. vorliegt, etwa wenn eine Person „entgegen Art. 2 Abs. 1 an Sonntagen oder gesetzlichen Feiertagen öffentlich bemerkbare Arbeiten ausführt, die geeignet sind, die Feiertagsruhe zu beeinträchtigen" (Art. 7 Nr. 1 FTG).

3. Prüfung der Art. 11 Abs. 1 und 2 PAG

216 Als Spezialregelung ist die **Befugnis, atypische Maßnahmen vorzunehmen** (Art. 11 Abs. 2 PAG), **vor der polizeilichen Generalklausel** (Art. 11 Abs. 1 Hs. 1 PAG) **zu prüfen.** Art. 11 Abs. 2 S. 1 PAG ermächtigt die Polizei, alle notwendigen Maßnahmen zu ergreifen, um

1. Straftaten, Ordnungswidrigkeiten oder verfassungsfeindliche Handlungen zu verhüten oder zu unterbinden,
2. durch solche Handlungen verursachte Zustände zu beseitigen oder
3. Gefahren abzuwehren oder Zustände zu beseitigen, die Leben, Gesundheit oder die Freiheit der Person oder die Sachen, deren Erhaltung im öffentlichen Interesse geboten erscheint, bedrohen oder verletzen.

217 Die S. 2–4 enthalten **Definitionen** der in Satz 1 Nr. 1 verwendeten Begriffe (Straftat, Ordnungswidrigkeit und verfassungsfeindliche Handlung). In Erinnerung gerufen sei, dass es für polizeiliche Eingriffsbefugnisse nicht auf die vollständige Verwirklichung eines Straftatbestands ankommt, womit etwa das Vorliegen des subjektiven Tatbestands oder der Schuld irrelevant sind (→ Rn. 56). Obgleich nicht ausdrücklich erwähnt, setzen die Befugnisse eine **konkrete Gefahr** voraus (→ Rn. 61 f.).[361] **Verhüten** bedeutet das Einschreiten vor und zur Verhinderung der Tatbestandsverwirklichung (auch im Falle eines strafbaren Versuchs), **Unterbinden** das Einschreiten danach bis zur Beendigung der Tat mit dem Ziel, die Vollendung oder Beendigung zu verhindern.[362] **Art. 11 Abs. 2 S. 1 Nr. 2 PAG** ermächtigt zum Einschreiten nach Tatbeendigung, so ein missuzubilligender Zustand fortdauert.[363] **Art. 11 Abs. 2 S. 1 Nr. 3 PAG** begründet schließlich eine polizeiliche Handlungsbefugnis unabhängig von der Bege-

---

358 Nach *Poscher/Rusteberg*, JuS 2011, 888 (890).
359 BVerwGE 115, 189 (192 f.).
360 *Poscher/Rusteberg*, JuS 2011, 888 (890).
361 *Schmidbauer*, in: ders./Steiner, Art. 11 PAG Rn. 91.
362 *Schmidbauer*, in: ders./Steiner, Art. 11 PAG Rn. 92 f.
363 Näher *Schmidbauer*, in: ders./Steiner, Art. 11 PAG Rn. 99.

hung der in den Nr. 1 f. genannten Handlungen, der nach Teilen des Schrifttums diese beiden Bestimmungen (Nr. 1 und 2) vorgehen sollen[364].

Die **polizeiliche Generalklausel** (Art. 11 Abs. 1 PAG) ermächtigt die Polizei schließlich, alle sonstigen „notwendigen Maßnahmen [zu] treffen, um eine im einzelnen Fall bestehende Gefahr für die öffentliche Sicherheit oder Ordnung (Gefahr) abzuwehren". 218

Auf **Rechtsfolgenseite** enthalten Art. 11 Abs. 1 f. PAG **keine Beschränkung möglicher Handlungen**, gedeckt ist vielmehr alles zur Gefahrenabwehr Notwendige. 219

VI. Adressat polizeilicher Maßnahmen

Hat die Polizei eine abzuwehrende Gefahr identifiziert, stellt sich die Frage, gegen wen polizeiliche Maßnahmen zu richten sind, wer mithin **richtiger Adressat** ist (allgemein 1.). Enthält die einschlägige Befugnisnorm keine Spezialregelung (2.), sind die allgemeinen Bestimmungen der Art. 7 f. PAG zu prüfen, nach denen die Maßnahme gegen den Handlungs- (Art. 7 PAG; 3.) respektive Zustandsstörer (Art. 8 PAG; 4.) gerichtet werden kann. Im Ausnahmefall ist überdies die Inanspruchnahme nicht verantwortlicher Personen gemäß Art. 10 PAG möglich (5.). Angesichts der Vielzahl möglicher Adressaten stellt sich die Frage der richtigen Störerauswahl (6.). Sonderprobleme bestehen in der Möglichkeit einer Inanspruchnahme von Hoheitsträgern (7.) sowie in der Rechtsnachfolge in Polizeipflichten, etwa im Erbfall (8.). 220

1. Allgemeine Fragen der Verantwortlichkeit

Im Interesse der effektiven Gefahrenabwehr setzt die Störereigenschaft **weder ein schuldhaftes**, dh vorsätzliches oder fahrlässiges **Handeln** voraus **noch ein bewusstes noch**, wie sich aus Art. 7 Abs. 2 und Art. 17 Abs. 1 Nr. 1 PAG ergibt, ein Mindestalter oder die **Einsichtsfähigkeit**.[365] Folglich können polizeiliche Maßnahmen grds. auch gegen kleine Kinder oder in der freien Willensbestimmung beeinträchtigte Personen gerichtet werden. 221

Die aufgegebene Handlung muss – als ungeschriebenes Tatbestandsmerkmal der Art. 7, 8 und 10 PAG – dem Adressaten subjektiv möglich sein, wobei Unvermögen die polizeiliche Verantwortlichkeit und damit anderweitige, Kostenfolgen nach sich ziehende polizeiliche Maßnahmen – wie die unmittelbare Ausführung (Art. 9 PAG), die Ersatzvornahme (Art. 72 PAG) oder sonstige Zwangsmaßnahmen (Art. 70 ff. PAG) – nicht ausschließt.[366] 222

Beispiel:
Gegenüber einer auf der Straße liegenden, im Vollrausch befindlichen und damit handlungsunfähigen, aber sich und andere gefährdenden Person kann kein Platzverweis (Art. 16 PAG) ausgesprochen werden; wohl aber kommt ein Schutzgewahrsam (Art. 17 Abs. 1 Nr. 1 PAG) in Betracht.

---

364 So *Holzner*, in: BeckOK PSR, Art. 11 PAG Rn. 126; aA *Schmidbauer*, in: ders./Steiner, Art. 11 PAG Rn. 104.
365 *Heckmann*, in: Becker/ders./Kempen/Manssen, 3. Teil, Rn. 165, 173; *Lindner*, in: BeckOK PSR, Art. 7 PAG Rn. 20, 38.
366 *Heckmann*, in: Becker/ders./Kempen/Manssen, 3. Teil, Rn. 166 f.; *Lindner*, in: BeckOK PSR, Art. 7 PAG Rn. 15.

223 Als Störer kommen nicht nur natürliche, sondern auch juristische und sonstige teilrechtsfähige Personen in Betracht (zum Sonderfall von Hoheitsträgern → Rn. 241); dabei ist Organ- bzw. Vertreterhandeln zuzurechnen. Parallel kommt eine Inanspruchnahme der handelnden Personen in Betracht.[367]

224 Für die **Beurteilung der Verantwortlichkeit** gelten dieselben Grundsätze wie für die Beurteilung einer Gefahr (→ Rn. 59 ff.), maßgeblich ist mithin die Ex-ante-Sicht des handelnden Polizeibeamten.[368] Folglich können auch **Anscheinsstörer** auf der Primärebene rechtmäßigerweise Adressaten polizeilicher Maßnahmen sein,[369] wobei Entschädigungsansprüche gemäß Art. 87 Abs. 1 PAG analog in Betracht kommen (→ Rn. 358). Demgegenüber ist die Inanspruchnahme eines **Putativstörers** schon auf Primärebene rechtswidrig. Analog zur latenten Gefahr ist überdies als **latenter Störer** eine Person zu qualifizieren, die keinen hinreichenden Ursachenbeitrag geleistet hat und damit nicht als Störer in Anspruch genommen werden kann.[370]

2. Spezialregelung in Befugnisnorm

225 Bestimmt bereits die Befugnisnorm den Adressaten, ist dies als Spezialregelung gegenüber den allgemeinen Bestimmungen der Art. 7 f. PAG vorrangig gemäß Art. 7 Abs. 4 PAG, ggf. iVm Art. 8 Abs. 4 PAG. So kann beispielsweise eine Maßnahme der Identitätsfeststellung an einem gefährlichen Ort nach Art. 13 Abs. 1 Nr. 2 PAG nur gegenüber einer sich an diesem Ort tatsächlich aufhaltenden Person durchgeführt werden (anders Art. 13 Abs. 1 Nr. 1 und 6 PAG; → Rn. 100) und beinhaltet ein Betreten und Durchsuchen von Wohnungen nach Art. 23 Abs. 1 PAG, dass deren Inhaber Adressat der Maßnahme ist (insofern abweichend Art. 23 Abs. 1 S. 1 Nr. 3 PAG; → Rn. 176).

3. Handlungsstörer, Art. 7 PAG

a) Gefahrverursachung, Art. 7 Abs. 1 PAG

226 Gemäß Art. 7 Abs. 1 PAG sind polizeiliche Maßnahmen gegen den **Verursacher der Gefahr** zu richten. Entscheidend ist mithin die Ursächlichkeit des Verhaltens (Tun sowie pflichtwidriges[371] Dulden oder Unterlassen) einer Person für den drohenden respektive eingetretenen Schaden. Hierfür genügt nicht jedweder Kausalbeitrag im Sinne der Äquivalenzformel (Conditio-sine-qua-non-Formel), da diese eine zu weitgehende Verantwortlichkeit begründet; vielmehr gilt die **Theorie der unmittelbaren Verursachung**.[372] Die Verantwortlichkeit trifft demnach „nur denjenigen, dessen Verhalten ...

---

367 Vgl. auch *Steiner*, in: Schmidbauer/ders., Art. 7 PAG Rn. 2.
368 Siehe *Lindner*, in: BeckOK PSR, Art. 7 PAG Rn. 35 ff.
369 Differenziert *Schenke*, JuS 2018, 505 (512 ff.).
370 Siehe, wiewohl diese Figur für entbehrlich erachtend *Lindner*, in: BeckOK PSR, Art. 7 PAG Rn. 34, 34.1.
371 Die Pflichtwidrigkeit kann sich nicht nur aus öffentlich-rechtlichen, sondern im Interesse einer effektiven Gefahrenabwehr auch aus straf- und zivilrechtlichen Normen ergeben (str.), siehe *Heckmann*, in: Becker/ders./Kempen/Manssen, 3. Teil, Rn. 172; *Lindner*, in: BeckOK PSR, Art. 7 PAG Rn. 29 f.; aA *Weber/Köppert*, Polizei- und Sicherheitsrecht, Rn. 86.
372 BayVGH, Urt. v. 28.11.2007 – 22 BV 02.1560, juris, Rn. 42; *Lindner*, in: BeckOK PSR, Art. 7 PAG Rn. 22 ff.; *Schoch*, in: ders., Kap. 1, Rn. 345.

die Gefahrengrenze überschritten und damit die unmittelbare Ursache für den Eintritt der Gefahr gesetzt" hat.[373]

Es liegt auf der Hand, dass die Frage nach dem Moment des Überschreitens der Gefahrengrenze sowie nach der unmittelbaren in Abgrenzung zur nur mittelbaren Ursache **wertungsabhängig** und oftmals mit **Abgrenzungsschwierigkeiten** behaftet ist. Zur **Konkretisierung** im Einzelfall sehen Lit. und Rspr. eine Verantwortlichkeit regelmäßig begründet bei Verhaltensweisen, die die Schwelle von einem gefahrlosen Zustand zu einer Gefahr überschreiten,[374] denen „[e]ine im Verhältnis zum Normalmaß erhöhte Gefahrentendenz inne[wohnt]",[375] die in der Nähe zur Gefahr stehen,[376] die Straftat- oder Ordnungswidrigkeitentatbestände verwirklichen (einschließlich mittelbarer Täterschaft und Teilnahme)[377] oder gegen sonstige Rechtspflichten verstoßen[378]. Umgekehrt können Indizien wie rechtskonformes[379] oder verkehrsübliches[380] Verhalten eine unmittelbare Verursachung widerlegen. Damit ist bei Handlungsketten weder der zuletzt handelnde stets für eine Gefahr verantwortlich noch der nicht zuletzt handelnde stets nicht verantwortlich.[381]

227

Beispiel:
Der von seinem Kündigungsrecht Gebrauch machende Vermieter ist jedenfalls bei Rechtskonformität seines Handelns nicht verantwortlich für eine sich daran anschließende Obdachlosigkeit der früheren Mieter (→ Rn. 237).

Handlungsstörer ist auch der **Zweckveranlasser**.[382] Hierunter fallen Personen, deren an und für sich polizeirechtlich neutrales, nicht die Gefahrenschwelle überschreitendes Verhalten Störungen durch andere Personen veranlasst. Im Interesse einer effektiven Gefahrenabwehr kommt es nicht auf eine entsprechende Absicht[383] oder jedenfalls Inkaufnahme des Verhaltens Dritter[384] seitens des Zweckveranlassers an, sondern auf die objektive Veranlassung.[385] Im Ergebnis hat sich dem auch das BVerwG angeschlossen, das neben dem gezielt Störungen durch andere verursachenden Zweckver-

228

---

373 OVG NRW, NJW 1993, 2698 (2698). Ebenso BVerwG, Beschl. v. 12.4.2006 – 7 B 30/06, juris, Rn. 4; BayVGH, Beschl. v. 15.5.2018 – 22 CS 18.566, juris, Rn. 22.
374 *Lindner*, in: BeckOK PSR, Art. 7 PAG Rn. 25.
375 OVG NRW, NJW 1993, 2698 (2698). Siehe auch *Heckmann*, in: Becker/ders./Kempen/Manssen, 3. Teil, Rn. 169: relevante Risikoerhöhung.
376 BayVGH, Urt. v. 28.11.2007 – 22 BV 02.1560, juris, Rn. 42; Beschl. v. 15.5.2018 – 22 CS 18.566, juris, Rn. 22.
377 BayVGH, Urt. v. 28.11.2007 – 22 BV 02.1560, juris, Rn. 42; Beschl. v. 15.5.2018 – 22 CS 18.566, juris, Rn. 22; *Lindner*, in: BeckOK PSR, Art. 7 PAG Rn. 26.
378 BayVGH, Beschl. v. 15.5.2018 – 22 CS 18.566, juris, Rn. 22; OVG NRW, NJW 1993, 2698 (2698); *Lindner*, in: BeckOK PSR, Art. 7 PAG Rn. 26; *Poscher/Rusteberg*, JuS 2011, 1082 (1083 f.).
379 *Lindner*, in: BeckOK PSR, Art. 7 PAG Rn. 26; *Poscher/Rusteberg*, JuS 2011, 1082 (1083 f.); *Schoch*, in: ders., Kap. 1, Rn. 349 (Ausnahme nur Zweckveranlasser).
380 OVG NRW, NJW 1993, 2698 (2698).
381 BayVGH, Urt. v. 28.11.2007 – 22 BV 02.1560, juris, Rn. 42.
382 BVerwG, Beschl. v. 12.4.2006 – 7 B 30/06, juris, Rn. 4; BayVGH, Urt. v. 28.11.2007 – 22 BV 02.1560, juris, Rn. 42; Beschl. v. 15.5.2018 – 22 CS 18.566, juris, Rn. 22; *Heckmann*, in: Becker/ders./Kempen/Manssen, 3. Teil, Rn. 170 f.; *Schoch*, in: ders., Kap. 1, Rn. 357 ff. Diese Figur wegen der durch die Theorie der unmittelbaren Verursachung ermöglichten wertenden Zurechnung für überflüssig erachtet *Lindner*, in: BeckOK PSR, Art. 7 PAG Rn. 33 f.; insgesamt krit. *Wobst/Ackermann*, JA 2013, 916. Siehe im Überblick auch *Schoch*, Jura 2009, 360.
383 BayVGH, BayVBl. 1979, 629 (631).
384 *Lindner*, in: BeckOK PSR, Art. 7 PAG Rn. 32.
385 *Heckmann*, in: Becker/ders./Kempen/Manssen, 3. Teil, Rn. 170; *Schoch*, in: ders, Kap. 1, Rn. 359.

anlasser auch sonstige Fälle der objektiven Veranlassung anerkennt.[386] Im zuletzt genannten Fall bedarf die Heranziehung eines spezifischen Bezugs des Veranlassers zur Gefahr.

Beispiel:
Zweckveranlasser ist ein Geschäftsinhaber, dessen spektakuläre Schaufensterdekoration eine Menschentraube verursacht, von der Verkehrsbehinderungen ausgehen. Neben Polizeiverfügungen gegen die einzelnen Passanten als Störer kommt auch der Geschäftsinhaber als Adressat polizeilicher Maßnahmen in Betracht.[387] Aktuelle Phänomene sind Aufrufe zu Flashmobs, die Eigentumsbeeinträchtigungen oder Verschmutzungen hervorrufen, oder über soziale Medien verbreitete Einladungen zu einer Party, die versehentlich einem großen Teilnehmerkreis zugehen und daher zum Erscheinen mehrerer Tausend Personen mit entsprechender Beeinträchtigung der öffentlichen Sicherheit (Verkehrsbehinderungen etc) führen („Facebook-Party").[388]

b) Verantwortlichkeit für Dritte, Art. 7 Abs. 2 und 3 PAG

229 Art. 7 Abs. 2 PAG begründet die Verantwortlichkeit der **Aufsichtspflichtigen** von Personen, die unter 14 Jahre oder unter Betreuung gestellt sind. Art. 7 Abs. 3 PAG sieht darüber hinaus die Verantwortlichkeit des Geschäftsherrn für **Verrichtungsgehilfen** vor. Diese Verantwortlichkeit für Dritte steht **neben der eigenen Verantwortlichkeit der zu beaufsichtigenden Personen** (→ Rn. 226 ff.).

4. Zustandsstörer, Art. 8 PAG

a) Allgemeine Grundsätze

230 Die Zustandsverantwortlichkeit knüpft an **von Sachen ausgehende Gefahren** an (Art. 8 Abs. 1 PAG).[389] Sachen sind bewegliche und unbewegliche Gegenstände sowie Tiere (vgl. § 90 a S. 3 BGB).[390] Die **Ursache** der Gefahr ist **irrelevant**, so dass auch Gefahren, die aus Naturkatastrophen oder dem (auch rechtswidrigen) Einwirken Dritter auf die Sache resultieren, die Zustandsverantwortlichkeit begründen. Dies ist Ausfluss der Sozialpflichtigkeit des Eigentums (Art. 14 Abs. 2 GG, Art. 103 Abs. 2 BV), zumal dem Inhaber auch Nutzungs- und Verwertungsmöglichkeiten zustehen.[391]

Beispiel:
Fund einer Fliegerbombe aus dem Zweiten Weltkrieg auf einem Grundstück. Kontamination eines Grundstücks aufgrund einer rechtswidrigen Entsorgung giftiger Abfälle durch Dritte. Ein Sturm hat auf einem Grundstück befindliche Bäume derart beschädigt, dass mit einem Herabfallen von Ästen auf eine verkehrsreiche Straße zu rechnen ist.

---

386 BVerwG, Beschl. v. 12.4.2006 – 7 B 30/06, juris, Rn. 4: „Nach der gebotenen wertenden Betrachtungsweise kann allerdings auch ein als ‚Veranlasser' auftretender Hintermann (mit)verantwortlich sein, wenn dessen Handlung zwar nicht die polizeirechtliche Gefahrenschwelle überschritten hat, aber mit der durch den Verursacher unmittelbar herbeigeführten Gefahr oder Störung eine natürliche Einheit bildet, die die Einbeziehung des Hintermanns in die Polizeipflicht rechtfertigt. Eine derartige natürliche Einheit besteht typischerweise beim ‚Zweckveranlasser' als demjenigen, der die durch den Verursacher bewirkte Polizeiwidrigkeit gezielt ausgelöst hat". Ebenso BayVGH, Beschl. v. 15.5.2018 – 22 CS 18.566, juris, Rn. 22; OVG NRW, GewArch 2012, 265 (266).
387 PreußOVGE 85, 270 (271).
388 Näher *Heckmann*, in: Becker/ders./Kempen/Manssen, 3. Teil, Rn. 171. Zur versammlungsrechtlichen Einordnung → Rn. 434 sowie *Schenke*, Polizei- und Ordnungsrecht, Rn. 361.
389 Näher zur Ursächlichkeit unter Verweis auf die Maßgeblichkeit der unmittelbaren Verursachung (→ Rn. 415) *Lindner*, in: BeckOK PSR, Art. 8 PAG Rn. 13 f.
390 *Lindner*, in: BeckOK PSR, Art. 8 PAG Rn. 11 f.
391 BVerfG, NJW 2000, 2573 (2574 f.). Zustandsverantwortlich sind auch andere Personen als der Eigentümer, näher zur Rechtfertigung der Zustandsverantwortlichkeit *Lindner*, in: BeckOK PSR, Art. 8 PAG Rn. 9 ff.

Gemäß Art. 8 Abs. 1 PAG sind polizeiliche „Maßnahmen gegen den **Inhaber der tat-** 231 **sächlichen Gewalt** zu richten". Dies „ist derjenige, der die tatsächliche Einwirkungsmöglichkeit – berechtigt oder unberechtigt – auf die Sache hat" (Nr. 8.3 VollzBek. PAG).

Adressat einer polizeilichen Maßnahme kann gemäß Art. 8 Abs. 2 S. 1 PAG darüber 232 hinaus auch der **Eigentümer oder ein anderer Berechtigter** sein, so nicht „der Inhaber der tatsächlichen Gewalt diese ohne den Willen des Eigentümers oder Berechtigten ausübt" (S. 2 dieser Vorschrift)[392]. Eine sonstige Berechtigung im Sinne des Art. 8 Abs. 2 S. 1 PAG kann dinglicher (zB Nießbrauch, Erbbauberechtigter) oder obligatorischer Natur (Recht zum Besitz qua Miet-, Pacht- oder Verwahrungsvertrag oder Auftragsverhältnis) sein (Nr. 8.6 VollzBek. PAG).

Schließlich begründet Art. 8 Abs. 3 PAG eine nachwirkende Verantwortlichkeit des Ei- 233 gentümers für den Fall der **Dereliktion** (§§ 928, 959 BGB): „Geht die Gefahr von einer herrenlosen Sache aus, so können die Maßnahmen gegen denjenigen gerichtet werden, der das Eigentum an der Sache aufgegeben hat." Diese Haftung begrenzen Teile der Lit. aus Gründen der Verhältnismäßigkeit auf Fälle, in denen die Gefahr bereits vor Aufgabe des Eigentums bestand (ebenso Nr. 8.7 VollzBek. PAG).[393]

Eine Person kann **gleichzeitig Handlungs- und Zustandsverantwortlicher** sein. 234

Beispiel:
Hat ein Sturm auf einem Grundstück befindliche Bäume derart beschädigt, dass mit einem Herabfallen von Ästen auf eine verkehrsreiche Straße zu rechnen ist, ist der auf dem Grundstück selbst wohnende Eigentümer, wenn er Sicherungsmaßnahmen verweigert, sowohl Zustandsverantwortlicher als auch Handlungsverantwortlicher (pflichtwidriges Unterlassen), ebenso der einen gefährlichen Hund ohne Leine und Maulkorb ausführende Tiereigentümer.

Die Zustandsverantwortlichkeit des Eigentümers endet im **Insolvenzfall**, da letzterer 235 mit dem Verlust der Verfügungsbefugnis einhergeht (Art. 8 Abs. 4 iVm Art. 7 Abs. 4 PAG, § 80 Abs. 1 InsO); richtiger Adressat ist dann der Insolvenzverwalter.[394]

b) Verfassungsrechtliche Grenzen der Zustandsverantwortlichkeit

Namentlich in Fällen einer vom Zustandsverantwortlichen **nicht verschuldeten Ge-** 236 **fahr**, etwa bei unvorhersehbarer Altlastenkontamination, Fund einer Fliegerbombe oder Einwirkungen durch Dritte oder Naturgewalten, stellt sich die Frage nach verfassungsrechtlichen Grenzen der Verantwortlichkeit. Dies gilt v.a. dann, wenn der Aufwand für die Gefahrenbeseitigung den Wert der Sache weit übersteigt. Das BVerfG hat die Regelung der Zustandsverantwortlichkeit als solche, die eine Inhalts- und Schrankenbestimmung im Sinne des Art. 14 Abs. 1 S. 2 GG darstellt, für mit Art. 14 Abs. 1 und 2 GG vereinbar erklärt. Sie muss jedoch auch im Einzelfall verhältnismäßig angewendet werden. Übersteigen beispielsweise bei Altlastenkontamination die Kosten für

---

[392] Diese wird teils lediglich als Vorrangregel verstanden, die eine primäre Verantwortlichkeit des Inhabers der tatsächlichen Gewalt begründet, nicht aber einen Rückgriff auf den Eigentümer sperrt, siehe *Lindner*, in: BeckOK PSR, Art. 8 PAG Rn. 20.1 f.
[393] *Heckmann*, in: Becker/ders./Kempen/Manssen, 3. Teil, Rn. 180. AA *Lindner*, in: BeckOK PSR, Art. 8 PAG Rn. 24.
[394] *Heckmann*, in: Becker/ders./Kempen/Manssen, 3. Teil, Rn. 181.

die Gefahrbeseitigung den Grundstückswert nach Sanierung, liegt ein Indiz für die Unverhältnismäßigkeit vor. Dies gilt insbesondere bei einer vom Eigentümer nicht verschuldeten Gefahr. Die Zumutbarkeitsschwelle sinkt überdies, wenn das betroffene Grundstück „den wesentlichen Teil des Vermögens des Pflichtigen bildet und die Grundlage seiner privaten Lebensführung einschließlich seiner Familie darstellt". Auch kann die Zumutbarkeit nicht generell nach der gesamten wirtschaftlichen Leistungsfähigkeit des Eigentümers bestimmt werden. Mangels näherer gesetzlicher Regelung gilt schließlich, dass „die Behörden und Gerichte durch Auslegung und Anwendung der die Verantwortlichkeit und die Kostenpflicht begründenden Vorschriften sicherzustellen [haben], dass die Belastung des Eigentümers das Maß des nach Art. 14 I 2 und II GG Zulässigen nicht überschreitet. Sie haben insbesondere anhand der vorstehend genannten Kriterien eine dem Grundsatz der Verhältnismäßigkeit genügende Begrenzung der finanziellen Belastung des Grundeigentümers im Rahmen einer ausschließlich auf seine Zustandsverantwortlichkeit gestützten Altlastensanierung zu gewährleisten. Ordnet die Verwaltung Sanierungsmaßnahmen an, so ist damit nach der einfachgesetzlichen Regelung die volle Tragung der Kosten durch den Pflichtigen verbunden. Ist die Kostenbelastung aber wegen fehlender Zumutbarkeit von Verfassungs wegen begrenzt, muss die Verwaltung auch über die Begrenzung der Kostenbelastung des Zustandsverantwortlichen entscheiden".[395] **Kurz zusammen gefasst: Eine Inanspruchnahme als Zustandsstörer ist im Interesse der effektiven Gefahrenabwehr möglich; die Kostenbelastung ist aber auf ein angemessenes Maß zu begrenzen.**

5. Inanspruchnahme nicht verantwortlicher Personen, Art. 10 PAG

237 Als **Ultima Ratio** kann die Polizei Maßnahmen gegenüber im Sinne des Art. 7 f. PAG nicht Verantwortlichen ergreifen (polizeilicher Notstand).

Beispiel:
Einschreiten gegen den von seinem Kündigungsrecht Gebrauch machenden Vermieter bei sich daran anschließender Obdachlosigkeit der früheren Mieter (→ Rn. 227).

238 Dies ist indes an die strengen Voraussetzungen des Art. 10 Abs. 1 PAG geknüpft und demnach nur zulässig, „wenn

1. eine gegenwärtige erhebliche Gefahr abzuwehren ist [→ Rn. 73, 75],
2. Maßnahmen gegen die nach den Art. 7 oder 8 Verantwortlichen nicht oder nicht rechtzeitig möglich sind oder keinen Erfolg versprechen,
3. die Polizei die Gefahr nicht oder nicht rechtzeitig selbst oder durch Beauftragte abwehren kann und
4. die Personen ohne erhebliche eigene Gefährdung und ohne Verletzung höherwertiger Pflichten in Anspruch genommen werden können."

239 Art. 10 Abs. 2 PAG wiederholt das in Art. 4 Abs. 3 PAG verankerte allgemeine **zeitliche Übermaßverbot**, Maßnahmen sind mithin „nur so lange zulässig, bis ihr Zweck erreicht ist oder sich zeigt, daß er nicht erreicht werden kann." Schließlich bestehen Entschädigungsansprüche gemäß Art. 87 Abs. 1 PAG (→ Rn. 257 ff.).

---

395 BVerfGE 102, 1 (14 ff.).

6. Störerauswahl

Die Auswahl unter mehreren Verantwortlichen im Sinne der Art. 7 f. PAG steht im pflichtgemäßen **Ermessen** der Polizei (Art. 5 Abs. 1 PAG). Ermessensleitend ist das Gebot der **effektiven Gefahrenabwehr**, heranzuziehen ist mithin derjenige, von dem die Beseitigung der Gefahr am effektivsten zu erwarten ist, wofür namentlich auf **Kriterien** „der Wirksamkeit und Schnelligkeit des Eingreifens, der Leistungsfähigkeit [sowie] der Sach- und Ortsnähe" abgestellt werden kann.[396] Ergänzend können – bei hinreichender Effektivität der Gefahrenabwehr – subjektive Elemente, mithin Fragen der Schuld (Vorsatz oder Fahrlässigkeit), oder der Verursachungsbeitrag berücksichtigt werden.[397] Dies kann einen Vorrang der Inanspruchnahme des Handlungs- vor dem Zustandsstörer begründen.[398] Darüber hinaus ist eine Heranziehung mehrerer Störer als Gesamtschuldner möglich.[399] Die **Heranziehung Nichtverantwortlicher** ist **stets nachrangig** gegenüber einer Adressierung der nach Art. 7 f. PAG Verantwortlichen (vgl. Art. 10 Abs. 1 Nr. 2 PAG).

240

7. Polizeipflichtigkeit von Hoheitsträgern

Grds. gilt, dass **keine polizeilichen Maßnahmen gegenüber Hoheitsträgern** ergriffen werden dürfen (formelle Polizeipflichtigkeit),[400] da der Polizei andernfalls eine organisationsrechtlich nicht vorgesehene Superaufsichtsfunktion zukäme – jeder Rechtsverstoß ließe sich nämlich als Gefahr für die öffentliche Sicherheit (Unversehrtheit der Rechtsordnung) verstehen. Das Einschreiten gegen rechtswidriges behördliches Handeln erfolgt vielmehr nach den jeweils einschlägigen, leges speciales darstellenden Regeln der Rechts- und Fachaufsicht durch die demnach zuständigen Aufsichtsbehörden (siehe etwa Art. 108 ff. GO; → § 3 Rn. 199 ff.).[401] Eine **Ausnahme** greift in analoger Anwendung des Art. 3 PAG, wenn aufsichtliche Maßnahmen nicht oder nicht rechtzeitig möglich erscheinen (Gefahr im Verzug) und eine Abwägung ein polizeiliches Einschreiten angesichts Art und Ausmaß des drohenden Schadens, aber auch angesichts der drohenden Funktionsbeeinträchtigung der Behörde rechtfertigt.[402] Wegen der Grundrechtsbindung jedweden, auch fiskalischen Staatshandelns und der insoweit bestehenden Aufsichtsbefugnisse vermag es nicht zu überzeugen, dieses als möglichen Gegenstand polizeilicher Maßnahmen anzusehen.[403] Mitunter existieren spezialgesetz-

241

---

396 BayVGH, BayVBl. 2005, 441 (442); *Lindner*, in: BeckOK PSR, Art. 7 PAG Rn. 31.
397 *Heckmann*, in: Becker/ders./Kempen/Manssen, 3. Teil, Rn. 193 f.; *Lindner*, in: BeckOK PSR, Art. 7 PAG Rn. 21.
398 *Heckmann*, in: Becker/ders./Kempen/Manssen, 3. Teil, Rn. 193. Differenziert *Poscher/Rusteberg*, JuS 2011, 1082 (1087).
399 BayVGH, BayVBl. 2005, 441 (442).
400 Von dieser formellen Polizeipflichtigkeit zu unterscheiden ist die materielle, mithin die inhaltliche Bindung staatlichen Handelns, das sich nach den jeweils einschlägigen rechtlichen Vorgaben richtet, näher *Schenke*, Polizei- und Ordnungsrecht, Rn. 233.
401 *Heckmann*, in: Becker/ders./Kempen/Manssen, 3. Teil, Rn. 183; *Lindner*, in: BeckOK PSR, Art. 7 PAG Rn. 40 f.
402 *Lindner*, in: BeckOK PSR, Art. 7 PAG Rn. 41; ferner *Heckmann*, in: Becker/ders./Kempen/Manssen, 3. Teil, Rn. 184; *Weber/Köppert*, Polizei- und Sicherheitsrecht, Rn. 102. Für eine generelle Abwägungslösung unter Heranziehung des Gebots der Rücksichtnahme *Steiner*, in: Schmidbauer/ders., Art. 7 PAG Rn. 3 ff.
403 AA *Heckmann*, in: Becker/ders./Kempen/Manssen, 3. Teil, Rn. 185; *Weber/Köppert*, Polizei- und Sicherheitsrecht, Rn. 102; ferner – immerhin unter Ausklammerung des verwaltungsprivatrechtlichen Handelns – *Schenke*, Polizei- und Ordnungsrecht, Rn. 236 f.

liche Ausnahmen (Art. 29 Abs. 4 VwZVG iVm Art. 113 GO, § 172 VwGO, Art. 61 Abs. 2 BayVwVfG).[404]

8. Rechtsnachfolge in Polizeipflichten

242 Im Polizei-, v.a. aber im Sicherheitsrecht kann sich die Frage nach der Rechtsnachfolge in Polizeipflichten stellen: Wer ist etwa für ein mit Altlasten verseuchtes Grundstück nach Weiterveräußerung oder im Erbfall verantwortlich? Verpflichtet eine gegen den Alteigentümer ergangene Sanierungsanordnung auch den neuen Inhaber?

243 Zu differenzieren ist zunächst zwischen der **formellen (konkreten)**, dh bereits durch polizei- respektive sicherheitsbehördliche Anordnungen konkretisierten **Polizeipflicht** und der **materiellen (abstrakten) Polizeipflicht**, mithin den sich aus dem PAG (LStVG) ergebenden Pflichten. Zu differenzieren ist des Weiteren zwischen der **Inanspruchnahme als Handlungs- oder Zustandsstörer**. Zu differenzieren ist ferner zwischen der **Einzelrechtsnachfolge**, mithin dem Übergang einzelner Eigentumspositionen, wie etwa im Fall der Veräußerung eines Grundstücks, und der **Gesamtrechtsnachfolge**, mithin dem umfassenden Übergang aller Rechte und Pflichten, wie sie den Erbfall (§§ 1922, 1967 BGB) oder auch gesellschaftsrechtliche Umwandlungstatbestände kennzeichnet. Vorweggeschickt sei, dass die Rechtsnachfolge in Polizeipflichten **nur in wenigen Fällen gesetzlich geregelt** ist (siehe etwa Art. 54 Abs. 2 S. 3 BayBO, → Rn. 245; § 4 Abs. 3 S. 1 BBodSchG), regelmäßig sind daher allgemeine Grundsätze des Verwaltungsrechts[405] heranzuziehen.[406]

244 Die **Zustandsverantwortlichkeit** gemäß Art. 8 PAG (materielle Polizeipflicht) trifft den dort adressierten Personenkreis, ohne dass es auf die Frage der Rechtsnachfolge ankäme.

Beispiel:
Verantwortlich gemäß Art. 8 Abs. 2 PAG für vom Grundstück ausgehende Gefahren ist im Falle der Veräußerung oder eines Erbfalls der aktuelle Eigentümer.

245 Hat die Polizei oder die Sicherheitsbehörde den Zustandsverantwortlichen bereits in Anspruch genommen (formelle Polizeipflicht), bindet eine entsprechende Anordnung wegen des dinglichen Charakters des Verwaltungsaktes (ggf. in analoger Anwendung der §§ 1922, 1967 BGB) auch den Rechtsnachfolger, so nicht höchstpersönliche Pflichten oder unvertretbare Handlungen infrage stehen.[407] Im Bauordnungsrecht ist diese Frage spezialgesetzlich geregelt (siehe Art. 54 Abs. 2 S. 3 BayBO; → § 2 Rn. 207, 389).[408]

---

404 *Weber/Köppert*, Polizei- und Sicherheitsrecht, Rn. 102.
405 Zu dieser Rechtsquelle *Maurer/Waldhoff*, § 4, Rn. 36 ff.
406 Siehe BVerwG, NVwZ 2006, 928 (930).
407 *Heckmann*, in: Becker/ders./Kempen/Manssen, 3. Teil, Rn. 191. Kritisch *Schenke*, Polizei- und Ordnungsrecht, Rn. 293 ff.
408 Dieser bestimmt: „Bauaufsichtliche Genehmigungen, Vorbescheide und sonstige Maßnahmen gelten auch für und gegen die Rechtsnachfolger; das gilt auch für Personen, die ein Besitzrecht nach Erteilung einer bauaufsichtlichen Genehmigung, eines Vorbescheids oder nach Erlass einer bauaufsichtlichen Maßnahme erlangt haben."

VII. Allgemeine Rechtmäßigkeitsanforderungen

Beispiel:
Ein Grundstückseigentümer wurde verpflichtet, einen auf seinem Grundstück befindlichen Hang gegen Abrutschen zu sichern. Bei Veräußerung des Grundstücks oder im Erbfall verpflichtet die Anordnung den Erwerber bzw. den Erben.

Die **Handlungsverantwortlichkeit** gemäß Art. 7 PAG (materielle Polizeipflicht) geht (nur)[409] bei Gesamtrechtsnachfolge auf den Rechtsnachfolger in analoger Anwendung des jeweiligen Übergangstatbestands (im Erbfall gemäß §§ 1922, 1967 BGB analog) über (allgemeiner Grundsatz des Verwaltungsrechts), so nicht höchstpersönliche Pflichten zu erfüllen oder unvertretbare Handlungen vorzunehmen sind.[410] Dasselbe gilt für den Übergang formeller Polizeipflichten.[411]   246

Beispiel:
Der zwischenzeitlich verstorbene A hat mit einem (ihm nicht gehörenden) Baumstamm einen Waldweg blockiert.

VII. Allgemeine Rechtmäßigkeitsanforderungen

Schließlich müssen im Rahmen der materiellen Rechtmäßigkeit die allgemeinen Rechtmäßigkeitsanforderungen vorliegen, dh ein etwaig bestehendes Ermessen muss ordnungsgemäß ausgeübt worden sein (→ Rn. 248 ff.), das polizeiliche Handeln muss verhältnismäßig sein (→ Rn. 254 ff.) und weitere allgemeine rechtsstaatliche Grenzen (Bestimmtheit, Möglichkeit) müssen eingehalten worden sein (→ Rn. 256).   247

1. Ermessen

Das Ergreifen polizeilicher Maßnahmen steht regelmäßig im Ermessen der Behörde, wie nicht nur die Ausgestaltung der einzelnen Befugnisnormen als **Kann-Bestimmungen** verdeutlicht (siehe etwa Art. 11 Abs. 1 PAG: „Die Polizei *kann* die notwendigen Maßnahmen treffen, um ..." oder Art. 13 Abs. 1 PAG: „Die Polizei *kann* die Identität einer Person feststellen ..."), sondern auch die allgemeine Bestimmung des Art. 5 Abs. 1 PAG. Nach dieser Norm trifft „[d]ie Polizei ... ihre Maßnahmen nach pflichtgemäßem Ermessen."   248

Zu unterscheiden ist dabei das **Entschließungs- und Auswahlermessen**. Ersteres bezieht sich auf die Entscheidung, ob die Polizei tätig wird, Letzteres auf die Wahl des einzusetzenden Mittels („Wie"). **Weisungen** (→ Rn. 26) beschränken das polizeiliche Ermessen.   249

Die Ausgestaltung polizeilicher Befugnisnormen als Ermessensnormen stellt bereits die Entscheidung, überhaupt einzuschreiten, in das pflichtgemäße Ermessen der Polizei; so kann die Polizei in Bagatellfällen von einem **Einschreiten** absehen oder dieses im Interesse der Abwehr dringlicherer Gefahren zurückstellen. Eine Handlungspflicht (und damit eine **Ermessensreduktion auf Null**) besteht nur im Ausnahmefall (→ Rn. 47 f.).   250

---

409 Explizit zur Ausklammerung der Einzelrechtsnachfolge BayVGHE 63, 221 (226 f.).
410 BVerwG, NVwZ 2006, 928 (930 f.); BayVGHE 63, 221 (227 f.); *Heckmann*, in: Becker/ders./Kempen/Manssen, 3. Teil, Rn. 188 f. AA *Schenke*, Polizei- und Ordnungsrecht, Rn. 296; *Weber/Köppert*, Polizei- und Sicherheitsrecht, Rn. 104.
411 BVerwG, NVwZ 2006, 928 (930); BayVGHE 63, 221 (227 f.); *Heckmann*, in: Becker/ders./Kempen/Manssen, 3. Teil, Rn. 192. AA *Schenke*, Polizei- und Ordnungsrecht, Rn. 296.

§ 4 Polizei- und Sicherheitsrecht

Hinweis:

Im repressiven Bereich besteht demgegenüber aufgrund des Legalitätsprinzips eine Pflicht zur Verfolgung von Straftaten (§ 152 Abs. 2 StPO); für die Verfolgung von Ordnungswidrigkeiten gilt wie im Bereich der Gefahrenabwehr dagegen der Opportunitätsgrundsatz (§ 47 OWiG).

251 Hinsichtlich des **Auswahlermessens** enthält Art. 5 Abs. 2 PAG Konkretisierungen: „¹Kommen zur Abwehr einer Gefahr mehrere Mittel in Betracht, so genügt es, wenn eines davon bestimmt wird. ²Dem Betroffenen ist auf Antrag zu gestatten, ein anderes ebenso wirksames Mittel anzuwenden, sofern die Allgemeinheit dadurch nicht stärker beeinträchtigt wird."

252 Bei der **gerichtlichen Nachprüfung** der polizeilichen Ermessensausübung ist zu berücksichtigen, dass die Entscheidung nur bei Vorliegen eines **Ermessensfehlers** rechtswidrig ist (Art. 40 BayVwVfG; § 114 S. 1 VwGO).

Hinweis:

Die Ermessensfehlerlehre stellt eine hier nur skizzierte Thematik des Allgemeinen Verwaltungsrechts dar.[412] Ermessensfehler sind:
1. Ermessensnichtgebrauch (Die Polizei macht von dem ihr eingeräumten Ermessen keinen Gebrauch, weil sie etwa irrig eine gebundene Entscheidung annimmt);
2. Ermessensüberschreitung (Die Polizei wählt eine in der Ermessensnorm als Rechtsfolge nicht vorgesehene Maßnahme);
3. Ermessensfehlgebrauch (Die Polizei lässt sich von zweckwidrigen, namentlich nicht an der Gefahrenabwehr orientierten Erwägungen leiten, wie persönlichen Motiven);
4. Ermessensdisproportionalität [Die Polizei wählt eine unverhältnismäßige Rechtsfolge (→ Rn. 254 f.); teils wird auch eine im Übrigen grundrechtswidrige Rechtsfolge als Ermessensfehler qualifiziert (zum Gleichheitssatz → Rn. 253)[413]].

253 Von besonderer Bedeutung im Polizei- und Sicherheitsrecht ist eine gemäß Art. 3 Abs. 1 GG **gleichheitskonforme Ermessensausübung**. Dies steht zunächst einem nur **selektiven Einschreiten** gegen Gefahren für die öffentliche Sicherheit oder Ordnung, etwa der Bauaufsichtsbehörde gegen Schwarzbauten, entgegen, so sich dieses nicht ausnahmsweise rechtfertigen lässt (etwa Abwarten der gerichtlichen Klärung eines Musterfalles).[414] Des Weiteren verlangt der in Art. 3 Abs. 1 GG wurzelnde Grundsatz der **Selbstbindung der Verwaltung**, einer etablierten Verwaltungspraxis, etwa einer bestimmten Ermessenausübung, auch künftig zu folgen, so nicht ein Sachgrund für eine Abweichung vorliegt.[415] Wichtig ist, dass vor dem Hintergrund der Gesetzesbindung der Verwaltung (Art. 20 Abs. 3 GG) keine Selbstbindung an rechtswidriges Verwaltungshandeln besteht (**keine Gleichheit im Unrecht**), das rechtswidrige Unterlassen eines polizeilichen Einschreitens gegen Störer mithin keinen Anspruch auf Verschonung in gleichgelagerten Fällen begründet.[416]

Hinweis:

Im Rahmen von **Weisungsverhältnissen** (→ Rn. 26) ist eine **gestufte Ermessensausübung** zulässig, mithin liegt kein Ermessensausfall vor, wenn die angewiesene und im Außenverhältnis han-

---

412 Siehe etwa *Maurer/Waldhoff*, § 7, Rn. 19 ff.
413 *Maurer/Waldhoff*, § 7, Rn. 23.
414 Siehe mwN *F. Wollenschläger*, in: v. Mangoldt/Klein/Starck, GG, Art. 3 Rn. 191. Aus der Rspr. BVerwG, BauR 2014, 1923 (1923).
415 Siehe nur mwN *F. Wollenschläger*, in: v. Mangoldt/Klein/Starck, GG, Art. 3 Rn. 192 ff.
416 Auch dazu mwN *F. Wollenschläger*, in: v. Mangoldt/Klein/Starck, GG, Art. 3 Rn. 196, 218 f.

VII. Allgemeine Rechtmäßigkeitsanforderungen

delnde Behörde keine oder nur ergänzend Ermessenserwägungen angestellt hat, so eine im Übrigen ermessensgerechte Entscheidung der anweisenden Behörde vorliegt.[417]

2. Verhältnismäßigkeit

Wie jedwedes staatliche Handeln müssen auch polizeiliche Maßnahmen mit dem rechtsstaatlich-grundrechtlich fundierten Verhältnismäßigkeitsgrundsatz in Einklang stehen. Nach diesem müssen sie 1. ein verfassungslegitimes Ziel verfolgen und zu dessen Realisierung 2. geeignet, 3. erforderlich und 4. angemessen (Verhältnismäßigkeit ieS) sein.[418] Im PAG finden sich Teilaspekte des Verhältnismäßigkeitsgebots kodifiziert (siehe Art. 4 Abs. 1 PAG für die Erforderlichkeit und Art. 4 Abs. 2 f. PAG für die Angemessenheit). 254

Klausurhinweis:

Schon wegen des Anwendungsvorrangs des einfachen Rechts[419] sind in Klausuren die genannten Bestimmungen des PAG heranzuziehen.

Aus historischer Perspektive von Interesse ist schließlich, dass der heutzutage im Rang des Verfassungsrechts stehende Verhältnismäßigkeitsgrundsatz dem preußischen Polizeirecht entstammt (vgl. § 10 II 17 des preußischen Allgemeinen Landrechts).[420] 255

Hinweis:

Aufgrund des Zitiergebots (Art. 19 Abs. 1 S. 2 GG) dürfen polizeiliche Maßnahmen nur in die in Art. 91 PAG genannten Grundrechte eingreifen, so keine Ausnahme vom Zitiergebot gilt; für nicht anwendbar erachtet wird dieses namentlich auf vorbehaltslos gewährleistete Grundrechte, die allgemeine Handlungsfreiheit (Art. 2 Abs. 1 GG) sowie auf einem Regelungsvorbehalt unterliegende Grundrechte wie Art. 12 Abs. 1 und Art. 14 Abs. 1 GG.[421]

3. Allgemeine rechtsstaatliche Grenzen: Bestimmtheit, Möglichkeit

Polizeiliche Maßnahmen unterliegen schließlich den allgemeinen (rechtsstaatlichen) Anforderungen, die für jedwedes Staatshandeln gelten. Zu nennen ist zunächst das **Bestimmtheitsgebot** (vgl. Art. 37 Abs. 1 BayVwVfG). Dieses „verlangt, dass der Regelungsinhalt für den Betroffenen aus der behördlichen Entscheidung unzweideutig erkennbar ist. Der Adressat muss in die Lage versetzt werden, zu erkennen, was von ihm gefordert wird";[422] ferner bedarf es einer hinreichend bestimmten Anordnung im Interesse ihrer Vollstreckungsfähigkeit. Des Weiteren darf die Polizei keine Handlungen anordnen, die **tatsächlich unmöglich** sind (vgl. Art. 44 Abs. 2 Nr. 4 BayVwVfG) oder in rechtswidrigen, durch **Straf- oder Bußgeldtatbestände** sanktionierten Taten bestehen (vgl. Art. 44 Abs. 2 Nr. 5 BayVwVfG)[423]. **Wirtschaftliches Unvermögen** stellt keine tatsächliche Unmöglichkeit dar, ist aber im Rahmen der Verhältnismäßigkeit zu berücksichtigen (Nr. 4.2 VollzBek. PAG). 256

---

417 Siehe BayVGH, BayVBl. 2005, 50 (50 f.); ferner OVG NRW, NWVBl. 2004, 107.
418 Siehe zum Verhältnismäßigkeitsgrundsatz nur *Kingreen/Poscher*, Grundrechte, Rn. 330 ff.; *Kingreen/Poscher*, Polizei- und Ordnungsrecht, § 10, Rn. 15 ff.
419 Siehe *Maurer/Waldhoff*, § 4, Rn. 59, § 8, Rn. 11; *F. Wollenschläger*, VVDStRL 75 (2016), 187 (199 f.).
420 Siehe auch *F. Wollenschläger*, VVDStRL 75 (2016), 187 (212).
421 Siehe nur, mwN und Kritik *P. M. Huber*, in: v. Mangoldt/Klein/Starck, GG, Art. 19 Rn. 71 ff.
422 BayVGH, NJW 2004, 2768 (2768).
423 Zur rechtlichen Unmöglichkeit im Übrigen *Heckmann*, in: Becker/ders./Kempen/Manssen, 3. Teil, Rn. 155.

Klausurhinweis:
Eine Erwähnung dieser Punkte ist, so sich keine Probleme stellen, in der Klausur entbehrlich.

VIII. Polizeiliche Sekundärmaßnahmen

1. Einführung

a) Notwendigkeit polizeilicher Zwangsmaßnahmen

257 Im Polizeirecht stellt sich oftmals das Problem, dass Adressaten polizeilicher (Primär-)Maßnahmen diese nicht freiwillig befolgen. Um auch in diesen Fällen eine effektive Gefahrenabwehr sicherzustellen, sieht das Polizeirecht in den Art. 70 ff. PAG die Möglichkeit einer Durchsetzung polizeilicher (Primär-)Maßnahmen durch die Anwendung polizeilichen Zwangs (**Sekundärmaßnahmen**) vor.

Beispiel:
Die Polizei erteilt einem Rettungsarbeiten behindernden „Gaffer" einen Platzverweis gemäß Art. 16 Abs. 1 S. 2 PAG. Der Betroffene befolgt diesen nicht. Ein Polizeibeamter trägt ihn nach nochmaliger Aufforderung, die Unfallstelle zu verlassen, und der Androhung der zwangsweisen Durchsetzung bei Nichtbefolgung vom Unfallort weg.

258 Vor diesem Hintergrund zielen Zwangsmaßnahmen auf die Durchbrechung eines entgegenstehenden Willens des Betroffenen (Beugefunktion) und auf die Durchsetzung der Rechtsordnung (Realisierungsfunktion).[424]

259 Gegenüber der Primärmaßnahme stellt eine Zwangsmaßnahme einen **eigenständigen Grundrechtseingriff** dar, der folglich auch einer eigenständigen Befugnisnorm bedarf. Die besondere Schärfe polizeilicher Zwangsmaßnahmen resultiert daraus, dass sie auch den unmittelbaren Zwang und damit etwa den Einsatz körperlicher Gewalt oder von Schusswaffen gegen Personen umfassen (→ Rn. 265, 304 ff.). Genauso wie im allgemeinen Vollstreckungsrecht unterscheidet sich überdies die staatliche (polizeiliche) Rechtsdurchsetzung von der privaten dadurch, dass sich der Staat ohne Durchführung eines Gerichtsverfahrens einen Vollstreckungstitel schaffen kann (Selbsttitulierung, hier durch Erlass einer polizeilichen Primärmaßnahme) und diesen ohne Einschaltung anderer Stellen selbst durchsetzen kann (Selbstvollstreckung, hier durch Erlass einer polizeilichen Sekundärmaßnahme). Dieser hohen Eingriffsintensität muss die Ausgestaltung des Vollstreckungsverfahrens Rechnung tragen.

Hinweis:
Die Frage der Durchsetzung verwaltungsrechtlicher Gebote, Handlungen vorzunehmen, zu dulden oder zu unterlassen, stellt kein Spezifikum des Polizei- und Sicherheitsrechts dar, mag sie sich dort auch in besonderer Schärfe stellen, sondern eine allgemeine verwaltungsrechtliche Problematik (ausführlich dazu → § 6 zum Verwaltungszustellungs- und Verwaltungsvollstreckungsrecht). Rechtssystematisch kommt der besonderen Vollstreckungsregelungen des PAG Vorrang vor dem (allgemeinen) Bayerischen Verwaltungszustellungs- und Vollstreckungsgesetz (VwZVG) zu, vgl. Art. 18 Abs. 2 VwZVG;[425] inwieweit ein Rückgriff auf das VwZVG zulässig ist, ist str.[426]

---

424 *Heckmann*, in: Becker/ders./Kempen/Manssen, 3. Teil, Rn. 198.
425 *Gallwas/Lindner/Wolff*, Rn. 591.
426 Näher *Buggisch*, in: BeckOK PSR, Art. 53 PAG (aF) Rn. 6: ergänzende Anwendung möglich, so kein Widerspruch zum PAG.

VIII. Polizeiliche Sekundärmaßnahmen

b) Einstufige und zweistufige Vollstreckung

Neben der zuvor geschilderten Konstellation der Durchsetzung polizeilicher Primärmaßnahmen durch eine hiervon zu unterscheidende Sekundärmaßnahme (zweistufige Vollstreckung) ist im Polizeirecht oftmals auch die **Anwendung von Durchsetzungsmaßnahmen** notwendig, **ohne** dass zuvor **Primärmaßnahmen** an eine bestimmte Person gerichtet werden können, da diese nicht greifbar ist. 260

Beispiele:
- Ein verbotswidrig geparkter PKW behindert Rettungsarbeiten, ohne dass der Fahrzeugführer bzw. -halter greifbar ist. Die Polizei möchte den PKW abschleppen lassen.
- Ein auf dem Grundstück des abwesenden Hauseigentümers befindlicher Baum droht nach einem Sturm, auf eine vielbefahrene Straße zu stürzen. Die Polizei möchte Sicherungsmaßnahmen ergreifen.

Auch in dieser Konstellation (**einstufige Vollstreckung**) ermöglicht das Polizeirecht Durchsetzungsmaßnahmen, und zwar die unmittelbare Ausführung (Art. 9 PAG) und den Sofortvollzug (Art. 70 Abs. 2 PAG; zu beiden → Rn. 317 ff.). 261

c) Zwangsmittel

Als Zwangsmittel sieht das PAG (vgl. die abschließende[427] Auflistung in Art. 71 Abs. 1 PAG) die Ersatzvornahme (Art. 72 PAG), das Zwangsgeld (Art. 73 PAG) mit dem Annex Ersatzzwangshaft (Art. 74 PAG) und den unmittelbaren Zwang (Art. 75 PAG) vor. 262

Die **Ersatzvornahme** ermächtigt die Polizei dazu, die vom Polizeipflichtigen geforderte „Handlung selbst aus[zu]führen oder einen anderen mit der Ausführung [zu] beauftragen" (Art. 72 Abs. 1 PAG). 263

Beispiel:
Der Grundstückseigentümer weigert sich, einen auf seinem Grundstück befindlichen Baum, der nach einem Sturm auf eine vielbefahrene Straße zu stürzen droht, zu sichern. Die Polizei übernimmt dies.

Das **Zwangsgeld** (Art. 73 PAG) baut Erfüllungsdruck auf den Polizeipflichtigen auf, indem bei Nichtbefolgung polizeilicher Anordnungen ein Zwangsgeld fällig wird. Es spielt im Polizeirecht keine besondere Rolle (→ Rn. 302). Bei Uneinbringlichkeit ermöglicht Art. 74 PAG die Ersatzzwanghaft, die akzessorisch zum Zwangsgeld ist und kein eigenständiges Vollstreckungsmittel darstellt. 264

Der **unmittelbare Zwang** (Art. 75, 77 ff. PAG) stellt das eingriffsintensivste Zwangsmittel dar. Er besteht in der „Einwirkung auf Personen oder Sachen durch körperliche Gewalt, ihre Hilfsmittel, Waffen und Explosivmittel" (Art. 78 Abs. 1 PAG) und reicht bis zum Schusswaffeneinsatz gegen Personen mit potenziell tödlicher Wirkung (Art. 83 Abs. 2 S. 2 PAG). 265

Beispiel:
Die Polizei wendet eine Schusswaffe gegen einen Geiselnehmer an, der mit einer Geisel flüchten möchte, um diesen fluchtunfähig zu machen.

---

[427] *Heckmann*, in: Becker/ders./Kempen/Manssen, 3. Teil, Rn. 202.

266 Wegen seiner Eingriffsintensität ist der unmittelbare Zwang besonders detailliert in den Art. 77–86 PAG geregelt.

d) Ausführungsermächtigung

267 Ein Rückgriff auf die Regelungen zur Anwendung polizeilichen Zwanges ist dann nicht notwendig, wenn bereits die polizeiliche Standardbefugnis zur Ausführung einer Maßnahme (als Realakt) ermächtigt (**Ausführungsermächtigung**).[428] Als Beispiele genannt werden die Ingewahrsamnahme (Art. 17 PAG),[429] Durchsuchungsmaßnahmen (Art. 21–23 PAG)[430] oder die Sicherstellung (Art. 25 PAG)[431].

Beispiel:
Die Polizei lässt ein Kfz, dessen Halter/Führer nicht anwesend ist, abschleppen. Dies ist von Art. 25 PAG gedeckt (siehe aber auch → Rn. 191 ff.), der den Zugriff auf die Sache umfasst.

268 Es ist freilich sorgfältig zu prüfen, wie weit die Standardbefugnis im Einzelfall reicht; so deckt die Befugnis zum Betreten von Wohnungen (Art. 23 PAG) nicht jedwedes gewaltsame Verschaffen von Zugang (→ Rn. 180 ff.).[432]

e) Rechtsnatur

269 Die Rechtsnatur von Sekundärmaßnahmen ist, genauso wie diejenige von Primärmaßnahmen (→ Rn. 42 ff.), umstritten. Einigkeit besteht hinsichtlich der Festsetzung des Zwangsgeldes gemäß Art. 73 PAG. Diese stellt einen Verwaltungsakt dar, da Höhe und Zahlungsfrist bestimmt werden.[433] Auch die Androhung von Zwangsmaßnahmen gemäß Art. 76 bzw. 81 PAG wird als Verwaltungsakt qualifiziert.[434] Denn es wird nicht nur eine künftige Maßnahme in Aussicht gestellt; vielmehr erfolgt die Festlegung auf ein bestimmtes Zwangsmittel.

270 Im Übrigen gilt das im Kontext der Qualifikation von Primärmaßnahmen Ausgeführte, mithin ist es vorzugswürdig, die Ersatzvornahme (Art. 72 PAG) und die Anwendung unmittelbaren Zwangs (Art. 75 PAG) mangels Pflichtenbegründung gegenüber dem Adressaten als Handlungen ohne Regelungswirkung und damit als Realakte zu qualifizieren;[435] vertretbar ist freilich auch die Annahme einer konkludenten Dul-

---

428 *Heckmann*, in: Becker/ders./Kempen/Manssen, 3. Teil, Rn. 291 f.: „Eine Verfügung an den Betroffenen, die Maßnahme zunächst selbst auszuführen, wäre in diesen Fällen entweder nicht denkbar oder jedenfalls unpraktikabel" (Rn. 291). Sehr weitgehend *Poscher/Rusteberg*, JuS 2012, 26 (27): „Auf die Regelungen der unmittelbaren Ausführung ist hingegen nur zurückzugreifen, soweit die Maßnahme den Erlass eines VA zwingend voraussetzt. Ansonsten enthalten die Standardmaßnahmen regelmäßig sowohl die Ermächtigung zu einer Anordnung, die dem Adressaten aufgibt, der entsprechenden Maßnahme zunächst selbst nachzukommen bzw. diese zu dulden, als auch die Erlaubnis für die Polizei, die entsprechende Maßnahme unbedingt notwendigen Handlungen als Realakt auszuführen. Insoweit ist ein Abstellen auf das selbstständige Verwaltungsvollstreckungsverfahren oder den unmittelbaren Zwang nicht erforderlich." Siehe aber auch *Schmidbauer*, in: ders./Steiner, Art. 53 PAG Rn. 4.
429 *Heckmann*, in: Becker/ders./Kempen/Manssen, 3. Teil, Rn. 292.
430 *Heckmann*, in: Becker/ders./Kempen/Manssen, 3. Teil, Rn. 291 f.; *Poscher/Rusteberg*, JuS 2012, 26 (28).
431 *Gallwas/Lindner/Wolff*, Rn. 590. Zurückhaltend *Senftl*, in: BeckOK PSR, Art. 25 PAG Rn. 11. AA *Schmidbauer*, in: ders./Steiner, Art. 53 PAG Rn. 4.
432 Siehe auch *Poscher/Rusteberg*, JuS 2012, 26 (27), nach denen „alles, was über die Maßnahme im eigentlichen Sinne hinausgeht, was insbesondere dazu geeignet ist, den entgegenstehenden Willen des Adressaten zu brechen, als Vollstreckungshandlung zu charakterisieren" ist.
433 *Heckmann*, in: Becker/ders./Kempen/Manssen, 3. Teil, Rn. 216; *Poscher/Rusteberg*, JuS 2012, 26 (29).
434 *Heckmann*, in: Becker/ders./Kempen/Manssen, 3. Teil, Rn. 237; *Poscher/Rusteberg*, JuS 2012, 26 (29); *Weber/Köppert*, Polizei- und Sicherheitsrecht, Rn. 184.
435 Dies ebenfalls befürwortend *Heckmann*, in: Becker/ders./Kempen/Manssen, 3. Teil, Rn. 216.

dungsverfügung (ausführlich, auch zu Konsequenzen für den Rechtsschutz
→ Rn. 43 ff.)[436].

f) Exkurs: Beitreibung von Geldforderungen der Polizei

Keine Spezialregelungen enthalten die Art. 70 ff. PAG für die Vollstreckung von Geldforderungen der Polizei; Art. 72 Abs. 2 S. 2 PAG enthält insofern nur einen Verweis auf die Regelungen des VwZVG. Dies spielt namentlich im Falle der Durchsetzung von Kostenbescheiden für polizeiliche Maßnahmen (zur Tertiärebene → Rn. 328 ff.) eine Rolle. Insoweit finden die allgemeinen Regeln des Vollstreckungsrechts für die Vollstreckung von Verwaltungsakten, mit denen eine Geldleistung gefordert wird, Anwendung (Art. 18 ff., 23 ff. VwZVG; → § 6 Rn. 34 ff., 85 ff.).[437]

271

2. Rechtmäßigkeit polizeilicher Zwangsmaßnahmen (zweistufige Vollstreckung)

a) Prüfungsschema

Schema: Rechtmäßigkeit polizeilicher Sekundärmaßnahmen (zweistufige Vollstreckung)

272

I. Rechtsgrundlage
   1. Art. 72 Abs. 1 S. 1 PAG (Ersatzvornahme), Art. 73 Abs. 1 PAG (Zwangsgeld), Art. 74 PAG (Ersatzzwangshaft), Art. 75 Abs. 1 S. 1 PAG (unmittelbarer Zwang)
   2. VwZVG nicht anwendbar, Art. 18 Abs. 2 VwZVG
II. Formelle Rechtmäßigkeit
   1. Zuständigkeit
   2. Verfahren
   3. Form
III. Materielle Rechtmäßigkeit
   1. Allgemeine Vollstreckungsvoraussetzungen, Art. 70 Abs. 1 PAG
      a) Verwaltungsakt (VA) der Polizei
      b) VA auf Vornahme einer Handlung, Duldung oder Unterlassung gerichtet
      c) Vollziehbarkeit (VA unanfechtbar/Rechtsmittel ohne aufschiebende Wirkung)
      d) Rechtmäßigkeit des VA nicht erforderlich (keine Konnexität, str.)
      e) Nichterfüllung des Handlungs-/Duldungs- oder Unterlassungsgebots
      f) Fortbestehen der Gefahrenlage
      g) Verhältnismäßigkeit der Zwangsanwendung als solcher (Art. 4 PAG)
      h) Ordnungsgemäße Ermessensausübung hinsichtlich der Zwangsanwendung als solcher (Art. 5 PAG)
      i) Erforderlichkeit einer Duldungsverfügung bei Eingriffen in Rechte Dritter
   2. Besondere Vollstreckungsvoraussetzungen
      a) Androhung des Zwangsmittels, Art. 76 PAG
      b) Tatbestandsvoraussetzungen des jeweiligen Zwangsmittels
      c) Verhältnismäßige Auswahl und Anwendung des Zwangsmittels (Art. 4 PAG)
      d) Ordnungsgemäße Ermessensausübung hinsichtlich der Auswahl und Anwendung des Zwangsmittels (Art. 5 PAG)

b) Rechtsgrundlage

Als Eingriffsakte bedürfen polizeiliche Zwangsmaßnahmen nach dem rechtsstaatlich-grundrechtlichen Grundsatz des **Vorbehalts des Gesetzes** einer gesetzlichen Grundlage, die zur Durchsetzung von Verhaltensgeboten ermächtigen muss.

273

---

436 So *Weber/Köppert*, Polizei- und Sicherheitsrecht, Rn. 217.
437 *Heckmann*, in: Becker/ders./Kempen/Manssen, 3. Teil, Rn. 203.

§ 4 Polizei- und Sicherheitsrecht

Hinweis:
Nur im Ausnahmefall der Ausführungsermächtigung enthalten die Art. 11 ff. PAG bereits eine Durchführungsermächtigung (→ Rn. 267 f.). Im Übrigen bedarf es für die Durchsetzung polizeilicher Primärmaßnahmen einer eigenständigen Rechtsgrundlage (→ Rn. 274).

274 Als Rechtsgrundlage für polizeiliche Zwangsmaßnahmen kommen in Betracht:
1. Art. 72 Abs. 1 S. 1 PAG (Ersatzvornahme);
2. Art. 73 Abs. 1 PAG (Zwangsgeld) mit Annex Art. 74 PAG (Ersatzzwangshaft);
3. Art. 75 Abs. 1 S. 1 PAG (unmittelbarer Zwang).

275 Diese in Art. 71 Abs. 1 PAG zu findende Auflistung enthält einen **abschließenden** Katalog möglicher Zwangsmittel (→ Rn. 262 ff.).

Klausurhinweis:
An dieser Stelle genügt es, die einschlägige Rechtsgrundlage zu benennen. Die Prüfung ihrer Voraussetzungen erfolgt im Rahmen der materiellen Rechtmäßigkeit. Ein kurzer Hinweis, dass die Regelungen der Art. 70 ff. PAG dem allgemeinen, im VwZVG geregelten Vollstreckungsrecht vorgehen gemäß Art. 18 Abs. 2 VwZVG, sollte in der Klausur nicht fehlen.

c) Formelle Rechtmäßigkeit

aa) Zuständigkeit

276 Die sachliche Zuständigkeit der Polizei (im eingeschränkt-institutionellen Sinne gemäß Art. 1 PAG, dazu → Rn. 18, 36) für Zwangsmaßnahmen folgt aus der jeweiligen Befugnisnorm (Art. 72 Abs. 1 S. 1, Art. 73 Abs. 1, Art. 74, Art. 75 Abs. 1 S. 1 PAG). Die örtliche Zuständigkeit folgt aus Art. 3 Abs. 1 POG (Allzuständigkeit, näher → Rn. 20, 36).

bb) Verfahren

277 Verfahrensanforderungen spielen regelmäßig keine besondere Rolle, namentlich ist die gemäß Art. 28 Abs. 1 BayVwVfG vor dem Erlass belastender Verwaltungsakte grds. erforderliche Anhörung bei Maßnahmen in der Verwaltungsvollstreckung gemäß Art. 28 Abs. 2 Nr. 5 BayVwVfG entbehrlich.

cc) Form

278 Das Vollstreckungsrecht sieht teils besondere Formanforderungen vor (allgemein → Rn. 38), so beispielsweise ein Schriftformerfordernis für die Festsetzung des Zwangsgeldes (Art. 73 Abs. 1 PAG).

d) Materielle Rechtmäßigkeit

279 Bei der Prüfung der materiellen Rechtmäßigkeit einer Vollstreckungsmaßnahme findet sich herkömmlicherweise eine Differenzierung zwischen **allgemeinen und besonderen Vollstreckungsvoraussetzungen,** mithin zwischen den Voraussetzungen, die bei jedweder Zwangsanwendung vorliegen müssen (namentlich Art. 70 Abs. 1 PAG), und solchen, die das spezifische Zwangsmittel betreffen.

aa) Allgemeine Vollstreckungsvoraussetzungen, Art. 70 Abs. 1 PAG

280 Gemäß Art. 70 Abs. 1 PAG kann ein „Verwaltungsakt der Polizei [1], der auf die Vornahme einer Handlung oder auf Duldung oder Unterlassung gerichtet ist [2], ... mit Zwangsmitteln durchgesetzt werden, wenn er unanfechtbar ist oder wenn ein Rechts-

mittel keine aufschiebende Wirkung hat [3]." Der zu vollstreckende Verwaltungsakt muss nach hM nicht rechtmäßig sein (4). Überdies darf der Adressat dem Handlungs-, Duldungs- oder Unterlassungsgebot nicht nachgekommen sein (5) und muss die Gefahrenlage fortbestehen (6). Schließlich muss die Zwangsanwendung als solche verhältnismäßig sein (Art. 4 PAG; 7) und auf einer ordnungsgemäßen Ermessensausübung beruhen (Art. 5 PAG; 8).

(1) Verwaltungsakt der Polizei

Erstens muss ein Verwaltungsakt der Polizei (**Grundverfügung**) vorliegen. Zu beachten ist, dass diese zumeist nicht schriftlich, sondern mündlich oder konkludent ergehen (vgl. Art. 37 Abs. 2 S. 1 BayVwVfG; → Rn. 38), was als Grundlage für Vollstreckungsmaßnahmen ausreicht. An dieser Stelle hat eine Abgrenzung zum Sofortvollzug (Art. 70 Abs. 2 PAG) und zur unmittelbaren Ausführung (Art. 9 PAG) zu erfolgen, die eine Zwangsanwendung ohne vorausgehende Primärmaßnahme ermöglichen (→ Rn. 317 ff.). 281

Verwaltungsakte anderer Behörden als der **Polizeibehörden** (Art. 1 PAG) können nicht gemäß Art. 70 ff. PAG vollstreckt werden; hier kommt ein Handeln der Polizei im Wege der Vollzugshilfe (Art. 67 ff. PAG) in Betracht (→ Rn. 311 ff.). Art. 70 ff. PAG finden auch Anwendung, wenn sich der polizeiliche Verwaltungsakt auf eine Befugnisnorm außerhalb des PAG stützt (Art. 11 Abs. 4 S. 1 PAG), das Spezialgesetz aber keine Vollstreckungsregeln enthält (Art. 11 Abs. 4 S. 2 PAG).[438] Die Regelungen der Art. 78 ff. PAG über die Art und Weise der Anwendung unmittelbaren Zwangs sind auch dann heranzuziehen, wenn die Polizei aufgrund anderer Rechtsvorschriften zur Anwendung unmittelbaren Zwangs befugt ist (Art. 77 Abs. 1 PAG).[439] 282

(2) Auf Vornahme einer Handlung, Duldung oder Unterlassung gerichtet

Der polizeiliche Verwaltungsakt muss zweitens auf eine Handlung, Duldung oder Unterlassung gerichtet sein, mithin einen **vollstreckbaren Inhalt** in Gestalt eines Gebots oder Verbots haben (befehlender Verwaltungsakt). Demnach scheiden feststellende Verwaltungsakte als nicht vollstreckungsfähig und gestaltende Verwaltungsakte als nicht vollstreckungsbedürftig aus.[440] 283

Beispiel:[441]
Die Auflösung einer Versammlung gemäß Art. 15 Abs. 4 BayVersG hat als gestaltender Verwaltungsakt keinen vollstreckbaren Inhalt, wohl aber der sich hieran anschließende befehlende Platzverweis gemäß Art. 16 Abs. 1 S. 1 PAG, sich vom Versammlungsort gemäß Art. 5 Abs. 3 BayVersG zu entfernen.

(3) Vollziehbarkeit

Der polizeiliche Verwaltungsakt muss drittens vollziehbar sein, mithin entweder **unanfechtbar oder sofort vollziehbar**. Ersteres ist der Fall, wenn der Verwaltungsakt entweder formelle Bestandskraft infolge des Ablaufs der Anfechtungsfrist (§ 70 Abs. 1, 284

---

438 *Schmidbauer*, in: ders./Steiner, Art. 53 PAG Rn. 3. Undeutlich *Buggisch*, in: BeckOK PSR, Art. 53 PAG (aF) Rn. 12.
439 Näher *Buggisch*, in: BeckOK PSR, Art. 53 PAG (aF) Rn. 12; Art. 60 PAG (aF) Rn. 10 ff.
440 *Heckmann*, in: Becker/ders./Kempen/Manssen, 3. Teil, Rn. 221.
441 Nach *Heckmann*, in: Becker/ders./Kempen/Manssen, 3. Teil, Rn. 221.

§ 74 Abs. 1 VwGO) erlangt hat oder – bei fristgerechter Anfechtung – durch ein rechtskräftiges Urteil bestätigt wurde. Sofort vollziehbar ist ein Verwaltungsakt, wenn Rechtsbehelfen entgegen der Grundregel des § 80 Abs. 1 VwGO keine aufschiebende Wirkung gemäß § 80 Abs. 2 VwGO zukommt. Von besonderer Bedeutung im Polizeirecht ist § 80 Abs. 2 S. 1 Nr. 2 VwGO, wonach die aufschiebende Wirkung bei unaufschiebbaren Anordnungen und Maßnahmen von Polizeivollzugsbeamten entfällt. Überdies entfällt die aufschiebende Wirkung gemäß § 80 Abs. 2 S. 1 Nr. 3 VwGO iVm Art. 21 a VwZVG bei Maßnahmen, die in der Verwaltungsvollstreckung getroffen wurden. Hierunter fällt die Androhung und Anwendung polizeilicher Zwangsmaßnahmen, so sie als Verwaltungsakt zu qualifizieren sind (dazu → Rn. 269 f.).[442] Ein **nichtiger, unwirksamer Verwaltungsakt** ist nicht vollstreckungsfähig.[443]

(4) Rechtmäßigkeit des VA nicht erforderlich (keine Konnexität)

285 Ob nur rechtmäßige Verwaltungsakte vollstreckt werden dürfen, mithin die Rechtmäßigkeit einer polizeilichen Sekundärmaßnahme von der Rechtmäßigkeit der ihr zugrundeliegenden Primärmaßnahme abhängt (Grundsatz der **Konnexität**), ist **umstritten** (zum allgemeinen Vollstreckungsrecht → § 6 Rn. 44). Allgemein anerkannt ist, dass rechtswidrige Verwaltungsakte, die **Bestandskraft erlangt** haben, vollstreckt werden dürfen, da dem Adressaten dann die Berufung auf die Rechtswidrigkeit der Grundverfügung mangels Anfechtung derselben verwehrt ist;[444] Selbiges gilt bei Anfechtung nach Eintritt der Rechtskraft. Im Polizeirecht spielen diese Konstellationen angesichts der Eilbedürftigkeit polizeilichen Handelns freilich keine praktische Rolle.[445] Vor Eintritt der Bestandskraft bejahen Teile der Lit. unter Verweis auf materielle Grundrechtspositionen des Betroffenen, das Gebot effektiven Rechtsschutzes sowie den Grundsatz der Gesetzmäßigkeit der Verwaltung (Art. 20 Abs. 3 GG) das Konnexitätserfordernis.[446] Dem steht freilich schon der Wortlaut des Art. 70 Abs. 1 PAG entgegen, der einen sofort vollziehbaren oder bestandskräftigen, nicht aber einen rechtmäßigen Verwaltungsakt fordert. Auch ein Umkehrschluss zur Regelung des Sofortvollzugs spricht gegen ein Konnexitätserfordernis, da Art. 70 Abs. 2 PAG – anders als Art. 70 Abs. 1 PAG – ein Handeln der Polizei „innerhalb ihrer Befugnisse" und damit eine (hypothetisch) rechtmäßige Primärmaßnahme verlangt. Hinzu kommt, dass auch ein rechtswidriger (nicht nichtiger) Verwaltungsakt wirksam und damit zu befolgen ist. Wenn Art. 70 Abs. 1 PAG nunmehr nicht die Wirksamkeit, sondern die sofortige Vollziehbarkeit der Grundverfügung verlangt, verschärft er zwar einerseits die Anforderungen an die Durchsetzbarkeit im Vergleich zur Befolgungspflicht; allerdings wird auch deutlich, dass sofort vollziehbare Verwaltungsakte vollstreckungsfähig sind und der Bürger zur Beseitigung der Vollstreckbarkeit bei Rechtswidrigkeit auf den Weg des

---

442 *Heckmann*, in: Becker/ders./Kempen/Manssen, 3. Teil, Rn. 225.
443 *Buggisch*, in: BeckOK PSR, Art. 53 PAG (aF) Rn. 20; *Schmidbauer*, in: ders./Steiner, Art. 53 PAG Rn. 6; *Weber/Köppert*, Polizei- und Sicherheitsrecht, Rn. 190.
444 BVerwG, NJW 1984, 2591 (2592); *Heckmann*, in: Becker/ders./Kempen/Manssen, 3. Teil, Rn. 230; *Poscher/Rusteberg*, JuS 2012, 26 (28); *Weber/Köppert*, Polizei- und Sicherheitsrecht, Rn. 191.
445 Siehe auch *Weber/Köppert*, Polizei- und Sicherheitsrecht, Rn. 191.
446 So etwa *Schoch*, JuS 1995, 307 (309).

§ 80 Abs. 5 VwGO verwiesen ist. Damit ist das **Konnexitätserfordernis** (hinsichtlich Sekundärmaßnahmen, anderes gilt auf der Tertiärebene; → Rn. 340 ff.) **abzulehnen**.[447]

(5) Nichterfüllung der Handlungs-, Duldungs- oder Unterlassungspflicht

Eine Vollstreckungsmaßnahme setzt voraus, dass der Betroffene seiner Handlungs-, Duldungs- oder Unterlassungspflicht nicht nachgekommen ist; andernfalls bedarf es keiner Vollstreckung (vgl. auch Art. 71 Abs. 3, Art. 72 Abs. 1 S. 1 PAG). Eine **Spezialregelung für das Zwangsgeld** enthält Art. 73 Abs. 3 S. 2 PAG: „Die Beitreibung unterbleibt, sobald der Betroffene die gebotene Handlung ausführt oder die zu duldende Maßnahme gestattet."

286

(6) Fortbestehen der Gefahrenlage

Des Weiteren sind Vollstreckungsmaßnahmen nur solange zulässig, wie die Gefahr fortbesteht, mithin darf sich die **Primärmaßnahme nicht erledigt** haben, etwa durch Zeitablauf oder in sonstiger Weise (vgl. auch Art. 71 Abs. 3 PAG).

287

Beispiele:
Die Polizei untersagt einem Hooligan, am Wochenende ein Fußballspiel „seiner" Mannschaft zu besuchen. Mit Ende des Fußballspiels hat sich die Primärmaßnahme durch Zeitablauf erledigt. Die Polizei verpflichtet einen Grundstückseigentümer, eine einsturzgefährdete Mauer auf seinem Grundstück unverzüglich zu sichern. Die Mauer stürzt ein. Hier hat sich die Primärmaßnahme in sonstiger Weise erledigt.

Ein (angedrohtes) **Zwangsgeld** kann auch dann noch festgesetzt werden, wenn sich die Primärmaßnahme erledigt hat, da andernfalls Verstöße gegen kurz befristete Handlungsgebote sanktionslos blieben; Art. 73 Abs. 3 S. 2 PAG, der die freiwillige Befolgung betrifft, steht dem nicht entgegen.[448]

288

Beispiel:
Die Polizei untersagt einem Hooligan, am Wochenende ein Fußballspiel „seiner" Mannschaft zu besuchen und droht für den Verstoß ein Zwangsgeld iHv 200 EUR an. Er besucht das Fußballspiel trotzdem. Mit Ende des Fußballspiels hat sich die Primärmaßnahme durch Zeitablauf erledigt, ein Zwangsgeld kann gleichwohl noch festgesetzt werden.

(7) Verhältnismäßigkeit der Zwangsanwendung als solcher, Art. 4 PAG

Die Zwangsanwendung als solche muss verhältnismäßig sein (Art. 4 PAG; dazu → Rn. 254 f.). Das Übermaßverbot hat in Art. 71 Abs. 3 PAG eine **Konkretisierung** erfahren. Nach dieser Vorschrift können Zwangsmittel „auch neben einer Strafe oder Geldbuße angewandt und so lange wiederholt und gewechselt werden, bis der Verwaltungsakt befolgt worden ist oder sich auf andere Weise erledigt hat."

289

---

447 BVerfG, NVwZ 1999, 290 (292); *Buggisch*, in: BeckOK PSR, Art. 53 PAG (aF) Rn. 20; *Gallwas/Lindner/Wolff*, Rn. 592 a; *Heckmann*, in: Becker/ders./Kempen/Manssen, 3. Teil, Rn. 231 ff.; *Poscher/Rusteberg*, JuS 2012, 26 (28 f.); *Schenke*, Polizei- und Ordnungsrecht, Rn. 540; *Schmidbauer*, in: ders./Steiner, Art. 53 PAG Rn. 6; *Weber/Köppert*, Polizei- und Sicherheitsrecht, Rn. 191.
448 *Heckmann*, in: Becker/ders./Kempen/Manssen, 3. Teil, Rn. 228 f.

(8) Ordnungsgemäße Ermessensausübung hinsichtlich der Zwangsanwendung als solcher, Art. 5 PAG

290 Die Anwendung polizeilicher Zwangsmaßnahmen steht im Ermessen der Polizei (vgl. Art. 70 Abs. 1 PAG: „kann"). Dieses Ermessen hinsichtlich des „Ob" der Zwangsanwendung muss ordnungsgemäß ausgeübt worden sein (Art. 5 PAG; dazu → Rn. 249).

(9) Erforderlichkeit einer Duldungsverfügung bei Eingriffen in Rechte Dritter

291 Ein Vollstreckungshindernis liegt vor, wenn der Vollzug der Primärmaßnahme durch ihren Adressaten in Rechte Dritter eingreift und letzteren keine entsprechende Duldungspflicht auferlegt wurde.[449]

Beispiel:
Die Polizei fordert A auf, einen auf seinem Grundstück befindlichen, auf die Straße zu fallen drohenden Baum zu sichern. Der mit ihm verfeindete Nachbar untersagt das hierzu notwendige Betreten seines Grundstücks.

292 In diesem Fall kann die Polizei eine **Duldungsverfügung** gegenüber dem Nachbarn aussprechen. Diese „hat eine Doppelnatur. Sie ist ein Gestaltungsakt, der zivilrechtliche Ansprüche des Duldungspflichtigen, die einem Vollzug der Grundverfügung durch den Handlungspflichtigen entgegenstehen, ausschließt. Sie ist zugleich eine vollstreckungsfähige Anordnung, durch die dem Duldungspflichtigen untersagt wird, den Vollzug zu behindern".[450] Indes stellt die Duldungsverfügung keine Rechtmäßigkeitsvoraussetzung der Primärmaßnahme dar.[451]

bb) Besondere Vollstreckungsvoraussetzungen

(1) Androhung des Zwangsmittels, Art. 71 Abs. 2, Art. 76, 81 PAG

293 Gemäß Art. 71 Abs. 2 PAG sind Zwangsmittel „nach Maßgabe der Art. 76 und 81 anzudrohen." Die Androhung soll dem Polizeipflichtigen die Konsequenzen einer Nichtbefolgung polizeilicher Handlungs-, Duldungs- oder Unterlassungspflichten vor Augen führen, um ihn zu einem rechtstreuen Verhalten auch ohne (kostenpflichtige und uU einschneidende) Vollstreckungsmaßnahmen anzuhalten.

294 Art. 76 Abs. 1 S. 1 PAG sieht vor, dass die Zwangsmittel **Ersatzvornahme und Zwangsgeld** „möglichst schriftlich anzudrohen" sind, wobei gemäß Satz 3 eine Ausnahme vom Erfordernis der Androhung greift, „wenn die Umstände sie nicht zulassen, insbesondere wenn die sofortige Anwendung des Zwangsmittels zur Abwehr einer Gefahr notwendig ist." Sofern keine Duldung oder Unterlassung durchgesetzt werden soll, ist dem Polizeipflichtigen überdies gemäß Art. 76 Abs. 1 S. 2 PAG eine angemessene Frist zur Erfüllung seiner Verpflichtung zu setzen. Bei Fehlen der erforderlichen Fristsetzung wird teils die Nichtigkeit der Androhung angenommen.[452]

295 Die Androhung kann gemäß Art. 76 Abs. 2 PAG „mit dem Verwaltungsakt verbunden werden, durch den die Handlung, Duldung oder Unterlassung aufgegeben wird. Sie

---

449 BayVGH, NVwZ-RR 2006, 389 (389 f.); ferner NVwZ-RR 2002, 608 (609).
450 BayVGH, NVwZ-RR 2006, 389 (389); ferner NVwZ-RR 2002, 608 (609 f.).
451 BayVGH, NVwZ-RR 2006, 389 (389 f.).
452 HessVGH, NVwZ 1982, 514 (514 f.). AA *Buggisch*, in: BeckOK PSR, Art. 59 (aF) PAG Rn. 7; *Schmidbauer*, in: ders./Steiner, Art. 59 PAG Rn. 5.

soll mit ihm verbunden werden, wenn ein Rechtsmittel keine aufschiebende Wirkung hat." Des Weiteren muss sich die Androhung „auf bestimmte Zwangsmittel beziehen. Werden mehrere Zwangsmittel angedroht, ist anzugeben, in welcher Reihenfolge sie angewandt werden sollen" (Art. 76 Abs. 3 PAG). Die Androhung ist gemäß Art. 76 Abs. 6 PAG **zuzustellen**, und zwar auch dann, wenn sie mit einem Grundverwaltungsakt verbunden ist, für den keine Zustellungspflicht besteht (zur Zustellung → § 6 Rn. 4 ff.).

Bei Androhung der **Ersatzvornahme** „sollen in der Androhung die voraussichtlichen Kosten angegeben werden" (Art. 76 Abs. 4 PAG). Dies soll dem Betroffenen die finanziellen Konsequenzen einer Nichtbefolgung der Grundverfügung vor Augen führen. Fehlt die Kostenangabe, ist die Androhung grds. rechtswidrig (Soll-Regelung).[453] Ist die Kostenangabe zu niedrig im Vergleich zu den später tatsächlich entstehenden Kosten, ist der Betroffene gleichwohl zur Entrichtung letzterer verpflichtet.[454] Nichtsdestotrotz verpflichtet das Vollstreckungsverhältnis die Polizei dazu, die Kosten korrekt zu schätzen und den Polizeipflichtigen über nicht vorhersehbare Kostensteigerungen zu informieren; schuldhafte Verstöße können zu Schadensersatzpflichten führen.[455]

296

Das **Zwangsgeld** ist gemäß Art. 76 Abs. 5 PAG **in einer bestimmten Höhe anzudrohen** (näher → Rn. 302); eine Ersatzzwangshaft kommt nur bei entsprechendem Hinweis bei Androhung des Zwangsgeldes in Betracht (Art. 74 Abs. 1 S. 1 PAG). Bei der zwangsweisen Durchsetzung von **Unterlassungspflichten** darf die Androhung eines Zwangsgeldes nicht für jeden Fall der Zuwiderhandlung erfolgen, da eine derartige Anordnungsbefugnis nicht im PAG vorgesehen ist und Art. 71 Abs. 3 PAG vielmehr von der Möglichkeit einer wiederholten Anwendung und damit dem Erfordernis einer erneuten Androhung ausgeht.[456]

297

Für den besonders eingriffsintensiven **unmittelbaren Zwang** enthält Art. 81 PAG eine **Spezialregelung**. Auch hier ist eine (wenn auch nicht möglichst schriftliche) Androhung grds. erforderlich (Art. 81 Abs. 1 S. 1 PAG), die beim Schusswaffengebrauch auch durch die Abgabe eines Warnschusses erfolgen kann (Art. 81 Abs. 1 S. 3 PAG). Es genügt, wenn die Androhung die Anwendung unmittelbaren Zwangs in Aussicht stellt, ohne dass eine konkrete Erscheinungsform genannt wird.[457] Eine Ausnahme vom Erfordernis der Androhung greift, „wenn die Umstände [eine Androhung] nicht zulassen, insbesondere wenn die sofortige Anwendung des Zwangsmittels zur Abwehr einer Gefahr notwendig ist." Für den Gebrauch von Schusswaffen und Explosivmitteln gelten verschärfte Voraussetzungen; eine Anwendung ohne vorherige Androhung ist gemäß Art. 81 Abs. 2 PAG nur dann zulässig, „wenn das zur Abwehr einer gegenwärtigen Gefahr für Leib oder Leben erforderlich ist." Sonderregeln bestehen auch für

298

---

453 *Heckmann*, in: Becker/ders./Kempen/Manssen, 3. Teil, Rn. 241. AA *Weber/Köppert*, Polizei- und Sicherheitsrecht, Rn. 200.
454 *Heckmann*, in: Becker/ders./Kempen/Manssen, 3. Teil, Rn. 242.
455 *Heckmann*, in: Becker/ders./Kempen/Manssen, 3. Teil, Rn. 242.
456 Vgl. auch BVerwG, NVwZ 1998, 393 (394); BayVGH, NVwZ 1987, 512 (512); ferner *Heckmann*, in: Becker/ders./Kempen/Manssen, 3. Teil, Rn. 239.
457 BGH, MDR 1975, 1006 (1007); *Buggisch*, in: BeckOK PSR, Art. 64 (aF) PAG Rn. 9 a; *Schmidbauer*, in: ders./Steiner, Art. 64 PAG Rn. 7. AA *Graulich*, in: Lisken/Denninger, Kap. E, Rn. 892 ff.

die Anwendung unmittelbaren Zwangs gegenüber Menschenmengen (Art. 81 Abs. 3 PAG): Diese ist „möglichst so rechtzeitig anzudrohen, daß sich Unbeteiligte noch entfernen können. Der Gebrauch von Schußwaffen gegen Personen in einer Menschenmenge ist stets anzudrohen; die Androhung ist vor dem Gebrauch durch Warnschuß zu wiederholen. Beim Gebrauch von technischen Sperren und Dienstpferden kann von einer Androhung abgesehen werden."[458]

(2) Tatbestandsvoraussetzungen des jeweiligen Zwangsmittels
(a) Ersatzvornahme, Art. 72 Abs. 1 S. 1 PAG

299 Mittels der Ersatzvornahme kann die Polizei eine vom Pflichtigen nicht erfüllte Handlung selbst ausführen oder durch Dritte[459] ausführen lassen, wobei die Entscheidung für eine der beiden Alternativen im Ermessen der Polizei liegt[460].

Beispiel:
Ein Autofahrer weigert sich, sein eine Feuerwehrzufahrt blockierendes Auto zu entfernen. Die Polizei schleppt das Auto ab bzw. beauftragt einen Abschleppunternehmer mit der Entfernung des Kfz.

300 Die Ersatzvornahme setzt eine **vertretbare Handlung** voraus, mithin muss „deren Vornahme durch einen anderen möglich" sein (Art. 72 Abs. 1 S. 1 PAG). Daher scheidet eine Ersatzvornahme zur Durchsetzung polizeilicher Duldungs- oder Unterlassungsgebote aus, da diese nur vom Pflichtigen erfüllt werden können und damit unvertretbare Handlungen darstellen. Ob im Wege der Ersatzvornahme auch polizeiliche Standardbefugnisse (Art. 11 Abs. 1 Hs. 2 iVm Art. 12 ff. PAG) durchgesetzt werden können, kann nicht pauschal beurteilt werden;[461] richtigerweise muss geprüft werden, ob die im Einzelfall angeordnete Maßnahme als vertretbar angesehen werden kann.[462]

Beispiel:
Die Durchsetzung eines Platzverweises (zB Anordnung gemäß Art. 16 Abs. 1 S. 2 PAG, dass ein „Gaffer" sich vom Unfallort entfernt) ist nicht im Wege der Ersatzvornahme möglich.

301 Gemäß Art. 72 Abs. 1 S. 2 PAG muss der Handlungsverpflichtete die **Kosten** der Ersatzvornahme tragen; eine Vorauszahlungspflicht kann gemäß Art. 72 Abs. 2 PAG angeordnet werden.

(b) Zwangsgeld, Art. 73 Abs. 1 PAG, mit Annex Art. 74 PAG – Ersatzzwangshaft

302 Zur Durchsetzung **vertretbarer und unvertretbarer Handlungs-, Duldungs- und Unterlassungspflichten** (→ Rn. 283) kann die Polizei ein Zwangsgeld festsetzen. Ihm kommt Ausnahmecharakter zu, „da mit diesem Zwangsmittel die Gefahren, die die Polizei abzuwenden hat, in aller Regel nicht rechtzeitig abgewehrt werden können, so dass dieses Zwangsmittel keinen Erfolg verspricht" (Nr. 56.1 VollzBek. PAG). Gemäß

---

458 Differenzierend *Buggisch*, in: BeckOK PSR, Art. 64 (aF) PAG Rn. 20: Androhung „im Zweifelsfall rechtlich geboten", wenn „Dienstpferde ... zum aktiven Abdrängen von Störern eingesetzt [werden]".
459 Die Qualifikation des bei einer Ausführung durch Dritte bestehenden Vertragsverhältnisses (zivilrechtlich oder öffentlich-rechtlich) ist str., siehe *Buggisch*, in: BeckOK PSR, Art. 55 (aF) PAG Rn. 11, unter Verweis auf die praktische Bedeutungslosigkeit des Streits.
460 *Schmidbauer*, in: ders./Steiner, Art. 55 PAG Rn. 12. AA *Honnacker/Beinhofer/Hauser*, Art. 55 PAG, Rn. 9 f.
461 So aber (ablehnend) *Berner/Köhler/Käß*, PAG, Art. 55 Rn. 5; *Knemeyer*, Polizei- und Ordnungsrecht, Rn. 366.
462 *Buggisch*, in: BeckOK PSR, Art. 55 (aF) PAG Rn. 6; *Schmidbauer*, in: ders./Steiner, Art. 55 Rn. 6.

Art. 73 Abs. 1 PAG beträgt das Zwangsgeld mind. fünfzehn und höchstens fünftausend Euro; innerhalb dieses Rahmens „sind die Hartnäckigkeit des Betroffenen, seine finanzielle Leistungsfähigkeit und die Bedeutung der Angelegenheit zu berücksichtigen" (Nr. 56.2 VollzBek. PAG). Die **Festsetzung** hat in bestimmter Höhe (Nr. 56.3 VollzBek. PAG, vgl. auch Art. 76 Abs. 5 PAG), schriftlich (Art. 73 Abs. 1 PAG) und unter Einräumung einer angemessenen Zahlungsfrist (Art. 73 Abs. 2 PAG) zu erfolgen. Auch die Zwangsgeldfestsetzung ist gemäß Art. 73 Abs. 4 PAG kostenpflichtig. Art. 73 Abs. 3 PAG regelt die Beitreibung des Zwangsgeldes. Das Zwangsgeld kann gemäß Art. 71 Abs. 3 PAG, wie die übrigen Zwangsmittel auch, „neben einer Strafe oder Geldbuße angewandt" und wiederholt verhängt werden. Indes ist nach der Rspr. des BayVGH „[e]ine wiederholte Androhung von Zwangsgeld ... dann unzulässig, wenn nicht zu erwarten ist, daß sie zum angestrebten Erfolg führt, oder wenn die Androhung dem Pflichtigen einen größeren Nachteil zufügen würde als ein härteres Zwangsmittel".[463]

Art. 74 Abs. 1 PAG sieht eine **Ersatzzwangshaft** von einem Tag bis zu zwei Wochen bei Uneinbringlichkeit des Zwangsgeldes vor. Ihre Anordnung erfolgt durch das Verwaltungsgericht auf Antrag der Polizei (Art. 74 Abs. 1 S. 1 PAG; zur Vollstreckung Abs. 2 dieser Vorschrift). Das Zwangsgeld ist uneinbringlich, „wenn die Beitreibung des Zwangsgeldes ohne Erfolg versucht worden ist oder wenn feststeht, dass sie keinen Erfolg haben wird" (Nr. 57 VollzBek. PAG). Auf die Ersatzzwangshaft muss bei Androhung des Zwangsgeldes gemäß Art. 74 Abs. 1 S. 1 PAG hingewiesen worden sein.[464]   303

(c) Unmittelbarer Zwang, Art. 75 Abs. 1 S. 1 PAG

Art. 75 Abs. 1 S. 1 PAG ermächtigt die Polizei zur Anwendung unmittelbaren Zwangs. Nach der **Legaldefinition** des Art. 78 Abs. 1 PAG fällt hierunter „die Einwirkung auf Personen oder Sachen durch körperliche Gewalt, ihre Hilfsmittel, Waffen und Explosivmittel"; die vier zuletzt genannten Tatbestandsmerkmale sind in Art. 78 Abs. 2 ff. PAG legal definiert.   304

Beispiele:
Einsatz von Wasserwerfern zur Durchsetzung von Platzverweisen nach aufgelöster Demonstration; Schusswaffengebrauch gegen Geiselnehmer oder dessen Auto, um ihn/es zu stoppen; gewaltsames Öffnen einer Wohnungstür.

Die **Abgrenzung zur Ersatzvornahme** erfolgt danach, „ob die Polizei in gleicher Weise wie der Pflichtige vorgeht oder ob sie in einer Art und Weise gewaltsam auf die Sache einwirkt, wie dies der Betroffene nicht tun müsste". Demzufolge liegt beim gewaltsamen Eindrücken einer Tür, „die der Betroffene ohne Gewalt öffnen könnte, ... unmittelbarer Zwang vor."[465] Im Ergebnis ähnlich wird auch danach abgegrenzt, ob die   305

---

463 BayVGH, BayVBl. 1985, 501 (Ls.).
464 Ausführlich zu den Voraussetzungen einer Anordnung der Ersatzzwangshaft BayVGH, BayVBl. 2018, 522 (523 ff.).
465 BayVGH, Urt. v. 17.4.2008 – 10 B 07.219, juris, Rn. 14.

Einwirkung auf die Sache der vom Pflichtigen vorzunehmenden Handlung entspricht (zB Abschleppen eines Kfz) oder den Erfolg nur mittelbar herbeiführt.[466]

306 Art. 75 PAG regelt zunächst das „Ob" der Anwendung unmittelbaren Zwangs; er ist angesichts seiner Eingriffsintensität **subsidiär**, mithin gemäß Art. 75 Abs. 1 S. 1 PAG nur dann zulässig, „wenn andere Zwangsmittel nicht in Betracht kommen oder keinen Erfolg versprechen oder unzweckmäßig sind."[467] Unmittelbarer Zwang zur Abgabe von Erklärungen ist gemäß Art. 75 Abs. 2 PAG stets unzulässig.[468] Die **Art und Weise der Anwendung** unmittelbaren Zwangs ist angesichts seiner Eingriffsintensität in den Art. 77–86 PAG detailliert normiert (Art. 75 Abs. 1 S. 2 PAG). Auch hier finden sich vielfältige und spezifische Schranken, namentlich für die Fesselung von Personen (Art. 82 PAG), den Schusswaffengebrauch (Art. 83 ff. PAG) sowie für den Gebrauch von besonderen Waffen (Maschinengewehre) und Sprengmitteln (Art. 86 PAG). Der **Schusswaffengebrauch gegen Personen** unterliegt dabei besonders strengen Anforderungen (siehe im Einzelnen Art. 83 ff. PAG, die in der Klausur sorgfältig zu lesen sind). Er ist nicht nur gegenüber anderen Zwangsmitteln subsidiär (Art. 83 Abs. 1 S. 1 PAG), sondern auch gegenüber dem Schusswaffengebrauch gegenüber Sachen (Art. 83 Abs. 1 S. 2 PAG), weshalb etwa erst das Fluchtfahrzeug und dann der flüchtende Geiselnehmer ins Visier genommen werden darf. Art. 84 PAG normiert zulässige Einsatzkonstellationen, etwa „um eine gegenwärtige Gefahr für Leib oder Leben abzuwehren" (Art. 84 Abs. 1 Nr. 1 PAG). Beschränkungen gelten auch hinsichtlich des Ziels: Personen sind gemäß Art. 83 Abs. 2 PAG vorrangig „angriffs- oder fluchtunfähig zu machen. Ein Schuss, der mit an Sicherheit grenzender Wahrscheinlichkeit tödlich wirken wird, ist nur zulässig, wenn er das einzige Mittel zur Abwehr einer gegenwärtigen Gefahr für Leib oder Leben einer Person ist."[469] Weitere Schranken gelten beim Einsatz gegen Kinder (Art. 83 Abs. 3 PAG) sowie gegen Personen in einer Menschenmenge (Art. 85 PAG) sowie bei einer Gefährdung Unbeteiligter (Art. 83 Abs. 4 PAG).

307 Die Anwendung unmittelbaren Zwangs ist **kostenpflichtig** (Art. 75 Abs. 3 PAG).

308 Gemäß Art. 77 Abs. 2 PAG bleiben „[d]ie zivil- und strafrechtlichen Wirkungen nach den Vorschriften über **Notwehr und Notstand** … unberührt." Dies bedeutet, dass ein polizeirechtswidriger Schusswaffeneinsatz wegen der hier geltenden besonders strengen Verhältnismäßigkeitsanforderungen zivil- oder strafrechtlich als Notwehr (§ 227 BGB, § 32 StGB) gerechtfertigt sein kann.[470] Umgekehrt kann aus der zivil- oder strafrechtlichen Zulässigkeit der Anwendung unmittelbaren Zwangs wegen der differenzierten Regelung in Art. 75, 77 ff. PAG nicht auf seine Polizeirechtskonformität geschlossen werden.[471]

---

466 *Heckmann*, in: Becker/ders./Kempen/Manssen, 3. Teil, Rn. 210 ff.
467 Siehe aber BayVGH, BayVBl. 2018, 522 (524) für die Annahme unmittelbaren Zwangs als milderes Mittel gegenüber der Ersatzzwangshaft.
468 Zur Aussageerzwingung *Heckmann*, in: Becker/ders./Kempen/Manssen, 3. Teil, Rn. 256 a.
469 Sog finaler Rettungsschuss, dazu *Buggisch*, in: BeckOK PSR, Art. 66 PAG Rn. 12 ff.
470 *Gallwas/Lindner/Wolff*, Rn. 596; *Heckmann*, in: Becker/ders./Kempen/Manssen, 3. Teil, Rn. 255.
471 *Gallwas/Lindner/Wolff*, Rn. 596; *Heckmann*, in: Becker/ders./Kempen/Manssen, 3. Teil, Rn. 256; *Schenke*, Polizei- und Ordnungsrecht, Rn. 40, 562. Wohl aA *Weber/Köppert*, Polizei- und Sicherheitsrecht, Rn. 203.

VIII. Polizeiliche Sekundärmaßnahmen

(3) Verhältnismäßige Auswahl und Anwendung des Zwangsmittels, Art. 4 PAG

Auswahl und Anwendung des Zwangsmittels müssen dem Verhältnismäßigkeitsgrundsatz entsprechen (Art. 4 PAG; zu diesem → Rn. 254 f.). Kommen mehrere Zwangsmittel in Betracht und sind diese zur Gefahrenabwehr gleich geeignet, hat die Polizei dasjenige Zwangsmittel auszuwählen, das „den einzelnen und die Allgemeinheit am wenigsten beeinträchtigt" (Art. 4 Abs. 1 PAG). Art. 75 Abs. 1 S. 1 PAG normiert die Subsidiarität des unmittelbaren Zwangs; die Polizei darf ihn nur „anwenden, wenn andere Zwangsmittel nicht in Betracht kommen oder keinen Erfolg versprechen oder unzweckmäßig sind. Auch darf das Zwangsmittel „zu dem erstrebten Erfolg [nicht] erkennbar außer Verhältnis steh[en]" (Art. 4 Abs. 2 PAG). 309

(4) Ordnungsgemäße Ermessensausübung hinsichtlich der Auswahl und Anwendung des Zwangsmittels, Art. 5 PAG

Auch die Auswahl des konkreten Zwangsmittels steht im Ermessen der Polizei (vgl. die einzelnen Befugnisnormen sowie Art. 71 Abs. 3 PAG). Dieses Ermessen hinsichtlich des „Wie" der Zwangsanwendung muss ordnungsgemäß ausgeübt worden sein (Art. 5 PAG; dazu → Rn. 248 ff.). 310

3. Vollzugshilfe

a) Allgemeines

Gemäß Art. 2 Abs. 3 PAG obliegt es der Polizei, „anderen Behörden und den Gerichten Vollzugshilfe (Art. 67 bis 69)" zu leisten. Ein Fall der (behördlichen)[472] Vollzugshilfe liegt gemäß Art. 67 Abs. 1 PAG vor, „wenn unmittelbarer Zwang anzuwenden ist und die anderen Behörden nicht über die hierzu erforderlichen Dienstkräfte verfügen oder ihre Maßnahmen nicht auf andere Weise selbst durchsetzen können." Nachdem es sich um eine **Maßnahme der Vollstreckung handelt,** setzt die Vollzugshilfe das Vorliegen eines zu vollstreckenden Verwaltungsaktes einer anderen Behörde voraus (näher zur Prüfung von Maßnahmen der Vollzugshilfe → Rn. 313 ff.). Die Subsidiaritätsklausel ist erfüllt, wenn die andere Behörde „aus rechtlichen Gründen unmittelbaren Zwang nicht selbst anwenden kann, über die hierzu erforderlichen Dienstkräfte nicht verfügt oder ihre Maßnahme nicht auf andere Weise (zB Ersatzvornahme, Zwangsgeld) rechtzeitig selbst durchsetzen kann" (Nr. 50.6 VollzBek. PAG). Auch darf „eine andere Behörde die Hilfe [nicht] wesentlich einfacher oder mit wesentlich geringerem Aufwand leisten" können (Art. 67 Abs. 3 PAG iVm Art. 5 Abs. 3 Nr. 1 BayVwVfG). 311

Beispiel:
Ein Schulleiter hat A ein Hausverbot erteilt, das A nicht beachtet; der Schulleiter ruft die Polizei, um A vom Schulgelände entfernen zu lassen.

Aufgrund der indikativen Formulierung des Art. 67 Abs. 1 PAG ist die **Polizei zur Vollzugshilfe verpflichtet,** sie verfügt mithin über kein Entschließungsermessen (→ Rn. 249). Die Polizei darf eine Unterstützung namentlich nicht deshalb ablehnen, 312

---

[472] Zur Vollzugshilfe im Bereich der Justiz (Justizhilfe) Art. 67 Abs. 2 PAG: „Soweit Dienstkräfte der Justizverwaltung nicht oder nicht ausreichend zur Verfügung stehen, führt die Polizei Personen dem Gericht oder der Staatsanwaltschaft vor und unterstützt die Gerichtsvorsitzenden bei der Aufrechterhaltung der Ordnung in der Sitzung."

weil sie sie für unzweckmäßig erachtet (Art. 67 Abs. 3 PAG iVm Art. 5 Abs. 4 BayVwVfG), wohl aber, wenn die Vollzugshilfe die „Erfüllung ihrer eigenen Aufgaben ernstlich gefährden würde" (Art. 67 Abs. 3 PAG iVm Art. 5 Abs. 3 Nr. 3 BayVwVfG).

b) Abgrenzungsfragen

313   Die Vollzugshilfe ist von verschiedenen sonstigen Formen der Unterstützung anderer Behörden durch die Polizei abzugrenzen. Generell gehen **Spezialzuweisungen** in anderen Gesetzen der Vollzugshilfe gemäß Art. 2 Abs. 4 PAG vor, so die (unselbstständige) **Vollstreckungshilfe** (→ Rn. 315), die Vorführung gemäß Art. 15 Abs. 1 S. 3 BayPsychKHG oder die Gefahrbeseitigung durch die Polizei gemäß Art. 7 Abs. 3 LStVG.

314   Für das Verhältnis zur **Amtshilfe** (Art. 4 ff. BayVwVfG), die allen Behörden obliegt und in Unterstützungshandlungen aller Art bestehen kann, gilt: Liegt der Tatbestand der Vollzugshilfe vor, ist ein Amtshilfefall gemäß Art. 4 Abs. 2 Nr. 2 BayVwVfG ausgeschlossen, da die Vollzugshilfe eine eigene Aufgabe der Polizei darstellt (vgl. Art. 2 Abs. 3 PAG). Ebenso scheidet Vollzugshilfe im Fall einer **Weisung** gemäß Art. 9 Abs. 2 POG, Art. 10 S. 2 LStVG aus (→ Rn. 26), da dann die Polizei eine eigene Primärmaßnahme ergreift, die sie ggf. durch Vollstreckungsmaßnahmen durchsetzt (Art. 67 Abs. 3 PAG iVm Art. 4 Abs. 2 Nr. 1 BayVwVfG). Maßgeblich für die Abgrenzung ist mithin die Frage, ob die andere Behörde eine eigene Primärmaßnahme erlassen hat (Vollzugshilfe) oder nicht (Weisung).[473] Weisungen der Sicherheitsbehörden gehen im Übrigen gemäß Art. 68 Abs. 3 S. 2 PAG Vollzugshilfeersuchen anderer Behörden vor, sind also vorrangig zu erledigen.

Beispiel:
Der Landrat ruft die Polizei, da sich im Landratsamt Personen befinden, die sich des Hausfriedensbruchs (§ 123 StGB) strafbar gemacht haben; ein Hausverbot spricht der Landrat indes nicht aus.

315   Abzugrenzen ist die (selbstständige) Vollzugshilfe von der (unselbstständigen) **Vollstreckungshilfe** gemäß Art. 2 Abs. 4 PAG iVm Art. 37 Abs. 2 VwZVG (für Bundesbehörden § 15 Abs. 2 S. 2 VwVG). Letzterer bestimmt: „Soweit zur Anwendung unmittelbaren Zwangs die Heranziehung von Polizeibeamten erforderlich ist, hat die örtlich zuständige Polizeidienststelle auf Ersuchen der Vollstreckungsbehörde Hilfe zu leisten." Die Vollstreckungshilfe betrifft den Fall, dass die Polizei einer anderen Behörde im Rahmen einer bereits begonnenen Zwangsanwendung zur Hilfe kommt, weil die eigenen Kräfte nicht ausreichen, etwa im Fall besonderen Widerstands.[474] Teile des Schrifttums sehen überdies die Vollstreckungshilfe als die Vollzugshilfe ausschließende anderweitige Durchsetzungsmöglichkeit im Sinne des Art. 67 Abs. 1 PAG, so dass ein Vorrang der ersteren besteht; dies beträfe den oben (→ Rn. 311) erwähnten Fall des Schulleiters.[475]

---

473   *Heckmann*, in: Becker/ders./Kempen/Manssen, 3. Teil, Rn. 59.
474   *Heckmann*, in: Becker/ders./Kempen/Manssen, 3. Teil, Rn. 57 f.
475   *Weber/Köppert*, Polizei- und Sicherheitsrecht, Rn. 67 f.

Schließlich kann die Polizei anderen Behörden **Schutz bei** deren **Vollstreckungshandlungen** gewähren. Hierbei handelt es sich um die Erfüllung einer eigenen Aufgabe der Polizei (Schutz der Funktionsfähigkeit staatlicher Einrichtungen als Aspekt der öffentlichen Sicherheit gemäß Art. 2 Abs. 1 PAG).[476]   316

4. Durchsetzung ohne vorausgehende Primärmaßnahme: unmittelbare Ausführung und Sofortvollzug

Wie bereits einleitend skizziert (→ Rn. 260 ff.) kann eine Anwendung polizeilichen Zwanges auch ohne vorherigen Erlass einer Primärmaßnahme notwendig sein, weil der **polizeipflichtige Adressat** für eine solche **nicht oder nicht rechtzeitig greifbar oder ansprechbar** bzw. nicht in der Lage oder willens ist, die Gefahr zu beseitigen.   317

Beispiel:
Nach einem Sturm droht ein 15 m hoher Mammutbaum auf dem Grundstück des A, auf eine vielbefahrene Straße zu stürzen. Ist A anwesend, kann die Polizei ihn zu Sicherungsmaßnahmen auffordern (Primärmaßnahme) und bei Nichtbefolgung diese zwangsweise durchsetzen (Sekundärmaßnahme). Ist A nicht anwesend, weil er in Urlaub ist, oder handlungsunfähig, da betrunken, kann die Polizei mangels greifbaren Adressaten keine Primärmaßnahme erlassen. Auch dann muss freilich eine Gefahrenbeseitigung möglich sein.

Eine einstufige Zwangsanwendung kommt des Weiteren in Betracht, wenn ein zweistufiges Vorgehen die effektive Gefahrenabwehr gefährdet (zB Notwendigkeit eines überraschenden Zugriffs auf den Geiselnehmer).[477]   318

In diesen Konstellationen kommen der **Sofortvollzug** gemäß Art. 70 Abs. 2 PAG (a) und die **unmittelbare Ausführung** gemäß Art. 9 PAG (b) in Betracht, die voneinander abzugrenzen sind.   319

Hinweis:
Obgleich nur der Sofortvollzug dem polizeilichen Zwang zugeordnet ist, sei hier wegen des inhaltlichen Gleichlaufs möglicher Maßnahmen vereinfachend von einer einstufigen Zwangsanwendung die Rede.

a) Sofortvollzug, Art. 70 Abs. 2 PAG

Der **Sofortvollzug** gemäß Art. 70 Abs. 2 PAG ermöglicht eine Zwangsanwendung „ohne vorausgehenden Verwaltungsakt ..., wenn das zur Abwehr einer Gefahr notwendig ist, insbesondere weil Maßnahmen gegen Personen nach den Art. 7 bis 10 nicht oder nicht rechtzeitig möglich sind oder keinen Erfolg versprechen, und die Polizei hierbei innerhalb ihrer Befugnisse handelt." Zu prüfen sind mithin folgende Punkte: 320
I. Rechtsgrundlage: Art. 70 Abs. 2 PAG
   Hier: Abgrenzung zur unmittelbaren Ausführung gemäß Art. 9 PAG
II. Formelle Rechtmäßigkeit (wie bei Vollstreckungsmaßnahmen; → Rn. 276 ff.)

---

476 *Fischl*, in: BeckOK PSR, Art. 50 PAG (aF) Rn. 30; ferner *Gallwas/Lindner/Wolff*, Rn. 399.
477 *Heckmann*, in: Becker/ders./Kempen/Manssen, 3. Teil, Rn. 268 ff. Vgl. auch *Lindner*, in: BeckOK PSR, Art. 9 PAG Rn. 24 ff.

III. Materielle Rechtmäßigkeit
1. Allgemeine (Vollstreckungs-)Voraussetzungen
   a) Notwendigkeit des Sofortvollzugs zur Gefahrenabwehr, „insbesondere weil Maßnahmen gegen Personen nach den Art. 7 bis 10 nicht oder nicht rechtzeitig möglich sind oder keinen Erfolg versprechen"
   b) Rechtmäßigkeit einer hypothetischen Primärmaßnahme (Handeln der Polizei „innerhalb ihrer Befugnisse") ⇔ anders als bei der zweistufigen Vollstreckung (→ Rn. 285) gilt hier der Konnexitätsgrundsatz!
2. Vorliegen der besonderen Vollstreckungsvoraussetzungen (→ Rn. 293 ff.)

b) Unmittelbare Ausführung, Art. 9 PAG

321 Nach Art. 9 Abs. 1 S. 1 PAG kann die Polizei „eine Maßnahme selbst oder durch einen Beauftragten ausführen, wenn der Zweck der Maßnahme durch Inanspruchnahme der nach den Art. 7 oder 8 Verantwortlichen nicht oder nicht rechtzeitig erreicht werden kann." Folgende Punkte sind zu prüfen:
I. Rechtsgrundlage: Art. 9 PAG
   Hier: Abgrenzung zum Sofortvollzug gemäß Art. 70 Abs. 2 PAG (→ Rn. 324 ff.)
II. Formelle Rechtmäßigkeit
III. Materielle Rechtmäßigkeit
1. Rechtmäßigkeit einer fiktiven Grundverfügung (→ Rn. 29 ff.)
2. Vorliegen einer vertretbaren Handlung (→ Rn. 300 f.; arg. sonst keine Ausführung anstelle des Verantwortlichen möglich)
3. Der Zweck der Maßnahme kann durch Inanspruchnahme der nach den Art. 7 oder 8 Verantwortlichen nicht oder nicht rechtzeitig erreicht werden (Art. 9 Abs. 1 S. 1 PAG)[478]

322 Nachdem es sich bei der unmittelbaren Ausführung nicht um eine Vollstreckungsmaßnahme handelt, sind die **Voraussetzungen der Art. 70 ff. PAG nicht zu prüfen**, obgleich die unmittelbare Ausführung im Ergebnis einer Ersatzvornahme gleichkommen kann.

Beispiel:
Nach einem Sturm droht ein 15 m hoher Mammutbaum auf dem Grundstück des A, auf eine vielbefahrene Straße zu stürzen. A ist in Urlaub, weshalb die Polizei den Baum selbst sichert.

323 Art. 9 Abs. 1 S. 2 PAG verlangt, den von der Maßnahme Betroffenen unverzüglich zu unterrichten. Eine unterbliebene Unterrichtung führt nicht zur Rechtswidrigkeit der unmittelbaren Ausführung (Ordnungsvorschrift).[479] Überdies besteht eine Kostentragungspflicht des Betroffenen gemäß Art. 9 Abs. 2 PAG. Die unmittelbare Ausführung ist als **Realakt** zu qualifizieren, da mangels Adressaten keine Regelung getroffen werden kann.[480] Nach anderer, einen Verwaltungsakt annehmender Auffassung hilft über dieses Defizit die gemäß Art. 9 Abs. 1 S. 2 PAG erforderliche Unterrichtung hinweg, die eine Spezialregelung der Bekanntgabe darstelle.[481]

c) Abgrenzung von Sofortvollzug und unmittelbarer Ausführung

324 Der weitgehend überschneidende Anwendungsbereich von Sofortvollzug und unmittelbarer Ausführung sowie die Parallelität möglicher Maßnahmen wirft die Frage

---

[478] Im Einzelnen *Lindner*, in: BeckOK PSR, Art. 9 PAG Rn. 24 ff.
[479] *Heckmann*, in: Becker/ders./Kempen/Manssen, 3. Teil, Rn. 276; *Lindner*, in: BeckOK PSR, Art. 9 PAG Rn. 56.
[480] *Heckmann*, in: Becker/ders./Kempen/Manssen, 3. Teil, Rn. 278; *Lindner*, in: BeckOK PSR, Art. 9 PAG Rn. 48 f.; *Schenke*, Polizei- und Ordnungsrecht, Rn. 566 f.
[481] *Köhler*, BayVBl. 1999, 582 (583 f.); *Weber/Köppert*, Polizei- und Sicherheitsrecht, Rn. 211.

nach der Abgrenzung der beiden Rechtsinstitute auf – eine Frage, die sich im Übrigen nur in den Bundesländern stellt, die wie Bayern beide Rechtsinstitute vorsehen[482].

Eindeutig zuzuordnen sind zunächst die Fälle, in denen eine unmittelbare Ausführung tatbestandlich ausscheidet.[483] Dies betrifft zum einen Situationen, in denen **unvertretbare Handlungen** infrage stehen. 325

Beispiel:
Nach Auflösung einer Versammlung gemäß Art. 15 Abs. 4 BayVersG bleibt ein handlungsunfähig Betrunkener auf der Straße liegen, der nicht Adressat eines Platzverweises gemäß Art. 16 Abs. 1 S. 1 PAG, Art. 5 Abs. 3 BayVersG sein kann. Das Fortbewegen stellt eine unvertretbare Handlung dar, so dass nur ein Sofortvollzug gemäß Art. 70 Abs. 2 PAG in Betracht kommt.

Zum anderen deckt Art. 9 Abs. 1 S. 1 PAG ausweislich seines Wortlautes kein Einschreiten gegen nicht verantwortliche Personen gemäß Art. 10 PAG (→ Rn. 237 ff.), da er auf diesen keinen Bezug nimmt.[484] 326

Beispiel:
Um sich einen Überblick über die Lage bei einer Geiselnahme zu verschaffen, die sich auf einem öffentlichen Platz abspielt, muss die Polizei das Dach des Hauses des A betreten, der sich im Urlaub befindet und nicht erreichbar ist.

Im Übrigen ist nach der **Willensrichtung des Betroffenen** zu differenzieren.[485] Nachdem der Sofortvollzug eine Vollstreckungsmaßnahme darstellt und eine solche auf eine Brechung des Willens des Polizeipflichtigen zielt, ist der Sofortvollzug einschlägig, wenn die ergriffene Maßnahme dem (ausdrücklichen oder mutmaßlichen) Willen des Betroffenen widerspricht. Die unmittelbare Ausführung greift demgegenüber bei einem Handeln in Einklang mit dem (ausdrücklichen oder mutmaßlichen) Willen des Betroffenen. Eine andere Auffassung geht von einem generellen Vorrang der unmittelbaren Ausführung in ihrem Anwendungsbereich aus und begründet dies mit der in Art. 70 Abs. 2 PAG zum Ausdruck kommenden Subsidiarität des Sofortvollzugs gegenüber der unmittelbaren Ausführung („Maßnahmen gegen Personen nach den Art. 7 bis 10 nicht oder nicht rechtzeitig möglich").[486] 327

Exkurs:
Hinsichtlich der Vollstreckung in **Abschleppfällen**[487] (zur Primärebene → Rn. 191 ff.) ist zunächst entscheidend, ob sich der Fahrzeugführer vor Ort befindet. Ist dies der Fall, erfolgt bei Nichtbefolgung des Wegfahrgebots auf Sekundärebene eine Ersatzvornahme nach Art. 70 Abs. 1, Art. 72 Abs. 1 S. 1 PAG. Ist der Fahrzeugführer nicht anwesend, muss in einem **ersten Schritt** die Rechtsgrundlage der polizeilichen Abschleppmaßnahme bestimmt werden. Hierbei ist zunächst zu klären, ob der in Frage stehende Abschleppvorgang als Sicherstellung zu qualifizieren ist; andernfalls wäre das Wegfahrgebot auf die polizeiliche Generalklausel zu stützen (→ Rn. 191 ff.). Nimmt

---

482 Anders etwa Baden-Württemberg (nur unmittelbare Ausführung, § 8 Abs. 1 PolG BW) oder Nordrhein-Westfalen (nur Sofortvollzug, § 50 Abs. 2 PolG NRW). Kritisch zur parallelen Normierung *Schoch*, JuS 1995, 307 (312).
483 Vgl. auch *Heckmann*, in: Becker/ders./Kempen/Manssen, 3. Teil, Rn. 283 ff.; *Weber/Köppert*, Polizei- und Sicherheitsrecht, Rn. 208 f.
484 Siehe aber auch *Lindner*, in: BeckOK PSR, Art. 9 PAG Rn. 32 ff.
485 So auch *Weber/Köppert*, Polizei- und Sicherheitsrecht, Rn. 210. Für eine generelle Differenzierung nach der Willensrichtung *Buggisch*, in: BeckOK PSR, Art. 53 PAG (aF) Rn. 23; *Lindner*, in: BeckOK PSR, Art. 9 PAG Rn. 14 ff.; *Schenke*, Polizei- und Ordnungsrecht, Rn. 564.
486 *Heckmann*, in: Becker/ders./Kempen/Manssen, 3. Teil, Rn. 282 ff.; *Poscher/Rusteberg*, JuS 2012, 26 (29).
487 Siehe auch *Weber/Köppert*, Polizei- und Sicherheitsrecht, Rn. 250 ff.

man eine Sicherstellung an, stellt sich sodann die Frage, ob Art. 25 Abs. 1 PAG eine Ausführungsermächtigung enthält (→ Rn. 267); bejaht man dies, deckt diese Befugnisnorm auch das Wegschaffen des Fahrzeugs und ist die Rechtmäßigkeit einer einheitlichen Primärmaßnahme (Durchführung der Sicherstellung) zu prüfen.[488] Lehnt man demgegenüber die Figur der Ausführungsermächtigung ab oder bejaht man die Einschlägigkeit der polizeilichen Generalklausel, ist in einem **zweiten Schritt** zwischen dem Sofortvollzug gemäß Art. 70 Abs. 2 PAG und der unmittelbaren Ausführung gemäß Art. 9 Abs. 1 PAG abzugrenzen. Auf der Basis der hier befürworteten Abgrenzung anhand des mutmaßlichen Willens des Nichtanwesenden liegt regelmäßig eine unmittelbare Ausführung vor, weil im Zweifel ein Wille zu rechtstreuem Verhalten auf Seiten des Bürgers anzunehmen ist;[489] zum selben Ergebnis gelangt übrigens auch die Auffassung, die von einem generellen Vorrang der unmittelbaren Ausführung ausgeht. In einem abschließenden **dritten Schritt** muss die Rechtmäßigkeit der auf der ermittelten Grundlage ergangenen Maßnahme geprüft werden (→ Rn. 273 ff.), wobei sich insbesondere Fragen der Verhältnismäßigkeit, beispielsweise die angemessene Länge der Wartezeit vor Einleitung des Abschleppvorgangs, stellen (→ Rn. 309; siehe aber auch → Rn. 350).

IX. Tertiärebene: Kostenpflicht und Entschädigungsansprüche

328 Die Tertiärebene betrifft die Fragen, ob und inwieweit polizeipflichtige Personen die Kosten polizeilicher Maßnahmen zu tragen haben (→ Rn. 329 ff.) und ob und inwieweit Entschädigungsansprüche bestehen, sollte das polizeiliche Handeln Schäden oder sonstige Einbußen bei polizeipflichtigen Personen oder Dritten verursachen (→ Rn. 351 ff.).

1. Kostenpflichtigkeit polizeilichen Handelns

329 Bereits als Steuerzahler trägt der Bürger zum Staatshaushalt bei, aus dem die Erfüllung der staatlichen Aufgaben einschließlich der Tätigkeit der Polizei finanziert wird. Eine darüber hinausgehende Heranziehung als Kostenschuldner bedarf, gerade auch vor dem Hintergrund des allgemeinen Gleichheitssatzes, einer besonderen Rechtfertigung, wobei dem Gesetzgeber ein weiter Gestaltungsspielraum zukommt.[490] Vor diesem Hintergrund prägt das Polizeirecht der **Grundsatz der Kostenfreiheit** (Art. 3 Abs. 1 S. 1 Nr. 10 S. 1 KG), der indes Ausnahmen kennt (namentlich Art. 3 Abs. 1 S. 1 Nr. 10 S. 2 und Abs. 3 KG; Art. 93 S. 1 PAG iVm Spezialregelung im PAG; → Rn. 332 ff.).

a) Rechtsnatur und Rechtsschutz

330 Der Kostenbescheid stellt einen **Verwaltungsakt** im Sinne des Art. 35 S. 1 BayVwVfG dar, dessen Aufhebung mit der Anfechtungsklage (§ 42 Abs. 1 1. Alt. VwGO) erreicht werden kann. Klausurrelevant ist, dass **keine Erledigung mit Zahlung** (Art. 43 Abs. 2 BayVwVfG) eintritt (womit die Anfechtungsklage unstatthaft und Rechtsschutz über die Fortsetzungsfeststellungsklage zu suchen wäre), da der Kostenbescheid den Rechtsgrund für die Zahlung (und damit das Behalten-Dürfen des Geldes durch den Staat) darstellt. Bei erfolgter Zahlung ist zusätzlich zur Anfechtungsklage ein **Annexantrag auf Rückzahlung gemäß § 113 Abs. 1 S. 2 VwGO** zu stellen. Es ist sowohl eine isolierte Anfechtung der Kostenentscheidung als auch eine Anfechtung zusammen mit

---

[488] Vgl. *Schmidbauer*, in: ders./Steiner, Art. 25 Rn. 72 ff.
[489] *Denninger*, in: Lisken/ders., Kap. D, Rn. 160.
[490] Siehe nur F. *Wollenschläger*, in: v. Mangoldt/Klein/Starck, GG, Art. 3 Rn. 223 ff.; ferner *Unterreitmeier*, in: BeckOK PSR, Art. 76 PAG (aF) Rn. 12.1, 17.1 f.

der Primärmaßnahme möglich (vgl. auch Art. 12 Abs. 3 KG). Umstritten ist, ob die **aufschiebende Wirkung** der Anfechtungsklage (§ 80 Abs. 1 VwGO) gemäß § 80 Abs. 2 S. 1 Nr. 1 VwGO (Anforderung von öffentlichen Abgaben und Kosten) entfällt.[491] Zur Herstellung der Vollstreckungsfähigkeit (Art. 23 Abs. 1 Nr. 1 VwZVG) ist eine Zustellung erforderlich (Art. 1 Abs. 5 2. Alt. VwZVG); die Vollstreckung richtet sich nach Art. 18 ff., 23 ff. VwZVG (näher → § 6 Rn. 34 ff., 85 ff.).

b) Prüfungsschema

Schema: Rechtmäßigkeit eines polizeilichen Kostenbescheids   331

I. Rechtsgrundlage
  1. Grundsatz der Kostenfreiheit, Art. 3 Abs. 1 S. 1 Nr. 10 S. 1 KG
  2. Ausnahmen
    a) Besondere Veranlassung, Art. 3 Abs. 1 S. 1 Nr. 10 S. 2 und Art. 3 Abs. 3 KG
    b) Art. 93 S. 1 PAG iVm Spezialregelung im PAG
    c) Weitere Spezialregelungen
II. Formelle Rechtmäßigkeit
  1. Zuständigkeit, Art. 1 Abs. 1 S. 1 KG
  2. Verfahren
  3. Form
III. Materielle Rechtmäßigkeit
  1. Kostenpflichtige Amtshandlung
  2. Rechtmäßigkeit der Amtshandlung (Konnexitätsgrundsatz)
  3. Kostenart und Kostenhöhe
  4. Kostenschuldner
  5. Absehen aus Billigkeitsgründen, Art. 3 Abs. 1 S. 1 Nr. 10 S. 3 KG; Art. 93 S. 5 PAG
  6. Kein Erlöschen, Art. 71 BayAGBGB

c) Rechtsgrundlage

Als belastender, nämlich in die allgemeine Handlungsfreiheit (Art. 2 Abs. 1 GG)[492]   332
eingreifender Verwaltungsakt bedarf der Kostenbescheid nach dem Grundsatz des Vorbehalts des Gesetzes einer Rechtsgrundlage. Als solche kommen die Ausnahmetatbestände vom Grundsatz der Kostenfreiheit polizeilichen Handelns (Art. 3 Abs. 1 S. 1 Nr. 10 S. 1 KG) in Betracht.

Zu nennen ist zunächst **Art. 3 Abs. 1 S. 1 Nr. 10 S. 2 KG**, der folgende Tatbestände[493]   333
vorsieht:

a) Soweit Amtshandlungen beantragt oder sonst veranlaßt sind und nicht überwiegend im öffentlichen Interesse vorgenommen werden, sind die Amtshandlungen kostenpflichtig;

---

491 **Bejahend** (arg. Wortlaut; Ziel der unverzüglichen Begleichung öffentlicher Geldforderungen) BayVGH, NVwZ-RR 1994, 471 (471 f.); NVwZ-RR 2006, 305 (305); *Unterreitmeier*, in: BeckOK PSR, Art. 76 PAG (aF) Rn. 73 ff. (uU Nr. 2, wenn mit entsprechender Maßnahme verbunden). **Verneinend** BayVGH, NVwZ-RR 2009, 787 (788) – arg. Gebot einer restriktiven Auslegung als Ausnahme zu § 80 Abs. 1 VwGO; keine Erhebung zur Deckung des öffentlichen Finanzbedarfs und nach festen Sätzen, sondern Grund und Höhe einzelfallabhängig; BayVGH, Beschl. v. 18.8.2011 – 4 CS 11.504, juris, Rn. 7; *Heckmann*, in: Becker/ders./Kempen/Manssen, 3. Teil, Rn. 436.
492 Zur Nicht-Einschlägigkeit des Art. 14 GG bei der Auferlegung von Abgabenpflichten *F. Wollenschläger*, in: Schmidt/ders., § 2, Rn. 74.
493 Näher *Unterreitmeier*, in: BeckOK PSR, Art. 76 PAG (aF) Rn. 10.1 ff., 22 ff.

b) Kosten werden auch erhoben für Einsätze der Polizei aufgrund des Alarms einer Überfall- und Einbruchmeldeanlage; derartige Einsätze bleiben aber kostenfrei, wenn der Betreiber der Anlage nachweist, daß kein Falschalarm vorlag;
c) Kosten werden ferner erhoben für Einsätze der Polizei, die durch eine vorsätzliche oder grob fahrlässige Falschalarmierung oder eine vorgetäuschte Gefahr oder Straftat veranlasst wurden;
d) Kosten werden zudem erhoben für Einsätze von Hubschraubern der Polizei zur Suche und Rettung von Personen, sofern die Gefahr von diesen vorsätzlich oder grob fahrlässig veranlasst wurde.

334 Ergänzend sei auf **Art. 3 Abs. 3 KG** verwiesen, nach dem „[a]uch bei Kostenfreiheit nach Absatz 1 ... Auslagen im Sinn des Art. 10 Abs. 1, die durch unbegründete Einwendungen Beteiligter oder durch Verschulden Beteiligter oder Dritter entstanden sind, diesen auferlegt werden [können]." Hierunter fallen etwa die Auslagen für eine „Sonderreinigung" der Arrestzelle, die notwendig war, weil der Betroffene „während der Gewahrsamnahme seinen Kopf mehrfach gegen die Gitterstäbe der Arrestzelle geschlagen, sich hierbei selbst verletzt und dadurch den Zellenbereich mit Blut verunreinigt" hat.[494]

335 Darüber hinaus sieht das **PAG** selbst Ausnahmetatbestände vor (Art. 93 S. 1 PAG iVm Spezialregelung),[495] und zwar für
- die unmittelbare Ausführung (Art. 9 Abs. 2 PAG);
- die Sicherstellung, Verwertung, Unbrauchbarmachung und Vernichtung (Art. 28 Abs. 5 S. 1 PAG);
- die Ersatzvornahme (Art. 72 Abs. 1 S. 2 PAG);
- die Festsetzung des Zwangsgeldes (Art. 73 Abs. 4 S. 1 PAG);
- die Anwendung unmittelbaren Zwangs (Art. 75 Abs. 3 S. 1 PAG);
- die Androhung von Zwangsmitteln mit Rückausnahmen (Art. 76 Abs. 7 PAG).

336 Weitere Kostentragungspflichten bestehen im Rahmen der **Amts- und Vollzugshilfe** (nur) für besondere Aufwendungen (Art. 8 Abs. 1 BayVwVfG)[496] sowie aufgrund weiterer Spezialregeln, etwa gemäß § 66 Abs. 1 AufenthG ua für Abschiebungen.[497] Ein Kostenerstattungsanspruch aus Geschäftsführung ohne Auftrag scheidet wegen der Spezialität der Regeln über die unmittelbare Ausführung und die Ersatzvornahme aus.[498] Das Kostengesetz findet keine Anwendung auf **Maßnahmen im repressiven Bereich**.[499]

---

[494] BayVGH, Beschl. v. 11.5.2015 – 10 C 14.2739, juris, Rn. 5. Näher *Unterreitmeier*, in: BeckOK PSR, Art. 76 PAG (aF) Rn. 41, 41.1.
[495] Näher erläuternd *Heckmann*, in: Becker/ders./Kempen/Manssen, 3. Teil, Rn. 431 ff.
[496] Dazu *Unterreitmeier*, in: BeckOK PSR, Art. 76 PAG (aF) Rn. 44, 44.1.
[497] Im Überblick zu den Spezialregeln *Unterreitmeier*, in: BeckOK PSR, Art. 76 PAG (aF) Rn. 45 ff.
[498] BGHZ 156, 394 (Ls. 1, S. 398 ff.); *Unterreitmeier*, in: BeckOK PSR, Art. 76 PAG (aF) Rn. 50.
[499] Näher *Unterreitmeier*, in: BeckOK PSR, Art. 76 PAG (aF) Rn. 19, 42 f. Zur Kostenpflicht bei Gemengelagen (→ Rn. 90) siehe *Schmidbauer*, in: ders./Steiner, Art. 58 PAG Rn. 20.

d) Formelle Rechtmäßigkeit

Gemäß Art. 1 Abs. 1 S. 1 KG ist die Behörde für den Erlass des Kostenbescheids zuständig, die die kostenpflichtige Amtshandlung vorgenommen hat. Eine Anhörung ist gemäß Art. 28 Abs. 1 BayVwVfG grds. erforderlich (beachte die Heilungsmöglichkeit gemäß Art. 45 Abs. 1 Nr. 3, Abs. 2 BayVwVfG und die Unbeachtlichkeitsregel des Art. 46 BayVwVfG); besondere Formvorschriften greifen nicht. 337

e) Materielle Rechtmäßigkeit

Hinweis: 338
Die Kostenerhebung steht nicht im Ermessen der Polizei (vgl. etwa Art. 75 Abs. 3 S. 1 PAG: „Für die Anwendung unmittelbaren Zwangs werden Kosten erhoben."). Spielraum besteht freilich bei der Festsetzung der Gebührenhöhe (→ Rn. 346 f.), bei der Auswahl des richtigen unter mehreren Kostenschuldnern (→ Rn. 349) und aufgrund der Möglichkeit, von der Erhebung von Kosten aus Billigkeitsgründen gemäß Art. 3 Abs. 1 S. 1 Nr. 10 S. 3 KG bzw. Art. 93 S. 5 PAG abzusehen (→ Rn. 350).

aa) Kostenpflichtige Amtshandlung

Zunächst muss ein Kostentatbestand erfüllt sein, mithin eine kostenpflichtige Amtshandlung vorliegen (dazu bereits im Kontext der Rechtsgrundlage → Rn. 332 ff.). Gemäß Art. 72 Abs. 2 S. 1 PAG kann jedoch die Zahlung von Kosten vor Durchführung einer Ersatzvornahme verlangt werden.[500] 339

bb) Rechtmäßigkeit der Amtshandlung (Konnexitätsgrundsatz)

Für die Kostenerhebung gilt der **Grundsatz der Konnexität**, dh eine Kostentragungspflicht besteht nur bei rechtmäßigen Amtshandlungen.[501] Dies folgt aus dem Rechtsstaatsprinzip und dem Verhältnismäßigkeitsgrundsatz und findet auch eine Stütze in Art. 16 Abs. 5 1. Alt. KG, wonach keine Pflicht zur Tragung von Kosten besteht, „die bei richtiger Sachbehandlung durch die Behörde nicht entstanden wären".[502] Umstritten ist, ob eine Ausnahme bei Verfahrensfehlern, die nicht für die Kostenentstehung kausal sind, greift.[503] 340

Klausurhinweis:
Kommt es auf die Rechtmäßigkeit der polizeilichen Maßnahme für die Rechtmäßigkeit des Kostenbescheids an, hat in der Klausur an dieser Stelle eine (meist umfangreiche) Inzidentprüfung dieser Maßnahme zu erfolgen.

Überdies ist zu beachten, dass nicht jede auf Primär- oder Sekundärebene als rechtmäßig zu qualifizierende Maßnahme auch eine Kostentragungspflicht rechtfertigt. Dies 341

---

500 Zu Fragen des Rechtsschutzes gegen die Kostenerhebung während und nach der Durchführung der Ersatzvornahme, namentlich zur Einschlägigkeit des Art. 21 a VwZVG, siehe *Buggisch*, in: BeckOK PSR, Art. 55 (aF) PAG Rn. 17; *Schmidbauer*, in: ders./Steiner, Art. 55 PAG Rn. 21.
501 *Heckmann*, in: Becker/ders./Manssen, 3. Teil, Rn. 423; *Poscher/Rusteberg*, JuS 2012, 26 (31 f.) – differenzierend für VA; *Unterreitmeier*, in: BeckOK PSR, Art. 76 PAG (aF) Rn. 72; *Weber/Köppert*, Polizei- und Sicherheitsrecht, Rn. 225. Zur Geltung auch im Kontext der Ingewahrsamnahme, obgleich hier die Möglichkeit einer Feststellungsklage gemäß Art. 18 Abs. 2 PAG besteht BVerfG, NVwZ 2010, 1482 (1482 ff.); *Grünewald*, in: BeckOK PSR, Art. 17 PAG Rn. 90.
502 Vgl. BayVGH, Urt. v. 4.7.2008 – 10 B 07.219, juris, Rn. 16; *Heckmann*, in: Becker/ders./Kempen/Manssen, 3. Teil, Rn. 423; *Weber/Köppert*, Polizei- und Sicherheitsrecht, Rn. 225.
503 So *Heckmann*, in: Becker/ders./Kempen/Manssen, 3. Teil, Rn. 427; *Schmidbauer*, in: ders./Steiner, Art. 55 PAG Rn. 15 (im Rahmen der Ersatzvornahme). AA *Schoch*, JuS 1995, 504 (507 ff.).

spielt für Vollstreckungsmaßnahmen und Fälle der Anscheinsgefahr und des Gefahrenverdachts eine Rolle.

342 **Vollstreckungsmaßnahmen** sind mangels Geltung des Konnexitätsgrundsatzes auch dann rechtmäßig, wenn sie eine rechtswidrige Grundverfügung zwangsweise durchsetzen (→ Rn. 285). Auf Tertiärebene ist dieses der effektiven Gefahrenabwehr geschuldete Ergebnis nicht zugrundezulegen; vielmehr besteht eine Kostentragungspflicht mit Blick auf den Grundsatz einer gerechten Lastenverteilung sowie die einleitend erwähnten Schranken der Kostenerhebung nur dann, wenn auch die durch die Sekundärmaßnahme vollzogene Primärmaßnahme rechtmäßig war.[504] Bei der unmittelbaren Ausführung (Art. 9 PAG) und dem Sofortvollzug (Art. 70 Abs. 2 PAG) stellt sich diese Frage nicht, da hier der Konnexitätsgrundsatz gilt (→ Rn. 320 ff.).

343 Hat die **Primärmaßnahme**, was im Polizeirecht wegen der kurzfristigen Erledigung freilich selten und im Übrigen nur bei Handeln durch Verwaltungsakt möglich ist, mangels Ergreifens eines Rechtsbehelfs **(formelle) Bestandskraft** erlangt, so ist sie für die Kostenerhebung als rechtmäßig zu behandeln; eine Korrektur ist nicht angezeigt.[505]

344 Auf der Primärebene können auch der **Anscheinsstörer** und der **Verursacher eines Gefahrenverdachts** im Interesse einer effektiven Gefahrenabwehr ohne Weiteres Adressat polizeilicher Maßnahmen sein, auch wenn bei Ex-post-Betrachtung keine Gefahr vorgelegen hat (→ Rn. 224). Auch dieses Ergebnis ist nicht unbesehen auf die Kostenebene zu übertragen, die auf einen gerechten Lastenausgleich zielt. Vielmehr sind der Anscheins- und Verdachtsstörer nur dann **kostenpflichtig**, wenn sie den **Anschein bzw. Verdacht einer Gefahr zurechenbar verursacht** haben.[506] Eine strengere Auffassung lässt eine Korrektur angesichts des objektiven, verschuldensunabhängigen Ansatzes des PAG nur über die Billigkeitsregel des Art. 93 S. 5 PAG zu.[507]

Beispiel:
A läuft mit einer täuschend echt aussehenden Spielzeugpistole, um deren Wirkung auf andere Personen er wissen musste, durch die Stadt.

---

504 BayVGH, Urt. v. 17.4.2008 – 10 B 07.219, juris, Rn. 15 ff.; *Heckmann*, in: Becker/ders./Kempen/Manssen, 3. Teil, Rn. 234, 424 f. AA OVG SH, Urt. v. 27.4.2006 – 4 LB 23/04, juris, Rn. 88.
505 *Gallwas/Lindner/Wolff*, Rn. 608; *Heckmann*, in: Becker/ders./Kempen/Manssen, 3. Teil, Rn. 425; *Poscher/Rusteberg*, JuS 2012, 26 (31); *Weber/Köppert*, Polizei- und Sicherheitsrecht, Rn. 226.
506 BVerwG, NVwZ-RR 2012, 787 (792); BayVGH, BayVBl. 2017, 303 (304); OVG NRW, NVwZ 2001, 1314 (1314); *Buchberger/Sailer*, in: Lisken/Denninger, Kap. M, Rn. 195 f., 198 a; *Heckmann*, in: Becker/ders./Kempen/Manssen, 3. Teil, Rn. 421; *Holzner*, in: BeckOK PSR, Art. 11 PAG Rn. 63.1; *Ossenbühl/Cornils*, S. 508 f.; *Poscher/Rusteberg*, JuS 2012, 26 (32); *Unterreitmeier*, in: BeckOK PSR, Art. 76 PAG (aF) Rn. 60, 70. **Darüber hinaus** tritt die Kostenpflichtigkeit von Gefahrerforschungsmaßnahmen bei **Gefahrenverdacht** dann ein, wenn sich der Verdacht bestätigt, siehe *Buchberger/Sailer*, in: Lisken/Denninger, Kap. M, Rn. 197 f. (auch bei Duldungspflichten); vgl. auch BVerwG, NVwZ-RR 2012, 787 (792); BayVGHE 47, 72 (72). Ist der Fall, „können dem Betroffenen Kosten allenfalls insoweit auferlegt werden, als er durch mangelnde, ihm unschwer mögliche Mitwirkung bei der Gefahrerforschung ein besonders aufwändiges Vorgehen der Behörde provoziert hat" [BayVGH, BayVBl. 2017, 303 (304)]. Gleiches gilt nach BayVGHE 47, 72 (73), bei **nicht zurechenbarer Verursachung einer Anscheinsgefahr**.
507 *Schmidbauer*, in: ders./Steiner, Art. 76 PAG Rn. 34.

IX. Tertiärebene: Kostenpflicht und Entschädigungsansprüche

Hinweis:
Art. 3 Abs. 1 S. 1 Nr. 10 S. 2 lit. b und c KG enthalten Sonderregeln für die Haftung als Anscheinsstörer.[508]

cc) Kostenart und Kostenhöhe

Die Kostentragungspflicht bezieht sich gemäß Art. 1 Abs. 1 S. 1 KG auf Gebühren und Auslagen. Gebühren sind „öffentlich-rechtliche Geldleistungen, die aus Anlass individuell zurechenbarer Leistungen dem Gebührenschuldner durch eine öffentlich-rechtliche Norm oder sonstige hoheitliche Maßnahme auferlegt werden und dazu bestimmt sind, in Anknüpfung an diese Leistung deren Kosten ganz oder teilweise zu decken".[509] Hierunter fällt das Entgelt für die Amtshandlung „Kfz-Abschleppen". **Auslagen** sind Aufwendungen, die die Polizei im Zusammenhang mit der Aufgabenerfüllung an Dritte zu entrichten hat (zB Werklohn des von der Polizei beauftragten privaten Abschleppunternehmers).[510] 345

Gemäß Art. 93 S. 3 PAG sind die „Gebühren ... abweichend von den Art. 6 und 8 des Kostengesetzes nach dem Verwaltungsaufwand und der Bedeutung der Amtshandlung zu bemessen". Die auf der Grundlage des Art. 93 S. 4 PAG erlassene PolKV normiert einen Gebührenrahmen für die einzelnen Tatbestände des PAG (§ 1 PolKV) und ordnet die Abgeltung bestimmter Auslagen des KG durch die Polizeigebühren an (§ 2 PolKV). Relevant an Auslagen sind damit nur die Zeugen und Sachverständigen zustehenden Entschädigungen (Art. 10 Abs. 1 Nr. 1 KG) und die anderen Behörden oder anderen Personen für ihre Tätigkeit zustehenden Beträge (Art. 10 Abs. 1 Nr. 5 KG). 346

Weitere Konkretisierungen enthalten die vom Staatsministerium des Innern, für Bau und Verkehr erlassenen **Richtlinien zur Erhebung von Kosten** und anderen öffentlich-rechtlichen Geldleistungen durch die Polizei.[511] 347

dd) Kostenschuldner

Die Person des Kostenschuldners kann sich zunächst aus dem **speziellen Kostentatbestand** selbst ergeben. So sind im Falle des Art. 9 Abs. 2 PAG (unmittelbare Ausführung) und des Art. 28 Abs. 5 PAG (Sicherstellung, Verwertung, Unbrauchbarmachung und Vernichtung) die „nach Art. 7 oder 8 Verantwortlichen" zur Kostentragung verpflichtet, im Fall des Art. 73 Abs. 4 S. 1 PAG (Zwangsgeld) der Betroffene, mithin der Adressat. Auch die Tatbestände des Art. 3 Abs. 1 S. 1 Nr. 10 S. 2 KG bezeichnen den Kostenschuldner. Art. 72 Abs. 1 S. 2 PAG (Ersatzvornahme), Art. 75 Abs. 3 S. 1 PAG (Anwendung unmittelbaren Zwangs) und Art. 76 Abs. 7 PAG (Androhung von Zwangsmitteln) nennen keinen Kostenschuldner, so dass nach der **allgemeinen Regelung des Art. 2 Abs. 1 S. 1 KG** derjenige, der die Amtshandlung veranlasst hat, kostenpflichtig ist. 348

Mehrere Kostenschuldner (zB gemeinsame Verantwortlichkeit von Handlungs- und Zustandsstörer) haften gemäß Art. 2 Abs. 4 KG als **Gesamtschuldner** (§§ 421 ff. BGB). 349

---

508 Vgl. *Unterreitmeier*, in: BeckOK PSR, Art. 76 PAG (aF) Rn. 27.
509 BVerfGE 137, 1 (18).
510 *Unterreitmeier*, in: BeckOK PSR, Art. 76 PAG (aF) Rn. 13.
511 Sog KR-Pol, IMS v. 18.5.2015, IZ6-1051-1-2, nicht veröffentlicht.

Obgleich danach alle Kostenschuldner dem Staat gegenüber in vollem Umfang im Außenverhältnis haften (§ 421 S. 1 BGB), muss die **Bestimmung des Kostenschuldners ermessensgerecht** sein.[512] Maßgeblich hierfür sind insbesondere die einzelnen Verursachungsbeiträge, aber auch die Notwendigkeit der Kostendeckung (relevant bei mangelnder Solvenz oder Zahlungswilligkeit einzelner Schuldner sowie bei fehlender Greifbarkeit). Hieraus kann eine Pflicht zur Inanspruchnahme des leistungsfähigen und leistungswilligen Handlungsstörers vor dem Zustandsstörer folgen.[513] Unter gleichermaßen Verantwortlichen kann die Polizei nach Zweckmäßigkeitsgesichtspunkten entscheiden, wer (in voller Höhe) in Anspruch genommen wird; eine nur anteilige Inanspruchnahme aller Gesamtschuldner nach dem jeweiligen Verursachungsbeitrag ist nicht geboten.[514] Im Innenverhältnis erfolgt der Ausgleich gemäß § 426 BGB. Die Kostentragungspflicht muss nicht der Störerauswahl auf Primärebene entsprechen.[515] Eine **persönliche Gebührenfreiheit für Hoheitsträger** normiert Art. 4 KG; er bezieht sich nicht auf Auslagen.

ee) Absehen aus Billigkeitsgründen, Art. 3 Abs. 1 S. 1 Nr. 10 S. 3 KG bzw. Art. 93 S. 5 PAG

350 Sowohl Art. 3 Abs. 1 S. 1 Nr. 10 S. 3 KG als auch Art. 93 S. 5 PAG sehen die Möglichkeit vor, von der Erhebung von Kosten abzusehen, soweit diese der Billigkeit widerspricht.

Beispiel:
Unbilligkeit eines Kostenbescheids über eine polizeiliche Abschleppmaßnahme, die wegen eines am Vortag eingerichteten Haltverbots durchgeführt wurde; eine dreitägige Vorlaufzeit wird in diesen Fällen für verhältnismäßig erachtet.[516]

2. Entschädigungsansprüche

351 Angesichts der Eingriffsintensität polizeilicher Maßnahmen im Allgemeinen und der mitunter bestehenden Notwendigkeit, Zwang anzuwenden, im Besonderen kann die polizeiliche Tätigkeit zu **Schäden bei Betroffenen** führen. Damit stellt sich die Frage nach Entschädigungsansprüchen. Sie ist besonders akut, steht doch **nicht nur** eine **Haftung für rechtswidriges Handeln** im Raum. Vielmehr können auch Anscheinsstörer, die aus Ex-post-Sicht keine Gefahr verursacht haben, Verdachtsstörer sowie Nichtstörer (Art. 10 PAG) in rechtmäßiger Weise Adressaten polizeilicher Maßnahmen sein, und können auch Nichtadressaten Einbußen aufgrund rechtmäßiger polizeilicher Maßnahmen erleiden (Kollateralschäden, etwa durch Querschläger). In diesen Fällen führt die Unrechtshaftung nicht weiter, weshalb das Polizeirecht einen **speziellen Entschädigungsanspruch** (**Art. 87 PAG**) normiert (a). Er steht in Idealkonkurrenz zum **Amtshaftungsanspruch** gemäß Art. 34 GG iVm § 839 BGB (b). Daneben kommt namentlich im Kontext der Verwahrung sichergestellter Sachen eine Haftung für

---

512 Siehe zum weiten Ermessen auch BVerwG, NJW 1993, 1667 (1669).
513 *Heckmann*, in: Becker/ders./Kempen/Manssen, 3. Teil, Rn. 422; *Unterreitmeier*, in: BeckOK PSR, Art. 76 PAG (aF) Rn. 64. Vgl. insgesamt auch *Weber/Köppert*, Polizei- und Sicherheitsrecht, Rn. 231.
514 BayVGH, Beschl. v. 17.4.2008 – 4 C 07.3356, juris, Rn. 9; *Unterreitmeier*, in: BeckOK PSR, Art. 76 PAG (aF) Rn. 65, 65.1.
515 *Unterreitmeier*, in: BeckOK PSR, Art. 76 PAG (aF) Rn. 63.
516 BayVGH, DÖV 2008, 732 (733 f.). Siehe auch BVerwG, NJW 2018, 2910 (2911).

IX. Tertiärebene: Kostenpflicht und Entschädigungsansprüche

Pflichtverletzungen im Rahmen öffentlich-rechtlicher Schuldverhältnisse gemäß § 280 BGB analog in Betracht (c). Folgender **Überblick** soll die Orientierung erleichtern:[517]

	Rechtswidriges Handeln	Rechtmäßiges Handeln
Störer (Art. 7 f. PAG und aufgrund von Spezialbefugnissen Verantwortliche)	Amtshaftung Art. 87 Abs. 2 PAG analog (str.)	---
Anscheinsstörer / Verursacher eines Gefahrenverdachts	Amtshaftung Art. 87 Abs. 1 PAG analog (str.)	Art. 87 Abs. 1 PAG analog (str.)
Putativstörer	Amtshaftung Art. 87 Abs. 2 PAG analog (str.)	Nicht denkbar
Nichtstörer (Art. 10 PAG)	Amtshaftung Art. 87 Abs. 1 PAG	Art. 87 Abs. 1 PAG
Dritte (Nicht-Adressaten)	Amtshaftung Art. 87 Abs. 2 PAG	Art. 87 Abs. 2 PAG

Im Falle einer Ersatzpflicht des Staates können **Ersatzansprüche gegen den Störer** gemäß Art. 89 PAG bestehen (d). 352

a) Entschädigungsanspruch gemäß Art. 87 PAG

Der besondere Entschädigungsanspruch gemäß Art. 87 PAG findet seine Rechtfertigung im **Aufopferungsgedanken**, wonach das Erleiden eines Sonderopfers eine Entschädigungspflicht auslöst.[518] Das Sonderopfer besteht in der auf Primärebene möglichen Inanspruchnahme als (ex-post) nicht Verantwortlicher im Sinne der Art. 7 f. PAG (Art. 87 Abs. 1 PAG) bzw. in der Betroffenheit als Unbeteiligter infolge rechtmäßiger polizeilicher Maßnahmen (Art. 87 Abs. 2 PAG) und setzt das Erleiden einer unzumutbaren Einbuße voraus. 353

aa) Prüfungsschema

Schema: Entschädigungsanspruch gemäß Art. 87 PAG 354

I. Anwendbarkeit
  Keine vorrangige Spezialregelung, Art. 87 Abs. 5 PAG
II. Tatbestand
  1a. Adressat einer Maßnahme gemäß Art. 10 PAG (Art. 87 Abs. 1 PAG)
    Hinweis: Analoge Anwendbarkeit auf Anscheinsstörer und den Verursacher eines Gefahrenverdachts (str.)
  1b. Nicht-Verantwortlicher gemäß Art. 7 f. PAG und Nicht-Adressat einer Maßnahme gemäß Art. 10 PAG (Art. 87 Abs. 2 PAG)
    Hinweis: Analoge Anwendbarkeit auf den Putativstörer und Adressaten einer rechtswidrigen polizeilichen Maßnahme (str.)

---

517 Für eine umfassende Erörterung aus jüngerer Zeit *Spitzlei/Hautkappe*, DÖV 2018, 134.
518 Vgl. § 75 der Einleitung zum preußischen Allgemeinen Landrecht: „[D]er Staat [ist] denjenigen, welcher seine besonderen Rechte und Vorteile dem Wohle des gemeinen Wesens aufzuopfern genötigt wird, zu entschädigen gehalten."

2. Schaden
3. durch polizeiliche Maßnahme
III. Rechtsfolge: Entschädigung
IV. Kein Ausschluss bzw. keine Reduktion
  1. Maßnahme hat auch unmittelbar dem Schutz der Person oder des Vermögens des Geschädigten gedient, Art. 87 Abs. 4 PAG
  2. Subsidiarität, Art. 87 Abs. 1 aE PAG
  3. Mitverschulden
V. Haftungskonkurrenzen
VI. Entschädigungsverpflichteter
VII. Kein Erlöschen, Art. 71 BayAGBGB

bb) Anwendbarkeit

355 Die Entschädigungsansprüche gemäß Art. 87 PAG treten hinter Entschädigungspflichten nach **besonderen gesetzlichen Vorschriften** gemäß Art. 87 Abs. 5 PAG zurück. Hierunter fallen spezifisch die Polizei adressierende Ansprüche, etwa der Entschädigungsanspruch von Dienstanbietern im Rahmen der Telekommunikationsüberwachung (Art. 43 Abs. 9 PAG) oder die Entschädigungsansprüche nach dem OEG und dem StrEG sowie gemäß Art. 5 Abs. 5 EMRK, nicht aber allgemeine Haftungsansprüche wie der Amtshaftungsanspruch gemäß Art. 34 GG iVm § 839 BGB.[519]

cc) Tatbestand

356 Hinsichtlich des **Kreises der Anspruchsberechtigten** ist zwischen Art. 87 Abs. 1 und 2 PAG zu differenzieren, Ersterer erfasst den Nicht-, Anscheins- und Verdachtsstörer (1), letzterer unbeteiligte Dritte (2). In beiden Fällen sind schließlich weitere Tatbestandsmerkmale zu beachten (3).

(1) Art. 87 Abs. 1 PAG

357 Gemäß **Abs. 1** anspruchsberechtigt sind als **Nichtstörer gemäß Art. 10 PAG** in Anspruch genommene Personen. Es ist unerheblich, ob die Tatbestandsvoraussetzungen des Art. 10 PAG vorlagen, wobei kein Anspruch besteht, wenn sich der Nichtstörer als verantwortlich im Sinne der Art. 7 f. PAG erweist.[520]

358 Art. 87 Abs. 1 PAG ist **analog** auf den **Anscheinsstörer und den Verursacher eines Gefahrenverdachts** anzuwenden. Zwar können diese auf der Primärebene im Interesse einer effektiven Gefahrenabwehr bereits dann in Anspruch genommen werden, wenn aus Ex-ante-Perspektive der Anschein bzw. Verdacht einer Gefahr angenommen werden durfte, unabhängig davon, ob sich die Gefahrenlage bei einer Ex-post-Betrachtung bestätigt; allerdings ist auf der Tertiärebene nicht das Gebot einer effektiven Gefahrenabwehr, sondern einer gerechten Lastenverteilung maßgeblich. Vor diesem Hintergrund rechtfertigt sich grds. eine Gleichsetzung von Nichtstörer im Sinne des Art. 10 PAG und Anscheins- bzw. Verdachtsstörer.[521] Eine **Ausnahme** gilt – wie im

---

519 *Schmidbauer*, in: ders./Steiner, Art. 70 PAG Rn. 85. Im Detail *Unterreitmeier*, in: BeckOK PSR, Art. 70 PAG (aF) Rn. 19 ff.
520 *Unterreitmeier*, in: BeckOK PSR, Art. 70 PAG (aF) Rn. 37 f.
521 BGH, NJW 1992, 2639 (2639 f.); NJW 2011, 3157 (3158); *Heckmann*, in: Becker/ders./Kempen/Manssen, 3. Teil, Rn. 454 ff.; *Schoch*, in: ders, Kap. 1, Rn. 1039; *Weber/Köppert*, Polizei- und Sicherheitsrecht, Rn. 238. AA (aber Anwendung des allgemeinen Aufopferungsanspruchs) *Spitzlei/Hautkappe*, DÖV 2018, 134 (141 f.); *Unterreitmeier*, in: BeckOK PSR, Art. 70 PAG (aF) Rn. 27, 50 (zur Ausklammerung aus

Kontext der Kostentragungspflicht (→ Rn. 344) – indes dann, wenn der Anschein bzw. Verdacht einer Gefahr in zurechenbarer und schuldhafter Weise verursacht wurde.[522]

Ein **Schaden** im Sinne des Art. 87 Abs. 1 PAG ist jede Rechtsgutsbeeinträchtigung materieller und immaterieller Art. Anders als bei den unter Abs. 2 fallenden Konstellationen muss keine besonders schwere, die Schwelle eines Sonderopfers überschreitende Einbuße vorliegen.[523] 359

(2) Art. 87 Abs. 2 PAG

Ebenfalls anspruchsberechtigt ist gemäß **Art. 87 Abs. 2 S. 1 PAG** ein Geschädigter, der „nicht nach den Art. 7 oder 8 verantwortlich ist und gegen den nicht Maßnahmen nach Art. 10 gerichtet worden sind". Verantwortlich im Sinne dieser Bestimmung sind auch nach Spezialbefugnissen Verantwortliche.[524] Hier stehen **Kollateralschäden polizeilichen Handelns** im Mittelpunkt. 360

Beispiel:
X wird durch einen Querschläger eines polizeilichen Schusswaffeneinsatzes getroffen.

Einschränkend sieht dieser Absatz einen Entschädigungsanspruch indes nur vor, wenn diese Person „durch eine polizeiliche Maßnahme getötet oder verletzt wird oder einen nicht zumutbaren sonstigen Schaden erleidet." Mithin muss die Grenze der entschädigungslos hinzunehmenden Beeinträchtigung überschritten sein.[525] Dass die Maßnahme auf einer richterlichen Entscheidung beruht, wie etwa das Festhalten von Personen (Art. 18 PAG) oder Wohnungsdurchsuchungen (Art. 24 Abs. 1 PAG), beseitigt gemäß Art. 87 Abs. 2 S. 2 PAG nicht die Entschädigungspflicht. 361

Umstritten ist, ob Art. 87 Abs. 2 PAG analog auf den zu Unrecht in Anspruch genommenen **Putativstörer** angewendet werden kann. Teile des Schrifttums bejahen dies, da eine zu Unrecht in Anspruch genommene Person mit einer unbeteiligten gleichgesetzt werden kann, zumal auch der Anscheinsstörer (nach Abs. 1 analog; → Rn. 358) anspruchsberechtigt ist.[526] Andere treten dem unter Verweis auf den insoweit beschränkten Regelungsbereich des Art. 87 PAG entgegen und verweisen auf die allgemeinen Aufopferungs- und Amtshaftungsansprüche.[527] Ebenso wird diskutiert, ob eine analoge Anwendung des Art. 87 Abs. 2 PAG auf den gemäß Art. 7 f. PAG verantwortlichen 362

Abs. 2). Für eine Anwendbarkeit des Art. 87 Abs. 2 PAG *Gallwas/Lindner/Wolff*, Rn. 807 a. Differenziert *Schenke*, JuS 2018, 505 (515).
522 BGH, NJW 1992, 2639 (2640); *Schoch*, in: ders, Kap. 1, Rn. 1039; *Unterreitmeier*, in: BeckOK PSR, Art. 70 PAG (aF) Rn. 27. Nur die Zurechenbarkeit fordernd *Heckmann*, in: Becker/ders./Kempen/Manssen, 3. Teil, Rn. 457.
523 *Unterreitmeier*, in: BeckOK PSR, Art. 70 PAG (aF) Rn. 41. Siehe auch BGH, LMRR 1998, 73. Tendenziell strenger *Heckmann*, in: Becker/ders./Kempen/Manssen, 3. Teil, Rn. 459: Erheblichkeitsschwelle überschritten, was bei Tötung oder Verletzung einer Person und nicht unerheblichen Sachschäden sowie nicht unerheblichen Schäden durch die Vorenthaltung einer Sache der Fall sei, nicht aber bei sozialadäquaten Maßnahmen oder Schäden, in denen sich das allgemeine Lebensrisiko realisiert.
524 *Unterreitmeier*, in: BeckOK PSR, Art. 70 PAG (aF) Rn. 49.
525 *Unterreitmeier*, in: BeckOK PSR, Art. 70 PAG (aF) Rn. 52.
526 *Gallwas/Lindner/Wolff*, Rn. 807 a; *Weber/Köppert*, Polizei- und Sicherheitsrecht, Rn. 239.
527 *Unterreitmeier*, in: BeckOK PSR, Art. 70 PAG (aF) Rn. 31.

Störer, der **Adressat einer rechtswidrigen polizeilichen Maßnahme** war, möglich ist [wogegen freilich ein Vergleich mit § 45 MEPolG (→ Rn. 5) spricht].[528]

(3) **Weitere Tatbestandsmerkmale**

363 Die polizeiliche Maßnahme, die präventiver oder repressiver Art sein kann,[529] muss schließlich den Schaden **verursacht** haben. Eine Kausalität nach der Conditio-sine-qua-non-Formel ist notwendige, aber nicht hinreichende Bedingung; vielmehr muss die polizeiliche Maßnahme den Schaden auch **unmittelbar verursacht** haben.[530] Dies erfordert eine wertende Betrachtung.[531] Die polizeiliche Maßnahme muss die wesentliche Ursache sein.[532] Es „muss sich eine besondere Gefahr verwirklichen, die bereits in der hoheitlichen Maßnahme selbst angelegt ist."[533]

364 Ausweislich seines Wortlauts gilt Art. 87 Abs. 1 f. PAG für **rechtmäßiges und rechtswidriges, schuldhaftes und schuldloses Handeln**.[534] Im Fall des Abs. 1 bedeutet dies, dass es für den Entschädigungsanspruch nicht darauf ankommt, ob der Inanspruchgenommene auch gemäß Art. 10 PAG in Anspruch genommen werden durfte.[535] Allerdings scheidet ein Anspruch aus, wenn der Anspruchsteller Störer war.[536]

dd) Rechtsfolge: Entschädigungspflicht

365 Die Entschädigung wird gemäß Art. 87 Abs. 7 S. 1 Hs. 1 PAG „für **Vermögensschäden** gewährt"; **Nichtvermögensschäden** sind **nur bei** einer **Freiheitsentziehung** entschädigungspflichtig,[537] wobei § 7 Abs. 3 StrEG entsprechend anzuwenden ist (Art. 87 Abs. 7 S. 2 PAG). Der Schaden bestimmt sich nach der **Differenzhypothese**.[538] Art. 87 Abs. 7 S. 1 Hs. 2 PAG sieht eine Vorteilsanrechnung vor: „Vermögensvorteile, die dem Berechtigten aus der zur Entschädigung verpflichtenden Maßnahme entstehen, [sind] zu berücksichtigen."[539]

366 Zu berücksichtigen ist freilich, dass die Ansprüche gemäß Art. 87 Abs. 1 f. PAG auf eine „**Entschädigung**" gerichtet sind; diese zielt auf einen angemessenen Ausgleich,

---

528 Bejahend *Weber/Köppert*, Polizei- und Sicherheitsrecht, Rn. 240. AA BayVGH, Urt. v. 4.2.2014 – 10 B 10.2913, juris, Rn. 49; *Spitzlei/Hautkappe*, DÖV 2018, 134 (143): allgemeiner Aufopferungsanspruch; *Unterreitmeier*, in: BeckOK PSR, Art. 70 PAG (aF) Rn. 3, 30. Die Grundlage (analoge Anwendung oder Aufopferungsanspruch) offen gelassen, aber bejaht *Poscher/Rusteberg*, JuS 2012, 26 (32).
529 *Unterreitmeier*, in: BeckOK PSR, Art. 70 PAG (aF) Rn. 34.
530 *Heckmann*, in: Becker/ders./Kempen/Manssen, 3. Teil, Rn. 460; *Unterreitmeier*, in: BeckOK PSR, Art. 70 PAG (aF) Rn. 44.
531 BGH, NJW-RR 2006, 802 (802).
532 *Heckmann*, in: Becker/ders./Kempen/Manssen, 3. Teil, Rn. 460. Zur Unterbrechung des Zurechnungszusammenhangs bei eigenverantwortlicher Selbstgefährdung und Dazwischentreten eines Dritten *Unterreitmeier*, in: BeckOK PSR, Art. 70 PAG (aF) Rn. 46.
533 BGH, NJW-RR 2006, 802 (802); ferner *Unterreitmeier*, in: BeckOK PSR, Art. 70 PAG (aF) Rn. 44.
534 *Heckmann*, in: Becker/ders./Kempen/Manssen, 3. Teil, Rn. 450; *Unterreitmeier*, in: BeckOK PSR, Art. 70 PAG (aF) Rn. 2, 35. Vgl. auch *Spitzlei/Hautkappe*, DÖV 2018, 134 (143).
535 *Heckmann*, in: Becker/ders./Kempen/Manssen, 3. Teil, Rn. 452.
536 *Heckmann*, in: Becker/ders./Kempen/Manssen, 3. Teil, Rn. 452.
537 Für die Möglichkeit einer (ausnahmsweisen) Anwendung des allgemeinen Aufopferungsanspruchs mit Blick auf Nichtvermögensschäden *Unterreitmeier*, in: BeckOK PSR, Art. 70 PAG (aF) Rn. 64, in Anknüpfung an die entsprechende Entwicklung in der Rspr. [siehe insoweit BGH, NJW 2017, 3384, und zur Entwicklung der Rspr. *Spitzlei/Hautkappe*, DÖV 2018, 134 (139 f.); *Unterreitmeier*, NVwZ 2018, 383]; ablehnend *Spitzlei/Hautkappe*, DÖV 2018, 134 (143 f. m. Fn. 121).
538 *Unterreitmeier*, in: BeckOK PSR, Art. 70 PAG (aF) Rn. 60.
539 Näher *Unterreitmeier*, in: BeckOK PSR, Art. 70 PAG (aF) Rn. 61, 61.1.

nicht aber auf eine Vollkompensation im Sinne der §§ 249 ff. BGB.[540] Es werden nur unmittelbare Schäden berücksichtigt.[541] Entgangener Gewinn kann nicht beansprucht werden.[542]

Eine Sonderregelung gilt für die Tötung von Personen, die gegenüber Dritten (Ehepartner/Kindern) **unterhaltspflichtig** sind; in diesem Fall ist § 844 BGB gemäß Art. 87 Abs. 3 PAG entsprechend anzuwenden. Schließlich ist die Entschädigung gemäß Art. 87 Abs. 7 S. 4 PAG auf **Geldersatz** beschränkt. Damit scheidet eine Naturalrestitution aus.[543] 367

ee) Kein Ausschluss bzw. keine Reduktion

Art. 87 Abs. 4 PAG schließt Entschädigungsansprüche gemäß Art. 87 Abs. 1–3 PAG aus, „soweit die Maßnahme auch unmittelbar **dem Schutz der Person oder des Vermögens des Geschädigten gedient** hat". Maßgeblich ist eine objektive Ex-post-Betrachtung, nicht die subjektive Ex-ante-Perspektive des handelnden Polizeibeamten.[544] Diese Vorschrift greift zunächst bei Maßnahmen ausschließlich im Interesse des Betroffenen, zB Hilfeleistungen bei Unfällen oder Wohnungsbränden.[545] Sie greift auch bei Maßnahmen im beiderseitigen Interesse, bei denen gleichgewichtig die Gefahrenabwehr im Allgemein- und Individualinteresse verfolgt wird, zB Einsätzen im Falle eines Wohnungseinbruchs.[546] Eine teilweise Entschädigung kommt, wie bereits der Wortlaut („soweit") zeigt, in Betracht.[547] Maßgeblich, wie auch sonst auf Tertiärebene (→ Rn. 344), ist die Ex-post-Perspektive, da das Prognoserisiko (bei nicht zurechenbarer Verursachung) nicht zulasten des Geschädigten gehen darf.[548] 368

Beispiel:
Ein Anspruchsausschluss scheidet etwa aus, wenn eine Diskothek wegen einer (sich im Nachhinein als unzutreffend herausstellenden) Bombendrohung mit der Folge geräumt wird, dass ein erheblicher Einnahmenausfall zu verzeichnen ist.[549]

Überdies ist der Anspruch gemäß Art. 87 Abs. 1 f. (vgl. Wortlaut „Das Gleiche gilt …")[550] PAG **subsidiär**, er greift mithin nicht, „soweit … der Geschädigte … von einem anderen Ersatz zu erlangen vermag". Hierunter fallen etwa Versicherungsleis- 369

---

540 *Heckmann*, in: Becker/ders./Kempen/Manssen, 3. Teil, Rn. 451, 461; *Unterreitmeier*, in: BeckOK PSR, Art. 70 PAG (aF) Rn. 66. Vgl. auch BGH, NJW-RR 2016, 1150 (1151).
541 *Heckmann*, in: Becker/ders./Kempen/Manssen, 3. Teil, Rn. 461; *Unterreitmeier*, in: BeckOK PSR, Art. 70 PAG (aF) Rn. 66.
542 *Heckmann*, in: Becker/ders./Kempen/Manssen, 3. Teil, Rn. 461; *Unterreitmeier*, in: BeckOK PSR, Art. 70 PAG (aF) Rn. 66.
543 *Heckmann*, in: Becker/ders./Kempen/Manssen, 3. Teil, Rn. 461; *Unterreitmeier*, in: BeckOK PSR, Art. 70 PAG (aF) Rn. 65.
544 *Gallwas/Lindner/Wolff*, Rn. 807 d; *Unterreitmeier*, in: BeckOK PSR, Art. 70 PAG (aF) Rn. 54; *Weber/Köppert*, Polizei- und Sicherheitsrecht, Rn. 237.
545 *Heckmann*, in: Becker/ders./Kempen/Manssen, 3. Teil, Rn. 463.
546 *Heckmann*, in: Becker/ders./Kempen/Manssen, 3. Teil, Rn. 464.
547 *Heckmann*, in: Becker/ders./Kempen/Manssen, 3. Teil, Rn. 464.
548 *Heckmann*, in: Becker/ders./Kempen/Manssen, 3. Teil, Rn. 465 f. AA *Vogel*, in: Drews/Wacke/ders./Martens*, S. 649 (673); *Enders*, Jura 1998, 365 (369 f.).
549 OLG Stuttgart, NJW 1992, 1396.
550 Zur Geltung der Subsidiaritätsklausel auch für Art. 87 Abs. 2 PAG BayVGH, Urt. v. 10.5.2000 – 24 B 99.603, juris, Rn. 28; *Unterreitmeier*, in: BeckOK PSR, Art. 70 PAG (aF) Rn. 16.

tungen,⁵⁵¹ nicht aber anderweitige Haftungsansprüche gegenüber dem Freistaat Bayern (Haftungseinheit der öffentlichen Hand)⁵⁵². Die Beweislast liegt beim Geschädigten, da die Subsidiaritätsklausel Teil des Tatbestands ist.⁵⁵³ Gemäß Art. 87 Abs. 7 S. 3 PAG ist „[e]in **mitwirkendes Verschulden** des Berechtigten ... zu berücksichtigen."

ff) Haftungskonkurrenzen

370 Die Ansprüche gemäß Art. 87 PAG stehen in Idealkonkurrenz zum **Amtshaftungsanspruch** gemäß Art. 34 GG iVm § 839 BGB⁵⁵⁴ und zur Haftung für Pflichtverletzungen im Rahmen öffentlich-rechtlicher Schuldverhältnisse gemäß § 280 BGB analog,⁵⁵⁵ verdrängen aber die Ansprüche aus **Aufopferung** (§§ 74 f. der Einleitung zum preußischen Allgemeinen Landrecht), **aufopferungsgleichem, enteignendem und enteignungsgleichem Eingriff**⁵⁵⁶.⁵⁵⁷

gg) Entschädigungsverpflichteter

371 Gemäß Art. 87 Abs. 6 PAG ist „der Träger der Polizei, welche die zur Entschädigung verpflichtende Maßnahme getroffen hat", entschädigungspflichtig. Dies ist der **Freistaat Bayern** (Art. 1 Abs. 2 POG; → Rn. 18). Bei Handeln der Polizei auf **Ersuchen oder Weisung einer anderen** (bayerischen)⁵⁵⁸ **nichtstaatlichen Behörde** (etwa der Gemeinde als Sicherheitsbehörde → Rn. 385 ff.) verbleibt es bei der Entschädigungspflicht der Polizei im Außenverhältnis; im Innenverhältnis besteht ein **Erstattungsanspruch** gemäß Art. 88 PAG. Dieser bestimmt:

(1) Ist die Polizei auf Weisung oder Ersuchen einer nichtstaatlichen Behörde tätig geworden, so ist die Körperschaft, der die Behörde angehört, dem nach Art. 87 Abs. 6 Entschädigungspflichtigen erstattungspflichtig, soweit nicht der Schaden durch ein Verschulden der Polizei bei Durchführung der Maßnahme entstanden ist.

(2) Die erstattungspflichtige Körperschaft hat dem entschädigungspflichtigen Polizeiträger die aufgrund des Art. 87 geleisteten notwendigen Aufwendungen zu erstatten.

372 Dieser Anspruch ist lex specialis zum allgemeinen öffentlich-rechtlichen Erstattungsanspruch.⁵⁵⁹ Da Handeln nicht nur auf Weisung, sondern auch auf Ersuchen anderer

---

551 *Unterreitmeier*, in: BeckOK PSR, Art. 70 PAG (aF) Rn. 17.1; *Weber/Köppert*, Polizei- und Sicherheitsrecht, Rn. 236. Anders für die Kaskoversicherung BayVGH, Urt. v. 10.5.2000 – 24 B 99.603, juris, Rn. 28.
552 *Weber/Köppert*, Polizei- und Sicherheitsrecht, Rn. 236.
553 *Unterreitmeier*, in: BeckOK PSR, Art. 70 PAG (aF) Rn. 16. Siehe für den Amtshaftungsanspruch auch BGH, NJW 1991, 1171 (1171).
554 *Gallwas/Lindner/Wolff*, Rn. 807; *Heckmann*, in: Becker/ders./Kempen/Manssen, 3. Teil, Rn. 450; *Spitzlei/Hautkappe*, DÖV 2018, 134 (144); *Unterreitmeier*, in: BeckOK PSR, Art. 70 PAG (aF) Rn. 25.
555 *Weber/Köppert*, Polizei- und Sicherheitsrecht, Rn. 234.
556 *Heckmann*, in: Becker/ders./Kempen/Manssen, 3. Teil, Rn. 450; *Unterreitmeier*, in: BeckOK PSR, Art. 70 PAG (aF) Rn. 26 [aA Rn. 64 aber für nicht von Art. 87 PAG erfasste immaterielle Schäden, die nach dem allgemeinen Aufopferungsanspruch zu ersetzen sind; ablehnend insoweit *Spitzlei/Hautkappe*, DÖV 2018, 134 (143 f. m. Fn. 121)]. AA *Gallwas/Lindner/Wolff*, Rn. 807. AA (für den nicht unter Art. 87 PAG analog subsumierten Anscheinsstörer und den rechtswidrig in Anspruch genommenen Störer) *Spitzlei/Hautkappe*, DÖV 2018, 134 (141 f. bzw. 143).
557 Zum Verhältnis zum Folgenbeseitigungsanspruch *Unterreitmeier*, in: BeckOK PSR, Art. 70 PAG (aF) Rn. 12 ff., 65 (Wahlrecht, str.).
558 Zu dieser aus Kompetenzgründen notwendigen Beschränkung *Unterreitmeier*, in: BeckOK PSR, Art. 71 PAG (aF) Rn. 13. AA *Schmidbauer*, in: ders./Steiner, Art. 71 PAG Rn. 4.
559 *Gallwas/Lindner/Wolff*, Rn. 814.

Behörden erfasst ist, ist auch die Amts- und Vollzugshilfe mit einbezogen.[560] Gemäß Art. 90 Abs. 2 PAG ist der Erstattungsanspruch im **Verwaltungsrechtsweg** zu verfolgen.

hh) Rechtsweg

Gemäß § 40 Abs. 2 S. 1 Hs. 1 VwGO sind vermögensrechtliche Ansprüche aus Aufopferung für das gemeine Wohl im ordentlichen Rechtsweg zu verfolgen; dies stellt Art. 90 Abs. 1 PAG deklaratorisch fest. Mit Blick auf die Prozesskostentragungslast bei ungerechtfertigter Klageerhebung gemäß § 93 ZPO sollte zuvor ein Entschädigungsantrag bei der Behörde gestellt werden.[561] Es besteht eine streitwertunabhängige, ausschließliche (sachliche) Zuständigkeit der Landgerichte (§ 71 Abs. 3 GVG; Art. 9 Nr. 1 AGGVG). 373

b) Amtshaftungsanspruch gemäß Art. 34 GG iVm § 839 BGB

In Idealkonkurrenz zu Art. 87 PAG (→ Rn. 353 ff.) steht der Amtshaftungsanspruch gemäß Art. 34 GG iVm § 839 BGB, der bei schuldhaftem, rechtswidrigem (Verletzung der Amtspflicht zu rechtmäßigem Handeln) Handeln in Betracht kommt.[562] Anders als der Entschädigungsanspruch gemäß Art. 87 PAG (→ Rn. 365) erfasst der Amtshaftungsanspruch auch immaterielle Schäden (§ 253 Abs. 2 BGB). 374

c) Haftung für Pflichtverletzungen im Rahmen öffentlich-rechtlicher Schuldverhältnisse gemäß § 280 BGB analog

Eine Haftung für Pflichtverletzungen im Rahmen öffentlich-rechtlicher Schuldverhältnisse gemäß § 280 BGB analog ist namentlich im Kontext der **Verwahrung sichergestellter Sachen** (Art. 26 PAG) relevant. Diese begründet ein besonderes öffentlich-rechtliches Schuldverhältnis, in dessen Rahmen schuldhafte Pflichtverletzungen zu einem Schadensersatzanspruch gemäß § 280 BGB analog führen. Das Haftungsprivileg des § 690 BGB (diligentia quam in suis) findet keine Anwendung, da dieses in der freiwilligen Weggabe einer Sache seine Rechtfertigung findet, was bei einem polizeilichen Zugriff auf die Sache nicht der Fall ist.[563] 375

d) Ersatzanspruch gegen den Störer, Art. 89 PAG

Besteht eine Entschädigungspflicht des Trägers gemäß Art. 87 PAG und kein Erstattungsanspruch gegen Rechtsträger anderer Behörden gemäß Art. 88 PAG, kommt ein **Ersatzanspruch** des entschädigungspflichtigen Trägers **gegen den Störer** gemäß Art. 89 Abs. 1 PAG in Betracht: „Hat der nach Art. 87 Abs. 6 entschädigungspflichtige Polizeiträger keinen Erstattungsanspruch nach Art. 88, so kann er von der nach Art. 7 oder 8 verantwortlichen Person Ersatz der notwendigen Aufwendungen verlangen." 376

Beispiel:
Bei einem Polizeieinsatz in Zusammenhang mit einem Wohnungseinbruch wird Eigentum des Wohnungsinhabers beschädigt. Dies löst einen (nach Art. 87 Abs. 4 PAG zu kürzenden) Entschädi-

---

560 *Unterreitmeier*, in: BeckOK PSR, Art. 71 PAG (aF) Rn. 10 f.
561 *Heckmann*, in: Becker/ders./Kempen/Manssen, 3. Teil, Rn. 473.
562 Begründung des Entwurfs eines Gesetzes über die Aufgaben und Befugnisse der Polizei in Bayern (Polizeiaufgabengesetz), LT-Drs. 2/4660, S. 35. Näher *Unterreitmeier*, in: BeckOK PSR, Art. 70 PAG (aF) Rn. 25; vgl. *Maurer/Waldhoff*, § 26, Rn. 49; *Ossenbühl/Cornils*, S. 488, 527.
563 *Weber/Köppert*, Polizei- und Sicherheitsrecht, Rn. 247.

gungsanspruch des Wohnungsinhabers gegenüber dem Freistaat Bayern gemäß Art. 87 Abs. 2 PAG aus. Insoweit kann der Freistaat Bayern Regress gemäß Art. 89 Abs. 1 PAG beim Einbrecher nehmen.

377 Besteht ein **Regressanspruch** des im Außenverhältnis gemäß Art. 87 PAG entschädigungspflichtigen Trägers der Polizei gegen eine die Polizei zum Handeln anweisende nicht staatliche Behörde gemäß Art. 88 PAG, kann letztere einen Entschädigungsanspruch gegen den Störer gemäß Art. 89 Abs. 2 PAG geltend machen: „Hat die nach Art. 88 erstattungspflichtige Körperschaft ihre Verpflichtung erfüllt, so kann sie von dem nach Art. 7 oder 8 Verantwortlichen Ersatz der notwendigen Aufwendungen verlangen."

378 Der **Ersatzanspruch** gemäß Art. 89 PAG stellt eine **Spezialregelung** gegenüber dem allgemeinen öffentlich-rechtlichen Erstattungsanspruch dar.[564] Gemäß Art. 90 Abs. 2 PAG ist der Ersatzanspruch gegen den Störer im Verwaltungsrechtsweg zu verfolgen.

X. Allgemeines Sicherheitsrecht

379 Die Abwehr von Gefahren für die öffentliche Sicherheit und Ordnung obliegt nicht nur der Polizei, sondern auch weiteren allgemeinen und besonderen Sicherheitsbehörden (zu dieser Unterscheidung → Rn. 22 ff.; allgemein zum Trennsystem Polizei/ Sicherheitsbehörden → Rn. 17 ff.). Entsprechend der Definition des Examensstoffes in § 18 Abs. 2 Nr. 5 lit. c JAPO (→ Rn. 28) beschränkt sich die folgende Darstellung auf das allgemeine Sicherheitsrecht, mithin auf die **im LStVG normierten Aufgaben und Befugnisse der allgemeinen Sicherheitsbehörden** (Art. 6 LStVG). Ein eigener Abschnitt ist dem ebenfalls examensrelevanten Versammlungsrecht, einer Materie des besonderen Sicherheitsrechts, gewidmet (→ Rn. 431 ff.).

380 Im Gegensatz zur (Vollzugs-)Polizei können die allgemeinen Sicherheitsbehörden nicht nur **Maßnahmen zur Gefahrenabwehr im Einzelfall** ergreifen, namentlich durch Erlass eines Verwaltungsaktes (→ Rn. 382 ff.), sondern auch Gefahren im Wege der **Rechtsetzung** (Verordnungserlass) abwehren (→ Rn. 404 ff.).

Klausurhinweis:
Zwischen der Gefahrenabwehr im Einzelfall und im Wege der Rechtsetzung kann insofern ein Zusammenhang bestehen, als eine Einzelfallanordnung auch auf eine in einer kommunalen Verordnung enthaltene Rechtsgrundlage gestützt werden oder an dort enthaltene Bußgeldtatbestände gemäß Art. 7 Abs. 2 Nr. 1 LStVG anknüpfen kann (→ Rn. 384).

381 Daneben seien weitere examensrelevante Einzelfragen des Sicherheitsrechts erörtert (→ Rn. 422 ff.).

Hinweis:
Nachdem das Polizeirecht bereits ausführlich entfaltet wurde und dieses weitgehende Strukturparallelen zum allgemeinen Sicherheitsrecht aufweist, stehen in der folgenden Darstellung die Grundstrukturen des allgemeinen Sicherheitsrechts und dessen Besonderheiten im Vordergrund.

---

564 *Gallwas/Lindner/Wolff*, Rn. 814.

1. Gefahrenabwehr durch Maßnahmen im Einzelfall

a) Prüfungsschema

Sicherheitsbehördliche Maßnahmen bedürfen als Eingriffsakte der Exekutive einer Rechtsgrundlage (Grundsatz des Vorbehalts des Gesetzes) und müssen formell und materiell rechtmäßig sein. Es ergibt sich folgendes Prüfungsschema: 382

Schema: Rechtmäßigkeit sicherheitsbehördlicher Maßnahmen
I. Rechtsgrundlage
   1. Vorrang des besonderen Sicherheitsrechts
   2. Spezialgesetz (Art. 7 Abs. 2 LStVG iVm Spezialgesetz) einschließlich Befugnissen in sicherheitsbehördlichen Verordnungen
   3. Spezialbefugnisse des LStVG, Art. 7 Abs. 2 iVm Art. 12 ff. LStVG
   4. (Beschränkte) Generalklausel, Art. 7 Abs. 2 LStVG
II. Formelle Rechtmäßigkeit
   1. Zuständigkeit, Art. 6, 43 LStVG
   2. Verfahren
   3. Form
III. Materielle Rechtmäßigkeit
   1. Tatbestand der Rechtsgrundlage
   2. Maßnahmerichtung (richtiger Adressat), Art. 9 LStVG
   3. Ermessen
   4. Verhältnismäßigkeit, Art. 8 LStVG
   5. Weitere rechtsstaatliche Grenzen: Bestimmtheit, Möglichkeit
   6. Verbot der Einschränkung bestimmter Grundrechte bei Maßnahmen aufgrund der Generalklausel, Art. 7 Abs. 4 LStVG

b) Rechtsgrundlage

Nach dem in Art. 7 Abs. 1 LStVG einfach-gesetzlich konkretisierten (und vorrangig heranzuziehenden)[565] rechtsstaatlich-grundrechtlichen Grundsatz des **Vorbehalts des Gesetzes** bedürfen sicherheitsbehördliche Eingriffsakte einer gesetzlichen Grundlage. Wichtig ist zunächst, dass ein Rückgriff auf das LStVG grds. ausscheidet, wenn Spezialgesetze Aufgaben und Befugnisse der Sicherheitsbehörden speziell und abschließend regeln (**Vorrang des besonderen Sicherheitsrechts**; siehe im Kontext des Polizeirechts → Rn. 50).[566] Dieser **Grundsatz** ist im Interesse einer effektiven Gefahrenabwehr **zu durchbrechen**, wenn die Sonderbehörde nicht zum rechtzeitigen Einschreiten in der Lage ist; dann besteht freilich eine Informationspflicht und eine Beschränkung auf vorläufige Maßnahmen.[567] 383

Hinsichtlich des im LStVG geregelten **allgemeinen Sicherheitsrechts** bestehen die folgenden – nach dem Spezialitätsgrundsatz in der angegebenen Reihenfolge zu prüfenden – Rechtsgrundlagen: 384
1. Spezialgesetz (Art. 7 Abs. 2 LStVG iVm Spezialgesetz) einschließlich Befugnissen in sicherheitsbehördlichen Verordnungen;
2. Spezialbefugnisse des LStVG (Art. 7 Abs. 2 iVm Art. 12 ff. LStVG);
3. Generalklausel (Art. 7 Abs. 2 LStVG).

---

565 *Gallwas/Lindner/Wolff*, Rn. 304. AA (deklaratorisch) *Holzner*, in: BeckOK PSR, Art. 7 LStVG Rn. 1.
566 Allgemein *Gallwas/Lindner/Wolff*, Rn. 211 ff.
567 *Gallwas/Lindner/Wolff*, Rn. 225 ff., 309; ferner *Poscher/Rusteberg*, JuS 2011, 888 (891).

Klausurhinweis:

An dieser Stelle genügt es, die einschlägige Rechtsgrundlage zu benennen. Die Prüfung ihrer Voraussetzungen erfolgt im Rahmen der materiellen Rechtmäßigkeit.

c) Formelle Rechtmäßigkeit
aa) Zuständigkeit
(1) Sachliche Zuständigkeit

385 Die **Verbandskompetenz** bestimmt sich – abgesehen von Spezialregelungen wie dem in Art. 43 LStVG speziell geregelten Vollzug sicherheitsbehördlicher Verordnungen – nach Art. 6 LStVG. Dieser weist den Gemeinden, Landratsämtern, Regierungen und dem Staatsministerium des Innern, für Bau und Verkehr die Aufgabe zu, die öffentliche Sicherheit und Ordnung durch Abwehr von Gefahren und durch Unterbindung und Beseitigung von Störungen aufrechtzuerhalten.

386 Folglich muss **erstens** eine der hier **aufgezählten Behörden** gehandelt haben. Nachdem Art. 6 LStVG mehrere Behörden parallel nennt, stellt sich die Frage nach deren Verhältnis. Anders als für den Bereich der Gefahrenabwehr durch Rechtsetzung, für den Art. 44 Abs. 1 S. 1 LStVG das Subsidiaritätsprinzip als Abgrenzungsregel vorzeichnet, fehlt eine solche Regelung – unbeschadet ratione personae beschränkter Spezialbefugnisse (siehe etwa Art. 19 Abs. 5 LStVG) – für Einzelmaßnahmen. Im Interesse einer effektiven Gefahrenabwehr und im Umkehrschluss zu Art. 44 LStVG, der das Subsidiaritätsprinzip für die Abgrenzung konkurrierender Zuständigkeiten von Sicherheitsbehörden für den Verordnungserlass vorgibt, begründet Art. 6 LStVG eine **parallele Zuständigkeit (Mehrfachkompetenz)**, ohne dass dem durchgreifende rechtsstaatliche Einwände (Kompetenzklarheit) entgegengesetzt werden könnten.[568] Als Richtschnur im Innenverhältnis kann das Subsidiaritätsprinzip jedoch herangezogen werden.[569]

Klausurhinweis:

Ein Verstoß gegen den Subsidiaritätsgrundsatz ist demnach im Außenverhältnis irrelevant und führt nicht zur Rechtswidrigkeit der Maßnahme.[570] Teils wird er als Element der Ermessensausübung (Entschließungsermessen) verstanden.[571]

387 Die jeweils höhere Sicherheitsbehörde ist befugt, nachgeordnete Sicherheitsbehörden zum (Nicht-)Handeln anzuweisen und dadurch etwaige Kompetenzkonflikte aufzulösen.[572]

388 **Zweitens** muss der **sicherheitsbehördliche Aufgabenkreis** eröffnet sein, mithin eine (abstrakte) Gefahr für die öffentliche Sicherheit oder Ordnung vorliegen (dazu bereits im Kontext des Polizeirechts → Rn. 52 ff.).

389 Die **Organkompetenz** bestimmt sich nach den allgemeinen Regeln des Kommunalrechts (→ § 3 Rn. 82, 97 ff.).

---

568 *Gallwas/Lindner/Wolff*, Rn. 166, 169 ff.; *Holzner*, in: BeckOK PSR, Art. 6 LStVG Rn. 35 ff. Vgl. – im Kontext des Art. 5 Abs. 1 S. 1 AGStPO aF – auch BayVGH, BayVBl. 1964, 228 (229); BayVGHE 27, 49 (51 ff.).
569 BayVBl. 1989, 369 (370); BayVBl. 1974, 471 (472); *Gallwas/Lindner/Wolff*, Rn. 173; *Heckmann*, in: Becker/ders./Kempen/Manssen, 3. Teil, Rn. 488; *Holzner*, in: BeckOK PSR, Art. 6 LStVG Rn. 40.
570 *Heckmann*, in: Becker/ders./Kempen/Manssen, 3. Teil, Rn. 488.
571 *Weber/Köppert*, Polizei- und Sicherheitsrecht, Rn. 270.
572 Siehe auch BayVGHE 27, 49 (53); *Heckmann*, in: Becker/ders./Kempen/Manssen, 3. Teil, Rn. 488.

X. Allgemeines Sicherheitsrecht

Hinsichtlich **gemeindlichen Handelns** stellt sich schließlich die Frage, ob dieses dem eigenen oder übertragenen Wirkungskreis zuzurechnen ist (allgemein zur Abgrenzung → § 3 Rn. 26 ff.). Diese Differenzierung ist für den Zuständigkeitsübergang auf Verwaltungsgemeinschaften (Art. 4 Abs. 1 S. 1 VGemO; → § 3 Rn. 244 ff.), die Möglichkeit von Bürgerbegehren (Art. 18 a Abs. 1 GO; → § 3 Rn. 167) und die Eröffnung von Fach- oder Rechtsaufsicht (Art. 109 GO; → § 3 Rn. 204 ff.) erheblich. Art. 83 Abs. 1 BV weist die „örtliche Polizei" dem eigenen Wirkungskreis zu.[573] Freilich fällt hierunter nicht jedwedes Tätigwerden der Gemeinde zur Gefahrenabwehr; maßgeblich ist vielmehr die „Art und Tragweite der konkreten Anordnung und de[r] rechtlich[e] Gesamtzusammenhang, in dem sie ergeh[t]".[574] Nach der Rspr. des BayVGH liegt ein **Handeln als örtliche Polizei** vor, wenn „die Gefahr, die abgewehrt werden soll, in ihren Auswirkungen und [ihrer] Tragweite auf das Gemeindegebiet beschränkt" ist.[575] Dies bedeutet nicht, dass Einzelfallanordnungen generell in den eigenen Wirkungskreis fielen.[576] Umgekehrt sind auch im eigenen Wirkungskreis liegende gemeindliche Polizeiverordnungen denkbar;[577] allerdings ordnet Art. 42 Abs. 1 S. 2 LStVG den Erlass sicherheitsrechtlicher Verordnungen dem übertragenen Wirkungskreis zu.[578] „Örtliche Polizei" erfasst die Überwachung öffentlicher Vergnügungen gemäß Art. 19 LStVG[579] und die Einweisung von Obdachlosen in Wohnungen,[580] nicht dagegen die Anordnung eines Leinenzwangs für Kampfhunde[581] oder das Einschreiten gegen verfassungsfeindliche Handlungen[582]. Die Verhütung bzw. Unterbindung von Verstößen gegen landes- bzw. bundesrechtlich statuierte Straf- bzw. Ordnungswidrigkeitentatbestände kann nicht generell dem übertragenen Wirkungskreis zugeordnet werden; vielmehr ist nach der allgemeinen Regel der Örtlichkeit abzugrenzen.[583]

390

---

573 Dazu und zum Folgenden *F. Wollenschläger*, in: Meder/Brechmann, Art. 83 Rn. 13. Dieser Begriff – für ein restriktives Verständnis auch BayVerfGHE 4, 251 (278); umfassend *Mößle*, BayVBl. 1999, 289 – ist nicht institutionell im Sinne des Polizeirechts [Art. 1 PAG, Art. 1 Abs. 1 POG – die ursprünglich bestehenden Gemeindepolizeien wurden bis 1975 aufgelöst; näher *Mößle*, BayVBl. 1999, 289 (289 ff., 298); zum jüngeren Phänomen kommunaler Ordnungsdienste *Braun*, BayVBl. 2008, 680], sondern materiell iSd Abwehr von Gefahren für die öffentliche Sicherheit und Ordnung zu verstehen, siehe BayVGHE 21, 136 (137); NVwZ 1994, 716 (716); NVwZ-RR 2004, 490 (490); *Wolff*, in: Lindner/Möstl/ders., BV, Art. 83 Rn. 30.
574 BayVGH, NVwZ-RR 2004, 490 (490).
575 BayVGH, NVwZ-RR 2004, 490 (490); ebenso bereits die Steilwand-Entscheidung BayVGH, BayVBl. 1964, 228 (231); ferner *Wolff*, in: Lindner/Möstl/ders., BV, Art. 83 Rn. 31. Siehe für die Sanktionierung von Verstößen gegen eine gemeindliche Abgabensatzung BayVerfGHE 4, 181 (194).
576 BayVGH, NVwZ-RR 2004, 490 (490 f.); Beschl. v. 20.5.2014 – 10 C 12.1343, juris, Rn. 35.
577 *Mößle*, BayVBl. 1999, 289 (300) – nach dem Regelungsgegenstand differenzierend; *Wolff*, in: Lindner/Möstl/ders., BV, Art. 83 Rn. 32. AA *Holzner*, Praxis der Kommunalverwaltung, Art. 11 Rn. 50; *Meder*, in: ders. (Hrsg.), Die Verfassung des Freistaates Bayern, 4. Aufl. 1992, Art. 83 Rn. 2.
578 Dies für verfassungskonform erachtend *Gallwas/Lindner/Wolff*, Rn. 872; *Wolff*, in: Lindner/Möstl/ders., BV, Art. 83 Rn. 32. Zur Genese *Mößle*, BayVBl. 1999, 289 (294 ff., 299).
579 Siehe für Art. 20 Abs. 1 LStVG aF (Tanzerlaubnis) BayVGH nF 21, 136 (137 ff.).
580 BayVGH, NVwZ 1994, 716 (716).
581 BayVGH, NVwZ-RR 2004, 490 (491).
582 *Heckmann*, in: Becker/ders./Kempen/Manssen, 3. Teil, Rn. 481; *Holzner*, in: BeckOK PSR, Art. 6 LStVG Rn. 26.
583 So aber unter Verweis auf das Betroffensein überörtlicher Belange des Rechtsfriedens *Heckmann*, in: Becker/ders./Kempen/Manssen, 3. Teil, Rn. 481; ferner *Holzner*, in: BeckOK PSR, Art. 6 LStVG Rn. 26; *Weber/Köppert*, Polizei- und Sicherheitsrecht, Rn. 268. Anders *Gallwas/Lindner/Wolff*, Rn. 105 ff.

Ferdinand Wollenschläger

391 Die **Landratsämter** handeln als Staatsbehörde, so keine explizite Zuweisung an die Landkreise erfolgt ist, wie etwa in Art. 25 Abs. 1, Art. 26 Abs. 1 oder Art. 43 Nr. 2 LStVG.[584]

(2) Örtliche Zuständigkeit

392 Die örtliche Zuständigkeit bestimmt sich nach der **allgemeinen Regel** des Art. 3 BayVwVfG.

bb) Verfahren

393 In verfahrensrechtlicher Hinsicht ist auf das **Anhörungserfordernis** gemäß Art. 28 Abs. 1 BayVwVfG zu verweisen, da ein belastender Verwaltungsakt vorliegt. Eine Ausnahme kommt namentlich gemäß Art. 28 Abs. 2 Nr. 1 BayVwVfG in Betracht, nämlich wenn „eine sofortige Entscheidung wegen Gefahr im Verzug oder im öffentlichen Interesse notwendig erscheint". Bei der Ermessensentscheidung der Behörde über den Verzicht auf die Anhörung ist zu berücksichtigen, dass dieser Ausnahmetatbestand voraussetzt, dass auch eine kurzfristige, ggf. telefonische Kontaktaufnahme nicht möglich sein darf.[585]

cc) Form

394 Hinsichtlich der Form des Verwaltungsaktes gilt die **Wahlfreiheit** gemäß Art. 37 Abs. 2 BayVwVfG.

d) Materielle Rechtmäßigkeit
aa) Tatbestand der Rechtsgrundlage
(1) Spezialzuweisungen

395 Aufgaben und Befugnisse von Sicherheitsbehörden können zunächst in Rechtsvorschriften außerhalb des LStVG normiert sein (siehe beispielsweise → § 7 Rn. 85). Von besonderer Bedeutung sind Handlungsbefugnisse, die auf der Grundlage des LStVG erlassene Verordnungen (→ Rn. 404 ff.) einräumen.[586]

(2) Spezialbefugnisse, Art. 12 ff. LStVG

396 Genauso wie das PAG enthält das LStVG eine Vielzahl von Spezialbefugnissen (zum Hintergrund der Normierung von Spezialbefugnissen → Rn. 91).[587] Hinsichtlich Einzelfallmaßnahmen zu nennen sind:

- Halten von Hunden, Art. 18 Abs. 2 LStVG;
- Veranstaltung öffentlicher und sonstiger Vergnügungen einschließlich Untersagung, Art. 19 Abs. 5 LStVG;
- Staatliche Parkanlagen, Art. 20 Abs. 2 LStVG;
- Menschenansammlungen, Art. 23 Abs. 1 f. LStVG;

---

584 Näher *Gallwas/Lindner/Wolff*, Rn. 118 ff.
585 BVerwGE 142, 205 (208 f.).
586 Siehe auch *Gallwas/Lindner/Wolff*, Rn. 304; *Heckmann*, in: Becker/ders./Kempen/Manssen, 3. Teil, Rn. 497.
587 Gegen die Begrifflichkeit Standardbefugnis *Gallwas/Lindner/Wolff*, Rn. 305.

X. Allgemeines Sicherheitsrecht

- Verbot der Gesichtsverhüllung, Art. 23 b Abs. 1 LStVG;[588]
- Ski- und Skibobfahren, Rodeln, Art. 24 Abs. 2 LStVG;
- Betreten und Befahren von Grundstücken, Art. 26 Abs. 2 LStVG;
- Beseitigung öffentlicher Anschläge, Art. 28 Abs. 3 LStVG;
- Fliegende Verkaufsanlagen, Art. 29 Abs. 1 LStVG.

Hinweis:
Es würde im Rahmen der vorliegenden Darstellung zu weit führen, die einzelnen Tatbestände im Detail zu erläutern. In der Klausur ist eine Arbeit mit dem Gesetzestext entscheidend!

Auch im Sicherheitsrecht ist die **Sperrwirkung von Spezialbefugnissen gegenüber der Generalklausel** zu beachten (näher im Kontext des Polizeirechts → Rn. 213).[589] Hinsichtlich der Befugnis zum Erlass von Einzelfallanordnungen zum Halten von Hunden (Art. 18 Abs. 2 LStVG) ist insoweit zu berücksichtigen, dass bei Nichtvorliegen der dort iVm Art. 18 Abs. 1 LStVG aufgestellten Voraussetzungen nicht Art. 7 Abs. 2 LStVG als Rechtsgrundlage für entsprechende Maßnahmen herangezogen werden darf. Dies gilt jedoch nur, wenn tatsächlich das „Wie", nicht jedoch das „Ob" der Hundehaltung geregelt werden soll: So muss etwa die Anordnung der Abgabe oder Tötung eines Hundes von vornherein auf Art. 7 Abs. 2 LStVG gestützt werden.[590] Wurde dennoch auf Art. 18 Abs. 2 LStVG Bezug genommen, ist ein Austausch der Rechtsgrundlage hin zu Art. 7 Abs. 2 LStVG möglich, weil beide Rechtsgrundlagen ein gleichartiges Ermessen einräumen.[591]

397

(3) (Beschränkte) Generalklausel, Art. 7 Abs. 2 LStVG

Auch das LStVG kennt mit Art. 7 Abs. 2 eine (beschränkte) **Generalklausel**. Nach dieser „können die Sicherheitsbehörden zur Erfüllung ihrer Aufgaben für den Einzelfall Anordnungen nur treffen, um

398

1. rechtswidrige Taten, die den Tatbestand eines Strafgesetzes oder einer Ordnungswidrigkeit verwirklichen, oder verfassungsfeindliche Handlungen zu verhüten oder zu unterbinden,
2. durch solche Handlungen verursachte Zustände zu beseitigen,
3. Gefahren abzuwehren oder Störungen zu beseitigen, die Leben, Gesundheit oder die Freiheit von Menschen[592] oder Sachwerte, deren Erhaltung im öffentlichen Interesse geboten erscheint, bedrohen oder verletzen."

Hinweis:
Im Vergleich zur polizeirechtlichen Generalklausel ist die **sicherheitsrechtliche Generalklausel restriktiver gefasst**. Sie entspricht der polizeilichen Befugnis zum Ergreifen atypischer Maßnahmen (vgl. Art. 11 Abs. 2 PAG); das LStVG kennt indes keine allgemeine, zur Abwehr von Gefahren für die

---

588 Neuer Tatbestand eingeführt durch das Gesetz über Verbote der Gesichtsverhüllung in Bayern vom 12. Juli 2017, GVBl. S. 362.
589 *Holzner*, in: BeckOK PSR, Art. 7 LStVG Rn. 20.
590 *Schwabenbauer*, in: BeckOK PSR, Art. 18 LStVG Rn. 64 ff.; *Weber/Köppert*, Polizei- und Sicherheitsrecht, Rn. 273.
591 *Schenk*, in: Bengl/Berner/Emmerig, LStVG, Art. 18 (Stand: 36. EL September 2015), Rn. 77.
592 Für eine Beschränkung auf die Fortbewegungsfreiheit *Holzner*, in: BeckOK PSR, Art. 7 LStVG Rn. 44; tendenziell für ein weites Verständnis im Sinne der Einbeziehung von sonstigen grundrechtlich geschützten Freiheiten *Gallwas/Lindner/Wolff*, Rn. 324.

öffentliche Sicherheit und Ordnung ermächtigende Generalklausel (vgl. Art. 11 Abs. 1 PAG). Damit fehlt es an einer Befugnis der Sicherheitsbehörden zur Abwehr von Gefahren für die öffentliche Ordnung; auch sind die Schutzgüter im Rahmen der öffentlichen Sicherheit (Nr. 3) enger gefasst, gerade mit Blick auf private Rechte (zum Schutz durch das Polizeirecht → Rn. 53 ff.). Bei Schutzlücken kommt eine **Weisung an die Polizei** gemäß Art. 9 Abs. 2 f. POG, Art. 10 S. 2 LStVG in Betracht.

399 Hinsichtlich der einzelnen Merkmale der Generalklausel kann auf die Ausführungen zum Polizeirecht verwiesen werden (→ Rn. 216 ff.). Wie dort setzen Einzelfallmaßnahmen das **Vorliegen einer konkreten Gefahr** voraus. Ein Vorgehen gemäß Art. 7 Abs. 2 Nr. 1 LStVG kommt auch hinsichtlich in sicherheitsrechtlichen Verordnungen enthaltener Bußgeldtatbestände in Betracht.

Hinweis:

Ein Überblick zum Spektrum möglicher Maßnahmen findet sich bei *Holzner*, in: BeckOK PSR, Art. 7 LStVG Rn. 119 ff. Zum sicherheitsbehördlichen Aufenthaltsverbot und -gebot bereits im Kontext des Art. 16 PAG → Rn. 130.

bb) Maßnahmerichtung (richtiger Adressat), Art. 9 LStVG

400 Genauso wie das PAG ermöglicht das LStVG die Inanspruchnahme des **Handlungs- und Zustandsstörers** (Art. 9 Abs. 1 f. LStVG; näher im Kontext des PAG → Rn. 226 ff.). Allein die **Dereliktion** ist nicht geregelt; umstritten ist, ob der Rechtsgedanke des Art. 8 Abs. 3 PAG (fortbestehende Verantwortlichkeit des früheren Eigentümers im Interesse einer effektiven Gefahrenabwehr) zur Lückenfüllung herangezogen werden kann[593]. Art. 9 Abs. 3 LStVG gestattet im Ausnahmefall die Inanspruchnahme von **Nichtstörern** (dazu im Kontext des Art. 10 PAG → Rn. 237 ff.).

cc) Ermessen

401 Wie die Befugnisnormen verdeutlichen (Kann-Bestimmungen) und obgleich eine Parallelnorm zu Art. 5 PAG fehlt, steht das Ergreifen sicherheitsbehördlicher Maßnahmen im Ermessen der Behörden. Insoweit kann auf die Ausführungen zum **Auswahl- und Entschließungsermessen** der Polizei (→ Rn. 249) und zur Pflicht zum Einschreiten (→ Rn. 250) verwiesen werden.

dd) Verhältnismäßigkeit, Art. 8 LStVG

402 Wie Art. 4 PAG konkretisiert Art. 8 LStVG den Grundsatz der Verhältnismäßigkeit; auf die Ausführungen zum Polizeirecht kann verwiesen werden (→ Rn. 254 f.).

ee) Verbot der Einschränkung bestimmter Grundrechte bei Maßnahmen aufgrund der Generalklausel, Art. 7 Abs. 4 LStVG

403 Auf die Generalklausel des Art. 7 Abs. 2 LStVG gestützte Maßnahme dürfen gemäß Art. 7 Abs. 4 LStVG bestimmte Grundrechte nicht einschränken, nämlich die **Freiheit der Person** (Art. 2 Abs. 2 S. 2 GG; Art. 102 Abs. 1 BV) und die **Unverletzlichkeit der Wohnung** (Art. 13 GG; Art. 106 Abs. 3 BV). Für Maßnahmen, die auf andere Befugnisnormen gestützt werden, gilt dies nicht; hier ist das Zitiergebot zu beachten (vgl. Art. 58 LStVG; siehe im Polizeirecht → Rn. 255). Auch steht Art. 7 Abs. 4 LStVG

---

593 So *Lindner*, in: BeckOK PSR, Art. 9 LStVG Rn. 34.4; *Weber/Köppert*, Polizei- und Sicherheitsrecht, Rn. 275; ferner *Gallwas/Lindner/Wolff*, Rn. 456. AA *Heckmann*, in: Becker/ders./Kempen/Manssen, 3. Teil, Rn. 492, nach dem der frühere Eigentümer – außer als Handlungsstörer oder bei unwirksamer Eigentumsaufgabe – nicht in Anspruch genommen werden kann.

einer **Weisung an die Polizei** gemäß Art. 9 Abs. 2 f. POG, Art. 10 S. 2 LStVG nicht entgegen.[594]

2. Gefahrenabwehr durch Verordnungserlass

a) Prüfungsschema

Schema: Rechtmäßigkeit sicherheitsbehördlicher Verordnungen 404

I. Ermächtigungsgrundlage
　1. Spezialgesetz
　2. Regelungen der Art. 12 ff. LStVG
II. Formelle Rechtmäßigkeit
　1. Zuständigkeit
　2. Verfahren
　　a) Ordnungsgemäße Beschlussfassung
　　b) Ausfertigung (analog Art. 26 Abs. 2 GO, Art. 20 Abs. 2 LKrO, Art. 19 Abs. 2 BezO)
　　c) Amtliche Bekanntmachung, Art. 51 LStVG
　3. Form
III. Materielle Rechtmäßigkeit
　1. Vereinbarkeit der Ermächtigungsgrundlage mit höherrangigem Recht
　2. Tatbestand der Ermächtigungsgrundlage
　3. Vereinbarkeit der Verordnung mit höherrangigem Recht
　4. Zitiergebot, Art. 45 Abs. 2 LStVG
　5. Besondere Anforderungen an bewehrte Verordnungen

Hinweis:
Art. 46 und 49 LStVG enthalten eine Spezialregelung für die Aufsicht beim Verordnungserlass.

b) Ermächtigungsgrundlage

Als Ermächtigungsgrundlage kommen die Art. 12 ff. LStVG in Betracht. Die (beschränkte) Generalklausel des Art. 7 Abs. 2 LStVG ermächtigt schon wegen ihres Bezugs auf Einzelfallanordnungen nicht zum Erlass von Rechtsnormen.[595] 405

c) Formelle Rechtmäßigkeit

aa) Zuständigkeit

(1) Sachliche Zuständigkeit

Die **Verbandskompetenz** folgt aus der im Einzelfall einschlägigen Verordnungsermächtigung. 406

Hinweis:
Diese kann den Kreis der Adressaten weiter als Art. 6 LStVG ziehen (vgl. Art. 42 Abs. 1 S. 1 LStVG). Für **Verwaltungsgemeinschaften** schließt Art. 4 Abs. 1 S. 1 VGemO den Übergang der Befugnis zum Erlass von Satzungen und Verordnungen ausdrücklich aus; **Zweckverbänden** kann demgegenüber diese Befugnis übertragen werden (Art. 22 Abs. 2 KommZG).

Für den Bereich der Gefahrenabwehr durch Rechtsetzung gibt Art. 44 Abs. 1 S. 1 LStVG das **Subsidiaritätsprinzip** als Abgrenzungsregel bei Mehrfachkompetenzen vor: „Sind verschiedene Behörden oder Stellen zum Erlaß von Verordnungen zuständig, so soll die höhere Behörde oder Stelle von ihrer Befugnis nur Gebrauch machen, wenn eine einheitliche Regelung für ihren Bereich oder einen Teilbereich erforderlich oder 407

---

594 *Gallwas/Lindner/Wolff*, Rn. 348.
595 *Gallwas/Lindner/Wolff*, Rn. 332.

zweckmäßig ist." Ein Verstoß gegen das Subsidiaritätsprinzip führt nicht zur Nichtigkeit der Verordnung.[596] Art. 44 Abs. 2 LStVG ermöglicht den Verordnungserlass durch eine gemeinsame höhere Behörde, wenn „eine Verordnung für den örtlichen Bereich mehrerer ermächtigter Behörden oder Stellen der gleichen Verwaltungsebene erforderlich" ist.

408 Die **Organkompetenz** bestimmt sich nach **Art. 42 LStVG**: Zuständig ist das jeweilige Kollegialorgan, mithin der Gemeinderat, der Kreistag bzw. der Bezirkstag (Abs. 1); eine Delegation auf beschließende Ausschüsse ist unzulässig (siehe Art. 32 Abs. 2 S. 2 Nr. 2 GO, Art. 30 Nr. 6 LKrO, Art. 29 Nr. 1 BezO). In Eilfällen (**dringliche Verordnung**) besteht eine Handlungsbefugnis des ersten Bürgermeisters, des Landrats bzw. des Bezirkstagspräsidenten (Abs. 2).

409 Der Verordnungserlass fällt in Ermangelung einer gegenteiligen gesetzlichen Bestimmung in den **übertragenen Wirkungskreis** (Art. 42 Abs. 1 S. 2 LStVG; → Rn. 390); gleichwohl sieht die Spezialregelung der Aufsicht in Art. 49 LStVG nur eine Rechtsaufsicht vor[597].

(2) Örtliche Zuständigkeit

410 Die örtliche Zuständigkeit richtet sich nach der jeweiligen Gebietshoheit.[598]

bb) Verfahren

411 In verfahrensrechtlicher Hinsicht ist zunächst eine **ordnungsgemäße Beschlussfassung** im zuständigen kommunalen Organ (regelmäßig Gemeinderat, Kreis- oder Bezirkstag, vgl. Art. 42 LStVG) erforderlich; dies richtet sich nach den Regelungen des für die handelnde Körperschaft einschlägigen Rechts (Art. 45 ff. GO; Art. 40 ff. LKrO; Art. 37 ff. BezO; im Einzelnen → § 3 Rn. 129 ff.).

Klausurhinweis:
An dieser Stelle lässt sich in einer Klausur Kommunalrecht umfassend abprüfen!

412 Nicht ausdrücklich normiert, aber rechtsstaatlich notwendig und Wirksamkeitsvoraussetzung[599] ist des Weiteren die **Ausfertigung der Verordnung** (→ § 3 Rn. 107); hier können die entsprechenden Vorschriften zum Satzungserlass (Art. 26 Abs. 2 GO, Art. 20 Abs. 2 LKrO, Art. 19 Abs. 2 BezO) analog herangezogen werden.[600]

Hinweis:
Nimmt der Normtext Bezug auf eine gemäß Art. 51 Abs. 3 LStVG beigefügte Karte, bedarf es keiner separaten Ausfertigung derselben.[601]

---

596 *Heckmann*, in: Becker/ders./Kempen/Manssen, 3. Teil, Rn. 503.
597 *Gallwas/Lindner/Wolff*, Rn. 920 ff.; *Weber/Köppert*, Polizei- und Sicherheitsrecht, Rn. 292.
598 *Prandl/Zimmermann/Büchner/Pahlke*, 10.22 (Stand: 1.6.2014), S. 2. Die Gebietshoheit als Frage des materiellen Rechts qualifizierend und auf Art. 3 BayVwVfG abstellend *Heckmann*, in: Becker/ders./Kempen/ Manssen, 3. Teil, Rn. 505 f.
599 *Böhm*, in: Bengl/Berner/Emmering, LStVG, Art. 42 (Stand: 25. EL Januar 2000), Rn. 9; *Gallwas/Lindner/ Wolff*, Rn. 878 (Möglichkeit der Inkraftsetzung durch Nachholung der Ausfertigung); *Weber/Köppert*, Polizei- und Sicherheitsrecht, Rn. 289.
600 *Heckmann*, in: Becker/ders./Kempen/Manssen, 3. Teil, Rn. 508; *Weber/Köppert*, Polizei- und Sicherheitsrecht, Rn. 288.
601 *Weber/Köppert*, Polizei- und Sicherheitsrecht, Rn. 288.

X. Allgemeines Sicherheitsrecht

Überdies bedarf es einer **amtlichen Bekanntmachung** gemäß Art. 51 LStVG, wobei es sich um eine Wirksamkeitsvoraussetzung handelt[602]. Außerdem besteht eine Pflicht zum Hinweis auf die Bekanntmachung gemäß Art. 52 LStVG, die keine Wirksamkeitsvoraussetzung darstellt[603]. **Genehmigungserfordernisse** bestehen grds. nicht (für eine Ausnahme: Art. 46 Abs. 2 LStVG). 413

cc) Form

Die Zitiergebote werden hier als materielle Anforderungen verstanden (→ Rn. 419). 414

d) Materielle Rechtmäßigkeit
aa) Vereinbarkeit der Ermächtigungsgrundlage mit höherrangigem Recht

Die Ermächtigungsgrundlage, die zum Erlass der Verordnung ermächtigt, muss mit höherrangigem Recht in Einklang stehen. Bei Ermächtigungsgrundlagen im Rang eines (formellen) Landesgesetzes wie dem LStVG ist dies die Landesverfassung, Bundesrecht (jedweden Ranges) und Unionsrecht (jedweden Ranges). Primär relevant sind grundrechtliche Anforderungen sowie das Erfordernis einer hinreichend bestimmten Ermächtigungsgrundlage (zu den Anforderungen an Verordnungsermächtigungen → § 1 Rn. 159). Verstöße gegen Landesverfassungs- und Bundesrecht führen zur Nichtigkeit, Verstöße gegen Unionsrecht zur Unanwendbarkeit der Ermächtigungsgrundlage; Verordnungen, die auf einer nichtigen oder nicht anwendbaren Ermächtigungsgrundlage beruhen, sind nichtig. 415

Klausurhinweis:
Eine Prüfung sollte nur bei erkennbaren Zweifeln an der Vereinbarkeit der Ermächtigungsgrundlage mit höherrangigem Recht erfolgen. Bei einer Prüfung im Kontext von Rechtsbehelfen ist ggf. die – im Gegensatz zur umfassenden Prüfungskompetenz – beschränkte Verwerfungskompetenz des (Verwaltungs-)Gerichts zu beachten: Ist eine sicherheitsrechtliche **Verordnung** Gegenstand der (verwaltungs-)gerichtlichen Überprüfung, namentlich im Rahmen einer verwaltungsgerichtlichen Normenkontrolle gemäß § 47 Abs. 1 Nr. 2 VwGO i.V.m. Art. 5 S. 1 AGVwGO, und erachtet der BayVGH die (parlamentsgesetzliche) Ermächtigungsgrundlage für grundgesetzwidrig, muss er diese Frage, so entscheidungserheblich, dem Bundesverfassungsgericht gemäß Art. 100 Abs. 1 GG vorlegen, kann aber das Parlamentsgesetz nicht selbst verwerfen. Bei Verstößen gegen die BV ist das Normverwerfungsmonopol des BayVerfGH (Art. 65 i.V.m. 92 BV) zu beachten (→ § 1 Rn. 212 ff., 244), wobei ein Wahlrecht bei Verstößen gegen beide Verfassungen besteht (→ § 1 Rn. 239); im Übrigen ist die Einschränkung des Prüfungsmaßstabs nach § 47 Abs. 3 VwGO (näher → § 1 Rn. 214, 226, 244, 262; § 3 Rn. 61 f.; § 5 Rn. 71) zu beachten. Ist demgegenüber eine sicherheitsrechtliche Verordnung gestützte **Einzelfallmaßnahme** Gegenstand der (verwaltungs-)gerichtlichen Überprüfung und wird hierbei die Unvereinbarkeit der Verordnung mit dem GG (inter partes) festgestellt, folgt daraus die Rechtswidrigkeit der Einzelfallmaßnahme und ggf. die Begründetheit einer gegen diese gerichteten Anfechtungsklage, während ein nur in Bezug auf die Verfassungswidrigkeit förmlicher Gesetze zulässiges Normenverfahren nach Art. 100 Abs. 1 GG nicht durchzuführen ist.[604] Wird im Rahmen der (verwaltungs-)gerichtlichen Überprüfung einer Einzelfallmaßnahme die Unvereinbarkeit der (untergesetzlichen) Ermächtigungsgrundlage mit der BV festgestellt, ist ein Normenkontrollverfahren vor dem BayVerfGH nach Art. 65, 92 BV durchzuführen (vgl. Art. 50 Abs. 1 VfGHG; näher → § 1 Rn. 239);[605] relevant

---

602 *Heckmann*, in: Becker/ders./Kempen/Manssen, 3. Teil, Rn. 509; *Weber/Köppert*, Polizei- und Sicherheitsrecht, Rn. 289.
603 *Engelbrecht*, in: BeckOK PSR, Art. 52 LStVG Rn. 4.
604 Siehe insgesamt auch *Lindner*, Öffentliches Recht, Rn. 579, 585 f., 592, 848.
605 Siehe auch (mit sicherheitsrechtlichem Beispiel) *Kempen*, in: Becker/Heckmann/ders./Manssen, 1. Teil, Rn. 218.

wird dies bei Überprüfung einer Einzelfallmaßnahme jedoch nur in Fällen, in denen nicht zugleich die Unvereinbarkeit mit dem GG vorliegt (für Beispiele → § 1 Rn. 260 ff.), weil ansonsten aufgrund der soeben dargestellten Nichtanwendung der Ermächtigungsgrundlage inter partes einem Normenkontrollverfahren vor dem BayVerfGH die Entscheidungserheblichkeit fehlt.[606]

bb) Tatbestand der Ermächtigungsgrundlage

416 Abgesehen von etwaigen Spezialzuweisungen findet sich in den **Spezialbefugnissen der Art. 12 ff.** LStVG eine Vielzahl von Rechtsgrundlagen für Maßnahmen der Gefahrenabwehr durch Rechtsetzung. Der Verordnungserlass setzt zunächst das **Vorliegen einer abstrakten Gefahr** (zum Begriff → Rn. 63 ff.) für die in der Ermächtigungsgrundlage genannten Schutzgüter voraus.[607] Des Weiteren sind die **Tatbestandsmerkmale der einschlägigen Ermächtigungsgrundlage** zu prüfen. Zu nennen sind:

- Bekämpfung verwilderter Tauben, Art. 16 Abs. 1 LStVG;
- Halten von Hunden, Art. 18 Abs. 1 LStVG;[608]
- Veranstaltung öffentlicher und sonstiger Vergnügungen einschließlich Untersagung, Art. 19 Abs. 6 LStVG;
- Staatliche Parkanlagen, Art. 20 Abs. 1 LStVG;
- Notzeichen, Art. 22 Abs. 1 LStVG;
- Menschenansammlungen, Art. 23 Abs. 1 LStVG;
- Verbot der Gesichtsverhüllung, Art. 23 b Abs. 1 LStVG;
- Ski- und Skibobfahren, Rodeln, Art. 24 Abs. 1, 3 f. LStVG;
- Zelten, Aufstellen von Wohnwagen, Art. 25 Abs. 1 LStVG;
- Betreten und Befahren von Grundstücken, Art. 26 Abs. 1 LStVG;
- Baden; Betreten und Befahren von Eisflächen, Art. 27 Abs. 1 f. LStVG;
- Öffentliche Anschläge, Art. 28 Abs. 1 LStVG;
- Fliegende Verkaufsanlagen, Art. 29 Abs. 1 LStVG;
- Verzehr alkoholischer Getränke auf öffentlichen Flächen, Art. 30 Abs. 1 LStVG;[609]
- Umgang mit Giften, Giftwaren, Arzneien (Art. 31 Abs. 1 LStVG) und mit hochgiftigen Stoffen (Art. 32 Abs. 1 LStVG);
- Vermutung der Kampfhundeeigenschaft, Art. 37 Abs. 1 S. 2 Hs. 2 LStVG;
- Verhütung von Bränden, Art. 38 Abs. 1–3 LStVG;
- Bestimmung der Saat- und Erntezeit, Art. 41 Abs. 2 LStVG.

Hinweis:
Es würde im Rahmen der vorliegenden Darstellung zu weit führen, die einzelnen Tatbestände im Detail zu erläutern. In der Klausur ist eine Arbeit mit dem Gesetzestext entscheidend![610]

---

606 *Lindner*, Öffentliches Recht, Rn. 587 ff.
607 *Heckmann*, in: Becker/ders./Kempen/Manssen, 3. Teil, Rn. 512; *Weber/Köppert*, Polizei- und Sicherheitsrecht, Rn. 294. Differenziert *Gallwas/Lindner/Wolff*, Rn. 899 b: nur, wenn von Ermächtigungsnorm (ggf. im Wege der Auslegung) verlangt.
608 Anders als bei Anordnungen im Einzelfall nach Art. 18 Abs. 2 LStVG ist die Wirkung von Verordnungen im Sinne des Art. 18 Abs. 1 LStVG örtlich auf das Gemeindegebiet begrenzt, siehe BayVGH, NVwZ-RR 2017, 784 (784 f.).
609 Zu dieser mit dem Gesetz zur Änderung des Landesstraf- und Verordnungsgesetzes vom 8. Juli 2013, GVBl. S. 403, eingeführten Ermächtigungsgrundlage siehe die Begründung zum Gesetzentwurf, LT-Drs. 16/15831, S. 3 f.; *Heckmann*, in: Becker/ders./Kempen/Manssen, 3. Teil, Rn. 516 a.
610 Siehe hierzu die Einzelkommentierungen im BeckOK PSR sowie *Gallwas/Lindner/Wolff*, Rn. 850 ff.

Gemäß Art. 51 Abs. 3 LStVG kann der **räumliche Geltungsbereich der Verordnung** 417 unter Verwendung von Karten festgelegt werden.

cc) Vereinbarkeit der Verordnung mit höherrangigem Recht

Die Verordnung muss mit höherrangigem Recht, namentlich Grundrechten der BV 418 und des GG, in Einklang stehen (vgl. auch Art. 45 Abs. 1 LStVG). Hier sind namentlich die Verhältnismäßigkeit und das rechtsstaatliche Bestimmtheitsgebot zu prüfen.

Hinweis:
Obgleich ein „**Normsetzungsermessen**" besteht, ist die Beachtung von dessen Grenzen kein eigenständiger Prüfungspunkt, sondern geht in der Prüfung der Grundrechtskonformität der Verordnung auf.[611] **Art. 46 LStVG** sieht eine aufsichtlich durchsetzbare[612] **Pflicht zum Verordnungserlass** vor, so dies das Wohl der Allgemeinheit zwingend erfordert.[613] Dies kann auch bei der qualifizierten Gefährdung von Individualrechtsgütern der Fall sein.[614] Als Regelung der Kommunalaufsicht und mit Blick auf den Wortlaut („Wohl der Allgemeinheit") besteht insoweit keine klagefähige subjektive Rechtsposition;[615] nur im Ausnahmefall kann sich ein Individualanspruch auf Normerlass namentlich aus grundrechtlichen Schutzpflichten ergeben.

dd) Zitiergebot, Art. 45 Abs. 2 LStVG

Gemäß Art. 45 Abs. 2 LStVG soll die Verordnung „ihre besondere Rechtsgrundlage" 419 angeben. Verstöße führen nicht zur Nichtigkeit, da das Zitiergebot als bloße **Ordnungsvorschrift** verstanden wird (zur abweichenden Rechtslage bei bewehrten Verordnungen → Rn. 420; allgemein, namentlich zur Nichtanwendbarkeit des Art. 80 Abs. 1 S. 3 GG über Art. 28 Abs. 1 S. 1 GG, → § 1 Rn. 159).[616]

ee) Besondere Anforderungen an bewehrte Verordnungen

Bei bewehrten Verordnungen, dh solchen, die bei Zuwiderhandlungen eine **Strafe oder** 420 **Geldbuße** vorsehen, muss erstens der in der Verordnung sanktionierte Tatbestand gemäß **Art. 4 Abs. 1 LStVG** auf die zugrundeliegende gesetzliche Straf- oder Bußgeldvorschrift (im LStVG) **verweisen**. Sieht mithin eine gemeindliche Verordnung eine Sperrzeit für die Veranstaltung öffentlicher Vergnügungen gemäß Art. 19 Abs. 6 S. 1 Nr. 3 LStVG vor, muss ein in jener Verordnung enthaltener Bußgeldtatbestand für Verletzungen der Sperrzeit auf die gesetzliche Bußgeldvorschrift des Art. 19 Abs. 7 Nr. 3 LStVG verweisen; nicht aber kann eine Sanktionierung in der Verordnung selbst ohne entsprechende Bezugnahme angeordnet werden. Verstöße führen zur Nichtigkeit (nur) des OWi-Tatbestands in der Verordnung.[617] Im LStVG finden sich lediglich Bußgeld-

---

611 AA *Gallwas/Lindner/Wolff*, Rn. 903 a (unter Verweis etwa auf den tatbestandlich gerechtfertigten Verordnungserlass zu sachwidrigen Zwecken).
612 Zum Rechtsschutz des beaufsichtigten Trägers *Engelbrecht*, in: BeckOK PSR, Art. 46 LStVG Rn. 15 ff.; *Gallwas/Lindner/Wolff*, Rn. 924 b ff. Die Verordnung wird nicht der erlassenden Aufsichtsbehörde, sondern dem beaufsichtigten Träger zugerechnet, siehe *Engelbrecht*, in: BeckOK PSR, Art. 46 LStVG Rn. 11; *Gallwas/Lindner/Wolff*, Rn. 914; *Heckmann*, in: Becker/ders./Kempen/Manssen, 3. Teil, Rn. 507; aA *Weber/Köppert*, Polizei- und Sicherheitsrecht, Rn. 293.
613 Näher zu dieser Schwelle *Engelbrecht*, in: BeckOK PSR, Art. 46 LStVG Rn. 4 ff.
614 *Engelbrecht*, in: BeckOK PSR, Art. 46 LStVG Rn. 5.
615 *Heckmann*, in: Becker/ders./Kempen/Manssen, 3. Teil, Rn. 507.
616 *Engelbrecht*, in: BeckOK PSR, Art. 45 LStVG Rn. 13; *Gallwas/Lindner/Wolff*, Rn. 846 f.; *Heckmann*, in: Becker/ders./Kempen/Manssen, 3. Teil, Rn. 511.
617 *Unterreitmeier*, in: BeckOK PSR, Art. 4 LStVG Rn. 19.

tatbestände, aber keine Straftatbestände; die Höhe der Geldbuße bestimmt sich nach Art. 3 LStVG iVm § 17 OWiG.

421 Zweitens **verbietet** die Regelung zum Inkrafttreten bewehrter Verordnungen (Art. 51 Abs. 1 LStVG) – in Einklang mit Art. 103 Abs. 2 GG, Art. 104 Abs. 1 BV – ein **rückwirkendes Inkraftsetzen**. Überdies sieht Art. 50 Abs. 2 LStVG eine **Höchstgeltungsdauer von 20 Jahren** vor.

3. Weitere Einzelfragen

a) Weitere Instrumente, namentlich Anzeigepflichten und Erlaubnistatbestände

422 Neben Eingriffsbefugnissen zur Gefahrenabwehr im Einzelfall und Rechtsgrundlagen für die Gefahrenabwehr durch Rechtsetzung sieht das LStVG als weitere Instrumente **Anzeigepflichten und Erlaubnisvorbehalte** vor, nämlich

- Anzeigepflicht bei Veranstaltung von Vergnügungen, Art. 19 Abs. 1 f. LStVG;
- Erlaubnispflicht für die Veranstaltung bestimmter Vergnügungen, Art. 19 Abs. 3 f. LStVG;
- Erlaubnispflicht für Campingplätze, Art. 25 Abs. 2 LStVG;
- Erlaubnispflicht für das Halten gefährlicher Tiere, Art. 37 Abs. 1–3 LStVG;
- Erlaubnispflicht für die Ausbildung von Kampfhunden, Art. 37 a Abs. 2 LStVG.

423 Daneben normiert das LStVG **Mitwirkungspflichten bei der Überwachung** des Umgangs mit Giften, Giftwaren, Arzneien und mit hochgiftigen Stoffen (Art. 33 Abs. 1 LStVG) und im Kontext der Brandsicherheit (Art. 38 Abs. 5 LStVG).

424 Schließlich finden sich im LStVG zahlreiche **Bußgeldtatbestände**.

b) Vollstreckung sicherheitsbehördlicher Maßnahmen

425 Die Vollstreckung sicherheitsbehördlicher Maßnahmen erfolgt nach den **allgemeinen Regeln des VwZVG** (→ § 6 Rn. 32 ff.).[618] Eine Heranziehung der Polizei kommt als selbstständige und unselbstständige **Vollzugshilfe** in Betracht (→ Rn. 311 ff.).

c) Tatmaßnahmen, Art. 7 Abs. 3 LStVG

426 Auch im allgemeinen Sicherheitsrecht kann sich die Situation ergeben, dass **Anordnungen gegenüber einer Person nicht möglich, nicht zulässig oder nicht erfolgversprechend** sind, so dass die Sicherheitsbehörde die Gefahrenabwehrmaßnahme selbst einstufig, dh ohne Erlass einer vorherigen Primärmaßnahme, realisieren muss.

Beispiel (in Variation von Rn. 317, 322):
Ein 15 m hoher Mammutbaum auf dem Grundstück des A droht bei den für das kommende Wochenende vorhergesagten Herbststürmen, auf eine vielbefahrene Straße zu stürzen. Ist A anwesend, kann die Sicherheitsbehörde ihn zu Sicherungsmaßnahmen auffordern (Primärmaßnahme) und bei Nichtbefolgung diese zwangsweise durchsetzen (Sekundärmaßnahme). Ist A nicht anwesend, weil er in Urlaub ist, kann die Sicherheitsbehörde mangels greifbaren Adressaten keine vollstreckungsfähige Primärmaßnahme erlassen. Auch dann muss freilich eine Gefahrenbeseitigung möglich sein.

---

618 Siehe nur *Holzner*, in: BeckOK PSR, Art. 7 LStVG Rn. 57.

XI. Versammlungsrecht

Für diese Konstellation sieht Art. 7 Abs. 3 LStVG die Möglichkeit sog **Tatmaßnahmen** 427
vor: „Sind Anordnungen nach Absatz 2 nicht möglich, nicht zulässig oder versprechen
sie keinen Erfolg, so können die Sicherheitsbehörden die Gefahr oder Störung selbst,
durch die Polizei oder durch vertraglich Beauftragte abwehren oder beseitigen." Das
Prüfungsschema entspricht dem der unmittelbaren Ausführung (→ Rn. 321 ff.), wobei
keine Abgrenzung zum im VwZVG nicht vorgesehenen Sofortvollzug erfolgen muss
und statt den Voraussetzungen des Art. 9 Abs. 1 S. 1 PAG diejenigen des Art. 7
Abs. 3 f. LStVG zu prüfen sind; wie dort ist die Rechtmäßigkeit einer hypothetischen
Primärmaßnahme (gemäß Art. 7 Abs. 2 LStVG) zu prüfen.[619] Auch noch nach begonnener Vollstreckungsmaßnahme kann im Interesse einer effektiven Gefahrenabwehr
eine Tatmaßnahme gemäß Art. 7 Abs. 3 LStVG ergriffen werden.[620]

Bei einer **Beseitigung durch die Polizei** wird diese lediglich als Hilfsorgan der Sicher- 428
heitsbehörde tätig (unselbstständige Vollzugshilfe; allgemein → Rn. 311 ff.). Das Handeln der Polizei ist der Sicherheitsbehörde zuzurechnen; ferner kann nur auf die Befugnisse im LStVG zurückgegriffen werden, was mit Eingriffen in die körperliche Unversehrtheit einhergehende Zwangsmaßnahmen mangels Erfüllung des Zitiergebots
insoweit (vgl. Art. 58 LStVG) ausschließt.[621]

Hinweis:
Alternativ kommt eine **Weisung an die Polizei** gemäß Art. 9 Abs. 2 f. POG, Art. 10 S. 2 LStVG in Betracht. Die Abgrenzung hat nach dem im Außenverhältnis erkennbaren Willen der Sicherheitsbehörde zu erfolgen, die Sachherrschaft zu behalten (dann Tatmaßnahme) oder der Polizei zu überantworten (dann Weisung).[622]

d) Kosten

Die Erhebung von Kosten für sicherheitsbehördliche Maßnahmen richtet sich nach 429
dem KG.

e) Entschädigungsansprüche

Hinsichtlich möglicher Entschädigungsansprüche ist darauf zu verweisen, dass Art. 11 430
Abs. 1 S. 1 LStVG den **Entschädigungsanspruch gemäß Art. 87 PAG** für **entsprechend
anwendbar** erklärt (zu diesem → Rn. 353 ff.). Daneben kommen die weiteren Ansprüche des Staatshaftungsrechts in Betracht, so namentlich der Amtshaftungsanspruch
gemäß Art. 34 GG iVm § 839 BGB bei schuldhaftem, rechtswidrigem (Verletzung der
Amtspflicht zu rechtmäßigem Handeln) Handeln (zu diesem → Rn. 374).

XI. Versammlungsrecht

Das Versammlungsrecht stellt eine – auch wegen ihres Zusammenhangs mit dem Poli- 431
zeirecht und Art. 8 GG – examensrelevante Materie des **besonderen Sicherheitsrechts**
dar. In Aktualisierung seiner mit der Föderalismusreform I (2006) gewonnenen Gesetzgebungskompetenz hat der bayerische Gesetzgeber ein am 1.10.2008 in Kraft ge-

---

619 Näher *Gallwas/Lindner/Wolff*, Rn. 334 ff.; *Holzner*, in: BeckOK PSR, Art. 7 LStVG Rn. 58 ff.
620 *Gallwas/Lindner/Wolff*, Rn. 338, 588.
621 *Gallwas/Lindner/Wolff*, Rn. 340, 390; *Heckmann*, in: Becker/ders./Kempen/Manssen, 3. Teil, Rn. 493; *Holzner*, in: BeckOK PSR, Art. 7 LStVG Rn. 73.
622 *Heckmann*, in: Becker/ders./Kempen/Manssen, 3. Teil, Rn. 493.

tretenes **(Landes-)Versammlungsgesetz** (BayVersG) verabschiedet, das das zuvor (und nach wie vor in einigen anderen Bundesländern gemäß Art. 125 a Abs. 1 GG) geltende (Bundes-)Versammlungsgesetz abgelöst hat. Die Ursprungsfassung des BayVersG zog teils scharfe Kritik auf sich[623] und wurde partiell gerichtlich beanstandet;[624] als Reaktion hierauf hat der bayerische Gesetzgeber das BayVersG entschärft[625].

432 Das BayVersG ist vor dem Hintergrund der von Art. 8 GG und Art. 113 BV gewährleisteten **Versammlungsfreiheit** zu sehen, der ein **besonderer Schutz** zukommt. Dieser „beruht auf ihrer Bedeutung für den Prozess öffentlicher Meinungsbildung in der freiheitlichen demokratischen Ordnung des Grundgesetzes. Der Schutz reicht daher über den der allgemeinen Entfaltungsfreiheit des Art. 2 Abs. 1 GG hinaus. Die Grundrechtsausübung unterliegt insbesondere nur den in Art. 8 Abs. 2 GG vorgesehenen Schranken. Dieses auf kollektive Meinungsäußerung gerichtete Grundrecht kommt Mehrheiten wie Minderheiten zugute und verschafft auch denen Möglichkeiten zur Äußerung in einer größeren Öffentlichkeit, denen der direkte Zugang zu den Medien versperrt ist".[626] Gerade „in Demokratien mit parlamentarischem Repräsentativsystem und geringen plebiszitären Mitwirkungsrechten hat die Versammlungsfreiheit die Bedeutung eines grundlegenden und unentbehrlichen Funktionselementes."[627] Als **Abwehrrecht** schützt Art. 8 GG „das Selbstbestimmungsrecht über Ort, Zeitpunkt, Art und Inhalt der Veranstaltung und untersagt zugleich staatlichen Zwang, an einer öffentlichen Versammlung teilzunehmen oder ihr fernzubleiben."[628] **Rechtstechnisch aktualisiert das BayVersG den Gesetzesvorbehalt** des Art. 8 Abs. 2 GG (Versammlungen unter freiem Himmel) und bestimmt die verfassungsimmanenten Schranken für Versammlungen in geschlossenen Räumen.

433 Als besonderes Sicherheitsrecht geht das BayVersG dem PAG und LStVG vor, so dass zunächst dessen Anwendungsbereich geklärt sei (→ Rn. 434 f.). Anschließend werden die durch das BayVersG eingeräumten Befugnisse entfaltet (→ Rn. 436 ff.) und wird erörtert, ob und inwieweit ein Rückgriff auf das allgemeine Sicherheits- und Polizeirecht in Betracht kommt („Polizeifestigkeit von Versammlungen"; → Rn. 446 ff.). Ein abschließender Blick gilt dem Rechtsschutz und den Kosten (→ Rn. 451).

1. Anwendungsbereich des BayVersG

434 Art. 2 Abs. 1 BayVersG definiert **Versammlungen** als „Zusammenkunft von mindestens zwei[629] Personen zur gemeinschaftlichen, überwiegend auf die Teilhabe an der öffentlichen Meinungsbildung gerichteten Erörterung oder Kundgebung." Nicht erforderlich ist eine verbale Meinungskundgabe, vielmehr sind auch andere Kommunikati-

---

623 *Hanschmann*, DÖV 2009, 389; *Heidebach/Unger*, DVBl. 2009, 283; *Kutscha*, NVwZ 2008, 1210. Zurückhaltend *Holzner*, BayVBl. 2009, 485.
624 BVerfGE 122, 342.
625 § 1 des Gesetzes zur Änderung des Bayerischen Versammlungsgesetzes vom 22. April 2010, GVBl. S. 190.
626 BVerfGE 104, 92 (104). Ausführlich BVerfGE 69, 315 (343 ff.).
627 BVerfGE 69, 315 (347).
628 BVerfGE 69, 315 (343).
629 Mit der Festsetzung der Mindestteilnehmerzahl auf zwei folgt das BayVersG einem weiten Verständnis; vgl. zur Gegenauffassung (mind. drei Teilnehmer) *Gusy*, in: v. Mangoldt/Klein/Starck, GG, Art. 8 Rn. 15.

onsformen (etwa eine Sitzblockade oder ein Schweigemarsch) geschützt.[630] **Abzugrenzen** sind Versammlungen von Ansammlungen, mithin einer Zusammenkunft von Menschen, die kein gemeinsamer Zweck verbindet, etwa bei einem Menschenauflauf anlässlich eines Verkehrsunfalls. Abzugrenzen sind Versammlungen im Sinne des Art. 2 Abs. 1 BayVersG aber auch – und insoweit in Einklang mit der nicht unumstrittenen Rspr. des BVerfG[631] – von Zusammenkünften, die ein anderes als das gemeinsame Ziel der Teilhabe an der öffentlichen Meinungsbildung verfolgen, was auf Parties, Konzerte oder sonstige Musik- und Tanzveranstaltungen zutrifft, die vorwiegend der Unterhaltung dienen[632]. Nach diesen Grundsätzen sind auch moderne Phänomene wie etwa Flashmobs (siehe auch → Rn. 228) einzuordnen.[633]

Gemäß Art. 2 Abs. 3 BayVersG gilt das Gesetz grds. (Ausnahme: Art. 7 f. BayVersG) nur für **öffentliche Versammlungen**, mithin für nur solche, bei denen „die Teilnahme nicht auf einen individuell feststehenden Personenkreis beschränkt ist" (Art. 2 Abs. 2 BayVersG). Insoweit bleibt der Anwendungsbereich des BayVersG hinter Art. 8 GG zurück; anders als letzterer ist das BayVersG nicht auf Deutsche beschränkt.   435

2. Befugnisse

Das Versammlungsrecht zielt darauf, die Versammlungsfreiheit und das Anliegen der Abwehr von Gefahren, die mit Versammlungen einhergehen, in Ausgleich zu bringen. Zu diesem Zweck normiert das BayVersG eine Anzeige- und Mitteilungspflicht für Versammlungen unter freiem Himmel (Art. 13), organisatorische Vorgaben (Rechte und Pflichten der Versammlungsleitung, Art. 3 f., 11, und des Veranstalters, Art. 10; Kooperationspflicht, Art. 14), Verhaltenspflichten der Teilnehmer (Art. 5 ff., 16, wie das Waffen-, Uniformierungs- und Militanzverbot), die Möglichkeit, Bild- und Tonaufnahmen oder -aufzeichnungen anzufertigen (Art. 9),[634] und die im Folgenden im Mittelpunkt stehenden **Eingriffsbefugnisse bei Versammlungen** unter freiem Himmel (Art. 15 f.; a) und in geschlossenen Räumen (Art. 12; b). Ein abschließender Blick gilt Zuständigkeitsfragen (c).   436

Die – die Differenzierung beim Gesetzesvorbehalt des Art. 8 GG aufgreifende – **Unterscheidung von Versammlungen in geschlossenen Räumen** (Art. 10 ff. BayVersG) und   437

---

630 BVerfGE 104, 92 (103 f.). Vgl. BayVGH, NVwZ-RR 2016, 498 (499).
631 BVerfGE 104, 92 (104): „Versammlungen im Sinne des Art. 8 GG sind … örtliche Zusammenkünfte mehrerer Personen zur gemeinschaftlichen, auf die Teilhabe an der öffentlichen Meinungsbildung gerichteten Erörterung oder Kundgebung." Offener noch BVerfGE 69, 315 (343): Versammlungen als „Ausdruck gemeinschaftlicher, auf Kommunikation angelegter Entfaltung". Zur Debatte: *Gusy*, in: v. Mangoldt/Klein/Starck, GG, Art. 8 Rn. 17 ff.; *Schulze-Fielitz*, in: Dreier, GG, Art. 8 Rn. 25 ff.
632 Siehe BVerfG, NJW 2001, 2459 (2460 f.): „In den Schutzbereich der Versammlungsfreiheit fallen Versammlungen zwar auch dann, wenn sie ihre kommunikativen Zwecke unter Einsatz von Musik und Tanz verwirklichen. Dies ist zu bejahen, wenn diese Mittel zur kommunikativen Entfaltung mit dem Ziel eingesetzt werden, auf die öffentliche Meinungsbildung einzuwirken … Die Versammlungsfreiheit wird jedoch nicht allein dadurch insgesamt zu einer Versammlung iSd Art. 8 GG, dass bei ihrer Gelegenheit auch Meinungskundgaben erfolgen." Siehe auch BVerfG, NVwZ 2005, 1055 (1056): „Der versammlungsrechtliche Charakter der Veranstaltung entfällt nicht durch den Umstand, dass im Programm etliche musikalische Einlagen mit mehr oder minder deutlichem Bezug zum Motto des Gedenktages vorgesehen sind."
633 Dazu *Ernst*, DÖV 2011, 537; *Lenski*, VerwArch 103 (2012), 539; *Neumann*, NVwZ 2011, 1171; *Schulze-Fielitz*, in: Dreier, GG, Art. 8 Rn. 33, 84; *Stalberg*, KommJur 2013, 169.
634 Hierzu und zu verfassungsrechtlichen Bedenken (Erstreckung auf Versammlungen in geschlossenen Räumen) *Heckmann*, in: Becker/ders./Kempen/Manssen, 3. Teil, Rn. 536 a ff.

Ferdinand Wollenschläger

unter freiem Himmel (Art. 13 ff. BayVersG) resultiert daraus, dass letztere wegen ihrer Offenheit nach außen gefahrenträchtiger sind (sowohl durch das Störpotential nach außen als auch durch Störungen von außen) und damit weiteren Eingriffsmöglichkeiten unterliegen. Entscheidend für die Abgrenzung ist demnach nicht die Überdachung des Versammlungsortes, sondern die seitliche Umschließung.[635] Dementsprechend hat der BayVGH eine Demonstration im öffentlichen Bereich eines Flughafenterminals als Versammlung unter freiem Himmel qualifiziert.[636]

a) Versammlungen unter freiem Himmel

438 Für Versammlungen unter freiem Himmel besteht eine grundsätzliche **Anzeigepflicht** gemäß Art. 13 BayVersG (mit Sonderregeln für Spontan- und Eilversammlungen).[637] **Beschränkungen, Verbote und eine Auflösung** kommen unter den Voraussetzungen des Art. 15 BayVersG in Betracht. Ein Verbot kann vor Versammlungsbeginn, eine Auflösung nach Versammlungsbeginn ausgesprochen werden; Beschränkungen sind jederzeit möglich (vgl. Art. 15 Abs. 3 f. BayVersG).

439 Hierbei ist dem hohen Gewicht der Versammlungsfreiheit (→ Rn. 432) Rechnung zu tragen. In Art. 15 Abs. 1 BayVersG kommt diese hohe Eingriffsschwelle im Erfordernis erkennbarer Umstände für eine **unmittelbare Gefährdung der öffentlichen Sicherheit und Ordnung** zum Ausdruck. Erforderlich ist „eine Gefahrenprognose ..., die auf nachweisbaren Tatsachen, Sachverhalten und sonstigen Erkenntnissen beruht und bei verständiger Würdigung eine hinreichende Wahrscheinlichkeit des Gefahreneintritts ergibt. Es gelten insoweit strenge Anforderungen. Bloße Vermutungen ohne das Vorliegen hinreichender tatsächlicher Anhaltspunkte genügen nicht."[638] Unter **Verhältnismäßigkeitsgesichtspunkten** sind Eingriffe „auf das zu beschränken, was zum Schutz gleichwertiger Rechtsgüter notwendig ist."[639] Dabei besteht ein Vorrang von Beschränkungen vor Verbot und Auflösung.[640] Überdies „rechtfertigt keinesfalls jedes beliebige Interesse eine Einschränkung dieses Freiheitsrechts; Belästigungen, die sich zwangsläufig aus der Massenhaftigkeit der Grundrechtsausübung ergeben und sich ohne Nachteile für den Veranstaltungszweck nicht vermeiden lassen, werden Dritte im allgemeinen ertragen müssen. Aus bloßen verkehrstechnischen Gründen werden Versammlungsverbote um so weniger in Betracht kommen, als in aller Regel ein Nebeneinander der Straßenbenutzung durch Demonstranten und fließenden Verkehr durch Auflagen erreichbar ist."[641] Die „bloße Gefährdung der öffentlichen Ordnung [soll] im allgemeinen nicht [für Verbote und Auflösungen] genügen",[642] wobei das BVerfG

---

635 *Heckmann*, in: Becker/ders./Kempen/Manssen, 3. Teil, Rn. 532 f.
636 BayVGHE 64, 186 (187).
637 Siehe insoweit auch BVerfGE 69, 315 (349 ff.).
638 BayVGHE 64, 186 (187); ferner BVerfGE 69, 315 (353 f.); NJW 2010, 141 (142). Erforderlich sind „tragfähige Anhaltspunkte mit hinreichend konkretem Bezug zur geplanten Veranstaltung", so zuletzt BayVGH, BeckRS 2018, 21830, Rn. 32.
639 BVerfGE 69, 315 (349).
640 BVerfGE 69, 315 (353); NJW 2010, 141 (143); *Heckmann*, in: Becker/ders./Kempen/Manssen, 3. Teil, Rn. 539.
641 BVerfGE 69, 315 (353); ferner – hinsichtlich des Straßenverkehrs – BayVGH, NJW 1984, 2116 (2116 f.); *Heckmann*, in: Becker/ders./Kempen/Manssen, 3. Teil, Rn. 538.
642 BVerfGE 69, 315 (352 f.); ferner NJW 2001, 1409 (1410); NJW 2001, 2069 (2070 ff.).

Ausnahmen anerkannt hat[643]. Art. 15 Abs. 2 BayVersG sieht Eingriffsmöglichkeiten bei Versammlungen vor, die im Zusammenhang mit der nationalsozialistischen Gewalt- und Willkürherrschaft stehen.[644]

Bei aufgrund **kollidierender Versammlungen** (namentlich Demonstration und **Gegendemonstration**) notwendigen Beschränkungen ist zu berücksichtigen, dass auch Gegendemonstrationen am Schutz der Versammlungsfreiheit teilhaben, weshalb ein schonender Ausgleich zu suchen ist; Vorrang genießt die zuerst angemeldete Versammlung indes mit Blick auf Ort und Zeitpunkt.[645] Bei einer **störenden Einwirkung auf andere Versammlungen** ist die gestörte Versammlung zu schützen und zunächst in die störende Versammlung einzugreifen; Beschränkungen zulasten der gestörten Versammlung kommen nur im Ausnahmefall entsprechend der Grundsätze der Verantwortlichkeit von Nichtstörern (vgl. Art. 10 PAG, Art. 9 Abs. 3 LStVG) in Betracht.[646] Dies setzt voraus, „dass die Gefahr auf andere Weise nicht abgewehrt und die Störung auf andere Weise nicht beseitigt werden kann und die Verwaltungsbehörde nicht über ausreichende eigene, eventuell durch Amts- und Vollzugshilfe ergänzte Mittel und Kräfte verfügt, um die gefährdeten Rechtsgüter wirksam zu schützen … Eine Beschränkung der angemeldeten Versammlung kommt in Betracht, wenn mit hinreichender Wahrscheinlichkeit feststeht, dass die Versammlungsbehörde wegen der Erfüllung vorrangiger staatlicher Aufgaben und gegebenenfalls trotz Heranziehung externer Polizeikräfte zum Schutz der angemeldeten Versammlung nicht in der Lage wäre; eine pauschale Behauptung dieses Inhalts reicht allerdings nicht".[647]

440

Zu beachten sind das **Parteien**- (Art. 21 Abs. 2 ff. GG) **und Vereinsprivileg** (§ 3 Abs. 1 S. 1 VereinsG), die einer Untersagung von Versammlungen von Parteien bzw. Vereinen unter Verweis darauf, dass diese verfassungsfeindliche Ziele verfolgen, entgegenstehen, bis dies entsprechend der Vorgaben der genannten Normen ordnungsgemäß festgestellt wurde.

441

Hinsichtlich der **Auflösung einer Versammlung** gemäß Art. 15 Abs. 6 BayVersG ist zu beachten, dass hierfür ein wirksames (nicht notwendigerweise rechtmäßiges) Verbot ausreicht; die Anfechtung einer Verbotsverfügung hemmt mangels aufschiebender Wirkung (Art. 25 BayVersG; → Rn. 451) die Wirksamkeit des Verbots nicht.[648]

442

b) Versammlungen in geschlossenen Räumen

Versammlungen in geschlossenen Räumen unterliegen **keiner Anzeigepflicht** (arg. Art. 13 BayVersG e contrario). Ein Zutrittsrecht für Polizeibeamte besteht gemäß Art. 4 Abs. 3 S. 1 Nr. 2 BayVersG nur, „wenn tatsächliche Anhaltspunkte für die Begehung von Straftaten vorliegen oder eine erhebliche Gefahr für die öffentliche Sicher-

443

---

643 BVerfG, NJW 2004, 2814 (2815 f.); NVwZ 2012, 749 (749 f.).
644 Näher *Heckmann*, in: Becker/ders./Kempen/Manssen, 3. Teil, Rn. 542 a ff.
645 *Heckmann*, in: Becker/ders./Kempen/Manssen, 3. Teil, Rn. 522. Bzgl. Maßnahmen zur Trennung von Demonstration und Gegendemonstration siehe BayVGH, BayVBl. 2015, 529 (531); SächsOVG, DVBl. 2018, 663 (665 ff.).
646 BVerfG, NJW 2001, 2069 (2072); NVwZ 2006, 1049 (1049 f.); *Heckmann*, in: Becker/ders./Kempen/Manssen, 3. Teil, Rn. 522.
647 BVerfG, NVwZ 2006, 1049 (1049 f.).
648 *Weber/Köppert*, Polizei- und Sicherheitsrecht, Rn. 331.

Ferdinand Wollenschläger

heit zu besorgen ist." **Beschränkung, Verbote und eine Auflösung** kommen unter den Voraussetzungen des Art. 12 BayVersG in Betracht.

444 So sind Beschränkungen und eine Auflösung etwa gemäß Art. 12 Abs. 2 S. 1 Nr. 2 BayVersG möglich, wenn die Versammlung einen gewalttätigen Verlauf nimmt. Hierfür ist eine Ausübung körperlicher Gewalt in einem nicht unerheblichen Ausmaß erforderlich;[649] es genügt nicht, dass lediglich einzelne Teilnehmer Gewalttaten begehen, ohne dass dies die Versammlung prägt.[650]

c) Zuständigkeiten

445 Hinsichtlich der Zuständigkeit differenzieren die einzelnen Tatbestände zwischen der **Polizei** (siehe etwa Art. 9 Abs. 1 BayVersG) **und der zuständigen Behörde** (siehe etwa Art. 15 Abs. 1 BayVersG). Art. 24 Abs. 1 BayVersG nimmt für den **Polizeibegriff** auf Art. 1 PAG Bezug, zuständig ist mithin die Polizei im eingeschränkt-institutionellen Sinne (→ Rn. 18). Unter „zuständiger Behörde" ist gemäß Art. 24 Abs. 2 S. 1 BayVersG zunächst die **Kreisverwaltungsbehörde** zu verstehen, womit zugleich eine Zuständigkeit der kreisfreien Gemeinden besteht (Art. 9 Abs. 1 S. 1 GO); überdies ist die Polizei gemäß Art. 24 Abs. 2 S. 2 BayVersG ab Beginn der Versammlung und in unaufschiebbaren Fällen befugt, Maßnahmen zu treffen. Art. 24 Abs. 3 f. BayVersG enthält schließlich Sonderregeln für überörtliche Versammlungen.

3. Grundsatz der Polizeifestigkeit von Versammlungen

446 Das Verhältnis von Versammlungsrecht und allgemeinem Sicherheits- und Polizeirecht prägt der Grundsatz der Polizeifestigkeit von Versammlungen.[651] Nach diesem ist ein **Rückgriff auf PAG- und LStVG-Befugnisse** im persönlichen, sachlichen und zeitlichen Anwendungsbereich des BayVersG grds. **ausgeschlossen** (a): „Versammlungsspezifische Maßnahmen der Gefahrenabwehr richten sich nach den hierfür speziell erlassenen Versammlungsgesetzen. Die dort geregelten, im Vergleich zu dem allgemeinen Polizeirecht besonderen Voraussetzungen für beschränkende Verfügungen sind Ausprägungen des Grundrechts der Versammlungsfreiheit. Dementsprechend gehen die Versammlungsgesetze als Spezialgesetze dem allgemeinen Polizeirecht vor, mit der Folge, dass auf Letzteres gestützte Maßnahmen gegen eine Person, insbesondere in Form eines *Platzverweises*, ausscheiden, solange sich diese in einer Versammlung befindet und sich auf die Versammlungsfreiheit berufen kann."[652] Freilich existieren Ausnahmen (b).

a) Sperrwirkung im persönlichen, sachlichen und zeitlichen Anwendungsbereich des BayVersG

447 Vom **persönlichen Anwendungsbereich** des BayVersG sind nur Versammlungsteilnehmer erfasst, so dass gegen störende (und damit Art. 8 BayVersG verletzende) Dritte

---

649 *Heckmann*, in: Becker/ders./Kempen/Manssen, 3. Teil, Rn. 520.
650 *Heckmann*, in: Becker/ders./Kempen/Manssen, 3. Teil, Rn. 521.
651 Siehe hierzu auch *Bünnigmann*, JuS 2016, 695.
652 BVerfG, NVwZ 2011, 422 (424). Siehe auch *Schneider*, in: BeckOK GG, Art. 8 Rn. 40, der den Grundsatz indes nicht für verfassungsrechtlich geboten, sondern eine verfassungskonforme Auslegung der polizeilichen Befugnisse für ausreichend erachtet. Ferner *Gusy*, in: v. Mangoldt/Klein/Starck, GG, Art. 8 Rn. 58; *Schulze-Fielitz*, in: Dreier, GG, Art. 8 Rn. 68.

XI. Versammlungsrecht

nach dem PAG und LStVG vorgegangen werden kann; ein Einschreiten gegen störende Teilnehmer ist nur gemäß Art. 11 und 15 Abs. 5 BayVersG möglich. Zu beachten ist, dass Art. 8 GG „nicht nur solche Teilnehmer vor staatlichen Eingriffen [schützt], die die Ziele der Versammlung oder die dort vertretenen Meinungen billigen, sondern ... ebenso denjenigen zugute [kommt], die ihnen krit. oder ablehnend gegenüberstehen und dies in der Versammlung zum Ausdruck bringen wollen. Der Schutz des Art. 8 GG endet jedoch dort, wo es nicht um die – wenn auch krit. – Teilnahme an der Versammlung, sondern um deren Verhinderung geht."[653] Die Eigenschaft als Versammlungsteilnehmer endet mit dem Ausschluss von der Versammlung.[654]

In **sachlicher Hinsicht** haben nur von Art. 2 BayVersG erfasste Versammlungen (→ Rn. 434 f.) an der Polizeifestigkeit teil; jenseits dessen kommt ein Einschreiten ua gemäß Art. 19 (Vergnügungen), Art. 23 (Menschenansammlungen) und Art. 23 b (Verbot der Gesichtsverhüllung bei Vergnügungen und Ansammlungen) LStVG in Betracht. Hinsichtlich grds. nicht vom BayVersG erfasster **nichtöffentlicher Versammlungen** (vgl. Art. 2 Abs. 3 BayVersG) ist zu beachten, dass Eingriffe mangels Sperrwirkung zwar nach dem PAG und LStVG möglich sind (vgl. auch Art. 58 LStVG; Art. 91 PAG); allerdings folgt aus dem auch diesen Versammlungen zukommenden besonderen Grundrechtsschutz gemäß Art. 8 GG (→ Rn. 432 f.), dass Eingriffe nur bei hinreichender, mit der Schwelle der Art. 12 und 15 BayVersG korrespondierender Rechtfertigung zulässig sind.[655] 448

In **zeitlicher Hinsicht** ist zu beachten, dass **Vorfeldmaßnahmen** (zB Polizeikontrolle auf dem Weg zur Versammlung) mangels Beginns der Versammlung und damit zeitlicher Sperrwirkung des BayVersG zwar auf das PAG und LStVG gestützt werden können; allerdings ist der Ausstrahlungswirkung des Art. 8 GG auch im Vorfeld von Versammlungen Rechnung zu tragen, so dass das Versammlungsrecht (etwa durch bewusst schleppende Kontrollen) nicht ausgehöhlt wird.[656] Eine Ausnahme gilt für die spezielle Ausschlussmöglichkeit von Teilnehmern, die gegen das Schutzwaffen- und Vermummungsverbot verstoßen, auch im Vorfeld gemäß Art. 16 Abs. 5 BayVersG. Auch **nach Beendigung bzw. Auflösung der Versammlung** kommt ein Rückgriff auf das PAG und LStVG in Betracht; wiederum ist die Ausstrahlungswirkung des Art. 8 GG zu beachten, die Maßnahmen mit abschreckender Wirkung hinsichtlich einer zukünftigen Versammlungsteilnahme verbietet.[657] 449

Beispiel:
Erteilung eines Platzverweises nach Auflösung einer Versammlung gemäß Art. 15 Abs. 4 BayVersG (→ Rn. 438 f.).

---

653 BVerfG, NJW 1991, 2694 (2694).
654 BVerfG, NVwZ 2011, 422 (424).
655 Siehe auch *Gusy*, in: v. Mangoldt/Klein/Starck, GG, Art. 8 Rn. 63; *Heckmann*, in: Becker/ders./Kempen/Manssen, 3. Teil, Rn. 528 f.; *Schneider*, in: BeckOK GG, Art. 8 Rn. 41; *Schulze-Fielitz*, in: Dreier, GG, Art. 8 Rn. 75.
656 BVerfGE 69, 315 (349); *Gusy*, in: Dreier, GG, Art. 8 Rn. 10, 30; *Heckmann*, in: Becker/ders./Kempen/Manssen, 3. Teil, Rn. 530; *Schneider*, in: BeckOK GG, Art. 8 Rn. 21, 41; *Schulze-Fielitz*, in: Dreier, GG, Art. 8 Rn. 33. Siehe auch BVerfG, Beschl. v. 18.12.2018, 1 BvR 142/15, juris, Rn. 34 ff.
657 *Gusy*, in: v. Mangoldt/Klein/Starck, GG, Art. 8 Rn. 10, 32; *Schneider*, in: BeckOK GG, Art. 8 Rn. 22; *Schulze-Fielitz*, in: Dreier, GG, Art. 8 Rn. 38. Vgl. BVerwG, NJW 2018, 716 (719 ff.).

b) Ausnahmen

450 Ein Rückgriff auf das PAG/LStVG auch bei eröffnetem persönlichen, zeitlichen und sachlichen Anwendungsbereich des BayVersG kommt im Ausnahmefall in Betracht.[658] Möglich ist zunächst ein Rückgriff auf das PAG/LStVG, wenn sich Maßnahmen nach diesen Gesetzen als **mildere Mittel** gegenüber versammlungsrechtlichen Maßnahmen darstellen („Minus-Maßnahmen"). So kommt etwa eine Sicherstellung eines Transparents mit strafwürdigem Inhalt gemäß Art. 25 Abs. 1 Nr. 1 lit. a PAG in Betracht, was sich als milderes Mittel gegenüber versammlungsbeschränkenden Maßnahmen darstellt. Zu beachten ist, dass Art. 15 Abs. 5 BayVersG eine Spezialregelung für den Ausschluss von Teilnehmern enthält. Polizeiliche Platzverweise gegen diese setzen daher einen vorausgehenden Ausschluss von der Versammlung oder eine Situation, in der die Versammlung aufgrund ihres unfriedlichen Verlaufs aufgelöst werden könnte[659] und sich der Platzverweis als milderes Mittel darstellt, voraus.[660] Maßnahmen zur Strafverfolgung müssen jedoch stets möglich sein.[661] Des Weiteren können **nicht versammlungsspezifische Gefahren** nach dem PAG/LStVG abgewehrt werden, etwa wenn sich der Demonstrationszug über eine einsturzgefährdete Brücke bewegen möchte. Ein Rückgriff auf das PAG ist auch möglich, soweit das **BayVersG keine (abschließende) Regelung** enthält. Dies betrifft namentlich die **Vollstreckung** von versammlungsbezogenen Maßnahmen.

4. Rechtsschutz und Kosten

451 Prozessual von besonderer Bedeutung ist, dass entgegen dem Regelfall des § 80 Abs. 1 VwGO Klagen gegen Maßnahmen nach dem BayVersG gemäß dessen Art. 25 (iVm § 80 Abs. 2 S. 1 Nr. 3 VwGO) **keine aufschiebende Wirkung** entfalten. Hinsichtlich der Kosten bestimmt Art. 26 BayVersG: „Mit Ausnahme von Entscheidungen über Erlaubnisse nach Art. 6 sind Amtshandlungen nach diesem Gesetz kostenfrei."

XII. Kontrollfragen

1. Wie unterscheidet sich der materielle Polizeibegriff vom formellen Polizeibegriff? → Rn. 18 f.
2. Erläutern Sie das Verhältnis der (Vollzugs-)Polizei zu den Sicherheitsbehörden! → Rn. 25 ff.
3. Wann ist eine polizeiliche Primärmaßnahme rechtmäßig? → Rn. 29 ff.
4. Was versteht man unter der „Theorie der unmittelbaren Verursachung"? → Rn. 226
5. Welche verfassungsrechtlichen Grenzen sind bei der Inanspruchnahme des Zustandsverantwortlichen zu beachten? → Rn. 236
6. Wer ist in Anspruch zu nehmen, wenn es mehrere Verantwortliche im Sinne der Art. 7 ff. PAG gibt? → Rn. 240
7. Wann ist eine Rechtsnachfolge in Polizeipflichten möglich? → Rn. 242 ff.

---

[658] Siehe auch *Weber/Köppert*, Polizei- und Sicherheitsrecht, Rn. 319.
[659] Ist die Versammlung bereits aufgelöst, gilt das unter → Rn. 453 Dargestellte.
[660] *Bünnigmann*, JuS 2016, 695 (695 f.); vgl. BVerfGK 5, 154 (158 f.); K 11, 102 (114).
[661] BVerfG (K), NVwZ 2017, 555 (555); *Bünnigmann*, JuS 2016, 695 (697). Vgl. BVerfGE 69, 315 (361).

8. Erklären Sie den Begriff „konkludente Duldungsverfügung" und die Kritik hieran! → Rn. 43 f.
9. Welcher Rechtsbehelf ist gegen Sicherstellungsanordnungen und Kostenbescheide statthaft? → Rn. 45
10. Wann hat ein prozessuales Geltendmachen eines Anspruchs auf polizeiliches Einschreiten Aussicht auf Erfolg? → Rn. 47 f.
11. Was ist der Unterschied zwischen Aufgabe und Befugnis? → Rn. 49
12. Was versteht man unter Vollzugshilfe in Abgrenzung zu Vollstreckungshilfe, Amtshilfe und dem Handeln auf Weisung? → Rn. 313 ff.
13. Definieren Sie die Begriffe „öffentliche Sicherheit" und „öffentliche Ordnung"! → Rn. 53 ff., 58
14. Erklären Sie den Unterschied zwischen einer „abstrakten Gefahr" und einer „konkreten Gefahr"! → Rn. 61 ff.
15. Erläutern Sie die Begriffe „gegenwärtige Gefahr", „Gefahr im Verzug", „erhebliche Gefahr" und „dringende Gefahr" und nennen Sie jeweils polizeiliche Maßnahmen, die eine derartige Gefahr voraussetzen! → Rn. 72 ff.
16. Wie ist der in Art. 11 Abs. 3 PAG definierte Begriff „drohende Gefahr" rechtlich einzuordnen? → Rn. 77 ff.
17. Was ist der Unterschied zwischen einer „Anscheinsgefahr" und einer „Putativgefahr"? → Rn. 82 ff.
18. Ist die Polizei dazu befugt, einen Störer zu einem vom Ort der Störung relativ weit entfernt gelegenen Platz zu verbringen? Wie wird ein derartiges Vorgehen bezeichnet? → Rn. 147
19. Welche Rechtsnatur haben polizeiliche Sekundärmaßnahmen? → Rn. 269 f.
20. Erläutern Sie, auf was bei der Androhung eines Zwangsmittels zu achten ist! → Rn. 293 ff.
21. Welche Zwangsmittel kommen bei einer unvertretbaren Handlung in Betracht? → Rn. 302 ff.
22. Grenzen Sie die Zwangsmittel „unmittelbarer Zwang" und „Ersatzvornahme" voneinander ab! → Rn. 305
23. Grenzen Sie den Sofortvollzug gemäß Art. 70 Abs. 2 PAG und die unmittelbare Ausführung gemäß Art. 9 PAG voneinander ab! → Rn. 324 ff.
24. Trifft den Betroffenen eine Kostenpflicht für polizeiliches Handeln oder nicht? Nennen Sie Ausnahmen von der Regel! → Rn. 332 ff. und 401 f.
25. Wie kann die Rückzahlung einer auf einen polizeilichen Kostenbescheid hin erfolgten Zahlung prozessual durchgesetzt werden? → Rn. 330
26. Erläutern Sie den Grundsatz der Konnexität im Zusammenhang mit der Kostenerhebung für polizeiliche Maßnahmen! → Rn. 340 ff.
27. Wieso spricht man im allgemeinen Sicherheitsrecht von einer beschränkten Generalklausel? → Rn. 398
28. Was ist unter einer sicherheitsbehördlichen Tatmaßnahme zu verstehen und wo ist diese geregelt? → Rn. 426 f.
29. Worin besteht der Unterschied zwischen einer Versammlung im Sinne des Art. 2 Abs. 1 BayVersG und einer Ansammlung? → Rn. 434

Ferdinand Wollenschläger

30. Gilt das BayVersG auch für Versammlungen in geschlossenen Räumen? → Rn. 443 f.
31. Erläutern Sie den Begriff der Polizeifestigkeit von Versammlungen! Welche Ausnahmen gelten? → Rn. 446 ff.

XIII. Literatur

Gallwas/Lindner/Wolff, Bayerisches Polizei- und Sicherheitsrecht, 4. Aufl. 2015; Honnacker/Beinhofer/Hauser, Polizeiaufgabengesetz. PAG, 20. Aufl. 2014; *Knemeyer*, Polizei- und Ordnungsrecht, 11. Aufl. 2007; Möstl/Schwabenbauer (Hrsg.), Beck'scher Online-Kommentar Polizei- und Sicherheitsrecht Bayern, Stand: 8. Ed. 1.4.2018; *Poscher/Rusteberg*, Die Klausur im Polizeirecht (4 Teile), JuS 2011, 888, 984, 1082, und JuS 2012, 26; Schmidbauer/Steiner, Bayerisches Polizeiaufgabengesetz, 4. Aufl. 2014; *Schoch*, Polizei- und Ordnungsrecht, in: ders. (Hrsg.), Besonderes Verwaltungsrecht, 2018, Kap. 1; *Spitzlei/Hautkappe*, Die Entschädigung für polizeiliches Einschreiten – Versuch einer Systematisierung –, DÖV 2018, 134; *Weber/Köppert*, Polizei- und Sicherheitsrecht Bayern, 3. Aufl. 2015.

§ 5 Landesrechtliche Spezifika des Verwaltungsorganisations-, Verwaltungsverfahrens- und Verwaltungsprozessrechts

Markus Ludwigs/Claudia Hainthaler

I. Verwaltungsorganisation 2	2. Allgemeines Verwaltungsverfahren 35
1. Verfassungsrechtliche Grundlagen 3	a) Anwendungsbereich des BayVwVfG 36
a) Vorgaben des Grundgesetzes 3	b) Vom Bundesrecht abweichende Regelungsinhalte .. 41
b) Vorgaben des Landesverfassungsrechts 5	3. Besonderheiten des elektronischen Rechtsverkehrs nach
2. Unmittelbare Staatsverwaltung 10	dem BayEGovG 50
a) Oberste Landesbehörden und Landesoberbehörden 11	4. Widerspruchsverfahren 58
	III. Verwaltungsprozessrecht 64
b) Landesmittelbehörden 15	1. Regelungen zum Verwaltungsgerichtshof 67
c) Untere Landesbehörden ... 17	
d) Staatsbetriebe 20	2. Auf- und abdrängende Sonderzuweisungen 68
3. Mittelbare Staatsverwaltung .. 21	3. Örtliche Zuständigkeit 70
a) Körperschaften 22	4. Prinzipale Normenkontrolle .. 71
b) Anstalten 27	5. Beteiligten- und Prozessfähigkeit 72
c) Stiftungen 28	
d) Beliehene und Verwaltungshelfer 29	6. Entfallen der aufschiebenden Wirkung 74
4. Staatsaufsicht 30	7. Passivlegitimation 75
II. Verwaltungsverfahrensrecht 32	IV. Kontrollfragen 76
1. Verfassungsrechtliche Grundlagen 33	V. Literatur 76

Die Ausführungen der vorstehenden zentralen Abschnitte zum Besonderen Verwaltungsrecht sollen mit diesem Kapitel zu den landesrechtlichen Spezifika des Allgemeinen Verwaltungsrechts eine Abrundung erfahren. Der Freistaat Bayern ist ein Gliedstaat der Bundesrepublik Deutschland. Die landesrechtlichen Regelungen sind daher immer vor dem Hintergrund der Vorgaben des Grundgesetzes zu würdigen. Dieses Zusammenspiel von bundes- und landesrechtlicher Rahmensetzung ist nachfolgend mit Blick auf die **Verwaltungsorganisation** (I.), das **Verwaltungsverfahren** (II.) und das **Verwaltungsprozessrecht** (III.) näher zu entfalten. 1

I. Verwaltungsorganisation

Im Gegensatz zu einer Reihe anderer Länder (wie etwa Baden-Württemberg und Nordrhein-Westfalen) existiert in Bayern kein allgemeines Gesetz zur Landesorganisation. Maßgebliche Quellen der Verwaltungsorganisation auf Landesebene sind neben der Bayerischen Verfassung eine Vielzahl einfachgesetzlicher Regelungen des Freistaats, insbesondere in Gestalt der Gemeinde-, Landkreis- und Bezirksordnung. Im Anschluss an eine Erläuterung der bundes- und landesverfassungsrechtlichen Grundla- 2 gen soll im Folgenden die Verwaltungsorganisation strukturiert nach unmittelbarer und mittelbarer Staatsverwaltung sowie der Staatsaufsicht beleuchtet werden.

1. Verfassungsrechtliche Grundlagen
a) Vorgaben des Grundgesetzes

3   Nach der Konzeption des Grundgesetzes ist die Verwaltung grds. Aufgabe der Länder, vgl. Art. 30, 83 ff. GG. Führen diese Bundesgesetze als eigene Angelegenheit aus, obliegt ihnen nach Art. 84 Abs. 1 S. 1 GG die Einrichtung der Behörden. Hiermit wird die **Verwaltungshoheit der Länder** bestätigt, welche für die Ausführung der Bundesgesetze im Regeltypus der **Landeseigenverwaltung** prinzipiell zuständig sind.[1] Abweichend davon können nach Art. 84 Abs. 1 S. 2 Hs. 1 GG bundesgesetzliche Regelungen auch im Hinblick auf die Einrichtung der Behörden getroffen werden.[2] Seit der Föderalismusreform I statuiert Art. 84 Abs. 1 S. 2 Hs. 2 GG allerdings ein hierauf bezogenes Abweichungsrecht der Länder. Ausweislich des Verweises von Art. 84 Abs. 1 S. 4 auf Art. 72 Abs. 3 S. 3 GG lösen sich Kollisionslagen nicht normhierarchisch nach Maßgabe von Art. 31 GG, sondern über eine Anwendung der *Lex-posterior-Regel*.[3] Dabei bleibt das abweichende Bundes- oder Landesrecht als gültiges Recht weiter bestehen, entfaltet aber für die Zeit des Bestehens der späteren Abweichungsnorm keine Rechtswirkung.[4]

4   Im Sonderfall der **Bundesauftragsverwaltung** bleibt die Einrichtung der Behörden zwar grds. ebenfalls Sache der Länder. Art. 85 Abs. 1 GG räumt dem Bund aber die Möglichkeit einer Regelung durch Bundesgesetz ein. Das Erfordernis einer Zustimmung des Bundesrates sichert den Einfluss der Länder. Ein Abweichungsrecht besteht hier nicht.

b) Vorgaben des Landesverfassungsrechts

5   Die vollziehende Gewalt liegt gemäß Art. 5 Abs. 2 iVm Art. 77 ff. BV in den Händen der Staatsregierung und der nachgeordneten Vollzugsbehörden (näher zur Staatsregierung als oberster leitender und vollziehender Behörde → § 1 Rn. 136, 158). Art. 77 Abs. 1 BV stellt die allgemeine Verwaltungsorganisation des Freistaats unter einen Gesetzesvorbehalt.[5] Dahinter steht die Annahme, dass die **Organisationsgewalt** (= Befugnis, die organisatorischen Vorkehrungen zur Erledigung der Staatsaufgaben zu treffen)[6] keinen der Exekutive exklusiv zustehenden Bereich darstellt.[7] Der BayVerfGH erkennt in der Bestimmung daher auch eine parlamentarische Einwirkungsmöglichkeit

---

1   Statt vieler *Suerbaum*, in: BeckOK GG, Art. 84 Rn. 15.
2   Die dogmatische Konstruktion ist umstritten. Für die Ableitung einer speziellen Gesetzgebungskompetenz des Bundes aus Art. 84 Abs. 1 GG zB *Burgi/Mayer*, DÖV 2000, 579 (584); *Pieroth*, in: Jarass/ders., GG, Art. 84 Rn. 4; *Suerbaum*, in: BeckOK GG, Art. 84 Rn. 15; für die Heranziehung des Gedankens einer („ungeschriebenen") Annexzuständigkeit zur jeweiligen Sachkompetenz des Bundes vgl. *Hermes*, in: Dreier, GG, Art. 83 Rn. 20 ff.; offen gelassen von BVerwGE 150, 129 (138 f.).
3   Zur konstitutiven Wirkung von Art. 84 Abs. 1 S. 4 GG vgl. *F. Kirchhof*, in: Maunz/Dürig, GG, Art. 84 (Stand: 61. EL, Januar 2011), Rn. 113, mwN zum Meinungsstand.
4   *F. Kirchhof*, in: Maunz/Dürig, GG, Art. 84 (Stand: 61. EL, Januar 2011), Rn. 114.
5   *H. Huber*, in: Meder/Brechmann, BV, Art. 77 Rn. 1.
6   Zu unterschiedlichen Begriffsverständnissen näher *Badura/Huber*, BayVBl. 1989, 769 (769).
7   *Wolff*, in: Lindner/Möstl/ders., BV, Art. 77 Rn. 10.

des Landtags gegenüber der Exekutive.[8] Zur Ausfüllung des **institutionellen (= organisatorischen) Gesetzesvorbehalts** für die Grundlagen und die wesentlichen Elemente der Verwaltungsorganisation[9] ist zwar grds. auch das Vorliegen eines rein materiellen Gesetzes denkbar. Konkretisierungen durch Rechtsverordnungen dürften aber nur insoweit zulässig sein, als das in Art. 77 Abs. 1 S. 1 BV adressierte förmliche Gesetz eine hinreichende Grundlage hierfür darstellt.[10] Von der in Art. 77 Abs. 1 S. 1 BV adressierten abstrakten Bildung von Behörden ist ihre „Einrichtung ... im einzelnen" zu unterscheiden. Diese obliegt gemäß Art. 77 Abs. 1 S. 2 BV der Staatsregierung und den durch diese ermächtigten Staatsministerien.[11]

Die Regelung des Art. 77 Abs. 1 BV gilt auch für den **Vollzug von Bundesgesetzen,** soweit und solange nicht auf Bundesebene nach Maßgabe von Art. 84 Abs. 1 f. oder Art. 85 Abs. 1 f. GG vorrangige Regelungen bestehen.[12] Umstritten ist seine Anwendung im Bereich der **Leistungsverwaltung.**[13] Während die Rspr. zwischen dem Subventionsbereich und der „herkömmlichen Leistungsverwaltung (zB der Daseinsvorsorge)" differenzieren will,[14] plädiert das Schrifttum für eine einheitliche Geltung des Gesetzvorbehalts im Bereich der leistungsgewährenden Verwaltung.[15] Für die letztgenannte Ansicht spricht insbesondere, dass die Zuständigkeit für die Bürgerinnen und Bürger auch bei der leistenden Verwaltung von Anfang an erkennbar sein muss, damit diese ihre Ansprüche geltend machen können.[16] Art. 77 BV adressiert zwar seinem Wortlaut nach allein die unmittelbare Staatsverwaltung (→ Rn. 10 ff.), indem er insbesondere auf die „Bestellung der staatlichen Organe" (S. 1) und die „Staatsregierung" (S. 2) Bezug nimmt. Es besteht aber Einigkeit dahingehend, dass die Regelung für die mittelbare Staatsverwaltung (→ Rn. 21 ff.) zumindest analog (und unter Berücksichtigung der Besonderheiten) heranzuziehen ist,[17] da der Vorbehalt anderenfalls umgangen werden könnte.[18]

6

Im Hinblick auf die Organisation der Behörden und die Regelung ihres Verfahrens bestimmt Art. 77 Abs. 2 BV, dass „unter Wahrung der notwendigen Einheitlichkeit der Verwaltung alle entbehrliche Zentralisation vermieden, die Entschlusskraft und die Selbstverantwortung der Organe gehoben wird und die Rechte der Einzelperson genü-

7

---

8 BayVerfGHE 38, 165 (176).
9 Zur Einordnung als „Grundsatz des gemeindeutschen Landesverfassungsrechts" vgl. *Badura/Huber,* BayVBl. 1989, 769 (770).
10 BayVerfGHE 24, 199 (213); *Holzner,* BV, Art. 77 Rn. 16; *H. Huber,* in: Meder/Brechmann, BV, Art. 77 Rn. 3; weitergehend in Richtung einer Verschärfung der Anforderungen der allgemeinen Wesentlichkeitstheorie *Wolff,* in: Lindner/Möstl/ders., BV, Art. 77 Rn. 23.
11 Vgl. hierzu die „Verordnung über die Einrichtung der staatlichen Behörden" vom 31. März 1954, BayRS II S. 187.
12 *H. Huber,* in: Meder/Brechmann, BV, Art. 77 Rn. 1.
13 Allgemein zur umstrittenen Frage, ob und inwieweit der Gesetzesvorbehalt die Leistungsverwaltung erfasst: *Maurer/Waldhoff,* § 6, Rn. 10 ff.
14 BayVGH, NVwZ 2000, 829, wonach Art. 77 Abs. 1 S. 1 BV keine Anwendung auf die Subventionsverwaltung findet; siehe auch bereits BayVGH, BayVBl. 1969, 139.
15 Statt vieler *H. Huber,* in: Meder/Brechmann, BV, Art. 77 Rn. 5; *Wolff,* in: Lindner/Möstl/ders., BV, Art. 77 Rn. 17.
16 *Wolff,* in: Lindner/Möstl/ders., BV, Art. 77 Rn. 17, unter Rekurs auf *Petz,* BayVBl. 1989, 353 (356).
17 In Richtung einer direkten Anwendbarkeit auf die mittelbare Staatsverwaltung: BayVerfGHE 24, 199 (213); *Holzner,* BV, Art. 77 Rn. 27; *Schweiger,* in: Nawiasky/ders./Knöpfle, BV, Art. 77 Rn. 3 (Stand: 1963); für eine entsprechende Anwendung mit Modifikationen: *Wolff,* in: Lindner/Möstl/ders., BV, Art. 77 Rn. 8 f.
18 *Schweiger,* in: Nawiasky/ders./Knöpfle, BV, Art. 77 Rn. 4 (Stand: 1963).

gend gewahrt werden". Auf diese Weise soll den nachgeordneten Behörden ein möglichst großes Maß an Bewegungsfreiheit eingeräumt werden.[19] Zur Auflösung dieser teilweise widerstreitenden Prinzipien[20] wird dem Gesetzgeber ein weiter, nur im Rahmen der Evidenzkontrolle überprüfbarer Gestaltungsspielraum eingeräumt.[21]

8   Besondere Regelungen zur Staatsregierung finden sich im vierten Abschnitt der BV.[22] Art. 55 BV nennt hier in den Nr. 1–7 die Grundsätze der Geschäftsführung der Staatsregierung und der einzelnen Staatsministerien. Mit Blick auf die Verwaltungsorganisation ist insbesondere die Nr. 5 hervorzuheben. Deren S. 1 formuliert zunächst den **Grundsatz der Behördenhierarchie** in der **unmittelbaren Staatsverwaltung**.[23] Weisungsunabhängige („ministerialfreie") Behörden bilden somit auch auf Landesebene die Ausnahme.[24] Zulässig sind sie nur dann, wenn dies (wie mit Art. 80 Abs. 1 S. 2 BV für den Rechnungshof) in der Verfassung explizit vorgesehen oder aufgrund inhaltlicher oder struktureller Besonderheiten mit dem Demokratie- und Verantwortungsprinzip ausnahmsweise vereinbar ist.[25] Daneben kann eine politische Unabhängigkeit des behördlichen Handelns auch unionsrechtlich veranlasst sein. Ein Beispiel bildet ausweislich Art. 1 b ZustWiG[26] die Regulierungskammer des Freistaates Bayern. Ihr obliegt zusammen mit der Bundesnetzagentur (BNetzA) in Bonn die Regulierung der Elektrizitäts- und Gasversorgungsnetze. Die Weisungsunabhängigkeit der nationalen Regulierer wird in den Binnenmarktrichtlinien Strom und Gas aus dem Jahr 2009 ausdrücklich gefordert.[27] Art. 55 Nr. 5 S. 2 BV betrifft die **mittelbare Staatsverwaltung** und beinhaltet zwei Aussagen:[28] Zum einen wird die verfassungsrechtliche Zulässigkeit einer mittelbaren Staatsverwaltung über den Rahmen der verfassungsunmittelbar vorgesehenen kommunalen Selbstverwaltung hinaus bestätigt. Zum anderen ist eine Aufsicht durch die Staatsministerien nach Maßgabe der einschlägigen Gesetze vorzusehen.

---

19 BayVerfGHE 12, 91 (105).
20 *H. Huber*, in: Meder/Brechmann, BV, Art. 77 Rn. 9.
21 *Badura/Huber*, BayVBl. 1989, 769 (774); *Holzner*, BV, Art. 77 Rn. 23.
22 *H. Huber*, in: Meder/Brechmann, BV, Art. 77 Rn. 3.
23 Gegen eine Anwendung von Art. 55 Nr. 5 S. 1 BV auf die *mittelbare* Staatsverwaltung mit Recht *Lindner*, in: ders./Möstl/Wolff, BV, Art. 55 Rn. 76, unter Rekurs auf die systematische Abgrenzung gegenüber S. 2; aA *Brechmann*, in: Meder/ders., BV, Art. 55 Rn. 44; zur hierarchischen Struktur als „natürliche[m] Bauprinzip der Exekutive schlechthin" vgl. *Schuppert*, GVwR[2] I, § 16, Rn. 41; siehe bereits *Wehnert*, Über den Geist der Preußischen Staatsorganisation und Staatsdienerschaft, 1833, S. 2; zitiert nach *Dreier*, Hierarchische Verwaltung im demokratischen Staat, 1991, S. 70, siehe dort auch eingehend S. 141 ff.
24 Zur Rückführung auf das traditionelle staatsrechtliche Verständnis vom Demokratieprinzip vgl. BVerfGE 93, 37 (67 f.); 107, 59 (87 f.), wonach die Ausübung von Hoheitsgewalt im Bereich der unmittelbaren Staatsverwaltung grds. nur dann hinreichend demokratisch legitimiert ist, wenn die Amtsträger im Auftrag und nach Weisung der Regierung handeln und dieser so die Wahrnehmung ihrer Sachverantwortung gegenüber Volk und Parlament ermöglichen (sog sachlich-inhaltliche Legitimation); näher *Ludwigs*, Die Verw. 44 (2011), 41 (46 ff.).
25 *Lindner*, in: ders./Möstl/Wolff, BV, Art. 55 Rn. 78, 81, der als Beispiel *weisungsfreie Ausschüsse* (wie das Landesjustizprüfungsamt nach § 3 JAPO) anführt.
26 Gesetz über die Zuständigkeiten zum Vollzug wirtschaftsrechtlicher Vorschriften (ZustWiG) idF der Bekanntmachung v. 24.1.2005, GVBl. S. 17, zuletzt geändert durch Gesetz v. 12.6.2018, GVBl. S. 391.
27 Ausführlich zum unionsrechtlichen Hintergrund: *Ludwigs*, EU-rechtliche Vorgaben und nationale Gestaltungsspielräume – Behördenunabhängigkeit und Regulierungsermessen als Sicherung der effektiven Umsetzung von EU-Recht?, in: Säcker/Schmidt-Preuß (Hrsg.), Grundsatzfragen des Regulierungsrechts, 2015, S. 251 (252 ff.).
28 *Lindner*, in: ders./Möstl/Wolff, BV, Art. 55 Rn. 82.

I. Verwaltungsorganisation

Die **kommunale Selbstverwaltung** erfährt eine spezifische Regelung in den Art. 10 f., 83 BV (→ § 3 Rn. 43 ff.). Daneben bleibt Art. 28 Abs. 2 GG als eine Art „Auffangnetz" zugunsten der Kommunen anwendbar.[29] Im Lichte der Normenhierarchie kann im Falle inhaltlicher Divergenzen ggf. eine grundgesetzkonforme Auslegung der landesverfassungsrechtlichen Vorschriften in Betracht kommen.[30] Die Gemeinden sind gemäß Art. 11 Abs. 2 S. 1 BV „ursprüngliche Gebietskörperschaften des öffentlichen Rechts". Sie haben das Recht, ihre eigenen Angelegenheiten im Rahmen der Gesetze selbst zu ordnen und zu verwalten, insbesondere ihre Bürgermeister und Vertretungskörper zu wählen. Ihnen können durch Gesetz Aufgaben übertragen werden, die sie namens des Staates zu erfüllen haben (Abs. 3). Die Kommunen sind im Übrigen nicht die einzigen juristischen Personen, denen die BV das Recht auf Selbstverwaltung einräumt: Ein weiteres Beispiel für eine entsprechende Garantie bildet Art. 138 Abs. 2 S. 1 BV für die **Hochschulen** (siehe daneben noch Art. 155 S. 2 BV).

9

2. Unmittelbare Staatsverwaltung

Im Rahmen der unmittelbaren Staatsverwaltung erfüllt der Freistaat Bayern die ihm obliegenden Verwaltungsaufgaben selbst durch **eigene Verwaltungseinheiten**. Die unmittelbare Landesverwaltung gliedert sich in Behörden und ist im Grundsatz dreistufig aufgebaut. Das hierarchische Muster des Verwaltungsaufbaus mit Über- bzw. Nachordnungsverhältnissen zwischen den Behörden wird dabei bereits vom Grundgesetz vorausgesetzt (vgl. etwa Art. 84 Abs. 3 S. 2 und Abs. 5 S. 2 GG, wo von den „obersten Landesbehörden" die Rede ist).[31]

10

a) Oberste Landesbehörden und Landesoberbehörden

Die **Staatsregierung** ist die oberste leitende und vollziehende Behörde des Staates, Art. 43 Abs. 1 BV. Oberste Landesbehörden sind folgerichtig auch die der Staatsregierung zugeordnete Staatskanzlei (Art. 52 BV) sowie die einzelnen Staatsministerien (vgl. Art. 51, Art. 55 Nr. 2 BV).[32] Hinzu kommen das Landtagsamt sowie der Rechnungshof (Art. 80 BV).[33]

11

Den **Staatsministerien** obliegt gemäß Art. 55 Nr. 5 S. 2 BV im Rahmen der Gesetze die Aufsicht über die Gemeinden und Gemeindeverbände[34] sowie die sonstigen Körperschaften des öffentlichen Rechts und die öffentlich-rechtlichen Stiftungen. Ihre **Ressortzuständigkeiten** werden in einer aufgrund von Art. 53 und Art. 77 Abs. 1 S. 2 BV erlassenen „Verordnung über die Geschäftsverteilung der Bayerischen Staatsregierung" konkretisiert.[35] Bemerkenswert ist insoweit, dass die Zuweisung der einzelnen Geschäfte (= Aufgaben der Staatsverwaltung) an die Staatsministerien damit nicht –

12

---

29 *Mehde*, in: Maunz/Dürig, GG, Art. 28 Abs. 2 (Stand: 67. EL, November 2012), Rn. 20.
30 *Schmahl*, DVBl. 2003, 1300 (1303); siehe auch *Mehde*, in: Maunz/Dürig, GG, Art. 28 Abs. 2 (Stand: 67. EL, November 2012), Rn. 20.
31 Näher *Hermes*, in: ders./Reimer (Hrsg.), Landesrecht Hessen, 9. Aufl. 2019, § 3, Rn. 3.
32 *Lindner*, Bayerisches Staatsrecht, Rn. 179.
33 *Burgi/Brandmeier*, BayVBl. 2015, 1 (2).
34 Vgl. hierzu Art. 110 S. 4, Art. 115 Abs. 1 S. 2 GO und Art. 96 S. 2, Art. 101 S. 2 LKrO.
35 Verordnung über die Geschäftsverteilung der Bayerischen Staatsregierung (StRGVV) vom 28. Januar 2014, GVBl. S. 31, zuletzt geändert durch Verordnung v. 17.4.2018, GVBl. S. 219.

wie in Art. 53 S. 2 BV eigentlich vorgesehen – in der Geschäftsordnung (StRGO)[36] geregelt ist, sondern in einer eigenen Rechtsverordnung. Ein Verfassungsverstoß resultiert daraus freilich nicht, weil die Geschäftsverteilung in der Modalität einer Verordnung ein qualitatives „Mehr" zur bloßen Geschäftsordnung darstellt.[37] Mit Blick auf den **institutionellen Gesetzesvorbehalt**, wonach im Lichte des Rechtsstaats- und Demokratieprinzips auch rein organisationsrechtlich relevante Entscheidungen vom Erfordernis einer gesetzlichen Grundlage umfasst sein können,[38] liegt hierin sogar eine gewisse Absicherung. Weitergehend hat der Nordrhein-Westfälische Verfassungsgerichtshof in einer Entscheidung von 1999 für die Zusammenlegung des Justizministeriums mit dem Innenministerium in Nordrhein-Westfalen eine notwendige Zuständigkeit des Landtags bejaht.[39] Die Relevanz der Entscheidung für den Freistaat Bayern erscheint indes schon aufgrund ihrer mangelnden inhaltlichen Überzeugungskraft fragwürdig. Im Schrifttum ist insoweit pointiert auf eine Inanspruchnahme der „Organisationsgewalt der Verfassungsrichter im Bereich der Regierung"[40] hingewiesen worden, in der eine „bedenkliche Neigung der Rechtsprechung zur weiterzigen Deutung ihrer Rechtsbindung"[41] zum Ausdruck kommt.

13 Daneben erfolgt in § 1 Abs. 1 der „Verordnung über die Einrichtung der staatlichen Behörden"[42] eine **Übertragung der Organisationsgewalt** der Staatsregierung auf die einzelnen Staatsministerien. Hiervon umfasst ist gemäß § 1 Abs. 2 „die Errichtung und Aufhebung, die Vergrößerung und Verkleinerung, die Zusammenlegung und Teilung von Behörden, die Bestimmung ihres Sitzes, die Abgrenzung ihrer Amtsbezirke und die Ordnung ihrer inneren Verhältnisse sowie ihres Verhältnisses zu vorgesetzten, gleichrangigen und nachgeordneten Behörden".

14 Von den obersten Landesbehörden sind die **Landesoberbehörden** (vielfach als „Landesämter"[43] und zum Teil auch als „Landesanstalten"[44] bezeichnet) strikt zu trennen. Es handelt sich um den Ministerien unmittelbar nachgeordnete Verwaltungseinheiten, die regelmäßig über keinen eigenen Unterbau verfügen und im Rahmen eines sachlich bestimmten Aufgabenkreises landesweit zuständig sind.[45] Sie werden auf Grundlage der Organisationsermächtigung nach Art. 77 Abs. 1 BV eingerichtet. In Bayern fallen hierunter ua das Landesamt für Verfassungsschutz, die Landesanwaltschaft, die Landesanstalt für Landwirtschaft, das Landesamt für Asyl und Rückführungen, das Landesamt für Statistik sowie die Bayerische Versorgungskammer.[46]

---

36 Geschäftsordnung der Bayerischen Staatsregierung (StRGO) vom 15. Mai 2018, GVBl. S. 373.
37 *Lindner*, in: ders./Möstl/Wolff, BV, Art. 53 Rn. 9.
38 Näher *F. Kirchhof*, in: Maunz/Dürig, GG, Art. 83 (Stand: 54. EL, Januar 2009), Rn. 33 ff., mit der berechtigten Warnung vor einer „Überhöhung"; eingehend *Ohler*, AöR 131 (2006), 336.
39 VerfGH NRW, NJW 1999, 1243; zur nahezu einhelligen Kritik im Schrifttum vgl. *Wittreck*, Die Verwaltung der Dritten Gewalt, 2006, S. 20 ff. mwN.
40 So der programmatische Titel des Beitrags von *Menzel*, NWVBl. 1999, 201.
41 *Wittreck*, Die Verwaltung der Dritten Gewalt, 2006, S. 21 f.
42 Vgl. Fn. 11.
43 Ein Gegenbeispiel bildet das Bayerische Landesamt für Steuern als Mittelbehörde.
44 Hiervon strikt zu trennen sind die Anstalten im Sinne der mittelbaren Staatsverwaltung (vgl. → Rn. 27).
45 *Lindner*, Bayerisches Staatsrecht, Rn. 181; *Maurer/Waldhoff*, § 22, Rn. 19; *Burgi/Brandmeier*, BayVBl. 2015, 1 (2).
46 *Kempen*, in: Becker/Heckmann/ders./Manssen, 1. Teil, Rn. 197.

b) Landesmittelbehörden

Landesmittelbehörden (oder auch „höhere Behörden" bzw. „Behörden der Mittelstufe") sind die **Regierungen**. Sie fungieren in den sieben bayerischen Regierungsbezirken als Aufsichtsbehörde über die Kreisverwaltungsbehörden[47] (Art. 96 S. 1, Art. 101 S. 2 LKrO bzw. Art. 110 S. 2, Art. 115 Abs. 1 S. 2 GO) sowie als obere Aufsichtsbehörde für die kreisangehörigen Gemeinden (Art. 110 S. 3, Art. 115 Abs. 1 S. 2 GO).[48] Die Regierungen sind weisungsberechtigt gegenüber den unteren Landesbehörden und unterliegen ihrerseits den Weisungen der übergeordneten Ministerien. Vgl. für eine Übersicht → § 3 Rn. 17. Daneben nehmen die Regierungen auch vielfältige primäre Staatsaufgaben wahr.[49]

15

Das **Gebiet der Regierungsbezirke** ist geographisch deckungsgleich mit demjenigen der Bezirke im Sinne des Art. 1 BezO.[50] Es umfasst daher alle zugeteilten Landkreise und kreisfreien Gemeinden. In Art. 185 (iVm Art. 10) BV wird der Bestand der konkreten, historisch gewachsenen Regierungsbezirke Oberbayern (München), Niederbayern (Landshut), Oberfranken (Bayreuth), Mittelfranken (Ansbach), Unterfranken (Würzburg), Oberpfalz (Regensburg) und Schwaben (Augsburg) abgesichert.[51]

16

c) Untere Landesbehörden

Untere Landesbehörden sind neben bestimmten **Sonderbehörden** (wie den 96 staatlichen Schulämtern)[52] v.a. die **Landratsämter**. Dabei ist zu beachten, dass letztere sowohl (weisungsabhängige) Staatsbehörden als auch Behörden des Landkreises als eigenständige Körperschaft sind. Die Rede ist insoweit auch von der **Doppelfunktion** bzw. der „**Januskönfigkeit**" des Landratsamtes. Für welchen der beiden Rechtsträger die Behörde nach Art. 37 Abs. 1 LKrO tätig wird und wer entsprechend nach § 78 Abs. 1 Nr. 1 VwGO passivlegitimiert ist, bestimmt sich danach, ob das Landratsamt eine Staatsaufgabe (Art. 37 Abs. 1 S. 2 LKrO) oder eine eigene Aufgabe des Landkreises (S. 1) wahrnimmt. Agiert das Landratsamt im Rahmen seiner staatlichen Aufgaben (wie zB beim Handeln als untere Bauaufsichtsbehörde nach Art. 53 Abs. 1 S. 1 BayBO oder als allgemeine Sicherheitsbehörde nach Art. 6 LStVG; → § 2 Rn. 165 und § 4 Rn. 391), ist Rechtsträger der Freistaat Bayern.[53] Liegt ein Fall der Erledigung eigener Aufgaben des Landkreises vor, ist dieser selbst als Rechtsträger passivlegitimiert.[54] Praktische Bedeutung kommt der Zuordnung des Weiteren bei der Frage zu, welchem kommunalen Aufsichtsregime nach Art. 94 ff. LKrO das Handeln unterliegt. Gleiches

17

---

47 Kreisverwaltungsbehörden sind neben den Landratsämtern (als untere staatliche Verwaltungsbehörden) auch die kreisfreien Städte und Große Kreisstädte, soweit sie im übertragenen Wirkungskreis staatliche Aufgaben, die sonst vom Landratsamt wahrzunehmen sind, erfüllen (vgl. Art. 9 Abs. 1 S. 1 Hs. 2, Abs. 2 S. 1 Hs. 1 GO). Beachte zur Passivlegitimation in solchen Fällen aber → Rn. 19.
48 Vgl. noch Art. 110 S. 4 GO bzw. Art. 96 S. 2 LKrO, zur Rolle des Staatsministeriums des Innern als oberer Rechtsaufsichtsbehörde für die kreisfreien Gemeinden bzw. die Landkreise.
49 So sind Regierungen zB für den Vollzug von Vereinsverboten (§ 2 Abs. 1 ZustV), die Durchführung von Enteignungen nach dem LandesbeschaffungsG (§ 7 Abs. 1 ZustV) sowie teilweise auch für die Genehmigung nach dem PersonenbeförderungsG (§ 15 Abs. 2 Nr. 2 ZustV) zuständig.
50 Zur Abgrenzung von Bezirken als dritter kommunaler Ebene über den Gemeinden und Kreisen und den Regierungen als Staatsbehörde vgl. → Rn. 23.
51 *Burgi/Brandmeier*, BayVBl. 2015, 1 (2); siehe auch *Lindner*, BayVBl. 2009, 257 (260 ff.).
52 Vgl. Art. 115 BayEUG.
53 Zur Einordnung als Fall der Organleihe vgl. *Burgi/Brandmeier*, BayVBl. 2015, 1 (5).
54 Vgl. hierzu auch: *Lindner*, Öffentliches Recht, Rn. 152.

gilt für die Bestimmung der ausgleichspflichtigen Körperschaft nach der *Anvertrauenstheorie* im Rahmen der Amtshaftung nach Art. 34 GG iVm § 839 BGB.⁵⁵ Die Abgrenzung der Aufgabenkreise für ein konkretes Tätigwerden lässt sich anhand der jeweils einschlägigen Vorschriften bestimmen.⁵⁶ Dabei folgt aus einer Zuweisung zur „Kreisverwaltungsbehörde" (zB Art. 53 Abs. 1 S. 1 BayBO oder § 1 Abs. 1 S. 1 BayGastV), „unteren Verwaltungsbehörde" (zB § 8 Abs. 1 ZustVVerk) oder „staatlichen Verwaltungsbehörde" (etwa Art. 14 Abs. 1 S. 1 BayBestG oder Art. 9 Abs. 1 S. 1 GO) der Charakter einer Staatsaufgabe. Anhaltspunkte liefert auch die Verordnung über Aufgaben der Großen Kreisstädte (GrKrV).⁵⁷ Darin werden allein solche Aufgaben aufgelistet, die dem staatlichen Bereich zugeordnet sind.

18 Den **Landratsämtern als Staatsbehörden** obliegt die Aufsicht über die kreisangehörigen Gemeinden (vgl. Art. 110 S. 1 und Art. 115 Abs. 1 S. 2 GO). Ihr Zuständigkeitsbereich erstreckt sich auf das entsprechende Kreisgebiet, das sowohl die dem Landkreis angehörigen Gemeinden als auch gemeindefreie Gebiete (Art. 7 LKrO) erfasst.⁵⁸

19 Keine unteren Landesbehörden sind **Gemeinden**. Dies gilt selbst dann, wenn kreisfreie Gemeinden oder Große Kreisstädte im übertragenen Wirkungskreis die sonst von den Landratsämtern wahrzunehmenden Staatsaufgaben erfüllen (vgl. Art. 9 Abs. 1 f. GO). Vielmehr stellen Gemeinden als ursprüngliche Gebietskörperschaften stets selbst Träger von Rechten und Pflichten dar. Sie sind daher niemals der unmittelbaren, sondern durchgehend der mittelbaren Staatsverwaltung zuzuordnen. Im Falle des Handelns ihrer Organe sind daher auch stets sie nach Maßgabe des Rechtsträgerprinzips in § 78 Abs. 1 Nr. 1 VwGO passivlegitimiert.

Merke:
Handelt eine Gemeinde, ist diese stets passivlegitimiert.

d) Staatsbetriebe

20 Auch **Staatsbetriebe** sind Teil der Staatsverwaltung, wobei ihre Bedeutung aufgrund zahlreicher Privatisierungen in den vergangenen Jahrzehnten abgenommen hat (siehe auch Art. 26 Abs. 1 a BayHO, wonach Staatsbetriebe in geeigneten Fällen in Rechtsformen des privaten Rechts zu überführen sind). Sie haben gemäß Art. 26 Abs. 1 BayHO einen Wirtschaftsplan aufzustellen, wenn ein Wirtschaften nach Einnahmen und Ausgaben des Haushaltsplans nicht zweckmäßig ist. Anders als Anstalten und Stiftungen des öffentlichen Rechts besitzen Staatsbetriebe **keine eigene Rechtspersönlichkeit**. Im Übrigen sind sie abzugrenzen von den gemeindlichen Unternehmen nach Art. 87 ff. GO (→ § 3 Rn. 228 ff.). Gegenwärtig gibt es in Bayern noch 14 Staatsbe-

---

55 *Burgi/Brandmeier*, BayVBl. 2015, 1 (5); allgemein zur Anvertrauenstheorie: *Grzeszick*, in: Ehlers/Pünder, § 44, Rn. 9 ff.; *Maurer/Waldhoff*, § 26, Rn. 45.
56 Zum Folgenden: *Burgi/Brandmeier*, BayVBl. 2015, 1 (5).
57 Verordnung über Aufgaben der Großen Kreisstädte (GrKrV) vom 25. März 1991, GVBl. S. 123, zuletzt geändert durch Verordnung vom 20. Juni 2017, GVBl. S. 282.
58 *Knemeyer*, Kommunalrecht, S. 87.

triebe, darunter die Spielbanken Bayern,[59] die „Immobilien Freistaat Bayern"[60] und das Staatliche Hofbräuhaus München.[61]

3. Mittelbare Staatsverwaltung

Von **mittelbarer Staatsverwaltung** ist die Rede, wenn der Staat seine Verwaltungsaufgaben nicht durch eigene Behörden erfüllt, sondern diese rechtlich selbstständigen, jedoch in den Staatsorganismus einbezogenen Verwaltungsträgern zur Erledigung überträgt oder überlässt.[62] Im Schrifttum ist bisweilen vorgeschlagen worden, auf den Terminus der mittelbaren Staatsverwaltung – um den in der Vergangenheit ebenso intensive wie unergiebige Kontroversen geführt wurden – gänzlich zu verzichten.[63] Folgt man dieser Anregung im Lichte der starken Verbreitung des Begriffs nicht, empfiehlt es sich allerdings, ihn konsequent auf eine **rein formale Systematisierungskategorie** zu begrenzen.[64] Dementsprechend ergibt sich eine begrifflich-systematische Konzeption dahin gehend, dass unter mittelbarer Staatsverwaltung die Gesamtheit der rechtsfähigen Körperschaften, Anstalten und Stiftungen des Öffentlichen Rechts zu begreifen ist. Hinzu tritt der Sonderfall des Beliehenen.[65] Bei einem solchen rein formalen Verständnis werden auch die **Selbstverwaltungsträger** einbezogen.[66] Bedenken hiergegen bestehen schon deshalb nicht, weil die Selbstverwaltung einen Teil der Staatsgewalt (namentlich der Exekutive) bildet.[67]

21

a) Körperschaften

Körperschaften sind durch staatlichen Hoheitsakt geschaffene, mitgliedschaftlich verfasste Organisationen, die unabhängig vom jeweiligen Wechsel der Mitglieder bestehen.[68] Im Näheren wird regelmäßig zwischen Gebiets-, Personal-, Real- und Verbandskörperschaften differenziert.

22

Bezugspunkt für die Mitgliedschaft in **Gebietskörperschaften** ist der Wohnsitz bzw. die Niederlassung. Erfasst werden hier als Erscheinungsform der mittelbaren Staatsverwaltung insbesondere Gemeinden, die im übertragenen Wirkungskreis staatliche Aufgaben wahrnehmen (näher → § 3 Rn. 33 ff.). Über den aktuell 2.056 Gemeinden gibt es entsprechend noch 71 Landkreise und 7 Bezirke, die jeweils auch als selbst-

23

---

59 Gesetz über Spielbanken im Freistaat Bayern (SpielbG) vom 26. Juli 1995, GVBl. S. 350, zuletzt geändert durch § 1 Nr. 204 der Verordnung vom 22. Juli 2014.
60 Gesetz über die Immobilien Freistaat Bayern (IMBY-Gesetz – IMBYG) v. 22. Dezember 2015, GVBl. S. 477, 490.
61 Bayerisches Staatsministerium der Finanzen, für Landesentwicklung und Heimat (Hrsg.), Beteiligungsbericht des Freistaats Bayern 2017 – Staatliche Beteiligungen an Unternehmen, 2017, S. 19, 210 ff.
62 *Maurer/Waldhoff*, § 23, Rn. 1.
63 Näher *Kahl*, Die Staatsaufsicht, 2000, S. 453 f. mwN.
64 Überzeugend *Hendler*, HStR[3] VI, § 143, Rn. 43 f.
65 Vgl. etwa *Maurer/Waldhoff*, § 23, Rn. 1; enger *Hendler*, HStR[3] VI, § 143, Rn. 43 mit Fn. 81; weitergehend *Burgi*, in: Ehlers/Pünder, § 8, Rn. 17; *Kemmler*, JA 2015, 328 (329 f., 332), wonach auch natürliche und juristische Personen des Privatrechts erfasst werden sollen, die staatliche Aufgaben erfüllen und unter der Kontrolle des Staates stehen.
66 Statt vieler *Hendler*, in: Mann/Püttner I, § 1, Rn. 23; *Maurer/Waldhoff*, § 23, Rn. 1 ff.; aA etwa *Kahl*, Die Staatsaufsicht, 2000, S. 452 f.; explizit für die Kommunen: *Knemeyer*, DÖV 1988, 397 (400); instruktiv auch *Kemmler*, JA 2015, 328 (329 f.), mit der Unterscheidung zwischen mittelbarer Staatsverwaltung im weiteren Sinne (unter Einschluss von Selbstverwaltungseinheiten) und im engeren Sinne.
67 *Hendler*, in: Mann/Püttner I, § 1, Rn. 23.
68 *Detterbeck*, Rn. 182; *Erbguth/Guckelberger*, § 6, Rn. 15; *Kemmler*, JA 2015, 328 (330).

ständige Körperschaften eigene und übertragene (Staats-)Aufgaben wahrnehmen.[69] Nach Art. 9 BV gliedert sich das Staatsgebiet in „Kreise", die wiederum in „Bezirke" eingeteilt sind. Diese Zuordnung entspricht dem alten bayerischen Sprachgebrauch.[70] Aufgrund der Begrifflichkeiten im preußischen Organisationsrecht,[71] der einfachgesetzlichen Regelungen und neuerer Verfassungsbestimmungen werden sie aber heute im umgekehrten Sinn verstanden.[72] Dies zeigt schon die mittlerweile umgekehrte Terminologie in Art. 14 BV.[73] Insofern ist eine klare Abgrenzung von Bezirk und Regierung bzw. Landkreis und Landratsamt erforderlich. Der Bezirk ist selbst Rechtsträger und daher Teil der mittelbaren Staatsverwaltung, während die Regierung als Staatsbehörde der unmittelbaren Staatsverwaltung zugehört.[74] Ungeachtet dieser Differenzierung besteht zwischen **Regierung** und **Bezirk**[75] aber ein organisatorischer, personeller und sachlicher Verwaltungsverbund dergestalt, dass sich die Bezirke der Ressourcen der Regierungsverwaltung bedienen können (vgl. Art. 35, 35a und 35b BezO).[76] Die Regierung bleibt dabei ausschließlich ein staatliches Organ; eine Doppelfunktion wie dem Landratsamt (→ Rn. 17) kommt ihr also nicht zu.[77]

24 Eine weitere Kategorie der Körperschaften stellen die **Personalkörperschaften** dar, welche ihre Mitglieder in Anknüpfung an bestimmte individuelle Eigenschaften (zB Zugehörigkeit zu einer bestimmten Berufsgruppe) erfassen.[78] Exemplarisch zu nennen sind insbesondere die Industrie- und Handelskammern, Handwerksinnungen, die Landesärztekammern, Rechtsanwaltskammern sowie (typischerweise) die Hochschulen.

25 Bei **Realkörperschaften** ist die Mitgliedschaft mit dem Eigentum oder Besitz verknüpft. Dazu gehören etwa Jagdgenossenschaften sowie Wasser- und Bodenverbände.[79] Ein weiteres prägnantes Beispiel bildet auf Bundesebene die Bundesrechtsanwaltskammer (BRAK) als Dachorganisation der 27 regionalen Rechtsanwaltskammern und der Rechtsanwaltskammer beim BGH.

26 Kennzeichnend für die Kategorie der **Verbandskörperschaften** ist schließlich die alleinige Mitgliedschaft von juristischen Personen.[80] Exemplarisch hierfür stehen kommunale Zweckverbände (zB Abfallbeseitigungs- oder Planungsverbände).

---

69 Vgl. die Zahlen zur kommunalen Gliederung (Stand: 1.1.2017) unter http://www.innenministerium.bayern.de/kub/kommunalegliederung/index.php (5.11.2018).
70 Vgl. insoweit noch: *Nawiasky*, Bayerisches Verfassungsrecht, 1923, S. 37; näher *Badura/Huber*, BayVBl. 1989, 769 (772).
71 Vgl. hierzu schon: *Bornhak*, Preußisches Staatsrecht, Bd. II, 1889, S. 251 ff. für Kreise und S. 302 ff. für Bezirke.
72 *F. Wollenschläger*, in: Meder/Brechmann, BV, Art. 9 Rn. 2.
73 Die Ersetzung von „Kreis" und „Bezirk" durch die davor nur in Klammern beigefügten „Regierungsbezirk" und „Landkreis" vollzog sich mit dem Dritten Gesetz zur Änderung der Verfassung des Freistaates Bayern vom 19. Juli 1973, GVBl. S. 389.
74 *Burgi/Brandmeier*, BayVBl. 2015, 1 (3).
75 Zu den Organen des Bezirks → § 3 Rn. 118 f.
76 *Burgi/Brandmeier*, BayVBl. 2015, 1 (3); vgl. zum historischen Hintergrund der Regelungen: *Simnacher*, BayVBl. 1981, 385 (386).
77 *Burgi/Brandmeier*, BayVBl. 2015, 1 (3); *Lissack*, S. 156.
78 *Maurer/Waldhoff*, § 23, Rn. 36.
79 *Franz*, Einführung in die Verwaltungswissenschaft, 2013, S. 47.
80 *Detterbeck*, Rn. 182.

b) Anstalten

Anstalten sind dezentralisierte öffentlich-rechtliche Organisationen in Gestalt von Beständen an sachlichen und persönlichen Mitteln, die in der Hand eines Trägers der öffentlichen Verwaltung einem besonderen öffentlichen Zweck dauernd zu dienen bestimmt sind.[81] Im Gegensatz zur Körperschaft hat eine Anstalt keine Mitglieder, sondern **Nutzer**. Im Übrigen kann nur eine rechtsfähige Anstalt selbst Zuordnungsobjekt von Rechten und Pflichten sein.[82] Zur Erlangung der **Rechtsfähigkeit** muss sie durch oder aufgrund eines Gesetzes eingerichtet worden sein.[83] Klassische Beispiele rechtsfähiger Anstalten bilden die Bayerische Landesbank, der Bayerische Rundfunk oder auch die Sparkassen. Dagegen zählen nichtrechtsfähige Anstalten regelmäßig zur unmittelbaren Staatsverwaltung in Anstaltsform.[84] Nichtrechtsfähige Anstalten einer Gemeinde werden demgegenüber auch als kommunale Einrichtungen bezeichnet (→ § 3 Rn. 176 ff.).

27

c) Stiftungen

Stiftungen des öffentlichen Rechts stellen organisatorisch eigenständige und rechtsfähige Institutionen zur Verwaltung eines von einem Stifter zweckgebunden übergebenen Bestandes an Vermögenswerten (Kapital oder Sachgüter) dar.[85] Öffentlich-rechtlichen Charakter hat eine Stiftung, wenn ihr Gründer staatlich ist und sie im staatlichen Aufgabenbereich tätig wird.[86] Die Errichtung erfolgt daher durch staatlichen Hoheitsakt. Beispiele bilden die Bayerische Forschungsstiftung[87] oder die 1852 vom bayerischen König Maximilian II. gegründete Stiftung Maximilianeum.[88]

28

d) Beliehene und Verwaltungshelfer

Bei **Beliehenen** handelt es sich um natürliche oder juristische Personen des Privatrechts, denen durch oder aufgrund eines Gesetzes einzelne hoheitliche Aufgaben zur selbstständigen Wahrnehmung im eigenen Namen und in eigener Verantwortung übertragen worden sind.[89] Im Außenverhältnis sind sie selbst Behörde im Sinne des Art. 1 Abs. 2 BayVwVfG und zugleich regelmäßig[90] als Rechtsträger auch richtige Beklagte nach § 78 Abs. 1 Nr. 1 VwGO.[91] Ein klassisches Beispiel bildet insoweit der TÜV bei

29

---

81 Vgl. bereits O. *Mayer*, Deutsches Verwaltungsrecht II, 1896, S. 318.
82 *Maurer/Waldhoff*, § 23, Rn. 56.
83 *Erbguth/Guckelberger*, § 6, Rn. 20.
84 *Kemmler*, JA 2015, 328 (331).
85 *Burgi*, in: Ehlers/Pünder, § 8, Rn. 16.
86 *Kemmler*, JA 2015, 328 (331).
87 Errichtet durch Gesetz über die Errichtung der Bayerischen Forschungsstiftung vom 24. Juli 1990, GVBl. S. 241, zuletzt geändert durch § 1 Nr. 313 der Verordnung vom 22.7.2014, GVBl S. 286.
88 Urkunde über die Gründung des k. Maximilianeums vom 20. August 1876 und Grundbestimmungen für das Königliche Maximilianeum in München, jeweils BayRS IV, S. 469.
89 BVerwG, NVwZ 1985, 48 (48); *Erbguth/Guckelberger*, § 6, Rn. 22.
90 Einen Sonderfall bildet insofern die Inanspruchnahme im Rahmen eines Amtshaftungsanspruches. Aufgrund der speziellen Regelung des Art. 34 S. 1 GG ist der Staat oder die Körperschaft heranzuziehen, in deren Dienst der Beliehene steht; vgl. BGH, NJW 1968, 443 (445); OLG München, BeckRS 2015, 15487.
91 *Brenner*, in: Sodan/Ziekow, VwGO, § 78 Rn. 16; näher zur Passivlegitimation *Happ*, in: Eyermann, VwGO, § 78 Rn. 13, der auch auf Sonderfälle (in Art. 143 b Abs. 3 GG, § 2 Abs. 3 PostPersRG bzw. Art. 143 a Abs. 1 GG) verweist.

Erteilung der Prüfplakette nach § 29 StVZO.[92] Im Gegensatz zu den Beliehenen handeln **Verwaltungshelfer** nicht selbstständig, sondern nehmen bloße Hilfstätigkeiten im Auftrag und nach Weisung der betrauenden Behörde(n) wahr. Da regelmäßig kein rechtliches Auftreten nach außen erfolgt, bedarf es auch keiner gesetzlichen Ermächtigung. Das Handeln von Verwaltungshelfern wird unmittelbar dem entsprechenden Hoheitsträger zugerechnet. Dieser ist dann auch im Falle einer Klage nach § 78 Abs. 1 Nr. 1 VwGO passivlegitimiert.[93]

4. Staatsaufsicht

30 Die **Staatsaufsicht** soll im mehrstufigen Verwaltungsaufbau eine hinreichende demokratische Legitimation und die Gesetzmäßigkeit der mittelbaren Verwaltung sichern.[94] Unterschieden werden zwei verschiedene Arten der Aufsicht: die **Rechts- und Fachaufsicht**. Während sich erstere allein auf die Einhaltung der gesetzlichen Vorgaben durch die untergeordnete Behörde bezieht, umfasst letztere auch die Überprüfung von Zweckmäßigkeitserwägungen. Die Fachaufsicht geht mithin deutlich über die Rechtsaufsicht hinaus und hat die Wahrnehmung von Entscheidungsspielräumen durch nachgeordnete Behörden zum Gegenstand. Konkret betrifft dies Fälle von Ermessens- oder Beurteilungsspielräumen sowie den insbesondere in der Leistungsverwaltung anzutreffenden Bereich der sog **gesetzesfreien Verwaltung**.[95] Im Rahmen der **unmittelbaren Staatsverwaltung** kommt durchgängig eine Fachaufsicht zum Tragen. Demgegenüber bildet bei der **mittelbaren Staatsverwaltung** die bloße Rechtsaufsicht den Regelfall.[96] Eine Fachaufsicht erfolgt dort typischerweise nur bei der Wahrnehmung staatlicher Aufgaben.[97] Zur Kommunalaufsicht → § 3 Rn. 199 ff. Die Dienstaufsicht bezieht sich schließlich auf die innere Ordnung, die allgemeine Geschäftsführung und das Personalwesen der untergeordneten Behörde.[98]

31 Abrundend ist schließlich darauf hinzuweisen, dass auch der Freistaat Bayern teilweise der **Aufsicht durch den Bund** unterstellt ist. So steht der Bundesregierung nach Art. 84 Abs. 3 S. 1 GG die Aufsicht darüber zu, ob die Länder die Bundesgesetze dem geltenden Recht gemäß ausführen. Im Rahmen der Bundesauftragsverwaltung weitet sich die Aufsicht auf die Überprüfung der Zweckmäßigkeit aus, vgl. Art. 85 Abs. 4 S. 1 GG. Die Landesbehörden unterstehen dabei gemäß Art. 85 Abs. 3 S. 1 GG den Weisungen der zuständigen obersten Bundesbehörden.

II. Verwaltungsverfahrensrecht

32 In dem nun folgenden zweiten Abschnitt sollen die verwaltungsverfahrensrechtlichen Besonderheiten im Landesrecht Bayern näher betrachtet werden. Im Gegensatz zur

---

92 BayVGH, NJW 1975, 1796: Klage gegen den TÜV, bei dem der Sachverständige (oder Prüfer) angestellt ist; zum Meinungsspektrum vgl. *Ehlers*, Der Beklagte im Verwaltungsprozess, in: FS Menger, 1985, S. 379 (387 ff.).
93 *Kemmler*, JA 2015, 328 (333).
94 *Holzner*, BV, Art. 55 Rn. 204, 206; *Becker*, in: ders./Heckmann/Kempen/Manssen, 2. Teil, Rn. 508.
95 Näher hierzu *Detterbeck*, Rn. 308.
96 *Brechmann*, in: Meder/ders., BV, Art. 55 Rn. 47.
97 Vgl. nur Art. 83 Abs. 4 S. 3 BV sowie Art. 74 Abs. 2 BayHSchG; *Schweiger*, in: Nawiasky/ders./Knöpfle, BV, Art. 55 Rn. 13 f. (Stand: 7. EL, Mai 1992); siehe auch *Lindner*, in: ders./Möstl/Wolff, BV, Art. 55 Rn. 90.
98 *Krebs*, HStR[3] V, § 108, Rn. 51; *Maurer/Waldhoff*, § 22, Rn. 31.

II. Verwaltungsverfahrensrecht

Verwaltungsorganisation, welche in Klausuren zumeist nur punktuell abgeprüft wird, stellt sich das Verwaltungsverfahrensrecht als Basis jeder verwaltungsrechtlichen Klausur dar.

1. Verfassungsrechtliche Grundlagen

Mit Blick auf das Verwaltungsverfahrensrecht ergibt sich die **Gesetzgebungskompetenz** der Länder aus Art. 84 Abs. 1 S. 1 GG, soweit sie Bundesgesetze als eigene Angelegenheiten ausführen. Nach S. 2 darf aber auch der Bund entsprechende Regelungen treffen, von welchen die Länder dann wiederum abweichen können (vgl. zur Parallele bei der Behördeneinrichtung bereits (→ Rn. 3 f.). Des Weiteren verweist Art. 84 Abs. 1 S. 4 GG auch für das Verwaltungsverfahren auf die *Lex-posterior-Regel* des Art. 72 Abs. 3 S. 3 GG. Im Fall eines „besonderen [Bedürfnisses] nach bundeseinheitlicher Regelung" kann das Verwaltungsverfahren allerdings (hier besteht ein Unterschied zur Einrichtung der Behörden!) ausnahmsweise auch ohne Abweichungsmöglichkeit für die Länder geregelt werden, Art. 84 Abs. 1 S. 5 GG.[99] Verfahrensmäßige Voraussetzung ist insoweit die Zustimmung des Bundesrates nach Art. 84 Abs. 1 S. 6 GG.

33

Im Sonderfall der **Bundesauftragsverwaltung** kann richtigerweise auch das Verwaltungsverfahren durch Bundesgesetz geregelt werden.[100] Die Nichterwähnung in Art. 85 Abs. 1 GG ist als Regelungslücke zu qualifizieren, die der teleologischen Korrektur im Wege eines Erst-recht-Schlusses zu Art. 84 Abs. 1 GG bedarf.[101] Das BVerfG betont insoweit treffend, dass nicht ersichtlich sei, „warum die Kompetenz des Bundes für die Regelung des Verwaltungsverfahrens bei der ihm näherstehenden Auftragsverwaltung weniger weit gehen sollte als bei der Ausführung von Bundesgesetzen in landeseigener Verwaltung".[102] Umstritten ist jedoch, ob ein entsprechendes Bundesgesetz der Zustimmung des Bundesrates bedarf.[103] Vom BVerfG wird in einer jüngeren Entscheidung der Standpunkt eingenommen, wonach im Bereich der Auftragsverwaltung bundesgesetzliche Verfahrensregelungen **keinem Zustimmungserfordernis** unterworfen seien.[104] Hierfür lässt sich anführen, dass zwischen dem Verwaltungstypus der Bundesauftragsverwaltung (Art. 85 GG) einerseits und der Landeseigenverwaltung (Art. 84 GG) andererseits schon hinsichtlich der bundesrechtlichen Einflussmöglichkeiten grundlegende Divergenzen bestehen, an die sich systemkonform und sinnvoll eine Differenzierung hinsichtlich des Erfordernisses der Bundesratszustimmung zu Verfahrensregelungen knüpfen lässt.[105]

34

---

99 Vgl. insoweit *Meissner*, in: Schoch/Schneider/Bier, VwGO, § 78 (Stand: 12. EL, Oktober 2005), Rn. 32.
100 Statt vieler *Suerbaum*, in: BeckOK GG, Art. 85 Rn. 15 f., der in dogmatisch-konstruktiver Hinsicht annimmt, dass sich die Kompetenz des Bundes zur Regelung des Verfahrens nicht erst als Annexzuständigkeit der Sachregelungskompetenz ergibt [vgl. *F. Kirchhof*, in: Maunz/Dürig, GG, Art. 85 (Stand: 67. EL, November 2012), Rn. 43], sondern unmittelbar aus Art. 85 Abs. 1 S. 1 GG resultiert.
101 *Dittmann/Winkler*, in: Sachs, GG, Art. 85 Rn. 12.
102 BVerfGE 26, 338 (385).
103 Dafür: *Hermes*, in: Dreier, GG, Art. 85 Rn. 29; *Suerbaum*, in: BeckOK GG, Art. 85 Rn. 17 f.; dagegen: *F. Kirchhof*, in: Maunz/Dürig, GG, Art. 85 (Stand: 67. EL, November 2012), Rn. 46; *Wolff*, in: Hömig/ders., GG, Art. 85 Rn. 3.
104 BVerfGE 126, 77 (102), mwN zum Meinungsstand im Schrifttum.
105 BVerfGE 126, 77 (102); dezidiert krit. *Suerbaum*, in: BeckOK GG, Art. 85 Rn. 18.

2. Allgemeines Verwaltungsverfahren

35 Auf Bundesebene wurde mit dem VwVfG vom 25.5.1976 ein einheitliches Verwaltungsverfahrensgesetz geschaffen. Den Ländern verbleibt freilich schon von Verfassung wegen die Möglichkeit der Abweichung.[106] Dem trägt die **Subsidiaritätsklausel** des § 1 Abs. 3 VwVfG auf einfachgesetzlicher Ebene Rechnung. Der Freistaat Bayern hat von der Möglichkeit, die öffentlich-rechtliche Verwaltungstätigkeit der Behörden landesrechtlich durch ein Verwaltungsverfahrensgesetz zu regeln, umfassend in Gestalt des BayVwVfG vom 23.12.1976 als **Vollkodifikation** Gebrauch gemacht. Der Gesetzeswortlaut stimmt weitgehend mit demjenigen des Bundes-VwVfG überein. Beide Gesetze sind auch am selben Tag, dem 1.1.1977, in Kraft getreten. Nachfolgend sollen die (wenigen) relevanten Divergenzen zwischen den beiden Regelungswerken kurz beleuchtet werden.

a) Anwendungsbereich des BayVwVfG

36 Der Anwendungsbereich des BayVwVfG erfasst nach Art. 1 Abs. 1 S. 1 die öffentlich-rechtliche Verwaltungstätigkeit der Behörden des Freistaates Bayern, der Gemeinden und Gemeindeverbände sowie der sonstigen der Aufsicht des Freistaates unterstehenden juristischen Personen des öffentlichen Rechts, soweit nicht landesrechtliche Vorschriften inhaltsgleiche oder entgegenstehende Bestimmungen enthalten.[107] Die Beschränkung auf die „öffentlich-rechtliche Verwaltungstätigkeit" signalisiert zugleich einen Ausschluss des Verwaltens in Privatrechtsformen. Im Bereich des sog Verwaltungsprivatrechts kommt daher allenfalls die analoge Anwendbarkeit einzelner Regelungen des BayVwVfG in Betracht.[108]

Beachte:
Da der Freistaat Bayern von der Möglichkeit des § 1 Abs. 3 VwVfG Gebrauch gemacht haben, gilt das VwVfG allein für die Verwaltungstätigkeit des Bundes sowie der bundesunmittelbaren Körperschaften, Anstalten und Stiftungen des öffentlichen Rechts (§ 1 Abs. 1 Nr. 1 VwVfG).

37 Eine **Behörde** ist nach Art. 1 Abs. 2 BayVwVfG jede Stelle, die Aufgaben der öffentlichen Verwaltung wahrnimmt. Der Wortlaut ist insofern identisch mit § 1 Abs. 4 VwVfG. Auch das BayVwVfG geht entsprechend von einem funktionellen Behördenbegriff aus.[109] In der Konsequenz werden nicht nur Organe von Verwaltungsträgern, sondern auch Verwaltungsträger selbst und sogar einzelne Amtsträger erfasst.[110]

38 **Ausnahmen vom Anwendungsbereich** normiert Art. 2 BayVwVfG. Danach gilt das BayVwVfG ua nicht für die Kirchen, den „Bayerischen Rundfunk" und die Verfahren der Finanzbehörden nach der Abgabenordnung (AO) bzw. der Sozialbehörden nach dem Sozialgesetzbuch[111] sowie für die Strafverfolgung bzw. die Verfolgung und Ahn-

---

106 Zu den unterschiedlichen Modellen vgl. *Maurer/Waldhoff*, § 5, Rn. 17 ff., die zwischen Vollgesetzen (wie in den meisten Ländern, ua Bayern), Verweisungsgesetzen (wie in Berlin, Niedersachsen, Rheinland-Pfalz und Sachsen) sowie integrierten Gesetzen (wie in Schleswig-Holstein und Mecklenburg-Vorpommern) unterscheiden.
107 Folgerichtig sind die Regelungen des § 1 Abs. 1 Nr. 2 und Abs. 2 VwVfG für die bayerische Verwaltung gegenstandslos.
108 Näher *Schmitz*, in: Stelkens/Bonk/Sachs, VwVfG, § 1 Rn. 116 ff.
109 Vgl. zu § 1 Abs. 4 VwVfG statt vieler *Schmitz*, in: Stelkens/Bonk/Sachs, VwVfG, § 1 Rn. 230 ff.
110 *Hermes*, in: ders./Reimer (Hrsg.), Landesrecht Hessen, 9. Aufl. 2019, § 3, Rn. 51.
111 Einschlägig ist insoweit das SGB X.

dung von Ordnungswidrigkeiten. Die Herausnahme des „Bayerischen Rundfunks" aus dem Anwendungsbereich des BayVwVfG stellt eine bayerische Besonderheit dar, die zur Absicherung der Freiheit des Rundfunks (Art. 111a BV) erfolgte.[112] Abweichend von § 2 Abs. 3 Nr. 2 VwVfG beschränkt das BayVwVfG an gleicher Stelle seinen Anwendungsbereich bei Prüfungen nicht auf einzeln aufgezählte Normen, sondern erklärt sich für umfassend anwendbar, „soweit nicht die Besonderheiten des Prüfungsverfahrens entgegenstehen".

Die Anwendung der allgemeinen Vorschriften über das Verwaltungsverfahren wird durch Art. 9 BayVwVfG (siehe auch die Parallelregelung in § 9 VwVfG) auf solche Verfahren begrenzt, die auf den Erlass eines **Verwaltungsakts** oder den Abschluss eines **öffentlich-rechtlichen Vertrags** gerichtet sind. Im Umkehrschluss folgt hieraus, dass andere Handlungsformen der Verwaltung (wie Realakte oder Rechtsverordnungen und Satzungen) vom zweiten Teil des BayVwVfG nur bei entsprechender Anwendung erfasst werden. 39

Im Übrigen gilt es zu beachten, dass **spezielle Verfahrensregelungen** des Bundes (siehe Art. 1 Abs. 1 S. 2 BayVwVfG) oder des Freistaates Bayern einer Anwendung des BayVwVfG vorgehen. Ein entsprechender Vorrang kann sich dabei sowohl aus dem expliziten Ausschluss der BayVwVfG-Regeln (zB bzgl. Art. 28 BayVwVfG im Rahmen der Nachbarbeteiligung bei der Erteilung der Baugenehmigung nach Art. 66 Abs. 2 S. 2 BayBO)[113] als auch aus dem *Lex-specialis-Grundsatz* (zB erfährt der Widerruf einer gaststättenrechtlichen Genehmigung in § 15 Abs. 2 oder 3 GastG eine spezielle Ausprägung, die einem Rückgriff auf Art. 49 BayVwVfG entgegensteht)[114] ergeben. 40

b) Vom Bundesrecht abweichende Regelungsinhalte

Eine Abweichung vom Bundesrecht stellt etwa die Regelung des **Selbsteintritts** nach Art. 3b BayVwVfG dar.[115] Hierzu fehlt ein Pendant im VwVfG des Bundes. Mit der landesrechtlichen Vorschrift soll es dem Leiter der Aufsichtsbehörde ermöglicht werden, im Fall des Nichtbeachtens einer schriftlichen Weisung durch eine staatliche Behörde selbst die entsprechende Handlung an Stelle der angewiesenen Behörde vorzunehmen. Nach Abs. 2 ist ein Vorgehen gegen ein Landratsamt, welches in staatlicher Funktion gehandelt hat, an strengere Voraussetzungen gebunden, wodurch den Besonderheiten der demokratischen Legitimation des Landrats Rechnung getragen werden soll.[116] Art. 3b BayVwVfG begründet kein umfassendes Selbsteintrittsrecht, sondern schafft ein spezifisches Instrumentarium zur Durchsetzung von Weisungen.[117] 41

---

112 *Kempen*, in: Becker/Heckmann/ders./Manssen, 1. Teil, Rn. 295.
113 Vgl. auch *Kempen*, in: Becker/Heckmann/ders./Manssen, 1. Teil, Rn. 294, mit dem zutreffenden Hinweis, dass das BayVwVfG im Übrigen hinsichtlich der Baugenehmigung zum Zuge kommt (etwa bei der Aufhebung nach Art. 48 f. oder beim Erlass von Nebenbestimmungen gemäß Art. 36).
114 BVerwGE 81, 74 (78); *Ramsauer*, in: Kopp/ders., VwVfG, § 49 Rn. 20b.
115 Zur Entstehung: *Süß*, BayVBl. 1987, 1.
116 *Jäde/Meermagen*, in: PdK Bayern, Art. 3b BayVwVfG Ziff. 2.2.2 (Stand: April 2016).
117 *Kempen*, in: Becker/Heckmann/ders./Manssen, 1. Teil, Rn. 296.

42 Auf Bundesebene wurde mit Wirkung zum 1.1.2017 der neue § 35 a VwVfG eingeführt.[118] Darin wird der Erlass von Verwaltungsakten durch eine **vollständig automatisierte Einrichtung** erlaubt, sofern dies durch Rechtsvorschrift (= materielle Gesetze) zugelassen ist und weder ein Ermessen noch ein Beurteilungsspielraum besteht.[119] Ungeachtet der systematischen Stellung direkt nach § 35 VwVfG handelt es sich nicht um eine besondere Art des Verwaltungsakts, sondern um die Klärung der Frage, wann ein Verwaltungsakt vollständig automatisiert erlassen werden darf.[120] Die Zuhilfenahme automatischer Einrichtungen war freilich schon bisher in § 28 Abs. 2 Nr. 4, § 37 Abs. 5 und § 39 Abs. 2 Nr. 3 VwVfG vorgesehen. Diese Spezialregelungen mach(t)en ebenso wie die in § 10 S. 1 VwVfG statuierte Nichtförmlichkeit des Verwaltungsverfahrens bereits deutlich, dass es der Verwaltung möglich ist, sich beim Erlass von Verwaltungsakten der Hilfe „automatischer Einrichtungen" zu bedienen.[121] Die Neuregelung beseitigt nunmehr etwaige rechtsstaatliche Bedenken und stellt überdies klar, dass es sich bei den vollautomatisch erlassenen Bescheiden um Verwaltungsakte handelt, was bisweilen wegen der Begriffsbestimmung in § 35 VwVfG hinterfragt wurde.[122] Dieser Neuerung entsprechend hat auch der **Untersuchungsgrundsatz** in § 24 Abs. 1 VwVfG eine Anpassung erfahren: Nach S. 3 ist für den Fall des Erlasses eines vollautomatisierten Verwaltungsakts sicherzustellen, dass tatsächliche Angaben des Beteiligten berücksichtigt werden, wenn diese im automatisierten Verfahren nicht ermittelt würden.[123] Des Weiteren ist am 1.1.2017 mit **§ 41 Abs. 2 a VwVfG** auch eine neue Regelung zur Bekanntgabe elektronischer Verwaltungsakte durch Abruf über öffentlich zugängliche Netze in Kraft getreten.[124]

Merke:

§ 35 a VwVfG regelt keine besondere Art eines Verwaltungsakts, sondern lediglich die Zulässigkeit eines bestimmten (vollautomatischen) Erlasses desselben.

43 Eine dem § 35 a VwVfG entsprechende Regelung wurde in Bayern bislang nicht geschaffen. Dessen ungeachtet verbleibt es nach Maßgabe der auch auf Landesebene existierenden Spezialregelungen über die Zuhilfenahme automatischer Einrichtungen sowie nach Maßgabe der grundsätzlichen Formfreiheit des Verwaltungsverfahrens bei der Möglichkeit zum automatisierten Erlass von Verwaltungsakten. Im Lichte einer „**pragmatischen Rechtsfortbildung**" wird man auch „vollautomatische" Verwaltungs-

---

118 Art. 20, 23 des Gesetzes zur Modernisierung des Besteuerungsverfahrens vom 18. Juli 2016, BGBl. I S. 1679.
119 *Ramsauer*, in: Kopp/ders., VwVfG, § 35 a Rn. 12; siehe auch § 31 a SGB X sowie § 155 Abs. 4 AO, wonach Verwaltungsakte vollständig durch automatische Einrichtungen bzw. „ausschließlich automationsgestützt" erlassen werden können, „sofern kein Anlass besteht, den Einzelfall durch Amtsträger zu bearbeiten".
120 *Stelkens*, in: ders./Bonk/Sachs, VwVfG, § 35 a Rn. 4.
121 *Prell*, in: BeckOK VwVfG, § 35 a VwVfG Rn. 1; siehe aber auch *Siegel*, DVBl. 2017, 24 (25), mit dem Hinweis, dass die genannten Bestimmungen lediglich auf teilautomatisierte Verwaltungsakte ausgerichtet sind; dagegen wiederum: *Bull*, DVBl. 2017, 409 (410), wonach die Wendung „mit Hilfe automatischer Einrichtungen erlassener VA" an sich auch den „vollständig" automatisiert erlassenen VA umfasse.
122 *Prell*, in: BeckOK VwVfG, § 35 a VwVfG Rn. 1, 7; ferner *Schmitz/Prell*, NVwZ 2016, 1273 (1274); *Siegel*, DVBl. 2017, 24 (25), jeweils unter Hinweis auf die (ohne Klarstellung in § 35 a VwVfG) nicht unproblematische Zurechnung zur Behörde in Gestalt einer entsprechenden Willensbetätigung.
123 Siehe auch § 31 a S. 2 SGB X; zum Vergleich mit der Neuregelung in § 150 VII AO vgl. *Braun Binder*, DÖV 2016, 891 (895 f.).
124 Vgl. auch die Parallelregelungen in § 37 Abs. 2 a SGB X. Zum Vergleich mit § 122 a AO vgl. *Braun Binder*, DÖV 2016, 891 (896 f.).

akte im Sinne des § 35 a VwVfG als hiervon umfasst ansehen können.[125] Dies gilt umso mehr, als auch ein vollautomatisch tätiges Programm willentlich freigeschaltet werden muss.[126] Aus den genannten rechtsstaatlichen und klarstellungsbezogenen Erwägungen erschiene allerdings auch auf Landesebene eine Parallelregelung zu § 35 a VwVfG wünschenswert. Im BayVwVfG fehlt ebenfalls noch eine **§ 41 Abs. 2 a VwVfG** vollständig entsprechende Regelung. Der bereits mit Wirkung vom 30.12.2015 eingeführte Art. 6 Abs. 4 BayEGovG ist insoweit „bürgerunfreundlicher" gestaltet, als hier die Möglichkeit des Datenabrufs und nicht erst – wie bei § 41 Abs. 2 a S. 1 VwVfG – der tatsächlich erfolgte Abruf für die Bekanntgabe maßgeblich ist.[127] Inwieweit der Freistaat den § 41 Abs. 2 a S. 1 VwVfG unter Aufhebung von Art. 6 Abs. 4 BayEGovG übernehmen wird, gilt als offen.[128]

Eine weitere bemerkenswerte Divergenz offenbart **§ 37 VwVfG**. Dort wird seit 2013[129] in Abs. 6 die Anforderung an eine **ordnungsgemäße Rechtsbehelfsbelehrung** eigenständig formuliert. Die Vorschrift trat an die Stelle von § 59 VwGO, der zugleich aufgehoben wurde. Eine parallele Regelung ist im BayVwVfG nicht zu finden.[130] Mit Blick auf die Rechtsfolge ergeben sich freilich keine Unterschiede. Die unmittelbaren Konsequenzen einer fehlenden oder falschen Belehrung resultieren hier wie dort allein aus § 58 Abs. 2 VwGO (ggf. iVm § 70 Abs. 2 VwGO). Danach gilt bei solchen Fehlern regelmäßig die Jahresfrist für die Einlegung des Rechtsbehelfs. Demgegenüber macht eine fehlende/falsche Rechtsbehelfsbelehrung den Verwaltungsakt auch unter der Geltung von § 37 Abs. 6 VwVfG nicht formell rechtswidrig.[131] Folgerichtig wurde die Nichtübernahme in Bayern damit begründet, dass im Landesrecht **kein Regelungsbedarf** bestehe und im Übrigen die Rechtsfolge einer unterbliebenen Rechtsbehelfsbelehrung in § 58 VwGO geregelt sei.[132]

44

Erwähnenswert ist zudem der **Nichtigkeitsgrund** des **Art. 44 Abs. 2 Nr. 3 BayVwVfG**. Die Formulierung greift nur den Text des § 3 Abs. 1 Nr. 1 BayVwVfG auf, verweist aber anders als die Parallelregelung in § 44 Abs. 2 Nr. 3 VwVfG nicht explizit auf die Norm. Hiermit sollen auch jene Fälle erfasst werden, in denen sich die örtliche Zuständigkeit wegen Belegenheit der Sache nicht aus Art. 3 Abs. 1 Nr. 1 BayVwVfG, sondern aus Spezialvorschriften außerhalb des BayVwVfG ergibt.[133] Auf Bundesebene

45

---

125 *Stegmüller*, NVwZ 2018, 353 (355), dort auch das wörtliche Zitat im Text.
126 *Bull*, DVBl. 2017, 409 (410); *Stegmüller*, NVwZ 2018, 353 (354 f.).
127 *Stelkens*, in: ders./Bonk/Sachs, VwVfG, § 41 Rn. 134 b. Hinzu kommt, dass nur bei § 41 Abs. 2 a VwVfG trotz Einwilligung des Beteiligten und Benachrichtigung über die Bereitstellung des Verwaltungsakts von dessen Nichtbekanntgabe ausgegangen wird, wenn der Abruf nicht binnen zehn Tagen erfolgt [näher *Guckelberger*, NVwZ 2018, 359 (363)].
128 Näher zur „abwartenden Haltung" Bayerns (wie auch Nordrhein-Westfalens) vgl. *Braun Binder*, DÖV 2016, 891 (898); *Schmitz/Prell*, NVwZ 2016, 1273 (1279).
129 Gesetz zur Verbesserung der Öffentlichkeitsbeteiligung und Vereinheitlichung von Planfeststellungsverfahren vom 31. Mai 2013, BGBl. I S. 1388.
130 Zur umstrittenen Frage einer ungeschriebenen Rechtsbelehrungspflicht vgl. bejahend OVG Münster, NJW 2002, 2171 (2172); verneinend BVerfG, NJW 2013, 39 (40).
131 Vgl. BT-Drs. 17/9666, S. 18 (Begründung zum Gesetzentwurf der Bundesregierung zum PlVereinhG), unter Hinweis darauf, dass die Rechtsbehelfsbelehrung nicht Bestandteil des Verwaltungsakts ist; siehe auch *Stelkens*, in: ders./Bonk/Sachs, VwVfG, § 37 Rn. 163.
132 LT-Drs. 17/2820, S. 11 bei Nr. 4.
133 *Sachs*, in: Stelkens/Bonk/ders., VwVfG, § 44 Rn. 137.

löst man derartige Fallgestaltungen über eine entsprechende Anwendung von § 44 Abs. 2 Nr. 3 VwVfG.[134]

46 Eine weitere Abweichung im Wortlaut findet sich in §/Art. 45 Abs. 3 S. 2 (Bay)VwVfG. Während das Bundesrecht explizit allein auf das Wiedereinsetzen nach § 32 Abs. 2 VwVfG Bezug nimmt, fehlt eine solche Einschränkung im landesrechtlichen Pendant, so dass dort auch ein Wiedereinsetzen nach § 60 Abs. 2 VwGO (in Bezug auf das Vorverfahren iVm § 70 Abs. 2 VwGO) erfasst wird. Richtigerweise ist die einengende Bezugnahme auf § 32 Abs. 2 VwVfG in § 45 Abs. 3 S. 2 VwVfG indes lediglich veranschaulichend zu verstehen. Denn für die von § 45 Abs. 3 S. 1 VwVfG erfasste **Wiedereinsetzung einer „Rechtsbehelfsfrist"** ist ohnehin nicht § 32 Abs. 2 VwVfG, sondern § 60 Abs. 2 VwGO (ggf. iVm § 70 Abs. 2 VwGO) einschlägig. Eine inhaltliche Divergenz zwischen § 45 Abs. 3 S. 2 VwVfG und Art. 45 Abs. 3 S. 2 BayVwVfG besteht mithin nicht.[135]

47 Darüber hinaus hat der Freistaat Bayern mit Art. 75 Abs. 1 S. 1 BayVwVfG von der in § 100 Nr. 2 VwVfG eingeräumten Möglichkeit Gebrauch gemacht und die **Konzentrationswirkung** der Planfeststellung auf alle behördlichen Entscheidungen nach Landes- und Bundesrecht erstreckt.

48 Hinzu kommt eine Reihe weiterer, **rein sprachlicher oder numerischer Abweichungen** ohne inhaltliche Folgewirkungen: Zu nennen sind ua die bereits erwähnte Definition des Behördenbegriffs in Art. 1 Abs. 2 BayVwVfG (gegenüber § 1 Abs. 4 VwVfG) oder auch die abweichende Absatznummerierung in Art. 49 BayVwVfG (Abs. 2 a statt § 49 Abs. 3 VwVfG).

49 Resümierend ist festzuhalten, dass nur **punktuelle Divergenzen** zwischen dem Verwaltungsverfahrensgesetz des Bundes einerseits und des Freistaats Bayern andererseits bestehen. Diese sind zudem vielfach rein formaler Natur. Ungeachtet dieser weitgehenden textlichen Parallelität ist freilich zu betonen, dass die Auslegung und Anwendung der Vorschriften in der Judikatur des BayVGH einerseits und der OVG/VGH in anderen Ländern bzw. des BVerwG andererseits durchaus divergieren kann.[136]

3. Besonderheiten des elektronischen Rechtsverkehrs nach dem BayEGovG[137]

50 Unter **E-Government** versteht man „die Abwicklung geschäftlicher Prozesse im Zusammenhang mit Regieren und Verwalten (Government) mithilfe von Informations-

---

134 *Kempen*, in: Becker/Heckmann/ders./Manssen, 1. Teil, Rn. 297; *Sachs*, in: Stelkens/Bonk/ders., VwVfG, § 44 Rn. 137.
135 *Emmenegger*, in: Mann/Sennekamp/Uechtritz, VwVfG, § 45 Rn. 158; *Ramsauer*, in: Kopp/ders., VwVfG, § 45 Rn. 54; dezidiert: *Allesch*, NVwZ 2003, 444 (444), wo der Verweis auf § 32 Abs. 2 VwVfG als „Redaktionsversehen" und „Gesetzesschrott" qualifiziert wird.
136 So charakterisiert etwa das BVerwG eine Umdeutung nach § 47 VwVfG als bloßen Erkenntnisakt [vgl. BVerwG, NVwZ 1984, 645; BVerwGE 157, 187 (192 f.)], während es sich nach Auffassung des BayVGH um einen eigenständigen Verwaltungsakt handelt [BayVGH, NVwZ-RR 1992, 507 (508)].
137 Zur schwierigen Zuordnung der Regelungen des EGovG zum Verwaltungsverfahrensrecht einerseits und zur Verwaltungsorganisation (Behördeneinrichtung) andererseits vgl. *Denkhaus*, ZG 2016, 120 (136).

und Kommunikationstechniken über elektronische Medien".[138] Hierdurch soll die Leistungsfähigkeit und Effizienz der Verwaltung gesteigert werden.[139]

Das **BayEGovG**[140] trat in weiten Teilen zum 30.12.2015 in Kraft.[141] Es ist am E-Government-Gesetz des Bundes vom 23.7.2013[142] ausgerichtet, legt aber einen besonderen Akzent auf die subjektiven Rechte des Bürgers.[143] 51

Der **Anwendungsbereich** des BayEGovG erfasst nach Art. 1 BayEGovG die öffentlich-rechtliche Verwaltungstätigkeit der Behörden des Freistaates Bayern, der Gemeinden und Gemeindeverbände[144] und der sonstigen der Aufsicht des Freistaates Bayern unterstehenden juristischen Personen des öffentlichen Rechts, soweit nicht besondere landesrechtliche Vorschriften inhaltsgleiche oder entgegenstehende Bestimmungen enthalten. Vom Anwendungsbereich weitgehend ausgenommen sind nach Art. 1 Abs. 2 S. 1 Nr. 1 BayEGovG Schulen, Krankenhäuser, das Landesamt für Verfassungsschutz und Beliehene. Gleiches gilt für die Tätigkeit der Finanzbehörden nach der Abgabenordnung, die Verwaltungstätigkeit nach dem Zweiten Buch des Sozialgesetzbuchs sowie im Fall einer Ausnahme nach Art. 2 Abs. 1, 2 Nr. 2, Abs. 3 BayVwVfG (siehe Art. 1 Abs. 2 S. 1 Nr. 2–4 BayEGovG). Weitere Einschränkungen sehen Art. 1 Abs. 2 S. 2 BayEGovG vor. 52

Dem Grunde nach ist auch das **EGovG des Bundes** nach seinem § 1 Abs. 2 auf die Landes- und Kommunalverwaltung anwendbar, wenn sie Bundesrecht ausführen.[145] Insoweit gelten aber nur Grundpflichten, vgl. § 2 Abs. 1 EGovG, § 3 Abs. 1 f. EGovG. Zahlreiche weitere Verpflichtungen sind dagegen von vornherein auf Behörden des Bundes beschränkt (vgl. nur § 2 Abs. 2 f.; §§ 6 ff.). Eine ergänzende landesrechtliche Regelung war daher erforderlich[146] und weitergehend auch im Rahmen der Abweichungskompetenz der Länder nach Art. 84 Abs. 1 S. 2 GG zulässig.[147] Das Verhältnis zum EGovG des Bundes regelt Art. 1 Abs. 3 BayEGovG. Danach kommt das E-Government-Gesetz des Bundes nur beim Vollzug von Bundesrecht im Rahmen der Bundesauftragsverwaltung zur Anwendung. 53

Im Verhältnis zum BayVwVfG handelt es sich bei den Regelungen des BayEGovG um *leges speciales*. Ausweislich seines Art. 1 Abs. 1 letzter Hs. findet das BayEGovG aller- 54

---

138 Sog Speyerer Definition; vgl. *v. Lucke/Reinermann*, Speyerer Definition von E-Government, 2000, S. 1; darüber hinaus ist seit einigen Jahren auch eine zunehmende Digitalisierung der Justiz zu beobachten, vgl. nur die Neufassung bzw. Änderung von § 55a und 55d VwGO durch das Gesetz zur Förderung des elektronischen Rechtsverkehrs mit den Gerichten vom 10. Oktober 2013, BGBl. I S. 3786; hierzu: *Berger*, KommP BY 2016, 247.
139 *Bähr/Denkhaus*, BayVBl. 2016, 1 (1).
140 Bayerisches E-Government-Gesetz (BayEGovG) vom 22. Dezember 2015, GVBl. S. 458, zuletzt geändert durch § 1 des Gesetzes vom 18. Mai 2018. GVBl. S. 341.
141 Vollständig in Kraft treten wird das Gesetz mit Wirkung v. 18.4.2020 (siehe näher Art. 19 Abs. 2 BayEGovG).
142 BGBl. I S. 2749, zuletzt geändert durch Art. 1 des Gesetzes vom 5. Juli 2017 (BGBl. I S. 2206).
143 Näher zum „subjektiv-rechtliche[n] Modell" des BayEGovG: *Denkhaus*, ZG 2016, 120 (142 ff.).
144 Näher zu den Auswirkungen des BayEGovG auf die Kommunen: *Hafner*, KommP BY 2016, 186.
145 Zu Gesetzgebungskompetenz des Bundes vgl. *Denkhaus*, ZG 2016, 120 (135): Herleitung aus Annexkompetenz zur jeweiligen Sachgesetzgebungskompetenz oder aus den expliziten Kompetenzzuweisungen in Art. 84 Abs. 1 und Art. 85 Abs. 1 S. 1 GG.
146 *Bähr/Denkhaus*, BayVBl. 2016, 1 (2); *Hafner*, KommP BY 2016, 186 (186).
147 Näher *Denkhaus*, ZG 2016, 120 (135 ff.).

dings keine Anwendung, soweit besondere Rechtsvorschriften des Freistaates Bayern inhaltsgleiche oder entgegenstehende Bestimmungen enthalten.[148]

55 Mit Art. 2 ff. BayEGovG wurden erstmals **digitale Zugangs- und Verfahrensrechte** für Bürger und Unternehmen eingeführt. Diese umfassen ua einen Anspruch auf sichere, schriftformersetzende elektronische Verwaltungskommunikation (Art. 3 Abs. 1 BayE-GovG),[149] auf elektronische Identifizierung (Art. 3 Abs. 3 BayEGovG),[150] auf Bereitstellung von E-Payment-Lösungen (Art. 5 Abs. 1 S. 2 BayEGovG[151]) sowie auf grds. elektronische Durchführung von Verwaltungsverfahren (Art. 6 Abs. 1, Abs. 2 S. 1 BayEGovG).[152] Zugleich stellt Art. 2 S. 3 BayEGovG im Sinne des **Mehrkanalprinzips** sicher, dass jedes Verfahren auch weiterhin nichtelektronisch abgewickelt werden kann.[153] Folgerichtig obliegt es gemäß Art. 3 Abs. 1 S. 2 BayEGovG dem Nutzer, zu entscheiden, ob und in welchem Umfang er einen elektronischen Zugang für die Kommunikation mit der Behörde eröffnet.

56 Art. 6 Abs. 4 BayEGovG enthält die bereits diskutierte (→ Rn. 43) und im Vergleich zu § 41 Abs. 2a VwVfG weniger bürgerfreundliche Grundlage für die Bekanntgabe von elektronischen Verwaltungsakten über **Behördenportale**.

57 Perspektivisch ist mit einer stetigen **Ausweitung der elektronischen Verwaltung** zu rechnen: § 1 Abs. 1 OZG[154] verpflichtet sowohl die Länder als auch den Bund d, bis zum Ablauf des Jahres 2020 ihre Verwaltungsleistungen auch elektronisch über Verwaltungsportale anzubieten. Des Weiteren sind sie verpflichtet, ihre verschiedenen Verwaltungsportale zusammenzulegen (§ 1 Abs. 2 OZG), um den Bürgerinnen und Bürgern den Zugang zur Verwaltung zu vereinfachen.[155] Letztlich soll es dem Nutzer ermöglicht werden, mit einem einheitlichen Konto alle elektronischen Verwaltungsleistungen in Anspruch zu nehmen, vgl. § 3 Abs. 2 OZG.

4. Widerspruchsverfahren

58 Seit der expliziten Ausklammerung des **Widerspruchsverfahrens** aus dem Pflichtfachkatalog für die Erste Juristische Prüfung (§ 18 Abs. 2 Nr. 5 b JAPO) und die Zweite Juristische Staatsprüfung (§ 58 Abs. 2 Nr. 1 JAPO) handelt es sich zwar nicht mehr um ein examensrelevantes Themenfeld. In Anbetracht der grundsätzlichen Bedeutung als verwaltungsprozessuales Vorverfahren[156] lohnt sich gleichwohl ein Blick hierauf.

---

148 *Bähr/Denkhaus*, BayVBl. 2016, 1 (3).
149 Das Entschließungsermessen des Art. 3 a Abs. 1 BayVwVfG zur Eröffnung eines elektronischen Zugangs wurde hierdurch auf Null reduziert.
150 In Kraft mit Wirkung zum 1. Januar 2020, vgl. Art. 19 II 1 Nr. 5 BayEGovG; vgl. zu den rechtlichen Hintergründen der elektronischen Identifizierung im Verwaltungsverfahren allgemein: *Beck*, DÖV 2018, 1042.
151 In Kraft mit Wirkung zum 1. Januar 2020, vgl. Art. 19 II 1 Nr. 5 BayEGovG.
152 *Bähr/Denkhaus*, BayVBl. 2016, 1 (3).
153 *Hafner*, KommP BY 2016, 186 (187).
154 Gesetz zur Verbesserung des Onlinezugangs zu Verwaltungsleistungen vom 14. August 2017, BGBl. I S. 3122, 3138; vgl. hierzu insgesamt: *Siegel*, DÖV 2018, 185.
155 BT-Drs. 18/11135, S. 76.
156 Zur „Doppelnatur" des Widerspruchverfahrens als Verwaltungsverfahren und Sachentscheidungsvoraussetzung vgl. *Kothe*, in: Redeker/v. Oertzen, VwGO, § 68 Rn. 1; krit. *Geis*, in: Sodan/Ziekow, VwGO, § 68 Rn. 22 ff., unter Rekurs auf den Charakter des Widerspruchsverfahrens als originäres Verwaltungsverfahren.

II. Verwaltungsverfahrensrecht

Vor Erhebung einer Anfechtungs- oder Versagungsgegenklage ist nach der Konzeption des § 68 VwGO im Grundsatz die Durchführung eines Vorverfahrens erforderlich. Dem Widerspruchsverfahren werden drei Funktionen zugeschrieben: Rechtsschutz für die vom staatlichen Handeln betroffene Person (**Rechtsschutzfunktion**), Selbstkontrolle der Verwaltung (**Kontrollfunktion**) sowie Entlastung der Verwaltungsgerichte (**Entlastungsfunktion**).[157]   59

Das **Bundesrecht** sieht in § 68 Abs. 1 S. 2 VwGO vor, dass es eines Vorverfahrens nicht bedarf, wenn der Verwaltungsakt von einer obersten Bundesbehörde oder von einer obersten Landesbehörde (nicht: Bundes- oder Landes*ober*behörde!) erlassen worden ist, außer wenn ein Gesetz die Nachprüfung vorschreibt (Nr. 1). Gleiches gilt, wenn der Abhilfebescheid oder der Widerspruchsbescheid erstmalig eine Beschwer enthält (Nr. 2). Darüber hinaus findet sich in § 68 Abs. 1 S. 2 Hs. 1 VwGO auch eine allgemeine Öffnungsklausel („wenn ein Gesetz dies bestimmt"), von welcher der bayerische Gesetzgeber mit Art. 15 AGVwGO in mehreren Schritten umfassenden Gebrauch gemacht hat.[158]   60

In seiner vom 1.7.1992 bis 30.9.1997 geltenden Fassung ließ **Art. 15 AGVwGO** das Vorverfahren lediglich bei bestimmten aufenthaltsbeendenden Maßnahmen nach dem Ausländergesetz entfallen. In der Folgezeit wurden die Konstellationen eines Entfalls des Vorverfahrens sukzessive ausgeweitet.[159] Eine grundlegende Neufassung erhielt die Vorschrift dann mit dem Gesetz zur Änderung des Gesetzes zur Ausführung der Verwaltungsgerichtsordnung vom 22.6.2007.[160] Nunmehr ist die Durchführung nur noch in den Fällen des Art. 15 Abs. 1 S. 1 Nr. 1–6 AGVwGO **fakultativ** möglich (aber entbehrlich).[161] Hier bleibt es mithin den Betroffenen selbst überlassen, ob sie vor Klageerhebung ein Vorverfahren durchführen wollen oder nicht.[162] Dies wird in Art. 15 Abs. 1 S. 3 AGVwGO auch nochmals klargestellt. Das Wahlrecht ist aus Rechtssicherheitsgründen mit seiner erstmaligen Ausübung verbraucht. Dem Widerspruchsführer ist es mithin verwehrt, einen bereits eingelegten Widerspruch innerhalb offener Rechtsbehelfsfrist zurückzunehmen und stattdessen unmittelbar Klage zu erheben.[163] Richtet sich der Verwaltungsakt gleichzeitig an mehrere Betroffene (= Adressaten), kann gemäß Art. 15 Abs. 1 S. 2 AGVwGO jeder von ihnen nur dann unmittel-   61

---

157 *Geis*, in: Sodan/Ziekow, VwGO, § 68 Rn. 1 mwN; *ders.*, JuS 2001, 1074.
158 Näher zur Entwicklungsgeschichte: *Oestreicher/Decker*, in: PdK Bayern, Art. 15 AGVwGO Ziff. 1.1 bis 1.11 (Stand: Januar 2016); siehe auch BayVerfGH, BayVBl. 2007, 79, zur probeweisen, vollständigen Abschaffung des Widerspruchsverfahrens im Regierungsbezirk Mittelfranken vom 1.7.2004 bis 30.6.2006.
159 Insbesondere durch Art. 5 des Gesetzes über weitere Maßnahmen zur Verwaltungsreform in Bayern (Verwaltungsreformgesetz – VwReformG) vom 26. Juli 1997, GVBl. S. 311 und Art. 1 des Zweiten Gesetzes über weitere Maßnahmen zur Verwaltungsreform in Bayern (Zweites Verwaltungsreformgesetz – 2. VwReformG) vom 28. März 2000, GVBl. S. 136.
160 GVBl. S. 390; vgl. zur Neuregelung: *Geiger*, BayVBl. 2008, 161 (162 ff.); *Unterreitmeier*, BayVBl. 2007, 609.
161 Zum Ausschluss des fakultativen Vorverfahrens in Fällen des Drittwiderspruchs vgl. *Heiß/Schreiner*, BayVBl. 2007, 616 (617 f.), unter Rekurs auf den beschränkten personellen Anwendungsbereich des Art. 15 Abs. 1 AGVwGO („nur an ihn gerichteten Verwaltungsakt").
162 Näher zu den einzelnen Sachbereichen in Art. 15 Abs. 1 S. 1 Nr. 1–6 AGVwGO: *Geiger*, BayVBl. 2008, 161 (161 ff.); *Oestreicher/Decker*, in: PdK Bayern, Art. 15 AGVwGO Ziff. 4.2.1 bis 4.2.6 (Stand: Januar 2016).
163 BayVGH, Beschl. v. 10.2.2012 – 11 ZB 11.2813, juris, Rn. 40; *Oestreicher/Decker*, in: PdK Bayern, Art. 15 AGVwGO Ziff. 4.1 (Stand: Januar 2016).

bar Klage erheben, wenn alle übrigen Betroffenen zustimmen.[164] In allen nicht von Art. 15 Abs. 1 AGVwGO erfassten Konstellationen **entfällt** das Vorverfahren nach Art. 15 Abs. 2 AGVwGO und ist damit als solches unstatthaft. Der Anwendungsbereich der Regelung erstreckt sich gemäß Art. 15 Abs. 3 S. 1 AGVwGO (vorbehaltlich von S. 2) auf alle Rechtsbereiche, in denen Landesbehörden im Sinne des Art. 1 Abs. 1 BayVwVfG zuständig sind (Art. 15 Abs. 3 S. 1 AGVwGO).

Merke:
In den Fällen des Art. 15 Abs. 2 AGVwGO ist ein Vorverfahren nicht nur entbehrlich, sondern unstatthaft.

62 Im Schrifttum werden gegen Art. 15 AGVwGO zwar Bedenken vorgebracht, die sich insbesondere auf eine unzulässige Umkehrung des **Regel-Ausnahme-Verhältnisses** aus § 68 Abs. 1 S. 1, Abs. 2 VwGO (vor Erhebung von Anfechtungs- oder Verpflichtungsklage regelmäßig vorgesehene Durchführung eines Vorverfahrens) stützen.[165] Dem wird unter Hinweis auf den fortbestehenden, zahlenmäßig (vermeintlich) erheblichen Anwendungsbereich für das (fakultative) Widerspruchsverfahren und den offenen Wortlaut von § 68 Abs. 1 S. 2 Hs. 1 VwGO entgegengetreten.[166] Der BayVerfGH sah in der teilweisen Abschaffung und im Übrigen fakultativen Ausgestaltung des Widerspruchsverfahrens keinen Verstoß gegen die Bayerische Verfassung.[167]

63 Kommt es ausnahmsweise zur Durchführung eines Widerspruchsverfahrens, so ergeht entweder eine **Abhilfeentscheidung** der Ausgangsbehörde oder – wenn dem Widerspruch nicht abgeholfen wird – ein **Widerspruchsbescheid** der nach § 73 Abs. 1 VwGO zuständigen Behörde. Dies ist im Regelfall die nächsthöhere Behörde (vgl. § 73 Abs. 1 S. 2 Nr. 1 VwGO). Besonders hervorzuheben ist insoweit die in § 73 Abs. 1 S. 2 Nr. 3 VwGO iVm Art. 119 GO geregelte besondere Zuständigkeit für den Erlass des Widerspruchsbescheids in Selbstverwaltungsangelegenheiten (→ § 3 Rn. 224).

III. Verwaltungsprozessrecht

64 Die landesrechtlichen Spezifika des Verwaltungsprozessrechts haben eine hohe Klausurrelevanz. Die einschlägigen Regelungen verlangen insbesondere im Bereich der **Sachentscheidungsvoraussetzungen** (zB bei der Eröffnung des Verwaltungsrechtswegs, der Statthaftigkeit, der Zuständigkeit des Gerichts oder der Beteiligten- und Prozessfähigkeit)[168] vielfältige Berücksichtigung.

65 Da die **funktionale Gliederung** der Gerichtsbarkeit bereits durch den Bund im Rahmen seiner Kompetenz nach Art. 74 Abs. 1 Nr. 1 GG durch den Erlass des GVG, der VwGO, der FGO, des SGG und des ArbGG geschaffen wurde, sind landesrechtliche Regelungen nur noch in begrenztem Umfang möglich. Es verbleibt den Ländern jeden-

---

164 *Oestreicher/Decker*, in: PdK Bayern, Art. 15 AGVwGO Ziff. 4.1 (Stand: Januar 2016); krit. *Geiger*, BayVBl. 2008, 161 (162).
165 Eingehend *Oestreicher/Decker*, in: PdK Bayern, Art. 15 AGVwGO Ziff. 2 mwN (Stand: Januar 2016).
166 *Unterreitmeier*, BayVBl. 2007, 609 (615).
167 BayVerfGH, BayVBl. 2009, 109; hierzu *Eiblmaier*, KommP BY 2009, 73; *Steinbeiß-Winkelmann*, NVwZ 2009, 686.
168 Zum zwei- bzw. dreistufigen Prüfungsaufbau der Erfolgsaussichten einer Klage/eines Antrags vor den Verwaltungsgerichten vgl. *Fischer*, Jura 2003, 748.

falls das Recht der Einrichtung und Auflösung bestimmter Gerichte sowie die Regelung der Zuständigkeitsbezirke. Für die Organisation des Gerichtswesens folgt aus der in Art. 86 Abs. 1 S. 2 BV verankerten Garantie des gesetzlichen Richters ein weitgehender Gesetzesvorbehalt. Soweit Gerichte gesetzlich im Voraus allgemein für besondere Sachgebiete zur Entscheidung berufen sind und im Rahmen ihrer Zuständigkeit an die Stelle der „ordentlichen" Gerichte treten sollen,[169] handelt es sich um Sondergerichte, welche gemäß Art. 86 Abs. 2 BV nur kraft gesetzlicher Bestimmung zulässig sind. Beispiele hierfür wären die Jugendgerichte als besondere Gerichte der Strafgerichtsbarkeit oder die Wehrdienstgerichte als besondere Verwaltungsgerichte.[170]

Der Bundesgesetzgeber hat mit der VwGO vom 21.1.1960 (aktuell idF der Bekanntmachung vom 19.3.1991)[171] das Verwaltungsprozessrecht grds. abschließend geregelt. Eine Reihe von Vorschriften der VwGO enthalten allerdings explizite Öffnungsklauseln zugunsten des Landesrechts, von denen der Freistaat Bayern vielfach Gebrauch gemacht hat. Die **landesrechtlichen Konkretisierungen** finden sich insbesondere im AGVwGO.[172] Hervorzuheben sind sieben Aspekte. 66

1. Regelungen zum Verwaltungsgerichtshof

Mit Art. 1 Abs. 1 S. 1 AGVwGO hat der bayerische Landesgesetzgeber von der in § 184 VwGO eröffneten Möglichkeit, für das „Oberverwaltungsgericht" die bisherige Bezeichnung **„Verwaltungsgerichtshof"** weiterzuführen, Gebrauch gemacht. Hinsichtlich der Besetzung der Senate fehlen – nach § 9 Abs. 3 S. 1 Hs. 2, S. 2 bzw. § 34 VwGO grds. mögliche – landesrechtliche Vorgaben. Hieraus folgt, dass der BayVGH immer in der Besetzung mit drei Berufsrichtern und ohne ehrenamtliche Richter entscheidet. Da der Große Senat durch die hohe Anzahl an Berufungssenaten bei der Anwendung der § 12 Abs. 1, § 11 Abs. 5 VwGO viel zu groß würde, erfolgt in Art. 7 AGVwGO eine Beschränkung auf den Präsidenten und sechs Richter.[173] Im Rahmen der Sonderfälle nach Art. 7 S. 3 oder S. 4 AGVwGO erhöht sich die Anzahl entsprechend. 67

2. Auf- und abdrängende Sonderzuweisungen

Nach **Art. 83 Abs. 5 BV** sind für Verwaltungsstreitigkeiten zwischen den Gemeinden (siehe auch die Erstreckung auf Gemeindeverbände in Abs. 6) und dem Staat die Verwaltungsgerichte zuständig. Prima facie könnte daran gedacht werden, dass es sich hierbei um eine **aufdrängende Sonderzuweisung** handelt. Hiergegen spricht indes bereits der Umstand, dass der Bund mit Erlass der Generalklausel des § 40 Abs. 1 S. 1 von seiner konkurrierenden Gesetzgebungskompetenz abschließend und mit Sperrwir- 68

---

169 *Schulz*, in: Meder/Brechmann, BV, Art. 86 Rn. 13; *Wolff*, in: Lindner/Möstl/ders., BV, Art. 86 Rn. 30; zur Einordnung des Ehrengerichtshofs als Sondergericht vgl. BayVerfGHE 4, 30 (43 f.).
170 Beispiele nach: *Schweiger*, in: Nawiasky/ders./Knöpfle, BV, Art. 86 Rn 5 (Stand: 7. EL, Mai 1992).
171 BGBl. I S. 686, zuletzt geändert durch Art. 7 des Gesetzes vom 12. Juli 2018, BGBl. I S. 1151.
172 Gesetz zur Ausführung der Verwaltungsgerichtsordnung (AGVwGO) idF der Bekanntmachung v. 20.6.1992, GVBl. S. 162, zuletzt geändert durch Art. 10 b Abs. 4 des Gesetzes vom 23. Juni 2015, GVBl. S. 178.
173 *Oestreicher/Decker*, in: PdK Bayern, Art. 7 AGVwGO Ziff. 3 (Stand: Januar 2016).

kung für die Länder Gebrauch gemacht hat (Art. 72 Abs. 1 GG).[174] Vor diesem Hintergrund kommt Art. 83 Abs. 5 BV eine **rein deklaratorische Bedeutung** zu. Sein Regelungsgehalt geht mithin nicht über denjenigen des § 40 Abs. 1 S. 1 VwGO hinaus.[175]

69 Des Weiteren sieht **Art. 13 AGVwGO** iVm § 40 Abs. 1 S. 2 VwGO für öffentlich-rechtliche Streitigkeiten auf dem Gebiet des Landesrechts vor, dass die überkommenen **abdrängenden Sonderzuweisungen** fortbestehen.[176] Dieser Regelung könnte indes Art. 93 BV entgegenstehen, wonach die Verwaltungsgerichte verwaltungsrechtliche Streitigkeiten entscheiden. Im Lichte dieser Regelung sieht eine Ansicht den bayerischen Landesgesetzgeber verfassungsrechtlich daran gehindert, verwaltungsrechtliche Streitigkeiten den ordentlichen Gerichten zuzuweisen.[177] Etwas anderes soll allein für vorkonstitutionelle Rechtswegzuweisungen gelten, auf die Art. 13 AGVwGO bei verfassungskonformer Auslegung zu reduzieren sei.[178] Die Gegenansicht betont, dass Art. 93 BV nur von einer grundsätzlichen Entscheidungszuständigkeit der Verwaltungsgerichte für öffentlich-rechtliche Streitigkeiten nichtverfassungsrechtlicher Art ausgehe.[179] Die Regelung verbiete es hingegen nicht, für bestimmte Sachgebiete den Rechtsweg zu anderen staatlichen (wie den ordentlichen) Gerichten vorzusehen, solange diese den verfassungsrechtlichen Anforderungen an ein Gericht genügen und es nicht zu einer Aushöhlung der Zuständigkeiten der Verwaltungsgerichtsbarkeit kommt.[180] Für diese Ansicht lässt sich insbesondere eine historisch-genetische Auslegung anführen. Den historischen Hintergrund von Art. 93 BV bildete der Streit, ob für die verwaltungsrechtlichen Streitigkeiten echte Gerichte mit richterlicher Unabhängigkeit oder besondere Exekutivspruchkörper zuständig sein sollten.[181] Die Historie weist daher in Richtung eines engen Verständnisses. Vor diesem Hintergrund lassen sich Art. 93 BV auch heute keine Implikationen für eine weitgehende Unzulässigkeit abdrängender Sonderzuweisungen entnehmen, wie dies von der erstgenannten Auffassung vertreten wird. Im Übrigen finden sich auch auf *Verfassungsebene* (Art. 14 Abs. 3 S. 4 GG und Art. 159 S. 2 BV) abdrängende Rechtswegsonderzuweisungen zu den ordentlichen Gerichten für Streitigkeiten wegen der Höhe der Enteignungsentschädigung.[182] Dies dokumentiert, dass die Möglichkeit einer Behandlung verwal-

---

174 *Ehlers/Schneider*, in: Schoch/Schneider/Bier, VwGO, § 40 (Stand: 28. EL, März 2015), Rn. 35 mwN, siehe dort (Rn. 29 ff.) auch zu verbleibenden Sonderkonstellationen (wie in § 6 Abs. 5 UIG).
175 Statt vieler: *F. Wollenschläger*, in: Meder/Brechmann, BV, Art. 83 Rn. 85; missverständlich *Holzner*, BV, Art. 83 Rn. 194, 196: „Rechtswegbestimmung".
176 Näher *Oestreicher/Decker*, in: PdK Bayern, Art. 13 AGVwGO Ziff. 3 (Stand: Januar 2016); zum Hintergrund von § 40 Abs. 1 S. 2 VwGO: *Sodan*, in: ders./Ziekow, VwGO, § 40 Rn. 499, mit dem Hinweis auf die bereits vor Erlass der VwGO bestehenden Regelungen in den Verwaltungsgerichtsgesetzen der Länder.
177 *Ehlers/Schneider*, in: Schoch/Schneider/Bier, VwGO, § 40 (Stand: 28. EL, März 2015), Rn. 492, unter Rekurs auf BVerwGE, 94, 1 (9 f.); siehe auch *Holzner*, BV, Art. 93 Rn. 2, mit dem Hinweis, dass eine Zuweisung nur an besondere Verwaltungsgerichte erfolgen kann; ebenso *Lindner*, in: ders./Möstl/Wolff, BV, Art. 93 Rn. 6.
178 *Ehlers/Schneider*, in: Schoch/Schneider/Bier, VwGO, § 40 (Stand: 28. EL, März 2015), Rn. 492.
179 BayVerfGHE 25, 27 (44), zur Zuständigkeit der Landwirtschaftsgerichte i.R.d. Bayerischen Jagdgesetzes; *Schulz*, in: Meder/Brechmann, BV, Art. 93 Rn. 3 f.
180 *Schulz*, in: Meder/Brechmann, BV, Art. 93 Rn. 3 f.
181 Statt vieler *Lindner*, in: ders./Möstl/Wolff, BV, Art. 93 Rn. 4; *Schweiger*, in: Nawiasky/ders./Knöpfle, BV, Art. 93 Rn. 4 (Stand: 1963).
182 Auch die instanzgerichtliche Judikatur legt hier bisweilen einen großzügigeren Maßstab an und lässt den bloßen „Sachzusammenhang" mit anderen, den ordentlichen Gerichten zugewiesenen Gegenständen ausrei-

tungsrechtlicher Streitigkeiten vor ordentlichen Gerichten auch verfassungsrechtlich anerkannt ist.

3. Örtliche Zuständigkeit

Die örtliche Zuständigkeit der Verwaltungsgerichte nach § 52 VwGO wird durch Art. 1 Abs. 2 AGVwGO konkretisiert. Grds. sind die jeweiligen Verwaltungsgerichte am Regierungssitz des Regierungsbezirks (→ Rn. 16) belegen. Eine Ausnahme bildet der Regierungsbezirk Niederbayern, dessen Gebiet (zusätzlich zur Oberpfalz) dem VG Regensburg zugeordnet wird.

70

4. Prinzipale Normenkontrolle

Im Rahmen der prinzipalen Normenkontrolle entscheidet der VGH gemäß § 47 Abs. 1 Nr. 2 VwGO im Rahmen seiner Gerichtsbarkeit über die Gültigkeit von anderen im Rang unter dem Landesgesetz stehenden Rechtsvorschriften, sofern das Landesrecht dies bestimmt. Art. 5 S. 1 AGVwGO stellt klar, dass dies in Bayern für alle Rechtsvorschriften (= materiellen Gesetze) gilt, die im Rang unter dem (formellen) Landesgesetz stehen. Erfasst werden mithin sämtliche Rechtsverordnungen und Satzungen. Einschränkende Voraussetzungen werden in S. 2 lediglich für die Überprüfung von Satzungen nach Art. 6 Abs. 7 und Art. 81 Abs. 1 BayBO gestellt, indem hierfür der Antrag einer Behörde und die grds. Bedeutung der Rechtssache gefordert wird. Zu beachten ist im Übrigen der beschränkte Prüfungsumfang nach § 47 Abs. 3 VwGO iVm Art. 98 S. 4 BV: Da für eine Kontrolle von untergesetzlichen Rechtsvorschriften des Landes anhand der Grundrechte der Bayerischen Verfassung die **Popularklage** zulässig ist, schließt die hM eine dahingehende Prüfung durch den BayVGH im Rahmen der prinzipalen Normenkontrolle aus (→ § 1 Rn. 226).[183]

71

5. Beteiligten- und Prozessfähigkeit

Für die **Beteiligtenfähigkeit** existiert im bayerischen Landesrecht **keine Regelung**, welche Behörden als beteiligtenfähig erklären würde. § 61 Nr. 3 VwGO kann daher in bayerischen Klausuren nicht zur Anwendung gelangen.

72

Im Rahmen der **Prozessfähigkeit** ist bei einer Beteiligung des Freistaats Bayern dessen Vertretung nach **Art. 16 AGVwGO** festzustellen. Demnach ist Vertretungsbehörde vor den Gerichten der Verwaltungsgerichtsbarkeit in den Fällen des § 45 VwGO die Ausgangsbehörde und in den übrigen Fällen die Landesanwaltschaft Bayern, soweit die Vertretung nicht auf eine andere Behörde oder Stelle übertragen ist. Die **Landesanwaltschaft Bayern** ist eine seit 1879 existierende, dem Staatsministerium des Innern unmittelbar nachgeordnete Behörde am Sitz des VGH (§ 1 Abs. 1 S. 1 LABV).[184] Ausweislich § 1 Abs. 2 LABV kommt ihr eine Doppelfunktion zu: Zum einen agiert sie gemäß § 5 Abs. 1 S. 1 Nr. 2 LABV in Verfahren vor dem VGH bzw. dem BVerwG als

73

---

chen, um eine abdrängende Sonderzuweisung für zulässig zu erklären; vgl. hierzu VG München, Urt. v. 21.3.2013 – M 24 K 12.1323, juris, Rn. 37.
183 BayVerfGHE 37, 35; zum Streitstand vgl. *Ziekow,* in: Sodan/ders., VwGO, § 47 Rn. 317 mwN.
184 Verordnung über die Landesanwaltschaft Bayern (LABV) vom 29. Juli 2008, GVBl. S. 554, zuletzt geändert durch § 1 Nr. 331 der Verordnung vom 22. Juli 2014, GVBl. S. 286.

Vertreterin des öffentlichen Interesses (§§ 36, 63 Nr. 4 VwGO) und ist hierbei nur an Weisungen der Staatsregierung gebunden (§ 5 Abs. 2 S. 2 LABV). Zum anderen obliegt ihr grds. die Vertretung des Freistaats Bayern in Verfahren vor dem VGH und dem BVerwG (§ 3 Abs. 3 LABV), insbesondere wenn sich eine Klage gegen den Freistaat richtet (vgl. § 3 Abs. 1 S. 1 Nr. 1). In Verfahren vor den Verwaltungsgerichten obliegt die Vertretung nach § 3 Abs. 2 S. 1 der **Ausgangsbehörde**. Ist die Ausgangsbehörde eine den Präsidien der Bayerischen Landespolizei oder der Bayerischen Bereitschaftspolizei nachgeordnete Dienststelle (in der Regel Polizeiinspektion), obliegt die Vertretung nach Maßgabe von Art. 3 Abs. 2 S. 6 LABV dem jeweiligen Präsidium.

6. Entfallen der aufschiebenden Wirkung

74 Unter Nutzung der Ermächtigung aus § 80 Abs. 2 S. 1 Nr. 3 bzw. Abs. 2 S. 2 VwGO hat der bayerische Gesetzgeber in Art. 21 a VwZVG bestimmt, dass Rechtsbehelfe gegen Maßnahmen, die in der Verwaltungsvollstreckung getroffen werden, **keine aufschiebende Wirkung** haben (vgl. auch → § 6 Rn. 47).[185] Weitere Beispiele für die Aktivierung der Ermächtigung in § 80 Abs. 2 S. 1 Nr. 3 VwGO bilden Art. 67 Abs. 3 S. 2 BayBO, Art. 40 Abs. 1 BayDG, Art. 88 Abs. 8 BayEUG oder Art. 25 BayVersG.[186]

7. Passivlegitimation

75 Von hoher Prüfungsrelevanz ist schließlich die Ermittlung des richtigen Klagegegners nach § 78 VwGO im Rahmen der **Passivlegitimation**. Hinsichtlich der dogmatischen Verortung zu Beginn der Begründetheitsprüfung stimmen das BVerwG und der BayVGH überein.[187] In der Sache lässt sich hierfür anführen, dass die intendierte Bestimmung des richtigen Klagegegners ein Problem des materiellen Rechts ausformt.[188] Nach der Gegenansicht handelt es sich bei § 78 VwGO dagegen um eine Norm, welche die im Rahmen der Zulässigkeit zu beantwortende Frage der passiven Prozessführungsbefugnis klärt.[189] Die in bayerischen (Examens-)Klausuren typischerweise erfolgende Zuordnung zur Passivlegitimation hat zur Folge, dass eine gegen den falschen Rechtsträger gerichtete Klage nicht unzulässig, sondern unbegründet ist.

76 Festzuhalten ist überdies, dass es in Bayern **kein Landesrecht** gibt, welches eine Klage gegen eine Behörde nach § 78 Abs. 1 Nr. 2 VwGO ermöglichen würde. Es bleibt daher bei der umfassenden Geltung des Rechtsträgerprinzips, wie es in § 78 Abs. 1 Nr. 1 VwGO zum Ausdruck kommt.[190] Dies gilt nach der Auffassung des BayVGH auch im

---

185 Zur Unterscheidung von § 80 Abs. 1 S. 1 Nr. 3 zu Abs. 2 S. 2 VwGO vgl. *Gersdorf*, in: BeckOK VwGO, § 80 Rn. 67.
186 *Schoch*, in: ders./Schneider/Bier, VwGO, § 80 (Stand: 22. EL, September 2011), Rn. 191.
187 BVerwG, NVwZ-RR 1990, 44; BVerwGE 140, 64; BayVGH, BayVBl. 1988, 628 (630); BayVGH, KommJur 2017, 336 (336); vgl. auch zur umstrittenen Einordnung von § 78 VwGO: *Rozek*, JuS 2007, 601 (602 f.).
188 *Brenner*, in: Sodan/Ziekow, VwGO, § 78 Rn. 3.
189 So: *Detterbeck*, Rn. 1336; *Schenke*, Verwaltungsprozessrecht, S. 545 f.; vgl. zum Streitstand auch *Hufen*, Verwaltungsprozessrecht, § 12, Rn. 29 f.
190 *Kempen*, in: Becker/Heckmann/ders./Manssen, 1. Teil, Rn. 311; zur prinzipiellen Unanwendbarkeit von § 78 VwGO auf andere Klagen als Anfechtungs- und Verpflichtungsklage sowie die Fortsetzungsfeststellungsklage vgl. *Brenner*, in: Sodan/Ziekow, VwGO, § 78 Rn. 10 ff. mwN zum Streitstand und dem Hinweis, dass bei anderen Klagen regelmäßig auf das allgemeine Rechtsträgerprinzip zurückzugreifen ist.

Rahmen von kommunalverfassungsrechtlichen Streitigkeiten (→ § 3 Rn. 122).[191] Für die dem Kläger nach § 82 Abs. 1 S. 1 VwGO obliegende Bezeichnung des Beklagten in der Klageschrift genügt freilich gemäß § 78 Abs. 1 Nr. 1 Hs. 2 VwGO die Angabe der sachentscheidenden Behörde.

Merke:
In Bayern kann niemals eine Behörde richtige Beklagte im verwaltungsgerichtlichen Verfahren sein.

IV. Kontrollfragen

1. Wie unterscheiden sich unmittelbare und mittelbare Staatsverwaltung? → Rn. 10, 21
2. Wie ist die unmittelbare Staatsverwaltung im Einzelnen strukturiert? → Rn. 10
3. Was versteht man unter der „Janusköpfigkeit" des Landratsamtes? → Rn. 17 und → § 3 Rn. 16
4. Wer ist der richtige Beklagte, wenn eine kreisfreie Stadt eine Aufgabe im übertragenen Wirkungskreis wahrnimmt? → Rn. 19
5. Welche Arten von öffentlich-rechtlichen Körperschaften sind zu unterscheiden? → Rn. 22 ff.
6. Erläutern Sie die semantische Besonderheit im Rahmen von Art. 9 Abs. 1 BV! → Rn. 23
7. Definieren Sie den Begriff der rechtsfähigen „öffentlich-rechtlichen Anstalt"! → Rn. 27
8. Gegen wen ist die Klage beim Handeln eines Beliehenen zu richten? Gilt bei der Geltendmachung eines Amtshaftungsanspruchs etwas anderes? → Rn. 29
9. Welche Formen der Aufsicht gibt es und welche Reichweite haben sie? → Rn. 30
10. Woraus ergibt sich die Gesetzgebungskompetenz der Bundesländer zum Erlass ihrer Landes-VwVfG? → Rn. 33
11. Skizzieren Sie die Gesetzgebungskompetenz des Bundes im Bereich der Bundesauftragsverwaltung bzgl. der Verwaltungsorganisation und des Verwaltungsverfahrensrechts der Länder! → Rn. 4, 34
12. Skizzieren Sie die unterschiedlichen Anwendungsbereiche des BayVwVfG und des VwVfG des Bundes! → Rn. 35 f.
13. Worin unterscheiden sich Art. 6 Abs. 4 BayEGovG und § 41 Abs. 2 a VwVfG? → Rn. 43
14. Ergibt sich aus dem neuen § 37 Abs. 6 VwVfG eine Änderungsnotwendigkeit im Hinblick auf Art. 37 BayVwVfG? → Rn. 44
15. Welche zentrale Vorschrift regelt die Statthaftigkeit eines Widerspruchs in Bayern? Gibt es Bereiche, in denen ein Widerspruch zulässig bleibt? Bestehen rechtliche Bedenken gegen die aktuelle Rechtslage? → Rn. 61 f.
16. Handelt es sich bei Art. 83 Abs. 5 BV um eine aufdrängende Sonderzuweisung? → Rn. 68

---

191 BayVGH, BayVBl. 1984, 77 (77); BayVBl. 1985, 339 (339); Lindner, Öffentliches Recht, Rn. 308; in anderen Bundesländern, wird dies vielfach anders gesehen, vgl. nur: OVG Münster, NVwZ 1990, 188; OVG Lüneburg, NVwZ-RR 2011, 451 (453); VGH Mannheim, NVwZ-RR 2018, 358 (359).

17. Schildern Sie den Regelungsgehalt des Art. 93 BV! Folgt hieraus ein Ausschluss abdrängender Sonderzuweisungen? → Rn. 69
18. Wo befinden sich die insgesamt sechs bayerischen Verwaltungsgerichte? → Rn. 70
19. Inwieweit hat der Landesgesetzgeber von den Ermächtigungen in § 47 Abs. 1 Nr. 2 VwGO und § 61 Nr. 3 VwGO Gebrauch gemacht? → Rn. 71 f.
20. Erörtern Sie die Rolle der Landesanwaltschaft Bayern! → Rn. 73
21. Diskutieren Sie die rechtsdogmatische Einordnung des § 78 VwGO! → Rn. 75
22. Kann in Bayern eine Klage gegen eine Behörde gerichtet werden? → Rn. 76

V. Literatur

Badura/P. M. Huber, Die Staats- und Verwaltungsorganisation des Freistaates Bayern. Ein Organogramm der Bayerischen Staatsverwaltung, BayVBl. 1989, 769; *Bähr/Denkhaus*, Das Bayerische E-Government-Gesetz: Ein neuer Rechtsrahmen für die digitale Verwaltung in Bayern, BayVBl. 2016, 1; *Berger*, Zur Einführung des elektronischen Rechtsverkehrs und der elektronischen Aktenführung in der bayerischen Verwaltungsgerichtsbarkeit, KommP BY 2016, 247; *Braun Binder*, Vollständig automatisierter Erlass eines Verwaltungsaktes und Bekanntgabe über Behördenportale, DÖV 2016, 891; *Bull*, Der „vollständig automatisiert erlassene" Verwaltungsakt – Zur Begriffsbildung und rechtlichen Einhegung von „E-Government", DVBl. 2017, 409; *Burgi/Brandmeier*, Verwaltungsorganisation und organisationsbezogene Reformoptionen in Bayern, BayVBl. 2015, 1; *Denkhaus*, E-Government-Gesetzgebung in Bund und Ländern, ZG 2016, 120; *Geiger*, Die Neuregelung des Widerspruchsverfahrens durch das AGVwGO, BayVBl. 2008, 161; *Guckelberger*, Digitalisierung und ihre Folgen für die postalische Bekanntgabe von Verwaltungsakten, NVwZ 2018, 359; *Hafner*, Das Bayerische E-Government-Gesetz, KommP BY 2016, 186; *Heiß/Schreiner*, Zum fakultativen Vorverfahren nach Art. 15 Abs. 1 BayAGVwGO n.F., BayVBl. 2007, 616; *Hendler*, Grundbegriffe der Selbstverwaltung, in: Mann/Püttner (Hrsg.), Handbuch der kommunalen Wissenschaft und Praxis, Bd. I: Grundlagen und Kommunalverfassung, 3. Aufl. 2007, § 1; *Hendler*, Das Prinzip Selbstverwaltung, in: Isensee/Kirchhof (Hrsg.), Handbuch des Staatsrechts der Bundesrepublik Deutschland, Bd. VI: Bundesstaat, 3. Aufl. 2008, § 143; *Kemmler*, Die mittelbare Staatsverwaltung und ihre ausbildungsrelevanten Themenbereiche, JA 2015, 328; *Knemeyer*, Aufgabenkategorien im kommunalen Bereich. Mittelbare Staatsverwaltung? Fremdverwaltung? Zur Bedeutung der Organleihe, DÖV 1988, 397; *Krebs*, Verwaltungsorganisation, in: Isensee/Kirchhof (Hrsg.), Handbuch des Staatsrechts der Bundesrepublik Deutschland, Bd. V: Rechtsquellen, Organisation, Finanzen, 3. Aufl. 2007, § 108; *Lindner*, Öffentliches Recht, 2. Aufl. 2017; *Lindner*, Bayerisches Staatsrecht, 2011; *Lindner*, Der verfassungsrechtliche Status der Regierungen im Freistaat Bayern, BayVBl. 2009, 257; *Menzel*, Die Organisationsgewalt der Verfassungsrichter im Bereich der Regierung – Kritische Überlegungen zu VerfGH NW, Urteil vom 9.2.1999, NWVBl. 1999, 201; *Petz*, Die Übertragung von Staatsaufgaben als Kreisverwaltungsaufgaben auf kreisfreien Städte, BayVBl. 1989, 353; *Rozek*, Verwirrspiel um § 78 VwGO? – Richtiger Klagegegner, passive Prozessführungsbefugnis und Passivlegitimation, JuS 2007, 601; *Schmitz/Prell*, Neues zum E-Government – Rechtsstaatliche Standards für E-Verwaltungsakt und E-Bekanntgabe im VwVfG, NVwZ 2016, 1273; *Siegel*, Auf dem Weg zum Portalverbund – Das neue Onlinezugangsgesetz (OZG), DÖV 2018, 185; *Siegel*, Automatisierung des Verwaltungsverfahrens – zugleich eine Anmerkung zu §§ 35 a, 24 I 3 und 41 IIa VwVfG, DVBl. 2017, 24; *Simnacher*, Das normierte kommunale Verwaltungsverbund, BayVBl. 1981, 385; *Stegmüller*, Vollautomatisierte Verwaltungsakte – eine kritische Sicht auf die neuen § 24 I 3 und § 35 a VwVfG, NVwZ 2018, 353; *Steinbeiß-Winkelmann*, Abschaffung des Widerspruchsverfahrens – ein Fortschritt?, NVwZ 2009, 686; *Schuppert*, Verwaltungsorganisation und Verwaltungsorganisationsrecht als Steuerungsfaktoren, in: Hoffmann-Riem/Schmidt-Aßmann/Voßkuhle (Hrsg.), Grundlagen des Verwaltungsrechts, Bd. I: Methoden, Maßstäbe, Aufgaben, Organisation, 2. Aufl. 2012, § 16; *Unterreitmeier*, Die Neuregelung des Widerspruchsverfahrens in Bayern, BayVBl. 2007, 609; *Wehnert*, Über den Geist der Preußischen Staatsorganisation und Staatsdienerschaft, 1833.

§ 6 Verwaltungszustellungs- und Verwaltungsvollstreckungsrecht

Kai Engelbrecht

I. Verwaltungszustellungsrecht 4
1. Grundlagen 6
   a) Anwendungsbereich 6
   b) Zustellungsgegenstand 7
   c) Zustellungsadressat 8
   d) Zustellung aufgrund einer Rechtvorschrift und aufgrund einer behördlichen Anordnung 11
2. Arten der Zustellung 14
   a) Zustellung mit Zustellungsurkunde 14
   b) Zustellung mittels Einschreiben 21
   c) Zustellung gegen Empfangsbekenntnis 24
   d) Elektronische Zustellung .. 26
3. Heilung von Fehlern bei der Zustellung 28
II. Verwaltungsvollstreckungsrecht ... 32
1. Grundlagen 34
   a) Anwendungsbereich 34
   b) Anordnungsbehörde – Vollstreckungsbehörde – Vollstreckungsgericht 36
   c) Durchzusetzender Verwaltungsakt 40
   d) Vollstreckungsschuldner ... 41
   e) Allgemeine Vollstreckungsvoraussetzungen 42
      aa) Wirksamkeit des Grundverwaltungsakts 43
      bb) Vollstreckbarkeit des Grundverwaltungsakts 46
      cc) Erfüllbarkeit der durch den Grundverwaltungsakt auferlegten Verpflichtung 47
      dd) Nichterfüllung der durch den Grundverwaltungsakt auferlegten Verpflichtung 48
   f) Negative Vollstreckungsvoraussetzungen ("Vollstreckungshindernisse") ... 52
2. Durchsetzung von Verhaltenspflichten 54
   a) Durchsetzung von Verhaltenspflichten mit vorausgehender Primärmaßnahme ("gestrecktes Verfahren") 55
      aa) Androhung 56
      bb) Zwangsgeld 64
      cc) Ersatzzwangshaft 69
      dd) Ersatzvornahme 74
         (1) Androhung und Anwendung des Zwangsmittels ... 74
         (2) Erstattung der Kosten durch den Vollstreckungsschuldner 78
      ee) Unmittelbarer Zwang 80
      ff) Betretung und Durchsuchung als Hilfsmaßnahme 82
   b) Durchsetzung von Verhaltenspflichten ohne vorausgehende Primärmaßnahme("Sofortvollzug") ... 83
3. Vollzugshilfe und Vollstreckungshilfe 84
4. Durchsetzung von Geldforderungen 85
III. Kontrollfragen 86
IV. Literatur 86

Verwaltungsakte müssen bekanntgegeben und oftmals auch gegen den Willen des Betroffenen durchgesetzt werden. Geschieht die Bekanntgabe in der Form einer Zustellung, muss das Recht Regelungen dazu bereithalten. Auch der Einsatz von Verwaltungszwang bedarf eines gesetzlichen Rahmens, geht es hier doch um gewichtige Eingriffe in Grundrechte der Bürgerinnen und Bürger. Verwaltungszustellungs- und Verwaltungsvollstreckungsrecht sind für weite Teile der Tätigkeit bayerischer Behörden im Bayerischen Verwaltungszustellungs- und Vollstreckungsgesetz geregelt.

2   Dieses Gesetz[1] trat am 1.7.1961 in Kraft,[2] mithin bereits kurz nach Beginn der Arbeiten an einem bundeseinheitlichen Musterentwurf für ein Verwaltungsverfahrensgesetz.[3] Was die Zustellung von Verwaltungsakten betrifft, konnte sich das seit dem 1.1.1977 geltende Bayerische Verwaltungsverfahrensgesetz daher in Art. 41 Abs. 5 BayVwVfG auf die Anordnung „Vorschriften über die Bekanntgabe eines Verwaltungsakts mittels Zustellung bleiben unberührt" beschränken. Regelungen mit Bezug auf Maßnahmen der Verwaltungsvollstreckung trifft dieses Gesetz nur punktuell in Art. 28 Abs. 2 Nr. 5 und Art. 61 BayVwVfG. An der Trennung des Verwaltungszustellungs- und Vollstreckungsrechts vom Recht des Verwaltungsverfahrens im Übrigen hat sich seither nichts geändert.

3   Der Beitrag erläutert wesentliche Bestimmungen aus dem Verwaltungszustellungsrecht (I.) und dem Verwaltungsvollstreckungsrecht (II.) anhand der Vorgaben des bayerischen Landesrechts. Im Hinblick auf die Verzahnung mit dem Recht des Verwaltungsverfahrens sollten die beiden Gebiete auch in der juristischen Ausbildung nicht übersehen werden. So gehört „das Allgemeine Verwaltungsrecht einschließlich des Verwaltungsverfahrensrechts" bereits in der Ersten Juristischen Staatsprüfung zu den Pflichtfächern (§ 18 Abs. 2 Nr. 5 lit. b JAPO); der entsprechende Katalog für die Zweite Juristische Staatsprüfung nennt das Verwaltungsvollstreckungsrecht ausdrücklich (§ 58 Abs. 2 Nr. 4 lit. b JAPO).

I. Verwaltungszustellungsrecht

4   Die im ersten Hauptteil des Bayerisches Verwaltungszustellungs- und Vollstreckungsgesetzes geregelte **Zustellung** ist eine **besondere Form der Bekanntgabe**, in erster Linie von **Verwaltungsakten**. Im Vergleich mit Art. 41 BayVwVfG ist das Verfahren der Zustellung stärker formalisiert. Ihr Ablauf soll nach dem gesetzlichen Leitbild möglichst präzise dokumentiert sein. Auf diese Weise erhält die Behörde einen **Nachweis**, dass der Zustellungsadressat das zuzustellende Dokument erhalten hat oder dass zumindest das nach den jeweiligen Vorschriften Erforderliche getan ist, damit er sich Kenntnis davon verschaffen kann. Die Option der Zustellung stellt sicher, dass behördliche Entscheidungen auch gegen Bürgerinnen und Bürger Wirkungen entfalten können, die in ihrer Wohnung oder ihren Geschäftsräumen **nicht anzutreffen** sind, die eine **Annahme verweigern** oder sich überhaupt „unsichtbar" zu machen suchen.

5   Der Abschnitt geht nach einigen Grundlagenfragen (→ Rn. 6 ff.) auf die Zustellung mit Zustellungsurkunde (→ Rn. 14 ff.), mittels Einschreiben (→ Rn. 21 ff.) und gegen Empfangsbekenntnis (→ Rn. 24 f.), ferner auf die elektronische Zustellung ein (→ Rn. 26 f.). Einige Bemerkungen zu den Folgen von Fehlern bei der Zustellung be-

---

1   Gesetzentwurf: LT-Drs. 4/1746; Bericht des Ausschusses für Verfassungsfragen und Rechtsfragen: LT-Drs. 4/2206; zweite und dritte Lesung LT-Prot. 4/93, S. 2868 ff.
2   Zur Vorgeschichte instruktiv LT-Drs. 4/1746, S. 11 ff.
3   Zum zeitlichen Ablauf siehe nur LT-Drs. 8/3551, S. 28.

schließen den Abschnitt (→ Rn. 28 ff.). Die Zustellung im Ausland (Art. 14 VwZVG) und die öffentliche Zustellung (Art. 15 VwZVG) bleiben außer Betracht.

1. Grundlagen

a) Anwendungsbereich

Die Möglichkeit, eine Zustellung zu bewirken, haben „**Behörden** des Freistaates Bayern und die **Körperschaften, Anstalten und Stiftungen** des öffentlichen Rechts, die unmittelbar oder mittelbar seiner Aufsicht unterstehen (Behörden)" (Art. 1 Abs. 1 S. 1 VwZVG).[4] **Bundesbehörden** stellen nach dem Verwaltungszustellungsgesetz (des Bundes) zu. Für bayerische Behörden gilt dies, wenn sie als **Widerspruchsbehörden** (Art. 1 Abs. 1 S. 2 VwZVG)[5] oder als **Landesfinanzbehörden**[6] (Art. 1 Abs. 3 VwZVG)[7] tätig werden. 6

b) Zustellungsgegenstand

Zustellungsgegenstand kann ein **schriftliches** oder ein **elektronisches Dokument** sein. Inhalt des Dokuments ist **häufig**, jedoch nicht notwendig ein **Verwaltungsakt** (Art. 35 S. 1 BayVwVfG).[8] Art. 2 Abs. 1 VwZVG ordnet für das zuzustellende Dokument nicht die Schriftform oder die elektronische Form (vgl. Art. 3a Abs. 2 BayVwVfG) an.[9] Zwar wird als schriftliches Dokument typischerweise eine „Urschrift, Ausfertigung oder beglaubigt[e] Abschrift" (so Art. 2 Abs. 1 VwZVG in der bis 31.7.1997 geltenden Fassung) zugestellt. Diese Varianten beschreiben den Begriff des schriftlichen Dokuments aber nicht abschließend.[10] Eine analoge Authentizitätssicherung durch Unterschrift und ggf. Dienstsiegel kann fehlen.[11] Formanforderungen des Fachrechts müssen gleichwohl beachtet werden. Ist dort nichts weiter geregelt, könnte auch eine einfache Fotokopie[12] oder eine einfache PDF-Datei zugestellt werden. 7

c) Zustellungsadressat

Zustellungsadressat ist, an wen nach dem Willen der Behörde zugestellt werden soll. Bei einem Bescheid ist das regelmäßig der **Inhaltsadressat**, also diejenige Person, der gegenüber die Rechtswirkungen der Maßnahme eintreten sollen (Bauherr im Baugenehmigungsverfahren, Hundehalter bei einer Anordnung nach Art. 18 Abs. 2 LStVG) 8

---

4 Erfasst sind neben den Staatsbehörden insbesondere die Gemeinden, Landkreise und Bezirke (Gebietskörperschaften), Verwaltungsgemeinschaften und Zweckverbände (Personalkörperschaften) sowie Kommunalunternehmen (Anstalten). Ähnliche Vorschriften in Art. 1 Abs. 1 S. 1 BayDSG oder § 70 ZustV.
5 Grund: § 73 Abs. 3 S. 2 VwGO.
6 Zu diesem Begriff § 2 FVG.
7 Grund: § 122 Abs. 5 S. 1 AO, § 1 Abs. 1 VwZG.
8 ZB Ladungen, wenn dies durch Rechtsvorschrift bestimmt (so in Art. 26 Abs. 3 S. 3 BayEG) oder behördlich angeordnet ist; Mahnung, die Voraussetzung für den Widerruf der Zuweisung eines Verkaufsstandes nach § 5 Abs. 3 Nr. 1 Markthallen-Satzung der Landeshauptstadt München (Stadtrecht Nr. 550) ist, vgl. VG München, BeckRS 2014, 122255, Rn. 19 ff.
9 *Stelkens*, in: ders./Bonk/Sachs, VwVfG, § 37 Rn. 107.
10 Anders allerdings die Erwägungen der Entwurfsbegründungen, die der aktuellen Fassung von Art. 2 Abs. 1 VwZVG zugrunde liegen: LT-Drs. 15/5474, S. 6, und 13/5947 S. 5. Ebenso F. *Giehl*, in: ders./Adolph/Käß/A. Giehl, Art. 2 VwZVG (Stand: 35. AL Oktober 2013), Erl. II. 1.a., und zum Bundesrecht *Schlatmann*, in: Engelhardt/App/ders., § 2 VwZG Rn. 5 f.
11 Vertiefend *Stelkens*, in: ders./Bonk/Sachs, VwVfG, § 37 Rn. 107 f.
12 Beispiel von *Stelkens*, in: ders./Bonk/Sachs, VwVfG, § 37 Rn. 107.

oder die sonst von ihr betroffen ist (Nachbar im Baugenehmigungsverfahren, Art. 66 Abs. 1 S. 6 BayBO).[13]

9 Ausnahmsweise ist ein solcher **Inhaltsadressat nicht mit dem Zustellungsadressaten identisch**: Ist Inhaltsadressat eine natürliche Person, die **nicht handlungsfähig** im Sinne von Art. 12 BayVwVfG ist,[14] wird an den gesetzlichen Vertreter zugestellt (Art. 7 Abs. 1 S. 1 VwZVG).[15] Gleiches gilt im Fall einer **Betreuung** hinsichtlich des Aufgabenkreises des Betreuers (Art. 7 Abs. 1 S. 2 VwZVG, § 1896 Abs. 2 BGB) sowie bei **juristischen Personen,** nicht rechtsfähigen Personenvereinigungen, Behörden oder Zweckvermögen (Art. 7 Abs. 2 VwZVG).[16] Für Zustellungen an Personen in einem familiären Zusammenhang sieht Art. 8 a VwZVG eine Vereinfachung vor.

10 Inhaltsadressaten können sich in Bezug auf Zustellungen eines **Bevollmächtigten** bedienen (vgl. Art. 14 BayVwVfG). Ein Bevollmächtigter – insbesondere ein Rechtsanwalt – ist notwendiger Zustellungsadressat, wenn er eine **schriftliche Vollmacht** vorgelegt hat (Art. 8 Abs. 1 S. 2 VwZVG).[17] Dann darf nicht an den Inhaltsadressaten zugestellt werden, der die Vollmacht erteilt hat. In allen anderen Fällen – der Bevollmächtigte meldet sich bei der Behörde, ohne (zunächst) eine Vollmacht vorzulegen –, kann die Behörde grds. wählen, ob sie eine Zustellung an den Inhaltsadressaten oder den Bevollmächtigten bewirkt (Art. 8 Abs. 1 S. 1 VwZVG). Ihr Ermessen kann im Einzelfall determiniert sein, so, wenn ein Rechtsanwalt als Bevollmächtigter aus einem bereits länger anhängigen Verwaltungsverfahren bekannt ist und keine Anhaltspunkte für einen Widerruf der Vollmacht[18] sprechen. Bestehen Zweifel, ob eine Person bevollmächtigt ist, kann die Behörde die Vorlage einer Vollmacht verlangen.

d) Zustellung aufgrund einer Rechtvorschrift und aufgrund einer behördlichen Anordnung

11 **Zugestellt wird,** wenn dies **durch Rechtsvorschrift bestimmt** ist (Art. 1 Abs. 5 1. Var. VwZVG). Bei Verwaltungsakten ist die Zustellung nicht der Normalfall einer Bekanntgabe. Der Bundes- wie der Landesgesetzgeber sehen dieses Instrument typischerweise nur dann vor, wenn an den Nachweis des Zugangs gesteigerte Anforderungen zu stellen sind, wenn der Verwaltungsakt besonders eingriffsintensiv ist, langfristige Wirkungen in einem Rechtsverhältnis entfaltet oder einen komplexen Ausgleich von Interessen unter mehreren Verfahrensbeteiligten bewirkt.

---

13 Zu den Begriffen Bekanntgabeadressat, Inhaltsadressat und materieller Adressat *Stelkens,* in: ders./Bonk/Sachs, VwVfG, § 37 Rn. 14, 19.
14 Achtung: Die Handlungsfähigkeit ist vom siebten Lebensjahr bis zum Eintritt der Volljährigkeit infolge des Verweises in Art. 12 Abs. 1 Nr. 2 BayVwVfG (auch) auf Fachrecht differenzierter geregelt, vgl. *Schmitz,* in: Stelkens/Bonk/Sachs, VwVfG, § 12 Rn. 11 f., für das Bundesrecht.
15 Beispiel aus der Rspr.: VG Würzburg, BeckRS 2018, 17855, Rn. 22 (Eltern für ihr Kind nach § 1629 BGB hinsichtlich einer Verpflichtung im Zusammenhang mit seinem Grundeigentum).
16 Behörde: Art. 1 Abs. 2 BayVwVfG, § 1 Abs. 4 VwVfG; Zweckvermögen: zB ein gemeindlicher Eigenbetrieb (Art. 88 Abs. 1 GO), Zustellung nach Maßgabe von Art. 88 Abs. 3 S. 1 f. GO an den/einen Werkleiter.
17 Dabei kann im Einzelfall eine Kopie ausreichen, so VG Augsburg, BeckRS 2007, 35413, für Rechtsanwalt. Keine Vorlage durch den Bevollmächtigten, wenn der Inhaltsadressat in einem Antragsformular einen Anderen als Zustellungsadressaten benannt hat, BayVGH, BeckRS 1999, 26356.
18 Zum Zusammenhang von Mandat und Vollmacht beim Rechtsanwalt BayVGH, BeckRS 2007, 29762, Rn. 9.

Gesetzliche Zustellungserfordernisse bestehen etwa für die **Androhung eines Zwangs-** 12
mittels (Art. 36 Abs. 7 S. 1 VwZVG), für bekanntzugebende **Entscheidungen in einem**
Beamtenverhältnis, „wenn durch sie eine Frist in Lauf gesetzt wird oder Rechte der
Beamten und Beamtinnen oder Versorgungsberechtigten berührt werden" (Art. 10 S. 1
BayBG), für die **Abschlussentscheidung in einem förmlichen Verwaltungsverfahren**
(Art. 69 Abs. 2 S. 1 Hs. 1 BayVwVfG)[19] und den **Planfeststellungsbeschluss** (Art. 74
Abs. 4 S. 1 BayVwVfG), ferner für die **immissionsschutzrechtliche Anlagegenehmi-**
gung (§ 10 Abs. 7 S. 1 BImSchG) und die **Baugenehmigung** (Art. 66 Abs. 1 S. 6,
Art. 68 Abs. 2 S. 3 BayBO).[20]

Greift kein gesetzliches Zustellungserfordernis ein, kann eine Behörde die **Zustellung** 13
auch **anordnen** (Art. 1 Abs. 5 2. Var VwZVG). Eine solche Anordnung kommt insbesondere dann in Betracht, wenn mit Bestreiten des Zugangs durch den Empfänger zu
rechnen ist oder die Möglichkeit einer Zustellung durch Niederlegung (→ Rn. 20) genutzt werden soll.

2. Arten der Zustellung

a) Zustellung mit Zustellungsurkunde

Bei einer Zustellung nach Art. 3 VwZVG wird das schriftliche Dokument durch die 14
Post unter Errichtung einer **Zustellungsurkunde** zugestellt. „Post" ist dabei ein Unternehmen, das über eine Lizenz zur Erbringung von Briefzustelldienstleistungen verfügt
(vgl. § 5 Abs. 1, § 6 PostG) und nicht von der gesetzlichen Verpflichtung, als Belieh-
ner Schriftstücke förmlich zuzustellen, befreit ist (vgl. § 33 PostG).[21]

Für die Zustellung nach Art. 3 VwZVG sendet die Behörde der von der Post hierfür 15
bestimmten Stelle einen **äußeren Umschlag** zu, der **zugleich Zustellungsauftrag** ist und
neben der **vorbereiteten Zustellungsurkunde** in einem **inneren Umschlag** das **zuzustel-**
lende Schriftstück enthält (vgl. Art. 3 Abs. 1 VwZVG, § 1 Nr. 1–3 ZustVV).[22] Nach
der Zustellung leitet die Post die Zustellungsurkunde an die Behörde zurück.

Die Vorschriften der §§ 177 bis 182 ZPO, auf die Art. 3 Abs. 2 S. 1 VwZVG verweist, 16
sehen ein differenziertes Handlungsprogramm für den Fall vor, dass eine **Übergabe an**
den Zustellungsadressaten – das ist der **Regelfall der Zustellung**, vgl. § 177 ZPO –
nicht gelingt. Was der Zusteller im Einzelnen festgestellt und veranlasst hat, geht aus
der Zustellungsurkunde hervor, die insofern **öffentlichen Glauben** genießt (§ 182
Abs. 1 S. 2, § 418 ZPO).

Wird der Zustellungsadressat weder in seiner Wohnung, seinen Geschäftsräumen, in 17
einer Gemeinschaftseinrichtung noch – zufällig – sonstwo angetroffen (vgl. § 177
ZPO), kann das Schriftstück ersatzweise durch **Übergabe an Personen** zugestellt wer-

---

19 Beispiel: Art. 23 S. 1 BayEG.
20 Auch die Ablehnung der Baugenehmigung ist erfasst, *Lechner*, in: Simon/Busse, BayBO, Art. 68 Rn. 542, gleiches gilt für den Vorbescheid (Art. 71 S. 3 Hs. 1 BayBO) und seine Ablehnung.
21 Für die Deutsche Post AG siehe die Informationsbroschüre „Postzustellungsauftrag: Full Service bei der rechtswirksamen Zustellung mit Urkunde", Stand 9/2016, abrufbar unter https://www.deutschepost.de/de/p/pza_postzustellungsauftrag/downloads_postzustellungsauftrag.html (13.11.2018).
22 Die Anlagen zur Zustellungsvordruckverordnung enthalten für alle Anbieter einheitliche Vorgaben für ent-
sprechende Vordrucke.

den, die **in einem Näheverhältnis** zum Zustellungsadressaten stehen (wie etwa Familienangehörige oder Beschäftigte des Zustellungsadressaten, siehe im Einzelnen § 178 Abs. 1 ZPO).

18 Ohne Übergabe an eine solche Person wird zugestellt, wenn das Schriftstück nach Maßgabe von § 180 ZPO in einen zu der Wohnung oder dem Geschäftsraum gehörenden **Briefkasten** oder in eine ähnliche Vorrichtung **eingelegt** wird, die der Adressat für den Postempfang eingerichtet hat.[23] Auf diese Weise gelangt das Schriftstück immerhin in die Zugriffssphäre des Zustellungsadressaten. Diese Form der Zustellung ist nach § 180 ZPO subsidiär zu einer Zustellung nach § 178 Abs. 1 Nr. 1 oder 2 ZPO.

19 Eine Wohnung muss „zur Zeit der Zustellung schon und noch bewohnt und die in diesem Zeitpunkt ... räumlicher Lebensmittelpunkt [des Zustellungsadressaten]" sein, damit eine Ersatzzustellung durch Einlegen in den Briefkasten wirksam ist. Ein Wille zur Aufgabe der Wohnung muss nicht notwendig für den Absender oder den Zusteller, jedoch „für einen mit den Verhältnissen vertrauten Beobachter erkennbar sein".[24] Eine Zustellung nach § 180 ZPO ist grds. auch dann möglich, wenn Geschäftsräume an einem Samstag nicht besetzt sind.[25]

20 Ist eine Ersatzzustellung nach § 180 ZPO – insbesondere wegen einer fehlenden, unsicheren oder überfüllten Postablage – oder nach § 178 Abs. 1 Nr. 3 ZPO nicht ausführbar, besteht nach § 181 ZPO noch die Möglichkeit, durch **Niederlegung** zuzustellen. Das Schriftstück wird dann für drei Monate an einer dafür bestimmten Stelle[26] für den Empfänger vorgehalten, der (nur) eine – notfalls an die Wohnungstür geheftete – **Benachrichtigung** erhält. Das Schriftstück gilt (bereits) mit dieser Benachrichtigung als zugestellt (§ 181 Abs. 1 S. 4 ZPO).

b) Zustellung mittels Einschreiben

21 Eine Zustellung kann durch die Post auch „mittels **Einschreiben durch Übergabe**" oder „mittels **Einschreiben mit Rückschein**" bewirkt werden (Art. 4 Abs. 1 VwZVG). Hierbei handelt es sich um Postprodukte, die von Privatpersonen ebenfalls genutzt werden können. Die Behandlung entsprechender Sendungen ist – anders als die Zustellung mit Zustellungsurkunde – weitgehend durch **Allgemeine Geschäftsbedingungen** der Post[27] geregelt.

22 Die Behörde übergibt die Sendung mit entsprechendem Auftrag[28] an die Post und vermerkt dies in den Akten (Art. 4 Abs. 2 S. 4, 5 VwZVG). Ist die Zustellung erfolgreich, verfügt im Fall eines Übergabe-Einschreibens nur die Post über eine Empfangsbestätigung. Der Behörde kommt die Zustellungsfiktion in Art. 4 Abs. 2 S. 2 VwZVG zugu-

---

23 Zu Sicherheitsdefiziten bei Postablagen OLG Nürnberg, NJW 2009, 2229.
24 BayVGH, BeckRS 2017, 136922, Rn. 12 (beide Zitate).
25 VG München, BeckRS 2005, 37927, für Rechtsanwaltskanzlei.
26 Das muss nach der Liberalisierung des Postmarktes nicht notwendig eine Filiale der Deutschen Post AG sein, vgl. zB OLG Rostock, BeckRS 9998, 25651: Zustellung durch Niederlegung in einem Otto-Shop.
27 Für die Deutsche Post AG: Allgemeine Geschäftsbedingungen der Deutschen Post AG Brief national (AGB Brief national), Stand 2/2017, abrufbar unter https://www.deutschepost.de/de/a/agb.html (13.11.2018).
28 Abzugrenzen ist das für eine förmliche Zustellung nicht geeignete Produkt „Einschreiben Einwurf", bei dem eine persönliche Übergabe mit Empfangsbestätigung nicht vorgesehen ist, vgl. Nr. 1 Abs. 1 S. 3 Nr. 3 und Nr. 4 Abs. 2 S. 4 AGB Brief national.

te. Wird der Zugang oder sein (fingierter) Zeitpunkt[29] bestritten, muss die Behörde jeweils einen Nachweis führen (Art. 4 Abs. 2 S. 3 VwZVG: „im Zweifel"). Den Nachweis erleichtert das Einschreiben mit Rückschein; allerdings ist diese „Empfangsquittung" nicht mit dem Beweiswert einer Zustellungsurkunde (öffentliche Urkunde; → Rn. 16) ausgestattet.

Eine Zustellung nach Art. 4 Abs. 1 VwZVG kann im Verhältnis zu „kooperativen" Zustellungsadressaten zweckmäßig sein. Sie ist nicht sinnvoll, wenn voraussichtlich keine empfangsberechtigte Person zur Verfügung steht oder diese die Annahme verweigern wird. Dann geht die Sendung nämlich an die Behörde zurück.[30] Die in Art. 4 Abs. 2 S. 2 VwZVG vorgesehene Zustellungsfiktion kann insofern nicht helfen („es sei denn, dass es nicht … zugegangen ist"). 23

c) Zustellung gegen Empfangsbekenntnis

Eine Zustellung gegen **Empfangsbekenntnis** (Art. 5 Abs. 1 VwZVG) bewirkt die Behörde grds. durch eigenes Personal; die Amtshilfe durch eine andere Behörde (zB eine Polizeidienststelle) ist möglich. Einem erreichbaren und empfangsbereiten Zustellungsadressaten übergibt der zustellende Bedienstete das zuzustellende Schriftstück gleichsam Zug um Zug gegen Unterzeichnung eines auf den Tag der Aushändigung datierten Empfangsbekenntnisses. Gelingt die Übergabe nicht, können die gleichen Instrumente einer **Ersatzzustellung wie bei einer Zustellung mit Zustellungsurkunde** eingesetzt werden; Art. 5 Abs. 2 S. 1 VwZVG verweist wie Art. 3 Abs. 2 S. 1 VwZVG auf die entsprechenden Vorschriften der Zivilprozessordnung (§§ 177–181 ZPO). § 182 ZPO ist von diesem Verweis – anders als in Art. 3 Abs. 2 S. 1 VwZVG – nicht erfasst, weil der zustellende Bedienstete keine Zustellungsurkunde errichtet. Die Ersatzzustellung wird vielmehr nach den Vorgaben von Art. 5 Abs. 2 S. 2 VwZVG in den Akten dokumentiert. Eine Beschränkung sieht Art. 5 Abs. 3 VwZVG für Zustellungen zur Nachtzeit, an Sonntagen und an gesetzlichen Feiertagen (Art. 1 Abs. 1, 2 FTG) vor. 24

Eine **vereinfachte Zustellung** ist an andere Behörden sowie bestimmte Angehöriger beratender Berufe möglich (Art. 5 Abs. 4 VwZVG). Dem liegt die Annahme zugrunde, dass bei diesen Empfängern die umgehende Rücksendung eines dem Dokument beigelegten vorbereiteten Empfangsbekenntnisses gewährleistet ist. Mit dessen Rücksendung ist die Zustellung nachgewiesen (Art. 5 Abs. 7 S. 1 VwZVG). Im Rahmen von Art. 17 VwZVG ist eine Zustellung gegenüber Steuer- oder Abgabenpflichtigen sogar durch einfachen Brief möglich. 25

d) Elektronische Zustellung

Die zunehmende Digitalisierung von Verwaltungsverfahren legt die Regelung nicht mehr papiergebundener Zustellungswege nahe. Der Gesetzgeber hat eine entsprechende Option für den **Verkehr mit jedermann** in Art. 5 Abs. 5 VwZVG bereitgestellt. Voraussetzung ist eine Zugangseröffnung durch den Empfänger (Art. 5 Abs. 5 S. 1 26

---

29 Vgl. BFH, BB 2018, 2659 (2660): Erschütterung der Fiktion nach § 122 Abs. 2 Nr. 1 AO durch den Vortrag, der beauftragte private Postdienstleister sei ohne Prüfung der regelmäßigen Postlaufzeit lizenziert.
30 Vgl. für die entsprechenden Produkte der Deutschen Post AG Nr. 4 Abs. 6 AGB Brief national.

VwZVG). Das zuzustellende Dokument ist mit einer qualifizierten elektronischen Signatur zu versehen; insofern sind Art. 25 ff. eIDAS-Verordnung[31] zu beachten. Ferner ist das Dokument gegen die unbefugte Kenntnisnahme Dritter zu schützen, mithin sicher zu verschlüsseln. Der Ablauf der Zustellung richtet sich nach Art. 5 Abs. 6, 7 VwZVG. Im **Verkehr mit anderen Behörden** sowie bestimmten Angehörigen beratender Berufe kann auch elektronisch vereinfacht zugestellt werden (Art. 5 Abs. 4, Abs. 6, Abs. 7 S. 1 VwZVG).

27 Die Zustellung an ein **De-Mail-Postfach** ist Gegenstand von Art. 6 VwZVG. Die Regelung ist an Art. 5 Abs. 5–7 VwZVG angelehnt; an die Stelle eines Empfangsbekenntnisses tritt die Abholbestätigung nach § 5 Abs. 9 De-Mail-Gesetz.

3. Heilung von Fehlern bei der Zustellung

28 Bei der Zustellung von Dokumenten bleiben Fehler nicht aus. Ist eine gesetzliche Vorgabe für das Zustellungsverfahren im Einzelfall nicht erfüllt, bedeutet dies nicht notwendig, dass das Dokument nicht zugestellt ist (und deshalb nochmals zugestellt werden müsste). Art. 9 VwZVG regelt, unter welchen Voraussetzungen Zustellungsmängel geheilt werden können.

29 Die **Heilung** eines Zustellungsmangels setzt zunächst voraus, dass die **Behörde überhaupt eine Zustellung bewirken wollte**;[32] eine Bekanntgabe, die keine Zustellung sein soll, wird auch nicht dadurch zur Zustellung, dass sie außerdem noch den dafür maßgeblichen Vorschriften nicht entspricht. Das Dokument muss weiterhin dem Zustellungsadressaten **tatsächlich zugegangen** sein. Das ist der Fall, wenn er es „in die Hand bekommt."[33] Kenntniserlangung ohne Zugang genügt ebensowenig wie die bloße Möglichkeit, Kenntnis zu nehmen. Sind die Voraussetzungen erfüllt, kann die in Art. 9 VwZVG angeordnete **Zugangsfiktion** mit dem Datum des – durch die Behörde nachzuweisenden[34] – **tatsächlichen Zugangs** – der durch das Einlegen eines Rechtsbehelfs belegt sein kann[35] – oder mit dem auf einem zurückgesandten **Empfangsbekenntnis** vermerkten Datum eintreten. An diesen Zeitpunkt knüpfen dann die **Rechtsbehelfsfristen** für einen zugestellten Verwaltungsakt an.

30 Ob eine Heilung in Betracht kommt, ist jeweils für den einzelnen Zustellungsmangel zu prüfen. Heilbar ist insbesondere:
- ein Defizit des Zustellungsnachweises (etwa fehlendes Zustelldatum in der Zustellungsurkunde);[36]
- das Fehlen des Vermerks in der Akte nach Art. 5 Abs. 2 S. 2 Nr. 1 VwZVG;[37]

---

31 Verordnung (EU) Nr. 910/2014 des Europäischen Parlaments und des Rates vom 23. Juli 2014 über elektronische Identifizierung und Vertrauensdienste für elektronische Transaktionen im Binnenmarkt und zur Aufhebung der Richtlinie 1999/93/EG, ABl. L 257/73, ber. ABl. L 23/19 v. 29.1.2015 und ABl. L 155/44 v. 14.6.2016. Näher *Thum*, KommP BY 2018, 338 (339).
32 Vgl. VG München, BeckRS 2016, 48591; BeckRS 2015, 52817; VG Würzburg, BeckRS 2013, 58596; BeckRS 2016, 42495.
33 BFH, NJW 2014, 2524 (2525 ff., Zitat S. 2528) zu § 189 ZPO; VG München, BeckRS 2018, 22656, Rn. 28.
34 VG Würzburg, BeckRS 2011, 34612, Rn. 15.
35 VG Würzburg, BeckRS 2016, 42495.
36 *F. Giehl*, in: ders./Adolph/Käß/A. Giehl, Art. 9 VwZVG (Stand: 34. AL März 2013), Erl. II. 2.
37 VG München, BeckRS 2018, 22656, Rn. 28.

- das Fehlen des Vermerks auf dem Umschlag nach Art. 5 Abs. 1 S. 4 VwZVG;[38]
- (zweifelhaft:) eine „Zustellung per Telefax" – die gegenüber dem in Art. 5 Abs. 4 VwZVG genannten Empfängerkreis möglich ist – an eine Privatperson;[39]

Nicht heilbar ist dagegen insbesondere:

- das Fehlen einer Zustellung an weitere Zustellungsadressaten, die nicht durch den „bedachten" Adressaten vertreten sind (Einschränkung: Art. 8a VwZVG) sowie das Ersetzen der an den Eigentümer eines Grundstücks zu richtenden Zustellung durch die Zustellung an den Mieter;[40]
- eine Zustellung entgegen Art. 8 Abs. 1 S. 2 VwZVG nicht beim Bevollmächtigten.[41]

Fall:

Die Bauaufsichtsbehörde hat eine Ausfertigung der Baugenehmigung einfach in den Briefkasten des Nachbarn gesteckt, der die Nachbarunterschrift nicht geleistet hat. Das sei jetzt keine ordnungsgemäße Zustellung, schimpft der Nachbar. Wozu auch, meint die Behörde, und wenn schon: Jedenfalls ist alles geheilt. Stimmt das? – Nach Art. 66 Abs. 1 S. 6 BayBO ist dem Nachbarn, der nicht zugestimmt hat (vgl. Art. 66 Abs. 1 S. 1, 2 BayBO), eine Ausfertigung der Baugenehmigung zuzustellen. Wollte die Behörde gar nicht zustellen, gibt es auch nichts zu heilen; die Baugenehmigung müsste (erstmals) zugestellt werden, um wirksam zu werden. Wollte die Behörde zustellen, so ist der Einwurf in den Briefkasten eine nach Art. 5 Abs. 2 S. 1, 2 Nr. 3 VwZVG, § 180 ZPO mögliche Variante. Allerdings darf eine Zustellung nach Art. 5 Abs. 1 S. 1 VwZVG und nach § 178 Abs. 1 Nr. 1 ZPO nicht ausführbar gewesen sein. Kann der Nachbar seine Anwesenheit oder die eines Ersatzempfängers belegen, dürfte gleichwohl nach Art. 9 VwZVG eine Heilung in Betracht kommen.[42]

II. Verwaltungsvollstreckungsrecht

Der Staat verfügt über die Fähigkeit, Pflichten zu einem Handeln, Dulden oder Unterlassen wie auch Pflichten zu Geldleistungen gegenüber den seinem Recht Unterworfenen einseitig zu titulieren. Dem folgt die Fähigkeit, die titulierten Pflichten auch einseitig durchzusetzen. Über diese beiden Fähigkeiten verfügen neben dem Staat grds. nur noch staatsmittelbare öffentliche Träger wie etwa die Kommunen, dies aber bereits mit fachgesetzlichen Einschränkungen. Wer etwa als Unternehmen oder Privatperson nicht zu diesem Kreis gehört, der muss seine Ansprüche regelmäßig vor Gericht einklagen. Vollstrecken lassen kann er meist nur dessen Entscheidung. Das „Nein" zu einseitigen Regelungs- und Vollstreckungsbefugnissen außerhalb des Hoheitsbereichs gehört zu den Essentialia der Rechtsstaatlichkeit: Befugnisse dieser Art sind für den Einzelnen wie auch für die Allgemeinheit nur erträglich, wenn sie durch den Vorbehalt des Gesetzes gebunden sind. Dessen Wirkung aber ist im Grundsatz auf den Staat und die unter seiner Aufsicht stehenden öffentlichen Träger beschränkt.

---

38 Vgl. BayVGH, BeckRS 2009, 43911, Rn. 89.
39 So VG Würzburg, BeckRS 2016, 42495; dort auch Ausführungen zum Umgang mit einer rechtsmissbräuchlichen Zugangsvereitelung.
40 F. Giehl, in: ders./Adolph/Käß/A. Giehl, Art. 9 VwZVG (Stand: 34. AL März 2013), Erl. II. 1.
41 VG Augsburg, BeckRS 2007, 35413; VG München, BeckRS 2011, 33204, Rn. 14; BeckRS 2011, 47971; einschränkend VG Würzburg, BeckRS 2016, 41693.
42 Vgl. LAG Hessen, BeckRS 2014, 70292, zu § 189 ZPO.

33 Im Vordergrund der nachfolgenden Ausführungen steht – nach einem Blick auf die Grundlagen des Verwaltungsvollstreckungsrechts (→ Rn. 34 ff.), insbesondere die für alle Maßnahmen der Verwaltungsvollstreckung relevanten allgemeinen Vollstreckungsvoraussetzungen und die Vollstreckungshindernisse (→ Rn. 42 ff.) – die Durchsetzung von Verhaltenspflichten (→ Rn. 54 ff.). Das Vollstreckungsverfahren beginnt hier mit der Androhung (→ Rn. 56 ff.) eines Zwangsmittels. Zur Verfügung stehen drei primäre Zwangsmittel, nämlich Zwangsgeld (→ Rn. 64 ff.), Ersatzvornahme (→ Rn. 74 ff.) und unmittelbarer Zwang (→ Rn. 80 ff.), ferner das sekundäre Zwangsmittel der Ersatzzwangshaft (→ Rn. 69 ff.). Fragen des Rechtsschutzes sind im jeweiligen Kontext angesprochen. Die Durchsetzung von Geldforderungen (→ Rn. 85 ff.) wird abschließend erläutert.

1. Grundlagen

a) Anwendungsbereich

34 Der zweite Hauptteil des Verwaltungszustellungs- und Vollstreckungsgesetzes (Art. 18 ff. VwZVG) regelt die Vollstreckung von Verwaltungsakten bayerischer Behörden. Einer Vollstreckung zugänglich sind **Verwaltungsakte** der in Art. 18 Abs. 1 S. 1 VwZVG bezeichneten Art. Ansprüche aus **öffentlich-rechtlichen Verträgen** müssen (auch) öffentliche Träger grds. vor dem zuständigen Gericht einklagen; ein Leistungsurteil kann dann vollstreckt werden.[43] Eine Durchsetzung von **zivilrechtlichen Geldforderungen** im Wege der Verwaltungsvollstreckung sieht das bayerische Landesrecht[44] nicht vor. Nach Art. 23 Abs. 1 VwZVG muss sich der für Maßnahmen der Beitreibung grundlegende Leistungsbescheid auf eine öffentlich-rechtliche Geldforderung[45] beziehen.

35 Das **Fachrecht** enthält teilweise ebenfalls Regelungen zur Verwaltungsvollstreckung, die den Anwendungsbereich der Art. 18 ff. VwZVG insgesamt begrenzen oder Vorrang vor einzelnen seiner Vorschriften beanspruchen. So steht den **Finanzbehörden** in §§ 249 ff. AO ein ausgebautes besonderes Vollstreckungsrecht zur Verfügung, das in Art. 25 Abs. 2 S. 1 VwZVG für die Vollstreckung von Geldforderungen des Staates nutzbar gemacht ist. Für die **Polizei** enthält das Polizeiaufgabengesetz (vgl. Art. 18 Abs. 2 VwZVG) neben eigenständigen Regelungen zum Verwaltungszwang (insbesondere Art. 70 ff. PAG) auch sog Ausführungsermächtigungen, die Primär- und Sekundärebene verschränken (→ § 4 Rn. 267 f.). Dieses Sonderrecht gilt allerdings nicht für die **Sicherheitsbehörden** im Sinne von Art. 6 LStVG. Punktuelle Regelungen zum Vollstreckungsrecht finden sich beispielsweise in Art. 38 BayEG.

b) Anordnungsbehörde – Vollstreckungsbehörde – Vollstreckungsgericht

36 Das Verwaltungszustellungs- und Vollstreckungsgesetz unterscheidet grds. **Anordnungsbehörde** und **Vollstreckungsbehörde**. Anordnungsbehörde (Art. 20 Nr. 1

---

43 Anders im Fall von Art. 61 Abs. 1 S. 1 BayVwVfG, dazu *A. Giehl*, in: F. Giehl/Adolph/Käß/dies., Art. 61 VwVfG (Stand: 41. AL März 2017), Rn. 27 ff.
44 Anders zB § 1 Abs. 2 VwVG NRW.
45 Für öffentlich-rechtliche Ansprüche auf Geldzahlung enthält Art. 71 Abs. 1 S. 1 und 4 AGBGB verjährungsähnliche Erlöschenstatbestände, dazu näher *Engelbrecht*, BayVBl. 2014, 133.

VwZVG) ist die Behörde, die den zu vollstreckenden (Grund-)Verwaltungsakt erlassen hat, Vollstreckungsbehörde (Art. 20 Nr. 2 VwZVG) die Behörde, die für die Vollstreckung dieses Verwaltungsakts zuständig ist. Vollstreckungsgericht ist das um die Vollstreckung ersuchte Amtsgericht (Art. 20 Nr. 3 VwZVG, → Rn. 40).

Für die **Durchsetzung von Pflichten zu einem sonstigen Handeln, Dulden oder Unterlassen** (Art. 18 Abs. 1 S. 1 VwZVG) sieht das Gesetz vor, dass **jede Anordnungsbehörde ihre Verwaltungsakte grds. selbst vollstreckt** (Art. 30 Abs. 1 S. 1 Hs. 1 VwZVG), Anordnungs- und Vollstreckungsbehörde mithin identisch sind. Ausnahmen betreffen die **Abschiebung von Ausländern** sowie **Abmeldungsbescheide** der Zulassungsbehörden **für Kraftfahrzeuge** (Art. 30 Abs. 1 S. 2 VwZVG). Die Regelungen gelten auch für die Gemeinden, Landkreise und Bezirke. Verwaltungsgemeinschaften und Zweckverbände können alternativ **Vollstreckungshilfe** durch das Landratsamt als **Kreisverwaltungsbehörde** in Anspruch nehmen (Art. 30 Abs. 3 S. 1 VwZVG). 37

Die übrigen juristischen Personen des öffentlichen Rechts (insbesondere andere Personalkörperschaften, Anstalten und Stiftungen) dürfen ihre Verwaltungsakte selbst vollstrecken, wenn sie dazu gesetzlich ermächtigt sind; andernfalls sind sie auf die Vollstreckungshilfe durch das Landratsamt verwiesen (Art. 30 Abs. 3 S. 2 VwZVG). Zur Vollstreckung ermächtigt ist beispielsweise unter den Voraussetzungen von Art. 91 Abs. 4 GO das Kommunalunternehmen (Anstalt des öffentlichen Rechts, Art. 89 Abs. 1 S. 1 GO). Behörden, die nicht Vollstreckungsbehörde sein können, dürfen jedenfalls Zwangsmittel androhen (Art. 30 Abs. 3 S. 3 VwZVG). Insbesondere für den Fall, dass ein Verwaltungsakt außerhalb des eigenen Zuständigkeitsbereichs vollstreckt werden soll, eröffnet das Gesetz auch Behörden, welche die Funktion der Vollstreckungsbehörde grds. ausüben dürfen, die Möglichkeit Vollstreckungshilfe in Anspruch zu nehmen. Diese Vollstreckungshilfe wird durch die jeweils zuständige Kreisverwaltungsbehörde nach den Regelungen in Art. 30 Abs. 2 VwZVG gewährt. 38

Bei der **Durchsetzung von Geldforderungen** sind die Zuständigkeit für die Erteilung der Vollstreckungsanordnung und die Zuständigkeit für die Durchführung des weiteren Vollstreckungsverfahrens zu unterscheiden. Die Vollstreckungsanordnung wird nach Art. 24 Abs. 1 VwZVG von der Anordnungsbehörde oder der für sie zuständigen Kasse oder Zahlstelle (zum Begriff Nr. 1–5 VV zu Art. 79 BayHO) erteilt. Eine entsprechende Zuständigkeit ist für staatliche Behörden vorausgesetzt; für Gemeinden, Landkreise, Bezirke und Zweckverbände ergibt sie sich aus Art. 26 Abs. 1 VwZVG. Das Vollstreckungsverfahren nach der Vollstreckungsanordnung liegt für Leistungsbescheide staatlicher Behörden bei den Finanzämtern (Art. 25 Abs. 1 VwZVG), für Leistungsbescheide der Gemeinden, Landkreise, Bezirke und Zweckverbände gemäß Art. 26 Abs. 2 S. 1 VwZVG grds. bei den **ordentlichen Gerichten** (→ Rn. 36), wobei einzelne Maßnahmen alternativ auch selbst durchgeführt werden dürfen (Art. 26 Abs. 2 S. 2, Abs. 2 a ff. VwZVG). Für andere öffentliche Träger trifft Art. 27 VwZVG differenzierte Regelungen. 39

c) Durchzusetzender Verwaltungsakt

40 Taugliche Gegenstände der Vollstreckung sind „**Verwaltungsakte, die zur Leistung von Geld** oder zu einem **sonstigen Handeln**, einem **Dulden** oder einem **Unterlassen** verpflichten oder zu einer unmittelbar kraft einer Rechtsnorm bestehenden solchen Pflicht anhalten" (Art. 18 Abs. 1 VwZVG, üblicherweise als „**Grundverwaltungsakt**" bezeichnet). Feststellende oder gestaltende Verwaltungsakte bedürfen keiner Vollstreckung.

d) Vollstreckungsschuldner

41 **Vollstreckungsschuldner** (Art. 19 Abs. 2 VwZVG verwendet den Begriff nicht nur in Bezug auf Geldleistungen) ist meist der **Inhaltsadressat des Grundverwaltungsaktes**. Allerdings können Verpflichtungen aus einem Grundverwaltungsakt auf einen **Rechtsnachfolger** übergegangen sein, gegen den sich dann auch Vollstreckungsmaßnahmen richten können. Ob eine Rechtsnachfolge eintritt, hängt davon ab, ob die Verpflichtung **übergangsfähig** ist und ein einschlägiger **Übergangstatbestand** eingreift,[46] so beispielsweise der allgemeine Übergangstatbestand in § 1922 BGB oder der besondere in Art. 54 Abs. 2 S. 3 BayBO (→ § 2 Rn. 211, 399). Eine **Zwangsgeldandrohung** ist aufgrund ihres höchstpersönlichen Charakters **nicht übergangsfähig**.[47] Sie muss daher gegenüber einem Rechtsnachfolger erforderlichenfalls wiederholt werden.

e) Allgemeine Vollstreckungsvoraussetzungen

42 Maßnahmen der Verwaltungsvollstreckung setzen einen **wirksamen** (aa) und **vollstreckbaren** (bb) **Grundverwaltungsakt** voraus. Die durch ihn auferlegte **Verpflichtung** muss **erfüllbar** sein (cc); sie darf durch den Vollstreckungsschuldner **noch nicht** – oder noch nicht vollständig – **erfüllt** worden sein (dd).

aa) Wirksamkeit des Grundverwaltungsakts

43 Die **Wirksamkeit des Grundverwaltungsakts** erwähnt Art. 19 Abs. 1 VwZVG nicht ausdrücklich. Sie ist als allgemeine Vollstreckungsvoraussetzung gleichwohl anerkannt. Der Grundverwaltungsakt muss zunächst nach den für ihn einschlägigen Bestimmungen **wirksam bekanntgegeben** sein. Er darf weiterhin **keinen Nichtigkeitstatbestand** erfüllen.[48]

44 Die **Rechtmäßigkeit** des Grundverwaltungsakts ist grds. **keine allgemeine Vollstreckungsvoraussetzung**.[49] Der Vollstreckungsschuldner hat typischerweise die Möglichkeit, sich (bereits) gegen den Grundverwaltungsakt zur Wehr zu setzen. Diese „Abschichtung" kommt der Effektivität des Vollstreckungsverfahrens zugute. Eine weitergehende Kontrolle des Grundverwaltungsakts auch bei Rechtsbehelfen gegen Maßnahmen der Verwaltungsvollstreckung kann angezeigt sein, wenn der Grundverwaltungsakt mit Unionsrecht nicht in Einklang steht.[50] Ist der Grundverwaltungsakt

---

46 Näher *Stückemann*, JA 2015, 569 (570 f.).
47 BVerwG, NVwZ 2012, 888 (889).
48 Beispiel für eine entsprechende Prüfung: BayVGH, BeckRS 2017, 122953, Rn. 6 f.; VG Augsburg, BeckRS 2014, 59038, Rn. 83 f.
49 Siehe nur BayVGH, BeckRS 2017, 132571, Rn. 17.
50 Zu einer Relativierung nach nationalem Recht vorgesehener Bestandskraft EuGH, Rs. C-224/97, Slg 1999, I-2517 – Ciola.

rechtswidrig (jedoch nicht unwirksam), so kann seine Vollstreckung allerdings ermessensfehlerhaft sein.

Klausurhinweis:
Eine Inzidentprüfung der Rechtmäßigkeit des Grundverwaltungsakts ist in der Klausur bei Erörterung der allgemeinen Vollstreckungsvoraussetzungen regelmäßig nicht angezeigt. Die auch unter dem **Stichwort** „Konnexität" behandelte Frage nach der Erforderlichkeit eines Rechtmäßigkeitszusammenhangs zwischen Vollstreckungsmaßnahme und Grundverwaltungsakt sollte nur dann angesprochen werden, wenn dies nach den Angaben im Sachverhalt erwartet wird.[51]

Die durchzusetzende Regelung des Verwaltungsakts muss weiterhin bereits und noch die Erfüllung durch den Vollstreckungsschuldner erfordern. Mit **Befristungen** und **Bedingungen** kann über die Geltung einzelner Regelungen des Verwaltungsakts disponiert werden. Ist ein Verwaltungsakt durch die erlassende Behörde selbst, eine Aufsichtsbehörde oder ein Gericht **aufgehoben** worden, verliert er seine Wirksamkeit.

bb) Vollstreckbarkeit des Grundverwaltungsakts

Soll der Grundverwaltungsakt mit Maßnahmen der Verwaltungsvollstreckung durchgesetzt werden, muss er weiterhin **vollstreckbar** (vollziehbar) sein (Art. 19 Abs. 1 VwZVG). Die beiden folgenden Konstellationen sind zu unterscheiden:

(1) Der Grundverwaltungsakt kann nicht mehr mit einem förmlichen Rechtsbehelf angefochten werden (**Unanfechtbarkeit**). Der außerordentliche Rechtsbehelf der Verfassungsbeschwerde steht einer Vollstreckung nicht entgegen.[52] Unanfechtbarkeit tritt insbesondere ein,
– wenn bei ordnungsgemäßer Rechtsbehelfsbelehrung die Rechtsbehelfsfrist abgelaufen ist,
– wenn bei nicht ordnungsgemäßer oder fehlender Rechtsbehelfsbelehrung die Frist des § 58 Abs. 2 S. 1 VwGO verstrichen ist (im Regelfall),
– wenn ein eingelegter Rechtsbehelf keinen Erfolg hatte und der Rechtsweg erschöpft ist,
– wenn eine Rechtsmittelfrist versäumt wurde oder
– wenn ein Rechtsmittel zurückgenommen[53] wurde.

(2) Ein eingelegter **Rechtsbehelf** gegen den Grundverwaltungsakt hat – entgegen dem gesetzlichen Regelfall (§ 80 Abs. 1 S. 1 VwGO), in welchem der Betroffene Vollstreckungsmaßnahmen allein durch Rechtsbehelf gegen den Grundverwaltungsakt (jedenfalls vorläufig) verhindern kann – **keine aufschiebende Wirkung**.
– Ist dem Rechtsbehelf ausnahmsweise bereits **von Gesetzes wegen** – in den Fällen von § 80 Abs. 1 S. 1 Nr. 1–3 und S. 2 VwGO – eine **aufschiebende Wirkung nicht beigelegt**, so kann die Behörde Vollstreckungsmaßnahmen ergreifen, sofern nicht ein Verwaltungsgericht die aufschiebende Wirkung des Rechtsbehelfs eines Betroffenen gegen den Grundverwaltungsakt anordnet (§ 80 Abs. 5 S. 1 1. Var. VwGO).

---

51 Beispiel für eine klausurmäßige Darstellung dieses Problems etwa bei *Valta*, JA 2011, 680 (684).
52 Vgl. BayVGH, BayVBl. 2018, 522 (523).
53 So in BayVGH, BeckRS 2017, 132571, Rn. 17.

– Käme einem Widerspruch bzw. einer Anfechtungsklage nach § 80 Abs. 1 S. 1 VwGO aufschiebende Wirkung zu, so hat die **Behörde** noch die Möglichkeit, nach § 80 Abs. 2 S. 1 Nr. 4 VwGO die **sofortige Vollziehung des Grundverwaltungsakts anzuordnen**, wenn ein besonderes Vollziehungsinteresse dies erfordert. Danach kann die Behörde Vollstreckungsmaßnahmen ergreifen, solange nicht ein Verwaltungsgericht die aufschiebende Wirkung des Rechtsbehelfs eines Betroffenen gegen den Grundverwaltungsakt wiederherstellt (§ 80 Abs. 5 S. 1 2. Var. VwGO).

cc) Erfüllbarkeit der durch den Grundverwaltungsakt auferlegten Verpflichtung

47 Die durch den Grundverwaltungsakt auferlegte **Verpflichtung** muss weiterhin sachlich (zeitlich → Rn. 45) **erfüllbar** sein. Daran fehlt es, wenn der Vollstreckungsschuldner objektiv (nicht: subjektiv, etwa Geldmangel bei Zwangsgeldandrohung) nicht dazu in der Lage ist, der auferlegten Verpflichtung nachzukommen. Die Gründe hierfür können tatsächlicher[54] oder rechtlicher Art sein. So kann die Erfüllung eines Verhaltensgebotes in bestimmten Situationen die **Mitwirkung eines Dritten** erforderlich machen; die Erfüllung einer gegen den Eigentümer eines Gebäudes erlassenen bauaufsichtlichen Anordnung zur Mängelbeseitigung kann etwa davon abhängen, dass gegen dessen Mieter eine **Duldungspflicht** angeordnet wird.[55] Die Verpflichtung aus dem Grundverwaltungsakt wird in solchen Fällen erfüllbar, sobald die Duldungsanordnung vollziehbar ist;[56] sie kann ggf. auch nachgeholt werden.

dd) Nichterfüllung der durch den Grundverwaltungsakt auferlegten Verpflichtung

48 Zu den allgemeinen Vollstreckungsvoraussetzungen gehört schließlich, dass der Vollstreckungsschuldner die ihm auferlegte Verpflichtung **nicht rechtzeitig** erfüllt hat (Art. 19 Abs. 2 VwZVG).

49 Wann dieser Zeitpunkt **bei der Durchsetzung von Pflichten zu einem sonstigen Handeln, Dulden oder Unterlassen** (Art. 18 Abs. 1 VwZVG) erreicht ist, hängt von den im Grundverwaltungsakt getroffenen Regelungen ab. Der Zeitpunkt kann mit der Zustellung oder Bekanntgabe eines sofort vollziehbaren Grundverwaltungsakts oder mit dem Eintritt der formellen Bestandskraft zusammenfallen.[57] Er kann auch durch Nebenbestimmungen hinausgeschoben sein. Ist nach Art. 36 Abs. 2 VwZVG eine Androhung mit dem Grundverwaltungsakt verbunden, wird regelmäßig der Ablauf der Erfüllungsfrist (Art. 36 Abs. 1 S. 2 VwZVG) den maßgeblichen Zeitpunkt festlegen.

50 Bei der **Durchsetzung von Geldforderungen** kommt es auf deren Fälligkeit an (Art. 23 Abs. 1 Nr. 2 VwZVG).[58]

---

54 Vgl. BVerwG, NVwZ 1997, 381 (382), für das Bundesrecht.
55 VG Regensburg, BeckRS 2017, 128062, Rn. 72. Differenzierend zu der Frage, wann die Durchsetzung einer bauaufsichtlichen Nutzungsuntersagung gegen den Mieter eines Gebäudes von einer Duldungsanordnung gegenüber dem Eigentümer abhängt BayVGH, BeckRS 2017, 126544, Rn. 32 ff. Zum Umgang mit einer unklaren Eigentumslage VG Würzburg, BeckRS 2018, 16492, Rn. 34 ff. (Pferde).
56 Ausführlich VG Augsburg, BeckRS 2012, 50374, Rn. 47; VG München, BeckRS 2014, 48452.
57 Beispiel: sofort vollziehbare Baueinstellung (Art. 75 Abs. 1 BayBO), vgl. VG München, BeckRS 2015, 40899.
58 Käß, in: F. Giehl/Adolph/ders./A. Giehl, Art. 19 VwZVG (Stand: 37. AL September 2015), Rn. 27.

Eine **Teilerfüllung** hindert Vollstreckungsmaßnahmen grds. nicht.[59] Ob den Vollstreckungsschuldner hinsichtlich der Nichterfüllung ein **Verschulden** trifft, ist nicht erheblich: Vollstreckungsmaßnahmen haben keinen Strafcharakter. 51

f) Negative Vollstreckungsvoraussetzungen („Vollstreckungshindernisse")

Negative Vollstreckungsvoraussetzungen – auch als „**Vollstreckungshindernisse**" bezeichnet – dürfen nicht vorliegen, wenn Vollstreckungsmaßnahmen getroffen werden sollen. Sie sollten vom **nachträglichen Wegfall** zunächst verwirklichter **positiver** allgemeiner oder besonderer **Vollstreckungsvoraussetzungen** möglichst unterschieden werden. Die positiven Vollstreckungsvoraussetzungen müssen gegeben sein, solange (noch) Maßnahmen der Verwaltungsvollstreckung getroffen werden oder andauern: Etwas anderes gilt nur dann, wenn das Gesetz dies ausdrücklich anordnet (so im Fall von Art. 37 Abs. 4 S. 2 VwZVG). Erfüllt also der Vollstreckungsschuldner eine ihm durch den Grundverwaltungsakt auferlegte Handlungspflicht während eines laufenden Vollstreckungsverfahrens, so fehlt es mit Beendigung der Erfüllungshandlung an einer positiven Vollstreckungsvoraussetzung, so dass weitere Vollstreckungsmaßnahmen (grds.) unterbleiben müssen. 52

Als (echte) **negative Vollstreckungsvoraussetzungen** kommen beispielsweise in Betracht: 53

- das Eintreten des mit der Grundverfügung erstrebten Erfolgs auf eine andere Weise als durch die Mitwirkung des Vollstreckungsschuldners (zu dieser → Rn. 48);
- die fehlende Verfügungsberechtigung des Vollstreckungsschuldners über einen Gegenstand, auf den sich die Vollstreckungsmaßnahme bezieht (→ Rn. 41);
- eine Nichtigerklärung der Befugnisnorm für den Grundverwaltungsakt durch das Bundesverfassungsgericht (vgl. § 79 Abs. 2 S. 2 BVerfGG).[60]

2. Durchsetzung von Verhaltenspflichten

Die Durchsetzung von Pflichten zu einem sonstigen Handeln, Dulden oder Unterlassen (Art. 18 Abs. 1 VwZVG, im Folgenden als **Verhaltenspflichten** bezeichnet), Pflichten also, die nicht eine Leistung von Geld zum Gegenstand haben, ist in Art. 29 ff. VwZVG geregelt. Zu unterscheiden sind – jedenfalls aus der Perspektive der Dogmatik des Verwaltungsvollstreckungsrechts – die **Durchsetzung** von Verhaltenspflichten **mit vorausgehender Primärmaßnahme** („gestrecktes Verfahren") (→ Rn. 55 ff.) und eine **Durchsetzung** von Verhaltenspflichten **ohne vorausgehende Primärmaßnahme** („Sofortvollzug") (→ Rn. 83). 54

a) Durchsetzung von Verhaltenspflichten mit vorausgehender Primärmaßnahme („gestrecktes Verfahren")

Das Verwaltungszustellungs- und Vollstreckungsgesetz sieht für die Durchsetzung von Verhaltenspflichten aus einem Grundverwaltungsakt ein zweigliedriges Verfahren vor: Das Zwangsmittel wird zunächst angedroht (→ Rn. 56 ff.). Bleibt eine ordnungsgemä- 55

---

59 Siehe näher *Käß*, in: F. Giehl/Adolph/ders./A. Giehl, Art. 19 VwZVG (Stand: 37. AL September 2015), Rn. 28.
60 Siehe etwa VG Karlsruhe, BeckRS 2014, 45366.

ße Erfüllung der Verhaltenspflicht aus, wird das angedrohte Zwangsmittel angewendet (→ Rn. 64 bis 81).

aa) Androhung

56 **Schema: Rechtmäßigkeit der Androhung eines Zwangsmittels**
I. Rechtsgrundlage: Art. 36 Abs. 1 S. 1, Art. 29 VwZVG
II. Formelle Rechtmäßigkeit
   1. Zuständigkeit der Vollstreckungsbehörde: Art. 30 VwZVG (→ Rn. 37 ff.)
   2. Verfahren, insbesondere:
      – Anhörung (Absehen nach Art. 28 Abs. 2 Nr. 5 VwZVG)
      – Zustellung, Art. 36 Abs. 7 S. 1 VwZVG
   3. Form: schriftlich, Art. 36 Abs. 1 S. 1 VwZVG
III. Materielle Rechtmäßigkeit
   1. Voraussetzungen (allgemeine Vollstreckungsvoraussetzungen)
      a) Grundverwaltungsakt mit Regelungsinhalt nach Art. 29 Abs. 1 VwZVG (→ Rn. 40)
      b) Wirksamkeit des Grundverwaltungsakts, insbesondere: Bekanntgabe/Zustellung bewirkt, keine Nichtigkeitsgründe (→ Rn. 43 ff.)
      c) Vollstreckbarkeit des Grundverwaltungsakts, Art. 19 Abs. 1 VwZVG (→ Rn. 47)
      d) Erfüllbarkeit der Verhaltenspflicht (→ Rn. 47)
      e) Bisher keine Erfüllung der Verhaltenspflicht (→ Rn. 48 ff.)
      f) Keine negative Vollstreckungsvoraussetzung erfüllt (→ Rn. 52 f.)
   2. Rechtsfolge: Ermessen, insbesondere
      a) Androhung (nur) eines bestimmten Zwangsmittels, Art. 36 Abs. 3 VwZVG (→ Rn. 61 f.)
      b) ggf. Voraussetzungen für wiederholte Androhung, Art. 36 Abs. 6 S. 2 VwZVG (→ Rn. 62)
      c) Beachtung der gesetzlichen „Rangregeln" für das Verhältnis der Zwangsmittel zueinander (→ Rn. 76, 81)
      d) [beim Zwangsgeld:] bestimmte Höhe, Art. 36 Abs. 5 VwZVG (→ Rn. 65)
   3. Angemessene Erfüllungsfrist, Art. 36 Abs. 1 S. 2 VwZVG (→ Rn. 59 f.)
   4. [bei Ersatzvornahme:] Kostenschätzung, Art. 36 Abs. 4 S. 1 VwZVG (→ Rn. 76)

57 Die **Androhung** macht dem Vollstreckungsschuldner (ggf. nochmals) deutlich, was von ihm verlangt wird; sie stellt zugleich in Aussicht, was geschehen wird, wenn er seiner Verhaltenspflicht nicht nachkommt. Die Androhung ist ein eigenständiger **Verwaltungsakt**. Ein Verzicht auf die Androhung ist nur ausnahmsweise möglich (→ Rn. 83).

58 Abweichend von Art. 37 Abs. 2 S. 1 BayVwVfG schreibt Art. 36 Abs. 1 S. 1 VwZVG für die Androhung die **Schriftform** vor, mit der die **Begründungspflicht** nach Art. 39 Abs. 1 BayVwVfG einhergeht. Für die Androhung ist die **Zustellung** obligatorisch (Art. 36 Abs. 7 S. 1, 2, Art. 1 Abs. 5 1. Var. VwZVG). Die Androhung kann nach Maßgabe von Art. 36 Abs. 2 VwZVG mit dem Grundverwaltungsakt verbunden werden.

59 Im Fall einer **fristgebundenen Handlungspflicht** muss aus der Androhung klar hervorgehen, innerhalb welcher Frist diese zu erfüllen ist (Beispiel für ein Zwangsgeld:[61] „Falls Sie die Verpflichtung ... bis ... nicht erfüllen, wird ein Zwangsgeld in Höhe von ... fällig"). Bei einer – insbesondere aufgrund gesetzlicher Vorgabe – **dauerhaft zu er-**

---

61 Siehe *Linhart*, Der Bescheid, 5. Aufl. 2017, Rn. 55.

füllenden Handlungspflicht[62] sowie bei einer **reinen** (keine Mitwirkungsakte erfordernden) **Unterlassungspflicht**[63] ist die Fristsetzung entbehrlich.

Die **Erfüllungsfrist** muss so bemessen sein, dass „dem Pflichtigen der Vollzug billigerweise zugemutet werden kann. Maßstab für die Fristsetzung sind die Dringlichkeit des Vollzuges, zB öffentliche oder private Interessen, weiter, als subjektive Elemente, die dem Pflichtigen zur Verfügung stehenden Möglichkeiten und Mittel."[64] Daran kann es etwa fehlen, wenn eine atypische Häufung von Feiertagen den Erfüllungszeitraum signifikant verkürzt[65] oder wenn ein Handlungsprogramm, für das fachliche Standards bestehen, nicht innerhalb der Frist ausgeführt werden kann.[66]

Für den Fall der Nichterfüllung wird die Anwendung **eines konkreten Zwangsmittels** angedroht, keines weiteren gleichartigen oder ungleichartigen, sei es gestuft oder parallel (vgl. Art. 36 Abs. 3 VwZVG). Beim **Zwangsgeld** ist dessen **Höhe** anzugeben (Art. 36 Abs. 5 VwZVG) (→ Rn. 65), bei einer **Ersatzvornahme** der **Kostenbetrag** vorläufig zu veranschlagen (Art. 36 Abs. 4 S. 1 VwZVG) (→ Rn. 76).

Nicht zulässig ist die Androhung, **mehrere Zwangsmittel neben- oder nacheinander** einzusetzen. Dies gilt auch für Unterlassungspflichten, wenn ein Zwangsgeld für „jeden Fall der Zuwiderhandlung" erstrebt wird. Kommt es zur Missachtung einer Unterlassungspflicht, wird ein angedrohtes Zwangsgeld fällig gestellt und die Androhung für den nächsten Fall der Zuwiderhandlung – erforderlichenfalls mit einem erhöhten Betrag – wiederholt (vgl. Art. 36 Abs. 6 S. 2 VwZVG).

Rechtsbehelfe können gegen die Androhung zusammen mit dem Grundverwaltungsakt oder isoliert erhoben werden. Wird aus einem Rechtsbehelf nicht mit Gewissheit deutlich, ob er sich nur auf die Androhung oder auch auf den Grundverwaltungsakt beziehen soll, ist die „**Auslegungsregel**"[67] in Art. 38 Abs. 1 S. 2 VwGO zu beachten. Ein gegen den Grundverwaltungsakt eröffneter Widerspruch (vgl. Art. 15 Abs. 1 S. 1 AGVwGO) ist auch gegen die mit ihm verbundene Androhung eröffnet (vgl. Art. 38 Abs. 1 S. 1 VwZVG). Wegen Art. 21 a S. 1 VwZVG hat ein **Rechtsbehelf gegen die Androhung keine aufschiebende Wirkung**.

bb) Zwangsgeld

Mit dem gut dosierbaren, die Vermögensinteressen des Vollstreckungsschuldners beeinträchtigenden Zwangsmittel eines **Zwangsgeldes** kann die Behörde grds. jede Pflicht zu einer Handlung, Duldung oder Unterlassung durchzusetzen suchen.

Die in der Androhung (→ Rn. 57 ff.) konkret zu bemessende **Höhe** des Zwangsgelds soll insbesondere das **wirtschaftliche Interesse** des Vollstreckungsschuldners an der

---

62 So VG München, BeckRS 2015, 50051, für Maßnahmen eines Gastwirts zur Durchsetzung eines Rauchverbots nach Art. 7 S. 1 Nr. 3, S. 2 GSG.
63 BayVGH, Beschl. v. 29.3.1993 – 14 CE 93.434, juris, Rn. 31; ähnlich BayVGH, NJW 2000, 3297 (3298); siehe auch VG Ansbach, BeckRS 2018, 18298, Rn. 27: „gewisse Reaktionszeit" nach bauaufsichtlicher Nutzungsuntersagung. Gegenbeispiel: BayVGH, BeckRS 2010, 50963, Rn. 21 f.: verschiedene Lösungswege, eine Untersagung der Werbung für Glücksspiele zu befolgen.
64 BayVGH, BeckRS 2009, 43925, Rn. 35.
65 Vgl. BayVGH, BeckRS 2004, 30334, Rn. 10.
66 BayVGH, BeckRS 2009, 43925, Rn. 35, für die Impfung eines Rinderbestandes.
67 F. Giehl, in: ders./Adolph/Käß/A. Giehl, Art. 38 VwZVG (Stand: 34. AL März 2013), Erl. II. 2.

Nichterfüllung der ihm auferlegten Pflicht berücksichtigen (vgl. Art. 31 Abs. 2 S. 2 VwZVG). Wenn dieses Interesse es erfordert, kann auch der Regelrahmen des Zwangsgeldes, der von 15 bis 50.000 Euro reicht (Art. 31 Abs. 2 S. 1 VwZVG), überschritten werden (Art. 31 Abs. 2 S. 3 VwZVG). Die Bemessung des Zwangsgeldes muss in der Androhung begründet werden (vgl. Art. 39 Abs. 1 BayVwVfG). In diesem Zusammenhang ist auch die Schätzung zum wirtschaftlichen Interesse des Vollstreckungsschuldners (Art. 31 Abs. 2 S. 4 VwZVG) zu erläutern.

66 Beim Zwangsgeld fungiert die Androhung als **aufschiebend bedingter Leistungsbescheid**[68] (vgl. Art. 31 Abs. 3 S. 2, Art. 23 Abs. 1 S. 1 VwZVG). Eine gesonderte Zwangsgeldfestsetzung – wie im Fall von § 14 S. 1 VwVG[69] – sieht das Verwaltungszustellungs- und Vollstreckungsgesetz daher nicht vor. Was den **Bedingungseintritt** betrifft, hat der Bayerische Verwaltungsgerichtshof ausgeführt:[70]

„Gegenstand des Leistungsbescheids ist eine Zahlungsanordnung wegen einer Geldforderung, die entsteht und fällig wird (Art. 23 Abs. 1 Nr. 2 VwZVG), wenn zwei Bedingungen erfüllt sind:
Die **eine Bedingung** ist, dass während des maßgeblichen Zeitraumes bzw. zum maßgeblichen Zeitpunkt **alle Vollstreckungsvoraussetzungen** gegeben sind. Hierzu gehört, dass die zu vollstreckende Anordnung gemäß Art. 19 Abs. 1 VwVG vollstreckbar ist, dass eine etwa erforderliche Duldungsanordnung erlassen und vollziehbar ist ..., und schließlich, dass kein Vollstreckungshindernis nach Art. 22 VwZVG gegeben ist. ...
Die **andere ... Bedingung** für das Entstehen und Fälligwerden der Zwangsgeldforderung ist, dass bei Ablauf der Erfüllungsfrist (Art. 36 Abs. 1 Satz 2 VwZVG) die **auferlegte Pflicht nicht oder nicht vollständig erfüllt** ist (Art. 31 Abs. 3 Satz 3 iVm Abs. 1 VwZVG)."

67 Im Fall des Bedingungseintritts wird das Zwangsgeld fällig (vgl. Art. 31 Abs. 3 S. 3 VwZVG). Die Vollstreckungsbehörde richtet dann meist eine – gesetzlich nicht vorgeschriebene[71] – deklaratorische **Fälligkeitsmitteilung**[72] an den Vollstreckungsschuldner, die mangels Regelungswirkung kein Verwaltungsakt ist.[73] Im Hinblick auf Art. 19 Abs. 4 GG ist jedoch auch die Fälligkeitsmitteilung gerichtlich überprüfbar. Dies geschieht im Wege einer **Feststellungsklage**.[74] Dabei kann nicht nur darüber gestritten werden, ob die Verhaltenspflicht innerhalb der Erfüllungsfrist vollständig erfüllt worden ist,[75] sondern auch darüber, ob während des maßgeblichen Zeitraumes bzw. zum maßgeblichen Zeitpunkt alle Vollstreckungsvoraussetzungen vorlagen.[76]

68 Die **Beitreibung** des fälligen Zwangsgelds richtet sich nach den für die Durchsetzung von Geldforderungen maßgeblichen Vorschriften (vgl. Art. 31 Abs. 3 S. 1, Art. 23 ff. VwZVG; → Rn. 85 f.).

---

68 BayVGH, NVwZ-RR 2002, 608 (609); siehe auch BayVGH, BeckRS 1996, 15152.
69 Dazu *Troidl*, in: Engelhardt/App/Schlatmann, § 14 VwVG Rn. 1 f.
70 BayVGH, NVwZ-RR 2002, 608 (609, Hervorhebungen durch Verf.); siehe auch BayVGH, BeckRS 2017, 114328, Rn. 34.
71 Ausdrücklicher Hinweis in VG München, BeckRS 2012, 25946, Rn. 50.
72 Instruktiv zur Fälligkeitsmitteilung BayVerfGH, BayVBl. 2007, 306.
73 BayVGH, BeckRS 2011, 30356, Rn. 3.
74 Siehe nur VG München, BeckRS 2011, 47971.
75 Beispiel: VG München, BeckRS 2018, 23860, Rn. 27 ff.
76 Beispiel: VG München, BeckRS 2008, 45636.

Fall:
Eine bayerische Gemeinde hat gegenüber einem Hundehalter eine Anleinpflicht angeordnet. Der Hundehalter sieht keine Veranlassung, die Freiheit seines Hundes zu beschränken. Was muss die Gemeinde tun, wenn sie den Hundehalter mittels eines Zwangsgeldes zur Beachtung der Anleinpflicht veranlassen möchte? – Die Gemeinde sollte (1) die sofortige Vollziehung der Anleinpflicht anordnen (→ Rn. 46) und (2) ein Zwangsgeld für den Fall der Nichtbefolgung androhen (→ Rn. 64 ff.). Beides ist auch dann noch möglich, wenn die Anordnung der Anleinpflicht bereits bekanntgegeben ist.[77] Eine Erfüllungsfrist muss nicht festgelegt werden, weil die Anleinpflicht grds. auf Dauer erfüllt werden muss (→ Rn. 59).

cc) Ersatzzwangshaft

Die **Ersatzzwangshaft** (Art. 33 VwZVG) ist eine Art „Reservezwangsmittel" für den Fall, dass ein Zwangsgeld nicht beigetrieben werden kann. Aktuell ist sie insbesondere bei der Durchsetzung von Anordnungen gegen die Zweckentfremdung von Bedeutung.[78] Die Verwaltungszwang einsetzende Behörde verfügt mit dem Instrument der Ersatzzwangshaft als Ultima Ratio[79] auch dann noch über eine Handlungsoption, wenn der Vollstreckungsschuldner seine Vermögensverhältnisse so einrichtet, dass ein behördlicher Zugriff auf Vermögensgegenstände misslingt, oder wenn es schlicht an Vermögensgegenständen fehlt. Die Ersatzzwangshaft ist kein selbstständiges, sondern ein zum Zwangsgeld **subsidiäres** und **akzessorisches Vollstreckungsmittel**; sie tritt an die Stelle der Zwangsgeldforderung und soll den Vollstreckungsschuldner dazu veranlassen, die ihm durch den Grundverwaltungsakt auferlegte Verpflichtung zu erfüllen.[80]

69

Die Vollstreckungsbehörde kann eine Ersatzzwangshaft nicht selbst verfügen, sondern nur beim **Verwaltungsgericht** beantragen, dem die Anordnung wegen Art. 104 Abs. 2 S. 1 GG vorbehalten ist. Das Verwaltungsgericht hört den Vollstreckungsschuldner an (Art. 33 Abs. 1 VwZVG). Ein dem Antrag der Behörde stattgebender Beschluss enthält die Anordnung der Ersatzzwangshaft für eine bestimmte Höchstdauer sowie den Haftbefehl gegen den Vollstreckungsschuldner.[81]

70

Für die Anordnung der Ersatzzwangshaft müssen die allgemeinen Vollstreckungsvoraussetzungen erfüllt sein (→ Rn. 42 ff.). Die Anordnung von Ersatzzwangshaft setzt weiterhin voraus, dass die Behörde den Vollstreckungsschuldner zur Erfüllung seiner Verpflichtung gerade durch ein Zwangsgeld angehalten und **auf die Möglichkeit der Ersatzzwangshaft hingewiesen** hat (Art. 33 Abs. 1 VwZVG). Das **Zwangsgeld** muss **fällig** und **uneinbringlich** sein (vgl. Art. 33 Abs. 1 VwZVG). Uneinbringlichkeit liegt vor, wenn ein Vollstreckungsversuch ernsthaft, jedoch erfolglos betrieben und ausreichend dokumentiert ist oder wenn die Zahlungsunfähigkeit des Vollstreckungsschuldners offenkundig ist.[82] In diesen Voraussetzungen wird die Subsidiarität der Ersatzzwangshaft im Verhältnis zum Zwangsgeld deutlich. Im Übrigen müssen **alle sonstigen**

71

---

77 Zwangsgeldandrohung: Art. 36 Abs. 2 S. 2 VwZVG: „soll"; zur Anordnung der sofortigen Vollziehung vgl. VG München, BeckRS 2018, 20953, Rn. 19 f.
78 Grundlegend dazu BayVGH, BayVBl. 2018, 522 (523).
79 So auch bezeichnet von BayVGH, NVwZ-RR 1997, 69 (70).
80 BayVGH, BayVBl. 2018, 522 (523).
81 Beispiel für die Tenorierung eines solchen Beschlusses: VG München, BeckRS 2018, 15946.
82 *Käß*, in: F. Giehl/Adolph/ders./A. Giehl, Art. 33 VwZVG (Stand: 41. AL März 2017), Rn. 8.

Zwangsmittel – neben dem in Art. 33 Abs. 1 VwZVG ausdrücklich erwähnten unmittelbaren Zwang auch die Ersatzvornahme – **erschöpft** sein.[83]

72 Die Anordnung der Ersatzzwangshaft liegt im **Ermessen des Verwaltungsgerichts**. Insofern kommt dem **Verhältnismäßigkeitsgebot** besondere Bedeutung zu. Die **Geeignetheit** der Ersatzzwangshaft wird nicht dadurch ausgeschlossen, dass der Vollstreckungsschuldner uneinsichtig ist. Bei der **Angemessenheit** ist die Bedeutung des mit der Grundverfügung erstrebten Erfolgs dem Gewicht der Freiheitsentziehung gegenüberzustellen; dabei sind auch die persönlichen Verhältnisse des Vollstreckungsschuldners, insbesondere gesundheitliche Einschränkungen, zu berücksichtigen.[84] Die Ersatzzwangshaft wird innerhalb eines **Rahmens von einem Tag bis zu zwei Wochen** bemessen (Art. 33 Abs. 2 VwZVG). Wird wegen des Grundverwaltungsakt mehrmals Zwangsgeld angedroht, bleibt dieses jeweils uneinbringlich und wird mehrmals Ersatzzwangshaft angeordnet, darf die **Gesamtdauer vier Wochen** nicht übersteigen (Art. 37 Abs. 1 S. 3 VwZVG).

73 Kommt der Vollstreckungsschuldner seiner Verpflichtung aus dem Grundverwaltungsakt nach, darf die Ersatzzwangshaft nicht mehr vollstreckt werden. Das Gleiche gilt, wenn der Vollstreckungsschuldner das ihm auferlegte Zwangsgeld bezahlt, ohne die Verpflichtung aus dem Grundverwaltungsakt zu erfüllen; die Behörde kann in einem solchen Fall nur ein weiteres Mal Zwangsgeld androhen. Ist die Ersatzzwangshaft vollstreckt, kann das Zwangsgeld, wegen dessen Uneinbringlichkeit sie angeordnet wurde, nicht mehr beigetrieben werden. In diesen Verschränkungen der Ersatzzwangshaft mit dem Zwangsgeld kommt ihre Akzessorietät zum Ausdruck.[85]

dd) Ersatzvornahme

(1) Androhung und Anwendung des Zwangsmittels

74 Schema: **Rechtmäßigkeit der Anwendung des Zwangsmittels „Ersatzvornahme"**
I. Rechtsgrundlage: Art. 32, Art. 29 VwZVG
II. Formelle Rechtmäßigkeit, insbesondere: Zuständigkeit der Vollstreckungsbehörde: Art. 30 VwZVG (→ Rn. 36 ff.)
III. Materielle Rechtmäßigkeit
    1. Voraussetzungen
        a) Vorliegen der allgemeinen Vollstreckungsvoraussetzungen: siehe Prüfungsraster „Rechtmäßigkeit der Androhung eines Zwangsmittels" unter III. 1.
        b) Wirksame Androhung der Ersatzvornahme, insbesondere: Bekanntgabe/Zustellung bewirkt, keine Nichtigkeitsgründe
        c) Zwangsgeld lässt keinen Erfolg erwarten, Art. 32 S. 2 VwZVG (→ Rn. 76)
        d) Erfüllungsfrist abgelaufen, Art. 37 Abs. 1 S. 1 VwZVG (→ Rn. 77)
    2. Rechtsfolge: Ermessen, insbesondere
        a) Anwendung des Zwangsmittels entsprechend der Androhung
        b) Verhältnismäßigkeit der Maßnahmen

75 Ein Zwangsgeld führt nicht in jedem Fall zu dem von der Behörde intendierten Erfolg. Gibt der Grundverwaltungsakt eine Pflicht zu einer Handlung auf, die der Vollstre-

---

83 BayVGH, BayVBl. 2018, 522 (524 f.); *Käß*, in: F. Giehl/Adolph/ders./A. Giehl, Art. 33 VwZVG (Stand: 41. AL März 2017), Rn. 9 ff.
84 BayVGH, BayVBl. 2018, 522 (525).
85 Dazu mit ausführlicher Begründung BayVGH, BayVBl. 2018, 522 (525 f.).

ckungsschuldner nicht nur in Person erfüllen kann, darf sich die Behörde in einem solchen Fall für eine **Ersatzvornahme** entscheiden.

Die **Androhung** einer Ersatzvornahme schafft die Grundlage dafür, dass die Behörde die geschuldete Handlung vornehmen lässt. Die Rechtmäßigkeit (bereits)[86] einer solchen Androhung erfordert neben den allgemeinen Vollstreckungsvoraussetzungen (→ Rn. 42 ff.), dass ein **Zwangsgeld keinen Erfolg** erwarten lässt[87] (Art. 32 S. 2 VwZVG). Anders als im Bundesrecht (vgl. § 11 Abs. 1 S. 2 VwVG)[88] ist die Ersatzvornahme gegenüber dem Zwangsgeld also nachrangig. Weiterhin muss die Behörde **in der Androhung** die voraussichtlichen **Kosten** der Ersatzvornahme **vorläufig veranschlagen** (Art. 36 Abs. 4 S. 1 VwZVG).[89] Der Vollstreckungsschuldner kann auf dieser Grundlage die Folgen mangelnder Kooperation einschätzen.

Verstreicht die Erfüllungsfrist (→ Rn. 59 f.), ohne dass der Vollstreckungsschuldner der ihm mit dem Grundverwaltungsakt aufgegebenen Handlungspflicht nachkommt, schreitet die Behörde zur **Anwendung** des Zwangsmittels. Sie lässt die geschuldete Handlung dann durch eigene Bedienstete, durch eine andere Behörde oder einen privaten Dritten ausführen.[90] Das Rechtsverhältnis zwischen der Behörde und der ausführenden Stelle ist je nach Einzelfall öffentlich-rechtlich oder privatrechtlich ausgestaltet.[91]

(2) Erstattung der Kosten durch den Vollstreckungsschuldner

Schema: Rechtmäßigkeit eines Leistungsbescheids auf Erstattung der Kosten einer Ersatzvornahme
I. Anspruchsgrundlage: Art. 32 S. 1 VwZVG
II. Formelle Rechtmäßigkeit: Zuständigkeit, Verfahren, Form
III. Materielle Rechtmäßigkeit
  1. Rechtmäßige Ersatzvornahme siehe Schema „Rechtmäßigkeit der Anwendung des Zwangsmittels ‚Ersatzvornahme'"
  2. Kostenhöhe beanstandungsfrei

Den ihr gemäß Art. 32 S. 1 VwZVG nach einer rechtmäßigen Ersatzvornahme zustehenden **Kostenerstattungsanspruch** (Gesetz: „auf Kosten des Pflichtigen") macht die Behörde durch **Leistungsbescheid** geltend. Erhebt der Vollstreckungsschuldner einen Rechtsbehelf gegen den Leistungsbescheid, wird der Grundverwaltungsakt nur hinsichtlich seiner Wirksamkeit, nicht jedoch auch hinsichtlich seiner Rechtmäßigkeit im Übrigen überprüft.[92] Das ist nicht ganz selbstverständlich, weil die Effektivität der Verwaltungsvollstreckung – die Bewährung des öffentlichen Rechtsbefolgungsanspruchs – beim Ausgleich der Vollstreckungskosten nicht dieselbe Rolle spielt wie bei der Androhung und Anwendung des Zwangsmittels: Der Vollstreckungsschuldner

---

86 Prüfung dieser Anforderung schon bei der Androhung auch etwa bei VG München, BeckRS 2017, 144393, Rn. 27.
87 Eine vorherige Zwangsgeldandrohung ist nicht erforderlich BayVGH, BeckRS 2017, 131790, Rn. 13.
88 Dazu *Troidl*, in: Engelhardt/App/Schlatmann, § 11 VwZG Rn. 7.
89 Nach VG München, BeckRS 2013, 50295, Rn. 32, müssen bei Inanspruchnahme kommerzieller Dienstleister für die vorläufige Veranschlagung keine Angebote eingeholt werden.
90 *F. Giehl*, in: ders./Adolph/Käß/A. Giehl, Art. 32 VwZVG (Stand: 32. AL November 2011), Erl. III. 1.
91 Näher *F. Giehl*, in: ders./Adolph/Käß/A. Giehl, Art. 32 VwZVG (Stand: 32. AL November 2011), Erl. III. 3.
92 BVerwG, NVwZ 2009, 122; BayVGH, BeckRS 2013, 58920, Rn. 3.

muss so schlimmstenfalls für eine Ersatzvornahme bezahlen, die auf einem nachträglich als rechtswidrig erkannten Grundverwaltungsakt beruht (→ § 4 Rn. 328 ff.).[93] Überprüft wird dagegen – neben der Rechtmäßigkeit der Ersatzvornahme – auch die Höhe der geltend gemachten Kosten. Ist zügiges Handeln geboten, soll die Behörde auf „langfristige Recherchen und Kostenverhandlungen"[94] verzichten können.

ee) Unmittelbarer Zwang

80 Der in Art. 34 VwZVG nur hinsichtlich des „Ob", nicht jedoch hinsichtlich des „Wie" geregelte **unmittelbare Zwang** kann sich gegen Personen, Sachen oder Tiere richten. Erfasst sind etwa das Hinausdrängen einer von einem Hausverbot betroffenen Person aus dem Dienstgebäude, die Schließung und Versiegelung einer Betriebsstätte,[95] auch die Wegnahme von Sachen oder Tieren.[96] Zur Abgabe – insbesondere rechtsgeschäftlicher – Erklärungen darf unmittelbarer Zwang nicht angedroht und auch nicht angewendet werden.[97]

81 Bereits bei der Androhung unmittelbaren Zwangs ist zu berücksichtigen, dass das Zwangsmittel gegenüber den übrigen nach Art. 34 S. 1 VwZVG subsidiär ist. Die Regelung hebt in der Sache die Aspekte „geringere Zweckeignung des vorrangigen Zwangsmittels", „nachteiligere Wirkungen des vorrangigen Zwangsmittels" sowie „größerer Zeitbedarf des vorrangigen Zwangsmittels" hervor. Die drei Maßstäbe der Subsidiarität können im Einzelfall kumulativ einschlägig sein.

ff) Betretung und Durchsuchung als Hilfsmaßnahme

82 Einer Ersatzvornahme ebenso wie unmittelbarem Zwang mit dem Ziel, dem Vollstreckungsschuldner Sachen wegzunehmen, kann dessen Wohnungstür im Wege stehen. Für Fälle dieser Art sieht Art. 37 Abs. 3 S. 1 VwZVG eine ergänzende Befugnis vor, die Wohnung eines Pflichtigen zu betreten und zu durchsuchen.[98] Ist eine Durchsuchung (nicht nur eine Betretung)[99] erforderlich, muss die Vollstreckungsbehörde grds. beim Verwaltungsgericht einen entsprechenden Beschluss beantragen; der Richtervorbehalt ergibt sich unmittelbar aus Art. 13 Abs. 2 GG.[100]

b) Durchsetzung von Verhaltenspflichten ohne vorausgehende Primärmaßnahme („Sofortvollzug")

83 Eine Durchsetzung von Verhaltenspflichten ohne vorausgehende Primärmaßnahme, wie sie das Bundesrecht in § 6 Abs. 2 VwVG regelt, kennt das bayerische allgemeine Vollstreckungsrecht nicht.[101] Allerdings lässt Art. 35 VwZVG für bestimmte Fälle besonderer Dringlichkeit die Anwendung der Zwangsmittel „Ersatzvornahme" und

---

93 Vertiefend (und teils krit.) *Enders*, NVwZ 2009, 958, *Jäckel*, NVwZ 2014, 1625.
94 VG München, BeckRS 2016, 128888, Rn. 37.
95 BayVGH, BeckRS 2004, 35106, Rn. 8; VG Ansbach, BeckRS 2007, 100122, Rn. 70 ff.
96 Vgl. VG Würzburg, BeckRS 2018, 16492, Rn. 33.
97 BayVGH, BayVBl. 2018, 522 (524).
98 Zum Prüfungsmaßstab siehe etwa VG München, BeckRS 2017, 137449: Wohnungsdurchsuchung zur Sicherstellung einer Waffe und dazugehöriger Munition; VG München, BeckRS 2016, 115484: Wohnungsdurchsuchung zur Abgabe eines Führerscheins.
99 Vgl. VG Regensburg, BeckRS 2013, 53274.
100 Vgl. VG München, BeckRS 2016, 115484, Rn. 8.
101 BayVGH, DVBl. 2011, 426 (427); siehe auch BayVGH, BeckRS 2014, 47093, Rn. 7; *Käß*, in: F. Giehl/ Adolph/ders./A. Giehl, Art. 18 VwZVG (Stand: 37. AL September 2015), Rn. 2.

„unmittelbarer Zwang"[102] ohne vorausgehende Androhung zu.[103] Im Fall von Art. 34 S. 2 VwZVG ist eine Androhung des „begleitenden" unmittelbaren Zwangs im Hinblick auf Art. 36 Abs. 1 VwZVG nicht geboten, aber zweckmäßig.[104] Im Übrigen kann das Fachrecht Regelungen zu Tatmaßnahmen bereitstellen, die der zuständigen Behörde bereichsspezifisch § 6 Abs. 2 VwVG vergleichbare Handlungsmöglichkeiten verschaffen. Ein Beispiel bildet Art. 7 Abs. 3 LStVG (→ § 4 Rn. 426 f.).[105]

3. Vollzugshilfe und Vollstreckungshilfe

Die Gewährung von Vollzugshilfe und Vollstreckungshilfe durch die Polizei ist in → § 4 Rn. 311 ff. dargestellt. 84

4. Durchsetzung von Geldforderungen

Sollen öffentlich-rechtliche Geldforderungen nach Art. 23 ff. VwZVG durchgesetzt werden, müssen sie grds. in einem Leistungsbescheid tituliert sein. Vollstreckungsmaßnahmen setzen voraus, dass die allgemeinen Vollstreckungsvoraussetzungen (→ Rn. 42 ff.) erfüllt sind. Der Leistungsbescheid muss dem Vollstreckungsschuldner zugestellt sein (Art. 23 Abs. 1 Nr. 1 VwZVG, Ausnahme: Art. 23 Abs. 2 VwZVG). Die Geldforderung muss weiterhin fällig sein (Art. 23 Abs. 1 Nr. 2 VwZVG), was nach dem für sie maßgeblichen materiellen Recht zu beurteilen ist. Außerdem muss der Vollstreckungsschuldner von der Anordnungsbehörde oder der für sie zuständigen Kasse oder Zahlstelle in der von Art. 23 Abs. 1 Nr. 3 VwZVG vorgeschriebenen Weise gemahnt worden sein, soweit dies nicht nach Art. 23 Abs. 3 VwZVG ausnahmsweise entbehrlich ist. 85

Die Vollstreckung wird dadurch eingeleitet, dass die für die Mahnung zuständige Stelle sie anordnet. Dies geschieht in der durch Art. 24 Abs. 1 VwZVG geregelten Form. Im Anschluss führt die Vollstreckungsbehörde das weitere Verfahren durch, das sich bei den Finanzämtern nach der Abgabenordnung (Art. 25 Abs. 2 S. 1 VwZVG) und bei den im Bereich der mittelbaren Staatsverwaltung wegen der Einbindung der ordentlichen Gerichte (Art. 26 Abs. 2 S. 1 VwZVG) grds. nach der Zivilprozessordnung (Art. 26 Abs. 7 S. 1 VwZVG) richtet (→ Rn. 39). 86

Fall:
Ein Wohnungsmieter hat seine Stromrechnung bei einem bayerischen Kommunalunternehmen nicht bezahlt. Eine neue Sachbearbeiterin überlegt, ob das Kommunalunternehmen auch einen Leistungsbescheid erlassen könnte, anstatt – wie bisher – einen Mahnbescheid zu beantragen. Was ist von dieser Idee zu halten? – Einem Kommunalunternehmen können gemäß Art. 89 Abs. 2 GO hoheitliche Aufgaben mit entsprechenden Befugnissen übertragen werden; nach Maßgabe von Art. 91 Abs. 4 GO kann das Kommunalunternehmen in der Lage sein, die gleichen Vollstreckungsmaßnahmen zu ergreifen wie die Gemeinde, die es errichtet hat. Auch wenn es vor diesem Hintergrund „an sich" einen Leistungsbescheid erlassen könnte, darf es mit diesem Instrument doch keine privatrechtlichen Forderungen durchsetzen (→ Rn. 34). Eine solche ist aber Gegenstand einer Stromrechnung (vgl. auch § 2 StromGVV).

---

102 Auf diese Zwangsmittel beschränkt sich (faktisch) auch § 6 Abs. 2 VwVG, vgl. *Mosbacher*, in: Engelhardt/App/Schlatmann, § 6 VwVG Rn. 28.
103 Beispielsfall mit mündlicher Grundverfügung: VG Ansbach, BeckRS 2015, 123989, Rn. 26.
104 BayVGH, BeckRS 2012, 54333, Rn. 13.
105 Dazu ausführlich *Holzner*, in: BeckOK PSR, Art. 7 LStVG Rn. 58 ff.

III. Kontrollfragen

1. Der Adressat eines zuzustellenden Bescheids ist nicht in seiner Wohnung. Wie lässt sich dennoch eine Zustellung bewirken? → Rn. 16 ff.
2. Lässt sich ein Verwaltungsakt zustellen, ohne dass Papier bedruckt wird? Wenn ja: Welche Möglichkeiten gibt es? → Rn. 26 f.
3. Kann ein zuzustellender Verwaltungsakt, den eine Behörde in Unkenntnis des Zustellungserfordernisses einfach bekanntgegeben hat, Grundlage von Vollstreckungsmaßnahmen sein? → Rn. 28
4. Wenn ein Verwaltungsakt eine Handlungspflicht auferlegt: Darf er nur vollstreckt werden, wenn er rechtmäßig ist? Warum/warum nicht? → Rn. 44
5. Kann eine Behörde in einem Bescheid eine Unterlassungspflicht anordnen und zugleich für jeden Fall der Zuwiderhandlung ein Zwangsgeld in noch festzusetzender Höhe androhen? → Rn. 62
6. Wie verhalten sich Zwangsgeld und Ersatzzwangshaft zueinander? Welche Regeln kennzeichnen dieses Verhältnis? → Rn. 69, 71, 73
7. Kann auf eine Androhung auch einmal verzichtet werden? Wenn ja: In welchen Fällen ist das möglich? → Rn. 83
8. Muss der Vollstreckungsschuldner für eine Ersatzvornahme bezahlen, die viel umfangreicher ausfällt, als ihm angedroht wurde? → Rn. 79

IV. Literatur

Giehl/Adolph/Käß/Giehl (Hrsg.), Verwaltungsverfahrensrecht in Bayern (Stand: 43. AL März 2018), darin Kommentierung des Bayerischen Verwaltungszustellungs- und Vollstreckungsgesetzes; *Muckel*, Verwaltungsvollstreckung in der Klausur, JA 2012, 272, 355; *Thum*, Neuerungen im Verwaltungszustellungs- und Vollstreckungsrecht, KommP BY 2018, 338; *Voßkuhle/Wischmeyer*: Grundwissen – Öffentliches Recht: Verwaltungsvollstreckung, JuS 2016, 698; *Waldhoff*, Vollstreckung und Sanktionen, in: Hoffmann-Riem/Schmidt-Aßmann/Voßkuhle, Grundlagen des Verwaltungsrechts, Bd. III, 2. Aufl. 2013, § 46; *Weber*, Bayerisches Verwaltungszustellungs- und Vollstreckungsgesetz, PdK Bayern, 3. Aufl. 2017.

§ 7 Grundzüge des Immissionsschutzrechts

Tobias Weber

I. Einleitung 1
  1. Hintergrund 1
  2. Rechtsgrundlagen 3
  3. Examensbedeutung 7
  4. Anwendungsbereich im Einzelnen 8
    a) BImSchG 8
    b) BayImSchG 13
II. Begriffsbestimmungen, § 3 BImSchG 17
  1. Schädliche Umwelteinwirkungen 17
  2. Immissionen 27
  3. Emissionen 28
  4. Luftverunreinigungen 29
  5. Anlagen 30
  6. Stand der Technik 32
III. Anlagenbezogenes Immissionsschutzrecht 33
  1. Immissionsschutzrechtliches Prüfungsschema 33
  2. Genehmigungsbedürftige Anlagen (Genehmigungspflicht) 34
  3. Genehmigungsfähigkeit und Genehmigungsvoraussetzungen nach BImSchG 42
    a) Schutzgebot/Schutzgrundsatz, § 5 Abs. 1 Nr. 1 BImSchG 44
    b) Vorsorgegebot/Vorsorgegrundsatz, § 5 Abs. 1 Nr. 2 BImSchG 46
    c) Sonstige Grundpflichten des Betreibers, § 5 Abs. 1 Nr. 3 f., Abs. 3 BImSchG .. 47
    d) Andere öffentlich-rechtliche Vorschriften, § 6 Abs. 1 Nr. 2 BImSchG 50
  4. Genehmigungsverfahren/Verfahrensarten 55
    a) Arten von Genehmigungsverfahren 55
    b) Zuordnung zu den Verfahrensarten 57
    c) Prüfungsrelevante Aspekte des förmlichen Genehmigungsverfahrens 59
      aa) Öffentliche Bekanntmachung und Auslegung 60
      bb) Einwendungen und Präklusion von Einwendungen 64
    d) Vereinfachtes Verfahren, § 19 BImSchG 67
    e) Drittschutz von Verfahrensfehlern (im förmlichen Genehmigungsverfahren) .. 68
    f) Übersicht über das Genehmigungsverfahren – Gegenüberstellung von förmlichem und vereinfachtem Genehmigungsverfahren 70
  5. Wirkungen der immissionsschutzrechtlichen Genehmigung 71
    a) Konzentrationswirkung, § 13 BImSchG 71
    b) Ausschluss privatrechtlicher Abwehransprüche, § 14 BImSchG 75
    c) Erlöschen der Genehmigung 76
IV. Sonderformen der immissionsschutzrechtlichen Genehmigung .. 78
  1. Teilgenehmigung, § 8 BImSchG 78
  2. Vorbescheid, § 9 BImSchG 79
V. Änderung genehmigungsbedürftiger Anlagen, §§ 15 f. BImSchG ... 80
VI. Befugnisse im Immissionsschutzrecht (bei genehmigungsbedürftigen Anlagen) 83
  1. Überblick 83
  2. Befugnis zum Erlass nachträglicher Anordnungen, § 17 BImSchG 84
  3. Untersagung, Stilllegung oder Beseitigung einer genehmigungspflichtigen Anlage, § 20 BImSchG 88
    a) Betriebsuntersagung gemäß § 20 Abs. 1 und 3 BImSchG 89

b) Betriebsstillegung und Beseitigungsanordnung gemäß § 20 Abs. 2 BImSchG 92	VIII. Besonderheiten des Rechtsschutzes im Immissionsschutzrecht (in Abgrenzung insbesondere zum Baurecht) 104
VII. Nicht nach Immissionsschutzrecht genehmigungsbedürftige Anlagen, §§ 22 ff. BImSchG 97	1. Anlagenbetreiber 105
	2. Nachbar/Dritter 108
	IX. Verhaltensbezogenes Immissionsschutzrecht 111
	X. Zuständigkeiten im Immissionsschutzrecht 113
	XI. Kontrollfragen 115
	XII. Literatur 115

I. Einleitung

1. Hintergrund

1 Der Schutz vor schädlichen Immissionen zählt zum **Kernbereich des Umweltrechts**. Maßgebliches und vorrangiges Ziel ist hierbei die **Luftreinhaltung** und die **Lärmbekämpfung**.[1]

2 Nach Erläuterung der prüfungsrelevanten Rechtsgrundlagen des Immissionsschutzrechts (→ Rn. 3 ff.) widmet sich das Kapitel einleitend zunächst den Begriffsbestimmungen (→ Rn. 17 ff.) und erläutert im Anschluss, wann eine Anlage, die dem Immissionsschutzrecht unterfällt, genehmigungsbedürftig (→ Rn. 34 ff.) und genehmigungsfähig (→ Rn. 42 ff.) ist. Vorangestellt ist der Erläuterung ein immissionsschutzrechtliches Prüfungsschema (→ Rn. 33). Danach werden die Unterschiede der beiden Verfahrensarten erörtert und in einer Übersicht gegenübergestellt (→ Rn. 71 ff.) und es wird die Wirkung der Genehmigung bezogen auf die Verfahrensarten aufgezeigt (→ Rn. 55 ff.). Im Folgenden werden kurz die Sonderformen der Genehmigung (→ Rn. 78 ff.) und die Änderung einer genehmigungsbedürftigen Anlage vorgestellt (→ Rn. 80 ff.). Der darauffolgende Abschnitt (→ Rn. 83 ff.) widmet sich den Befugnissen im Immissionsschutzrecht. Die nicht genehmigungsbedürftigen Anlagen, die insbesondere einer baurechtlichen Genehmigungspflicht unterliegen, werden im Anschluss (→ Rn. 97 ff.) behandelt. Es wird aufgezeigt, inwieweit immissionsschutzrechtlich normierte Anforderungen im Baurecht Berücksichtigung finden können. Die letzten drei Abschnitte behandeln die Besonderheiten, die es im Rechtsschutz insbesondere in Abgrenzung zum Baurecht zu beachten gilt (→ Rn. 104 ff.), den landesrechtlich geregelten verhaltensbezogenen Immissionsschutz (→ Rn. 111 f.) sowie die Zuständigkeiten im Immissionsschutz (→ Rn. 113 ff.).

2. Rechtsgrundlagen

3 Das Recht des Immissionsschutzes ist nicht einheitlich geregelt. Es finden sich hier teilweise bundesrechtliche und landesrechtliche Vorschriften sowie Gesetze und Verordnungen. Von zentraler examensrelevanter Bedeutung sind dabei das **Bundes-Immissionsschutzgesetz (BImSchG)** und die hierzu ergangenen **Ausführungsverordnungen** (prüfungsrelevant hier insbesondere die **4. und 9. BImSchV**). Hinzu treten in im-

---

[1] *Dietlein*, in: Landmann/Rohmer, § 1 BImSchG (Stand: 73. EL August 2014), Rn. 1.

//
I. Einleitung

mer stärkerem Maße internationale und europäische Vorgaben. Auf der Ebene der EU dominiert hierbei die Handlungsform der Richtlinie (Art. 288 Abs. 3 AEUV).[2]

Das BImSchG konnte auf der Grundlage der **konkurrierenden Gesetzgebungskompetenz** aus Art. 74 Abs. 1 Nr. 24 GG – Luftreinhaltung und Lärmbekämpfung ohne Schutz vor verhaltensbezogenem Lärm – erlassen werden.[3]

Da das BImSchG auf der Grundlage des Art. 74 Abs. 1 Nr. 24 GG als konkurrierende Gesetzgebung erlassen wurde, greift in Bezug auf **landesrechtliche Bestimmungen zum Immissionsschutz** Art. 72 Abs. 1 GG, wonach für öffentlich-rechtliche Vorschriften des Landesrechts nur insoweit Raum bleibt, wie der Bundesgesetzgeber keine abschließende Regelung treffen wollte. Hiervon ausgehend sind die Regelungen im BImSchG abschließender Natur, soweit es genehmigungsbedürftige Anlagen und deren Betrieb betrifft.[4]

Das **Bayerische Immissionsschutzgesetz (BayImSchG)** regelt im Wesentlichen **nicht anlagenbezogene**, unmittelbar von Menschen (insbesondere **verhaltensbezogener Lärm**), Tieren und Pflanzen ausgehende Immissionen[5] sowie die **Zuständigkeiten** im immissionsschutzrechtlichen Verfahren (→ Rn. 113 ff.).

3. Examensbedeutung

Das Immissionsschutzrecht ist in Bayern Pflicht- und Prüfungsstoff in der Zweiten Juristischen Staatsprüfung. Gemäß § 58 Abs. 2 Nr. 4 a JAPO beschränkt sich die Prüfungsrelevanz allerdings auf die Grundzüge des Immissionsschutzrechts, wie sie im Folgenden dargestellt werden. In der Ersten Juristischen Staatsprüfung ist das Immissionsschutzrecht kein Prüfungsgegenstand.

4. Anwendungsbereich im Einzelnen
a) BImSchG

Prüfungsrelevant sind in der Zweiten Juristischen Staatsprüfung insbesondere die in § 2 Abs. 1 Nr. 1, §§ 4–31 BImSchG abschließend geregelten Tatbestände der Errichtung und des Betriebs von Anlagen. Der zentrale Begriff der **immissionsschutzrechtlich relevanten Anlage** findet sich in § 3 Abs. 5 BImSchG (→ Rn. 30).[6] § 2 Abs. 1 Nr. 1 BImSchG erklärt das BImSchG für die Errichtung einer Anlage an einem konkreten Standort für anwendbar.

§ 2 Abs. 1 Nr. 2 BImSchG knüpft hingegen anders als die Nr. 1 bereits an das Herstellen von und Handeln mit Anlagen an.

§ 2 Abs. 1 Nr. 3 BImSchG erstreckt die Anwendbarkeit des BImSchG auf die Beschaffenheit und den Betrieb der genannten Fahrzeuge. § 2 Abs. 1 Nr. 4 BImSchG gilt für den Bau und die Änderung von Straßen und Schienenwegen.

---

2 *Jarass*, BImSchG, Einl. Rn. 49 ff.
3 *Jarass*, BImSchG, Einl. Rn. 29.
4 *Jarass*, BImSchG, Einl. Rn. 35 f.; *Schmidt/Kahl/Gärditz*, § 7, Rn. 15.
5 *Jarass*, BImSchG, Einl. Rn. 40; *Kloepfer*, § 15, Rn. 221.
6 Vgl. hierzu *Jarass*, BImSchG, § 3 Rn. 72 ff.

11 § 2 Abs. 2 BImSchG normiert **Einschränkungen der Anwendbarkeit des Gesetzes.** So sind nach § 2 Abs. 2 S. 1 BImSchG Flugplätze und kerntechnische Anlagen dem Grunde nach vom Anwendungsbereich des BImSchG ausgenommen. Gleiches gilt aufgrund der Regelung in § 2 Abs. 2 S. 2 BImSchG, soweit sich aus wasserrechtlichen Bestimmungen des Bundes (WHG) oder der Länder (BayWG) etwas anderes ergibt.

12 Das BImSchG erstreckt seine Anwendbarkeit nicht ausschließlich auf Anlagen zu gewerblichen Zwecken.[7] Das BImSchG gilt dem Grunde nach auch für hoheitliche Tätigkeiten[8] und ist auch in der Land- und Forstwirtschaft nicht ausgeschlossen.[9]

b) BayImSchG

13 Wie bereits aufgezeigt enthält das BImSchG keine Regelungen für verhaltensbezogene Immissionen (→ Rn. 6). Das BImSchG ist damit im Wesentlichen ein technisches,[10] an den Begriff der Anlage anknüpfendes Gesetz.[11] **Verhaltensbezogener Lärm** (zB Musikdarbietungen, Tiergeräusche) fällt ausgehend von Art. 74 Abs. 1 Nr. 24 GG in den Anwendungsbereich des BayImSchG (dort insbesondere Art. 12–14).[12]

14 Zu beachten bleibt aber, dass Immissionen, die in unmittelbarem und typischem Zusammenhang (Zweckbestimmung) mit dem Betrieb einer Anlage stehen (**betriebstechnischer Zusammenhang**), dem Betrieb der Anlage zugerechnet werden (zB Zuschauerlärm in einem Fußballstadion). Ähnlich werden Immissionen behandelt, die zwar außerhalb der eigentlichen Anlage stattfinden, aber mit dieser noch in einem engen zeitlichen und räumlichen Zusammenhang stehen (zB An- und Abfahrtsverkehr zu einer Gaststätte, Diskothek). Derartige Immissionen werden der jeweiligen Anlage grds. zugerechnet.[13]

15 Schließlich schafft § 49 Abs. 3 BImSchG für die Länder die Möglichkeit, Gemeinden zu ermächtigen, **ortsrechtliche Vorschriften** (Verordnungen; vgl. Art. 14 BayImSchG) anlagenbezogen zum Schutz vor Luftverunreinigungen und Geräuschen zu erlassen (zB Rasenmäherlärm-Verordnung).[14]

16 Schließlich ist darauf zu verweisen, dass sowohl im Bundes- als auch im Landesrecht Regelungen zur rechtlichen Behandlung von **Kinderlärm** existieren. Dies wird insbesondere beim Betrieb von Kindergärten und Kindertageseinrichtungen im baurechtlichen Genehmigungsverfahren relevant. Auf die Bestimmungen in § 22 Abs. 1a BImSchG bzw. Art. 2 KJG[15] wird hingewiesen. Kinder sind dabei Personen bis zur Vollendung des 14. Lebensjahres (§ 7 Abs. 1 Nr. 1 SGB VIII).[16]

---

7 *Jarass*, BImSchG, § 2 Rn. 16.
8 *Jarass*, BImSchG, § 2 Rn. 17.
9 *Dietlein*, in: Landmann/Rohmer, § 2 BImSchG (Stand: 73. EL August 2014), Rn. 6.
10 *Dietlein*, in: Landmann/Rohmer, § 2 BImSchG (Stand: 73. EL August 2014), Rn. 30.
11 *Dietlein*, in: Landmann/Rohmer, § 2 BImSchG (Stand: 73. EL August 2014), Rn. 3.
12 *Rebentisch*, in: Feldhaus, BImSchG, § 2 Rn. 3.
13 BVerwG, DVBl. 1996, 1192 (1195).
14 Vgl. hierzu *Jarass*, BImSchG, § 49 Rn. 26, 28.
15 Gesetz über Anforderungen an den Lärmschutz bei Kinder- und Jugendspieleinrichtungen (KJG) vom 20. Juli 2011, GVBl. S. 304 (Ziegler/Tremel, Nr. 475).
16 *Jarass*, BImSchG, § 22 Rn. 44.

II. Begriffsbestimmungen, § 3 BImSchG

1. Schädliche Umwelteinwirkungen

Hierbei handelt es sich um den **zentralen Begriff** im Immissionsschutzrecht. Darüber hinausgehend erstreckt sich seine Bedeutung auch auf das materielle Baurecht, da er beispielsweise in § 15 Abs. 1 S. 2 BauNVO zur Beurteilung der Unzumutbarkeit von Störungen und Belästigungen herangezogen werden kann (→ § 2 Rn. 238, 413). 17

Der Begriff der schädlichen Umwelteinwirkungen verlangt zum einen **Immissionen** (vgl. Legaldefinition in § 3 Abs. 2 BImSchG). Diese müssen im Einzelfall eine gewisse Schädlichkeit aufweisen. Dies wiederum verlangt, dass sie geeignet sind, Gefahren, erhebliche Nachteile oder erhebliche Belästigungen für die Allgemeinheit herbeizuführen. Es handelt sich hierbei um einen unbestimmten Rechtsbegriff, der im BImSchG nicht definiert ist und voller gerichtlicher Kontrolle unterliegt.[17] 18

Eine **Gefahr** im Sinne des § 3 Abs. 1 BImSchG ist vergleichbar mit dem Polizei- und Sicherheitsrecht eine Sachlage, die bei ungehindertem Ablauf des Geschehens mit hinreichender Wahrscheinlichkeit zu einem Schaden an einem in § 1 Abs. 1 BImSchG genannten Schutzgut führen würde (→ § 4 Rn. 61). Es muss sich also um eine konkrete Gefahr für ein immissionsschutzrechtliches Schutzgut handeln.[18] 19

Belästigungen unterhalb der Schwelle der Gefahr sind Einwirkungen, die geeignet sind, das physische oder psychische Wohlbefinden des Menschen zu beeinträchtigen, ohne dass bereits das Niveau einer Gesundheitsgefahr (vgl. Art. 2 Abs. 2 GG) erreicht wird.[19] 20

Nachteile sind Vermögenseinbußen, die Folge (Kausalität!) von Umwelteinwirkungen sind, ohne dass es bereits zu einer Schutzgutbeeinträchtigung kommt.[20] Zu denken ist hier etwa an die Wertminderung von Wohngrundstücken durch ein heranrückendes Industriegebiet oder kurzfristige Umsatzeinbußen durch lärmintensive Straßenbauarbeiten. 21

Gefahren, Belästigungen und Nachteilen ist gemeinsam, dass diese nur dann eine schädliche Umwelteinwirkung im Sinne des § 3 Abs. 1 BImSchG darstellen, wenn sie eine gewisse **Erheblichkeit** aufweisen. Erheblich sind Einwirkungen, wenn sie für den betroffenen Nachbarn oder die Allgemeinheit nicht (mehr) zumutbar sind.[21] Für die Zumutbarkeit ist dabei auf das jeweilige Schutzniveau der Betroffenen abzustellen. Je nach Gebietsart (vgl. insbesondere unterschiedliche Baugebiete nach der BauNVO)[22] oder tatsächlichen Verhältnissen ist die Schutzwürdigkeit unterschiedlich zu beurteilen. Weiter spielen Kriterien wie Sozialadäquanz (vgl. zB § 22 Abs. 1 a BImSchG) und 22

---

17 BVerwGE 55, 250 (253); *Thiel*, in: Landmann/Rohmer, § 3 BImSchG (Stand: 83. EL Mai 2017), Rn. 10.
18 *Jarass*, BImSchG, § 3 Rn. 27, 30.
19 *Jarass*, BImSchG, § 3 Rn. 32.
20 *Jarass*, BImSchG, § 3 Rn. 33.
21 *Thiel*, in: Landmann/Rohmer, § 3 BImSchG (Stand: 83. EL Mai 2017), Rn. 43 ff.
22 *Jarass*, BImSchG, § 3 Rn. 63; *Thiel*, in: Landmann/Rohmer, § 3 BImSchG (Stand: 83. EL Mai 2017), Rn. 51.

Herkömmlichkeit eine Rolle.²³ Auch eine bereits vorhandene **Vorbelastung** kann in die Beurteilung der Zumutbarkeit einfließen.²⁴

23 Zu beachten gilt weiter, dass **sozialadäquate Immissionen** einen geringeren Schutzanspruch der hiervon Betroffenen begründen (zB einem Wohnhaus zuzurechnender Fahrverkehrslärm; liturgisches Glockengeläut,²⁵ anders bloßer Zeitschlag; Volksfest).²⁶²⁷ Überdies ist derjenige nicht schutzbedürftig, der selbst keine legale Nutzung ausübt. Er besitzt gegenüber den Emissionen einer rechtmäßig ausgeübten Nutzung keinen Abwehranspruch.²⁸ Hierbei handelt es sich aber um keinen spezifisch immissionsschutzrechtlichen Grundsatz. Vielmehr gilt dies in gleicher Weise im Bau- (→ § 2 Rn. 239 f.) oder Wasserrecht.

24 Herabgesetzt ist schließlich das Schutzniveau bei sogenannten **Gemengelagen**. Eine solche liegt vor, wenn Nutzungen unterschiedlicher Qualität (beispielsweise Wohnnutzung und gewerbliche Nutzung) unmittelbar aufeinandertreffen. An der Schnittstelle derartiger Nutzungen ist die Schutzbedürftigkeit (im Beispielsfall der Wohnnutzung) herabgesetzt und sind Mittelwerte bzgl. der Lärmbetroffenheit festzulegen.²⁹

25 § 48 BImSchG ermächtigt die Verwaltung dazu, den Begriff der schädlichen Umwelteinwirkungen durch Verwaltungsvorschriften näher zu bestimmen und auszufüllen. Auf dieser Grundlage wurden die **TA Lärm** und die **TA Luft** erlassen.³⁰ Hierbei handelt es sich um **normkonkretisierende Verwaltungsvorschriften**,³¹ die aufgrund der Gewaltenteilung eine weitreichende Bindungswirkung für die Gerichte entfalten.³²

26 Gerichte dürfen die konkretisierenden Festlegungen in TA Lärm und TA Luft erst dann unbeachtet lassen, wenn die den Regelwerken zugrundeliegenden wissenschaftlichen Erkenntnisse gesichert überholt sind³³ bzw. atypische Sachverhalte vorliegen.³⁴

2. Immissionen

27 § 3 Abs. 2 BImSchG enthält die Legaldefinition für den weiteren zentralen Begriff der Immissionen. Danach sind Immissionen nach der beispielhaften Aufzählung Luftverunreinigungen, Geräusche, Erschütterungen, Licht, Wärme, Strahlen und ähnliche Umwelteinwirkungen, die auf Menschen, Tier, Pflanzen, den Boden, das Wasser, die Atmosphäre sowie Kultur- und sonstige Sachgüter einwirken. Der Begriff der Immissionen stellt dabei vom Wortlaut her auf den **Einwirkungsort** (**Immissionsort**) ab.³⁵ Bezogen auf diesen ist die jeweilige **Zumutbarkeit** zu beurteilen. Immissionen setzen nicht am Ausgangsort (Quelle) der Beeinträchtigung an. An letzteres knüpft vielmehr

---

23 *Jarass*, BImSchG, § 3 Rn. 64; *Thiel*, in: Landmann/Rohmer, § 3 BImSchG (Stand: 83. EL Mai 2017), Rn. 51.
24 *Thiel*, in: Landmann/Rohmer, § 3 BImSchG (Stand: 83. EL Mai 2017), Rn. 52.
25 BayVGH, BayVBl. 2013, 693 (694).
26 BayVGH, BayVBl. 2006, 351 (352).
27 *Jarass*, BImSchG, § 3 Rn. 61.
28 *Jarass*, BImSchG, § 3 Rn. 67.
29 *Jarass*, BImSchG, § 3 Rn. 66.
30 *Jarass*, BImSchG, § 48 Rn. 5 f.
31 *Jarass*, BImSchG, § 48 Rn. 42, 46 f.
32 *Jarass*, BImSchG, § 48 Rn. 42.
33 *Jarass*, BImSchG, § 48 Rn. 51.
34 *Jarass*, BImSchG, § 48 Rn. 52.
35 *Thiel*, in: Landmann/Rohmer, § 3 BImSchG (Stand: 83. EL Mai 2017), Rn. 57.

der Begriff der Emission (→ Rn. 28) an. Weiter wird verlangt, dass es sich um Vorgänge handelt, die physische oder chemische Veränderungen verursachen. Auch muss es sich um **unwägbare Stoffe** (Imponderabilien) handeln.[36] Grobstoffliche Einwirkungen wie beispielsweise Steinschlag aus einer Felswand stellen keine Immissionen dar.[37] Nach der Legaldefinition in § 3 Abs. 2 BImSchG sind aber Licht, Wärme und Geräusche trotz fehlender Stofflichkeit als Immissionen zu begreifen.

3. Emissionen

Der Begriff der Emissionen ist in § 3 Abs. 3 BImSchG legaldefiniert. Er knüpft an die physischen oder chemischen Erscheinungen (beispielhafte Aufzählung in § 3 Abs. 3 BImSchG korrespondierend zu § 3 Abs. 2 BImSchG) an, die die Anlage (§ 3 Abs. 5 BImSchG) (→ Rn. 30) verlassen. Die Emission ist daher ein **anlagenbezogener Begriff**.[38] Die Emission ist folglich auch beim Verlassen der Anlage zu messen und zu beurteilen (**Emissionsort**). 28

4. Luftverunreinigungen

Luftverunreinigungen sind nach der Legaldefinition in § 3 Abs. 4 BImSchG **Veränderungen der natürlichen Zusammensetzung der Luft**. Es folgt auch hier eine nicht abschließende beispielhafte Aufzählung.[39] Zu beachten ist, dass § 3 Abs. 4 BImSchG für den Begriff der Luftverunreinigung keine weitergehende Erheblichkeitsschwelle schafft. Hier wird auf das tatsächliche Vorhandensein abgestellt, ohne zunächst die jeweiligen Auswirkungen zu betrachten. 29

5. Anlagen

§ 3 Abs. 5 BImSchG nennt einen weiteren zentralen Begriff im Immissionsschutzrecht. Zumindest gilt dies für das streng anlagenbezogene BImSchG. § 3 Abs. 5 BImSchG differenziert zwischen **drei Gruppen von Anlagen**. In allen drei Fällen ist weiter verlangt, dass eine Anlage **betrieben** wird.[40] Es bedarf daher stets eines **Anlagenbetreibers**.[41] Das ist diejenige Person, die eigenverantwortlich Entscheidungen darüber trifft, ob und in welcher Form die Anlage technisch oder organisatorisch betrieben wird. Regelmäßig, aber nicht zwingend, ist dies der jeweilige Grundstückseigentümer.[42] Ein gewerblicher Zweck der Anlage wird nicht vorausgesetzt.[43] Dies insbesondere auch deshalb nicht, um auch kommunale Einrichtungen wie Sport- und Bolzplätze, Kinderspielplätze etc immissionsschutzrechtlich erfassen zu können. 30

Eine **Anlage** ist damit eine zweckgebundene Einrichtung, die durch einen vorhandenen Anlagenbetreiber nicht nur gelegentlich genutzt wird.[44] Ob diese Anlage einer immis- 31

---

36 *Thiel*, in: Landmann/Rohmer, § 3 BImSchG (Stand: 83. EL Mai 2017), Rn. 56.
37 NdsOVG, NJW 1998, 2921 (2923); *Thiel*, in: Landmann/Rohmer, § 3 BImSchG (Stand: 83. EL Mai 2017), Rn. 69 mwN.
38 *Thiel*, in: Landmann/Rohmer, § 3 BImSchG (Stand: 83. EL Mai 2017), Rn. 70–72.
39 *Thiel*, in: Landmann/Rohmer, § 3 BImSchG (Stand: 83. EL Mai 2017), Rn. 81.
40 *Jarass*, BImSchG, § 3 Rn. 72.
41 *Jarass*, BImSchG, § 3 Rn. 87 ff. mwN.
42 *Jarass*, BImSchG, § 3 Rn. 89.
43 *Thiel*, in: Landmann/Rohmer, § 3 BImSchG (Stand: 83. EL Mai 2017), Rn. 83.
44 *Thiel*, in: Landmann/Rohmer, § 3 BImSchG (Stand: 83. EL Mai 2017), Rn. 83.

sionsschutzrechtlichen Genehmigungspflicht unterfällt, beurteilt sich **ausschließlich nach § 4 BImSchG iVm** der 4. Verordnung zum BImSchG (4. BImSchV). § 3 Abs. 5 BImSchG bestimmt, was überhaupt eine **Anlage im immissionsschutzrechtlichen Sinne** darstellen kann. Es handelt sich um eine der Prüfung der eigentlichen Genehmigungsbedürftigkeit (→ Rn. 34) vorgelagerte Fragestellung.

6. Stand der Technik

32 § 3 Abs. 6 BImSchG definiert den Begriff „Stand der Technik". Dieser wird insbesondere beim **Vorsorgegrundsatz** aus § 5 Abs. 1 Nr. 2 BImSchG[45] (→ Rn. 46) bzw. § 22 Abs. 1 S. 1 Nr. 1 f. BImSchG (→ Rn. 99) relevant. Der Stand der Technik stellt auf die **Emissionsseite** einer Anlage ab. Er dient der Begrenzung vorhandener Emissionen.[46] Konkretisiert wird er in der Praxis regelmäßig durch Grenzwerte der TA Luft (→ Rn. 25). Der „Stand der Technik" ist kein für alle Zeit feststehender, sondern ein **dynamischer Begriff**.[47] Stand der Technik sind regelmäßig nur Verfahren, die in der Praxis bereits hinreichend erprobt sind und deren Eignung zur nachhaltigen Begrenzung von Emissionen gesichert erscheint.[48] Da insoweit maßgeblich wissenschaftliche Erkenntnisse und deren Fortschritt in Streit stehen, ist die Klausurrelevanz des Begriffs aus § 3 Abs. 6 BImSchG naturgemäß gering. Lediglich im Bereich der immissionsschutzrechtlichen **Genehmigungsfähigkeit** (§ 5 BImSchG, Erfüllung der Grundpflichten) (→ Rn. 42 f.) und beim **Drittschutz** sollte der Begriff geläufig sein.

III. Anlagenbezogenes Immissionsschutzrecht

1. Immissionsschutzrechtliches Prüfungsschema

33 Der weiteren Erörterung vorangestellt werden soll das Schema zur Prüfung eines immissionsschutzrechtlichen Anspruches auf Genehmigung.

Schema: immissionsschutzrechtlicher Anspruch auf Genehmigung
I. Zuständigkeit: sachlich (§ 10 Abs. 5 S. 1 BImSchG, Art. 1 BayImSchG), örtlich (Art. 3 Abs. 1 Nr. 1 BayVwVfG); → Rn. 113–115
II. Genehmigungspflicht: § 4 Abs. 1 S. 1 BImSchG erfasst Errichtung und Betrieb von
 – Anlagen, § 3 Abs. 5 BImSchG; → Rn. 30 f.
 – die insbesondere geeignet sind, schädliche Umwelteinwirkungen hervorzurufen, § 3 Abs. 1 BImSchG; → Rn. 17–26
 – Festlegung der genehmigungsbedürftigen Anlagen auf der Grundlage des § 4 Abs. 1 S. 3 BImSchG in der 4. BImSchV; → Rn. 35
III. Verfahrensart
 – Förmliches Verfahren, § 10 BImSchG; → Rn. 59–66
 – Vereinfachtes Verfahren, § 19 BImSchG; → Rn. 67
 – Festlegung gemäß § 2 Abs. 1 Nr. 1 f. der 4. BImSchV; → Rn. 57 f.
IV. Verfahrensablauf im förmlichen Verfahren, § 10 BImSchG, 9. BImSchV, siehe gesonderte Übersicht; → Rn. 70

---

[45] *Jarass*, BImSchG, § 3 Rn. 116.
[46] *Jarass*, BImSchG, § 3 Rn. 118, 121.
[47] *Jarass*, BImSchG, § 3 Rn. 115.
[48] *Jarass*, BImSchG, § 3 Rn. 122.

V. **Genehmigungsfähigkeit:** § 6 BImSchG (materielle Genehmigungsvoraussetzungen), falls Voraussetzungen erfüllt, gebundener Anspruch auf Genehmigung (Spruchreife im Sinne von § 113 Abs. 5 S. 1 VwGO im gerichtlichen Verfahren); → Rn. 42 f.
1. Erfüllung der Grundpflichten des BImSchG, § 6 Abs. 1 Nr. 1 BImSchG
   - § 5 Abs. 1 Nr. 1: insbesondere Alt. 1, Schutz vor schädlichen Umwelteinwirkungen; → Rn. 44 f.
   - § 5 Abs. 1 Nr. 2: Vorsorge gegen schädliche Umwelteinwirkungen; → Rn. 46
   - § 5 Abs. 1 Nr. 3: Abfallvermeidungspflicht, Abfallverwertungspflicht, Abfallbeseitigungspflicht ohne das Wohl der Allgemeinheit zu beeinträchtigen; → Rn. 47
   - § 5 Abs. 1 Nr. 4: Pflicht zur sparsamen und effizienten Energieverwendung; → Rn. 48
   - § 5 Abs. 3: Nachsorgepflicht; → Rn. 49
   - Erfüllung der sich aus einer Rechtsverordnung nach § 7 BImSchG ergebenden Pflichten (zB 12., 13., 17. BImSchV); → Rn. 43
2. Einhaltung sonstiger anlagenbezogener öffentlich-rechtlicher Vorschriften, § 6 Abs. 1 Nr. 2 BImSchG, zB Baurecht (BauGB, BayBO), Naturschutzrecht etc; → Rn. 50–54

2. Genehmigungsbedürftige Anlagen (Genehmigungspflicht)

§ 4 Abs. 1 S. 1 BImSchG beschäftigt sich mit der Genehmigungsbedürftigkeitvon Anlagen (§ 3 Abs. 5 BImSchG). Gemäß § 4 Abs. 1 S. 1 BImSchG bedarf die **Errichtung** und der **Betrieb** von Anlagen (→ Rn. 30), die aufgrund ihrer Beschaffenheit oder ihres Betriebs in besonderem Maße geeignet sind, schädliche Umwelteinwirkungen hervorzurufen, einer immissionsschutzrechtlichen Genehmigung. Das Gleiche gilt für ortsfeste Abfallentsorgungsanlagen zur Lagerung oder Behandlung von Abfällen. § 4 Abs. 1 S. 2 BImSchG schränkt die Anwendbarkeit ein, so dass beispielsweise hoheitliche Einrichtungen (zB von Polizei oder Feuerwehr) keiner Genehmigungspflicht unterliegen.[49]

Der Kreis der immissionsschutzrechtlich genehmigungspflichtigen Anlagen ist begrenzt und durch Gesetz bzw. Verordnung abschließend bestimmt (→ Rn. 31).[50] Aufgrund der **Ermächtigung** in § 4 Abs. 1 S. 3 BImSchG wurden die Anlagen, die einer immissionsschutzrechtlichen Genehmigungspflicht unterliegen, in der 4. BImSchV und der hierzu ergangenen Anlage **abschließend** gesetzlich bestimmt. Nur für diese Anlagen (§ 3 Abs. 5 BImSchG)[51] (→ Rn. 30) wird aufgrund deren potenzieller Eignung zum Hervorrufen schädlicher Umwelteinwirkungen ein Genehmigungserfordernis konstituiert. Ist eine Anlage hingegen in § 1 der 4. BImSchV iVm der Anlage zur 4. BImSchV nicht aufgeführt, so liegt eine **nicht genehmigungsbedürftige Anlage** nach Immissionsschutzrecht vor (→ Rn. 97). Dies bedeutet aber nicht, dass für einen derartigen Anlagentyp gar keine Genehmigungspflicht besteht. Derartige Anlagen unterfallen regelmäßig dem **baurechtlichen Genehmigungsvorbehalt** aus Art. 55 Abs. 1 BayBO (→ Rn. 98). Materiellrechtlich finden auf diese Anlagen die §§ 22–25 BImSchG Anwendung (→ Rn. 99).

Eine immissionsschutzrechtliche Genehmigungspflicht entfällt, wenn eine solche durch eine gleichzeitig erforderlich werdende Planfeststellung ersetzt wird (**Konzentrationswirkung der Planfeststellung**, Art. 75 Abs. 1 S. 1 Hs. 2 BayVwVfG). Dies ist von geringerer Examensrelevanz, da die wasserrechtliche Planfeststellung (§ 68 WHG;

---

49 *Jarass*, BImSchG, § 4 Rn. 34.
50 *Jarass*, BImSchG, § 4 Rn. 4, 17.
51 *Dietlein*, in: Landmann/Rohmer, § 4 BImSchG (Stand: 73. EL August 2014), Rn. 23; *Jarass*, BImSchG, § 4 Rn. 16.

→ § 8 Rn. 79 ff.) im Regelfall nicht in Konkurrenz zu einer immissionsschutzrechtlichen Genehmigung tritt.

37 Die Genehmigungspflicht nach BImSchG besteht nach § 1 Abs. 1 S. 1 der 4. BImSchV, wenn den Umständen nach erwartet werden kann, dass die betreffende Anlage länger als während der zwölf Monate, die auf die Inbetriebnahme folgen, an diesem Ort betrieben wird.[52] S. 2 enthält diesbezügliche Einschränkungen.

38 § 1 der 4. BImSchV regelt, welche Teile einer Anlage bei der Beurteilung der Genehmigungspflichtigkeit in den Blick zu nehmen sind. Dazu rechnen zunächst die für den Betrieb notwendigen Anlagenteile und Verfahrensschritte (**Kernbestand der Anlage**, § 1 Abs. 2 Nr. 1 der 4. BImSchV).[53] Der insoweit maßgebliche Anhang zur 4. BImSchV stellt diesbezüglich auf den jeweiligen Betriebszweck der Anlage ab und gliedert den Anhang entsprechend (Überschriften und Katalogisierung der Anlagen beachten!). § 1 Abs. 2 Nr. 2 der 4. BImSchV erweitert die Genehmigungspflicht auf alle **Nebeneinrichtungen**,"[54] die in einem räumlichen und betriebstechnischen Zusammenhang mit der Kernanlage stehen und für das Entstehen schädlicher Umwelteinwirkungen, die Vorsorge gegen derartige Einwirkungen oder für das Entstehen sonstiger Gefahren, erheblicher Nachteile oder erheblicher Belästigungen von Bedeutung sein können. § 1 Abs. 4 der 4. BImSchV stellt klar, dass, sofern sowohl Kernbestand als auch Nebeneinrichtung gesondert genehmigungspflichtig sind, nur eine Genehmigung zu erteilen ist.

39 Zu beachten ist weiter § 1 Abs. 3 der 4. BImSchV. In Fällen, in denen mehrere Hauptanlagen derselben Art in einem engen räumlichen und betrieblichen Zusammenhang stehen (**gemeinsame Anlage**)[55] und bei einer Gesamtbetrachtung die maßgeblichen Leistungsgrenzen oder Anlagengrößen nach dem Anhang der 4. BImSchV überschreiten, unterliegt diese gemeinsame Anlage der immissionsschutzrechtlichen Genehmigungspflicht. Wann ein solcher Zusammenhang der Anlagen, der zur gemeinsamen Anlage führt, vorliegt, bestimmt § 1 Abs. 3 S. 1 der 4. BImSchV näher. § 1 Abs. 1 S. 4 der 4. BImSchV verlangt für die Annahme einer gemeinsamen Anlage weiter, dass eine gemeinsame Betriebsführung besteht.

40 Relevant ist schließlich § 1 Abs. 5 der 4. BImSchV. Danach gilt in Fällen, in denen eine Anlage durch eine beabsichtigte **Erweiterung** *erstmals* die im Anhang der 4. BImSchV maßgeblichen Leistungsgrenzen oder Anlagengrößen überschreitet, die gesamte Anlage nunmehr der immissionsschutzrechtlichen Genehmigungspflicht unterliegt. Es ist dann nicht lediglich eine Genehmigung für die beabsichtigte Änderung (**Änderungsgenehmigung**) (→ Rn. 80), sondern eine Erstgenehmigung nach BImSchG zu erteilen. Eine bislang vorliegende Baugenehmigung für den bis dato nicht genehmigungsbedürftigen Altbestand wird in diesen Fällen obsolet.

---

52 *Jarass*, BImSchG, § 4 Rn. 31.
53 *Jarass*, BImSchG, § 4 Rn. 63 f.
54 *Jarass*, BImSchG, § 4 Rn. 67–75.
55 *Jarass*, BImSchG, § 4 Rn. 27–30.

§ 2 Abs. 1 S. 1 Nr. 1 f. der 4. BImSchV regeln die Zuordnung der einzelnen Anlagen zu den im BImSchG bzw. der hierzu ergangenen 9. BImSchV geregelten unterschiedlichen Verfahrensarten (**förmliches und vereinfachtes Genehmigungsverfahren**) (→ Rn. 55 ff.). 41

3. Genehmigungsfähigkeit und Genehmigungsvoraussetzungen nach BImSchG

Steht nach dem vorrangigen ersten Prüfschritt fest, dass eine bestimmte Anlage (oder deren Teile) (→ Rn. 34 f.) einer immissionsschutzrechtlichen Genehmigung bedarf (§ 4 Abs. 1 S. 1 BImSchG iVm § 1 der 4. BImSchV und deren Anhang) (→ Rn. 35), so ist im Folgenden deren **Genehmigungsfähigkeit** zu untersuchen. Diese beurteilt sich ausschließlich nach § 6 BImSchG. Insoweit handelt es sich um eine **rechtlich gebundene Entscheidung** (... ist zu erteilen ...).[56] Es handelt sich um eine streng anlagenbezogene Genehmigung (**Realkonzession**).[57] Ein Ermessen kommt der für die Genehmigung zuständigen Behörde hierbei nicht zu. Auch eine Abwägung, wie sie für das Planfeststellungsverfahren (vgl. Art. 72 ff. BayVwVfG) kennzeichnend ist, hat nicht stattzufinden. Dies gilt auch im **förmlichen Genehmigungsverfahren** nach BImSchG. Liegen die Genehmigungsvoraussetzungen des § 6 BImSchG vor, so besitzt der Antragsteller einen Anspruch auf Genehmigung (ggf. unter Festsetzung von Nebenbestimmungen nach § 12 BImSchG). Wird ihm gegenüber die Genehmigung trotz Vorliegens der Genehmigungsvoraussetzungen versagt, so hat der Antragsteller sein Begehren im Wege der Verpflichtungsklage in Gestalt der **Versagungsgegenklage** (§ 42 Abs. 1 2. Alt. VwGO) gerichtlich zu verfolgen (siehe näher zum Rechtsschutz im BImSchG → Rn. 104). 42

§ 6 BImSchG ist aufbautechnisch wie folgt gegliedert. § 6 Abs. 1 Nr. 1 BImSchG schafft die spezifisch **immissionsschutzrechtlichen Anforderungen** und nimmt hierbei auf die in § 5 BImSchG geregelten Grundpflichten des Anlagenbetreibers Bezug (→ Rn. 44 ff.). Besondere Bedeutung kommt hierbei der Beachtung des Schutzgrundsatzes (§ 5 Abs. 1 Nr. 1 BImSchG) (→ Rn. 44) und des Vorsorgegebotes (§ 5 Abs. 1 Nr. 2 BImSchG) (→ Rn. 46) zu. Der weitere in § 6 Abs. 1 Nr. 1 BImSchG enthaltene Verweis auf die Beachtung der Pflichten aus einer aufgrund des § 7 BImSchG erlassenen Rechtsverordnung (dies sind die 12., 13. und 17. BImSchV) spielt in der Prüfung keine Rolle. § 6 Abs. 1 Nr. 2 BImSchG regelt die zu beachtenden Anforderungen aus anderen öffentlich-rechtlichen Vorschriften (→ Rn. 50). Prüfungsrelevant sind beispielsweise solche des Bauplanungs- und Bauordnungsrechts, des Naturschutz- und des Wasserrechts. § 6 Abs. 1 Nr. 2 BImSchG schafft mit der Erstreckung der materiellrechtlich gebotenen Prüfung auf Rechtsbereiche außerhalb des BImSchG auch die Brücke zu der in § 13 BImSchG geregelten **formellen Konzentrationswirkung** der Genehmigung[58] nach BImSchG (→ Rn. 71). 43

---

56 *Jarass*, BImSchG, § 6 Rn. 6.
57 *Dietlein*, in: Landmann/Rohmer, § 6 BImSchG (Stand: 73. EL August 2014), Rn. 7; *Jarass*, BImSchG, § 6 Rn. 4.
58 *Jarass*, BImSchG, § 13 Rn. 1.

a) Schutzgebot/Schutzgrundsatz, § 5 Abs. 1 Nr. 1 BImSchG

44 Ein Anspruch des Anlagenbetreibers besteht nur dann, wenn sichergestellt ist, dass schädliche Umwelteinwirkungen, sonstige Gefahren, erhebliche Nachteile und Belästigungen für die Allgemeinheit und Nachbarschaft nicht hervorgerufen werden können (→ Rn. 17). Mit dem Bezug auf Allgemeinheit und Nachbarschaft wird deutlich, dass hinsichtlich der Beachtung des Schutzgebotes auf den **Einwirkungsbereich der Anlage** abzustellen ist (→ Rn. 27; anders als beim Vorsorgegebot aus § 5 Abs. 1 Nr. 2 BImSchG).[59]

45 In der Praxis und in Klausuren ist das Schutzgebot aus § 5 Abs. 1 Nr. 1 BImSchG (→ Rn. 44) regelmäßig beachtet, wenn die Immissionsgrenzwerte aus dem technischen Regelwerk der **TA Lärm** und **TA Luft** eingehalten sind (→ Rn. 25).[60] Hierbei ist auf den jeweiligen **Immissionsort** (Einwirkungsbereich) (→ Rn. 27) abzustellen. Für diesen ist unter Beachtung einer etwaigen **Vorbelastung** (→ Rn. 22) durch andere emittierende Anlagen die sich ergebende Gesamtbelastung unter Hinzutreten der zu genehmigenden Anlage zu beurteilen.[61] Beim Zusammentreffen unterschiedlicher Nutzungsarten (Stichwort **Gemengelage**) kann eine Mittelwertbildung bei den zur Anwendung gelangenden Grenzwerten der TA Lärm bzw. Luft geboten sein (→ Rn. 24). Die festgelegten Grenzwerte in TA Lärm und TA Luft stellen dabei auf typischerweise hinzunehmende Immissionen ab. Für subjektive Überempfindlichkeiten bleibt im Immissionsschutzrecht kein Raum.

Exkurs: Nachbarbegriff im BImSchG

Da § 5 Abs. 1 Nr. 1 BImSchG den Begriff der Nachbarschaft verwendet und damit auf die Immissionsseite der Anlage verweist, kommt der Vorschrift **drittschützende Wirkung** zu.[62] Nachbarschaft verlangt dabei ein **qualifiziertes Betroffensein** durch die Anlage. Um den Nachbarbegriff zu erfüllen, wird eine engere räumliche und zeitliche Beziehung zum jeweiligen Genehmigungsgegenstand gefordert.[63] Andererseits ist der eigenständige immissionsschutzrechtliche Nachbarbegriff weiter als derjenige im Baurecht (→ § 2 Rn. 170, 398 ff.), wo lediglich der dinglich an einem Grundstück Berechtigte Nachbar sein kann[64] (im Übrigen hängt die Nachbareigenschaft im Baurecht weitestgehend von der jeweiligen Schutznorm ab, auf die der Dritte sich berufen kann → Rn. 108).

Für den **Nachbarbegriff im immissionsschutzrechtlichen Sinne** gilt es folgende Grundsätze zu beachten:[65]

- **Nachbar** ist jeder, der eine besondere persönliche oder sachliche Beziehung zu einem **Ort im Einwirkungsbereich der Anlage** (→ Rn. 30) hat, insbesondere
  - wer Rechte an einer Sache oder Sachgesamtheit (zB Grundstück oder Gewerbebetrieb) im Einwirkungsbereich der Anlage hat (dies gilt auch bei längeren Abwesenheiten oder bloßen Zweitwohnsitzen) oder

---

59 *Jarass*, BImSchG, § 5 Rn. 15 ff.
60 *Jarass*, BImSchG, § 5 Rn. 39 ff.
61 OVG NRW, ZUR 2016, 552 (553, 554); *Jarass*, BImSchG, § 5 Rn. 19.
62 *Dietlein*, in: Landmann/Rohmer, § 5 BImSchG (Stand: 73. EL August 2014), Rn. 114.
63 *Dietlein*, in: Landmann/Rohmer, § 5 BImSchG (Stand: 73. EL August 2014), Rn. 87 f.; *Thiel*, in: Landmann/Rohmer, § 3 BImSchG (Stand: 83. EL Mai 2017), Rn. 20 ff.
64 *Weber/Köppert*, Baurecht, Rn. 424.
65 Vgl. zum Ganzen *Jarass*, BImSchG, § 3 Rn. 38–43.

III. Anlagenbezogenes Immissionsschutzrecht

- wer im Einwirkungsbereich der Anlage (→ Rn. 30) wohnt (auch der Mieter, Pächter, anders als im Baurecht; → § 2 Rn. 170, 419 ff.) oder arbeitet (Arbeitnehmer anderer gewerblicher Betriebe), dh sich nicht nur gelegentlich dort aufhält.[66]
- Nachbar ist auch grds. der **Arbeitnehmer des emittierenden Betriebes**.[67] Das Arbeitsschutzrecht gewährleistet aber nur einen Mindestschutz der **Arbeitnehmer** und keinen Höchstschutz; innerhalb von Fabrikhallen kommt aber nur das Arbeitsschutzrecht zum Tragen, da Emissionen erst auftreten, wenn die betreffenden Erscheinungen sich nicht mehr in geschlossenen Räumen befinden.[68]
- *NICHT* Nachbar ist, wer sich nur zufällig oder gelegentlich, dh ohne besondere Bindungen im Einwirkungsbereich aufhält (zB Kunden, Touristen, Ausflügler).
- **Einwirkungsbereich** (→ Rn. 27) ist die Umgebung einer Anlage, in der die von der Anlage **ausgehenden** Immissionen nach Art, Ausmaß und Dauer noch einen nennenswerten (individualisierbaren) Immissionsbeitrag im Normalbetrieb oder bei Störfällen liefern.[69]
- **Nennenswert** ist ein Immissionsbeitrag, wenn ein Verdacht auf Schädlichkeit im Sinne des § 3 Abs. 1 BImSchG nicht ausgeschlossen werden kann.

b) Vorsorgegebot/Vorsorgegrundsatz, § 5 Abs. 1 Nr. 2 BImSchG

Der in § 5 Abs. 1 Nr. 2 BImSchG geregelte Vorsorgegrundsatz (Vorsorgegebot) knüpft **46** bereits nach seinem Wortlaut an die Emissionsseite der zu genehmigenden Anlage an. Es soll **vorbeugend** verhindert werden, dass schädliche Umwelteinwirkungen entstehen. § 5 Abs. 1 Nr. 2 BImSchG dient daher anders als die Nr. 1 nicht der Abwehr konkreter Gefahren.[70] Dies zugrunde legend wird deutlich, dass § 5 Abs. 1 Nr. 2 BImSchG sich an den jeweiligen Anlagenbetreiber wendet und nicht geeignet ist, Drittschutz zu vermitteln.[71] § 5 Abs. 1 Nr. 2 BImSchG verlangt **Emissionsbegrenzungsmaßnahmen** entsprechend dem Stand der Technik (§ 3 Abs. 6 BImSchG) (→ Rn. 32). Welche Kriterien bei der Beachtung des Standes der Technik Berücksichtigung finden können, bestimmt die Anlage zu § 3 Abs. 6 BImSchG. An dieser Stelle ist auf die Beachtung des Grundsatzes der **Verhältnismäßigkeit** hinzuweisen, wonach Aufwand und Nutzen gegenüberzustellen zu betrachten sind. Die in § 5 Abs. 1 Nr. 2 BImSchG darüber hinaus zu beachtenden Belange des Arbeitsschutzes sind aus prüfungsrechtlicher Sicht zu vernachlässigen.

c) Sonstige Grundpflichten des Betreibers, § 5 Abs. 1 Nr. 3 f., Abs. 3 BImSchG

Die sonstigen in § 5 Abs. 1 bzw. Abs. 3 BImSchG genannten Grundpflichten sind von **47** geringerer Relevanz, sollten aber bekannt sein. § 5 Abs. 1 Nr. 3 BImSchG enthält **abfallbezogene Pflichten** bzgl. Vermeidung, Verwertung und Beseitigung.

§ 5 Abs. 1 Nr. 4 BImSchG verpflichtet den Anlagenbetreiber zur **Energieeinsparung**. **48**

§ 5 Abs. 3 BImSchG normiert **Nachsorgepflichten** für die Zeit nach der erfolgten Be- **49** triebseinstellung. Hierbei wird eine Zustands- und Verhaltensstörerverantwortlichkeit begründet.[72] In Zusammenhang mit der Nachsorgepflicht kann die Behörde zeitlich

---

66 Vgl. *R. P. Schenke*, in: Kopp/W.-R. Schenke, VwGO, § 42 Rn. 104.
67 Vgl. *R. P. Schenke*, in: Kopp/W.-R. Schenke, VwGO, § 42 Rn. 104.
68 Vgl. *Jarass*, BImSchG, § 3 Rn. 37.
69 *Jarass*, BImSchG, § 3 Rn. 33.
70 *Dietlein*, in: Landmann/Rohmer, § 5 BImSchG (Stand: 73. EL August 2014), Rn. 132.
71 BVerwGE 119, 329 (332); OVG NRW, UPR 2011, 33 (34, 35); *Dietlein*, in: Landmann/Rohmer, § 5 BImSchG (Stand: 73. EL August 2014), Rn. 163 mwN.
72 *Jarass*, BImSchG, § 5 Rn. 107.

begrenzt (vgl. § 17 Abs. 4 a S. 2 BImSchG) nachträgliche Anordnungen gestützt auf § 17 Abs. 1 BImSchG erlassen.

d) Andere öffentlich-rechtliche Vorschriften, § 6 Abs. 1 Nr. 2 BImSchG

50 § 6 Abs. 1 Nr. 2 BImSchG fordert als **weitere Genehmigungsvoraussetzung**, dass andere öffentlich-rechtliche Vorschriften und Belange nicht entgegenstehen. Andere öffentlich-rechtliche Vorschriften sind solche, die nicht spezifisch immissionsschutzrechtlicher Natur sind. Derartige Vorschriften werden bereits von § 6 Abs. 1 Nr. 1 BImSchG erfasst. Da die immissionsschutzrechtliche Genehmigung anlagenbezogen ist (vgl. § 3 Abs. 5 BImSchG; → Rn. 30), müssen die in § 6 Abs. 1 Nr. 2 BImSchG in Bezug genommenen Vorschriften **anlagenbezogener Natur** sein. Rein personenbezogene Normen, die beispielsweise an die Zuverlässigkeit des Anlagenbetreibers anknüpfen, haben außer Betracht zu bleiben.[73]

51 Besondere Bedeutung kommt im Rahmen des § 6 Abs. 1 Nr. 2 BImSchG den Normen des **Baurechts** zu. Baurecht und BImSchG beeinflussen sich wechselseitig (**Wechselwirkung**; → Rn. 74). Bei der im Baurecht relevanten Frage der Wahrung des **Gebots der Rücksichtnahme** (insbesondere § 15 BauNVO bzw. §§ 34 Abs. 1 S. 1, 35 Abs. 3 S. 1 Nr. 3 BauGB; → § 2 Rn. 411 ff.) ist die Wertung des § 3 Abs. 1 BImSchG (schädliche Umwelteinwirkungen, näher konkretisiert durch TA Lärm und TA Luft; → Rn. 25) zu berücksichtigen.[74] Das Schutzniveau einzelner Baugebiete beurteilt sich hingegen nach den von der jeweiligen Gemeinde getroffenen planerischen Festsetzungen (typisierende Betrachtungsweise der BauNVO). Auch die TA Lärm nimmt dem folgend auf den in Bebauungsplänen festgelegten Gebietstypus nach der BauNVO Bezug (vgl. Nr. 6.1 der TA Lärm). Eine Genehmigungsbedürftigkeit nach BImSchG (§ 4 Abs. 1 BImSchG iVm §§ 1 f. der 4. BImSchV, Anlage zur 4. BImSchV) indiziert ein *anlagenbezogenes Störpotential*. Eine derartige Anlage ist regelmäßig ein erheblich belästigender Gewerbebetrieb im Sinne von § 6 Abs. 1, § 8 Abs. 1 BauNVO. Dass ein solcher *ausschließlich*[75] in einem Industriegebiet nach § 9 BauNVO untergebracht werden kann, ist damit aber nach hM nicht ausgesagt.[76] In atypischen Fallkonstellationen bleibt hier Raum für die Erteilung von Ausnahmen und Befreiungen (§ 31 BauGB; → § 2 Rn. 246 ff.).[77]

52 Zu beachten gilt es in Bezug auf baurechtliche Bestimmungen weiter, dass das **gemeindliche Einvernehmen** nach § 36 BauGB, sofern ein solches erforderlich ist, auch im immissionsschutzrechtlichen Genehmigungsverfahren einzuholen ist (§ 36 Abs. 1 S. 2 Hs. 1 BauGB; → Rn. 72; → § 2 Rn. 317 ff.).[78] Auch eine etwaige Veränderungssperre (§ 14 BauGB) steht bei Wirksamkeit der Erteilung einer immissionsschutzrechtlichen Genehmigung entgegen.[79]

---

73 Vgl. zum Ganzen *Jarass*, BImSchG, § 6 Rn. 23.
74 *Weber/Köppert*, Baurecht, Rn. 278.
75 *Dietlein*, in: Landmann/Rohmer, § 6 BImSchG (Stand: 73. EL August 2013), Rn. 32.
76 BVerwG, NVwZ 1987, 884 (885).
77 *Dietlein*, in: Landmann/Rohmer, § 6 BImSchG (Stand: 73. EL August 2013), Rn. 32; *Jarass*, BImSchG, § 6 Rn. 33.
78 *Jarass*, BImSchG, § 6 Rn. 34.
79 *Dietlein*, in: Landmann/Rohmer, § 6 BImSchG (Stand: 73. EL August 2013), Rn. 37.

III. Anlagenbezogenes Immissionsschutzrecht

Bauordnungsrechtliche Anforderungen sind nach hM im immissionsschutzrechtlichen Genehmigungsverfahren zu prüfen (str.; → Rn. 74).[80] Dies gilt unabhängig von der Frage, ob in einem Baugenehmigungsverfahren nach dem dort geltenden **Prüfungsmaßstab** (Art. 59 f. BayBO) Bauordnungsrecht zu prüfen wäre (dies ist bei einem Sonderbau nach Art. 2 Abs. 4 BayBO wegen Art. 60 S. 1 Nr. 2 BayBO vollumfänglich der Fall; in Fällen in denen kein Sonderbau vorliegt werden lediglich das Abstandsflächenrecht – Art. 6 BayBO –, örtliche Bauvorschriften im Sinne des Art. 81 Abs. 1 BayBO und beantragte Abweichungen im Sinne von Art. 63 Abs. 1 und Abs. 2 S. 2 BayBO geprüft, Art. 59 S. 1 Nr. 1 lit. b, lit. c und Nr. 2 BayBO; → § 2 Rn. 197 ff.). § 6 Abs. 1 Nr. 2 BImSchG ordnet als vorrangige Vorschrift des Bundesrechts die Prüfung der anlagenbezogenen Vorschriften der BayBO an. Art. 59 und 60 BayBO betreffen hingegen spezifisch das landesrechtlich geregelte baurechtliche Genehmigungsverfahren. 53

In Bezug auf **wasserrechtliche Erfordernisse** nach WHG und BayWG gilt (→ Rn. 74), dass diejenigen wasserrechtlichen Vorschriften, die auf der Grundlage von § 13 BImSchG einem gesonderten Genehmigungsverfahren zugewiesen sind, welches neben die immissionsschutzrechtliche Genehmigung tritt (Bewilligung und gehobene wasserrechtliche Erlaubnis; → § 8 Rn. 31 ff., 57 ff.), dem wasserrechtlichen Verfahren vorbehalten bleiben.[81] Lediglich in Fällen, in denen von vornherein und offensichtlich feststeht, dass eine erforderlich werdende wasserrechtliche Genehmigung nicht erteilt werden kann, kann das **Sachbescheidungsinteresse** für die gesondert zu erteilende immissionsschutzrechtliche Genehmigung versagt und der Antrag bereits aus diesem Grund abgelehnt werden.[82] 54

4. Genehmigungsverfahren/Verfahrensarten
a) Arten von Genehmigungsverfahren

Das Immissionsschutzrecht differenziert zwischen dem **förmlichen** Genehmigungsverfahren (§ 10 BImSchG) und dem in § 19 BImSchG geregelten **vereinfachten** Genehmigungsverfahren (→ Rn. 67) Der Unterschied der beiden vorgesehenen Verfahrensarten liegt darin, dass das förmliche Genehmigungsverfahren ein solches mit **Öffentlichkeitsbeteiligung** (Auslegung der Antragsunterlagen, Geltendmachung von Einwendungen, fakultativer Erörterungstermin) ist, während das vereinfachte Verfahren keine Bürgerbeteiligung vorsieht (vgl. § 19 Abs. 2 BImSchG; → Rn. 67).[83] 55

Zu beachten gilt es allerdings, dass dem Anlagenbetreiber in § 19 Abs. 3 BImSchG die Möglichkeit eröffnet ist, für eine Anlage, für die lediglich ein vereinfachtes Verfahren gesetzlich vorgesehen ist, ein förmliches Genehmigungsverfahren zu beantragen (**Optionsrecht**). Der Vorteil eines förmlichen Verfahrens liegt zum einen in der möglichen Präklusion von erhobenen Einwendungen (§ 10 Abs. 3 S. 5 BImSchG) und zum anderen dem in § 14 BImSchG geregelten Ausschluss von privaten Abwehransprüchen. 56

---

[80] *Dietlein*, in: Landmann/Rohmer, § 6 BImSchG (Stand: 73. EL August 2013), Rn. 38; *Jarass*, BImSchG, § 6 Rn. 40; *Scheidler*, in: Feldhaus, BImSchG, § 6 Rn. 41 ff.
[81] *Dietlein*, in: Landmann/Rohmer, § 6 BImSchG (Stand: 73. EL August 2013), Rn. 39.
[82] *Jarass*, BImSchG, § 6 Rn. 24.
[83] Vgl. *Jarass*, BImSchG, § 19 Rn. 14 ff.

b) Zuordnung zu den Verfahrensarten

57 Die Norm, die die Zuordnung einer Anlage zu der jeweiligen Verfahrensart schafft, ist § 2 Abs. 1 der 4. BImSchV, der im Weiteren auf die Differenzierung im Anhang zur 4. BImSchV Bezug nimmt.[84]

58 Die Zuordnung zu den Verfahrensarten erfolgt dabei nach folgender Übersicht.

Förmliches Verfahren nach § 10 BImSchG	Vereinfachtes Verfahren nach § 19 BImSchG
für in Spalte c des Anhangs zu § 2 Abs. 1 S. 1 Nr. 1 der 4. BImSchV mit dem Buchstaben G gekennzeichneten Anlagen	für in Spalte c des Anhangs zu § 2 Abs. 1 S. 1 Nr. 2 der 4. BImSchV mit dem Buchstaben V gekennzeichnete Anlagen
für Anlagen, die sich aus in Spalte c dieses Anhangs mit dem Buchstaben G und dem Buchstaben V gekennzeichneten Anlagen zusammensetzen sowie	*aber*: förmliches Verfahren nach § 10 BImSchG, wenn beantragt, § 19 Abs. 3 BImSchG
für Anlagen, die in Spalte c des Anhangs mit dem Buchstaben V gekennzeichnet sind und einer UVP-Pflicht unterliegen	

c) Prüfungsrelevante Aspekte des förmlichen Genehmigungsverfahrens

59 Die näheren Voraussetzungen der jeweiligen Genehmigungsverfahren finden sich in der auf der Grundlage von § 10 Abs. 1 S. 3 BImSchG erlassenen 9. BImSchV.

aa) Öffentliche Bekanntmachung und Auslegung

60 Prüfungsrelevant ist im Rahmen des förmlichen Genehmigungsverfahrens insbesondere die öffentliche Bekanntmachung und Auslegung und die hiermit verbundene **Präklusion von Einwendungen** im weiteren behördlichen und einem evtl. sich anschließenden gerichtlichen Verfahren. Diese spielt insbesondere bei **Nachbarrechtsbehelfen** eine große Rolle.

61 § 10 Abs. 3 S. 1, Abs. 4 BImSchG iVm §§ 8 f. der 9. BImSchV beschäftigen sich mit der **öffentlichen Bekanntmachung**. Die Bekanntmachung erfolgt im Amtsblatt der Genehmigungsbehörde und außerdem im Internet oder in Tageszeitungen, die im Bereich des Anlagenstandorts verbreitet sind. Erforderliche Angaben der Bekanntmachung sind in § 10 Abs. 4 BImSchG, § 9 der 9. BImSchV genannt.

62 Im Anschluss sind Antrag und Antragsunterlagen entsprechend den Festlegungen in der öffentlichen Bekanntmachung für die Dauer eines Monats **zur Einsicht für jedermann auszulegen** (§ 10 Abs. 3 S. 2 BImSchG, § 10 der 9. BImSchV). Die Auslegungsfrist ist nach Art. 31 BayVwVfG iVm §§ 187 ff. BGB zu berechnen. Es handelt sich hierbei um eine **Ablauffrist**, dh der erste Tag der Auslegung zählt mit (§ 187 Abs. 2 BGB, § 188 Abs. 2 2. Alt. BGB).[85] Enden kann die Frist nur an einem Werktag (§ 193

---

[84] *Jarass*, BImSchG, § 19 Rn. 6.
[85] *Jarass*, BImSchG, § 10 Rn. 75.

BGB bzw. Art. 31 Abs. 3 BayVwVfG).[86] Weiter gilt es zu beachten, dass im Gegensatz zu einer verkürzten eine längere als die gesetzlich vorgeschriebene Auslegung grds. unschädlich ist.

Zwischen Bekanntmachung des Vorhabens und dem Beginn der Auslegungsfrist soll nach § 9 Abs. 2 der 9. BImSchV eine Woche liegen. Hierbei handelt es sich um eine **bloße Ordnungsvorschrift**, so dass die Nichtbeachtung dieser Frist (Verkürzung) folgenlos bleibt.[87] 63

bb) Einwendungen und Präklusion von Einwendungen

Dritte können während der einmonatigen Auslegung und den sich hieran anschließenden zwei Wochen (Einwendungsfrist nach § 10 Abs. 3 S. 4 BImSchG, Art. 31 BayVwVfG, §§ 187 Abs. 2, 188 Abs. 2 2. Alt. BGB) Einwendungen erheben. Hierbei ist nicht Voraussetzung, dass der Einwendungen erhebende Dritte Nachbar im Sinne des Immissionsschutzrechts ist (→ Rn. 45 f.). **Jedermann** ist einwendungsberechtigt. Da § 10 Abs. 3 S. 4 BImSchG eine Jedermann-Berechtigung schafft, ist nicht Voraussetzung, dass der Einwendungsführer geltend machen muss, gemäß § 42 Abs. 2 VwGO in eigenen Rechten verletzt zu sein. Es genügt insoweit ein substantiierter vorhabenbezogener Tatsachenvortrag.[88] 64

§ 10 Abs. 3 S. 5 BImSchG bestimmt, dass mit Ablauf der Einwendungsfrist (Auslegungsfrist plus zwei Wochen) für das Genehmigungsverfahren alle Einwendungen ausgeschlossen sind, die nicht auf besonderen privatrechtlichen Titeln beruhen (letztere werden ohne rechtliche Erörterung gemäß § 10 Abs. 3 S. 6 BImSchG, § 15 der 9. BImSchV auf den ordentlichen Rechtsweg verwiesen). Ausgehend vom Wortlaut („für das Genehmigungsverfahren") handelt es sich um eine bloße **formelle Präklusion**,[89] dh dass derjenige, der seine Einwendungen außerhalb der Einwendungsfrist erhebt, kein Recht beanspruchen kann, dass sein Vorbringen in einem ggf. stattfindenden **Erörterungstermin** (§ 10 Abs. 6 BImSchG) behandelt und erörtert wird. Der Genehmigungsbehörde ist es aber unbenommen, auch derartige verspätete Einwendungen zu behandeln. 65

Eine **materielle Präklusion** ist mit § 10 Abs. 3 S. 5 BImSchG nicht verbunden.[90] Die materielle Präklusion beschäftigt sich mit der Frage, ob unterlassene Einwendungen in einem späteren gerichtlichen Verfahren unberücksichtigt bleiben können. Für ein evtl. sich anschließendes gerichtliches Verfahren ist aber die Vorschrift des § 5 UmwRG zu beachten, wonach Einwendungen, die erstmals im Rechtsbehelfsverfahren erhoben werden, unberücksichtigt bleiben, wenn die erstmalige Geltendmachung im Rechtsbehelfsverfahren missbräuchlich oder unredlich ist (→ Rn. 69).[91] § 5 UmwRG gilt dabei auch für das förmliche Verfahren nach BImSchG (vgl. § 1 Abs. 1 S. 1 Nr. 2 UmwRG). 66

---

86 *Jarass*, BImSchG, § 10 Rn. 75.
87 *Schmidt/Kahl/Gärditz*, § 7, Rn. 40; *Jarass*, BImSchG, § 10 Rn. 75.
88 Vgl. zum Ganzen *Jarass*, BImSchG, § 10 Rn. 84.
89 *Jarass*, BImSchG, § 10 Rn. 88, 92.
90 *Jarass*, BImSchG, § 10 Rn. 94.
91 *Jarass*, BImSchG, § 10 Rn. 95.

d) Vereinfachtes Verfahren, § 19 BImSchG

67 Für das in § 19 BImSchG geregelte vereinfachte Genehmigungsverfahren ist kennzeichnend, dass eine öffentliche Bekanntmachung, eine öffentliche Auslegung der Antragsunterlagen und ein Erörterungstermin nicht stattfinden (§ 19 Abs. 2 BImSchG). § 19 Abs. 2 BImSchG nennt die Vorschriften, die im vereinfachten Verfahren ausgeschlossen sind. Da eine Beteiligung Dritter im Verfahren nicht vorgesehen ist, scheidet die Annahme eines drittschützenden Charakters der Verfahrensvorschrift aus § 19 BImSchG, 9. BImSchV insoweit aus.[92] Str. bleibt diese Frage allein bei Durchführung eines förmlichen Verfahrens (§ 10 BImSchG, 9. BImSchV; → Rn. 68).

e) Drittschutz von Verfahrensfehlern (im förmlichen Genehmigungsverfahren)

68 Die Vorschriften über das förmliche Genehmigungsverfahren sind insoweit **drittschützend**, als sie die Einbeziehung potenziell Betroffener ins Verfahren regeln und nicht ausgeschlossen werden kann, dass sich der gerügte Verfahrensfehler auf die materiellrechtliche Position des Betroffenen aus § 5 Abs. 1 Nr. 1 BImSchG auswirken kann (→ Rn. 44). Unter diesen Voraussetzungen kann ausgehend vom gerügten Verfahrensmangel eine Klagebefugnis (§ 42 Abs. 2 VwGO) angenommen werden.

69 Alles weitere hierzu regelt § 4 UmwRG. Nach **§ 4 Abs. 1 UmwRG** kann die Aufhebung einer Entscheidung über die Zulässigkeit eines Vorhabens nach § 1 Abs. 1 S. 1 Nr. 1–2 b UmwRG verlangt werden, wenn 1. die erforderliche Umweltverträglichkeitsprüfung oder die erforderliche Vorprüfung des Einzelfalles zur Feststellung der UVP-Pflichtigkeit fehlt, 2. eine erforderliche Öffentlichkeitsbeteiligung im Sinne des § 9 UVPG oder im Sinne von § 10 BImSchG weder durchgeführt noch nachgeholt worden ist (damit auch der Fall, dass verfahrensfehlerhaft ein vereinfachtes statt einem förmlichen Verfahren durchgeführt wurde)[93] oder 3. ein anderer Verfahrensfehler vorliegt, der nicht geheilt worden ist, nach seiner Art und Schwere mit den in den Nr. 1 f. genannten Fällen vergleichbar ist und der betroffenen Öffentlichkeit die Möglichkeit der gesetzlich vorgesehenen Beteiligung am Entscheidungsprozess genommen hat. Gemäß § 4 Abs. 1 a UmwRG gilt für Verfahrensfehler, die nicht unter Abs. 1 fallen, § 46 VwVfG (bzw. Art. 46 BayVwVfG) – die immissionsschutzrechtliche Genehmigung stellt eine rechtlich-gebundene Entscheidung dar (§ 6 BImSchG) –, wobei, wenn sich durch das Gericht nicht aufklären lässt, ob ein Verfahrensfehler nach S. 1 die Entscheidung in der Sache beeinflusst hat, eine Beeinflussung vermutet wird. Gemäß **§ 4 Abs. 3 S. 1 UmwRG** gelten die Abs. 1 f. auch für Rechtsbehelfe von Beteiligten nach § 61 Nr. 1 f. VwGO. Abs. 1 Nr. 3 ist mit der Maßgabe anzuwenden, dass die Aufhebung einer Entscheidung nur verlangt werden kann, wenn der Verfahrensfehler dem Beteiligten die Möglichkeit der gesetzlich vorgesehenen Beteiligung am Entscheidungsprozess genommen hat (§ 4 Abs. 3 S. 2 UmwRG).[94]

---

92 BVerwGE 131, 352 (368 f.); OVG LSA, BauR 2017, 229 (235).
93 *Jarass*, BImSchG, § 19 Rn. 33.
94 Vgl. OVG RP, UPR 2018, 272 (272 f.).

f) **Übersicht über das Genehmigungsverfahren – Gegenüberstellung von förmlichem und vereinfachtem Genehmigungsverfahren**

Förmliches Verfahren	Vereinfachtes Verfahren
Modifizierungen des Verfahrens § 19 Abs. 2 BImSchG, § 24 der 9. BImSchV	
1. Antrag: § 10 Abs. 1 BImSchG, §§ 2 f. der 9. BImSchV; ggf. Antrag nach § 19 Abs. 3 BImSchG (§ 3 S. 2 der 9. BImSchV) §§ 2 f. der 9. BImSchV	1. Antrag: § 10 Abs. 1 BImSchG,
2. Antragsunterlagen: § 10 Abs. 1 S. 2 f., Abs. 2 BImSchG, §§ 4–4 e, § 7 der 9. BImSchV	2. Antragsunterlagen: § 10 Abs. 1 S. 2 f. BImSchG; § 4 Abs. 1 f., §§ 4 a–4 d, § 7 der 9. BImSchV
3. Öffentliche Bekanntmachung des Vorhabens § 10 Abs. 3 S. 1, Abs. 4 BImSchG; §§ 8 f. der 9. BImSchV; Frist aus § 9 Abs. 2 der 9. BImSchV ist bloße Ordnungsvorschrift	entfällt
4. Öffentliche Auslegung des Antrages mit Antragsunterlagen: § 10 Abs. 3 S. 2 BImSchG; Auslegungsfrist ist Ablauffrist, § 10 der 9. BImSchV	entfällt
5. Beteiligung anderer Behörden: § 10 Abs. 5 BImSchG; §§ 11, 13 der 9. BImSchV	3. Beteiligung anderer Behörden: § 10 Abs. 5 BImSchG; § 11 der 9. BImSchV
6. Fakultatives Abhalten eines Erörterungstermins: § 10 Abs. 6 BImSchG; § 12 Abs. 1 S. 2 f., §§ 14–19 der 9.BImSchV	entfällt
7. Entscheidung über Antrag: Genehmigung oder Ablehnung innerhalb von 7 Monaten § 10 Abs. 6 a BImSchG, §§ 20 f. der 9. BImSchV	4. Entscheidung über Antrag: Genehmigung oder Ablehnung innerhalb von 3 Monaten, § 10 Abs. 6 a BImSchG, §§ 20 f. der 9. BImSchV
8. Zustellung und öffentliche Bekanntmachung des Genehmigungsbescheids: § 10 Abs. 7 f. BImSchG, § 21 a S. 1 1. Alt. der 9. BImSchV	5. Zustellung des Genehmigungsbescheids: § 10 Abs. 7 S. 1 BImSchG gesetzlich vorgeschrieben nur an Antragsteller, zweckmäßiger Weise auch an Nachbarn, die Bedenken erhoben haben, öffentliche Bekanntmachung nur auf Antrag, § 21 a S. 1 2. Alt. der 9. BImSchV

5. Wirkungen der immissionsschutzrechtlichen Genehmigung
a) Konzentrationswirkung, § 13 BImSchG

71 Die immissionsschutzrechtliche Genehmigung besitzt Konzentrationswirkung. Es handelt sich ausgehend von § 6 Abs. 1 Nr. 2 BImSchG um eine bloße **formelle Konzentrationswirkung**[95] (→ Rn. 50), dh die Genehmigung schließt die wesentlichen übrigen für die Anlage erforderlichen Genehmigungen (insbesondere die baurechtliche Genehmigung, Art. 55, 68 BayBO)[96] ein (→ Rn. 50 f.) und ersetzt insoweit das gesetzlich vorgeschriebene Verfahren. Das Genehmigungsverfahren ist demnach ausschließlich nach den §§ 10, 19 BImSchG durchzuführen. Da § 13 BImSchG in § 19 Abs. 2 BImSchG nicht ausgeschlossen ist, gilt die formelle Konzentrationswirkung **auch im vereinfachten Genehmigungsverfahren** nach § 19 BImSchG (→ Rn. 55, 67).

72 § 13 BImSchG normiert allerdings Ausnahmen der formellen Konzentrationswirkung. So bleiben insbesondere (prüfungsrelevant) **Planfeststellungen** (die ihrerseits gemäß Art. 75 Abs. 1 BayVwVfG Konzentrationswirkung entfalten) (→ Rn. 36) sowie wasserrechtliche Erlaubnisse und Bewilligungen nach § 8 WHG iVm § 10 WHG von der formellen Konzentrationswirkung unberührt (→ Rn. 54) und werden von der immissionsschutzrechtlichen Genehmigung nicht umfasst. Eine weitere Ausnahme schafft § 36 Abs. 1 S. 2 Hs. 1 BauGB, wonach das **gemeindliche Einvernehmen** auch dann erforderlich ist, wenn in einem anderen Verfahren (hier dem immissionsschutzrechtlichen) über die Zulässigkeit von Bauvorhaben nach §§ 31, 33–36 BauGB entschieden wird (→ § 2 Rn. 317 ff.). Auf die Möglichkeit der fiktiven Einvernehmenserteilung nach § 36 Abs. 2 S. 2 BauGB bzw. die Möglichkeit der Ersetzung eines rechtswidrig verweigerten Einvernehmens (§ 36 Abs. 2 S. 3 BauGB, Art. 67 BayBO) darf an dieser Stelle verwiesen werden.[97] Eine evtl. erforderliche Ersetzung des gemeindlichen Einvernehmens ist dabei von der nach Immissionsschutzrecht zuständigen Behörde (vgl. Art. 1 Abs. 1 Nr. 3 BayImSchG) vorzunehmen.

73 Die materiellrechtlichen Voraussetzungen der berührten **anlagenbezogenen Fachgesetze** bleiben hiervon unberührt. Dies bestätigt § 6 Abs. 1 Nr. 2 BImSchG (→ Rn. 50).

---

95 *Jarass*, BImSchG, § 13 Rn. 1.
96 *Jarass*, BImSchG, § 13 Rn. 4.
97 *Jarass*, BImSchG, § 13 Rn. 12.

Es ergibt sich demnach folgendes Schaubild zur Illustration der **formellen Konzentra-** 74
tionswirkung:

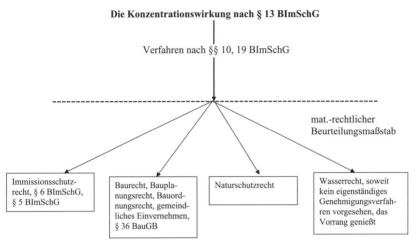

b) Ausschluss privatrechtlicher Abwehransprüche, § 14 BImSchG

Der in § 14 BImSchG geregelte Ausschluss privatrechtlicher, nicht auf besonderen Ti- 75
teln beruhender Ansprüche gilt nur für bestandskräftige Genehmigungen im förmlichen Verfahren. Nach § 19 Abs. 2 BImSchG beansprucht die Norm für Genehmigungen im vereinfachten Verfahren keine Geltung.

c) Erlöschen der Genehmigung

§ 18 Abs. 1 BImSchG sieht zum einen ein Erlöschen der Genehmigung bei verspäteter 76
Errichtung oder Inbetriebnahme vor (Nr. 1) oder aber einer mehr als dreijährigen Betriebsunterbrechung (Nr. 2). Der letztgenannte Tatbestand (mehrjährige Betriebsunterbrechung) ist ein spezifisch immissionsschutzrechtlicher, der im Baurecht nicht analog herangezogen werden darf.[98]

Wird die Genehmigungspflicht nach BImSchG aufgehoben, so erlischt die Genehmi- 77
gung ebenfalls. Nach § 13 BImSchG eingeschlossene Genehmigungen werden hiervon nicht berührt und bleiben wirksam.[99]

IV. Sonderformen der immissionsschutzrechtlichen Genehmigung

1. Teilgenehmigung, § 8 BImSchG

Die **Teilgenehmigung** unterscheidet sich von der **Vollgenehmigung** auf der Grundlage 78
von § 4 BImSchG dadurch, dass nur ein bestimmter Teil der Anlage (entweder Errichtung der Anlage ohne Betrieb oder aber Errichtung und Betrieb nur eines selbständigen Teils einer Anlage) erfasst wird. Die Teilgenehmigung entspricht in ihren Wirkun-

---

98 Vgl. BayVGH, Beschl. v. 7.12.2009 – 15 CS 09.2755, juris, Rn. 13: keine Nutzungsunterbrechung durch Zeitablauf.
99 VGH BW, NVwZ 1991, 393 (394); *Jarass*, BImSchG, § 18 Rn. 21.

gen der Vollgenehmigung.[100] Insbesondere kommt der Teilgenehmigung **Bindungs- und Gestattungswirkung (Baufreigabe)** zu.[101] Die Voraussetzungen für die Erteilung einer Teilgenehmigung bestimmt § 8 Abs. 1 Nr. 1–3 BImSchG. Relevant ist hierbei insbesondere § 8 Abs. 1 Nr. 3 BImSchG, wonach in Bezug auf die Gesamtanlage eine negative Prognose hinsichtlich der Genehmigungsfähigkeit ausgeschlossen sein muss.[102] Dieser Ausschluss einer negativen Prognose bewirkt bezogen auf § 5 Abs. 1 Nr. 1 BImSchG **drittschützende Wirkung** (→ Rn. 44, 108). § 11 BImSchG sieht insoweit eine weit reichende **Präklusionswirkung** vor. Der betroffene Nachbar ist insoweit angehalten, Rechtsbehelfe bereits gegen die Teilgenehmigung zu erheben.

Das zur Anwendung zu bringende **Verfahren** (§ 10 bzw. 19 BImSchG) beurteilt sich nach der jeweils vorliegenden Anlage (→ Rn. 55).[103]

2. Vorbescheid, § 9 BImSchG

79 Nach § 9 BImSchG soll durch den Vorbescheid vorab „über einzelne Genehmigungsvoraussetzungen sowie über den Standort der Anlage entschieden werden". Der Vorbescheid besitzt anders als die Teilgenehmigung **keine Gestattungswirkung** (→ Rn. 78).[104] Er entspricht nicht der Vollgenehmigung. Vielmehr handelt es sich um eine **Auskunftsentscheidung**, vergleichbar dem Vorbescheid im Baurecht gemäß Art. 71 BayBO (→ § 2 Rn. 210 ff.). Bzgl. der im Vorbescheid entschiedenen Frage besteht **Feststellungswirkung**.[105] Die Voraussetzungen für die Erteilung eines Vorbescheides regelt insbesondere § 9 Abs. 1 und 3 BImSchG. Wichtig ist diesbezüglich, dass § 9 Abs. 1 BImSchG verlangt, dass auch die Auswirkungen der Gesamtanlage ausreichend beurteilt werden können.[106] Dies ist insbesondere relevant für die Frage der **Bindungswirkung** des Vorbescheids. Dies ist zwar gesetzlich nicht geregelt, wird aber vorausgesetzt. Die Bindungswirkung reicht lediglich so weit, wie die Anlage Gegenstand der Prüfung war. Da insoweit aber auch ein vorläufiges positives Gesamturteil über die Genehmigungsfähigkeit der Gesamtanlage verlangt wird, entsteht auch insoweit Bindungswirkung (str.).[107] Aufgrund dieser Bindungswirkung ist ein Drittbetroffener regelmäßig gehalten, Rechtsbehelfe bereits gegen einen Vorbescheid einzulegen. Ist ein Vorbescheid bestandskräftig, bestimmt § 11 BImSchG, dass Einwendungen ausgeschlossen sind, die bereits in einem Verfahren für eine Teilgenehmigung oder einen Vorbescheid hätten vorgebracht werden können. Keine Bindungswirkung hingegen entfaltet die Ablehnung eines Vorbescheidsantrages.[108]

---

100 *Dietlein*, in: Landmann/Rohmer, § 8 BImSchG (Stand: 76 EL Mai 2015), Rn. 17 f.
101 *Dietlein*, in: Landmann/Rohmer, § 8 BImSchG (Stand: 76 EL Mai 2015), Rn. 17; *Jarass*, BImSchG, § 8 Rn. 24.
102 *Dietlein*, in: Landmann/Rohmer, § 8 BImSchG (Stand: 76. EL Mai 2015), Rn. 24–28.
103 *Jarass*, BImSchG, § 8 Rn. 19.
104 *Jarass*, BImSchG, § 9 Rn. 1 f.
105 *Jarass*, BImSchG, § 9 Rn. 2.
106 *Jarass*, BImSchG, § 9 Rn. 11.
107 *Jarass*, BImSchG, § 9 Rn. 21.
108 *Storost*, in: Ule/Laubinger/Repkewitz, § 9 Anm. D4.

V. Änderung genehmigungsbedürftiger Anlagen, §§ 15 f. BImSchG

Gemäß § 15 Abs. 1 BImSchG ist die Änderung der Lage, der Beschaffenheit oder des Betriebs einer genehmigungsbedürftigen Anlage, sofern eine Genehmigung nicht beantragt wird, der zuständigen Behörde mind. einen Monat, bevor mit der Änderung begonnen wird, schriftlich oder elektronisch anzuzeigen, wenn sich die Änderung auf die Schutzgüter in § 1 BImSchG auswirken kann. Im Anzeigeverfahren nach § 15 BImSchG wird lediglich die formelle Frage geprüft, ob das Vorhaben einer Änderungsgenehmigung nach § 16 BImSchG bedarf.[109] Erklärt die zuständige Behörde, dass die Änderung keiner Genehmigung bedarf (**Freistellungserklärung**; Rechtsnatur: Verwaltungsakt – beachte insoweit auch die in § 15 Abs. 2 S. 2 2. Alt. BImSchG geregelte Fiktion einer Freistellung), so darf die angezeigte Änderung verfahrensfrei durchgeführt werden.[110] Eine Anordnung nach § 20 Abs. 2 S. 1 BImSchG ist insoweit ausgeschlossen (→ Rn. 93). § 15 Abs. 1 BImSchG besitzt keine drittschützende Wirkung.[111] Auch eine zu Unrecht erfolgte Freistellung kann der Dritte nicht mit Erfolg angreifen. 80

Die Änderung der Lage, der Beschaffenheit oder des Betriebs einer genehmigungspflichtigen Anlage bedarf der **Genehmigung**, wenn durch die Änderung nachteilige Auswirkungen hervorgerufen werden und diese für die Prüfung nach § 6 Abs. 1 Nr. 1 BImSchG erheblich sein können (§ 16 Abs. 1 S. 1 Hs. 1 BImSchG). Dann handelt es sich um eine **wesentliche Änderung** der Anlage. Die Genehmigungsfähigkeit beurteilt sich wie in Fällen der Erstgenehmigung, allerdings beschränkt auf die durch § 6 Abs. 1 Nr. 1 BImSchG aufgeworfenen Fragen. Eine weitere gewisse Modifikation schafft § 6 Abs. 3 BImSchG (Verbesserungsgenehmigung für Altanlagen). 81

Wird eine wesentliche Änderung ohne die hierzu erforderliche Genehmigung vorgenommen, liegen die Voraussetzungen für eine Stilllegungs- bzw. Beseitigungsanordnung nach § 20 Abs. 2 BImSchG vor (→ Rn. 93). 82

VI. Befugnisse im Immissionsschutzrecht (bei genehmigungsbedürftigen Anlagen)

1. Überblick

Das Immissionsschutzrecht kennt für genehmigungsbedürftige Anlagen **fünf Arten von Befugnissen**. Es ergibt sich die nachfolgende Übersicht. Die einzelnen Befugnisse werden im Anschluss gesondert erläutert. 83

---

109 *Jarass*, BImSchG, § 15 Rn. 30.
110 BayVGH, BayVBl. 2006, 154; *Jarass*, BImSchG, § 15 Rn. 38.
111 BVerwG, BayVBl. 2013, 311 (312); *Jarass*, BImSchG, § 15 Rn. 42.

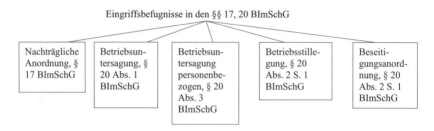

2. Befugnis zum Erlass nachträglicher Anordnungen, § 17 BImSchG

84 **Schema: Rechtmäßigkeit einer nachträglichen Anordnung gemäß § 17 BImSchG**
I. Rechtsgrundlage: § 17 BImSchG (Vorbehalt des Gesetzes)
II. Formelle Rechtmäßigkeit
  1. Zuständigkeit, Art. 1 Abs. 1, Abs. 2 S. 1 BayImSchG
  2. Verfahren, Anhörung, Art. 28 Abs. 1 BayVwVfG
  3. Form, Art. 37 Abs. 1 BayVwVfG
III. Materielle Rechtmäßigkeit
  1. Tatbestand der Rechtsgrundlage: Anordnung nach Genehmigungserteilung zur Erfüllung gesetzlicher Pflichten gemäß Rechtslage im Entscheidungszeitpunkt; kein Bestandsschutz im BImSchG!
  2. Rechtsfolge: Ermessen; bei Verstoß gegen § 5 Abs. 1 Nr. 1 BImSchG (Schutzgrundsatz) eingeschränktes Ermessen („soll")
  3. Verhältnismäßigkeit: näher konkretisiert durch § 17 Abs. 2 und 3 a BImSchG

85 § 17 BImSchG, der die Befugnis zum Erlass nachträglicher Anordnungen vorsieht, korrespondiert mit den Betreiberpflichten aus § 5 BImSchG (→ Rn. 43). Diese sind **dynamisch** angelegt und erfordern eine permanente Kontrolle der jeweiligen Genehmigungssituation.[112] **Bestandsschutz** ist ein dem Immissionsschutzrecht fremdes Rechtsinstitut. Bei Verstößen gegen materiellrechtliche Vorgaben des Immissionsschutzes (keine Verstöße auf der Grundlage von Rechtsmaterien außerhalb des BImSchG, dh aus Normen, die lediglich auf der Grundlage von § 6 Abs. 1 Nr. 2 BImSchG im immissionsschutzrechtlichen Verfahren zu prüfen sind) ermöglicht § 17 Abs. 1 BImSchG nachträgliche Anordnungen. Diesbezüglich liegt eine abschließende spezifisch immissionsschutzrechtliche Befugnisnorm vor, die Art. 7 Abs. 2 LStVG regelmäßig verdrängt.[113] Für den Anwendungsbereich des LStVG verbleiben insoweit nur Sofortmaßnahmen bei Gefahr im Verzug (→ § 4 Rn. 398 ff.). Ziel des § 17 BImSchG ist die nachträgliche Anpassung der Anlage an einen veränderten technischen Stand. Im Anwendungsbereich des LStVG verbleiben hingegen unaufschiebbare Maßnahmen, die dem Schutz der von der Anlage Betroffenen dienen. Es handelt sich ausgehend von der Zielsetzung des LStVG um Maßnahmen der Gefahrenabwehr.

86 § 17 Abs. 1 S. 1 BImSchG eröffnet der zuständigen Behörde grds. ein Ermessen, welches sich unter den Voraussetzungen des § 17 Abs. 1 S. 2 BImSchG zur Soll-Vorschrift verengt. Einschränkungen enthält § 17 Abs. 3 BImSchG.[114]

---

112 Vgl. *Jarass*, BImSchG, § 17 Rn. 2.
113 *Hansmann/Ohms*, in: Landmann/Rohmer, § 17 BImSchG (Stand: 72. EL April 2014), Rn. 40 mwN.
114 Vgl. hierzu *Jarass*, BImSchG, § 17 Rn. 58 ff.

VI. Befugnisse im Immissionsschutzrecht (bei genehmigungsbedürftigen Anlagen)

Liegt ein Verstoß gegen eine nachbarschützende Vorschrift (§ 5 Abs. 1 Nr. 1 BImSchG) (→ Rn. 44 f.) durch eine genehmigt betriebene Anlage vor, hat der betroffene Dritte regelmäßig einen Anspruch auf Erlass einer nachträglichen Anordnung[115] (Anspruch auf immissionsschutzrechtliches Einschreiten, vergleichbar dem Anspruch des Nachbarn auf bauaufsichtliches Einschreiten; → § 2 Rn. 398, 418).

87

3. Untersagung, Stilllegung oder Beseitigung einer genehmigungspflichtigen Anlage, § 20 BImSchG

§ 20 BImSchG schafft als **weitergehende Befugnisnorm** die Voraussetzungen für eine Untersagung (a), Stilllegung (b) oder Beseitigung (b) einer genehmigungspflichtigen Anlage.

88

a) Betriebsuntersagung gemäß § 20 Abs. 1 und 3 BImSchG

Schema: Rechtmäßigkeit einer Betriebsuntersagung

I. Rechtsgrundlage: § 20 Abs. 1 bzw. Abs. 3 BImSchG (Vorbehalt des Gesetzes)
II. Formelle Rechtmäßigkeit
  1. Zuständigkeit: Art. 1 Abs. 1, Abs. 2 S. 1 BayImSchG
  2. Verfahren: Anhörung, Art. 28 Abs. 1 BayVwVfG
  3. Form: Art. 37 Abs. 1 BayVwVfG
III. Materielle Rechtmäßigkeit
  1. Tatbestand der Rechtsgrundlage:
    – bei § 20 Abs. 1 BImSchG: Verstoß gegen echte Auflage gemäß § 12 BImSchG bzw. vollziehbare (§ 80 Abs. 2 Nr. 4 VwGO bzw. Bestandskraft) nachträgliche Anordnung (§ 17 BImSchG) oder eine Rechtspflicht aus einer Verordnung gemäß § 7 BImSchG (12., 13. oder 17. BImSchV)
    – bei § 20 Abs. 3 BImSchG: personenbezogene Anordnung aufgrund Unzuverlässigkeit
  2. Rechtsfolge: Ermessen
  3. Verhältnismäßigkeit

89

Die Betriebsuntersagung nach § 20 Abs. 1 BImSchG setzt voraus, dass der Anlagenbetreiber einer Auflage (§ 12 BImSchG, **echte Auflage**), einer vollziehbaren (Bestandskraft oder angeordneter Sofortvollzug, § 80 Abs. 2 Nr. 4 VwGO) nachträglichen Anordnung (§ 17 BImSchG) oder einer abschließend bestimmten Pflicht aus einer Rechtsverordnung nach § 7 BImSchG (12., 13. oder 17. BImSchV) nicht nachkommt (→ Rn. 85). Ob die *Nebenbestimmung oder nachträgliche Anordnung rechtmäßig* ist, ist zunächst *ohne Relevanz*, da das Gesetz auf die **Vollziehbarkeit** (diese wiederum verlangt nur eine Wirksamkeit der Anordnung, vgl. Art. 43 Abs. 3 BayVwVfG) abstellt.[116] Der Erlass der Betriebsuntersagung liegt im Ermessen der zuständigen Behörde.

90

§ 20 Abs. 3 BImSchG schafft eine Anordnungsbefugnis, die dem BImSchG wesensfremd an die persönliche Zuverlässigkeit des Anlagenbetreibers (→ Rn. 30 f.) anknüpft.

91

---

115 *Hansmann/Ohms*, in: Landmann/Rohmer, § 17 BImSchG (Stand: 72. EL April 2014), Rn. 293; *Storost*, in: Ule/Laubinger/Repkewitz, § 17 Anm. H6.
116 *Jarass*, BImSchG, § 20 Rn. 11.

b) Betriebsstillegung und Beseitigungsanordnung gemäß § 20 Abs. 2 BImSchG

92 Schema: Rechtmäßigkeit einer Anordnung nach § 20 Abs. 2 BImSchG
  I. Rechtsgrundlage: § 20 Abs. 2 BImSchG (Vorbehalt des Gesetzes)
  II. Formelle Rechtmäßigkeit
   1. Zuständigkeit: Art. 1 Abs. 1, Abs. 2 S. 1 BayImSchG
   2. Verfahren: Anhörung, Art. 28 Abs. 1 BayVwVfG, bei Gefahr im Verzug entbehrlich gemäß Art. 28 Abs. 2 Nr. 1 BayVwVfG
   3. Form: Art. 37 Abs. 1 BayVwVfG
  III. Materielle Rechtmäßigkeit
   1. Tatbestand der Rechtsgrundlage: formelle Illegalität der Anlage (Genehmigungspflicht bei fehlender Genehmigung; nicht fehlende Vollziehbarkeit der Genehmigung)
   2. Rechtsfolge: Eingeschränktes Ermessen; Soll-Vorschrift, § 20 Abs. 2 S. 1 BImSchG
   3. Verhältnismäßigkeit (atypischer Fall); Betriebsstilllegung als milderes Mittel?

93 Für **Stilllegung** und **Beseitigung** einer Anlage gemäß § 20 Abs. 2 BImSchG verengt sich das in § 20 Abs. 1 BImSchG normierte Ermessen zur **Soll-Vorschrift**. Vorausgesetzt wird für beide Maßnahmentypen in Abweichung zum Baurecht (dort differenzierte Voraussetzungen für Baueinstellung, Nutzungsuntersagung und Baubeseitigung, Art. 75 f. BayBO; → § 2 Rn. 361 ff.) die bloße **formelle Illegalität**,[117] dh die Errichtung und der Betrieb ohne die erforderliche immissionsschutzrechtliche Genehmigung. Erfasst wird aber nur der genehmigungslose Zustand, nicht aber eine evtl. fehlende Vollziehbarkeit der Genehmigung aufgrund der Einlegung eines Rechtsbehelfs eines Dritten.[118] Bestehen Anhaltspunkte dafür, dass die Anlage materiell genehmigungsfähig ist, steht einer Beseitigung der Grundsatz der Verhältnismäßigkeit entgegen (atypische Fallkonstellation). Auch ist stets zu prüfen, ob eine Betriebsstilllegung nicht milderes Mittel gegenüber der Beseitigung als Substanzeingriff ist.

94 Maßnahmen nach § 20 Abs. 1 f. BImSchG weisen einen **Anlagenbezug** auf und wirken daher auch gegen einen eventuellen Erwerber der Anlage fort (allgemein zur Rechtsnachfolge im Polizei- und Sicherheitsrecht → § 4 Rn. 241).

95 § 20 Abs. 3 BImSchG schafft eine Anordnungsbefugnis, die dem BImSchG wesensfremd an die persönliche Zuverlässigkeit des Anlagenbetreibers (→ Rn. 30 f.) anknüpft.

96 § 20 Abs. 1 f. BImSchG werden als (partiell) **drittschützende Vorschriften** gesehen (anders § 20 Abs. 3 BImSchG). Ein **Anspruch auf immissionsschutzrechtliches Einschreiten** besteht für den Dritten regelmäßig dann, wenn er sich auf eine im Einzelfall verletzte drittschützende Norm (§ 5 Abs. 1 Nr. 1 BImSchG; → Rn. 44) berufen kann und nachweisbar materielle Schutzpflichten verletzt sind.[119] Ansonsten verbleibt es bei einem Anspruch auf ermessensfehlerfreie Entscheidung über das begehrte Einschreiten.

---

117 *Jarass*, BImSchG, § 20 Rn. 44.
118 BVerwG, NVwZ 1992, 570.
119 BayVGH, Beschl. v. 12.3.2014 – 22 ZB 13.2382, juris, Rn. 8; *Jarass*, BImSchG, § 20 Rn. 22.

VII. Nicht nach Immissionsschutzrecht genehmigungsbedürftige Anlagen, §§ 22 ff. BImSchG

Für nicht genehmigungsbedürftige Anlagen gelten die §§ 22–25 BImSchG. Nicht genehmigungsbedürftig ist eine Anlage, wenn sie zwar den Begriff einer Anlage nach § 3 Abs. 5 BImSchG erfüllt (→ Rn. 30), aber nicht den Genehmigungsvorbehalt aus § 4 BImSchG iVm der 4. BImSchV (Anlage) (→ Rn. 34 f.) erfüllt. 97

Die Genehmigungsfreiheit nach BImSchG besagt nicht, dass für die Anlage gar kein Genehmigungserfordernis besteht. Es wird ausschließlich von der Genehmigungspflicht nach BImSchG freigestellt.[120] Regelmäßig wird eine solche Anlage dem **Genehmigungsvorbehalt aus Art. 55 Abs. 1 BayBO** unterliegen und einer Baugenehmigung bedürfen.[121] 98

Die **Betreiberpflichten** für nicht genehmigungsbedürftige Anlagen finden sich in § 22 BImSchG. Es bestehen hier gewisse Unterschiede zu den Betreiberpflichten für genehmigungspflichtige Anlagen aus § 5 BImSchG. So gilt zwar das Schutzprinzip gemäß § 22 Abs. 1 Nr. 1 f. BImSchG (→ Rn. 44). Eine § 5 Abs. 1 Nr. 2 BImSchG vergleichbare **Vorsorgepflicht** (→ Rn. 46) ist bei nicht genehmigungspflichtigen Anlagen **unbekannt**.[122] Zu beachten gilt es, dass die **Grundpflichten aus § 22 BImSchG** im bauaufsichtlichen Genehmigungsverfahren keine Berücksichtigung finden. Dies gilt sowohl im Genehmigungsverfahren nach Art. 59 BayBO (vereinfachtes Verfahren) als auch im Verfahren nach Art. 60 BayBO. Ein Fall des Art. 59 S. 1 Nr. 3 bzw. 60 S. 1 Nr. 3 BayBO liegt insoweit nicht vor. 99

§ 22 Abs. 1 Nr. 1 f. BImSchG werden grds. **drittschützende Wirkung** beigemessen.[123] § 22 Abs. 1 Nr. 3 BImSchG stellt *keine* Drittschutz vermittelnde Vorschrift dar.[124] Relevanz besitzt dies für die Anordnungsbefugnisse in §§ 24 f. BImSchG (→ Rn. 101). 100

§ 24 BImSchG erlaubt als **Befugnisnorm** anlagenbezogene Anordnungen gegen den Anlagenbetreiber zur Durchsetzung der Verpflichtungen aus § 22 BImSchG. Der zuständigen Behörde wird hierbei Ermessen eingeräumt. Ein Dritter (Nachbar) hat einen gerichtlich durchsetzbaren Anspruch auf immissionsschutzrechtliches Einschreiten, wenn eine seinen Schutz bezweckende **drittschützende Norm** (§ 22 Abs. 1 S. 1 Nr. 1 f. BImSchG) verletzt ist und das der zuständigen Behörde zustehende Ermessen auf Null reduziert ist.[125] Andernfalls besteht für den Dritten lediglich ein Anspruch auf ermessensfehlerfreie Entscheidung. 101

§ 25 BImSchG schafft als weitergehende Maßnahme die Voraussetzungen für eine **Betriebsuntersagung**. Abs. 1 der Vorschrift sieht diese als **vorläufige Maßnahme** in Fällen vor, in denen einer vollziehbaren Anordnung gemäß § 24 BImSchG zuwidergehandelt wird. § 25 Abs. 2 BImSchG eröffnet die Möglichkeit einer auch dauerhaften Untersagung der Errichtung bzw. des Betriebs, wenn die von der Anlage ausgehenden schädli- 102

---

120 *Jarass*, BImSchG, § 22 Rn. 64.
121 Vgl. insoweit *Heilshorn/Sparwasser*, in: Landmann/Rohmer, vor § 22 (Stand: 77. EL August 2015), Rn. 53.
122 BVerwG, NVwZ-RR 2000, 90 (90); NdsOVG, NVwZ-RR 2010, 916 (918); *Jarass*, BImSchG, § 22 Rn. 22.
123 BVerwGE 74, 315 (327); *Czajka*, in: Feldhaus, BImSchG, § 22 Rn. 79.
124 *Heilshorn/Sparwasser*, in: Landmann/Rohmer, § 22 BImSchG (Stand: 77. EL August 2015), Rn. 92.
125 *Jarass*, BImSchG, § 22 Rn. 65.

chen Umwelteinwirkungen das Leben oder die Gesundheit von Menschen oder Sachwerten (konkret) gefährden. Die Norm des § 25 Abs. 2 BImSchG ist dabei als Soll-Vorschrift ohne behördliches Ermessen ausgestaltet.

103 §§ 24 f. BImSchG entfalten nach hM keine Sperrwirkung im Hinblick auf die sicherheitsrechtliche Generalklausel in Art. 7 Abs. 2 LStVG.[126]

VIII. Besonderheiten des Rechtsschutzes im Immissionsschutzrecht (in Abgrenzung insbesondere zum Baurecht)

104 Im Hinblick auf den in immissionsschutzrechtlichen Angelegenheiten gebotenen Rechtsschutz ist zwischen dem Anlagenbetreiber (→ Rn. 105 ff.) und einem Dritten (Nachbar, → Rn. 108 ff.) zu differenzieren.

1. Anlagenbetreiber

105 Wird einem Anlagenbetreiber die beantragte Genehmigung versagt, so muss er sich hiergegen gerichtlich im Wege einer Verpflichtungsklage in Gestalt der **Versagungsgegenklage** (§ 42 Abs. 1 2. Alt. VwGO) zur Wehr setzen. Besitzt der Anlagenbetreiber einen Anspruch auf die Genehmigung, so liegt **Spruchreife** im Sinne von § 113 Abs. 5 S. 1 VwGO vor, da § 6 BImSchG unter den dort genannten Voraussetzungen eine **rechtlich gebundene Entscheidung** schafft (→ Rn. 42).

106 Wird einem Anlagenbetreiber die Genehmigung unter der Hinzufügung von **Nebenbestimmungen** (§ 12 BImSchG) erteilt, ist zunächst zu klären, ob die angefügte Nebenbestimmung von der zugrunde liegenden Genehmigung gedanklich abgetrennt werden kann, ohne dass ein vollständig sinnentleerter Rest-Verwaltungsakt verbleibt.[127] Regelmäßig wird dies der Fall sein, so dass es nach hM nicht mehr darauf ankommt, welche Form einer Nebenbestimmung (vgl. § 12 Abs. 1 BImSchG bzw. Art. 36 Abs. 1 bzw. 2 BayVwVfG) konkret vorliegt. In all diesen Fällen ist die Nebenbestimmung isoliert angreifbar, und zwar mittels einer **Anfechtungsklage** gemäß § 42 Abs. 1 1. Alt. VwGO. Materiellrechtlich gilt es, in diesen Fällen Art. § 12 Abs. 1 S. 1 BImSchG zu beachten, da die immissionsschutzrechtliche Genehmigung eine **gebundene Entscheidung** darstellt (§ 6 Abs. 1 BImSchG) (→ Rn. 42). Die Klage ist demnach begründet, wenn der Anlagenbetreiber einen Anspruch auf die Genehmigung ohne die angefochtene Nebenbestimmung besitzt.

107 Anordnungen nach §§ 17, 20, 24 f. BImSchG sind ebenfalls vom Anlagenbetreiber gerichtlich im Wege der Anfechtungsklage anzugreifen.

2. Nachbar/Dritter

108 Derjenige, der Nachbar im Sinne des Immissionsschutzrechtes ist (→ Rn. 44), kann sich gegen eine dem Anlagenbetreiber erteilte Genehmigung mit der **(Dritt-)Anfechtungsklage** zur Wehr setzen. Es bedarf für den Erfolg einer derartigen Klage aber wie

---

126 *Jarass*, BImSchG, § 24 Rn. 2, § 25 Rn. 18; aA *Sparwasser/Heilshorn*, in: Landmann/Rohmer, § 24 BImSchG (Stand: 77. EL August 2015), Rn. 20.
127 Zur isolierten Anfechtbarkeit von Nebenbestimmungen vgl. *Ramsauer*, in: Kopp/ders., VwVfG, § 36 Rn. 88–90.

im Baurecht der Verletzung des jeweiligen Klägers in einer ihn schützenden Norm (**Schutznormtheorie**).[128] Im Immissionsschutzrecht ist dies insbesondere § 5 Abs. 1 Nr. 1 BImSchG (bei genehmigungsbedürftigen Anlagen; → Rn. 44 f.). Die bloße objektive Rechtswidrigkeit der erteilten Genehmigung genügt hingegen nicht für einen Klageerfolg.

Im **einstweiligen Rechtsschutz** ergeben sich Abweichungen zum Baurecht. Dies insbesondere aufgrund der Tatsache, dass dem Immissionsschutzrecht eine § 212a BauGB vergleichbare Rechtsvorschrift fehlt. Damit verbleibt es bei der Grundregel des § 80 Abs. 1 VwGO, wonach der Anfechtungsklage eines Dritten **aufschiebende Wirkung** zukommt. Will der Anlagenbetreiber seine Genehmigung vor rechtskräftiger Entscheidung des Gerichts über den Nachbar-Rechtsbehelf umsetzen, so muss er einen Antrag nach §§ 80a Abs. 3 S. 1, Abs. 1 Nr. 1 VwGO, gerichtet auf **Anordnung der sofortigen Vollziehung** der immissionsschutzrechtlichen Genehmigung stellen. Anders als im Baurecht, wo aufgrund des gesetzlich angeordneten Sofortvollzugs (§ 212a BauGB) der *Nachbar* gemäß §§ 80a Abs. 3 S. 1, Abs. 1 Nr. 2 VwGO um vorläufigen Rechtsschutz nachsuchen muss, ist im Immissionsschutzrecht der Anlagenbetreiber auf die Inanspruchnahme gerichtlichen Eilrechtsschutzes gemäß §§ 80a Abs. 3 S. 1, Abs. 1 Nr. 1 VwGO zu verweisen. 109

In Fällen nicht genehmigungsbedürftiger Anlagen nach BImSchG verbleibt dem Dritten nur die Geltendmachung eines **Anspruchs auf immissionsschutzrechtliches Einschreiten** (im Wege der **Verpflichtungsklage** oder **Untätigkeitsklage**, § 75 VwGO), gestützt auf die drittschützenden Normen aus § 22 Abs. 1 Nr. 1 f. BImSchG. Hier gilt ähnlich wie im Baurecht (Anspruch auf bauaufsichtliches Einschreiten), dass zugunsten des Dritten eine Ermessensreduktion auf Null gegeben ist (→ Rn. 96). 110

IX. Verhaltensbezogenes Immissionsschutzrecht

§ 2 BImSchG stellt klar, dass ausgehend von der dem BImSchG zugrundeliegenden Gesetzgebungskompetenz (Art. 74 Abs. 1 Nr. 24 GG) **rein verhaltensbezogene Umwelteinwirkungen** von den Bestimmungen des BImSchG und den hierzu erlassenen Rechtsverordnungen *nicht* erfasst werden (→ Rn. 5 f.). Diesbezüglich besteht nach Art. 70 GG eine Gesetzgebungskompetenz der Länder, von der Bayern mit dem Erlass des **BayImSchG** und dort den Art. 12 und 14 Gebrauch gemacht hat (→ Rn. 6). Die erlassenen Vorschriften erfassen dabei Verhaltensweisen, die durch die personenbezogene Verursachung von Lärm oder Luftverunreinigungen stören. 111

Art. 12 BayImSchG erfasst dabei in den Abs. 1–3 näher bestimmten **unnötigen Motorenlärm**. Art. 14 BayImSchG ermächtigt die Gemeinden zum Erlass von **Verordnungen** über die zeitliche Beschränkung ruhestörender Haus- und Gartenarbeiten, über die Benutzung von Musikinstrumenten, Tonübertragungs- und Tonwiedergabegeräten sowie über das Halten von Haustieren. Das Verfahren zum Erlass einer derartigen gemeindlichen Verordnung richtet sich nach den Art. 42 ff. LStVG (→ § 4 Rn. 408 ff.). 112

---

[128] *R. P. Schenke*, in: Kopp/W.-R. Schenke, VwGO, § 42 Rn. 83 f.

X. Zuständigkeiten im Immissionsschutzrecht

113 Die Festlegung von Zuständigkeiten ist Aufgabe des jeweiligen Landesrechts (→ Rn. 6).[129] Zwischen sachlicher und örtlicher Zuständigkeit ist zu differenzieren. Für den Bereich des Immissionsschutzrechts gelten bzgl. der **sachlichen Zuständigkeit** insoweit die Art. 1–8 a BayImSchG. Prüfungsrelevant sind diesbezüglich nur die Art. 1 f. BayImSchG. Nach Art. 1 Abs. 1 Nr. 3 BayImSchG ist Genehmigungsbehörde für eine genehmigungsbedürftige Anlage nach BImSchG (vgl. § 10 Abs. 5 S. 1 BImSchG) grds. die Kreisverwaltungsbehörde (vgl. Art. 37 Abs. 1 S. 2 LKrO), sprich das Landratsamt. Eine kreisfreie Stadt (Art. 9 Abs. 1 GO) ist ebenfalls zuständige Genehmigungsbehörde. Für die Großen Kreisstädte (Art. 9 Abs. 2 GO) wird insoweit in der GrKrV keine Zuständigkeit in immissionsschutzrechtlichen Angelegenheiten begründet. Nach Art. 1 Abs. 2 S. 1 BayImSchG erstreckt sich die Zuständigkeit aus Art. 1 Abs. 1 BayImSchG auch auf sonstige Amtshandlungen (insbesondere nach §§ 17, 20 BImSchG).

114 Nach Art. 2 Abs. 1 BayImSchG ist die Kreisverwaltungsbehörde gleichfalls sachlich zuständig für den Erlass von Anordnungen nach §§ 24 f. BImSchG im Falle des Vorliegens einer nicht nach Immissionsschutzrecht genehmigungsbedürftigen Anlage.

115 Für die **örtliche Zuständigkeit** gilt die allgemeine Bestimmung in Art. 3 Abs. 1 Nr. 1 BayVwVfG.[130]

XI. Kontrollfragen

1. Auf welcher gesetzgeberischen Kompetenz wurde das BImSchG erlassen? → Rn. 4
2. Welche Materien sind im BayImSchG geregelt? → Rn. 13
3. Was versteht man unter schädlichen Umwelteinwirkungen? → Rn. 17
4. Was ist eine Anlage im immissionsschutzrechtlichen Sinne? → Rn. 30 f.
5. Worin liegt der Unterschied zwischen Emissionen und Immissionen? → Rn. 27 f.
6. Welche Rechtsnatur haben TA Lärm und TA Luft? → Rn. 25
7. Aufgrund welcher Vorschrift im BImSchG wurden TA Lärm und TA Luft erlassen? → Rn. 25
8. Wann ist eine Anlage genehmigungspflichtig nach BImSchG? → Rn. 34 f.
9. Welche Grundpflichten hat eine immissionsschutzrechtlich genehmigungspflichtige Anlage zu beachten? → Rn. 43
10. Was versteht man unter dem Schutzgebot? → Rn. 44 f.
11. Was besagt das Vorsorgeprinzip? Wo ist es geregelt? → Rn. 46
12. Wer ist Nachbar im immissionsschutzrechtlichen Sinne? → Rn. 45
13. Worin liegen die Unterschiede zum baurechtlichen Nachbarbegriff? → Rn. 45
14. Welche Normen für genehmigungspflichtige Anlagen vermitteln Drittschutz? → Rn. 44
15. Welche Arten von Verfahren unterscheidet das BImSchG im Bereich der genehmigungsbedürftigen Anlagen? → Rn. 55

---

[129] *Jarass*, BImSchG, Einl. Rn. 47.
[130] *Jarass*, BImSchG, Einl. Rn. 48.

16. Worin liegen die Unterschiede der einzelnen Verfahrensarten? → Rn. 55, 67, 70
17. Was versteht man unter formeller Präklusion? → Rn. 65
18. Handelt es sich bei der Genehmigung nach BImSchG um eine rechtlich gebundene Entscheidung? → Rn. 42
19. Unter welchen Voraussetzungen hat der Anlagenbetreiber einen Anspruch auf Genehmigungserteilung? → Rn. 42 f.
20. Was versteht man unter einer formellen Konzentrationswirkung? Wo ist diese geregelt? → Rn. 71, 74
21. Welchen gerichtlichen Rechtsbehelf muss ein Anlagenbetreiber im Falle der Versagung der immissionsschutzrechtlichen Genehmigung ergreifen? → Rn. 42, 105
22. Mit welchem Rechtsbehelf muss ein Dritter (Nachbar) gegen eine erteilte immissionsschutzrechtliche Genehmigung gerichtlich vorgehen? → Rn. 108
23. Kommt der Klage eines Dritten (Nachbar) aufschiebende Wirkung zu? (→ Rn. 109)
24. Wer muss im Falle der Klage eines Dritten (Nachbar) um vorläufigen Rechtsschutz nachsuchen? → Rn. 109
25. Wann liegt eine nicht genehmigungsbedürftige Anlage nach BImSchG vor? → Rn. 97
26. Welche Folgen hat die Genehmigungsfreiheit nach BImSchG? → Rn. 98
27. Welche Grundpflichten sind von einer nicht genehmigungsbedürftigen Anlage nach BImSchG zu erfüllen? → Rn. 99
28. Können diese in einem bauaufsichtlichen Verfahren Berücksichtigung finden? → Rn. 99
29. Welchen gerichtlichen Rechtsschutz muss ein Dritter bei Nichtbeachtung der Grundpflichten für nicht genehmigungsbedürftige Anlagen ergreifen? → Rn. 101
30. Welche Zuständigkeiten gelten im Bereich des Immissionsschutzrechtes? Wo sind diese geregelt? → Rn. 113–115

XII. Literatur

Feldhaus (Hrsg.), Bundesimmissionsschutzrecht, Kommentar, Bd. I: BImSchG, Loseblattsammlung (Stand: April 2017); *Jarass*, BImSchG, Kommentar, 12. Aufl. 2017; *Kloepfer*, Umweltrecht, 4. Aufl. 2016; Beckmann/Durner/Mann/Röckinghausen (Hrsg.), Landmann/Rohmer, Umweltrecht, Kommentar, Bd. III: BImSchG, Loseblattsammlung (Stand: Juli 2017); *Schmidt/Kahl/Gärditz*, Umweltrecht, 10. Aufl. 2017; *Ule/Laubinger/Repkewitz*, Bundes-Immissionsschutzgesetz, Kommentar, Loseblattsammlung (Stand: Februar 2018).

§ 8 Grundzüge des Wasserrechts

Julia von Engel

I. Rechtsgrundlagen	2
II. Systematik	5
III. Examensbedeutung	8
IV. Gewässereinwirkung und Zulassung – Übersicht	9
V. Gewässereinwirkung und Zulassung – im Einzelnen	16
1. Anwendbarkeit von WHG und BayWG	16
a) Gewässer im Sinne von WHG und BayWG	17
b) Ausschluss nach § 2 Abs. 2 WHG, Art. 1 Abs. 2 BayWG	18
2. Benutzung	19
a) § 9 Abs. 1 WHG – echte Benutzung	20
aa) Begriff	20
bb) § 9 Abs. 1 Nr. 1 WHG – Entnehmen und Ableiten	21
cc) § 9 Abs. 1 Nr. 2 WHG – Aufstauen	22
dd) § 9 Abs. 1 Nr. 3 WHG – Entnehmen fester Stoffe	23
ee) § 9 Abs. 1 Nr. 4 WHG – Einbringen und Einleiten von Stoffen	24
ff) § 9 Abs. 1 Nr. 5 WHG – Entnehmen von Grundwasser	25
b) § 9 Abs. 2 WHG – unechte oder auch fiktive Benutzung	26
c) § 9 Abs. 3 WHG – Abgrenzung der drei Einwirkungen Benutzung, Unterhaltung, Ausbau	28
d) Unselbstständige Benutzungen	29
3. Zulassungsfreie Gewässerbenutzung	30
a) Grundwasser	30
b) Oberirdische Gewässer	30
c) Alle Gewässer	30
4. Bewilligung, §§ 14, 8, 10-13 WHG	31
a) Formelle Voraussetzungen der Bewilligung	34
aa) Zuständigkeit	34
bb) Verfahren	35
cc) Form	38
b) Materielle Voraussetzungen der Bewilligung	39
aa) Anwendungsbereich, § 14 Abs. 1 WHG	39
bb) Versagungsgründe	43
cc) Ermessen und Inhalts- und Nebenbestimmungen	54
5. Gehobene Erlaubnis, § 15 WHG	57
a) Formelle Voraussetzungen der gehobenen Erlaubnis	58
b) Materielle Voraussetzungen der gehobenen Erlaubnis	59
aa) Anwendungsbereich	59
bb) Versagungsgründe	63
cc) Ermessen und Inhalts- und Nebenbestimmungen	66
6. Beschränkte Erlaubnis, Art. 15 BayWG	68
a) Formelle Voraussetzungen der beschränkten Erlaubnis	69
b) Materielle Voraussetzungen der beschränkten Erlaubnis	73
7. Erlaubnis mit Zulassungsfiktion, Art. 70 BayWG	78
8. Planfeststellung und Plangenehmigung, § 68 WHG	79
a) Formelle Voraussetzungen einer Planfeststellung	82
aa) Zuständigkeit	82
bb) Verfahren	83
cc) Form	87
b) Materielle Voraussetzungen einer Planfeststellung	89
aa) Planrechtfertigung	90
bb) Zwingende Versagungsgründe	91

(1)	§ 68 Abs. 3 Nr. 1 WHG – keine Beeinträchtigung des Wohls der Allgemeinheit	92	VI. Gewässeraufsicht, § 100 Abs. 1 S. 2 WHG iVm Art. 58 Abs. 1 S. 2 BayWG	121

(1) § 68 Abs. 3 Nr. 1 WHG – keine Beeinträchtigung des Wohls der Allgemeinheit 92
(2) § 68 Abs. 3 Nr. 2 1. Var. WHG – andere Anforderungen nach dem WHG 93
(3) § 68 Abs. 3 Nr. 2 2. Var. WHG – Anforderungen nach sonstigen öffentlich-rechtlichen Vorschriften 95
    cc) Abwägung 98
    dd) Ermessen 99
    ee) Rechtswirkungen der Planfeststellung 100
  c) Plangenehmigung statt Planfeststellung 105
9. Gewässerunterhaltung, §§ 39 ff. WHG iVm Art. 22 ff. BayWG 109
10. Anlagengenehmigung, § 36 WHG iVm Art. 20 BayWG ... 110
  a) Formelle Rechtmäßigkeit .. 113
  b) Materielle Rechtmäßigkeit 114
    aa) Genehmigungspflichtigkeit 114
    bb) Konzentration 115
    cc) Genehmigungsfähigkeit 118
11. Überblick 120

VI. Gewässeraufsicht, § 100 Abs. 1 S. 2 WHG iVm Art. 58 Abs. 1 S. 2 BayWG 121
  1. Eingriffsermächtigung 121
  2. Formelle Voraussetzungen für das gewässeraufsichtliche Einschreiten 122
  3. Materielle Voraussetzungen für das gewässeraufsichtliche Einschreiten 123
VII. Rechtsschutz 128
  1. Rechtsschutz bei Gewässerbenutzungen 128
    a) Vorgehen des Vorhabenträgers 128
    b) Vorgehen eines Dritten 129
  2. Rechtsschutz bei Planfeststellung oder Plangenehmigung .. 130
    a) Vorgehen des Vorhabenträgers 130
    b) Vorgehen eines Dritten 131
  3. Rechtsschutz bei wasserrechtlicher Anlagengenehmigung ... 132
    a) Vorgehen des Vorhabenträgers 132
    b) Vorgehen eines Dritten 133
  4. Rechtsschutz bei einer Anordnung nach § 100 Abs. 1 S. 2 WHG iVm Art. 58 Abs. 1 S. 2 BayWG 134
    a) Vorgehen des Anordnungsadressaten 134
    b) Vorgehen eines Dritten 135
VIII. Kontrollfragen 135
IX. Literatur 135

Ohne Wasser ist Leben nicht möglich. Deshalb darf die Entscheidung über Art und Weise der Wassernutzung nicht dem Einzelnen überlassen bleiben. Es ist vielmehr Aufgabe des Staates, diese Nutzung zu regeln. Genau dies ist das Regelungsanliegen des Wasserrechts. § 1 WHG legt fest: „Zweck dieses Gesetzes ist es, durch eine nachhaltige Gewässerbewirtschaftung die Gewässer als Bestandteil des Naturhaushalts, als Lebensgrundlage des Menschen, als Lebensraum für Tiere und Pflanzen sowie als nutzbares Gut zu schützen." Das Wasserrecht soll also v.a. das Wasser als lebensnotwendiges Gut, aber auch die Menschen vor den Gefahren des Wassers (Hochwasser) schützen. 1

Kurz:
Das Wasserrecht beinhaltet Regelungen zum Schutz **des Wassers** und des Menschen **vor Wasser.**

In diesem Kapitel werden nach einem kurzen Überblick über die **Rechtsgrundlagen** (I.), die **Systematik** (II.) und die **Bedeutung des Wasserrechts im Zweiten Juristischen Staatsexamen** (III.) vor allen Dingen die verschiedenen Möglichkeiten der **Gewässereinwirkungen und ihrer Zulassung** (IV. und V.) dargestellt. Im Anschluss daran wer-

Julia von Engel

den die Möglichkeiten der Durchsetzung der Einhaltung dieser Regelungen in Form der **Gewässeraufsicht** (VI.) aufgezeigt. Am Ende des Kapitels findet sich dann noch ein kurzer Überblick über die verschiedenen **Rechtsschutzmöglichkeiten** (VII.).

I. Rechtsgrundlagen

2 Wie in vielen Bereichen besteht auch für das Wasserrecht ein völker- und europarechtlicher Rahmen. Von besonderer Bedeutung sind die **Resolution 64/292 der Vereinten Nationen vom 28.7.2010 zum Menschenrecht auf einwandfreies Trinkwasser und Sanitärversorgung**[1] und die **Wasserrahmenrichtlinie (WRRL)** der Europäischen Union.[2]

> Diese beeinflussen Gesetzgebung, Rechtsprechung und Praxis in großem Maß, sind aber für die Bearbeitung einer wasserrechtlichen Klausur im Zweiten Juristischen Staatsexamen regelmäßig von geringerer Bedeutung.

3 Das Handwerkszeug für die Klausurbearbeitung sind vielmehr das **Wasserhaushaltsgesetz (WHG)** als Regelung des Bundes und das **Bayerische Wassergesetz (BayWG)** als Regelung des Freistaats Bayern.

4 Um das Zusammenspiel dieser beiden Gesetze richtig zu verstehen, ist ein kleiner Ausflug in die jüngere Vergangenheit der Regelungen über den Wasserhaushalt hilfreich: Vor der Föderalismusreform I[3] im Jahr 2006 gehörte der Wasserhaushalt zur sog Rahmengesetzgebung nach Art. 75 Nr. 4 GG alter Fassung. Das WHG enthielt damals neben einigen wenigen abschließenden Regelungen im Wesentlichen lediglich Rahmenvorgaben, die durch (die verschiedenen!) Landesgesetze auszufüllen waren. V.a. bei der Umsetzung der detaillierten Vorgaben der WRRL (→ Rn. 2) wurde allerdings deutlich, dass in diesem Bereich eine für alle Bundesländer einheitliche Regelung vonnöten war.[4] Im Zuge der Neuordnung der Gesetzgebungskompetenzen von Bund und Ländern durch die Föderalismusreform I wurde nun zunächst der Bereich des Wasserhaushalts der konkurrierenden Gesetzgebung zugeordnet, Art. 74 Abs. 1 Nr. 32 GG. Der Bund genießt in diesem Bereich Vorrang; Landesregelungen sind gemäß Art. 72 Abs. 1 GG nur zulässig, „solange und soweit der Bund von seiner Gesetzgebungszuständigkeit nicht durch Gesetz Gebrauch gemacht hat." Preis für die Vollregelungsbefugnis des Bundes war indes die Einräumung eines Abweichungsrechts für die Länder, von dem stoff- oder anlagenbezogene Regelungen ausgenommen sind (Art. 72 Abs. 3 S. 1 Nr. 5 GG).[5] Zu beachten ist dabei, dass das jeweils spätere Gesetz Vorrang hat, Art. 72 Abs. 3 S. 3 GG (Lex-posterior-Regel). Der Bund hat von seiner Gesetzgebungskompetenz mit dem am 1.3.2010 in Kraft getretenen WHG[6] Gebrauch gemacht und mit diesem gleichzeitig diverse Richtlinien der EU[7] umgesetzt. Das BayWG wurde sys-

---

1 Resolution der Generalversammlung A/64/L.63/Rev. 1 und Add.1.
2 Richtlinie 2000/60/EG des Europäischen Parlaments und des Rates vom 23. Oktober 2000 zur Schaffung eines Ordnungsrahmens für Maßnahmen der Gemeinschaft im Bereich der Wasserpolitik, ABl. L 327/1.
3 Änderung des Grundgesetzes durch Gesetz vom 28.8.2006, BGBl. I S. 2034.
4 Vgl. *Drost/Ell*, Wasserrecht, S. 25.
5 Zur Abweichungsgesetzgebung *F. Wollenschläger*, in: BK-GG, Art. 72 (Stand: 192. EL, August 2018), Rn. 119 ff., 419 ff.
6 BGBl. I S. 2585.
7 Etwa die Richtlinie 2006/118/EG des Europäischen Parlaments und des Rates vom 12. Dezember 2006 zum Schutz des Grundwassers vor Verschmutzung und Verschlechterung, ABl. L 372/19.

tematisch an das WHG angepasst. Die Regelungen des WHG werden darin ausgefüllt und ergänzt. Zum Teil wird auch im Rahmen der Abweichungskompetenz von den Regelungen des WHG abgewichen, was in den Unterüberschriften zu den einzelnen Artikeln deutlich gemacht wird. Auch einige eigenständige landesrechtliche Regelungen, wie zB zu Beschneiungsanlagen von Skipisten, verbleiben. Das geänderte BayWG trat ebenfalls am 1.3.2010 in Kraft.[8]

II. Systematik

Um den Auftrag in § 1 WHG erfüllen zu können, bedarf es einer zielgerichteten Gewässerbewirtschaftung. Deshalb ist grds. jede Einwirkung auf ein Gewässer, die nicht nur von vollkommen untergeordneter Bedeutung ist, verboten, wenn sie nicht ausdrücklich erlaubt (zugelassen oder genehmigt) wird. So wird etwa 5

- mit § 8 Abs. 1 WHG für die Benutzung eines Gewässers eine Bewilligung oder Erlaubnis,
- mit § 68 Abs. 1 f. WHG für den Ausbau eines Gewässers eine Planfeststellung oder Plangenehmigung und
- mit Art. 20 BayWG für eine Anlage an einem Gewässer eine Genehmigung gefordert.

Diese **Zulassungs- und Genehmigungsverfahren** machen also einen bedeutenden Teil der wasserrechtlichen Systematik aus und werden in den Abschnitten IV. und V. ausführlich behandelt. Ein weiterer Baustein ist konsequenterweise die Kontrolle der Einhaltung dieser Regelungen. Deshalb beschäftigt sich Abschnitt VI. mit der **Gewässeraufsicht**, die beispielsweise mit einer Beseitigungsanordnung oder einer Nutzungsuntersagung zu belastenden Verwaltungsakten führt.

Auch das **Grundeigentum** als solches berechtigt gerade nicht zur Vornahme einer zulassungspflichtigen Gewässereinwirkung, § 4 Abs. 3 WHG. Hieraus resultiert ein wichtiger Unterschied zum Baurecht, wo aus dem Grundeigentum für den Bauherrn grds. das **Recht zum Bauen** folgt, Art. 14 Abs. 1 GG und Art. 68 Abs. 1 BayBO. Die Genehmigungspflicht hat – soweit vorhanden – nur eine präventive Kontrollfunktion und die Baugenehmigung hebt somit ein präventives Verbot mit Erlaubnisvorbehalt[9] auf (→ § 2 Rn. 206). Das **Recht zur – zulassungspflichtigen – Gewässereinwirkung** folgt aber nicht aus dem Grundeigentum oder anderen Rechten, sondern wird erst mit der öffentlich-rechtlichen Zuteilung begründet. Die Zulassung hebt also mit ihrer Erteilung ein repressives Verbot mit Befreiungsvorbehalt auf.[10] 6

---

8 Art. 79 Abs. 1 des Bayerischen Wassergesetzes (BayWG) vom 25. Februar 2010, GVBl. S. 66.
9 *Czychowski/Reinhardt*, WHG, § 8 Rn. 3.
10 *Czychowski/Reinhardt*, WHG, § 8 Rn. 3 f.

§ 8 Grundzüge des Wasserrechts

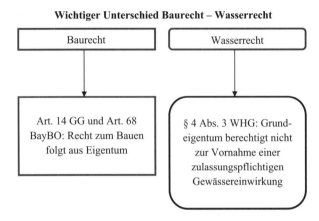

7   Weiter werden dem Gewässerbewirtschaftungsauftrag aus § 1 WHG entsprechend mit § 4 WHG das **Gewässereigentum** sowie die **Schranken des Grundeigentums** in Bezug auf Gewässer geregelt. § 4 Abs. 2 WHG erklärt das Wasser eines fließenden oberirdischen Gewässers im Sinne von § 3 Nr. 1 1. Var. WHG, die sog fließende Welle,[11] und das Grundwasser im Sinne von § 3 Nr. 3 WHG für nicht eigentumsfähig. Die fließende Welle und das Grundwasser werden damit einer vom Grundeigentum losgelösten öffentlich-rechtlichen Benutzungsordnung unterstellt und der Allgemeinheit zugeordnet.[12] Veranschaulicht heißt das, dass so, wie die Befugnisse des Grundstückseigentümers (nach der privatrechtlichen Eigentumsordnung) an der Grundstücksgrenze aufhören, seine Rechtsstellung in der Tiefe dort endet, wo er mit dem Grundwasser in Berührung kommt, und an der Erdoberfläche dort, wo er auf oberirdisches Wasser stößt.[13] Dagegen ist Eigentum an einem stehenden Gewässer im Sinne von § 3 Nr. 1 2. Var. WHG möglich, es wird aber nach § 4 Abs. 4 WHG durch die Pflicht des Eigentümers, bestimmte Benutzungen des Gewässers zu dulden, eingeschränkt. Die Regelungen in § 4 Abs. 2 bis 4 WHG stellen Inhalts- und Schrankenbestimmungen im Sinne von Art. 14 Abs. 1 S. 2 GG dar.[14]

III. Examensbedeutung

8   Die Grundzüge des Wasserrechts gehören in der Zweiten Juristischen Staatsprüfung zum Prüfungsstoff, § 58 Abs. 2 Nr. 4 a JAPO. Was unter den Grundzügen des Wasserrechts zu verstehen ist, wird durch den Stoffplan des Landesjustizprüfungsamtes verdeutlicht.[15] Sie umfassen danach

- Gestattungen (Zulassungen) für Ausbau, Benutzungen und Anlagen in, an, über und unter oberirdischen Gewässern; erlaubnisfreie Benutzungen; Gestattungs-

---

11 *Czychowski/Reinhardt*, WHG, § 4 Rn. 18.
12 BayVGH, GewArch 2016, 24.
13 *Czychowski/Reinhardt*, WHG, § 4 Rn. 15.
14 Begründung der Bundesregierung zum Entwurf des WHG, BT-Drs. 16/12275, S. 54.
15 https://www.justiz.bayern.de/media/pdf/ljpa/vd_fuer_rref/stoffplan_ag_2_und_3b_stand_januar_2016.pdf (5.11.2018).

(Zulassungs-)arten der Planfeststellung, Plangenehmigung, Bewilligung, Erlaubnis, Anlagengenehmigung; Drittschutz
- Befugnisnormen des WHG und BayWG

Die folgenden Ausführungen orientieren sich hieran.

IV. Gewässereinwirkung und Zulassung – Übersicht

Wasserrechtliche Zulassungen oder Genehmigungen können nur dann einschlägig sein, wenn die Wassergesetze überhaupt anwendbar sind, § 2 Abs. 1 WHG, Art. 1 Abs. 2 BayWG. 9

Wassergesetze anwendbar? – § 2 Abs. 1 WHG, Art. 1 Abs. 2 BayWG

Ist dies der Fall, ist zu klären, ob ein und welcher wasserrechtliche Grundtatbestand erfüllt ist. Dabei besteht eine Besonderheit des Wasserrechts darin, dass es – etwa im Vergleich zum Baurecht – eine Vielzahl von Grundtatbeständen gibt, um den verschiedenen Einwirkungsmöglichkeiten auf den Gewässerhaushalt gerecht zu werden (→ Rn. 1: Gewässerschutz, § 1 WHG!).[16] Für die wasserrechtliche Klausur bedeutsam sind hier die Gewässerbenutzung, §§ 8 f. WHG, der Gewässerausbau, §§ 67 ff. WHG, die Gewässerunterhaltung, §§ 39 WHG iVm Art. 22 BayWG und die Anlagen in, an, über und unter oberirdischen Gewässern, § 36 WHG iVm Art. 20 BayWG. 10

Wasserrechtlicher Grundtatbestand erfüllt?
- Gewässerbenutzung als unmittelbare zweckbestimmte Einwirkung auf ein Gewässer,[17] § 9 WHG
- Gewässerausbau als Herstellung, Beseitigung oder wesentliche Umgestaltung eines Gewässers oder seiner Ufer, § 67 Abs. 2 S. 1 WHG
- Gewässerunterhaltung als Pflege und Entwicklung eines Gewässers, § 39 WHG
- Anlage in, an, über und unter oberirdischen Gewässern, § 36 WHG iVm Art. 20 BayWG

Manche Gewässerbenutzungen hat der Gesetzgeber wegen ihrer geringen Auswirkungen oder aufgrund einer besonderen Situation als zulassungsfrei geregelt, zB den Gemeingebrauch nach § 25 WHG oder Maßnahmen, die dem Ausbau oder der Unterhaltung eines Gewässers dienen, § 9 Abs. 3 WHG (→ Rn. 28). 11

Maßnahme zulassungsfrei? – zB §§ 25, 9 Abs. 3 WHG

Ist die Maßnahme nicht zulassungsfrei, muss die *Art* der Zulassung bestimmt werden. Diese bestimmt sich nach dem wasserrechtlichen Grundtatbestand, weshalb dessen sorgfältige Bestimmung von großer Bedeutung ist. Für die wasserrechtliche Klausur v.a. von Interesse sind hier für den Tatbestand der Benutzung die Bewilligung nach § 14 WHG, die gehobene Erlaubnis nach § 15 WHG und die beschränkte Erlaubnis nach § 10 WHG iVm Art. 15 BayWG, für den Gewässerausbau die Planfeststellung nach § 68 Abs. 1 WHG und die Plangenehmigung nach § 68 Abs. 2 WHG und für die Anlage die wasserrechtliche Anlagengenehmigung nach § 36 WHG iVm Art. 20 BayWG. 12

---

16 *Drost/Ell*, Wasserrecht, S. 51.
17 *Drost/Ell/Wagner* I, § 9 (Stand: Januar 2016), Rn. 11.

§ 8 Grundzüge des Wasserrechts

Anmerkung:
Der Begriff der „Zulassung" wird im WHG als Oberbegriff für Planfeststellung, Plangenehmigung, Erlaubnis und Bewilligung verwendet, vgl. etwa § 4 Abs. 3, § 68 Abs. 2 S. 2 und § 87 Abs. 2 S. 2 WHG.[18] In der bis 2010 geltenden Fassung des WHG wurde dafür der Begriff der „Gestattung" verwendet. Da sowohl in der Rspr. als auch in der Lit. häufig auch noch der Begriff der Gestattung verwendet wird, ist es wohl ebenso vertretbar, diesen zu gebrauchen. Auch die wasserrechtliche Anlagengenehmigung soll von dem Begriff der Zulassung jedenfalls im Sinne von § 100 Abs. 2 WHG erfasst werden.[19]

13 Art der Zulassung

- Bewilligung, § 14 WHG / gehobene Erlaubnis, 15 WHG / beschränkte Erlaubnis, § 10 WHG iVm Art. 15 BayWG für die Benutzung
- Planfeststellung, § 68 Abs. 1 WHG / Plangenehmigung, § 68 Abs. 2 WHG für den Gewässerausbau
- Wasserrechtliche Anlagengenehmigung, § 36 WHG iVm Art. 20 BayWG für die Anlage

14 Ist der einschlägige Zulassungstyp – oder sind ggf. auch mehrere nebeneinander erforderliche Zulassungstypen – bestimmt, ist zu klären, welche **Verfahrensvorschriften** Anwendung finden. Auch hier enthält das Wasserrecht einige Besonderheiten. Sind verschiedene Zulassungen – ggf. auch aus anderen Rechtsgebieten wie etwa dem Baurecht – einschlägig, muss geklärt werden, in welchem Konkurrenzverhältnis sie zueinander stehen, ob sie also nebeneinander bestehen oder eine die andere verdrängt bzw. mitumfasst. Dies lässt sich im Regelfall über sog Konzentrationsnormen, wie etwa Art. 75 Abs. 1 Hs. 2 BayVwVfG und Art. 56 S. 1 Nr. 1 BayBO, klären, die aber ihrerseits anwendbar sein müssen.

15 **Verfahrensvorschriften und evtl. Konkurrenzverhältnis**

Die für eine wasserrechtliche Klausur wichtigsten Grundtatbestände und Zulassungsarten im Überblick:

Art der Einwirkung oder Nutzung (Beispiele)	Entnehmen von Wasser, Einleiten von Abwasser, Aufstauen	Herstellen, Ändern, Beseitigen eines Gewässers	Pflege und Entwicklung eines Gewässers	Errichten von Steg, Brücke, Überführung, Hafenanlage, Bootshaus usw
Begriff des Wasserrechts	Benutzung	Ausbau	Gewässerunterhaltung	Anlage in, an, über und unter oberirdischen Gewässern

---

18 *Széchényi*, in: Sieder/Zeitler/Dahme I, § 3 WHG (Stand: 51. EL Februar 2017), Rn. 28 f.
19 *Czychowski/Reinhardt*, WHG, § 100 Rn. 76.

V. Gewässereinwirkung und Zulassung – im Einzelnen

Art der Zulassung bzw. der behördlichen Kontrolle	Erlaubnis, Bewilligung	Planfeststellung, Plangenehmigung	zulassungsfrei	Anlagengenehmigung
Gesetzliche Bestimmungen	§§ 8 ff. WHG, Art. 15 f. BayWG	§§ 67 ff. WHG	§§ 39 ff. WHG, Art. 22 ff. BayWG	§ 36 WHG, Art. 20 BayWG

V. Gewässereinwirkung und Zulassung – im Einzelnen

1. Anwendbarkeit von WHG und BayWG

Wasserrechtliche Zulassungen oder Genehmigungen können nur dann einschlägig sein, wenn die Wassergesetze überhaupt anwendbar sind. Das richtet sich erstens danach, ob überhaupt ein Gewässer im Sinne von §§ 2 Abs. 1, 3 WHG gegeben ist (a), und zweitens danach, ob die Anwendung nicht durch Art. 1 Abs. 2 BayWG ausgeschlossen ist (b). 16

a) Gewässer im Sinne von WHG und BayWG

17

Die oberirdischen Gewässer werden dabei nach ihrer wasserwirtschaftlichen Bedeutung in Gewässer erster bis dritter Ordnung eingeteilt, Art. 2 Abs. 1 BayWG.

Achtung:
Nicht mehr im natürlichen Kreislauf befindliches Wasser fällt nicht unter den Gewässerbegriff, zB Wasser in Leitungen, Pools, Trinkwasserreservoirs und Klärbecken.[20]

b) Ausschluss nach § 2 Abs. 2 WHG, Art. 1 Abs. 2 BayWG

Ein Ausschluss nach § 2 Abs. 2 WHG, Art. 1 Abs. 2 BayWG besteht für kleine Gewässer von wasserwirtschaftlich untergeordneter Bedeutung. 18

---

20 Zur Frage der Gewässereigenschaft vgl. BVerwG, NVwZ 2011, 696 (697).

kleine Gewässer von wasserwirtschaftlich untergeordneter Bedeutung

Be- und Entwässerungsgräben, Art. 1 Abs. 2 Nr. 1 BayWG	Teiche und Weiher, sofern mit anderen Gewässern nicht oder nur durch künstliche Vorrichtungen verbunden, Art. 1 Abs. 2 Nr. 2 BayWG

Wann eine „wasserwirtschaftlich untergeordnete Bedeutung" vorliegt, wird in den Verwaltungsvorschriften zum Vollzug des Wasserrechts[21] (und hier Ziffer 1.2.1) geklärt. Diese sind bei der Klausurbearbeitung im Regelfall nicht greifbar, es ist also diesbezüglich besonders auf die Informationen im Sachverhalt und dort v.a. auf eventuelle Stellungnahmen des Wasserwirtschaftsamtes als Fachbehörde zu achten. Eine untergeordnete Bedeutung liegt jedenfalls dann nicht vor, wenn das Gewässer der Einleitung von häuslichem oder gewerblichem Abwasser dient (Schutz der Gewässer! → Rn. 1).

2. Benutzung

19 Der wasserrechtliche Tatbestand der Benutzung ist nicht legaldefiniert, aber mit § 9 WHG ausführlich geregelt. Es wird zwischen echter und unechter Benutzung unterschieden.

a) § 9 Abs. 1 WHG – echte Benutzung
aa) Begriff

20 Das BVerwG[22] und der BayVGH[23] verlangen für das Vorliegen einer Benutzung eine zweckbestimmte Verhaltensweise (auch Unterlassen möglich), die nach ihrer objektiven Eignung unmittelbar auf ein Gewässer gerichtet ist und sich seiner, insbesondere des Wassers als Stoff, zur Erreichung bestimmter Ziele bedient. Dabei soll die natürliche Eigenschaft des Gewässers, wie zB ein Gefälle oder die Fließgeschwindigkeit, als Mittel genutzt werden, um einen außerhalb des Gewässers liegenden Zweck, wie zB Energiegewinnung oder Abwasserbeseitigung, zu fördern oder zu erreichen.[24]

Kurz zusammengefasst ist die Benutzung eine unmittelbare und zweckbestimmte Einwirkung auf ein Gewässer, wobei der Zweck außerhalb des Gewässers liegt.

bb) § 9 Abs. 1 Nr. 1 WHG – Entnehmen und Ableiten

21 Während ein **Ableiten** von Wasser durch die natürliche Fließkraft des Wassers erfolgt, liegt eine **Entnahme** vor, wenn das Wasser ohne Ausnutzen der natürlichen Fließkraft des Wassers mit mechanischer Hilfe durch eine Pumpe oder Schöpfvorrichtungen dem Gewässerbett entzogen wird. Die Pumpe ist dabei als eine unmittelbar der Benutzung dienende Einrichtung eine sog **Wasserbenutzungsanlage**. Als solche ist sie zwar von

---

21 VVWas, Bekanntmachung des Bayerischen Staatsministeriums für Umwelt und Verbraucherschutz vom 27. Januar 2014, AllMBl. S. 37.
22 BVerwG, NJW 1974, 815 (815).
23 BayVGH, NVwZ-RR 2000, 422 (422).
24 *Knopp*, in: Sieder/Zeitler/Dahme I, § 9 WHG (Stand: 41. EL Mai 2011), Rn. 19.

der Benutzung des Gewässers zu unterscheiden, vgl. auch § 8 Abs. 4 WHG, aber im Rahmen der Zulassung der Wasserentnahme mit zu behandeln. Auch wenn die Grenze zwischen Ableiten und Entnahme nicht immer genau gezogen werden kann, kommt es im Wesentlichen darauf an, dass einem oberirdischen Gewässer das Wasser ganz oder teilweise weggenommen wird für irgendwelche menschlichen Nutzungen.[25]

cc) § 9 Abs. 1 Nr. 2 WHG – Aufstauen

Auch für das **Aufstauen** ist eine Anlage (Stauanlage wie Staumauer oder Damm) erforderlich, mit deren Hilfe der Wasserspiegel angehoben wird. Ist das Aufstauen auch die bezweckte Wirkung, handelt es sich bei der Anlage wiederum um eine Benutzungsanlage, die mitberücksichtigt wird. Anderenfalls, werden also andere Zwecke verfolgt, sind die entsprechenden sonstigen Grundtatbestände einschlägig: wenn beispielsweise 22

- ein Bootssteg installiert wird, handelt es sich um eine *Anlage in, an, über und unter oberirdischen Gewässern* nach § 36 WHG, oder
- ein Gewässerbett durch eine Steinaufschüttung oder eine Betonschwelle umgestaltet wird, liegt ein *Gewässerausbau* nach § 67 Abs. 2 S. 1 WHG vor oder
- zur Abflussstabilisierung Kies in ein oberirdisches Gewässer eingebracht wird, handelt es sich um eine *Gewässerunterhaltung* nach § 39 WHG.[26]

dd) § 9 Abs. 1 Nr. 3 WHG – Entnehmen fester Stoffe

Nicht jede **Entnahme von festen Stoffen** aus einem oberirdischen Gewässer stellt eine Benutzung in diesem Sinne dar. Sie muss sich vielmehr zusätzlich noch auf die Gewässereigenschaften, § 3 Nr. 7 WHG, auswirken. So stellt beispielsweise das Ausbaggern von Kies zur Baustoffgewinnung regelmäßig eine Benutzung nach § 9 Abs. 1 Nr. 3 WHG dar. Es handelt sich dabei um eine zweckbestimmte Einwirkung auf ein oberirdisches Gewässer, die entsprechende Auswirkungen auf die Gewässereigenschaft hat. 23

ee) § 9 Abs. 1 Nr. 4 WHG – Einbringen und Einleiten von Stoffen

Erfasst wird die **zweckbestimmte, gewässerbezogene Zuführung** von Stoffen in ein Gewässer durch Einbringen oder Einleiten. Der **Stoffbegriff** ist dabei weit auszulegen (wiederum möglichst umfassender Gewässerschutz) und umfasst jede Materie, die vorher nicht im Gewässer vorhanden war.[27] Das **Einbringen** bezieht sich dabei auf feste, auch schlammige, Stoffe und das **Einleiten** auf flüssige und gasförmige Stoffe. Zu beachten ist hier, dass das Einbringen von Booten, Flößen oder Schiffen zum Zweck des Befahrens des Gewässers zwar wegen der weiten Auslegung des Stoffbegriffs eigentlich erfasst wäre, aber aufgrund von Sonderregelungen dennoch keine Benutzung des Gewässers durch Einbringen von Stoffen darstellt: Es handelt sich entweder um zulassungsfreien Gemeingebrauch nach § 25 WHG iVm Art. 18 Abs. 1 S. 1 BayWG (→ Rn. 30) oder um Schifffahrt, vgl. Art. 28 BayWG. Ebenfalls nicht von § 9 Abs. 1 Nr. 4 WHG erfasst werden Anlagen, die **nicht** der Benutzung dienen: Da es an der zweckbestimmten Einwirkung auf das Gewässer fehlt, stellen etwa Bootsstege oder 24

---

25 *Knopp*, in: Sieder/Zeitler/Dahme I, § 9 WHG (Stand: 41. EL Mai 2011), Rn. 23.
26 *Drost/Ell/Wagner* I, § 9 (Stand: Januar 2016), Rn. 18.
27 *Drost/Ell/Wagner* I, § 9 (Stand: Januar 2016), Rn. 24.

Ankerbojen keine Benutzung dar, sondern sind genehmigungspflichtige Anlagen nach § 36 WHG iVm Art. 20 BayWG (→ Rn. 115).

ff) § 9 Abs. 1 Nr. 5 WHG – Entnehmen von Grundwasser

25 Hier wird das Grundwasser durch zweckgerichtetes Verhalten in irgendeiner Form von seinem bisherigen Ort **wegbewegt**.[28] Die Abgrenzung der einzelnen Tatbestände von § 9 Abs. 1 Nr. 5 WHG untereinander ist teilweise nicht einfach, gewisse Überschneidungen sind wegen der gleichen Rechtsfolge im Ergebnis aber hinnehmbar.[29] Zu beachten ist, dass es einer zweckgerichteten Einwirkung – hier auf das Grundwasser – bedarf, auch wenn diese Einwirkung auf das Gewässer gar nicht das Ziel, sondern nur – ggf. sogar lästige – Begleiterscheinung ist. Klassisches Beispiel hierfür ist die Nassauskiesung, bei der Grundwasser freigelegt wird.[30] Hier kommt es dem Unternehmer auf die Kiesgewinnung und nicht auf die Freilegung des Grundwassers an. Dies ändert aber nichts daran, dass er das Gewässer planvoll in Anspruch nimmt, so dass grds. eine Benutzung im Sinne von § 9 Abs. 1 Nr. 5 WHG vorliegt (zur Abgrenzung zum Gewässerausbau, wenn der durch die Nassauskiesung entstandene Baggersee bestehen bleiben soll → Rn. 80). Anders wäre es etwa bei Einsickern von Benzin in das Grundwasser infolge eines Unfalls. Hier liegt lediglich eine – uU sogar fahrlässige – Verursachung, aber eben keine zweckbestimmte Einwirkung und damit auch keine Benutzung gemäß § 9 Abs. 1 WHG vor.

b) § 9 Abs. 2 WHG – unechte oder auch fiktive Benutzung

26 § 9 Abs. 2 WHG kommt nach seinem Wortlaut nur zur Anwendung, „soweit nicht bereits eine Benutzung nach Absatz 1 vorliegt", ist also gegenüber Abs. 1 subsidiär. Da die sog echten Benutzungen nach Abs. 1 eine zweckbestimmte Einwirkung voraussetzen, fallen viele wasserwirtschaftlich bedeutende Maßnahmen aus dem Anwendungsbereich heraus. Um aber einen möglichst umfassenden Gewässerschutz zu erreichen, wird ein Teil dieser wasserwirtschaftlich bedeutenden Maßnahmen mit § 9 Abs. 2 WHG zur sog unechten oder fiktiven Benutzung erklärt. Auch die unechten oder fiktiven Benutzungen setzen wie die echten Benutzungen nach Abs. 1 eine **zweckgerichtete Handlung** voraus. Diese muss aber **nicht auf das Gewässer selbst gerichtet** sein, vgl. § 9 Abs. 2 Nr. 1 und Nr. 2: „geeignet sind".

27 Wird beispielsweise das Grundwasser durch eine in den Grundwasserleiter eintauchende Tiefgarage umgeleitet, ist die Grundwassereinwirkung nicht das Ziel, sondern lediglich ungewollte Nebenfolge der Anlage (Tiefgarage). Es liegt also eine unechte Benutzung nach § 9 Abs. 2 Nr. 1 WHG vor. Soll dagegen eine Baugrube durch eine Spundwand trockengehalten werden, wird auf das Grundwasser zielgerichtet eingewirkt, so dass bereits der vorrangige echte Benutzungstatbestand des § 9 Abs. 1 Nr. 4 WHG (→ Rn. 24) gegeben ist.[31]

---

[28] *Cychowski/Reinhardt*, WHG, § 9 Rn. 66.
[29] *Drost/Ell/Wagner* I, § 9 (Stand: Januar 2016), Rn. 33.
[30] BVerfGE 58, 337 (Nassauskiesungsbeschluss).
[31] *Drost/Ell*, Wasserrecht, S. 71, 73.

c) § 9 Abs. 3 WHG – Abgrenzung der drei Einwirkungen Benutzung, Unterhaltung, Ausbau

Sich überschneidende Tatbestände werden hier bereits aus dem Benutzungsbegriff herausgenommen, so dass die Benutzungsvorschriften insgesamt nicht zur Anwendung kommen. Nach § 9 Abs. 3 S. 1 WHG sind Maßnahmen, die dem Ausbau eines Gewässers im Sinne des § 67 Abs. 2 WHG (→ Rn. 80) dienen, keine Benutzungen. Dabei dient eine – sich sonst als Benutzung darstellende – Maßnahme dann dem Ausbau eines Gewässers, wenn sich der Ausbau ohne die dauernde Verwirklichung des Benutzungstatbestandes nicht erreichen bzw. aufrechterhalten lässt.[32] Nach § 9 Abs. 3 S. 2 WHG gilt das Gleiche für Maßnahmen der Unterhaltung (→ Rn. 110) eines Gewässers, soweit hierbei keine chemischen Mittel verwendet werden. 28

d) Unselbstständige Benutzungen

Oft wird durch einen Benutzungstatbestand gleichzeitig ein weiterer Benutzungstatbestand verwirklicht, wobei der weitere Benutzungstatbestand gerade nicht bezweckt, sondern zwangsläufige Folge des ersten Benutzungstatbestandes ist. Der bezweckte – also erste – Benutzungstatbestand wird dabei **Primärnutzung**, der damit notwendigerweise einhergehende – zweite – Benutzungstatbestand wird **Sekundärnutzung** genannt.[33] So sinkt beispielsweise durch die Entnahme von Wasser – § 9 Abs. 1 Nr. 1 WHG – regelmäßig als naturgemäße Folge der Wasserspiegel ab – § 9 Abs. 1 Nr. 2 2. Var. WHG. Das Absenken führt dann als *Sekundärnutzung* nicht zu einer eigenständigen Zulassungspflicht nach § 8 Abs. 1 WHG. Die Auswirkungen werden vielmehr (wie bei der Benutzungsanlage → Rn. 21) bei der Primärnutzung mitberücksichtigt. 29

Weiter kann sich eine Benutzung, die an einem Gewässer vorgenommen wird, noch auf ein anderes Gewässer auswirken. Auch diese **mittelbare Benutzung** wird dann bei der Zulassungsfähigkeit der Primärnutzung mitberücksichtigt.[34] Wird beispielsweise gebrauchtes Wasser in einen Bach eingeleitet, stellt dies eine Benutzung nach § 9 Abs. 1 Nr. 4 2. Var. WHG dar. Die Erhöhung der Schadstofffracht in dem Bach wird nicht als weiterer selbstständiger Benutzungstatbestand nach § 9 Abs. 1 Nr. 4 2. Var. WHG gesehen, sondern wird als **Sekundärnutzung** von der Primärnutzung „Einleitung" mitumfasst. Die Erhöhung der Schadstofffracht in einem von diesem Bach abzweigenden anderen Bach wäre dann als sog **mittelbare Benutzung** ebenfalls mit zu berücksichtigen.

3. Zulassungsfreie Gewässerbenutzung

Eine Ausnahme vom Grundsatz der Zulassungspflicht von Gewässerbenutzungen (→ Rn. 11) wird v.a. in folgenden Fällen gemacht: 30

a) Grundwasser

Nach § 46 WHG iVm Art. 29 BayWG sind die dort genannten geringfügigen Einwirkungen auf das Grundwasser zulassungsfrei.

---

32 *Knopp*, in: Sieder/Zeitler/Dahme I, § 9 WHG (Stand: 41. EL Mai 2011), Rn. 93.
33 *Drost/Ell/Wagner* I, § 9 (Stand: Januar 2016), Rn. 11 c.
34 *Drost/Ell/Wagner* I, § 9 (Stand: Januar 2016), Rn. 11 c.

Julia von Engel

b) Oberirdische Gewässer

- **Gemeingebrauch**, § 25 WHG iVm Art. 18 BayWG: Die Benutzung eines oberirdischen Gewässers im Rahmen des Gemeingebrauchs im Sinne von § 25 WHG iVm Art. 18 BayWG bedarf keiner Zulassung. Hierunter fallen beispielsweise das Baden und das Befahren von Gewässern mit Ruder- und kleinen Segelbooten, „ohne eigene Triebkraft", Art. 18 Abs. 1 S. 1 am Ende BayWG (→ Rn. 24).
- Eigentümergebrauch, § 26 Abs. 1 WHG
- Anliegergebrauch, § 26 Abs. 2 WHG
- Fischerei, § 25 S. 3 Nr. 2 WHG iVm Art. 19 BayWG: Der Tatbestand der Fischerei ist nicht dem Gemeingebrauch zugeordnet, sondern stellt vielmehr eine eigenständige Befreiungsregelung im BayWG dar. Es handelt sich insoweit um eine Abweichung von § 25 S. 3 Nr. 2 WHG.

c) Alle Gewässer

Notstandsmaßnahmen im Sinne von § 8 Abs. 2 WHG sowie Übungen und Proben unter den in § 8 Abs. 3 WHG genannten Voraussetzungen sind zulassungsfrei.

4. Bewilligung, §§ 14, 8, 10-13 WHG

31 Liegt keine zulassungsfreie Benutzung vor, ist zu entscheiden, welche der Zulassungsformen für die Benutzung Anwendung findet.

32 Die stärkste Rechtsposition für ihren Inhaber vermittelt die Bewilligung, da sie als einzige ein **subjektiv-öffentliches Recht** zur Gewässerbenutzung verleiht, vgl. § 10 Abs. 1 2. Var. WHG. Die Bewilligung kann nur unter bestimmten Voraussetzungen geändert, beschränkt oder widerrufen werden, vgl. § 13 Abs. 2 und Abs. 3 WHG und § 18 Abs. 2 WHG. Auch gegenüber Dritten bietet sie den größtmöglichen Schutz. So sind durch die unanfechtbare Bewilligung Ansprüche auf Beseitigung der Störung, Unterlassung der Benutzung, Herstellung von Vorkehrungen und auf Schadensersatz ausgeschlossen, § 16 Abs. 2 S. 1 WHG. Nur der Ausschluss von Schadensersatzansprüchen wird durch § 16 Abs. 2 S. 1 WHG nochmals ein wenig eingeschränkt.

33 Die Bewilligung ist ein Verwaltungsakt im Sinne des Art. 35 S. 1 BayVwVfG.

Schema: Bewilligung
I. Rechtsgrundlage Benutzung, § 12 WHG
II. Formelle Rechtmäßigkeit
   1. Zuständigkeit, Art. 63 Abs. 1 S. 2 WHG, Art. 3 BayVwVfG
   2. Verfahren, § 11 Abs. 1 WHG, Art. 69 S. 2 BayWG, Art. 72 ff. BayVwVfG
   3. Form, Art. 69 S. 2 BayWG, Art. 74 Abs. 1 S. 2 und Art. 69 Abs. 2 S. 1 BayVwVfG
III. Materielle Rechtmäßigkeit
   1. Anwendungsbereich des § 14 Abs. 1 WHG
   2. Versagungsgründe nach § 12 Abs. 1 WHG
   3. Rechte Dritter nach § 14 Abs. 3 WHG
   4. Belange Dritter nach § 14 Abs. 4 WHG
   5. Gebot der Rücksichtnahme, §§ 6, 13, 22 WHG
   6. Bewirtschaftungsermessen, § 12 Abs. 2 WHG

a) Formelle Voraussetzungen der Bewilligung
aa) Zuständigkeit

Ist die Zulassungspflichtigkeit des Vorhabens (Anwendbarkeit des Wasserrechts → Rn. 16–18; zulassungspflichtiger Benutzungstatbestand → Rn. 20–29) bejaht, muss die **zuständige Behörde** bestimmt werden. Sachlich zuständig ist nach Art. 63 Abs. 1 S. 2 BayWG die Kreisverwaltungsbehörde und damit im Regelfall das Landratsamt als Staatsbehörde, Art. 37 Abs. 1 S. 2 LKrO, oder die kreisfreie Stadt, Art. 9 Abs. 1 S. 1 GO. Die örtliche Zuständigkeit ergibt sich meist aus Art. 3 Abs. 1 Nr. 1 BayVwVfG. 34

bb) Verfahren

Da die Bewilligung ihrem Inhaber eine starke Rechtsposition vermittelt, ist das **Verfahren** für ihre Erteilung mit einer entsprechenden Öffentlichkeitsbeteiligung versehen und damit durchaus aufwändig gestaltet, vgl. § 11 Abs. 2 WHG. Zu beachten ist hier Art. 69 S. 2 BayWG, der für das Bewilligungsverfahren auf die Art. 72–87 BayVwVfG verweist, so dass im Wesentlich ein der Planfeststellung angenähertes Verfahren gilt. 35

Im Einzelnen gilt daher Folgendes: 36
- Antrag und Planvorlage, Art. 67 Abs. 1 f. BayWG
- Anhörungsverfahren, Art. 69 S. 2 BayWG iVm Art. 73 Abs. 2–9 BayVwVfG
- Stellungnahme betroffener Behörden, Art. 69 S. 2 BayWG iVm Art. 73 Abs. 2 und 3 a BayVwVfG
- Öffentliche Auslegung und vorherige öffentliche Bekanntmachung der Auslegung, Art. 69 S. 2 BayWG iVm Art. 73 Abs. 3 und 5 BayVwVfG
- Einwendungsfrist und eingeschränkte materielle Präklusion, Art. 69 S. 2 BayWG iVm Art. 73 Abs. 4 und 6 BayVwVfG, soweit es sich nicht um ein Vorhaben handelt, das der UVP-RL unterfällt (zur materiellen Präklusion und deren Nichtanwendung bei Vorhaben, die der UVP-RL unterfallen siehe die Ausführungen zur Planfeststellung → Rn. 86).
- Kein Widerspruchsverfahren, Art. 69 S. 2 BayWG iVm Art. 74 Abs. 1 und Art. 70 BayVwVfG

Bei Art. 69 S. 2 BayWG handelt es sich um eine vollumfängliche Verweisung auf die Vorschriften über die Planfeststellung, so dass nach Art. 75 Abs. 1 S. 1 Hs. 2 BayVwVfG andere behördliche Entscheidungen für das Vorhaben nicht erforderlich sind. Diese **Konzentrationswirkung** ist allerdings lediglich eine **formelle**, was bedeutet, dass die für die Bewilligung zuständige Behörde das sonstige materielle Fachrecht mit zu prüfen hat und es lediglich keiner gesonderten Entscheidung bedarf. Zu beachten ist dabei, dass die Konzentrationswirkung nur so weit reicht, wie das wasserrechtliche Benutzungsvorhaben und das andere zuzulassende oder (etwa nach Baurecht) zu genehmigende Vorhaben identisch sind.[35] Diese Identität des Zulassungsgegenstandes ist beispielsweise gegeben, wenn die Entnahme von Wasser mittels einer Pumpenstation erfolgen soll und für diese Pumpenstation eine Baugenehmigung erforderlich wäre. Da die wasserrechtlich zulassungspflichtige Wasserbenutzungsanlage Pumpenstation und 37

---
35 Vgl. *Drost/Ell*, Wasserrecht, S. 46.

das baurechtlich genehmigungspflichtige Vorhaben Pumpenstation identisch sind, entfällt die Baugenehmigungspflicht aufgrund der formellen Konzentrationswirkung der Bewilligung, Art. 69 S. 2 BayWG iVm Art. 75 Abs. 1 S. 1 Hs. 2 BayVwVfG.

cc) Form

38 Nach Art. 69 S. 2 BayWG iVm Art. 74 Abs. 1 S. 2 und Art. 69 Abs. 2 S. 1 BayVwVfG gilt das **Schriftformerfordernis**.

b) Materielle Voraussetzungen der Bewilligung
aa) Anwendungsbereich, § 14 Abs. 1 WHG

39 Hier ist zunächst zu prüfen, ob der **Anwendungsbereich** eröffnet ist, § 14 Abs. 1 WHG. Die Bewilligung ist danach als Ausnahme, die Erlaubnis als Regel zu sehen. Für die Erteilung der Bewilligung müssen die Voraussetzungen von § 14 Abs. 1 Nr. 1-3 WHG kumulativ erfüllt sein:

40 § 14 Abs. 1 Nr. 1 WHG: Die Durchführung des Vorhabens muss dem Benutzer **ohne gesicherte Rechtsstellung** unzumutbar sein. Hier kommt der Gedanke des Investitionsschutzes zum Ausdruck und es ist für die Ausfüllung des unbestimmten Rechtsbegriffs „unzumutbar" auf die wirtschaftlichen Verhältnisse des Unternehmers abzustellen.[36]

41 § 14 Abs. 1 Nr. 2 WHG: Die Benutzung muss einem **bestimmten Zweck** dienen, der nach einem bestimmten Plan verfolgt wird.

42 § 14 Abs. 1 Nr. 3 WHG: Für Benutzungen im Sinne von § 9 Abs. 1 Nr. 4 und Abs. 2 Nr. 2 WHG ist eine Bewilligung unzulässig. Auch diese Regelung entspricht dem Regelungszweck des möglichst umfassenden Gewässerschutzes, da für Benutzungen, die regelmäßig mit einer Belastung/Verschmutzung des Gewässers einhergehen, nicht die starke Rechtsposition der Bewilligung gelten soll.

bb) Versagungsgründe

43 Sind die Voraussetzungen des § 14 Abs. 1 Nr. 1–3 WHG erfüllt, ist das Vorliegen von **zwingenden Versagungsgründen** zu prüfen, § 12 Abs. 1 WHG.

44 **Wasserwirtschaftliche** Versagungsgründe nach *§ 12 Abs. 1 Nr. 1 WHG* liegen vor, wenn schädliche Gewässerveränderungen zu erwarten sind. Die schädlichen Gewässerveränderungen sind in § 3 Nr. 10 WHG legaldefiniert. Dabei ist in einem ersten Schritt zu prüfen, ob die Gewässereigenschaften (wiederum legaldefiniert in § 3 Nr. 7 WHG) verändert werden, und in einem zweiten Schritt, ob diese Veränderung schädlich ist. Schädlich ist die Veränderung nach § 3 Nr. 10 WHG, wenn sie dem Wohl der Allgemeinheit widerspricht oder gegen entsprechende wasserrechtliche Bestimmungen (zB §§ 27, 47, 48 WHG) verstößt.

45 Auch die **anderen Anforderungen** nach **öffentlich-rechtlichen Vorschriften** müssen erfüllt sein, *§ 12 Abs. 1 Nr. 2 WHG*. Diese Regelung entspricht der für die Bewilligung angeordneten formellen Konzentrationswirkung, Art. 69 S. 2 BayWG iVm Art. 75 Abs. 1 Hs. 2 BayVwVfG, wonach das materielle Prüfprogramm der konzentrierten

---

[36] *Czychowski/Reinhardt*, WHG, § 14 Rn. 9.

Verfahren vollständig erhalten und von der nun zuständigen Behörde vollumfänglich zu berücksichtigen bleibt (→ Rn. 37). Klausurrelevant sind hier v.a. das Bauplanungs- und Bauordnungsrecht sowie ggf. das Immissionsschutzrecht.

Ein zwingender Versagungsgrund kann nach § 14 Abs. 3 WHG auch dann bestehen, wenn **Rechte Dritter beeinträchtigt** werden. 46

Zu den Rechten in diesem Sinne gehören zB: 47

- das Eigentum nach § 903 BGB, wobei aber das Eigentum an einem Gewässergrundstück durch § 4 Abs. 4 S. 1 WHG eingeschränkt wird (→ Rn. 7);
- der Besitz, § 854 BGB, die beschränkt dinglichen Rechte wie Nießbrauch, § 1030 BGB, und Grunddienstbarkeiten, § 1018 BGB, sowie Jagd- und Fischereirechte, Art. 1 BayFiG, § 1 BJG;
- Bei der Bewilligung als Recht im Sinne von § 14 Abs. 3 WHG ist zu beachten, dass sie zwar nach § 10 Abs. 1 WHG ein subjektiv-öffentliches Recht zur Gewässerbenutzung gibt, aber diese Rechtsposition wiederum durch § 10 Abs. 2 WHG eingeschränkt wird, wonach gerade kein Anspruch auf Zufluss von Wasser in einer bestimmten Menge und Beschaffenheit verschafft wird.

Keine Rechte in diesem Sinn sind der Gemeingebrauch nach § 25 WHG iVm Art. 18 BayWG, die gehobene und die beschränkte Erlaubnis, § 15 WHG und Art. 15 BayWG oder auch der durch Planfeststellung nach § 68 WHG zugelassene Ausbau im Sinne von § 67 Abs. 2 WHG.[37] 48

Wenn nun eine Beeinträchtigung zu erwarten ist und entsprechend Einwendungen erhoben wurden, ist zu prüfen, ob diese vermieden oder ausgeglichen werden können, § 14 Abs. 3 S. 1 WHG. Ist dies nicht möglich, ist zu unterscheiden: 49

Erfordert das Wohl der Allgemeinheit die Erteilung der Bewilligung, ist das Vorhaben also **gemeinnützig**, darf die Bewilligung trotz der Rechtsbeeinträchtigung erteilt werden, § 14 Abs. 3 S. 2 WHG. Die Rechtsbeeinträchtigung ist hier also kein zwingender Versagungsgrund (deshalb „kann" → Rn. 46). Der Betroffene ist dann nach § 14 Abs. 3 S. 3 WHG zu entschädigen. 50

Anderenfalls ist das Vorhaben als **privatnützig** anzusehen und das Recht des Dritten kann nicht überwunden und die Bewilligung also nicht erteilt werden. 51

Auch **Interessen, die keine Rechte Dritter sind**, können nach § 14 Abs. 4 WHG einen Versagungsgrund darstellen. 52

Schließlich ist die Erteilung einer Bewilligung auch dann zu versagen, wenn gegen das **Gebot der Rücksichtnahme** verstoßen wird. Wie im Baurecht (→ § 2 Rn. 415 ff.) kann es aus einfachgesetzlichen Normen hergeleitet werden. Nach der Rspr. des BVerwG[38] ist es in § 6 Abs. 1 Nr. 3 WHG („Interessen Einzelner"), § 13 Abs. 1 WHG („für andere") und § 22 WHG verankert. Das grds. nur objektiv-rechtliche Gebot der Rücksichtnahme ist ausnahmsweise dann drittschützend, „soweit in qualifizierter und zu- 53

---

37 *Drost/Ell/Wagner* I, § 14 (Stand: September 2011), Rn. 29, 30 a, 30 b.
38 BVerwG, NJW 1988, 434 (435).

gleich individualisierter Weise auf schutzwürdige Interessen eines erkennbar abgegrenzten Kreises Dritter Rücksicht zu nehmen ist".[39] Wegen der drittschützenden Regelungen in § 14 Abs. 3 f. WHG (→ Rn. 46–53) hat das Gebot der Rücksichtnahme bei der Bewilligung allerdings regelmäßig keinen großen Anwendungsbereich.

cc) Ermessen und Inhalts- und Nebenbestimmungen

54 § 12 Abs. 2 WHG stellt klar, dass es sich bei der Bewilligung um eine **Ermessensentscheidung** handelt, es also keinen Rechtsanspruch auf Erteilung einer Bewilligung gibt. Allerdings besteht natürlich ein Anspruch auf fehlerfreie Ermessensausübung. Zu beachten ist hier, dass das sog **Bewirtschaftungsermessen** weiter und umfassender als das ansonsten bekannte „Opportunitätsermessen" und v.a. vom Bewirtschaftungsauftrag geprägt ist, vgl. § 6 WHG (wiederum möglichst umfassender Gewässerschutz!).[40]

55 Wie oben bereits dargestellt (→ Rn. 32), bestimmt § 13 Abs. 3 WHG, dass bei der Bewilligung ein nachträglicher Erlass von Inhalts- und Nebenbestimmungen nur eingeschränkt zulässig ist. Dies entspricht dem der Bewilligung zugedachten höheren Bestandsschutz, vgl. die eingeschränkte Widerrufsmöglichkeit gemäß § 16 Abs. 2 S. 1 WHG / § 18 Abs. 2 S. 1 WHG.[41] Im Übrigen hat § 13 WHG nur klarstellenden Charakter, da ein Verwaltungsakt, auf dessen Erteilung kein Rechtsanspruch besteht, bereits nach Art. 36 Abs. 2 BayVwVfG ohnehin mit Nebenbestimmungen versehen werden kann.

56 Eine Bewilligung kann nur **befristet** erteilt werden, § 14 Abs. 2 WHG. Auch diese Regelung erklärt sich ganz einfach mit dem möglichst umfassenden Gewässerschutz, da die Bewirtschaftung der Gewässer nicht durch unbefristete Rechte erschwert werden soll.

5. Gehobene Erlaubnis, § 15 WHG

57 Die gehobene Erlaubnis steht zwischen der Bewilligung im Sinne des § 14 WHG und der beschränkten Erlaubnis nach Art. 15 BayWG. Die gehobene Erlaubnis gewährt die **Befugnis** zur Gewässerbenutzung, § 10 Abs. 1 1. Var. WHG. Anders als die Bewilligung vermittelt die gehobene Erlaubnis ihrem Inhaber also gerade **kein subjektiv-öffentliches Recht**, sondern hat eine **Legalisierungswirkung** dergestalt, dass die durch die gehobene Erlaubnis erlaubte Gewässerbenutzung rechtmäßig ist, soweit und solange sie durch die Erlaubnis gedeckt ist.[42] Die gehobene Erlaubnis ist nach § 18 Abs. 1 WHG frei widerruflich und nach § 13 Abs. 1 und Abs. 2 WHG durch Inhalts- und Nebenbestimmungen beschränkbar. Mit § 16 Abs. 1 WHG bietet die gehobene Erlaubnis aber ebenfalls einen gewissen Schutz gegenüber Rechten Dritter, wenn auch nicht so weitgehend wie bei der Bewilligung. Auch die gehobene Erlaubnis ist ein Verwaltungsakt im Sinne des Art. 35 S. 1 BayVwVfG (→ Rn. 33).

---

39 BVerwGE 52, 122 (122).
40 *Czychowski/Reinhardt*, WHG, § 12 Rn. 33.
41 Vgl. BT-Drs. 16/12275, S. 56.
42 BGH, NVwZ 2000, 1206 (1207).

Schema: gehobene Erlaubnis
I. Rechtsgrundlage Benutzung, § 12 WHG
II. Formelle Rechtmäßigkeit
   1. Zuständigkeit, Art. 63 Abs. 1 S. 2 WHG, Art. 3 BayVwVfG
   2. Verfahren, §§ 15 Abs. 2, 11 Abs. 2 WHG, Art. 69 S. 2 BayWG, Art. 72 ff. BayVwVfG
   3. Form, Art. 69 S. 2 BayWG, Art. 74 Abs. 1 S. 2 und Art. 69 Abs. 2 S. 1 BayVwVfG
III. Materielle Rechtmäßigkeit
   1. Anwendungsbereich des § 15 Abs. 1 WHG
   2. Versagungsgründe nach § 12 Abs. 1 WHG
   3. Rechte Dritter nach § 15 Abs. 2 iVm § 14 Abs. 3 WHG
   4. Belange Dritter nach § 15 Abs. 2 WHG iVm § 14 Abs. 4 WHG
   5. Gebot der Rücksichtnahme, §§ 6, 13, 22 WHG
   6. Bewirtschaftungsermessen, § 12 Abs. 2 WHG

a) Formelle Voraussetzungen der gehobenen Erlaubnis

§ 15 Abs. 2 WHG verweist auf § 11 Abs. 2 WHG und Art. 69 S. 2 BayWG gilt seinem Wortlaut nach für die Bewilligung und die Erlaubnis nach § 15 WHG, so dass hinsichtlich der formellen Rechtmäßigkeit die Ausführungen zur Bewilligung entsprechend gelten (→ Rn. 34–38). 58

b) Materielle Voraussetzungen der gehobenen Erlaubnis

aa) Anwendungsbereich

Der Anwendungsbereich ist eröffnet, wenn entweder ein öffentliches Interesse oder ein berechtigtes Interesse des Gewässerbenutzers besteht, § 15 Abs. 1 WHG. 59

Der Begriff des **öffentlichen Interesses** ist nicht näher definiert. Er deckt sich aber der Sache nach häufig mit dem des Wohls der Allgemeinheit nach § 6 Abs. 1 S. 1 Nr. 3 WHG, wobei es sich dabei nicht zwingend, aber meist um wasserwirtschaftliche Belange handeln wird.[43] Ein öffentliches Interesse liegt beispielsweise vor, wenn die Gewässerbenutzung der öffentlichen Wasser- oder Abwasserbeseitigung dient, vgl. § 50 WHG bzw. § 54 WHG, vorausgesetzt, dies ist der unmittelbare und primäre Zweck. Nicht ausreichend für die Annahme eines öffentlichen Interesses im Sinne des § 15 Abs. 1 S. 1 WHG ist es, wenn die Benutzung zunächst den Interessen des Vorhabenträgers und nur in zweiter Linie (auch) den öffentlichen Interessen dient. Das wäre etwa dann der Fall, wenn einem Gewässer Kies entnommen werden soll, um den Kies für den Straßenbau zu verwenden. Zwar werden dadurch Straßen und Arbeitsplätze geschaffen bzw. erhalten, was beides unstreitig im öffentlichen Interesse liegt. Die Gewässerbenutzung der Kiesentnahme dient allerdings primär der Gewinnerzielung durch den Unternehmer, so dass ein öffentliches Interesse im Sinne des § 15 Abs. 1 S. 1 WHG abzulehnen wäre.[44] 60

Die Voraussetzungen für das **berechtigte Interesse** sind weniger streng als die für die Bewilligung erforderliche Unzumutbarkeit. Das berechtigte Interesse ist nach der Begründung im Gesetzentwurf[45] insbesondere dann anzunehmen, wenn Tatsachen vorliegen, aus denen sich ergibt, dass der Gewässerbenutzer zur Wahrung seiner (gegen- 61

---

43 *Czychowski/Reinhardt*, WHG, § 15 Rn. 8.
44 *Drost/Ell/Wagner* I, § 15 (Stand: September 2011), Rn. 15.
45 BT-Drs. 16/12275, S. 57.

wärtigen oder zukünftigen wirtschaftlichen oder sonst anerkennenswerten) Belange ein Interesse an der Erteilung einer gehobenen Erlaubnis hat. Das berechtigte Interesse liegt also beispielsweise vor, wenn ein Unternehmer einem Gewässer Wasser zu Produktionszwecken entnehmen möchte, da er das benötigte Wasser nicht oder jedenfalls nicht wirtschaftlich auf anderem Wege beschaffen kann.

62 Wie bei der Bewilligung gibt es auch hier bestimmte Benutzungen, für die eine gehobene Erlaubnis nicht erteilt werden darf, § 15 Abs. 1 S. 2 WHG iVm § 9 Abs. 2 Nr. 3 f. WHG.

bb) Versagungsgründe

63 Bzgl. der Versagungsgründe aus § 12 WHG gilt das zur Bewilligung ausgeführte entsprechend (→ Rn. 43–53). Wenn es um das Einleiten von Abwasser, legaldefiniert in § 54 WHG, geht, sind die zusätzlichen wasserrechtlichen Anforderungen aus §§ 57 ff. WHG zu beachten. Diese sollen – wieder im Sinn eines umfassenden Gewässerschutzes – dafür sorgen, dass die Schadstofffracht des Abwassers so gering wie möglich gehalten wird.

64 Da § 15 Abs. 2 WHG auf § 11 Abs. 2 WHG und § 14 Abs. 3–5 WHG verweist, gilt bzgl. der Beeinträchtigung von Rechten und Interessen Dritter das zur Bewilligung Gesagte entsprechend (→ Rn. 46–52).

65 Auch bei der gehobenen Erlaubnis ist das Gebot der Rücksichtnahme zu beachten, vgl. § 6 Abs. 1 Nr. 3, § 13 Abs. 1 und § 22 WHG, wobei auch hier wegen der entsprechenden Geltung von § 14 Abs. 3 f. WHG kein großer Raum für dessen Anwendung besteht (→ Rn. 53).

cc) Ermessen und Inhalts- und Nebenbestimmungen

66 § 12 Abs. 2 WHG bestimmt wie bei der Bewilligung, dass kein Anspruch auf Erteilung einer gehobenen Erlaubnis, sondern ein Anspruch auf fehlerfreie Ermessensausübung besteht. Der Behörde steht wiederum das weite Bewirtschaftungsermessen zu (→ Rn. 54).

67 Gemäß § 13 WHG sind Inhalts- und Nebenbestimmungen möglich. Die Einschränkung des § 13 Abs. 3 WHG gilt für die gehobene Erlaubnis nicht.

6. Beschränkte Erlaubnis, Art. 15 BayWG

68 Hinsichtlich der Rechtswirkungen schwächer als Bewilligung und gehobene Erlaubnis ist die – deshalb auch sogenannte – **beschränkte Erlaubnis** nach Art. 15 BayWG. Sie ist eine Erlaubnis im Sinne des § 10 Abs. 1 1. Var. WHG und gewährt eine Befugnis zur Gewässerbenutzung (Legalisierungswirkung → Rn. 57). Wie Bewilligung (→ Rn. 33) und gehobene Erlaubnis (→ Rn. 57) ist sie ein begünstigender Verwaltungsakt.[46] Anders als bei Bewilligung und gehobener Erlaubnis gibt es neben § 12 WHG keine weiteren Zulassungsvoraussetzungen. Ein Ausschluss von zivilrechtlichen

---

46 *Drost/Ell/Wagner* II, Art. 15 (Stand: September 2014), Rn. 6.

Ansprüchen Dritter findet mangels Anwendbarkeit von § 16 und damit korrelierend § 14 Abs. 3 f. WHG nicht statt.

Schema: beschränkte Erlaubnis
I. Rechtsgrundlage Benutzung, § 12 WHG
II. Formelle Rechtmäßigkeit
   1. Zuständigkeit, Art. 63 Abs. 1 S. 2 WHG, Art. 3 BayVwVfG
   2. Verfahren, Art. 9 ff. BayVwVfG
   3. Form, Art. 15 Abs. 2 S. 3 BayWG
III. Materielle Rechtmäßigkeit
   1. Anwendungsbereich des Art. 15 Abs. 1 BayWG
   2. Versagungsgründe nach § 12 Abs. 1 WHG
   3. Gebot der Rücksichtnahe, §§ 6, 13, 22 WHG
   4. Bewirtschaftungsermessen, § 12 Abs. 2 WHG

a) Formelle Voraussetzungen der beschränkten Erlaubnis

Da bei der beschränkten Erlaubnis ein Ausschluss von zivilrechtlichen Ansprüchen Dritter nicht möglich ist, ist auch kein besonderes Verfahren mit Öffentlichkeitsbeteiligung erforderlich. Deshalb wird die beschränkte Erlaubnis in Art. 69 S. 2 BayWG gerade nicht genannt, so dass die Art. 72 bis 78 BayVwVfG nicht anwendbar sind. Mangels anderer Regelung gilt das **einfache Verwaltungsverfahren** im Sinne von Art. 9 ff. BayVwVfG. Die formelle Konzentrationswirkung des Art. 75 Abs. 1 S. 1 Hs. 2 BayVwVfG findet gerade keine Anwendung. 69

Obwohl für die beschränkte Erlaubnis keine besondere Formvorschrift existiert und sie damit nach Art. 10 S. 1 BayVwVfG an **keine bestimmte Form** gebunden ist, sollte sie bereits aus rechtsstaatlichen Gründen **schriftlich** erteilt werden.[47] Nach Art. 15 Abs. 2 S. 3 BayWG ist die beschränkte Erlaubnis als solche zu bezeichnen. 70

Das Antragserfordernis aus Art. 67 BayWG gilt auch für die beschränkte Erlaubnis. 71

Hinsichtlich der Zulassungspflicht und der **Zuständigkeit** gibt es keine Besonderheiten. 72

b) Materielle Voraussetzungen der beschränkten Erlaubnis

Eine beschränkte Erlaubnis kann nach Art. 15 Abs. 1 BayWG erteilt werden, wenn die *Voraussetzungen für eine gehobene Erlaubnis nicht vorliegen* oder wenn nur eine beschränkte Erlaubnis *beantragt* wird. 73

Wenn die Gewässerbenutzung von vornherein auf nicht länger als ein Jahr beschränkt sein soll, ist nach Art. 15 Abs. 2 BayWG die beschränkte Erlaubnis die einzig mögliche Zulassungsform. Die Erlaubnis ist dann entsprechend zu befristen und – zweckmäßigerweise im Tenor der Entscheidung – als beschränkte Erlaubnis zu bezeichnen, Art. 15 Abs. 2 S. 3 BayWG. 74

Da die §§ 8 und 10–13 WHG auch auf die beschränkte Erlaubnis Anwendung finden, kann bzgl. der Versagungsgründe aus § 12 WHG auf die entsprechenden Ausführungen bei Bewilligung und gehobener Erlaubnis verwiesen werden (→ Rn. 43–53). 75

---

[47] *Drost/Ell/Wagner* II, Art. 15 (Stand: September 2014), Rn. 11 a.

76 § 14 Abs. 3 f. WHG sind auf die beschränkte Erlaubnis nicht anwendbar, da sie ihrem Wortlaut nach nur für die Bewilligung gelten und eine § 15 Abs. 2 WHG entsprechende Verweisung für die beschränkte Erlaubnis gerade nicht existiert. Allerdings können Rechtsbeeinträchtigungen oder nachteilige Wirkungen zulasten Dritter im Rahmen des Gebots der Rücksichtnahme zu berücksichtigen sein. § 13 WHG findet auf die beschränkte Erlaubnis ebenso wie der allgemeine Grundsatz aus § 6 WHG und § 22 WHG direkt Anwendung. Will ein Dritter sich auf das Gebot der Rücksichtnahme berufen, ist allerdings, wie oben bei der Bewilligung bereits gezeigt, Voraussetzung, dass er durch die Gewässerbenutzung in qualifizierter und individualisierter Weise betroffen ist (→ Rn. 53).

77 Auch die beschränkte Erlaubnis ist eine Ermessensentscheidung, § 12 Abs. 2 WHG, die mit Inhalts- und Nebenbestimmungen versehen werden kann, § 13 WHG, und entsprechend § 18 WHG widerruflich ist.

7. Erlaubnis mit Zulassungsfiktion, Art. 70 BayWG

78 Sie ist lex specialis zur beschränkten Erlaubnis nach Art. 15 BayWG, vgl. Art. 15 Abs. 3 BayWG. Die Erlaubnis mit Zulassungsfiktion enthält eine Liste von häufig anfallenden Benutzungstatbeständen, für die die beschränkte Erlaubnis nach Art. 15 BayWG im Verfahren nach Art. 42 a Abs. 1 BayVwVfG (Genehmigungsfiktion!) durchzuführen ist.

8. Planfeststellung und Plangenehmigung, § 68 WHG

79 Nach § 68 Abs. 1 WHG bedarf ein **Gewässerausbau** der Planfeststellung durch die zuständige Behörde. Es ist also zunächst zu klären, was unter einer Planfeststellung und unter einem Gewässerausbau zu verstehen ist.

Die **Planfeststellung** ist in den Art. 72 ff. BayVwVfG geregelt. Sie ist der Sache nach die *Genehmigung des planfestgestellten Vorhabens in Form eines rechtsgestaltenden Verwaltungsakts gegenüber dem Vorhabenträger mit Wirkungen gegenüber der Allgemeinheit und allen Betroffenen,*[48] Art. 74 BayVwVfG.

80 Der **Gewässerausbau** ist in § 67 Abs. 2 WHG legaldefiniert. Er liegt nach § 67 Abs. 2 S. 1 WHG dann vor, wenn ein Gewässer oder seine Ufer hergestellt, beseitigt oder wesentlich umgestaltet werden. Gemäß § 67 Abs. 2 S. 3 WHG werden bestimmte Vorhaben wie zB Deich- und Dammbauten dem Gewässerausbau gleichgestellt. Eine Einschränkung nimmt schließlich § 67 Abs. 2 S. 2 WHG vor. Danach liegt gerade kein Gewässerausbau vor, wenn das Gewässer nur für einen begrenzten Zeitraum entsteht und der Wasserhaushalt dadurch nicht erheblich beeinträchtigt wird. Beispiel bei der sog Nassauskiesung: Wird durch Freilegen von Grundwasser (Benutzung im Sinne von § 9 Abs. 1 Nr. 5 WHG → Rn. 25) ein sog Baggersee geschaffen, ist zu differenzieren:

- Soll der See nach einer Weile wieder zugeschüttet werden, handelt es sich wegen § 67 Abs. 2 S. 2 WHG um keinen Ausbau, sondern um eine Benutzung, für die der

---

48 *Wysk*, in: Kopp/Ramsauer, VwVfG, § 74 Rn. 15.

V. Gewässereinwirkung und Zulassung – im Einzelnen

Vorhabenträger eine Bewilligung oder Erlaubnis (§§ 14 f. WHG, Art. 15 BayWG) beantragen muss (→ Rn. 31 ff.).

- Soll der Baggersee bestehen bleiben, handelt es sich um einen Gewässerausbau und das Freilegen des Grundwassers gilt gemäß § 9 Abs. 3 S. 1 WHG nicht als Benutzung, da es dem Gewässerausbau dient (→ Rn. 28). Der Vorhabenträger muss also die Durchführung eines Planfeststellungs- bzw. eines Plangenehmigungsverfahrens beantragen, § 68 WHG.

Dabei kann der Vorhabenträger nicht frei zwischen einer Planfeststellung und einer Plangenehmigung wählen. Vielmehr ist die Planfeststellung gemäß § 68 Abs. 1 WHG der Grundsatz, die Plangenehmigung kommt nur unter der in § 68 Abs. 2 WHG genannten Voraussetzung in Betracht (→ Rn. 105 ff.). 81

Schema: Planfeststellungsbeschluss
I. Rechtsgrundlage Gewässerausbau, § 68 Abs. 3 WHG
II. Formelle Rechtmäßigkeit
   1. Zuständigkeit, Art. 63 Abs. 1 S. 2 BayWG, Art. 3 Abs. 1 BayVwVfG
   2. Verfahren, §§ 67 Abs. 2, 68 Abs. 1, 70 Abs. 1 Hs. 2 WHG, Art. 69 S. 1 BayWG, Art. 72 ff. BayVwVfG
   3. Form, wie bei Verfahren und Art. 74 Abs. 1 S. 2 und Art. 69 Abs. 2 S. 1 BayVwVfG
III. Materielle Rechtmäßigkeit – hier Übersicht

Gemeinnütziger Ausbau	Privatnütziger Ausbau
Aufgabe zum Wohl der Allgemeinheit wird erfüllt	Ausbau allein im privaten Interesse des Unternehmers
Beispiel: Trinkwasserversorgung, Hochwasserschutz	**Beispiel:** Baggersee infolge von Nassauskiesung
Planrechtfertigung Eingriff in Rechte Dritter möglich, § 70 Abs. 1 Hs. 1 WHG iVm § 14 Abs. 3 S. 2 WHG Folglich braucht Planung auch wegen Art. 14 GG Rechtfertigung: Objektive Erforderlichkeit, dh Maßnahme ist vernünftigerweise geboten	**Planrechtfertigung** Planfeststellung entspricht nur einer Anlagengenehmigung und hat lediglich Charakter einer Unbedenklichkeitsbescheinigung Folglich Planrechtfertigung im engeren Sinne nicht nötig

Julia von Engel

Zwingende Versagungsgründe § 68 Abs. 3 Nr. 1 f. WHG	Zwingende Versagungsgründe § 68 Abs. 3 Nr. 1 f. WHG *und* keine Beeinträchtigung von Rechten Dritter, § 70 Abs. 1 Hs. 1 WHG iVm § 14 Abs. 3 S. 1 WHG *und* keine nachteiligen Wirkungen gegenüber Dritten, falls kein erheblich überwiegender Nutzen, § 70 Abs. 1 Hs. 1 WHG iVm § 14 Abs. 4 WHG
Abwägung Grds. keine Beeinträchtigung von Rechten Dritter und grds. keine nachteiligen Wirkungen gegenüber Dritten, § 70 Abs. 1 Hs. 1 WHG iVm § 14 Abs. 3 S. 1 f. und Abs. 4 WHG – aber überwindbar	Abwägung Nachteilige Wirkungen gegenüber Dritten, falls erheblich überwiegender Nutzen, § 70 Abs. 1 Hs. 1 WHG iVm § 14 Abs. 4 S. 3 WHG – überwindbar

a) **Formelle Voraussetzungen einer Planfeststellung**
aa) **Zuständigkeit**

82   Zuständige Behörde im Sinne des § 68 Abs. 1 WHG ist die Kreisverwaltungsbehörde, Art. 63 Abs. 1 S. 2 BayWG, im Regelfall also das Landratsamt, Art. 37 Abs. 1 S. 2 LKrO, oder die kreisfreie Stadt, Art. 9 Abs. 1 S. 1 GO. Die örtliche Zuständigkeit ergibt sich aus Art. 3 Abs. 1 Nr. 1 BayVwVfG.

bb) **Verfahren**

83   Für die Planfeststellung nach § 68 WHG erklärt § 70 Abs. 1 Hs. 2 WHG die §§ 72 bis 78 des VwVfG (des Bundes!), also die Vorschriften zum Planfeststellungsverfahren, für anwendbar. Über Art. 69 S. 1 BayWG finden dann die entsprechenden Vorschriften des *BayVwVfG* Anwendung. Der Ablauf des Planfeststellungs*verfahrens* ist v. a. in Art. 73 BayVwVfG (bitte lesen!) geregelt. Erwähnt werden sollen hier folgende Punkte:

84   ▪ **Behördenbeteiligung:** Die Behörden, deren Aufgabenbereich durch das Vorhaben berührt wird, werden von der Anhörungsbehörde (in der Regel also dem Landratsamt bzw. der kreisfreien Stadt, s. o.) zur Stellungnahme aufgefordert (Art. 73 Abs. 2 BayVwVfG) und müssen diese Stellungnahme nach Abs. 3 a innerhalb einer bestimmten Frist abgeben.

85   ▪ **Planauslegung:** Die Anhörungsbehörde hat gemäß Art. 73 Abs. 2 BayVwVfG auch zu veranlassen, dass der Plan in den Gemeinden, in denen sich das Vorhaben voraussichtlich auswirkt, ausgelegt wird. Die Regelungen rund um die Auslegung finden sich in Art. 73 Abs. 3–5 BayVwVfG.

86   ▪ Sinn und Zweck der Auslegung ist vor allen Dingen, der Öffentlichkeit möglichst frühzeitig die Gelegenheit zu geben, Kenntnis zu nehmen und damit in die Planung miteinbezogen zu werden. Wird jemand durch das Vorhaben in seinen Belangen

berührt, kann er nach Art. 73 Abs. 4 S. 1 BayVwVfG **Einwendungen** erheben. Die rechtzeitig erhobenen Einwendungen werden dann nach Art. 73 Abs. 6 S. 1 BayVwVfG erörtert und das Ergebnis dieser Erörterung ist im Bescheid zu berücksichtigen. Wird die Einwendung nicht innerhalb der Einwendungsfrist erhoben, ist sie nach dem Wortlaut des Art. 73 Abs. 4 S. 3 BayVwVfG ausgeschlossen. Diese sog **materielle Präklusion**, der zufolge der Betroffene seine materielle Rechtsposition verliert und insoweit keine klagefähige Rechtsposition mehr hat,[49] wurde in einem aufsehenerregenden Urteil des EuGH[50] für europarechtswidrig erklärt und findet bei Vorhaben, die in den Anwendungsbereich der sog UVP-Richtlinie fallen, keine Anwendung mehr (→ Rn. 36). In diesen Fällen müssen die Einwendungen im gerichtlichen Verfahren auch dann berücksichtigt werden, wenn sie nach Ablauf der Einwendungsfrist erhoben wurden.

Unabhängig von Präklusionsvorschriften kann grds. *jeder* Einwendungen gegen den Plan erheben, *dessen Belange durch das Vorhaben berührt werden*, Art. 73 Abs. 4 S. 1 BayVwVfG. Dabei muss es sich nicht zwingend um eine Privatperson handeln, es kann beispielsweise auch eine Gemeinde als Grundstückseigentümerin in ihren Rechten betroffen und damit einwendungsberechtigt in diesem Sinne sein.[51] Voraussetzung ist aber in all diesen Fällen die Betroffenheit in eigenen Belangen.

Anderes gilt nach Art. 73 Abs. 4 S. 5 BayVwVfG für Vereinigungen, die Rechtsbehelfe nach der VwGO gegen die Entscheidung nach Art. 74 BayVwVfG einlegen können. Diese können Stellungnahmen abgeben, ohne in eigenen Belangen betroffen zu sein. Hier praktisch relevant sind derzeit v.a. die naturschutzrechtliche Verbandsklage nach § 64 BNatSchG sowie die umweltschutzrechtliche Verbandsklage nach §§ 1 f. UmwRG.[52]

cc) Form

Der Planfeststellungsbeschluss ist **schriftlich** zu erlassen, Art. 74 Abs. 1 S. 2 iVm Art. 69 Abs. 2 S. 1 BayVwVfG. 87

Zu beachten ist, dass nur bei einer *positiven* Entscheidung ein **Planfeststellungsbeschluss** ergeht, Art. 74 Abs. 1 S. 1 BayVwVfG. Dieser ist ein rechtsgestaltender Verwaltungsakt gegenüber dem Vorhabenträger mit Wirkungen gegenüber der Allgemeinheit und den Betroffenen und daher **Allgemeinverfügung** im Sinne des Art. 35 S. 2 BayVwVfG.[53] Auch die Ablehnung des Planfeststellungsantrags durch die Planfeststellungsbehörde hat Verwaltungsaktcharakter und ist entsprechend zu behandeln, die Entscheidung wird aber eben nicht Planfeststellungsbeschluss genannt. 88

---

49 *Wysk*, in: Kopp/Ramsauer, VwVfG, § 73 Rn. 88.
50 EuGH, Rs. C-137/14, ECLI:EU:C:2015:683 – Kommission/Deutschland.
51 *Wysk*, in: Kopp/Ramsauer, VwVfG, § 73 Rn. 80.
52 *Wysk*, in: Kopp/Ramsauer, VwVfG, § 73 Rn. 94.
53 *Wysk*, in: Kopp/Ramsauer, VwVfG, § 74 Rn. 15.

b) Materielle Voraussetzungen einer Planfeststellung

89 Grds. gibt es hier drei Prüfungsschritte, die jedenfalls gedanklich immer vorgenommen werden sollten:

- die Planrechtfertigung (→ Rn. 90)
- die zwingenden Versagungsgründe (→ Rn. 91 ff.) und
- die Abwägung (→ Rn. 98 ff.).

aa) Planrechtfertigung

90 Die **Planrechtfertigung** als gedanklich erster Schritt ist ungeschriebenes Erfordernis jeder Fachplanung und Ausprägung des Grundsatzes der Verhältnismäßigkeit staatlichen Handelns, das mit Eingriffen in Rechte Dritter verbunden ist.[54] Als solches ist sie nicht nur zu prüfen, wenn Dritte für das Vorhaben enteignet werden sollen, sondern bereits dann, wenn aufgrund des Planfeststellungsbeschlusses in Rechte Dritter eingegriffen werden soll.[55] Dabei sind an die Planrechtfertigung keine zu hohen Anforderungen zu stellen. Sie ist vielmehr dann gegeben, wenn das Vorhaben zumindest vernünftigerweise geboten ist.[56] Über § 70 Abs. 1 Hs. 1 WHG finden die § 14 Abs. 3–6 WHG Anwendung, so dass wie bei der Bewilligung zwischen gemeinnützigen (→ Rn. 50) und privatnützigen (→ Rn. 51) Vorhaben zu unterscheiden ist. Aufgrund dieser Unterscheidung, die eine Besonderheit des wasserrechtlichen Planfeststellungsverfahrens ist,[57] muss bereits bei der Frage der Planrechtfertigung differenziert werden: Handelt es sich um ein gemeinnütziges Vorhaben, ist nach der objektiven Erforderlichkeit zu fragen, also ob es vernünftigerweise geboten ist. Bei einem rein privatnützigen Vorhaben dagegen ist weder eine Enteignung noch ein Eingriff in Rechte Dritter zulässig, so dass auch eine Planrechtfertigung im engeren Sinne als nicht notwendig betrachtet wird.[58]

bb) Zwingende Versagungsgründe

91 § 68 Abs. 3 WHG bestimmt in einem zweiten Schritt, dass der Plan nur festgestellt werden darf, wenn die Voraussetzungen von § 68 Abs. 3 Nr. 1 f. WHG erfüllt sind. Es handelt sich hierbei um sog **zwingende Versagungsgründe**.

(1) § 68 Abs. 3 Nr. 1 WHG – keine Beeinträchtigung des Wohls der Allgemeinheit

92 Ist eine Beeinträchtigung des Wohls der Allgemeinheit zu erwarten, kann der Plan aufgrund eines zwingenden Versagungsgrundes nicht festgestellt werden. Der unbestimmte Rechtsbegriff des Wohls der Allgemeinheit wird durch die genannten Beispiele in § 68 Abs. 3 Nr. 1 WHG näher erläutert. Diese Beispiele und die Tatsache, dass von § 68 Abs. 3 Nr. 2 1. Var. WHG die anderen Anforderungen nach dem WHG erfasst werden, spricht dafür, dass das Wohl der Allgemeinheit im Wesentlichen nur die wasserwirtschaftlichen Belange umfasst.[59]

---

54 BVerwG, NVwZ 2006, 1 (15).
55 Vgl. BVerwGE 127, 95 (95).
56 So st. Rspr., vgl. *Wysk*, in: Kopp/Ramsauer, VwVfG, § 74 Rn. 43.
57 *Drost/Ell/Wagner* I, § 68 (Grundwerk, Stand: März 2010), Rn. 13.
58 Vgl. auch *Drost/Ell/Wagner* I, § 68 (Grundwerk, Stand: März 2010), Rn. 16.
59 Vgl. auch *Széchényi*, BayVBl. 2013, 138 (138).

(2) § 68 Abs. 3 Nr. 2 1. Var. WHG – andere Anforderungen nach dem WHG

Beim Prüfen dieser Regelung können sich Überschneidungen zu § 68 Abs. 3 Nr. 1 WHG ergeben, wenn für die wasserwirtschaftlichen Belange, die beim Wohl der Allgemeinheit im Sinne des § 68 Abs. 3 Nr. 1 WHG zu berücksichtigen sind, eine ausdrückliche Regelung im WHG existiert. Dies ist etwa bei den Reinhaltungsgeboten der §§ 32 und 48 WHG und dem Verschlechterungsverbot des § 27 Abs. 1 Nr. 1 WHG der Fall. Dann liegt genau genommen eine *andere Anforderung nach dem WHG* im Sinne des § 68 Abs. 3 Nr. 2 1. Var. WHG und damit ebenfalls ein zwingender Versagungsgrund vor.[60] 93

Auch Rechte Dritter können einen zwingenden Versagungsgrund darstellen. Über § 70 Abs. 1 Hs. 1 WHG gilt § 14 Abs. 3–6 WHG entsprechend. Es kann daher im Wesentlichen auf die entsprechenden Ausführungen zur Bewilligung (→ Rn. 46–52) verwiesen werden. Zu beachten ist, dass die Beeinträchtigung eines Rechts nur dann einen zwingenden Versagungsgrund darstellt, wenn das Vorhaben privatnützig ist, vgl. wieder § 14 Abs. 3 S. 2 WHG im Umkehrschluss (→ Rn. 51). Bei der sog gemeinnützigen Planfeststellung sind die Rechte Dritter überwindbar und damit erst im Rahmen der Abwägung zu prüfen (→ Rn. 50). 94

(3) § 68 Abs. 3 Nr. 2 2. Var. WHG – Anforderungen nach sonstigen öffentlich-rechtlichen Vorschriften

Durch diese Regelung wird der Prüfungsumfang entsprechend der formellen Konzentrationswirkung (→ Rn. 101) von Planfeststellung und Plangenehmigung, § 70 Abs. 1 Hs. 2 WHG iVm Art. 69 S. 1 BayWG iVm Art. 75 Abs. 1 BayVwVfG, erweitert. 95

Von Bedeutung sind hier natürlich v.a. die Vorschriften des Bauplanungsrechts sowie ggf. des Immissionsschutzrechts. Liegt ein Vorhaben im Sinne des § 29 Abs. 1 BauGB vor, sind die §§ 29 ff. BauGB als Anforderungen nach sonstigen öffentlich-rechtlichen Vorschriften gemäß § 68 Abs. 3 Nr. 2 2. Var. WHG und damit im Rahmen der zwingenden Versagungsgründe zu berücksichtigen. 96

Etwas anderes gilt nur, wenn das **Vorhaben von überörtlicher Bedeutung** ist, § 38 BauGB (→ § 2 Rn. 229). Dann werden aufgrund der von § 38 BauGB angeordneten materiellen Konzentration die §§ 29 ff. BauGB nicht im Rahmen der zwingenden Versagungsgründe, sondern im Rahmen der Abwägung berücksichtig und dadurch letztendlich überwindbar. Die Definition des unbestimmten Rechtsbegriffs der Überörtlichkeit hat sich mehrfach geändert. Derzeit ist ein Vorhaben nach der Rspr. des BVerwG dann überörtlich, wenn es aufgrund seiner überörtlichen Bezüge bei typisierender Betrachtung einen gemeindeübergreifenden Koordinierungsbedarf hervorruft.[61] 97

cc) Abwägung

Die Behörde hat als dritten und letzten Schritt alle von der Planung berührten öffentlichen und privaten Belange gegeneinander und untereinander abzuwägen und dabei die gesetzlichen Zielsetzungen und Wertungen zu beachten. Wie die Planrechtferti- 98

---

60 *Czychowski/Reinhardt*, WHG, § 68 Rn. 24.
61 *Jäde/Dirnberger*, § 38 BauGB Rn. 2–4.

gung ist das **Gebot der gerechten Abwägung** nicht ausdrücklich im WHG geregelt, sondern als Ausfluss des Verhältnismäßigkeitsgrundsatzes und damit letztendlich des Rechtsstaatsprinzips auch ohne ausdrückliche Regelung im Gesetz anzuwenden.[62] Es gilt der Grundsatz der Konflikt- und Problembewältigung. Abwägungsdirektiven sind beispielsweise § 67 Abs. 1 WHG[63] und der allgemeine Grundsatz der Gewässerbewirtschaftung nach § 6 Abs. 2 WHG.[64] Handelt es sich um ein gemeinnütziges Vorhaben, finden die Rechte Dritter hier Berücksichtigung (→ Rn. 98). Greift der Fachplanungsvorbehalt des § 38 BauGB mit der Folge, dass die §§ 29–37 BauGB nicht als zwingendes Recht zu berücksichtigen waren, fließen sie nun als Abwägungsmaterial mit ein.

Anmerkung: Zwar sollten Ausübung des Ermessens und die Abwägung nicht verwechselt werden, die dabei möglichen Fehler sind allerdings vergleichbar: So gibt es auch hier den Abwägungsausfall, das Abwägungsdefizit, die Abwägungsfehleinschätzung und die Abwägungsdisproportionalität. Die planerische Abwägung ist nur eingeschränkt gerichtlich überprüfbar, das Gericht hat die planerische Gestaltungsfreiheit zu respektieren.

dd) Ermessen

99 Wie bei Bewilligung (→ Rn. 54) und Erlaubnis (→ Rn. 66, 77) besteht **kein Rechtsanspruch** auf Erlass eines Planfeststellungsbeschlusses dergestalt, dass dem Antrag bei Vorliegen bestimmter Tatbestandsvoraussetzungen stattgegeben werden muss. Vielmehr hat die Behörde ein über das einfache Verwaltungsermessen hinausgehendes **Planungsermessen**, dessen wesentliches Element die sog planerische Gestaltungsfreiheit ist.[65] Der Ausbauunternehmer hat demzufolge grds. nur ein subjektiv-öffentliches Recht auf gerechte Abwägung seiner rechtlich geschützten Interessen.

ee) Rechtswirkungen der Planfeststellung

100 Die Planfeststellung ist ein rechtsgestaltender Verwaltungsakt – nach hM – in Form einer Allgemeinverfügung, Art. 35 S. 2 BayVwVfG.[66]

Durch sie wird die Zulässigkeit des Vorhabens hinsichtlich aller berührten öffentlichen Belange festgestellt und die Erlaubnis zur Durchführung des Vorhabens erteilt,[67] **Zulassungs- oder Genehmigungswirkung**, § 70 Abs. 1 Hs. 2 WHG iVm Art. 69 S. 1 BayWG iVm Art. 75 Abs. 1 S. 1 Hs. 1 BayVwVfG.

101 Weiter kommt dem Planfeststellungsbeschluss gemäß § 70 Abs. 1 Hs. 2 WHG iVm Art. 69 S. 1 BayWG iVm Art. 75 Abs. 1 S. 1 Hs. 2 BayVwVfG **formelle Konzentrationswirkung** zu. Wie bei der Bewilligung bereits dargestellt, hat die zuständige Behörde das materielle Recht der anderen nun nicht mehr notwendigen Verfahren mit zu prüfen, das Prüfprogramm der konzentrierten Verfahren bleibt also verbindlich, und es ergeht lediglich eine einzige Entscheidung (→ Rn. 37). Allerdings ist auch hier wie-

---

62 *Wysk*, in: Kopp/Ramsauer, VwVfG, § 74 Rn. 95 f.
63 *Czychowski/Reinhardt*, WHG, § 67 Rn. 8.
64 Vgl. *Czychowski/Reinhardt*, WHG, § 6 Rn. 60.
65 *Czychowski/Reinhardt*, WHG, § 68 Rn. 13.
66 *Wysk*, in: Kopp/Ramsauer, VwVfG, § 74 Rn. 15.
67 *Wysk*, in: Kopp/Ramsauer, VwVfG, § 75 Rn. 8.

der zu beachten, dass die Konzentrationswirkung nur soweit reichen kann, wie auch das Vorhaben unter die von der Konzentrationsnorm erfasste Genehmigungspflicht fällt (Identität des Zulassungsgegenstandes → Rn. 37). So entfällt etwa eine Baugenehmigung nur dann aufgrund der Konzentrationswirkung der Planfeststellung, wenn und soweit es sich bei der baulichen Anlage auch um eine wasserrechtliche Ausbauanlage handelt.

§ 70 Abs. 1 Hs. 2 WHG iVm Art. 69 S. 1 BayWG iVm Art. 75 Abs. 1 S. 2 BayVwVfG regelt die **Gestaltungswirkung** des Planfeststellungsbeschlusses. 102

Auch die Rechtsbeziehungen der am Vorhaben Beteiligten werden durch den Planfeststellungsbeschluss umfassend und abschließend gestaltet und festgelegt. Für Ansprüche aus dem privaten Nachbarrecht enthält die Planfeststellung also eine **Ausschluss- (Präklusions)- und Duldungswirkung**. Dabei ergibt sich aus der Formulierung „im Übrigen" in Art. 75 Abs. 2 BayVwVfG, dass die Regelungen in § 14 Abs. 3–6 WHG, die über § 70 Abs. 1 Hs. 1 WHG Anwendung finden, im wasserrechtlichen Planfeststellungsverfahren denen in Art. 75 Abs. 2 BayVwVfG vorgehen.[68] 103

§ 71 WHG regelt die sog **enteignungsrechtliche Vorwirkung**. Diese soll nur für Gewässerausbaumaßnahmen möglich sein, die dem Wohl der Allgemeinheit dienen, wobei dies auch bei einem privatnützigen Vorhaben der Fall sein kann, wenn es maßgeblich auch dem Allgemeinwohl dient.[69] Zu beachten ist, dass die enteignungsrechtliche Vorwirkung nicht wie die oben genannten eine automatische Wirkung des Planfeststellungsbeschlusses ist, sondern im Beschluss bestimmt werden muss, vgl. § 71 Abs. 1 S. 1 WHG. 104

c) Plangenehmigung statt Planfeststellung

Wenn für den Gewässerausbau keine Pflicht zur Durchführung einer Umweltverträglichkeitsprüfung nach dem UVPG besteht, kann anstelle eines Planfeststellungsbeschlusses eine **Plangenehmigung** erteilt werden, § 68 Abs. 2 S. 1 WHG. Wie bei der Planfeststellung wird über § 70 Abs. 1 Hs. 2 WHG iVm Art. 69 S. 1 BayWG auf Art. 74 BayVwVfG verwiesen. Dessen Abs. 6 Satz 1 findet dabei allerdings keine Anwendung, da § 68 Abs. 2 WHG insoweit lex specialis ist. Es kommt also nicht auf die in Art. 74 Abs. 6 S. 1 BayVwVfG normierten Voraussetzungen an, sondern es genügt allein das Nichtvorliegen einer UVP-Pflicht als einziger Tatbestandsvoraussetzung des § 68 Abs. 2 WHG. 105

Dagegen finden die Regelungen des Art. 74 Abs. 6 S. 2 BayVwVfG auch auf die wasserrechtliche Plangenehmigung Anwendung, wie der Verweisung in § 70 Abs. 1 Hs. 2 WHG („... im Übrigen ...") iVm Art. 69 S. 1 BayWG zu entnehmen ist. Danach hat die Plangenehmigung die **Rechtswirkungen der Planfeststellung** und damit auch die formelle Konzentrationswirkung, Art. 74 Abs. 6 S. 2 Hs. 1 iVm Art. 75 Abs. 1 S. 1 Hs. 1 BayVwVfG. Sie ist also wie die Planfeststellung Verwaltungsakt und planerische Entscheidung (→ Rn. 99 f.). 106

---

68 *Drost/Ell/Wagner* I, § 68 (Stand: Grundwerk, März 2010), Rn. 11.
69 *Drost/Ell/Wagner* I, § 71 (Stand: September 2011), Rn. 7.

107 Allerdings sind auf ihre Erteilung gerade *nicht* die Vorschriften über das Planfeststellungsverfahren anzuwenden, Art. 74 Abs. 6 S. 2 Hs. 2 BayVwVfG, so dass v.a. auch die formalisierte Öffentlichkeitsbeteiligung nach Art. 73 Abs. 3 BayVwVfG nicht stattfindet. Da keine sonstige Regelung getroffen ist, gelten die Vorschriften über das **einfache Verwaltungsverfahren** gemäß Art. 9 ff. BayVwVfG. Die vollständige Verweisungskette für die Verfahrensanforderungen lautet hier § 68 Abs. 2 S. 1 WHG iVm § 70 Abs. 1 Hs. 2 WHG iVm Art. 69 S. 1 BayWG iVm Art. 74 Abs. 6 S. 2 Hs. 2 BayVwVfG iVm Art. 9 ff. BayVwVfG.

108 § 68 Abs. 2 WHG räumt der Behörde bei der Entscheidung, welches Verfahren Anwendung finden soll, Ermessen ein, vgl. „kann" in § 68 Abs. 2 S. 1 WHG. Bei der Ausübung dieses **Auswahlermessens** wird die Behörde prüfen, ob die Plangenehmigung v.a. mit Blick auf das nicht förmliche Verfahren (→ Rn. 107) für das konkrete Vorhaben geeignet ist. Dabei hat die Behörde sich an dem Regelungsziel zu orientieren, für einfach gelagerte Fälle eine Vereinfachung und Beschleunigung des Verfahrens zu ermöglichen.[70] Einen Anspruch auf Durchführung eines Plangenehmigungsverfahrens anstelle des Planfeststellungsverfahrens hat der Antragsteller jedoch nicht, sondern lediglich einen Anspruch auf sachgerechte Ermessensausübung.

9. Gewässerunterhaltung, §§ 39 ff. WHG iVm Art. 22 ff. BayWG

109 Die **Gewässerunterhaltung** soll Gewässer durch Anforderungen an ihren Zustand für ihre Aufgaben im Rahmen des Wasserhaushalts erhalten.[71] Sie ist zulassungsfrei und als solches v.a. von der Benutzung und dem Ausbau eines Gewässers abzugrenzen. Für die Abgrenzung zum Tatbestand der Benutzung findet sich in § 9 Abs. 3 S. 2 WHG die Kollisionsnorm (→ Rn. 28). Danach stellen, soweit keine chemischen Mittel verwendet werden, Maßnahmen der Unterhaltung eines Gewässers keine Benutzung dar, selbst wenn eigentlich ein Benutzungstatbestand erfüllt wäre. Die Unterhaltung eines oberirdischen Gewässers umfasst nach dem Wortlaut des § 39 Abs. 1 S. 1 WHG dessen Pflege und Entwicklung. Der Begriff „**Pflege**" stellt dabei bereits nach seinem Wortlaut auf den Erhalt des Status quo ab. Dies ergibt sich auch aus den in § 39 Abs. 1 S. 2 WHG aufgezählten Beispielen für eine Gewässerunterhaltungsmaßnahme, wobei in jedem Beispiel der Begriff „Erhaltung" verwendet wird. Darüber hinaus gehört aber nach § 39 Abs. 1 S. 1 2. Var. WHG auch die Entwicklung eines Gewässers als öffentlich-rechtliche Verpflichtung zur Gewässerunterhaltung. Mit der **Entwicklung** soll dabei ein bestimmter Gewässerzustand wiederhergestellt oder unterhalb der Grenze zum Gewässerausbau (→ Rn. 80) ausgebildet werden.[72] Dabei ist die Abgrenzung zwischen der Entwicklung eines Gewässers und dem Ausbau nach § 67 Abs. 2 WHG nicht immer leicht. Hilfreich ist aber der Blick auf den Regelungsinhalt der beiden Tatbestände, wonach die Gewässerunterhaltung einen **bestehenden Zustand** des Gewässers erhalten, wiederherstellen oder eine entsprechende Entwicklung befördern soll, während beim Ausbau ein **neuer Zustand** im Gewässersystem geschaffen wird.[73]

---

70 *Drost/Ell/Wagner* I, § 68 (Stand: Februar 2012), Rn. 62.
71 *Czychowski/Reinhardt*, WHG, § 39 Rn. 2.
72 *Czychowski/Reinhardt*, WHG, § 39 Rn. 17.
73 *Drost/Ell/Wagner* I, § 39 (Stand: März 2016), Rn. 8 b.

Die sog Unterhaltungslast ist in der Regel öffentliche Aufgabe, Art. 22 BayWG, und kann durch Vertrag auf Dritte übertragen werden, Art. 23 BayWG.

10. Anlagengenehmigung, § 36 WHG iVm Art. 20 BayWG

Da von Anlagen in, an, über und unter oberirdischen Gewässern Gefahren für das Gewässer ausgehen können, regelt § 36 Abs. 1 S. 1 WHG, was bei der Errichtung, dem Betrieb, der Unterhaltung und der Stilllegung von Anlagen beachtet werden muss. Eine Definition des **Anlagenbegriffs** im Sinne des § 36 WHG findet sich nicht. Es wird aber einerseits die Verortung der Anlage präzise beschrieben („in, an, über, unter")[74] und der Anlagenbegriff durch die beispielhafte Aufzählung in § 36 Abs. 1 S. 2 WHG konkretisiert. So fallen nach § 36 Abs. 1 S. 2 WHG etwa bauliche Anlagen wie Gebäude, Brücken, Stege und Leitungsanlagen ausdrücklich unter den Anlagenbegriff. Vor dem Hintergrund eines möglichst umfassenden Gewässerschutzes ist der unbestimmte Rechtsbegriff grds. eher weit auszulegen und umfasst alle für eine gewisse Dauer geschaffenen ortsfesten oder ortsbeweglichen Einrichtungen, die wasserwirtschaftliche Bedeutung haben können.[75]

110

Zum Verständnis: § 36 WHG ist eine anlagenbezogene Regelung im Sinne des Art. 72 Abs. 3 Nr. 5 GG und damit „abweichungsfest", so dass eine Einschränkung durch Landesrecht nicht möglich wäre (→ Rn. 4). Eine Ergänzung ist aber wegen Art. 72 Abs. 1 GG (konkurrierende Gesetzgebung!) möglich, was § 36 Abs. 1 S. 3 WHG klarstellt.

111

Um die in § 36 Abs. 1 S. 1 WHG festgelegten Anforderungen bereits im Vorfeld sicherstellen zu können, bestimmt Art. 20 Abs. 1 BayWG unter bestimmten Voraussetzungen eine **Genehmigungspflicht** für diese Anlagen.

112

Schema: Anlagengenehmigung
I. Rechtsgrundlage Anlagengenehmigung, Art. 20 Abs. 4 S. 2 BayWG
II. Formelle Rechtmäßigkeit
   1. Zuständigkeit, Art. 63 Abs. 1 S. 2 BayWG, Art. 3 Abs. 1 Nr. 1 BayVwVfG
   2. Verfahren, Art. 9 ff. BayVwVfG
   3. Form
III. Materielle Rechtmäßigkeit
   1. Genehmigungspflicht, Art. 20 Abs. 1 BayWG
   2. Konzentration, Art. 20 Abs. 5 BayWG
   3. Genehmigungsfähigkeit, Art. 20 Abs. 4 S. 2, Abs. 2 BayWG iVm § 36 Abs. 1 S. 1 WHG

a) Formelle Rechtmäßigkeit

Die **sachliche Zuständigkeit** ergibt sich für die wasserrechtliche Anlagengenehmigung aus Art. 63 Abs. 1 S. 2 BayWG iVm Art. 37 Abs. 1 S. 2 LKrO oder im Fall der kreisfreien Stadt iVm Art. 9 Abs. 1 GO. Die **örtliche Zuständigkeit** ergibt sich wiederum aus Art. 3 Abs. 1 Nr. 1 BayVwVfG. Mangels spezieller Vorschriften ergeht die Anlagengenehmigung im **einfachen Verwaltungsverfahren** nach Art. 9 ff. BayVwVfG. Auch für die Anlagengenehmigung gibt es keine besonderen Formvorschriften, sie ist aber

113

---

74 *Czychowski/Reinhardt*, WHG, § 36 Rn. 4.
75 *Drost/Ell/Wagner* I, § 36 (Stand: März 2016), Rn. 9.

ebenso wie die beschränkte Erlaubnis grds. in **Schriftform** zu erteilen (→ Rn. 70). Zu beachten ist, dass die Genehmigung nach Art. 20 Abs. 3 BayWG als erteilt gilt, wenn die Behörde nicht innerhalb der Frist nach Art. 42a Abs. 2 BayVwVfG anders entscheidet.

b) Materielle Rechtmäßigkeit
aa) Genehmigungspflichtigkeit

114 Art. 20 Abs. 1 BayWG bestimmt, wann eine Anlage **genehmigungspflichtig** ist:
- Es muss eine Anlage im Sinne des § 36 WHG vorliegen.
- Die Anlage darf nicht der Benutzung, der Unterhaltung oder dem Ausbau dienen, so dass etwa die Pumpe, die für die Entnahme von Wasser an dem Gewässer installiert wird, nicht von der Anlagengenehmigungspflicht erfasst wird, sondern im Rahmen der Benutzung mit zu berücksichtigen ist (→ Rn. 21).
- Die Anlage muss weniger als 60 Meter von der Uferlinie entfernt sein und an einem Gewässer erster oder zweiter Ordnung errichtet werden. Die Gewässer erster Ordnung sind dabei in der Anlage 1 zum BayWG[76] und die Gewässer zweiter Ordnung in der Anlage 1 zum Verzeichnis der Gewässer zweiter Ordnung und Wildbäche[77] aufgelistet. Nach Art. 20 Abs. 2 BayWG kann die Genehmigungspflicht durch Rechtsverordnung auch auf Anlagen im Zusammenhang mit Gewässern dritter Ordnung erstreckt werden.

bb) Konzentration

115 Häufig wären für eine Anlage mehrere Zulassungen – uU auch aus verschiedenen Rechtsbereichen – notwendig. Das Verhältnis der Zulassungen ist dann wie gewohnt mithilfe der Kollisions- bzw. Konzentrationsnormen zu klären.

Wenn für die Anlage bereits eine Zulassung erforderlich ist, die **Konzentrationswirkung** entfaltet, wird die *wasserrechtliche Anlagengenehmigung ersetzt*. Dies ergibt sich beispielsweise für die einer Planfeststellungspflicht unterliegende Anlage aus Art. 75 Abs. 1 S. 1 Hs. 2 BayVwVfG, für die einer Plangenehmigungspflicht unterliegende Anlage aus Art. 75 Abs. 1 S. 1 Hs. 2 iVm Art. 74 Abs. 6 S. 2 Hs. 1 BayVwVfG und für die einer immissionsschutzrechtlichen Genehmigungspflicht unterliegende Anlage aus § 13 BImSchG.

Hinweis:
Da es sich hier nur um eine formelle Konzentrationswirkung handelt, sind die materiellen wasserrechtlichen Anforderungen im Rahmen des jeweiligen Verfahrens von der dann zuständigen Behörde mit zu prüfen.

116 Nach Art. 20 Abs. 5 S. 1 BayWG *entfällt* die wasserrechtliche Anlagengenehmigung, wenn eine Baugenehmigung, eine bauaufsichtliche Zulassung oder eine Entscheidung nach § 78 Abs. 5 S. 1 WHG oder § 78a Abs. 2 S. 1 WHG zu erteilen ist. Bei der Frage, ob nun etwa eine Baugenehmigung zu erteilen ist, muss zunächst die grundsätzliche Genehmigungspflicht – und damit auch die Anwendbarkeit der BayBO – geprüft wer-

---

76 Anlage geändert mWv 1.3.2018 durch Gesetz vom 21.2.2018, GVBl. S. 48.
77 Bekanntmachung des Bayerischen Staatsministeriums für Umwelt und Verbraucherschutz vom 12. Februar 2016, AllMBl. S. 150.

den (diese ist beispielsweise gerade bei Leitungen im Sinne von Art. 1 Abs. 2 Nr. 3 BayBO nicht gegeben!). Ist das Vorhaben grds. baurechtlich genehmigungspflichtig, kommt die Konzentrationsnorm des Art. 56 S. 1 Nr. 1 BayBO ins Spiel: diese erklärt die Baugenehmigung für nachrangig, wenn es sich um nach anderen Rechtsvorschriften zulassungsbedürftige Anlagen in oder an überirdischen Gewässern handelt. Es ist also in diesen Fällen keine Baugenehmigung zu erteilen, so dass nur das Verfahren nach § 36 WHG iVm Art. 20 BayWG durchgeführt wird. Das Prüfprogramm der wasserrechtlichen Anlagengenehmigung wird in diesem Fall von Art. 56 S. 2 f. BayBO mitbestimmt und um die entsprechenden baurechtlichen Fragen erweitert.

An dieser Stelle ist aber die Konzentrationsprüfung noch nicht zu Ende, denn ausgenommen von der Regelung sind nach Art. 56 S. 1 Nr. 1 Hs. 2 BayBO die dort genannten Anlagen. V.a., wenn es sich bei der Anlage um ein Gebäude handelt, verbleibt es also bei der Baugenehmigungspflicht, mit der Folge, dass die wasserrechtliche Anlagengenehmigung gemäß Art. 20 Abs. 5 BayWG entfällt. Das Prüfprogramm der wasserrechtlichen Anlagengenehmigung ist dann im Rahmen der Baugenehmigung abzuarbeiten, vgl. Art. 59 S. 1 Nr. 3 BayBO. 117

Unterfällt die Anlage der Zulassungspflicht nach mehreren Vorschriften und ist im Einzelfall keine Kollisionsnorm einschlägig, sind die entsprechenden Zulassungen nebeneinander zu erteilen.

cc) Genehmigungsfähigkeit

Die Frage, ob die wasserrechtliche Anlage **genehmigungsfähig** ist, beantwortet sich nach Art. 20 BayWG. Das **Prüfprogramm** ist Art. 20 Abs. 4 S. 2 BayWG zu entnehmen, der auf das Wohl der Allgemeinheit, insbesondere die in Art. 20 Abs. 2 BayWG aufgezählten Gründe, abstellt. Der Verweisung nach Art. 20 Abs. 2 BayWG und darin auf § 36 WHG ist nach der Rspr. ein **rein wasserwirtschaftliches Zulassungsregime** zu entnehmen. Denn § 36 WHG verlangt, dass „keine schädlichen Gewässerveränderungen zu erwarten sind und die Gewässerunterhaltung nicht mehr erschwert wird, als den Umständen nach unvermeidbar ist." Diese Gründe der Wasserwirtschaft sind, so der BayVGH in einem grundlegenden Urteil,[78] dem objektiven Recht zuzuordnen und bezwecken nicht den Schutz von Eigentum oder Besitz. Es werden also nur wasserwirtschaftliche Belange geprüft mit der Folge, dass der wasserrechtlichen Anlagengenehmigung lediglich der Charakter einer **öffentlich-rechtlichen Unbedenklichkeitsbescheinigung** zukommt und gerade **kein Drittschutz** vermittelt wird. 118

Die Anlagengenehmigung ist ein begünstigender Verwaltungsakt im Sinne des Art. 35 S. 1 BayVwVfG, der nach Art. 20 Abs. 4 S. 2 BayWG mit belastenden Nebenbestimmungen versehen oder nach Art. 20 Abs. 4 S. 1 BayWG befristet werden kann.[79] Aus der Formulierung „darf nur versagt werden" in Art. 20 Abs. 4 S. 2 BayWG folgt, dass es sich um eine gebundene Entscheidung handelt[80] 119

---

78 BayVGHE 66, 105 (107).
79 *Drost/Ell/Wagner* II, Art. 20 (Stand: September 2014), Rn. 40.
80 BayVGHE 66, 105 (107); *Drost/Ell/Wagner* II, Art. 20 (Stand: September 2014), Rn. 41.

Julia von Engel

§ 8 Grundzüge des Wasserrechts

11. Überblick

120 Mit diesem Schaubild soll nochmals wiederholend ein Überblick über die für eine wasserrechtliche Klausur wichtigsten Gewässereinwirkungen und ihre Zulassung geboten werden.

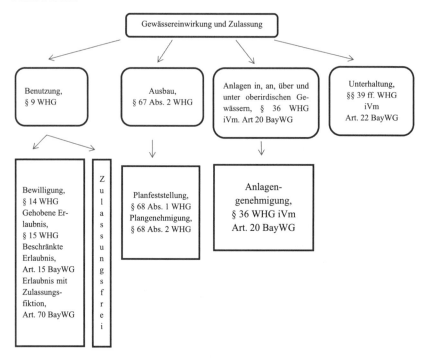

VI. Gewässeraufsicht, § 100 Abs. 1 S. 2 WHG iVm Art. 58 Abs. 1 S. 2 BayWG

1. Eingriffsermächtigung

121 Zur Wiederholung: Das WHG unterstellt Maßnahmen wie die Benutzung oder den Ausbau eines Gewässers dem Verbot mit Befreiungsvorbehalt, um einen möglichst umfassenden Gewässerschutz zu erreichen. Sinnvollerweise muss dann aber auch die Durchsetzung dieser Regelungen gewährleistet sein.[81] Daher wird es mit § 100 Abs. 1 S. 1 WHG zur Aufgabe der Gewässeraufsicht bestimmt, die Erfüllung der nach dem WHG und dem Landeswasserrecht unmittelbar bestehenden Verpflichtungen zu überwachen. Eine entsprechende **Eingriffsermächtigung** ergibt sich aus *§ 100 Abs. 1 S. 2 WHG*.[82] Dieser stellt die **wasserrechtliche Generalklausel** dar, auf die immer dann zurückgegriffen werden kann, wenn spezielle Befugnisnormen wie zB § 64 Abs. 2, §§ 49,

---

81 *Czychowski/Reinhardt*, WHG, § 100 Rn. 2 f.
82 *Drost/Ell/Wagner* I, § 100 (Stand: Februar 2017), Rn. 11.

52 WHG nicht einschlägig sind. Die auf § 100 Abs. 1 S. 2 WHG gestützte Verfügung ist ein Verwaltungsakt im Sinne des Art. 35 BayVwVfG.[83]

Schema: Einschreiten der Gewässeraufsicht
I. Rechtsgrundlage, § 100 Abs. 1 S. 2 WHG iVm Art. 58 Abs. 1 S. 2 BayWG
II. Formelle Rechtmäßigkeit
   1. Zuständigkeit, Art. 58 Abs. 1 S. 1 BayWG, Art. 3 BayVwVfG
   2. Verfahren
   3. Form
III. Materielle Rechtmäßigkeit
   1. Tatbestand des § 100 Abs. 1 S. 2 WHG
   2. Ermessen

2. Formelle Voraussetzungen für das gewässeraufsichtliche Einschreiten

Für die **sachliche Zuständigkeit** existiert mit Art. 58 Abs. 1 S. 1 BayWG eine **Spezialregelung**, so dass hier nicht auf Art. 63 Abs. 1 S. 1 f. BayWG zurückgegriffen werden muss. Für die **örtliche Zuständigkeit** bleibt es grds. bei Art. 3 Abs. 1 Nr. 1 BayVwVfG. Beim **Verfahren** ist auf die Anhörung nach Art. 28 BayVwVfG zu achten. Eine besondere Formvorschrift gibt es nicht, so dass Art. 37 BayVwVfG Anwendung findet. Da es sich um Ordnungsverfügungen handelt, ist aber grds. die **Schriftform** sinnvoll.[84]

3. Materielle Voraussetzungen für das gewässeraufsichtliche Einschreiten

Art. 58 Abs. 1 S. 2 BayWG trifft inhaltlich die gleiche Regelung wie § 100 Abs. 1 S. 2 WHG, so dass beide Vorschriften zusammen zitiert werden sollten.[85]

Angeordnet werden nach pflichtgemäßem Ermessen die Maßnahmen, die im Einzelfall notwendig sind,

- um Beeinträchtigungen des Wasserhaushalts zu vermeiden oder
- zu beseitigen oder
- die Erfüllung von Verpflichtungen nach § 100 Abs. 1 S. 1 WHG sicherzustellen.

Bei den ersten beiden Tatbestandsvarianten wird eine **Beeinträchtigung für den Wasserhaushalt** vorausgesetzt, die es zu vermeiden oder zu beseitigen gilt. Bei der dritten Variante dagegen genügt bereits ein **Verstoß gegen eine Verpflichtung aus wasserrechtlichen Vorschriften** für ein repressives Einschreiten. Ein solcher Verstoß ist zB die Verletzung eines wasserrechtlichen Zulassungserfordernisses (also etwa die Benutzung eines Gewässers ohne die gemäß § 8 Abs. 1 WHG erforderliche Bewilligung oder Erlaubnis), die Verletzung materieller gesetzlicher Anforderungen oder auch die Nichtbeachtung von Auflagen oder Nebenbestimmungen. Zu beachten ist, dass bereits der nicht zugelassene Ausbau und die nicht zugelassene, obgleich zulassungspflichtige Benutzung eines Gewässers zur Illegalität der Einwirkung auf das Wasser führt, vgl. § 4 Abs. 3 WHG (→ Rn. 6). Denn es wird wegen des fehlenden Rechts auf Gewässerbenutzung im Wasserrecht insoweit gerade nicht zwischen formeller und materieller Illegalität getrennt. Folglich wird es grds. dem pflichtgemäßen Ermessen nach § 100

---

83 *Czychowski/Reinhardt*, WHG, § 100 Rn. 69.
84 *Czychowski/Reinhardt*, WHG, § 100 Rn. 57.
85 BayVGH, Beschl. v. 3.8.2017 – 8 ZB 15.2642, juris, Rn. 20.

Abs. 1 S. 2 WHG entsprechen, eine nicht zugelassene, aber zulassungspflichtige Gewässereinwirkung zu unterbinden. Ganz kann die Unterscheidung zwischen formeller und materieller Illegalität allerdings nicht unterbleiben: Im Einzelfall kann sich aus dem in Art. 20 Abs. 3 GG verankerten Verhältnismäßigkeitsgrundsatz ergeben, dass eine auf die bloße formelle Illegalität der Gewässerbenutzung gestützte wasserrechtliche Anordnung nur dann rechtmäßig ist, wenn die Behörde die Möglichkeit einer Legalisierung geprüft hat und eine konkrete Beeinträchtigung des Wasserhaushalts zu erwarten ist.[86] Allerdings ist diese Prüfung bei eindeutigen „Schwarzbauten" nicht erforderlich.[87] Mit dem Begriff „Schwarzbau" werden die Fälle voneinander abgegrenzt, in denen eine Anlage ungenehmigt errichtet wird (sog Schwarzbau) oder in welchen für eine Anlage bereits eine Genehmigung beantragt und für einen gewissen Zeitraum erteilt wurde und es „nur" um die darauffolgende Zeit ohne Genehmigung geht. Letzteres ist beispielsweise der Fall, wenn es um die Anordnung zur Auflösung eines Bojenfelds geht, für das der Betroffene mehrmals hintereinander eine wasserrechtliche Anlagengenehmigung beantragt und auch erhalten hatte und die nach Ablauf der letzten Genehmigung nicht mehr neu erteilt wurde.[88]

125 Das **pflichtgemäße Ermessen** im Sinne von § 100 Abs. 1 S. 2 WHG, nach dem die Maßnahmen angeordnet werden, umfasst sowohl das sog **Entschließungsermessen** – also ob und wann die Behörde tätig wird – als auch das **Auswahlermessen** – mit Maßnahmeinhalt (→ Rn. 126) und **Maßnahmerichtung** (→ Rn. 127).[89]

126 **Maßnahmen** im Sinne des § 100 Abs. 1 S. 2 WHG können eine Baueinstellung, eine Nutzungsuntersagung oder auch die Wiederherstellung des ursprünglichen Zustands und damit letztendlich auch die Beseitigung rechtswidriger Anlagen sein.

127 Die **Maßnahmerichtung** ist in § 100 Abs. 1 S. 2 WHG nicht ausdrücklich geregelt, die Anordnung ist aber nach den allgemeinen Grundsätzen gegen den **Störer**, also denjenigen der den Verstoß gegen die wasserrechtlichen Bestimmungen zu vertreten hat, zu richten. Mangels spezieller Vorschriften ist die Maßnahme regelmäßig gegen den Handlungs- oder Zustandsstörer nach Art. 9 LStVG zu richten.[90]

VII. Rechtsschutz

1. Rechtsschutz bei Gewässerbenutzungen

a) Vorgehen des Vorhabenträgers

128 Wird eine begehrte Bewilligung (→ Rn. 31), gehobene Erlaubnis (→ Rn. 57) oder beschränkte Erlaubnis (→ Rn. 68) abgelehnt, kann der Vorhabenträger grds. die Verpflichtungsklage in Form der **Versagungsgegenklage**, § 42 Abs. 1 2. Alt. VwGO, erheben. Da es sich um Ermessensentscheidungen handelt, kommt in der Regel nur die sog **Bescheidungsklage** in Betracht, § 113 Abs. 5 S. 2 VwGO. Will sich der Vorhabenträ-

---

[86] BayVGH, Beschl. v. 3.8.2017 – 8 ZB 15.2642, juris, Rn. 20.
[87] BayVGH, Beschl. v. 19.3.2012 – 8 ZB 10.2343, juris, Rn. 22.
[88] BVerwG, NVwZ-RR 1994, 202 (203).
[89] *Czychowski/Reinhardt*, WHG, § 100 Rn. 46, 55.
[90] *Drost/Ell/Wagner* I, § 100 (Stand: Februar 2017), Rn. 11 b.

ger gegen selbstständige Auflagen (in Nebenbestimmungen) wenden, kann auch die Anfechtungsklage in Betracht kommen.

b) Vorgehen eines Dritten

Will ein Dritter gegen die erteilte Bewilligung, gehobene oder beschränkte Erlaubnis klagen, wäre die **Anfechtungsklage** statthafte Klageart. Er muss sich aber nach § 42 Abs. 2 WHG auf die Verletzung einer drittschützenden Vorschrift berufen können. Diese könnte sich wie oben ausgeführt beispielsweise aus § 14 Abs. 3 f. WHG (→ Rn. 46, 52) oder dem Gebot der Rücksichtnahme (→ Rn. 53) ergeben, aber ggf. auch aus baurechtlichen oder immissionsschutzrechtlichen Vorschriften, wenn diese drittschützend und aufgrund der Konzentrationswirkung anwendbar und folglich geprüft worden sind (→ Rn. 46).   129

2. Rechtsschutz bei Planfeststellung oder Plangenehmigung

a) Vorgehen des Vorhabenträgers

Da es sich auch bei der Planfeststellung und der Plangenehmigung um Verwaltungsakte (→ Rn. 88) handelt, ist für den Vorhabenträger bei Ablehnung ebenfalls die Verpflichtungsklage in Form der **Versagungsgegenklage** und hier wiederum wegen des Gestaltungsspielraums der Behörde (→ Rn. 99) im Regelfall der **Bescheidungsklage** statthaft.[91] Geht es nur um die Abwehr selbstständiger Auflagen, ist wiederum die Anfechtungsklage die richtige Klageart.[92]   130

b) Vorgehen eines Dritten

Bei dem rechtsschutzsuchenden Dritten ist zu unterscheiden: Will er den Planfeststellungsbeschluss im Ganzen oder einzelne Auflagen aufheben lassen, ist die **Anfechtungsklage** statthafter Rechtsbehelf, § 42 Abs. 1 VwGO. Will er eine Abänderung im Sinne der Planergänzung erreichen, ist die **Verpflichtungsklage** zu wählen.[93] Gemäß § 42 Abs. 2 VwGO ist grds. für den Dritten nur ein Berufen auf die Verletzung eigener Rechte möglich. Zu beachten ist aber, dass in den Fällen, in denen der Planfeststellungsbeschluss enteignungsrechtliche Vorwirkung im Sinne des § 71 WHG (→ Rn. 104) hat, der davon Betroffene einen sog Vollüberprüfungsanspruch hat, sich also auch auf einen rein objektiven materiellrechtlichen Verstoß berufen kann.[94]   131

3. Rechtsschutz bei wasserrechtlicher Anlagengenehmigung

a) Vorgehen des Vorhabenträgers

Bei der wasserrechtlichen Anlagengenehmigung handelt es sich aufgrund des Wortlauts des Art. 20 Abs. 4 S. 2 BayWG („darf nur versagt werden") um eine gebundene Entscheidung (→ Rn. 119), so dass für den Vorhabenträger eine Verpflichtungsklage in Form der **Vornahmeklage** statthaft wäre.   132

---

91 *Wysk*, in: Kopp/Ramsauer, VwVfG, § 75 Rn. 65 b.
92 *Wysk*, in: Kopp/Ramsauer, VwVfG, § 75 Rn. 65 b.
93 *Wysk*, in: Kopp/Ramsauer, VwVfG, § 75 Rn. 66.
94 *Wysk*, in: Kopp/Ramsauer, VwVfG, § 75 Rn. 79.

b) Vorgehen eines Dritten

133 Beim rechtsschutzsuchenden Dritten ist zu beachten, dass der Anlagengenehmigung lediglich der Charakter einer öffentlich-rechtlichen Unbedenklichkeitsbescheinigung zukommt und durch sie gerade kein Drittschutz vermittelt wird (→ Rn. 118). Der Dritte kann sich also in diesen Fällen nicht auf die mögliche Verletzung in drittschützenden Rechten im Sinne von § 42 Abs. 2 VwGO berufen. Nur wenn das Prüfprogramm der wasserrechtlichen Anlagengenehmigung etwa durch Art. 56 S. 1 Nr. 1 BayBO um das Bauplanungsrecht erweitert wird, kann sich ein Dritter ggf. auf die sich hieraus ergebenden drittschützenden Vorschriften berufen.

4. Rechtsschutz bei einer Anordnung nach § 100 Abs. 1 S. 2 WHG iVm Art. 58 Abs. 1 S. 2 BayWG

a) Vorgehen des Anordnungsadressaten

134 Der Adressat einer Anordnung nach § 100 Abs. 1 S. 2 WHG iVm Art. 58 Abs. 1 S. 2 BayWG (→ Rn. 121 ff.) kann sich mit einer **Anfechtungsklage** gegen diese wehren. Will er einen Anspruch auf fehlerfreie Ermessensausübung geltend machen, ist die Verpflichtungsklage statthafte Klageart.[95]

b) Vorgehen eines Dritten

135 Grds. gibt es für den Einzelnen keinen subjektiven Anspruch auf gewässeraufsichtliches Einschreiten. Wenn die Möglichkeit besteht, dass die verletzte wasserrechtliche Vorschrift zumindest auch drittschützend ist, kann der betroffene Dritte allerdings einen Anspruch auf fehlerfreie *Ermessensausübung* im Wege der **Verpflichtungsklage** geltend machen.[96]

VIII. Kontrollfragen

1. Warum hebt die wasserrechtliche Zulassung mit ihrer Erteilung ein repressives Verbot mit Befreiungsvorbehalt auf und die Baugenehmigung ein präventives Verbot mit Erlaubnisvorbehalt? → Rn. 5 f.
2. Welches sind die vier für eine wasserrechtliche Klausur besonders bedeutsamen wasserrechtlichen Grundtatbestände und warum gibt es überhaupt so viele verschiedene wasserrechtliche Grundtatbestände? → Rn. 10
3. Welche Zulassungen sind für die wasserrechtliche Klausur regelmäßig von besonderem Interesse und wonach bestimmt sich die Art der Zulassung? → Rn. 12 f.
4. Was ist die Benutzung eines Gewässers? → Rn. 20
5. Wie ist eine fest installierte Pumpe zum Zweck der Wasserentnahme wasserrechtlich zu bezeichnen und zu behandeln? → Rn. 21
6. Wie ist das Paddeln mit dem Schlauchboot auf einem See wasserrechtlich zu beurteilen? → Rn. 24, 30
7. Was ist eine unechte/fiktive Benutzung und weshalb gibt es diesen Tatbestand? → Rn. 26
8. Was ist eine unselbständige Benutzung und wie ist sie zu behandeln? → Rn. 29

---

95 *Czychowski/Reinhardt*, WHG, § 100 Rn. 69.
96 *Czychowski/Reinhardt*, WHG, § 100 Rn. 54.

9. Ihr Mandant plant, mittels einer fest installierten Pumpe regelmäßig Wasser aus einem Bach zu entnehmen. Welche Zulassungen kommen hierfür grds. in Betracht? → Rn. 12
10. Um die Pumpenstation aus Frage 9 anschaffen zu können, muss ein Darlehen aufgenommen werden, das verglichen mit dem jährlichen Gewinn Ihres Mandanten, hoch ist. Welche Zulassungsform sollte Ihr Mandant beantragen? → Rn. 32, 40
11. In welchem Kontext muss die Identität des Zulassungsgegenstandes beachtet werden? → Rn. 37, 101
12. Besteht bei den in diesem Abschnitt besprochenen Zulassungen (Frage 3) ein Anspruch auf Erteilung, wenn die Zulassungsvoraussetzungen an sich vorliegen? → Rn. 54, 66, 77, 99, 106, 119
13. Worin unterscheiden sich wasserrechtliche Planfeststellung und Plangenehmigung v.a.? → Rn. 107
14. 40 Meter von einem Gewässer 1. Ordnung entfernt soll eine Garage gebaut werden. Welche Genehmigung(en) ist/sind zu beantragen? → Rn. 116 f.
15. Ohne eine Zulassung zu beantragen, fängt Ihr Nachbar an, regelmäßig Wasser aus einem nahe gelegenen Fluss in seinen Gartenteich ab- und wiedereinzuleiten, um für besseres Wasser in seinem Teich zu sorgen. Kann die zuständige Behörde nur eingreifen, wenn dadurch der Wasserhaushalt beeinträchtigt wird? → Rn. 123 f.

IX. Literatur

Czychowski/Reinhardt, Kommentar zum Wasserhaushaltsgesetz, 11. Aufl. 2014; *Drost/Ell/Wagner*, Das neue Wasserrecht in Bayern, Kommentar, Loseblattsammlung, Stand: Oktober 2017 (Bd. I WHG und Bd. II BayWG); *Drost/Ell*, Das neue Wasserrecht, Ein Lehrbuch für Ausbildung und Praxis in Bayern, 2. Aufl. 2016; *Sieder/Zeitler/Dahme*, Kommentar zum WHG, Loseblattsammlung (Stand: Februar 2017).

Stichwortverzeichnis

Fette Zahlen bezeichnen die Paragraphen, magere die Randnummern.

10-H-Regelung **2** 289
16-Meter-Privileg **2** 339
Abbruch von Anlagen **2** 188, 228
- formelle Illegalität **2** 370
- Verfahrensfreiheit **2** 281

Abfallentsorgungsanlagen, ortsfeste **7** 34

Abgabensatzung **3** 240

Abgeordnete **1** 110, 118 ff., 241
- Antragsrecht **1** 60, 118
- Auskunftsrechte **1** 120, 235
- Fragerecht **1** 118 ff.
- Fraktion **1** 117 ff., 119, 241
- fraktionslose **1** 117, 235
- Gleichheit **1** 118
- Rederechte **1** 118
- Statusrechte **1** 103, 110, 118, 235, 258
- Stimmrecht **1** 118

Abgrenzungssatzung **2** 271

Ablösungsvertrag **2** 342

Abrissverfügung *s.* Beseitigungsanordnung

Abschiebung **4** 50

Abschleppfälle **4** 195 f., 305
- Abgrenzung unmittelbare Ausführung/Sofortvollzug **4** 327
- Billigkeit **4** 350
- Gefahr **4** 195
- Handeln der Polizei **4** 34
- Kostenerhebung **4** 203, 350
- Münchener Modell **4** 34
- Sicherstellung **4** 191 ff.
- Umsetzen **4** 195
- Verhältnismäßigkeit **4** 195
- Verkehrszeichen **4** 196

Abschrift (Sitzungsniederschrift) **3** 155

Abstandsflächen **2** 335
- 16-Meter-Privileg **2** 339
- Abstandsflächenübernahme **2** 340
- Abweichungen **2** 351
- Baugenehmigungsverfahren, vereinfachtes **2** 200
- Bauplanungsrecht **2** 335
- Dachhöhe **2** 338
- Drittschutz **2** 341, 409
- Ermittlung „1 H" **2** 337
- Giebelfläche, Höhe **2** 338
- Nachbarschutz **2** 409
- öffentliche Flächen **2** 340
- ratio **2** 335
- subjektiv-öffentliches Recht **2** 341
- Überdeckung **2** 340
- Übernahme **2** 340
- untergeordnete Gebäudeteile **2** 337

Abstimmung **3** 138
- Stimmberechtigung **1** 76 f.

Abstrakte Gefahr *s.* Gefahr, abstrakte

Abwägungsausfall **2** 74 ff., 101 f.

Abwägungsdefizit **2** 74 ff.

Abwägungsdisproportionalität **2** 74 ff., 103 f.

Abwägungsfehleinschätzung **2** 74 ff.

Abwägungsfehler **2** 74
- Planungsermessen, kommunales **2** 101 ff.
- Prüfungsstandort **2** 74 ff.

Abwägungsgebot **2** 46, 48, 50, 55, 62 ff., 100 ff., 101
- Abwägungsausfall **2** 102
- Abwägungsdisproportionalität **2** 103 f.
- Abwägungsfehler **2** 74 ff., 101 ff.
- „Bewerten" **2** 66 ff.
- „Ermitteln" **2** 63 ff.
- Fehlerfolgen **2** 112 f.

Stichwortverzeichnis

- Gebot der Konfliktbewältigung 2 104 f.
- gerichtliche Kontrolle 2 71 ff., 101 ff.
- Hintergrund 2 67 ff.
- interkommunales Abstimmungsgebot 2 64 ff.
- Planungsermessen, kommunales 2 71 f.
- Planungsgrundsätze 2 101 ff.
- Trennungsgebot 2 101, 105
- Verhältnis zu § 1 Abs. 7 BauGB 2 67 ff., 102
- Verhältnis zu § 2 Abs. 3 BauGB 2 67 ff.
- Vorabbindung 2 102
- § 1 Abs. 7 BauGB, Verhältnis 2 67 ff., 102
- § 2 Abs. 3 BauGB, Verhältnis 2 67 ff.

Abwehrrecht 1 97, 257, 263 f.

Abweichungen 2 280, 347 ff.
- Abstandsflächen 2 351
- Antrag 2 348
- Atypik 2 350 f.
- atypische Verhältnisse 2 350 f.
- atypischer Sonderfall 2 350 f.
- Drittschutz 2 406
- formelle Rechtmäßigkeit 2 348
- gemeindliches Einvernehmen 2 326
- isoliert 2 348
- materielle Rechtmäßigkeit 2 349
- nachbarliche Belange 2 349
- Nachbarschutz 2 406
- öffentliche Belange 2 349
- Rechtmäßigkeit, formelle 2 348
- Rechtmäßigkeit, materielle 2 349
- Rechtsschutz 2 352
- Rücksichtnahmegebot 2 414
- verbunden (mit Baugenehmigung) 2 348
- vereinfachtes Genehmigungsverfahren 2 348
- verfahrensfreie Vorhaben 2 348
- Wirkung 2 352
- Zuständigkeit 2 348
- Zweck der Anforderung 2 349

Administrative 1 136, 162 ff.

Adressat s. Maßnahmerichtung; Störer

AGB Brief national 6 21

Allgemeine Anforderungen 2 345 f.
- Drittschutz 2 346
- subjektiv-öffentliches Recht 2 346

Allgemeine Handlungsfreiheit 1 277, 280

Allzuständigkeitsprinzip 3 29

Altlasten 4 236, 242

Amtshaftung 4 204, 370, 374
- Putativstörer 4 362
- Sicherheitsrecht 4 430

Amtshilfe
- Abgrenzung zur Vollzugshilfe 4 314
- Kosten 4 336
- Versammlungsrecht 4 440

Änderung 2 227

Änderung (bauliche Anlage) 2 180

Androhung 6 56 ff.
- Erfüllungsfrist 6 59 f.
- Formerfordernisse 6 58
- Rechtsbehelfe 6 63
- Verwaltungsakt-Qualität 6 57
- Zwangsmittel, konkretes 6 61 f.

Anfangsverdacht 2 380

Anfechtungsklage 4 45, 7 106 f.

Angelegenheiten der örtlichen Gemeinschaft 3 27 ff., 46

Anhalten s. unmittelbarer Zwang: Anhalten

Anhörung 4 40
- Absehbarkeit 4 37, 155, 393
- Einzelfallmaßnahme, sicherheitsbehördliche 4 393
- Kostenbescheid 4 337
- Sekundärmaßnahme 4 277

Stichwortverzeichnis

Ankündigung der Auslegung, Bebauungsplan s. Auslegungsankündigung, Bauleitplan

Anlage 2 178, 7 8, 30 f.
- Betriebsdauer 7 37
- Einrichtung, zweckgebunden 7 31
- Erweiterung 7 40
- gemeinsame 7 39
- genehmigungsbedürftige 7 34 ff.
- Kernbestand der Anlage 7 38
- kommunale Einrichtung 7 30
- Legaldefinition 7 30
- Nebeneinrichtung 7 38

Anlage der Wind- und Wasserenergie
- Öffnungsklausel 2 289

Anlage, nicht genehmigungsbedürftige
- Anordnungsbefugnis 7 101, 107
- Begriff 7 97
- Betreiberpflichten 7 99
- Betriebsuntersagung 7 102
- Drittschutz 7 100 f.
- Genehmigungserfordernis nach BayBO 7 98
- Rechtsschutz 7 107, 110
- Sicherheitsrecht 7 103

Anlagenbetreiber 7 30

Anlagengenehmigung, wasserrechtliche 8 110 ff.
- abweichungsfest 8 111
- Anlagenbegriff 8 110
- Baugenehmigung 8 116
- Drittschutz, Ausschluss von 8 133
- Entfall 8 116
- Genehmigungsfähigkeit 8 118
- Genehmigungspflicht 8 112
- Genehmigungspflichtigkeit 8 114
- Kollision 8 115
- Konzentration 8 115 ff.
- Rechtmäßigkeit, formelle 8 113
- Rechtmäßigkeit, materielle 8 114 ff.
- Rechtsnatur 8 119
- Rechtsschutz 8 132 f.

Annexgericht 1 215

Anordnung, nachträgliche
- Bestandsschutz, nichtvorgesehener 7 85
- Ermessen 7 86
- Rechtsschutz 7 107
- Schaubild 7 84

Anordnungsbehörde 6 36 ff.

Anpassungsgebot 2 92 f.

Anscheinsgefahr 4 82 ff.
- Begriff 4 83 f.
- ex-ante-Sicht 4 82
- Primärmaßnahme 4 83
- Tertiärebene 4 83

Anschluss- und Benutzungszwang 3 197 f.

Anstalt des öffentlichen Rechts 1 176 f., 3 231, 262, 5 27

Anwesendenmehrheit 3 134

Anzeigepflicht 2 370

Arbeitsgemeinschaft 3 261

Art der baulichen Nutzung 2 233 ff., 236 ff., 402
- allgemeine Zulässigkeit 2 234
- Drittschutz 2 402
- faktisches Baugebiet 2 279 f.
- Gebietsverträglichkeit 2 235
- Gebot der Rücksichtnahme 2 238 ff.
- Nachbarschutz 2 402
- Rücksichtnahmegebot 2 238 ff.
- Zulässigkeit gem. § 15 Abs. 1 BauNVO 2 236 ff.

Asylbewerberheim s. Flüchtlingsunterkunft

Atypik 2 350 f.

Atypische Maßnahme 4 212 ff.
- Gefahr, konkrete 4 217
- Maßnahmenkatalog 4 216 f., 219
- Unterbinden 4 217
- Verhüten 4 217
- Vorrang der Standardbefugnisse 4 93

589

- Vorrang spezieller Befugnisse 4 213 f.
- Vorrang vor Generalklausel 4 216

Atypische Verhältnisse 2 350 f.

Atypischer Sonderfall 2 262, 350 f.

Aufenthalt, gewöhnlicher 1 76

Aufenthalts- und Meldeanordnung 4 42

Aufenthaltsbeschränkungen 4 123
- Abgrenzung Platzverweis 4 129
- Ausnahmen 4 125
- Durchsetzung, zwangsweise 4 135, 145
- Ehe und Familie 4 139
- Eigentum 4 138
- Einführung 2017 4 123
- Gesetzgebungskompetenz 4 140
- Gewaltschutzgesetz 4 134
- Grundrechte 4 136
- Höchstdauer/Verlängerung 4 132
- Inhalte, denkbare 4 128
- Maßnahmerichtung 4 126 ff., 132
- Normierung 4 130
- Rechtsnatur 4 135
- Umfang, zeitlicher 4 129
- Verhältnismäßigkeit 4 125
- Voraussetzungen 4 125
- Wohnung, Schutz der 4 137

Aufenthaltsgebot s. Aufenthaltsbeschränkungen

Aufenthaltsüberwachung 4 119, 146

Aufenthaltsverbot s. Aufenthaltsbeschränkungen

Aufgabe, Ortsbezug 3 30

Aufgabendualismus 3 25, 38

Aufgabenerfindungsrecht 3 29

Aufgedrängtes Sonderrecht 2 186 f., 199 f.

Aufopferung 4 370

Aufstellungsbeschluss
- Bekanntmachung 2 45
- Erfordernis 2 45

- Planaufstellung 2 309

Aufwandsteuer 3 239

Ausführungsermächtigung 4 267 ff.

Ausführungsverordnung 1 159

Ausgleichsmandate 1 107

Auskunftspflicht 4 95 ff.
- Anhalten 4 97
- Auskünfte, weitergehende 4 96
- Erledigung 4 45
- Festhalten 4 97
- Grundrechte 4 97
- Maßnahmerichtung 4 98
- Personalien 4 95
- Rechtsnatur 4 95
- Regelungswirkung 4 42
- Voraussetzung 4 95
- Ziel 4 94

Auskunftsrecht 1 120, 235
- Landtag 1 118

Auslegung 1 23, 198
- contra legem 1 35
- homogenitätskonforme 1 67
- unionsrechtskonforme 1 35
- völkerrechtsfreundliche 1 40

Auslegung Bauleitplan, öffentliche 2 47 f., 50
- Ankündigung 2 52 f.
- Dauer 2 54
- Fristberechnung 2 54
- Gegenstand 2 54
- Präklusion 2 56 f.
- Stellungnahmen 2 55 ff.
- Wiederholung 2 58

Auslegungsankündigung, Bauleitplan
- Anstoßwirkung 2 53
- Form 2 52
- Fristberechnung 2 52
- Kompensation 2 52
- Voraussetzungen 2 53

Auslegungsbeschluss, Bauleitplan 2 51

Ausnahmen 2 246 ff.
- Drittschutz 2 406
- Einvernehmen, gemeindliches 2 249

Stichwortverzeichnis

- Ermessen 2 251
- Flüchtlingsunterkunft 2 252
- gemeindliches Einvernehmen 2 249
- Innenbereich 2 279 f.
- Nachbarschutz 2 406
- Verfahren 2 250
- Voraussetzungen 2 247 ff.
- Zuständigkeit 2 250

Ausschuss 1 117, 119, 235

Außenbereich 2 283
- Darstellungen in Flächennutzungsplänen 2 294
- Definition 2 284
- einfacher Bebauungsplan 2 291
- Erschließung 2 305
- Flächennutzungspläne 2 294
- Konzentrationsflächen 2 301
- öffentliche Belange 2 293
- privilegierte Vorhaben 2 283, 285 ff., 300
- qualifizierte Standortaussage 2 294
- Rechtsfolge 2 306
- Rücksichtnahmegebot 2 295
- Satzung 2 302
- schädliche Umwelteinwirkung 2 295
- sonstige öffentliche Belange 2 298
- sonstige Vorhaben 2 290 ff., 300
- Splittersiedlung 2 297
- teilprivilegierte Vorhaben 2 302 f.
- Umfang 2 284
- ungenannte öffentliche Belange 2 298

Außenbereich (§ 35 BauGB)
- Abwägung 2 299 ff.

Außenbereichssatzung 2 302

Bamberger Verfassung 1 11, 70, 199

Bauantrag 2 387
- Antragserfordernis 2 160
- Bauvorlagen 2 160
- Unterlagen 2 160
- Zuständigkeit 2 161 ff.

Bauaufsichtliche Eingriffsbefugnisse 2 361 ff.
- Abgrenzung 2 362
- Abwehr erheblicher Gefahren 2 387
- Adressat 2 389
- Bauantrag 2 387
- Baueinstellung 2 382
- Baugenehmigung 2 372 f.
- Bausiedlung, illegal 2 392
- Bauüberwachung 2 387
- behördliches Zuwarten 2 393
- Beseitigungsanordnung 2 364 ff.
- Bestandsschutz 2 375, 387
- Betreten von Grundstücken 2 387
- Duldungsverfügung 2 394
- Ermessen 2 390 ff.
- Ermessen (Störerauswahl) 2 389
- Ermessensreduzierung auf Null 2 427
- Existenzgefährdung 2 391
- finanzielle Einbußen 2 391
- formelle Illegalität 2 366 ff.
- Generalklausel 2 388
- Handlungsstörer 2 389
- illegale Bausiedlung 2 392
- intendiertes Ermessen 2 377, 381, 385, 390
- Lagerung von Gegenständen 2 362
- materielle Illegalität 2 371 ff.
- Nutzungsuntersagung 2 378 ff.
- Rechtsgrundlagen 2 362 f., 387
- Rechtsnachfolger 2 389
- Rechtsschutz 2 395 ff., 396, 427
- Störerauswahl 2 389
- Tatbestände 2 362 f., 387
- Verhältnismäßigkeit 2 390
- Vollstreckung 2 394
- „Wiederspruch des Vorhabens zu öffentlich-rechtlichen Vorschriften" 2 365 ff.
- Willkürverbot 2 392
- Zustandsstörer 2 389

Bauaufsichtliche Maßnahmen s. bauaufsichtliche Eingriffsbefugnisse

Bauaufsichtsbehörde
- höhere 2 162
- oberste 2 162
- untere 2 162 ff.

Bauaufsichtsbehörde, untere 2 318 f.
- Delegationsgemeinde 2 163, 166
- gemeindliches Einvernehmen 2 167 f., 318 f.
- Große Kreisstadt 2 163, 166
- Kreisfreie Gemeinde 2 163, 166
- Landratsamt 2 165
- Passivlegitimation 2 164
- Rechtsschutz 2 360
- Zuständigkeit, örtliche 2 168 f.
- Zuständigkeit, sachliche 2 165 ff.

Baueinstellung 2 382 ff.
- (evidente) materielle Legalität 2 385
- Ermessen 2 385
- formelle Illegalität 2 383 f.
- intendiertes Ermessen 2 385
- materielle Illegalität 2 383 f.
- Rechtsfolge 2 385
- Vollstreckung 2 386
- Voraussetzungen 2 383 f.

Baugenehmigung
- Abstandsflächen 2 158
- Änderung Rechtslage 2 205
- Anfechtungsfrist 2 424
- Aufhebung 2 316
- aufschiebende Wirkung der Anfechtung 2 428
- Ausnahmen 2 182 ff.
- bauaufsichtliche Zustimmung 2 196 f.
- Baugenehmigungsverfahren 2 159 ff.
- Bedeutung 2 158
- Bekanntgabe 2 424
- denkmalschutzrechtliche Erlaubnis 2 199 f.
- Deregulierung 2 158
- dinglicher VA 2 207
- Eigentum am Grundstück 2 208
- Erfordernis 2 177 ff.
- feststellender VA 2 203
- Feststellungswirkung 2 203 f., 372 f.
- Fliegende Bauten 2 195 f.
- Geltungsdauer 2 205
- Genehmigungsfreistellung 2 191
- Legalisierungswirkung 2 303, 316, 372 f.
- Pflichtprüfprogramm 2 158 ff.
- private Rechte, Auswirkung 2 208
- Prüfungsumfang 2 197 ff.
- Rechtsnatur 2 202 ff.
- Trennungsmodell 2 183
- Verfahren 2 159 ff.
- verfahrensfreie Vorhaben 2 187 f.
- verfügender VA 2 206
- Verlängerung 2 205
- Verwirkung der Anfechtung 2 425
- Vorrang anderer Gestattungsverfahren 2 183 ff.
- Wirkung 2 202 ff.
- Zuständigkeit 2 161 ff.
- Zuständigkeit, örtliche 2 168 f.
- Zuständigkeit, sachliche 2 165 ff.

Baugenehmigungspflicht 2 177 ff.
- Ausnahmen 2 182 ff.

Baugenehmigungsverfahren
- aufgedrängtes Sonderrecht 2 199 f.
- denkmalschutzrechtliche Erlaubnis 2 199 f.
- Nachbarbegriff 2 171
- Nachbarbeteiligung 2 170 ff.
- Prüfungsumfang 2 197 ff.
- Sonderbauten 2 198 ff.
- Sonderrecht, aufgedrängtes 2 199 f.
- Zuständigkeit 2 161 ff.

Baugenehmigungsverfahren, reguläres 2 198 f.

Baugenehmigungsverfahren, vereinfachtes 2 200 f.
- Abstandsflächen 2 200
- Zufallsfund 2 201

Bauleitplanung 2 16 ff.
- Abwägungsgebot 2 62 ff., 100 ff.

Stichwortverzeichnis

- Bauleitpläne 2 17 f.
- BayLPlG 2 17
- Bebauungsplan 2 18, 37 ff.
- Flächennutzungsplan 2 18 ff.
- Planungshoheit, kommunale 2 10
- Raumordnungsplan 2 17
- Regionalplan 2 17
- ROG 2 17
- Sicherungsmittel 2 132 ff.
- Stufen 2 17 f.

Bauliche Anlage 2 178, 221
- Abbruch 2 228
- Abgrenzung bauliche Anlage 2 222
- Änderung 2 180, 227
- Beseitigung 2 228
- bodenrechtliche Relevanz 2 224 ff.
- Dauerhaftigkeit 2 223
- Errichtung 2 179, 227
- Nutzungsänderung 2 181, 227 f.

BauNVO 2 233 ff., 279 f.

Bauordnungsrecht 2 334 ff., 7 53
- Drittschutz 2 408
- Funktion 2 5
- Generalklausel 2 345
- Gesetzgebungskompetenz 2 8
- materielles Bauordnungsrecht 2 334 ff.
- Nachbarschutz 2 408
- öffentliche Sicherheit und Ordnung 2 345
- Regelungsgegenstände 2 5

Bauordnungsrecht, materielles
- Abweichungen 2 347 ff.

Bauordnungsrechtliche Zulässigkeit 2 334 ff.

Bauplanungsrecht 2 219 ff.
- BayLplG 2 5, 7
- Funktion 2 5
- Gesetzgebungskompetenz 2 7
- Prüfungsrelevanz 2 5
- Regelungsgegenstände 2 5
- ROG 2 5, 7

Bauplanungsrechtliche Zulässigkeit 2 219 ff.
- Anwendbarkeit 2 220 ff.
- Ausnahmen 2 246 ff.
- Außenbereich 2 283 ff.
- bauliche Anlage 2 221
- Bebauungsplan 2 231 ff.
- Befreiungen 2 246, 253
- bodenrechtliche Relevanz 2 221
- einfacher 2 244 ff.
- Fachplanungsvorbehalt 2 229
- Gebietskategorien 2 230 ff.
- gemeindliches Einvernehmen 2 317 ff.
- Innenbereich 2 266 ff.
- Planaufstellung 2 307
- qualifizierte 2 232 ff.
- Schema 2 230
- Übersicht 2 230
- Voraussetzungen 2 220 ff.
- Vorhaben im Außenbereich 2 283 ff.
- Vorhaben im Geltungsbereich eines Bebauungsplans 2 231 ff.
- Vorhaben im nicht qualifiziert überplanten Innenbereich 2 266 ff.
- Vorhaben während Planaufstellung 2 307
- vorhabenbezogener 2 243
- Vorrang der Fachplanung 2 229

Baurecht, öffentliches 2 4
- Art. 14 GG 2 9
- Eigentum 2 9
- Fallkonstellationen 2 12 ff.
- Gesetzgebungskompetenz 2 7 f.
- JAPO 2 11
- Planungshoheit 2 10
- Prüfungsrelevanz 2 11
- Staatsexamina 2 11
- Unionsrecht 2 6

Baurecht, privates 2 3, 208

Bauüberwachung 2 387

Bauvorhaben 2 179 ff., 227
- Änderung 2 180, 227

593

Stichwortverzeichnis

- Errichtung 2 179, 227
- Nutzungsänderung 2 181 f., 227

Bauweise
- Drittschutz 2 403
- Nachbarschutz 2 403

BayEGovG 5 43, 50 ff.
- Anwendungsbereich 5 52
- Behördenportale 5 56
- E-Government 5 50
- Entstehung 5 51
- Mehrkanalprinzip 5 55
- Verhältnis zum BayVwVfG 5 54
- Verhältnis zum EGovG des Bundes 5 53
- Zugangs- und Verfahrensrechte 5 55

Bayerische Landespolizei 4 20
- Abgrenzungen 4 21
- Allzuständigkeit, örtliche 4 20, 36
- Gliederung 4 20

„Bayerischer Aufbau" 4 30 ff.

Bayerisches Immissionsschutzgesetz 7 13 ff., 111 f.
- Lärm, verhaltensbezogen 7 6, 13 f.
- Motorenlärm 7 112
- Verordnungsermächtigung 7 112
- Zuständigkeiten 7 6

BayLplG 2 5, 7, 92

BayVwVfG 5 48 f.
- Anwendungsbereich 5 36 ff.
- Behördenbegriff 5 37
- Planfeststellung 5 47 *s.a.* dort
- Selbsteintritt 5 41
- Verhältnis zu speziellen Verfahrensregelungen 5 40
- Verhältnis zum BayEGovG 5 54
- Verwaltungsakt 5 42 ff. *s.a.* dort

BayWG
- Anwendbarkeit 8 9 ff., 16 ff.
- Grundtatbestände *s.* Wasserrecht: Grundtatbestände

Beanstandung 3 210 ff.
- Fristsetzung 3 211
- isolierte 3 211

Beanstandungsverfahren, objektives 1 83, 226 f.

Bebauungsgenehmigung 2 211

Bebauungsplan 2 37 ff., 101, 3 141
- Abwägung 2 46, 48, 50, 55 f.
- Abwägungsausfall 2 102
- Abwägungsfehler 2 74 ff.
- Abwägungsgebot 2 62 ff., 100 ff.
- Amtshaftung 2 129
- Änderung 2 120
- Ankündigung der Auslegung 2 52 ff.
- Anpassungsgebot 2 92 f.
- Art. 49 GO 2 76 f.
- Arten 2 39 ff.
- Aufhebung 2 120
- Aufstellung 2 45
- Aufstellungsbeschluss 2 45
- Ausfertigung 2 79 f.
- Auslegung 2 54
- Auslegung, öffentliche 2 47 f., 50 ff.
- Auslegungsankündigung 2 52 ff.
- Auslegungsbeschluss 2 51
- Ausschluss wegen persönliche Beteiligung 2 76 f.
- Außenwirkung 2 38
- Außerkrafttreten 2 120
- Bauausschuss 2 44
- Begründung 2 78
- Bekanntmachung 2 81
- Beschluss 2 39, 76 f.
- Beteiligung Träger öffentlicher Belange 2 49
- Beteiligung Träger öffentlicher Belange, förmliche 2 59 ff.
- Beteiligung Träger öffentlicher Belange, frühzeitige 2 49
- einfacher 2 41, 244 ff.
- Entwicklungsgebot 2 94 ff.
- Erforderlichkeit 2 83 ff.
- Erlass 2 39, 76
- Ersatz von Planungsschäden 2 129
- Fehlerfolgen 2 106 ff.

Stichwortverzeichnis

- Festsetzungen, zulässige 2 96 ff.
- formelle Rechtmäßigkeit 2 44 ff.
- Förmliche Beteiligung Träger öffentlicher Belange 2 59 ff.
- frühzeitige Beteiligung der Träger öffentlicher Belange 2 49
- Funktion 2 38
- Funktionslosigkeit 2 120, 121
- Gebot der Konfliktbewältigung 2 104 f.
- Geltungsbereich 2 231 ff.
- Geltungsbereich, räumlicher 2 18, 38
- Gemeinderat 2 76 f.
- Genehmigung 2 44
- Genehmigungsbedürftigkeit 2 44, 77
- Inhalts- und Schrankenbestimmung 2 96
- Inkrafttreten 2 82
- Innenentwicklung, der 2 43
- materielle Rechtmäßigkeit 2 83 ff.
- Normenkontrolle 2 124 ff.
- Öffentlichkeitsbeteiligung 2 47 f., 50 ff.
- öffentlich-rechtlicher Vertrag 2 123
- örtliche Bauvorschriften 2 99
- Pflicht zum Erlass 2 122
- Planerhaltung 2 106 ff.
- Planungspflicht 2 122
- Popularklage 2 126
- Präklusion 2 56 f.
- Prüfungsrelevanz 2 24
- Prüfungsschema 2 37
- qualifizierter 2 40, 232 ff.
- Rechtmäßigkeit, formelle 2 44 ff.
- Rechtmäßigkeit, materielle 2 83 ff.
- Rechtsnatur 2 39
- Rechtsschutz (Genehmigung) 2 77
- Rechtsschutz (inzident) 2 127
- Rechtsschutz (Planungspflicht) 2 123
- Rechtsschutz Privater (prinzipal) 2 124
- Rechtsschutz von Nachbargemeinden (prinzipal) 2 128
- Satzung 2 39, 76 f.
- Schadensersatz und Entschädigung 2 129 f.
- Schema 2 37
- städtebauliche Erforderlichkeit 2 83 ff.
- Stellungnahmen 2 55 ff.
- Trennungsgebot 2 105
- Umweltbericht 2 46
- Umweltprüfung 2 46
- Verbandskompetenz 2 44
- vereinfachtes Verfahren 2 120
- Verfahren 2 45
- Vorabbindung 2 102
- vorhabenbezogener 2 42, 243
- Wirksamkeit 2 106 ff.
- Wirkung 2 38
- Zuständigkeit 2 44

Bebauungsplan der Innenentwicklung 2 43

Bebauungsplan, einfacher 2 41, 244 ff.
- Außenbereich 2 291
- Innenbereich 2 273 f.
- Zulässigkeit von Vorhaben 2 244 ff.

Bebauungsplan, qualifizierter 2 40, 232 ff., 236 ff.
- allgemeine Zulässigkeit von Vorhaben 2 234
- Art der baulichen Nutzung 2 233 ff.
- Gebietsverträglichkeit 2 235
- Gebot der Rücksichtnahme 2 238 ff.
- Rücksichtnahmegebot 2 238 ff.
- Zulässigkeit gem. § 15 Abs. 1 BauNVO 2 236 ff.
- Zulässigkeit von Vorhaben 2 232 ff.

Bebauungsplan, vorhabenbezogener 2 42, 156, 243
- Durchführungsvertrag 2 156 f.
- Zulässigkeit von Vorhaben 2 243

Bebauungszusammenhang „Außenbereich im Innenbereich" 2 270

Stichwortverzeichnis

Bedeutendes Rechtsgut
- Durchsuchung 4 163

Befreiungen 2 246, 253 ff.
- Antrag 2 261
- atypischer Sonderfall 2 262
- Drittschutz 2 406
- Einvernehmen, gemeindliches 2 260
- Ermessen 2 263
- Flüchtlingsunterkunft 2 264 f.
- Gebot der Rücksichtnahme 2 259
- gemeindliches Einvernehmen 2 260
- Gründe 2 255 ff.
- Grundzüge der Planung 2 254
- Innenbereich 2 279 f.
- nachbarliche Belange 2 259
- Nachbarschutz 2 406
- Rücksichtnahmegebot 2 259
- Voraussetzungen 2 253

Begnadigung 1 149

Behandlung festgehaltener Personen 4 157

Behördenhierarchie 1 142, 168
- ministerialfreie Behörden 5 8

Beiladung 2 426

Beitrag 3 238

Belästigungen 7 20 s.a. Gefahr: Belästigungen

Beliehener 1 176 f.

Benutzung, wasserrechtliche 8 15
- Abgrenzung der Arten 8 28
- Anliegergebrauch 8 30
- Aufstauen 8 22
- Definition 8 19
- echte 8 20 ff.
- Eigentümergebrauch 8 30
- Einbringen von Stoffen 8 24
- Entnehmen fester Stoffen 8 23
- Entnehmen von Grundwasser 8 25
- Entnehmen/Ableiten 8 21
- Gemeingebrauch 8 30
- mittelbare 8 29
- Primärnutzung 8 29
- Sekundärnutzung 8 29
- Stoffbegriff 8 24
- unechte 8 26 f.
- unselbstständige 8 29
- Wasserbenutzungsanlage 8 21
- zulassungsfreie 8 30

Berechtigungsschein 4 109

Berliner Ansicht 1 39

Berufsfreiheit 1 276 f.

Besatzungsmacht 1 13 f., 17

Beschlagnahme 4 50 s.a. Sicherstellung

Beschluss 3 124 ff.

Beschränkte Erlaubnis 8 68 ff.
- Antrag 8 71
- Anwendungsbereich 8 73 f.
- Bewirtschaftungsermessen 8 77
- Form 8 70
- Gebot der Rücksichtnahme 8 76
- Verfahren 8 69
- Versagungsgründe 8 75
- Zuständigkeit 8 72

Beseitigung von Anlagen 2 188, 228

Beseitigungsanordnung 2 364 ff., 7 82
- Erforderlichkeitsklausel 2 364, 376
- Ermessen 2 377
- formelle Illegalität 2 376, 7 93
- intendiertes Ermessen 2 377
- materielle Illegalität 2 376
- Prüfschema 7 92
- Rechtsfolge 2 377
- Rechtsschutz 7 107
- Vollstreckung 2 377
- Voraussetzungen 2 376

Besondere Anforderungen an die Umgebung 2 288

Besondere Zweckbestimmung 2 288

Bestandsschutz 2 303, 375, 387
- nichtvorgesehener 7 85
- § 35 Abs. 4 BauGB 2 303

Bestimmtheitsgebot 4 8

Bestimmtheitsgrundsatz 1 80

Beteiligtenfähigkeit 5 72

Beteiligung anderer Stellen 2 176

Beteiligung der Öffentlichkeit 2 175
- Drittschutz 2 423

Beteiligung Nachbarn s. Nachbarbeteiligung

Beteiligung Träger öffentlicher Belange, förmliche 2 59
- Fristberechnung 2 60
- Stellungnahmefrist 2 60
- Wiederholung 2 61

Beteiligung Träger öffentlicher Belange, frühzeitige 2 49

Betreten von Grundstücken 2 387

Betreten von Räumen/Wohnungen s. Durchsuchung: Betreten; Wohnung, Schutz von

Betriebsuntersagung 7 94
- nicht genehmigungspflichtige Anlagen 7 102
- Prüfschema 7 89
- Rechtsschutz 7 107
- Voraussetzungen 7 90
- Zuverlässigkeit 7 91, 95

Betteln 4 58

Bewachungsunternehmen 4 21

Bewilligung, wasserrechtliche 8 13, 31 ff.
- Anwendungsbereich 8 39 ff.
- Befristung 8 56
- Bewirtschaftungsermessen 8 54
- Drittschutz 8 53
- Form 8 38
- Gebot der Rücksichtnahme 8 53
- Gemeingebrauch 8 48
- Gemeinnützigkeit des Vorhabens 8 50
- gesicherte Rechtsstellung 8 40
- Inhalts- und Nebenbestimmungen 8 55
- Interessen Dritter 8 52
- Konzentrationswirkung, formelle 8 37, 45
- Privatnützigkeit des Vorhabens 8 51

- Recht zur Gewässerbenutzung 8 32, 47
- Rechte Dritter 8 46 ff.
- Rechtsnatur 8 33
- Unzulässigkeit 8 42
- Verfahren 8 35 ff.
- Versagungsgründe, sonstige 8 45
- Versagungsgründe, wasserwirtschaftliche 8 44
- Versagungsgründe, zwingende 8 43
- Zuständigkeit 8 34
- Zweckbestimmung 8 41

Bezirk 1 187, 3 12
- Aufgaben 3 39 f.
- Existenzgarantie 3 20
- Selbstverwaltungsgarantie 3 64

Bezirksausschuss 3 113

Bezirkstag 3 118

Bezirkstagspräsident 3 118

Bezirksverwaltungsstelle 3 114

Bildung, Recht auf 1 58, 87, 260, 272, 285 f.

Böckenförde 1 140

Bodenrechtliche Relevanz 2 221, 224 ff.

Bodenrechtliche Schicksalsgemeinschaft 2 402 f.

Bodenversiegelung 2 304

Bombenfund 4 236

Budgethoheit 1 113, 126

Bundesrat 1 159
- Abstimmungsverhalten 1 36

Bundesrecht 1 192, 250 ff., 253
- Grundrechte 1 84
- Vorrang 1 203

Bundesstaat 1 6, 17, 20, 22 f., 42, 44, 46, 51, 202 ff.
- Bundesstaatsprinzip 1 50
- Bundestreue 1 22, 31
- Homogenitätsprinzip 1 66, 77, 84, 95, 98

597

- Kompetenz 1 31, 41, 51, 53, 79, 109
- Kompetenzverteilung 1 24
- Normkollision 1 24, 206, 285
- Verfassungsautonomie 1 22 f., 29, 57, 66, 192, 206 f.
- Vollzug 1 31, 163 f., 203

Bundestreue 1 22, 31

Bundesverfassungsgericht 1 197, 203 ff., 262, 275
- Kontrolle 1 95
- Prüfungskompetenz 1 77, 103, 206

Bundesverwaltungsgericht 1 175
- Revision 1 192

Bürgerantrag 3 174

Bürgerbegehren 1 72, 3 165 ff.
- Antrag 3 168
- Begründung 3 168
- Frustrationsverbot 3 170
- Quorum 3 168
- Rechtsschutz 3 169 f.
- Sperrwirkung 3 170
- Thema 3 167
- Vertreter 3 168
- Zulassung 3 169

Bürgerentscheid 1 76, 3 165 ff.
- Frist 3 171
- Quorum 3 172

Bürgerversammlung 3 175

Dachhöhe 2 338

Daseinsvorsorge 1 90, 3 9, 233

Datenschutz
- Polizei- und Sicherheitsrecht 4 10, 13
- TK-Verkehrsdatenspeicherung s. dort

Dauer-VA
- Nutzungsuntersagung 2 380

Delegation von Aufgaben
- auf Ausschüsse 3 85
- auf den ersten Bürgermeister 3 102
- auf weitere Bürgermeister 3 112

Delegationsgemeinde 2 163, 166, 3 36

Demokratie
- direkte 3 166
- plebiszitär 1 52
- repräsentativ 1 52
- unmittelbar 1 75
- wehrhafte 1 93 ff.

Demokratieprinzip 1 48, 51, 71 ff., 75, 94, 137, 140 f., 162, 281
- Vorbehalt d. Gesetzes 1 137 f.
- Wesentlichkeitsvorbehalt 1 72, 91

Denkmalschutz 1 86, 2 199 f.

Dereliktion 4 233, 400

Deutsche, i.S.v. Art. 116 GG 1 49 ff., 76 f.

Differenzierungsverbot, absolutes 1 265

DNA-Identifizierung s. Primärmaßnahme, polizeiliche: DNA-Identifizierung; erkennungsdienstliche Maßnahmen: DNA-Identifizierung

Doppelfunktionale Maßnahmen 4 88 ff.
- Gemengelage 4 90
- legendierte Kontrolle 4 89
- Schwerpunkt 4 89 f.

Drei-Stufen-Theorie 1 277

Dringlichkeitsantrag 3 133

Drittanfechtungsklage
- Baurecht 2 214, 365
- Immissionsschutzrecht 7 108 ff.

Drittschutz s. Nachbarschutz

Drohende Gefahr 4 10, 77 ff.
- Aufgabeneröffnung 4 80
- Durchsuchung 4 163
- Eingriffsschwelle 4 79
- erkennungsdienstliche Maßnahmen 4 114
- Handlungsbefugnisse 4 78 f.
- Ingewahrsamnahme 4 144
- Kritik 4 79
- Legaldefinition 4 78

Stichwortverzeichnis

- Spezialbefugnisse 4 78
- Duldungsverfügung 2 394, 4 291 ff.
- Duldungsverfügung, konkludente s. konkludente Duldungsverfügung
- Durchführungsvertrag 2 42, 156 f.
- Durchsuchung 4 159 ff.
  - Abgrenzung 4 166, 175
  - Ausführungsermächtigung 4 267
  - Begriff 4 166
  - Betreten 4 175, 180 f., 182, 225, 268
  - drohende Gefahr 4 163
  - Durchführung 4 167, 172
  - Eigensicherung 4 165
  - Gefahr, erhöhte abstrakte 4 163
  - Gefahrenabwehr 4 180
  - Gewahrsam 4 168
  - Grundrechte 4 173
  - Hilflosigkeit 4 162 f., 168
  - Kontrollstelle 4 170
  - Maßnahmerichtung 4 176
  - Nachtzeit 4 179
  - Ort, gefährdeter 4 164, 170
  - Ort, gefährlicher 4 163, 168, 180
  - Personen 4 65
  - Räume, öffentlich zugängliche 4 182 ff.
  - Rechtsnatur 4 159
  - Regelungswirkung, fehlende 4 42
  - Richter 4 185
  - Sachen 4 65, 168 ff.
  - Schleierfahndung 4 65
  - Sicherstellung 4 161 f., 168, 177
  - Speichermedien, elektronische 4 171
  - Verfahren 4 176, 186
  - Verhältnismäßigkeit 4 167
  - von Personen 4 160 ff.
  - Vorführung 4 177
  - Wohnung 4 168, 173 ff., 225
  - Wohnungsbegriff 4 178
  - zur Identitätsfeststellung 4 108
  - Zuständigkeit, gerichtliche 4 185

Ehe und Familie, Schutz der 4 139
Ehrenamt 1 90
Eigenbetrieb 3 230
Eigenstaatlichkeit 1 12, 14 f., 22, 44 ff., 61 ff., 78, 96 ff., 138, 162, 197, 203
Eigentum 2 306, 375, 420, 4 138
- Inhalts- und Schrankenbestimmung 2 9
- Wasserrecht 8 6 f., 47
Eigentums 1 278 f.
Eigenverantwortlichkeitsgarantie 3 31
Eigenverantwortlichkeitsprinzip 3 47
Eilzuständigkeit des ersten Bürgermeisters 3 103
Einfacher Bebauungsplan 2 41, 244 ff. s.a. Bebauungsplan, einfacher
Einrichtung im Verwaltungsgebrauch 3 179
Einschreiben 6 21 ff.
Einsichtsrecht (Sitzungsniederschrift) 3 155
Einvernehmen, gemeindliches s. Gemeindliches Einvernehmen
Einvernehmensersetzung s. Ersetzung gemeindlichen Einvernehmens
Einzelfallmaßnahme, sicherheitsrechtliche 4 380, 382
- Ermessen 4 401 f.
- Form 4 394
- Generalklausel 4 384
- Maßnahmerichtung 4 400
- Organkompetenz 4 389
- Rechtsgrundlage 4 383 f.
- Spezialbefugnisse 4 384, 396 f.
- Spezialgesetz 4 384
- Spezialzuweisung 4 395
- Verbandskompetenz 4 385
- Verfahren 4 393
- Vollstreckung 4 425
- Wirkungskreis 4 390

Stichwortverzeichnis

- Zuständigkeit 4 385 ff. s.a. Sicherheitsbehörden
Emissionen
- Gefahr 4 70
- Legaldefinition 7 28
Emissionsort 7 28
EMRK s. Europäische Menschenrechtskonvention
Enteignender/enteignungsgleicher Eingriff 4 370
Enthaltung 3 136 f.
Entschädigung
- Anscheinsgefahr 4 83
- Polizei- und Sicherheitsrecht s. Tertiärebene, polizeirechtliche
- Putativgefahr 4 84
- Sicherheitsrecht 4 430
Entscheidungserheblichkeit 1 239
Entwicklungsgebot 2 94 ff.
- Ausnahmen 2 95 ff.
- Fehlerfolgen 2 111
Entwicklungssatzung 2 271
Erfolgswertgleichheit 1 107
Erforderlichkeitsklausel 2 364, 376
Ergänzungssatzung 2 271
Erkennungsdienstliche Maßnahmen 4 111 ff.
- Abgrenzung 4 113
- DNA-Identifizierung 4 115
- drohende Gefahr 4 114
- Einführung 2017 4 114
- Festhalten 4 116
- Gefahrenabwehr 4 114
- Identitätsfeststellung 4 112
- Integrationsgesetz 4 112
- Person, Zweifel über 4 112
- Richtervorbehalt 4 115
- Staatsangehörigkeit, Zweifel über 4 112
- StPO, Verhältnis zur 4 113
- Übermaßverbot, zeitlich 4 117
- Ziel 4 94

- zur Prävention 4 113
Erlaubnis, wasserrechtliche 8 13
Ermessen 4 48, 248 ff.
- Ausübung, gleichheitskonforme 4 253
- Auswahl- 4 249, 251
- Bewirtschaftungsermessen 8 54, 66, 77
- Entschließungs- 4 249
- Fehler 4 252 s.a. Abwägung
- gestuftes 4 253
- Gewässeraufsicht 8 125
- Kommunalaufsicht 3 203
- Nachprüfung 4 252
- Planungsermessen 8 99
- Reduktion auf Null 4 48, 250, 7 101, 110
- Sekundärmaßnahme, polizeiliche 4 290
- Selbstbindung 4 253
- Sicherheitsbehörden 4 386
- Sicherheitsrecht 4 401
- unmittelbarer Zwang 4 310
- Weisung 4 253
Ermessensreduktion auf Null 4 250
- Immissionsschutzrecht 7 110
Errichtung (bauliche Anlage) 2 179, 227
Ersatzvornahme 3 213 ff., 222, 6 74 ff. s.a. Sekundärmaßnahme, polizeirechtliche: Ersatzvornahme
- Androhung 6 76
- Ersetzung gemeindlichen Einvernehmens 2 331
- Kostenanschlag 6 76
- Kostenbescheid 6 78 f.
- Kostenerstattungsanspruch 6 79
Ersatzzwangshaft 6 69 ff.
- Erfüllung des Grundverwaltungsakts 6 73
- Ermessen 6 72
- Richtervorbehalt 6 70
- Voraussetzungen 6 71

Stichwortverzeichnis

Erschließung 2 282, 305, 314, 333
- Innenbereich 2 282
- subjektives Recht 2 333

Ersetzung gemeindlichen Einvernehmens 2 324 ff.
- Abweichung 2 326
- Anhörung 2 327
- Außenwirkung 2 331
- Begründung 2 327
- Ermessen bzgl. Ersetzung 2 329
- Ersatzvornahme 2 331
- Fehlerfolge 2 327
- formelle Rechtmäßigkeit 2 327
- Frist 2 327
- Gesetzgebungskompetenz 2 325
- materielle Rechtmäßigkeit 2 328
- Pflicht zur Ersetzung 2 329
- Rechtmäßigkeit 2 324 ff.
- Rechtmäßigkeit, formelle 2 327
- Rechtmäßigkeit, materielle 2 328
- Rechtsgrundlage 2 325 f.
- Rechtsnatur 2 331
- Rechtsschutz 2 356, 360
- Sicherung Bauleitplanung 2 327
- Veränderungssperre 2 326 f.
- Verfahren 2 325
- Verwaltungsakt 2 331

Erster Bürgermeister 3 95 ff.
- Eilzuständigkeit 3 103
- Verhinderung 3 157 ff.
- Vertretung 3 112
- Vertretungsrecht 3 109
- Wahl 3 96

Etikettenschwindel 2 91 f.

Europäische Menschenrechtskonvention 1 21, 40, 211, 250, 262, 4 16
- Ingewahrsamnahme 4 149

Europäische Union 1 20 f., 92, 157, 159 f. s.a. Unionsrecht

Europäischer Gerichtshof 1 21, 208 f.
- Vorabentscheidungsverfahren 1 209

Europäischer Gerichtshof für Menschenrechte 1 202, 210 f.

Europarecht s. Europäische Menschenrechtskonvention; Unionsrecht

Ewigkeitsklausel 1 73, 94, 126, 130 f., 134

Existenzminimum 1 89

Fachaufsicht 1 142, 180, 3 217 ff.
- Außenwirkung von Maßnahmen 3 219
- Behörden 3 218
- Rechtsschutz 3 223
- Weisungsrecht 3 221

Fachgerichtsbarkeit 1 19, 191, 194, 198, 202, 212 ff., 253
- Bundesverwaltungsgericht 1 262
- Oberstes Landesgericht, Bayerisches 1 190
- Verwaltungsgericht 1 262
- Verwaltungsgerichtshof, Bayerischer 1 103, 175, 214, 226
- Vorlage 1 239

Fachplanungsvorbehalt 2 229

Faktisches Baugebiet 2 279 f.
- Gebietserhaltungsanspruch 2 405

Falschparken s. Abschleppfälle

Familie s. Ehe und Familie, Schutz der

Feststellungsklage, allgemeine 4 46

Feststellungswirkung
- Genehmigungsfreistellung 2 193

Finanzausgleich, kommunaler 3 237

Finanzausstattung der Gemeinden 3 55, 235

Finanzhoheit 3 28, 235

Fingierte bauliche Anlage 2 178

Fischerei 8 30

Fiskalvorbehalt 1 272

Flächennutzungsplan 2 19, 31, 102, 294, 3 141
- Abwägung 2 46, 48, 50, 55
- Abwägungsfehler 2 74 ff., 101 ff.
- Abwägungsgebot 2 62 ff., 100 ff.
- Änderung 2 120

601

Stichwortverzeichnis

- Ankündigung der Auslegung 2 52 ff.
- Anpassungsgebot 2 92 f.
- Art. 49 GO 2 26
- Aufhebung 2 120
- Aufstellung 2 45
- Aufstellungsbeschluss 2 45
- Ausfertigung 2 29
- Auslegung 2 54
- Auslegung, öffentliche 2 47 f., 50 ff.
- Auslegungsankündigung 2 52 ff.
- Ausschluss wegen persönlicher Beteiligung 2 26
- Außenwirkung 2 20 f.
- Außerkrafttreten 2 120
- Bauausschuss 2 27
- Begründung 2 30
- Bekanntmachung 2 29
- Beschluss 2 25
- Beteiligung Träger öffentlicher Belange 2 49
- Beteiligung Träger öffentlicher Belange, förmliche 2 59 ff.
- Beteiligung Träger öffentlicher Belange, frühzeitige 2 49
- Bindungswirkung 2 20
- Darstellungen, zulässige 2 32
- Erforderlichkeit 2 83 ff.
- Erklärung, zusammenfassende 2 30
- Fehlerfolgen 2 106 ff.
- Feststellungsklage 2 33
- formelle Rechtmäßigkeit 2 23
- Förmliche Beteiligung Träger öffentlicher Belange 2 59 ff.
- frühzeitige Beteiligung der Träger öffentlicher Belange 2 49
- Funktionslosigkeit 2 121
- Gebot der Konfliktbewältigung 2 104 f.
- Geltungsbereich, räumlicher 2 18, 31
- Gemeinderat 2 25 ff.
- Genehmigung 2 27 ff.
- Inkrafttreten 2 29
- Kontrolle, inzidente 2 36
- Konzentrationsflächen 2 21, 31, 34
- materielle Rechtmäßigkeit 2 23, 31 ff.
- Normenkontrolle 2 33 ff.
- Öffentlichkeitsbeteiligung 2 47 f., 50 ff.
- öffentlich-rechtlicher Vertrag 2 123
- Pflicht zum Erlass 2 122
- Planerhaltung 2 106 ff.
- Planungskonzept, schlüssiges gesamträumliches 2 31
- Planungspflicht 2 122
- Präklusion 2 56 f.
- Prüfungsrelevanz 2 24
- Prüfungsschema 2 19
- Rechtmäßigkeit 2 22
- Rechtmäßigkeit, formelle 2 23 ff., 24
- Rechtmäßigkeit, materielle 2 23, 31 ff.
- Rechtsnatur 2 20, 33 ff.
- Rechtsschutz 2 33 ff.
- Rechtsschutz (Genehmigung) 2 29
- Rechtsschutz (Planungspflicht) 2 123
- Rechtsschutz, inzidenter 2 36
- Schema 2 19
- städtebauliche Erforderlichkeit 2 83 ff.
- Stellungnahmen 2 55 f.
- Teilflächennutzungspläne 2 31
- Trennungsgebot 2 105
- Umweltbericht 2 46
- Umweltprüfung 2 46
- Verbandskompetenz 2 44
- vereinfachtes Verfahren 2 120
- Verfahren 2 45
- Voraussetzungen 2 22
- Wirksamkeit 2 22 f., 106 ff.
- Wirksamwerden 2 29
- Wirkung 2 20
- zulässige Darstellungen 2 32
- Zuständigkeit 2 44

Flächenversiegelung 2 304

Stichwortverzeichnis

Flashmob 4 434
Fliegende Bauten 2 195
Fließende Welle 8 7
Flüchtlingsunterkunft 2 252, 264 f., 280, 290, 302
Föderalismus s. Bundesstaat
Föderalismusreform 1 26
Forensen 3 155, 164, 183
Formelle Illegalität 2 366 ff.
– Abbruchmaßnahme 2 370
– Anzeigepflicht 2 370
– Beseitigungsanordnung 2 376
– Genehmigungsfreigestelltes Vorhaben 2 369 f.
Formelle Planreife 2 310
Förmliche Beteiligung Träger öffentlicher Belange 2 59
Fortbewegungsfreiheit 4 136
Fortsetzungsfeststellungsklage 4 45, 330
Fragerecht 1 118
Fraktion 1 100, 106, 110, 116 ff., 119, 235, 3 88
– Ausschluss 3 90
– Rechtsnatur 3 89
Freiheitsbeschränkung/-entziehung 4 97, 107, 136, 141
– Ingewahrsamnahme 4 151
– Vorladung 4 118, 121
Freiheitsrecht 1 263 ff.
Freistaat 1 70
Freizügigkeit 4 136
Frühkonstitutionalismus s. Konstitutionalismus
Frühzeitige Beteiligung der Träger öffentlicher Belange 2 49
Frühzeitige Öffentlichkeitsbeteiligung 2 47 f.
Fünfprozenthürde 1 107
Funktionslosigkeit (Bauleitplan) 2 121

Gebietserhaltungsanspruch 2 402 f.
– faktisches Baugebiet 2 405
– Nachbarschutz 2 405
Gebietshoheit 3 28
Gebietskörperschaft 1 56, 3 18
Gebietsprägungserhaltungsanspruch 2 404
Gebietsunverträglichkeit, konkrete 2 237 f.
Gebietsverträglichkeit 2 235
Gebot der Konfliktbewältigung 2 101, 104 f.
Gebot der Rücksichtnahme s. Rücksichtnahmegebot
Gebühr 3 238
Gefahr 4 52 ff., 59 ff.
– Abschleppfälle 4 195
– abstrakte 4 63 ff.
– allgemeine 4 64 s.a. Gefahr: abstrakte
– Begriffe, weitere 4 72 ff.
– Belästigungen 4 70, 7 20 s.a. dort
– dringende 4 75
– drohende s. drohende Gefahr
– Empfindlichkeit, besondere 4 70
– erhebliche 4 75
– erhöhte abstrakte 4 65, 163
– ex-ante-Sicht 4 69
– Gefahr im Verzug 4 37
– gegenwärtige 4 73 f.
– gemeine 4 76
– im Verzug 4 74
– Intensität 4 70, 76
– je-desto-Formel 4 68
– konkrete 4 61 ff., 143 f., 7 19
– latente 4 71 f.
– Prognose 4 67, 82 ff.
– Putativgefahr s. dort
– Rechtsgüter, bedeutende 4 78, 114
– Schadenseintritt (Wahrscheinlichkeit) 4 66 ff.
– Scheingefahr s. Putativgefahr
– Verdacht 4 81, 83

603

Stichwortverzeichnis

- Wahrscheinlichkeit 4 66 ff.
- Wissensdefizit 4 81

Gefälligkeitsplanung 2 87 ff.

Gehobene Erlaubnis 8 57 ff.
- Anwendungsbereich 8 59 ff.
- Befugnisgewährung 8 57
- Bewirtschaftungsermessen 8 66
- Gebot der Rücksichtnahme 8 65
- Inhalts- und Nebenbestimmungen 8 67
- Interesse, berechtigtes 8 61
- Interesse, öffentliches 8 60
- Legalisierungswirkung 8 57
- Rechte Dritter 8 64
- Rechtmäßigkeit, formelle 8 58
- Unzulässigkeit 8 62
- Versagungsgründe 8 63 ff.

Gemeinde 1 56
- Befassungskompetenz 3 30
- Bestand 1 186
- Erledigungskompetenz 3 30
- Gebiet 3 19
- Grundrechtsberechtigung 1 271, 3 49 f.
- Klagebefugnis 1 185
- kreisfreie 3 23, 34
- Mitglieder 3 21
- Namensbezeichnung 3 24
- Passivlegitimation 5 19
- Typen 3 23
- übertragener Wirkungskreis 5 19
- Vertretung 3 109

Gemeindeangehöriger 3 163, 183

Gemeindebürger 3 155, 163

Gemeindefreies Gebiet 3 19

Gemeindegebiet 3 19

Gemeindehoheit 1 181, 3 28, 32, 46

Gemeindepolizei 4 18

Gemeinderat 3 71 ff.
- Amtszeit 3 75 f.
- Ausschüsse 3 83, 87
- berufsmäßiger 3 91
- Beschlussfähigkeit 3 130, 134

- Ehrenamt 3 78
- Einberufung 3 104
- Entschädigung 3 78
- freies Mandat 3 77
- Geschäftsgang 3 129 ff.
- Geschäftsordnung 3 85
- Indemnität 3 77
- Interessenkonflikt 3 80
- Ist-Stärke 3 76, 131
- Krankheit 3 131
- Ladung 3 131
- Ladungsfehler 3 133
- Ladungsfrist 3 132
- Niederschrift 3 154
- Ordnung 3 150 ff.
- Pflichtausschüsse 3 83
- Plenum 3 85
- Sitzungsankündigung 3 106
- Sitzungsausschluss 3 151 ff.
- Sitzungszwang 3 129
- Soll-Stärke 3 76
- Sorgfaltspflicht 3 79
- Tagesordnung 3 105, 132
- Urlaub 3 131
- Verschwiegenheitspflicht 3 79
- Vertretungsverbot 3 80
- Vorsitz 3 104
- Zuhörer 3 147, 151
- Zusammensetzung 3 72

Gemeinderatsbeschluss 3 135 ff.
- Beanstandung 3 108
- Vollzug 3 107 f.

Gemeindesenat 3 84 f.

Gemeindeverband 3 21, 63

Gemeindeverwaltung 3 112

Gemeindliches Einvernehmen 2 167 f., 260, 282, 314, 317 ff., 7 52, 72
- Anwendungsbereich 2 317
- Aufforderung 2 323
- Auslegung 2 322
- Ausnahme 2 321
- Bauantrag 2 167
- Bauantrag unvollständig 2 323
- Befreiung 2 321

Stichwortverzeichnis

- Bindungswirkung 2 324 ff.
- Drittschutz 2 407
- eigener Wirkungskreis 2 331
- Ermessen 2 321, 328
- Ersetzung 2 324 ff.
- Fiktion 2 323
- Fristberechnung 2 323
- konkludente Zustimmung 2 322
- laufende Angelegenheit 2 320
- Maßstab Erteilung/Versagung 2 321
- Nachbarschutz 2 407
- Planungshoheit 2 318 f.
- ratio 2 318
- Rechtsnatur 2 317, 330
- Rechtsschutz 2 167, 356, 360
- teleologische Reduktion 2 318 f.
- Verwaltungsakt 2 330
- Zuständigkeit 2 320

Gemeinschaftsleben 1 258

Gemeinwohl 1 88

Gemengelage
- Immissionsschutzrecht 7 24, 45
- Polizeirecht 4 90

Genehmigung, immissionsschutzrechtliche 7 33
- Abwehransprüche, privatrechtliche 7 75
- Änderungsgenehmigung 7 40, 80 ff.
- Arten 7 41, 55 ff.
- Auslegung 7 60, 62
- Bekanntmachung 7 60 f.
- Betriebsunterbrechung 7 76
- Drittschutz 7 68
- Einwendungen 7 64 ff.
- Erlöschen 7 76 f.
- Erörterungstermin 7 65
- fehlende 7 82
- förmliches Verfahren 7 59 ff., 70
- Freistellungserklärung 7 80
- Genehmigungsfähigkeit 7 42 f.
- Konzentrationswirkung 7 77
- Optionsrecht 7 56
- Präklusion 7 60, 78
- Präklusion, formelle 7 65
- Präklusion, förmliche 7 56
- Präklusion, materielle 7 66
- Prüfungsschema 7 33
- Teilgenehmigung 7 78
- UmwRG 7 69
- vereinfachtes Verfahren 7 67, 70
- Verfahrensarten 7 57 f.
- Verfahrensarten (Übersicht) 7 70
- Verfahrensfehler 7 68 f.
- Voraussetzungen 7 42 ff.
- Vorbescheid 7 79
- Vorschriften, andere öffentlich-rechtliche 7 50 ff.
- Wirkungen 7 71 ff., 79
- Zuständigkeit 7 113 ff.

Genehmigungsfreistellung 2 191
- Feststellungswirkung 2 193
- formelle Illegalität 2 369 f.
- Gemeinde 2 192
- Legalisierungswirkung 2 193
- materielle Illegalität 2 375
- Rechtsunsicherheit 2 194
- Wahlrecht 2 194

Generalklausel, beschränkte s. Generalklausel, sicherheitsrechtliche

Generalklausel, polizeiliche 4 33, 130, 212 ff.
- Abschleppfälle 4 191 ff., 327
- Maßnahmen, mögliche 4 218 f.
- Unbestimmtheit 4 212
- Vorrang atypischer Maßnahmen 4 216
- Vorrang der Standardbefugnisse 4 93
- Vorrang spezieller Befugnisse 4 213 f.

Generalklausel, sicherheitsrechtliche 4 3, 384, 398 f.
- Aufenthaltsbeschränkungen 4 130
- Gefahr, konkrete 4 399
- Immissionsschutz 7 103
- Sperrwirkung Spezialbefugnisse 4 397
- Vergleich Polizeirecht 4 398

605

- Weisung 4 398
Gerichtsbarkeit 1 188 ff.
Gerichtsorganisation 1 24
Geschäftsbereich 1 7, 153 ff.
Geschäftsordnung 1 5, 110, 114, 116, 160
- Gemeinderat 3 85, 92
- Landtag 1 235
- Rechtsnatur 3 93
- Verfassungsgerichtshof 1 196
Geschäftsordnungsautonomie 1 100, 160
Gesetz 1 159
Gesetzesbindung 3 47
Gesetzesinitiative 1 110, 127, 147
Gesetzesvorbehalt 1 15, 80, 137 f., 142 f., 3 44
- grundrechtlicher 1 264
- organisatorischer 1 169 f.
- Polizeirecht 4 29
- Sicherheitsrecht 4 382, 383
Gesetzesvorlage 1 159
Gesetzesvorrang 1 137 f.
Gesetzesweisung 1 157
Gesetzgebungsauftrag 1 50, 63, 89, 256
Gesetzgebungskompetenz
- Baurecht 2 7 f.
- Freizügigkeit 4 140
- konkurrierende 7 4, 8 4
- Landesrecht 7 5
- Polizei- und Sicherheitsrecht 4 5
- Wasserrecht 8 4
Gesetzgebungsverfahren 1 43, 98, 102 ff., 110, 113
- Ausfertigung 1 111, 149
- Gesetzesinitiative 1 60, 110, 147, 244
- Volksgesetzgebung 1 72 f., 110, 122 ff.
Gesichtsverhüllung 4 106, 396, 416
Gewahrsam s. Ingewahrsamnahme

Gewaltenteilung 1 10, 80, 96 ff., 99, 120, 124 f., 134, 190, 198
Gewaltschutzgesetz 4 134
Gewässeraufsicht 8 121 ff.
- Eingriffsermächtigung 8 121
- Ermessen 8 125
- Illegalität, formelle 8 124
- Maßnahmen 8 126
- Maßnahmerichtung 8 127
- Rechtmäßigkeit, formelle 8 122
- Rechtmäßigkeit, materielle 8 123 ff.
- Rechtsschutz 8 134 f.
Gewässerunterhaltung 8 109
Giebelfläche, Höhe 2 338
Gleichheitssatz 1 87, 265 ff., 4 253
Gleichschaltung 1 12, 46
Gleichwertigkeitsziel 1 58, 90
Große Kreisstadt 3 23, 35
Grundfreiheiten 3 3, 4 13
Grundordnung, freiheitlich-demokratische 1 93 ff.
Grundrechte 1 256 ff., 262, 4 7, 136
- Außerkraftsetzen 1 58
- Einschränkungsverbot 4 403
- Gemeinden 3 49 f.
- GG 1 260
- Landesgrundrechte s. dort
- Polizeirecht 4 7, 58
- Versammlungsfreiheit 4 432
- Wasserrecht 8 6 f.
Grundrechte (GG)
- Polizeirecht 4 55, 97, 107
- Störer 4 236
Grundrechtecharta (EU) 1 262, 4 14
Grundrechtsträgerschaft 1 231, 264
- Ausländer 1 268
- juristische Person 1 269
Grundrechtstypische Gefährdungslage 1 269
Grundverwaltungsakt 6 40
- Erfüllbarkeit 6 47
- Nichterfüllung 6 48 ff.

Stichwortverzeichnis

- Nichterfüllung, Zeitpunkt 6 49 ff.
- Rechtmäßigkeit als Vollstreckungsvoraussetzung? 6 44
- Teilerfüllung 6 51
- Vollstreckbarkeit 6 46
- Wirksamkeit 6 43 ff.

Grundwasser 8 7
- Einwirkung auf 8 27
- Entnehmen von 8 25
- Zulassungsfreiheit 8 30

Grundzüge des Wasserrechts 8 8

Gruppeninteresse 3 140

Gubernative 1 136 *s.a.* Staatsregierung

Handlung 4 300 f.
- unvertretbare 4 325 f.
- vertretbare 4 300 f.

Handlungsformen 3 123

Hare-Niemeyer 1 106

Haushaltsgrundsätze 3 236

Hausrecht
- Gemeinderat 3 150
- Landtag 1 114

Heilung von Zustellungsfehlern 6 28 ff.
- Negativbeispiele 6 31
- Positivbeispiele 6 30
- Voraussetzungen 6 29

Herrenchiemseer Konvent 1 18

Hierarchie 3 15, 199

Hochzonung 3 48

Hoegner, Wilhelm 1 14

Homogener Innenbereich 2 279 f.
- Gebietserhaltungsanspruch 2 405

Homogenitätsprinzip 1 6, 24, 26, 61, 66 ff., 77, 84, 95 f., 98, 131, 135, 162, 168, 206, 261

Hunde 4 396 f., 416, 422
- Leinenzwang 4 390

Identitätsfeststellung 4 99 ff., 108
- Anhalten 4 106
- Berechtigungsschein 4 109
- Durchsuchung 4 108
- Eingriffsschwelle 4 100 ff.
- erkennungsdienstliche Maßnahmen 4 112
- Festhalten 4 107
- Gefahrenabwehr 4 100
- Gesichtsverhüllung 4 106
- Grundrechte 4 107
- Kontrollstelle 4 104
- Maßnahmen 4 106
- Merkmale, feststellbare 4 99
- Ort, gefährdeter 4 101, 103
- Ort, gefährlicher 4 101 ff., 225
- private Rechte, Schutz von 4 100
- Regelungswirkung 4 42
- Schleierfahndung 4 105
- Sistierung 4 107
- Ziel 4 94

Illegalität, formelle *s.* formelle Illegalität

Illegalität, materielle *s.* materielle Illegalität

Immissionen
- Begriff 7 18
- betriebstechnischer Zusammenhang 7 14
- Erheblichkeit 7 22
- Immissionsort 7 27, 45
- Imponderabilien 7 27
- Legaldefinition 7 27
- Ort 7 27
- sozialadäquate 7 23
- Überprüfung, gerichtliche 7 18
- verhaltensbezogene 7 13 *s.a.* BayImSchG

Immissionsschutzrecht *s.a.* Immissionen
- Anlagenbetreiber 7 105 ff.
- Anordnungen *s.* Anordnung, nachträgliche; Beseitigungsanordnung; Betriebsuntersagung; Stilllegungsanordnung
- Anwendbarkeit BImSchG *s.* dort
- Ausführungsverordnungen 7 3
- Baurecht 7 51 ff.

607

- Befugnisse 7 83 ff.
- Betreiberpflichten 7 47 ff.
- Drittanfechtungsklage 7 108 ff.
- Drittschutz 7 96, 100 f.
- einstweiliger Rechtsschutz 7 109
- Erweiterung einer Anlage 7 40
- Examensrelevanz 7 7
- Gemengelage 7 24
- Genehmigung s. Genehmigung, immissionsschutzrechtliche
- Genehmigungsarten 7 41, 55 ff.
- Genehmigungsbedürftigkeit, nichtvorliegende s. Anlagen, nicht genehmigungsbedürftige
- Gesetzgebungskompetenz 7 4 ff.
- Immission s. dort
- Kinderlärm s. dort
- Nebenbestimmungen 7 106
- Rechtsgrundlagen 7 3 ff.
- Rechtsschutz 7 104
- Schutzgrundsatz 7 44 f.
- Sicherheitsrecht, Verhältnis zum 7 85, 103
- TA Lärm und TA Luft 7 25 f., 45
- Übersicht 7 2
- Umwelteinwirkung s. Umwelteinwirkung, schädliche
- Verordnungserlass 7 15
- Vorbelastung s. dort
- Wasserrecht 7 54
- Wechselwirkung 7 50 ff.
- Ziele 7 1
- Zuständigkeiten 7 6, 113 ff.

Informationshandeln 3 32, 128
- bei Bürgerbegehren 3 173

Informationsrecht
- bei Fachaufsicht 3 220
- bei Rechtsaufsicht 3 207

Ingewahrsamnahme 4 141 ff.
- Abgrenzung 4 150
- Anhörung 4 155
- Ausführungsermächtigung 4 267
- Behandlung festgehaltener Personen 4 157
- Dauer 4 153, 158
- Durchsetzung anderer Maßnahmen 4 145
- Durchsuchung 4 168
- EMRK 4 149
- Feststellungklage 4 156
- Freiheitsentziehung 4 141
- Gefahr, konkrete 4 143 f.
- Gefährdergewahrsam 4 144
- Gefahrenabwehr 4 144, 149
- Gewahrsam (Definition) 4 148
- Maßnahmerichtung 4 150
- Minderjähriger 4 147
- Ort des Gewahrsams 4 148
- Präventivgewahrsam 4 10
- Rechtsnatur 4 150
- Reform 2017 4 158
- Regelungswirkung, fehlende 4 42
- richterliche Anordnung 4 151 ff.
- Schutzgewahrsam 4 142
- Sicherheitsgewahrsam s. Ingewahrsamnahme: Unterbringungsgewahrsam
- Sicherstellung 4 199 f.
- Unterbindungsgewahrsam 4 16, 143, 149
- Verhältnismäßigkeit 4 149
- Zuständigkeit, gerichtliche 4 154

Inhalts- und Schrankenbestimmung 2 9

Innenbereich 2 266 ff.
- Abgrenzungssatzung 2 271
- Abweichung 2 280
- Art der baulichen Nutzung 2 279 f.
- Ausnahme 2 279 f.
- „Außenbereich im Innenbereich" 2 270
- BauNVO 2 279 f.
- Bebauungszusammenhang 2 270
- Befreiung 2 279 f.
- „Eigenart" 2 276
- „Eigenart der näheren Umgebung" 2 274
- einfacher Bebauungsplan 2 273 f.

Stichwortverzeichnis

- „Einfügen" 2 277 ff.
- Entwicklungssatzung 2 271
- Ergänzungssatzung 2 271
- Erschließung 2 282
- faktisches Baugebiet 2 279 f.
- Flüchtlingsunterkunft 2 280
- gemeindliches Einvernehmen 2 282
- gesundes Wohnen/Arbeiten 2 281
- homogener Innenbereich 2 279 f.
- Klarstellungssatzung 2 271
- Ortsbild 2 281
- Ortsteil 2 268 f.
- rechtlicher Innenbereich 2 267
- Satzung 2 271
- tatsächlicher Innenbereich 2 267 ff.
- Versorgungsbereiche 2 281
- Voraussetzungen 2 267 ff., 281

Innenbereich (§ 34 BauGB)
- „Nähere Umgebung" 2 275

Innenentwicklung 2 43
Instandhaltungsarbeiten 2 189
Integrationsgesetz 4 112
Integrationsklausel 1 92
Interkommunales Abstimmungsgebot 2 64 ff.
Interorganstreit 3 120
Intraorganstreit 3 120
Inzidentkontrolle 1 213

Jalta, Konferenz von 4 17
JAPO 1 1, 2 11, 3 5, 10, 4 28, 5 58, 6 3, 7 7, 8 8
Je-desto-Formel 4 68
Jellinek, Georg 1 45 ff.
Juristische Person 3 18, 22
- Organ 3 69
Justizgewähranspruch 1 193
Justizgrundrechte 1 80, 193 f., 258

Kampfhund s. Hunde
Kinderlärm 7 16
Klarstellungssatzung 2 271

Koalitionsfreiheit 1 276
Kollegialprinzip 1 159
Kommunalaufsicht 3 199 ff., 5 18
- Anspruch auf Einschreiten 3 200
- Ermessen 3 203
- Haftung wegen fehlerhafter 3 201
- Instrumente 3 202
- Schutz 3 201

Kommunale Planungshoheit 2 10, 318 ff.
Kommunale Selbstverwaltung 2 28
Kommunale Wirtschaftstätigkeit
- Konkurrenz 3 227
- Rechtsgrundlage 3 227, 233
- Rechtsschutz 3 234
- Subsidiaritätsklausel 3 233

Kommunale Zusammenarbeit 3 241 ff.
- Freiwilligkeit 3 243

Kommunales Recht 3 7
Kommunalgesetze, Struktur 3 6
Kommunalparlament 3 82
Kommunalrecht
- als Referenzgebiet 3 10
- Rechtsquellen 3 3 ff.

Kommunalreform 3 115
Kommunalunternehmen 3 228, 262
- in Privatrechtsform 3 232

Kommunalverfassungsbeschwerde 3 57, 59
Kommunalverfassungsstreit 3 120 ff., 144
- Beteiligte 3 122
- Klageart 3 121

Kommunalwahl 3 73 ff.
- Annahme der Wahl 3 76
- Wahlberechtigung 3 74
- Wahlrechtsgrundsätze 3 75

Kommune
- Begriff 3 2
- Entstehung 3 20

Kompetenzen 1 24
- Bundesstaat 1 31, 51, 109

609

Stichwortverzeichnis

- Länderkompetenz, ausschließliche 1 38 f.
- Vertragsabschlusskompetenz 1 37 f.

Kompetenzen, Mehrebenensystem
- Verstoß 1 228

Kompetenz-Kompetenz 1 53

Konkludente Duldungsverfügung 4 43 f.

Konkrete Gebietsunverträglichkeit 2 237 f.

Konkrete Gefahr s. Gefahr, konkrete

Konkurrentenklage 3 192

Konnexität 1 58
- Sekundärebene 4 285, 342
- Tertiärebene 4 340 ff.

Konnexitätsprinzip 1 184, 226, 3 235

Konstitutionalismus 1 10

Kontaktverbot 4 123, 131
- Durchsetzung, zwangsweise 4 135, 145
- Ehe und Familie 4 139
- Eigentum 4 138
- Einführung 2017 4 123
- Gesetzgebungskompetenz 4 140
- Gewaltschutzgesetz 4 134
- Grundrechte 4 136
- Höchstdauer/Verlängerung 4 132
- Maßnahmerichtung 4 132
- Rechtsnatur 4 135
- Regelungswirkung 4 42
- Wohnung, Schutz der 4 137

Konzentrationsflächen 2 21, 31, 301
- atypischer Sonderfall 2 301
- Normenkontrolle 2 34
- Rechtsschutz 2 34 ff.

Konzentrationswirkung 2 185 ff.
- Anlagengenehmigung, wasserrechtliche 8 115 ff.
- Bewilligung, wasserrechtliche 8 37, 45
- Fachgesetze, anlagenbezogen 7 73
- Genehmigung nach BImSchG 7 43, 71 ff., 77
- Planfeststellung 7 36
- Planfeststellung, wasserrechtliche 8 95 ff., 101
- Schaubild 7 74

Konzentrationszonen s. Konzentrationsflächen

Kooperative Handlungsformen 2 153 ff.
- Bebauungsplan, vorhabenbezogener 2 156
- städtebaulicher Vertrag 2 154 f.
- vorhabenbezogener Bebauungsplan 2 156

Körperschaften 5 24
- Gebietskörperschaften 5 23 s.a. Gebietskörperschaft
- Pesonalkörperschaften 5 24
- Realkörperschaften 5 25
- Verbandskörperschaften 5 26

Kosten s. Tertiärebene, polizeirechtliche

Kreis 3 12
- Aufgaben 3 39 f.

Kreistag 3 116

Kreisverwaltungsbehörde 1 167

Kreuzberg-Urteil 4 2

Kulturstaatlichkeit 1 58, 85 f.

Kultushoheit 1 86

Kumulieren 3 75

Kunst 1 86

Ladungsfehler, Heilung 3 133

Land- und Forstwirtschaft 2 286

Landesamt 1 171

Landesgesetze 1 5
- Überprüfung 1 103 f.

Landesgrundrecht 1 7, 15, 24, 26, 41, 43, 175, 256 ff., 275 ff.
- Abwehrrechte 1 97, 257, 263 f., 271, 283
- Aliud-Rechte 1 260

Stichwortverzeichnis

- Außerkraftsetzen 1 58, 94
- Berufsfreiheit 1 276 f.
- Bildung 1 58
- Drittwirkung 1 270
- Eigentumsfreiheit 1 278 f.
- Eingriff 1 264
- Freiheitsrecht 1 263 ff.
- Glaubensfreiheit 1 280
- Gleichheitssatz 1 255, 265 ff.
- Grundrechtsadressat 1 267, 270
- Grundrechtsträgerschaft 1 43, 59 f., 186, 226, 264, 267 ff.
- Grundrechtstypische Gefährdungslage 1 269
- Grundrechtträgerschaft 1 60
- inhaltsgleiche 1 26 f., 29, 255, 280
- Justizgrundrechte 1 80, 193 f., 258
- Koalitionsfreiheit 1 276
- Kollision 1 26 ff., 260, 285
- Leben 1 280
- Leistungsrechte 1 89, 276
- Mehrgewährleistung 1 26, 58, 260
- Naturgenuss 1 58
- objektive Werteordnung 1 274
- Recht auf Bildung 1 87, 260, 272, 285 f.
- Recht auf Naturgenuss 1 91, 283 f.
- Recht auf Sicherheit 1 273
- Recht auf Wohnung 1 87
- Rechtfertigung 1 263, 264
- Rechtsschutz 1 200, 262
- Rechtssetzungs-/Rechtsanwendungsgleichheit 1 265
- Rundfunk 1 60
- sachlicher Grund 1 266
- Schranken-Schranken 1 64
- Schutzbereich 1 264
- Schutzpflichten 1 272 ff.
- soziales 1 272
- Staatszielbestimmungen 1 257
- Teilhaberecht 1 89, 272, 276, 286
- Verfahrensrechte 1 255

Landesverfassungsbeschwerde 1 205 ff.

Landeswahlgesetz 1 5, 72, 104
Landeswahlordnung 1 5
Landkreis 1 56, 187 *s.a.* Kreis
- Selbstverwaltungsgarantie 3 64
Landrat 3 116
Landratsamt 3 15 f., 34, 117
- Janusköpfigkeit 3 16 ff., 117
- Kreisverwaltungsbehörde 3 117
- Staatsaufgabe 3 117
Landtag 1 60, 100 ff.
- Abgeordnete 1 118
- Aufgaben 1 113
- Auflösung 1 58
- Auskunftsrechte 1 120
- Ausschuss 1 112, 114, 117
- Budgethoheit 1 126, 272
- Fraktion 1 100, 106, 110, 114, 116 ff., 119, 235, 241
- Geschäftsgang 1 102, 116
- Kontrollfunktion 1 120
- Misstrauensvotum 1 60, 150
- Organisationsgewalt 1 110, 169
- Parlamentsautonomie 1 114
- Selbstauflösung 1 58
- Selbstorganisation 1 114
- Zusammensetzung 1 104, 113
Landwirtschaft 1 279
Lärmbekämpfung 7 1
Lasertag 4 13, 58 *s.a.* Paintball
Latente Gefahr *s.* Gefahr: latente
Laufende Angelegenheiten
- Begriff 3 98
- Leitlinien 3 99
- Richtlinien 3 100
Legalisierungswirkung der Genehmigungsfreistellung 2 193
Legalitätsprinzip 4 250
Legitimation 1 52
Legitimation, demokratische 1 72 ff., 78, 81, 100, 113, 140 f., 156, 162, 178, 180
- Gerichtsbarkeit 1 189

Stichwortverzeichnis

Leistungsgrundrechte 1 272, 285
Lindauer Abkommen 1 38 f.
Listennachfolger 3 76
LStVG 4 11 s.a. Sicherheitsrecht; Polizei- und Sicherheitsrecht
– Vollzugsbekanntmachung 4 11
Luftreinhaltung 7 1
Luftverunreinigungen 7 29
Mandat, Freiheit 1 118
Markt 3 24
Maß der baulichen Nutzung
– Drittschutz 2 403
– Nachbarschutz 2 403
Maßnahmerichtung 4 220 ff. s.a. Störer
– Aufenthaltsbeschränkungen 4 132
– Auskunftspflicht 4 98
– Auswahl 4 240
– Durchsuchung 4 176
– Gefahrenabwehr, effektive 4 240
– Hoheitsträger 4 241
– Identitätsfeststellung 4 110
– Ingewahrsamnahme 4 150
– Insolvenz 4 235
– Kontaktverbot 4 132
– Meldeanordnung 4 132
– Möglichkeit der Maßnahme 4 222 f.
– Nichtverantwortlichkeit 4 237 ff.
– Platzverweis 4 132
– Rechtsnachfolge s. Rechtsnachfolge in Polizeipflichten
– Regelung durch Standardbefugnis 4 98, 110
– Sicherheitsrecht 4 400
Materielle Illegalität 2 371 ff.
– Änderung Rechtslage 2 375
– Baugenehmigung 2 372, 374
– Beseitigungsanordnung 2 376
– Bestandsschutz 2 375
– Genehmigungsfreigestellte Vorhaben 2 375

– verfahrensfreie Vorhaben 2 375
– Zeitpunkt 2 373 ff.
Materielle Planreife 2 311
Mehrebenensystem 1 3, 8, 21, 43, 53, 202 ff., 204
– Anwendungsvorrang 1 25, 27, 30, 34, 84
– Kompetenzen 1 45
– Überprüfungskompetenz, gerichtliche 1 203
– unionsrechtskonforme Auslegung 1 35
– völkerrechtsfreundliche Auslegung 1 40
– Vollzug 1 163
Mehrheit 3 137
Mehrheitsprinzip 1 74, 110, 114, 158
Meinungsverschiedenheit 1 240 ff.
– Antragsbefugnis 1 241
– Antragsgegenstand 1 241
– Antragsgegner 1 241
– Antragsteller 1 241
– Prüfungsmaßstab 1 242
– Urteilswirkung 1 243
Meldeanordnung 4 123, 131
– Durchsetzung, zwangsweise 4 135, 145
– Ehe und Familie 4 139
– Eigentum 4 138
– Einführung 2017 4 123
– Gesetzgebungskompetenz 4 140
– Gewaltschutzgesetz 4 134
– Grundrechte 4 136
– Höchstdauer/Verlängerung 4 132
– Maßnahmerichtung 4 132
– Rechtsnatur 4 135
– Wohnung, Schutz der 4 137
Meldegebot s. Meldeanordnung
Menschenwürde 1 89, 134 f., 280, 4 55
MEPolG s. Musterentwurf eines einheitlichen Polizeigesetzes

Stichwortverzeichnis

Minderjährige, Ingewahrsamnahme von 4 147
Minister s. Staatsminister
Ministerialfreie Räume 1 156
Ministerialverwaltung 1 142
Ministerium s. Staatsministerium
Ministerpräsident 1 14 f., 43, 100, 110 ff., 127 f., 139 f., 144 ff., 156, 161
- Amtszeitbeschränkung 1 151
- Aufgaben 1 147, 149
- Kompetenz 1 54
- Prüfungsrecht 1 111
- Richtlinienkompetenz 1 60, 145, 147 ff.
- Rücktritt 1 60, 150
Ministerpräsidentenanklage 1 150
Minus-Maßnahmen 4 450
Misstrauensvotum 1 60, 150
Mittelbare Staatsverwaltung 5 21 ff.
- Anstalten 5 27 s.a. dort
- Beliehener 5 29
- Körperschaften 5 23 ff. s.a. dort
- Stiftungen 5 28
- Verwaltungshelfer 5 29
Montgelas 1 10
Münchener Modell 4 34
Musterentwurf eines einheitlichen Polizeigesetzes 4 5

Nachbar s. Nachbarschutz
Nachbarbeteiligung 2 170 ff., 422
- Drittschutz 2 173
- Heilung 2 174
- Präklusion 2 172
- Rechtsnachfolger 2 173
- Unterschrift 2 172
- Widerruf 2 172
Nachbarschutz 2 398 ff.
- Abweichungen 2 406
- Anspruch auf Einschreiten 7 87
- Arbeitnehmer 7 45
- Art der baulichen Nutzung 2 402 f.
- Ausnahmen 2 406
- Bauordnungsrecht 2 408 ff.
- Bauplanungsrecht 2 401 ff.
- baurechtlicher 2 171, 419
- Bauweise 2 403
- Befreiungen 2 406
- Bodenrechtliche Schicksalsgemeinschaft 2 402 f.
- Eigentumsfreiheit 2 420
- Einwirkungsbereich 7 45
- Gebietserhaltungsanspruch 2 402 f., 405
- Gebietsprägungserhaltungsanspruch 2 404
- gemeindliches Einvernehmen 2 407
- generell nachbarschützend 2 400 ff.
- immissionsschutzrechtlicher 7 45 f.
- Maß der baulichen Nutzung 2 403
- partiell nachbarschützend 2 400, 410 ff.
- präventiver Nachbarschutz 2 398 ff.
- Rechtsschutz 2 421 ff., 7 108 ff.
- repressiver Nachbarschutz 2 398 ff.
- Rücksichtnahmegebot 2 416 ff.
- Schutznormtheorie 2 399
- überbaubare Grundstücksflächen 2 403
- Veränderungssperre 2 407
- zivilrechtlicher 2 429
- Zurückstellung 2 407
Nachhaltigkeit 1 62 f., 91, 283
Nachteile 7 21
Nachteilige Wirkungen auf die Umgebung 2 288
Nassauskiesung Vorgang, wasserrechtlicher 8 25
Naturgenuss, Recht auf 1 58, 91, 283 f.
Nawiasky, Hans 1 14
Nebenbestimmungen; Anfechtbarkeit, isolierte 7 106
Negativplanung 2 89 f.
Neutralitätsgebot 1 129

Nichtigkeitsdogma 3 110, 127
Nichtstörer s. Maßnahmerichtung: Nichtverantwortlichkeit
- Entschädigung 4 357
Niederschrift (Gemeinderat) 3 154
Normenhierarchie 1 84
Normenkollision 1 19 f., 29, 34, 40, 285
- Bundesstaat 1 24 ff.
Normenkontrolle 1 83, 103, 198, 219, 238 ff., 3 61
- abstrakte 1 59, 111, 238 s.a. Meinungsverschiedenheit
- Bundesverfassungsgericht 1 135
- inzident 1 238, 4 415
- konkrete 1 213 f., 238 f.
- Popularklage 1 225
- verwaltungsgerichtliche 1 7, 84, 175, 214, 226, 244, 262
Normsetzungsermessen 4 418
Normverwerfungsmonopol 1 198
- Landesgesetze 1 200, 207, 212, 214
Notstand 1 58
Nutzungsänderung 2 181 f., 227
Nutzungsuntersagung 2 378 ff.
- (evidente) materielle Legalität 2 381
- Anfangsverdacht 2 380
- Dauer-VA 2 380
- Ermessen 2 381
- formelle Illegalität 2 379 f.
- intendiertes Ermessen 2 381
- materielle Illegalität 2 379 f.
- Rechtsfolge 2 381
- Voraussetzungen 2 379 f.

Oberbürgermeister 3 95
Oberstes Landesgericht, bayerisches 1 190
Öffentliche Belange 2 293, 294
- Darstellungen in Flächennutzungsplänen 2 294
- Flächennutzungspläne 2 294
- Konzentrationsflächen 2 301

- Planungsbedürfnis 2 298
- privilegierte Vorhaben 2 300
- qualifizierte Standortaussage 2 294
- Rücksichtnahmegebot 2 295, 298
- schädliche Umwelteinwirkung 2 295
- sonstige öffentliche Belange 2 298
- sonstige Vorhaben 2 300
- Splittersiedlung 2 297
- teilprivilegierte Vorhaben 2 302 f.
- ungenannte öffentliche Belange 2 293, 298
- ungeschriebene öffentliche Belange 2 293
Öffentliche Belange (§ 35 Abs. 3 BauGB)
- Abwägung 2 299 ff.
Öffentliche Einrichtung 3 176
- Auswahlkriterien 3 191
- Begriff 3 177
- Benutzerkreis 3 183 ff.
- Benutzung 3 186
- Benutzung durch politische Parteien 3 183, 188, 190
- Benutzungsanspruch 3 181 ff.
- Kapazität 3 191
- Kapazitätserweiterung 3 189
- Organisationsform 3 180
- Privatisierung 3 180, 193
- tatsächliche Nutzungspraxis 3 195
- Verfügungsgewalt 3 180
- Verschaffungsanspruch 3 193
- Widmung 3 178
- Widmungsänderung 3 187 f.
Öffentliche Ordnung 4 58 s. Betteln
- Störung 4 62
Öffentliche Sicherheit 4 53 ff.
- Abgrenzung 4 86
- allgemeine Anforderungen 2 345 f.
- Individualrechtsgüter 4 54 f.
- private Rechte 4 86
- Selbstgefährdung 4 55, 142
- staatliche Einrichtungen, Schutz der 4 57

Stichwortverzeichnis

- Störung 4 62
- Unversehrtheit der Rechtsordnung 4 56

Öffentliches Baurecht 2 4 s.a. Baurecht, öffentliches

Öffentlichkeit
- Ausschluss 3 148
- Ausschluss, unberechtigter 3 149
- Gemeinderatssitzung 3 147
- Gerichtsverhandlung 1 216
- Zugangserschwerung 3 149

Öffentlichkeitsbeteiligung 2 47 f., 175
- Drittschutz 2 423

Öffentlichkeitsgrundsatz 1 114

Opportunitätsgrundsatz 4 250

Opposition, parlamentarische 1 58, 74, 112, 119 f., 235

Ordnungsgeld 3 136, 150

Ordnungsvorschrift 3 94, 149

Ordnungswidrigkeiten 4 50, 215 f., 420

Organ 3 69

Organisationshoheit 3 28

Organstreitverfahren 1 60, 234 ff.
- Antragsbefugnis 1 235
- Antragsberechtigung 1 235
- Antragsgegenstand 1 235
- Antragsteller 1 121
- Begründetheit 1 236
- Beteiligtenfähigkeit 1 100
- Prozessstandschaft 1 235
- Prüfungsmaßstab 1 236
- Rechtsschutzbedürfnis 1 235
- Rücktritt, Ministerpräsident 1 150

Organwalter 3 69

Organzuständigkeit 3 82, 97

Örtliche Bauvorschriften 2 131
- Rechtsschutz 2 131
- Stellplätze 2 342

Örtliche Polizei 3 32

Ortsbild 2 281

Ortsgebundene Vorhaben 2 287

Ortssprecher 3 115

Ortsteil 2 268 f.

Otto-Shop, Zustellung durch Niederlegung im 6 20

PAG s. Polizeiaufgabengesetz sowie Polizeirecht; Polizei- und Sicherheitsrecht

Paintball 2 345 s.a. Lasertag

Panaschieren 3 75

Parkraumüberwachung s. Abschleppfälle

Parlamentsautonomie 1 114

Parteien 1 60, 94, 235

Parteienprivileg 1 59, 67, 108, 121, 3 190

Passivlegitimation
- Behörden 5 76
- Kommunalverfassungsstreit 3 122

Persönliche Beteiligung 3 134, 139
- Ausschlussbeschluss 3 142
- Beratung 3 146
- Rechtsfolge 3 143
- Vor- oder Nachteil 3 140 f.

Pflichtaufgabe 3 31, 48

Pflichtverband 3 253

Pflichtvereinbarung 3 257

Planaufstellung
- Anerkenntnis 2 312
- Aufstellungsbeschluss s. Planaufstellungsbeschluss
- Ermessen 2 310
- Erschließung 2 314
- formelle Planreife 2 310
- gemeindliches Einvernehmen 2 314
- materielle Planreife 2 311
- Prüfungsreihenfolge 2 307 f.
- Rechtsschutz 2 313
- Verhältnis zu §§ 30, 34, 35 BauGB 2 307 f.
- Voraussetzungen 2 308 ff.

Stichwortverzeichnis

- Zeitspanne 2 315

Planaufstellungsbeschluss
- Bekanntmachung 2 45
- Erfordernis 2 45
- Veränderungssperre 2 141

Planerhaltungsvorschriften
- Prüfungsschema 2 106
- Rückwirkung der Heilung 2 116, 118
- Schema 2 106
- Sinn und Zweck 2 108
- Umfang der Heilung 2 119
- Unbeachtlichkeit infolge Zeitablaufs 2 115
- Unbeachtlichkeit nach ergänzendem Verfahren 2 116 ff.
- Verfahrens- und Formfehler nach dem BauGB 2 110
- Verstöße gegen § 1 Abs. 7 BauGB 2 113
- Verstöße gegen § 2 Abs. 3 BauGB 2 112
- Verstöße gegen § 8 BauGB 2 111

Planfeststellung 7 72
- Konzentrationswirkung 5 47, 7 36

Planfeststellung, wasserrechtliche 8 13, 79 ff.
- Abgrenzung Plangenehmigung 8 81
- Abwägung 8 98 f.
- Anforderungen (WHG), weitere 8 93
- Ausschluss-/Duldungswirkung 8 103
- Behördenbeteiligung 8 84
- Definition 8 79
- Genehmigungswirkung 8 100
- Gestaltungwirkung 8 102
- Gewässerausbau 8 80
- Konzentrationswirkung 8 95 ff., 101
- Planauslegung 8 85
- Planfeststellungsbeschluss 8 87 f. s.a. dort
- Planrechtfertigung 8 90
- Planungsermessen 8 99
- Präklusion 8 86
- Rechte Dritter 8 94
- Rechtmäßigkeit, materielle 8 89 ff.
- Rechtsschutz 8 130 f.
- überörtliches Vorhaben 8 97
- Verfahren 8 83
- Versagungsgründe, sonstige 8 95
- Versagungsgründe, zwingende 8 91
- Vorwirkung, enteignungsrechtliche 8 104
- Wirkungen 8 100 ff.
- Wohl der Allgemeinheit 8 92
- Zulassungswirkung 8 100
- Zuständigkeit 8 82

Planfeststellungsbeschluss
- Form 8 87
- Rechtsnatur 8 88, 100

Plangenehmigung, wasserrechtliche 8 13, 105 ff.
- Auswahlermessen 8 108
- Rechtsschutz 8 130 f.
- Rechtswirkungen 8 106
- Verfahren 8 107

Planreife, formelle 2 310

Planreife, materielle 2 311

Planungsbedürfnis
- ungenannte öffentliche Belange 2 298

Planungsermessen, kommunales 2 71 f.
- Ermessen, Abgrenzung 2 72
- Gebot der Konfliktbewältigung 2 101 ff.

Planungshoheit 2 10, 318, 3 28

Platzverweis 4 123 f.
- Abgrenzung Aufenthaltsbeschränkungen 4 129
- Durchsetzung, zwangsweise 4 135, 145, 253, 293
- Ehe und Familie 4 139
- Eigentum 4 138
- Gesetzgebungskompetenz 4 140

Stichwortverzeichnis

- Gewaltschutzgesetz 4 134
- Grundrechte 4 136
- Maßnahmerichtung 4 132
- Rechtsnatur 4 135
- Regelungswirkung 4 42
- Versammlung 4 446
- Wohnung, Schutz der 4 137

Plebiszitär 1 72, 75

Polizei *s.* Bayerische Landespolizei; Polizeirecht; Polizei- und Sicherheitsrecht

Polizei- und Sicherheitsrecht *s.a.* Polizeirecht; Sicherheitsrecht
- Abschleppmaßnahmen *s.* Abschleppfälle
- Bayerische Landespolizei *s.* dort
- Bedeutung 4 1
- Bundesverfassungsgericht 4 7
- Dezentralisierung 4 4 f., 17 f.
- Drittes Reich 4 4 f., 17
- EMRK 4 16
- Entwicklung 4 2 ff.
- Examensbedeutung 4 28
- Ex-ante-Sicht 4 69
- Föderalisierung 4 4 ff.
- Gemeindepolizei 4 18
- Gesetzesvorbehalt 4 8
- Gesetzesvorrang 4 8
- Gesetzgebungskompetenz 4 5
- Grundfreiheiten 4 13
- Grundrechte 4 7
- Grundrechtecharta (GRC) 4 14
- Je-desto-Formel 4 68
- Landesverfassungsrecht 4 7
- Maßnahmenkollision 4 27
- Organisation 4 17
- Passivlegitimation 4 18
- Polizeibegriffe *s.* dort sowie Polizeiverständnis
- Primärmaßnahmen *s.* Primärmaßnahme, polizeiliche
- Raum der Sicherheit, der Freiheit und des Rechts 4 12
- Rechtsrahmen 4 5 ff.
- Subsidiarität vollzugspolizeilichen Handelns 4 25, 130
- Verfassungsrecht 4 5 ff.
- Vollzugskompetenzen 4 6
- Weisungsrecht, sicherheitsbehördliches 4 26
- Widersprüchlichkeit von Maßnahmen 4 27

Polizeiaufgabengesetz 4 9 ff.
- Durchsetzung anderer Verbote 4 215 f.
- Reformen 2017/2018 4 10, 77, 79, 114, 123, 131, 149, 158, 163
- Verfassungsrechtsbehelfe gegen 4 10, 79, 158
- Vollzugsbekanntmachung 4 9

Polizeibegriff 4 18 ff.
- formeller 4 18
- materieller 4 19

Polizeifestigkeit 4 148, 446 ff.
- Ausnahmen 4 450
- Minus-Maßnahmen 4 450
- Nichtöffentlichkeit 4 448
- Sperrwirkung, persönliche 4 447
- Sperrwirkung, sachliche 4 448
- Sperrwirkung, zeitliche 4 449 f.
- Vollstreckung 4 450

Polizeikessel 4 148

Polizeiliches Einschreiten, Anspruch auf 4 47 f., 87

Polizeiorganisationsgesetz 4 9

Polizeipflichtigkeit von Hoheitsträgern 4 241, 349 *s.a.* Maßnahmerichtung; Störer

Polizeirecht *s.a.* Gefahr; Primärmaßnahme, polizeiliche; Polizei- und Sicherheitsrecht
- Abschleppmaßnahmen *s.* Abschleppfälle
- Adressat 4 220 ff. *s.a.* Maßnahmerichtung; Störer
- Amtshaftung 4 374
- Anscheinsgefahr *s.* dort

617

Stichwortverzeichnis

- Anspruch auf Einschreiten 4 47 f., 87
- atypische Maßnahmen 4 33 s. dort
- Aufenthaltsbeschränkungen s. dort
- Aufgabe und Befugnis (Trennung) 4 31, 49, 59
- Aufgabeneröffnung 4 31, 49 ff., 59, 80
- Ausführungsermächtigung 4 267 ff.
- Auskunftspflicht s. dort
- Ausweispflicht 4 38
- Bestimmtheitsgebot 4 256
- BKAG 4 10, 77
- drohende Gefahr 4 33
- Durchsuchung s. dort
- Eigensicherung 4 165
- Entschädigung 4 351 ff. s.a. Tertiärebene, polizeirechtliche
- Entwicklung s. Polizei- und Sicherheitsrecht: Entwicklung
- erkennungsdienstliche Maßnahmen s. dort
- Ermessen 4 48, 248 ff.
- Flashmob s. dort
- Gefahrenabwehr, effektive 4 240
- Gefahrenverdacht s. Gefahr: Verdacht
- Gemengelage 4 90
- Generalklausel 4 33 s.a. Generalklausel, polizeiliche
- Gesetzesvorbehalt 4 8, 32
- Grundlagen s. Polizei- und Sicherheitsrecht: Grundlagen
- grundrechtsneutrale Handlungen 4 32
- Handlungsform 4 41
- Hoheitsträger, Polizeipflichtigkeit von 4 241
- Identitätsfeststellung s. dort
- Individualrechtsgüter s. Öffentliche Sicherheit: Individualrechtsgüter
- Informationsgewinnung 4 94
- Ingewahrsamnahme s. dort
- Kontaktverbot s. dort
- Legalitätsprinzip 4 250
- legendierte Kontrolle 4 89
- Maßnahmerichtung 4 220 s.a. dort sowie Störer
- Meldeanordnung s. dort
- Minus-Maßnahmen 4 450
- Nichtverantwortliche 4 237 ff.
- öffentliche Sicherheit s. dort
- Opportunitätsgrundsatz 4 250
- Platzverweis s. dort
- Präventivaufgaben 4 50, 88
- Primärmaßnahme s. Primärmaßnahme, polizeirechtliche
- private Rechte, Schutz 4 85 ff.
- Putativgefahr s. dort
- Radarkontrolle s. dort
- Rechtsschutz 4 45 f.
- Repressivaufgaben 4 50, 88, 336
- Sekundärmaßnahme s. Sekundärmaßnahme, polizeiliche
- Selbstgefährdung 4 55, 142
- Selbsttitulierung 4 259
- Selbstvollstreckung 4 259
- Sicherheit, öffentliche s. Polizeirecht: öffentliche Sicherheit
- Sicherstellung s. dort
- Sicherungsmaßnahmen, vorläufige 4 87
- Spezialgesetz 4 33, 213 ff.
- Spezialzuweisung 4 50
- Standardbefugnisse s. Standardbefugnisse, polizeiliche
- Störer 4 220 ff.
- Unterbinden und Verhüten 4 217
- Verhältnismäßigkeit 4 254 f.
- Vollstreckungshilfe, unselbstständige s. dort
- Vollzugshilfe s. dort
- Vorladung s. dort
- Weisung, sicherheitsbehördliche 4 26
- Zitiergebot 4 255
- Zivilgerichte 4 87
- Zusammenarbeit s. Vollstreckungshilfe, unselbstständige; Vollzugshilfe

Stichwortverzeichnis

- Zwangsmaßnahme s. Sekundärmaßnahme, polizeiliche
- Zweckveranlasser s. Störer: Zweckveranlasser

Polizeistrafgesetzbuch (Bayern) 4 3

Polizeiverständnis s. Polizeibegriffe

Polizeiverständnis, enges 4 2

Polizeiverständnis, historisches
- Norddeutschland s. Polizeiverständnis, enges
- Süddeutschland 4 3

Popularklage 1 7, 58, 82 ff., 214, 225 ff.
- Antragsbefugnis 1 226, 256, 259
- Antragsberechtigung 1 226
- Antragsgegenstand 1 226
- Bebauungsplan 1 250, 254, 284
- Begründetheit 1 227
- Entscheidungswirkung 1 229
- Existenzminimum 1 89
- Funktion 1 200
- Gemeinden 3 60
- Landesgrundrecht 1 253
- Prüfungsmaßstab 1 227 f.
- Rechtschutzbedürfnis 1 226
- Selbstverwaltungsgarantie 1 187
- Unionsrechtsverstoß 1 208, 228

Postdienstleistungsunternehmen 6 14

Potsdamer Abkommen 1 13

Pouvoir constituant 1 97

Pouvoirs constitués 1 97

Präambel 1 65

Präklusion 8 86

Preußisches Allgemeines Landrecht 4 2, 255, 353, 370
- Polizeiverständnis 4 2

Preußisches Oberverwaltungsgericht 4 2

Preußisches Polizeiverwaltungsgesetz 4 2

Primärmaßnahme, polizeiliche 4 10 s.a. Polizeirecht
- Abgrenzung VA/Realakt 4 41 ff.
- Absehen von 4 250
- Adressat 4 220 ff. s.a. Maßnahmerichtung, Störer
- Anspruch auf 4 47 f.
- Aufenthaltsgebot/-verbot 4 10
- Ausführungsermächtigung 4 267 ff.
- Ausweispflicht 4 38
- „Bayerischer Aufbau" 4 30 ff.
- Befolgungspflicht 4 27
- Bestimmtheit 4 256
- DNA-Identifizierung 4 10, 115
- doppelfunktionale Maßnahmen s. dort
- Ermessen 4 48, 248 ff.
- Ermessensreduktion auf Null 4 48
- Formerfordernisse 4 38
- Gesetzesvorbehalt 4 32
- Kontaktverbot 4 10
- Maßnahmerichtung s. dort sowie Störer
- Meldeanordnung 4 10
- Möglichkeit 4 256
- Mündlichkeit 4 38, 281
- Prüfungsschema, herkömmliches 4 29 f.
- Rechtmäßigkeit 4 29 ff., 83, 84, 247 ff.
- Rechtmäßigkeit, formelle 4 34 ff., 40
- Rechtmäßigkeit, materielle 4 39
- Rechtsgrundlage 4 32 f.
- Rechtsnatur 4 40 ff.
- Rechtsschutz 4 40
- Regelungswirkung 4 41 ff.
- Rückführung Entwichener 4 146
- Verfahrensanforderungen 4 37
- Verhältnismäßigkeit 4 254 f.
- Verzichtbarkeit 4 260
- Widersprüchlichkeit 4 27
- Zuständigkeit, örtliche 4 36
- Zuständigkeit, sachliche 4 34 f.

Privates Baurecht 2 3, 208
Privatisierung 3 54
Privilegierte Vorhaben 2 285 ff., 300
- Abwägung 2 300 ff.
- Anlagen der Wind- und Wasserenergie 2 289
- Bayern 2 289
- besondere Anforderungen an die Umgebung 2 288
- besondere Zweckbestimmung 2 288
- gebundener Anspruch 2 306
- Land- und Forstwirtschaft 2 286
- nachteilige Wirkungen auf die Umgebung 2 288
- ortsgebundene Vorhaben 2 287
- Rückbauverpflichtung 2 304
- sonstige Vorhaben 2 283
- Vorhaben der Land- und Forstwirtschaft 2 286
- Wind- und Wasserenergie 2 289
- Zehn-H-Regelung 2 289
Programmsatz 1 90, 257, 261, 276, 285
Prozessgrundrechte 3 49
Prüfungsrecht des Ministerpräsidenten 1 111
Prüfungsumfang Bauaufsichtsbehörde 2 197
Prüfungsumfang Baugenehmigung 2 197
Putativgefahr 4 84 f.
- ex-ante-Sicht 4 82
- Primärmaßnahme 4 84
- Tertiärebene 4 84

Qualifizierte Standortaussage 2 294
Qualifizierter Bebauungsplan s. Bebauungsplan, qualifizierter
Quorum 1 123, 127
- Verfassungsänderung 1 132 f.

Radarkontrolle 4 57
Rasenmäherlärm-Verordnung 7 15

Rastede-Entscheidung 1 182, 3 27, 46
Ratsbegehren 3 166
Raumordnungsplan 2 17
Realakt
- Abgrenzung von Verwaltungsakt 4 41 ff.
- konkludente Duldungsverfügung 4 43 f.
- Rechtsschutz 4 43, 46
Realkonzession 7 42
Rechnungshof 1 100
Recht
- subjektives 1 56, 82, 85, 89, 95, 258 f.
Rechtsaufsicht 1 142, 179 f., 2 28, 3 204 ff.
- Aufsichtsbehörde 3 108, 205
- Außenwirkung von Maßnahmen 3 206
- Rechtsschutz 3 56, 208, 212, 215
Rechtsfortbildung 1 35, 198
Rechtsgüter, bedeutende 4 78
- erkennungsdienstliche Maßnahmen 4 114
Rechtsinstitutionsgarantie, objektive 3 66
Rechtsnachfolge Immissionsschutzrecht 7 94
Rechtsnachfolge in Polizeipflichten 4 242 ff.
- Differenzierung formell/abstrakt 4 243
- Handlungsverantwortlichkeit 4 246 f.
- Regelung, gesetzliche 4 243
- Zustandsverantwortlichkeit 4 244 ff.
Rechtspflege 1 188 ff.
Rechtssatz, untergesetzlicher 1 214, 244

Stichwortverzeichnis

Rechtsschutz
- bauaufsichtliche Eingriffsbefugnisse 2 395, 396 f.
- Bauherr 2 354 ff., 395
- Bebauungsplan 2 124 ff.
- Beiladung 2 426
- effektiver 1 188
- einstweiliger Rechtsschutz 2 428, 7 109
- Ersetzung gemeindlichen Einvernehmens 2 356, 360
- Flächennutzungsplan 2 33 ff.
- Gemeinde 2 358 ff., 396 ff.
- gemeindliches Einvernehmen 2 356, 360
- Genehmigungsfreiheit Bauvorhaben 2 357
- Nachbarschutz 2 421 ff.
- Planfeststellung/Plangenehmigung 8 130 f.
- Polizei- und Sicherheitsrecht 4 45 f.
- Teilbaugenehmigung 2 218
- Veränderungssperre 2 147
- Vorbescheid 2 214
- Wasserrecht 8 128 ff.
- Zurückstellung 2 151
- § 212a Abs. 1 BauGB 2 428

Rechtssetzungs-/Rechtsanwendungsgleichheit 1 265

Rechtsstaat 4 8

Rechtsstaatsprinzip 1 61 ff., 66, 77, 79 ff., 111, 135, 137, 140, 143, 159, 168, 193, 208, 214, 228, 250
- Gesetzesvorbehalt 1 15, 80, 264
- Gewaltenteilung 1 10, 96, 99, 198
- Vorbehalt d. Gesetzes 1 137 f.
- Vorrang des Gesetzes 1 80

Rechtsstellungsgarantie, subjektive 3 43

Rechtssubjektsgarantie
- beschränkte individuelle 3 43
- institutionelle 3 43, 66

Rechtsverordnung 1 79, 83
- Erlass 1 159
- Ermächtigung 1 142
- Ermächtigungsgrundlage 1 159
- gesetzesvertretend 1 133

Rechtsvorschrift 1 226

Rechtswegsonderzuweisung
- abdrängende 5 69
- aufdrängende 5 68

Referent 3 91

Regiebetrieb 3 229

Regierung 1 136 ff., 3 15, 119

Regierungsbezirk 1 56

Regierungsbildung 1 147

Regierungserklärung 1 145, 148

Regionalplan 2 17

Reklamationsrecht 3 86

Religion 1 86

Repräsentation, politische 1 149

Repräsentativ 1 75

Repräsentativverfassung, frühkonstitutionelle 1 10

Republik 1 70

Ressortprinzip 1 153

Richtlinienkompetenz 1 60, 147 ff.

ROG 2 5, 7, 92

Rückbauverpflichtung 2 304

Rückholrecht 3 86

Rücksichtnahmegebot 2 238 ff., 259, 411 ff.
- Abwägung 2 415
- Abweichungen 2 414
- Anforderungen 2 415
- Bauordnungsrecht 2 414
- Bauplanungsrecht 2 413
- BImSchG 2 240
- Drittschutz 2 416 ff.
- gerichtliche Kontrolle 2 242
- illegale Nutzung 2 239
- Normierungen 2 413 f.
- Schädliche Umwelteinwirkung (§ 35 Abs. 3 S. 1 Nr. 3 BauGB) 2 295

- ungenannte öffentliche Belange 2 298
- Zumutbarkeit Emissionen 2 240
- § 15 Abs. 1 S. 2 BauGB 2 238 ff.

Rückwirkungsverbot 1 80

Sachlichkeitsgebot 1 129

Satzung
- Bekanntmachung 3 107
- kommunale 3 126
- Rechtmäßigkeit 3 127 f.

Satzungsautonomie 1 179, 181, 184, 3 126

Satzungshoheit 3 28

Schädliche Umwelteinwirkung 2 295
- TA Lärm 2 295

Scheingefahr s. Putativgefahr

Schengen 4 15
- Schengener Grenzkodex 4 15
- Schengen-Raum 4 15, 105

Schleierfahndung 4 105, 169
- Durchsuchung 4 65, 163
- Unionsrechtskonformität 4 105
- Verfassungskonformität 4 105

Schulaufsicht, staatliche 1 285

Schusswaffe 4 265 f., 298, 306 s.a. Sekundärmaßnahme, polizeiliche: Schusswaffe
- Rettungsschuss 4 306

Schutzgrundsatz 7 44 f.

Schutznormtheorie 2 399
- Immissionsschutzrecht 7 96, 108 ff.
- Polizei- und Sicherheitsrecht 4 47
- Wasserrecht 8 129

Schutzpflicht 1 91

Schwerpunkttheorie 4 89 f.

Sekundärmaßnahme, polizeiliche 4 257 ff.
- Abgrenzung Sofortvollzug/unmittelbare Ausführung 4 281
- Androhung 4 265, 269, 293 ff., 303, 335

- Ausführungsermächtigung 4 267 ff.
- Behörden, andere 4 282
- Beugefunktion 4 258
- Duldungsverfügung 4 291 ff.
- Erledigung 4 287 ff.
- Ermessen 4 290
- Ersatzvornahme 4 263 f., 270, 274, 294, 296, 299 ff., 300 f., 305, 335
- Ersatzzwangshaft 4 274, 297, 303
- Form 4 278
- Form der Androhung 4 294 ff.
- Geldforderungen, Beitreibung von 4 271, 302
- Grundrechtseingriff, eigenständiger 4 259
- Grundverfügung 4 281 ff.
- Konnexität 4 285, 342
- Nichterfüllung 4 286
- Notwendigkeit 4 257 f.
- Realisierungsfunktion 4 258
- Rechtmäßigkeit 4 272 ff.
- Rechtsgrundlage 4 273 ff.
- Rechtsnatur 4 269 f.
- Schusswaffe 4 259, 298
- Selbsttitulierung 4 259
- Selbstvollstreckung 4 259
- Sofortvollzug s. dort
- unmittelbare Ausführung s. dort
- unmittelbarer Zwang 4 259 s.a. dort
- Verfahren 4 277
- Verhältnismäßigkeit 4 289
- Vollstreckung, einstufige 4 260 ff., 317 ff. s.a. Sofortvollzug; unmittelbare Ausführung
- Vollstreckung, zweistufige 4 260, 272 ff., 318
- Vollstreckungsvoraussetzungen, allgemeine 4 280 ff.
- Vollstreckungsvoraussetzungen, besondere 4 279, 293 ff.
- Vollziehbarkeit 4 284
- VwZVG 4 259, 275
- Zuständigkeit 4 276

Stichwortverzeichnis

- Zwangsgeld 4 264, 269, 274, 278, 286, 288 f., 294, 297, 302 f., 335
- Zwangsmittel 4 262 ff., 274 f.
- Zweck 4 258

Selbstbindung der Verwaltung 3 195, 4 253

Selbstgefährdung 4 55, 142

Selbstversammlung 1 114

Selbstverwaltung
- Entwicklung 3 8
- Hochschulen 5 9
- institutionelle Garantie 3 43
- kommunale s. dort

Selbstverwaltung, kommunale 1 11, 16, 43, 56, 60, 69, 76 f., 96, 138, 162, 179 ff., 269
- Allzuständigkeit 1 182
- eigener Wirkungskreis 1 184 f.
- Fachaufsicht 1 142, 180
- Gemeinde 1 226
- Gemeindehoheit 1 181
- Popularklage 1 187
- Rastede-Entscheidung 1 182
- Rechtsaufsicht 1 7, 142, 179, 185
- Satzungsautonomie 1 179, 184
- übertragener Wirkungskreis 1 185
- Verfassungsbeschwerde 1 187
- Wahlen 1 180

Selbstverwaltungsgarantie 1 181 ff., 269, 3 31, 37, 41 ff., 227
- Durchsetzung 3 55 ff., 67
- Eingriff 3 48
- Gemeindeverband 3 63 ff.
- Kernbereich 3 52
- Randbereich 3 53
- Rechtfertigung von Eingriffen 3 51
- Rechtsschutz 3 62
- Schranken-Schranken 3 53

Selbstverwaltungskörperschaft 1 176 f.

Sicherheitsbehörden 4 22 ff.
- allgemeine 4 23
- Aufenthaltsbeschränkungen 4 130
- Aufgabenkreis 4 388

- besondere 4 11, 24
- Ermessen 4 386
- Kompetenzabgrenzung 4 386 f., 407
- Landratsämter 4 391
- Organkompetenz 4 389, 408
- Subsidiaritätsprinzip 4 386, 407
- Verbandskompetenz 4 385, 406
- Verhältnis zur Polizei 4 25 ff.
- Versammlungsrecht 4 445
- Weisung 4 403 s.a. dort
- Weisungsrecht 4 26
- Zuständigkeit 4 385 ff., 406 ff.
- Zuständigkeit, örtliche 4 392

Sicherheitsrecht 4 379 ff.
- Adressat s. Maßnahmerichtung: Sicherheitsrecht
- allgemeines 4 11
- Anzeigepflichten 4 422
- Aufgabenkreis 4 388
- Behörden s. Sicherheitsbehörden
- besonderes 4 11, 383
- Bußgeldtatbestände 4 424
- Einzelfallmaßnahme s. Einzelfallmaßnahme, sicherheitsrechtliche
- Entschädigung 4 430
- Erlaubnistatbestände 4 422
- Generalklausel 4 384 s.a. Generalklausel, sicherheitsrechtliche
- Gesetzesvorbehalt 4 382, 383
- Kostenerhebung 4 429
- LStVG s. dort
- Maßnahmerichtung 4 220 ff., 400
- Mitwirkungspflichten 4 423
- Spezialbefugnisse 4 384, 396 f.
- Spezialgesetz 4 384
- Spezialzuweisung 4 395
- „Steilwand-Entscheidung" 4 390
- Tatmaßnahme 4 426 ff. s.a. Tatmaßnahmen, sicherheitsrechtliche
- Verordnung, sicherheitsrechtliche s. dort
- Versammlungsrecht s. dort
- Vollstreckung 4 425

Stichwortverzeichnis

- Vollzugshilfe 4 425
- Wirkungskreis 4 390

Sicherheitsunternehmen, private *s.* Bewachungsunternehmen

Sicherheitswacht 4 21

Sicherstellung 4 187 ff.
- Abschleppfälle 4 191 ff., 203
- Amtshaftung 4 204
- Anordnung 4 190
- Ausführungsermächtigung 4 267 f.
- Begriff 4 189 ff.
- Bescheinigung über 4 208
- Besitzwille, spezifischer 4 191 ff.
- Dauer 4 201
- Dritte, Verwahrung durch 4 206 ff.
- Durchsuchung 4 161 f., 168, 177
- Eigentümer, Schutz des 4 198 f.
- Ersatzanspruch, zivilrechtlicher 4 204
- Festhalten 4 199 f.
- Gefahrenabwehr 4 197 f.
- Gewahrsamsbegründung 4 192 ff.
- Herausgabe nach Beendigung 4 201 ff.
- Ingewahrsamnahme 4 199 f.
- Kosten 4 335
- Kostenerhebung 4 203
- Objekte, taugliche 4 189, 197, 200
- Rechtsnatur 4 42, 190
- Rechtsschutz 4 202
- Regelungswirkung 4 42
- Sachen 4 189, 197 ff.
- Spezialbestimmungen 4 188
- Unbrauchbarmachung 4 210 f.
- unmittelbarer Zwang 4 190
- Verfahren 4 208
- Vernichtung 4 210 f.
- Versiegelung 4 205 f.
- Verwahrung 4 204 ff. *s.a.* dort
- Verwertung 4 209, 211

Sicherungsmittel Bauleitplanung 2 132 ff.
- gemeindliches Einvernehmen 2 327

Sistierung 4 107

Sitzungsniederschrift (Gemeinderat) 3 154

Sofortvollzug 4 319 f.
- Abgrenzung unmittelbare Ausführung 4 324
- Abschleppfälle 4 327
- Konnexität 4 285

Sonderaufgabe 1 153 ff., 161

Sonderfall, atypischer *s.* atypischer Sonderfall

Sonderinteresse 3 140

Sondernutzung 3 196

Sonderrecht, aufgedrängtes 2 186 f., 199 f.

Sonderverwaltungsbehörde 1 170 f.

Sonderzuweisung, aufdrängende 3 209

Sonstige Vorhaben 2 290 ff., 300
- Abwägung 2 300 ff.
- gebundener Anspruch 2 306
- teilprivilegierte Vorhaben 2 283

Souveränität 1 45 f.

Sozialadäquanz 7 22 f.

Sozialstaatsprinzip 1 15, 18, 66, 87 ff., 276
- Existenzminimum 1 89
- Gleichwertigkeitsziel 1 90

Spiegelbildlichkeit, Prinzip der 1 117

Splittersiedlung 2 297

Staatliche Einrichtungen, Schutz der 4 57

Staatsangehörigkeit 1 47, 49 ff., 76 ff., 268

Staatsaufbau 3 11, 17

Staatsaufsicht
- Fachaufsicht 5 30
- Rechtsaufsicht 5 30

Staatsgebiet 1 45, 54 ff.
- Gliederung 3 12

Staatsgerichtshof 1 10, 199

Staatsgewalt 1 45, 48, 51 ff.

Staatshaftung *s.* Amtshaftung

Stichwortverzeichnis

Staatshaushalt 1 126
Staatskanzlei 1 43, 100, 161
Staatskommissar 3 216
Staatsminister 1 43, 60, 100, 136, 144 f., 148 f., 152 ff.
Staatsminister d. Inneren 1 126
Staatsministerium 1 165 f., 170 f.
Staatsoberhaupt 1 146
Staatsorgan 1 96 ff., 146
- Teil 1 235
Staatsregierung 1 43, 103, 138, 140, 144 ff., 146 f., 158 ff.
- Geschäftsordnungsautonomie 1 160
- Kollegialprinzip 1 159
- Organisationsgewalt 1 169
- Ressortprinzip 1 153
- Staatskanzlei 1 100, 161
- Staatsminister s. dort
- Staatsminister d. Inneren 1 126 ff.
- Staatssekretäre s. dort
Staatssekretäre 1 43, 100, 140, 144, 152 ff.
Staatsstrukturprinzipien 1 61, 63, 66 ff., 70 ff., 89
- Bundesstaatsprinzip 1 50
- Demokratieprinzip 1 48, 51, 66, 72 ff., 75, 81, 94, 134, 137, 140 f., 159, 162, 168 f., 281
- Rechtsstaatsprinzip 1 61 ff., 66, 79 ff., 137 f., 140, 143, 168, 214, 228, 250
Staatsvertrag 1 37 ff., 54, 149, 226
Staatsverwaltung 1 136, 138, 142, 162 ff., 166, 270
- Bezirksregierung 1 172
- Direktion 1 172
- dreistufiger Aufbau 1 174
- Gemeinde 1 269
- Kreisverwaltungsbehörde 1 167, 173
- Landesoberbehörde 1 171
- Landkreis 1 170

- Landratsamt 1 173
- mittelbare 1 69, 96, 165 f., 169, 175 ff., 180, 270, 3 13 f., 5 6, 8, 21 ff.
- Mittelstufe 1 170
- oberste Landesbehörden 5 13
- Oberstufe 1 171
- Regierungsbezirk 1 170, 172, 181
- Sondervollzugsbehörde 1 173
- Staatsaufsicht 5 30 s.a. dort
- Staatsbehörden, oberste 1 100, 153
- unmittelbare 1 96, 165 ff., 270, 3 15 f., 5 6, 8, 11 ff., 16, 20, 30
- Unterstufe 1 170
Staatsvolk 1 45, 47 ff., 76 f., 100, 235
Staatszielbestimmungen 1 61, 63 f., 70 ff., 85, 261
- Integrationsklausel 1 92
- Kulturstaatlichkeit 1 58, 85 f.
- Nachhaltigkeit 1 63, 91, 283
- Sozialstaatsprinzip 1 66, 87 ff., 276
Stadt 3 24
Städtebauliche Erforderlichkeit 2 83 ff.
- Etikettenschwindel 2 91 f.
- Fallgruppen 2 83 ff.
- Gefälligkeitsplanung 2 87 ff.
- Negativplanung 2 89 f.
- Verhinderungsplanung 2 89 f.
- Vorratsplanung 2 90 f.
Städtebaulicher Vertrag 2 154 f.
- Koppelungsverbot 2 154
- öffentlich-rechtlicher Vertrag 2 154 ff.
Stadthalle 3 177
Stadtrat 3 71
Stand der Technik 7 32, 46
Standardbefugnisse, polizeiliche 4 33, 91 ff.
- Aufenthaltsbeschränkungen s. dort
- Auskunftspflicht s. dort
- drohende Gefahr 4 78 f.
- Durchsuchung s. dort

625

Stichwortverzeichnis

- erkennungsdienstliche Maßnahmen s. dort
- Ersatzvornahme 4 300 f.
- Funktion 4 91
- Gewahrsam s. Ingewahrsamnahme
- Gliederung 4 92
- Identitätsfeststellung s. dort
- Ingewahrsamnahme s. dort
- Kontaktverbot s. dort
- Meldeanordnung s. dort
- Platzverweis s. dort
- Sicherstellung s. dort
- Vorladung s. dort
- Vorrang 4 93, 213 f.

Stellplätze 2 342
- Ablösungsvertrag 2 342
- Drittschutz 2 342, 408
- Nachbarschutz 2 408
- örtliche Bauvorschriften 2 342
- subjektiv-öffentliches Recht 2 342

Steuer 3 239

Stiftung 1 176 f.

Stilllegungsanordnung 7 82
- formelle Illegalität 7 93
- Prüfschema 7 92
- Rechtsschutz 7 107

Stimmberechtigtenmehrheit 3 134

Stimmberechtigung 1 71, 76, 78

Stimmkreis 1 106

Störer 4 220 ff. s.a. Maßnahmerichtung
- Anscheinsstörer 4 224, 344 f., 358
- Auswahl 4 240
- Beurteilungsfehler 4 224
- Dereliktion 4 233, 400
- doppelter 4 234 f.
- Dritte, Verantwortlichkeit für 4 229
- Eigenschaften 4 221 ff.
- Ersatzanspruch 4 376 ff.
- Grenzen der Verantwortlichkeit 4 236
- Handlungsstörer 4 226 ff., 246 f.
- Hoheitsträger 4 241
- Insolvenz 4 235
- latenter Störer 4 224
- mögliche 4 223
- Möglichkeit der Maßnahme 4 222 f.
- nicht verantwortliche Personen 4 237 ff., 240, 326 f., 400, 440
- Putativstörer 4 224, 362
- Rechtsnachfolge 4 242 ff. s.a. Rechtsnachfolge in Polizeipflichten
- Sicherheitsrecht 4 400
- Spezialregelung in Befugnisnorm 4 225
- unmittelbare Verursachung, Theorie der 4 226 ff.
- Verdachtsstörer 4 344, 358
- Verursachung der Gefahr 4 226 ff.
- Zumutbarkeit 4 236
- Zustandsstörer 4 230 ff., 244 ff.
- Zweckveranlasser 4 228 f.

Subsidiarität 3 41

Süddeutsche Ratsverfassung 3 8, 70

Supranational 1 20

TA Lärm 7 45
- Bindungswirkung 2 295
- gerichtliche Bindungswirkung 7 25 f.
- Rechtsnatur 2 295
- Verwaltungsvorschriften, normkonkretisierende 7 25 f.

TA Luft 7 45
- gerichtliche Bindungswirkung 7 25 f.
- Verwaltungsvorschriften, normkonkretisierende 7 25 f.

Tagesordnung
- Gemeinderat 3 105

Tatmaßnahme, sicherheitsrechtliche 4 426 ff.
- Abgrenzung Weisung 4 428
- Polizei 4 428

Stichwortverzeichnis

Teilbaugenehmigung 2 215
- Bindungswirkung 2 217
- Rechtsschutz 2 218
- Voraussetzungen 2 216
- vorläufiges positives Gesamturteil 2 217
- Wirkung 2 217

Teilflächennutzungspläne 2 31

Teilhabe
- politische 1 72

Teilhaberecht 1 10
- derivatives 1 272, 285 f.
- originäres 1 89
- politisches 1 281 f.

Teilprivilegierte Vorhaben 2 283, 302 f.
- Außenbereichssatzung 2 302
- Außengebietsverträglich 2 303
- Bestandsschutz 2 303
- Flüchtlingsunterkunft 2 302

Tertiärebene, polizeirechtliche 4 328 ff. *s.a.* Amtshaftung
- Androhung 4 296
- Anhörung 4 337
- Anscheinsstörer 4 344 f., 358
- Anspruch gemäß Art. 87 PAG 4 353
- Aufopferung 4 370
- Aufopferungsgedanke 4 353
- Auslagen 4 345 f.
- Billigkeit 4 350 f.
- Durchsetzung 4 271
- Entschädigung 4 351 ff.
- Entschädigung (Tatbestand) 4 356
- Entschädigungsansprüche (Übersicht) 4 351
- Entschädigungsausschluss 4 368 f.
- Entschädigungspflicht, Umfang der 4 365 ff.
- Entschädigungsreduktion 4 368 f.
- Entschädigungsverpflichteter 4 371 f.
- Entschädigungsvoraussetzungen, weitere 4 363 f.
- Ermessen, Nichtvorliegen von 4 337
- Ersatzanspruch gegen Störer 4 352, 376 ff.
- Ersatzvornahme 4 301
- Erstattungsanspruch 4 371
- Freiheitsentziehung 4 365
- Gebühren 4 345 f.
- Haftungseinheit der öff. Hand 4 369
- Hoheitsträger 4 349
- Kollateralschäden 4 360 ff.
- Konkurrenzen 4 370, 374
- Konnexität 4 340 ff.
- Kostenart 4 345 f.
- Kostenfreiheit, Ausnahme von 4 332 ff., 339
- Kostenfreiheit, Grundsatz der 4 329
- Kostenhöhe 4 345 f.
- Kostenpflichtigkeit 4 329 ff.
- Maßnahme, rechtswidrige 4 362
- Nichtstörer 4 357
- Primärmaßnahme, bestandskräftige 4 343
- Prüfungsschema (Kostenbescheid) 4 331
- Putativstörer 4 362
- Rechtmäßigkeit 4 337 ff.
- Rechtsgrundlage 4 332 ff.
- Rechtsnatur Kostenbescheid 4 330
- Rechtsschutz 4 330
- Rechtsweg 4 373
- Schadensbegriff 4 359
- Schuldner 4 348 f.
- Schuldverhältnis, öffentlich-rechtl. 4 375
- Sicherstellung 4 203
- Sonderopfer 4 353
- Subsidiarität 4 369
- unmittelbare Ausführung 4 323, 335
- unmittelbarer Zwang 4 307
- Verdachtsstörer 4 344, 358
- Verwahrung 4 375
- Vorschriften, besondere gesetzliche 4 355

627

- Weisung 4 371 f.
TK-Verkehrsdatenspeicherung 4 13
Trennungsgebot 2 101, 105
Überbaubare Grundstücksflächen, Drittschutz 2 403
Überhangsmandate 1 107
Übermaßverbot (erkennungsdienstliche Maßnahmen) 4 117
Überprüfungskompetenz, gerichtliche 1 77
Umweltbericht 2 46
Umwelteinwirkungen, schädliche 7 17 ff.
Umweltprüfung 2 46
Umweltschutz 1 91
Unabhängigkeit, richterliche 1 80, 134, 189
Ungenannte öffentliche Belange 2 298
Unionsbürger 1 76 f.
Unionsgerichte 1 191
Unionsrecht 1 8, 30 ff., 84, 163, 191, 208, 249 f., 2 6, 3 3
- Bundesländer 1 36
- Effektivitätsgrundsatz 1 33 f., 35
- Grundfreiheiten s. dort
- Grundrechte 1 32
- Grundrechtecharta s. dort
- Landesblindheit 1 30
- Polizei- und Sicherheitsrecht 4 12 ff.
- Raum der Sicherheit, der Freiheit und des Rechts 4 12
- Schleierfahndung 4 105
- Sekundärrecht 1 30
- Tertiärrecht 1 30
- Umsetzung 1 31, 109
- Verordnung 1 31
- Vollzug 1 31
Universalitätsprinzip 3 29, 46
Unmittelbare Ausführung 4 319, 321 ff.
- Abgrenzung Sofortvollzug 4 324

- Abschleppfälle 4 327
- Kosten 4 323, 335
- nicht verantwortliche Personen 4 326 f.
- Rechtsnatur 4 323
- Tatmaßnahme, sicherheitsrechtliche 4 427
Unmittelbare Staatsverwaltung 5 10 ff., 13
- Landesamt 5 14
- Landesanstalt 5 14
- Landesmittelbehörden 5 15
- Landesoberbehörden 5 14
- Landratsamt 5 17
- oberste Landesbehörden 5 11 ff.
- Regierungen 5 15
- Regierungsbezirke 5 16
- Ressortzuständigkeit 5 12
- Sonderbehörden 5 17
- Staatsbetrieb 5 20
- Staatsministerien 5 12 s.a. dort
- Staatsregierung 5 11, 13 s.a. dort
- untere Landesbehörden 5 17
Unmittelbarer Zwang 4 259, 265 ff., 304 ff., 6 80 f.
- Abgrenzung Ersatzvornahme 4 305
- Androhung 4 298
- Anhalten 4 97
- Art und Weise 4 306
- Begriff 4 304
- Ermessen 4 310
- konkludente Duldungsverfügung 4 270
- Kosten 4 335
- Kostenpflichtigkeit 4 307
- Notwehr und Notstand 4 308
- Rechtsgrundlage 4 274
- Rechtsnatur 4 270
- Schusswaffe 4 306
- Sicherstellung 4 190
- Subsidiarität 4 306, 309
- Verhältnismäßigkeit 4 309
Unterbringung 4 50
Untersuchungsausschuss 1 113 f.

Stichwortverzeichnis

Unversehrtheit der Rechtsordnung 4 56

Veränderungssperre 2 133 ff.
- Änderung der Planung 2 143
- Ausfertigung 2 140
- Ausnahmen 2 138
- Bauausschuss 2 140
- Bekanntmachung 2 140
- Drittschutz 2 407
- Erforderlichkeit 2 142 ff.
- Ersetzung gemeindlichen Einvernehmens 2 326
- Fehlerfolgen 2 146
- formelle Rechtmäßigkeit 2 140
- Funktion 2 142
- Geltungsdauer 2 135
- Gemeinderat 2 140
- materielle Rechtmäßigkeit 2 141 ff.
- Nachbarschutz 2 407
- Organkompetenz 2 140
- Planaufstellungsbeschluss 2 141
- planerisches Minimum 2 143
- Prüfprogramm 2 136
- Prüfungsschema 2 133
- Rechtmäßigkeit 2 139 ff.
- Rechtmäßigkeit, formelle 2 140
- Rechtmäßigkeit, materielle 2 141 ff.
- Rechtsnatur 2 135
- Rechtsschutz 2 147
- Schema 2 133
- Verbandskompetenz 2 140
- verfahrensfreie Vorhaben 2 137
- Vorbescheid 2 136
- Wirksamkeit 2 139
- Wirkung 2 135 ff.
- Zuständigkeit 2 140

Veranstaltung 3 194

Verantwortlichkeit, polizeirechtliche s. Maßnahmerichtung; Störer

Verantwortung 1 142

Verbandszuständigkeit 3 123

Verbrauchsteuer 3 239

Vereinfachtes Verfahren 2 120

Verfahrensfreie Vorhaben 2 187 f.
- Abbruch von Anlagen 2 188
- Abweichungen 2 348
- Beseitigung von Anlagen 2 188
- formelle Illegalität 2 187
- Illegalität 2 187
- Instandhaltungsarbeiten 2 189
- materielle Illegalität 2 187, 375
- Negativ-Bescheid 2 190
- Rechtsunsicherheit 2 190
- Veränderungssperre 2 137
- Wahlrecht 2 190

Verfassungsänderung 1 43, 73, 110, 124 f., 130 ff., 134, 242
- Ewigkeitsklausel 1 73, 94, 126, 130 f.
- Textänderungsgebot 1 133
- Volksentscheid 1 128
- Zwei-Drittel-Mehrheit 1 131

Verfassungsausschuss, vorbereitender 1 14, 46

Verfassungsautonomie 1 22 f., 29, 57, 66, 192, 206 f.

Verfassungsbeschwerde 1 62, 82, 89, 103, 175, 200 f., 230 ff., 254
s.a. Landesverfassungsbeschwerde
- Antragsbefugnis 1 256
- Begründetheit 1 224
- Beschwerdebefugnis 1 231, 259
- Beschwerdeberechtigung 1 187, 231
- Beschwerdegegenstand 1 231
- Gemeinde 1 267, 3 57
- Landesgrundrecht 1 253
- Prüfungsmaßstab 1 194, 232
- Rechtswegerschöpfung 1 231
- Selbstverwaltungsgarantie 1 187 f.
- Subsidiarität 1 231
- Unionsrechtsverstoß 1 208
- Urteilsverfassungsbeschwerde 1 194
- Urteilswirkung 1 233

Verfassungsgerichtsbarkeit 1 195 ff.

Verfassungsgerichtshof, Bayerischer 1 65, 100, 192 ff., 210
- Begründetheit 1 223

629

Stichwortverzeichnis

- Besetzung 1 215
- Divergenzvorlage 1 207
- einstweilige Anordnung 1 219
- Europäische Menschenrechtskonvention 1 252
- Feststellungsurteil 1 237
- Interpretationshoheit 1 206
- Meinungsverschiedenheit 1 219
- Ministeranklage 1 219
- Normkassation 1 217 f., 243
- Normverwerfungsmonopol 1 207, 212, 214
- Organstreit 1 219
- Popularklage 1 219, 225
- Prüfungsgegenstand 1 207
- Prüfungskompetenz 1 103 f., 195, 203, 212 ff., 231
- Prüfungsmaßstab 1 33, 84, 207, 249 ff., 253
- Schleierfahndung 4 105
- Unionsrecht 1 33 f., 208, 252
- Urteilswirkung 1 218
- Verfahren 1 216 f.
- Verfassungsbeschwerde 1 219
- Vorlage 1 207, 209, 211, 255
- Zulässigkeit 1 220 ff.
- Zuständigkeit 1 33, 219

Verfassungsgerichtshofgesetz 1 5, 216

Verfassungsorgan 1 100, 158, 235

Verfassungsrecht, verfassungswidriges 1 130

Verfassungswandel 1 133

Vergaberecht 3 3

Verhältnismäßigkeit 1 64, 80, 224, 264, 266, 4 254 f.
- Sekundärmaßnahme, polizeiliche 4 289
- Sicherheitsrecht 4 402
- Stand der Technik 7 46
- unmittelbarer Zwang 4 309
- Versammlungsrecht 4 439

Verhältnismäßigkeitsgrundsatz 1 80

Verhältniswahlrecht, verbessertes 1 106

Verhinderungsplanung 2 89 f.

Verkehrszeichen 4 196

Vernehmungsmethoden
- verbotene 4 122

Verordnung
- Aufsichs 4 404
- sicherheitsrechtliche 4 380, 404 ff.

Verordnung, sicherheitsrechtliche 4 380, 404 ff.
- Aufsicht 4 404, 409
- Ausfertigung 4 412
- Bekanntmachung 4 413
- bewehrte 4 420 f.
- dringliche Verordnung 4 408
- Ermächtigungsgrundlage 4 405, 415 ff.
- Form 4 414
- Gefahr, abstrakte 4 416
- Geltungsbereich 4 417
- Genehmigungserfordernis 4 413
- Höchstgeltungsdauer 4 421
- Normsetzungsermessen 4 418
- Organkompetenz 4 408
- Pflicht zum Erlass 4 418
- Rechtmäßigkeit 4 406 ff.
- Schema 4 404
- Spezialbefugnisse 4 416
- Verbandskompetenz 4 406
- Verfahren 4 411 ff.
- Verfassungsmäßigkeit 4 418
- Wirkungskreis 4 409
- Zitiergebot 4 419

Verordnungen
- Ermächtigung 7 15

Verpflichtungsgeschäft
- Form 3 111

Versagungsgegenklage
- Immissionsschutzrecht 7 105

Versammlungsrecht 4 431 ff.
- Abgrenzung freier Himmel 4 437
- Ansammlung 4 434

Stichwortverzeichnis

- Auflösung 4 438, 442
- Befugnisse 4 436 ff.
- Begriff der Versammlung 4 434
- Beschränkung 4 438
- besonderes Sicherheitsrecht 4 433
- Flashmob 4 434
- Föderalismusreform 4 431
- Gefahrenprognose 4 439
- Gegendemonstration 4 440
- Grundrechte 4 104, 432
- Kosten 4 451
- Kritik 4 431
- Öffentlichkeit der Versammlung 4 435
- Parteienprivileg 4 441
- Polizei 4 445
- Rechtsschutz 4 451
- Störung anderer Versammlungen 4 440
- Verbot 4 133, 438
- Vereinsprivileg 4 441
- Verhältnis zu Art. 16 PAG 4 133
- Verhältnismäßigkeit 4 439
- Verkehr 4 439
- Versammlungen in geschl. Räumen 4 443 f.
- Versammlungen unter freiem Himmel 4 437 ff., 438 ff.
- Vorfeldmaßnahme 4 104
- Zuständigkeit 4 445

Versorgungsbereiche 2 281

Vertrag, völkerrechtlicher 1 37, 56
- Transformation 1 38

Vertragsabschlusskompetenz 1 54

Vertrauensfrage 1 150

Vertretungsmacht
- des ersten Bürgermeisters 3 109
- Überschreitung 3 110 f.

Verunstaltungsgebot 2 343
- Drittschutz 2 344, 408
- Nachbarschutz 2 408
- subjektiv-öffentliches Recht 2 344
- Werbeanlagen 2 344

Verwahrung
- diligentia quam in suis 4 375
- Ersatzanspruch 4 204
- Kosten 4 335
- Sicherstellung 4 204 ff.
- Tertiärebene, polizeirechtliche 4 375
- Unbrauchbarmachung 4 210 f., 335
- Verfahren 4 208
- Vernichtung 4 210 f., 335
- Verwertung 4 209, 211, 335

Verwaltung s. Staatsverwaltung

Verwaltungsabkommen 1 37

Verwaltungsakt
- Abgrenzung von Realakt 4 41 ff.
- Außenwirkung 3 81, 121
- automatisierter Erlass 5 42, 43
- BayEGovG 5 43
- Dauerverwaltungsakt 4 45
- Heilung 5 46
- Nichtigkeit 5 45
- Rechtsbehelfsbelehrung 5 44
- Rechtsschutz 4 45
- Regelungswirkung 4 41 ff.
- Wiedereinsetzung 5 46

Verwaltungsgemeinschaft 3 244 ff.
- Aufgaben 3 245 f.
- Aufsicht 3 249 f.
- Gründung 3 248
- Organe 3 247
- Rechtsnatur 3 244

Verwaltungsgericht
- örtliche Zuständigkeit 5 70
- Verwerfungskompetenz, beschränkte 4 415

Verwaltungsgerichtshof
- Prüfungskompetenz 1 103 f.

Verwaltungsgerichtshof, bayerischer 1 175

Verwaltungskammer 1 188

Verwaltungsorganisation 1 139, 5 2 ff.
- Behördenhierarchie 5 8
- Bundesauftragsverwaltung 5 4, 31

- institutioneller Gesetzesvorbehalt 5 5, 12
- Landeseigenverwaltung 5 3
- Organisationsgewalt der Staatsregierung 5 5, 7
- Staatsverwaltung 5 6, 8, 10 ff., 20 ff.
- verfassungsrechtliche Grundlagen 5 3
- Verwaltungshoheit 5 3

Verwaltungsprozessrecht 5 64 ff.
- aufschiebende Wirkung von Rechtsbehelfen 5 74
- Bayerischer Verwaltungsgerichtshof (BayVGH) 5 67, 71
- Beteiligtenfähigkeit 5 72
- Gesetzgebungskompetenz 5 65 f.
- Landesanwaltschaft Bayern 5 73
- Passivlegitimation 5 75
- Prinzipale Normenkontrolle 5 71
- Prozessfähigkeit 5 73
- Rechtswegsonderzuweisung 5 68 f.

Verwaltungsverbund 3 119

Verwaltungsverfahren
- BayEGovG 5 43, 50 ff.
- BayVwVfG 5 36 ff.
- Bundesauftragsverwaltung 5 34
- Onlinezugangsgesetz 5 57
- Vorverfahren 5 58 ff.
- VwVfG 5 35
- Widerspruchsverfahren 5 58 ff.

Verwaltungsverfahren BayVwVfG
- BayVwVfG Begriff des Verwaltungsverfahrens 5 39

Verwaltungsverfahrensrecht 5 32 ff.
- Gesetzgebungskompetenz 5 33

Verwaltungsvollstreckung
- Bauaufsichtliche Eingriffsbefugnisse 2 394
- Baueinstellung 2 386
- Beseitigungsanordnung 2 377

Verwaltungsvollstreckungsrecht 6 32 ff.
- Androhung 6 56 ff.
- Anordnungsbehörde 6 36 ff.
- Anwendungsbereich 6 34 f.
- Betretung als Hilfsmaßnahme 6 82
- Duldungsanordnung 6 47
- Durchsuchung als Hilfsmaßnahme 6 82
- Ersatzvornahme 6 74 ff.
- Ersatzzwangshaft 6 69 ff.
- Examensrelevanz 6 3
- Fachrecht 6 35
- Geldforderungen, Durchsetzung von 6 85 f.
- gestrecktes Verfahren 6 55 ff.
- Grundverwaltungsakt 6 40, 43 ff.
- Historie 6 2
- Rechtsnachfolger 6 41
- Sofortvollzug 6 83
- Überblick 6 32 f.
- Unmittelbarer Zwang 6 80 f.
- Verhaltenspflichten, Durchsetzung von 6 54 ff.
- Vollstreckungsbehörde 6 36 ff.
- Vollstreckungshilfe 6 84
- Vollstreckungshindernisse 6 52 f.
- Vollstreckungsschuldner 6 41
- Vollstreckungsvoraussetzungen, allgemeine 6 42 ff.
- Vollstreckungsvoraussetzungen, negative 6 52 f.
- Vollzugshilfe 6 84
- Zwangsgeld 6 64 ff.

Verwaltungszustellungsrecht
- Anwendungsbereich 6 6
- Examensrelevanz 6 3
- Heilung von Zustellungsfehlern 6 28 ff.
- Historie 6 2
- Inhaltsadressat 6 8 f.
- Landesfinanzbehörden 6 6
- Überblick 6 4 f.
- Widerspruchsbehörden 6 6

Stichwortverzeichnis

- Zustellung an De-Mail-Postfach 6 27
- Zustellung aufgrund einer behördlichen Anordnung 6 13
- Zustellung aufgrund einer Rechtsvorschrift 6 11 f.
- Zustellung, elektronische 6 26 f.
- Zustellung gegen Empfangsbekenntnis 6 24 f.
- Zustellung mit Zustellungsurkunde 6 14 ff.
- Zustellung mittels Einschreiben 6 21 ff.
- Zustellung, vereinfachte 6 25
- Zustellungsadressat 6 8 ff.
- Zustellungsadressat, Bevollmächtigter als 6 10
- Zustellungsgegenstand 6 7

Verwerfungsmonopol 1 34
Verwirkung 2 425
Völkerrecht 1 8, 20, 175, 249 f.
- Umsetzung 1 41
- Vollzug 1 41

Volksabstimmung 1 17
Volksbefragung, konsultativ 1 124
Volksbegehren 1 58, 62, 110, 126 ff., 159 f.
- Staatshaushalt 1 126
- Zulassungsantrag 1 126, 219, 247, 251

Volksentscheid 1 58, 62, 110, 123, 128 f.
- Verfassungsänderung 1 125

Volksfest 3 177
Volksgesetzgebung 1 43, 52, 58, 62, 72, 101, 110, 122 ff., 157
- Volksbegehren 1 122, 126 ff., 159 f., 247, 251
- Volksentscheid 1 101, 123, 128 f., 131 f.

Volkssouveränität 1 52, 71 ff., 101
Vollstreckung, Geldforderungen 4 271

Vollstreckungsbehörde 6 36 ff.
Vollstreckungshilfe
- Abgrenzung zur Vollzugshilfe 4 313, 315
- Schutz anderer Handlungen 4 316
- unselbstständige 4 50

Vollstreckungsschuldner 6 41
Vollstreckungsvoraussetzungen, allgemeine 6 42 ff.
Vollverfassung 1 11, 16, 42
Vollzug, mittelbar-mitgliedstaatlicher 1 163
Vollzugsfolgenbeseitigung 4 202
Vollzugshilfe 4 51, 282, 311 ff.
- Abgrenzung zur Amtshilfe 4 314
- Kosten 4 336
- Maßnahme, sicherheitsbehördliche 4 425
- Pflicht 4 312
- Versammlungsrecht 4 440
- Vorrang der Vollstreckungshilfe 4 313
- Vorrang von Spezialzuweisungen 4 313
- Weisung 4 314 f.

Vorabbindung 2 102
Vorbehalt des Gesetzes 1 80, 3 127, 227
Vorbelastung 7 22, 45
Vorbescheid 2 210 ff.
- Änderung Rechtslage 2 213
- Aufhebung 2 213
- Bebauungsgenehmigung 2 211
- Geltungsdauer 2 213
- Rechtsschutz 2 214
- Verlängerung 2 213
- Voraussetzungen 2 211
- Wirkung 2 212
- Zusicherung 2 212

Vorhaben der Land- und Forstwirtschaft 2 286

Vorhabenbezogener Bebauungsplan *s.*
  Bebauungsplan, vorhabenbezogener
Vorhabenträger 2 42
Vorladung 4 118 ff.
– Durchsetzung, zwangsweise 4 121
– Form 4 120
– Freiheitsbeschränkung/-entziehung 4 118, 121
– Vernehmungsmethoden 4 122
– Ziel 4 94
– Zulässigkeit 4 119
Vorlagepflicht 1 255
Vorläufige Untersagung 2 148 ff.
– Prüfungsschema 2 148
– Schema 2 148
Vorrang 1 26
– Anwendungsvorrang 1 25, 27, 30, 32, 34, 84
– des Gesetzes 1 80, 142 f.
– Landesverfassungsrecht 1 28 f.
– Nichtigkeit 1 24 f., 28, 39, 67, 84, 206, 260
– Verfassung 1 80
Vorrang der Fachplanung 2 229
Vorratsplanung 2 90 f.
Vorsorgegrundsatz 7 32
– Emissionsbegrenzung 7 46
– Stand der Technik 7 46
Vorverfahren
– Abhilfeentscheidung 5 63
– fakultatives 5 61 f.
– Widerspruchsbescheid 5 63
– Zuständigkeit 5 63
Vorzugslasten 3 238

Waffenschein 4 109
Wahl 1 78, 102, 104 ff.
– Kommunalwahlen 1 76 f.
– Neutralitätsgebot 1 129
– Stimmberechtigung 1 71, 78
– Verhältniswahlrecht 1 106
– Wählergruppen 1 94, 108, 245
– Wahlprüfung 1 106

– Wahlprüfungsverfahren 1 219, 246, 282
– Wahlrechtsgleichheit 1 107
– Wahlrechtsgrundsätze 1 68, 74, 105, 258, 281
– Wahlsystem 1 67 f., 106 f.
Wahlbeamter, kommunaler 3 96, 157
Wählergruppen
– Verbot 1 94, 245
Wahlkreis 1 106
Wahlprüfung 1 106
Wahlrecht
– aktives 1 76, 78
  s.a. Stimmberechtigung
– passives 1 78
Wahlrechtsgleichheit 1 107
Wahlrechtsgrundsätze 1 59, 68, 74, 105, 258, 281
Wahlsystem 1 68
Wasserhaushaltsgesetz
– Anwendbarkeit 8 9 ff., 16 ff.
– Grundtatbestände *s.* Wasserrecht: Grundtatbestände
– Zulassungsfreiheit 8 11
Wasserrecht
– Anlage (oberirdische Gewässer) 8 15
– Anwendbarkeit 8 9 ff.
– Art der Zulassung 8 12 f.
– Aufstauen 8 22
– Ausbau 8 15
– Benutzung *s.* dort
– Bewilligung *s.* Bewilligung, wasserrechtliche
– Bewirtschaftungsermessen 8 54, 66, 77
– Drittschutz 8 53, 129
– Erlaubnis, beschränkte *s.* Beschränkte Erlaubnis
– Erlaubnis, gehobene *s.* Gehobene Erlaubnis
– Erlaubnis mit Zulassungsfiktion 8 78

Stichwortverzeichnis

- Examensrelevanz 8 8
- Fischerei 8 30
- fließende Welle 8 7
- Gemeingebrauch 8 30, 48
- Gewässeraufsicht s. dort
- Gewässerausbau 8 80
- Gewässerbegriff 8 17 f.
- Gewässerbewirtschaftung 8 5
- Gewässereinwirkung, Recht zur 8 6
- Gewässerunterhaltung 8 15 s.a. dort
- Grundtatbestände 8 10 ff.
- Grundtatbestände und Zulassungsarten (Überblick) 8 15
- Grundwasser s. dort
- Immissionsschutzrecht 7 54
- Konzentrationsnormen 8 14
- Nassauskiesung 8 25
- Notstandsmaßnahmen 8 30
- Planfeststellung s. Planfeststellung, wasserrechtliche
- Rechtsgrundlagen 8 2 ff.
- Rechtsschutz 8 128 ff.
- Regelungsanliegen 8 1
- untergeordnete Bedeutung, wasserwirtschaftliche 8 18
- Verfahrensvorschriften 8 14
- Wasserbenutzungsanlage 8 21
- Zulassung als Oberbegriff 8 13
- Zulassungsfreiheit 8 11

Weimarer Reichsverfassung 1 11, 94, 199

Weisung 1 142, 3 15, 199, 4 398
- Abgrenzung Amts- und Vollzugshilfe 4 26
- fachaufsichtliche 3 221
- Grundrechte 4 403
- Regress 4 371, 377
- Staatssekretär 1 152 ff., 154
- Tatmaßnahme 4 428
- Tertiärebene 4 371 f., 377
- Vollzugshilfe 4 314 f.

Weitere Bürgermeister 3 112

Wesentlichkeitsvorbehalt 1 64 f., 72, 91, 169

Widerspruchsverfahren 3 224 f.
- Abhilfeentscheidung 5 63
- Bundesrecht 5 60
- fakultatives 5 61 f.
- Funktion 5 59
- Widerspruchsbescheid 5 63
- Zuständigkeit 5 63

Widmung 3 178

Wiederaufgreifen des Verfahrens 4 196

Willkürverbot 1 190, 194, 255, 264 f.

Wind- und Wasserenergie 2 289
- 10-H-Regelung 2 289

Wirkungskreis
- allseitiger 3 26
- eigener 3 27 ff., 39, 167, 204, 224, 245
- übertragener 3 33, 40, 48, 224, 246

Wirkungskreis, eigener
- gemeindliches Einvernehmen 2 331
- örtliche Polizei 4 6

Wirkungskreis, kommunaler
- Sicherheitsrecht 4 390
- Verordnungserlass 4 409

Wirtschaft, kommunale 3 226 ff.

Wirtschaftsordnung 1 87 f.

Wissenschaft 1 86

Wittelsbacher 1 10

Wohlfahrtspflege 4 2

Wohnung, Betreten und Durchsuchen von 4 42, 225, 268

Wohnung, Recht auf 1 87

Wohnung, Schutz der 4 137, 173

Zehn-H-Regelung 2 289

Zitiergebot 1 159, 4 255, 419

Zivilrechtlicher Nachbarschutz 2 429

Zulässigkeit von Vorhaben während der Planaufstellung s. Planaufstellung

Zulassungsbescheinigung 4 109

Zurückstellung 2 148 ff.
- Drittschutz 2 407

635

- Nachbarschutz 2 407
- Prüfungsschema 2 148
- Rechtmäßigkeit 2 150
- Rechtsnatur 2 150
- Rechtsschutz (Bauherr) 2 152
- Rechtsschutz (Gemeinde) 2 151
- Schema 2 148

Zuständigkeit
- Anordnungen nach
  § 24 f. BImSchG 7 114
- Gesetzesvollzug 1 23 f.
- Gesetzgebung 1 23 f., 31, 38 f., 109, 126, 228
- örtliche 7 115
- Verwaltung 1 163
- Vollzug 1 31

Zustellung s.a. Verwaltungszustellungsrecht
- an De-Mail-Postfach 6 27
- aufgrund einer behördlichen Anordnung 6 13
- aufgrund einer Rechtsvorschrift 6 11 f.
- gegen Empfangsbekenntnis 6 24 f.

Zustellung, elektronische 6 26 f.

Zustellung mit Zustellungsurkunde 6 14 ff.
- Ausgestaltung der Zustellungsurkunde 6 15
- Ersatzzustellung, andere Person 6 17
- Ersatzzustellung, Niederlegung 6 20
- Ersatzzustellung, Postablage 6 18
- Regelfall 6 16
- Wohnung 6 19

Zustellung mittels Einschreiben 6 21 ff.
- Praxishinweis 6 23

- Zustellungsfiktion 6 22

Zustellung, vereinfachte 6 25

Zustellungsadressat 6 8 ff.

Zustellungsadressat, Bevollmächtigter als 6 10

Zustellungsgegenstand 6 7

Zustimmungsverfahren 2 196 f.

Zuverlässigkeit
- Gaststättenrecht 2 183
- GewO 4 24
- Immissionsschutzrecht 7 50, 91, 95

Zwangsgeld 6 64 ff. s.a. Sekundärmaßnahme, polizeiliche: Zwangsgeld
- Beitreibung 6 68
- Fälligkeit 6 67
- Höhe 6 65
- Leistungsbescheid 6 66

Zweckveranlasser 4 228 f.

Zweckverband 3 251 ff.
- Aufgaben 3 252
- Aufsicht 3 255
- Gründung 3 253
- Organe 3 254
- Rechtsnatur 3 251

Zweckvereinbarung 3 256 ff.
- Inhalt 3 258 ff.
- Rechtsnatur 3 257

Zweigleisigkeit des Rechtschutzes 2 429

Zweiter Bürgermeister 3 112

Zwischenausschuss 1 100, 115, 235